# Die Verarbeitung personenbezogener Daten im Bewerbungsverfahren

Datenschutzrechtliche Erlaubnisnormen unter Datenschutz-Grundverordnung und Bundesdatenschutzgesetz 2018

Dissertation zur Erlangung eines Grades eines Doktors des Rechts
der Rechtswissenschaftlichen Fakultät der Universität
des Saarlandes



vorgelegt von

Kevin Leibold

Tag der Disputation: 13. Mai 2024
Dekan: Univ.-Prof. Dr. Christoph Gröpl
Erstberichterstatter: Univ.-Prof. Dr. Stephan Weth
Zweitberichterstatter: Prof. Dr. Michael Anton

# Die Verarbeitung personenbezogener Daten im Bewerbungsverfahren

## Datenschutzrechtliche Erlaubnisnormen unter Datenschutz-Grundverordnung und Bundesdatenschutzgesetz 2018

Kevin Leibold

Fachmedien Recht und Wirtschaft | dfv Mediengruppe | Frankfurt am Main

**Bibliografische Information Der Deutschen Nationalbibliothek**

Die Deutsche Nationalbibliothek verzeichnet diese Publikation in der Deutschen Nationalbibliografie; detaillierte bibliografische Daten sind im Internet über http://dnb.de abrufbar.

ISBN 978-3-8005-1952-1

dfv Mediengruppe



www.ruw.de



Druck: Beltz Grafische Betriebe GmbH, 99947 Bad Langensalza

Printed in Germany

# Vorwort

Die vorliegende Arbeit hat im Jahr 2024 der Juristischen Fakultät der Universität des Saarlandes als Dissertation vorgelegen. Sie wurde im Juli 2023 eingereicht und wurde im Mai 2024 offiziell abgeschlossen; neuere Literatur und Rechtsprechung konnte teilweise noch bis Ende Mai 2024 berücksichtigt werden.

Ich danke meinen Eltern, meinem Bruder, meinen Freunden und insbesondere meiner Verlobten Daniela, die mich bei dieser Arbeit immer unterstützt und begleitet haben. Ihre Geduld und ihr Zuspruch haben mir in schwierigen Zeiten viel Kraft gegeben und waren für den erfolgreichen Abschluss dieser Dissertation von unschätzbarem Wert.

Mein besonderer Dank gilt meinem Doktorvater und Erstgutachter, Herrn Prof. Dr. Stephan Weth, dessen fachliche Kompetenz und kontinuierliche Unterstützung maßgeblich zum Gelingen dieser Arbeit beigetragen haben. Ebenso danke ich meinem Zweitkorrektor Prof. Dr. Michael Anton für die zügige Zweitkorrektur.

Köln, im Juni 2024 Kevin Leibold

# Inhaltsübersicht

# Inhaltsverzeichnis

# Abkürzungsverzeichnis

| | |
|---|---|
| aA | andere Ansicht |
| abgedr. | abgedruckt |
| ABl. | Amtsblatt der Europäischen Union |
| Abs. | Absatz |
| aE | am Ende |
| AE | Arbeitsrechtliche Entscheidungen |
| AEUV | Vertrag über die Arbeitsweise der Europäischen Union |
| a. F. | alte Fassung |
| AfP | Zeitschrift für das gesamte Medienrecht |
| AGG | Allgemeines Gleichbehandlungsgesetz |
| Alt. | Alternative |
| AO | Abgabenordnung |
| AöR | Archiv des öffentlichen Rechts |
| Anm. | Anmerkung |
| AnwBl. | Anwaltsblatt |
| AP | Arbeitsrechtliche Praxis |
| ArbMedVV | Verordnung zur arbeitsmedizinischen Vorsorge |
| ArbSchG | Gesetz über die Durchführung von Maßnahmen des Arbeitsschutzes zur Verbesserung der Sicherheit und des Gesundheitsschutzes der Beschäftigten bei der Arbeit |
| ArbuR | Arbeit und Recht |
| ArbRB | Arbeits-Rechtsberater |
| Art. | Artikel |
| AuA | Arbeit und Arbeitsrecht |
| Aufl. | Auflage |
| BAG | Bundesarbeitsgericht |
| BAGE | Sammlung der Entscheidungen des Bundesarbeitsgerichts |
| BayLDA | Bayerisches Landesamt für Datenschutzaufsicht |
| BayLfD | Bayerischer Landesbeauftragte für den Datenschutz |
| BB | Betriebs-Berater |
| BC | Zeitschrift für Bilanzierung, Rechnungswesen & Controlling |

| | |
|---|---|
| BDSG | Bundesdatenschutzgesetz |
| BDSG-E | Bundesdatenschutzgesetzentwurf |
| BeckEuRS | Beck online Rechtsprechung des EuGH, EuG und EuGöD |
| Beck-OF | Beck´sche Online-Formulare |
| Beck-OK | Beck´sche Online-Kommentare |
| BeckRS | Beck-Rechtsprechung |
| Begr. | Begründung/Begründer |
| Besch. | Bescheid |
| Beschl. | Beschluss |
| BetrVG | Betriebsverfassungsgesetz |
| BetrVG-E | Entwurf des Betriebsrätemodernisierungsgesetzes |
| BGB | Bürgerliches Gesetzbuch |
| BGH | Bundesgerichtshof |
| BORA | Berufsordnung für Rechtsanwälte |
| BPersVG | Bundespersonalvertretungsgesetz |
| BRAK-Mitteilungen | Bundesrechtsanwaltskammer Mitteilungen – Zeitschrift für anwaltliches Berufsrecht |
| BSI | Bundesamt für Sicherheit in der Informationstechnik |
| BT-Drs. | Drucksache des Bundestages |
| BtMG | Gesetz über den Verkehr mit Betäubungsmitteln |
| BvD-News | Berufsverband der Datenschutzbeauftragten Deutschlands – News |
| BVerfG | Bundesverfassungsgericht |
| BVerwG | Bundesverwaltungsgericht |
| BVwG | Bundesverwaltungsgericht Republik Österreich |
| BZRG | Bundeszentralregistergesetz |
| bzw. | |
| CB | Compliance Berater |
| CCZ | Corporate Compliance Zeitschrift |
| c. i.c. | culpa in contrahendo |
| CR | Computer und Recht |
| CuA | Computer und Arbeit |
| DANA | Datenschutz Nachrichten |
| DB | Der Betrieb |

| | |
|---|---|
| ders. | Derselbe |
| d. h. | das heißt |
| Digma | Zeitschrift für Datenrecht und Informationssicherheit |
| DPC | Data Protection Commission |
| DS | Der Sachverständige |
| DSB | Datenschutzberater |
| DSB Österreich | Datenschutzbehörde Österreich |
| DSGVO | Datenschutz-Grundverordnung |
| DSGVO-E | Entwurf der Datenschutz-Grundverordnung |
| DStR | Deutsches Steuerrecht |
| dt. | Deutsch |
| DuD | Datenschutz und Datensicherheit |
| DVBl | Deutsches Verwaltungsblatt |
| EDSA | Europäischer Datenschutzausschuss |
| EDPB | European Data Protection Board |
| Elektron. | Elektronische |
| EMRK | Europäische Menschenrechtskonvention |
| engl. | Englisch |
| Entsch. | Entscheidung |
| ErwG | Erwägungsgrund |
| et al. | et alii (= unter anderem) |
| EuGH | Europäischer Gerichtshof |
| EuGHE | Entscheidungssammlung des EuGH |
| EuGRZ | Europäische Grundrechte-Zeitschrift |
| EuR | Europarecht |
| EUV | Vertrag über die Europäische Union |
| EuZA | Europäische Zeitschrift für Arbeitsrecht |
| EuZW | Europäische Zeitschrift für Wirtschaftsrecht |
| FA | Fachanwalt Arbeitsrecht |
| Fn. | Fußnote |
| franz. | |
| geä. | geändert |
| GesR | GesundheitsRecht |
| GewA | Gewerbearchiv |
| GewO | Gewerbeordnung |

| | |
|---|---|
| GG | Grundgesetz |
| ggü. | gegenüber |
| GK-ArbGG | Gemeinschaftskommentar zum Arbeitsgerichtsgesetz |
| GmbH | Gesellschaft mit beschränkter Haftung |
| GRCh | Grundrechtecharta der Union |
| GRUR | Gewerblicher Rechtsschutz und Urheberrecht |
| GRUR-Prax | Praxis im Immaterialgüter- und Wettbewerbsrecht |
| GRUR-RR | Gewerblicher Rechtsschutz und Urheberrecht – Rechtsprechungs-Report |
| GRUR-RS | Gewerblicher Rechtsschutz und Urheberrecht – Rechtsprechungssammlung |
| GWR | Gesellschafts- und Wirtschaftsrecht |
| HBDI | Hessischer Beauftragter für Datenschutz und Informationsfreiheit |
| HBG | Hessisches Beamtengesetz |
| HDSIG | Hessisches Datenschutz- und Informationsfreiheitsgesetz |
| HGB | Handelsgesetzbuch |
| hM | herrschende Meinung |
| HmbBfDI | Hamburgischer Beauftragter für Datenschutz und Informationsfreiheit |
| HPVG | Hessisches Personalvertretungsgesetz |
| Hrsg. | Herausgeber |
| Hs. | Halbsatz |
| ICO | Information Commissioner's Office |
| idF | in der Fassung |
| insb. | Insbesondere |
| InTeR | Informations- und Technikrecht |
| i. S. d. | im Sinne der/im Sinne des |
| ITRB | IT-Rechtsberater |
| i. V. m. | in Verbindung mit |
| jM | juris – Die Monatszeitschrift |
| JMG | Journal für Medizin- und Gesundheitsrecht (Inland) |
| Jura | Juristische Ausbildung |
| jurisPR-ArbR | juris PraxisReport Arbeitsrecht |
| jurisPR-DSR | juris PraxisReport Datenschutzrecht |

| | |
|---|---|
| jurisPR-ITR | juris PraxisReport IT-Recht |
| JuS | Juristische Schulung |
| jusIT | Zeitschrift für IT-Recht, Rechtsinformation und Datenschutz |
| JZ | Juristenzeitung |
| K&R | Kommunikation und Recht |
| Kap. | Kapitel |
| KDG | Gesetz über den Kirchlichen Datenschutz |
| KG | Kommanditgesellschaft |
| KOM | Europäische Kommission |
| KSzW | Kölner Schrift zum Wirtschaftsrecht |
| LAG | Landesarbeitsgericht |
| LfD | Landesdatenschutzbeauftragte/r |
| LfDI | Landesbeauftragter für Datenschutz und Informationsfreiheit |
| lit. | Litera |
| LTZ | Legal Tech – Zeitschrift für die digitale Rechtsanwendung |
| LuftSiG | Luftsicherheitsgesetz |
| m. | mit |
| MAH | Münchener Anwaltshandbuch |
| m. Anm. | mit Anmerkung |
| MedR | Medizinrecht |
| MHA | Münchener Handbuch zum Arbeitsrecht |
| MMR | MultiMedia und Recht |
| MPR | Medizinprodukterecht |
| m. w. N. | mit weiteren Nachweisen |
| NJOZ | Neue Juristische Online-Zeitschrift |
| NJW | Neue Juristische Wochenschrift |
| Nr. | Nummer |
| NVwZ | Neue Zeitschrift für Verwaltungsrecht |
| NVwZ-Extra | Neue Zeitschrift für Verwaltungsrecht – Extra |
| NZA | Neue Zeitschrift für Arbeitsrecht |
| NZA-RR | Neue Zeitschrift für Arbeitsrecht – Rechtsprechungs-Report |
| NZFam | Neue Zeitschrift für Familienrecht |

| | |
|---|---|
| NZI | Neue Zeitschrift für Insolvenz- und Sanierungsrecht |
| NZM | Neue Zeitschrift für Miet- und Wohnungsrecht |
| NZS | Neue Zeitschrift für Sozialrecht |
| öAT | Zeitschrift für das öffentliche Arbeits- und Tarifrecht |
| OGH | Oberste Gerichtshof |
| OHG | Offene Handelsgesellschaft |
| OVG | Oberverwaltungsgericht |
| PharmR | Pharma Recht |
| PinG | Privacy in Germany |
| PuR | Personal und Recht |
| RabelsZ | Rabels Zeitschrift für ausländisches und internationales Privatrecht |
| RdA | Recht der Arbeit |
| RdM | Recht der Medizin |
| RDV | Recht der Datenverarbeitung |
| Rn. | Randnummer |
| Rom-I-VO | Verordnung (EG) Nr. 593/2008 des Europäischen Parlaments und des Rates vom 17. Juni 2008 über das auf vertragliche Schuldverhältnisse anzuwendende Recht (Rom I) |
| Rs. | Rechtssache |
| RW | Rechtswissenschaft |
| Rz. | Randziffer |
| S. | Satz/Seite |
| SchiedsVZ | Zeitschrift für Schiedsverfahren |
| sog. | sogenannte/ sogenanntes |
| span. | Spanisch |
| SprAuG | Gesetz über Sprecherausschüsse der leitenden Angestellten |
| SR | Soziales Recht |
| St. Rspr. | Ständige Rechtsprechung |
| Teilurt. | Teilurteil |
| TVG | Tarifvertragsgesetz |
| u. | Und |
| ULD | Unabhängiges Landeszentrum für Datenschutz Schleswig-Holstein |

| | |
|---|---|
| Urt. | Urteil |
| v. | vom |
| v. a. | vor allem |
| v. d. | von dem/von der |
| Var. | Variante |
| VerfGH | Verfassungsgerichtshof |
| VGH | Verwaltungsgerichtshof |
| vgl. | Vergleiche |
| VK | Vergabekammer |
| VuR | Verbraucher und Recht |
| WissR | Zeitschrift für deutsches und europäisches Wirtschaftsrecht |
| WM | Zeitschrift für Wirtschafts- und Bankrecht |
| WP | Working Paper |
| WPg | Die Wirtschaftsprüfung |
| z. B. | zum Beispiel |
| ZD | Zeitschrift für Datenschutz |
| ZdiW | Zeitschrift für das Recht der digitalen Wirtschaft |
| ZeuP | Zeitschrift für europäisches Privatrecht |
| ZESAR | Zeitschrift für europäisches Sozial- und Arbeitsrecht |
| ZfA | Zeitschrift für Arbeitsrecht |
| Zfm | Zeitschrift für das Forderungsmanagement |
| ZHR | Zeitschrift für das gesamte Handelsrecht und Wirtschaftsrecht |
| ZIS | Zeitschrift für Internationale Strafrechtsdogmatik |
| Zit. | Zitiert |
| ZMV | Zeitschrift für die Praxis der Mitarbeitervertretung in den Einrichtungen der katholischen und evangelischen Kirche |
| ZJS | Zeitschrift für das Juristische Studium |
| ZRP | Zeitschrift für Rechtspolitik |
| ZTR | Zeitschrift für Tarif-, Arbeits- und Sozialrecht des öffentlichen Dienstes |
| ZUM | Zeitschrift für Urheber- und Medienrecht |
| ZUR | Zeitschrift für Umweltrecht |
| ZWE | Zeitschrift für Wohnungseigentumsrecht |

# Einleitung

Die vorliegende Arbeit beschäftigt sich mit der Verarbeitung personenbezogener Daten eines Bewerbers durch den Arbeitgeber.[1] Dazu werden die anwendbaren Erlaubnisnormen für die Rechtmäßigkeit der Verarbeitung personenbezogener Daten im privatwirtschaftlichen Bewerbungsverfahren dargestellt. Bewerber befinden sich gegenüber ihren möglichen Arbeitgebern (zutreffender: Beschäftigenden) in einer untergeordneten und daher schutzwürdigen Position. Die Gefahr, dass der zukünftige Arbeitgeber seine Bewerber ausforscht ist groß, da dieser ein Interesse daran hat, den Bewerber *„unter die Lupe*" zu nehmen.[2] Er hat im Gegensatz zum Bewerber die freie Wahl, welchen der Bewerber er in die nähere Auswahl nimmt, beziehungsweise als Arbeitnehmer beschäftigen wird. Dazu stehen unterschiedliche Instrumentarien zur Verfügung, wie er seinen *„Informationsdurst*" befriedigen kann. Gerade die Durchforstung des Internets und der sozialen Netzwerke bieten eine umfassende Informationsfülle über die potenziellen Bewerber. Um dem Informationsinteresse des Arbeitgebers nicht komplett ausgeliefert zu sein, kommen dem Bewerber viele datenschutzrechtliche Vorschriften zugute, die dem Interesse des Arbeitgebers entgegenstehen. Das Datenschutzrecht dient daher dem Ausgleich dieser gegensätzlichen Interessen. Die Bedeutung des Bewerberdatenschutzes zeigt sich in der Prüfpraxis des *Bayerischen Landesamtes für Datenschutzaufsicht*, welches einen seiner Schwerpunkte auf die Prüfung des Umgangs mit Bewerberdaten durch den Verantwortlichen gelegt hat.[3]

Zunächst wird ein allgemeiner Überblick über die Entwicklung des Beschäftigtendatenschutzes gegeben, dem sich eine Beschreibung über den Gang der nachfolgenden Darstellung anschließt.

## § 1 Entwicklung des Beschäftigtendatenschutzes

Die europäische Richtlinie 95/46/EG des Europäischen Parlaments und des Rats vom 24.10.1995 zum Schutz natürlicher Personen bei der Verarbeitung personenbezogener Daten und zum freien Datenverkehr (ABl. 1995 L 281, 31; im Folgenden: „*DSRL*") sah keine Erlaubnisnormen vor, die sich ausdrücklich auf den Beschäftigtendatenschutz bezogen. Vielmehr sorgte der deutsche Gesetzgeber mit § 32 BDSG a. F.[4], welcher auf Art. 1 Nr. 12 des Gesetzes zur Änderung datenschutzrechtlicher Vorschriften vom 14. August 2009 beruhte, dafür, dass

---

1 Im Folgenden wird zur Steigerung des Lesekomforts das generische Maskulinum verwendet. Es sind alle Formen jeglichen Geschlechts gemeint. Zudem wurden alle Internetquellen zuletzt aufgerufen am 31.05.2024.

2 *Bettinghausen/Wiemers*, DB 2018, 1277, 1278; *Temming*, in: Preis/Temming, Individualarbeitsrecht, Rn. 768.

3 *BayLDA*, Fragebogen Bewerberdaten.

4 BGBl. I S. 2814.

eine zentrale Norm für den Beschäftigtendatenschutz eingeführt wurde.[5] Diese Norm wurde über die Jahre von der deutschen Rechtsprechung und Literatur konkretisiert.

Die DSRL ist mit Wirkung vom 25. Mai 2018 von der Europäischen Datenschutz-Grundverordnung 2016/679/EU (im Folgenden: „*DSGVO*") aufgehoben worden (vgl. Art. 94 Abs. 1 DSGVO). Die DSGVO orientiert sich dabei überwiegend an den Regelungen der DSRL.[6] Als Verordnung hat sie nach Art. 288 Abs. 2 AEUV allgemeine Geltung, ist in allen ihren Teilen verbindlich und gilt unmittelbar in jedem Mitgliedstaat. Der europäische Gesetzgeber hat sich für die Rechtsform der Verordnung entschieden, damit ein „*gleichmäßiges und hohes Datenschutzniveau*" (vgl. ErwG 10 S. 1 DSGVO; im Folgenden; „*ErwG*") in der Union besteht und um „*in Europa einen digitalen Binnenmarkt ohne Grenzen zu schaffen*"[7]. Zu betonen ist allerdings, dass der Schutz der „*Daten*" nicht zum Gegenstand des Datenschutzrechts gehört. Vielmehr werden die Informationen über einen Menschen geschützt (vgl. auch die Definition in Art. 4 Nr. 1 DSGVO). Der Mensch soll demnach davor geschützt werden, dass der Mensch nicht durch Dritte übermäßig „*verdatet*" wird.[8]

Als Verordnung genießt die DSGVO Anwendungsvorrang gegenüber denjenigen nationalen Vorschriften, die der Verordnung entgegenstehen, unabhängig davon, ob es sich um einfaches Recht oder Verfassungsrecht handelt.[9] Dies bedeutet, dass das Unionsrecht im konkreten Fall vorrangig zu beachten ist, während das entgegenstehende nationale Recht unangewendet bleibt, aber nicht nichtig ist. Der DSGVO vorangestellt finden sich die Erwägungsgründe zur Verordnung i. S. d. Art. 296 Abs. 2 AEUV. Hier teilt der europäische Gesetzgeber die Gründe mit, welche Beweggründe den einzelnen Vorschriften zugrunde liegen. In einem Leitfaden des Europäischen Parlaments, Rats und Kommission heißt es: „*Die „Erwägungsgründe" sind jener Teil des Rechtsakts, der die Begründung enthält und zwischen den Bezugsvermerken und dem verfügenden Teil des Rechtsakts steht.*"[10] Die Erwägungsgründe sind rechtlich nicht verbindlich, können aber bei der Auslegung der Verordnung herangezogen werden. Stehen diese im Widerspruch zum verfügenden Teil der Verordnung, muss dieser Erwägungsgrund unbeachtlich bleiben.[11]

---

5 *Seifert*, in: Simitis, BDSG, § 32 Rn. 1.

6 *Roßnagel*, DuD 2018, 477, 478.

7 *Reding*, ZD 2012, 195, 196; *Wybitul/Rauer*, ZD 2012, 160.

8 *Selk*, in: Forgó et al., Datenschutz, Teil V, Kap. 3, Rn. 8 („Verdatungsschutz").

9 EuGH, Urt. v. 15.07.1964 – 6/64, Rn. 3, Slg. 1964, 1251, NJW 1964, 2371 – Costa/ENEL; EuGH, Urt. v. 17.12.1970 – 11/70, NJW 1971, 343. Umfassende Darstellung bei *Kruis*, Anwendungsvorrang; *Terhechte*, JuS 2008, 403 ff.

10 Gemeinsamer Leitfaden des Europäischen Parlaments, des Rates und der Kommission für Personen, die an der Abfassung von Rechtstexten der Europäischen Union mitwirken, 10.1.

11 EuGH, Urt. v. 19.11.1998 – C-162/97, Rn. 54, BeckRS 2004, 74578 – Nilsson ua. („Begründungserwägungen […] sind rechtlich nicht verbindlich und können nicht zur Rechtfertigung einer Abweichung von den Bestimmungen des betreffenden Rechtsak-

Ebenso wie die DSRL enthält auch die DSGVO keine expliziten Vorgaben für den Beschäftigtendatenschutz. Vielmehr sieht sie in Art. 88 DSGVO eine Spezifizierungsklausel vor, um den Mitgliedstaaten die Möglichkeit zu geben, die Datenverarbeitung[12] im Beschäftigtenkontext in spezifischeren Vorschriften regeln zu können. Vermehrt wird allerdings nicht von einer Spezifizierungsklausel, sondern von einer Öffnungsklausel, Ausfüllungsermächtigung bzw. Eröffnungsklausel gesprochen.[13] Der EuGH spricht ebenfalls von einer Öffnungsklausel.[14] Dieser Begriff wird in der vorliegenden Arbeit nicht verwendet, da den Mitgliedstaaten gerade keine Öffnung bzw. kein Ermessensspielraum bezüglich der DSGVO gegeben wird, sondern die DSGVO in diesem Bereich nur spezifiziert werden soll.[15] Die DSGVO selbst verwendet diesen Begriff nicht. Der Begriff der Öffnungsklausel suggeriert, dass es dem nationalen Gesetzgeber freisteht, von den Grundsätzen der DSGVO vollständig nach oben oder unten abweichen zu können. Dies ist, wie noch gezeigt wird, nicht der Fall.[16] Bei den Spezifizierungsklauseln handelt es sich um die Möglichkeit für die Mitgliedstaaten, Vorgaben der DSGVO durch nationale Vorschriften zu ersetzen, zu ergänzen oder näher zu konkretisieren.[17] Es besteht somit grundsätzlich eine Regelungsoption, die es den Mitgliedstaaten ermöglicht, einen eigenen Regelungsbereich für die Verarbeitung von Beschäftigtendaten zu eröffnen.[18] Wie weit dieser Spielraum reicht, wird noch näher behandelt werden (vgl. Zweiter Teil, § 6, C., II., 1., c., bb.).

Der deutsche Gesetzgeber hat die Spezifizierungsklausel des Art. 88 Abs. 1 DSGVO genutzt und § 26 BDSG erlassen, der mit „*Datenverarbeitung für Zwecke des Beschäftigungsverhältnisses*" betitelt ist. Die Vorschrift gehört zu dem am 25.05.2018 in Kraft getretenen Datenschutz-Anpassungs- und Umsetzungsgesetz-EU (DSAnpG-EU – Gesetz zur Anpassung des Datenschutzrechts an die Verordnung (EU) 2016/679 und zur Umsetzung der Richtlinie (EU) 2016/680) vom 30.06.2017 (BGBl. I. 2097). Da es sich bei Art. 88 Abs. 1 DSGVO um eine fakultative Spezifizierungsklausel („*können*") handelt, war der deutsche Ge-

---

tes angeführt werden"); EuGH, Urt. v. 24.11.2005 – C-136/04, Rn. 32, BeckRS 2005, 70929 – Deutsches Milch-Kontor.

12 *Rüpke*, in: Rüpke et al., Datenschutzrecht, § 12 Rn. 6 („Informationsverarbeitung").

13 *Faas*, jM 2019, 454, 455; *Hodis-Mayer*, RDV 2019, 164; *Kühling/Martini et al.*, DSGVO, S. 1; *Pötters*, in: Gola/Heckmann, DSGVO/BDSG, Art. 88 DSGVO, Rn. 9; aA wie hier *Helfrich*, Datenschutzrecht, Einführung, XV, XXIV; *Raji*, ZD 2019, 61, 63; *Selk*, in: Ehmann/Selmayr, Art. 88 Rn. 1; *Selmayr*, ZD-Aktuell 2016, 04206.

14 EuGH, Urt. v. 30.3.2023 – C-34/21, Rn. 52, NZA 2023, 487 m. Anm. Meinecke.

15 Zutreffend BVerfG, Beschl. v. 06.11.2019 – 1 BvR 276/17, Rn. 41, EuZW 2019, 1035 – Recht auf Vergessen II (Öffnungen durchbrechen nicht die Vereinheitlichung des Datenschutzrechts); OVG Lüneburg, Beschl. v. 19.01.2021 – 11 LA 16/20, Rn. 38, BeckRS 2021, 555; *Mittelberger*, digma 2018, 178, 180.

16 Ebenso *Selmayr/Ehmann*, in: Ehmann/Selmayr, Einleitung, Rn. 89.

17 *Heckmann/Scheurer*, in: Heckmann/Paschke, Internetrecht, Kap. 9, Rn. 73; *Laue*, ZD 2016, 463, 464; *Plath*, in: Plath, § 1 BDSG, Rn. 35 ff.

18 *Roßnagel*, in: Roßnagel, DSGVO, § 1 Rn. 49.

setzgeber nicht gezwungen, diese Regelung zu treffen.[19] Die Vorschrift ändert den § 32 BDSG a.F. in einzelnen Punkten, wird aber weitestgehend durch § 26 BDSG fortgeführt und abgelöst.[20]

Durch die Nutzung der Spezifizierungsklausel wird es im Bereich des Beschäftigtendatenschutzrechtes einen Flickenteppich von verschiedenen nationalen Vorschriften geben, was dem Sinn einer Vereinheitlichung und einer „*unionsweit gleichmäßig(en) und einheitlich(en) (Anwendung)*“ (vgl. ErwG 10 S. 2) widerspricht. „*Eine umfassende und in sich geschlossene gesetzliche Regelung des Beschäftigtendatenschutzes gibt es […] weiterhin nicht*“, wie *Wedde* zutreffend ausführt.[21] Es bleibt vielmehr dabei, dass die nationalen Gegebenheiten beachtet werden müssen, obwohl nach derzeitigem Stand kaum ein anderer Mitgliedstaat nationale Regelungen zum Beschäftigtendatenschutz erlassen hat.[22] Man kann auch von einer „*Ko-Regulierung des Datenschutzes*“ durch die Europäische Union und den Mitgliedstaaten sprechen, sodass eine Vereinheitlichung des Beschäftigtendatenschutzrechts nach *Roßnagel* nicht erfolgt ist.[23] Zwar gibt es auf europäischer Ebene Bestrebungen für eine Richtlinie zum Beschäftigtendatenschutz, jedoch kann nach derzeitigem Stand nicht mit einem schnellen Ergebnis gerechnet werden.[24] Auch ein Positionspapier aus dem deutschen Arbeits- und dem Innenministerium sowie der Bundesregierung zeigt, dass der deutsche Gesetzgeber gewillt ist, ein deutsches Beschäftigtendatenschutzgesetz auf den Weg zu bringen.[25] Da die Datenverarbeitungsvorgänge im Beschäftigtenkontext rund die Hälfte aller Datenverarbeitungsvorgänge in der Privatwirtschaft ausmachen, ist es unerlässlich, klare Regelungen bezüglich der Verarbeitung personenbezogener Daten im Beschäftigungskontext zu haben.[26]

---

19 *Conrad/Treeger*, in: Auer-Reinsdorff/Conrad, IT- und Datenschutzrecht, § 34 Rn. 74; *Plath*, in: Plath, § 1 BDSG, Rn. 36.

20 *Hanloser*, in: Forgó et al., Datenschutz, Teil V, Kap. 1, Rn. 41 („nostalgische Beharren auf den missglückten § 32 Abs. 1 BDSG a.F.“).

21 *Wedde*, in: v.d. Bussche/Voigt, Konzerndatenschutz, Teil 3, Kap. 6, Rn. 7.

22 *Taeger*, BB 2019, I (8 Staaten mit Vorschriften zur Videoüberwachung am Arbeitsplatz).

23 *Roßnagel*, DuD 2018, 477, 481.

24 *Selmayr/Ehmann*, in: Ehmann/Selmayr, 2. Aufl., Einführung, Rn. 104.

25 Bundesregierung, Fortschritt durch Datennutzung – Strategie für mehr und bessere Daten für neue, effektive und zukunftsweisende Datennutzung, Stand: 30.08.2023, S. 21, https://tinyurl.com/yekuyrjm; *Rusch*, Beschäftigtendatenschutz – Das könnte das Beschäftigtendatenschutzgesetz regeln, 14.04.2023, https://tinyurl.com/3xtwryad.

26 *Schuler/Weichert*, Beschäftigtendatenschutz, S. 3, 19 ff.; *Tiedemann*, ArbRB 2016, 334.

# § 2 Gang der Darstellung

Die vorliegende Arbeit untersucht, welche datenschutzrechtlichen Erlaubnisnormen für die Verarbeitung personenbezogener Daten in der Bewerbungsphase zum Tragen kommen.

Im ersten Teil der Arbeit wird das Bewerbungsverfahren dargestellt und auf welche Art und Weise Bewerbungen in der Praxis typischerweise eingereicht werden. In diesem Zusammenhang wird auf die Frage nach einer Verschlüsselungspflicht im Rahmen der E-Mail-Kommunikation bzw. auf einer Webseite eingegangen. Es wird die Frage untersucht, ob für den Arbeitgeber als Verantwortlicher die Pflicht besteht, die elektronische Kommunikation mit dem Bewerber zu verschlüsseln. Auf der anderen Seite stellt sich die Frage, ob der Bewerber mittels einer Einwilligung in der Lage ist, diese Datensicherheitsmaßnahme zu unterbinden.

Sodann sollen im zweiten Teil die rechtlichen Rahmenbedingungen vorgestellt werden. Dazu werden die zeitlichen, persönlichen, sachlichen und räumlichen Anwendungsbereiche der DSGVO sowie des BDSG vorgestellt. Weiterer Schwerpunkt dieses Teils bildet das Problem der sog. aufgedrängten Informationen und die Frage, ob solche Informationen, die ein Bewerber unaufgefordert übermittelt, als Erhebung beziehungsweise als Verarbeitung im Sinne der DSGVO anzusehen sind. Darüber hinaus wird das Tatbestandsmerkmal des *„Dateisystems“* näher untersucht. Im Rahmen des sachlichen Anwendungsbereichs des BDSG erfolgt eine vertiefte Auseinandersetzung mit der sog. Spezifizierungsklausel des Art. 88 DSGVO. Hierbei wird auf die verschiedenen Tatbestandsmerkmale der Norm eingegangen. Insbesondere die Frage, welchen Handlungsspielraum das Merkmal der *„spezifischeren Vorschriften“* eröffnet, wird untersucht. Dabei wird dargestellt, welche Möglichkeiten diese Vorschrift bietet, da dieser Dreh- und Angelpunkt für die rechtliche Einordnung des § 26 BDSG ist. Der zweite Teil schließt mit den räumlichen Anwendungsbereichen von DSGVO und BDSG ab. Gerade dieses Verhältnis wirft schwierige Abgrenzungsfragen auf, die es näher zu untersuchen gilt.

Der dritte Teil geht den grundlegenden Datenverarbeitungsgrundsätzen i. S. d. Art. 5 Abs. 1 DSGVO nach, die in der Bewerbungsphase eine besondere Bedeutung erlangen. Ein wesentlicher Schwerpunkt erlangt der Grundsatz der Zweckbindung sowie dessen Zweckänderung nach Art. 6 Abs. 4 DSGVO. Es ist umstritten, ob Art. 6 Abs. 4 eine eigenständige Erlaubnisnorm neben Art. 6 Abs. 1 DSGVO darstellt. Weiterhin wird der Grundsatz der Speicherbegrenzung untersucht. Hierbei ist die Frage zu klären, welche Frist für die Speicherung von Bewerbungsunterlagen einzuhalten ist. Hierzu wird dargestellt, welche rechtlichen Vorgaben der Arbeitgeber zu beachten hat und welche gesetzlichen Fristen eingehalten werden müssen. Schließlich wird dem aus dem BDSG a. F. bekannten Grundsatz der Direkterhebung nachgegangen und die Frage untersucht, ob dieser Grundsatz auch unter der Geltung der DSGVO weiterhin Bestand haben wird. Abschließend erfolgt eine Untersuchung dahingehend, welche rechtlichen

Folgen es nach sich zieht, wenn gegen die Grundsätze der Datenverarbeitung verstoßen wird.

Im vierten Teil der Untersuchung wird dargestellt, welche datenschutzrechtlichen Erlaubnisnormen bei der Erhebung personenbezogener Bewerberdaten in Betracht kommen können. Dabei wird der rechtliche Charakter § 26 BDSG herausgearbeitet und überprüft, ob die Norm den Anforderungen des Art. 88 DSGVO gerecht wird. Dabei wird sich dem Problem angenommen, ob der nationale Gesetzgeber über die Spezifizierungsklausel des Art. 88 DSGVO überhaupt rechtlich imstande ist, neben den Erlaubnisnormen der DSGVO, eigenständige nationale Erlaubnisnormen im Bereich des Beschäftigtendatenschutzes zu schaffen. Wesentliches Merkmal aller Erlaubnisnormen, mit Ausnahme der Einwilligung, ist das Tatbestandsmerkmal der „*Erforderlichkeit*“. Dieses Merkmal ist auslegungsbedürftig und wird auf ihren Bedeutungsgehalt geprüft. Hier stellt sich insbesondere die Frage, ob das Fragerecht des Arbeitgebers, welches maßgeblich durch die Rechtsprechung geprägt wurde, auch unter der Geltung der DSGVO weiter herangezogen werden kann. Die Verarbeitung von Bewerberdaten erfolgt nicht nur vom Arbeitgeber. Vielmehr werden die Bewerbungsunterlagen auch den Betriebsräten übermittelt, da diesen nach dem BetrVG Überwachungs- und Mitbestimmungsrechten zusteht. Aus diesem Grund wird gezeigt, auf welcher rechtlichen Grundlage eine Übermittlung an den Betriebsrat erfolgt und welchen rechtlichen Grenzen die Betriebsräte bei der Verarbeitung personenbezogener Bewerberdaten unterliegen. In diesem Zusammenhang ist auf die Kollektivvereinbarung als weitere mögliche Erlaubnisnorm unter der DSGVO einzugehen. Während unter dem BDSG a. F. anerkannt war, dass solche Kollektivvereinbarungen als datenschutzrechtliche Erlaubnisnormen fungieren konnten, ist unter der Geltung der DSGVO diesbezüglich ein Streit entbrannt. Die Frage, ob Kollektivvereinbarungen auch weiterhin eine Erlaubnisnorm für die Verarbeitung von personenbezogenen Daten darstellen können, wird nachgegangen. Insbesondere ist fraglich, ob eine Betriebsvereinbarung Wirkung für den Bewerber entfaltet. Als weiterer Schwerpunkt wird die Einwilligung des Bewerbers und dessen Wirksamkeitsvoraussetzungen untersucht. Fraglich ist, ob eine Einwilligung im Falle des Vorliegens einer gesetzlichen Erlaubnisnorm wirksam eingeholt werden kann und welche rechtlichen Konsequenzen der Widerruf auf das Abstellen von gesetzlichen Erlaubnisnormen hat. Als weitere relevante Erlaubnisnormen werden die Interessenabwägung und der Auftragsverarbeitungsvertrag besprochen. Abschließend wird dargestellt, in welchem Verhältnis die verschiedenen Erlaubnisnormen zueinanderstehen.

Der fünfte Teil dieser Arbeit befasst sich mit der Verarbeitung besonderer Kategorien personenbezogener Daten nach Art. 9 DSGVO. Auch im Rahmen der Bewerbungsphase können besondere Kategorien personenbezogener Daten verarbeitet werden. So sind Fragen nach dem Gesundheitszustand des Bewerbers oder der Zugehörigkeit zu einer Gewerkschaft im Bewerbungsgespräch denkbar. In diesem Kontext wird untersucht, wie weit der Begriff der besonderen Kategorien personenbezogener Daten reicht und ob das rein tatsächliche Vorliegen dieser Datenkategorien bereits die Einschlägigkeit des Art. 9 DSGVO auslöst. Nachfolgend wird auf den in der datenschutzrechtlichen Literatur vorherrschenden Streit eingegangen, in welchem Verhältnis die datenschutzrechtlichen Ausnahmetatbestände des Art. 9 Abs. 2 DSGVO zu den allgemeinen Erlaubnisnormen des Art. 6 Abs. 1 DSGVO stehen. Hier stellt sich die Frage, ob die Normen in Art. 9 Abs. 2 DSGVO eigenständige Erlaubnisnormen für die Verarbeitung besonderer Kategorien personenbezogener Daten darstellen oder, ob zusätzlich eine Erlaubnisnorm nach Art. 6 Abs. 1 DSGVO erforderlich ist. Anschließend werden die relevanten Ausnahmetatbestände des Art. 9 Abs. 2 DSGVO für die Bewerbungsphase vorgestellt. Hier spielt insbesondere der Ausnahmetatbestand der offensichtlich öffentlich gemachten Daten eine für die Praxis wichtige Rolle. Die Nutzung des Internets bietet dem Arbeitgeber die Möglichkeit, umfassende Informationen über den Bewerber in sozialen Netzwerken und Suchmaschinen frei zugänglich zu erlangen. In diesem Zusammenhang wird untersucht, wie weit dieser Ausnahmetatbestand auszulegen ist und welchen Schranken der Arbeitgeber im Rahmen der Online-Suche unterliegt. Die Frage, ob dieser Ausnahmetatbestand im Wege eines Erst-Recht-Schluss auch für die normalen personenbezogenen Daten gilt, wird im Rahmen des vierten Teils nachgegangen. Schließlich sollen einzelne Verarbeitungssituationen im Rahmen der Bewerbungsphase vorgestellt und geprüft werden, welche Erlaubnisnormen in den einzelnen Situationen in Betracht gezogen werden können und wie ein datenschutzkonformer Umgang mit den personenbezogenen Daten des Bewerbers gewährleistet werden kann. Eng mit der Verarbeitung besonderer Kategorien personenbezogener Daten verbunden, ist die Verarbeitung von personenbezogenen Daten über Straftaten. Arbeitgeber sind daran interessiert, über mögliche Vorstrafen der Bewerber unterrichtet zu sein. Die DSGVO normiert in Art. 10 DSGVO einen eigenständigen Artikel zu der Verarbeitung personenbezogener Daten über Straftaten und strafrechtliche Verurteilungen. Es wird dargestellt, welche Anforderungen zukünftig an die Verarbeitung dieser Datenkategorie gestellt werden und ob es weiterhin zulässig ist, diese Daten im Rahmen der Bewerbungsphase zu verarbeiten.

Das Ende der Untersuchung schließt mit einem zusammenfassenden sechsten Teil und einem Ausblick ab.

# Erster Teil: Das Bewerbungsverfahren

Der erste Teil dieser Arbeit stellt das Bewerbungsverfahren vor. Die Phase, die dem Bewerbungsverfahren vorausgeht, wird Personalplanung genannt, die sich wiederum in verschiedene Teilbereiche untergliedert.[1] Bei dem Bewerbungsverfahren handelt es sich um die Phase, die im Vorfeld des Abschlusses eines Arbeitsvertrages besteht und später in ein Arbeitsverhältnis münden soll. *Haase/Herrmann/Rottwinkel* beschreiben die Bewerbungsphase wie folgt: „*Die Bewerbungsphase beginnt üblicherweise mit der Ankündigung oder Absichtserklärung eines potentiellen Arbeitgebers, zukünftig eine Person zu beschäftigen, oder mit der Absichtserklärung eines potentiellen Beschäftigten, zukünftig seine Arbeitskraft bereit zu stellen*"[2]. Es handelt sich um die erste Stufe, die ein Beschäftigter durchlaufen muss, um in ein Arbeitsverhältnis eintreten zu können. In dieser Phase werden naturgemäß viele personenbezogene Daten über den Bewerber verarbeitet. Der Arbeitgeber, der sich mehrere Jahre an einen Bewerber bindet, hat ein berechtigtes Interesse zu erfahren, was für einen Bewerber er einstellen wird. Nachdem sowohl dem Bewerber als auch dem Arbeitgeber an einem Arbeitsvertrag gelegen ist, beginnt die Einstellungsphase als zweite Phase zu laufen. Diese Phase wird durch die Einstellung oder die Ablehnung des Bewerbers beendet.[3]

Im Rahmen der Digitalisierung wird es in Zukunft immer weniger Bewerbungen per Post oder per Fax geben, sodass grundsätzlich vieles „*online*" ablaufen wird. Auch die persönliche Vorstellung wird immer weiter in den Hintergrund rücken, da die Arbeitgeber heutzutage die Bewerbungsunterlagen im Vorfeld erhalten möchten und zudem vermehrt auf Videointerviews zurückgreifen.[4] Im Folgenden werden anhand von Beispielen verschiedene Formen, wie eine Bewerbung eingereicht werden kann, näher beleuchtet.

---

1 Näher hierzu *Weth*, in: Weth et al., Daten- und Persönlichkeitsschutz, B., I., Rn. 3 ff. (Unterscheidung zwischen Personalbedarfsplanung, Personalbeschaffungsplanung, Personaleinsetzplanung, Personalentwicklungsplanung und der Personalfreisetzung). Vgl. auch BAG, Urt. v. 12.03.2019 – 1 ABR 43/17, Rn. 21, NZA 2019, 1153.

2 *Haase/Heermann/Rottwinkel*, DuD 2011, 83.

3 *Schmidt*, DuD 2010, 207, 209; von einem weiten Begriff ausgehend *Möhren*, in: Hümmerich et al., Arbeitsrecht, § 3 Rn. 1 („von der Stellenausschreibung über die Bewerbung, die Personalauswahl, die Mitbestimmung des Betriebsrats bis hin zum Abschluss des Arbeitsvertrages").

4 Bitkom, Zwei von drei Personalern informieren sich online über Bewerber, https://tinyurl.com/y4ry66n2; Universität Bamberg, Bewerbung der Zukunft 2017, https://tinyurl.com/y32d2lo4; Universität Bamberg, Recruiting Trends 2018, https://tinyurl.com/vasaa4y.

# §3 Initiativbewerbungen und Stellenausschreibungen

Zunächst ist auf die Initiativbewerbung hinzuweisen. Bei der Initiativbewerbung hat der zukünftige Arbeitgeber keine Stellenanzeige oder eine sonstige Anzeige geschaltet, dass er auf der Suche nach neuen Beschäftigten sei. Vielmehr hat der Arbeitgeber seinerseits keinen Anlass gegeben, dass er mit der Zusendung einer Bewerbung rechnet. Der Bewerber hat vielmehr aus Eigeninitiative seine Bewerbung dem Arbeitgeber zukommen lassen, um sein Interesse zu bekunden, in dessen Unternehmen arbeiten zu wollen. Es handelt sich demnach um eine unverlangt zugesandte Bewerbung.[5] *Schneider* umschreibt die Initiativbewerbung als eine „*Sonderform der Bewerbung*".[6] Potenzielle Arbeitgeber sind nach Auffassung des *Thüringer Landesbeauftragten für den Datenschutz und die Informationsfreiheit* grundsätzlich nicht verpflichtet, Initiativbewerbungen per E-Mail entgegenzunehmen und zu berücksichtigen.[7]

Auf der anderen Seite gibt es Bewerbungen, die aufgrund von ausdrücklichen Stellenausschreibungen dem Arbeitgeber übermittelt werden. In diesem Fall hat der Arbeitgeber nach außen kundgetan, dass er auf der Suche nach neuen Beschäftigten ist und mit der Zusendung von Bewerbungsunterlagen rechnet. Hier erfolgt ein aktives Tätigwerden seitens des Arbeitgebers. Es handelt sich demnach um die Aufforderung des Arbeitgebers an eine Mehrzahl potentieller Interessenten, sich um einen Arbeitsplatz zu bewerben.[8] Die Stellenausschreibung kann insbesondere durch Zeitungs- und Onlineanzeigen erfolgen. So bieten mittlerweile viele berufliche soziale Netzwerke, wie zum Beispiel Xing, LinkedIn oder Legal Tribune Online, die Möglichkeit für Arbeitgeber, ihre Jobangebote gezielt an eine bestimmte Berufsgruppe zu richten. Bei Stellenausschreibungen muss § 11 AGG eingehalten werden, der den Arbeitgeber bei der Ausschreibung eines Arbeitsplatzes dazu verpflichtet, das Benachteiligungsverbot nach §7 AGG zu beachten. Wenn hingegen gezielt eine Person angesprochen wird, um ihr einen Arbeitsplatz anzubieten, spricht man von einem Stellenangebot.[9]

# §4 Social Media Recruiting

Aufgrund der Digitalisierung stehen den Arbeitgebern verschiedene Möglichkeiten zu, auf welche Weise sie Informationen über ihre Bewerber sammeln können. Der normale Lebenslauf reicht den meisten Arbeitgebern heutzutage nicht mehr aus. Aus diesem Grunde werden vermehrt die sozialen Netzwerke

---

5 *Weth*, in: Weth et al., Daten- und Persönlichkeitsschutz, B., I., Rn. 82.
6 *Schneider*, AuA 2015, 530.
7 *LfDI Thüringen*, 4. TB, S. 157.
8 *Thüsing*, in: Henssler et al., Arbeitsrecht, §611a BGB, Rn. 147; *Weth*, in: Weth et al., Daten- und Persönlichkeitsschutz, B., I., Rn. 8. Zur Definition der Ausschreibung i. S. d. §93 BetrVG BAG, Beschl. v. 23.02.1988 – 1 ABR 82/86, NZA 1988, 551.
9 *Böhm/Poppelreuter*, Personal Recruitment, Rn. 251.

bzw. Suchmaschinen genutzt, da die meisten Bewerber auch in einem sozialen Netzwerk angemeldet sein werden bzw. der Trend dazu geht, dass immer mehr Menschen sich in sozialen Netzwerken anmelden.[10] Auch für den Recruiting-Prozess wird vermehrt das Internet eingesetzt. Die gezielte Erhebung personenbezogener Daten von dem Bewerber über soziale Netzwerke und im Rahmen von Suchmaschinen wird als „*Social Media Recruiting*“, „*Pre-Employment Screening*“ oder „*Background-Check*“ bezeichnet.[11] Hier wird der Hintergrund eines potentiellen Arbeitnehmers vor dessen Einstellung überprüft, um ein Persönlichkeitsbild des Bewerbers zu erhalten und mitgeteilte Angaben zu verifizieren.[12] Zu den Maßnahmen der Überprüfungen gehören zum Beispiel die Verifizierung des Lebenslaufes bzw. der Zeugnisse, klassische Internetrecherchen oder Gesundheitschecks.[13] Als Grund für dieses „*digitale Suchen*“ wird oft die Verbesserung der Unternehmenssicherheit sowie die Risikominimierung bei der Personalauswahl angegeben.[14] Während diese Vorgehensweise gerade im angloamerikanischen Raum bereits gängige Praxis ist, ist dies im deutschen Raum derzeit noch nicht sehr verbreitet.[15] Laut einer Studie setzten 2014 nur 19% der befragten mittelständischen Unternehmen ein Pre-Employment Screening ein.[16] Dies wird sich in Zukunft allerdings massiv ausbreiten, da der Nutzen einer solche Recherche für die Arbeitgeber nicht zu unterschätzen ist. Nach einer Studie des Bundesministeriums für Ernährung, Landwirtschaft und Verbraucherschutz aus dem Jahr 2009 gilt der Trend, dass, je mehr Arbeitnehmer ein Unternehmen hat, desto häufiger wird im Bewerbungsverfahren in sozialen Netzwerken recherchiert.[17]

10 *Bitkom e. V.*, Social-Media-Trends 2018 (87% in sozialen Netzwerken angemeldet, https://tinyurl.com/3esrxrnn); *Brecht-Heitzmann*, in: Kohte/Absenger, FS Höland, S. 381 ff.; *Feldmann*, in: Forgó et al., Datenschutz, Teil XI, Kap. 4, Rn. 31 (59% der Personalentscheider suchen Informationen im Internet); *Frings/Wahlers*, BB 2011, 3126 (2009: Viertel der Unternehmen nutzt Internet; 36% nutzen soziale Netzwerke); *Melot de Beauregard/Gleich*, DB 2012, 2044 („74% der Internetnutzer mindestens in einem sozialen Netzwerk angemeldet“); *Ullrich*, ZMV 2018, 176 („Hang zur Ausforschung“).

11 *Göpfert/Koops*, ArbRAktuell 2018, 185; *Melot de Beauregard/Gleich*, DB 2012, 2044, 2045 („Backgroundscreening“); *Weth*, in: Weth et al., Daten- und Persönlichkeitsschutz, B., I., Rn. 96 (Background-Checks Online und Offline).

12 *Kania/Sansone*, NZA 2012, 360; *Melot de Beauregard/Gleich*, DB 2012, 2044, 2045; *Wisskirchen/Kies*, in: Tschöpe, Arbeitsrecht, 1. Teil, C., Rn. 128.

13 Studie der HR Personal Consulting GmbH im Juli 2016, Background Checks als Personalauswahlinstrument?, https://tinyurl.com/y4t9srv5.

14 *Kania/Sansone*, NZA 2012, 360; *Keber*, RDV 2014, 190, 191; *Thum/Szczesny*, BB 2007, 2405, 2406.

15 *Aszmons/Raben/Reimers*, DB 2018, 1593, 1594; *Ott*, MMR 2009, 158, 159.

16 *Schwarz*, ArbRAktuell 2018, 492; anders *Kazemi*, DSGVO, § 9 Rn. 28 (30%); *Thüsing/Traut*, in: Thüsing, Beschäftigtendatenschutz, § 14 Rn. 2 (40% hätten bereits Xing genutzt).

17 *BMEL*, Umfrage zu Haltung und Ausmaß der Internetnutzung; *Determann*, BB 2013, 181, 187; *Schiller*, in: Besgen/Prinz, Arbeiten 4.0, § 10 Rn. 6.

In erster Linie werden sich die Arbeitgeber über den Bewerber auf den berufsorientierten Netzwerken wie Xing oder LinkedIn informieren. Hierbei handelt es sich um Social Business Plattformen für Arbeitgeber und Arbeitnehmer, die im Berufsleben stehen oder gerade auf der Suche nach einer neuen Beschäftigung sind.[18] Ziel dieser Plattformen ist, sich auf dem Arbeitsmarkt präsentieren zu können und mit anderen Personen beruflichen Kontakt zu knüpfen. Hierzu ist es möglich, seinen beruflichen Werdegang in einer tabellarischen Form darzustellen sowie ein Profilbild oder Zeugnisse hochzuladen.[19] Diese beiden Plattformen fassen allein etwa 23 Millionen angemeldete Mitglieder und stellen die „*modernen Visitenkarten*" der Bewerber dar.[20]

Aber auch freizeitorientierte soziale Netzwerke wie Facebook, auf denen man üblicherweise viele private Informationen von sich preisgibt, werden gezielt von Arbeitgebern angesteuert. Dies liegt vor allem darin begründet, dass immer mehr potenzielle Bewerber aussagekräftige Informationen in diese sozialen Netzwerke einstellen, die sie sonst in Einstellungsgesprächen nicht von sich aus offenbaren würden. Manche Informationen sind aus Arbeitgebersicht allerdings so ausschlaggebend, dass diese Information dazu führt, dass man nicht in die engere Wahl gezogen wird (z. B. bestimmte politische Einstellung, Mitglied in der Gewerkschaft). Der Bewerber wird in den meisten Fällen den Grund für sein Nichtweiterkommen nicht erfahren. Aufgrund dieser neu erschaffenen Informationsquellen bedarf es einer rechtlichen Prüfung, ob solche personenbezogenen Daten, die zwangsläufig bei einer solchen Recherche erhoben werden, verarbeitet werden dürfen und falls ja, welche Anforderungen der Arbeitgeber zu beachten hat.

## § 5 Formen des Bewerbungsverfahrens

Es gibt verschiedene Formen, wie eine Bewerbung beim Arbeitgeber eingereicht werden kann beziehungsweise eingereicht wird. Je nach Verfahren, müssen unterschiedliche Schutzvorkehrungen getroffen werden. Nach einer repräsentativen Befragung des Bundesverbands Informationswirtschaft, Telekommunikation und neue Medien e. V. (Bitkom) von mehr als 850 Unternehmen in Deutschland setzen vier von zehn Unternehmen (42 Prozent) ausschließlich auf digitale Bewerbungsunterlagen.[21] Nach einer weiteren Studie des Bitkom verlangen 9 von 10 Personalern inzwischen digitale Bewerbungsunterlagen und nur noch 3 % der Arbeitgeber wünschen eine Bewerbung auf Papier.[22]

---

18 *Aszmons/Raben/Reimers*, DB 2018, 1593 („Karrierenetzwerke"); *Bissels/Lützeler/Wisskirchen*, BB 2010, 2433; *Forst*, NZA 2010, 427, 428.

19 *Kazemi*, DSGVO, § 9 Rn. 45.

20 *Aszmons/Raben/Reimers*, DB 2018, 1593.

21 *Bitkom e. V.*, Vier von zehn Unternehmen setzen ausschließlich auf digitale Bewerbungen, https://tinyurl.com/5n6p95r4.

22 *Bitkom e. V.*, Die Bewerbungsmappe ist tot, https://tinyurl.com/yxog735e.

Im Folgenden werden daher verschiedene Formen des digitalen Bewerbungsverfahrens behandelt. Es muss allerdings beachtet werden, dass sich auch alternative Wege etabliert haben, wie z. B. Bewerbungsvideos.[23]

## A. E-Mail

Die Einreichung der Bewerbung über die E-Mail-Adresse hat den Postversand weitgehend überholt.[24] Grund dafür dürfte vor allem sein, dass der Ablauf des Bewerbungsverfahrens durch den Versand von E-Mails schneller wird. Man spart Zeit und Geld, da durch den Postversand die Bewerbungsunterlagen ausgedruckt werden und dann diese Dokumente mit dem zu zahlenden Porto versandt werden müssen. Zudem besteht die Möglichkeit, mehrere Dateien in einer E-Mail zu verschicken. Bei der Zusendung von Bewerbungen über den E-Mail-Versand sollte sichergestellt werden, dass dafür separate E-Mail-Konten eingerichtet werden, aus der ersichtlich wird, dass auf diesem E-Mail-Account die Bewerbungen eingehen sollen (z. B. bewerbung@unternehmen.com).[25] Denn es besteht die Gefahr, dass die Bewerbung an eine dafür nicht gedachte E-Mail-Adresse geschickt wird (wie z. B. info@unternehmen.com) und Personen auf die Bewerbungsunterlagen zugreifen können, die keinen Zugriff auf diese Unterlagen haben sollten.

Im Folgenden wird darauf eingegangen, ob eine Verschlüsselungspflicht der E-Mails für den Arbeitgeber besteht und ob der Bewerber in einen unverschlüsselten E-Mail-Verkehr einwilligen kann.

### I. Bestehen einer Verschlüsselungspflicht?

Der Versand von Bewerbungen über eine E-Mail-Adresse lässt datenschutzrechtliche Fragestellungen aufkommen. Es wird davon ausgegangen, dass die Versendung von E-Mails grundsätzlich ein unsicheres Medium darstellt, da die Gefahr einer Ausspähung von Dritten bestehe.[26] Darum stellt sich die Frage, ob der Arbeitgeber als Verantwortlicher, der sich die Bewerbung per E-Mail zuschicken lassen möchte (d. h. es liegt eine konkrete Stellenausschreibung vor), verpflichtet ist, über eine E-Mail-Verschlüsselung mit dem Bewerber zu kommunizieren. Bei Initiativbewerbungen wird man eine solche Verschlüsselungspflicht

---

23 Spiegel, Per Video zur Jobzusage, https://tinyurl.com/wzesspt.

24 Heise online, Elektronische Bewerbung: WhatsApp statt Anschreiben, https://tinyurl.com/yxlcle3u; *Tausch/Tausch*, BC 2019, 32.

25 Ebenso *LfDI Thüringen*, 4. TB, S. 157 f.

26 *LfDI M-V*, 14. TB, S. 32; *Baldauf*, DS 2019, 130, 132; *Bergt*, CR 2014, 726, 727 („normale, unverschlüsselte E-Mail sei nicht sicherer als eine maschinenlesbare Postkarte"); *Lorenz*, DuD 2017, 757; *Schöttle*, BRAK-Mitteilungen 2018, 118; aA *Sorge*, FAZ-Online vom 17.09.2019, Fax schlägt E-Mail, https://tinyurl.com/y6gnyv6z. Vgl. *Kremer*, ITRB 2020, 35, 36, der die Kommunikationsschritte beim E-Mail-Versand aufzeigt.

grundsätzlich ablehnen müssen, da der Arbeitgeber nicht mit der Zusendung von Bewerberdaten rechnen muss.

Unter Verschlüsselung wird ein Vorgang verstanden, *„bei dem eine klar lesbare Information mit Hilfe eines kryptographischen Verfahrens in eine „unleserliche" Zeichenfolge umgewandelt wird*".[27] Dabei wird typischerweise zwischen der Transportverschlüsselung (Transport Layer Security), bei dem die Transportwege der E-Mail verschlüsselt wird, und der Ende-zu-Ende-Verschlüsselung (auch: Inhaltsverschlüsselung) unterschieden, bei der der gesamte Inhalt der E-Mail verschlüsselt und erst beim Empfänger wieder entschlüsselt wird.[28] Bei der Transportverschlüsselung erfolgt keine Verschlüsselung auf den Mail-Servern bzw. bei den Anwendern und ist daher nicht so sicher wie die Inhaltsverschlüsselung. Hier hat sich als Standard das Transport Layer Security-Protokoll (TLS) in der Version 1.2 etabliert, während bei der Ende-zu-Ende-Verschlüsselung sich sowohl der Standard S/MIME (Secure/Multipurpose Internet Mail Extensions, definiert in RFC 5751) und OpenPGP (Pretty Good Privacy, definiert in RFC 4880) etabliert hat, die dem Stand der Technik entsprechen.[29] Es ist fraglich, ob der Arbeitgeber eine solche Verschlüsselung einzusetzen hat.

## 1. Meinungsstand

Manche Stimmen lehnen eine Verschlüsselungspflicht ausdrücklich ab.[30] Stattdessen wird vorgeschlagen, dass ein PGP-Key (*„Pretty Good Privacy*") bereitgestellt werden sollte, bei dem es sich um eine spezielle Software zum Verschlüsseln von Daten insbesondere bei E-Mails handelt.[31] Dabei reiche grundsätzlich eine Schlüssellänge von 128 Bit aus, falls eine Verschlüsselung vorgenommen werden sollte.[32] Zur Begründung dieser Ansicht wird auf Art. 32 Abs. 1 lit. a DSGVO rekurriert. Dort wird als eine Maßnahme für die Sicherheit der Verarbeitung die Verschlüsselung personenbezogener Daten genannt. Ebenso besagt ErwG 83, dass der Verantwortliche zur Aufrechterhaltung der Sicherheit Maßnahmen, wie zum Beispiel die Verschlüsselung, ergreifen sollte. Die Verschlüsselung ist nur ein Beispiel, wie eine technisch-organisatorische Maß-

---

27 *Mantz*, in: Sydow, DSGVO/BDSG, Art. 32 DSGVO, Rn. 11; ähnlich *Laue/Nink/Kremer*, Datenschutzrecht, § 1 Rn. 27. Allgemein zu den Verfahren für die E-Mail-Verschlüsselung *Hemker*, DuD 2010, 626 ff.

28 *Bethke*, DStR 2019, 1228, 1229; *Keppeler*, CR 2019, 18, 19; *Kneuper/Macke*, DuD 2019, 76, 77, 79; *Kremer*, ITRB 2020, 35, 37; *Lorenz*, DuD 2017, 757, 759.

29 *Bundesverband*, Stand der Technik, S. 29; *DSK*, Übermittlung per E-Mail, S. 2; *LfDI M-V*, 14. TB, S. 32; *Schöttle*, BRAK-Mitteilungen 2018, 118.

30 *Eckhardt*, in: Rüpke et al., Datenschutzrecht, § 19 Rn. 21; *Laue*, in: Spindler/Schuster, Elektron. Medien, DSGVO, Art. 32 Rn. 12; *Piltz*, in: Gola/Heckmann, DSGVO/BDSG, Art. 32 DSGVO, Rn. 27; zurückhaltender *Keppeler*, CR 2019, 18, 21 („Art. 32 DSGVO [verbietet] pauschale Antworten"); *Schulz*, DSB 2019, 190, 192.

31 *Bergt*, in: Koreng/Lachenmann, 2018, H. I, 2., Anm. 8. Zur Funktionsweise des PGP-Keys *Schmid*, CR 1999, 609, 612; *Schmidl*, IT-Recht von A-Z, S. 201.

32 *Piltz*, in: Gola/Heckmann, DSGVO/BDSG, Art. 32 DSGVO, Rn. 27.

nahme bzw. die Sicherheit der Verarbeitung personenbezogener Daten aussehen kann. Der Verantwortliche kann auch andere Maßnahmen treffen, soweit die Datenschutzvorgaben der DSGVO erfüllt werden.[33] Es werde zudem im Gesetz nicht ausgeführt, welche Art von Verschlüsselung gemeint ist.

*Mantz* tendiert je nach den Umständen danach, die Verschlüsselung als Pflicht auszugestalten, obwohl auch hier eine Abwägung nach Art. 32 Abs. 1 DSGVO erfolgen muss.[34] Bei einem mittleren Risiko sollten die personenbezogenen Daten verschlüsselt werden. Argumentiert wird mit dem Wortlaut von Art. 32 Abs. 1 lit. a und d DSGVO im Vergleich zu den Buchstaben b und c, wonach bei der Verschlüsselung gerade nicht auf die Fähigkeit des Verpflichteten abgestellt wird.

Der Landesdatenschutzbeauftragte von Baden-Württemberg verlangt die Angabe einer Verschlüsselung.[35] Die Landesbeauftragte für Datenschutz und Informationsfreiheit von Nordrhein-Westfalen und der Landesbeauftragte für Datenschutz und Informationsfreiheit Mecklenburg-Vorpommern verlangen mindestens eine Transport-Verschlüsselung für den E-Mail-Verkehr und gegebenenfalls eine Ende-zu-Ende-Verschlüsselung, wenn besondere Kategorien personenbezogener Daten nach Art. 9 DSGVO vorliegen.[36] Der Thüringer Landesbeauftragte für den Datenschutz und die Informationsfreiheit fordert, dass der Arbeitgeber eine Verschlüsselung anbieten muss, wenn er zu einer E-Mail-Bewerbung aufruft.[37] Das Bayerische Landesamt für Datenschutzaufsicht geht davon aus, dass eine Transportverschlüsselung (z. B. TLS1.2) gegeben sein muss und zudem eine Inhaltsverschlüsselung (gemeint ist die Ende-zu-Ende-Verschlüsselung) vorzunehmen ist (z. B. PGP), wenn ein hohes Risiko für die Rechte und Freiheiten der betroffenen Person gegeben ist.[38] Dies soll auch dann gelten, wenn der Arbeitgeber nicht zur Zusendung von Initiativbewerbungen aufgefordert hat.[39]

---

33 *Roßnagel*, DuD 2018, 741, 745; *Wedde*, in: Däubler et al., Art. 32 DSGVO, Rn. 16.

34 *Mantz*, in: Sydow, DSGVO/BDSG, Art. 32 DSGVO, Rn. 11 („Schwelle für eine Verschlüsselungspflicht niedrig angesetzt"); ähnlich *Baldauf*, DS 2019, 130, 132 (DSGVO verlangt, dass Kommunikation per SSL/TLS verschlüsselt wird); *Benedikt/Buckel/Mammen*, DSGVO und ePrivacyVO, 91 (HTTPS und Inhaltsverschlüsselung); *Fritz/Prantl/Leinwather/Hofer*, SchiedsVZ 2019, 301, 307.

35 *LfDI BW*, Beschäftigtendatenschutz, S. 32.

36 *LfDI M-V*, 14. TB, S. 32 f.; *LfDI NRW*, E-Mail-Versand; *Block*, DuD 2019, 64; ebenso *Albers/Veit*, in: BeckOK DatenSR, BDSG, 48. Ed. 01.05.2024, § 22 Rn. 46; *Heckmann/Scheurer*, in: Gola/Heckmann, DSGVO/BDSG, § 22 BDSG, Rn. 68; *Kampert*, in: Sydow, DSGVO/BDSG, § 22 BDSG, Rn. 81; *Weichert*, in: Kühling/Buchner, § 22 BDSG, Rn. 38.

37 *LfDI Thüringen*, 1. TB, S. 216.

38 *BayLDA*, 8. TB, S. 94, 137. Vgl. auch Newsbox 8/2019 von Datakontext, S. 8, https://tinyurl.com/y69tfmos; ebenso *LfDI M-V*, 14. TB, S. 32.

39 AA *LfDI Thüringen*, 1. TB, S. 217.

Hingegen verneint die *Aufsichtsbehörde Österreich* eine Pflicht zur Verschlüsselung nach der DSGVO. Diese sei weder unmittelbar noch mittelbar aus der Verordnung ableitbar.[40] Die Frage nach der Verschlüsselung sei einzig nach Art. 32 DSGVO von dem Verantwortlichen zu beurteilen. Ähnlich argumentiert *Kremer*, wonach eine generelle Anordnung zur Verschlüsselung nicht existiert, sondern vielmehr im Einzelfall anhand des angemessenen Schutzniveaus nach Art. 32 Abs. 1 DSGVO sowie der Wahrung der Datenschutzgrundsätze nach Art. 25 Abs. 1 DSGVO bewertet werden muss, ob eine Verschlüsselung erforderlich ist.[41] Das VG Mainz meint, dass eine „*objektive Bewertung im jeweiligen Einzelfall hinsichtlich der Eintrittswahrscheinlichkeit und Schwere des Risikos für die Rechte und Freiheiten der betroffenen Person in Bezug auf die Art, den Umfang, die Umstände und die Zwecke der Verarbeitung durchzuführen*" ist. Dabei müsse eine Transportverschlüsselung gerade in den Fällen erfolgen, in denen Daten nach Art. 9 und 10 DSGVO betroffen sind.[42]

## 2. Stellungnahme

Ob eine Verpflichtung zur Verschlüsselung für den Arbeitgeber besteht, ist einzig anhand von Art. 32 DSGVO zu beurteilen. Gegen die Pflicht zur Verschlüsselung spricht zunächst der Wortlaut der Norm. Hiernach schließen Maßnahmen „*gegebenenfalls*" die Verschlüsselung ein. Durch die Berichtigung des Europäischen Rates vom 19.04.2018 (8088/18) wurde das Wort „*gegebenenfalls*" eingefügt. Dies stellt klar, dass die in Art. 32 DSGVO aufgezählten Maßnahmen nur Beispiele sind, wie die Sicherheit der Verarbeitung gewährleistet werden kann. Eine entsprechende Pflicht, gerade die Verschlüsselung personenbezogener Daten anzuwenden, besteht nach dem Wortlaut nicht.[43] Auch die englische („*as appropriate*") und französische Sprachfassung („*selon les besoins*") sprechen für das Verständnis, dass lediglich bei Bedarf entsprechende Maßnahmen zu ergreifen sind. Die Kommentierung von *Mantz* bezog sich auf den nicht berichtigten Art. 32 DSGVO, der das Wort „*gegebenenfalls*" nicht enthalten hatte und kann in diesem Zusammenhang nur noch begrenzte Aussagekraft haben. Auch die *Aufsichtsbehörde Österreich* hat in einem Bescheid vom 13.09.2018 klargestellt, „*dass aus der DSGVO kein Recht abzuleiten ist, wonach eine betroffene Person spezifische Datensicherheitsmaßnahmen i. S. v. Art. 32 DSGVO von einem Verantwortlichen verlangen könnte*".[44] Die Behörde stellt zutreffend dar, dass die Sicherheit der Verarbeitung von personenbezogenen Daten „*auf*

40 *DSB Österreich*, Besch. v. 16.11.2018, DSB-D213.692/0001-DSB/2018, S. 13, https://tinyurl.com/y3wh3a4w.

41 *Kremer*, ITRB 2020, 35, 37.

42 VG Mainz, Ur. v. 17.12.2020 – 1 K 778/19.MZ, Rn. 35 ff., BeckRS 2020, 41220.

43 So auch *Eckhardt*, in: Rüpke et al., Datenschutzrecht, § 19 Rn. 21; *Grimm/Kühne*, ArbRB 2018, 245, Fn. 18.

44 *DSB Österreich*, Beschl. v. 13.09.2018, DSB-D123.070/0005-DSB/2018, https://tinyurl.com/y3anc92a.

*mehrere Arten*“ gewährleistet werden kann. Eine ausdrückliche Pflicht, eine bestimmte Maßnahme (hier: Verschlüsselung) zu treffen, lässt sich aus dem Wortlaut der DSGVO gerade nicht herleiten. Art. 32 DSGVO bestimmt jedoch, dass der Stand der Technik, die Implementierungskosten, die Art, der Umfang und der Zweck der Verarbeitung sowie die unterschiedliche Eintrittswahrscheinlichkeit und die Schwere des Risikos für die Rechte und Freiheiten natürlicher Personen berücksichtigt werden müssen. Eine pauschale Aussage dahingehend, dass für jeden Verantwortlichen eine Verschlüsselungspflicht anzunehmen ist, kann nicht getroffen werden. Es ist vielmehr auf den Einzelfall abzustellen.[45] Dabei ist auch in die Beurteilung einzubeziehen, ob alle Beteiligten auf eine Verschlüsselung verzichten wollen.[46]

Es ist fraglich, ob und, falls ja, welche Art von Verschlüsselung heutzutage als Stand der Technik zu verstehen ist. Eine Definition des Begriffs „*Stand der Technik*“ ist in der DSGVO nicht enthalten. Der Stand der Technik lässt sich nicht statisch verstehen, sondern passt sich im Laufe der Zeit dem technischen Fortschritt an. Der Begriff ist dabei europarechtlich auszulegen und muss mit dem deutschen Verständnis nicht unbedingt übereinstimmen.[47] Als Stand der Technik sind „*diejenigen Technologien gemeint, die auf gesicherten Erkenntnissen beruhen und in der Praxis jeweils bereits zu ausreichendem Maß zur Verfügung stehen, um angemessen umgesetzt zu werden*“.[48] Ausgehend von dieser Definition wird in der Literatur und vom Bundesverband IT-Sicherheit e. V. (TeleTrusT) die Transportverschlüsselung in der Version 1.2 (definiert in RFC 5246) als Stand der Technik verstanden. Die Ende-zu-Ende-Verschlüsselung soll nur bei besonders schützenswerten Daten zum Einsatz kommen.[49] Dies bedeutet, dass eine Transportverschlüsselung zwingend eingesetzt werden muss. Hingegen ist eine Ende-zu-Ende-Verschlüsselung grundsätzlich als nicht verpflichtend anzusehen. Selbst wenn eine solche ausdrückliche Verschlüsselungspflicht aus der DSGVO nicht hergeleitet werden könnte, ist dennoch dringend zu empfehlen, zumindest eine Transportverschlüsselung für den Versand von E-Mails einzusetzen, was in der Vielzahl von Fällen bereits heute technisch umgesetzt wird. Das Abgreifen und Mitlesen von E-Mails ist bei einem unverschlüsselten Versand für potenzielle Hacker möglich, sodass ein entsprechendes Risiko für den Verlust der Daten bejaht werden kann. Kommt man zu dem Ergebnis, dass im Einzelfall eine Verschlüsselung erforderlich ist und der Verantwortliche diese Verschlüsselung nicht vorgenommen hat, kann die Aufsichtsbehörde wegen eines Verstoßes

45 Ebenso *Schnebbe*, DSB 2020, 297.

46 Ebenso *Kremer*, ITRB 2020, 35, 37 f. („Denn eine Pflicht zum aufgedrängten Schutz kennt die DSGVO nicht“; diese „Einwilligung“ soll eine Zustimmung i. S. d. § 182 Abs. 1 BGB darstellen und keine datenschutzrechtliche Einwilligung).

47 *Wolff*, K&R 2019, 537, 539.

48 *Hartung*, in: Kühling/Buchner, Art. 25 DSGVO, Rn. 21 m. w. N.

49 VG Mainz, Ur. v. 17.12.2020 – 1 K 778/19.MZ, Rn. 37, BeckRS 2020, 41220; *Bundesverband*, Stand der Technik, S. 29; *Kubach/Gutsche*, in: Taeger, DSRITB 2014, 585, 590; *Schöttle*, BRAK-Mitteilungen 2018, 118, 121; *Schulz*, DSB 2019, 190, 192.

gegen Art. 32 DSGVO ein Bußgeld nach Art. 83 Abs. 4 lit. a DSGVO verhängen. Zudem kann der Bewerber einen Anspruch auf Schadensersatz nach Art. 82 Abs. 1 DSGVO geltend machen.[50]

Unabhängig von der Frage, ob eine Verschlüsselungspflicht besteht, ist fraglich, ob die Verschlüsselung der Daten den Personenbezug der Information aufheben lässt.[51] Diese Frage hängt maßgeblich davon ab, ob man einen relativen oder absoluten Personenbezug zugrunde legt (vgl. Zweiter Teil, § 6, C., I., 1., b.). Es werden Überlegungen angestellt, dass für denjenigen, der den „*Schlüssel*" für die Entschlüsselung der Datei hat, der Personenbezug weiterhin besteht. Lediglich für denjenigen, der aufgrund der technischen Gegebenheiten keine Möglichkeit hat, auf den Inhalt des Datums zuzugreifen, könnte diese Information anonym und ein Personenbezug ausgeschlossen sein, wenn eine Identifizierung nur mit unverhältnismäßigem Aufwand möglich wäre.[52] Das Datenschutzrecht wäre für diese Person nicht anwendbar. Für den hier zu behandelten Fall hat diese Fragestellung keine Relevanz, da dem Bewerber nicht daran gelegen ist, eine verschlüsselte Datei an den potenziellen Arbeitgeber zu übermitteln, mit der dieser im Zweifel nichts anfangen kann. Erhält der Arbeitgeber zudem den Schlüssel für die Entschlüsselung der Datei, ist ein Personenbezug wiederhergestellt und das Datenschutzrecht ist anwendbar.

### II. Disponibilität von Datensicherheitsmaßnahmen

Es stellt sich weiterhin die Frage, ob der Bewerber darin einwilligen kann, dass die elektronische Kommunikation (z. B. E-Mail, Bewerbungsplattform) unverschlüsselt erfolgt. In diesem Fall würde sich für den Verantwortlichen das Problem der Verschlüsselung für die elektronische Kommunikation nur stellen, wenn ein Bewerber nicht in die unverschlüsselte Kommunikation einwilligt. Falls der Bewerber keine verschlüsselte Kommunikation wünscht, kann der Arbeitgeber im Vorfeld eine Einwilligung der potenziellen Bewerber einholen, dass keine verschlüsselte Kommunikation erfolgt. Da der verantwortliche Arbeitgeber im Voraus nicht weiß, ob der Bewerber eine verschlüsselte Kommunikation wünscht, ist er dennoch verpflichtet, zumindest die Möglichkeit der Verschlüsselung im Voraus anzubieten, damit der Bewerber entscheiden kann, ob eine Verschlüsselung erfolgen soll.

---

50 Übersicht zu gerichtlichen Entscheidungen: *Leibold*, ZD-Aktuell 2023, 01044.

51 *EDPB-EDPS*, 1/2019, S. 6 (Personenbezug annehmend); *Borges*, in: Borges/Meents, Cloud Computing, Kap. 3, § 6 Rn. 34 ff.; *Hilber*, in: Hilber et al., Deutsche Tochter, D., Rn. 22; *Kroschwald*, ZD 2014, 75, 78; *Piltz*, DSB 2019, 176 f.; *Spindler*, DB 2016, 937, 938.

52 *Kast*, in: Conrad/Grützmacher, FS Schneider, S. 1074, 1095; *Kühling/Klar*, NJW 2013, 3611, 3615; *Laue/Nink/Kremer*, Datenschutzrecht, § 1 Rn. 29; *Lorenz*, DuD 2017, 757, 759; *Splittgerber/Rockstroh*, BB 2011, 2179, 2181; *Wolff*, in: Pechstein et al., Frankfurter Kommentar, Art. 8 GRCh, Rn. 13; aA *Gosch*, Besondere Kategorien, S. 39; *Wagner/Blaufuß*, BB 2012, 1751.

Das Problem, welches bereits zu § 9 BDSG a. F. umstritten war[53], wird auch unter Geltung der DSGVO in der Literatur unter der Frage der Abdingbarkeit der Datensicherheitsmaßnahmen diskutiert.[54] Zum BDSG a. F. hatte die *Aufsichtsbehörde Hamburg* in einer Anfrage mitgeteilt, dass „*Betroffene [...] nicht darin einwilligen [können], dass ihre Daten ohne einen ausreichenden Schutz nach dem Stand der Technik verarbeitet werden*".[55] Hingegen wird für die Übermittlung einer verschlüsselten E-Mail keine Einwilligung der betroffenen Person für erforderlich gehalten.[56]

### 1. Nichtdisponibilität

Die Aufsichtsbehörde Österreich, die Landesbeauftragte für Datenschutz Schleswig-Holstein, die Landesbeauftragte für den Datenschutz und für das Recht auf Akteneinsicht Brandenburg, das Bayerische Landesamt für Datenschutzaufsicht, der Hessische Datenschutzbeauftragte, der Bundesbeauftragte für den Datenschutz und die Informationsfreiheit und auch manche Stimmen in der Literatur gehen davon aus, dass eine Einwilligung in die unverschlüsselte Übermittlung von personenbezogenen Daten nicht erteilt werden kann und demnach die Pflichten nach Art. 25 Abs. 1, 32 Abs. 1 DSGVO nicht disponibel sind.[57] Nach Ansicht der Datenschutzkonferenz beruhen die vom Verantwortlichen nach Art. 32 DSGVO vorzuhaltenden technischen und organisatorischen Maßnahmen auf objektiven Rechtspflichten, die nicht zur Disposition der Beteiligten stehen. Ein Verzicht dieser Maßnahmen ist auf Basis einer Einwilligung nach Art. 6 Abs. 1 S. 1 lit. a DSGVO nicht zulässig. Jedoch könne es jedoch unter Beachtung des Selbstbestimmungsrechts der betroffenen Person und der Rechte weiterer betroffener Personen in zu dokumentierenden Einzelfällen möglich

53 *Berliner Datenschutzbeauftragte*, Jahresbericht 2007, S. 154 (Disponibilität verneinend); *Karg*, in: BeckOK DatenSR, BDSG a. F., 23. Ed. 01.05.2017, § 9 Rn. 60 (Disponibilität verneinend); *Lotz/Wendler*, CR 2016, 31, 35 (Disponibilität bejahend).

54 Diese Frage zuletzt offenlassend VG Mainz, Ur. v. 17.12.2020 – 1 K 778/19.MZ, Rn. 42, BeckRS 2020, 41220.

55 *HmbBfDI*, Unverschlüsselte E-Mails bei Berufsgeheimnisträgern.

56 *Lorenz*, DuD 2017, 757, 759.

57 *BfDI*, Stellungnahme, S. 4; *BayLDA*, Newsbox 8/2019 von Datakontext, S. 8, https://tinyurl.com/y69tfmos; *DSB Österreich*, Besch. v. 16.11.2018, DSB-D213.692/0001-DSB/2018, S. 13, https://tinyurl.com/yxvp8wx5; dazu *Piltz/Pradel*, BvD-News 2/2019, 32 f.); *HBDI*, 48. TB, S. 69; *Kirchliche Datenschutzaufsicht*, Keine Abdingbarkeit von technischen und organisatorischen Maßnahmen, S. 2 f.; *LDA Brandenburg*, TB 2020, S. 45 (kein Verzicht auf Ende-zu-Ende-Verschlüsselung); *ULD Schleswig-Holstein*, 37. TB, S. 99; *Conrad/Treeger*, in: Auer-Reinsdorff/Conrad, IT- und Datenschutzrecht, § 34 Rn. 158; *Hansen*, in: Simitis et al., Datenschutzrecht, Art. 32 DSGVO, Fn. 17 (soll hM sein); *Jandt*, in: Kühling/Buchner, Art. 32 DSGVO, Rn. 40; *John/Schaller*, CR 2022, 156; *Kremer*, ITRB 2020, 35, 38; *Laue*, in: Spindler/Schuster, Elektron. Medien, DSGVO, Art. 32 Rn. 20 f.; *Schwartmann/Hermann*, in: Leupold et al., MAH IT-Recht, Teil 10.5, Rn. 79 (Verantwortlicher hat nur bzgl. der „Auswahl der Mittel" einen Entscheidungsspielraum).

sein, dass der Verantwortliche auf ausdrücklichen, eigeninitiativen Wunsch der informierten betroffenen Person bestimmte vorzuhaltende technische und organisatorische Maßnahmen ihr gegenüber in vertretbarem Umfang nicht anwendet.[58] Nach Kremer können sich jedoch die „*Umstände der Verarbeitung*“ i. S. d. Art. 32 Abs. 1 DSGVO ändern, sodass sich aus diesem Grund ergibt, dass eine Verschlüsselung nicht vorgenommen werden muss.

Als systematische Argumente werden vorgetragen, dass die Einwilligung nach Art. 6 Abs. 1 S. 1 lit. a DSGVO und Art. 9 Abs. 2 lit. a DSGVO eine Erlaubnisnorm für die Verarbeitung personenbezogener Daten sei und gerade keine Regelung für die Abweichung von Datensicherheitsmaßnahmen nach Art. 32 DSGVO. Die Einwilligung beziehe sich nur auf das „*Ob*“ der Verarbeitung, nicht aber auch auf das „*Wie*“ der Verarbeitung. Art. 32 DSGVO sehe gerade keine Abweichung vor und räume dem Gesetzgeber keinen eigenen Regelungsspielraum ein. Zudem konkretisiere die Vorschrift den Grundsatz nach Art. 5 Abs. 1 lit. f DSGVO, der wiederum als zentraler Programmsatz der DSGVO nicht zur Disposition der betroffenen Personen stehe. Weiterhin spreche die Praktikabilität gegen die Disponibilität der Regelungen, da nicht auf alle Datensicherheitsmaßnahmen verzichtet werden könne und diese objektiv zu bestimmen seien.

## 2. Disponibilität

Andere Stimmen in der Literatur halten die Datensicherheit hingegen für disponibel, sodass eine Einwilligung der betroffenen Person eingeholt werden kann, um eine unverschlüsselte Kommunikation mit dem Bewerber vorzunehmen.[59] Auch das *Bayerische Landesamt für Datenschutzaufsicht* hält den Verzicht einer Ende-zu-Ende-Verschlüsselung für möglich, wenn der Wille der betroffenen Person frei und informiert gebildet sowie geäußert wird.[60] Nach Ansicht der Behörde muss die betroffene Person darüber informiert werden, dass die unverschlüsselte Kommunikation unsicher ist und dass der Verantwortliche nur ausnahmsweise auf unverschlüsseltem Wege kommuniziert. Jedoch soll ein absolutes Absenken des Schutzniveaus nicht möglich sein, da eine Transportverschlüsselung immer gegeben sein müsse. Als letzte Voraussetzung wird eine ent-

58 *DSK*, TOM.

59 *Gola*, Beschäftigtendatenschutz, Rn. 530; *Lorenz*, DuD 2017, 757, 759; *Martini*, in: Paal/Pauly, Art. 32 DSGVO, Rn. 4b; *Ritter*, in: Schwartmann et al., Art. 32 DSGVO, Rn. 20; *Praß*, in: Römermann, BeckOK BORA, 43. Ed., 01.09.2022, § 2 Rn. 44 (bezogen auf einen Mandanten); *Retzbach*, RDV 2022, 175; *Schnebbe*, DSB 2020, 297, 298; *Schöttle*, BRAK-Mitteilungen 2018, 118, 123; *Stellpflug/Haase*, MedR 2016, 603, 605 (Berufung auf VG Berlin, Urt. v. 24.05.2011 – 1 K 133.10, Rn. 29); *Sundermann*, DuD 2021, 594; *Wagner*, BRAK-Mitteilungen 4/2019, 167, 171; wohl auch *Franck*, CR 2016, 238, 239 f.; kritischer *Kneuper/Macke*, DuD 2019, 76, 78 (an Freiwilligkeit zweifelnd).

60 *BayLDA*, 8. TB, S. 95, 137 f.

sprechende sichere Alternative ohne Medienbruch verlangt, wie zum Beispiel ein sicheres Online-Portal. Ähnlich ist der *Landesdatenschutzbeauftragte von Baden-Württemberg* zu verstehen, wonach bei dem Versand von E-Mails besondere Sorgfalt angebracht sei, wenn die betroffene Person in den unverschlüsselten Versand von E-Mails eingewilligt hat.[61] Dem schließt sich das *Unabhängige Landeszentrum für Datenschutz Schleswig-Holstein* bezogen auf Bewerberdaten, mit Ausnahme von Daten nach Art. 9 DSGVO, an. Ausreichend sei hiernach, dass die betroffenen Personen „*adäquat aufgeklärt*" worden sind.[62] Nach dem *Hamburgischen Beauftragten für Datenschutz und Informationsfreiheit* kann in die Herabsetzung des nach Art. 32 DSGVO vorgesehenen Schutzniveaus eingewilligt werden, wenn die Einwilligung i. S. d. Art. 7 DSGVO freiwillig ist. Dies setze jedoch voraus, „*dass der Verantwortliche die nach Art. 32 DSGVO erforderlichen Schutzvorkehrungen grundsätzlich vorhält und der betroffenen Person auf Verlangen zur Verfügung stellt, ohne dass der betroffenen Person erhebliche Nachteile dadurch entstehen*".[63]

*Franck* hält es für denkbar, dass man unmittelbar aus Art. 8 Abs. 2 S. 1 GRCh eine Sondereinwilligung hinsichtlich des Verzichts von Datensicherheitsmaßnahmen ableiten kann.[64] Diese sollte aber weitgehend den Anforderungen der Einwilligung nach der DSGVO nachgebildet sein.

Das *OLG Düsseldorf* hat sich dieser Ansicht ebenfalls angeschlossen. Die Einwilligung sei ein auf der privatautonomen Entscheidung des Betroffenen beruhender Rechtfertigungstatbestand. Es widerspräche der Privatautonomie, wenn die Einwilligung nicht zu einem Verzicht auf Anonymisierungs-, Pseudonymisierungs- sowie Verschlüsselungstechniken führen könnte.[65]

Begründet werden diese Ansichten in erster Linie mit dem informationellen Selbstbestimmungsrecht nach Art. 2 Abs. 1 i. V. m. Art. 1 Abs. 1 GG. Die Vorschrift des Art. 32 DSGVO ziele in erster Linie auf den Schutz der betroffenen Person ab. Hiernach soll die betroffene Person selbst darüber entscheiden, wie mit ihren personenbezogenen Daten umgegangen wird. Nach *Freund* enthält die Vorschrift des Art. 32 DSGVO sowohl eine objektivrechtliche Dimension (Gemeinwohlschutz), als auch eine subjektivrechtliche Dimension in Form des Schutzes des subjektiven Rechts auf informationelle Selbstbestimmung. Wegen der objektivrechtlichen Dimension könne die betroffene Person nicht vollständig auf den Schutz verzichten. Jedoch müsse wegen der subjektivrechtlichen Dimension der Verzicht auf Datensicherheitsmaßnahmen im Rahmen der Erforderlichkeit geprüft werden, ob eine bestimmte Maßnahme wirklich notwendig ist.[66]

---

61 *LfDI BW*, 35. TB, S. 77.

62 *ULD*, 37. TB., S. 37 f.

63 *HmbBfDI*, Abdingbarkeit von TOMs, S. 11.

64 *Franck*, CR 2016, 238, 240.

65 OLG Düsseldorf, Urt. v. 28.10.2021 – 16 U 275/20, Rn. 39, ZD 2022, 337.

66 *Freund*, in: Schuster/Grützmacher, IT-Recht, Art. 32 DSGVO, Rn. 70.

### 3. Stellungnahme

Insgesamt sprechen die besseren Argumente für die Disponibilität der Datensicherheitsmaßnahmen nach Art. 32 DSGVO. Art. 8 GRCh, welches den Schutz personenbezogener Daten grundrechtlich schützt, steht zur Disposition der betroffenen Person. Denn diese Daten können nach Art. 8 Abs. 2 GRCh durch eine Einwilligung der betroffenen Person verarbeitet werden. Daraus muss auch folgen, dass die Art und Weise, wie die personenbezogenen Daten verarbeitet werden, von der betroffenen Person bestimmt werden kann.[67] Zudem handelt es sich bei der Datensicherheit um einen Grundsatz, welcher in Art. 5 Abs. 1 lit. f DSGVO normiert ist. Die DSGVO schützt nach Art. 1 Abs. 2 DSGVO *„die Grundrechte und Grundfreiheiten natürlicher Personen und insbesondere deren Recht auf Schutz personenbezogener Daten"*. Dies bedeutet, dass der betroffenen Person das Recht zusteht, grundsätzlich selbst zu entscheiden, wie dessen Daten verarbeitet werden. Die betroffene Person muss entscheiden können, welche Arten von Datensicherheitsmaßnahmen eingesetzt werden sollen. Ein systematisches Argument lässt sich zudem Art. 49 Abs. 1 S. 1 lit. a DSGVO entnehmen. Hiernach kann die betroffene Person ausdrücklich darin einwilligen, dass eine Datenübermittlung in ein Land erfolgt, für das weder ein Angemessenheitsbeschluss nach Art. 45 Abs. 3 DSGVO noch geeignete Garantien nach Art. 46 DSGVO vorliegen und damit eine Übermittlung in ein *„unsicheres Drittland"* erfolgt. Wenn der europäische Gesetzgeber bereits davon ausgeht, dass das Datenschutzniveau durch Einwilligung unterlaufen werden kann, muss dies erst recht für die Datensicherheitsmaßnahmen nach Art. 32 DSGVO gelten. Wenn sich die betroffene Person ausdrücklich damit einverstanden erklärt, spricht nichts dagegen, die Datenübermittlung unverschlüsselt erfolgen zu lassen. Auch ErwG 75 stützt dieses Ergebnis: *„wenn die betroffenen Personen um ihre Rechte und Freiheiten gebracht oder daran gehindert werden"*. Die betroffene Person, die ihre Rechte und Freiheiten aber gar nicht begehrt, kann auch nicht um diese gebracht bzw. gehindert werden. Es geht in erster Linie darum, das Selbstbestimmungsrecht der betroffenen Person zu wahren. Wenn dieses Recht allerdings nicht gewollt ist, muss dies vom Verantwortlichen respektiert werden. Die Freiheit der Person vor unverschlüsseltem Versand muss erhalten bleiben. Dies gilt jedoch nur für die eigenen personenbezogenen Daten. Die betroffene Person kann nicht über fremde personenbezogenen Daten disponieren. Dies bedeutet, dass der Bewerber zwar darüber disponieren kann, dass er seine Bewerbungsunterlagen unverschlüsselt an den Arbeitgeber übermitteln kann. Die Bewerbungsunterlagen betreffen nur seine personenbezogenen Daten. Diese Daten kann der Bewerber auch frei ins Internet stellen. Dem Bewerber steht je-

67 Ebenso *HmbBfDI*, Abdingbarkeit von TOMs, S. 4 („So kann darin eingewilligt werden, dass unvorteilhafte oder sexualisierte Aufnahmen im Internet veröffentlicht werden. Auch könnte die betroffene Person darin einwilligen, dass die Zugangsdaten zu ihrem Bankkonto oder ihre Gesundheitsdaten veröffentlicht werden. Ob dies in ihrem Sinne oder im Sinne des Datenschutzes ist, spielt dabei keine Rolle, solange eine wirksame Einwilligung vorliegt").

doch nicht das Recht zu, den Verantwortlichen von seinen Pflichten nach Art. 32 DSGVO zu befreien. Die Frage, ob die anschließende Kommunikation mit dem Arbeitgeber unverschlüsselt erfolgen kann, kann somit nicht allein von dem Bewerber beantwortet werden. Dies bekräftigt auch der Rechtsgedanke in § 87a Abs. 1 S. 3 Hs. 2 AO. Hier hat der deutsche Gesetzgeber im Rahmen der elektronischen Kommunikation zwischen Finanzbehörde und Betroffenem und dem Austausch von Daten, die dem Steuergeheimnis unterliegen, normiert, dass bei einer schriftlichen Einwilligung aller betroffenen Personen auf eine Verschlüsselung verzichtet werden könne. Dies bedeutet, dass eine Einwilligung nur dann wirksam eingeholt werden kann, wenn keine Drittinteressen betroffen sind. Der Verantwortliche hat daher die nach Art. 32 DSGVO erforderlichen Maßnahmen, d. h. Verschlüsselung nach dem Stand der Technik, grundsätzlich vorzuhalten und dem Bewerber auf Verlangen zur Verfügung zu stellen.

### 4. Form der Einwilligung

Fraglich ist, ob die Einwilligung, die die unverschlüsselte Datenübermittlung „*erlaubt*“, die Anforderungen der datenschutzrechtlichen Einwilligung, wie sie i. S. d. Art. 6 Abs. 1 S. 1 lit. a, Art. 7 bzw. Art. 9 Abs. 2 lit. a DSGVO zu verstehen ist, erfüllen muss.

Zur alten Rechtslage wurde die Auffassung vertreten, dass die Anforderungen der datenschutzrechtlichen Einwilligung erfüllt sein müssen.[68] Auch unter Geltung der DSGVO scheint diese Auffassung fortzubestehen.[69]

Dieser Auffassung ist allerdings nicht zu folgen. Die Anforderungen an eine Einwilligung, die die DSGVO stellt, sollen die Rechtmäßigkeit der Verarbeitung von personenbezogenen Daten sicherstellen. In der vorliegenden Konstellation geht es jedoch nicht darum, eine Verarbeitung personenbezogener Daten zu legitimieren. Es wird allein das „*Wie*“ der Verarbeitung erlaubt. Ausreichend muss daher sein, dass die betroffene Person zu verstehen gibt, dass eine unverschlüsselte Übermittlung gewollt ist, sei es, dass die betroffene Person selbst die unverschlüsselte Kommunikation nutzt oder dies dem Verantwortlichen mitteilt. Die notwendige Transparenz, welche Folgen eine unverschlüsselte Kommunikation mit sich bringen könnte, muss allerdings gewahrt werden. Als Orientierung kann Art. 49 Abs. 1 lit. a DSGVO dienen, der die Einwilligung zur Datenübermittlung in ein Drittland oder an eine internationale Organisation regelt. Voraussetzung ist nur, dass die Einwilligung ausdrücklich erteilt und die betroffene Person über

---

68 VG Berlin, Urt. v. 24.05.2011 – 1 K 133.10, CR 2012, 191 (Versendung von Bewerberprofilen durch ein Personalunternehmen); *Franck*, RDV 2015, 137; *Lotz/Wendler*, CR 2016, 31, 25.

69 *HmbBfDI*, Abdingbarkeit von TOMs, S. 9 f. (Art. 7 DSGVO gilt analog); ähnlich BT-Drs. 19/13436, S. 190; BR-Drs. 356/19, S. 219; *Franck*, RDV 2016, 111, 112; *Laue*, in: Spindler/Schuster, Elektron. Medien, DSGVO, Art. 32 Rn. 20; *Schnebbe*, DSB 2020, 297, 299.

die bestehenden Risiken einer derartigen Datenübermittlung aufgeklärt wird.[70] Diese Transparenz muss hinsichtlich der unverschlüsselten E-Mail-Kommunikation erfüllt werden. Die betroffene Person bzw. der Bewerber muss darüber aufgeklärt werden, dass die Datenübermittlung unverschlüsselt erfolgt und somit ein Zugriff Dritter nicht ausgeschlossen werden kann. Das Risiko einer unverschlüsselten Kommunikation liegt insbesondere in dem möglichen Mitlesen oder Manipulieren der Informationen durch Dritte.

## B. Online-Bewerbungsportal

Vermehrt werden in dem Bewerbungsverfahren Bewerbungsportale eingesetzt. So verlangt inzwischen jedes vierte Unternehmen, dass die Bewerbungsunterlagen in einem Online-Portal abgegeben werden.[71] Hierbei handelt es sich um Plattformen, auf denen die Arbeitgeber ihre Stellenausschreibungen veröffentlichen können. Der Bewerber hingegen hat die Möglichkeit, unmittelbar auf diese Anzeige zu antworten und die erforderlichen Dateien (z.B. Lebenslauf, Anschreiben, Zeugnisse) hochzuladen. Ebenso ist es möglich, dass die URL (Uniform Resource Locator) des Xing-Profils oder eines sonstigen Profils hinterlegt wird. Viele Bewerbungsportale bieten dem Bewerber auch die Möglichkeit, ein eigenes Benutzerkonto einzurichten, um seine eigenen Bewerbungsunterlagen jederzeit verwalten und bearbeiten zu können. Der Arbeitgeber kann eine eigene Plattform betreiben oder, was in der Praxis häufiger vorkommen wird, sich Plattformen Dritter bedienen (z.B. Umantis, Xing, LinkedIn). In letzterem Fall muss beachtet werden, dass neben einem Software-Mietvertrag häufig ein Vertrag zur Auftragsverarbeitung nach Art. 28 DSGVO abzuschließen ist, da der Dritte Daten im Auftrag des Arbeitgebers verarbeitet.[72] In diesen Verträgen müssen die entsprechenden datenschutzrechtlichen Vorgaben festgeschrieben und vom Dienstleister umgesetzt werden (z.B. Löschkonzept, Berechtigungskonzept).

Bei solchen Bewerbungsportalen muss ebenfalls sichergestellt werden, dass der Arbeitgeber als Verantwortlicher bzw. der Auftragsverarbeiter nach Art. 28 Abs. 3 S. 2 lit. c DSGVO die erforderlichen Datensicherungsmaßnahmen nach

70 *ULD*, 37. TB., S. 37 („über die Risiken adäquat aufgeklärt"); *Franck*, CR 2016, 238, 240 (Einwilligung soll den Art. 6, 7 nur „weitestgehend nachgebildet sein"); ähnlich *Sundermann*, DuD 2021, 594, 597 (Art. 7 DSGVO gilt analog); aA *Schöttle*, BRAK-Mitteilungen 2018, 118, 123.

71 *Bitkom e. V.*, Die Bewerbungsmappe ist tot, https://tinyurl.com/yxog735e; *Broy*, in: Weth et al., Daten- und Persönlichkeitsschutz, B., IX., Rn. 84, 87; *Hamann/Haußmann*, in: Arnold/Günther, Arbeitsrecht 4.0, Kap. 6 Rn. 57 (Online-Bewerbungstools „mehr als nur ein Instrument zur Außendarstellung").

72 *Broy*, in: Weth et al., Daten- und Persönlichkeitsschutz, B., IX., Rn. 89; *Gola*, Datenschutz, Rn. 675; *Göpfert/Dußmann*, NZA-Beilage 2016, 41, 45; *Grimm*, in: Tschöpe, Arbeitsrecht, 6. Teil, F., Rn. 203; *Lützeler/Kopp*, ArbRAktuell 2015, 491, 492; *Raif/Swidersky*, GWR 2017, 351; *Rockstroh/Leuthner*, ZD 2013, 497, 498.

Art. 32 DSGVO ergriffen hat.[73] Welche Maßnahmen ergriffen werden können, bestimmt sich nach Art. 32 DSGVO. Überwiegend wird gefordert, dass eine TLS/SSL-Transportverschlüsselung auf der Webseite installiert werden sollte, da dies dem Stand der Technik entspreche.[74] Das *Bundesamt für Sicherheit in der Informationstechnik* fordert zumindest den Einsatz von TLS 1.2 (Transport Layer Security).[75] Es wird verwendet, um „*Informationen während der Übertragung in Netzen kryptographisch abzusichern*". Ebenso bedarf es einer HTTPS-Verschlüsselung für die Webseite.[76] Auch der damalige Entwurf eines Beschäftigtendatenschutzgesetzes aus dem Jahr 2011 hatte bereits erkannt, dass die Internetverbindung zu verschlüsseln sei.[77] Die Bedeutung dieser technischen und organisatorischen Maßnahmen verdeutlicht sich bereits jetzt in der Bußgeldpraxis der Aufsichtsbehörden, da der *Landesdatenschutzbeauftragte von Baden-Württemberg* ein Bußgeld in Höhe von 100.000 Euro gegen ein mittelständisches Lebensmittelhandwerksunternehmen verhängt hat, weil dieses weder eine verschlüsselte Übertragung der Daten anbot noch eine Speicherung der Bewerberdaten verschlüsselt oder passwortgeschützt erfolgte.[78]

---

73 *LfD Bremen*, Datenschutz bei Online-Bewerbungen; *LfDI BW*, 34. TB, S. 45 (insbesondere Art. 32 Abs. 1 lit. a und lit. b);

74 *UDS*, 27. TB, S. 110; *Broy*, in: Weth et al., Daten- und Persönlichkeitsschutz, B., XI., Rn. 92; *Conrad/Hole*, K&R 2019, 761, 766; *Tausch/Tausch*, BC 2019, 32, 36; kritisch *Kneuper/Macke*, DuD 2019, 76, 80; aA *Grimm/Kühne*, ArbRB 2018, 245, Fn. 18.

75 *BSI*, Mindeststandard zur Verwendung von TLS, S. 5 f.

76 *BayLDA*, 8. TB, S. 135 f.; *Bergt*, in: Koreng/Lachenmann, Datenschutzrecht, H. I. 2, Anm. 9; *Kneuper/Macke*, DuD 2019, 76, 80.

77 BT-Drs. 17/4853, S. 7.

78 *LfDI BW*, 35. TB, S. 41.

# Zweiter Teil: Rechtliche Rahmenbedingungen

Um die Verarbeitung personenbezogener Daten im Bewerbungsverfahren datenschutzrechtlich prüfen zu können, wird zunächst der rechtliche Rahmen dargestellt. Im Rahmen des Bewerbungsverfahrens werden vom Arbeitgeber unterschiedlichste personenbezogene Daten verarbeitet, da dieser „*umfangreiche Informationen über die Fachkenntnisse, Fähigkeiten und Charaktereigenschaften des Bewerbers gewinnen*" möchte.[1] Dies können Stammdaten wie Name und Adresse, aber auch fachliche Qualifikationen wie Zeugnisse sein. Als Stammdaten werden allgemein die wichtigsten Grunddaten eines Beschäftigten verstanden, die keiner ständigen Veränderung unterliegen.[2] Der Arbeitgeber hat ein Interesse daran, ein genaues Bild von dem Bewerber zu erhalten. Nur aufgrund dieser Informationen lässt sich ein Rückschluss darauf ziehen, ob der Bewerber für die konkrete Stelle in Betracht gezogen werden kann. Der Bewerber hingegen hat ein Interesse, dass der Arbeitgeber ein gutes Bild von ihm erhält. Es ist allerdings oft unklar, welche Fragen der Arbeitgeber dem Bewerber stellen darf. Auf welche Erlaubnisnorm kann der Arbeitgeber rekurrieren? Bedarf es einer zusätzlichen Einwilligung? Muss der Bewerber auf jede Frage des Arbeitgebers antworten? Darf der Arbeitgeber die Bewerbungsunterlagen hinterfragen und eigene Recherchen über den Bewerber anstellen, wie z. B. im Rahmen einer Online-Recherche?

Diese Fragen beantwortet insbesondere das Datenschutzrecht bzw. genauer das Beschäftigtendatenschutzrecht. Aus diesem Grunde ist es notwendig zu ermitteln, in welchem rechtlichen Rahmen sich Arbeitgeber und Bewerber bewegen. Der rechtliche Rahmen hat seit dem 25. Mai 2018 gesetzliche Neuerungen erfahren und wird nachfolgend im Detail erörtert.

## § 6 Datenschutz-Grundverordnung und Bundesdatenschutzgesetz

Die DSGVO stellt für den Arbeitgeber seit dem 25. Mai 2018 das maßgebliche Gesetz für die Verarbeitung personenbezogener Daten in der Europäischen Union dar. Bei der DSGVO handelt es sich um die „*Verordnung (EU) 2016/679 des Europäischen Parlaments und des Rates vom 27. April 2016 zum Schutz natürlicher Personen bei der Verarbeitung personenbezogener Daten, zum freien Datenverkehr und zur Aufhebung der Richtlinie 95/46/EG*". Die Verordnung konkretisiert das Grundrecht des Schutzes personenbezogener Daten nach Art. 8 GRCh.[3] Der europäische Gesetzgeber hat sich für eine Verordnung i. S. d.

---

1 *Hohenstatt/Stamer/Hinrichs*, NZA 2006, 1065, 1066; *Piltz*, BDSG, § 26 Rn. 36.

2 *Seifert*, in: Simitis et al., Datenschutzrecht, Art. 88 Rn. 115.

3 *Von Lewinski*, DuD 2012, 564 („Das Datenschutzrecht wird europäisch"); *Wolff*, in: Pechstein et al., Frankfurter Kommentar, Art. 8 GRCh, Rn. 4.

Art. 288 Abs. 2 AEUV entschieden, um ein „*Level Playing Field*" zu schaffen.[4] Die Verarbeitung personenbezogener Daten soll demnach in der Europäischen Union einheitlich geregelt werden, sodass eine Vollharmonisierung im Bereich des Datenschutzrechts bezweckt ist, was sich aus den ErwG 3 und 9 ergibt.[5] Mit ihr soll „*ein neues Zeitalter für den Datenschutz in der EU anbrechen*".[6]

Die DSGVO lässt sich in den zeitlichen, sachlichen und räumlichen Anwendungsbereich aufteilen. Ist der Anwendungsbereich eröffnet, kann die Anwendung der DSGVO vertraglich von den Parteien nicht abgedungen werden.[7] Im Bereich des Beschäftigtendatenschutzrechts muss neben der DSGVO insbesondere auch das BDSG beachtet werden, da die DSGVO kaum detaillierte Regelungen zum Beschäftigtendatenschutz enthält.[8] Als eine Regelung mit Bezug zum Beschäftigtendatenschutz wird in Art. 9 Abs. 2 lit. b DSGVO und ErwG 52 ausdrücklich das Arbeitsrecht genannt, sodass die DSGVO unmittelbar im Arbeitsrecht gilt.[9]

Obwohl Verordnungen im Grundsatz abschließende Rechtsakte darstellen[10], hat der europäische Gesetzgeber in Art. 88 DSGVO eine sog. Spezifizierungsklausel im Bereich des Beschäftigtendatenschutzrechts erlassen und damit den Mitgliedstaaten die Möglichkeit eröffnet, diese durch mitgliedstaatliche Regelungen spezifischer auszufüllen. Der deutsche Gesetzgeber hat diese Spezifizierungsklausel genutzt. Betrifft eine Verarbeitung personenbezogener Daten einen Fall, der unter die Spezifizierungsklausel fällt, so müssen diese spezifischeren Regelungen beachtet werden. Wenn der Rahmen der Spezifizierungsklausel hingegen verlassen ist, ist ausschließlich die DSGVO anwendbar. Dies hat der deutsche Gesetzgeber in § 1 Abs. 5 BDSG klargestellt. Nach § 1 Abs. 5 BDSG findet das BDSG dann keine Anwendung, wenn die DSGVO unmittelbar gilt. Eine solche Vorschrift wird zu Recht als nicht erforderlich erachtet, da die DSGVO aufgrund ihres Charakters als Verordnung nach Art. 288 Abs. 2 S. 2 AEUV kraft

4 *Hornung*, ZD 2012, 99, 100 („Symbolcharakter"); *Pötters*, RDV 2015, 10, 11; *Schmidt*, Datenschutz für Beschäftigte, S. 50 („Vertiefung der Integration").

5 *Ambrock*, in: Jandt/Steidle, Datenschutz, Teil A, II., Rn. 50 (Öffnungsklauseln hindern Vollharmonisierung); *Taeger*, BB 2019, I („auf hohem Niveau"); aA *Roßnagel*, DuD 2019, 467, 471 („Ko-Regulierung").

6 *Ehmann*, ZD-Aktuell 2016, 04216.

7 *Plath/Struck*, in: Plath, Art. 3 DSGVO, Rn. 28.

8 *Eder*, CuA 4/2018, 8, 9 („Beschäftigtendatenschutz ausgeklammert"); *Maschmann*, in: Kühling/Buchner, Art. 88 DSGVO, Rn. 1; *Spindler*, DB 2016, 937, 938 (Arbeitnehmerdatenschutz wird nicht in der DSGVO geregelt); *Velten/Diegel*, FA 2018, 2; aA *Schmidt*, Datenschutz für Beschäftigte, S. 48, Umkehrschluss zu Art. 88 DSGVO; ebenso *Hanloser*, in: Forgó et al., Datenschutz, Teil V, Kap. 1, Rn. 3, keine Ausklammerung des Beschäftigtendatenschutzes, da dies einen wesentlichen Anteil an der Datenverarbeitung in der Union ausmache und dem Sinn und Zweck der Verordnung zuwiderlaufen würde.

9 Ebenso *Schulte/Welge*, NZA 2019, 1110 (wegen Art. 288 Abs. 2 AEUV).

10 *Ambrock*, in: Jandt/Steidle, Datenschutz, Teil A, II., Rn. 49.

Gesetzes dem BDSG in jedem Fall vorgeht.[11] Hingegen ist das BDSG neben der DSGVO anwendbar, wenn die DSGVO eine Spezifizierungsklausel verwendet und damit keine abschließende Regelung über einen Gegenstand trifft.[12]

## A. Zeitlicher Anwendungsbereich

Die DSGVO ist nach Art. 99 Abs. 1 DSGVO am zwanzigsten Tag nach ihrer Veröffentlichung im Amtsblatt der Europäischen Union, welcher der 04.05.2016 war, am 24.05.2016 in Kraft getreten.[13] Sie gilt allerdings wegen Art. 99 Abs. 2 DSGVO erst ab dem 25.05.2018 und ist erst ab diesem Zeitpunkt geltendes Recht. Der Gesetzgeber wollte den Verantwortlichen die Möglichkeit geben, die neuen Anforderungen rechtzeitig umzusetzen.[14] Die zuvor geltende DSRL ist mit Wirkung vom 25.05.2018 aufgehoben worden (vgl. Art. 94 Abs. 1 DSGVO). Der deutsche Gesetzgeber hat das „*Gesetz zur Anpassung des Datenschutzrechts an die Verordnung (EU) 2016/679 und zur Umsetzung der Richtlinie (EU) 2016/680*" erlassen, welches das BDSG in der Fassung vom 30.06.2017 (im Folgenden: „*BDSG aF*") durch das BDSG zum 25.05.2018 abgelöst hat. Bewerbungsunterlagen, die nach dem 25.05.2018 eingegangen sind, müssen die Anforderungen der DSGVO und des BDSG einhalten. Bewerbungsunterlagen, die vor dem 25.05.2018 beim Arbeitgeber eingegangen sind, müssen ab dem 25.05.2018 die aktuellen Vorgaben beachten.[15] Es gibt keinen Bestandsschutz für alte Verarbeitungen.

## B. Arbeitgeber als Adressat

Die DSGVO zielt ausdrücklich auf den Verantwortlichen i. S. d. Art. 4 Nr. 7 DSGVO und den Auftragsverarbeiter nach Art. 4 Nr. 8 DSGVO, der hier nicht näher betrachtet wird, als Regelungsadressaten ab.[16] Verantwortlicher nach Art. 4 Nr. 7 DSGVO ist die „*natürliche oder juristische Person, Behörde oder andere Stelle, die allein oder gemeinsam mit anderen über die Zwecke und Mittel der Verarbeitung von personenbezogenen Daten entscheidet*". Der Begriff des Verantwortlichen wurde vom EuGH bereits zur DSRL und nun auch zur DSGVO sehr weit verstanden, um „*einen wirksamen und umfassenden Schutz*

---

11 *Böken*, in: Sydow, DSGVO/BDSG, § 1 BDSG, Rn. 47 (kein Verstoß gegen das Normwiederholungsverbot); *Husemann*, in: Roßnagel, Datenschutzrecht, § 3 Rn. 33 („redundant"); *Piltz*, BDSG, § 1 Rn. 51; *Rolf/Siewert*, RDV 2017, 236, 237.

12 *Rinck*, in: Schaub, Arbeitsrecht, § 153 Rn. 3 („Datenschutzrechtliches Mehrebenensystem"); *Weichert*, DuD 2017, 538, 542 („Regelungswirrwarr").

13 *Piltz*, in: Gola/Heckmann, DSGVO/BDSG, Art. 99 DSGVO, Rn. 4.

14 *Eisenschmid*, NZM 2019, 313, 314; *Piltz*, in: Gola/Heckmann, DSGVO/BDSG, Art. 99 DSGVO, Rn. 8.

15 *Lauber-Rönsberg*, in: Specht/Mantz, Datenschutzrecht, § 4 Rn. 67.

16 *Golland*, Soziale Netzwerke, S. 82; *Husemann*, in: Roßnagel, Datenschutzrecht, § 3 Rn. 3; *Mantz/Marosi*, in: Specht/Mantz, Datenschutzrecht, § 3 Rn. 18 ff.

*der betroffenen Personen zu gewährleisten*".[17] Der Zweck wird dabei als das „*erwartete Ergebnis einer Verarbeitung, das beabsichtigt ist oder die geplanten Aktionen leitet*" verstanden. Das Mittel ist die Art und Weise, wie eine Verarbeitung durchgeführt wird bzw. „*wie ein Ergebnis oder Ziel erreicht wird*".[18] Auch unter der DSGVO ist von einem weiten Verständnis auszugehen, da sich die Definitionen von DSRL und DSGVO ähneln. Verantwortlicher i. S. d. Art. 4 Nr. 7 DSGVO ist jedenfalls der Arbeitgeber, der meist in Form einer juristischen Person auftritt und der die personenbezogenen Daten für sich verarbeitet.[19] Stellt der Bewerber seine Bewerbungsunterlagen mit seinen eigenen personenbezogenen Daten selber zusammen, dann gilt der Bewerber nicht als Verantwortlicher im Sinne der DSGVO, da der Bewerber nicht vor sich selber zu schützen ist, sondern nur bei der Verarbeitung seiner Daten durch Dritte.[20]

Im Vergleich zur DSGVO ergibt sich der persönliche Anwendungsbereich des BDSG unmittelbar aus § 1 Abs. 1 BDSG. Hiernach gilt das BDSG unter anderem für nichtöffentliche Stellen i. S. d. § 2 Abs. 4 S. 1 BDSG. Nichtöffentliche Stellen sind natürliche und juristische Personen, Gesellschaften und anderen Personenvereinigungen des privaten Rechts, soweit sie nicht unter die § 2 Abs. 1 bis 3 BDSG fallen. Die Absätze 1 bis 3 betreffen vor allem die definieren die öffentlichen Stellen des Bundes und der Länder. Der Arbeitgeber kann als Unternehmen oder auch als Selbstständiger auftreten. In beiden Fällen tritt er entweder als natürliche Person oder juristische Person auf. Juristische Personen sind rechtsfähig und können insbesondere in Form einer GmbH, OHG, KG auftreten.[21] Der privatrechtliche Arbeitgeber unterfällt demnach sowohl dem BDSG als auch der DSGVO.

## C. Sachlicher Anwendungsbereich

Nach Art. 2 Abs. 1 DSGVO gilt die DSGVO für die ganz oder teilweise automatisierte Verarbeitung personenbezogener Daten sowie für die nichtautomatisierte Verarbeitung personenbezogener Daten, die in einem Dateisystem gespeichert sind oder gespeichert werden sollen. Unerheblich ist, wer die Datenverarbei-

17 EuGH, Urt. v. 05.12.2023 – C-683/21, Rn. 29, BeckRS 2023, 34702; EuGH, Urt. v. 29.07.2019 – C-40/17, Rn. 65 f., NZA 2019, 1125 – Fashion ID; EuGH, Urt. v. 05.06.2018 – C-210/16, Rn. 28, ZD 2018, 357 – Wirtschaftsakademie; *Jung/Hansch*, ZD 2019, 143, 144.

18 *Schreiber*, ZD 2019, 55, 56.

19 *Gola*, Beschäftigtendatenschutz, Rn. 1711; *Lücke*, NZA 2019, 658, 660; *Walker*, in: Gallner et al., FS Moll, S. 697, 705; *Wybitul*, in: Kiel et al., MHA, § 96 Rn. 39.

20 *Dammann/Simitis*, Art. 3 Erl. 8; *Eichfeld/Hagen/James/James*, in: Leupold et al., MAH IT-Recht, Teil 15.3, Rn. 51; *Roßnagel*, in: Simitis et al., Datenschutzrecht, Art. 2 Rn. 18; *Schlender*, in: Gierschmann et al., Art. 3 Rn. 7.

21 *Piltz*, BDSG, § 2 Rn. 7; *Rabe*, K&R 2019, 464 f.

tung vornimmt, ob natürliche oder juristische Personen oder ob öffentliche oder nicht-öffentliche Stellen.[22]

Es ist zu beachten, dass an den Stellen, an denen die DSGVO den Mitgliedstaaten durch Spezifizierungsklauseln die Möglichkeit gibt, eigenes mitgliedstaatliches Recht zu erlassen, die jeweiligen nationalen Anwendungsbereiche zu prüfen sind.[23] Das Bestehen einer Spezifizierungsklausel bedeutet hingegen nicht, dass es sich dabei um Ausnahmen vom Anwendungsbereich der DSGVO handelt. Vielmehr muss der sachliche und räumliche Anwendungsbereich der DSGVO nach den Artikeln 2 und 3 der DSGVO neben dem Anwendungsbereich des BDSG eröffnet sein.[24]

Im Bereich des Beschäftigtendatenschutzes, zu dem auch die Bewerberphase zu zählen ist, hat der europäische Gesetzgeber in Art. 88 DSGVO eine derartige Spezifizierungsklausel für die Mitgliedstaaten vorgesehen. Der deutsche Gesetzgeber hat mit der Vorschrift des § 26 BDSG diese Spezifizierungsklausel genutzt. Damit dieser zur Anwendung kommen kann, muss der sachliche Anwendungsbereich des BDSG eröffnet sein (vgl. Zweiter Teil, § 6, C., II.). Im Folgenden werden somit sowohl der Anwendungsbereich von der DSGVO und des BDSG vorgestellt. Bei Auslegungsschwierigkeiten der beiden Anwendungsbereiche gilt der Grundsatz, dass die Vorgaben der DSGVO vorrangig zu beachten sind.[25]

## I. Sachlicher Anwendungsbereich der DSGVO

Zunächst wird der sachliche Anwendungsbereich der DSGVO dargestellt, der vom Wortlaut der Vorschrift her denkbar weit gefasst ist.[26]

### 1. Personenbezogenes Datum

Der sachliche Anwendungsbereich des Art. 2 Abs. 1 DSGVO setzt voraus, dass „*personenbezogene Daten*" verarbeitet werden. Es handelt sich um das zentrale Tatbestandsmerkmal der DSGVO, da ohne das Vorliegen eines personenbezogenen Datums der Anwendungsbereich der DSGVO nicht eröffnet ist.[27] Sollte der Arbeitgeber völlig anonyme Informationen über Bewerber verarbeiten, würde er sich durch diesen Akt von der Verpflichtung der Einhaltung des Datenschutz-

22 *Kühling/Raab*, in: Kühling/Buchner, Art. 2 DSGVO, Rn. 12; *Plath/Struck*, in: Plath, Art. 2 DSGVO, Rn. 2.

23 *Meyerdierks*, in: Moos et al., DSGVO, Kap. 3, Rn. 7.

24 *Barlag*, in: Roßnagel, DSGVO, § 3 Rn. 14.

25 *Plath*, in: Plath, § 1 Rn. 49.

26 *Kieck/Pohl*, DuD 2017, 567, 569; *Roßnagel*, in: Simitis et al., Datenschutzrecht, Art. 2 Rn. 13.

27 *Brauneck*, EuZW 2019, 680 ff.; *Egberts/Monschke*, Jura 2018, 1100, 1103 („zentrales Schutzobjekt"); *Klar/Kühling*, in: Kühling/Buchner, Art. 4 Nr. 1 DSGVO, Rn. 1 („Schlüsselrolle").

rechts entziehen können (vgl. ErwG 26 S. 5).[28] Anders wäre es, wenn vorhandene personenbezogene Daten anonymisiert werden sollen. In diesem Fall würden zunächst personenbezogene Daten vorliegen. Der Schritt der Anonymisierung unterfällt nach überwiegender Ansicht dem Datenschutzrecht, da nach ErwG 26 S. 5 die Grundsätze des Datenschutzes erst dann nicht zur Anwendung gelangen sollen, wenn die personenbezogenen Daten *„in einer Weise anonymisiert worden sind, dass die betroffene Person nicht mehr identifiziert werden kann"*.[29] Zudem unterfällt der Schritt der Löschung ebenfalls unter den Begriff der Verarbeitung i. S. d. Art. 4 Nr. 2 DSGVO. Beim Löschen geht es die Entfernung des Personenbezuges. Wenn selbst dieser Schritt unter die DSGVO fällt, muss dies erst recht auch für die Anonymisierung gelten.

Wenn kein Personenbezug vorliegt, spricht man von sog. anonymisierten bzw. anonymen Informationen (vgl. ErwG 26 S. 5). Diese liegen nach überwiegender Ansicht in der Kommentarliteratur vor, wenn das personenbezogene Datum derart verändert wurde, dass der Personenbezug von vornherein fehlt oder später entzogen wurde bzw. der Personenbezug nur mit unverhältnismäßigen Mitteln wiederhergestellt werden kann.[30] Bezugnehmend auf ErwG 26 S. 4 darf es nicht wahrscheinlich sein, dass die betroffene Person identifiziert wird. Andere Stimmen gehen davon aus, dass anonyme Daten solche Daten sind, bei denen der Personenbezug *„irreversibel"* entfernt wurde.[31]

Der zuletzt genannten Ansicht ist zuzustimmen. Obwohl der verbindliche Teil der DSGVO den Begriff der Anonymität nicht kennt, führt ErwG 26 S. 5 diesen Begriff näher aus. Hiernach sind anonyme Informationen solche, die sich nicht auf eine identifizierte oder identifizierbare natürliche Person beziehen oder solche personenbezogenen Daten, die in einer Weise anonymisiert worden sind, *„dass die betroffene Person nicht oder nicht mehr identifiziert werden kann"*. Der Erwägungsgrund geht davon aus, dass ein Personenbezug nicht mehr her-

---

28 EuGH, Urt. v. 05.12.2023 – C-683/21, Rn. 57, BeckRS 2023, 34702; *Golland*, Soziale Netzwerke, S. 50.

29 *Art.-29-Datenschutzgruppe*, WP 216, S. 8; *Gosch*, Besondere Kategorien, S. 17; *Hansen*, in: Simitis et al., Datenschutzrecht, Art. 4 Nr. 5, Rn. 23; *Hornung/Wagner*, ZD 2020, 223 ff.; *Wybitul*, in: Kiel et al., MHA, § 96 Rn. 31; zweifelnder *Schweinoch/Peintinger*, CR 2020, 643, 644; aA *Thüsing/Rombey*, ZD 2021, 538 ff.

30 *LfDI BW*, Beschäftigtendatenschutz, S. 7; *Brink/Schwab*, in: Wedde, Datenschutz, B., Rn. 43; *Culik*, Beschäftigtendatenschutz, S. 127; *Hamann/Haußmann*, in: Arnold/Günther, Arbeitsrecht 4.0, Kap. 6 Rn. 6 („mit einem unverhältnismäßig großen Aufwand an Zeit, Kosten und Arbeitskraft"); *Hofmann/Johannes*, ZD 2017, 221, 223; *Hornung/Wagner*, CR 2019, 565, 566; *Kühling/Klar*, NJW 2013, 3611, 3613; *Laue/Nink/Kremer*, Datenschutzrecht, § 1 Rn. 16; *Mantz/Marosi*, in: Specht/Mantz, Datenschutzrecht, § 3 Rn. 15; *Maschmann*, BB 2019, 628, 635 („hinreichend aggregiert"). Verordnung zu anonymen Daten *Keye/Niclas/von Blumenthal*, ITRB 2019, 1.

31 *Geiger*, in: Weth et al., Daten- und Persönlichkeitsschutz, A., IV., Rn. 37; *Giakoumopoulos/Buttarelli/O'Flaherty*, Datenschutzrecht, S. 99, 112; *Golland*, Soziale Netzwerke, S. 51; *Hansen*, in: Simitis et al., Datenschutzrecht, Art. 4 Nr. 5, Rn. 23; *Hilber*, in: Hilber et al., Deutsche Tochter, D., Rn. 18; *Tillmann/Vogt*, VuR 2018, 447, 449.

gestellt werden kann. Solange eine Information nicht auf eine bestimmte Person rückführbar ist, liegt kein personenbezogenes Datum vor.[32] Wenn sich die Information allerdings sowohl auf eine Sache als auch auf eine natürliche Person bezieht, so ist ein Personenbezug gegeben. Ein Arbeitgeber möchte allerdings wissen, welchen Bewerber er einstellen will. In der Praxis wird es überwiegend ausgeschlossen sein, dass ein Arbeitgeber in der Bewerbungsphase keine personenbezogenen Daten eines Bewerbers verarbeitet.[33]

Das Tatbestandsmerkmal des personenbezogenen Datums wird in Art. 4 Nr. 1 Hs. 1 DSGVO legaldefiniert als *„alle Informationen, die sich auf eine identifizierte oder identifizierbare natürliche Person (im Folgenden: „betroffene Person") beziehen"*. Diese Legaldefinition sowie die DSGVO insgesamt kann als sekundärrechtliche Ausformung des Primärrechts nach Art. 8 Abs. 1 GRCh angesehen werden, der den Begriff ebenfalls enthält.[34] Art. 4 Nr. 1 DSGVO enthält zwei Definitionen, die des personenbezogenen Datums und die der betroffenen Person.[35] Dessen Halbsatz 2 umschreibt das Merkmal der *„Identifizierbarkeit"* näher. Unerheblich ist, wie lange das personenbezogene Datum vorliegt, da die DSGVO keine Ausnahmeregelung für kurzfristige Speicherungen enthält.[36] Entscheidend ist allein, dass ein personenbezogenes Datum vorgelegen hat und verarbeitet wurde. Der Wortlaut des Art. 4 Nr. 1 DSGVO lässt hingegen offen, wessen Wissen für die Identifizierung der betroffenen Person herangezogen werden kann, um eine Information als personenbezogenes Datum anzusehen (vgl. Zweiter Teil, § 6, C., I., 1., b.).[37]

Der Wortlaut des personenbezogenen Datums hat sich im Vergleich zur DSRL und BDSG aF nicht wesentlich verändert. Statt von *„bestimmt oder bestimmbar"* (vgl. § 3 Abs. 1 BDSG a. F.) wird nun von *„identifiziert oder identifizierbar"* gesprochen. Inhaltliche Änderungen sind damit allerdings nicht verbunden, da bereits die englische Fassung des Art. 2 lit. a DSRL von *„identified or identifiable"* spricht und die DSGVO diese Terminologie übernimmt.[38] Die Übernahme der zu dieser Regelung ergangenen Rechtsprechung und Literatur ist demnach unproblematisch möglich. Bereits zur DSRL wurde davon ausgegangen, dass

---

32 *Brink/Schwab*, RDV 2017, 170, 172; *Buchholtz/Stentzel*, in: Gierschmann et al., Art. 4 Nr. 1, Rn. 7; *Ziebarth*, in: Sydow, DSGVO/BDSG, Art. 4 DSGVO, Rn. 32.

33 Zur Möglichkeit der anonymen Bewerbung *Antidiskriminierungsstelle des Bundes*, Anonymisierte Bewerbungsverfahren; *Husemann/Betzinger*, ZRP 2011, 15 ff.; *Mätzig*, Die anonyme Bewerbung. Beachte auch den Hinweis von *Steiner*, in: Wedde, Datenschutz, F., Rn. 29, wonach in Belgien im öffentlichen Sektor das anonymisierte Bewerbungsverfahren eingeführt wurde.

34 *Pötters/Schmidt*, in: Preis/Sagan, Arbeitsrecht, § 11 Rn. 4, 17.

35 Zutreffend *Ziebarth*, in: Sydow, DSGVO/BDSG, Art. 4 DSGVO, Rn. 7.

36 *Schwenke*, NJW 2018, 823, 824 (Regelung wie § 44a UrhG besteht nicht).

37 *Hofmann/Johannes*, ZD 2017, 221, 222.

38 *Culik*, Beschäftigtendatenschutz, S. 117; *Hoffmann/Schulte*, EuZW 2019, 733, 736.

der Begriff des personenbezogenen Datums sehr weit zu verstehen ist.[39] Die Definition des personenbezogenen Datums lässt sich in zwei Kategorien aufteilen, die im Folgenden einer kurzen Betrachtung unterzogen werden sollen.

### a. Bezug auf alle Informationen

#### aa. Alle Informationen

Das Merkmal des personenbezogenen Datums umfasst *„alle Informationen“*. Diese Informationen müssen einen Personenbezug aufweisen. Eine Einschränkung ist vom Wortlaut nicht vorgesehen, sodass von einem weiten Verständnis ausgegangen werden muss.[40] Es ist dabei unerheblich, auf welche Weise die Information übermittelt wird, ob z. B. digital oder analog.[41] Unerheblich ist auch, in welcher Form die Information vorliegt, sodass auch Informationen, die mündlich vermittelt werden, erfasst sind.[42] Damit sind die Informationen, die in den Bewerbungsunterlagen per Post oder auf anderem Wege eingereicht werden ebenso geschützt wie die Information, die erst im Laufe eines Bewerbungsgesprächs mit dem Arbeitgeber zum Vorschein kommt. Ebenso werden Lichtbilder, d. h. Fotos des Bewerbers, als personenbezogene Daten eingeordnet, wie ErwG 51 S. 3 besagt.[43] Hiernach sollte die Verarbeitung von Lichtbildern nicht grundsätzlich als Verarbeitung besonderer Kategorien personenbezogener Daten angesehen werden. Im Umkehrschluss bedeutet dies, dass ein Lichtbild, auf dem der Bewerber erkennbar ist, zumindest als *„normales“* personenbezogenes Datum einzuordnen ist. Denn durch die zusätzlichen Informationen aus der Bewerbung (wie z. B. Name) kann festgestellt werden, wer diese Person ist. Als weitere Informationen kommen vor allem Identifikationsmerkmale (z. B. Name, Alter, Adressdaten, amtliches Kennzeichen), äußere Merkmale wie Geschlecht oder auch innere Zustände wie Meinungen in Betracht.[44]

Im Bewerbungsverfahren werden eine Vielzahl von personenbezogenen Daten des Bewerbers verarbeitet (z. B. Name, Adressdaten, Geburtsdaten, Lebenslauf,

---

39 *Art.-29-Datenschutzgruppe*, WP 136, S. 4; *Hamann/Haußmann*, in: Arnold/Günther, Arbeitsrecht 4.0, Kap. 6 Rn. 6.

40 *Schwartmann/Mühlenbeck*, in: Schwartmann et al., Art. 4 DSGVO, Rn. 26; *Wybitul*, in: Kiel et al., MHA, § 96 Rn. 22.

41 *Klar/Kühling*, in: Kühling/Buchner, Art. 4 Nr. 1 DSGVO, Rn. 9; *Wybitul*, in: Kiel et al., MHA, § 96 Rn. 22.

42 EuGH, Urt. v. 07.03.2024 – C-740/22, Rn. 35, NZA 2024, 533; *Schwartmann/Mühlenbeck*, in: Schwartmann et al., Art. 4 DSGVO, Rn. 27; *Ziebarth*, in: Sydow, DSGVO/BDSG, Art. 4 DSGVO, Rn. 8.

43 EuGH, Urt. v. 03.10.2019 – C-70/18, Rn. 55, BeckRS 2019, 23122 – Veiligheid; *DSB Österreich*, Besch. v. 07.06.2018, DSB-D202.207/0001-DSB/2018, https://tinyurl.com/yxfj7b4d; *Golland*, Soziale Netzwerke, S. 78.

44 OVG Münster, Beschl. v. 06.02.2019 – 15 E 1026/18, Rn. 19, BeckRS 2019, 1505 (Lebensalter als personenbezogenes Datum); *Giakoumopoulos/Buttarelli/O'Flaherty*, Datenschutzrecht, S. 106.

Fotos, Gehaltsvorstellungen). Gerade in Bewerbungsportalen können der Vor- und Nachname, die E-Mail-Adresse, die Anschrift, die Telefonnummer, der berufliche Werdegang, die Ausbildung oder auch das Xing-Profil abgefragt werden. E-Mail-Adressen können grundsätzlich bereits dann als personenbezogenes Datum angesehen werden, wenn sie *„sprechend"* sind, das heißt, wenn aus der Domainbezeichnung der Vor- und Nachname ersichtlich sind.[45] Aber auch unabhängig davon, ob die E-Mail-Adresse sprechend ist, wird bei der Angabe der E-Mail-Adresse in der Bewerbung diese Information als personenbezogenes Datum anzusehen sein, da durch die weiteren Informationen aus der Bewerbung eine Identifizierbarkeit angenommen werden kann. Durch die Bewerbungsunterlagen und die Bewerbungsinterviews wird *„ein Gesamtüberblick über das Persönlichkeitsprofil einer Person"* gegeben.[46] Wenn die Bewerbung handschriftlich verfasst ist, kann auch dies eine Information i. S. d. Datenschutzrechts sein.[47] Aber auch die Inhalte der Bewerbung an sich geben einen umfassenden Überblick über die erbrachten Leistungen der letzten Jahre des Bewerbers. Die Bewerbung enthält unter Umständen Informationen darüber, welche beruflichen Stationen der Bewerber in welcher Zeit durchlaufen hat, welche Hobbys der Bewerber verfolgt oder welche Qualifikationen erworben wurden. Die einzelnen Informationen, wie zum Beispiel der Name Müller, stellen noch kein personenbezogenes Datum dar, da diese einzelne Information noch keine Aussage über die Verhältnisse des Namensträgers aussagt.[48] Erst mit der Verknüpfung weiterer Informationen kann eine Aussage über die Person getroffen werden. Die Tatsache, dass sich der Bewerber Müller bei der XY-Gesellschaft beworben hat, reicht hingegen aus, damit diese Information als personenbezogenes Datum gilt. Sprachanalysen, die von den einzelnen Bewerbern unter Umständen angefertigt worden sind oder Einstellungsuntersuchungen, stellen personenbezogene Daten dar, die zum Teil auch zu den besonderen Kategorien personenbezogener Daten nach Art. 9 Abs. 1 DSGVO gehören (vgl. Fünfter Teil). Ebenso unterfallen die Motive des Bewerbers, wieso er sich für das Unternehmen entschieden hat, unter den Begriff des personenbezogenen Datums. Das LG Darmstadt hat auch die Informationen, dass sich jemand in einem Bewerbungsprozess befindet, sich als Händler beworben hat und dass die Gehaltsvorstellung zumindest jenseits der angegebenen 80.000 Euro befinden, als personenbezogenes Datum angesehen.[49]

All diese Informationen lassen ein Persönlichkeitsbild über den Bewerber entstehen. Ob diese Informationen richtig oder bewiesen sind, spielt für die Einord-

---

45 *Heckmann/Scheurer*, in: Heckmann/Paschke, Internetrecht, Kap. 9, Rn. 139 ff.; *Hermann*, RDV 2019, 64; *Schwartmann/Mühlenbeck*, in: Schwartmann et al., Art. 4 DSGVO, Rn. 46 (nicht: datenschutz-info@example.com).

46 *Grimm/Kühne*, ArbRB 2018, 245, 246.

47 EuGH, Urt. v. 20.12.2017 – C- 434/16, Rn. 37, NJW 2018, 767 – Nowak; *Hermann*, RDV 2019, 64.

48 *Golland*, Soziale Netzwerke, S. 67.

49 LG Darmstadt, Urt. v. 26.05.2020 – 13 O 244/19, Rn. 41, BeckRS 2020, 25785.

nung keine Rolle.[50] Auch unzutreffende Informationen werden geschützt. Dies macht die DSGVO mit dem Berichtigungsanspruch nach Art. 16 DSGVO deutlich, welches ein Instrument schafft, um die Berichtigung unrichtiger personenbezogener Daten zu verlangen. Personenbezogene Daten, die in einer Bewerbung sachlich unrichtig sind bzw. unrichtig geworden sind, sind Informationen, die dem Datenschutzrecht unterfallen.

### bb. Bezug

Die Informationen müssen sich auf eine natürliche Person „*beziehen*". Dieses Merkmal ist eigenständig zu beurteilen.[51] Es dient in erster Linie der Abgrenzung zu Sammelangaben bzw. zu Sachdaten. Sachdaten sind solche Daten, die sich nicht auf eine natürliche Person beziehen, sondern ausschließlich auf eine Sache.[52] Solche Daten stellen regelmäßig keine personenbezogenen Daten dar. In diesem Zusammenhang ist auch der Begriff der aggregierten Daten von Bedeutung (vgl. ErwG 162 S. 5). Diese bilden das Gegenstück zum Begriff der personenbezogenen Daten.[53] Aggregierte Daten sind Daten von mehreren Personen, die zusammengefasst werden und bei denen zum Beispiel nur Durchschnittswerte mitgeteilt werden.[54] Wenn mehrere Bewerbungen dahingehend ausgewertet werden, wie viele Bewerber zusätzliche Qualifikationen aufweisen, dann ist dieses Ergebnis als aggregiert einzuordnen und ein Personenbezug ist nicht gegeben. Fraglich ist, ab welcher Anzahl von Personen man von aggregierten Daten sprechen kann.

Der *Landesdatenschutzbeauftragte von Baden-Württemberg* geht ab einer Zahl von sieben Personen davon aus, dass aggregierte Daten vorliegen, während der *Landesdatenschutzbeauftragte von Niedersachsen* eine Zahl von fünf Personen ausreichen lässt.[55] In der datenschutzrechtlichen Literatur wird bei einer Zahl von mindestens zwei[56], drei[57] oder mehr als fünf[58] Personen eine Aggregierung angenommen.

---

50 *OGH Wien*, Beschl. v. 18.02.2021 – 6 Ob 127/20z, Rn. 17; *Art.-29-Datenschutzgruppe*, WP 136, S. 7; *Brink/Schwab*, in: Wedde, Datenschutz, B., Rn. 32; *Golland*, Soziale Netzwerke, S. 49.

51 *Klar/Kühling*, in: Kühling/Buchner, Art. 4 Nr. 1 DSGVO, Rn. 11.

52 *Klar/Kühling*, in: Kühling/Buchner, Art. 4 Nr. 1 DSGVO, Rn. 12; *Krügel*, ZD 2017, 455, 457; *Wybitul*, in: Kiel et al., MHA, § 96 Rn. 24.

53 *Schwartmann/Mühlenbeck*, in: Schwartmann et al., Art. 4 DSGVO, Rn. 43.

54 *Ziebarth*, in: Sydow, DSGVO/BDSG, Art. 4 DSGVO, Rn. 27.

55 *LfDI BW*, Beschäftigtendatenschutz, S. 46 (bei medizinischer Forschung erst ab Mindestgruppengröße von 12 oder mehr); *LfD Niedersachsen*, Beschäftigtendatenschutz, S. 9 (bei Art. 9-Daten ab 20 Personen).

56 *Golland*, Soziale Netzwerke, S. 65.

57 *Dammann*, in: Simitis, BDSG, § 3 Rn. 14; *Maisch*, Informationelle Selbstbestimmung, B., Fn. 273; *Ziebarth*, in: Sydow, DSGVO/BDSG, Art. 4 DSGVO, Fn. 58.

58 *Beckschulze/Fackeldey*, RDV 2013, 109, 117; *Maschmann*, in: Maschmann/Fritz, Matrixorganisationen, Kap. 5, Rn. 162.

Im Ergebnis ist entscheidend, ob ein Personenbezug mit einer hohen Wahrscheinlichkeit hergestellt werden kann.[59] Wenn bei sieben Bewerbungen die Aussage getroffen wird, dass alle sieben Bewerber ein Prädikatsexamen haben, so wird über jeden dieser Bewerber eine Information offenbart, die für sich genommen einen Personenbezug aufweist. Anders wäre es zu beurteilen, wenn bei einem Bewerberpool von mehreren hundert Bewerbern die Aussage darüber getroffen wird, dass ein Drittel dieser Bewerber ein solches Examen absolviert hat. In diesem Fall kann kein Bezug hergestellt werden und ein Personenbezug ist zu verneinen. Es kommt immer auf den Kontext der Verarbeitung an.

### b. Identifizierte oder identifizierbare natürliche Person

Nach Art. 4 Nr. 1 DSGVO können nur natürliche Personen *„betroffene Personen"* i. S. d. Datenschutzrechts sein. Gemeint sind damit alle von Geburt an lebenden Menschen bis zu ihrem Tod, unabhängig von deren Staatsangehörigkeit oder deren Aufenthaltsort (vgl. ErwG 14 S. 1), sodass im Grundsatz auch Nicht-EU-Bürger von dem Begriff erfasst werden. Juristische Personen sind nicht erfasst.[60] Dies stellt ErwG 14 S. 2 ausdrücklich fest, wonach diese *„Verordnung […] nicht für die Verarbeitung personenbezogener Daten juristischer Personen"* gilt. Der Bewerber stellt eine natürliche Person dar, sodass dieser als betroffene Person i. S. d. DSGVO anzusehen ist. Die natürliche Person muss identifiziert oder identifizierbar sein. Eine rechtliche Zuordnung zu einem dieser Tatbestandsmerkmale ist für die rechtliche Einordnung nicht von Relevanz, da an die Merkmale keine anderen rechtlichen Voraussetzungen geknüpft sind.[61]

*„Identifiziert"* ist eine natürliche Person, wenn sie eindeutig zugeordnet werden kann bzw. die Person konkret namentlich (z. B. durch Vor- und Nachnamen) benannt ist.[62] Die Identität der natürlichen Person muss unmittelbar aus der Information selbst folgen, sodass keine zusätzlichen Informationen mehr erforderlich sind, um die Person zu identifizieren. Die ehemalige *Artikel-29-Datenschutzgruppe* definierte diesen Begriff unter der DSRL in der Weise, dass eine bestimmte Person vorliegt, *„wenn sie sich in einer Personengruppe von allen anderen Mitgliedern der Gruppe unterscheidet"*.[63] Dies ist gerade dann der Fall, wenn der Name eines Bewerbers in den Bewerbungsunterlagen vorhanden ist. Aus diesem Namen kann die Identität des Bewerbers unmittelbar geschlossen werden, sodass nicht auf weitere Informationen zurückgegriffen werden muss.

59 *Gola*, Beschäftigtendatenschutz, Rn. 233; *Golland*, Soziale Netzwerke, S. 55, 65 (mehr als 50 %); ähnlich *OGH Wien*, Beschl. v. 18.02.2021 – 6 Ob 127/20z, Rn. 19.

60 *Arning/Rothkegel*, in: Taeger/Gabel, Art. 4 DSGVO, Rn. 16; *Mantz/Marosi*, in: Specht/Mantz, Datenschutzrecht, § 3 Rn. 10. Zur juristischen Person *Rabe*, K&R 2019, 464 ff.

61 *Mantz/Marosi*, in: Specht/Mantz, Datenschutzrecht, § 3 Rn. 13.

62 EuGH, Urt. v. 19.10.2016 – C-582/14, Rn. 38, NJW 2016, 3579 – Breyer m. Anm. Mantz/Spittka; *Arning/Rothkegel*, in: Taeger/Gabel, Art. 4 DSGVO, Rn. 24; *Brink/Eckhardt*, ZD 2015, 205; *Golland*, Soziale Netzwerke, S. 52.

63 *Art.-29-Datenschutzgruppe*, WP 136, S. 14.

Schwieriger zu beurteilen ist, wenn zwei Bewerber den gleichen Vor- und Nachnamen tragen. In dem Fall beziehen sich die Datensätze nicht mehr unmittelbar auf eine bestimmte Person. Teilweise wird davon ausgegangen, dass dann die reine Namensangabe für die Identifizierbarkeit nicht ausreichen würde.[64] Überzeugender ist es jedoch, wenn aus dem Kontext erkennbar ist, welcher Bewerber gemeint ist.[65] Unterschiedliche Zuordnungskriterien können aus einer Bewerbungsmappe herausgefiltert werden, sodass es möglich ist, diese Daten der richtigen Person zuzuordnen.

Als „*identifizierbar*" wird eine natürliche Person nach Art. 4 Nr. 1 Hs. 2 DSGVO angesehen, die „*direkt oder indirekt, insbesondere mittels Zuordnung zu einer Kennung wie einem Namen, zu einer Kennnummer, zu Standortdaten, zu einer Online-Kennung oder zu einem oder mehreren besonderen Merkmalen, die Ausdruck der physischen, physiologischen, genetischen, psychischen, wirtschaftlichen, kulturellen oder sozialen Identität dieser natürlichen Person sind, identifiziert werden kann*". ErwG 26 S. 3 konkretisiert dies dahingehend, dass „*alle Mittel berücksichtigt werden [sollten], die von dem Verantwortlichen oder einer anderen Person nach allgemeinem Ermessen wahrscheinlich genutzt werden, um die natürliche Person direkt oder indirekt zu identifizieren, wie beispielsweise das Aussondern*". Dies bedeutet, dass im Gegensatz zu einer identifizierten Person eine nur identifizierbare Person vorliegt, wenn das Vorliegen einer Information für sich genommen nicht ausreichend ist, um eine Person zu identifizieren. Vielmehr bedarf es weiterer Informationen, um durch diese Verknüpfung den Personenbezug herstellen zu können.

Maßgeblich, ob eine identifizierte oder identifizierbare Person vorliegt, ist der Zeitpunkt der Verarbeitung.[66] Dies besagt auch ErwG 26 S. 3, wonach „*die zum Zeitpunkt der Verarbeitung verfügbare Technologie und technologische[n] Entwicklungen zu berücksichtigen sind*". Es muss zum Zeitpunkt der Erhebung personenbezogener Daten des Bewerbers feststehen, ob der Bewerber identifiziert oder zumindest identifizierbar für den Arbeitgeber ist.

Bereits unter der Geltung des BDSG a. F. und der DSRL war umstritten, ob für die Ermittlung der Identifizierbarkeit ein relativer oder absoluter Personenbezug (bzw. subjektiver oder objektiver Personenbezug) für die Eröffnung des Anwendungsbereichs des Datenschutzrechts ausreichend war.[67] Der Streit drehte sich um die Frage, wer die Kenntnis besitzen muss, dass eine bestimmte Information auf eine natürliche Person bezogen ist. In der deutschen datenschutzrecht-

64 *Golland*, Soziale Netzwerke, S. 68; *Karg*, DuD 2015, 520, 523; aA *Ernst*, in: Paal/Pauly, Art. 4 DSGVO, Rn. 7 (alle als Betroffene einzuordnen).

65 *Golland*, Soziale Netzwerke, S. 53; *Ziebarth*, in: Sydow, DSGVO/BDSG, Art. 4 DSGVO, Rn. 14.

66 *Klar/Kühling*, in: Kühling/Buchner, Art. 4 Nr. 1 DSGVO, Rn. 24.

67 Zum Streitstand unter BDSG a. F. *Brink/Eckhardt*, ZD 2015, 205 ff.; *Herbst*, NVwZ 2016, 902, 903.

lichen Literatur ging man überwiegend von einem relativen Verständnis aus.[68] Auch der EuGH vertrat zur DSRL, dass es auf einen relativen Personenbezug ankommt, da entscheidend war, ob der jeweilige Datenverarbeiter über rechtliche Mittel verfügt, um die Person mit dem Zusatzwissen Dritter zu identifizieren.[69] Dabei dürfe nicht nur eine theoretische Möglichkeit bestehen, sondern diese Möglichkeit müsse auch praktisch erreichbar sein.[70] Ebenso wie die DSRL klärt auch die DSGVO nicht ausdrücklich, ob für die Identifizierbarkeit einer Person allein auf die Kenntnisnahmemöglichkeiten des jeweiligen Datenverarbeiters (relativer Personenbezug) oder auf die Kenntnisnahmemöglichkeiten eines beliebigen Dritten (absoluter Personenbezug) abzustellen ist.[71] Vielmehr enthält die Verordnung sowohl Hinweise auf einen relativen als auch auf einen absoluten Personenbezug. Der Streit wird somit auch unter der DSGVO geführt.

### aa. Relativer Personenbezug

Um den Datenschutz nicht zu einem umfassenden Supergrundrecht ausufern zu lassen, wird unter der Geltung der DSGVO überwiegend davon ausgegangen, dass die DSGVO ein relatives Verständnis des Personenbezugs zugrunde legt. Ob ein Personenbezug gegeben sei, bestimme sich demnach einzig nach dem Wissenstand des Verantwortlichen.[72] Diese Ansicht scheint auch der EuGH unter der DSGVO zu vertreten.[73]

Als Argument wird ErwG 26 S. 3 herangezogen, wonach maßgeblich ist, welche Mittel der Verantwortliche objektiv nach allgemeinem Ermessen wahrscheinlich einsetzen wird (sog. Zusatzwissen), um eine Person zu identifizieren. Für alle anderen, die dieses Zusatzwissen nicht besitzen, ist dieses Datum nicht als

---

68 *Brink/Eckhardt*, ZD 2015, 205, 206.

69 EuGH, Urt. v. 19.10.2016 – C-582/14, Rn. 49, ZD 2017, 24 – Breyer.

70 *Buchholtz/Stentzel*, in: Gierschmann et al., Art. 4 Nr. 1, Rn. 18; *Klar/Kühling*, in: Kühling/Buchner, Art. 4 Nr. 1 DSGVO, Rn. 28.

71 *Arning/Rothkegel*, in: Taeger/Gabel, Art. 4 DSGVO, Rn. 33; *Brauneck*, EuZW 2019, 680, 682 f.

72 *Barlag*, in: Roßnagel, DSGVO, § 3 Rn. 9; *Buchholtz/Stentzel*, in: Gierschmann et al., Art. 4 Nr. 1, Rn. 1 f., 11; *Culik*, Beschäftigtendatenschutz, S. 119; *Eßer*, in: Auernhammer, Art. 4 DSGVO, Rn. 20; *Golland*, Soziale Netzwerke, S. 60; *Hofmann/Johannes*, ZD 2017, 221, 225; *Hornung/Wagner*, CR 2019, 565, 567; *Husemann*, in: Roßnagel, Datenschutzrecht, § 3 Rn. 7; *Klar/Kühling*, in: Kühling/Buchner, Art. 4 Nr. 1 DSGVO, Rn. 26; *Krumm*, Videoüberwachung, S. 219; *Laue/Nink/Kremer*, Datenschutzrecht, § 1 Rn. 13; *Morasch*, Beschäftigungskontext, S. 51 f.; *Scheurer*, Spielerisch selbstbestimmt, S. 125 f.; *Schefzig*, K&R 2014, 772, 774; *Selzer*, in: Jandt/Steidle, Datenschutz, Teil B, I., Rn. 7.

73 EuGH, Urt. v. 09.11.2023 – C-319/22, Rn. 45 f., BeckRS 2023, 30962; ebenso der EuG, Urt. v. 26.04.2023 – T-557/20, Rn. 105, ZD 2023, 399; vgl. bereits zur DSRL EuGH, Urt. v. 19.10.2016 – C-582/14, Rn. 38, NJW 2016, 3579; allerdings weist EuGH, Urt. v. 07.03.2024 – C-604/22, ZD 2024, 328 m. Anm. Halim/Marosi wieder auf einen absoluten Personenbezug hin.

personenbezogen anzusehen. Zudem sei aus teleologischen Gesichtspunkten der relative Personenbezug vorzugswürdig, da sonst jedes Datum zu einem personenbezogenen Datum heraufgestuft würde, was zu wirtschaftlich absurden Belastungen führe. Die in ErwG 26 angelegte Verhältnismäßigkeitsprüfung spreche ebenfalls für einen relativen Ansatz. Es würde faktisch keine anonymen Daten mehr geben, was zu einer Aushebelung dieses Rechtsinstituts führen würde. Bei einem absoluten Verständnis bestehe immer die Möglichkeit, dass irgendjemand den Personenbezug herstellen könne.

### bb. Absoluter Personenbezug

Die Befürworter einer absoluten Betrachtungsweise ziehen ebenfalls ErwG 26 S. 3 als Argument heran, wonach alle Mittel berücksichtigt werden müssen, die von dem Verantwortlichen oder „*einer anderen Person*" nach allgemeinem Ermessen wahrscheinlich genutzt werden.[74] Demnach reiche es aus, wenn ein beliebiger Dritter unter Berücksichtigung von Kosten, zeitlichem Aufwand, verfügbarer Technologie und technologischer Entwicklung den Personenbezug herstellen könne. Nach *Geiger* deute die Formulierung „*kann*" in Art. 4 Nr. 1 Hs. 2 DSGVO auf ein absolutes Verständnis hin, wobei jedoch Sonderwissen Einzelner auszuklammern sei und lediglich auf allgemein bekanntes bzw. allgemein zugängliches Wissen abgestellt werden sollte.

### cc. Vermittelnder Ansatz

Andere datenschutzrechtliche Stimmen in der Literatur vertreten einen vermittelnden Ansatz. Danach komme es darauf an, ob „*eine Identifizierung des Betroffenen dem Verantwortlichen objektiv möglich ist und ob sie auch subjektiv beabsichtigt ist*".[75] Im Grunde sei eine Verhältnismäßigkeitsprüfung durchzuführen, wobei die Interessen der betroffenen Personen mit den Interessen des Datenverarbeiters abzuwägen seien.

Teilweise soll für die Herstellung eines Personenbezuges darauf abgestellt werden, dass im Falle der Nichtkenntnis der betroffenen Person, der Verantwortliche durch die Weitergabe dieser Informationen an Dritte die Kenntnis bekomme,

74 *Albrecht/Jotzo*, Datenschutzrecht, Teil 3, Rn. 3; *Geiger*, in: Weth et al., Daten- und Persönlichkeitsschutz, A., IV., Rn. 32; *Schreiber*, in: Plath, Art. 4 DSGVO, Rn. 8; ähnlich *Broy*, in: Weth et al., Daten- und Persönlichkeitsschutz, B., XI., Rn. 5 f.; *Giakoumopoulos/Buttarelli/ O'Flaherty*, Datenschutzrecht, S. 109; *Hilber*, in: Hilber et al., Deutsche Tochter, D., Rn. 13; *Kastelitz*, JMG 2016, 71, 72; *Lachenmann*, in: Besgen/Prinz, Arbeiten 4.0, § 11 Rn. 9 f.

75 *Arning/Rothkegel*, in: Taeger/Gabel, Art. 4 DSGVO, Rn. 35; *Bongers*, in: Kramer, IT-Arbeitsrecht, § 4 Rn. 9 ff.; *Buchholtz/Stentzel*, in: Gierschmann et al., Art. 4 Nr. 1, Rn. 12; *Golland*, Soziale Netzwerke, S. 58 m. w. N.

da dieser Dritte den Personenbezug nach allgemeinem Ermessen wahrscheinlich herstellen könne.[76]

Es wird auch darauf abgestellt, ob die Kenntnisnahme nach allgemeinem Ermessen aller Voraussicht nach zu erwarten ist.[77] Nach *Brauneck* sollen durch den Wegfall der Formulierung „*vernünftigerweise*" (ErwG 26 DSRL) und der Verwendung der Formulierung „*nach allgemeinen Ermessen wahrscheinlich genutzt*" (ErwG 26) auch illegale Handlungsformen zur Identifizierung miteinbezogen werden, da nach der DSGVO allein entscheidend sei, wie wahrscheinlich es ist, dass der Verantwortliche zu illegalen Handlungsformen greift.[78]

### dd. Stellungnahme

Zunächst kann festgehalten werden, dass die Legaldefinition des personenbezogenen Datums nach Art. 4 Nr. 1 DSGVO sowohl Anhaltspunkte für einen relativen als auch absoluten Personenbezug enthält. Insgesamt sprechen die besseren Argumente für einen vermittelnden Ansatz. Wenn der Verantwortliche nach allgemeinem Ermessen den Personenbezug mit dem Wissen Dritter herstellen kann und diese Informationsquelle auch wahrscheinlich genutzt wird, dann liegt das Merkmal der Identifizierbarkeit und damit auch ein personenbezogenes Datum vor. Entscheidend sind die Kenntnisse, Mittel und die Möglichkeiten des Verantwortlichen, die im Rahmen einer Verhältnismäßigkeitsprüfung herangezogen werden müssen.[79] Nur in diesen Fällen kann von einer besonderen Gefahr für die Rechte und Freiheiten der betroffenen Person gesprochen werden. Das Merkmal der Identifizierbarkeit wäre durch einen absoluten Personenbezug sinnentleert, da theoretisch jedes Datum als personenbezogen einzuordnen wäre. Die Möglichkeit des anonymen Datums, welches nach ErwG 25 S. 5 nicht der DSGVO unterfallen soll, wäre kaum möglich, da unter Zugrundelegung eines absoluten Verständnisses die Möglichkeit einer Identifizierung durch einen beliebigen Dritten fast immer möglich wäre. Auch Art. 11 Abs. 1 DSGVO bestätigt dieses Ergebnis. Hiernach ist der Verantwortliche zur bloßen Einhaltung der DSGVO nicht verpflichtet, zusätzliche Informationen aufzubewahren, nur um die betroffene Person zu identifizieren. Die Norm spricht sich für einen relativen Personenbezug aus, da sie auf die Kenntnis des Verantwortlichen abstellt. Wenn

---

76 *Höhne*, Art. 88 DSGVO, S. 70; *Klar/Kühling*, in: Kühling/Buchner, Art. 4 Nr. 1 DSGVO, Rn. 27.

77 *Ziebarth*, in: Sydow, DSGVO/BDSG, Art. 4 DSGVO, Rn. 37.

78 *Brauneck*, EuZW 2019, 680, 684; ähnlich *Klar/Kühling*, in: Kühling/Buchner, Art. 4 Nr. 1 DSGVO, Rn. 29; *Schwichtenberg*, Datenschutz in drei Stufen, S. 4 f., 112 f.; *Ziebarth*, in: Sydow, DSGVO/BDSG, Art. 4 DSGVO, Rn. 23; aA zur DSRL EuGH, Urt. v. 19.10.2016 – C-582/14, Rn. 46, NJW 2016, 3579 – Breyer m. Anm. Mantz/Spittka; *Karg*, in: Simitis et al., Datenschutzrecht, Art. 4 Nr. 1 DSGVO, Rn. 64; *Schmitz*, in: Moos et al., DSGVO, Kap. 2 Rn. 51.

79 Ebenso *Arning/Rothkegel*, in: Taeger/Gabel, Art. 4 DSGVO, Rn. 35; *Golland*, Soziale Netzwerke, S. 58.

der Verantwortliche selbst nicht in der Lage ist, einen Personenbezug herzustellen, dann ist es nicht gerechtfertigt, ihn den datenschutzrechtlichen Regelungen zu unterwerfen. In diesen Fällen liegt keine Bedrohungslage für die Rechte und Freiheiten der betroffenen Person vor. Außerdem spricht ErwG 26 S. 3 für diese vermittelnde Lösung. Hiernach sollten alle Mittel berücksichtigt werden, die von dem Verantwortlichen oder einer anderen Person nach *„allgemeinem Ermessen wahrscheinlich"* genutzt werden, um die Person zu identifizieren. Nach S. 4 sollen alle objektiven Faktoren herangezogen werden. Dies deutet darauf hin, dass auch der Einsatz von illegalen Mitteln eingeschlossen werden kann, wenn der Einsatz dieser Mittel nach allgemeinem Ermessen wahrscheinlich ist. Das entspricht dem Sinn und Zweck des Datenschutzrechts, da die betroffene Person auch vor einem Missbrauch der personenbezogenen Daten zu schützen ist.

In der Bewerbungsphase wird das Merkmal der identifizierbaren natürlichen Person eine untergeordnete Rolle spielen, da der Bewerber bemüht ist, möglichst viel von sich zu offenbaren. Dazu gehören insbesondere solche Informationen, die einen Rückschluss auf den Bewerber zulassen, um vom Arbeitgeber wiedererkannt zu werden. In den meisten Fällen wird der Bewerber klar identifiziert sein, da er durch die Kombination verschiedenster Informationen in den Bewerbungsunterlagen wie Name, Anschrift oder Fotografie klar von anderen Personen unterschieden werden kann. Selbst wenn eine Information auf mehrere Bewerber gleichzeitig zutrifft, liegt hinsichtlich dieser Bewerber ein Personenbezug vor, da in diesem Fall alle als schutzwürdig anzusehen sind.[80] Dem Bewerber, auf den diese Information nicht zutrifft, stehen die Rechte der DSGVO zu (v. a. das Berichtigungsrecht nach Art. 16 DSGVO).

## 2. Ganz oder teilweise automatisierte Verarbeitung

Für den sachlichen Anwendungsbereich muss ferner nach Art. 2 Abs. 1, 2. Alt. DSGVO eine *„ganz oder teilweise automatisierte Verarbeitung"* von personenbezogenen Daten vorliegen.

### a. Verarbeitung

Der Begriff der Verarbeitung gehört neben dem Begriff des personenbezogenen Datums nach Art. 4 Nr. 1 DSGVO zu den zentralen Tatbestandsmerkmalen der DSGVO.[81] Er kommt in der gesamten Verordnung einschließlich den Erwägungsgründen über 600-mal vor. Eine Legaldefinition findet sich in Art. 4 Nr. 2 DSGVO. Demnach ist eine Verarbeitung jeder *„mit oder ohne Hilfe automatisierter Verfahren ausgeführte Vorgang oder jede solche Vorgangsreihe im Zu-*

80 *Geiger*, in: Weth et al., Daten- und Persönlichkeitsschutz, A., IV., Rn. 34 f. („Multivalenz des Personenbezugs").

81 *Von Grafenstein*, in: Gierschmann et al., Art. 2 Rn. 23.

*sammenhang mit personenbezogenen Daten wie das Erheben, das Erfassen, die Organisation, das Ordnen, die Speicherung, die Anpassung oder Veränderung, das Auslesen, das Abfragen, die Verwendung, die Offenlegung durch Übermittlung, Verbreitung oder eine andere Form der Bereitstellung, den Abgleich oder die Verknüpfung, die Einschränkung, das Löschen oder die Vernichtung*". Dieser nicht abschließende Katalog von möglichen Verarbeitungssituationen ist sehr weit gezogen.[82] Dies wird dadurch gestützt, dass auch Vorgangsreihen unter den Begriff der Verarbeitung fallen. Der Begriff des Vorgangs umfasst jeden Umgang mit personenbezogenen Daten, der unmittelbar oder mittelbar auf diese Daten einwirkt, unabhängig davon, ob die personenbezogenen Daten später veröffentlicht werden.[83] Damit wird zugleich deutlich, dass es nicht darauf ankommt, ob eine automatisierte Verarbeitung gegeben ist. Die bloße Betrachtung von Daten (z. B. Lesen der Bewerbungsunterlagen) stellt ebenfalls eine Verarbeitung dar.[84] Dies entbindet allerdings nicht von der Prüfung des sachlichen Anwendungsbereichs nach Art. 2 Abs. 1 DSGVO, wonach es für die nicht automatisierte Verarbeitung eines Dateisystems bedarf. *Brink/Schwab* nennen dazu das Beispiel, dass während eines Bewerbungsgesprächs Notizen gemacht werden und der Arbeitgeber nicht beabsichtigt, diese Notizen in eine strukturierte Sammlung personenbezogener Daten zu speichern. In diesem Fall handele es sich zwar um eine Verarbeitung, aber der Anwendungsbereich der DSGVO sei nicht eröffnet.

Im Vergleich zum BDSG a. F. stellt die Definition der DSGVO eine Neuerung dar. In § 3 Abs. 3, 4 und 5 BDSG a. F. unterschied das Gesetz noch zwischen den Verarbeitungsschritten der Erhebung, Verarbeitung und Nutzung. Diese Unterteilung ist unter der Geltung der DSGVO entfallen. Es muss nun einheitlich von einer Verarbeitung personenbezogener Daten ausgegangen werden, sodass eine Abgrenzung der einzelnen Begrifflichkeiten grundsätzlich nicht mehr erforderlich ist.[85] Ausnahmen sind unter anderem bei den Informationspflichten nach Artt. 13 und 14 DSGVO sowie der Übermittlung in ein Drittland nach Artt. 44 ff. DSGVO zu machen.

Der Begriff der Verarbeitung entspricht im Wesentlichen der Legaldefinition des Art. 2 lit. b DSRL, sodass grundsätzlich auf dessen Verständnis zurückgegriffen werden kann.[86] Eine Abgrenzung der einzelnen Verarbeitungsschritte kannte die

---

82 EuGH, Urt. v. 05.12.2023 – C-683/21, Rn. 50, BeckRS 2023, 34702; *Monreal*, PinG 2017, 216, 217 (umfasst Daten „von der Wiege bis zur Bahre"); *ders.*, CR 2019, 797, 800 f.

83 BVerwG, Urt. v. 27.03.2019 – 6 C 2.18, Rn. 43, NJW 2019, 2556 m. Anm. Kühling/Sackmann; *Berger*, RDV 2019, 3, 4; *Räther*, ZHR 2019, 94, 95 („Lebenszyklus").

84 *Beckers*, ZWE 2019, 297, 298; *Brink/Schwab*, in: Wedde, Datenschutz, B., Rn. 60; *Marion/Resch*, jM 2020, 134.

85 *Egberts/Monschke*, Jura 2018, 1100, 1103 (Vereinigung des Trikolons von Erheben, Verarbeiten und Nutzen); *Schreiber*, in: Plath, Art. 4 DSGVO, Rn. 10.

86 *Arning/Rothkegel*, in: Taeger/Gabel, Art. 4 DSGVO, Rn. 57; *Schwartmann/Hermann*, in: Schwartmann et al., Art. 4 DSGVO, Rn. 5.

DSRL auch nicht. Vielmehr wurde nach der DSRL jeder Vorgang, der personenbezogene Daten betrifft, umfasst, wobei es auf die Dauer der Verarbeitung gerade nicht ankam.[87] Auch kurzfristige Verarbeitungen werden geschützt. Auf die eingesetzte Technik kommt es nicht an (vgl. ErwG 15 S. 1, wonach *„der Schutz natürlicher Personen technologieneutral sein und nicht von den verwendeten Techniken abhängen [sollte]“*). Nach *Plath/Struck* gibt es keine de-minimis-Ausnahme, wonach unkritische oder geringfügige Verarbeitungen ausgeschlossen wären.[88] Der Grund für diese weite Auslegung dieses Begriffes ist darin begründet, einen möglichst umfassenden Schutz für die betroffenen Personen zu gewährleisten.

Im Folgenden wird auf die Begriffsbestimmung der Erhebung personenbezogener Daten sowie das Problem der aufgedrängten Informationen näher eingegangen.

### aa. Erhebung bei „aufgedrängten Informationen“?

Die *„Erhebung“* von personenbezogenen Daten über einen Bewerber durch den Arbeitgeber ist ein wesentlicher Verarbeitungsschritt. Der Begriff wird in der DSGVO nicht definiert. Im Rahmen der Legaldefinition der Verarbeitung nach Art. 4 Nr. 2 DSGVO wird der Begriff als erste Form einer Verarbeitung genannt. Dies deutet darauf hin, dass die Erhebung zeitlich den Anfang einer Verarbeitung meint. Eine Erhebung kann begrifflich nur dann vorliegen, wenn die personenbezogenen Daten erstmals aufgenommen werden und in den Verfügungsbereich des Verantwortlichen gelangen.[89] Die bloße Frage des Arbeitgebers an den Bewerber, ohne dass dieser antwortet, stellt demnach noch keine Datenerhebung dar.[90] Ferner ist damit gemeint, dass personenbezogene Daten über die betroffene Person beschafft werden, unabhängig davon, ob dies direkt bei der betroffenen Person oder bei einem Dritten i. S. d. Art. 4 Nr. 10 DSGVO erfolgt.[91] Auf eine tatsächliche Kenntnisnahme der Daten durch den Verantwortlichen soll es nach mancher Ansicht nicht ankommen, sodass die Zugriffsmöglichkeit ausreichend ist.[92]

---

87 *Pabst*, in: Schwartmann et al., Art. 2 DSGVO, Rn. 27; *Plath*, in: Plath, Art. 2 DSGVO, Rn. 10.

88 *Plath*, in: Plath, Art. 2 DSGVO, Rn. 5; ebenso *Monreal*, ZD 2014, 611, 612; *Schwartmann/Hermann*, in: Schwartmann et al., Art. 4 DSGVO, Rn. 56; eine De-Minimis-Ausnahme grds. begrüßend Generalanwalt *Bobek*, Schlussanträge vom 06.10.2021 – C-245/20, Rn. 62, BeckRS 2021, 29724.

89 *Herbst*, in: Kühling/Buchner, Art. 4 Nr. 2 DSGVO, Rn. 21.

90 Ebenso zum BDSG a. F. *Burger*, Der Schutz gesundheitsbezogener Beschäftigtendaten, S. 119 f.

91 *Arning/Rothkegel*, in: Taeger/Gabel, Art. 4 DSGVO, Rn. 70; *Dienstbühl*, CR 2019, 359, 360.

92 *Dienstbühl*, CR 2019, 359, 360; *Herbst*, in: Kühling/Buchner, Art. 4 Nr. 2 DSGVO, Rn. 21; *Weth*, in: Weth et al., Daten- und Persönlichkeitsschutz, B., I., Rn. 50.

Der Wortlaut setzt nach überwiegender Ansicht ein aktives Tun des Verantwortlichen voraus, sodass personenbezogene Daten, die ohne ein Zutun des Verantwortlichen in den Verfügungsbereich gelangen, nicht erhoben werden, solange der Verantwortliche die Daten nicht doch verwendet.[93] Andere sprechen davon, dass eine „*zurechenbare, willensgetragene menschliche Aktivität*" gegeben sein muss bzw. „*gezielt*" Kenntnis erlangt wird.[94] Personenbezogene Daten, die der Verantwortliche nicht aktiv angefordert hat, stellen demnach keine Erhebung dar. Diese Begriffsbestimmung soll durch die englische Sprachfassung des Art. 13 Abs. 1 DSGVO bekräftigt werden. Nach dieser Fassung wird von „*personal data […] collected from the data subject*" gesprochen. Personenbezogene Daten müssen also von der betroffenen Person gesammelt worden sein, was ein aktives Handeln des Verantwortlichen voraussetze.[95] Allerdings muss berücksichtigt werden, dass, obwohl die englische Sprachfassung als Verhandlungssprache eine wichtige Indizwirkung hat, diese den anderen offiziellen Sprachen nicht vorgeht. Vielmehr sind alle Sprachfassungen gleichrangig.[96] In der Konsequenz müssten alle Sprachfassungen analysiert werden. Nach dem EuGH muss zwar „*nach dem wirklichen Willen ihres Urhebers und dem von diesem verfolgten Zweck namentlich im Licht ihrer Fassung in allen Sprachen*" ausgelegt werden.[97] Dies ist praktisch jedoch kaum möglich und wird auch vom EuGH nicht

93 BayVerfGH, Urt. v. 17.05.2022 – Vf. 47-VII-21, Rn. 68; VK Berlin, Beschl. v. 24.09.2020 – VK-B1-10/19, Rn. 58, BeckRS 2020, 28026; LG Ravensburg, Urt. v. 06.03.2020 – 2 O 363/19, Rn. 27, BeckRS 2020, 55930; *Arning/Rothkegel*, in: Taeger/Gabel, Art. 4 DSGVO, Rn. 72; *Breyer*, DuD 2018, 311, 312; *Eßer*, in: Auernhammer, Art. 4 DSGVO, Rn. 38 f.; *Gosch*, Besondere Kategorien, S. 13; *Herbst*, in: Kühling/Buchner, Art. 4 Nr. 2 DSGVO, Rn. 21; *Kazemi*, DSGVO, § 2 Rn. 44; *Laoutoumai*, Privacy Litigation, S. 9; *Lepperhoff*, RDV 2017, 21 („Sich-Beschaffen-Wollen" fehlt); *Maschmann*, in: Kühling/Buchner, § 26 BDSG, Rn. 27; *Pötters/Schmidt*, in: Preis/Sagan, Arbeitsrecht, § 11 Rn. 27; *Selzer*, in: Jandt/Steidle, Datenschutz, Teil B, I., Rn. 15; *Roßnagel*, in: Simitis et al., Datenschutzrecht, Art. 4 Nr. 2 DSGVO, Rn. 15 (wenn Daten „in einen eigenen Datenschutzvorgang übernommen werden"); *Weth*, in: Weth et al., Daten- und Persönlichkeitsschutz, B., I., Rn. 29, 50; *Wolff*, in: Pechstein et al., Frankfurter Kommentar, Art. 8 GRCh, Rn. 51 („eigene Initiative des Verantwortlichen").

94 *Ernst*, in: Paal/Pauly, Art. 4 DSGVO, Rn. 23; *Lepperhoff*, RDV 2017, 21; *Reimer*, in: Sydow, DSGVO/BDSG, Art. 4 DSGVO, Rn. 50, 55; *Schild*, in: BeckOK DatenSR, DSGVO, 48. Ed. 01.05.2024, Art. 4 Rn. 36; *Selzer*, in: Jandt/Steidle, Datenschutz, Teil B, I., Rn. 15; *Stück*, ZD 2019, 346, 349; aA *Arning/Rothkegel*, in: Taeger/Gabel, Art. 4 DSGVO, Rn. 71 (keine Kenntnis, wenn Verantwortlicher über Daten verfügt). Zum BDSG a. F. *Dammann*, in: Simitis, BDSG, § 3 Rn. 106 („Erhebungsaktivität").

95 *BayLfD*, Informationspflichten des Verantwortlichen, Fn. 12.

96 *Riesenhuber*, in: Riesenhuber, Methodenlehre, § 10 Rn. 14; *Sagan*, in: Preis/Sagan, Arbeitsrecht, § 1 Rn. 86 („Auslegung nach Maßgabe der Systematik und dem Zweck der Norm"); aA *Faußner/Leeb*, DSB 2019, 196 (englische Sprachfassung maßgeblich); *Selk*, in: Forgó et al., Datenschutz, Teil V, Kap. 3, Rn. 112 (in Deutschland deutsche Fassung maßgeblich). Vgl. auch Art. 55 Abs. 1 EUV.

97 EuGH, Urt. v. 27.01.2005 – C-188/03, Rn. 48, Slg. 2005, I-885, NZA 2005, 213 – Junk.

durchgeführt.[98] Vielmehr können exemplarisch einzelne Sprachfassungen zum Vergleich herangezogen werden.

Der EuGH scheint von einer aktiven Willensrichtung seitens des Verantwortlichen auszugehen, da im Falle eines Suchmaschinenbetreibers von einer Erhebung ausgegangen werden kann, wenn *„das Internet automatisch, kontinuierlich und systematisch auf die dort veröffentlichten Informationen durchforstet“* wird.[99] Die Durchforstung des Internets setzt notwendigerweise ein aktives Tätigwerden des Verantwortlichen voraus.

*Kort* hält die bloße Kenntnisnahme dieser Informationen durch den Arbeitgeber für datenschutzrechtlich irrelevant, solange kein weiterer Umgang bzw. keine weitere Verarbeitung mit den Informationen erfolgt. Für die weitere Verarbeitung benötige der Arbeitgeber eine datenschutzrechtliche Rechtfertigung. Für die Informationen, die der Bewerber ungefragt mitgeteilt hat und keine Rechtfertigung durch den Arbeitgeber besteht, müsse der Arbeitgeber diese Informationen ausblenden (*„Schere im Kopf“*).[100] *Däubler* vertritt die Ansicht, dass der Arbeitgeber an die Grundsätze des Fragerechts gebunden ist und das nun erhaltene Wissen nicht verwertet werden darf.[101]

*Gola/Jaspers* gehen davon aus, dass eine Erhebung bei einer aufgedrängten Bewerbung mit Kenntnisnahme vorliegt.[102] Jedoch soll es ausreichen, dass bei fehlendem Interesse an den Daten die Mitteilung über die Absage und die Löschung der Daten erfolgt. Diese Ansicht würde den Verantwortlichen sehr benachteiligen. Hätte der Arbeitgeber keine Erlaubnisnorm für die Erhebung der Daten, würde sich der Arbeitgeber datenschutzwidrig verhalten, obwohl der Bewerber die Daten *„freiwillig“* verschickt hat. Dies kann dem Arbeitgeber nicht zugerechnet werden. Die Konsequenz einer Einordnung als Erhebung personenbezogener Daten wäre zudem, dass der Verantwortliche die Informationspflichten nach Art. 13 DSGVO bei Erhebung zu erfüllen hätte. Dies ist aber kaum möglich. Den Verantwortlichen mit den Informationspflichten zu belasten, obwohl er die zugesendeten personenbezogenen Daten nicht gezielt angefordert hat, ist nicht sachgerecht. Vielmehr muss gefordert werden, dass dem Erheben ein zielgerichtetes Handeln zugrunde gelegt wird. Teilweise wird daher von einer Erhebung ausgegangen, wenn sie *„wie eine Bewerbung gesichtet wird“*.[103]

Zum Teil wird auch vertreten, dass eine Erhebung dann vorliegen sollte, wenn die zugesendeten personenbezogenen Daten nach Kenntnisnahme nicht gelöscht

98 EuGH, Urt. v. 12.12.2013 – C-486/12, Rn 18 f., ZD 2014, 248.
99 EuGH, Urt. v. 13.05.2014 – C-131/12, Rn. 28, NJW 2014, 2257 – Google Spain.
100 *Kort*, in: Conrad/Grützmacher, FS Schneider, S. 368, 380; *ders.*, NZA-Beilage 2016, 62, 71.
101 *Däubler*, in: Däubler et al., § 26 BDSG, Rn. 50 („Wegwischen hat rein fiktiven Charakter“). Zum BDSG a. F. *ders.*, in: Däubler et al., BDSG, § 32 Rn. 40a.
102 *Gola/Jaspers*, RDV 2018, 145; ähnlich *Greßlin*, BB 2015, 117; anders *Gola/Pötters*, in: Gola/Heckmann, DSGVO/BDSG, § 26 BDSG, Rn. 109.
103 *Lepperhoff*, RDV 2017, 21; *Lepperhoff/Müthlein*, DSGVO, 19.2.

werden und den Daten nachträglich eine Zweckbestimmung gegeben werden.[104] Es wird also eine konkrete subjektive Zweckbestimmung vorausgesetzt. Erst wenn diese Zweckbestimmung gegeben ist, liege eine datenschutzrechtliche Erhebung vor.

Nach Ansicht des BGH liegt keine Erhebung vor, wenn „*freiwillig und selbstbestimmt sowie inhaltlich kontrollierbar übersandte Daten*" vorliegen.[105] Dies würde bedeuten, dass keine Erhebung vorliegt, wenn die betroffene Person eine Wahl hat, ob die Daten überhaupt übermittelt werden sollen. Bei Bewerbungen besteht für den Bewerber die freie Wahl, ob er seine Bewerbungsunterlagen übermitteln will, sodass nach dem BGH wohl keine Erhebung gegeben wäre. Es ist allerdings fraglich, ob der BGH den Begriff der Erhebung strikt im Sinne der DSGVO verstanden wissen wollte.

Nach *Hornung/Wagner* soll der Begriff der Erhebung risikoorientiert ausgelegt und daher weiter verstanden werden als der Begriff in § 3 Abs. 3 BDSG a. F.[106]

Das OVG Saarlouis hatte noch zum BDSG a. F. geurteilt, dass die Erhebung keine Erhebungs- oder Auswertungsabsicht voraussetze und somit die bloße Zugriffsmöglichkeit ausreichend sei.[107] Allerdings setzt auch das Gericht eine aktive Handlung voraus (hier: Anbringen, Ausrichten und Inbetriebnahme der Tierbeobachtungskamera), damit eine Erhebung i. S. d. BDSG a. F. vorlag. Ähnlich gehen manche Stimmen in der Literatur davon aus, dass es für das Vorliegen einer Verarbeitung irrelevant ist, ob ein Wille des Verantwortlichen gegeben ist.[108]

Insgesamt wird dafür plädiert, dass der Erhebung ein willensgetragenes Element innewohnt. Obwohl der Begriff in der DSGVO selbst nicht definiert ist, führt ErwG 163 S. 1 aus: „*Die vertraulichen Informationen, die die statistischen Behörden der Union und der Mitgliedstaaten zur Erstellung der amtlichen europäischen und der amtlichen nationalen Statistiken erheben, sollten geschützt werden*". Hier kommt es für die Erhebung von Informationen demnach auf den Zweck der Erhebung an („*zur Erstellung der amtlichen europäischen und der amtlichen nationalen Statistiken*"). Damit ein Zweck vor Erhebung gegeben sein kann, muss der Verantwortliche vorher einen entsprechenden Willen gebildet haben. Auch die anderen Verarbeitungsschritte in Art. 4 Nr. 2 DSGVO deuten auf eine aktive und willensgetragene Bedeutung hin. So liegt der Organisation, dem Ordnen und dem Abfragen eine willentliche Handlung zugrunde (vgl.

---

104 *Çalışkan*, ZD-Aktuell 2018, 04327 („keine Datenerhebung, wenn ein sozialadäquates oder gar gesellschaftlich gebotenes Alltagsverhalten vorliegt, dem keine Datenverarbeitungsmotivation entnommen werden kann"); *Eßer*, in: Auernhammer, Art. 4 DSGVO, Rn. 39; *Weichert*, in: Däubler et al., Art. 4 DSGVO, Rn. 38.

105 BGH, Urt. v. 12.07.2018 – III ZR 183/17, Rn. 89, ZD 2018, 477 m. Anm. Apel.

106 *Hornung/Wagner*, CR 2019, 565, 569.

107 OVG Saarlouis, Urt. v. 14.09.2017 – 2 A 213/16, Rn. 19, BeckRS 2017, 126722; dazu *Wagner*, jurisPR-ITR 6/2019, Anm. 3.

108 *Arning/Rothkegel*, in: Taeger/Gabel, Art. 4 DSGVO, Rn. 67; *Dienstbühl*, CR 2019, 359, 361.

Zweiter Teil, § 6, C., I., 2., a., bb.). Die Einschränkung der Verarbeitung wird in Art. 4 Nr. 3 DSGVO definiert als die Markierung gespeicherter personenbezogener Daten mit dem Ziel, ihre künftige Verarbeitung einzuschränken. Der Gesetzgeber geht demnach von einem zielgerichteten Handeln aus. Zudem meint das BAG, dass die Offenlegung durch Übermittlung i. S. d. Art. 4 Nr. 2 DSGVO eine „*gezielte Weitergabe*“ sei, sodass das Gericht offenkundig von einem willensgetragenen Element ausgeht.[109] Es ist außerdem unbillig, bereits bei aufgedrängten Informationen von einer Erhebung zu sprechen, da der Verantwortliche nicht in der Lage wäre, zum Zeitpunkt der Erhebung seiner Informationspflicht nach Art. 13 Abs. 1 DSGVO nachzukommen. Ein Vergleich zur Bedeutung der englischen Begrifflichkeit („*collection*“), welcher mit „*the action or process of collecting someone or something*“[110] umschrieben wird, kann dahingehend ausgelegt werden, dass eine Willensrichtung gegeben sein muss.

Hat der Arbeitgeber eine Stellenanzeige geschaltet und übermittelt ein Bewerber seine Bewerbungsunterlagen per Post an den Arbeitgeber, dann liegt eine Erhebung vor, wenn der Arbeitgeber die Unterlagen bewusst gesichtet hat.[111] Dasselbe muss gelten, wenn die Bewerbung über ein vom Arbeitgeber bereitgestelltes Online-Bewerbungsformular erfolgt. Wenn die Bewerbung per E-Mail eingeht, dann liegt bereits mit Zugang im Postfach eine Erhebung vor, wenn der Arbeitgeber gezielt durch Stellenanzeigen darauf hingewiesen hat, dass er Bewerbungen per E-Mail (z. B. bewerbung@unternehmen.de) zulässt.[112] Bei allgemeinen E-Mail-Adressen kann eine Erhebung allerdings nur dann vorliegen, wenn der Inhalt der E-Mail erkannt und gezielt zu diesem Zweck ausgewertet wird. Eine Erhebung liegt auch vor, wenn der Arbeitgeber gezielt nach Informationen über einen Bewerber in einer Internet-Suchmaschine sucht.[113] Speichert der Arbeitgeber die elektronische Bewerbung ab, so liegt eine weitere relevante Verarbeitung vor. Eine Speicherung der personenbezogenen Daten bedarf es aber nicht, um das Merkmal der Erhebung i. S. d. Art. 4 Nr. 2 DSGVO zu bejahen. Somit stellen die bloße visuelle Wahrnehmung bzw. Beobachtung der Bewerberdaten am Bildschirm eine Erhebung personenbezogener Daten dar, wenn dies willentlich erfolgt.[114]

### bb. Verarbeitung bei „aufgedrängten Informationen“?

Der Bewerber übermittelt oft weitere personenbezogene Daten an den Arbeitgeber, die dieser nicht konkret angefordert hat (sog. aufgedrängte Informationen).

---

109 BAG, Beschl. v. 09.04.2019 – 1 ABR 51/17, Rn. 32, NZA 2019, 1055.

110 Definition „collect“ bei Encyclopedia, https://tinyurl.com/embmy5fa; https://tinyurl.com/y35whkh7; https://tinyurl.com/y35whkh7.

111 *Weth*, in: Weth et al., Daten- und Persönlichkeitsschutz, B., I., Rn. 8.

112 *Gola/Jaspers*, RDV 2018, 145; *Lepperhoff*, RDV 2017, 21.

113 *Ernst*, in: Paal/Pauly, Art. 4 DSGVO, Rn. 23.

114 *Bissels/Lützeler/Wisskirchen*, BB 2010, 2433, 2437; *Lepperhoff/Ermola*, RDV 2018, 260, 261.

Ein solcher Vorgang liegt insbesondere dann vor, wenn der Arbeitgeber nicht mit der Zusendung von Bewerbungsunterlagen von Bewerbern rechnet und er nicht aktiv danach gefragt hat (sog. Initiativbewerbung). Dies ist etwa dann der Fall, wenn der Bewerber von sich aus auf seine Schwerbehinderung hinweist oder sonstige AGG relevante Merkmale in seiner Bewerbung mitteilt, die der Arbeitgeber unter Umständen nicht erfragen darf. Von einer „*Erhebung*" von personenbezogenen Daten kann nicht gesprochen werden, da nach der hier vertretenen Auffassung dem Begriff ein willensgetragenes Element zugrunde liegt. Fraglich ist jedoch, ob dennoch eine „*Verarbeitung*" i. S. d. Art. 4 Nr. 2 DSGVO vorliegt.

Um diese Frage beantworten zu können, erscheint es zweckmäßig, zunächst die einzelnen Verarbeitungsschritte anhand eines Beispiels darzulegen. Hat der Verantwortliche die Daten per E-Mail erhalten, kommt ein Erfassen und eine Speicherung als Verarbeitungsvorgang in Betracht. Das Erfassen meint die Fixierung der personenbezogenen Daten auf einem Dateiträger.[115] Sobald eine E-Mail im Postfach eingeht, wird sie auf dem E-Mail-Server erfasst und anschließend gespeichert. Denn die Speicherung bezeichnet die „*Überführung des Informationsgehalts personenbezogener Daten in eine verkörperte Form (auf einem Datenträger) in einer Weise, die es dem Verantwortlichen ermöglicht, die Daten aus dem Datenträger wiederzugewinnen*".[116] Als Dateiträger kommt insbesondere die Festplatte oder ein Server in Betracht. Eine elektronische Speicherung ist dabei keine Voraussetzung, sodass auch ausreichend ist, dass die personenbezogenen Daten auf einem Notizzettel niedergeschrieben werden, solange die Daten auf diesem Datenträger verfügbar sind.[117] Eine Speicherung der Bewerbungsunterlagen auf dem E-Mail-Server ist ausreichend, da für eine Speicherung nur vorausgesetzt ist, dass der Verantwortliche Zugang zu den Daten hat.[118] Wenn der Verantwortliche die E-Mail wiederrum löscht, dann ist dies ein weiterer datenschutzrechtlich relevanter Vorgang. Die Löschung setzt die Unmöglichkeit voraus, die zuvor in den zu löschenden Daten verkörperten Informationen wahrzunehmen, wobei nicht zwingend eine Vernichtung der Daten vorausgesetzt wird.[119] Es muss nur sichergestellt sein, dass keine Datensicherungen in dem Verantwortungsbereich des Arbeitgebers vorhanden sind.[120] Dabei können nur

115 *Arning/Rothkegel*, in: Taeger/Gabel, Art. 4 DSGVO, Rn. 73.

116 *Herbst*, in: Kühling/Buchner, Art. 4 Nr. 2 DSGVO, Rn. 24; ebenso *Arning/Rothkegel*, in: Taeger/Gabel, Art. 4 DSGVO, Rn. 76.

117 *Eßer*, in: Auernhammer, Art. 4 DSGVO, Rn. 44 f.

118 *Herbst*, in: Kühling/Buchner, Art. 4 Nr. 2 DSGVO, Rn. 24.

119 OLG Frankfurt, Urt. v. 06.09.2018 – 16 U 193/17, Rn. 42, ZD 2019, 78; LG Frankfurt a. M., Urt. v. 28.06.2019 – 2-03 O 315/17, Rn. 33, BeckRS 2019, 13139; *Herbst*, in: Kühling/Buchner, Art. 4 Nr. 2 DSGVO, Rn. 36; *Willert*, in: Weth et al., Daten- und Persönlichkeitsschutz, B., XIII., Rn. 5, 5a.

120 *Klabunde/Horváth*, in: Ehmann/Selmayr, Art. 4 Rn. 24.

die personenbezogenen Daten i. S. d. Art. 4 Nr. 2 Var. 15 DSGVO gelöscht werden, die auf einem elektronischen Datenträger gespeichert worden sind.[121]

Wie bereits erläutert, liegt der Erhebung ein willensgetragenes Element zugrunde. Eine Erhebung kann demnach dann angenommen werden, wenn der Verantwortliche einen bestimmten Zweck verfolgt. Bei aufgedrängten Informationen eines Bewerbers liegt noch keine Erhebung vor, da der Arbeitgeber als Verantwortlicher für die aufgedrängten Informationen keinen bestimmten Zweck verfolgt hat. In dem Moment jedoch, in dem der Arbeitgeber die Bewerbungsunterlagen sichtet und sich entscheidet, die Unterlagen zum Zwecke der Begründung eines Beschäftigungsverhältnisses zu verwenden, liegt eine datenschutzrechtlich relevante Erhebung i. S. d. Art. 4 Nr. 2 DSGVO vor.

Dies darf jedoch nicht nur für das Merkmal der Erhebung, sondern muss für die gesamte Verarbeitung i. S. d. Art. 4 Nr. 2 DSGVO gelten.[122] Würde man in oben genannten Fällen von einer datenschutzrechtlichen Verarbeitung i. S. d. Art. 4 Nr. 2 DSGVO ausgehen, obwohl der Arbeitgeber diese Informationen nicht gewollt hat, dann würde man den Arbeitgeber in einen Rechtfertigungszwang drängen. Der Arbeitgeber würde sich im Zweifel auf keine Erlaubnisnorm berufen können und sich damit datenschutzwidrig verhalten (zur Möglichkeit der konkludenten Einwilligung, Vierter Teil, § 19, B., V., 4.).[123] Dieser Ansicht scheint auch das VK Berlin zu vertreten. Hiernach sind *„diese sog. aufgedrängten Informationen […] erst dann durch den Auftraggeber zu schützen, wenn er sie verarbeiten und nutzen möchte“*.[124]

Zwar ist es denkbar, dass der Arbeitgeber bezüglich dieser personenbezogenen Daten kein Verantwortlicher i. S. d. Art. 4 Nr. 7 DSGVO ist, da ihm die aufgedrängten Informationen nicht zugerechnet werden können.[125] Die Stellung des Verantwortlichen nimmt der Arbeitgeber allerdings in dem Moment an, in dem er die Daten wieder löscht, da er die Zwecke und Mittel der Verarbeitung festlegt. Darum wird teilweise gefordert, dass die Speicherung zum Zwecke der

121 *Ernst*, in: Paal/Pauly, Art. 4 DSGVO, Rn. 34.

122 Ebenso *Gosch*, Besondere Kategorien, S. 11 (Verarbeitung als „Form einer zurechenbaren, willensgetragenen menschlichen Aktivität“); *Veil*, in: Gierschmann et al., Art. 4 Nr. 9, Rn. 24 (Offenlegung als zielgerichtete Übermittlung); wohl auch *Hornung/Wagner*, CR 2019, 565, 568 („zielgerichtet“); *Pötters/Böhm*, in: Wybitul, DSGVO, Art. 4 Rn. 9; ähnlich *Joussen*, in: vom Stein et al., Gesundheitsmanagement, § 28 Rn. 8; aA wohl *Borges*, in: Borges/Hilber, BeckOK IT-Recht, 14. Ed. 01.07.2021, Art. 4 DSGVO, Rn. 28; *Kühling/Klar/Sackmann*, Datenschutzrecht, Rn. 298; *Oberthür*, in: Kramer, IT-Arbeitsrecht, § 2 Rn. 774.

123 *Weth*, in: Weth et al., Daten- und Persönlichkeitsschutz, B., I., Rn. 84, 87 f. (konkludente Einwilligung möglich, jedoch seien Voraussetzungen nicht erfüllt).

124 VK Berlin, Beschl. v. 24.09.2020 – VK-B1-10/19, Rn. 58, BeckRS 2020, 28026.

125 *Arning/Rothkegel*, in: Taeger/Gabel, Art. 4 DSGVO, Rn. 67; aA *EDSA*, Leitlinien 7/2020, S. 20 („Ein Akteur gilt als für die Verarbeitung „Verantwortlicher“, auch wenn er dabei nicht bewusst auf personenbezogene Daten als solche abzielt oder fälschlicherweise angenommen hat, keine personenbezogenen Daten zu verarbeiten“).

weiteren Verarbeitung erfolgen muss, was zwingend eine Zielrichtung voraussetzt. Wenn die unaufgeforderten Daten nach Kenntnisnahme nicht gelöscht werden, so sei eine Speicherung gegeben.[126] Das OVG Hamburg geht bei den Begrifflichkeiten des Art. 4 Nr. 2 DSGVO davon aus, *„dass es sich um eine zurechenbare, willensgetragene menschliche Aktivität handele, für die dann plausibel rechtliche Verantwortlichkeiten begründet werden könnten“*.[127] Eines Verarbeitungswillens bedürfe es nach Ansicht des Gerichts jedoch wohl auch nicht, was das Gericht aber offenließ.

Dem ist nur teilweise zuzustimmen. Eine Verarbeitung kann nicht angenommen werden, wenn dem Arbeitgeber personenbezogene Daten aufgedrängt werden. In diesem Fall liegt keine zurechenbare, willensgetragene menschliche Aktivität vor. Erst in dem Moment, in dem der Arbeitgeber diese Informationen zur weiteren Verwendung und für das Beschäftigungsverhältnis verarbeiten will, liegt eine relevante Verarbeitung vor, für die eine Erlaubnisnorm erforderlich ist. Ein Verarbeitungswille ist daher zu fordern. Denn nur in diesen Fällen *„entscheidet“* der Arbeitgeber über die Zwecke und Mittel der Verarbeitung (vgl. Art. 4 Nr. 7 DSGVO). Löscht der Verantwortliche die eingehenden Bewerbungsunterlagen nicht umgehend oder will er sie zum Zwecke der Begründung eines Beschäftigungsverhältnisses verarbeiten, so ist er nicht mehr schutzwürdig und eine Verarbeitung liegt vor, für die er eine Erlaubnisnorm benötigt (vgl. Vierter Teil, § 19, B., V., 4.).[128] Insgesamt muss nach der hier vertretenen Auffassung der gesamten Verarbeitung ein willensgetragenes Element zur Datenverarbeitung zugrunde gelegt werden. Werden dem Arbeitgeber personenbezogene Daten unaufgefordert übermittelt, liegt grundsätzlich keine datenschutzrechtliche Verarbeitung vor. Auch die Löschung der Daten stellt in diesem Fall keine Verarbeitung vor, sodass es hierfür auch keiner Erlaubnisnorm bedarf.

### b. Ganz oder teilweise automatisiert

Die Verarbeitung muss ganz oder teilweise automatisiert erfolgen. Nach Ansicht von Simitis will *„der Gesetzgeber [...] die mit einer automatischen Verarbeitung erfahrungsgemäss einhergehende, für die Betroffenen besonders gefährliche Verkürzung der Information verhindern“*.[129] Wenn eine Automatisierung

126 *Ernst*, in: Paal/Pauly, Art. 4 DSGVO, Rn. 25; *Eßer*, in: Auernhammer, Art. 4 DSGVO, Rn. 44.

127 OVG Hamburg, Beschl. v. 15.10.2020 – 5 Bs 152/20, Rn. 18, NZI 2021, 191 m. Anm. Koenig.

128 Ebenso VK Berlin, Beschl. v. 24.09.2020 – VK-B1-10/19, Rn. 58, BeckRS 2020, 28026; *Golland*, K&R 2018, 433, 436; *Hornung/Wagner*, CR 2019, 565, 570 („angemessene Frist zur Erfüllung der einzelnen Pflichten“ einräumend); *Lepperhoff*, RDV 2017, 21 („wie eine Bewerbung gesichtet“); *Schild*, in: BeckOK DatenSR, DSGVO, 48. Ed. 01.05.2024, Art. 4 Rn. 36.

129 *Simitis*, in: Brem et al., FS Pedrazzini, S. 469, 486; ebenso *Wohlgemuth*, Datenschutz für Arbeitnehmer, Rz. 69 („logischen und organisatorischen Kontext“).

gegeben ist, dann ist es unerheblich, in welcher Form die personenbezogenen Daten vorliegen. Es bedarf gerade keines Dateisystems, wie dies für die nicht automatisierte Verarbeitung erforderlich ist. Der Begriff „*automatisiert*" wird in der DSGVO nicht erläutert. Vielmehr erfolgt die Abgrenzung zum Begriff der „*manuellen*" Verarbeitung, welchen ErwG 15 S. 2 klarstellt. Es geht gerade um den hohen Schutzbedarf im Hinblick auf die Steigerung der Zugriffsmöglichkeiten bei der digitalen Datenverarbeitung.[130]

Nach der Literatur liegt eine automatisierte Verarbeitung insbesondere dann vor, wenn die Verarbeitung in einer Datenverarbeitungsanlage erfolgt[131], wenn automatisierte Mittel verwendet werden[132] bzw. wenn die Verarbeitung durch eine Maschine erfolgt, die ohne menschliche Einwirkung stattfindet[133] oder wenn sie durch Informationstechnik unterstützt wird und nicht vollständig manuell erfolgt[134]. Der Begriff der Datenverarbeitungsanlage wird sehr weit gefasst, da nach ErwG 15 S. 1 der Schutz natürlicher Personen technologieneutral sein soll und nicht von den verwendeten Techniken abhängt. Erfasst werden in der Folge alle technischen und rechnergestützten Einrichtungen, die personenbezogene Daten verarbeiten, wie zum Beispiel ein Computer, ein Smartphone oder ein Scanner.[135] Es geht um die Ermöglichung einer programmgesteuerten Zugänglichmachung und Auswertung eines Datenbestandes.[136] Entscheidend ist die erleichterte Zugänglichkeit und Auswertbarkeit der Daten in einem Datenbestand.[137] Damit sind heute die meisten gebräuchlichen rechnergestützten Verarbeitungen von personenbezogenen Daten als automatisierte Verarbeitung anzusehen, wie insbesondere der E-Mail-Verkehr.[138]

Eine nur teilweise automatisierte Verarbeitung liegt insbesondere dann vor, wenn personenbezogene Daten manuell in ein System eingegeben werden, welche das System dann wiederum automatisiert weiterverarbeitet.[139] Ein weiteres Beispiel können die handschriftlichen Notizen im Bewerbungsgespräch sein, die anschließend elektronisch weiterverarbeitet werden sollen. Dieser Vorgang wird als einheitliche Verarbeitungsvorgangsreihe angesehen und damit zur teilweisen

---

130 *Rüpke*, in: Rüpke et al., Datenschutzrecht, § 8 Rn. 21.

131 *Pabst*, in: Schwartmann et al., Art. 2 DSGVO, Rn. 27; *Plath/Struck*, in: Plath, Art. 2 DSGVO, Rn. 7.

132 *Zerdick*, in: Ehmann/Selmayr, Art. 2 Rn. 3.

133 *Schmidt*, in: Taeger/Gabel, Art. 2 DSGVO, Rn. 9; *Schwartmann/Hermann*, in: Schwartmann et al., Art. 4 DSGVO, Rn. 57.

134 *Roßnagel*, in: Simitis et al., Datenschutzrecht, Art. 2 Rn. 14.

135 *Engelhardt/Riess*, ZD-Aktuell 2018, 06349; *Pabst*, in: Schwartmann et al., Art. 2 DSGVO, Rn. 27; *Zerdick*, in: Ehmann/Selmayr, Art. 2 Rn. 3.

136 *Ernst*, in: Paal/Pauly, Art. 2 DSGVO, Rn. 5.

137 *Ennöckl*, in: Sydow, DSGVO/BDSG, Art. 2 DSGVO, Rn. 6.

138 *Ory/Weth*, NJW 2018, 2829, 2830; *Rüpke*, in: Rüpke et al., Datenschutzrecht, § 8 Rn. 21.

139 *Pabst*, in: Schwartmann et al., Art. 2 DSGVO, Rn. 28; *Plath/Struck*, in: Plath, Art. 2 DSGVO, Rn. 9.

automatisierten Verarbeitung gezählt.[140] Allerdings reicht es auch aus, wenn die Dateisammlung vollständig analog geführt wird, solange ein automatisierter Index besteht, der einzelne Dateien schneller auffinden kann.[141]

Die Übermittlung der Bewerbungsunterlagen auf elektronischen Weg wie einer E-Mail an den Arbeitgeber stellt eine automatisierte Verarbeitung dar, da dieser die personenbezogenen Daten elektronisch verarbeitet. Werden die in den Bewerbungsunterlagen per Post zugesandten Informationen erst manuell in ein Bewerberportal eingetippt und anschließend verarbeitet, so liegt eine teilweise automatisierte Verarbeitung vor, die den Anwendungsbereich der DSGVO ebenfalls eröffnet.

In der Literatur wird die Frage diskutiert, wie der Fall zu behandeln ist, wenn personenbezogene Daten in einem IT-System gespeichert und anschließend diese Daten handschriftlich auf Papier abgeschrieben werden. So können die Bewerbungsunterlagen am Computer verarbeitet und anschließend Informationen auf Papier rausgeschrieben werden. Hier stellt sich die Frage, ob das auf dem Papier Geschriebene der DSGVO unterfällt. Dabei soll zunächst ausgeblendet werden, dass § 26 Abs. 7 BDSG kein Dateisystem fordert (vgl. Vierter Teil, § 16, E., III.). Soweit das handschriftlich Niedergeschriebene nicht systematisiert und damit in keinem Dateisystem erfolgt, wäre diese Verarbeitung nach *Plath/Struck* nicht von der DSGVO erfasst, sodass eine Schutzlücke entstehen würde. Nach *Plath/Struck* ist diese Lücke allerdings hinzunehmen, da der Gesetzgeber bewusst nur bestimmte Verarbeitungssituationen vom Anwendungsbereich der DSGVO erfasst sehen wollte.[142] Dem ist nicht zuzustimmen. Nach dem Wortlaut des Art. 2 Abs. 1 DSGVO reicht eine ganz oder teilweise automatisierte Verarbeitung aus. Ausreichend ist demnach, dass nicht der gesamte Verarbeitungsvorgang automatisiert abläuft, sondern nur Teile davon.[143] Da der Verarbeitungsvorgang einen automatisierten Verarbeitungsschritt beinhaltet, fällt der gesamte Verarbeitungsvorgang unter die DSGVO. Die Verarbeitung am Computer als automatisierte Datenverarbeitung sowie das auf Papier Niedergeschriebene müssen demnach als einheitlicher Verarbeitungsvorgang unter die Vorgaben der DSGVO fallen. Durch das Abschreiben der personenbezogenen Daten aus dem Computer auf Papier darf es nicht zur Umgehung der datenschutzrechtlichen Vorschriften kommen. Sinn und Zweck des Datenschutzrechtes ist es, einen umfassenden Schutz der personenbezogenen Daten zu gewährleisten.

---

140 *Höhne*, Art. 88 DSGVO, S. 64; *Meyerdierks*, in: Moos et al., DSGVO, Kap. 3, Rn. 10.

141 *Kühling/Raab*, in: Kühling/Buchner, Art. 2 DSGVO, Rn. 16.

142 *Plath/Struck*, in: Plath, Art. 2 DSGVO, Rn. 11; ähnlich *Martens*, PinG 2015, 213.

143 Ebenso *Dammann/Simitis*, Art. 3 Erl. 4.

### 3. Nichtautomatisierte Verarbeitung bei Speicherung in einem Dateisystem

Der Anwendungsbereich der Verordnung erstreckt sich nicht nur auf die automatisierte Verarbeitung personenbezogener Daten. Vielmehr erweitert Art. 2 Abs. 1, 2. Alt. DSGVO den Anwendungsbereich auch auf die nichtautomatisierte Verarbeitung personenbezogener Daten, die in einem Dateisystem gespeichert sind oder gespeichert werden sollen. Zweck dieser Regelung ist es, die Umgehung der Anwendbarkeit der DSGVO zu vermeiden.[144] Die Entscheidung des europäischen Gesetzgebers auf eine Erweiterung des Anwendungsbereichs auf nichtautomatisierte Verarbeitung wird teilweise abgelehnt.[145] Insbesondere das Bundesverfassungsgericht[146] sieht die Gefährdungslage darin, dass bei einer automatisierten Verarbeitung die personenbezogenen Daten „*in Sekundenschnelle abrufbar sind*" und dadurch ein Persönlichkeitsbild erstellt werden könnte.[147] Darauf würde folgen, dass bei reinen Papierakten wie dies bei Bewerbungsunterlagen der Fall sein kann, eine solche Gefährdungslage nicht bestehen würde bzw. eine solche Gefahr wäre als geringer einzustufen.

Andere Stimmen in der Literatur sehen den Anwendungsbereich auf nichtautomatisierte Verarbeitungen für legitim am. Jedoch wird in der Eingrenzung auf das Dateisystem eine Gefährdung des grundrechtlichen Schutzes des Betroffenen gesehen. Hiernach darf es nicht auf die Art der Verarbeitung personenbezogener Daten ankommen, da sonst auf diese Weise Schutzlücken entstehen können.[148] Vielmehr wird gefordert, dass auch die nichtautomatisierte Verarbeitung ohne Dateisystem erfasst wird.

Der Europäische Gerichtshof für Menschenrechte sieht hingegen die Gefahr darin, dass Informationen über eine Person „*systematisch und andauernd gespeichert werden*"[149], sodass der erweiterte Anwendungsbereich der DSGVO seine Berechtigung findet. Der europäische Gesetzgeber will ein „*ernsthaftes Risiko einer Umgehung der Vorschriften […] vermeiden*" (vgl. ErwG 15 S. 1). Das Datenschutzrecht soll umfassende Anwendung erhalten und nicht dadurch umgangen werden, dass durch rein manuelle Verarbeitungen das Datenschutzrecht ausgehöhlt wird.

Aus praktischer Sicht ist dieser Streit unerheblich, da der Digitalisierungstrend voranschreitet und man sich von der klassischen „*Papierakte*" verabschieden wird. Die nichtautomatisierte Verarbeitung wird in der Zukunft weitgehend bedeutungslos werden.

---

144 *Pabst*, in: Schwartmann et al., Art. 2 DSGVO, Rn. 17.
145 *Von Grafenstein*, in: Gierschmann et al., Art. 2 Rn. 29.
146 Im Folgenden: BVerfG.
147 BVerfG, Urt. v. 15.12.1983 – 1 BvR 209, 269, 362, 420, 440, 484/83 – Volkszählungsurteil; *von Grafenstein*, in: Gierschmann et al., Art. 2 Rn. 26.
148 *Kühling/Raab*, in: Kühling/Buchner, Art. 2 DSGVO, Rn. 19.
149 EGMR, Urt. v. 25.09.2001 – 44787/98, Rn. 57 – P. G. and J. H. vs The United Kingdom; *von Grafenstein*, in: Gierschmann et al., Art. 2 Rn. 27.

### a. Nichtautomatisierte Verarbeitung

Die nichtautomatisierte Verarbeitung bedeutet, dass die Verarbeitung manuell bzw. „*offline*", d.h. ohne den Einsatz von Datenverarbeitungsanlagen erfolgt (vgl. auch ErwG 15 S. 2).[150] Nach *Geiger* liegt eine solche Verarbeitung vor, „*wenn jede seiner Wiederholungen und jeder seiner einzelnen Schritte eine erneute menschliche gewillkürte Körperbetätigung voraussetzt*".[151] Damit sind vor allem handschriftliche Notizen, die während eines Einstellungsgesprächs geführt werden, oder die typische Papierakte bzw. Bewerbung per Post erfasst. Nach *Wybitul* fällt das Lesen von papiergebundenen Akten unter dieses Merkmal.[152]

### b. Dateisysteme im Bewerbungsverfahren

Ferner ist es für die nichtautomatisierte Verarbeitung erforderlich, dass die personenbezogenen Daten in einem Dateisystem gespeichert sind oder zumindest in einem solchen System gespeichert werden sollen. Nach Art. 4 Nr. 6 DSGVO wird ein Dateisystem definiert als „*jede strukturierte Sammlung personenbezogener Daten, die nach bestimmten Kriterien zugänglich sind, unabhängig davon, ob diese Sammlung zentral, dezentral oder nach funktionalen oder geografischen Gesichtspunkten geordnet geführt wird*". Auch die DSRL kannte den Begriff der „*Datei mit personenbezogenen Daten („Datei")*" nach Art. 2 lit. c DSRL. Demnach war dies „*jede strukturierte Sammlung personenbezogener Daten, die nach bestimmten Kriterien zugänglich sind, gleichgültig ob diese Sammlung zentral, dezentralisiert oder nach funktionalen oder geographischen Gesichtspunkten aufgeteilt geführt wird*". Der EuGH hat geurteilt, dass der Begriff „*Datei*" nach der DSRL weit definiert ist, da „*jede*" strukturierte Sammlung erfasst sei.[153] Nach dem EuGH fällt auch die mündliche Übermittlung als solche als eine nicht automatisierte Verarbeitung in den Anwendungsbereich der DSGVO, sofern diese Daten, die Gegenstand dieser Verarbeitung sind, in einem „*Dateisystem*" „*gespeichert*" sind oder „*gespeichert werden sollen*".[154] Im Vergleich der beiden Legaldefinitionen in der DSRL und der DSGVO zeigt sich, dass die Definitionen im Wesentlichen identisch sind, wobei eine unterschiedliche Wortwahl verwendet wurde. Im Englischen wurde stets das englische Wort „*filing system*" verwendet. Nur in der deutschen Übersetzung wurde in der DSRL das Wort „*Datei*" und in der DSGVO das Wort „*Dateisystem*" verwendet. Obwohl die Amtssprachen alle gleich verbindlich sind, dürfte die englische Amtssprache bei Auslegungsschwierigkeiten eine gewisse Indizwirkung genie-

---

150 *Plath/Struck*, in: Plath, Art. 2 DSGVO, Rn. 12; *Riesenhuber*, NZA 2014, 753; *Schmidt*, in: Taeger/Gabel, Art. 2 DSGVO, Rn. 10 („rein manuelle Verarbeitung").

151 *Geiger*, in: Weth et al., Daten- und Persönlichkeitsschutz, A., IV., Rn. 141.

152 *Wybitul*, in: Kiel et al., MHA, § 96 Rn. 37.

153 EuGH, Urt. v. 10.07.2018 – C-25/17, Rn. 56, ZD 2018, 469 m. Anm. Hoeren – Zeugen Jehovas.

154 EuGH, Urt. v. 07.03.2024 – C-740/22, Rn. 35, NZA 2024, 533.

ßen, da diese Verhandlungssprache war.[155] Inhaltliche Unterschiede zwischen den verschiedenen Begriffen ergeben sich daraus nicht.[156] Rechtsprechung und Literatur, die zu der Definition nach der DSRL ergangen sind, können auch unter der DSGVO herangezogen werden. Das Merkmal des Dateisystems lässt sich dabei in die Unterkategorien „*Sammlung personenbezogener Daten*", „*strukturiert*" und „*nach bestimmten Kriterien zugänglich*" unterteilen.

### aa. Strukturierte Sammlung personenbezogener Daten

Erstes Merkmal eines Dateisystems ist, dass eine „*Sammlung*" von personenbezogenen Daten gegeben ist. Eine Sammlung von personenbezogenen Daten liegt vor, wenn eine Mehrzahl von Daten vorhanden bzw. eine Zusammenstellung mehrerer Daten und Einzelangaben gegeben ist.[157] Nach dem BDSG a.F. war eine *Sammlung* „*eine zielstrebig zusammengetragene oder aufrechterhaltene Mehrheit von Elementen, die in einem gewissen inneren und äußeren Zusammenhang stehen*".[158] Ein einzelnes personenbezogenes Datum wie der Name wären damit nicht von der DSGVO erfasst, sondern erforderlich ist eine Mehrzahl von Daten. Art. 4 Nr. 6 DSGVO bestimmt, dass es für die Sammlung unerheblich ist, ob diese zentral, dezentral oder nach funktionalen oder geografischen Gesichtspunkten geordnet geführt wird.

Ferner muss die Sammlung „*strukturiert*" sein. Dieses Merkmal wird nicht in der DSGVO definiert. Unter der DSRL wurde teilweise eine „*äußere Ordnung*" gefordert, nach der die verschiedenen Arten von Daten in einer bestimmten räumlichen Verteilung auf dem Datenträger dargestellt werden.[159] Ein reiner Fließtext von Daten würde demnach nicht ausreichen.[160] Entscheidend wird sein, dass ein erleichterter Zugriff auf die personenbezogenen Daten möglich ist.[161] Der EuGH stellt darauf ab, ob das Datum „*in der Praxis zur späteren Verwendung leicht wiederauffindbar" ist*"[162]. Die inhaltliche Reichweite der Formulierung

---

155 *Sydow*, in: Sydow, DSGVO/BDSG, Einleitung, Rn. 50; *Thüsing/Rombey*, NZA 2019, 6, 9; aA wohl *Selmayr/Ehmann*, in: Ehmann/Selmayr, Einleitung, Rn. 101 (Hinweis, dass derzeit 24 Sprachfassungen zu berücksichtigen sind und die Tatsache, dass die Verhandlungen auf Englisch geführt wurden „rechtlich keine Rolle" spielt).

156 *Kühling/Raab*, in: Kühling/Buchner, Art. 2 DSGVO, Rn. 4; *Thüsing/Rombey*, NZA 2019, 6, 9.

157 *Arning/Rothkegel*, in: Taeger/Gabel, Art. 4 DSGVO, Rn. 161 („inneren Zusammenhang"); *Martens*, PinG 2015, 213.

158 *Dammann*, in: Simitis, BDSG, § 3 Rn. 86.

159 *Dammann/Simitis*, Art. 2, Erl. 8. Zur DSGVO vertretend *Schwartmann/Hermann*, in: Schwartmann et al., Art. 4 DSGVO, Rn. 116; aA *Rüpke*, in: Rüpke et al., Datenschutzrecht, § 8 Rn. 29 (spezifische innere Struktur fordernd).

160 *Martens*, PinG 2015, 213.

161 *Arning/Rothkegel*, in: Taeger/Gabel, Art. 4 DSGVO, Rn. 166; *Ennöckl*, in: Sydow, DSGVO/BDSG, Art. 2 DSGVO, Rn. 1.

162 EuGH, Urt. v. 10.7.2018 – C-25/17, Rn. 57, ZD 2018, 469 m. Anm. Hoeren – Zeugen Jehovas; *Mantz/Marosi*, in: Specht/Mantz, Datenschutzrecht, § 3 Rn. 17; *Thüsing/*

*„leicht wiederauffindbar"* ist unklar. Betont wird vom EuGH nur, dass die Daten über eine bestimmte Person leicht wiederauffindbar sein müssen. *Keber* geht durch diese Rechtsprechung davon aus, dass mit dieser Entscheidung das *„Merkmal der Strukturierung damit faktisch anforderungslos"* wird und durch das Merkmal der *„leichten Wiederauffindbarkeit"* ersetzt wird.[163] Durch diese weite Auslegung durch den EuGH wird nur noch die *„gänzlich unstrukturierte und flüchtige Zettelwirtschaft aus dem Anwendungsbereich der DSGVO"* genommen.[164] Dies entspricht dem Schutz der betroffenen Personen und auch dem ErwG 27 der DSRL. Hiernach muss *„der Inhalt einer Datei nach bestimmten personenbezogenen Kriterien strukturiert sein, die einen leichten Zugriff auf die Daten ermöglichen"*. Personenbezogene Daten, die manuell niedergeschrieben werden, müssen von dem Schutz des Datenschutzrechts erfasst werden, wenn diese Daten leicht zusammengeführt werden können. Wenn ein zusammengewürfelter Datensatz von mehreren tausend Dokumenten unstrukturiert abgelegt wird, bestehen *„nicht dieselben Risiken"* wie bei der automatisierten Verarbeitung, da die Suche nach den richtigen Datensätzen viel länger dauern würde.[165] Ausreichend ist es somit, dass der Arbeitgeber eine handschriftliche geordnete alphabetische Übersicht über die aktuellen Namen der Stellenbewerber mit den einzelnen Fähigkeiten der Bewerber erfasst.

### bb. Nach bestimmten Kriterien zugänglich

Weitere Voraussetzung eines Dateisystems nach der DSGVO ist, ob die personenbezogenen Daten nach bestimmten Kriterien zugänglich sind (im Englischen: *„which are accessible according to specific criteria"*). Im Umkehrschluss bestimmt ErwG 15 S. 3, dass Akten oder Aktensammlungen sowie ihre Deckblätter, die nicht nach bestimmten Kriterien geordnet sind (im Englischen: *„which are not structured according to specific criteria"*), nicht dem Anwendungsbereich der DSGVO unterfallen sollen. In der Literatur wird eine unsortierte Papierakte nicht als Dateisystem angesehen, wenn sie nicht nach bestimmten Kriterien, wie einem Karteikartensystem oder einer Personalakte, geordnet wird.[166]

Dieses Tatbestandsmerkmal wurde gerade deswegen eingeführt, da dadurch die vereinfachte Möglichkeit der inhaltlichen Erschließung besteht und hierin

---

*Rombey*, NZA 2019, 6, 9.

163 *Keber*, RDV 2019, 58, 59.

164 *Engeler*, NJOZ 2019, 593, 594.

165 Begr. zu Art. 2 des geä. Vorschlags, abgedr. bei *Dammann/Simitis*, Vor Art. 2.

166 LAG Sachsen-Anhalt, Urt. v. 23.11.2018 – 5 Sa 7/17, Rn. 53, NZA-RR 2019, 355 m. Anm. Möllenkamp (Personalakte als Dateisystem); *Pabst*, in: Schwartmann et al., Art. 2 DSGVO, Rn. 30. Zur DSRL *Brühann/Zerdick*, CR 1996, 429, 430; *Ehmann/Helfrich*, Art. 2 Rn. 32 („individuelle Akten").

die erhöhte Gefährlichkeit gesehen wird (vgl. ErwG 27 S. 4 DSRL).[167] Das rein sequentielle Durchgehen der gesamten Sammlung reicht nicht aus, sondern es muss gerade die vereinfachte Möglichkeit des Auffindens gegeben sein. Es stellt sich die Frage, welche Anforderungen an das Merkmal der *„nach bestimmten Kriterien zugänglich“* zu stellen sind.

Zum BDSG a.F. und auch unter der Geltung der DSGVO wurde bzw. wird teilweise die Zugänglichkeit nach einem Kriterium für ausreichend gehalten.[168] Danach sei ein Kriterium ausreichend, *„wenn der Datenträger diese eine Datenart so strukturiert darstellt, dass man dadurch leicht(er) auf das einzelne Datum zugreifen kann.“* Begründet wird dies mit dem Sinn und Zweck der Vorschrift, da dadurch leicht auf ein Datum der betroffenen Person zugegriffen werden kann.

Nach *Wohlgemuth* sei ausreichend, dass ein Mindestmaß an Auswertungsmöglichkeiten bestehe.[169] Andere Stimmen in der Literatur fordern, dass die Sammlung nach mindestens zwei Kriterien sortierbar ist (z.B. Name, Jahr, Personalnummer).[170] Dies folge aus dem Wortlaut der Vorschrift. Denn durch die Verwendung des Plurals, wonach von *„Kriterien“* und nicht von einem *„Kriterium“* gesprochen wird, müssen mindestens zwei Kriterien vorliegen. Weiterhin mache ErwG 15 S. 3 deutlich, dass ein einzelnes Kriterium nicht ausreichend sei.

*Von Lewinski* stellt darauf ab, ob der Dateibezug personenbezogen ist, d. h. ob es möglich ist, aus dem Aktensystem systematisch auf Personendaten zuzugreifen, wobei der Datenbestand allgemeinen Ordnungskriterien zu folgen hat. Verneint wird dies bei einem bloß chronologisch sortierten Aktenordner.[171]

Ein Vergleich zur englischen (*„criteria“*), französischen (*„critères“*) und zur spanischen (*„criterios“*) Fassung des Art. 4 Nr. 6 DSGVO zeigt, dass der Plural verwendet wird. Damit geht auch die Sprachfassungen von mehreren Kriterien aus. Allerdings hat der EuGH zur Datei nach Art. 2 lit. c DSRL geurteilt, dass die Kriterien personenbezogenen sein müssen, weil dies aus den Erwägungsgründen so hervorgehe.[172] Das Gericht war der Ansicht, dass aus der DSRL nicht

---

167 *Ennöckl*, in: Sydow, DSGVO/BDSG, Art. 2 DSGVO, Rn. 7; *Martens*, PinG 2015, 213, 215.

168 *Ernst*, in: Paal/Pauly, Art. 4 DSGVO, Rn. 53; *Martens*, PinG 2015, 213, 215; *Weichert*, in: Däubler et al., BDSG, § 3 Rn. 24.

169 *Wohlgemuth*, Datenschutz für Arbeitnehmer, Rz. 75 m. w. N.

170 *Engelhardt/Riess*, ZD-Aktuell 2018, 06349; *Eßer*, in: Auernhammer, Art. 4 DSGVO, Rn. 75; *Franzen*, in: Franzen et al., Arbeitsrecht, Art. 4 DSGVO, Rn. 11; *Gola*, in, Beschäftigtendatenschutz, Rn. 245; *Kühling/Raab*, in: Kühling/Buchner, Art. 2 DSGVO, Rn. 18; *Peter*, ZJS 2019, 252, 254; *Piltz*, K&R 2016, 557; *Rüpke*, in: Rüpke et al., Datenschutzrecht, § 8 Rn. 27; *Schmidt*, in: Taeger/Gabel, Art. 2 DSGVO, Rn. 11; wohl auch *Riesenhuber*, NZA 2014, 753, 754.

171 *Von Lewinski*, in: Auernhammer, Art. 2 DSGVO, Rn. 8 f.; aA *Plath/Struck*, in: Plath, Art. 2 DSGVO, Rn. 14.

172 EuGH, Urt. v. 10.07.2018 – C-25/17, Rn. 57, ZD 2018, 469 m. Anm. Hoeren – Zeugen Jehovas.

hervorgeht, dass die personenbezogenen Daten in spezifischen Kartotheken oder Verzeichnissen oder einem anderen Recherchesystem enthalten sein müssten, damit das Vorliegen einer Datei im Sinne dieser Richtlinie bejaht werden kann. Für den EuGH reichte es aus, wenn die Daten über eine bestimmte Person *„leicht wiederauffindbar"* sind. Dieser Ansicht hat sich der EuGH auch unter der DSGVO angeschlossen.[173] Demnach ist der Ansicht des Autors *von Lewinski* zu folgen, wonach es ausreichend ist, dass die Kriterien personenbezogen sind und eine leichte Wiederauffindbarkeit gegeben ist.

### cc. Speicherung in einem Dateisystem

Die nichtautomatisierte Verarbeitung fällt nur in den Anwendungsbereich der DSGVO, wenn die personenbezogenen Daten in einem Dateisystem gespeichert sind oder gespeichert werden sollen. Für die Speicherung ist es erforderlich, dass der Informationsgehalt der personenbezogenen Daten in eine *verkörperte Form* (auf einem Datenträger) in einer Weise überführt wird, die es dem Verantwortlichen ermöglicht, die Daten aus dem Datenträger wiederzugewinnen.[174] Werden personenbezogene Daten auf einem Stück Papier niedergeschrieben, liegt eine solche Speicherung vor.

Wie das Merkmal *„gespeichert werden sollen"* ausgelegt werden soll, ist umstritten. Werden personenbezogene Daten eines Bewerbers im Internet gesucht und sollen diese Daten unter Umständen in ein bereits bestehendes Dateisystem integriert werden, stellt sich die Frage, ob dies vom Wortlaut der DSGVO gedeckt ist.

Eine Meinung möchte dieses Merkmal weit auslegen und lässt es ausreichen, wenn bereits die Aussicht besteht, dass die personenbezogenen Daten in ein Dateisystem aufgenommen werden könnten, auch wenn dies noch von Bedingungen abhängen sollte, wobei als Beispiel die Entscheidung des Personalchefs genannt wird.[175]

Eine andere Ansicht verlangt ein zielgerichtetes Verhalten und fordert, dass die Absicht bestehen muss, diese Daten in ein Dateisystem zu integrieren. Der Wortlaut *„sollen"* spreche dagegen, den Anwendungsbereich von irgendwelchen Bedingungen abhängen zu lassen. Der Anwendungsbereich sei eröffnet, wenn zum Beispiel die Notizen eines Bewerbungsgesprächs später in eine Akte abgelegt werden sollen.[176]

Der zuletzt genannten Ansicht ist mit Einschränkungen zu folgen. Der Wortlaut *„sollen"* lässt auf eine Absichtshandlung schließen. Jedoch müssen objektive Faktoren ebenfalls berücksichtigt werden, da sich sonst der Verantwortliche

---

173 EuGH, Urt. v. 07.03.2024 – C-740/22, Rn. 37, NZA 2024, 533.

174 *Herbst*, in: Kühling/Buchner, Art. 4 Nr. 2 DSGVO, Rn. 24.

175 *Ernst*, in: Paal/Pauly, Art. 2 DSGVO, Rn. 10.

176 *Kühling/Raab*, in: Kühling/Buchner, Art. 2 DSGVO, Rn. 18; *Plath/Struck*, in: Plath, Art. 2 DSGVO, Rn. 15; *Selk*, in: Ehmann/Selmayr, Art. 88 Rn. 39.

durch eine reine fehlende Absichtserklärung den Anforderungen der DSGVO entziehen könnte. Wenn gewisse Informationen typischerweise in ein Dateisystem gespeichert werden, dann kann sich der Verantwortliche nicht damit exkulpieren, dass er eine solche Speicherung nicht vornehmen wollte.

### dd. Zwischenfazit

Bewerbungsnotizen, die typischerweise später in eine strukturierte Akte abgelegt werden, müssen in den Anwendungsbereich fallen, auch wenn der Verantwortliche sich dieser verschließen möchte. Entscheidend ist allein, ob die Notizen später in eine strukturierte Sammlung aufgenommen werden sollen. Sucht ein Arbeitgeber im Internet nach bestimmten Informationen von Bewerbern, liegt ein Dateisystem vor, wenn die Informationen derart auf einem Papier niedergeschrieben werden, dass ein System erkennbar bzw. die Informationen leicht wiederauffindbar sind.[177] Das gleiche gilt, wenn eine systematisierte Liste von interviewten Bewerbern geführt wird, was bei der Verwendung von einheitlichen Formularen, wie z. B. nach § 94 BetrVG, der Fall ist.[178] Eine einzelne Bewerbungsmappe eines Bewerbers kann bereits ein Dateisystem darstellen, wenn die in der Regel aus mehreren Schriftstücken bestehende Bewerbung (Bewerberanschreiben, Lebenslauf, E-Mail-Korrespondenz etc.) strukturiert (z. B. zeitliche Reihenfolge) abgelegt wird.[179] Ein Lebenslauf an sich wird in einem Dateisystem gespeichert, soweit der Lebenslauf einer allgemeinen Übung entsprechend strukturiert und nach bestimmten Kriterien zugänglich ist.[180] Die Forderung von Informationen einer Mehrzahl von betroffenen Personen lässt der Wortlaut und der Sinn und Zweck der Regelung nicht zu.[181] Werden die Bewerbungsunterlagen von mehreren Bewerbern in einem Aktenordner nach dem Namen geordnet, liegt unzweifelhaft ein Dateisystem vor.[182] Dies kann etwa dann der Fall sein, wenn der Arbeitgeber die Bewerber in einer Tabelle nach bestimmten Merkmalen (z. B. Name, Alter, Geschlecht, Note) zur Übersicht gegenüberstellt.

Wenn die Papierbewerbungsunterlagen eingescannt und damit digitalisiert werden, liegt ein Dateisystem vor, sofern die Datenbestände nach bestimmten Ordnungskriterien so erstellt werden, dass die einzelnen personenbezogenen Daten

---

177 *Von Grafenstein*, in: Gierschmann et al., Art. 2 Rn. 24.

178 *Thüsing/Lambrich*, BB 2002, 1146, 1150.

179 *Moos/Bandehzadeh/Bodenstedt*, DB 2007, 1194; *Riesenhuber*, NZA 2012, 771, 773; *ders.*, NZA 2014, 753, 754; *ders.*, in: BeckOK DatenSR, DSGVO, 48. Ed. 01.05.2024, Art. 88 Rn. 21 („Mindestmaß an Ordnung"); aA *Dammann*, in: Simitis, BDSG, § 3 Rn. 97; *Rüpke*, in: Rüpke et al., Datenschutzrecht, § 8 Rn. 28.

180 *Riesenhuber*, in: BeckOK DatenSR, BDSG, 48. Ed. 01.05.2024, § 26 Rn. 39.

181 *Gola*, Beschäftigtendatenschutz, Rn. 247; zum BDSG a. F. *Gola/Klug/Körffer*, in: Gola/Schomerus, BDSG, § 3 Rn. 19; aA *Rüpke*, in: Rüpke et al., Datenschutzrecht, § 8 Rn. 28 (Mindestanzahl sollte nicht unter 50 liegen).

182 *Engeler*, NJOZ 2019, 593, 594; *Litschen*, öAT 2020, 227, 228; *Martens*, PinG 2015, 213, 215; *Riesenhuber*, NZA 2012, 771, 773.

zugänglich gemacht werden können.[183] Der einfache Scan eines Dokuments, welcher zwar suchfähig, aber nicht nach bestimmten vorher festgelegten Kriterien strukturiert ist, erfüllt diese Anforderung nicht.

Das Problem der Dateisysteme ist im Bereich des Beschäftigtendatenschutzes ein rein theoretisches, da der deutsche Gesetzgeber die Spezifizierungsklausel des Art. 88 Abs. 1 DSGVO durch die Vorschrift des § 26 BDSG genutzt hat. In § 26 Abs. 7 BDSG wurde normiert, dass die beschäftigungsrelevanten Vorschriften des § 26 Abs. 1 bis 6 BDSG auch dann anzuwenden sind, wenn personenbezogene Daten von Beschäftigten verarbeitet werden, ohne dass sie in einem Dateisystem gespeichert sind oder gespeichert werden sollen. Ob der Gesetzgeber diese Ausweitung vornehmen durfte, wird noch behandelt (vgl. Vierter Teil, § 16, E., III., 2.).

### 4. Kein Anwendungsausschluss der DSGVO

Nach Art. 2 Abs. 2 DSGVO ist der sachliche Anwendungsbereich der DSGVO in vier Fällen ausgeschlossen. Der EuGH betonte zu den Ausnahmen der DSRL nach Art. 3 Abs. 2, dass sich Ausnahmen auf das absolut Notwendige beschränken müssen, nicht über den Wortlaut hinaus erweitert werden dürfen und daher die Ausnahmetatbestände eng auszulegen sind.[184] Begründet wurde dies durch den EuGH in der Sache „*Buivids*“ damit, dass Ziel der DSRL sei, „*den Schutz der Grundrechte und Grundfreiheiten natürlicher Personen bei der Verarbeitung personenbezogener Daten – wie das durch Art. 7 der Charta der Grundrechte der Europäischen Union (im Folgenden: Charta) garantierte Recht auf Achtung des Privat- und Familienlebens sowie das durch Art. 8 der Charta garantierte Recht auf Schutz personenbezogener Daten – sicherzustellen*“. Dieses Ziel, welches auch die DSGVO verfolgt, muss auch für die Auslegung der Ausnahmetatbestände in der DSGVO gelten. Die Ausschlussgründe entsprechen im Wesentlichen dem Art. 3 DSRL.[185]

183 *Schwartmann/Hermann*, in: Schwartmann et al., Art. 4 DSGVO, Rn. 120; *Stentzel*, in: Gierschmann et al., Art. 4 Nr. 6 Rn. 9.

184 EuGH, Urt. v. 14.02.2019 – C-345/17, Rn. 41, NVwZ 2019, 465 – Buivids; EuGH, Urt. v. 11.12.2014 – C-212/13, Rn. 28 f., EuZW 2015, 234 – Rynea; EuGH, Urt. v. 16.07.2015 – C-544/13 u. C-545/13, Rn. 54, WRP 2015, 1206 – Abcur/Apoteket Farmaci u. a.; EuGH, Urt. v. 10.7.2018 – C-25/17, Rn. 37, ZD 2018, 469, 470 m. Anm. Hoeren – Zeugen Jehovas; *Dregelies*, AfP 2019, 298, 299; *Köhler*, WRP 2018, 1269, 1273; aA *Riesenhuber*, in: Riesenhuber, Methodenlehre, § 10 Rn. 66 (Absicht des Gesetzgebers und verfolgte Zwecke entscheidend); *Sagan*, in: Preis/Sagan, Arbeitsrecht, § 1 Rn. 94.

185 *Pabst*, in: Schwartmann et al., Art. 2 DSGVO, Rn. 23.

### a. Ausschlussgründe nach Art. 2 Abs. 2 lit. a, b, d, Abs. 3, 4 DSGVO

Die Ausschlussgründe nach Art. 2 Abs. 2 lit. a, b, d, Abs. 3, 4 DSGVO sind für die vorliegende Arbeit nicht von Relevanz, da diese Verarbeitungen umfassen, die nicht in den Anwendungsbereich des Unionsrechts erfolgen (vgl. Art. 2 Abs. 2 lit. a DSGVO), die im Rahmen von Tätigkeiten stattfinden, die in den Anwendungsbereich von Titel V Kapitel 2 EUV fallen (Art. 2 Abs. 2 lit. b DSGVO) oder die dem Strafrecht unterfallen (Art. 2 Abs. 2 lit. d DSGVO). Zudem finden sich in Art. 2 Abs. 3 und 4 DSGVO weitere Ausnahmevorschriften, die für die vorliegende Arbeit keine Relevanz aufweisen und nicht behandelt werden.

### b. Persönliche oder familiäre Tätigkeiten, Art. 2 Abs. 2 lit. c DSGVO

Der in der Praxis wichtigste Ausnahmetatbestand betrifft die Verarbeitung personenbezogener Daten durch natürliche Personen zur Ausübung ausschließlich persönlicher oder familiärer Tätigkeiten nach Art. 2 Abs. 2 lit. c DSGVO, der als sog. Haushaltsausnahme bzw. Haushalts- und Familienprivileg bezeichnet wird.[186] Die Haushaltsausnahme war bereits in Art. 3 Abs. 2 zweiter Spiegelstrich DSRL vorgesehen. Der Vorschlag, der Haushaltsausnahme in der DSGVO die Formulierung *„ohne jede Gewinnerzielungsabsicht hinzuzufügen, konnte sich ebenso wenig durchsetzen wie die Aufnahme, ob diese auch für die Veröffentlichung personenbezogener Daten an eine begrenzte Anzahl von Personen gelten soll*".[187] Die Haushaltsausnahme dient dem grundrechtlichen Schutz auf Privat- und Familienleben nach Art. 7 und 8 GRCh, damit sich der Einzelne in seiner privaten und familiären Sphäre frei entfalten kann und nicht der staatlichen Regelungsbefugnis unterliegt.[188] Als Ausnahmevorschrift ist sie wie bereits erörtert grundsätzlich restriktiv auszulegen, da diese Vorschrift eine Ausuferung der weit gefassten gesetzlichen Tatbestände verhindern will. Auf den Ausnahmetatbestand können sich nur natürliche Personen berufen, sodass sich eine juristische Person (z. B. GmbH) nicht auf diesen Ausnahmetatbestand stützen kann.[189]

Weitere Voraussetzung ist, dass die Verarbeitung zur Ausübung einer *„ausschließlich persönlichen oder familiären Tätigkeit*" erfolgt. Eine gesetzliche Definition dieses Merkmals existiert bewusst nicht und muss daher europarecht-

---

186 *Rüpke*, in: Rüpke et al., Datenschutzrecht, § 8 Rn. 30; *Spindler/Dalby*, in: Spindler/Schuster, Elektron. Medien, DSGVO, Art. 2 Rn. 6; *Zerdick*, in: Ehmann/Selmayr, Art. 2 Rn. 11. Zur Kritik zur Ausnahmeregelung *Roßnagel*, in: Simitis et al., Datenschutzrecht, Art. 2 Rn. 55.

187 *Kühling/Raab*, in: Kühling/Buchner, Art. 2 DSGVO, Rn. 8; *Schmidt*, in: Taeger/Gabel, Art. 2 DSGVO, Rn. 4.

188 *Jarass*, GRCh, Art. 8 Rn. 4 (Art. 8 GRCh als lex specialis zu Art. 7 GRCh); *Kühling/Raab*, in: Kühling/Buchner, Art. 2 DSGVO, Rn. 10

189 *Borges*, in: Borges/Hilber, BeckOK IT-Recht, 14. Ed. 01.01.2022, Art. 2 DSGVO, Rn. 17; *Ennöckl*, in: Sydow, DSGVO/BDSG, Art. 2 DSGVO, Rn. 12; *Golland*, Soziale Netzwerke, S. 84.

lich autonom bestimmt werden.[190] Nach dem europäischen Gesetzgeber könnte das Führen eines Schriftverkehrs oder von Anschriftenverzeichnissen[191] oder die Nutzung von sozialen Netzwerken und Online-Tätigkeiten im Rahmen solcher Tätigkeiten als persönliche oder familiäre Tätigkeiten anzusehen sein (vgl. ErwG 18 S. 2). Maßgeblich ist dabei die Verkehrsanschauung.[192]

Der EuGH urteilte zur gleichlautenden Vorschrift der DSRL nach Art. 3 Abs. 2 zweiter Spiegelstrich, dass sich die Ausdrücke „*persönlich*" und „*familiär*" auf die Tätigkeit der Person beziehen müssen, die personenbezogenen Daten verarbeitet, und nicht auf die Person, deren Daten verarbeitet werden.[193] Zudem seien nur Tätigkeiten betroffen, die zum Privat- oder Familienleben von Privatpersonen gehören. Nach dem EuGH ist die Haushaltsausnahme insbesondere dann nicht einschlägig, wenn die personenbezogene Daten einer unbestimmten Zahl von Personen zugänglich gemacht werden (z. B. Videoveröffentlichung ohne Zugangsbeschränkung auf einer Video-Webseite), oder wenn sie sich auch nur teilweise auf den öffentlichen Raum erstreckt und dadurch auf einen Bereich außerhalb der privaten Sphäre desjenigen gerichtet ist, der die Daten verarbeitet.[194] Die Formulierung, dass die Haushaltsausnahme auch für die Veröffentlichung personenbezogener Daten gilt, sofern dies nur gegenüber einem beschränkten Personenkreis geschieht, ist in der endgültigen Fassung der DSGVO gestrichen worden, sodass es auf die Anzahl der Personen nicht ankommen kann.[195] Damit kann die EuGH-Rechtsprechung auf die DSGVO übertragen werden. Bezüglich der Nutzung von sozialen Netzwerken und Online-Tätigkeiten gilt demnach, dass die Datenverarbeitung in geschlossenen und überschaubaren privaten bzw. familiären Gruppen erfolgen muss, die gerade nicht im Zusammenhang mit einer beruflichen oder wirtschaftlichen Tätigkeit steht.[196]

---

190 *Roßnagel/Nebel/Richter*, ZD 2015, 455, 456; *Schmidt*, in: Taeger/Gabel, Art. 2 DSGVO, Rn. 17.

191 *Ennöckl*, in: Sydow, DSGVO/BDSG, Art. 2 DSGVO, Rn. 11 (irreführend, da diese Elemente sowohl privaten als auch geschäftlichen Zwecken unterfallen können).

192 *Ernst*, in: Paal/Pauly, Art. 2 DSGVO, Rn. 18; *Kühling/Raab*, in: Kühling/Buchner, Art. 2 DSGVO, Rn. 24.

193 EuGH, Urt. v. 10.07.2018 – C-25/17, Rn. 41, ZD 2018, 469, 470 m. Anm. Hoeren – Zeugen Jehovas.

194 EuGH, Urt. v. 14.02.2019 – C-345/17, Rn. 43, NVwZ 2019, 465 – Buivids; EuGH, Urt. v. 10.07.2018 – C-25/17, Rn. 42, ZD 2018, 469, 470 m. Anm. Hoeren – Zeugen Jehovas; AG Hamburg, Beschl. v. 3.7.2020 – 163 Gs 656/20, Rn. 4 – juris („Anfertigung von Bildern fremder Personen in der Öffentlichkeit" verlässt Haushaltsausnahme); *Haisch*, GRUR-Prax 2019, 169; *Thüsing/Rombey*, NZA 2019, 6, 7 (Rechtsprechung hat unter der DSGVO Bestand); aA *Gola/Lepperhoff*, ZD 2016, 9, 10; *Schmidt*, in: Taeger/Gabel, Art. 2 DSGVO, Rn. 21.

195 *Kühling/Raab*, in: Kühling/Buchner, Art. 2 DSGVO, Rn. 8; *von Grafenstein*, in: Gierschmann et al., Art. 2 Rn. 18.

196 *Lauber-Rönsberg*, in: Specht/Mantz, Datenschutzrecht, § 4 Rn. 51; *Piltz/zur Weihen*, RDV 2019, 107, 111 („Freundeslisten in sozialen Netzwerken"); *Schimke*, NZFam 2019, 851, 853 („besondere Nähebeziehung").

*Ennöckl* stellt auf den Zweck der Datenverwendung ab, wobei objektive Kriterien und die allgemeine Verkehrsanschauung zu berücksichtigen sind.[197] Entscheidend ist hiernach, ob der Zweck gerade darin liegt, die Daten im privaten Kontext zu verwenden oder diese Daten auch dem beruflichen Kontext zukommen.

*Roßnagel* definiert die persönliche Tätigkeit als Tätigkeit, die der „*eigenen Selbstentfaltung und Freiheitausübung in der Freizeit oder im privaten Raum diene*".[198] Dabei soll gerade die Freundesliste in sozialen Netzwerken nicht unter diese Definition fallen. Teilweise wird nicht verlangt, dass zu jeder Person eine persönliche Beziehung besteht.[199] Als familiäre Tätigkeit werden nach *Roßnagel* Tätigkeiten umfasst, „*die der Pflege familiärer Beziehungen und des familiären Zusammenhalts dienen*".[200] Hiernach ist erforderlich, dass eine persönliche Nähe zwischen den Personen vorhanden ist und von der Verkehrsanschauung als familiär angesehen wird.

ErwG 18 grenzt von der „*beruflichen oder wirtschaftlichen Tätigkeit*" ab, sodass die Haushaltsausnahme bereits dann nicht greift, wenn ein Bezug zu einer solchen Tätigkeit hergestellt werden kann. Gemeint sind damit alle wirtschaftlichen Tätigkeiten, unabhängig davon, ob tatsächlich Geld fließt.[201] Verarbeitet der Arbeitgeber die Bewerbungsunterlagen des Bewerbers, dann zählt dies zu den beruflichen Tätigkeiten, da es gerade darum geht, eine berufliche Tätigkeit ergreifen zu wollen. Die Recherche des Arbeitgebers über den jeweiligen Bewerber im Internet unterfällt ebenfalls der beruflichen Tätigkeit, da sie objektiv betrachtet nicht mehr der privaten Sphäre zuzuordnen ist.[202]

Anders hingegen könnte die Konstellation beurteilt werden, dass der Bewerber personenbezogene Daten über seinen zukünftigen Arbeitgeber als natürliche Person im Internet einholt und er die Bewerbungsunterlagen noch nicht dem Arbeitgeber übermittelt hat, sondern dies sein zukünftiges Ziel ist. Um sich auf das Bewerbungsgespräch optimal vorbereiten zu können, nutzen auch die Bewerber die Möglichkeit des Internets, um sich Informationen über ihren Gesprächspartner einzuholen.[203] Durch diese Recherche weiß man, mit wem man es zu tun hat und welche Interessen der Gesprächspartner verfolgt. Auf diese Weise kann das Gespräch „*in die richtige Richtung gelenkt werden*". Ob solche vorbereitenden

197 *Ennöckl*, in: Sydow, DSGVO/BDSG, Art. 2 DSGVO, Rn. 11.

198 *Roßnagel*, in: Simitis et al., Datenschutzrecht, Art. 2 Rn. 24; ebenso *Piltz/zur Weihen*, RDV 2019, 107, 111.

199 *Piltz/zur Weihen*, RDV 2019, 107, 111 („Sammeln von Informationen über Film- oder Fußballstars").

200 *Roßnagel*, in: Simitis et al., Datenschutzrecht, Art. 2 Rn. 25.

201 *Ernst*, in: Paal/Pauly, Art. 2 DSGVO, Rn. 19.

202 *Brecht-Heitzmann*, in: Kohte/Absenger, FS Höland, S. 381, 387; *Golland*, Soziale Netzwerke, S. 86; *ders.*, ZD 2020, 397, 398; *Thüsing/Traut*, in: Thüsing, Beschäftigtendatenschutz, § 14 Rn. 5; ähnlich *Thüsing/Lambrich*, BB 2002, 1146, 1150.

203 Welt, „Der Vorgesetzte kann auch zum Killer Nummer eins werden", 15.04.20, https://tinyurl.com/y7m8wbrz.

beruflichen oder wirtschaftlichen Tätigkeiten unter den Ausschlusstatbestand fallen, ist umstritten.

Manche Stimmen in der Literatur zweifeln daran, ob in diesem Fall eine berufliche oder wirtschaftliche Tätigkeit zu erblicken ist und sehen vielmehr die Haushaltsausnahme als gegeben an.[204] Nach dieser Ansicht ist ein solches Ziel nach der Gesetzesgenese nicht berücksichtigungsfähig und die Haushaltsausnahme ist einschlägig. Nach *von Grafenstein* soll die Haushaltsausnahme erst dann verlassen werden, wenn ein konkreter Bezug zu einer beruflichen oder wirtschaftlichen Tätigkeit gegeben ist.

*Ernst* ordnet vorbereitende Tätigkeiten, wozu er ausdrücklich auch Bewerbungen zählt, ohne nähere Erläuterung als berufliche Tätigkeit an, sodass der Ausnahmetatbestand der Haushaltsausnahme nicht greifen würde.[205] *Kühling/Raab* lassen Handlungen, die geschäftliche Tätigkeiten vorbereiten, ebenfalls nicht unter den Ausnahmetatbestand fallen.[206] Als Beispiel für eine solche Handlung wird die Markt- und Meinungsforschung genannt, die für sich genommen bereits einen Bezug zu einer beruflichen Tätigkeit aufweist. Da die Autoren aber auf die Kommentierung von *Ernst* verweisen, kann davon ausgegangen werden, dass auch sie die Bewerbung als vorbereitende Tätigkeit ansehen und auch bei der Bewerbung den Ausnahmetatbestand nicht greifen lassen.

Ausnahmetatbestände sind grundsätzlich eng auszulegen, was in Bezug auf Art. 2 Abs. 2 lit. c DSGVO dadurch deutlich wird, dass die Verarbeitung *„ausschließlich"* zur Ausübung persönlicher oder familiärer Tätigkeiten dient.[207] Die Anwendbarkeit der Haushaltsausnahme ist immer dann ausgeschlossen, wenn die personenbezogenen Daten einem unbegrenzten Empfängerkreis (z. B. im Internet) zugänglich gemacht werden. Andererseits kennt die Haushaltsausnahme keine Beschränkung auf private Kontakte.[208] Dies bedeutet, dass grundsätzlich auch Informationen über seinen zukünftigen Arbeitgeber eingeholt werden könnten, ohne dem Datenschutzrecht unterworfen zu sein. ErwG 18 S. 1 verlangt jedoch, dass kein Bezug zu einer beruflichen oder wirtschaftlichen Tätigkeit gegeben ist. Das Sammeln von Informationen über seinen zukünftigen Arbeitgeber könnte einen Bezug zu einer beruflichen Tätigkeit aufweisen. Es muss dabei immer auf den konkreten Datenverarbeitungszweck abgestellt werden.[209] Zweck der Datensammlung ist die Vorbereitung des Bewerbungs-

---

204 *Golland*, Soziale Netzwerke, S. 86; *von Grafenstein*, in: Gierschmann et al., Art. 2 Rn. 41. Zum BDSG a. F. *Dammann*, in: Simitis, BDSG, § 1 Rn. 151; *Plath*, in: Plath, 2. Auflage, § 1 BDSG, Rn. 32.

205 *Ernst*, in: Paal/Pauly, Art. 2 DSGVO, Rn. 19.

206 *Kühling/Raab*, in: Kühling/Buchner, Art. 2 DSGVO, Rn. 26; wohl ebenso *Roßnagel*, in: Simitis et al., Datenschutzrecht, Art. 2 Rn. 26.

207 EuGH, Urt. v. 11.12.2014 – C-212/13, Rn. 28, EuZW 2015, 234 – Ryneš; *Grzeszick/Rauber*, ZD 2018, 560, 563.

208 *Buchner/Kühling/Raab*, in: Kühling/Buchner, Art. 2 DSGVO, Rn. 24.

209 *Golland*, Soziale Netzwerke, S. 86; *Piltz*, Soziale Netzwerke, S. 102; *Veil*, in: Gierschmann et al., Art. 22 Rn. 6.

gesprächs mit seinem Gesprächspartner, welches der zukünftigen beruflichen Tätigkeit zuzurechnen ist. Die Folge wäre, dass jeder Bewerber als Verantwortlicher i. S. d. Art. 4 Nr. 7 DSGVO anzusehen und damit als Verantwortlicher den datenschutzrechtlichen Vorschriften der DSGVO unterworfen wäre. Dies kann nicht dem gesetzgeberischen Willen entsprechen. Dies hat auch der europäische Gesetzgeber erkannt, indem er in ErwG 18 S. 2 als mögliche Anwendungsfälle für die Haushaltsausnahme die *„Nutzung sozialer Netze und Online-Tätigkeiten im Rahmen solcher Tätigkeiten"* nennt. Diese Beispiele deuten darauf hin, dass die private Internetnutzung per se nicht in den Anwendungsbereich der DSGVO fallen soll. Vielmehr muss der betroffenen Person die Möglichkeit gelassen werden, sich *„datenschutzfrei"* im Internet bewegen zu können, solange nicht die Grenze zur beruflichen oder wirtschaftlichen Grenze überschritten wird bzw. die gesammelten Informationen für jeden öffentlich gemacht werden. Allein durch die Tatsache, dass man sich vorher über seinen Arbeitgeber informiert, wird der Anwendungsbereich der DSGVO nicht eröffnet. Es liegt kein konkreter Bezug zu einer beruflichen Tätigkeit vor, wie es ErwG 18 S. 1 fordert. Die Recherche des Bewerbers über seinen möglichen künftigen Arbeitgeber stellt objektiv betrachtet noch keine geschäftliche bzw. wirtschaftliche Handlung dar, sondern ist als persönliche Tätigkeit anzusehen.[210] Anders wäre es zu bewerten, wenn der Bewerber diese gesammelten Informationen einer großen Anzahl von Personen öffentlich zugänglich macht.

## II. Sachlicher Anwendungsbereich des BDSG

Aufgrund der *„Zwitterstellung"* der DSGVO zwischen Verordnung und Richtlinie, muss zusätzlich auch auf das deutsche BDSG rekurriert werden, damit vor allem § 26 BDSG zur Anwendung gelangen kann. Dessen sachlicher Anwendungsbereich muss ebenfalls eröffnet sein.

Den sachlichen Anwendungsbereich für den nichtöffentlichen Bereich regelt § 1 Abs. 1 S. 2 BDSG. Demnach ist das BDSG sachlich eröffnet *„für die ganz oder teilweise automatisierte Verarbeitung personenbezogener Daten sowie die nichtautomatisierte Verarbeitung personenbezogener Daten, die in einem Dateisystem gespeichert sind oder gespeichert werden sollen, es sei denn, die Verarbeitung durch natürliche Personen erfolgt zur Ausübung ausschließlich persönlicher oder familiärer Tätigkeiten."* Das BDSG gilt auch für öffentliche Stellen des Bundes (§ 1 Abs. 1 S. 1 Nr. 1 BDSG) und der Länder (§ 1 Abs. 1 S. 1 Nr. 2 BDSG). Für Letztere schränkt der deutsche Gesetzgeber die Anwendbarkeit ein, soweit der Datenschutz nicht durch Landesgesetz geregelt ist und soweit sie Bundesrecht ausführen (lit. a) oder als Organe der Rechtspflege tätig werden und es sich nicht um Verwaltungsangelegenheiten handelt (lit. b). Die verwen-

210 Ähnlich *Golland*, ZD 2020, 397. Nach *Ambrock*, ZD 2020, 492, 495 sind solche Vorgänge der Haushaltsausnahme zuzuordnen, bei denen überschaubare Informationsmengen gesammelt, man die Daten nur selbst zur Kenntnis nimmt und kein Außenbezug hergestellt wird.

deten Begrifflichkeiten stimmen mit den Begriffen der DSGVO überein, sodass für deren Auslegung die Bedeutung der DSGVO zugrunde gelegt werden kann. Ferner bestimmt § 1 Abs. 5 BDSG, dass alle europäischen Verordnungen, einschließlich der DSGVO, unmittelbar zur Anwendung gelangen und das BDSG nur dann greift, wenn die DSGVO ergänzungsbedürftig ist.[211]

§ 1 Abs. 1 S. 2 BDSG übernimmt nahezu wörtlich die Vorschrift des Art. 2 Abs. 1 sowie Abs. 2 lit. c DSGVO. Das BDSG nimmt bedauerlicherweise weiterhin die Trennung zwischen öffentlichen und nichtöffentlichen Stellen vor, obwohl die DSGVO eine solche Trennung aufheben will.[212] Eine Definition der Begrifflichkeiten findet sich in § 2 BDSG. Aber auch öffentliche Stellen des Bundes können als nichtöffentliche Stellen i. S. d. BDSG angesehen werden. So bestimmt § 2 Abs. 5 S. 1 BDSG, dass öffentliche Stellen des Bundes als nichtöffentliche Stellen gelten, soweit sie als öffentlich-rechtliche Unternehmen am Wettbewerb teilnehmen. Dasselbe gilt für öffentliche Stellen der Länder nach § 2 Abs. 5 S. 2 BDSG, soweit sie als öffentlich-rechtliche Unternehmen am Wettbewerb teilnehmen, Bundesrecht ausführen und der Datenschutz nicht durch Landesgesetz geregelt ist. Die öffentliche Stelle wird folglich mittels einer Fiktion („*gilt*“) zur nichtöffentlichen Stelle, soweit sie die weiteren Voraussetzungen erfüllt. Die Formulierung „*öffentlich-rechtliches Unternehmen*“ wird so verstanden, dass die öffentliche Stelle in der Rechtsform einer juristischen Person des öffentlichen Rechts handeln muss, wobei ein Auftreten am Markt ausreichend ist. Zudem muss sie Leistungen am Markt anbieten und somit in Konkurrenz zu anderen Unternehmen treten, damit das Merkmal „*am Wettbewerb teilnehmen*“ erfüllt ist.[213]

Die Begriffe „*Verarbeitung*“ und „*personenbezogene Daten*“ sind in ihrer Bedeutung identisch mit den Definitionen der DSGVO (Art. 4 Nr. 1, 2 DSGVO), sodass auf die Ausführungen zur DSGVO verwiesen werden kann.[214]

Der deutsche Gesetzgeber hat nur die Haushaltsausnahme als Anwendungsausschlussgrund für das BDSG normiert. Auf die Ausführungen zur DSGVO, welcher in Art. 2 Abs. 2 lit. c DSGVO die Haushaltsausnahme normiert, kann hier verwiesen werden, da diese Ausführungen auch zum BDSG herangezogen werden müssen.

Speziell für den Beschäftigtendatenschutz muss weiterhin Art. 88 DSGVO beachtet werden. Art. 88 DSGVO regelt die Datenverarbeitung im Beschäftigungskontext. Es handelt sich hierbei um eine Spezifizierungsklausel, wonach die Mitgliedstaaten spezifischere Vorschriften zur Gewährleistung des Schutzes der Rechte und Freiheiten hinsichtlich der Verarbeitung personenbezogener Beschäftigtendaten im Beschäftigungskontext erlassen können. Die nationalen Gesetzgeber haben sich im Rahmen des Beschäftigtendatenschutzes an die Vor-

211 *Kühling*, NJW 2017, 1985, 1986.
212 *Raab*, Harmonisierung, S. 165.
213 *Ernst*, in: Paal/Pauly, § 2 BDSG, Rn. 13; *Piltz*, BDSG, § 2 Rn. 12 f.
214 *Ernst*, in: Paal/Pauly, § 1 BDSG, Rn. 3; *Piltz*, BDSG, § 1 Rn. 3.

gaben der DSGVO zu halten. Es ist ihnen ausschließlich erlaubt, „*spezifischere*“ Vorschriften zu erlassen. Gerade die Spezifizierungsklauseln sollen nach Ansicht mancher Stimmen in der Literatur deutlich machen, dass es sich bei der DSGVO nicht um eine typische Verordnung i. S. d. Art. 288 Abs. 2 AEUV handelt, sondern die DSGVO eine Mischform von Verordnung und Richtlinie darstellt.[215] Dem ist jedoch hinsichtlich der Spezifizierungsklausel des Art. 88 DSGVO nicht zuzustimmen, da diese Norm nicht dazu dient, den Rechtscharakter der Verordnung zu unterlaufen. Hätte der europäische Gesetzgeber im Beschäftigtendatenschutz eine Richtlinie erlassen wollen, wäre ihm dies möglich gewesen (nähere Ausführungen zur Bedeutung dieser Spezifizierungsklausel Zweiter Teil, § 6, C., II., 1.).[216]

Der deutsche Gesetzgeber hat die Spezifizierungsklausel genutzt und § 26 BDSG erlassen. § 26 BDSG modifiziert den Anwendungsbereich des § 1 Abs. 1 S. 2 BDSG. Bevor auf den Anwendungsbereich des § 26 BDSG einzugehen ist (vgl. Vierter Teil, § 16, E.), wird Art. 88 DSGVO näher beleuchtet, da dieser den rechtlichen Handlungsspielraum für § 26 BDSG festlegt.

### 1. Spezifizierungsklausel, Art. 88 Abs. 1 DSGVO

Nach Art. 88 Abs. 1 DSGVO können die Mitgliedstaaten durch Rechtsvorschriften oder durch Kollektivvereinbarungen spezifischere Vorschriften zur Gewährleistung des Schutzes der Rechte und Freiheiten hinsichtlich der Verarbeitung personenbezogener Beschäftigtendaten im Beschäftigungskontext vorsehen (vgl. ErwG 155). Damit enthält die Vorschrift eine spezielle fakultative Spezifizierungsklausel für nationale Regelungen zum Beschäftigtendatenschutz. Die Spezifizierungsklausel ist fakultativ, weil die Mitgliedstaaten nicht gezwungen sind, diese Spezifizierungsklausel zu nutzen.[217] Nutzen die Mitgliedstaaten diese Spezifizierungsklausel nicht, gelten die allgemeinen Vorgaben der DSGVO. Bei Art. 88 DSGVO handelt es sich selbst um keine eigenständige Erlaubnisnorm.[218]

Im Gegensatz zum Art. 88 DSGVO sah die DSRL eine solche ausdrückliche Regelung zum Beschäftigtendatenschutz nicht vor.[219] Der europäische Gesetzgeber überlässt damit vom Wortlaut her den Mitgliedstaaten die Möglichkeit, nationa-

---

215 *Klement*, JZ 2017, 161, 162 („eine Art supranationales Basisrecht. Sie ist auf eine Ergänzung „von unten“ durch das nationale Recht angelegt“); *Kraska*, ZD-Aktuell 2016, 04173 („Rechtskonstrukt zwischen Richtlinie und Verordnung“); *Kühling*, NJW 2017, 1985 („Handlungsformenhybrid zwischen Richtlinie und Verordnung“); *Kühling/Martini*, EuZW 2016, 448 („Richtlinie im Verordnungsgewand“); aA *Taeger*, in: Taeger/Gabel, Art. 6 DSGVO, Rn. 3 („eher Richtliniencharakter“).

216 *Geiger*, in: Weth et al., Daten- und Persönlichkeitsschutz, A., IV., Rn. 132.

217 EuGH, Urt. v. 30.3.2023 – C-34/21, Rn. 58, NZA 2023, 487 – Hauptpersonalrat; *Heuschmid*, SR 2019, 1, 2; *Selk*, in: Ehmann/Selmayr, Art. 88 Rn. 1, 3.

218 *König*, Beschäftigtendatenschutz, § 1 Rn. 60.

219 *Riesenhuber*, in: BeckOK DatenSR, DSGVO, 48. Ed. 01.05.2024, Art. 88 Rn. 2.

le Besonderheiten im Beschäftigtenbereich eigenständig zu regeln.[220] Als Mitgliedstaat werden dabei alle staatlichen Gewalten verstanden.[221]

Allerdings hat es der europäische Gesetzgeber versäumt, zu klären, welche Regelungsmöglichkeiten die Spezifizierungsklausel des Art. 88 DSGVO bietet. Konkrete inhaltliche Vorgaben enthält Art. 88 DSGVO nicht.[222] Weder wird der Begriff der *„personenbezogenen Beschäftigtendaten"* noch die *„Verarbeitung im Beschäftigungskontext"* in der DSGVO definiert. Allerdings macht Art. 88 DSGVO deutlich, dass die Daten von Beschäftigten in den Anwendungsbereich der Datenschutz-Grundverordnung fallen.[223]

Aufgrund der unklaren Bedeutung dieser Vorschrift wird in der Literatur die Frage aufgeworfen, ob dem deutschen Gesetzgeber die Möglichkeit eingeräumt wird, materielle Abweichungen von der DSGVO zu erlassen.[224] Da in der DSGVO keine Bestimmung darüber besteht, ob die Mitgliedstaaten diese Begriffe ausfüllen dürfen[225], gilt der Grundsatz, dass die Begriffe nach dem Unionsrecht autonom auszulegen sind.[226] Für diese Ansicht spricht der Sinn und Zweck der DSGVO, ein *„gleichmäßiges Datenschutzniveau"* herzustellen (vgl. ErwG 13 S. 1). Der Sinn und Zweck muss sich auch auf die Spezifizierungsklauseln erstrecken, da ansonsten ein Flickenteppich nationaler Regelungen im Beschäftigtendatenschutz entsteht, der gerade vermieden werden sollte.[227] Zunächst muss geklärt werden, welche Bedeutung diesen Begriffen zukommt, damit geklärt werden kann, was der nationale Gesetzgeber regeln darf.

### a. Beschäftigter

Um den sachlichen Anwendungsbereich von Art. 88 Abs. 1 DSGVO bestimmen zu können, muss definiert werden, wer Beschäftigter im Sinne der DSGVO ist und ob unter diesen Begriff auch der Bewerber subsumiert werden kann. Der deutsche Gesetzgeber kann nur Regelungen für *„Beschäftigte"* i. S. d. Art. 88 Abs. 1 DSGVO erlassen. Für Personen, die dem Begriff des Beschäftigten nach

---

220 *Seifert*, EuZA 2018, 51, 55 f.

221 *Riesenhuber*, in: BeckOK DatenSR, DSGVO, 48. Ed. 01.05.2024, Art. 88 Rn. 48.

222 *Sörup/Marquardt*, ArbRAktuell 2016, 103, 105; *Stamer/Kuhnke*, in: Plath, Art. 88 DSGVO, Rn. 3.

223 *Laue/Nink/Kremer*, Datenschutzrecht, § 11 Rn. 1. Zur Frage der Primärrechtmäßigkeit *Höhne*, Art. 88 DSGVO, S. 43 ff.

224 *Ehmann*, ZD-Aktuell 2016, 04216; *Franzen*, ZfA 2019, 18, 26 f. (mitgliedstaatliche Regelungen, die Art. 88 Abs. 2 einhalten, können die DSGVO verdrängen).

225 Anders in Art. 2 Nr. 1d Betriebsübergangsrichtlinie 2001/23/EG.

226 *Hofmann/Johannes*, ZD 2017, 221; *Maschmann*, in: Kühling/Buchner, Art. 88 DSGVO, Rn. 8; *Sagan*, in: Preis/Sagan, Arbeitsrecht, § 1 Rn. 108.

227 *Kühling/Martini et al.*, DSGVO, S. 310 f.; *Maschmann*, in: Kühling/Buchner, Art. 88 DSGVO, Rn. 10.

Art. 88 Abs. 1 DSGVO nicht unterfallen, fehlt dem deutschen Gesetzgeber die Gesetzgebungskompetenz.[228]

### aa. Begriff des Beschäftigten

Die DSGVO definiert den Begriff des Beschäftigten nicht, sondern verwendet ihn nur mehrmals in der DSGVO. Ebenso findet sich keine Legaldefinition im Unionsrecht. Die Rechtsprechung des EuGH zum „*Arbeitnehmerbegriff*“ i. S. d. Art. 45 AEUV, dessen Begriff weiter als das nationale Recht verstanden wird[229], kann nicht vollständig übertragen werden, muss aber Beachtung finden.[230] Als Arbeitnehmer wird vom EuGH unter bestimmten Umständen auch der GmbH-Geschäftsführer angesehen, während im deutschen Recht dieser grundsätzlich nicht unter diesen Begriff fällt.[231] Der EuGH hat zum Begriff des Beschäftigten im Sinne der Rahmenvereinbarung über Teilzeitarbeit im Anhang der Richtlinie 97/81/EG § 2 Nr. 1 entschieden, dass auch Personen unter den Begriff fallen, die sich in einem Anstellungsverhältnis mit einem öffentlichen Arbeitgeber befinden als auch Personen, die bei einem nichtöffentlichen Arbeitgeber angestellt sind.[232]

In der englischen Amtssprache zu Art. 88 DSGVO wird der Begriff „*employee*“ verwendet, während in der deutschen Fassung für diesen Begriff teilweise auch der Begriff „*Mitarbeiter*“ verwendet wird (vgl. ErwG 13 S. 3). Dieser Begriff findet sich allerdings nicht in Art. 45 AEUV wieder, der die Arbeitnehmerfreizügigkeit betrifft, sondern dort wird der Begriff „*workers*“ genutzt (ebenso in der Richtlinie 97/81/EG § 2 Nr. 1). In der deutschen Fassung wird dies mit „*Arbeitnehmer*“ übersetzt. Daraus lässt sich schließen, dass der Beschäftigtenbegriff in der DSGVO weiter gefasst ist als in Art. 45 AEUV.[233] Vieles spricht dafür, dass der europäische Gesetzgeber auf die tatsächlichen Gegebenheiten eingehen wollte.[234]

Teilweise wird in der Literatur vertreten, dass den Mitgliedstaaten durch die Spezifizierungsklausel Art. 88 DSGVO die Möglichkeit belassen wird, in ihrem

---

228 *Baumgartner/Gausling*, in: Moos et al., DSGVO, Kap. 15 Rn. 8; aA *Oberthür*, RdA 2018, 286, 291.

229 *Henssler/Pant*, RdA 2019, 321, 324 ff.; *Oberthür*, RdA 2018, 286, 287; *Sagan*, in: Preis/Sagan, Arbeitsrecht, § 1 Rn. 108; *Selmayr/Ehmann*, in: Ehmann/Selmayr, Einleitung, Rn. 102. Ausführlich *Gallner*, in: Gallner et al., FS Moll, S. 133 ff.

230 *Henssler*, NZA-Beilage 2018, 31,32; *Maschmann*, in: Kühling/Buchner, Art. 88 DSGVO, Rn. 13; aA *Körner*, NZA 2016, 1383, 1384; *Franzen*, EuZA 2017, 313, 349.

231 EuGH, Urt. v. 11.11.2010 – C-232/09, NJW 2011, 2343 – Dita Danosa; BAG, Beschl. v. 21.01.2019 – 9 AZB 23/18, Rn. 24, NZA 2019, 490; aA BGH Urt. v. 26.03.2019 – II ZR 244/17, NJW 2019, 2086 (hinsichtlich § 6 Abs. 1 Nr. 1 AGG).

232 EuGH, Urt. v. 01.03.2012 – C-393/10, Rn. 37, EuZW 2012, 267 – O'Brien.

233 ErwG 127 S. 1 spricht von „Arbeitnehmern“, muss aber als Übersetzungsfehler anzusehen sein, da die englische Sprachfassung von „employees“ spricht.

234 *Riesenhuber*, in: BeckOK DatenSR, DSGVO, 48. Ed. 01.05.2024, Art. 88 Rn. 30.

nationalen Recht den Begriff des Beschäftigten zu spezifizieren.[235] Nach *Maier/Ossoinig* macht diese Konkretisierung auch Sinn, da die *„Arbeits- und Beschäftigungsformen innerhalb der Europäischen Union sehr unterschiedlich sind, sodass eine unionsweit gültige Definition Schwierigkeiten bereiten würde"*.[236] Der deutsche Gesetzgeber hat eine Konkretisierung des Begriffs durch die Vorschrift des § 26 Abs. 8 BDSG vorgenommen. Unabhängig von der Frage, ob eine Spezifizierung des Begriffs *„Beschäftigten"* von dem nationalen Gesetzgeber vorgenommen werden kann (vgl. Vierter Teil, § 16, E., II.), muss beachtet werden, dass der Begriff des Beschäftigten autonom auszulegen ist und der deutsche Gesetzgeber nur diejenigen Personen in den persönlichen Anwendungsbereich einbeziehen kann, die durch den Begriff des *„Beschäftigten"* i. S. d. Art. 88 Abs. 1 DSGVO vorgegeben werden.[237] Ein Vergleich zum BDSG bzw. zum nationalen Recht darf demnach nicht gezogen werden. Eine solche autonome und einheitliche Auslegung ist nach Ansicht des EuGH auch geboten, wenn der Begriff einer Vorschrift des Unionsrechts nicht ausdrücklich auf das Recht der Mitgliedstaaten verweist.[238] Die DSGVO verweist in Art. 4 Nr. 9 DSGVO ausdrücklich auf das nationale Recht, während ein solcher Hinweis in Art. 88 DSGVO fehlt. Es kann demnach davon ausgegangen werden, dass diese EuGH-Rechtsprechung übertragen werden kann.

### (1) Weite Auslegung

Die überwiegende Ansicht geht von einem weiten Verständnis bezüglich des Begriffes *„Beschäftigter"* aus und bezieht neben Arbeitnehmern im engeren Sinne auch Beamte, Soldaten, Richter, arbeitnehmerähnliche Personen, Heimarbeiter, Auszubildende und sogar GmbH-Fremdgeschäftsführer in den Anwendungsbereich mit ein.[239] Erfasst werden demnach alle Fälle der weisungsgebundenen

---

235 *Eßer*, in: Auernhammer, Art. 4 DSGVO, Rn. 5; *Maier/Ossoinig*, in: Roßnagel, Datenschutzrecht, § 8 Rn. 21; *Schmidt*, Datenschutz für Beschäftigte, S. 52; *Thüsing/Traut*, in: Schwartmann et al., Art. 88 DSGVO, Rn. 14.

236 *Maier/Ossoinig*, in: Roßnagel, Datenschutzrecht, § 8 Rn. 21.

237 *Oberthür*, RdA 2018, 286, 291; *Pfrang*, PinG 2019, 159, 160; *Sagan*, in: Preis/Sagan, Arbeitsrecht, § 1 Rn. 77; *Tiedemann*, in: Sydow, DSGVO/BDSG, Art. 88 DSGVO, Rn. 4 (zweifelhaft, ob es zu einem vollständigen Gleichlauf beim personellen Anwendungsbereich von Art. 88 DSGVO und § 26 Abs. 8 BDSG kommt). Zur Abgrenzung der Begriffe nach deutschem Recht *Reinecke*, NJW 2018, 2081 ff.

238 EuGH, Urt. v. 01.10.2019 – C-673/17, Rn. 47, BB 2019 2572 – Planet49. Ausführlich *Höhne*, Art. 88 DSGVO, S. 82 ff.

239 *Culik*, Beschäftigtendatenschutz, S. 140; *Höhne*, Art. 88 DSGVO, S. 92; *Körner*, NZA 2016, 1383, 1384; *Schmidt*, Datenschutz für Beschäftigte, S. 53; *Seifert*, in: Simitis et al., Datenschutzrecht, Art. 88 Rn. 12; *Selk*, in: Ehmann/Selmayr, Art. 88 Rn. 48; *Stamer/Kuhnke*, in: Plath, Art. 88 DSGVO, Rn. 15; *Ströbel/Wybitul*, in: Specht/Mantz, Datenschutzrecht, § 10 Rn. 13; *Thüsing/Traut*, in: Schwartmann et al., Art. 88 DSGVO, Rn. 14; *Tiedemann*, in: Sydow, DSGVO/BDSG, § 26 BDSG, Rn. 7; aA hinsichtlich der Heimarbeiter *König*, Beschäftigtendatenschutz, § 1 Rn. 65.

Leistung von Diensten. Als Argument wird vorgetragen, dass nur durch dieses weite Verständnis der Vereinheitlichungszweck erreicht werden kann, da die verschiedenen Beschäftigten in den einzelnen Mitgliedstaaten unterschiedlich rechtlich geregelt sind. Da der Arbeitnehmerbegriff ebenfalls weit gezogen wird, muss der grundsätzlich umfangreichere Begriff des Beschäftigten noch weitergezogen werden. Auch *Piltz* versteht unter diesen Begriff eine abhängige Leistung, sodass „*die abhängige Arbeit im weiteren Sinne unter Einschluss der Beamten, Soldaten und Richter sowie Praktikantenverhältnisse und ehrenamtlich Beschäftigte*“ erfasst ist.[240]

*Morasch* nennt als maßgebliches Kriterium das Merkmal der Abhängigkeit, wobei hierzu auf die Rechtsprechung des EuGH zurückgegriffen werden kann.[241] Dies folge aus der Prämisse, dass in der ursprünglichen Fassung der DSGVO die Einwilligung zwischen einem Beschäftigten und dem Verantwortlichen ausgeschlossen werden sollte, weil zwischen diesen beiden Parteien ein klares Ungleichgewicht bestehe. Gerade diese Abhängigkeit rechtfertige es, in diesem Bereich spezifischere Vorschriften zu erlassen. Aus diesem Grund seien freie Mitarbeiter und Selbstständige nicht als Beschäftigte einzuordnen, da bei diesen Personengruppen gerade kein Abhängigkeitsverhältnis bestehe.

Nach *Geiger* handelt es sich bei dem Beschäftigten um ein „*menschliches Individuum, das fremdbestimmt oder in eine fremde Organisation eingegliedert [ist], jedenfalls aber gegen Entgelt kraft Rechtspflicht fremdnützig tätig wird*“.[242] Hiernach sei auch die wirtschaftliche Gegenleistung zu berücksichtigen, sodass Praktikanten nach dieser Auffassung wohl aus dem Begriffsverständnis herausfallen würden, da nicht jeder Praktikant einen Lohn erhält.

### (2) Enge Auslegung

*Maschmann* versteht den Begriff des Beschäftigten hingegen eng, sodass nur Arbeitnehmer im eigentlichen Sinne von dem Begriff umfasst sind, d.h. „*die ihre entgeltlichen Dienste auf vertraglicher Grundlage nach den Weisungen eines anderen erfüllen*“.[243] Dafür spreche, dass der EuGH Ausnahmen stets eng auslege. Art. 88 DSGVO sei eine solche Ausnahme. Zudem spreche der Wortlaut des Art. 88 Abs. 1 DSGVO („*der Erfüllung eines Arbeitsvertrages*“, „*des Arbeitgebers*“) dafür, dass nur Arbeitnehmer im engeren Sinne vom europäischen Gesetzgeber angesprochen sein sollen.

---

240 *Piltz*, BDSG, § 26 Rn. 3.

241 *Morasch*, Beschäftigungskontext, S. 169 ff.; ebenso *Mittländer*, in: Wedde, Datenschutz, C., Rn. 70; *Pfrang*, PinG 2019, 159, 160; *Selk*, in: Ehmann/Selmayr, Art. 88 Rn. 46; ähnlich *Däubler*, Gläserne Belegschaften, Rn. 183c; *Seifert*, in: Simitis et al., Datenschutzrecht, Art. 88 Rn. 12 („*strukturelle Unterlegenheit des Beschäftigten*“).

242 *Geiger*, in: Weth et al., Daten- und Persönlichkeitsschutz, A., IV., Rn. 109.

243 *Maschmann*, in: Kühling/Buchner, Art. 88 DSGVO, Rn. 13; *ders.*, in: Maschmann/Fritz, Matrixorganisationen, Kap. 5, Rn. 9.

### (3) Rechtsprechung des EuGH

Der EuGH hat sich in einem wegweisenden Urteil im März 2023 zur Auslegung des Begriffs des Beschäftigten nach Art. 88 DSGVO positioniert. Das Gericht weist zunächst darauf hin, dass der Beschäftigtenbegriff in der DSGVO nicht definiert sei noch auf das Recht der Mitgliedstaaten verweist. Verweist das europäische Recht nicht auf das mitgliedstaatliche Recht, so müsse wegen der einheitlichen Anwendung des Unionsrechts sowie des Gleichheitssatzes in der Regel in der gesamten Union eine autonome und einheitliche Auslegung erfolgen. Zudem müsse der Begriff entsprechend ihrem üblichen Sinn nach dem gewöhnlichen Sprachgebrauch ausgelegt werden. Zu berücksichtigen seien der Zusammenhang, in dem sie verarbeitet werden, und die Ziele, die mit der Regelung, zu der sie gehören, verfolgt werden.

Ausgehend von diesen Überlegungen bezeichne der Beschäftigtenbegriff nach seinem üblichen Sinn eine Person, die ihre Arbeit im Rahmen eines Unterordnungsverhältnisses zu ihrem Arbeitgeber und daher unter dessen Kontrolle erledigt. Damit seien im öffentlichen Sektor berufstätige Personen ebenfalls vom Beschäftigtenbegriff erfasst. Für die einheitliche Auslegung des Begriffs in der Union könne es keinen Unterschied machen, ob die betreffende Person als Angestellter oder als Beamter beschäftigt ist oder ob ihr Beschäftigungsverhältnis öffentlichen oder privaten Recht unterliege. Die Formulierung in Art. 88 Abs. 1 DSGVO „*Erfüllung des Arbeitsvertrages*", was auf ein arbeitsvertragliches Beschäftigungsverhältnis hindeute, sei nur ein Beispiel, was durch die Formulierung „*insbesondere*" verdeutlicht werden.[244] Zudem weisen die Formulierungen in Art. 88 Abs. 2 DSGVO „*Transparenz der Verarbeitung*" und die „*Überwachungssysteme am Arbeitsplatz*" darauf hin, dass es unerheblich sei, wie das Rechtsverhältnis zwischen dem Beschäftigten und demjenigen, der ihn beschäftigt, geartet sei.

### (4) Stellungnahme

Der zuerst genannten Ansicht und damit der Rechtsprechung des EuGH ist zuzustimmen. Wesentliches Merkmal, wann ein Beschäftigter i. S. d. Art. 88 Abs. 1 DSGVO gegeben ist, muss anhand des Abhängigkeits- und des Unterordnungsverhältnisses entschieden werden. Freiwillig Beschäftigte wären demnach nicht als Beschäftigte im Sinne der DSGVO anzusehen, da ihnen das Merkmal der Abhängigkeit fehlt. Nach dem EuGH bietet die Entstehungsgeschichte einer Vorschrift des Unionsrechts relevante Anhaltspunkte für ihre Auslegung.[245] In den Entwurfsfassungen des Art. 88 DSGVO wurde stets von „*Arbeitnehmerdaten*" gesprochen.[246] Erst in der endgültigen Fassung ist der Begriff der „*Beschäftigtendaten*" eingeführt worden. Dies spricht dafür, dass nicht im Kern der

244 EuGH, Urt. v. 30.3.2023 – C-34/21, Rn. 40 ff., NZA 2023, 487 – Hauptpersonalrat.
245 EuGH, Urt. v. 01.10.2019 – C-673/17, Rn. 48, BB 2019 2572 – Planet49.
246 *Pötters/Schmidt*, in: Preis/Sagan, Arbeitsrecht, § 11 Rn. 97.

Arbeitnehmer erfasst werden sollte, sondern ein weites Verständnis zugrunde gelegt wurde.[247] Es sollte demnach nicht von Arbeitnehmerdatenschutz, sondern von Beschäftigtendatenschutz gesprochen werden.

### bb. Bewerber als Beschäftigter

Fraglich ist, ob der Bewerber als Beschäftigter anzusehen ist. Ausgehend vom Wortlaut könnte zunächst angenommen werden, dass der Bewerber nicht zu dem geschützten Personenkreis i. S. d. Art. 88 Abs. 1 DSGVO zählt. Der Bewerber ist eben nicht „*beschäftigt*“. Beschäftigt ist zunächst derjenige, der in einem Betrieb beschäftigt ist.[248] Synonyme für den Begriff des Beschäftigten sind vor allem Angestellter und Arbeitnehmer, die aufgrund eines Arbeitsvertrags mit dem Arbeitgeber beschäftigt sind.

Der Wortlaut des Art. 88 Abs. 1 DSGVO, der unter anderem von „*Zwecke der Einstellung*“ spricht, spricht allerdings dafür, dass offensichtlich die Bewerbungsphase angesprochen ist.[249] Da Art. 88 DSGVO gerade den Besonderheiten des mitgliedstaatlichen Arbeitsrechts Rechnung tragen will, muss von einem weiten Verständnis ausgegangen werden und das Merkmal der Abhängigkeit berücksichtigt werden. Der Bewerber befindet sich in einer abhängigen Position, da er ohne den Arbeitgeber nicht die Möglichkeit besitzt, seinen Beruf zu ergreifen. Damit sind auch Bewerber von dem Begriffsverständnis des Art. 88 Abs. 1 DSGVO erfasst.[250]

Fraglich ist, ab wann eine Person als Bewerber einzustufen ist und somit die Spezifizierungsklausel des Art. 88 DSGVO einschlägig ist. Der Begriff des Bewerbers wird in der DSGVO nicht definiert. Eine Person ist jedenfalls dann als Bewerber einzuordnen, wenn eine Bewerbung beim Arbeitgeber aktiv eingereicht wurde. Wenn der Arbeitgeber hingegen eine Online-Recherche über eine bestimmte Person durchführt, die sich noch nicht aktiv auf einen Job bei

247 *Liedke*, Einwilligung, S. 33; *Maier*, DuD 2017, 169, 170; *Schemmel*, ZD-Aktuell 2023, 01164.

248 Definition „Beschäftigter“ beim Duden-Online, https://tinyurl.com/y3wm62nd.

249 *Pfrang*, PinG 2019, 159, 160; *Selk*, in: Ehmann/Selmayr, Art. 88 Rn. 112; *Tiedemann*, in: Sydow, DSGVO/BDSG, Art. 88 DSGVO, Rn. 4.

250 *Baumgartner/Gausling*, in: Moos et al., DSGVO, Kap. 15 Rn. 8; *Culik*, Beschäftigtendatenschutz, S. 140 f.; *Gola/Pötters/Thüsing*, RDV 2016, 57, 58; *Kort*, NZA-Beilage 2016, 62, 63; *Maschmann*, DB 2016, 2480, 2481; *Pötters/Schmidt*, in: Preis/Sagan, Arbeitsrecht, § 11 Rn. 97; *Pötters/Wybitul/Böhm*, in: Wybitul, DSGVO, Art. 88 Rn. 10; *Riesenhuber*, in: BeckOK DatenSR, DSGVO, 48. Ed. 01.05.2024, Art. 88 Rn. 30; *Seifert*, in: Simitis et al., Datenschutzrecht, Art. 88 Rn. 18; *Selk*, in: Ehmann/Selmayr, Art. 88 Rn. 44; *Stamer/Kuhnke*, in: Plath, Art. 88 DSGVO, Rn. 15; *Ströbel/Wybitul*, in: Specht/Mantz, Datenschutzrecht, § 10 Rn. 13; *Thüsing/Traut*, in: Schwartmann et al., Art. 88 DSGVO, Rn. 14; *Tiedemann*, in: Sydow, DSGVO/BDSG, Art. 88 DSGVO, Rn. 4.

dem Arbeitgeber beworben hat, ist unklar, ob bereits ein Bewerber i. S. d. der DSGVO vorliegt.

Teilweise wird in einer solchen Konstellation angenommen, dass die Bewerbereigenschaft noch nicht vorliegt und in der Konsequenz auch nicht die Spezifizierungsklausel des Art. 88 DSGVO in Betracht kommt.[251] Vielmehr müsse für die Verarbeitung im Rahmen dieser Online-Recherche die Erlaubnisnorm des berechtigten Interesses nach Art. 6 Abs. 1 S. 1 lit. f DSGVO herangezogen werden. Begründet wird dies vor allem damit, dass noch kein vertragsähnliches Vertrauensverhältnis zustande gekommen ist, wenn der Arbeitgeber lediglich eine Online-Recherche durchführt und der potenzielle Bewerber davon nichts weiß.

Eine andere Sicht richtet den Blick auf den Zweck der Verarbeitung. In der beschriebenen Fallkonstellation erhebt der Arbeitgeber Daten, mit dem Ziel der Begründung eines Beschäftigungsverhältnisses, sodass der Bewerberbegriff aus datenschutzrechtlicher Sicht nach dieser Ansicht greifen kann.[252]

Bewerber kann nach hier vertretener Ansicht nur sein, wer zu seinem potenziellen Arbeitgeber bereits ein vertragsähnliches Vertrauensverhältnis aufgebaut hat. Nach der Definition des Duden ist derjenige Bewerber, der sich um etwas oder jemanden bewirbt.[253] Es muss demnach eine aktive Handlung gegenüber dem potenziellen Arbeitgeber seitens der natürlichen Person vorgenommen worden sein, durch die diesem signalisiert wird, dass dieser sich um eine Stelle beim Arbeitgeber bewirbt. Dies entspricht auch der Definition nach *Geiger*. Hiernach ist Bewerber „*eine natürliche Person von dem Zeitpunkt an, zu dem sie gegenüber einem anderen Rechtssubjekt (Bewerbungsadressat) durch eine Erklärung (Bewerbung) ihr Interesse zum Ausdruck gebracht hat, ein Beschäftigungsverhältnis bei ihr eingehen zu wollen, bis zu dem Zeitpunkt der Einstellung als Beschäftigte(r) beim Bewerbungsadressaten, andernfalls bis zum vollständigen Abschluss der bewerbungsbedingten Kommunikation zwischen beiden*“.[254] Dies entspricht der Rechtsprechung des EuGH, der bei einer Stellenbewerbung davon ausgeht, dass man sich formal um eine Stelle bewirbt.[255] Das Gericht verlangt demnach ein aktives Tätigwerden. Damit kann ein Vergleich zum Allgemeinen Gleichbehandlungsgesetz (AGG) gezogen werden. Das BAG vertritt zu § 6 Abs. 1 S. AGG, dass ein Bewerber zumindest diejenige Person ist, die eine Bewerbung eingereicht hat, unabhängig davon, ob ein Wille zur Eingehung eines

251 *Bissels/Ziegelmayer/Kiehn*, BB 2013, 2869, 2870 (bloße „passive Gefundenwerden“ reicht nicht aus; bezogen auf das BDSG a. F.); *Göpfert/Dußmann*, NZA-Beilage 2016, 41, 43 (bezogen auf das BDSG a. F.); *Göpfert/Koops*, ArbRAktuell 2017, 186, 186; *Kainer/Weber*, BB 2017, 2740, 2743.

252 *Haußmann/Karwatzki/Ernst*, DB 2018, 2697, 2698 f.

253 Definition „Bewerber“ beim Duden-Online, https://tinyurl.com/y553wp2t; Definition „Bewerbung“ beim Brockhaus-Online, https://tinyurl.com/yxryeaf2.

254 *Geiger*, in: Weth et al., Daten- und Persönlichkeitsschutz, A., IV., Rn. 181a.

255 EuGH, Urt. v. 28.07.2016 – C-423/15, Rn. 35, NZA 2016, 1014 – Nils-Johannes Kratzer/R+V Allgemeine Versicherung AG; ebenso *Rosenberger*, DuD 2022, 87, 89.

Beschäftigungsverhältnisses gegeben und ob der Bewerber objektiv geeignet ist (sog. formaler Bewerberbegriff).[256] Dadurch, dass sich der Bewerber aktiv beworben hat, befindet sich dieser nun in einer abhängigen Position gegenüber dem Arbeitgeber.

Es kann damit festgehalten werden, dass die Person, die sich auf eine Stellenanzeige eines Arbeitgebers bewirbt oder initiativ eine Bewerbung einreicht, als Beschäftigter i. S. d. DSGVO einzuordnen ist.

### b. Beschäftigungskontext

Art. 88 DSGVO erlaubt den Mitgliedstaaten spezifischere Vorschriften nur hinsichtlich der Verarbeitung personenbezogener Beschäftigtendaten im „*Beschäftigungskontext*" zu erlassen. Der Begriff der Verarbeitung und des personenbezogenen Datums wurde oben bereits thematisiert, sodass auf diese Ausführungen verwiesen werden kann (vgl. Zweiter Teil, § 6, C., I., 1. sowie 2., a.).

Der Begriff des Beschäftigungskontextes wird weder in der DSGVO noch an anderer Stelle definiert und muss daher europarechtlich autonom ausgelegt werden.[257] Der europäische Gesetzgeber nennt in Art. 88 Abs. 1 DSGVO verschiedene nicht abschließende Anwendungsfälle, was er unter den Beschäftigungskontext versteht.[258] Einigkeit besteht wohl dahingehend, dass Verarbeitungen, die keinerlei Bezug zum Beschäftigungsverhältnis aufweisen, nicht erfasst werden (sog. beschäftigungsfremde Zwecke). Hier stehen die Beschäftigten dem Arbeitgeber wie ein beliebiger Dritter gegenüber.[259] Dies ist etwa dann der Fall, wenn Arbeitgeber und Arbeitnehmer Verträge (z. B. Mietverträge) neben dem eigentlichen Arbeitsvertrag schließen.

#### aa. Meinungsstand

Teilweise wird der Begriff des Beschäftigungskontextes sehr restriktiv ausgelegt, um die vom europäischen Gesetzgeber bezweckte Harmonisierungswirkung der DSGVO nicht zu gefährden.[260] Es werden demnach nur Verarbeitungen erfasst, die unmittelbar dem Beschäftigungszweck dienen bzw. ihren Schwerpunkt in diesem Zweck haben.

---

256 BAG, Urt. v. 19.05.2016 – 8 AZR 470/14, Rn. 62, DB 2016, 2970; *Bauer/Krieger/Günther*, AGG, § 6 Rn. 10; *Haußmann/Karwatzki/Ernst*, DB 2018, 2697, 2678 f.; *Odemer*, Jura 2019, 1160, 1163 f.; aA *Mohr*, in: Adomeit/Mohr, AGG, § 6 Rn. 12 f. (Ausschreibung der Stelle oder aktueller Personalbedarf).

257 *Höhne*, Art. 88 DSGVO, S. 94; *Piltz*, BDSG, § 26 Rn. 3; *Selk*, in: Ehmann/Selmayr, Art. 88 Rn. 50; *Tiedemann*, in: Sydow, DSGVO/BDSG, Art. 88 DSGVO, Rn. 6.

258 *Pauly*, in: Paal/Pauly, Art. 88 DSGVO, Rn. 8.

259 *Däubler*, in: Däubler et al., Art. 88 DSGVO, Rn. 10; *Morasch*, Beschäftigungskontext, S. 173; *Schmidt*, DuD 2010, 207, 209.

260 *Maschmann*, in: Kühling/Buchner, Art. 88 DSGVO, Rn. 15; *Pauly*, in: Paal/Pauly, Art. 88 DSGVO, Rn. 7.

Andere Stimmen gehen dabei von einer weiten Auslegung aus, sodass auch Themen, die einen Bezug zur Beschäftigung haben, von den Mitgliedstaaten mitgeregelt werden können.[261] Begründet wird dies damit, dass gerade nicht die Formulierung des „*Beschäftigungszwecks*", sondern gerade von Beschäftigungs-„*kontext*" gesprochen wird. Zudem werde durch die aufgeführten Beispiele deutlich, dass auch Zwecke vorhanden sind, die nicht unmittelbar dem Beschäftigungsverhältnis zuzurechnen sind (z. B. Schutz des Eigentums der Arbeitgeber oder der Kunden), sodass auch nur ein geringer Zusammenhang zwischen der Verarbeitung und dem Beschäftigungsverhältnis gegeben sein muss.

*Tiedemann* geht davon aus, dass es sich um „*eine Datenverarbeitung im Zusammenhang mit einem beabsichtigten, bestehenden oder früheren Beschäftigungsverhältnis*" handeln muss.[262] Dabei können auch arbeitsrechtliche Randbereiche darunter zu fassen sein. Nicht unter den Beschäftigungskontext sollen Verarbeitungen fallen, die allein dem Privatleben des Arbeitnehmers zuzurechnen sind. Dies soll insbesondere dann der Fall sein, wenn der Arbeitgeber dem Arbeitnehmer wie ein beliebiger Dritter gegenübersteht. Begründet wird dies mit den Verarbeitungszwecken, die in Art. 88 Abs. 1 DSGVO aufgeführt sind.

Nach *Geiger* handelt es sich um „*Daten über Informationen [...] die es ohne das Beschäftigungsverhältnis nicht gäbe und die auf Regelungen beruhen, die nur auf Beschäftigungsverhältnisse anwendbar sind*".[263]

### bb. Rechtsprechung des EuGH

Nach Ansicht des EuGH ist der Begriff des Beschäftigungskontexts entsprechend seinem üblichen Sinn nach dem gewöhnlichen Sprachgebrauch auszulegen. Zu berücksichtigen seien dabei der Zusammenhang, in dem sie verwendet werden, und die Ziele, die mit der Regelung, zu der sie gehören, verfolgt werden.[264]

Das wesentliche Merkmal des „*Beschäftigungskontexts*" bestehe darin, dass eine Person während einer bestimmten Zeit für eine andere nach deren Weisung Leistungen erbringt, für die sie als Gegenleistung eine Vergütung erhält. Nach *Riesenhuber* nehme das Gericht – ohne dies zu explizieren – auf den unionsautonomen Arbeitnehmerbegriff Bezug, was jedoch nach Ansicht des Autors nichts überzeuge.[265]

---

261 *Franzen*, EuZA 2017, 323, 349; *ders.*, in: Franzen et al., Arbeitsrecht, Art. 88 DSGVO, Rn. 20; *Gola/Pötters/Thüsing*, RDV 2016, 57, 58; *Höhne*, Art. 88 DSGVO, S. 95; *Morasch*, Beschäftigungskontext, S. 172; *Piltz*, BDSG, § 26 Rn. 3; *Riesenhuber*, in: BeckOK DatenSR, DSGVO, 48. Ed. 01.05.2024, Art. 88 Rn. 54; *Selk*, in: Ehmann/Selmayr, Art. 88 Rn. 51 f.; *Zöll*, in: Taeger/Gabel, Art. 88 DSGVO, Rn. 27.

262 *Tiedemann*, in: Sydow, DSGVO/BDSG, Art. 88 DSGVO, Rn. 6.

263 *Geiger*, in: Weth et al., Daten- und Persönlichkeitsschutz, A., IV., Rn. 113.

264 EuGH, Urt. v. 30.3.2023 – C-34/21, Rn. 41, NZA 2023, 487 – Hauptpersonalrat.

265 *Riesenhuber*, in: BeckOK DatenSR, DSGVO, 48. Ed. 01.05.2024, Art. 88 Rn. 32a.

### cc. Stellungnahme

Art. 88 Abs. 1 DSGVO bestimmt, dass die Mitgliedstaaten *„insbesondere für Zwecke der Einstellung, der Erfüllung des Arbeitsvertrags einschließlich der Erfüllung von durch Rechtsvorschriften oder durch Kollektivvereinbarungen festgelegten Pflichten, des Managements, der Planung und der Organisation der Arbeit, der Gleichheit und Diversität am Arbeitsplatz, der Gesundheit und Sicherheit am Arbeitsplatz, des Schutzes des Eigentums der Arbeitgeber oder der Kunden sowie für Zwecke der Inanspruchnahme der mit der Beschäftigung zusammenhängenden individuellen oder kollektiven Rechte und Leistungen und für Zwecke der Beendigung des Beschäftigungsverhältnisses*“ spezifischere Vorschriften vorsehen können. Der nicht abschließende Katalog an zulässigen Verarbeitungszwecken macht deutlich, dass der Beschäftigungskontext sehr weit gezogen wird, da auch der Schutz des Eigentums der Arbeitgeber und der Kunden mit einbezogen werden. Die nationalen Gesetzgeber dürfen zudem spezifischere Regelungen für „*Zwecke der Einstellung*“ erlassen. Dabei kann Einstellung als der tatsächliche Vorgang verstanden werden, der zur Aufnahme der Dienste führt. Umfasst werden alle Vorgänge, die mit der Phase der Einstellung im Zusammenhang stehen, wie zum Beispiel die Bewerberansprache, das Vorstellungsgespräch, Umgang mit Bewerbungsunterlagen und der Umgang mit den Unterlagen abgelehnter Bewerber.[266] Aber auch die Erhebung von Informationen aus sozialen Netzwerken kann erfasst sein. Einer vertraglichen Grundlage bedarf es somit gerade noch nicht, um in den Anwendungsbereich des Art. 88 Abs. 1 DSGVO fallen zu können. Daraus folgt, dass der deutsche Gesetzgeber die Zulässigkeit der datenschutzrechtlichen Verarbeitung von Bewerberdaten regeln darf, insbesondere für die Verarbeitung von Daten aus den Bewerbungsunterlagen oder Einstellungstests.[267]

Handelt es sich nicht um einen Vorgang im „*Beschäftigungskontext*“, etwa in dem Fall, in dem keinerlei Bezug zu einem Beschäftigungsverhältnis gegeben ist, so sind die Anforderungen des Art. 88 DSGVO nicht einzuhalten. Es greift dann vielmehr direkt die DSGVO. Dies stellt § 1 Abs. 5 BDSG ausdrücklich klar.

## c. Spezifischere Vorschriften

Nach Art. 88 Abs. 1 DSGVO dürfen die Mitgliedstaaten durch Rechtsvorschriften oder durch Kollektivvereinbarungen „*spezifischere Vorschriften*“ erlassen, die den Schutz von Rechten und Freiheiten im Hinblick auf die Verarbeitung von personenbezogenen Beschäftigtendaten gewährleisten. Der Begriff der „*Rechtsvorschriften*“ wird in der DSGVO nicht definiert. Einigkeit besteht darin, dass

266 *Riesenhuber*, in: BeckOK DatenSR, DSGVO, 48. Ed. 01.05.2024, Art. 88 Rn. 56 (mit weiteren Beispielen); *Tiedemann*, in: Sydow, DSGVO/BDSG, Art. 88 DSGVO, Rn. 15; ähnlich *Höhne*, Art. 88 DSGVO, S. 97.

267 *Nolte*, in: Gierschmann et al., Art. 88 Rn. 8; *Pauly*, in: Paal/Pauly, Art. 88 DSGVO, Rn. 10; *Piltz*, BDSG, § 26 Rn. 4.

es sich um abstrakt-generelle hoheitliche Regelungen der Mitgliedstaaten handeln muss.[268] Darunter fallen alle Gesetze im materiellen Sinne, wie förmliche Parlamentsgesetze als auch Rechtsverordnungen und Satzungen.[269] ErwG 41 S. 1 bestimmt, dass „*dies nicht notwendigerweise einen von einem Parlament angenommenen Gesetzgebungsakt*" sein muss.

### aa. Gewohnheitsrecht und Richterrecht als Rechtsvorschriften?

Fraglich ist, ob auch Gewohnheitsrecht und richterliche Rechtsfortbildung (z. B. die Rechtsprechung des BAG zum Fragerecht des Arbeitgebers) unter den Begriff der Rechtsvorschriften zu fassen sind.

Teilweise wird ein weites Verständnis angenommen, sodass diese Grundsätze auch als Rechtsvorschriften i. S. d. Art. 88 Abs. 1 DSGVO angesehen werden.[270] Argumentiert wird mit dem Vergleich zu anderen Sprachfassungen. Demnach wird in der englischen Sprachfassung von „*by law*" gesprochen, während die französische Sprachfassung von „*pour la loi*" spricht. Diese Sprachfassungen könne man mit „*Recht und Gesetz*" bzw. „*rechtlichen Regulierungen*" übersetzen, sodass ein weites Verständnis darunter zu fassen wäre. Zudem wird auf den Sinn und Zweck der Spezifizierungsklausel des Art. 88 DSGVO abgestellt, wonach kein enges Verständnis zugrunde gelegt werden soll.

Andere Stimmen in der Literatur sehen die richterliche Rechtsfortbildung nicht als Rechtsvorschriften i. S. d. Art. 88 DSGVO an.[271] Zwar wird die Interpretation der Regelungen durch die Gerichte ausdrücklich erlaubt, diese dürfen allerdings

268 *Riesenhuber*, in: BeckOK DatenSR, DSGVO, 48. Ed. 01.05.2024, Art. 88 Rn. 50.

269 *Seifert*, in: Simitis et al., Datenschutzrecht, Art. 88 Rn. 25; *Zöll*, in: Taeger/Gabel, Art. 88 DSGVO, Rn. 10. Beachte *Freund*, in: Schuster/Grützmacher, IT-Recht, Art. 6 DSGVO, Rn. 35 subsumiert auch Verwaltungsakte und Urteile darunter.

270 *Franzen*, EuZA 2017, 313, 347; *ders.*, in: Franzen et al., Arbeitsrecht, Art. 88 DSGVO, Rn. 15; *Riesenhuber*, in: BeckOK DatenSR, DSGVO, 48. Ed. 01.05.2024, Art. 88 Rn. 50; *Silberzahn*, Datenschutz in kirchlichen Einrichtungen, S. 108; *Ströbel/Wybitul*, in: Specht/Mantz, Datenschutzrecht, § 10 Rn. 26; *Tiedemann*, in: Sydow, DSGVO/BDSG, Art. 88 DSGVO, Rn. 8; *Zöll*, in: Taeger/Gabel, Art. 88 DSGVO, Rn. 10.

271 *Geiger*, in: Weth et al., Daten- und Persönlichkeitsschutz, A., IV., Rn. 164 (Rechtsvorschriften i. S. d. Art. 23 Abs. 1); *Maschmann*, in: Kühling/Buchner, Art. 88 DSGVO, Rn. 23 („Eine ständige höchstrichterliche Rechtsprechung genügt hierzu nicht"); *Morasch*, Beschäftigungskontext, S. 182, Fn. 680 („Den Grundsatz „Die Rechtsprechung hat man zu kennen" dürfte es also im europäischen Recht nicht geben"; Bezug auf ErwG 8, 71, 112); *Seifert*, in: Simitis et al., Datenschutzrecht, Art. 88 Rn. 25 (Bestandteil der Rechtsvorschriften); *Thüsing/Traut*, in: Schwartmann et al., Art. 88 DSGVO, Rn. 39; kritisch *Rolf/Siewert*, RDV 2017, 236, 237 (Wortlaut nennt Rechtsvorschriften, nicht Gerichtsentscheidungen); wohl auch *Höhne*, Art. 88 DSGVO, S. 108 („lediglich umsetzungsunterstützend, nicht umsetzungsersetzend"); *Poll*, Unternehmensgruppen, S. 422 („Gesetz"). Beachte *Burger*, Der Schutz gesundheitsbezogener Beschäftigtendaten, S. 117 f., der die Frage aufwirft, ob es sich bei der Rechtsprechung des BAG zum Fragerecht um eigenständiges Richterrecht handelt.

nur umsetzungsunterstützend, aber nicht umsetzungsersetzend wirken. Denn würde die richterliche Rechtsfortbildung als Rechtsvorschrift i.S.d. Art. 88 Abs. 1 DSGVO angesehen werden, so müsste diese auch nach Art. 88 Abs. 3 DSGVO der Europäischen Kommission gemeldet werden, was nicht vorstellbar sei. Zudem wäre dies für die Rechtsunterworfenen mit einer gewissen Rechtsunsicherheit verbunden, wenn auch die richterliche Rechtsfortbildung darunterfallen würde. Die DSGVO selbst verlange meistens eine ausdrückliche Vorschrift im nationalen Recht, was in Bezug auf die richterliche Rechtsfortbildung und das Gewohnheitsrecht nicht möglich wäre.

Der zuletzt genannten Ansicht ist zuzustimmen. Rechtsvorschriften können nur solche Vorschriften sein, die vom nationalen Gesetzgeber ausdrücklich normiert worden sind. Denn nur bei ausdrücklich normierten Rechtsvorschriften ist es dem nationalen Gesetzgeber möglich, seiner Notifizierungspflicht nach Art. 88 Abs. 3 DSGVO nachzukommen. Absatz 3 geht davon aus, dass man die Rechtsvorschriften *„erlässt"*. Gewohnheitsrecht und richterliche Rechtsfortbildung wird jedoch nicht von den Mitgliedstaaten erlassen. Auch ErwG 8 deutet darauf hin, dass der Mitgliedstaat nationales Recht setzen muss. Hiernach können die Mitgliedstaaten, wenn die DSGVO ihnen Präzisierungen oder Einschränkungen erlaubt, Teile dieser Verordnung in ihr nationales Recht aufnehmen, soweit dies erforderlich ist, um die Kohärenz zu wahren und die nationalen Rechtsvorschriften verständlicher zu machen. Gewohnheitsrecht wird jedoch typischerweise nicht in nationales Recht aufgenommen. Zudem wird in der englischen Sprachfassung in Art. 88 Abs. 1 DSGVO von *„law"* gesprochen. Der Begriff der *„Rechtsprechung"* wird mit *„jurisdiction"* (vgl. ErwG 115 S. 1) bzw. *„case-law"* (vgl. ErwG 41 S. 2, 146 S. 2, Art. 45 Abs. 2 lit. a DSGVO) übersetzt. Der sprachliche Vergleich zeigt, dass der europäische Gesetzgeber mit der Formulierung *„law"* nicht die Rechtsprechung gemeint haben dürfte.

### bb. Inhaltliche Reichweite der spezifischeren Vorschriften

Die inhaltliche Bedeutung und Reichweite der Formulierung *„spezifischere Vorschriften"* ist umstritten.[272] Der Begriff muss im Unionsrecht einheitlich ausgelegt werden, damit keine Rechtszersplitterung in der Union entsteht.[273] Spezifischer sind zunächst solche Vorschriften, die auf die besonderen Sachgesetzlichkeiten und Anforderungen des zu regelnden Lebenssachverhalts Bezug nehmen.[274] Es

272 *Hanloser*, in: Forgó et al., Datenschutz, Teil V, Kap. 1, Rn. 10 ff. (Hinweis auf Gesetzgebungshistorie); *Maschmann*, in: Kühling/Buchner, Art. 88 DSGVO, Rn. 29.

273 Ebenso *Morasch*, Beschäftigungskontext, S. 76 f.

274 *Riesenhuber*, in: BeckOK DatenSR, DSGVO, 48. Ed. 01.05.2024, Art. 88 Rn. 66.

kann auch mit „*eigentümlich*“ übersetzt werden.[275] Andere wollen den Begriff mit „*speziell*“ gleichsetzen.[276]

*Tiedemann* versteht hierunter Regelungen, die „den Beschäftigungskontext kennzeichnen, prägen, präzisieren oder konkretisieren“.[277] Auch *Helfrich* geht davon aus, dass „*die Mitgliedstaaten [...] die in der Verordnung jeweils enthaltene Regelung genauer und auf einen Sachverhalt hin präzisieren [können]*“.[278] Dem schließen sich das VGH München und das LAG Berlin-Brandenburg an, wonach es sich bei Art. 88 DSGVO „*um eine Öffnungsklausel handelt, die den Mitgliedstaaten die Möglichkeit gibt, die im Ausgangspunkt einschlägigen Regelungen der Datenschutz-Grundverordnung durch spezifischere nationale Vorschriften zu präzisieren*“.[279]

Nach *Benecke/Wagner* wird dadurch impliziert, dass nur solche Regelungen getroffen werden dürfen, die bereits durch die DSGVO freigegeben worden und somit regulativ miterfasst sind.[280] *Piltz* meint, dass die Regelungen „*einen, auf bestimmte Verarbeitungssituationen bezogenen, konkretisierenden Mehrwert bieten*“ muss.[281] *Gierschmann* setzt den Begriff mit „*für den konkreten Fall*“ gleich, womit allein der Bestimmtheitsgrundsatz angesprochen sei.[282]

Andere Stimmen in der Literatur gehen davon aus, dass damit Regelungen gemeint sind, „*die über die Grundsätze und allgemeinen Vorschriften der DS-GVO für Bürger/Verbraucher hinausgehen*“[283] bzw. sektorspezifisch sind[284]. Auch *Feiler/Forgó* gehen von einer äußerst weiten Regelungskompetenz aus, da die Mitgliedstaaten nicht darauf beschränkt seien, die Verarbeitung näher zu be-

---

275 *Düwell/Brink*, NZA 2016, 665, 666; *Jerchel/Schubert*, DuD 2016, 782, 783 (Gleichsetzung mit weitergehenden Regelungen); *Schmidt*, Datenschutz für Beschäftigte, S. 52.

276 *Franzen*, EuZA 2017, 313, 344; *ders.*, in: Franzen et al., Arbeitsrecht, Art. 88 DSGVO, Rn. 6.

277 *Tiedemann*, in: Sydow, DSGVO/BDSG, Art. 88 DSGVO, Rn. 7; ähnlich *Böhm*, Anmerkung zu BAG, Beschl. v. 07.05.2019 – 1 ABR 53/17, NZA-RR 2019, 531, 532; *Schmidt*, Datenschutz für Beschäftigte, S. 275 („ausgestalten und konkretisieren“).

278 *Helfrich*, Datenschutzrecht, Einführung, S. XXV; ähnlich *Botta*, E-Learning-Plattformen, S. 327; *Selk*, in: Forgó et al., Datenschutz, Teil V, Kap. 3, Rn. 73 („Vorgaben der DS-GVO aufgreifen […], aber „spezifizieren“, also für bestimmte Einzelfälle speziellere Regelungen vorsehen“).

279 VGH München, Beschl. v. 21.05.2019 – 17 P 18.2581, Rn. 51, BeckRS 2019, 15935; ebenso LAG Berlin-Brandenburg, Urt. v. 04.06.2020 – 10 Sa 2130/19, Rn. 56, BeckRS 2020, 18964 („keine Bereichsausnahme“; „erlaubt nur eine Konkretisierung oder Präzisierung, nicht jedoch ein Abweichen oder Verändern“).

280 *Benecke/Wagner*, DVBl 2016, 600, 601.

281 *Piltz*, BDSG, § 26 Rn. 8.

282 *Gierschmann*, in: Gierschmann et al., Art. 7 Rn. 118.

283 *Düwell/Brink*, NZA 2016, 665, 666; *Gola*, RDV 2017, 25, 28; *Gola/Thüsing/Schmidt*, DuD 2017, 244, 248; *Körner*, NZA 2016, 1383.

284 *Geiger*, in: Weth et al., Daten- und Persönlichkeitsschutz, A., IV., Rn. 115 f.; *Lachenmann*, in: Besgen/Prinz, Arbeiten 4.0, § 11 Rn. 20.

stimmen, so wie es Art. 87 S. 1 DSGVO vorsehen würde.[285] Nach *Niklas/Thurn* stellt die Vorschrift klar, dass die Regelungen, die aufgrund des Art. 88 Abs. 1 DSGVO erlassen werden, als lex specialis vorrangig vor der DSGVO anzuwenden seien.[286] Insgesamt dreht sich der Streit um die Frage, ob der europäische Gesetzgeber die inhaltlichen Vorgaben des Art. 88 DSGVO als abschließende Regelung betrachtet hat (sog. Vollharmonisierung) oder ob mit den Regelungen nur eine Grundlage gelegt werden sollte, die die Mitgliedstaaten in ihren nationalen Gesetzen weiter ausbauen können (sog. Mindestharmonisierung).[287] Hier stellen sich zwei Problemfelder. Zum einen die Frage, ob das Schutzniveau der DSGVO von den Mitgliedstaaten abgesenkt werden darf und zum zweiten, ob das Schutzniveau erhöht werden kann. Das Schutzniveau wird durch die Vorschriften der DSGVO festgelegt. Dies ergibt sich daraus, dass die DSGVO nach Art. 1 Abs. 2 insgesamt die Grundrechte und Grundfreiheiten der betroffenen Person (engl. „*fundamental rights and freedoms*") schützt. Art. 88 Abs. 1 DSGVO ermöglicht spezifischere Vorschriften zur Gewährleistung des Schutzes der „*Rechte und Freiheiten*" (engl. „*rights and freedoms*") zu erlassen. Es wird hier zwar von „*Rechten und Freiheiten*" und nicht von „*Grundrechten und Grundfreiheiten*" gesprochen, doch ergeben sich hieraus keine Unterschiede, da die DSGVO beide Begrifflichkeiten synonym benutzt (z. B. Art. 24 Abs. 1, Art. 66 Abs. 1 DSGVO, die die Begrifflichkeit „*Rechte und Freiheiten*" verwenden). Die nachfolgenden Ausführungen gelten ebenso für Kollektivvereinbarungen, da der europäische Gesetzgeber nicht zwischen Rechtsvorschriften und Kollektivvereinbarungen unterscheidet und damit die Frage des Schutzniveaus für beide Instrumente gilt.[288]

### (1) Möglichkeit der Absenkung des Schutzniveaus?

Zunächst ist umstritten, ob es den Mitgliedstaaten im Rahmen der Spezifizierungsklausel des Art. 88 DSGVO erlaubt ist, das Schutzniveau der DSGVO zu unterlaufen und damit abzusenken.

### (a) Möglichkeit der Absenkung

Teilweise wird die Absenkung des Schutzniveaus von der DSGVO, insbesondere bei Kollektivvereinbarungen, für möglich gehalten, da Art. 88 Abs. 1 DSGVO gerade für den Bereich des Beschäftigtendatenschutzes eigenständige, sektor-

---

285 *Feiler/Forgó*, DSGVO, Art. 88 Rn. 2.

286 *Niklas/Thurn*, BB 2017, 1589, 1594; ebenso ArbG Mannheim, Urt. v. 25.03.2021 – 8 Ca 409/20, Rn. 45, BeckRS 2021, 6492.

287 Ausführlich zu den Begrifflichkeiten *Höhne*, Art. 88 DSGVO, S. 111 ff.

288 Ebenso *Selk*, in: Ehmann/Selmayr, Art. 88 Rn. 93; aA wohl *Zöll*, in: Taeger/Gabel, Art. 88 DSGVO, Rn. 22 ff.

spezifische Datenschutzregelungen ermögliche.[289] Nach Ansicht von *Riesenhuber* eröffnet Art. 88 Abs. 1 DSGVO andersartige Schutzmechanismen, die nicht mit den Schutzmaßnahmen der DSGVO zu vergleichen sei. Demnach sei den Mitgliedstaaten ein eigener Regelungsspielraum eröffnet.[290]

Als Argument wird vor allem ErwG 155 angeführt. Hiernach können die Mitgliedstaaten „*spezifische Vorschriften für die Verarbeitung personenbezogener Beschäftigtendaten im Beschäftigungskontext*" schaffen. Nach dieser Wortwahl soll deutlich werden, dass spezifisch im Sinne von „*sektorspezifisch*" auszulegen sei, sodass der Anwendungsbereich im Beschäftigungskontext enger definiert werden kann als in der DSGVO und diese verdrängt.[291] Als weiteres Argument wird hervorgebracht, dass ErwG 10 für sektorspezifische Regelungen ebenfalls von „*spezifischeren Bestimmungen*" spricht und in diesem Bereich ebenfalls solche Regelungen erlassen werden dürften. Zudem bedürfte es nicht den Vorgaben des Art. 88 Abs. 2 DSGVO, da die Vorgabe nach der Wahrung der berechtigten Interessen und Grundrechte der betroffenen Person nicht extra normiert werden müsse, wenn die DSGVO direkt eingreifen würde. Teilweise wird an die BAG-Rechtsprechung zur Abweichung des Datenschutzniveaus durch Betriebsvereinbarungen angeknüpft, wonach nur die Rechte der betroffenen Personen zu wahren seien. Zudem sei die Formulierung „*in den Grenzen der Verordnung*" nicht in die endgültige Fassung aufgenommen worden, was ebenfalls dafürspreche, dass Abweichungen in alle Richtungen möglich seien.

### (b) Keine Möglichkeit der Absenkung

Überwiegend wird in der datenschutzrechtlichen Literatur davon ausgegangen, dass der Schutzstandard der DSGVO nicht abgesenkt werden dürfe.[292] Dies wer-

289 *Grimm*, in: Tschöpe, Arbeitsrecht, 6. Teil, F., Rn. 12, 113; *Jerchel/Schubert*, DuD 2016, 782, 783 (Abweichungen in alle Richtungen denkbar); *Klösel/Mahnhold*, NZA 2017, 1428, 1431 (nicht „im erheblichen Widerspruch zu den allgemeinen Maßstäben der Art. 5 ff."); *Kort*, ZD 2017, 319, 321 (nicht wesentlich „nach unten"); *Lembke*, in: Henssler et al., Arbeitsrecht, Art. 88 DSGVO, Rn. 8; *Lepperhoff/Müthlein*, DSGVO, 21.2.2; *Nebel*, ZD 2018, 520, 523 (keine wesentliche Abweichung); *Staben*, ZfA 2020, 287, 303; *Thüsing/Traut*, in: Schwartmann et al., Art. 88 DSGVO, Rn. 38; *Traut*, RDV 2016, 312, 314; *Zöll*, in: Taeger/Gabel, Art. 88 DSGVO, Rn. 21.

290 *Riesenhuber*, in: BeckOK DatenSR, DSGVO, 48. Ed. 01.05.2024, Art. 88 Rn. 67, 69.

291 *Lepperhoff/Müthlein*, DSGVO, 21.2.2.

292 *LfDI BW*, Beschäftigtendatenschutz, S. 16; *Aligbe*, Einstellungs- und Eignungsuntersuchungen, Rn. 539; *Benkert*, NJW-Spezial 2017, 242; *Botta*, E-Learning-Plattformen, S. 326 f.; *Brink/Schwab*, in: Wedde, Datenschutz, B., Rn. 86; Conrad/Treeger, in: Auer-Reinsdorff/Conrad, IT- und Datenschutzrecht, § 34 Rn. 165; *Eder*, in: Wedde, Datenschutz, D., Rn. 238; *Franzen*, EuZA 2017, 313, 345; *Gaul/Pitzer*, ArbRB 2017, 241, 243; *Geiger*, in: Weth et al., Daten- und Persönlichkeitsschutz, A., IV., Rn. 118; *Gola*, Beschäftigtendatenschutz, Rn. 1966; *Götz*, Big Data im Personalmanagement, S. 62; *Hanloser*, in: Forgó et al., Datenschutz, Teil V, Kap. 1, Rn. 16; *Höhne*, Art. 88 DSGVO, S. 120; *Imping*, CR 2017, 378, 380; *Joussen*, in: vom Stein et al., Gesund-

de vor allem durch die Vorgaben des Art. 88 Abs. 2 DSGVO deutlich, der Mindestanforderungen normiere, die die nationalen Regelungen zu erfüllen haben.

Argumentiert wird in erster Linie damit, dass eine Absenkung des Schutzniveaus mit der Systematik und dem Sinn und Zweck des Art. 88 DSGVO nicht im Einklang stehen würde. Andere Vorschriften der DSGVO (wie z. B. Art. 9 Abs. 4, Art. 23, Art. 85 Abs. 2 oder Art. 89 Abs. 2 und 3 DSGVO) lassen ausdrücklich abweichende Vorschriften zu. Eine solche Formulierung findet sich im Rahmen des Art. 88 DSGVO gerade nicht. Es wird auch auf den ErwG 8 abgestellt, der insoweit nur von *„Präzisierungen oder Einschränkungen“* spricht, aber gerade nicht von Erweiterungen. Zudem wird auf die Rechtsnatur der DSGVO als Verordnung abgestellt. *Seifert* folgert, dass der Wortsinn die Annahme nahelegt, dass die Vorschriften der DSGVO nur ergänzen bzw. präzisieren sollen.[293] Ferner wird darauf abgestellt, dass durch die Möglichkeit der Regelung von materiellen Vorgaben in Art. 88 Abs. 2 DSGVO, eine Abweichung zum Nachteil der betroffenen Personen nicht möglich sei. Nach *Nolte* kann Art. 88 Abs. 2 DSGVO als Konkretisierung der Grenzen des Spezifizierungsspielraums des Absatzes 1 verstanden werden. Es soll verhindert werden, dass es durch die Öffnungsklausel zu einer Absenkung des Datenschutzstandards kommt.[294]

Weiterhin stelle die Absenkung des Schutzniveaus von der DSGVO ein Verstoß gegen Art. 8 GRCh dar, wenn keine ausdrückliche Ausnahme in der DSGVO

---

heitsmanagement, § 28 Rn. 3; *Kainer/Weber*, BB 2017, 2740; *Klausch/Grabenschröer*, PinG 2018, 135, 138; *Körner*, DSGVO, S. 13; *dies.*, in: Deinert et al., FS Klebe, S. 231, 235; *Kort*, NZA 2018, 1097, 1101; *Kramer*, in: Weth et al., Daten- und Persönlichkeitsschutz, A., VIII., Rn. 26; *Laue/Nink/Kremer*, Datenschutzrecht, § 11 Rn. 7; *Lelley/Bruck/Yildiz*, BB 2018, 2164, 2172; *Maier*, DuD 2017, 169, 173; *Martini/Botta*, NZA 2018, 625, 628; *Maschmann*, NZA-Beilage 2018, 115, 116; *Mittelberger*, digma 2018, 178, 180; *Müller*, Öffnungsklauseln, S. 178 f.; *Niklas/Thurn*, BB 2017, 1589, 1596; *Nolte*, in: Gierschmann et al., Art. 88 Rn. 20, 27; *Pauly*, in: Paal/Pauly, Art. 88 DSGVO, Rn. 4; *Piltz*, BDSG, § 26 Rn. 13; *Poll*, Unternehmensgruppen, S. 426; *Pötters/Schmidt*, in: Preis/Sagan, Arbeitsrecht, § 11 Rn. 21, 92; *Pötters/Wybitul/Böhm*, in: Wybitul, DSGVO, Art. 88 Rn. 14; *Raji*, ZD 2019, 61, 63; *Rinck*, in: Schaub, Arbeitsrecht, § 153 Rn. 2; *Schmidt*, Datenschutz für Beschäftigte, S. 51, 297; *Schneider*, in: Forgó et al., Datenschutz, Teil VII, Kap. 5, Rn. 45; *Schrey/Kielkowski*, BB 2018, 629, 632; *Seifert*, in: Simitis et al., Datenschutzrecht, Art. 88 Rn. 22; *Selk*, in: Ehmann/Selmayr, Art. 88 Rn. 75; *Selmayr*, ZD-Aktuell 2016, 04206; *Stark*, Aufgabenwahrnehmung des Betriebsrats, S. 67; *Ströbel/Böhm/Breunig/Wybitul*, CCZ 2018, 14, 15; *Ströbel/Wybitul*, in: Specht/Mantz, Datenschutzrecht, § 10 Rn. 20; *Tiedemann*, in: Sydow, DSGVO/BDSG, Art. 88 DSGVO, Rn. 3; *Tinnefeld*, in: Tinnefeld et al., Datenschutzrecht, Teil 1, Rn. 410; *Velten/Diegel*, FA 2018, 2; *Wedde*, in: v. d. Bussche/Voigt, Konzerndatenschutz, Teil 3, Kap. 6, Rn. 52; *Weth/Herberger/Wächter/Sorge*, in: Weth et al., Daten- und Persönlichkeitsschutz, D., IV., Rn. 4.

293 *Seifert*, in: Simitis et al., Datenschutzrecht, Art. 88 Rn. 22.

294 *Nolte*, in: Gierschmann et al., Art. 88 Rn. 27 f.

vorgesehen sei.[295] Die DSGVO sei eine Ausprägung des Art. 8 GRCh, die insoweit nicht unterlaufen werden dürfe.

### (c) Stellungnahme

Es ist davon auszugehen, dass eine Absenkung des Schutzniveaus nicht möglich ist. Dies widerspricht der Vollharmonisierung, die durch die DSGVO bezweckt werden sollte. ErwG 9 S. 1 macht deutlich, dass die Ziele und Grundsätze der DSRL weiterhin Gültigkeit besitzen sollen. Der DSRL lag bereits eine grundsätzlich vollharmonisierende Wirkung zugrunde, sodass bereits unter der Geltung der DSRL das Schutzniveau nicht abgesenkt werden konnte.[296] Durch den Wortlaut des Art. 88 Abs. 1 DSGVO („*spezifischere Vorschriften*") wird hinreichend klargestellt, dass die bestehenden Vorschriften der DSGVO nur spezifischer geregelt werden können. Eine Abweichung nach unten lässt der Wortlaut nicht zu. Auch das systematische Argument, dass in Art. 85 Abs. 2 DSGVO ausdrücklich „*Abweichungen und Ausnahmen*" zulässig sind, während ein solcher Passus in Art. 88 DSGVO fehlt, verdeutlicht die Intention des europäischen Gesetzgebers, keine abweichenden Vorschriften im Bereich des Beschäftigtendatenschutzes zulassen zu wollen. Ebenso sieht Art. 23 Abs. 1 DSGVO ausdrücklich vor, dass das Schutzniveau der DSGVO unterschritten und damit „*abgesenkt*" werden kann.[297] Hiernach können durch Rechtsvorschriften der Union oder der Mitgliedstaaten, denen der Verantwortliche oder der Auftragsverarbeiter unterliegt, gewisse Pflichten und Rechte im Wege von Gesetzgebungsmaßnahmen „*beschränkt werden*". Art. 88 Abs. 1 DSGVO enthält keine solche Beschränkung.

### (2) Möglichkeit der Erhöhung des Schutzniveaus?

Streitig ist ferner die Frage, ob die Mitgliedstaaten strengere Regelungen erlassen dürfen. Diese Frage hängt davon ab, ob Art. 88 DSGVO eine Vollharmonisierung bezwecken soll oder lediglich ein Mindeststandard festlegt. Bereits zur DSRL wurde von der überwiegenden Literatur und dem EuGH entschieden, dass die DSRL eine Vollharmonisierung bezweckt.[298]

---

295 *Selmayr/Ehmann*, in: Ehmann/Selmayr, Einleitung, Rn. 96.

296 EuGH, Urt. v. 24.11.2011 – C-468/10, C-469/10, Rn. 29, 36, 47, NZA 2011, 1409 – ASNEF.

297 *Morasch*, Beschäftigungskontext, S. 110; *Piltz*, BDSG, § 26 Rn. 13.

298 EuGH, Urt. v. 20.05.2003 – C-465/00, C-138/01, C-139/01, Rn. 39, Slg. 2003, I-4989, EuR 2004, 276 – Österreichischer Rundfunk; EuGH, Urt. v. 24.11.2011 – C-468/10, C-469/10, Rn. 29, 36, 47, NZA 2011, 1409 – ASNEF; *Brühann*, EuZW 2009, 639, 642; *Forst*, RDV 2010, 150, 152; zurückhaltender *Riesenhuber*, RdA 2011, 257, 263; aA *Heuschmid*, SR 2019, 1, 5 (Rechtsprechung, welche zur DSRL erging, kann nicht auf die DSGVO übertragen werden).

#### (a) Vollharmonisierung

Es wird vertreten, dass der europäische Gesetzgeber mit Art. 88 DSGVO eine Vollharmonisierung bezwecken wollte, sodass die Mitgliedstaaten und die Kollektivparteien an dessen Vorgaben gebunden seien.[299] Eine Verschärfung der Vorgaben der DSGVO durch nationales Recht sei nicht möglich. Nach Art. 88 Abs. 1 DSGVO können die Mitgliedstaaten spezifischere Vorschriften treffen. Die Spezifizierung könne als Konkretisierung, Präzisierung oder Anpassung verstanden werden, aber gerade nicht als Abweichung oder Veränderung.[300] Vielmehr wollte der europäische Gesetzgeber den nationalen Gesetzgebern die Möglichkeit einräumen, im Bereich des Beschäftigtendatenschutzes eigene präzisere Vorschriften zu erlassen, wobei der Rahmen des Art. 88 DSGVO einzuhalten sei. Nur wenn die Spezifizierungsklausel an sich Abweichungen von der Verordnung zulasse, wie dies bei Art. 85 Abs. 2 DSGVO der Fall sei („*Abweichungen oder Ausnahmen*"), könnten Abweichungen vom Schutzstandard sein. Ansonsten müsse der nationale Gesetzgeber konkretisierende Regelungen erlassen.[301]

---

299 ArbG Berlin, Teilurt. v. 15.06.2022 – 55 Ca 456/21, 55 Ca 5659/21, Rn. 140, ZD 2023, 165; *Benecke/Wagner*, DVBl 2016, 600, 604; *Benkert*, NJW-Spezial 2017, 242; *Dzida/Grau*, DB 2018, 189, 193; *Ehmann*, ZD-Aktuell 2016, 04216; *Franzen*, in: Franzen et al., Arbeitsrecht, Art. 88 DSGVO, Rn. 10; *Geiger*, in: Weth et al., Daten- und Persönlichkeitsschutz, A., IV., Rn. 118 f.; *Gola*, EuZW 2012, 332, 336; *Götz*, Big Data im Personalmanagement, S. 59 f.; *Hanloser*, in: Forgó et al., Datenschutz, Teil V, Kap. 1, Rn. 16, 31; *Imping*, CR 2017, 378, 380; *Kainer/Weber*, BB 2017, 2740; *Klement*, in: Simitis et al., Datenschutzrecht, Art. 7 Rn. 66; *Krause*, NZA-Beilage 2017, 53, 58; *Kühling/Klar/Sackmann*, Datenschutzrecht, Rn. 829; *Laber/Santon*, ArbRB 2019, 60, 61; *Laue/Nink/Kremer*, Datenschutzrecht, § 11 Rn. 13; *Lelley/Bruck/Yildiz*, BB 2018, 2164, 2172; *Maschmann*, NZA-Beilage 2018, 115, 117; *Mittelberger*, digma 2018, 178, 180; *Morasch*, Beschäftigungskontext, S. 108; *Piltz*, BDSG, § 26 Rn. 14; *Pötters*, RDV 2015, 10, 11; *Pötters/Schmidt*, in: Preis/Sagan, Arbeitsrecht, § 11 Rn. 21; *Raji*, ZD 2019, 61, 63; *Rolf/Siewert*, RDV 2017, 236; *Schmidt*, Datenschutz für Beschäftigte, S. 51 f. (Erhöhung als „Integrationsrückschritt"); *Schwartmann/Ohr*, in: Schwartmann, Praxishandbuch, Kap. 11, Rn. 245; *Selk*, in: Ehmann/Selmayr, Art. 88 Rn. 8, 16, 76 f.; *ders.*, in: Forgó et al., Datenschutz, Teil V, Kap. 3, Rn. 83 ff.; *Selmayr*, ZD-Aktuell 2016, 04206; *Selmayr/Ehmann*, in: Ehmann/Selmayr, Einleitung, Rn. 96; *Spelge*, DuD 2016, 775, 778; *Stark*, Aufgabenwahrnehmung des Betriebsrats, S. 70; *Ströbel/Böhm/Breunig/Wybitul*, CCZ 2018, 14, 15; *Tinnefeld*, in: Tinnefeld et al., Datenschutzrecht, Teil 1, Rn. 410; *Wybitul*, NZA 2017, 413; wohl auch *Rinck*, in: Schaub, Arbeitsrecht, § 153 Rn. 2; *van Ecke/Simkus*, in: Kuner et al., GDPR, S. 1234.

300 *Nolte*, in: Gierschmann et al., Art. 88 Rn. 19; *Pauly*, in: Paal/Pauly, Art. 88 DSGVO, Rn. 3 („Regelungen […], die den Beschäftigungskontext kennzeichnen, prägen oder konkretisieren"); *Selk*, in: Ehmann/Selmayr, Art. 88 Rn. 72; *Tinnefeld*, in: Tinnefeld et al., Datenschutzrecht, Teil 1, Rn. 410 („Konkretisierungs-, aber keine Verschärfungskompetenz").

301 *Benecke/Wagner*, DVBl 2016, 600, 604; *Kainer/Weber*, BB 2017, 2740.

Als weiteres Argument für die Vollharmonisierung wird vorgetragen, dass der EuGH die DSRL bereits als vollharmonisierend ansah.[302] Der EuGH stellte insbesondere auf das Ziel der DSRL ab, den freien Verkehr personenbezogener Daten sicherzustellen und ein hohes Niveau des Schutzes der Rechte und Interessen der von diesen personenbezogenen Daten betroffenen Personen zu gewährleisten. In der Literatur wird davon ausgegangen, dass der EuGH auch unter der Geltung der DSGVO so entscheiden wird.[303] Denn auch in Art. 1 Abs. 1 und 2 DSGVO wird vorgesehen, dass die Grundrechte und Grundfreiheiten natürlicher Personen geschützt werden sollen und dass der freie Verkehr solcher Daten gewährleistet wird.

Ferner wird ErwG 12 herangezogen. Dieser besagt, dass die DSGVO aufgrund der Kompetenznorm des Art. 16 Abs. 2 AEUV erlassen worden ist. Die vom Gesetzgeber gewählte Kompetenznorm könne Aufschluss über das verfolgte Ziel geben.[304] Art. 16 Abs. 2 S. 1 AEUV bestimmt, dass unter anderem Vorschriften über den „*freien Datenverkehr*" erlassen werden können. Damit kann nach *Selk* nur gemeint sein, dass ein gleiches Datenschutzniveau in den Mitgliedstaaten gewährleistet werden soll.[305] Dies spreche dafür, dass nur vollharmonisierende Regelungen getroffen werden könne. Dies gelte erst jetzt auch im Beschäftigtendatenschutzrecht. ErwG 8 stelle zudem ein Indiz für die Vollharmonisierung dar, da dieser von „*Präzisierungen oder Einschränkungen*" spreche und somit im Einklang mit dem Wortlaut „*spezifischere Vorschriften*" stehe.[306] Schließlich werden die Gesetzesmaterialien zu Art. 88 DSGVO herangezogen. Ursprünglich sah Art. 82 Abs. 1 DSGVO-E vor, dass den Mitgliedstaaten die Möglichkeit eröffnet werden soll, „*strengere Regelungen*" („*stricter rules*") schaffen zu dürfen. Dieser Entwurf wurde jedoch nicht übernommen, sodass im Umkehrschluss der gesetzgeberische Wille dahingehend auszulegen sei, dass keine strengeren Reglungen erlassen werden dürfen.[307]

Die Ansicht, die in Art. 88 DSGVO eine vollharmonisierende Wirkung erblickt, wird in dieser Form teilweise nicht geteilt. Es wird auch davon ausgegangen, dass im Rahmen der Umsetzung der Vorgaben des Art. 88 DSGVO nur wesent-

302 EuGH, Urt. v. 24.11.2011 – C-468/10, C-469/10, Rn. 29, 36, NZA 2011, 1409 – ASNEF; ebenso BVerfG, Beschl. v. 06.11.2019 – 1 BvR 276/17, Rn. 40, EuZW 2019, 1035 – Recht auf Vergessen II; *Klement*, JZ 2017, 161, 164.

303 *Franzen*, EuZA 2017, 313, 345; *Selk*, in: Ehmann/Selmayr, Art. 88 Rn. 16; aA *Taeger/Rose*, BB 2016, 819, 830.

304 *Riesenhuber*, in: Riesenhuber, Methodenlehre, § 10 Rn. 41 („kompetenzkonforme Auslegung").

305 *Selk*, in: Ehmann/Selmayr, Art. 88 Rn. 19.

306 *Selk*, in: Ehmann/Selmayr, Art. 88 Rn. 73.

307 Ratsdokument 15389/14, 13.11.2014, Fn. 39, https://tinyurl.com/yyrmtpm7; Ratsdokument 15655/1/14 REV 1, 25.11.2014, Fn. 43, https://tinyurl.com/y5hcty9s; *Piltz*, BDSG, § 26 Rn. 14 f. (mit weiteren Hinweisen zur Gesetzeshistorie; insbesondere Deutschland war Befürworter für einen höheren Schutzstandard).

liche Abweichungen vom Schutzstandard der DSGVO nicht möglich seien.[308] Damit seien Abweichungen vom materiellen Schutzstandard der Artt. 6 bis 9 DSGVO, sowie den Grundsätzen nach Art. 5 und den Rechten der Betroffenen nach den Artt. 15 ff. DSGVO unzulässig. Zudem dürften die Rechtsvorschriften des Art. 88 DSGVO keine weitergehende Erlaubnis für die Verarbeitung enthalten als die DSGVO selbst.

### (b) Mindeststandard

Andere Stimmen in der Literatur sind der Ansicht, dass durch Art. 88 DSGVO lediglich ein Mindeststandard gesetzt werden sollte. Ein *„Mehr"* an Datenschutz könne eingeführt werden.[309]

Begründet wird diese Ansicht unter anderem mit der Entstehungsgeschichte. Demnach sind Formulierungen wie *„in den Grenzen dieser Verordnung"*, *„im Einklang mit den Bestimmungen dieser Verordnung"* oder *„auf Grundlage der Verordnung"* gerade nicht in den Verordnungstext aufgenommen worden.[310] Zusätzlich spreche der Wortlaut für diese Auslegung. Denn *„spezifischere Regelungen"* sind gerade solche Regelungen, die auf die Eigentümlichkeit des

---

308 *Maier/Ossoinig*, in: Roßnagel, DSGVO, § 4 Rn. 41; *Maschmann*, in: Kühling/Buchner, Art. 88 DSGVO, Rn. 32 ff.; *Nolte*, in: Gierschmann et al., Art. 88 Rn. 21; *Pötters*, RDV 2015, 10, 12; *Pötters/Schmidt*, in: Preis/Sagan, Arbeitsrecht, § 11 Rn. 90.

309 *Aligbe*, Einstellungs- und Eignungsuntersuchungen, Rn. 541; *Botta*, E-Learning-Plattformen, S. 327; *Conrad/Treeger*, in: Auer-Reinsdorff/Conrad, IT- und Datenschutzrecht, § 34 Rn. 356; *Culik*, Beschäftigtendatenschutz, S. 92, 103, 192; *Däubler*, in: Däubler et al., Art. 88 DSGVO, Rn. 15; *Düwell/Brink*, NZA 2016, 665, 667; *Eder*, in: Wedde, Datenschutz, D., Rn. 239; *Fladung*, in: Wybitul, DSGVO, Art. 17 Fn. 14; *Gola*, RDV 2017, 25, 28; *Grimm*, in: Tschöpe, Arbeitsrecht, 6. Teil, F., Rn. 12; *Heuschmid*, SR 2019, 1, 3; *Höhne*, Art. 88 DSGVO, S. 121 ff.; *Jerchel/Schubert*, DuD 2016, 782, 783; *Klebe/Schmidt/Klengel*, in: Gräfl et al., Betriebsverfassungsrecht, S. 303, 311 f.; *Körner*, ZESAR 2013, 153; *dies.*, DSGVO, S. 13; *dies.*, in: Deinert et al., FS Klebe, S. 231, 232; *Kort*, NZA-Beilage 2016, 62, 66; *ders.*, ZD 2017, 319, 321 f.; *ders.*, NZA 2018, 1097, 1102 (es sollte zusätzlich auf gesetzliche Erlaubnisnormen zurückgegriffen werden); *Middel*, AuR 2018, 411, 415 f.; *Müller*, Öffnungsklauseln, S. 179; *Nebel*, ZD 2018, 520, 523; *Nolte*, in: Gierschmann et al., Art. 88 Rn. 23; *Pauly*, in: Paal/Pauly, Art. 88 DSGVO, Rn. 4; *Pfrang*, DuD 2018, 380, 381; *Renner*, Rolle des Betriebsrates, S. 3; *Riesenhuber*, in: BeckOK DatenSR, DSGVO, 48. Ed. 01.05.2024, Art. 88 Rn. 72; *Schrey/Kielkowski*, BB 2018, 629, 632 f.; *Seifert*, in: Simitis et al., Datenschutzrecht, Art. 88 Rn. 23; *Stamer/Kuhnke*, in: Plath, Art. 88 DSGVO, Rn. 6; *Taeger/Rose*, BB 2016, 819, 830; *Thüsing/Rombey*, NZA 2019, 1399, 1401; *Tiedemann*, in: Sydow, DSGVO/BDSG, Art. 88 DSGVO, Rn. 3; *Wedde*, in: v. d. Bussche/Voigt, Konzerndatenschutz, Teil 3, Kap. 6, Rn. 131; *Wuermeling*, NZA 2012, 368, 370; *Wurzberger*, ZD 2017, 258; *Wybitul/Fladung*, BB 2012, 509, 514; *Wybitul/Sörup/Pötters*, ZD 2015, 559, 561; *Zöll*, in: Taeger/Gabel, Art. 88 DSGVO, Rn. 21; wohl auch *Franzen*, ZfA 2019, 18, 27.

310 *Nolte*, in: Gierschmann et al., Art. 88 Rn. 6; *Thüsing/Traut*, in: Schwartmann et al., Art. 88 Rn. 12.

Beschäftigtendatenschutzes eingehen. Art. 88 Abs. 1 DSGVO ermögliche es gerade für den Beschäftigtendatenschutz eigenständige Regelungen zu erlassen. Aus dem Wortlaut der Vorschrift soll sich ergeben, dass strengere Vorgaben als in der DSGVO von den Mitgliedstaaten bzw. den Kollektivparteien erlassen werden dürfen. Um diesen Besonderheiten Rechnung zu tragen, werde durch Art. 88 Abs. 1 DSGVO lediglich ein Mindeststandard gesetzt. Die Grundregeln der DSGVO müssen aber beachtet werden. Dabei soll die nicht abschließende Aufzählung in Art. 88 Abs. 1 DSGVO als Minimalprogramm zu verstehen sein, der weiter ausgefüllt werden kann. Die Öffnungsklausel wäre überflüssig, da die DSGVO ansonsten unmittelbar gelten würde.

*Thüsing/Traut* gehen sogar von einer umfassenden Spezifizierungsklausel aus, mit der Konsequenz, dass die Mitgliedstaaten für den Beschäftigtendatenschutz sämtliche Bereiche der DSGVO, also auch die Betroffenenrechte, eigenständig regeln dürften.[311]

*Seifert* ist der Ansicht, dass spezifischere Vorschriften meist über die allgemeinen Regeln der DSGVO hinausgehen und zwangsläufig Abweichungen nach oben vorliegen werden. Zudem werde die Bewegungsfreiheit der Mitgliedstaaten zu stark eingeengt und würde den Sinn und Zweck des Art. 88 Abs. 1 DSGVO vereiteln, wenn das Schutzniveau nicht erhöht werden dürfte.[312]

*Körner* argumentiert, dass der europäische Gesetzgeber nur für den allgemeinen Datenschutz die Kompetenz besitze, Regelungen in einer Verordnung zu erlassen (vgl. Art. 16 AEUV). Für den Bereich des Arbeitsrechts bestehe nur die Möglichkeit der Schaffung einer Richtlinie nach Art. 153 i. V. m. Art. 114 Abs. 2 AEUV, sodass „*eine Höchstgrenze für arbeitsrechtlichen Schutz in einer EU-Verordnung nicht zulässig*" wäre.[313] Nach *Heuschmid* könne unter Zugrundelegung von EuGH-Urteilen nicht auf die allgemeinen Kompetenztitel des AEUV zurückgegriffen werden, um unionsrechtliche Harmonisierungsverbote zu überspielen.[314]

### (c) Stellungnahme

Im Ergebnis ergibt die Auslegung, dass der Gesetzgeber eine vollharmonisierende Wirkung erzielen wollte und eine Erhöhung des Datenschutzniveaus nicht beabsichtigt ist.

---

311 *Thüsing/Traut*, in: Schwartmann et al., Art. 88 DSGVO, Rn. 6 ff., 19.

312 *Seifert*, in: Simitis et al., Datenschutzrecht, Art. 88 Rn. 23; *ders.*, EuZA 2018, 51, 56.

313 *Körner*, NZA 2016, 1383; ähnlich *Conrad/Treeger*, in: Auer-Reinsdorff/Conrad, IT- und Datenschutzrecht, § 34 Rn. 356; *Culik*, Beschäftigtendatenschutz, S. 92; *Franzen*, ZfA 2019, 18, 26 („gewisse kompetenzielle Schranken").

314 *Heuschmid*, SR 2019, 1, 3 (unter Zugrundelegung von u. a. EuGH, 5.10.2000 – C-376/98 – Slg. 2000, I-8419 [Deutschland/Parlament und Rat], Rn. 77 ff.).

#### (aa) Grammatische Auslegung

Der Wortlaut des Art. 88 DSGVO *„spezifischere Vorschriften*“ lässt kein eindeutiges Ergebnis darauf zu, ob der europäische Gesetzgeber einer Erhöhung des Datenschutzniveaus bezwecken wollte.

Für die Vollharmonisierung sprechen jedoch die Erwägungsgründe 10 Sätze 5 und 6, 153 sowie 155. ErwG 10 S. 5 spricht von *„Spezifizierung*“, was für eine Präzisierung der Vorschriften spricht und gerade nicht für eine strengere Regelung. Zudem heißt es in ErwG 10 Satz 6: *„Diesbezüglich schließt diese Verordnung nicht Rechtsvorschriften der Mitgliedstaaten aus, in denen die Umstände besonderer Verarbeitungssituationen festgelegt werden, einschließlich einer genaueren Bestimmung der Voraussetzungen, unter denen die Verarbeitung personenbezogener Daten rechtmäßig ist*“. Es wird demnach davon ausgegangen, dass die nationalen Vorschriften die Voraussetzungen der DSGVO genauer bestimmen können. Nach ErwG 155 können *„spezifische Vorschriften*“ von den Mitgliedstaaten erlassen werden. Es ist nicht von *„spezifischere*“ die Rede. Die Formulierung im ErwG 155 ist zutreffender, da es gerade keine Steigerung des Wortes *„spezifisch*“ gibt.[315] Spezifisch heißt jedoch nichts Neues. Vielmehr bedeutet dies, dass die Regelung auf die konkrete Situation genauer gefasst werden kann.

#### (bb) Systematische Auslegung

Die Tatsache, dass die Mitgliedstaaten das Schutzniveau der DSGVO nicht erhöhen können, zeigt ein systematischer Vergleich zu Art. 9 Abs. 4 DSGVO. Hiernach können die Mitgliedstaaten zusätzliche Bedingungen, einschließlich Beschränkungen, einführen oder aufrechterhalten, soweit die Verarbeitung von genetischen, biometrischen oder Gesundheitsdaten betroffen ist. Hier ermöglicht es der europäische Gesetzgeber den nationalen Mitgliedstaaten ausdrücklich, strengere Erlaubnisnormen zu schaffen.[316] Dies bedeutet, dass der europäische Gesetzgeber es in der DSGVO zwar punktuell ermöglicht, strengere Vorgaben zu beschließen, dies aber als Ausnahme zu verstehen ist.

Auch Art. 85 Abs. 2 DSGVO bekräftigt dieses Argument. ErwG 153 S. 5 bezieht sich auf diese Vorschrift, wonach Abweichungen und Ausnahmen zulässig sind. Nach dem Erwägungsgrund heißt es: *„Sollten diese Abweichungen oder Ausnahmen von Mitgliedstaat zu Mitgliedstaat unterschiedlich sein, sollte das Recht des Mitgliedstaats angewendet werden, dem der Verantwortliche unterliegt*“. Hier wird deutlich, dass der Harmonisierungsgedanke aufgehoben werden soll und nur noch das Recht der Mitgliedstaaten zur Anwendung kommt.[317] Art. 85 Abs. 2 DSGVO eröffnet ausdrücklich die Möglichkeit von der DSGVO nach

315 Ebenso *Maschmann*, NZA-Beilage 2018, 115, 117.

316 *Kühnl/Rohrer/Schneider*, DuD 2018, 735, 736.

317 *Dix*, in: Simitis et al., Datenschutzrecht, Art. 85 Rn. 26; *Hennemann*, in: Specht/Mantz, Datenschutzrecht, § 19 Rn. 40.

oben oder nach unten abzuweichen. Eine solche Regelung trifft Art. 88 DSGVO nicht. Damit wird der europäische Wille deutlich, dass im Bereich des Beschäftigungskontextes gerade nicht von den Vorschriften zur Datenverarbeitung nach der DSGVO abgewichen werden soll.

### (cc) Historisch-genetische Auslegung

Eine Auslegung nach der Entstehungsgeschichte und damit eine historisch-genetische Auslegung wird nach der Literatur im europarechtlichen Kontext zurückhaltend angenommen. So wird überwiegend unter Rückgriff auf EuGH-Urteile vertreten, dass auf eine historische Auslegung nicht zurückgegriffen werden kann, da nicht alle Gesetzesmaterialien vorhanden seien.[318] Maßgeblich sei nach der Rechtsprechung des EuGH der objektive Telos, der vor allem durch die Erwägungsgründe ermittelt werde.[319] Jüngere Urteile des EuGH deuten allerdings darauf hin, dass auch die Rechtsprechung des EuGH eine historische Auslegung der Vorschriften annimmt.[320] In der Rechtssache „*Planet49*" nimmt der EuGH ausdrücklich auf die Entstehungsgeschichte Bezug.[321] Zudem greift das Gericht vermehrt auf Kommissionsvorschläge zurück, die somit auch bei der Auslegung einer europäischen Norm beachtet werden müssen.[322] Gerade in Bezug auf die Entstehungsgeschichte der DSGVO gibt es zahlreiche Entwürfe, die die Entstehungsgeschichte dokumentiert. Diese müssen bei der Auslegung der DSGVO herangezogen werden, da diese Gesetzesmaterialien vorhanden sind. Ebenso bieten die der DSGVO vorgestellten Erwägungsgründe wichtige Hinweise, wie einzelne Vorschriften ausgelegt werden können. Es muss demnach festgehalten werden, dass die historische Auslegung bedeutsam bei der Auslegung von Vorschriften ist. Jedoch muss betont werden, dass dem objektiven Telos einer Vorschrift die entscheidendste Bedeutung zukommt.[323] Es kommt demnach maßgeblich darauf an, welchen Zweck der europäische Gesetzgeber verfolgt und auf welche Kompetenznorm dieser abgestellt hat.

---

318 *Sagan*, in: Preis/Sagan, Arbeitsrecht, § 1 Rn. 97, 98 (Hinweis, dass Erwägungsgründe „subjektiv-historische Argumente" liefern); *Selmayr/Ehmann*, in: Ehmann/Selmayr, Einleitung, Rn. 104; *Weiler*, ZEuP 2010, 861, 863; aA *Riesenhuber*, in: Riesenhuber, Methodenlehre, § 10 Rn. 32 („zentrale Rolle").

319 *Sagan*, in: Preis/Sagan, Arbeitsrecht, § 1 Rn. 100; *Selmayr/Ehmann*, in: Ehmann/Selmayr, Einleitung, Rn. 105.

320 EuGH, Urt. v. 9.3.2010 – C-518/07, Rn. 29, MMR 2010, 352; EuGH, Urt. v. 10.12.2018 – C-621/18, Rn. 68, EuZW 2019, 31; *Morasch*, Beschäftigungskontext, S. 72 f.; *Riesenhuber*, in: Riesenhuber, Methodenlehre, § 10 Rn. 32.

321 EuGH, Urt. v. 01.10.2019 – C-673/17, Rn. 48, BB 2019 2572 – Planet49.

322 *Funke*, Einwilligung, S. 194; *Morasch*, Beschäftigungskontext, S. 73.

323 *Funke*, Einwilligung, S. 195 (EuGH hat sich weder der objektiven noch subjektiven Auslegungsrichtung ausdrücklich angeschlossen); *Morasch*, Beschäftigungskontext, S. 74.

Unmittelbar auf den Beschäftigtendatenschutz auf § 32 Abs. 1 S. 2 BDSG a. F. bezogen, entschied das BAG, dass die DSRL vollharmonisierend sei und demnach einheitlich richtlinienkonform auszulegen sei.[324] Es kann davon ausgegangen werden, dass auch das BAG unter der DSGVO und dem BDSG diese Ansicht vertreten wird.

Weiterhin kann ein Arbeitsdokument des Rates herangezogen werden. Dieses Dokument sah folgende Formulierung vor, welche nicht in den finalen Text der DSGVO übernommen wurde: „*DK and DE scrutiny reservation; it was emphasised national law should not only have the possibility to specify, but also to enlarge the data protection rules of the Regulation*".[325] Auch ein Änderungsantrag der deutschen Delegation, der die Formulierung „*for more specific rules or for stricter rules*" enthielt, wurde nicht übernommen.[326] Diese Entwürfe hätten nahegelegt, dass die Mitgliedstaaten Regelungen erlassen dürften, die auch strengere Vorgaben eingeschlossen hätten.

### (dd) Teleologische Auslegung

Der europäische Gesetzgeber hat sich bewusst für den Rechtsakt einer Verordnung entschieden, damit in der ganzen Europäischen Union einheitliches Datenschutzrecht angewendet wird. Dieser Wille des Gesetzgebers muss beachtet und den Vorschriften der DSGVO zugrunde gelegt werden. Eine Erhöhung des Schutzniveaus der DSGVO würde dem Grundsatz der Vollharmonisierung zuwiderlaufen. Nationales Recht, das diesen Grundsatz nicht beachtet und ein erhöhtes Schutzniveau etablieren möchte, darf aufgrund des Anwendungsvorrangs nicht angewendet werden.

Aufgrund des Ziels der DSGVO ein „*gleichmäßiges und hohes Datenschutzniveau*" (vgl. ErwG 10 S. 1 f., 13 S. 1, 170 S. 1) und einen unionsweiten freien Verkehr personenbezogener Daten (Art. 1 Abs. 3 und ErwG 9 S. 2) anzustreben, kann davon ausgegangen werden, dass der EuGH seine datenschutzfreundliche Rechtsprechung auch unter der DSGVO fortsetzen wird, da ansonsten diese Zielsetzung nicht erreicht werden könnte. Außerdem fordert der europäische Gesetzgeber in ErwG 13 S. 1, dass in allen Mitgliedstaaten dasselbe Niveau an durchsetzbaren Rechten, dieselben Pflichten und Zuständigkeiten für die Verantwortlichen und Auftragsverarbeiter bestehen sollen. Es wird davon ausgegangen, dass trotz der Spezifizierungsklauseln ein einheitliches Datenschutzniveau herrschen soll. Diesem Zweck würde es widersprechen, wenn die Mitgliedstaa-

324 BAG, Urt. v. 29.06.2017 – 2 AZR 597/16, RDV 2017, 296, 300; *Schmidt*, RDV 2017, 284, 285; *Selk*, in: Ehmann/Selmayr, Art. 88 Rn. 17.

325 Ratsdokument 9398/1/13 REV 1 ADD 1, 27.5.2013, Fn. 47.

326 Courtesy translation provides by German Delegation, 05.11.2014, 15108/14, S. 1; *Hanloser*, in: Forgó et al., Datenschutz, Teil V, Kap. 1, Rn. 11 m. w. N.; *Morasch*, Beschäftigungskontext, S. 91 ff. m. w. N. der Entstehungsgeschichte.

ten im Beschäftigtendatenschutz, der einen wesentlichen Verarbeitungsvorgang in der Union darstellt, strengere Regelungen erlassen würden.

Der Ansatz der Vollharmonisierung entspricht der Rechtsprechung des EuGH zur DSRL in der „*ASNEF- und FECEMD-Entscheidung*".[327] In dieser Entscheidung ging der EuGH von einer Vollharmonisierung der Regelungen aus (sog. vollharmonisierende Richtlinie).[328] Der EuGH begründete seine Ansicht insbesondere mit der Zielsetzung der DSRL, wonach die Richtlinie den freien Verkehr personenbezogener Daten im Binnenmarkt sicherstellen sollte (Art. 1 Abs. 2 sowie ErwG 3 DSRL). Dass durch den Einsatz einer unmittelbar geltenden Verordnung nun eine Erhöhung des Datenschutzniveaus möglich wäre, widerspricht dem Gedanken des Gesetzgebers, der gerade keine Richtlinie mehr haben wollte. Wenn bereits die DSRL eine grundsätzlich vollharmonisierende Wirkung zugrunde lag, würde dies einen „*Integrationsrückschritt*" bedeuten, wenn nun unter Geltung der DSGVO eine Mindestharmonisierung in diesem Bereich vorliegen würde.[329] Auch in seinen Erwägungsgründen findet sich kein Hinweis darauf, dass der Gesetzgeber im Rahmen des Art. 88 DSGVO eine Erhöhung des Schutzniveaus etablieren wollte.

### (ee) Kompetenz zum Erlass einer vollharmonisierenden Verordnung?

Ob im Bereich des Beschäftigtendatenschutzes eine vollharmonisierende oder nur mindestharmonisierende Wirkung erzielt werden kann, hängt auch wesentlich von der Frage ab, ob der europäische Gesetzgeber rechtlich überhaupt in der Lage ist, eine vollharmonisierende Regelung im Bereich des Beschäftigtendatenschutzes zu erlassen (sog. Primärrechtmäßigkeit). Art. 16 Abs. 2 AEUV eröffnet dem Europäischen Parlament und dem Rat gemäß dem ordentlichen Gesetzgebungsverfahren die Möglichkeit, Vorschriften über den Schutz natürlicher Personen bei der Verarbeitung personenbezogener Daten zu erlassen. Die Norm ermächtigt zum Erlass von Richtlinien und Verordnungen.[330] Aufgrund dieser Kompetenznorm können vollharmonisierende Verordnungen erlassen werden. Hingegen bestimmt speziell für das Arbeitsrecht Art. 153 Abs. 2 lit. b AEUV, dass nur durch Richtlinien Mindestvorschriften erlassen werden können.[331] In der datenschutzrechtlichen Literatur ist daher umstritten, ob Art. 16 Abs. 2 AEUV für den Bereich des Beschäftigtendatenschutz herangezogen werden kann oder ob nicht vielmehr Art. 153 Abs. 1 lit. b AEUV eingreift, der auf die „*Arbeitsbedingungen*" Bezug nimmt. Dieser Streitentscheid ist für die Bedeutung der Erhöhung des Schutzniveaus der DSGVO im Bereich des Beschäf-

---

327 EuGH, Urt. v. 24.11.2011 – C-468/10, C-469/10, Rn. 29, 36, 47, NZA 2011, 1409 – ASNEF.

328 *Selmayr/Ehmann*, in: Ehmann/Selmayr, Einleitung, Rn. 80.

329 So *Schmidt*, Datenschutz für Beschäftigte, S. 51 f.

330 *Körner*, ZESAR 2013, 99, 100. Allgemein zu Art. 16 AEUV *Nguyen*, ZEuS 2012, 277, 285 ff.

331 *Sagan*, in: Preis/Sagan, Arbeitsrecht, § 1 Rn. 53.

tigtendatenschutzes von elementarer Bedeutung. Nach Art. 154 Abs. 4 AEUV sind die Mitgliedstaaten nicht gehindert, „*strengere Schutzmaßnahmen beizubehalten oder zu treffen*".

In ErwG 12 stellt der europäische Gesetzgeber klar, dass als Kompetenznorm für den Erlass der DSGVO Art. 16 Abs. 2 AEUV herangezogen wurde. Nach dieser Kompetenznorm können Vorschriften über den Schutz natürlicher Personen bei der Verarbeitung personenbezogener Daten durch die Organe, Einrichtungen und sonstigen Stellen der Union sowie durch die Mitgliedstaaten im Rahmen der Ausübung von Tätigkeiten, die in den Anwendungsbereich des Unionsrechts fallen, und über den freien Datenverkehr, getroffen werden. Die Norm greift nach überwiegender Ansicht in der Literatur auch bei Datenverarbeitungsprozessen durch private Stellen, da die Entstehungsgeschichte dieser Norm darauf hinweist.[332]

Teilweise wird Art. 153 Abs. 1 lit. b, Abs. 2 lit. b AEUV als lex specialis gegenüber Art. 16 Abs. 2 AEUV angesehen.[333] Demnach seien nur mindestharmonisierende Vorschriften im Bereich des Beschäftigtendatenschutzes möglich. Begründet wird dies damit, dass Art. 16 Abs. 2 AEUV nur den Erlass von Rechtsvorschriften über den freien Datenverkehr zulasse, was im Rahmen von Beschäftigtendaten nur selten vorkommen soll. Zudem erlaube diese Vorschrift nur Rechtsgrundlagen für die Schaffung datenschutzrechtlicher Regelungen hinsichtlich der Datenverarbeitung durch die Organe der Union und durch die Mitgliedstaaten und gerade nicht für Datenverarbeitungen durch Privatrechtssubjekte.

Andere Stimmen in der Literatur gehen hingegen von der Maßgeblichkeit des Art. 16 Abs. 2 Var. 2 AEUV aus.[334] Danach kann das Europäische Parlament

---

332 *Brühann*, in: v. d. Groeben et al., Europäisches Unionsrecht, Art. 16 AEUV, Rn. 68 (Hinweis auf EuGH – Lindqvist, Rs. C-101/01 – Slg 2003, I-12971 und EuGH – Promusicae, Rs. C-275/06 – Slg 2008, I-271, die Verarbeitungen durch Privatpersonen betrafen); *Morasch*, Beschäftigungskontext, S. 35 f. m. w. N.; *Raab*, Harmonisierung, S. 155; aA *Schröder*, in: Streinz, EUV/AEUV, Art. 16 AEUV, Rn. 9.

333 *Culik*, Beschäftigtendatenschutz, S. 91; *Franzen*, DuD 2012, 322, 326; *ders.*, EuZA 2012, 293, 294; *ders.*, RDV 2014, 200, 201; *Gola/Schulz*, RDV 2013, 1, 4; *Heuschmid*, SR 2019, 1, 3; *Kocher*, in: Pechstein et al., Frankfurter Kommentar, Art. 153 AEUV, Rn. 10; *Stamer/Kuhnke,* in: Plath, Art. 88 DSGVO, Rn. 2 (Regelungen mit vollharmonisierender Wirkung möglicherweise kompetenzwidrig); ähnlich *Klebe/Schmidt/Klengel*, in: Gräfl et al., Betriebsverfassungsrecht, S. 303, 312; *Rebhahn/Reiner*, in: Becker et al., EU-Kommentar, Art. 153 AEUV, Rn. 38; *Seifert*, EuZA 2018, 51, 53; *Taeger/Rose*, BB 2016, 819, 823 (Art. 153 iVm Art. 114 Abs. 2 AEUV).

334 *Kingreen*, in: Calliess/Ruffert, EUV/AEUV, Art. 16 AEUV, Rn. 7; *Kühling/Raab*, in: Kühling/Buchner, Einführung, Rn. 8; *Maschmann*, in: Kühling/Buchner, Art. 88 DSGVO, Rn. 39; *Morasch*, Beschäftigungskontext, S. 131; *Pötters/Schmidt*, in: Preis/Sagan, Arbeitsrecht, § 11 Rn. 88; *Schmidt*, Datenschutz für Beschäftigte, S. 49 f. (es handelt sich „gerade nicht um eine genuin sozialpolitische Regelung"); *Seifert*, in: Simitis et al., Datenschutzrecht, Art. 88 Rn. 23; *Selk*, in: Ehmann/Selmayr, Art. 88

und der Rat gemäß dem ordentlichen Gesetzgebungsverfahren unter anderem Vorschriften über den freien Datenverkehr beschließen. Als Begründung wird angeführt, dass der Datenschutz in Art. 153 AEUV nicht erwähnt wird, da zu dessen Zielsetzung der Sozialschutz und nicht der Datenschutz gehört. Es müsse vielmehr auf den Regelungsschwerpunkt der Vorschrift abgestellt werden. Der Regelungsschwerpunkt liege vorliegend beim Umgang mit personenbezogenen Daten und nicht bei der Regelung der Arbeitsbedingungen i. S. d. Art. 153 Abs. 1 lit. b AEUV. Nach *Selk* muss zudem die Formulierung „*freier Datenverkehr*" nicht im Sinne von „*freien Datenübermittlungen*", sondern im Sinne von einem gleichen Datenschutzniveau in den Mitgliedstaaten verstanden werden.[335] Dem Datenfluss dürfen demnach keine rechtlichen Beschränkungen durch nationale Sondernormen entgegenstehen. *Schmidt* geht davon aus, dass „*die Erfassung von Arbeitsverhältnissen Annex zur Regelung des datenschutzrechtlichen Binnenmarktes*" ist.[336] Zudem habe der EuGH entschieden, dass eine Rechtsgrundlage gerade nicht voraussetzt, dass auch tatsächlich ein Zusammenhang mit dem freien Verkehr zwischen Mitgliedstaaten bestehe.[337] Weiterhin wird mit dem Gebot der praktischen und effektiven Umsetzung des Unionsrechts argumentiert. Demnach sei es nicht sinnvoll, für jedes Rechtsgebiet eine gesonderte Regelungsbefugnis für den Erlass datenschutzrechtlicher Vorschriften zu verlangen.[338]

Der zuletzt genannten Ansicht ist zuzustimmen. Die maßgebliche Kompetenznorm für den Erlass datenschutzrechtlicher Vorschriften im Bereich des Beschäftigtendatenschutzes stellt Art. 16 Abs. 2 AEUV dar. Bei der DSGVO geht es primär um den Umgang mit personenbezogenen Daten und gerade nicht um die Regelung von Arbeitsbedingungen i. S. d. Art. 153 Abs. 1 lit. b AEUV. Arbeitsbedingungen betreffen lediglich die Begründung und den Inhalt von Arbeitsverhältnissen und gerade nicht das gesamte individuelle Arbeitsrecht.[339] Die Tatsache, dass die DSGVO auch auf das Arbeitsrecht Auswirkungen hat, muss als Annex des Art. 16 Abs. 2 AEUV hingenommen werden. Der EuGH geht davon aus, dass bei der Wahl einer Rechtsgrundlage die „*hauptsächliche*

---

Rn. 15, 18 f.; wohl auch *Hatje*, in: Becker et al., EU-Kommentar, Art. 16 AEUV, Rn. 9; *Schubert/Jerchel*, EuZW 2017, 551, 552 („nicht dem Arbeitsrecht entsprungen").

335 *Selk*, in: Ehmann/Selmayr, Art. 88 Rn. 19.

336 *Schmidt*, Datenschutz für Beschäftigte, S. 49; ebenso *Brühann*, in: v. d. Groeben et al., Europäisches Unionsrecht, Art. 16 AEUV, Rn. 66 f.; *Pötters/Schmidt*, in: Preis/Sagan, Arbeitsrecht, § 11 Rn. 88 („Erfassung von Arbeitsverhältnissen ist Annex zur Regelung des datenschutzrechtlichen Binnenmarktes"); *Sobotta*, in: Grabitz et al., Recht der EU, 78. EL, Art. 16 AEUV, Rn. 29.

337 EuGH, Urt. v. 20.05.2003 – C-465/00, C-138/01, C-139/01, Rn. 41, Slg. 2003, I-4989, EuR 2004, 276 – Österreichischer Rundfunk.

338 *Kühling/Raab*, in: Kühling/Buchner, Einführung, Rn. 8.

339 *Langer*, in: v. d. Groeben et al., Europäisches Unionsrecht, Art. 153 AEUV, Rn. 20. Vgl. auch VGH München, Beschl. v. 21.05.2019 – 17 P 18.2581, Rn. 50, BeckRS 2019, 15935 (von der Rechtsetzungskompetenz der EU ausgehend).

*oder überwiegende Zielsetzung oder Komponente*" maßgeblich ist.[340] Es muss auf das Ziel und den Inhalt des Rechtsakt abgestellt werden. Die DSGVO verfolgt aber nicht das Ziel, das Arbeitsrecht zu regeln. Vielmehr steht der Schutz natürlicher Personen bei der Verarbeitung ihrer personenbezogenen Daten im Vordergrund (vgl. ErwG 2 S. 2).[341] Die Tatsache, dass eine solch weitreichende Regelung auch Auswirkungen auf andere Rechtsgebiete hat, lässt sich unschwer vermeiden und ist daher hinzunehmen. Außerdem würde es der Harmonisierung (vgl. ErwG 3) zuwiderlaufen, wenn ein so wichtiger und umfassender Bereich, wie die Verarbeitung von Beschäftigtendaten aus der vollharmonisierenden Wirkung ausgeklammert würde. Die DSGVO enthält diesbezüglich keine Aussage, sondern bezieht vielmehr auch das Arbeitsrecht mit ein (vgl. unter anderem Art. 9 Abs. 2 lit. b DSGVO). Es kann damit festgestellt werden, dass Art. 88 DSGVO eine vollharmonisierende Wirkung zugrunde liegt.

### (3) Rechtsprechung des EuGH

Der EuGH hat in einer viel beachteten Entscheidung vom März 2023 zur Reichweite des Art. 88 DSGVO Stellung genommen. Der EuGH erkennt an, dass es sich bei Art. 88 DSGVO um eine sog. Öffnungsklausel handelt. Öffnungsklauseln würden den Mitgliedstaaten grundsätzlich die Möglichkeit eröffnen, zusätzliche, strengere oder einschränkende, nationale Vorschriften vorzusehen, und ein Ermessen hinsichtlich der Art und Weise der Durchführung einräumen.[342]

Der EuGH hat entschieden, dass sich aus der Verwendung des Ausdrucks „*spezifischere*" ergibt, dass die Vorschriften im Sinne dieser Bestimmung einen zu dem geregelten Bereich passenden Regelungsgehalt haben müssen, der sich von den allgemeinen Regeln der DSGVO unterscheidet. Aus den verschiedenen in Art. 88 Abs. 1 DSGVO genannten Zwecken folge, dass sich die „*spezifischeren Vorschriften*" auf eine sehr große Zahl von Verarbeitungen im Beschäftigungskontext beziehen können, so dass alle Zwecke erfasst werden, zu denen die Verarbeitung personenbezogener Daten im Beschäftigungskontext erfolgen kann. Die Mitgliedstaaten verfügen über ein Ermessen hinsichtlich der Verarbeitungen, die diesen spezifischeren Vorschriften unterworfen werden. Sinn und Zweck sei es, die Rechte und Freiheiten der Beschäftigten hinsichtlich der Verarbeitung ihrer personenbezogenen Daten im Beschäftigungskontext zu schützen. Um als spezifischere Vorschrift zu gelten, sei jedoch erforderlich, dass sich die Vorschriften an die Vorgaben des Art. 88 Abs. 2 DSGVO halten.[343] Die Vorschrift des Art. 88 Abs. 2 DSGVO setze den spezifischeren Vorschriften im Sinne des Art. 88 Abs. 1 DSGVO einen „*Rahmen*" bzw. „*Grenzen*". So dürfen sich diese Vorschriften zum einen nicht auf eine Wiederholung der Bestimmungen

---

340 EuGH, Entsch. v. 26.06.2008 – C-155/07, Rn. 25, BeckRS 2008, 70691 – Europäisches Parlament/Kommission; EuGH, Urt. v. 27.02.2014 – C-656/11, Rn. 47 – juris.

341 *Morasch*, Beschäftigungskontext, S. 131 ff. (m. w. N.).

342 EuGH, Urt. v. 30.3.2023 – C-34/21, Rn. 51 f., NZA 2023, 487 – Hauptpersonalrat.

343 EuGH, Urt. v. 30.3.2023 – C-34/21, Rn. 61 ff., NZA 2023, 487 – Hauptpersonalrat.

der DSGVO beschränken, sondern müssen auf den Schutz der Rechte und Freiheiten der Beschäftigten hinsichtlich der Verarbeitung ihrer personenbezogenen Daten im Beschäftigungskontext abzielen und geeignete und besondere Maßnahmen zur Wahrung der menschlichen Würde, der berechtigten Interessen und der Grundrechte der betroffenen Person umfassen.

Zusammenfassend kommt der EuGH zum Ergebnis, dass es sich nur dann um eine spezifischere Vorschrift handelt, wenn die Rechtsvorschrift die Vorgaben von Art. 88 Abs. 2 DSGVO erfüllt. Diese spezifischeren Vorschriften müssen einen zu dem geregelten Bereich passenden Regelungsgehalt haben, der sich von den allgemeinen Regeln der DSGVO unterscheidet. Sie müssen auf den Schutz der Rechte und Freiheiten der Beschäftigten hinsichtlich der Verarbeitung ihrer personenbezogenen Daten im Beschäftigungskontext abzielen und geeignete und besondere Maßnahmen zur Wahrung der menschlichen Würde, der berechtigten Interessen und der Grundrechte der betroffenen Person umfassen. Dabei ist insbesondere im Hinblick auf die Transparenz der Verarbeitung, die Übermittlung personenbezogener Daten innerhalb einer Unternehmensgruppe oder einer Gruppe von Unternehmen, die eine gemeinsame Wirtschaftstätigkeit ausüben, und die Überwachungssysteme am Arbeitsplatz vorzugehen. Der EuGH räumt den Mitgliedstaaten damit einen gewissen Entscheidungsspielraum bei der Umsetzung vor, ohne genau festzulegen, ob vom Schutzniveau nach oben oder nach unten abgewichen werden darf. Vielmehr ist entscheidend, dass die nationalen spezifischeren Vorschriften den „*Bruch in der Harmonisierung*" mit besonderen und geeigneten Garantien kompensieren. Nach dieser Rechtsprechung verbleibt den Mitgliedstaaten damit eine Einschätzungsprärogative, solange die Vorgaben des Art. 88 Abs. 2 DSGVO erfüllt sind und nicht gegen den Inhalt und die Ziele der DSGVO verstoßen. Nach *Wünschelbaum* kann unter Zugrundelegung dieser EuGH-Rechtsprechung der nationale Gesetzgeber von der DSGVO abweichen und muss es sogar, solange das Schutzniveau von Art. 88 Abs. 2 DSGVO eingehalten wird.[344] Nach *Glocker/Hoffmann* durchbreche die Öffnungsklausel des Art. 88 DSGVO zwar grundsätzlich den Grundsatz des Anwendungsvorrangs des Unionsrechts, sie erlaube den Mitgliedstaaten jedoch nicht, selbstständiges Sonderrecht im Datenschutzrecht zu erlassen. Eine inhaltliche Abweichung von der DSGVO sei jedoch möglich, solange die Voraussetzungen des Art. 88 Abs. 2 DSGVO eingehalten werden.[345] Nach *Maschmann* sei ein Unterschreiten nicht möglich, jedoch könnten strengere Vorschriften erlassen werden, sofern die Vorgaben des Art. 88 Abs. 2 DSGVO erfüllt seien.[346]

Der EuGH nimmt damit einen großen Gestaltungsspielraum bei der Ausfüllung der Spezifizierungsklausel an. Solange die Vorgaben des Art. 88 Abs. 2 DSGVO eingehalten werden und sich in Rahmen des Schutzniveaus der DSGVO halten,

344 *Wünschelbaum*, MMR-Aktuell 2023, 457188; *ders.*, NZA 2023, 542.
345 *Glocker/Hoffmann*, BB 2023, 1333, 1334 f.
346 *Maschmann*, in: Kühling/Buchner, Art. 88 DSGVO, Rn. 40b.

ist damit eine Abweichung von der DSGVO grundsätzlich möglich. Die Grenzen sind fließend und können nur im Einzelfall bewertet werden.

### 2. Anforderungen des Art. 88 Abs. 2 DSGVO

Art. 88 Abs. 2 DSGVO stellt besondere Anforderungen an die Vorschriften, die aufgrund des Art. 88 Abs. 1 DSGVO erlassen werden. Beide Absätze des Art. 88 DSGVO enthalten unterschiedliche Anforderungen und sind kumulativ zu erfüllen.[347]

Nach Art. 88 Abs. 2 DSGVO müssen die Rechtsvorschriften „*geeignete und besondere Maßnahmen zur Wahrung der menschlichen Würde, der berechtigten Interessen und der Grundrechte der betroffenen Person, insbesondere im Hinblick auf die Transparenz der Verarbeitung, die Übermittlung personenbezogener Daten innerhalb einer Unternehmensgruppe oder einer Gruppe von Unternehmen, die eine gemeinsame Wirtschaftstätigkeit ausüben, und die Überwachungssysteme am Arbeitsplatz umfassen*“. Die Norm richtet sich sowohl an die Mitgliedstaaten als auch an die Kollektivparteien, da sich die Formulierung in Art. 88 Abs. 2 DSGVO („*diese Vorschriften*“) auf Absatz 1 bezieht.[348] Der europäische Gesetzgeber fasst die Rechtsvorschriften und Kollektivvereinbarungen in Absatz 2 zu „*Vorschriften*“ zusammen. Teilweise werden die Anforderungen des Art. 88 Abs. 2 DSGVO als nicht erforderlich angesehen, da die Mitgliedstaaten sowieso an die GRCh gebunden sind und entsprechende Vorgaben beachten müssen.[349]

#### a. Geeignete und besondere Maßnahmen

Die Rechtsvorschriften müssen geeignete und besondere Maßnahmen zur Wahrung der menschlichen Würde, der berechtigten Interessen und der Grundrechte der betroffenen Person umfassen. Der Begriff der Maßnahme wird in der DSGVO nicht definiert. Er wird in der Literatur unterschiedlich gedeutet. Der EuGH hat in seinem Urteil zu Art. 88 DSGVO nicht näher ausgeführt, was dieser unter diesen Maßnahmen versteht.[350]

Teilweise wird der Begriff dahingehend verstanden, dass sowohl tatsächliche als auch rechtliche Schutzmaßnahmen von dem Begriff umfasst sind.[351] Rechtliche Maßnahmen können demnach prozedurale Absicherungen sein, während tat-

347 *Klösel/Mahnhold*, NZA 2017, 1428, 1430; *Morasch*, Beschäftigungskontext, S. 177; *Nolte*, in: Gierschmann et al., Art. 88 Rn. 27 f.

348 *Geiger*, in: Weth et al., Daten- und Persönlichkeitsschutz, A., IV., Rn. 125; *Selk*, in: Ehmann/Selmayr, Art. 88 Rn. 120.

349 *Seifert*, in: Simitis et al., Datenschutzrecht, Art. 88 Rn. 32, 33.

350 EuGH, Urt. v. 30.3.2023 – C-34/21, NZA 2023, 487 – Hauptpersonalrat.

351 *Maschmann*, in: Kühling/Buchner, Art. 88 DSGVO, Rn. 41 ff.; *Thüsing/Traut*, in: Schwartmann et al., Art. 88 DSGVO, Rn. 25.

sächliche Maßnahmen technische Beschränkungen von Zugriffsmöglichkeiten umfassen können.

Eine andere Meinung geht davon aus, dass von dem Begriff nur tatsächliche Maßnahmen erfasst sind. Der Begriff ziele sprachlich auf etwas Tatsächliches ab.[352] So wird davon ausgegangen, dass dieser Begriff die technischen und organisatorischen Maßnahmen zur Sicherstellung des Datenschutzes umfasst. Als Beispiele werden *„eine klare Trennung der Verarbeitung von Beschäftigtendaten zu unterschiedlichen Zwecken, frühzeitige Löschung oder Anonymisierung der Beschäftigtendaten und Einrichtung restriktiver, dem Trennungsgebot entsprechende Zugriffsrechte“* genannt.[353] Untermauert werde dies durch die englische Sprachfassung, in der von *„measures of safeguard“* gesprochen wird. Dies bedeute, dass die Vorschriften bestimmte tatsächliche Verhaltensweisen enthalten müssen, die vom Verantwortlichen umzusetzen seien.[354] Zudem werde gerade nicht von Vorschriften geredet, die rechtliche Regelungen vorsehen. Als Beispiel könne das Vier-Augen-Prinzip genannt werden, wonach bei einem bestimmten Zugriff auf Beschäftigtendaten ein Zugriff nur erfolgen darf, wenn ein Mitglied des Betriebsrates und der Datenschutzbeauftragte anwesend sind.[355] Weiterhin werde auch in den Artt. 25 und 32 DSGVO von Maßnahmen zur Datensicherheit gesprochen, die ebenfalls tatsächliche Schutzmaßnahmen enthalten. Nach *Hanloser* handelt es sich bei diesen Anforderungen um *„organisatorische oder technische Nebenpflichten der Arbeitgeber bei der Datenverarbeitung im Beschäftigungskontext, die ein Gegengewicht zur weiten Verarbeitungserlaubnis aus Art. 6 Abs. 1 [...] bilden“*.[356]

Nach Art. 88 Abs. 2 DSGVO umfassen die Vorschriften geeignete und besondere Maßnahmen. Im Englischen wird dies mit *„suitable and specific measures to safeguard“* übersetzt. Diese Formulierung findet sich auch in Art. 9 Abs. 2 lit. g, i und j DSGVO wieder. Es muss daher davon ausgegangen werden, dass der Begriff der Maßnahme grundsätzlich einheitlich ausgelegt wird. Zu den angemessenen und spezifischen Maßnahmen in Art. 9 Abs. 2 lit. g, i, und j DSGVO wird zum Teil vertreten, dass es sich hierbei nicht nur um technisch-organisatorische Maßnahmen, sondern auch um rechtliche Verarbeitungsschranken handeln kann.[357] Bei diesem Erfordernis soll es sich um ein ergänzendes Abwägungserfordernis handeln, damit man durch *„materielle, prozedurale, organisatorische*

352 *Hanloser*, in: Forgó et al., Datenschutz, Teil V, Kap. 1, Rn. 12; *Hülsmann*, DANA 2017, 80, 81; *Selk*, in: Ehmann/Selmayr, Art. 88 Rn. 127; *ders.*, in: Forgó et al., Datenschutz, Teil V, Kap. 3, Rn. 114; wohl auch *Stelljes*, DuD 2016, 787, 791. Vgl. auch die Interpretation der Geheimhaltungs- „maßnahme“ in der RL 2016/943/EU *Trebeck/ Schulte-Wissermann*, NZA 2018, 1176, 1177 („tatsächliche Schutzvorkehrungen“).

353 *Stelljes*, DuD 2016, 787, 791.

354 *Art.-29-Datenschutzgruppe*, WP 249, S. 9; *Hülsmann*, DANA 2017, 80, 81.

355 *Selk*, in: Ehmann/Selmayr, Art. 88 Rn. 162, 164.

356 *Hanloser*, in: Forgó et al., Datenschutz, Teil V, Kap. 1, Rn. 12.

357 *Petri*, in: Simitis et al., Datenschutzrecht, Art. 9 Rn. 27.

*und/oder technische Maßnahmen" der Sensibilität des Art. 9 DSGVO Rechnung trägt*".[358]

Es muss jedoch die Struktur des Art. 88 DSGVO beachtet werden. Bei den Vorschriften nach Art. 88 Abs. 1 DSGVO handelt es sich um Rechtsvorschriften und Kollektivvereinbarungen, d. h. um rechtliche Regelungen. Demgegenüber wird in Art. 88 Abs. 2 DSGVO von Maßnahmen gesprochen. Die ehemalige *Artikel-29-Datenschutzgruppe* hatte zu diesem Punkt in ihrem Working Paper 249 lediglich tatsächliche Maßnahmen aufgeführt.[359] Obwohl dieses Papier bis jetzt noch nicht vom *Europäischen Datenschutzausschuss* adaptiert wurde, ging die *Artikel-29-Datenschutzgruppe* anscheinend davon aus, dass es sich bei den Maßnahmen um tatsächliche Maßnahmen handeln muss. Der zuletzt genannten Ansicht ist demnach zuzustimmen, dass es sich bei den Maßnahmen nach Art. 88 Abs. 2 DSGVO nicht um rechtliche Regelungen, sondern einzig um tatsächliche Schutzmaßnahmen handeln muss, die die rechtlichen Regelungen nach Art. 88 Abs. 1 DSGVO ergänzen.

Ferner muss die Maßnahme „*geeignet*" sein. Der Begriff der Geeignetheit wurde erst durch eine Berichtigung im Mai 2018 in den Wortlaut aufgenommen und ersetzte den Begriff „*angemessen*".[360] Der Begriff „*suitable*" im Englischen blieb jedoch erhalten.

Nach einer Ansicht wird durch den Begriff der Geeignetheit auf eine Verhältnismäßigkeitsprüfung bzw. eine Abwägung mit den Interessen des Beschäftigten hingedeutet.[361] Auch im Beschäftigungsverhältnis müssen alle Interessen in Ausgleich gebracht werden. Nach einer anderen Sicht ist die Maßnahme geeignet, wenn die Maßnahme für den Einzelfall passend ist bzw. „*passend und weder unterdimensioniert noch überdimensioniert ist*".[362] Gemeint sind damit gerade nicht Maßnahmen im Sinne von Geeignetheit im rechtlichen Sinne. Dem widerspricht *Kramer*, der davon ausgeht, dass die Geeignetheit vorliegt, wenn das eingesetzte Mittel in der Lage ist, die in Art. 88 Abs. 1 DSGVO genannten Zwecke zu fördern.[363]

Der Begriff der Geeignetheit darf nicht im Sinne der deutschen Rechtstradition ausgelegt werden, sondern es ist eine autonome europarechtliche Auslegung vor-

---

358 *Albers/Veit*, in: BeckOK DatenSR, DSGVO, 36. Ed. 01.05.2021, Art. 9 Rn. 94.

359 *Art.-29-Datenschutzgruppe*, WP 249, S. 9.

360 Berichtigung der Verordnung (EU) 2016/679 des Europäischen Parlaments und des Rates vom 27. April 2016 zum Schutz natürlicher Personen bei der Verarbeitung personenbezogener Daten, zum freien Datenverkehr und zur Aufhebung der Richtlinie 95/46/EG (Datenschutz-Grundverordnung), ABLEU Nr. L 127/2 vom 23.05.2018.

361 *Däubler*, in: Däubler et al., Art. 88 DSGVO, Rn. 24 ff.; *Maschmann*, in: Kühling/Buchner, Art. 88 DSGVO, Rn. 43; *Piltz*, BDSG, § 26 Rn. 99; *Tiedemann*, in: Sydow, DSGVO/BDSG, Art. 88 DSGVO, Rn. 19; *Wybitul*, NZA 2017, 413, 414.

362 *Selk*, in: Forgó et al., Datenschutz, Teil V, Kap. 3, Rn. 120; ebenso *Morasch*, Beschäftigungskontext, S. 179.

363 *Kramer*, in: Weth et al., Daten- und Persönlichkeitsschutz, A., VIII., Rn. 22.

zunehmen. In Art. 24 Abs. 1 und Art. 32 Abs. 1 DSGVO wird statt dem Begriff *„suitable“*, der Begriff *„appropriate“* verwendet, obwohl die deutsche Übersetzung jeweils den Begriff *„geeignet“* übernimmt. Die unterschiedliche englische Wortwahl deutet darauf hin, dass der Gesetzgeber den beiden Begriffen eine unterschiedliche Bedeutung beimessen wollte. Die Wortbedeutung deutet zwar darauf hin, den Begriff im Sinne von *„im Einzelfall passend“* auszulegen ist. Jedoch kommt einer solchen Bedeutung bereits dem Begriff der *„besonderen“* Maßnahmen zu. Es spricht daher vieles dafür, dass die Mitgliedstaaten und Kollektivparteien eine Abwägung mit den Interessen des Beschäftigten vornehmen sollen.

Hingegen handelt es sich bei *„besonderen“* Maßnahmen um solche, die von den allgemeinen Maßnahmen, wie z. B. den Grundsätzen der Datenverarbeitung nach Art. 5 DSGVO, abzugrenzen sind, sodass damit nur gemeint sein kann, dass es sich um auf den Einzelfall bezogene Maßnahmen handelt.[364] Die nationalen Vorschriften dürfen nicht pauschal auf die Vorschriften der DSGVO verweisen, ohne sie im Einzelfall detaillierter auszufüllen. Solche nationalen Vorschriften wären ansonsten europarechtswidrig.[365]

Art. 88 Abs. 2 DSGVO listet verschiedene Situationen auf, welche Maßnahmen getroffen werden können. Maßnahmen können im Hinblick auf die Transparenz der Verarbeitung, der Übermittlung personenbezogener Daten innerhalb einer Unternehmensgruppe oder einer Gruppe von Unternehmen, die eine gemeinsame Wirtschaftstätigkeit ausüben und die Überwachungssysteme am Arbeitsplatz getroffen werden. Die Aufzählung ist nur exemplarisch (*„insbesondere“*) und muss nur dann in den Vorschriften aufgeführt werden, wenn diese zum Beispiel auch Unternehmensgruppen adressieren wollen.[366] Maßgeblich, ob eine Maßnahme ergriffen werden muss, ist damit, ob ein Gefährdungspotenzial besteht.[367]

### b. Beachtung des Normwiederholungsverbots

Im Zusammenhang mit dem Erlass nationaler Vorschriften aufgrund von europarechtlichen Vorschriften muss das Normwiederholungsverbot beachtet werden. Es wird *„aus der direkten Anwendung von Verordnungen ohne Umsetzungsakt*

364 *Gola*, Beschäftigtendatenschutz, Rn. 1990; *Körner*, DSGVO, S. 27; *Selk*, in: Forgó et al., Datenschutz, Teil V, Kap. 3, Rn. 121; *Ströbel/Wybitul*, in: Specht/Mantz, Datenschutzrecht, § 10 Rn. 18; *Thüsing/Traut*, in: Schwartmann et al., Art. 88 DSGVO, Rn. 26; *Wybitul*, NZA 2017, 413, 414.

365 *Haußmann/Brauneisen*, BB 2017, 3065, 3066; *Morasch*, Beschäftigungskontext, S. 179.

366 *Höhne*, Art. 88 DSGVO, S. 138 („teleologisch zu reduzieren“); *Seifert*, in: Simitis et al., Datenschutzrecht, Art. 88 Rn. 44; *Selk*, in: Forgó et al., Datenschutz, Teil V, Kap. 3, Rn. 125; *Thüsing/Peisker*, NZA 2023, 213, 214.

367 *Dzida/Grau*, DB 2018, 189, 192; *Zöll*, in: Taeger/Gabel, Art. 88 DSGVO, Rn. 33.

*gemäß Art. 288 Abs. 3 AEUV abgeleitet*".[368] Dieses Verbot wurde vom EuGH mehrfach betont, da eine solche Vorgehensweise die europarechtliche Qualität der Vorschriften verschleiern würde sowie „*Unsicherheit sowohl über die Rechtsnatur der anwendbaren Vorschriften als auch über den Zeitpunkt ihres Inkrafttretens*" hervorrufen würde.[369] Textbestandteile aus der DSGVO dürfen demnach nicht ohne weiteres in das nationale Recht übernommen werden. Das Normwiederholungsverbot bezieht sich in erster Linie auf nationale Vorschriften und besagt, dass es den Mitgliedstaaten grundsätzlich verboten ist, solche Regelungen zu erlassen, die im Wortlaut mit einer Verordnung übereinstimmen.[370] Es muss sichergestellt werden, dass zu jedem Zeitpunkt klar ist, welchen Charakter ein Rechtssatz hat, aus welchem Grund eine rechtliche Wirkung besteht und dass die Auslegungshoheit des EuGH nicht unterminiert wird.

ErwG 8 sieht von diesem Verbot eine Ausnahme vor, wenn dies dazu dient, die Vorschrift verständlicher zu machen und damit der Klarheit der Vorschrift dient. Zwar kommt den Erwägungsgründen insoweit keine Wirkung zu, wenn diese Erwägungen sich nicht im verbindlichen Teil wiederfinden, jedoch bestätigt ErwG 8 lediglich die Rechtsprechung des EuGH.[371] Ein Bezug auf die DSGVO sollte dabei erfolgen, damit sichergestellt ist, auf welcher Grundlage die nationale Vorschrift steht. Zwar enthält die DSGVO dahingehend keine Verpflichtung, dass im nationalen Recht auf Art. 88 DSGVO ausdrücklich Bezug genommen wird, jedoch sollte das nationale Gesetz verdeutlichen, dass dem Gesetz eine europarechtliche Regelung zugrunde liegt.[372] Der Gedanke, der in dem ErwG 8 zum Tragen kommt, wird von der überwiegenden Ansicht in der Literatur anerkannt und es wird davon ausgegangen, dass das Normwiederholungsverbot nicht greift, wenn diese Wiederholung der Verständlichkeit der Norm dient, für die Kohärenz der nationalen Vorschrift erforderlich ist und der Zweck nicht vereitelt wird.[373] Aus diesem Grund ist auch entscheidend, dass die Auslegung dieser Wiederholungen im nationalen Recht unionsrechtlich autonom erfolgt.

Der EuGH hat ausdrücklich klargestellt, dass es sich bei den auf der Grundlage von Art. 88 Abs. 1 DSGVO erlassenen „*spezifischeren Vorschriften*" nicht lediglich um eine Wiederholung der in Art. 6 Abs. 1 DSGVO genannten Bedingungen für die Rechtmäßigkeit der Verarbeitung personenbezogener Daten und der in

---

368 *Ambrock*, in: Jandt/Steidle, Datenschutz, Teil A, II., Rn. 55; aA *Gola*, ZD 2019, 383, 384 (Herleitung aus Art. 4 Abs. 3 und Art. 19 Abs. 1 S. 2 EUV).

369 EuGH, Urt. v. 07.02.1973, C-39/72, EuGHE 1973, 102, 113 – Kommission/Italien; *Gola*, Beschäftigtendatenschutz, Rn. 205; *Maschmann*, NZA-Beilage 2018, 115, 119.

370 *Piltz*, BDSG, Einleitung, Rn. 21; *Selk*, in: Ehmann/Selmayr, Art. 88 Rn. 60; *Weiß*, Öffnungsklauseln, S. 89.

371 EuGH, Urt. v. 07.02.1973, C-39/72, Rn. 25, EuGHE 1973, 102, 113 – Kommission/Italien; *Ambrock*, in: Jandt/Steidle, Datenschutz, Teil A, II., Rn. 56.

372 *Höhne*, Art. 88 DSGVO, S. 153 f.

373 *Benecke/Wagner*, DVBl 2016, 600, 605; *Greve*, NVwZ 2017, 737, 743; *Maschmann*, in: Maschmann/Fritz, Matrixorganisationen, Kap. 5, Rn. 5; *Piltz*, BDSG, Einleitung, Rn. 21; *Rolf/Siewert*, RDV 2017, 236.

Art. 5 DSGVO angeführten Grundsätze für diese Verarbeitung oder um einen Verweis auf diese Bedingungen und Grundsätze handeln darf. Die nationalen Vorschriften müssen auf den Schutz der Rechte und Freiheiten der Beschäftigten hinsichtlich der Verarbeitung ihrer personenbezogenen Daten im Beschäftigungskontext abzielen und geeignete und besondere Maßnahmen zur Wahrung der menschlichen Würde, der berechtigten Interessen und der Grundrechte der betroffenen Person umfassen.[374] Damit ist eine nationale Vorschrift, die zum Schutz der Beschäftigten lediglich auf die Vorgaben der DSVGO verweist, keine besondere Maßnahme nach Art. 88 Abs. 2 DSGVO.[375]

### 3. Mitteilungspflicht nach Art. 88 Abs. 3 DSGVO

Der Mitgliedstaat ist nach Art. 88 Abs. 3 DSGVO verpflichtet, die Rechtsvorschriften, die er aufgrund von Art. 88 Abs. 1 DSGVO erlässt, der Kommission mitzuteilen. Diese Vorschrift, welche auch als Notifizierungspflicht bezeichnet wird, dient der Transparenz der mitgliedstaatlichen Regelungen.[376] § 26 BDSG ist eine solche mitteilungspflichtige Tatsache, die vom deutschen Gesetzgeber auch gemeldet wurde.[377]

Fraglich ist, ob der deutsche Gesetzgeber auch im Nachgang noch spezifischere Vorschriften zum Beschäftigungskontext erlassen kann. Gerade im Hinblick darauf, dass auf politischer Ebene die Schaffung eines eigenständigen Beschäftigtendatenschutzgesetzes gewollt ist[378] und nach der hier vertretenen Auffassung noch die Anforderungen des Art. 88 Abs. 2 DSGVO zu erfüllen sind, ist die Fragestellung von Relevanz. Dies ist in der datenschutzrechtlichen Literatur umstritten.

Teilweise wird vertreten, dass die Mitgliedstaaten ab dem 26. Mai 2018 ihre Rechtssetzungskompetenz zum Erlass solcher Vorschriften verloren haben.[379] Es sollen allerdings Änderungen an bereits gemeldeten Rechtsvorschriften möglich sein. Ansonsten wären die Vorschriften bis zum 25. Mai 2018 der Kommission zu melden gewesen. Argumentiert wird mit dem Wortlaut „*teilt mit*". Dies wird

---

374 EuGH, Urt. v. 30.3.2023 – C-34/21, Rn. 65, 71, NZA 2023, 487 – Hauptpersonalrat.

375 *Hornung*, ZD 2023, 309.

376 *Hanloser*, in: Forgó et al., Datenschutz, Teil V, Kap. 1, Rn. 9 („reine Ordnungsvorschrift"); *Seifert*, in: Simitis et al., Datenschutzrecht, Art. 88 Rn. 46; *Tiedemann*, in: Sydow, DSGVO/BDSG, Art. 88 DSGVO, Rn. 25.

377 BT-Drs. 19/5155, S. 97; *Gola*, Beschäftigtendatenschutz, Rn. 191; *Kort*, ZD 2017, 319, 320; *Stamer/Kuhnke*, in: Plath, Art. 88 DSGVO, Rn. 7b.

378 Koalitionsvertrag zwischen CDU, CSU und SPD, 19. Legislaturperiode, S. 129, https://tinyurl.com/4sacnm5a; BT-Drs. 19/15716, S. 17; aA *Conrad/Treeger*, in: Auer-Reinsdorff/Conrad, IT- und Datenschutzrecht, § 34 Rn. 181 (nicht zu erwarten).

379 *Gola*, Beschäftigtendatenschutz, Rn. 191; *Gola/Pötters/Thüsing*, RDV 2016, 57, 59; *Pötters/Schmidt*, in: Preis/Sagan, Arbeitsrecht, § 11 Rn. 112; *Spelge*, DuD 2016, 775, 781; wohl auch *Pötters/Wybitul/Böhm*, in: Wybitul, DSGVO, Art. 88 Rn. 24; *Seifert*, in: Simitis et al., Datenschutzrecht, Art. 88 Rn. 47 f.

so verstanden, dass diese Wortwahl eine Art Ausschlussfrist enthalten würde. Zudem würde die Meldefrist ansonsten keine Rechtsfolge entfalten, was nicht gewollt sein kann, da es sonst der Angabe einer Zeitvorgabe nicht bedurft hätte.

Die überwiegende Gegenmeinung geht hingegen davon aus, dass auch nach dem 25. Mai 2018 spezifische Rechtsvorschriften erlassen und gemeldet werden können.[380] Dies wird damit begründet, dass Art. 88 Abs. 3 DSGVO keine Rechtsfolge dahingehend enthält, dass die Mitgliedstaaten ihre Rechtsetzungskompetenz nach dem 25. Mai 2018 verlieren würden. Die angegebene Frist sei vielmehr nur als „*Merkposten*" zu verstehen. Nach *Maschmann* würde eine Beschränkung nur dann Sinn machen, wenn ein unionsweit geltendes Beschäftigtendatenschutzrecht geplant wäre, was aber nicht der Fall ist.[381] Außerdem würde eine Ausschlussfrist zu einem Rechtsetzungsdruck führen, der gerade im Bereich des sozialpolitisch heiklen Bereichs des Beschäftigungskontextes nicht gewollt sein kann.[382] *Selk* weist auf kompetenzrechtliche Probleme hin, da durch das Setzen einer Ausschlussfrist den Mitgliedstaaten die Kompetenz genommen würde, eine Spezifizierungsklausel auszufüllen. Eine solche Kompetenz würde der Europäischen Kommission aber nicht zustehen.[383] Auch der Sinn und Zweck der Vorschrift spreche dagegen, da Art. 88 Abs. 3 DSGVO ausschließlich dazu dient, der Kommission die Bestimmungen zum Beschäftigtendatenschutz zu melden, damit diese davon Kenntnis erlangt.

Der zuletzt genannten Auffassung ist zu folgen. Bei der Frist in Art. 88 Abs. 3 DSGVO handelt es sich lediglich um eine Mitteilungsfrist und ist gerade nicht als Ausschlussfrist anzusehen. Sinn und Zweck der Mitteilung der erlassenen Gesetze i. S. d. Art. 88 Abs. 1 DSGVO ist, die Transparenz für die Kommission zu gewährleisten.[384] Der Wille des europäischen Gesetzgebers kann nicht dahingehend verstanden werden, dass Vorschriften zum Beschäftigungskontext nach dem 25. Mai 2018 nicht mehr gemeldet werden dürfen. Dem Gesetzgeber muss bewusst sein, dass gerade dieser Bereich sozialpolitisch hoch umstritten ist. Dies erkennt man daran, dass der deutsche Gesetzgeber es bis dato noch nicht geschafft hat, ein eigenständiges Beschäftigtendatenschutzgesetz zu normieren. Es können demnach auch nach dem 25. Mai 2018 spezifischere Vorschriften erlassen werden. Eine Änderung des gemeldeten § 26 BDSG bleibt aber unab-

---

380 *Düwell*, in: Weth et al., Daten- und Persönlichkeitsschutz, A, I., Rn. 54d; *Franzen*, in: Franzen et al., Arbeitsrecht, Art. 88 DSGVO, Rn. 29; *Höhne*, Art. 88 DSGVO, S. 146 f.; *Körner*, in: Deinert et al., FS KlebeS. 231, 236; *Kort*, NZA-Beilage 2016, 62, 66; *Maier*, DuD 2017, 169, 170; *Maier/Ossoinig*, in: Roßnagel, DSGVO, § 4 Rn. 33; *Maschmann*, in: Kühling/Buchner, Art. 88 DSGVO, Rn. 57; *Morasch*, Beschäftigungskontext, S. 183; *Riesenhuber*, in: BeckOK DatenSR, DSGVO, 48. Ed. 01.05.2024, Art. 88 Rn. 95; *Selk*, in: Ehmann/Selmayr, Art. 88 Rn. 153 ff.; *Ströbel/Wybitul*, in: Specht/Mantz, Datenschutzrecht, § 10 Fn. 3.

381 *Maschmann*, in: Kühling/Buchner, Art. 88 DSGVO, Rn. 57.

382 *Riesenhuber*, in: BeckOK DatenSR, DSGVO, 48. Ed. 01.05.2024, Art. 88 Rn. 95.

383 *Selk*, in: Ehmann/Selmayr, Art. 88 Rn. 155.

384 *Meder*, in: Auernhammer, Art. 88 DSGVO, Rn. 41.

hängig von dem zuvor erläuterten Streit weiterhin möglich. Denn Art. 88 Abs. 3 DSGVO bestimmt, dass Vorschriften, die vor dem 25. Mai 2018 gemeldet wurden, geändert werden dürfen, sofern *„alle späteren Änderungen dieser Vorschriften"* unverzüglich der Kommission mitgeteilt werden.

## 4. Verhältnis von Art. 6 Abs. 2, 3 DSGVO zu Art. 88 Abs. 1 DSGVO

Es stellt sich darüber hinaus die Frage, in welchem Verhältnis Art. 88 Abs. 1 DSGVO zu Art. 6 Abs. 2 und Abs. 3 DSGVO steht. Nach Art. 6 Abs. 2 DSGVO können die Mitgliedstaaten spezifischere Bestimmungen zur Anpassung der Anwendung der Vorschriften der DSGVO in Bezug auf die Verarbeitung zur Erfüllung von Art. 6 Abs. 1 S. 1 lit. c und e DSVGO beibehalten oder einführen, indem sie spezifischere Anforderungen für die Verarbeitung sowie sonstige Maßnahmen präziser bestimmen, um eine rechtmäßig und nach Treu und Glauben erfolgende Verarbeitung zu gewährleisten, einschließlich für andere besondere Verarbeitungssituationen gemäß dem Kapitel IX der DSGVO. Die Vorschrift lässt in Bezug auf die Erlaubnisnormen des Art. 6 Abs. 1 S. 1 lit. c und e DSGVO somit die Möglichkeit, diese mit nationalen Vorschriften auszufüllen. Art. 6 Abs. 3 S. 1 DSGVO bestimmt, dass die Rechtsgrundlage für die Verarbeitungen gemäß Art. 6 Abs. 1 S. 1 lit. c und e DSGVO durch das Unionsrecht oder das Recht der Mitgliedstaaten, dem der Verantwortliche unterliegt, festgelegt wird und welche konkreten Anforderungen die Vorschriften nach Art. 6 Abs. 2 DSGVO zu erfüllen haben. Art. 6 Abs. 3 DSGVO bestimmt weiter, welche Anforderungen diese Erlaubnisnormen zu erfüllen haben. Obwohl das Verhältnis zwischen Art. 6 Abs. 2 und 3 DSGVO derzeit noch ungeklärt ist, geht die überwiegende Ansicht in der Literatur davon aus, dass dem Art. 6 Abs. 2 DSGVO insoweit kein Mehrwert zukommt, da die eigentliche Regelungskompetenz der Mitgliedstaaten in Art. 6 Abs. 3 DSGVO normiert ist. Art. 6 Abs. 2 DSGVO konkretisiere lediglich den Absatz 3.[385] Beide Absätze verlangen, dass Maßnahmen präzise bestimmt werden müssen, um eine rechtmäßig und nach Treu und Glauben erfolgende Verarbeitung zu gewährleisten. Während Art. 6 Abs. 2 DSGVO allgemein die Regelungsmöglichkeit zu spezifischeren Bestimmungen normiert, konkretisiert Art. 6 Abs. 3 DSGVO diese Regelungsmöglichkeit, indem festgelegt wird, welche Anforderungen an diese spezifischeren Bestimmungen zu stellen sind. Beide Vorschriften sind daher vom nationalen Gesetzgeber kumulativ einzuhalten.

Art. 88 DSGVO ist systematisch in Kapitel IX angesiedelt, sodass Art. 6 Abs. 2 DSGVO auf die Vorschrift des Art. 88 DSGVO Bezug nimmt. Während Art. 88

385 *Albrecht/Jotzo*, Datenschutzrecht, Teil 3 Rn. 46; *Albers/Veit*, in: BeckOK DatenSR, DSGVO, 48. Ed. 01.05.2024, Art. 6 Rn. 84 ff.; *Buchner/Petri*, in: Kühling/Buchner, Art. 6 DSGVO, Rn. 93, 195 f.; *Frenzel*, in: Paal/Pauly, Art. 6 DSGVO, Rn. 40; *Morasch*, Beschäftigungskontext, S. 113 ff.; *Pötters/Rauer*, in: Wybitul, DSGVO, Art. 6 Rn. 11; *Roßnagel*, DuD 2018, 477, 479 (Abs. 3 spezieller zu Abs. 2); *Spindler/Dalby*, in: Spindler/Schuster, Elektron. Medien, DSGVO, Art. 6 Rn. 21 (Empfehlung sowohl Art. 6 Abs. 2 als auch Abs. 3 einzuhalten).

DSGVO dem Mitgliedstaat die Möglichkeit eröffnet, *„spezifischere Vorschriften"* (engl. *„specific rules"*) zu erlassen, ist es nach Art. 6 Abs. 2 DSGVO dem Mitgliedstaat möglich, *„spezifischere Bestimmungen"* (engl. *„specific provisions"*) einzuführen. Der deutsche Gesetzgeber hat sich beim Erlass des § 26 BDSG nicht auf Art. 6 Abs. 2 DSGVO, sondern ausschließlich auf Art. 88 DSGVO gestützt.[386]

Ausgehend von dem Wortlaut der beiden Vorschriften stellt sich die Frage, welche Bedeutung Art. 88 DSGVO zukommt. Die Existenz des Art. 6 Abs. 2 DSGVO würde ausreichen, um für den Beschäftigungskontext spezifischere Bestimmungen einzuführen. Jedoch könnte Art. 88 Abs. 1 DSGVO die Vorschrift des Art. 6 Abs. 2, 3 DSGVO konkretisieren, da Art. 88 Abs. 1 DSGVO Beispiele für eine nationale Regelung aufzählt. Es könnte daher davon ausgegangen werden, dass Art. 88 Abs. 1 DSGVO die Vorschrift des Art. 6 Abs. 2, 3 DSGVO nicht verdrängt, sondern lediglich genauer fasst.

Nach teilweiser Auffassung erklärt sich die Bedeutung des Art. 6 Abs. 2 DSGVO mit der Entstehungsgeschichte der Norm, wonach diese Vorschrift nur deshalb eingeführt wurde, um das bestehende bereichsspezifische Datenschutzrecht der Mitgliedstaaten im öffentlichen Bereich abzusichern. Die Norm lasse nicht die Schaffung eigenständiger Erlaubnisnormen zu, sondern nur die Normierung *„spezifischerer Bestimmungen"*. Die Vorschrift des Art. 6 Abs. 2 DSGVO beziehe sich nur auf den öffentlichen Beschäftigtendatenschutz, während Art. 88 Abs. 1 DSGVO auf den nicht-öffentlichen Beschäftigtendatenschutz abzielt.[387] In diesem Anwendungsbereich sei Art. 6 Abs. 2, 3 DSGVO als lex specialis gegenüber Art. 88 Abs. 1 DSGVO anzusehen.

Nach *Culik* richtet sich Art. 6 Abs. 2 DSGVO an die Mitgliedstaaten und Art. 88 DSGVO an die Betriebspartner, sodass Art. 88 DSGVO in dieser Hinsicht spezieller sei.[388] Auch *Stark* meint, dass Art. 88 DSGVO im Beschäftigungskontext als lex specialis vor Art. 6 Abs. 1 S. 1 lit. c, Abs. 2 DSGVO anzusehen sei.[389] *Morasch* geht davon aus, dass aufgrund des weiten Wortlauts des Art. 88 DSGVO, die Möglichkeit bestehe, die Erlaubnisnormen des Art. 6 Abs. 1 S. 1 lit. a, b, d und f DSGVO zu spezifizieren, während Art. 6 Abs. 2 DSGVO sich ausschließlich auf Art. 6 Abs. 1 S. 1 lit. c und e DSGVO beziehe. Diesbezüglich sei Art. 6 Abs. 1 S. 1 lit. c und e DSGVO spezieller als Art. 88 DSGVO.[390]

386 *Roßnagel*, in: Simitis et al., Datenschutzrecht, Art. 6 Abs. 2, Rn. 33; *ders.*, DuD 2017, 290, 293, Fn. 34 (Bundesregierung hat beim Erlass des § 26 BDSG den letzten Halbsatz des Art. 6 Abs. 2 übersehen); aA *Wedde*, in: v. d. Bussche/Voigt, Konzerndatenschutz, Teil 3, Kap. 6, Rn. 37 (§ 26 BDSG füllt Art. 6 Abs. 2 aus).

387 *Assion/Nolte/Veil*, in: Gierschmann et al., Art. 6 Rn. 35; *Maier*, DuD 2017, 169; *Roßnagel*, in: Simitis et al., Datenschutzrecht, Art. 6 Abs. 2, Rn. 33; *ders.*, DuD 2017, 290, 292; aA *Wedde*, in: v. d. Bussche/Voigt, Konzerndatenschutz, Teil 3, Kap. 6, Rn. 37.

388 *Culik*, Beschäftigtendatenschutz, S. 177.

389 *Stark*, Aufgabenwahrnehmung des Betriebsrats, S. 68 f.

390 *Morasch*, Beschäftigungskontext, S. 115 ff.

Der EuGH sieht den Anwendungsbereich des Art. 88 DSGVO grundsätzlich für vorrangig gegenüber Art. 6 Abs. 2, 3 DSGVO an. Erst wenn feststeht, dass bei den nationalen Bestimmungen über die Verarbeitung personenbezogener Daten im Beschäftigungskontext die in Art. 88 Abs. 1 und 2 DSGVO vorgegebenen Voraussetzungen und Grenzen nicht beachtet worden sind, muss geprüft werden, ob diese nationalen Bestimmungen eine Rechtsgrundlage im Sinne des Art. 6 Abs. 3 DSGVO in Verbindung mit deren ErwG 45 darstellen, die den Anforderungen der DSGVO genügt. Falls dies der Fall sein sollte, darf die Anwendung der nationalen Vorschriften nicht ausgeschlossen werden.[391]

Der Ansicht des EuGH ist zuzustimmen. Art. 88 DSGVO normiert, dass der nationale Gesetzgeber spezifischere Vorschriften vorsehen kann. Art. 88 DSGVO ist nicht auf bestimmte Erlaubnisnormen des Art. 6 Abs. 1 DSGVO beschränkt, sodass sich die spezifischeren Vorschriften grundsätzlich auf alle Erlaubnisnormen beziehen können und nicht nur für Art. 6 Abs. 1 S. 1 lit. c und e DSGVO. Der nationale Gesetzgeber kann durch die Vorschrift des Art. 88 Abs. 1 DSGVO spezifischere Vorschriften in Bezug auf alle Erlaubnisnormen des Art. 6 Abs. 1 DSGVO normieren. Aus diesem Grund ist Art. 6 Abs. 2, 3 DSGVO erst dann zu prüfen, falls die spezifischere Vorschrift nicht den Anforderungen des Art. 88 DSGVO genügt. Da für den nicht-öffentlichen Bereich eine Öffnungsklausel im Sinne des Art. 6 Abs. 3 S. 1 lit. b i. V. m. Art. 6 Abs. 1 S. 1 lit. c, e DSGVO fehlt, ist ein Rückgriff auf die Erlaubnisnormen des Art. 6 Abs. 1 DSGVO notwendig.[392]

### 5. Umsetzung der Spezifizierungsklausel durch § 26 BDSG

Der deutsche Gesetzgeber hat die Spezifizierungsklausel des Art. 88 Abs. 1 DSGVO genutzt und § 26 BDSG erlassen. Dessen Absatz 1 Satz 1 soll insbesondere Art. 6 Abs. 1 S. 1 lit. b Var. 2 DSGVO spezifizieren, während der deutsche Gesetzgeber einzelne Regelungen auf Art. 9 Abs. 2 lit. b DSGVO stützen konnte, der eine Öffnungsklausel für die Mitgliedstaaten im Bereich des Beschäftigtendatenschutzes vorsieht.[393] § 26 BDSG ist dabei nicht als abschließende Regelung im Beschäftigtendatenschutz anzusehen, da allgemeine Vorgaben der DSGVO (wie die Betroffenenrechte nach den Artt. 12 ff. DSGVO) weiterhin anwendbar sind. Dies lässt Art. 88 DSGVO auch ausdrücklich zu, da keine vollständige Regelung durch die Mitgliedstaaten erfolgen muss.[394]

§ 26 BDSG ist am 25.05.2018 durch Art. 8 DSAnpUG-EU in Kraft getreten. Die Vorschrift stellt, ebenso wie allen anderen Vorschriften des BDSG, ein Annex zur DSGVO dar.[395] Die Vereinbarkeit der einzelnen Absätze des § 26 BDSG mit den Vorgaben des Art. 88 DSGVO wird, soweit sie für die Bewerbungsphase

391 EuGH, Urt. v. 30.3.2023 – C-34/21, Rn. 88, NZA 2023, 487 – Hauptpersonalrat.

392 *HBDI*, Handreichung zur Verarbeitung personenbezogener Daten von Beschäftigten, 6; *Glocker/Hoffmann*, BB 2023, 1333, 1334.

393 BT-Drs. 18/11325, S. 98.

394 *Riesenhuber*, in: BeckOK DatenSR, DSGVO, 48. Ed. 01.05.2024, Art. 88 Rn. 46.

395 *Kremer*, CR 2017, 367, 368.

relevant sind, nachfolgend jeweils an der relevanten Stelle bewertet (vgl. Vierter Teil).

## D. Räumlicher Anwendungsbereich

Der räumliche Anwendungsbereich ist sowohl in Art. 3 DSGVO als auch in § 1 Abs. 4 BDSG festgeschrieben. Der deutsche Gesetzgeber war nicht gezwungen, den räumlichen Anwendungsbereich festzulegen, hat es aber dennoch getan.[396] Aus diesem Grund bedarf es der Klärung, in welchem Verhältnis die räumlichen Anwendungsbereiche von DSGVO und BDSG stehen. Denn die DSGVO enthält keine ausdrückliche Aussage zu dieser Frage. Einzig ErwG 153 S. 6 äußert sich hierzu, der sich auf die freie Meinungsäußerung und die Informationsfreiheit nach Art. 85 DSGVO bezieht. Hiernach soll das Recht des Mitgliedstaats gelten, dem der Verantwortliche unterliegt.

### I. Verhältnis von Art. 3 DSGVO und § 1 Abs. 4 BDSG

Das Verhältnis von Art. 3 DSGVO und § 1 Abs. 4 BDSG ist problematisch, da die beiden Vorschriften nicht übereinstimmen und daher die Gefahr besteht, mit § 1 Abs. 4 BDSG gegen die DSGVO zu verstoßen.[397] Weder enthält Art. 3 DSGVO direkt noch indirekt Regelungen für das anwendbare Recht, wenn eine Spezifizierungsklausel durch den Mitgliedstaat genutzt wurde.[398] Eine allgemeine Kollisionsnorm findet sich in der DSGVO nicht, insbesondere enthält Art. 88 DSGVO selbst keine Kollisionsregel.[399] Die Kompetenz zur Regelung des räumlichen Anwendungsbereichs des BDSG folgt als Annex zu den in der DSGVO enthaltenen Spezifizierungsklauseln.[400] Die nationalen Gesetzgeber gehen davon aus, dass im Rahmen der Spezifizierungsklauseln die nationalen Gesetzgeber ihren eigenen Anwendungsbereich festlegen können.[401] Dies birgt die Gefahr, dass für ein und denselben Fall mehrere nationale DSGVO-Anpassungsgesetze nebeneinander zur Anwendung kommen können. Eine pauschale Definition des räumlichen Anwendungsbereichs für die Spezifizierungsklauseln, wie sie sich derzeit in § 1 Abs. 4 BDSG wiederfindet, wird von *Klar* als unionsrechtlich problematisch bezeichnet, da in einigen Öffnungsklauseln spe-

396 *Piltz*, BDSG, § 1 Rn. 27; *Schmidt*, in: Taeger/Gabel, Art. 3 DSGVO, Rn. 6.
397 *Kühling*, NJW 2017, 1985, 1987; *Piltz*, BDSG, § 1 Rn. 27.
398 *Gömann*, EuZW 2018, 680, 685 („prima facie unbeantwortet"); *Laue*, ZD 2016, 463, 464; *Piltz*, BDSG, § 1 Rn. 26 (Kritik an den europäischen Gesetzgeber).
399 *Gömann*, EuZW 2018, 680, 685; *Höhne*, Art. 88 DSGVO, S. 76; *Hornung*, in: Simitis et al., Datenschutzrecht, Art. 3 Rn. 1.
400 *Klar*, DuD 2017, 533, 537; *Morasch*, Beschäftigungskontext, S. 56.
401 *Gömann*, EuZW 2018, 680, 685; *Piltz*, in: Gola/Heckmann, DSGVO/BDSG, Art. 3 DSGVO, Rn. 6.

zielle Hinweise auf die Anwendbarkeit des jeweils mitgliedstaatlichen Rechts angelegt sind.[402]

Überwiegend wird angenommen, dass im Rahmen der Spezifizierungsklausel die Vorschrift des Art. 3 DSGVO nicht anzuwenden ist, auch nicht analog.[403] Es fehle an der Planwidrigkeit, da der europäische Gesetzgeber das Problem erkannt hatte und dennoch keine Regelung dazu getroffen habe. Maßgeblich sei vielmehr § 1 Abs. 4 S. 2 BDSG, der umschreibt, wann das BDSG auf nichtöffentliche Stellen Anwendung findet. *Von Lewinski* will im Bereich des Beschäftigtendatenschutzes an die Niederlassung und damit an den Beschäftigungsort anknüpfen, um das anwendbare Datenschutzrecht zu bestimmen.[404]

*Gömann* geht davon aus, dass sich das öffentliche Kollisionsrecht aus dem einheitlich und unmittelbar anwendbaren Unionsrecht ergeben muss, sodass sich der räumliche Anwendungsbereich allein aus Art. 3 DSGVO ergebe.[405] Dies hätte allerdings zur Folge, dass eine inländische Aufsichtsbehörde unter Umständen auch das nationale Anpassungsrecht eines anderen Mitgliedstaates anwenden müsste.

Der zuletzt genannten Ansicht ist zu folgen. Im Rahmen der Spezifizierungsklauseln gilt ausschließlich Art. 3 DSGVO. Der europäische Gesetzgeber hat in Kenntnis dieser Problematik bewusst keine Kollisionsregel in die DSGVO aufgenommen. Aufgrund der Vollharmonisierung der DSGVO bestimmt sich der räumliche Anwendungsbereich ausschließlich nach Art. 3 DSGVO. Wenn die Voraussetzungen des Art. 3 DSGVO vorliegen, dann muss der Verantwortliche sich an die Vorgaben der DSGVO halten. Dies betrifft auch die aufgrund der Spezifizierungsklauseln erlassenen nationalen Gesetze. Der räumliche Anwendungsbereich des BDSG ist dann relevant, wenn sich die betreffenden Datenverarbeitungen nicht im Anwendungsbereich der DSGVO befinden. Dies ist etwa bei § 26 Abs. 7 BDSG der Fall. Im Ergebnis werden in der Praxis kaum Differenzen bezüglich des räumlichen Anwendungsbereichs auftreten, da der räumliche Anwendungsbereich sowohl bei DSGVO als auch BDSG inhaltlich weit gefasst sind.

Der räumliche Anwendungsbereich des Art. 3 DSGVO kann grundsätzlich nicht durch anderslautende Rechtswahlklauseln umgangen werden, da diese Norm zwingend gilt.[406] Hingegen wird hinsichtlich der nationalen Vorschriften, die im

---

402 *Klar*, in: Kühling/Buchner, § 1 BDSG, Rn. 20.

403 *Höhne*, Art. 88 DSGVO, S. 77 f.; *Kühling/Raab/Klar*, in: Kühling/Buchner, Art. 3 DSGVO, Rn. 107; *Laue*, ZD 2016, 463, 464; *Schmidt*, in: Taeger/Gabel, Art. 3 DSGVO, Rn. 37; *von Lewinski*, in: Auernhammer, Art. 3 DSGVO, Rn. 35.

404 *Von Lewinski*, in: Auernhammer, Art. 3 DSGVO, Rn. 31; im Ergebnis auch *Laue*, ZD 2016, 464, 465, solange sich der Verantwortliche und Auftragsverarbeiter in der Union befinden.

405 *Gömann*, EuZW 2018, 680, 685 f. (könnte als „intra-EU-Kollisionsnorm" dienen).

406 EuGH, Urt. v. 28.07.2016 – C-191/15, Rn. 45 ff., NJW 2016, 2727 – Amazon EU Sàrl; *Däubler*, Gläserne Belegschaften, Rn. 494; *Eichfeld/Hagen/James/James*, in: Leupold

Rahmen der Spezifizierungsklauseln erlassen wurden, eine Rechtswahl durchaus für möglich gehalten, solange es sich bei den nationalen Vorschriften nicht um zwingende Eingriffsnormen i. S. d. Art. 9 Abs. 1 Rom-I-VO handelt.[407] Bei einer solchen Eingriffsnorm handelt es sich um eine *„zwingende Vorschrift, deren Einhaltung von einem Staat als so entscheidend für die Wahrung seines öffentlichen Interesses, insbesondere seiner politischen, sozialen oder wirtschaftlichen Organisation, angesehen wird, dass sie ungeachtet des nach Maßgabe dieser Verordnung auf den Vertrag anzuwendenden Rechts auf alle Sachverhalte anzuwenden ist, die in ihren Anwendungsbereich fallen*". Dies müsse im Einzelfall geprüft werden. Hinsichtlich § 1 Abs. 4 BDSG wird von einer solchen zwingenden Eingriffsnorm ausgegangen, sodass die Parteien nicht über das nationale Datenschutzrecht nach Art. 3 Abs. 1 Rom-I-VO disponieren können.[408] Nachfolgend wird sowohl der räumliche Anwendungsbereich des Art. 3 DSGVO als auch der des § 1 Abs. 4 S. 2 BDSG vorgestellt.

## II. Räumlicher Anwendungsbereich der DSGVO

Der räumliche Anwendungsbereich der DSGVO ist sowohl für den Verantwortlichen als auch für den Auftragsverarbeiter einzeln zu beurteilen. Art. 3 DSGVO unterscheidet zwischen dem Niederlassungs- und dem Marktortprinzip.

### 1. Niederlassungsprinzip, Art. 3 Abs. 1 DSGVO

Die DSGVO nennt in dessen Art. 3 Abs. 1 das sog. Niederlassungsprinzip, welches nach teilweiser vertretener Auffassung auch das Sitzlandprinzip enthält.[409] Nach dem Niederlassungsprinzip findet die Verordnung Anwendung auf die Verarbeitung personenbezogener Daten, soweit diese im Rahmen der Tätigkeiten einer Niederlassung eines Verantwortlichen oder eines Auftragsverarbeiters in

---

et al., MAH IT-Recht, Teil 15.3, Rn. 32; *Golland*, Soziale Netzwerke, S. 114; *Hornung*, in: Simitis et al., Datenschutzrecht, Art. 3 Rn. 70 (Unzulässigkeit ergebe sich aus Art. 9 Abs. 2 Rom-I-VO); *Kühling/Raab/Klar*, in: Kühling/Buchner, Art. 3 DSGVO, Rn. 105; *Laue*, ZD 2016, 463, 466 f.; *Schmidt*, in: Taeger/Gabel, Art. 3 DSGVO, Rn. 35; *Thon*, RabelsZ 84 (2020), 24, 41; aA LG Berlin, Urt. v. 06.03.2012 – 16 O 551/10, ZD 2012, 276, 278 (zum BDSG a. F.); *Laue/Nink/Kremer*, Datenschutzrecht, § 1 Rn. 68 f.

407 *Kühling/Raab/Klar*, in: Kühling/Buchner, Art. 3 DSGVO, Rn. 106; *Laue*, ZD 2016, 463, 466 f.

408 *Wiederhold*, in. Herfs-Röttgen, Auslandsbeschäftigung, Rn. 1128; wohl auch Bach, in: Spindler/Schuster, Elektron. Medien, Rom I, Art. 9 Rn. 11. Zu § 1 Abs. 5 BDSG a. F. *Dammann*, in: Simitis, BDSG, § 1 Rn. 197b. Frage aufgreifend *Giedke*, in: Schuster/ Grützmacher, IT-Recht, Art. 3 Rom I VO, Rn. 9.

409 *Franzen*, in: Müller-Glöge et al., Arbeitsrecht, BDSG, § 1 Rn. 16 („erweitertes Sitzlandprinzip"); *Schmidt*, in: Taeger/Gabel, Art. 3 DSGVO, Rn. 8; *Spindler/Dalby*, in: Spindler/Schuster, Elektron. Medien, DSGVO, Art. 3 Rn. 3 ff.; aA *Golland*, Soziale Netzwerke, S. 100.

der Union erfolgt, unabhängig davon, ob die Verarbeitung in der Union stattfindet. Geschützt von der Norm sind auch nicht in der Union ansässige natürliche Personen.[410] Das Gebiet der Union wird durch Art. 52 EUV und Art. 355 AEUV festgelegt. Nach dem Sitzprinzip gilt das Recht des Staates, in dem die datenverarbeitende Stelle ihren Sitz hat.[411] Dabei wird der Sitz als der Ort bezeichnet, den die Satzung eines Unternehmens als solchen bestimmt.[412] Auch wenn das Sitzprinzip nicht ausdrücklich in Art. 3 Abs. 1 DSGVO genannt wird, wird dies als „*telelogische Erweiterung des Begriffs der Niederlassung [begründet]*".[413] Verarbeitet ein Arbeitgeber, der seinen Sitz in Deutschland hat, die Bewerberdaten eines Bürgers aus einem Drittland, so ist der räumliche Anwendungsbereich der DSGVO eröffnet, auch wenn die eigentliche Datenverarbeitung nicht in der Union erfolgt.[414] Der Standort der Server oder der IT-Infrastruktur muss nicht in der Union liegen.[415] Länder, die nicht in der EU liegen, nennt die DSGVO „*Drittland*" (vgl. Artt. 44 ff. DSGVO). Zwar definiert die DSGVO nicht, was ein Drittland ist. Allerdings kann aus ErwG 116 S. 1 („*außerhalb der Union*") der Schluss gezogen werden, dass Drittländer solche Staaten sind, die nicht Mitglied der Europäischen Union oder Vertragsstaaten des Abkommens über den Europäischen Wirtschaftsraums sind.[416]

Das ausdrücklich genannte Niederlassungsprinzip setzt weiterhin voraus, dass der Verantwortliche eine Niederlassung in der Union hat. Zusätzlich muss die Verarbeitung personenbezogener Daten „*im Rahmen der Tätigkeiten*" einer Niederlassung erfolgen, unabhängig davon, ob die Verarbeitung in der Union stattfindet. Damit setzt das Niederlassungsprinzip zwei kumulativ zu erfüllende Voraussetzungen voraus, die im Folgenden betrachtet werden sollen. Der Aufenthalts- und Wohnort der betroffenen Personen ist nicht maßgeblich, sodass auch die Verarbeitung von Personen in einem Drittland unter die DSGVO fällt.[417] Dies gilt unabhängig davon, ob die betroffene Person irgendeinen Bezug zur Europäischen Union hat. Ausschlaggebend ist allein, dass der Verantwortliche eine Niederlassung in der Union besitzt und personenbezogene Daten von betroffenen Personen verarbeitet.

### a. Niederlassung

Art. 3 Abs. 1 DSGVO definiert den Begriff der Niederlassung nicht. Nach ErwG 22 S. 2 und 3 wird eine effektive und tatsächliche Ausübung einer Tätigkeit durch eine feste Einrichtung vorausgesetzt. Dabei soll es auf die Rechtsform

---

410 *Pabst*, in: Schwartmann et al., Art. 3 Rn. 14.
411 *Schmidt*, in: Taeger/Gabel, Art. 3 DSGVO, Rn. 9.
412 *Ernst*, in: Paal/Pauly, Art. 3 DSGVO, Rn. 4.
413 *Schmidt*, in: Taeger/Gabel, Art. 3 DSGVO, Rn. 9.
414 *Kühling/Raab/Klar*, in: Kühling/Buchner, Art. 3 DSGVO, Rn. 36
415 *Piltz*, in: Gola/Heckmann, DSGVO/BDSG, Art. 3 DSGVO, Rn. 26.
416 *Piltz*, BDSG, § 1 Rn. 54.
417 *Hornung*, in: Simitis et al., Datenschutzrecht, Art. 3 Rn. 20.

der Niederlassung nicht ankommen und eine weite Auslegung geboten sein.[418] Eine gewisse Beständigkeit wird aber vorausgesetzt.[419] *„Tätigkeiten“* i. S. d. Art. 3 Abs. 1 DSGVO meint *„menschliche“* Tätigkeiten, sodass reine Briefkastenfirmen oder Serverstandorte nicht als Niederlassung anzusehen sind.[420] Nach zutreffender Ansicht von *Borges* sind Niederlassungen Tätigkeitsorte, an denen Personen regelmäßig die Datenverarbeitung betreiben und gerade keine Orte, bei denen nur technische Einrichtungen vorhanden sind.[421] Erfasst wird auch der Fall, dass die Daten in ein Drittland übermittelt werden, um sie dort zu verarbeiten.[422] Dies wird durch den Wortlaut des Art. 3 Abs. 1 DSGVO klargestellt, wonach es unerheblich ist, *„ob die Verarbeitung in der Union erfolgt“*. Verantwortlicher und Niederlassung müssen demnach nicht identisch sein. Der EuGH entschied noch zur DSRL, dass eine minimale Präsenz in Form eines Vertreters, eines Bankkontos etc. eine effektive und tatsächliche Tätigkeitsausübung sein kann und vertrat somit einen sehr weiten Niederlassungsbegriff.[423] Ob diese Rechtsprechung auch unter der DSGVO Anwendung findet, ist in der Literatur umstritten.[424] Diese Frage ist vor dem Hintergrund, dass nur im Falle des Art. 3 Abs. 2 DSGVO ein Vertreter nach Art. 27 Abs. 1 DSGVO zu benennen ist, bedeutsam. Eine neuere Entscheidung deutet darauf hin, dass der EuGH seine Rechtsprechung zur DSRL auch unter der DSGVO weiterführen wird.[425]

Teilweise wird diese weite Auslegung des Begriffs unter der Geltung der DSGVO nicht mehr für notwendig gehalten, da über Art. 3 Abs. 2 lit. a DSGVO der Anwendungsbereich der DSGVO hinreichend weit geöffnet werde.[426] Der Anwendungsbereich zwischen Art. 3 Abs. 1 und Abs. 2 DSGVO dürfe nicht ver-

---

418 *Ennöckl*, in: Sydow, DSGVO/BDSG, Art. 3 DSGVO, Rn. 7, 41; *Voigt*, in: v. d. Bussche/Voigt, Konzerndatenschutz, Teil 4, Kap. 1, Rn. 9, 11; *Wieczorek*, DuD 2013, 644, 645.

419 *Kühling/Raab/Klar*, in: Kühling/Buchner, Art. 3 DSGVO, Rn. 44.

420 *Borges*, in: Forgó et al., Datenschutz, Teil 1, Kap. 3, Rn. 56, 106; *Ennöckl*, in: Sydow, DSGVO/BDSG, Art. 3 DSGVO, Rn. 7; aA *Roßnagel*, in: Roßnagel et al., Electronic Commerce, S. 143; *Scholz*, Datenschutz beim Internet-Einkauf, S. 178 (zum BDSG a. F.).

421 *Borges*, in: Forgó et al., Datenschutz, Teil 1, Kap. 3, Rn. 55, 57.

422 *Schlender*, in: Gierschmann et al., Art. 3 Rn. 19.

423 EuGH, Urt. v. 01.10.2015 – C-230/14, Rn. 30, EuZW 2015, 912 – Weltimmo; *Kartheuser/Schmitt*, ZD 2016, 155, 158; aA *Borges*, in: Forgó et al., Datenschutz, Teil 1, Kap. 3, Rn. 90.

424 *Borges*, in: Forgó et al., Datenschutz, Teil 1, Kap. 3, Rn. 41, 107; *Hornung*, in: Simitis et al., Datenschutzrecht, Art. 3 Rn. 19 („im Wesentlichen übertragbar“); *Plath/Struck*, in: Plath, Art. 3 DSGVO, Rn. 8 (verlangt wegen ErwG 22 eine menschliche Tätigkeit; ebenso *Kühling/Raab/Klar*, in: Kühling/Buchner, Art. 3 DSGVO, Rn. 46 f. – Vorliegen eines Vertreters ausreichend); *Pabst*, in: Schwartmann et al., Art. 3 DSGVO, Rn. 18 (zweifelnd im Hinblick auf Art. 27).

425 EuGH, Urt. v. 24.09.2019 – C-507/17, Rn. 48 ff., ZUM 2019, 824 – Google.

426 *Borges*, in: Forgó et al., Datenschutz, Teil 1, Kap. 3, Rn. 34; *Hornung*, in: Simitis et al., Datenschutzrecht, Art. 3 Rn. 30; *Schröder/von Alten/Weinhold*, DuD 2018, 746, 747.

wischt werden. Dem ist zuzustimmen. Durch die Einführung des Art. 3 Abs. 2 DSGVO sollen gerade die Verantwortlichen aus den Drittländern in den Anwendungsbereich der DSGVO gezogen werden, die einen hinreichenden Bezug zur Europäischen Union aufweisen. Die Regelung führt demnach zu einer Erweiterung des Anwendungsbereichs gegenüber der DSRL. Es bedarf demnach keiner extensiven Auslegung des Begriffs der Niederlassung mehr, um einen wirksamen und umfassenden Schutz für die betroffene Person zu gewährleisten.

### b. Im Rahmen der Tätigkeiten

Weitere Voraussetzung ist, dass die Datenverarbeitung auch im Rahmen der Tätigkeit dieser Niederlassung vorgenommen wird. Der EuGH entschied zur DSRL und auch zur DSGVO, dass die Niederlassung selber nicht datenverarbeitend tätig werden muss, sondern die wirtschaftliche Förderung des Mutterkonzerns durch die Tätigkeit der Niederlassung ausreichend sei.[427] Der Begriff *„im Rahmen der Tätigkeiten einer Niederlassung"* müsse weit ausgelegt werden.[428] Dies liege insbesondere dann vor, wenn die Niederlassung oder die an diesem Ort dauerhaft beschäftigten Personen die Datenverarbeitung maßgeblich steuern.[429] Die Datenverarbeitung muss der Niederlassung zugerechnet werden beziehungsweise zu dessen Aufgabenbereich gehören. Wenn die Niederlassung hingegen nicht unmittelbar an der Datenverarbeitung beteiligt ist und lediglich eine *„finanziell nützliche, administrative und/oder unterstützende Tätigkeit"* hat, liegt dieses Erfordernis nicht vor, es sei denn, die Tätigkeit der Niederlassung ist von entscheidender Bedeutung für die Verarbeitung.[430] Begründet wird dies in erster Linie durch den Wortlaut *„im Rahmen der Tätigkeiten"*. Hiernach ist es gerade nicht erforderlich, dass die Tätigkeit *„von"* der fraglichen Niederlassung erfolgt, sondern eben nur im Rahmen seiner Tätigkeiten.[431] Ferner betont der EuGH insbesondere die Zielsetzung, wonach ein wirksamer und umfassender Schutz der Grundrechte natürlicher Personen, insbesondere das Recht des Privatlebens zu gewährleisten ist.[432] Eine solche Zielsetzung verfolgt auch Art. 1 Abs. 2 DSGVO. Hiernach schützt die Verordnung die Grundrechte und Grundfreiheiten natürlicher Personen und insbesondere deren Recht auf Schutz

---

427 Zur DSGVO EuGH, Urt. v. 24.09.2019 – C-507/17, Rn. 49, ZUM 2019, 824 – Google. Zur DSRL EuGH, Urt. v. 05.06.2018 – C-210/16, Rn. 57, EuZW 2018, 534 – Wirtschaftsakademie.

428 *EDPB*, Guidelines 3/2018, S. 7; *Piltz*, BDSG, § 1 Rn. 36; *Zerdick*, in: Ehmann/Selmayr, Art. 3 Rn. 12. Zur DSRL EuGH, Urt. v. 05.06.2018 – C-210/16, Rn. 56, EuZW 2018, 534 – Wirtschaftsakademie.

429 *Ennöckl*, in: Sydow, DSGVO/BDSG, Art. 3 DSGVO, Rn. 8; *Golland*, DuD 2018, 351, 354; *Hornung*, in: Simitis et al., Datenschutzrecht, Art. 3 Rn. 26.

430 EuGH, Urt. v. 13.05.2014 – C-131/12, Rn. 46, ZD 2014, 350 – Google Spain; *Beyvers/Herbrich*, ZD 2014, 558, 561.

431 *Gömann*, EuZW 2018, 680, 684; *Maschmann*, BB 2019, 628 („Der Ort ist […] unerheblich").

432 EuGH, Urt. v. 13.05.2014 – C-131/12, Rn. 53, EuZW 2014, 541 – Google Spain.

personenbezogener Daten. *Borges* stellt auf den Begriff des Verantwortlichen ab, wonach derjenige Verantwortlicher ist, *„der den entscheidenden Einfluss auf „ob und wie" der Datenverarbeitung hat"*.[433]

Der Arbeitgeber, der seine tatsächliche Niederlassung in der Union hat, kann sich nicht dadurch dem Anwendungsbereich der DSGVO entziehen, indem er die Verarbeitung in ein Drittland ausgliedert. Soweit die Verarbeitung seiner Tätigkeit dient, muss er bei der Verarbeitung von Bewerberdaten die Anforderungen der DSGVO beachten.[434] Dies gilt nicht, wenn lediglich eine Webseite betrieben wird, ohne eine Niederlassung in der Union zu haben, da die bloße Abrufbarkeit einer Webseite in einem Staat noch keine Niederlassung darstellt.[435] In diesen Fällen muss jedoch geprüft werden, ob die Anwendbarkeit über das Marktortprinzip nach Art. 3 Abs. 2 DSGVO eröffnet ist (vgl. Zweiter Teil, § 6, D., II., 2.).

### aa. Unionsfremder Auftraggeber mit Auftragsverarbeiter in der Union

#### (1) Bindung des Auftragsverarbeiters an die DSGVO?

Setzt ein Arbeitgeber, welches seinen Unternehmenssitz in einem Drittland hat, einen Auftragsverarbeiter für den Bewerbungsprozess ein, der seinen Sitz in der Union hat, so soll zunächst nur der Auftragsverarbeiter unmittelbar an die DSGVO gebunden sein. Denn die Bindung des Auftragsverarbeiters an die DSGVO ergebe sich direkt aus Art. 3 Abs. 1 DSGVO. Dies gelte unabhängig davon, ob der Auftraggeber in der Union sitzt, wobei der Auftragsverarbeiter keine Niederlassung des Auftraggebers darstellt.[436] Die Übermittlung der Bewerberdaten vom Auftragsverarbeiter an den Verantwortlichen unterliege daher nach Auffassung des *Europäischen Datenschutzausschusses* den Anforderungen der DSGVO und insbesondere den Vorgaben des Kapitel V (Artt. 44 ff. DSGVO).[437]

*Klar* lehnt jedoch die Anwendbarkeit der Artt. 44 ff. DSGVO für die Übermittlung personenbezogener Daten durch den Auftragsverarbeiter ab, wenn dieser Daten von dem Verantwortlichen erhält und diese Daten wieder an den Verantwortlichen als Auftraggeber zurückschickt. Die Artt. 44 ff. DSGVO sollten sachgemäß nur dann angewendet werden, *„sofern es um die Übermittlung personenbezogener Daten an Unterauftragsverarbeiter des Auftragsverarbeiters oder sonstige Dritte geht"*.[438]

---

433 *Borges*, in: Forgó et al., Datenschutz, Teil 1, Kap. 3, Rn. 74.
434 *Pabst*, in: Schwartmann et al., Art. 3 DSGVO, Rn. 20; *Zerdick*, in: Ehmann/Selmayr, Art. 3 Rn. 12.
435 EuGH, Urt. v. 28.07.2016 – C-191/15, Rn. 76, ZIP 2016, 2122 – Amazon EU.
436 *EDPB*, Guidelines 3/2018, S. 11; *Borges*, in: Forgó et al., Datenschutz, Teil 1, Kap. 3, Rn. 162; *Hornung*, in: Simitis et al., Datenschutzrecht, Art. 3 Rn. 33; *Kühling/Raab/Klar*, in: Kühling/Buchner, Art. 3 DSGVO, Rn. 38.
437 *EDPB*, Guidelines 05/2021, S. 20.
438 *Kühling/Raab/Klar*, in: Kühling/Buchner, Art. 3 DSGVO, Rn. 38.

*Hornung* sieht die Anwendbarkeit der DSGVO (insb. auch der Artt. 44 ff. DSGVO) aus praktischen Gründen dennoch als gegeben an.[439] Als Begründung wird angeführt, dass die Übermittlung der Daten im Rahmen des Auftragsverarbeitungsvertrages nach Art. 28 DSGVO erfolgt und es nicht angemessen ist, dass man im Rahmen eines Vertrages unterschiedliche Regelungen zu beachten habe. Die DSGVO sehe diesbezüglich keine Privilegierung vor. Zudem werden die Daten durch den Auftragsverarbeiter typischerweise auf andere Art verarbeitet, sodass eben nicht die Daten in ihrer Ursprungsform zurückübermittelt werden.

Der Ansicht von *Hornung* ist insofern zuzustimmen, dass der Wortlaut des Art. 3 Abs. 1 DSGVO eindeutig ist und keine Privilegierung der Übermittlung von personenbezogenen Daten an den Verantwortlichen in einem Drittland vorsieht. Die DSGVO geht davon aus, dass der Auftragsverarbeiter, der eine Niederlassung in der Union hat, die datenschutzrechtlichen Vorgaben zu beachten hat. Dazu gehören grundsätzlich auch die Anforderungen der Art. 44 ff. DSGVO. ErwG 101 S. 4 DSGVO besagt, dass in jedem Fall derartige Datenübermittlungen nur unter strikter Einhaltung dieser Verordnung zulässig sind. Eine Privilegierung sieht der ErwG und auch der verbindliche Teil nicht vor.

Jedoch ist fraglich, ob es einen Auftragsverarbeiter i. S. d. Art. 4 Nr. 8 DSGVO ohne einen Verantwortlichen i. S. d. Art. 4 Nr. 7 DSGVO und damit einen Auftragsverarbeitungsvertrag nach Art. 28 Abs. 3 DSGVO geben kann. Art. 4 Nr. 8 DSGVO setzt gerade voraus, dass der Auftragsverarbeiter im Auftrag eines „*Verantwortlichen*" i. S. d. Art. 4 Nr. 7 DSGVO personenbezogene Daten verarbeitet. Ein „*Verantwortlicher*", der jedoch nicht unter die DSGVO fällt, ist kein Verantwortlicher i. S. d. Art. 4 Nr. 7 DSGVO. Auch der vermeintliche Auftragsverarbeiter ist selbst kein Verantwortlicher i. S. d. Verordnung, da dieser nicht die Zwecke und Mittel der Verarbeitung bestimmt.[440] Dieser handelt vielmehr rein weisungsgebunden im Rahmen seines Auftrages. Daher wird teilweise vertreten, dass es sich bei dem „*Auftragsverarbeiter*" um einen reinen Dienstleister handelt, der nicht der DSGVO unterfällt.[441] Es bestehe allerdings dennoch die Möglichkeit, vertragliche Regelungen zum Datenschutz zu vereinbaren.

Im Ergebnis sprechen die besseren Argumente dafür, dass der Auftragsverarbeiter für die Übermittlung der personenbezogenen Daten in ein Drittland an den Auftraggeber die Vorgaben der DSGVO und insbesondere der Artt. 44 ff. DSGVO einzuhalten hat. Mangels Vorhandenseins eines Verantwortlichen i. S. d. DSGVO ist jedoch kein Auftragsverarbeitungsvertrag nach Art. 28 Abs. 3 DSGVO abzuschließen.

---

439 *Hornung*, in: Simitis et al., Datenschutzrecht, Art. 3 Rn. 34.

440 *Grzeszick/Rauber*, ZD 2018, 560, 563.

441 Ebenso *Grzeszick/Rauber*, ZD 2018, 560, 563; aA *Golland*, ZD 2020, 397, 300, der die Auftragsverarbeitung analog anwendet.

### (2) Bindung des Auftraggebers an die DSGVO?

Ferner stellt sich die Frage, ob der Arbeitgeber als Verantwortlicher und Auftraggeber an die Vorgaben der DSGVO gebunden ist, wenn er sich eines Auftragsverarbeiters bedient, der sich in der Union befindet. Teilweise wird davon ausgegangen, dass sich durch die Wahl eines unionsansässigen Auftragsverarbeiters, der Verantwortliche allen Pflichten aus der DSGVO unterwirft.[442]

Diese Ansicht wird überwiegend jedoch abgelehnt.[443] Als Argument wird angeführt, dass die Gegenansicht zu einer uferlosen Ausweitung des Anwendungsbereichs der DSGVO führen würde. Außerdem erbringe der Auftragsverarbeiter lediglich eine Verarbeitungstätigkeit, welche nicht untrennbar mit den Tätigkeiten des Auftraggebers verbunden sind. Zudem wäre aus systematischen Gründen eine Anwendbarkeit der DSGVO für den Auftraggeber nicht sachgerecht. Art. 3 Abs. 2 DGSVO sehe den Fall vor, dass ein Auslandsbezug in einem Drittland vorliegt und der Fall aus diesem Grund nach dieser Vorschrift zu behandeln ist. Außerdem werden die Entstehungsgeschichte und die Regelungsintention des europäischen Gesetzgebers angeführt, da nicht beabsichtigt war, eine hinausgehende Begründung der exterritorialen Anwendbarkeit der DSGVO zu erzeugen. Es gebe weiterhin keine Pflicht zur Bestimmung eines Vertreters nach Art. 27 Abs. 1 DSGVO, da diese Pflicht nur nach Art. 3 Abs. 2 DSGVO bestehe.

Die zuletzt genannte Ansicht ist vorzugswürdig. Der Wortlaut des Art. 3 DSGVO betrifft ausdrücklich die Fälle, in denen es zu einer Anwendbarkeit der DSGVO kommt. Der unionsfremde Verantwortliche muss die DSGVO nicht nach Art. 3 Abs. 1 DSGVO beachten, da dieser keine Niederlassung in der Union hat. Insbesondere handelt es sich bei dem Auftragsverarbeiter um keine Niederlassung des Verantwortlichen. Die Anwendbarkeit der DSGVO kann sich demnach nur aus Art. 3 Abs. 2 bzw. Abs. 3 DSGVO ergeben, wobei Absatz 3 aufgrund des Völkerrechts nicht in Betracht kommt. Art. 3 Abs. 2 DSGVO stellt eine Neuerung gegenüber der DSRL dar (vgl. Zweiter Teil, § 6, D., II., 2.). Mit dieser Regelung wollte man den Anwendungsbereich der DSGVO erweitern. Wenn keine der dort genannten Alternativen einschlägig ist, dann ist dieses Ergebnis zu akzeptieren und eine extensive Auslegung muss unterbleiben. Der unionsfremde Auftraggeber, der sich lediglich einem unionsansässigen Auftragsverarbeiter bedient, nimmt keine in Art. 3 Abs. 2 DSGVO genannten Tätigkeiten vor. Damit muss dieser Auftraggeber auch nicht die Vorgaben der DSGVO einhalten.

---

442 *Schantz*, in: Schantz/Wolff, Datenschutzrecht, Rn. 328 f.; wohl auch *Hofmann*, ZD-Aktuell 2017, 05488.

443 *EDPB*, Guidelines 3/2018, S. 12; *Feiler/Forgó*, DSGVO, Art. 3 Rn. 4; *Fromageau/Bäuerle/Werkmeister*, PinG 2018, 216 f.; *Hornung*, in: Simitis et al., Datenschutzrecht, Art. 3 Rn. 33 (keine mittelbare Anwendung der DSGVO); *Kühling/Raab/Klar*, in: Kühling/Buchner, Art. 3 DSGVO, Rn. 38; *Schmidt*, in: Taeger/Gabel, Art. 3 DSGVO, Rn. 13 ff.

### bb. Auftraggeber in der Union mit unionsfremden Auftragsverarbeiter

Schließlich muss der Fall betrachtet werden, wenn sich der Arbeitgeber als Auftraggeber in der Europäischen Union befindet und einen unionsfremden Auftragsverarbeiter zur Datenverarbeitung einsetzt. Dies ist zum Beispiel dann der Fall, wenn sich der Arbeitgeber dazu entschließt, ein unionsfremdes Recruitingunternehmen einzusetzen, welches sich mit der Anwerbung von potenziellen Bewerbern in der Union befassen soll.

Der Arbeitgeber als Verantwortlicher nach Art. 4 Nr. 7 DSGVO muss die Anforderungen an die DSGVO erfüllen, soweit seine Verarbeitung personenbezogener Daten im Rahmen der Tätigkeiten einer Niederlassung in der Union erfolgt (Art. 3 Abs. 1 DSGVO). Insbesondere bedarf die Übermittlung der personenbezogenen Daten einer Erlaubnisnorm (siehe zur Privilegierung der Auftragsverarbeitung Vierter Teil, § 22, B.). Die Vorschriften für die Übermittlung personenbezogener Daten an Drittländer müssen eingehalten werden.

Fraglich ist, ob der unionsfremde Auftragsverarbeiter, der personenbezogene Daten im Auftrag des Arbeitgebers verarbeitet, unmittelbar oder mittelbar an die DSGVO gebunden wird.

Der *Europäische Datenschutzausschuss* und Teile der Literatur gehen davon aus, dass eine mittelbare Geltung der Pflichten aus Art. 28 DSGVO über den erforderlichen Auftragsverarbeitungsvertrag erfolgt.[444] Durch den Abschluss eines Auftragsverarbeitungsvertrages nach Art. 28 Abs. 3 DSGVO werde die betroffene Person hinreichend geschützt. Die Übertragung der Daten zwischen Auftragsverarbeiter und dem Verantwortlichen unterliegt damit teilweise den Vorgaben der DSGVO.

*Ernst* geht dagegen davon aus, dass die Pflichten aus der DSGVO unmittelbar für den unionsfremden Auftragsverarbeiter gelten.[445] Begründet wird dies mit ErwG 22 S. 1, wonach jede Verarbeitung personenbezogener Daten im Rahmen der Tätigkeiten einer Niederlassung eines Verantwortlichen oder eines Auftragsverarbeiters in der EU den Vorgaben der DS-GVO entsprechen soll, unabhängig davon, ob die Verarbeitung in oder außerhalb der EU stattfindet.

Einschränkend wird teilweise angenommen, dass allein für den Verantwortlichen die Vorschriften der DSGVO unmittelbar anzuwenden sind und nicht für den Auftragsverarbeiter.[446] Dieser falle nur dann unter die DSGVO, wenn Art. 3 Abs. 2 bzw. Art. 3 Abs. 3 DSGVO einschlägig wäre, was bei Cloud-Angeboten der Fall sein kann.

444 *EDPB*, Guidelines 3/2018, S. 11; *Fromageau/Bäuerle/Werkmeister*, PinG 2018, 216, 217.

445 *Ernst*, in: Paal/Pauly, Art. 3 DSGVO, Rn. 12.

446 *Borges*, in: Forgó et al., Datenschutz, Teil 1, Kap. 3, Rn. 166 f.; *Kühling/Raab/Klar*, in: Kühling/Buchner, Art. 3 DSGVO, Rn. 39; *Kremer*, in: Schwartmann et al., Art. 28 DSGVO, Rn. 57; *Roßnagel/Kroschwald*, ZD 2014, 495, 497.

Der Auftragsverarbeiter kann nur dann an die DSGVO gebunden werden, wenn die Voraussetzungen des Art. 3 DSGVO erfüllt sind. Absatz 1 greift vorliegend nicht, da der Auftragsverarbeiter keine Niederlassung in der EU hat. Absatz 2 greift auch nicht, da der Auftragsverarbeiter nicht den betroffenen Personen ein Angebot macht, sondern allein dem Verantwortlichen. Durch die Übermittlung der personenbezogenen Daten durch den Verantwortlichen an den Auftragsverarbeiter müssen die Vorschriften für die Übermittlung in Drittländer nach den Artt. 44 ff. DSGVO beachtet werden. Zugleich wird zwischen dem Verantwortlichen und dem Auftragsverarbeiter ein Auftragsverarbeitungsvertrag nach Art. 28 Abs. 3 DSGVO abgeschlossen. In diesem Vertrag werden dem Verantwortlichen und dem Auftragsverarbeiter verschiedene Rechte und Pflichten auferlegt, die beide Parteien einzuhalten haben. Die Verarbeitung der Daten beim Auftragsverarbeiter unterliegt den Vorschriften, welche im Auftragsverarbeitungsvertrag normiert sind, ansonsten den Vorschriften des jeweiligen nationalen Rechts. Dies bedeutet, dass die datenschutzrechtlichen Vorschriften der DSGVO, die im Vertrag normiert wurden, vom Auftragsverarbeiter einzuhalten sind. Dadurch entsteht eine gewisse Bindung an die DSGVO. Insgesamt wird empfohlen, die Anwendbarkeit der DSGVO im Innenverhältnis zwischen Verantwortlichen und Auftragsverarbeiter zu vereinbaren.[447]

## 2. Marktortprinzip, Art. 3 Abs. 2 DSGVO

Neu eingefügt in die DSGVO wurde das sog. Marktortprinzip nach Art. 3 Abs. 2 DSGVO[448], welches teilweise als die bedeutendste Vorgabe der DSGVO bezeichnet wird und das bis dato geltende Territorialprinzip ablöst.[449] Danach findet die Verordnung auch Anwendung, wenn der Datenverarbeiter keine Niederlassung in der Union hat, d. h. wenn der Datenverarbeiter in einem Drittland sitzt, er aber den betroffenen Personen in der Union Waren oder Dienstleistungen anbietet (lit. a) oder das Verhalten betroffener Personen beobachtet, soweit ihr Verhalten in der Union erfolgt (lit. b). Maßgeblich für die Anwendung des Marktortprinzip ist, dass der Verantwortliche oder der Auftragsverarbeiter keine Niederlassung in der Europäischen Union hat.[450] Sollte der Verantwortliche unter das Marktortprinzip nach Art. 3 Abs. 2 DSGVO fallen, so hat er nach Art. 27 Abs. 1 DSGVO schriftlich einen Vertreter in der Union zu benennen, soweit die Pflicht nach Art. 27 Abs. 2 DSGVO nicht entfällt. Besteht eine Niederlassung, bestimmt sich die Anwendbarkeit der DSGVO allein nach Art. 3 Abs. 1 DSGVO. Weitere Voraussetzung ist, dass sich die betroffenen Personen *„in der (Europäi-*

---

447 *EDPB*, Guidelines 3/2018, S. 11; *Kremer*, in: Schwartmann et al., Art. 28 DSGVO, Rn. 57; *Schantz*, in: Schantz/Wolff, Datenschutzrecht, Rn. 343.

448 *Dombrowsky*, ZfA 2019, 5; *Pabst*, in: Schwartmann et al., Art. 3 DSGVO, Rn. 25.

449 *Kühling/Raab/Klar*, in: Kühling/Buchner, Art. 3 DSGVO, Rn. 8; *Schmidt*, in: Taeger/Gabel, Art. 3 DSGVO, Rn. 16. Zur Kritik *Brauneck*, EuZW 2019, 494 ff.

450 *Mantz/Marosi*, in: Specht/Mantz, Datenschutzrecht, § 3 Rn. 33; *Schmidt*, in: Taeger/Gabel, Art. 3 DSGVO, Rn. 18 (teleologische Erweiterung).

*schen) Union befinden*". Diese Formulierung wird in der datenschutzrechtlichen Literatur unterschiedlich interpretiert.

Teilweise wird davon ausgegangen, dass es ausreichend ist, wenn die betroffene Person sich nur kurzfristig in der Union befindet, unabhängig davon, ob sie auch in der Union wohnhaft ist.[451] Es wird damit auf den tatsächlichen Aufenthaltsort abgestellt. Dabei wird überwiegend auf den Zeitpunkt der ersten fraglichen Datenverarbeitung durch den Verantwortlichen abgestellt. Begründet wird dies mit der Gesetzgebungsgeschichte, wonach die Formulierung „*ansässig*" bzw. der Hinweis auf den Wohnsitz der betroffenen Person nicht mehr in der DSGVO zu finden ist. Ebenfalls wird auf den Schutzweck abgestellt, der verlangt, dass eine betroffene Person aus einem Drittland dem Schutz der DSGVO unterfällt, wenn sie in der EU Waren einkauft.

*Golland* spricht sich dafür aus, dass mit dieser Formulierung der gewöhnliche Aufenthaltsort gemeint ist.[452] Begründet wird dies mit dem Wortlaut von Art. 3 Abs. 2 lit. b Hs. 2 DSGVO. Der Formulierung „*soweit ihr Verhalten in der Union erfolgt*" hätte es nicht bedurft, wenn der Gesetzgeber mit der Formulierung in Art. 3 Abs. 2 Hs. 1 DSGVO („*in der Union*") den tatsächlichen Aufenthaltsort gemeint hätte. Das Verhalten kann nur dort beobachtet werden, wo sich die betroffene Person auch tatsächlich aufhält. Im Umkehrschluss muss mit der Formulierung in Art. 3 Abs. 2 Hs. 1 DSGVO („*in der Union*") der gewöhnliche Aufenthaltsort gemeint sein. Ebenfalls spreche der Wortlaut „*befinden*", der nicht auf die Dauer abstellt, dafür, dass es ausreichend sei, wenn sich zum Zeitpunkt der ersten Verarbeitung die betroffene Person in der Union befindet, unabhängig von der Staatsangehörigkeit oder dem Wohnort. Dies untermauere auch ErwG 14 S. 1, der insoweit den Schutz unabhängig von Staatsangehörigkeit und Aufenthaltsort machen will.

Zunächst kann festgehalten werden, dass es nach dem Wortlaut der Norm nicht auf die Staatsangehörigkeit oder den Status der betroffenen Person als Unionsbürger ankommt. Einzige Voraussetzung ist, dass sich die betroffene Person zum Zeitpunkt der Datenverarbeitung in der Union aufhält. Es kann keinen Unterschied machen, ob sich die betroffene Person nur kurzfristig in der Union aufhält oder dauerhaft in der Union lebt. Der Schutz muss insoweit umfassend sein. Um einen möglichst umfassenden Schutz bei der Verarbeitung personenbezogener Daten zu gewährleisten, sollte alternativ auf den tatsächlichen oder auf den

451 *Barlag*, in: Roßnagel, DSGVO, § 3 Rn. 17; *Hanloser*, in: BeckOK DatenSR, DSGVO, 48. Ed. 01.11.2021, Art. 3 Rn. 27 („Unionsaufenthalter"); *Hornung*, in: Simitis et al., Datenschutzrecht, Art. 3 Rn. 41 f.; *Husemann*, in: Roßnagel, Datenschutzrecht § 3 Rn. 14; *Kühling/Raab/Klar*, in: Kühling/Buchner, Art. 3 DSGVO, Rn. 63; *Plath/Struck*, in: Plath, Art. 3 DSGVO, Rn. 18; *Schlender*, in: Gierschmann et al., Art. 3 Rn. 16; *Schmidt*, in: Taeger/Gabel, Art. 3 DSGVO, Rn. 17; *Uecker*, ZD 2019, 67, 68.

452 *Golland*, DuD 2018, 351, 356; *ders.*, Soziale Netzwerke, S. 109; ebenso *Borges*, in: Forgó et al., Datenschutz, Teil 1, Kap. 3 Rn. 127 f. (alternativ der tatsächliche Aufenthaltsort); wohl auch *EDPB*, Guidelines 3/2018, S. 15.

gewöhnlichen Aufenthaltsort abgestellt werden. Dies entspricht der Wertung des ErwG 14 S. 1, wonach der durch diese Verordnung gewährte Schutz ungeachtet der Staatsangehörigkeit oder des Aufenthaltsortes gelten soll. Auch ErwG 23 S. 1 geht offensichtlich davon aus, einen möglichst umfassenden Schutz zu gewährleisten („*Damit einer natürlichen Person der gemäß dieser Verordnung gewährleistete Schutz nicht vorenthalten wird*"). Bewerber aus Drittländern sowie alle sonstigen Bewerber aus der Union, die sich nur für kurze Zeit in der Union aufhalten, gehören demnach zu dem geschützten Personenkreis. Für Bewerber, die in der EU leben, gilt dies gleichermaßen.

### a. Angebot von Waren oder Dienstleistungen

Die erste Alternative des Art. 3 Abs. 2 lit. a DSGVO betrifft die Konstellation, dass betroffenen Personen in der Union Waren oder Dienstleistungen angeboten werden, unabhängig davon, ob von diesen Personen eine Zahlung zu leisten ist. Damit sind auch kostenlose Angebote erfasst. Wann ein „*Angebot*" einer solchen Dienstleistung in der Union vorliegt, wird anhand von Hilfsfaktoren und Indizien bestimmt.[453] Nach deutschem zivilrechtlichen Verständnis liegt ein Angebot vor, wenn eine auf einen Vertragsschluss gerichtete Willenserklärung abgegeben wird.[454] Das Angebot im Sinne der DSGVO ist davon jedoch losgelöst autonom auszulegen, sodass grundsätzlich auch die Aufforderung zur Abgabe eines Angebots (sog. invitatio ad offerendum) umfasst ist, welches nicht notwendigerweise zu einem Vertragsschluss führen muss.[455] ErwG 23 S. 3 zählt Faktoren auf, wann ein solches Angebot vorliegen kann. Hier orientiert sich der europäische Gesetzgeber offensichtlich an dem „*Pammer und Alpenhof*"-Urteil des EuGH.[456] Demnach ist die Verwendung der Sprache, die in einem oder mehreren Mitgliedstaaten gebräuchlich ist, in Verbindung mit der Möglichkeit, Dienstleistungen in dieser anderen Sprache zu bestellen, ein Hinweis auf ein Angebot. Dies muss vom Verantwortlichen offensichtlich beabsichtigt sein (vgl. ErwG 23 S. 2). Daraus lässt sich schließen, dass der Verantwortliche zielgerichtet agieren muss. Eine innere Absicht des Verantwortlichen kann damit aber nicht gemeint sein, sondern vielmehr, dass der objektive Empfängerhorizont maßgeblich ist.[457] Dies legt die englische Fassung nahe („*whether it is apparent that the controller*

453 *Pabst*, in: Schwartmann et al., Art. 3 DSGVO, Rn. 30; *Plath/Struck*, in: Plath, Art. 3 DSGVO, Rn. 23.

454 *Stadler*, BGB, § 19 Rn. 3.

455 *Golland*, Soziale Netzwerke, S. 110; *Hornung*, in: Simitis et al., Datenschutzrecht, Art. 3 Rn. 50; *Kühling/Raab/Klar*, in: Kühling/Buchner, Art. 3 DSGVO, Rn. 66; *Uecker*, ZD 2019, 67, 68.

456 EuGH, Urt. v. 07.12.2010 – C-585/08 u. C-144/09, EuZW 2011, 98 – Pammer und Alpenhof; *Borges*, in: Forgó et al., Datenschutz, Teil 1, Kap. 3, Rn. 137; *Golland*, Soziale Netzwerke, S. 110.

457 *Borges*, in: Forgó et al., Datenschutz, Teil 1, Kap. 3, Rn. 137; *Meyerdierks*, in: Moos et al., DSGVO, Kap. 3, Rn. 49; *Zerdick*, in: Ehmann/Selmayr, Art. 3 Rn. 24.

*or processor envisages offering services to data subjects in one or more Member States in the Union*“).

Die „*bloße Zugänglichkeit der Website des Verantwortlichen, des Auftragsverarbeiters oder eines Vermittlers in der Union, einer E-Mail-Adresse oder anderer Kontaktdaten oder die Verwendung einer Sprache, die in dem Drittland, in dem der Verantwortliche niedergelassen ist, allgemein gebräuchlich ist, ist hierfür kein ausreichender Anhaltspunkt*“ (vgl. ErwG 23 S. 3). Das bloße passive Bereithalten eines Angebots auf einer Internetseite kann ein solches Angebot darstellen, wenn eine deutlich erkennbare Ausrichtung erfolgt und Indikatoren gegeben sind, die einen europäischen Fokus nahelegen.[458] Es ist ein voluntatives Element des Datenverarbeiters erforderlich, wobei Art. 3 Abs. 2 lit. a DSGVO vom Wortlaut her nicht auf Internetsachverhalte beschränkt ist.[459]

Maßgeblich für die Bejahung dieses Tatbestandsmerkmals ist die Gesamtbetrachtung aller Umstände des Einzelfalls.[460] Der Begriff der Dienstleistung wird in der DSGVO nicht näher definiert. Bezüglich der Dienstleistung wird oftmals auf die Definitionen der Dienstleistungsfreiheit aus Art. 57 Abs. 1 AEUV und aus Art. 4 Nr. 1 Dienstleistungsrichtlinie[461] Bezug genommen.[462] Art. 4 Nr. 1 der Dienstleistungsrichtlinie definiert die Dienstleistung als jede selbstständige Tätigkeit, die in der Regel gegen Entgelt erbracht wird. Nach der DSGVO ist es hingegen unerheblich, ob von den betroffenen Personen eine Zahlung zu leisten ist. Nach *Plath/Struck* darf der Begriff der „*Dienstleistungen*“ nicht auf Leistungen i. S. d. § 611 BGB reduziert werden, sondern der Begriff umfasse zweifellos auch Werk- und sonstige Leistungen.[463]

Fraglich ist, ob das Schalten einer deutschen Stellenanzeige für einen bestimmten Beruf von einem amerikanischen Unternehmen auf dessen amerikanischer Webseite ein Angebot für eine Dienstleistung darstellt. Denn bei einem Arbeitsvertrag nach § 611a BGB handelt es sich um einen Unterfall des Dienstvertrages nach § 611 BGB. Folgender Fall soll als Beispiel illustriert werden: Ein amerikanisches Unternehmen, welches keine Niederlassung in der Union hat, schaltet auf seiner Webseite eine deutsche Stellenanzeige mit dem Wunsch vor allen deutsche Staatsbürger einzustellen. Ein deutscher Bewerber sendet daraufhin seine Bewer-

458 *Kühling/Raab/Klar*, in: Kühling/Buchner, Art. 3 DSGVO, Rn. 67, 81; *Schröder/von Alten/Weinhold*, DuD 2018, 746, 747.

459 *Golland*, DuD 2018, 351, 356; *Hornung*, in: Simitis et al., Datenschutzrecht, Art. 3 Rn. 51.

460 *EDPB*, Guidelines 3/2018, S. 17 (mit Beispielen); *Albrecht/Jotzo*, Datenschutzrecht, Teil 3, Rn. 32; *Ennöckl*, in: Sydow, DSGVO/BDSG, Art. 3 DSGVO, Rn. 13; *Schlender*, in: Gierschmann et al., Art. 3 Rn. 23.

461 Richtlinie 2006/123/EG des Europäischen Parlaments und des Rates vom 12. Dezember 2006 über Dienstleistungen im Binnenmarkt.

462 *Borges*, in: Forgó et al., Datenschutz, Teil 1, Kap. 3, Rn. 132; *Kühling/Raab/Klar*, in: Kühling/Buchner, Art. 3 DSGVO, Rn. 71; *Schmidt*, in: Taeger/Gabel, Art. 3 DSGVO, Rn. 20 f.; *Wieczorek*, DuD 2013, 644, 647.

463 *Plath/Struck*, in: Plath, Art. 3 DSGVO, Rn. 22.

bungsunterlagen an dieses amerikanische Unternehmen. Es stellt sich die Frage, ob dieses Unternehmen an die Vorgaben der DSGVO gebunden wird. Die bloße Zugänglichkeit einer Webseite in der Union führt noch nicht zur Anwendbarkeit des Unionsrechts.[464] Allerdings wird auf einer amerikanischen und damit englischsprachigen Webseite eine deutsche Stellenanzeige geschaltet und der Wunsch nach deutschen Staatsangehörigen geäußert. Das Unternehmen zielt damit auf betroffene Personen in der Union ab. Das Unternehmen hat *„offensichtlich beabsichtigt"*, das deutsche Publikum anzusprechen. Unabhängig davon, ob man im konkreten Fall die Ausrichtung auf die Europäische Union bejaht, fällt dieser Fall dennoch nicht unter Art. 3 Abs. 2 lit. a DSGVO. Denn Art. 3 Abs. 2 lit. a DSGVO verlangt vom Wortlaut her, dass der Verantwortliche oder Auftragsverarbeiter der betroffenen Person eine Dienstleistung anbietet. Die Dienstleistung nach § 611a BGB stellt jedoch eine Dienstleistung des Arbeitnehmers an den Arbeitgeber dar. Der Arbeitnehmer bietet dem Arbeitgeber seine Dienste in *„weisungsgebundener, fremdbestimmter Arbeit in persönlicher Abhängigkeit"* an, sodass der Arbeitgeber gerade keine Dienstleistung anbietet. Eine Stellenausschreibung stellt kein Angebot des Arbeitgebers an den Bewerber auf Abschluss eines Arbeitsvertrages dar, da diese in der Regel keine rechtsverbindlichen Erklärungen enthält.[465] Der Beispielsfall führt demnach nicht zur Anwendung der DSGVO.

Übermittelt der Bewerber seine Bewerbungsunterlagen an einen Arbeitgeber außerhalb der Europäischen Union, der nicht in den Anwendungsbereich des Art. 3 DSGVO fällt, so findet die DSGVO vom Wortlaut her keine Anwendung, da der Bewerber in diesem Fall nicht schutzwürdig ist und die Erwartungshaltung der Parteien nicht dahingehend zu verstehen ist, dass die DSGVO eingreifen könnte.[466] Dies wird auch dadurch untermauert, dass ein Zusammenhang zwischen der Datenverarbeitung und dem Angebot nur dann angenommen wird, wenn die betroffene Person und der Angebotsempfänger identisch sind. Die Datenverarbeitung muss nach dem Wortlaut des Art. 3 Abs. 2 DSGVO im Zusammenhang mit einer der Alternativen stehen. Damit wird eine finale, unmittelbare Verbindung zwischen den Alternativen und der Verarbeitung gefordert.[467] Durch dieses Tätigwerden des Bewerbers kann der Arbeitgeber nicht in den Anwendungsbereich der DSGVO gezogen werden, es sei denn, dass er das Angebot des Bewer-

---

464 EuGH, Urt. v. 12.07.2011 – C-324/09, Rn. 64, MMR 2011, 596 – L'Oréal SA u. a.; aA *Borges*, in: Forgó et al., Datenschutz, Teil 1, Kap. 3, Rn. 143 (wenn es eine de.-Domain ist).

465 *Linck*, in: Schaub, Arbeitsrecht, § 25 Rn. 3; *Suckow*, in: Schleusener et al., AGG, § 11 Rn. 54; *Thüsing*, in: Henssler et al., Arbeitsrecht, § 611a BGB, Rn. 153.

466 *Klar*, DuD 2017, 533, 535; *Klar/Kühling*, AöR 2016, 165, 222; *Meyerdierks*, in: Moos et al., DSGVO, Kap. 3, Rn. 57 f.; *Pabst*, in: Schwartmann et al., Art. 3 DSGVO, Rn. 24; *Schlender*, in: Gierschmann et al., Art. 3 Rn. 7; aA wohl *Ennöckl*, in: Sydow, DSGVO/BDSG, Art. 3 DSGVO, Rn. 13; *Plath/Struck*, in: Plath, Art. 3 DSGVO, Rn. 29 (wenn es zum Vertragsschluss kommt).

467 *Uecker*, ZD 2019, 67, 69; aA *Hornung*, in: Simitis et al., Datenschutzrecht, Art. 3 Rn. 52.

bers annimmt. In diesem Fall ist der Arbeitgeber nicht schutzbedürftig, da er nun darüber im Klaren ist, dass er personenbezogene Daten einer betroffenen Person in der Europäischen Union verarbeitet. Er muss sich nun an die Anforderungen der DSGVO halten.[468] Wenn der Arbeitgeber sich hingegen nicht auf das Angebot des Bewerbers aus der Europäischen Union einlässt, dann muss der Arbeitgeber nur die datenschutzrechtlichen Anforderungen des Drittlands beachten. Da sich der Arbeitgeber in diesem Fall nicht aktiv auf die Union ausgerichtet hat, erscheint es nicht angemessen, ihn an die DSGVO zu binden.

Für ein Angebot, welches ausdrücklich nicht an europäische Bürger gerichtet werden soll, ist es ratsam, dies ausdrücklich im Angebot festzustellen oder europäische Kunden aktiv von dem Angebot auszusperren oder umzuleiten, auch wenn eine solche Maßnahme nicht verpflichtend ist.[469] Ein solcher Hinweis stellt allerdings nur ein Indiz dar, was durch eine gegenläufige Praxis widerlegt werden kann.

### b. Verhaltensbeobachtung

Beobachtet der im Drittland befindliche Arbeitgeber den Bewerber, der sich in der Union befindet, und verarbeitet in dem Zusammenhang personenbezogene Daten, dann kann der räumliche Anwendungsbereich nach Art. 3 Abs. 2 lit. b DSGVO eröffnet sein. Der Bewerber muss seinen tatsächlichen physischen Aufenthaltsort in der Union haben, sodass es auf die Staatsangehörigkeit des Bewerbers nicht ankommt.[470] Maßgeblich ist nur, dass sich der Rechner der betroffenen Person in der Union befindet bzw. sich die betroffene Person selbst in der Union aufhält.[471] Wann eine solche Verhaltensbeobachtung vorliegt, wird in der DSGVO nicht näher ausgeführt. Der Zweck der Datenverarbeitung muss darin liegen, das Verhalten des Bewerbers zu beobachten, was durch ErwG 24 S. 1 verdeutlicht wird.[472] Danach muss die Verarbeitung dazu „*dienen*“, das Verhalten dieser Personen zu beobachten. Für die Beobachtungshandlung wird daher verlangt, dass die Beobachtung zielgerichtet erfolgen muss und in Form von personenbezogenen Daten gespeichert wird.[473] Eine Überwachung soll damit

---

468 *Hornung*, in: Simitis et al., Datenschutzrecht, Art. 3 Rn. 52; *Plath/Struck*, in: Plath, Art. 3 DSGVO, Rn. 29.

469 *Hornung*, in: Simitis et al., Datenschutzrecht, Art. 3 Rn. 53; *Meyerdierks*, in: Moos et al., DSGVO, Kap. 3, Rn. 58.

470 *Plath/Struck*, in: Plath, Art. 3 DSGVO, Rn. 19; *Roßnagel/Nebel/Richter*, ZD 2015, 455, 456; aA *Borges*, in: Forgó et al., Datenschutz, Teil 1, Kap. 3, Rn. 157 (der zusätzlich einen „Bezug zur EU“ fordert).

471 *Borges*, in: Forgó et al., Datenschutz, Teil 1, Kap. 3, Rn. 157; *Plath/Struck*, in: Plath, Art. 3 DSGVO, Rn. 34; *Uecker*, ZD 2019, 67, 70.

472 AA *Ernst*, in: Paal/Pauly, Art. 3 DSGVO, Rn. 20.

473 *Borges*, in: Forgó et al., Datenschutz, Teil 1, Kap. 3, Rn. 146; *Hornung*, in: Simitis et al., Datenschutzrecht, Art. 3 Rn. 57; *Schmidt*, in: Taeger/Gabel, Art. 3 DSGVO, Rn. 25 („zielgerichtete Sammeln von Erkenntnissen“); *Uecker*, ZD 2019, 67, 69.

aber nicht gemeint sein.[474] ErwG 24 S. 2 erläutert, dass eine solche Tätigkeit insbesondere dann vorliegt, wenn die Internetaktivitäten der betroffenen Person nachvollzogen werden, um damit die persönlichen Vorlieben, Verhaltensweisen oder Gepflogenheiten analysieren zu können. Der europäische Gesetzgeber hatte bei der Einfügung des Art. 3 Abs. 2 DSGVO laut dem ErwG 24 vor allem die Beobachtung der Person im Internet im Blick. Die Vorschrift zielt in erster Linie auf die Online-Werbung im Internet ab.[475] Allerdings findet sich eine solche Beschränkung im Wortlaut des Art. 3 Abs. 2 lit. b DSGVO nicht wieder, sodass grundsätzlich auch die Beobachtung in Offline-Kontexten erfasst ist.[476] Die Beobachtung setzt nach überwiegender Ansicht eine gewisse Dauer und Intensität voraus.[477] *Schmidt* hingegen hält diese Anforderung für überzogen, da auch kurzfristige Maßnahmen zu erheblichen Beeinträchtigungen der Grundrechte führen können.[478] Der Ansicht von *Schmidt* ist zuzustimmen. Aus dem Wortlaut des Art. 3 Abs. 2 lit. b DSGVO ergibt sich nicht, dass eine Beobachtung erst gegeben ist, wenn dies dauerhaft und intensiv erfolgt. Vielmehr reicht es für eine Beeinträchtigung der Grundrechte bereits aus, dass kurzfristige Beobachtungen vorgenommen wurden.

Fraglich ist, ob diese Vorschrift auch auf die Bewerbersituation übertragen werden kann. Beobachtet der Arbeitgeber einen Bewerber, der sich in der Union befindet, über soziale Netzwerke (insb. LinkedIn, Xing), um zu analysieren, ob dieser ein geeigneter Kandidat für die ausgeschriebene Stelle ist, und verarbeitet er dabei personenbezogene Daten, dann fällt dieses Verhalten grundsätzlich in den Anwendungsbereich der DSGVO.[479]

Jedoch reicht es nach teils vertretener Ansicht nicht aus, nur einen einzelnen Bewerber zu beobachten. Denn die Beobachtung beschränke sich nicht auf punktuelle Erfassungsvorgänge, sondern meint eine umfassende Beobachtung von natürlichen Personen unter Zuhilfenahme von Datenverarbeitungstechniken wie zum Beispiel von Cookies.[480] Die Beobachtung setze demnach eine mehrfache

---

474 *Uecker*, ZD 2019, 67, 69.

475 *Plath/Struck*, in: Plath, Art. 3 DSGVO, Rn. 32; *Voigt*, in: v. d. Bussche/Voigt, Konzerndatenschutz, Teil 4, Kap. 1, Rn. 24 (keine Vorgänge außerhalb des Internets); *Wybitul*, in: Kiel et al., MHA, § 96 Rn. 84.

476 *Brauneck*, EuZW 2019, 494, 498; *Culik*, Beschäftigtendatenschutz, S. 138; *Hornung*, in: Simitis et al., Datenschutzrecht, Art. 3 Rn. 58; *Meyerdierks*, in: Moos et al., DSGVO, Kap. 3, Rn. 60; *Schmidt*, in: Taeger/Gabel, Art. 3 DSGVO, Rn. 28; *Uecker*, ZD 2019, 67, 70.

477 *Borges*, in: Borges/Hilber, BeckOK IT-Recht, 14. Ed. 01.01.2022, Art. 3 DSGVO, Rn. 95; *ders.*, in: Forgó et al., Datenschutz, Teil 1, Kap. 3, Rn. 149; *Kühling/Raab/Klar*, in: Kühling/Buchner, Art. 3 DSGVO, Rn. 94 f.; *Uecker*, ZD 2019, 67, 69.

478 *Schmidt*, in: Taeger/Gabel, Art. 3 DSGVO, Rn. 25.

479 *Däubler*, Gläserne Belegschaften, Rn. 495 („Beobachtung von Arbeitnehmerverhalten").

480 *Borges*, in: Forgó et al., Datenschutz, Teil 1, Kap. 3, Rn. 149; *Pabst*, in: Schwartmann et al., Art. 3 DSGVO, Rn. 37.

Datenerhebung voraus und nicht die einmalige Erhebung von Daten. Das entspreche dem Wortlaut des lit. b, wonach das Verhalten *„betroffener Personen“* beobachtet werden muss. Es wird nicht auf die einzelne natürliche Person, sondern auf eine Mehrzahl von Personen abgestellt. Eine andere Bewertung könne sich ergeben, wenn die personenbezogenen Daten über mehrere Tage und Internetkontakte genutzt werden, um das Verhalten des Bewerbers zu analysieren.[481] Es komme hierbei auf den Einzelfall an.

Dieser Ansicht kann nicht zugestimmt werden. ErwG 24 S. 2 besagt, dass es auch nur auf eine natürliche Person ankommen kann. Wenn von einer natürlichen Person ein Profil erstellt wird, *„das insbesondere die Grundlage für sie betreffende Entscheidungen bildet oder anhand dessen ihre persönlichen Vorlieben, Verhaltensweisen oder Gepflogenheiten analysiert oder vorausgesagt werden sollen“*, dann wird dies nach dem Willen des europäischen Gesetzgebers auch als Verhaltensbeobachtung i. S. d. Art. 3 Abs. 2 lit. b DSGVO angesehen. Es kann keinen Unterschied machen, ob nur ein oder mehrere Bewerber beobachtet und analysiert werden. Für beide Fälle ist die DSGVO anwendbar.

## III. Räumlicher Anwendungsbereich des BDSG

Der deutsche Gesetzgeber hat in § 1 Abs. 4 S. 2 BDSG den räumlichen Anwendungsbereich für nichtöffentliche Stellen definiert. Im Gegensatz zu öffentlichen Stellen, für die das Gesetz uneingeschränkt gilt, werden bei den nichtöffentlichen Stellen drei Anwendungsbereiche unterschieden, die gleichwertig sind, sodass es ausreicht, wenn eine Variante erfüllt ist.[482]

### 1. Verarbeitung im Inland, § 1 Abs. 4 S. 2 Nr. 1 BDSG

Nach § 1 Abs. 4 S. 2 Nr. 1 BDSG findet das BDSG auf nichtöffentliche Stellen Anwendung, sofern der Verantwortliche oder Auftragsverarbeiter personenbezogene Daten im Inland verarbeitet. Es wird demnach auf ein Territorialprinzip abgestellt, wobei mit der Formulierung *„Inland“* nur Deutschland als Ort der Verarbeitung gemeint sein kann.[483] Ausreichend ist, dass die Datenverarbeitung im Inland erfolgt, sodass für die Einschlägigkeit dieser Norm nicht relevant ist, ob der Verantwortliche seinen Sitz bzw. seine Niederlassung in Deutschland hat und ob er personenbezogene Daten von EU-Bürgern verarbeitet. Ebenfalls irrelevant ist, wenn dieser Vorgang auch im Zusammenhang mit ausländischen Vorgängen steht, solange der Verarbeitungsvorgang im Inland erfolgt.[484] Demnach ist es ausreichend, wenn entweder der Verantwortliche oder der Auftragsverarbeiter perso-

---

481 *Borges*, in: Forgó et al., Datenschutz, Teil 1, Kap. 3, Rn. 149 ff.

482 *Borges*, in: Forgó et al., Datenschutz, Teil 1, Kap. 3, Rn. 12 (§ 1 Abs. 4 BDSG ist „missglückt“); *Piltz*, BDSG, § 1 Rn. 28; *Plath*, in: Plath, § 1 BDSG, Rn. 21.

483 *Husemann*, in: Roßnagel, Datenschutzrecht, § 3 Rn. 30; *Plath*, in: Plath, § 1 BDSG, Rn. 22.

484 *Gusy/Eichenhofer*, in: BeckOK DatenSR, BDSG, 48. Ed. 01.11.2021, § 1 Rn. 99.

nenbezogene Daten in Deutschland verarbeitet. Fraglich ist, wie es sich verhält, wenn der Arbeitgeber als Verantwortlicher, der seinen Sitz in einem Drittland hat, einen Auftragsverarbeiter für die Bewerberauswahl einsetzt, der seinen Sitz in Deutschland hat. Der Wortlaut legt nahe, dass der Auftragsverarbeiter dem räumlichen Anwendungsbereich des BDSG unterliegt, da die Verarbeitung der personenbezogenen Daten im Inland, d. h. in Deutschland, erfolgt. Hingegen wäre die räumliche Anwendbarkeit des verantwortlichen Arbeitgebers nicht gegeben, da dieser keine Verarbeitung vornimmt, die im Inland erfolgt. *Plath* will aufgrund des Sinn und Zweck der Regelung den verantwortlichen Arbeitgeber in den räumlichen Anwendungsbereich miteinbeziehen.[485] Das BDSG stellt in dieser Variante maßgeblich auf den physischen Ort der Verarbeitung ab. Dieser Ansatz ist der DSGVO fremd, da diese auf das Vorhandensein einer Niederlassung abstellt und gerade nicht nur auf den Ort der Verarbeitung.[486] Für den Anwendungsbereich der DSGVO wollte der europäische Gesetzgeber ausdrücklich auf die Niederlassung abstellen und nicht auf den Ort der Verarbeitung. Das BDSG geht damit deutlich über den Anwendungsbereich der DSGVO hinaus, sodass in der Literatur angemerkt wird, dass diese Variante einen Verstoß gegen das Europarecht darstellen könnte.[487] Zudem kann es zu widersprechenden Regelungen kommen, wenn ein Verantwortlicher, welcher eine Niederlassung nur in einem Mitgliedstaat hat, Daten auf verschiedenen Servern in verschiedenen Mitgliedstaaten verarbeitet. Es ist daher zu fordern, dass § 1 Abs. 4 S. 2 Nr. 1 BDSG dahingehend auszulegen ist, dass die Verarbeitung im Inland erfolgt und eine Niederlassung in Deutschland gegeben sein muss. Damit wäre zugleich eine Verknüpfung mit § 1 Abs. 4 S. 2 Nr. 2 BDSG gegeben, da in dieser Variante die Verarbeitung der personenbezogenen Daten im Rahmen der Tätigkeiten einer inländischen Niederlassung des Verantwortlichen oder Auftragsverarbeiters erfolgen muss.

## 2. Inländische Niederlassung, § 1 Abs. 4 S. 2 Nr. 2 BDSG

Nach § 1 Abs. 4 S. 2 Nr. 2 BDSG ist ebenfalls ausreichend, wenn die Verarbeitung personenbezogener Daten im Rahmen der Tätigkeit einer inländischen Niederlassung des Verantwortlichen erfolgt. Maßgeblicher Anknüpfungspunkt ist demnach das Vorhandensein einer inländischen Niederlassung. Dies entspricht dem Niederlassungsprinzip in Art. 3 Abs. 1 DSGVO, wobei nach der Gesetzesbegründung der „*Harmonisierungsgedanke*" der DSGVO im Vordergrund stand.[488]

---

485 *Plath*, in: Plath, § 1 BDSG, Rn. 23.

486 *Piltz*, BDSG, § 1 Rn. 29; *Plath*, in: Plath, § 1 BDSG, Rn. 24; *Schlender*, in: Gierschmann et al., Art. 3 Rn. 36.

487 *Hanloser*, in: BeckOK DatenSR, DSGVO, 48. Ed. 01.11.2021, Art. 3 Rn. 9 („europarechtswidrig"); *Hornung*, in: Simitis et al., Datenschutzrecht, Art. 3 Rn. 13, 16 (partiell europarechtswidrig); *Kühling/Raab/Klar*, in: Kühling/Buchner, § 1 BDSG, Rn. 23 (Spannungsfeld zum unionsrechtlichen Ansatz); *Laue/Nink/Kremer*, Datenschutzrecht, § 1 Rn. 70 („europarechtlich bedenklich"); *Piltz*, BDSG, § 1 Rn. 31 („Risiko einer Europarechtswidrigkeit").

488 BT-Drs. 18/11325, S. 80.

Der Begriff der Niederlassung muss im Sinne der DSGVO ausgelegt werden. Im BDSG fehlt allerdings der Zusatz der DSGVO, wonach es unerheblich ist, ob die Verarbeitung in der Union stattfindet (Art. 3 Abs. 1 DSGVO aE). Dies wird teilweise in der datenschutzrechtlichen Literatur für unschädlich gehalten, da sich dieses Erfordernis aus der Systematik der Norm ergibt, da im Vergleich zu Nummer 2 gerade nicht auf den Ort der Verarbeitung abgestellt wird.[489] *Klar* spricht hingegen von einer misslichen Lage, da aus dem derzeitigem Gesetzeswortlaut nicht klar wird, ob der Ort der (technischen) Datenverarbeitung relevant sein soll.[490] Für die räumliche Anwendbarkeit des BDSG ist unerheblich, ob die Verarbeitung in Deutschland erfolgt. Im Ergebnis ist der Prüfungsmaßstab des § 1 Abs. 4 S. 2 Nr. 2 BDSG derselbe wie bei Art. 3 Abs. 1 DSGVO. In der Gesetzesbegründung wird fehlerhaft davon ausgegangen, dass die Datenverarbeitung *„durch"* eine in Deutschland ansässige Niederlassung erfolgen muss.[491] Der Wortlaut des § 1 Abs. 4 S. 2 Nr. 2 BDSG spricht hingegen richtigerweise davon, dass die Verarbeitung nur *„im Rahmen der Tätigkeiten"* einer inländischen Niederlassung erfolgen muss. Dies entspricht der Wortwahl des Art. 3 Abs. 1 DSGVO. Es ist nicht erforderlich, dass die Verarbeitung *„durch"* die Niederlassung zu erfolgen hat, sondern es reicht aus, dass dies nur *„im Rahmen der Tätigkeit"* erfolgt.

### 3. Europäisches Marktortprinzip, § 1 Abs. 4 S. 2 Nr. 3 BDSG

Nach der Gesetzesbegründung, welche fälschlicherweise den Satz 1 des Absatzes 4 zitiert, entspricht § 1 Abs. 4 S. 2 Nr. 3 BDSG dem § 1 Abs. 5 S. 2 BDSG a. F.[492] Dies scheint ein redaktionelles Versehen zu sein, da § 1 Abs. 5 S. 2 BDSG a. F. kein Marktortprinzip kannte[493] und vielmehr auf § 1 Abs. 4 S. 2 Nr. 1 BDSG zu passen scheint. Demnach ist der räumliche Anwendungsbereich des BDSG für nichtöffentliche Stellen eröffnet, sofern der Verantwortliche zwar keine Niederlassung in einem Mitgliedstaat der Europäischen Union oder in einem anderen Vertragsstaat des Abkommens über den Europäischen Wirtschaftsraum hat, er aber in den Anwendungsbereich der DSGVO fällt. Demnach wäre es für die Anwendbarkeit des BDSG ausreichend, wenn eine der Voraussetzungen des Art. 3 DSGVO erfüllt ist. Dies hätte zur Konsequenz, dass ein in den USA niedergelassener Arbeitgeber, der Bewerberdaten eines französischen EU-Bürgers aufgrund eines konkreten Angebots nach Art. 3 Abs. 2 lit. a DSGVO verarbeiten würde, den Regelungen des BDSG unterworfen wäre, obwohl kein Bezug zu Deutschland gegeben wäre. Dieser erweiterte Anwendungsbereich kann vom deutschen Gesetzgeber nicht intendiert sein.[494] *Meyerdierks* sieht deshalb

489 *Plath*, in: Plath, § 1 BDSG, Rn. 26.
490 *Klar*, in: Kühling/Buchner, § 1 BDSG, Rn. 27; ebenso *Piltz*, BDSG, § 1 Rn. 34.
491 BT-Drs. 18/11325, S. 80.
492 BT-Drs. 18/11325, S. 80.
493 *Klar*, in: Kühling/Buchner, § 1 BDSG, Rn. 30.
494 *Grimm*, in: Tschöpe, Arbeitsrecht, 6. Teil, F., Rn. 13 („offenkundig zu weit").

in § 1 Abs. 4 S. 2 Nr. 3 BDSG einen Rechtsgrundverweis auf Art. 3 Abs. 2 und 3 DSGVO[495], während andere Stimmen in der Literatur dies nur als Verweis auf Art. 3 Abs. 2 DSGVO verstehen.[496] In den Verweis des § 1 Abs. 4 S. 2 Nr. 3 BDSG auf Art. 3 Abs. 2 DSGVO soll ein Inlandsbezug hineingelesen werden, sodass zusätzlich erforderlich ist, dass der Verantwortliche betroffenen Personen in Deutschland Waren oder Dienstleistungen anbietet oder ihr Verhalten in Deutschland beobachtet.[497] Davon geht offensichtlich auch *Kühling* aus, wonach das Angebot von Waren und Dienstleistungen und die Verhaltensbeobachtung jeweils in Deutschland zu erfolgen hat.[498] Es wird daher zu Recht moniert, warum § 1 Abs. 4 S. 2 Nr. 3 BDSG nicht ausdrücklich auf Art. 3 Abs. 2 DSGVO rekurriert und warum ein Bezug auf Deutschland nicht klar angesprochen wird.[499] Wegen dieses unklaren Wortlauts wird teilweise davon ausgegangen, dass Nummer 3 europarechtswidrig ist.[500]

## § 7 Weitere relevante Regelungen

Neben der DSGVO und dem BDSG sind im Rahmen des Bewerbungsverfahrens noch weitere nationale Gesetze zu beachten. Dazu zählen insbesondere das Allgemeine Gleichbehandlungsgesetz, das Gendiagnostikgesetz, das Betriebsverfassungsgesetz sowie das Bundeszentralregistergesetz. Im Rahmen der nachfolgenden Arbeit werden auf die wichtigsten Regelungen Bezug genommen, um sie im Regelungsgefüge von DSGVO und BDSG einzuordnen. Auch das allgemeine Persönlichkeitsrecht i. S. d. Art. 2 Abs. 1 i. V. m. Art. 1 Abs. 1 GG spielt eine wesentliche Rolle, welches grundsätzlich neben der DSGVO zur Anwendung kommt, soweit die DSGVO keine abschließende Regelung enthält.[501] Davon ist nicht auszugehen, da der Daten- und Persönlichkeitsschutz nicht vollständig übereinstimmen. Die vorliegende Arbeit legt den Schwerpunkt vornehmlich auf die Regelungen der DSGVO und des BDSG.

---

495 *Meyerdierks*, in: Moos et al., DSGVO, Kap. 3, Rn. 91.

496 *Hornung*, in: Simitis et al., Datenschutzrecht, Art. 3 Rn. 15; *Klar*, in: Kühling/Buchner, § 1 BDSG, Rn. 29; *Piltz*, BDSG, § 1 Rn. 44.

497 *Hornung*, in: Simitis et al., Datenschutzrecht, Art. 3 Rn. 13 (teleologische Reduktion); *Lauber-Rönsberg*, in: Specht/Mantz, Datenschutzrecht, § 4 Rn. 72; kritisch *Piltz*, BDSG, § 1 Rn. 46 („in der Union" müsste als „in der Bundesrepublik Deutschland" verstanden werden); *Plath*, in: Plath, § 1 BDSG, Rn. 27 („in der Union" soll „im Inland" gelesen werden).

498 *Kühling*, NJW 2017, 1985, 1987.

499 *Klar*, in: Kühling/Buchner, § 1 BDSG, Rn. 30; *Lauber-Rönsberg*, in: Specht/Mantz, Datenschutzrecht, § 4 Rn. 72.

500 *Hanloser*, in: BeckOK DatenSR, DSGVO, 48. Ed. 01.11.2021, Art. 3 Rn. 9; ähnlich *Laue/Nink/Kremer*, Datenschutzrecht, § 1 Rn. 70 („missglückt").

501 *Haußmann/Thieme*, NZA 2019, 1612, 1616; *Weth*, in: Weth et al., Daten- und Persönlichkeitsschutz, B., I., Rn. 114, 117.

# Dritter Teil: Grundsätze der Datenverarbeitung

Die DSGVO und das BDSG werden von Grundsätzen der Datenverarbeitung beherrscht. Die Grundsätze für die Verarbeitung personenbezogener Daten sind in Art. 5 DSGVO normiert. Sie sind bei jeder Verarbeitung personenbezogener Daten einzuhalten. Insgesamt werden in Absatz 1 sechs Grundsätze genannt, die allerdings nicht abschließend sind.[1] Die Datenverarbeitungsgrundsätze gelten unmittelbar und sind verbindliche Prinzipien, was durch die besondere Stellung am Anfang des „*Kapitel II – Grundsätze*" verdeutlicht wird.[2] Es handelt sich dabei um keine Erlaubnisnormen für die Verarbeitung personenbezogener Daten, da diese abschließend in Art. 6 Abs. 1 DSGVO aufgeführt sind.[3] § 26 Abs. 5 BDSG stellt bezogen auf den Anwendungsbereich der DSGVO deklaratorisch fest, dass der Verantwortliche geeignete Maßnahmen ergreifen muss, um sicherzustellen, dass insbesondere die in Art. 5 DSGVO dargelegten Grundsätze für die Verarbeitung personenbezogener Daten eingehalten werden.[4] In Bezug auf die nichtautomatisierte Verarbeitung, die in keinem Dateisystem erfolgt, entfaltet § 26 Abs. 5 BDSG insoweit konstitutive Wirkung.[5] Denn hiernach muss der Verantwortliche die Datenverarbeitungsgrundsätze auch in Bezug auf die nichtautomatisierte Verarbeitung einhalten. Bei den Grundsätzen handelt es sich unter anderem um eine Ausprägung des Art. 8 Abs. 2 GRCh, der insoweit die Grundsätze der Rechtmäßigkeit, Treu und Glauben, Zweckbindung, Transparenz und Richtigkeit enthält. Zudem können die Grundsätze als Konkretisierung der allgemeinen Regelungen zum Grundrecht auf Datenschutz in Art. 16 Abs. 2 AEUV, Art. 8 EMRK und Art. 5 Datenschutzkonvention Nr. 108 des Europarats angesehen werden.[6] Da die Grundsätze der Datenverarbeitung auch im Rahmen der Bewerbungsphase eine tragende Rolle zukommen, werden diese im Folgenden dargestellt. Für die Einhaltung der folgenden Grundsätze ist der Verantwortliche nach Art. 5 Abs. 2 DSGVO i. V. m. Art. 24 Abs. 1 S. 1 DSGVO verantwortlich und nachweispflichtig. Dies wird in der DSGVO als sog. Rechenschaftspflicht legaldefiniert. Der Verantwortliche muss aktiv Maßnahmen ergreifen, damit die nachfolgend genannten Grundsätze umgesetzt werden.[7]

---

1 *Roßnagel*, in: Roßnagel, Datenschutzrecht, § 3 Rn. 48 (zB Territorialitätsprinzip nach Art. 3 Abs. 1 oder der Grundsatz der Verhältnismäßigkeit).

2 *Breyer*, DuD 2018, 311; *Hornung/Wagner*, CR 2019, 565, 569; *Roßnagel*, in: Simitis et al., Datenschutzrecht, Art. 5 Rn. 23 („unmittelbar geltendes Recht"); aA *Weth*, in: Weth et al., Daten- und Persönlichkeitsschutz, B., I., Rn. 71 („keine unmittelbar umsetzbaren Vorgaben").

3 *Hornung/Wagner*, ZD 2020, 223, 226 (bezogen auf Art. 5 Abs. 1 lit. e).

4 *Tiedemann*, in: Sydow, DSGVO/BDSG, § 26 BDSG, Rn. 57 („sinnfrei und überflüssig"); *Zöll*, in: Taeger/Gabel, § 26 BDSG, Rn. 95 („Klarstellung der gesetzlichen Vorgaben").

5 *Seifert*, in: Simitis et al., Datenschutzrecht, Art. 88 Rn. 225; *Wybitul*, NZA 2017, 413, 418.

6 *Roßnagel*, in: Roßnagel, Datenschutzrecht, § 3 Rn. 40.

7 *Gosch*, Besondere Kategorien, S. 61 (Rechenschaftspflicht als Grundsatz wegen ErwG 85); *Roßnagel*, in: Roßnagel, Datenschutzrecht, § 3 Rn. 83.

# § 8 Rechtmäßigkeit, Treu und Glauben, Transparenz, Art. 5 Abs. 1 lit. a DSGVO

Der zuerst genannte Grundsatz nach Art. 5 Abs. 1 lit. a DSGVO besagt, dass personenbezogene Daten auf rechtmäßige Weise, nach Treu und Glauben und in einer für die betroffene Person nachvollziehbaren Weise verarbeitet werden müssen.

Der Grundsatz der „*Rechtmäßigkeit*“ spiegelt sich in den Grundsätzen des Art. 5 und Art. 6 Abs. 1 DSGVO wider, der in der datenschutzrechtlichen Literatur überwiegend als sog. Verbot mit Erlaubnisvorbehalt bezeichnet wird.[8] Hiernach ist die Verarbeitung personenbezogener Daten grundsätzlich verboten, es sei denn, dass eine Erlaubnisnorm eingreift, die die Verarbeitung erlaubt bzw. in den Worten der DSGVO: „*Die Verarbeitung ist nur rechtmäßig, wenn mindestens eine der nachstehenden Bedingungen erfüllt ist*“. Dies entspricht der englischen Sprachfassung, wonach der Begriff „*auf rechtmäßige Weise*“ mit „*lawfully*“ übersetzt wird. Der Begriff „*lawful*“ wird auch im Rahmen des Art. 6 Abs. 1 DSGVO verwendet. Zutreffender ist mit *Mantz/Marosi* jedoch von einem „*Verarbeitungsrechtfertigungszwang*“ zu sprechen, da ein ausdrückliches Verbot nur in Art. 9 Abs. 1 DSGVO normiert wird.[9] Im Ergebnis bedeutet dies, dass der Arbeitgeber für die Verarbeitung von Bewerberdaten eine Erlaubnisnorm benötigt. Teilweise wird vertreten, dass das Verbot mit Erlaubnisvorbehalt durch Art. 8 Abs. 2 S. 1 GRCh vorgegeben werde, der diesen Grundsatz primärrechtlich enthalte.[10] Dem ist jedoch nur eingeschränkt zuzustimmen. Für Private gilt Art. 8 Abs. 2 S. 1 GRCh nicht unmittelbar, sondern richtet sich nur an die in Art. 51 GRCh genannten Stellen. Für nicht staatliche Stellen normiert die DSGVO originär eine Pflicht, personenbezogene Daten auf der Grundlage einer Erlaubnisnorm zu verarbeiten.

Bezüglich des Grundsatzes von „*Treu und Glauben*“ darf nicht das Verständnis des Treu und Glaubens nach § 242 BGB zugrunde gelegt werden, da dieser Begriff autonom nach europäischem Verständnis ausgelegt werden muss.[11] Nach

8 *Albrecht*, in: Simitis et al., Datenschutzrecht, Einführung zu Art. 6, Fn. 1 („Erlaubnistatbestandsnorm“); *Leeb/Liebhaber*, JuS 2018, 534, 536 („Verbotsprinzip“); *Wilmer*, in: Jandt/Steidle, Datenschutz, Teil B, II., Rn. 6; *Wybitul*, CB 2016, 101, 103; *ders.*, in: Kiel et al., MHA, § 96 Rn. 55 (besser: „Verbot mit Erlaubnistatbestandsvorbehalt“); aA *Reimer*, Verwaltungsdatenschutzrecht, Rn. 112 („Verbot mit Ausnahmen“); *Roßnagel*, NJW 2019, 1 ff. (kein „Verbotsprinzip“ und kein „Verbot mit Erlaubnisvorbehalt“). Beachte den Streit, ob eine enge oder weite Auslegung des Begriffs geboten ist *Spindler/Dalby*, in: Spindler/Schuster, Elektron. Medien, DSGVO, Art. 5 Rn. 4. Kritik dieses Grundsatzes *Giesen*, NVwZ 2019, 1711 ff. (darf nur für staatliche Datenverarbeitung gelten).

9 *Mantz/Marosi*, in: Specht/Mantz, Datenschutzrecht, § 3 Rn. 50.

10 *Selmayr/Ehmann*, in: Ehmann/Selmayr, Einleitung, Rn. 32.

11 *Brink/Schwab*, in: Wedde, Datenschutz, B., Rn. 136; *Klement*, in: Simitis et al., Datenschutzrecht, Art. 7 Rn. 8; *Wilmer*, in: Jandt/Steidle, Datenschutz, Teil B, II., Rn. 7; *Wybitul*, in: Kiel et al., MHA, § 96 Rn. 57.

dem EuGH impliziert dieser Grundsatz unter anderem die Verpflichtung, dass der Verantwortliche die betroffenen Personen darüber informiert, dass Daten erhoben werden, um sie anschließend zu verarbeiten.[12] Der *Europäische Datenschutzausschuss* versteht hierunter die Anerkennung der berechtigten Erwartungen der betroffenen Personen, die Prüfung von nachteiligen Folgen der Verarbeitung und die Berücksichtigung der Beziehung und Auswirkungen eines Ungleichgewichts zwischen der betroffenen Person und dem Verantwortlichen.[13] *Wybitul/Böhm* gehen davon aus, dass der Begriff weitgehend dem Verhältnismäßigkeitsprinzip entspricht, welcher bereits aus dem deutschen Recht bekannt ist. Sie rekurrieren dabei auf die englische Fassung des Art. 5 Abs. 1 lit. a DSGVO.[14] *Pötters/Schmidt* grenzen den Begriff negativ ab, indem treuwidrige, unfaire Verhaltensweisen über Fallgruppen gebildet werden.[15] Auch *Roßnagel* möchte lieber den Begriff der „*Fairness*" einführen, der eine Art Auffangklausel darstellt.[16] Dieser Grundsatz soll insbesondere dann zum Tragen kommen, wenn die betroffene Person durch die Datenverarbeitung einen Nachteil erfährt, der mit den sonstigen Vorschriften der DSGVO auch nicht abgewendet werden kann, obwohl dies aus Fairnessgründen angebracht wäre. Die Begründung zum damaligen Art. 6 DSRL besagte, dass insbesondere die heimliche Verarbeitung personenbezogener Daten mit diesem Tatbestandsmerkmal ausgeschlossen werden sollte.[17]

Zusätzlich nennt Art. 5 Abs. 1 lit. a DSGVO den Grundsatz der „*Transparenz*". Dieser Grundsatz durchzieht die gesamte DSGVO und wird insbesondere durch ErwG 39 S. 2-5 beschrieben. Die betroffene Person muss wissen, welche personenbezogenen Daten von einem Verantwortlichen über sie verarbeitet werden. Dazu muss unter anderem eine eingeholte Einwilligungserklärung sprachlich und inhaltlich verständlich sein.[18] Nur auf diese Weise werden der betroffenen Person unter Umständen Rechtsverstöße bekannt, gegen die sie sich mit den Rechten der DSGVO wehren kann.[19] Dazu wurden im Gegensatz zum BDSG a. F. vermehrt Vorschriften eingeführt, die die notwendige Transparenz für die betroffene Person gewährleisten. Zu nennen sind insbesondere die Artt. 12 ff. DSGVO, in denen umfangreiche Informationspflichten nach Art. 13 bzw. bei

---

12 EuGH, Urt. v. 16.01.2019 – C-496/17, Rn. 59, EuZW 2019, 746 – Deutsche Post AG; dazu *Hoffmann/Schulte*, EuZW 2019, 733, 736 f.; ebenso *Conrad/Treeger*, in: Auer-Reinsdorff/Conrad, IT- und Datenschutzrecht, § 34 Rn. 136.

13 *EDPB*, Guidelines 2/2019, S. 6.

14 *Wybitul*, CB 2016, 101, 103; *Wybitul/Böhm*, CB, Online Update, 1, 3; ebenso *Spindler/Dalby*, in: Spindler/Schuster, Elektron. Medien, DSGVO, Art. 5 Rn. 5.

15 *Pötters/Schmidt*, in: Preis/Sagan, Arbeitsrecht, § 11 Rn. 52; ebenso *Giakoumopoulos/Buttarelli/O'Flaherty*, Datenschutzrecht, S. 142.

16 *Roßnagel*, in: Roßnagel, Datenschutzrecht, § 3 Rn. 53; ebenso *Breyer*, DuD 2018, 311, 312 („Rücksichtnahmepflicht"); *Voigt*, in: v. d. Bussche/Voigt, Konzerndatenschutz, Teil 3, Kap. 2, Rn. 4.

17 Begr. zu Art. 6 des geä. Vorschlags, abgedr. bei *Dammann/Simitis*, Vor Art. 6.

18 *Von dem Bussche*, in: v. d. Bussche/Voigt, Konzerndatenschutz, Teil 3, Kap. 3, Rn. 19.

19 *Pötters/Schmidt*, in: Preis/Sagan, Arbeitsrecht, § 11 Rn. 56.

der Erhebung der Daten beim Dritten nach Art. 14 DSGVO gegenüber dem Bewerber bestehen. Diese Informationspflichten werden in der Regel mittels einer „*Datenschutzerklärung*" im Vorfeld der Einreichung der Bewerbung umgesetzt. Auch wenn teilweise eine separate Datenschutzerklärung für Bewerber bevorzugt wird[20], können die Informationen auch in die bestehende Datenschutzerklärung, die für die Webseite zur Verfügung gestellt werden muss, integriert werden. Es sollte jedoch darauf geachtet werden, dass die Informationen im Vorfeld der Eingabe von personenbezogenen Daten bzw. spätestens mit der Absendung der Bewerbung erfolgen muss. Wenn keine Webseite von dem Verantwortlichen unterhalten wird, müssen die Informationspflichten nach Eingang einer gewünschten Bewerbung unverzüglich dem Bewerber übersandt werden.[21]

## § 9 Zweckbindung, Art. 5 Abs. 1 lit. b DSGVO

Ein weiterer wichtiger Grundsatz im Beschäftigtendatenschutz ist der Grundsatz der Zweckbindung, welcher in Art. 5 Abs. 1 lit. b DSGVO festgeschrieben ist. Hiernach müssen personenbezogene Daten für festgelegte, eindeutige und legitime Zwecke erhoben werden und sie dürfen nicht in einer mit diesen Zwecken nicht zu vereinbarenden Weise weiterverarbeitet werden. Dies bedeutet, dass vor bzw. bei der Erhebung der personenbezogenen Daten die Verarbeitungszwecke eindeutig und bestimmt genug festgelegt sein müssen.[22] *Simitis* stellte zutreffend fest, dass der Verarbeitungszweck den „*Erhebungs- genauso wie den Diffusionsrahmen*" festlegt.[23] Die personenbezogenen Daten dürfen folglich nur in dem Rahmen verarbeitet werden, wie dies vorher durch den Zweck festgelegt worden ist. Einer Datenverarbeitung auf Vorrat soll damit ein Riegel vorgeschoben werden.

In der DSGVO wird allerdings nicht festgelegt, wie konkret die Zwecke festgelegt sein müssen. Je weiter der Zweck gefasst ist, desto mehr Verarbeitungen wären für den Arbeitgeber möglich. Aus diesem Grund wird gefordert, die Zwecke möglichst eng zu fassen, damit die Verarbeitungszwecke für die betroffenen Personen vorhersehbar und eindeutig sind, sodass ein bloßes Abstellen auf eine Erlaubnisnorm nicht ausreichend ist.[24] Auch die Begründung zum damaligen

---

20 *Faas*, jM 2019, 454, 457; *Grimm*, in: Tschöpe, Arbeitsrecht, 6. Teil, F., Rn. 202. Beispiel eines Informationsblatts bei *Taur*, in: Schaub et al., Formular- und Verfahrenshandbuch, Kap. 1,1. Teil, Rn. 34.

21 *Grimm/Göbel*, jM 2018, 278, 279.

22 *Pötters/Schmidt*, in: Preis/Sagan, Arbeitsrecht, § 11 Rn. 59; *Roßnagel*, in: Roßnagel, Datenschutzrecht, § 3 Rn. 60 („zentrale Grundsatz").

23 *Simitis*, in: Brem et al., FS Pedrazzini, 469, 485 („Verarbeitungsspielraum"); ebenso *Breyer*, DuD 2018, 311, 313; *Wybitul*, CB 2016, 101, 103 (Zweck „entscheidet über dessen Zulässigkeit").

24 *Gola/Japsers*, RDV 2018, 145, 146; *Roßnagel*, in: Roßnagel, Datenschutzrecht, § 3 Rn. 66 („präzise und konkret"); *Voigt*, in: v. d. Bussche/Voigt, Konzerndatenschutz, Teil 3, Kap. 2, Rn. 8 („gewisser Detaillierungsgrad").

Art. 6 lit. b DSRL besagte, dass „*eine allgemeine oder vage Definition oder Beschreibung des Gegenstands einer Verarbeitung [beispielsweise „für kommerzielle Zwecke"]*" dem Grundsatz der Zweckbindung nicht entsprach.[25] Dies gibt auch Art. 5 Abs. 1 lit. b DSGVO ausdrücklich vor, wonach die personenbezogenen Daten für festgelegte, „*eindeutige*" und legitime Zwecke erhoben werden müssen. Dem Bewerber muss klar werden, dass seine personenbezogenen Daten zu einem bestimmten Zweck bzw. zu bestimmten Zwecken verarbeitet werden (z. B. die Daten werden zur Überprüfung der Geeignetheit des Bewerbers für die konkrete Stellenbesetzung verarbeitet). Der Zweck darf demnach nicht versteckt oder für die betroffene Person nicht vorhersehbar sein.[26] Ein gewisser Abstraktionsgrad muss allerdings erlaubt sein. Zum Teil wird vertreten, dass die Zweckbestimmung grundsätzlich schriftlich fixiert werden muss.[27] Aus Transparenz- und Nachweisgründen nach Art. 5 Abs. 2 DSGVO ist ein solches Vorgehen zwar zu empfehlen, lässt sich dem Wortlaut der DSGVO aber nicht entnehmen. Auch durch eine mündliche Mitteilung können die festgelegten, eindeutigen und legitimen Zwecke für die Verarbeitung dem Bewerber mitgeteilt werden.

Der Zweck ist „*legitim*", wenn er von der Rechtsordnung gebilligt wird, was dann nicht der Fall wäre, wenn der Arbeitgeber von dem Bewerber personenbezogene Daten erhebt, die diesen unzulässig diskriminieren.[28] Die Legitimität liegt insbesondere dann vor, wenn eine Erlaubnisnorm für die Verarbeitung besteht und kein Verstoß gegen sonstige geltende Rechtsnormen gegeben ist.[29]

Bezogen auf ein Online-Bewerbungsportal ist zu empfehlen, die notwendigen Informationen bereits dann bereitzustellen, bevor der Bewerber die Möglichkeit hat, das Formular auszufüllen.[30] Denn in diesem Fall wird dem Bewerber deutlich gemacht, zu welchen Zwecken seine personenbezogenen Daten nach dem Ausfüllen und Absenden des Formulars verarbeitet werden. Er kann sich dann frei entscheiden, ob er die Bewerbung abgeben will oder nicht. Der zukünftige Arbeitgeber muss bei allen „*Transportwegen*" einer Bewerbung dafür Sorge tragen, dass bereits bei Erhebung der personenbezogenen Bewerberdaten dem Bewerber die festgelegten Zwecke bekannt sind. In den Fällen, in denen das aus

---

25 Begr. zu Art. 6 des geä. Vorschlags, abgedr. bei *Dammann/Simitis*, Vor Art. 6.

26 *Breyer*, DuD 2018, 311, 313.

27 *Mantz/Marosi*, in: Specht/Mantz, Datenschutzrecht, § 3 Rn. 85; *Reimer*, in: Sydow, DSGVO/BDSG, Art. 5 DSGVO, Rn. 21 („textliche Dokumentation"); *Wolff*, in: Schantz/Wolff, Das neue DatenschutzR, Teil D, Kap. I, Rn. 403 („gewisse Perpetuierung").

28 *Taeger*, in: Taeger/Gabel, Art. 6 DSGVO, Fn. 2; *Voigt*, in: v. d. Bussche/Voigt, Konzerndatenschutz, Teil 3, Kap. 2, Rn. 7 („Hiervon umfasst sind alle geschriebenen Rechte, Gewohnheitsrecht, Primär- und Sekundärrecht, Verordnungen, bindende Präzedenzfälle, Verfassungsprinzipien, Grundrechte und andere Rechtsprinzipien sowie die Rechtsprechung").

29 *Herbst*, in: Kühling/Buchner, Art. 5 DSGVO, Rn. 37; *Spindler/Dalby*, in: Spindler/Schuster, Elektron. Medien, DSGVO, Art. 5 Rn. 8.

30 *Gola/Japsers*, RDV 2018, 145.

rein tatsächlichen Gründen nicht möglich ist (z. B. aufgedrängte Bewerbungen per Post oder E-Mail), sollte unmittelbar im Nachgang diese Information erfolgen. Dies kann im Wege einer Bestätigungs-E-Mail geschehen.

## A. Zweckänderung

Die Zweckänderung, welche in Art. 5 Abs. 1 lit. b DSGVO angelegt ist, greift Art. 6 Abs. 4 DSGVO auf und präzisiert ihn, sodass diese beiden Vorschriften zusammen zu betrachten sind. Die Zweckänderung fristet in der Praxis ein Schattendasein.[31] Unter einer Zweckänderung ist jede Datenverarbeitung zu verstehen, die nicht in den Rahmen des ursprünglichen Erhebungszwecks fällt.[32] Nach dem EuGH stellt jede Verarbeitung personenbezogener Daten, die nach der ursprünglichen Verarbeitung erfolgt, eine solche Zweckänderung dar, wobei es auf den Zweck nicht ankomme.[33] Art. 6 Abs. 4 DSGVO stellt eine Ausnahme von der Zweckbindung dar.[34] Grundsätzlich liegt mit der Erhebung von personenbezogenen Daten eine Zweckbindung vor. Nach Zweckerledigung sind die personenbezogenen Daten grundsätzlich zu löschen (vgl. Art 17 Abs. 1 lit. a DSGVO). Um nun diese personenbezogenen Daten zu einem neuen Zweck weiterverarbeiten zu dürfen, müsste der Verantwortliche theoretisch die aktuellen Daten löschen und dann neu erheben.[35] Damit der Verantwortliche diesen Aufwand nicht betreiben muss, sieht Art. 6 Abs. 4 DSGVO eine Möglichkeit vor, wie die bereits vorhandenen personenbezogenen Daten weiterverarbeitet werden können. Unter gewissen Voraussetzungen darf eine Weiterverarbeitung zu anderen Zwecken erfolgen. Diese Zweckänderung ist auch für das Beschäftigungsverhältnis von Relevanz, insbesondere bei Daten aus einem angebahnten Beschäftigungsverhältnis.[36] Die Zweckänderung in der Bewerbungsphase kann dann relevant werden, wenn der potenzielle Arbeitgeber die Informationen des Bewerbers für einen anderen Zweck als den der Anbahnung eines Beschäftigungsverhältnisses verwenden will. So kann es vorkommen, dass der Bewerber im Anschluss Werbung des Arbeitgebers erhält, da dieser nun über die Anschrift des Bewerbers verfügt. Es kann auch Fälle geben, in denen der Arbeitgeber den Bewerber für die derzeitige Stellenausschreibung nicht einstellen will, ihn aber dennoch in einem sog. Talent-Pool aufwenden möchte. Diese Fälle stellen typischerweise eine Zweckänderung dar, da der Zweck in erster Linie die Begründung eines Beschäftigungsverhältnisses ist.

---

31 *Schulz*, DuD 2020, 302, 303.

32 *Kramer*, in: Auernhammer, § 24 BDSG, Rn. 5; *Marsch*, in: Sydow, DSGVO/BDSG, § 24 BDSG, Rn. 8.

33 EuGH, Urt. v. 20.10.2022 – C-77/21, Rn. 31, GRUR-RS 2022, 28068 (EuGH spricht von „Weiterverarbeitung").

34 *Wilmer*, in: Jandt/Steidle, Datenschutz, Teil B, II., Rn. 12, 39.

35 Vgl. *Bergauer*, jusIT 2018/83, 231, 233.

36 *Gola/Jaspers*, RDV 2018, 145 f.; *Wilmer*, in: Jandt/Steidle, Datenschutz, Teil B, II., Rn. 47.

Eine Zweckänderung kann nach Art. 6 Abs. 4 DSGVO zulässig sein, wenn sie *„auf der Einwilligung der betroffenen Person oder auf einer Rechtsvorschrift der Union oder Mitgliedstaaten [beruht], die in einer demokratischen Gesellschaft eine notwendige und verhältnismäßige Maßnahme zum Schutz der in Artikel 23 Absatz 1 genannten Ziele darstellt*". Wenn eine neue Einwilligung (Art. 6 Abs. 1 S. 1 lit. a DSGVO) oder eine Rechtsvorschrift (Art. 6 Abs. 1 S. 1 lit. c, e DSGVO) für die konkrete Zweckänderung gegeben ist, dann liegt eine Zweckvereinbarung vor und eine weitere Prüfung nach Art. 6 Abs. 4 lit. a-e DSGVO ist nicht erforderlich (vgl. ErwG 50 S. 7: *„sollte der Verantwortliche die personenbezogenen Daten ungeachtet der Vereinbarkeit der Zwecke weiterverarbeiten dürfen*").[37]

Wenn weder eine Einwilligung noch eine Rechtsvorschrift für die Zweckänderung gegeben sind, d. h. die ursprüngliche Datenverarbeitung auf einer der Erlaubnisnormen nach Art. 6 Abs. 1 S. 1 lit. b-f DSGVO beruhte, ist die Zweckänderung dennoch kompatibel, wenn einer der Kriterien in Art. 6 Abs. 4 DSGVO erfüllt ist (sog. Kompatibilitätstest). Die Kriterien sind nicht als abschließend zu betrachten, was durch die Formulierung *„unter anderem*" deutlich wird. Vielmehr muss anhand einer Gesamtschau beurteilt werden, ob eine Vereinbarkeit des späteren Zwecks mit dem ursprünglichen Zweck gegeben ist.[38] Die aufgelisteten Kriterien bieten dazu erste Anhaltspunkte.

## B. Art. 6 Abs. 4 DSGVO als Erlaubnisnorm?

Liegt eine Vereinbarkeit mit dem ursprünglichen Zweck i. S. d. Art. 6 Abs. 4 DSGVO vor, ist fraglich, ob diese Vorschrift für sich genommen eine eigenständige Erlaubnisnorm für die Weiterverarbeitung darstellt oder ob eine weitere Erlaubnisnorm nach Art. 6 Abs. 1 DSGVO erforderlich ist. Dies ist in der Literatur umstritten. Der BGH hat diese Frage bisher offengelassen.[39] Der *Europäische Datenschutzausschuss* vertritt die Auffassung, dass es sich bei Art. 6 Abs. 4 DSGVO um keine eigenständige Erlaubnisnorm für die Verarbeitung personenbezogener Daten handelt.[40] Fraglich ist daher, wie bei eine Zweckänderung die datenschutzrechtliche Legitimation hergestellt werden kann.

---

37 *Gosch*, Besondere Kategorien, S. 103; *Spindler/Dalby*, in: Spindler/Schuster, Elektron. Medien, DSGVO, Art. 6 Rn. 23.

38 *Franzen*, EuZA 2017, 313, 327 („bewegliches System"); *Schwartmann/Pieper/Mühlenbeck*, in: Schwartmann et al., Art. 6 DSGVO, Rn. 231 (Entwicklung teilweise von der Art.-29-Datenschutzgruppe in WP 203).

39 BGH, Beschl. v. 19.11.2019 – II ZR 263/18, Rn. 29 f., BB 2020, 785; BGH, Beschl. v. 24.09.2019 – VI ZB 39/18, Rn. 44, GRUR 2020, 101.

40 *EDSA*, Leitlinien 6/2020, S. 13 („Die Prüfung der Vereinbarkeit nach Artikel 6 Absatz 4 DSGVO kann zu keiner Rechtsgrundlage für die Verarbeitung führen").

## I. Rückgriff auf ursprüngliche Erlaubnisnorm

Nach Ansicht mancher Autoren und wohl auch dem *Bundesbeauftragten für den Datenschutz und die Informationsfreiheit* kann auf die Erlaubnisnorm zurückgegriffen werden, auf die die ursprüngliche Erhebung gestützt wurde, soweit der ursprüngliche Zweck mit dem jetzigen Zweck nach Art. 6 Abs. 4 DSGVO vereinbar ist.[41] Die ursprüngliche Erlaubnisnorm wird demnach auf die Weiterverarbeitung ausgedehnt. Art. 6 Abs. 4 DSGVO stelle damit eine Art „*eigenständige*" Erlaubnisnorm neben den Erlaubnisnormen nach Art. 6 Abs. 1 DSGVO dar. Die Erlaubnisnormen nach Art. 6 Abs. 1 DSGVO seien aber nicht versperrt.

Begründet wird dies mit dem Wortlaut des ErwG 50 S. 2. Danach soll für die Weiterverarbeitung „*keine andere gesonderte Rechtsgrundlage erforderlich [sein] als diejenige für die Erhebung der personenbezogenen Daten*". Die Entstehungsgeschichte mache deutlich, dass ErwG 50 S. 2 bewusst beibehalten worden ist und gerade kein redaktionelles Versehen darstelle, da sich bereits in ErwG 40 DSGVO-Entwurf des Rates eine entsprechende Bestimmung fand. Als ein weiteres Argument für diese Ansicht wird der weite Verarbeitungsbegriff des Art. 4 Nr. 2 DSGVO angeführt, der im Rahmen der Weiterverarbeitung zum Tragen kommt. Zudem wäre die Existenz des Art. 6 Abs. 4 DSGVO entbehrlich, wenn zusätzlich auf eine weitere Erlaubnisnorm nach Art. 6 Abs. 1 DSGVO zurückgegriffen werden müsste. Es könne nicht sein, dass eine Weiterverarbeitung derselben Daten zu einem anderen Zweck zusätzlich erschwert wird.

## II. Kumulatives Vorliegen von Art. 6 Abs. 1 und 4 DSGVO

Andere Stimmen in der Literatur und auch die *Datenschutzkonferenz* gehen davon aus, dass für die Weiterverarbeitung eine neue Erlaubnisnorm nach Art. 6

---

41 *BfDI*, Positionspapier Anonymisierung, S. 6; *ders.*, 29. TB, S. 72; *Assion/Nolte/Veil*, in: Gierschmann et al., Art. 6 Rn. 213 ff.; *Borges/Steinrötter*, in: Borges/Hilber, BeckOK IT-Recht, 14. Ed. 01.01.2022, Art. 6 DSGVO, Rn. 72; *Culik*, Beschäftigtendatenschutz, S. 211; *Culik/Döpke*, ZD 2017, 226, 230; *Ennöckl*, RdM 2017, 88, 92 (bezweifelt Konformität mit Art. 8 Abs. 2 GRCh); *Feiler/Forgó*, DSGVO, Art. 6 Rn. 15; *Franzen*, in: Franzen et al., Arbeitsrecht, Art. 6 DSGVO, Rn. 14; *Giakoumopoulos/Buttarelli/O'Flaherty*, Datenschutzrecht, S. 147; *Gola*, Beschäftigtendatenschutz, Rn. 2337 f.; *Gola/Jaspers*, RDV 2018, 145, 151; *Kotschy*, in: Kuner et al., GDPR, S. 341; *Kühling/Klar/Sackmann*, Datenschutzrecht, Rn. 438; *Kühling/Martini*, EuZW 2016, 448, 451; *Marsch*, in: Sydow, DSGVO/BDSG, § 24 BDSG, Rn. 7; *Martini/Hohmann*, NJW 2020, 3573, 3576; *Monreal*, ZD 2016, 507, 510; *Niemann/Kevekordes*, CR 2020, 17, 24; *Plath/Struck*, in: Plath, Art. 6 DSGVO, Rn. 157; *Richter*, DuD 2015, 735, 736 (zum Ratsentwurf); *Roßnagel*, in: Simitis et al., Datenschutzrecht, Art. 6 Abs. 4 DSGVO, Rn. 1; *Scholz/Fröhlich*, in: Dornbusch et al., AR, Art. 6 DSGVO, Rn. 23; *Spindler/Dalby*, in: Spindler/Schuster, Elektron. Medien, DSGVO, Art. 6 Rn. 22; *von dem Bussche/Zeiter/Brombach*, DB 2016, 1359, 1364; *Wilmer*, in: Jandt/Steidle, Datenschutz, Teil B, II., Rn. 41; *Ziegenhorn*, zfm 2016, 3, 6; *Ziegenhorn/von Heckel*, NVwZ 2016, 1585, 1590 f.; aA *Richter*, DuD 2016, 581, 584 f. (bei Unvereinbarkeit gilt Art. 6 Abs. 1).

Abs. 1 DSGVO erforderlich ist und zusätzlich die Anforderungen des Art. 6 Abs. 4 DSGVO gegeben sein müssen. Die *Datenschutzkonferenz* fordert im Rahmen der Evaluation sogar, dass der irreführende ErwG 50 S. 2 zu streichen sei.[42] Dieser Auffassung hat sich auch das LAG Hamm angeschlossen.[43] Auch der EuGH vertritt wohl diese Auffassung, da dieser verlangt, dass steht eine Erlaubnisnorm nach Art. 6 Abs. 1 DSGVO erfüllt sein müsse.[44]

Begründet wird dies in erster Linie mit der Entstehungsgeschichte der Norm, da der europäische Gesetzgeber den Schutzstandard durch die Zweckänderung nicht unterlaufen lassen wollte. Der Gesetzgeber wollte das Erfordernis für eine Erlaubnisnorm bei einer Weiterverarbeitung gerade nicht aufheben. Zudem könne die Systematik der Norm herangezogen werden, da Art. 6 Abs. 1 DSGVO davon spreche, dass eine Verarbeitung „*nur*" rechtmäßig ist, wenn eine der nachstehenden Bedingungen erfüllt ist. Auf Art. 6 Abs. 4 DSGVO werde gerade nicht Bezug genommen. Weiterhin sei der Wortlaut des ErwG 50 S. 2 so zu verstehen, dass für die Erhebung keine gesonderte „*Erhebungs*"- erlaubnisnorm benötigt werde, da diese bereits vorhanden war bzw. dass eine Neuerhebung der Daten gerade nicht mehr erforderlich ist. Nur für die Weiterverarbeitung bedarf es einer neuen Erlaubnisnorm. Als weiteres Argument wird auf Art. 8 Abs. 2 GRCh Bezug genommen, der unabhängig von einer Weiterverarbeitung stets eine Erlaubnisnorm fordert. Art. 6 Abs. 4 DSGVO betreffe nicht den Grundsatz der Rechtmäßigkeit der Datenverarbeitung i. S. v. Art. 5 Abs. 1 lit. a Var. 1 DSGVO,

42 *DSK*, Erfahrungsbericht, S. 13 f.; *LfDI NRW*, Konsultationsverfahren; *Albers/Veit*, in: BeckOK DatenSR, DSGVO, 48. Ed. 01.05.2024, Art. 6 Rn. 109 („wäre systematisch besser in Art. 5 lit. b platziert"; zusätzlich müssen Anforderungen des Art. 23 erfüllt sein); *Albrecht*, CR 2016, 88, 92; *ders.*, in: Simitis et al., Datenschutzrecht, Einführung zu Art. 6 Rn. 12 ff. (Art. 6 Abs. 1 S. 1 lit. f müsse unangewendet bleiben); *Bäcker*, in: Kühling/Buchner, Art. 13 DSGVO, Rn. 72; *Bierekoven*, in: Forgó et al., Datenschutz, Teil III, Rn. 34; *Bergauer*, jusIT 2018/83, 231, 235, 237; *Buchner*, in: Tinnefeld et al., Datenschutzrecht, Teil 2, Rn. 63; *Buchner/Petri*, in: Kühling/Buchner, Art. 6 DSGVO, Rn. 183 („Auslegungsregel für das Tatbestandsmerkmal der Vereinbarkeit in Art. 5 Abs. 1 lit. b"); *Freund*, in: Schuster/Grützmacher, IT-Recht, Art. 6 DSGVO, Rn. 54; *Geiger*, in: Weth et al., Daten- und Persönlichkeitsschutz, A., IV., Rn. 80; *Gosch*, Besondere Kategorien, S. 104 f.; *Götz*, Big Data im Personalmanagement, S. 128 f.; *Herbst*, in: Kühling/Buchner, Art. 5 DSGVO, Rn. 29; *Paal/Götz*, RDV 2023, 141, 142; *Paul*, GWR 2019, 413, 417; *Reimer*, Verwaltungsdatenschutzrecht, Rn. 204; *Schantz*, NJW 2016, 1841, 1844 (ErwG 50 S. 2: „redaktioneller Fehler"); *Schmidt*, in: Weth et al., Daten- und Persönlichkeitsschutz, B, XIV, Rn. 32; *Schwartmann/Pieper/Mühlenbeck*, in: Schwartmann et al., Art. 6 DSGVO, Rn. 235; *Wedde*, in: Däubler et al., Art. 6 DSGVO, Rn. 125; wohl auch *Kring*, Big Data, S. 246. Zum BDSG a. F. *Härting*, NJW 2015, 3284, 3288.

43 LAG Hamm, Urt. v. 14.12.2021 – 17 Sa 1185/20, Rn. 102 f., BeckRS 2021, 45536; wohl auch LG Mainz, Urt. v. 12.11.2021 – 3 O 12/20, Rn. 30, ZD 2022, 163; VG Wiesbaden, Urt. v. 01.03.2022 – 6 K 781/21.WI, Rn. 61 ff., BeckRS 2022, 5916; dazu *Herbrich*, jurisPR-ITR 13/2022 Anm. 4.

44 EuGH, Urt. v. 21.12.2023 – C-667/21, Rn. 75, BeckRS 2023, 36822; EuGH, Urt. v. 04.07.2023 – C-252/21, Rn. 90, GRUR 2023, 1131.

sondern konkretisiere den Grundsatz der Zweckbindung i. S. d. Art. 5 Abs. 1 lit. b DSGVO und regele die Frage, ob der neue mit einer Datenverarbeitung verfolgte Zweck mit dem ursprünglich verfolgten Zweck vereinbar sei. Die Grundsätze der Zweckbindung und der Rechtmäßigkeit seien unabhängig voneinander zu erfüllen.

## III. Art. 6 Abs. 1 DSGVO als Rechtsvorschrift i. S. d. Art. 6 Abs. 4 DSGVO

*Taeger* knüpft an den Wortlaut des Art. 6 Abs. 4 DSGVO an, wonach zwei Ausnahmen denkbar sind, wann eine Zweckänderung durchgeführt werden kann. Entweder liege eine Einwilligung der betroffenen Person oder eine Rechtsvorschrift der Union vor, die in einer demokratischen Gesellschaft eine notwendige und verhältnismäßige Maßnahme zum Schutz der in Art. 23 Abs. 1 DSGVO genannten Ziele darstelle. Als *„Rechtsvorschrift der Union"* i. S. d. Art. 6 Abs. 4 DSGVO i. V. m. Art. 23 Abs. 1 lit. i DSGVO sei die Vorschrift des Art. 6 Abs. 1 DSGVO und insbesondere das berechtigte Interesse nach Art. 6 Abs. 1 S. 1 lit. f DSGVO anzusehen. Art. 6 Abs. 1 DSGVO sei eine Erlaubnisnorm für die gesamte Verarbeitung und nicht nur für die Erhebung der personenbezogenen Daten.[45]

## IV. Stellungnahme

Ausgehend von dem Wortlaut des ErwG 50 S. 2 ist keine gesonderte Rechtsgrundlage erforderlich, als diejenige für die Erhebung der personenbezogenen Daten. Einzige Voraussetzung ist demnach, dass der ursprüngliche Zweck mit dem jetzigen Zweck vereinbar ist. Die Anforderungen für eine Zweckvereinbarung stellt Art. 6 Abs. 4 DSGVO auf. Wenn eine solche Vereinbarkeit angenommen werden kann, dann liegt ein vereinbarer Zweck vor, für dessen Rechtmäßigkeit bereits bei Erhebung der Daten eine Erlaubnisnorm vorhanden war. Es liegt kein anderer Zweck vor, welcher legitimiert werden müsste. Wenn keine Zweckvereinbarkeit vorliegt, bedarf es einer neuen Erlaubnisnorm nach Art. 6 Abs. 1 DSGVO, da Art. 6 Abs. 4 DSGVO dann keine Erlaubnisnorm darstellt.[46] Dies macht der Wortlaut des Erwägungsgrundes deutlich. Fraglich ist jedoch, ob dem Erwägungsgrund eine derartige Wirkung beigemessen werden kann. Der maßgebliche Wortlaut des Art. 6 Abs. 4 DSGVO lässt darauf nicht schließen. Vielmehr besagt allein Art. 6 Abs. 1 DSGVO, wann eine rechtmäßige Verarbeitung gegeben ist. Ein Erwägungsgrund hat dann keine Auswirkungen, wenn der

45 *Taeger*, in: Taeger/Gabel, Art. 6 DSGVO, Rn. 169 f.

46 Ebenso *Spindler/Dalby*, in: Spindler/Schuster, Elektron. Medien, DSGVO, Art. 6 Rn. 30 f.

verfügende Teil eine andere Auslegung gebietet.[47] Aus dem Wortlaut lässt sich demnach kein eindeutiges Ergebnis erschließen.

Die Systematik der Norm spricht für das Ergebnis, dass es neben den Anforderungen des Art. 6 Abs. 4 DSGVO noch einer Erlaubnisnorm nach Art. 6 Abs. 1 DSGVO bedarf. Denn allein Art. 6 Abs. 1 DSGVO trifft eine Aussage über die Rechtmäßigkeit der Verarbeitung. Hingegen könnte sich aus Art. 13 Abs. 3 DSGVO eine andere Wertung ergeben. Diese Norm stellt Anforderungen an die Informationspflicht bei einer Weiterverarbeitung. Danach hat der Verantwortliche bei der Absicht einer Weiterverarbeitung der betroffenen Person (vor dieser Weiterverarbeitung) Informationen über diesen anderen Zweck und alle anderen maßgeblichen Informationen gemäß Art. 13 Abs. 2 DSGVO zur Verfügung zu stellen. Art. 13 Abs. 2 DSGVO enthält jedoch keine Informationen über die Erlaubnisnorm der Verarbeitung. Diese Information ist vielmehr im Rahmen des Art. 13 Abs. 1 lit. c DSGVO mitzuteilen. Ausgehend davon könnte die Systematik dieser Vorschrift dafürsprechen, dass auf die ursprüngliche Erlaubnisnorm der Verarbeitung rekurriert werden kann, da der Gesetzgeber anscheinend davon ausgeht, dass keine andere Erlaubnisnorm für die Weiterverarbeitung erforderlich ist. Wäre dem anders, so müsste auch über die neue Erlaubnisnorm informiert werden.

Auf der anderen Seite stellt Art. 6 Abs. 4 DSGVO auf die Zweckänderung ab. Diese Zweckänderung ist bereits in dem Grundsatz des Art. 5 Abs. 1 lit. b DSGVO enthalten. Danach dürfen die personenbezogenen Daten nicht in einer mit diesen Zwecken nicht zu vereinbarenden Weise weiterverarbeitet werden. Der Grundsatz wird in Art. 6 Abs. 4 DSGVO näher konkretisiert, indem die Norm dem Verantwortlichen Kriterien für die Kompatibilitätsprüfung an die Hand gibt. Zu trennen von der Frage der Zweckvereinbarkeit ist die Frage der Rechtmäßigkeit, welche im Grundsatz nach Art. 5 Abs. 1 lit. a DSGVO normiert und in Art. 6 Abs. 1 DSGVO konkretisiert wird. Daraus ist zu schließen, dass eine Zweckkompatibilität nach Art. 6 Abs. 4 DSGVO nicht besagt, dass die Weiterverarbeitung auch rechtmäßig ist. Diese Frage ergibt sich vielmehr aus Art. 6 Abs. 1 i. V. m. Art. 9 Abs. 2 DSGVO. Die Nennung der Einwilligung und der Rechtsvorschrift der Union bzw. der Mitgliedstaaten in Art. 6 Abs. 4 DSGVO kann nur dahingehend verstanden werden, dass in diesen Fällen von einer Vereinbarkeit der Zwecke ausgegangen wird und eine weitere Kompatibilitätsprüfung nach Art. 6 Abs. 4 lit. a bis e DSGVO entfallen kann. Denn im Falle der Einwilligung hat die betroffene Person selbstbestimmt entschieden, ob eine Weiterverarbeitung ihrer personenbezogenen Daten zu einem anderen Zweck stattfinden soll. Auf die ursprüngliche Einwilligung für die Erhebung der personenbezogenen Daten kann jedoch nicht zurückgegriffen werden, da diese den neuen Zweck der Verarbeitung nicht abdeckt und daher auch nicht informiert sein kann (zu den Anforderungen der Einwilligung Vierter Teil, § 19).

47 EuGH, Urt. v. 19.06.2014 – C-345/13, Rn. 31, EuZW 2014, 703; EuGH, Urt. v. 19.11.1998 – C-162/97, Rn. 54, BeckRS 2004, 74578 – Nilsson ua.

ErwG 50 S. 2, der darauf hindeutet, dass bei einer Zweckvereinbarkeit keine andere gesonderte Rechtsgrundlage erforderlich ist, muss daher unbeachtet bleiben. Er läuft dem verfügenden Teil zuwider. Die Frage der Zweckkompatibilität darf nicht mit der Frage der Rechtmäßigkeit der Verarbeitung gleichgesetzt werden. Letztlich hat die Prüfung der Weiterverarbeitung zweistufig zu erfolgen. Es muss geprüft werden, ob eine Zweckvereinbarung gegeben ist und ob die Rechtmäßigkeit der Verarbeitung vorliegt. Eine Zweckvereinbarung liegt dann vor, wenn eine Einwilligung, Rechtsvorschrift oder die Kriterien des Art. 6 Abs. 4 lit. a bis e DSGVO gegeben sind. In Art. 5 Abs. 1 lit. b DSGVO ist schließlich der Fall genannt, dass die Weiterverarbeitung für im öffentlichen Interesse liegende Archivzwecke, für wissenschaftliche oder historische Forschungszwecke oder für statistische Zwecke erfolgt. Liegt keine Zweckvereinbarkeit vor, dann muss der Verantwortliche die Daten löschen und neu erheben. Liegt jedoch eine Zweckvereinbarung vor, muss zusätzlich auf eine neue Erlaubnisnorm nach Art. 6 Abs. 1 i. V. m. Art. 9 Abs. 2 DSGVO abgestellt werden, die auf den neuen Zweck rekurriert. Dies entspricht der Wertung des Art. 8 Abs. 2 GRCh, der unabhängig von einer Weiterverarbeitung immer eine Erlaubnisnorm fordert.

Zudem muss die betroffene Person über diesen anderen Zweck nach Art. 13 Abs. 3 bzw. Art. 14 Abs. 4 DSGVO informiert werden. Über die neue Erlaubnisnorm muss nach dem Wortlaut nicht gesondert informiert werden, jedoch ist dies aus Transparenzgründen geboten.[48] Im Ergebnis bedarf es stets einer Erlaubnisnorm nach Art. 6 Abs. 1 DSGVO.

## § 10 Datenminimierung, Art. 5 Abs. 1 lit. c DSGVO

Nach Art. 5 Abs. 1 lit. c DSGVO müssen personenbezogene Daten dem Zweck angemessen und erheblich sowie auf das für die Zwecke der Verarbeitung notwendige Maß beschränkt sein. Der europäische Gesetzgeber umschreibt diesen Vorgang als „*Datenminimierung*". Dies bedeutet, dass grundsätzlich nur so viele personenbezogene Daten erhoben werden dürfen, wie dies für den Zweck erforderlich ist (sog. Zweck-Mittel-Relation).[49] Daten, die für den Zweck nicht erforderlich sind, dürfen demnach nicht erhoben werden. Die Erforderlichkeit liegt insbesondere dann vor, wenn die personenbezogenen Daten nicht dem Zweck angemessen, sie nicht erheblich und sie nicht auf das für die Zwecke der Ver-

48 Ebenso *Bäcker*, in: Kühling/Buchner, Art. 13 DSGVO, Rn. 72 („erweiternde Auslegung"); *Bierekoven*, in: Forgó et al., Datenschutz, Teil III, Rn. 34.

49 *Däubler*, Gläserne Belegschaften, Rn. 188 („Konzentration auf das Notwendige"); *Geiger*, in: Weth et al., Daten- und Persönlichkeitsschutz, A., IV., Rn. 84 („nur so viel Daten wie nötig, für diese aber so viel Datenschutz wie möglich"); *Roßnagel*, ZD 2018, 339, 341; zutreffend dazu *Specht*, BB Die erste Seite 2017, Nr. 9. Zur Kritik *D'Avis/Giesen*, CR 2019, 24, 28 („„Datensparsamkeit" und „Datenvermeidung" [...] schneiden den Ast ab, auf dem die Volkswirtschaft und die Kultur sitzen").

arbeitung notwendige Maß beschränkt sind.[50] Bei diesem Grundsatz handelt es sich um eine einzuhaltende Pflicht des Verantwortlichen.[51] Eine wesentliche Ausprägung dieses Grundsatzes ist sowohl die Pseudonymisierung i. S. d. Art. 4 Nr. 5 DSGVO als auch die Anonymisierung.[52]

Auch im Bewerbungsverfahren muss dafür Sorge getragen werden, dass möglichst wenig personenbezogene Daten verarbeitet werden und insbesondere durch den Einsatz der Pseudonymisierung die Verarbeitung der Daten beschränkt wird (z. B. ist Übermittlung der Bewerbungsunterlagen mittels einer Bewerbernummer statt des Klarnamens an den Betriebsrat nach § 99 Abs. 1 BetrVG denkbar).[53] Für die Mitbestimmung des Betriebsrates muss es zunächst unerheblich sein, wie die Person heißt. Entscheidend ist allein, ob der Bewerber aufgrund seiner beruflichen Qualifikation für das entsprechende Stellenangebot geeignet ist. Bei dem Einsatz der Pseudonymisierung wird das Identifizierungsmerkmal (z. B. Name) durch ein Kennzeichen (Pseudonym) ersetzt, sodass ein direkter Rückschluss auf die Identität der betroffenen Person nicht gegeben ist.[54] Nach ErwG 26 S. 2 sollten die pseudonymisierten Daten dennoch als Informationen über eine identifizierbare natürliche Person betrachtet werden. Dies kann allerdings nur dann gelten, wenn die verarbeitende Stelle faktisch in der Lage ist, einen Personenbezug durch die Zuordnungsregel herzustellen. Wenn eine Re-Identifizierung faktisch ausgeschlossen ist, liegen für diese Stelle anonyme Daten vor. Dies wird im Rahmen einer Unternehmensgruppe i. S. d. Art. 4 Nr. 19 DSGVO nicht angenommen.[55]

Zudem kann der Grundsatz der Datenminimierung durch ein Berechtigungs- bzw. Zugriffskonzepts auf die personenbezogenen Daten umgesetzt werden. Nicht jeder Mitarbeiter darf Zugriff auf alle verfügbaren Informationen haben, die im Rahmen des Unternehmens verarbeitet werden. Vielmehr müssen Rollen vergeben werden, welcher Beschäftigte Zugang und Zugriff auf Systeme hat.[56] Im Rahmen des Bewerbungsverfahrens dürfen nur die Mitarbeiter Zugriff auf die Bewerbungsunterlagen haben, die mit Personalentscheidungskompetenz ausgestattet und an dem Verfahren um die Besetzung tatsächlich beteiligt wor-

50 *Frenzel*, in: Paal/Pauly, Art. 5 DSGVO, Rn. 34; *Roßnagel*, ZD 2018, 339, 341.

51 *Roßnagel*, ZD 2018, 339, 342.

52 *Hansen/Walczak*, RDV 2019, 53, 54; *Hermann*, RDV 2019, 64, 66; *Voigt*, in: v. d. Bussche/Voigt, Konzerndatenschutz, Teil 3, Kap. 2, Rn. 17 (Risikosenkung); aA *Wedde*, in: v. d. Bussche/Voigt, Konzerndatenschutz, Teil 3, Kap. 6, Rn. 70 (dem Grundsatz der Speicherbegrenzung zuschreibend).

53 *Maschmann*, in: Maschmann/Fritz, Matrixorganisationen, Kap. 5, Rn. 106; aA *Gola*, Beschäftigtendatenschutz, Rn. 611.

54 *Hansen/Walczak*, RDV 2019, 53, 54.

55 *Laue/Nink/Kremer*, Datenschutzrecht, § 1 Rn. 24.

56 *Jacobi*, ArbRB 2019, 375, 376; *Maschmann*, in: Maschmann/Fritz, Matrixorganisationen, Kap. 5, Rn. 106 (Bewerberdaten können den Zugriffsberechtigten in pseudonymisierter Form [„Talent-ID“] übergeben werden); *Müller*, in: Koreng/Lachenmann, Datenschutzrecht, E. IV.

den sind.[57] Dies können einzelne Führungskräfte und auch Beschäftigte sein, solange ein fest abgegrenzter Personenkreis festgeschrieben wurde. Den Mitarbeitern muss von dem Verantwortlichen untersagt werden, die Informationen aus dem Bewerbungsverfahren dritten Personen offenzulegen oder die Informationen an dafür nicht vorgesehenen Orten zu speichern (z. B. Kopie der Bewerbungsunterlagen auf dem persönlichen Laufwerk). Hat der Bewerber im Vorfeld darin eingewilligt oder eine Initiativbewerbung auf keine bestimmte Stelle abgeben, so können seine Bewerbungsunterlagen einem größeren Kreis von Personen zugänglich gemacht werden.[58] Auch der Betriebsrat hat im Rahmen seiner Arbeit grundsätzlich darauf zu achten, welche Mitglieder des Gremiums die personenbezogenen Daten einsehen können. So ist es zum Beispiel im Rahmen der Einsicht in die Bruttogehaltslisten nur einem Ausschuss des Betriebsrats nach § 80 Abs. 2 S. 2 BetrVG gestattet, diese Daten einzusehen. Bei dem Mitbestimmungsverfahren bezüglich der personellen Einzelmaßnahme nach § 99 BetrVG findet sich eine solche Eingrenzung hingegen nicht, sodass alle Mitglieder des Betriebsrates die Unterlagen einsehen dürfen.[59]

Art. 88 Abs. 1 DSGVO bietet zudem die Möglichkeit, spezifischere Vorschriften bezüglich Berechtigungskonzepten zu erlassen, da Vorschriften zum Zwecke des „*Managements, Planung und der Organisation der Arbeit*" erlassen werden können.[60] Darunter sind auch die Berechtigungskonzepte zu fassen. In diesem Zusammenhang ist auch Art. 25 DSGVO bei der Erhebung der Bewerberdaten zu beachten.[61] Art. 25 Abs. 1 DSGVO normiert das Konzept des „*Privacy by Design*", während Art. 25 Abs. 2 DSGVO das Konzept des „*Privacy by Default*" zugrunde liegt. Der Verantwortliche ist in der Bewerbersituation zu einer Konzentration auf das Notwendige verpflichtet. Er darf nicht mehr erfragen, wie für das Beschäftigungsverhältnis erforderlich ist. Dies muss gerade bei der Ausgestaltung eines Online-Bewerbungsportals Berücksichtigung finden.[62] So ist es zum Beispiel nicht als erforderlich anzusehen, dass der Arbeitgeber nach Hobbys des Bewerbers fragt.[63] Nicht erforderliche Felder dürfen nicht verpflichtend sein. Verpflichtende Felder sollten mit einem Sternchen markiert werden. Die Argumentationslast für die Notwendigkeit liegt beim Verantwortlichen.

---

57 *Gola*, Beschäftigtendatenschutz, Rn. 543; *Grimm*, in: Tschöpe, Arbeitsrecht, 6. Teil, F., Rn. 199; *Hafenmayer*, DB 2019, 2354, 2356.

58 *Grimm*, in: Tschöpe, Arbeitsrecht, 6. Teil, F., Rn. 199, 201 (Niederlegung des Umgangs mit Bewerbungsunterlagen in einer Compliance-Richtlinie); *Grimm/Kühne*, ArbRB 2018, 245, 246 („entspricht dem offenkundigen Willen des Initiativbewerbers").

59 Ebenso *Steiner/Wedde*, in: Wedde, Datenschutz, G., Rn. 51.

60 *Selk*, in: Ehmann/Selmayr, Art. 88 Rn. 84.

61 *Breyer*, DuD 2018, 311, 314; *Däubler*, Gläserne Belegschaften, Rn. 188; *Hamann/Haußmann*, in: Arnold/Günther, Arbeitsrecht 4.0, Kap. 6 Rn. 27 (Art. 25 Abs. 2 muss bei der „Gestaltung von Bewerbungsportalen" beachtet werden).

62 *Diercks*, zfm 2019, 97, 104.

63 *Beck*, Beschäftigungsverhältnis, S. 63; *Gola*, Beschäftigtendatenschutz, Rn. 654.

## § 11 Richtigkeit, Art. 5 Abs. 1 lit. d DSGVO

Der Grundsatz der Richtigkeit nach Art. 5 Abs. 1 lit. d DSGVO besagt, dass die personenbezogenen Daten sachlich richtig und erforderlichenfalls auf dem neuesten Stand sein müssen. Dabei sind alle angemessenen Maßnahmen zu treffen, damit personenbezogene Daten, die im Hinblick auf die Zwecke der Verarbeitung unrichtig sind, unverzüglich gelöscht oder berichtigt werden. Dies bedeutet, dass dem Verantwortlichen im Falle der Erforderlichkeit eine Pflicht obliegt, selbstständig Aktualisierungen der personenbezogenen Daten vorzunehmen.[64]

Korrespondierend zu dieser Vorschrift stehen die Betroffenenrechte auf Berichtigung nach Art. 16 DSGVO, das Recht auf Löschung nach Art. 17 DSGVO, das Recht auf Einschränkung der Verarbeitung nach Art. 18 DSGVO sowie die Mitteilungspflicht nach Art. 19 DSGVO.[65] Hiernach hat die betroffene Person unter anderem das Recht, von dem Verantwortlichen unverzüglich die Berichtigung sie betreffender unrichtiger personenbezogener Daten zu verlangen (Art. 16 Abs. 1 S. 1 DSGVO). Nach dessen Satz 2 besteht auch ein Recht auf Vervollständigung unvollständiger personenbezogener Daten. So kann der Bewerber zum Beispiel verlangen, dass falsche Angaben in seinem Bewerberprofil berichtigt werden.[66] Ein solches Recht kann insbesondere dann in Betracht kommen, wenn das Bewerberprofil schon älter ist und sich die Qualifikationen des Bewerbers geändert haben. Dann steht dem Bewerber das Recht zu, dass die tatsächlichen Gegebenheiten richtig dargestellt werden.

## § 12 Speicherbegrenzung, Art. 5 Abs. 1 lit. e DSGVO

Personenbezogene Daten müssen in einer Form gespeichert sein, die die Identifizierung der betroffenen Personen nur so lange ermöglicht, wie es für die Zwecke, für die sie verarbeitet werden, erforderlich ist (vgl. Art. 5 Abs. 1 lit. e DSGVO). Ist die Speicherung der Daten für den konkreten Zweck nicht mehr erforderlich, so müssen die personenbezogenen Daten gelöscht werden. Dies bedeutet, dass personenbezogene Daten nur so lange gespeichert werden dürfen, wie die Speicherung für das Bewerbungsverfahren erforderlich ist. Diesen Grundsatz hat das BAG bereits 1984 erkannt, indem das Gericht urteilte, dass die dauerhafte Aufbewahrung eines Personalfragebogens eines erfolglosen Bewerbers nicht mit dem Persönlichkeitsrecht des Bewerbers im Einklang steht.[67] Auch ErwG 39 S. 8 fordert, dass die Speicherfrist für personenbezogene Daten auf das unbedingt erforderliche Mindestmaß beschränkt bleiben muss. Dies

64 *Voigt*, in: v. d. Bussche/Voigt, Konzerndatenschutz, Teil 3, Kap. 2, Rn. 11 („Pflicht zur aktiven Überprüfung"); *Wilmer*, in: Jandt/Steidle, Datenschutz, Teil B, II., Rn. 14.

65 *Breyer*, DuD 2018, 311, 314; *Eisenschmid*, NZM 2019, 313, 317.

66 *Kainer/Weber*, BB 2017, 2740, 2746.

67 BAG, Urt. v. 06.06.1984 – 5 AZR 286/81, NZA 1984, 321; *Däubler*, in: Tinnefeld et al., Informationsgesellschaft, S. 110, 116; *König*, Beschäftigtendatenschutz, § 1 Rn. 16.

stellt Art. 17 Abs. 1 Hs. 2 DSGVO klar, wonach der Verantwortliche verpflichtet ist, personenbezogene Daten unverzüglich zu löschen, sofern ein Grund nach Buchstabe a bis f gegeben ist. Der Löschung kann grundsätzlich auch durch eine wirksame Anonymisierung nachgekommen werden.[68] Die Verpflichtung zur Löschung setzt keinen Antrag der betroffenen Person voraus, sondern muss von dem Verantwortlichen eigenständig regelmäßig überprüft und umgesetzt werden.[69] Zieht der Bewerber seine Bewerbung zurück, ohne dass der Arbeitgeber über die Bewerbung in der Sache entschieden zu haben, sind die Daten nach Ansicht der *Berliner Datenschutzbeauftragten* unverzüglich zu löschen.[70]

Bis zur Einstellungsentscheidung des Arbeitgebers und für den Fall, dass der Bewerber eingestellt wird, bleibt die Speicherung der Bewerbungsdaten für das Arbeitsverhältnis erforderlich. Die Erforderlichkeit für die Begründung des Beschäftigungsverhältnisses entfällt allerdings, wenn der Bewerber nicht eingestellt wird. In diesen Fällen ist grundsätzlich zu löschen. Nach welchem Zeitraum die Bewerberdaten allerdings zu löschen und die Bewerbungsunterlagen dem Bewerber zurückzugeben sind, ist unklar und wird in der datenschutzrechtlichen Literatur unterschiedlich gesehen. Aus diesem Grund sieht ErwG 39 S. 10 vor, dass der Verantwortliche *„Fristen für [die] Löschung oder regelmäßige Überprüfung vorsehen [sollte]*“.[71] Jeder Verantwortliche sollte daher den Löschzyklus in einem Löschkonzept dokumentieren und begründen, warum eine Löschung zu einem bestimmten Zeitpunkt erfolgt. Während in § 3 Abs. 4 Nr. 5 BDSG a. F. der Begriff der Löschung definiert war als *„Unkenntlichmachen gespeicherter personenbezogener Daten*“, findet sich keine Definition in der DSGVO. Der Begriff des Löschens fällt unter den Verarbeitungsbegriff nach Art. 4 Nr. 2 DSGVO. In der Sache kann der Gedanke der Definition im BDSG a. F. herangezogen werden, da es beim Löschen um die *„(faktische) Unmöglichkeit [geht], die zuvor in den zu löschenden Daten verkörperte Information wahrzunehmen“*.[72] Es darf folglich niemandem mehr möglich sein, die in den Daten vorhandenen Informationen wahrzunehmen. Das Löschen ist nur bei einem elektronischen Datenträger, wie zum Beispiel der Zusendung der Bewerbungsunterlagen per E-Mail oder auf einem USB-Stick, möglich.[73] Das

---

68 *DSB Österreich*, Besch. v. 05.12.2018, DSB-D123.270/0009-DSB/2018, https://tinyurl.com/y5qr62le; *Giakoumopoulos/Buttarelli/O'Flaherty*, Datenschutzrecht, S. 155; aA *Aufsichtsbehörde Griechenland*, https://tinyurl.com/yc89c839. Löschen bei E-Mails *Durmus/Selzer/Pordesch*, DuD 2019, 786 ff.

69 *Dix*, in: Simitis et al., Datenschutzrecht, Art. 17 Rn. 7; *Herbst*, in: Kühling/Buchner, Art. 17 DSGVO, Rn. 8; *Leyke*, DSB 2019, 136.

70 *Berliner Datenschutzbeauftragte*, Jahresbericht 2022, S. 75 f.

71 *Haußmann/Karwatzki/Ernst*, DB 2018, 2697, 2678; *Voigt*, in: v. d. Bussche/Voigt, Konzerndatenschutz, Teil 3, Kap. 2, Rn. 12 („Data Retention Policies“).

72 *Herbst*, in: Kühling/Buchner, Art. 4 Nr. 2 DSGVO, Rn. 36.

73 *Ernst*, in: Paal/Pauly, Art. 4 DSGVO, Rn. 34; *Roßnagel*, in: Simitis et al., Datenschutzrecht, Art. 4 Nr. 2, Rn. 30; *Schild*, in: BeckOK DatenSR, DSGVO, 48. Ed. 01.05.2024, Art. 4 Rn. 53.

„*Löschen*“ einer Papierbewerbungsmappe fällt unter den Begriff der Vernichtung nach Art. 4 Nr. 2 DSGVO, wobei die Sicherheitsstufen der DIN 66399 zugrunde gelegt werden.[74] Jedoch muss der Arbeitgeber im Falle einer Stellenausschreibung auf seine Kosten die Papierbewerbungsunterlagen grundsätzlich nach § 311 Abs. 2 i. V. m. § 241 Abs. 2 BGB dem Bewerber zurücksenden, es sei denn, dieser hat den Willen dahingehend geäußert, die Unterlagen nicht mehr zu wollen.[75]

Der Fristbeginn läuft ab dem Abschluss des Bewerbungsverfahrens für die ausgeschriebene Stelle, es sei denn, der Bewerber hat in eine längere Frist eingewilligt.[76] Der Abschluss des Bewerbungsverfahrens ist dann gegeben, wenn der Arbeitgeber sich gegen einen bestimmten Bewerber entschieden hat und dies dem Bewerber mitteilt. Möglich ist die Beendigung des Bewerbungsverfahrens auch durch den Bewerber selbst, wenn dieser sich nicht für den Arbeitgeber entscheidet.[77]

Nach dem Negativentscheid des Arbeitgebers gegenüber den abgelehnten Bewerbern, sollen die Unterlagen abgelehnter Bewerber nach mancher Ansicht sofort eingeschränkt werden.[78] Gemeint ist die Einschränkung der Verarbeitung nach Art. 18 DSGVO. Eine Löschung der personenbezogenen Daten hat nicht zu erfolgen, wenn die Verarbeitung zur Geltendmachung, Ausübung oder Verteidigung von Rechtsansprüchen nach Art. 17 Abs. 3 lit. e DSGVO erforderlich ist. Korrespondierend dazu besteht nach Art. 18 Abs. 1 lit. c DSGVO das Recht der betroffenen Person, dass die Daten nicht gelöscht, sondern eingeschränkt werden, wenn der Bewerber sie zur Geltendmachung, Ausübung oder Verteidigung von Rechtsansprüchen benötigt. Solange der Bewerber keinen entsprechenden Antrag auf Einschränkung stellt, muss der Arbeitgeber auch keine Einschränkung der Daten vornehmen.[79] Dies entspricht dem Wortlaut der Norm („*Recht*“). Nach *Gola* muss kein Antrag der betroffenen Person gegeben sein, wenn ein Rechtsstreit schon besteht, da dies sonst gegen Treu und Glauben nach Art. 5 Abs. 1 lit. a DSGVO verstoßen würde.[80]

---

74 *BayLDA*, Fragebogen Bewerberdaten, S. 1; *Ernst*, in: Paal/Pauly, Art. 4 DSGVO, Rn. 34. Zur DIN 66399 *Leeb/Lorenz*, ZD 2018, 573, 576.

75 *Greßlin*, BB 2015, 117, 119 („Bei Initiativbewerbungen müssen die Bewerbungsunterlagen nur dann zurückgesendet werden, wenn der Bewerber einen ausreichend frankierten Rückumschlag beigefügt hat“); *Maschmann*, in: Kühling/Buchner, § 26 BDSG, Rn. 28.

76 *Grimm*, in: Tschöpe, Arbeitsrecht, 6. Teil, F., Rn. 200; *Grobys*, NJW-Spezial 2007, 81; *Schmidl*, DuD 2007, 11, 15; *Stamer/Kuhnke*, in: Plath, § 26 BDSG, Rn. 42.

77 *Schriever*, BB 2011, 2680, 2681.

78 *Franzen*, in: Müller-Glöge et al., Arbeitsrecht, BDSG, § 26 Rn. 20; *Littig*, in: Grobys/Panzer-Heemeier, Arbeitsrecht, Bewerbung, Rn. 23 (zu löschen); *Schröder*, Datenschutzrecht, S. 47; *Ullrich*, ZMV 2018, 176, 177.

79 *Veil*, in: Gierschmann et al., Art. 18 Rn. 27 f.

80 *Gola*, in: Gola/Heckmann, DSGVO/BDSG, Art. 18 DSGVO, Rn. 21.

Fraglich und umstritten ist, wie lange der Arbeitgeber die Informationen in den Bewerbungsunterlagen noch speichern darf, wenn der Bewerber keine Einwilligung in eine längere Speicherung gegeben hat. Zu unterscheiden ist zwischen der Speicherfrist von Bewerbungsunterlagen, die aufgrund einer konkreten Stellenausschreibung eingegangen sind und Bewerbungsunterlagen, die ohne konkrete Stellenausschreibung dem Arbeitgeber vorliegen (sog. Initiativbewerbungen). Sodann ist der Fall zu betrachten, was mit den Bewerbungsunterlagen geschieht, wenn der Bewerber von dem Arbeitgeber angenommen wird. Abschließend wird der Fokus auf die Speicherfrist im Bewerberpool gelegt.

## A. Speicherfrist bei abgelehnten Bewerbern

### I. Meinungsstand

Die Frage, wie lange die Bewerbungsunterlagen eines abgelehnten Bewerbers aufbewahrt werden dürfen, ist sehr umstritten und es werden verschiedene Fristen diskutiert.[81]

Teilweise wird eine Speicherfrist von drei Jahren für möglich und zulässig gehalten, um sich für eine Rechtsverteidigung, die sich nicht nur um das Allgemeine Gleichbehandlungsgesetz drehen muss, vorzubeugen.[82] Begründet wird dies damit, dass die Frist des § 15 Abs. 4 AGG erst dann beginne, wenn der Bewerber von einer Benachteiligung Kenntnis erlange, sodass empfohlen wird, die Bewerbungsunterlagen über die gesetzliche Verjährungsfrist des § 195 BGB aufzubewahren. Nach § 15 Abs. 5 AGG bleiben andere Ansprüche unberührt, sodass mangels abweichender Regelung im AGG das Verjährungsregime des BGB heranzuziehen sei.

Weiterhin wird im Hinblick darauf, dass der Bewerber erst später von einer möglichen Diskriminierung im Bewerbungsverfahren Kenntnis erhält, ein späterer Fristbeginn als sechs Monate für möglich gehalten, welcher zur Folge hat, dass auch noch Jahre später Ansprüche aus § 15 AGG geltend gemacht werden können.[83] So geht *Haußmann* von einer Speicherdauer von 24 Monaten nach Abschluss des Bewerbungsverfahrens aus. Als Argument wird vorgetragen, dass sich „*manche Bewerber in kurzen zeitlichen Abständen immer wieder auf die gleiche Position bzw. bei dem gleichen Unternehmen*“ bewerben und es für die

81 *Piltz*, DSB 2022, 101 gibt einen Überblick über die Speicherdauer von Bewerbungsunterlagen im Fall der Ablehnung von Bewerbern einiger Aufsichtsbehörden.

82 *Moos/Bandehzadeh/Bodenstedt*, DB 2007, 1194; *Schmidl*, DuD 2007, 11, 15 f. (mit Blick auf Ansprüche aus anderen Rechtsgrundlagen als dem AGG wie §§ 280 Abs. 1 BGB i. V. m. § 7 Abs. 1, 3 AGG; § 823 Abs. 2 BGB i. V. m. § 7 Abs. 1 AGG); *Schrader*, DB 2006, 2571, 2573; wohl auch *Dombrowsky*, ZfA 2019, 5, 11.

83 *Haußmann/Karwatzki/Ernst*, DB 2018, 2697, 2699 („keine starren Fristen“ unter Berufung auf BAG vom 21.06.2012 – 8 AZR 188/11, DB 2012, 2521).

Personalabteilung zeitsparend sein kann, auf die Erkenntnisse aus dem ersten Bewerbungsverfahren zurückgreifen zu können.[84]

Nach *Hamdan* ist wegen der Regelung des § 15 Abs. 4 S. 2 AGG, der verbundenen Unsicherheiten und wegen der Regelung des § 167 ZPO eine Verlängerung der sechsmonatigen Frist um einen angemessenen Aufschlag von drei Monaten vorzuziehen, sodass sich insgesamt eine Speicherdauer von neun Monaten ergebe.[85]

*Diercks* hält eine Speicherfrist von acht Monaten für zulässig, da die Probezeit in der Regel sechs Monate beträgt. Nach einer erfolglosen Probefrist für den Bewerber muss es für den Arbeitgeber noch möglich sein, dass die anderen abgelehnten Bewerber noch angesprochen werden dürfen.[86]

Die *Aufsichtsbehörde Österreich* lässt eine Speicherung von sieben Monaten nach Bewerbereingang zu.[87] Diese Frist setze sich aus einer 6-Monats-Frist nach § 29 Abs. 1 Gleichbehandlungsgesetz, welches der Frist nach § 15 Abs. 4 AGG entspricht, und einer 1-Monats-Frist für eine potenzielle Klagefrist zusammen.

Überwiegend wird unter Zugrundelegung des § 15 Abs. 4 AGG und § 61b Abs. 1 ArbGG eine Speicherfrist von sechs Monaten nach Zugang der Absage als angemessene Frist angesehen.[88] Diese Gesamtfrist berechne sich aus der zweimonatigen Ausschlussfrist des § 15 Abs. 4 AGG und der dreimonatigen Klagefrist aus § 61b Abs. 1 ArbGG zuzüglich eines Sicherheitszuschlags von einem Monat.

---

84 *Haußmann/Diller*, in: Bauer et al., Arbeitsrecht, Kap. 70, II. Muster; ebenso für Bewerbungen für das Richteramt *Berliner Datenschutzbeauftragte*, Jahresbericht 2019, S. 122.

85 *Hamdan*, ZTR 2019, 594, 597.

86 *Diercks*, AuA 2018, 704, 707; ähnlich *Kramer*, DSB 2018, 41 (hält allerdings eine Speicherfrist von nur 7 Monaten nach Einstellung für zulässig); *Riesenhuber*, in: BeckOK DatenSR, BDSG, 48. Ed. 01.05.2024, § 26 Rn. 106 („wegen der mit dem Fristbeginn verbundenen Unsicherheiten und wegen der Regelung des § 167 ZPO um einen angemessenen Aufschlag“ zu verlängern, sodass sich eine Frist von fünf bzw. acht Monate ergibt).

87 *DSB Österreich*, Beschl. v. 27.08.2018, DSB-D123.085/0003-DSB/2018, https://tinyurl.com/y2ekc2e5; ebenso *Kramer*, DSB 2018, 41.

88 *BfDI*, 25. TB, S. 82; *BayLDA*, 5. TB, S. 62; *BayLfD*, 25. TB, S. 220; *LfDI Rheinland-Pfalz*, Online-Bewerbungen; *Berliner Datenschutzbeauftragte*, Jahresbericht 2022, S. 76; *Durmus/Selzer/Pordesch*, DuD 2019, 786, 789; *Dzida*, BB 2018, 2677, 2681; *Faas/Henseler*, BB 2018, 2292, 2296; *Gola/Pötters/Wronka*, Arbeitnehmerdatenschutz, Rn. 782; *Gola*, RDV 2013, 140, 142; *Grimm/Göbel*, jM 2018, 278, 280; *Jacobi*, in: Behling/Abel, Datenschutz, Rn. 1097; *Jacobi/Jantz*, ArbRB 2017, 22, 24; *Juli/Gömöry*, PuR 2017, 4, 5 f.; *König*, Beschäftigtendatenschutz, § 4 Rn. 41; *Kort*, NZA-Beilage 2016, 62, 71; *Linck*, in: Schaub, Arbeitsrecht, § 25 Rn. 6; *Lorenz*, VuR 2019, 213, 218; *Maschmann*, in: Kühling/Buchner, § 26 BDSG, Rn. 28; *Schiller*, in: Besgen/Prinz, Arbeiten 4.0, § 10 Rn. 19; *Schulze*, in: Wedde, Datenschutz, C., Rn. 271; *Stück*, AuA 2019, 695; *ders.*, ArbRAktuell 2020, 153, 154; *Ullrich*, ZMV 2018, 176, 177; *Velten/Diegel*, FA 2018, 2, 6; *Willert*, in: Weth et al., Daten- und Persönlichkeitsschutz, B., XIII., Rn. 24.

Teilweise wird auch eine Frist von sechs bis sieben Monaten für gerechtfertigt gehalten, da aufgrund teilweiser längerer Bearbeitungs- und Zustellungszeiten der Arbeitsgerichte in bestimmten Gerichtsbezirken eine Verlängerung der Aufbewahrungsfrist um einen weiteren Monat als angemessen erscheint.[89]

Es wird von weiteren Teilen der Literatur und von der *Landesbeauftragten für Datenschutz Schleswig-Holstein* vertreten, dass eine Löschung fünf Monate nach Zugang der Ablehnung beim Bewerber zu erfolgen hat.[90] Dies folge aus der zweimonatigen Ausschlussfrist gemäß § 15 Abs. 4 AGG für Ansprüche aus § 15 Abs. 1, 2 AGG und der anschließenden 3-Monats-Frist für die Geltendmachung vor Gericht nach § 61b Abs. 1 ArbGG. Ein Sicherheitszuschlag von einem Monat wird nach dieser Ansicht nicht vorgenommen.

Der *Landesbeauftragte für Datenschutz und Informationsfreiheit Baden-Württemberg* und manche Stimmen in der Literatur gehen von einer viermonatigen Speicherfrist nach Abschluss des Auswahlverfahrens an den Bewerber aus.[91] Diese Frist errechne sich aus der 2-Monats-Frist des § 15 Abs. 4 AGG und einem „*Puffer*" von weiteren zwei Monaten, die man für die Einreichung einer Klage beim Arbeitsgericht benötige.

Ferner wird eine 3-Monats-Frist nach Ablehnung des Bewerbers durch den Arbeitgeber in der Literatur und auch vom Bundesrat vertreten.[92] Eine solche Frist nehme hinreichend Rücksicht auf die zweimonatige Frist zur Geltendmachung von Ansprüchen nach § 15 Abs. 4 AGG. Innerhalb dieser Meinung wird teilweise auch unter Berufung auf § 15 Abs. 4 AGG eine drei- bis sechsmonatige[93] bzw. eine drei- bis viermonatige[94] Speicherfrist nach Zugang der Ableh-

89 *Grimm/Kühne*, ArbRB 2018, 144, 145; *dies.*, ArbRB 2018, 245, 246.

90 *ULD Schleswig-Holstein*, 37. TB, S. 101 („§ 61 Abs. 1 ArbGG i. V. m. § 21 Abs. 4 AGG". Gemeint ist wahrscheinlich § 61b Abs. 1 ArbGG; verkannt wurde, dass § 21 AGG nur im allgemeinen Zivilrechtsverkehr Anwendung findet); *Byers/Kerscher*, Personalmagazin 2021, 66, 68; *Greßlin*, BB 2015, 117, 118; *Kainer/Weber*, BB 2017, 2740, 2745; *Schafft*, AuA 2006, 517, 518; *Seifert*, in: Simitis et al., Datenschutzrecht, Art. 88 Rn. 109; *Weth*, in: Weth et al., Daten- und Persönlichkeitsschutz, B., I., Rn. 148 (aA *Weth*, in: Weth et al., Daten- und Persönlichkeitsschutz, 1. Auflage, B., I., Rn. 102); aA *Geißler*, in: Kramer, IT-Arbeitsrecht, § 2 Rn. 969 (dürfte zu hoch sein).

91 *LfDI BW*, Beschäftigtendatenschutz, S. 32; ebenso *Riechert/Simon*, in: Stiftung Datenschutz, Beschäftigtendatenschutz – Eine Handreichung, Version 2.0, Stand Juli 2020, S. 14; *Herdes*, in: Taeger, DSRITB 2019, 77, 83 (bzw. 6 Monate nach Abschluss des Auswahlverfahrens); *dies.*, CB 2020, 95, 97; *Zlamal*, ZD-Aktuell 2015, 04589; anders aber *Brink/Schwab*, RDV 2017, 170, 180 (3 Monate).

92 BR-Drs, 535/10 (B), S. 16; *Brink/Schwab*, RDV 2017, 170, 180; *Ehlers*, in: Kunz et al., Praxis des Arbeitsrechts, § 13 Rn. 4; *Haase/Heermann/Rottwinkel*, DuD 2011, 83, 86; *Möhren*, in: Hümmerich et al., Arbeitsrecht, § 3 Rn. 2; wohl auch *Broy*, in: Weth et al., Daten- und Persönlichkeitsschutz, B., XI., Rn. 88.

93 *Beck*, Beschäftigungsverhältnis, S. 34.

94 *Bergt*, in: Koreng/Lachenmann, Datenschutzrecht, H. I. 2. Anm. 11 („wenn bis dahin keine Klage bzw. Geltendmachung nach § 15 Abs. 4 AGG eingegangen ist"); *Linck*, in: Schaub, Arbeitsrecht, 17. Aufl., § 25 Rn. 12; *Ohlendorf/Schreier*, BB 2008, 2458, 2464.

nungserklärung durch den Arbeitgeber an den Bewerber für angemessen gehalten.

Weiterhin wird eine 2-Monats-Frist ab Zugang der Ablehnung beim Bewerber als richtige Speicherfrist angesehen, da § 15 Abs. 4 AGG eine solche Frist vorsehe.[95] *Grobys* sieht noch einen zusätzlichen „*Puffer*" von zwei Wochen als zulässig an.[96]

Schließlich sieht *Gola* in der sofortigen Rückgabe der Bewerbungsunterlagen kein Prozessrisiko für den Arbeitgeber, sodass eine sofortige Rückgabe nach Ablehnung des Bewerbers möglich sein soll.[97] Denn die Rechtsprechung tendiere dazu, dem Bewerber auch weiterhin die Beweislast aufzuerlegen. Ähnlich sehen dies *Schild/Tinnefeld*, die davon ausgehen, dass eine Speicherung dann nicht mehr erforderlich ist, wenn die Besetzung des Arbeitsplatzes durch einen anderen Bewerber erfolgt ist. Es drohe auch kein erfolgreicher Schadensersatzanspruch des Bewerbers aus dem AGG, da der Arbeitgeber „*durch eine eindeutige Dokumentation und Festlegung eindeutiger Kriterien für die Stellenbesetzung [...] über ausreichende Unterlagen [verfügt], um sich ggf. „exkulpieren" zu können*".[98]

Zur alten Rechtslage vertrat *Dix* die Auffassung, dass eine Speicherung von Bewerbungsunterlagen nur dann in Betracht komme, wenn die konkrete Aussicht bestand, dass der Bewerber Ansprüche aus dem AGG geltend machen würde.[99] Dieser Auffassung scheinen sich auch neuere Stimmen in der Literatur zumindest in Bezug auf den Datenschutz im Betriebsratsbüro anzuschließen, da hiernach Bewerberdaten umgehend zu löschen sind, es sei denn, es bestünden Anhaltspunkte für eine diskriminierende Praxis.[100]

## II. Stellungnahme

Nachfolgend soll zunächst anhand einer eigenen Stellungnahme hergeleitet werden, welche Speicherfrist bei Stellenausschreibungen gelten muss und auf welche Erlaubnisnorm die Aufbewahrung der Bewerbungsunterlagen gestützt werden kann.

95 *LfD Niedersachsen*, Beschäftigtendatenschutz, S. 1; *Fladung*, in: Wybitul, DSGVO, Art. 17 Rn. 40; *Moos/Bandehzadeh/Bodenstedt*, DB 2007, 1194, 1196; *Schneider*, AuA 2015, 530; *Schriever*, BB 2011, 2680, 2681; *Schröder*, Datenschutzrecht, S. 48; *Stamer/Kuhnke*, in: Plath, § 26 BDSG, Rn. 42; *Tausch/Tausch*, BC 2019, 32, 33; *Wellhöner/Byers*, BB 2009, 2310, 2315; wohl auch *Besgen*, Schwerbehindertenrecht, Rn. 34.

96 *Grobys*, NJW-Spezial 2007, 81.

97 *Gola*, NZA 2013, 360, 363; wohl auch *ders.*, NJW 1996, 3312, 3316.

98 *Schild/Tinnefeld*, DuD 2009, 469, 471 („Vorratsdatenspeicherung unzulässig").

99 *Dix*, in: Simitis, BDSG, § 35 Rn. 39.

100 *Däubler*, Gläserne Belegschaften, Rn. 640a; wohl auch *Eder*, CuA 4/2018, 8, 13.

## 1. Speicherfristen

Art. 17 Abs. 1 DSGVO führt verschiedene Konstellationen auf, in welchen Fällen der Verantwortliche verpflichtet ist, personenbezogene Daten unverzüglich zu löschen. Dies ist nach Art. 17 Abs. 1 lit. a DSGVO insbesondere dann der Fall, wenn die personenbezogenen Daten für die Zwecke, für die sie erhoben wurden, nicht mehr notwendig sind. Die Zusendung von Bewerbungsunterlagen aufgrund einer Stellenausschreibung dient dem Zweck, einen Bewerber für einen Arbeitsplatz zu verpflichten. Der Zweck der Stellenbesetzung entfällt allerdings, sobald ein Bewerber vom Arbeitgeber übernommen wurde. Dies hätte zur Folge, dass ab diesem Zeitpunkt die Bewerbungsunterlagen der abgelehnten Bewerber für den Zweck der Stellenbesetzung nicht mehr erforderlich wären und die Unterlagen zu löschen sind.[101]

Art. 17 Abs. 3 lit. e DSGVO sieht jedoch eine Ausnahme von der grundsätzlichen Löschungsverpflichtung vor, wenn die Verarbeitung zur Geltendmachung, Ausübung oder Verteidigung von Rechtsansprüchen erforderlich ist. Diese Norm gilt nach allgemeiner Meinung auch für außergerichtliche Verfahren. Dies wird durch Art. 49 Abs. 1 S. 1 lit. e DSGVO, der die gleiche Formulierung verwendet und dessen dazugehörigen ErwG 111 S. 1, begründet („*außergerichtliche Verfahren, wozu auch Verfahren vor Regulierungsbehörden zählen*“).[102]

In der Literatur wird jedoch überwiegend davon ausgegangen, dass ein bloß abstrakter Hinweis auf mögliche Ansprüche nicht ausreiche, sondern vielmehr der Anspruch mit hinreichender bzw. einiger Wahrscheinlichkeit bevorstehen oder gerade stattfinden muss.[103] Dazu müssten konkrete Anhaltspunkte gegeben sein, dass es zu Auseinandersetzungen kommen wird. Bezogen auf die Bewerbungsphase müssten konkrete Anhaltspunkte gegeben sein, dass der Bewerber Ansprüche nach dem AGG geltend macht. Eine Ausnahme könne dann eingreifen, wenn die betroffene Person gegebenenfalls an Eides statt garantiert, auf alle rechtlichen Ansprüche zu verzichten.[104] Teilweise soll durch eine Interessenabwägung nach Art. 6 Abs. 1 S. 1 lit. f DSGVO ermittelt werden, ob die Daten weiterhin gespeichert werden dürfen. Dabei wird die Wahrscheinlichkeit der Geltendmachung mit dem durch die weitere Speicherung einhergehenden Eingriff in die Grundrechte der betroffenen Person abgewogen.[105] Dieser

101 *Willert*, in: Weth et al., Daten- und Persönlichkeitsschutz, B., XIII., Rn. 13.

102 *Peuker*, in: Sydow, DSGVO/BDSG, Art. 17 DSGVO, Rn. 69.

103 *Däubler*, in: Däubler et al., Art. 17 DSGVO, Rn. 44; *Güngör*, ITRB 2019, 256, 257; *Kühling/Klar*, ZD 2014, 506, 508; *Leutheusser-Schnarrenberger*, in: Schwartmann et al., Art. 17 DSGVO, Rn. 71; *Spindler/Dalby*, in: Spindler/Schuster, Elektron. Medien, DSGVO, Art. 17 Rn. 25; *Willert*, in: Weth et al., Daten- und Persönlichkeitsschutz, B., XIII., Rn. 35 ff. (hinsichtlich der Aufbewahrung von Bewerbungsunterlagen).

104 *Güngör*, ITRB 2019, 256, 258.

105 *Conrad/Hole*, K&R 2019, 761, 765; *Dix*, in: Simitis et al., Datenschutzrecht, Art. 17 DSGVO, Rn. 38; *Herbst*, in: Kühling/Buchner, Art. 17 DSGVO, Rn. 19, 83; *Worms*, in: BeckOK DatenSR, DSGVO, 48. Ed. 01.08.2023, Art. 17 Rn. 87.

Ansicht scheint sich auch das *Bayerische Landesamt für Datenschutzaufsicht* angeschlossen haben, wonach eine „*Abwägung unter Berücksichtigung der Interessen des Betroffenen und der Wahrscheinlichkeit der Geltendmachung von Ansprüchen („erforderlich") vorzunehmen*" ist. Erforderlich sei eine „*individuelle Risikobewertung*".[106]

Hingegen sollen nach *Kamlah* die Anforderungen an die Wahrscheinlichkeit nicht zu hoch angesetzt werden, da nicht vorhersehbar ist, welche Informationen nun tatsächlich benötigt werden.[107]

*Stollhoff* meint, dass ein Verantwortlicher nicht gezwungen sein kann, sich seiner Rechtsposition zu begeben, auch wenn zum Zeitpunkt des Löschbegehrens das Risiko eines Rechtsstreits noch nicht durch konkrete Anhaltspunkte begründbar sei.[108]

*Veil* geht bei rechtsgeschäftlichen Schuldverhältnissen davon aus, dass die Notwendigkeit der Datenverarbeitung erst dann entfällt, wenn alle Haupt- und Nebenpflichten erfüllt sind, was in der Regel spätestens mit Ablauf der Verjährungsfrist der Fall sei. Auch bei „*vertragsähnlichen, dinglichen oder deliktischen Ansprüchen sowie von Kondiktionsansprüchen*" könne eine Erforderlichkeit für die Speicherung bestehen.[109] *Veil* geht wohl davon aus, dass es nicht auf die Wahrscheinlichkeit der Geltendmachung, sondern auf die reine Möglichkeit ankommt.[110] Es spricht viel dafür, dass es sich bei § 15 Abs. 1 AGG um einen vertraglichen bzw. vertragsähnlichen Anspruch handelt, da auch das BAG von einem vertraglichen Anspruch ausgeht.[111] Das Gericht stellte darauf ab, dass § 15 Abs. 1 AGG das Regelungskonzept des § 280 Abs. 1 BGB übernehme. Zudem werde in § 7 Abs. 3 AGG klargestellt, „*dass die vom Arbeitgeber oder Beschäftigten begangenen Benachteiligungen Vertragsverletzungen darstellen*". Auch der deutsche Gesetzgeber geht in der Gesetzesbegründung davon aus, dass § 278 BGB zur Anwendung gelangen soll, der im Rahmen von deliktischen Ansprüchen nicht greift.[112] Nach *Serr* handelt es sich bei dem Anspruch des § 15 Abs. 1 AGG um eine quasivertragliche Haftung ähnlich der culpa in contrahendo, da es sich bei § 7 Abs. 3 AGG um eine Fiktion handele und das Benachteiligungsverbot regelmäßig nicht Vertragsinhalt ist.[113] Ausgehend von diesen Ausführungen würde nach der Ansicht von *Veil*, eine Erforderlichkeit für die Speicherung der

106 *BayLDA*, 8. TB, S. 49.

107 *Kamlah*, in: Plath, Art. 17 DSGVO, Rn. 20.

108 *Stollhoff*, in: Auernhammer, Art. 17 DSGVO, Rn. 77; ebenso *Halder/Johanson*, NJOZ 2019, 1457, 1460 f.

109 *Veil*, in: Gierschmann et al., Art. 17 Rn. 166 f.; ebenso *Hunzinger*, Löschen, S. 167 f.; aA *Kühling/Klar*, ZD 2014, 506, 509.

110 Ebenso *Hunzinger*, CR 2018, 357, 362 („bis zum Ablauf der Verjährungsfrist"); wohl auch *Franzen*, in: Franzen et al., Arbeitsrecht, Art. 17 DSGVO, Rn. 9 („möglicher Ansprüche").

111 BAG, Urt. v. 21.06.2012 – 8 AZR 188/11, Rn. 44, NZA 2012, 1211.

112 BT-Drs. 16/1780, 38; *von Lewinksi/de Barros Fritz*, NZA 2018, 620, Fn. 40.

113 *Serr*, in: Staudinger, AGG, Einleitung zum AGG, Rn. 31, § 15 Rn. 6.

personenbezogenen Daten solange bestehen, wie noch Ansprüche geltend gemacht werden können.

Bei der Frage nach der Löschung und Aufbewahrung von personenbezogenen Daten handelt es sich um ein „*Spannungsfeld*".[114] Während eine Ansicht auf die Wahrscheinlichkeit einer Geltendmachung eines Rechtsanspruchs abstellt und damit eine frühzeitige Löschung fordert, geht die abweichende Meinung weiter und lässt eine längere Speicherfrist zu. Ausgehend vom Wortlaut des Art. 17 Abs. 3 lit. e DSGVO muss die Verarbeitung, d. h. die weitere Speicherung der personenbezogenen Daten, für den Verantwortlichen zur Geltendmachung, Ausübung oder Verteidigung von Rechtsansprüchen erforderlich sein. Eine Einschränkung im Wortlaut dahingehend, dass diese Ausnahme nur dann greifen soll, wenn der Anspruch bereits gegeben ist oder unmittelbar bevorsteht, findet sich nicht.[115] Die Formulierung der „*Geltendmachung, Ausübung oder Verteidigung von Rechtsansprüchen*" findet sich an verschiedenen Stellen in der DSGVO wieder (z. B. ErwG 65 S. 5, Art. 9 Abs. 2 lit. f, Art. 18 Abs. 1 lit. c, Art. 18 Abs. 2, Art. 21 Abs. 1 S. 2, Art. 49 Abs. 1 lit. e DSGVO). Auch hier finden sich keine Einschränkungen des Anwendungsbereichs. Die Gegenmeinung, die auf die Wahrscheinlichkeit abstellt, verkennt, dass es für den Verantwortlichen nicht rechtssicher voraussehbar ist, wann ein Anspruch von der betroffenen Person geltend gemacht wird. Wenn für die Geltendmachung, Ausübung und Verteidigung von Rechtsansprüchen an konkrete Fristen angeknüpft werden kann, so ist für den Verantwortlichen absehbar, wie lange er die personenbezogenen Daten aufbewahren darf. Gerade bei der Möglichkeit des Anspruchs nach § 15 Abs. 1 AGG hat der Verantwortliche keine Kenntnis dahingehend, ob der Bewerber noch einen Anspruch geltend macht oder nicht.[116] Müsste der Verantwortliche die Daten aufgrund fehlender Anhaltspunkte löschen, so könnte er sich nicht mehr verteidigen, falls ein Anspruch auf Schadensersatz doch noch geltend gemacht wird. Es würde ein Haftungsrisiko und eine Rechtsunsicherheit bestehen.[117] Gerade bei der Ablehnung eines Bewerbers besteht immer die Möglichkeit, dass sich der Arbeitgeber Entschädigungsansprüchen bzw. Schadensersatzansprüchen wegen vermeintlicher Diskriminierungen nach § 15 Abs. 1, 2 AGG ausgesetzt sieht. Hiernach ist der Arbeitgeber bei einem Verstoß gegen das Benachteiligungsverbot nach § 7 AGG verpflichtet, den hierdurch entstandenen Schaden zu ersetzen. Das Benachteiligungsverbot bestimmt, dass Beschäftigte, worunter auch Bewerber nach § 6 Abs. 1 S. 2 AGG fallen, nicht wegen eines in

---

114 So *Kühling/Klar*, ZD 2014, 506 ff.

115 Ebenso *Halder/Johanson*, NJOZ 2019, 1457, 1460; *Stollhoff*, in: Auernhammer, Art. 17 DSGVO, Rn. 77.

116 Ähnlich *Hunzinger*, CR 2018, 357, 362 („Wahrscheinlichkeit eines AGG-Rechtsstreits in absoluten Zahlen bspw. verschwindend gering"); *ders.*, Löschen, S. 167 f.

117 Vgl. *Grothe*, in: Säcker et al., MüKo BGB, § 194 Rn. 6 f. (Verjährung dient Schutz vor Inanspruchnahme sowie Rechtsfrieden und Rechtssicherheit).

§ 1 AGG genannten Grundes[118] benachteiligt werden dürfen. Nach § 22 AGG muss im Falle des Beweises eines Indizes für eine Benachteiligung nach § 1 AGG die andere Partei, d. h. der Arbeitgeber, beweisen, dass kein Verstoß gegen das AGG gegeben ist. Hat dieser jedoch keine Daten mehr über diesen Vorfall, so wird ihm ein entsprechender Gegenbeweis nicht gelingen. Die angegebenen Fristen geben dem Verantwortlichen vielmehr die Möglichkeit, rechtssicher abschätzen zu können, in welchem Zeitrahmen eine Inanspruchnahme erfolgen kann. Regelungen zur Verjährung dienen gerade der *„Sicherheit des Verkehrs und dem Rechtsfrieden“*.[119] Solange dieser Zeitrahmen läuft, ist eine Aufbewahrung demnach auch erforderlich. Es wird daher dafür plädiert, dass die personenbezogenen Daten des Bewerbers so lange aufbewahrt werden dürfen, wie ein möglicher Anspruch noch geltend gemacht werden kann, ohne dass es auf die Wahrscheinlichkeit der Geltendmachung oder konkrete Anhaltspunkte ankommt.

Welche konkrete Frist geltend muss, wird nachfolgend anhand möglicher Speicherfristen nach dem Allgemeinen Gleichbehandlungsgesetz (AGG), dem Handelsgesetzbuch (HGB) und der Abgabenordnung (AO) untersucht.

### a. § 15 Abs. 4 S. 1 AGG

Nach § 15 Abs. 4 S. 1 AGG, welcher wegen § 2 Abs. 1 Nr. 1, § 6 Abs. 1 S. 2 AGG anwendbar ist, muss der Anspruch nach § 15 Abs. 1 AGG innerhalb einer Frist von zwei Monaten schriftlich geltend gemacht werden, wobei der Fristbeginn nach § 15 Abs. 4 S. 2 AGG mit Zugang der Ablehnung bei dem Bewerber beginnt. Es handelt sich um eine materiell-rechtliche Ausschlussfrist, deren Nichtbeachtung dazu führt, dass der Anspruch erlischt.[120] Zugang meint entsprechend § 130 Abs. 1 S. 1 BGB, dass die Ablehnung derart in den Machtbereich des Bewerbers gelangen muss, dass dieser die Möglichkeit hat, von der Ablehnung unter normalen Umständen Kenntnis zu nehmen, wobei eine tatsächliche Kenntnisnahme gerade nicht erforderlich ist. Da die Ablehnung keine bestimmte Form vorschreibt, kann die Ablehnung auch mündlich erfolgen.[121] Jedoch ist es möglich, dass die Tarifvertragsparteien eine andere Frist vereinbaren, wobei eine kürzere oder längere Frist vereinbart werden kann.[122] Allerdings ist nach der Rechtsprechung des BAG die Frist nach § 15 Abs. 4 S. 2 AGG richtlinien-

---

118 „Benachteiligungen aus Gründen der Rasse oder wegen der ethnischen Herkunft, des Geschlechts, der Religion oder Weltanschauung, einer Behinderung, des Alters oder der sexuellen Identität“.

119 BGH, Urt. v. 16.06.1972, I ZR 154/70, BGHZ 59, 72, 74; BT-Drs. 14/6040, S. 100.

120 BAG, Urt. v. 21.06.2012 – 8 AZR 188/11, Rn. 19, NZA 2012, 1211; *Serr*, in: Staudinger, AGG, Einleitung zum AGG, Rn. 31, § 15 Rn. 77.

121 BAG, Urt. v. 29.06.2017 – 8 AZR 402/15, Rn. 24 f., NZA 2018, 33; *Deinert*, in: Däubler/Beck, AGG, § 15 Rn. 123.

122 *Benecke*, in: Looschelders, beckOGK AGG, 01.03.2023, § 15 Rn. 94; *Thüsing*, in: Säcker et al., MüKo BGB, § 15 AGG, Rn. 45.

konform dahingehend auszulegen, dass „*die Frist bei späterer Kenntnisnahme von einer Benachteiligung erst mit Kenntniserlangung des benachteiligten Beschäftigten zu laufen beginnt*".[123] Der Bewerber muss demnach von den zugrundeliegenden Tatsachen Kenntnis erlangt oder die Unkenntnis zu vertreten haben. Eine Aufbewahrung von drei Jahren ist dadurch jedoch nicht gerechtfertigt, da dies dem Willen des deutschen Gesetzgebers zuwiderläuft, der es dem Arbeitgeber nicht zumutet, eine solch lange Dokumentation vorzuhalten.[124] Zwar bleiben nach § 15 Abs. 5 AGG andere Ansprüche unberührt, sodass für diese Ansprüche die Verjährungsfrist des § 195 BGB gelten könnte. Jedoch hat das BAG im Jahr 2012 entschieden, dass Ansprüche aus dem AGG anderen Ansprüchen (insb. § 280 Abs. 1, § 241 Abs. 2, § 311 Abs. 2 BGB i. V. m. § 7 Abs. 3 AGG) entgegenstehe, soweit der Anspruch allein mit einem Verstoß gegen das Benachteiligungsverbot begründet wird. Die Ausschlussfrist des § 15 Abs. 4 AGG stehe konkurrierenden deliktischen Ansprüchen entgegen (§ 823 Abs. 1 BGB; § 823 Abs. 2 BGB i. V. m. § 7 Abs. 1 AGG; § 826 BGB).[125] Demnach sind sowohl alle Entschädigungs- als auch Schadensersatzansprüche innerhalb der Zweimonatsfrist des § 15 Abs. 4 AGG nach Kenntniserlangung der Benachteiligung geltend zu machen, soweit sie auf einem einheitlichen Lebenssachverhalt beruhen. Das Risiko bezüglich der Frage, ob der Bewerber von der Benachteiligung Kenntnis erlangt hat, trägt der Arbeitgeber. Aus diesem Grund ist zu empfehlen, nachweisbar dokumentieren zu können, dass dem Bewerber alle entscheidungsrelevanten Tatsachen bekannt geworden sind.

Teilweise sollen die Verhandlungen über den Anspruch nach § 15 AGG eine Hemmung der Frist nach § 203 BGB analog bewirken.[126] Nach § 203 S. 1 BGB ist die Verjährung eines Anspruchs gehemmt, wenn zwischen dem Schuldner und dem Gläubiger Verhandlungen über den Anspruch oder die den Anspruch begründenden Umstände schweben. Eine entsprechende Hemmung entspreche dem Sinn und Zweck dieser Regelung. Denn der Arbeitgeber wird sich regelmäßig auf die Verhandlungen eingelassen haben und es wäre treuwidrig, wenn sich dieser dann auf den Fristablauf beriefe. Zudem enthalte das Verjährungsrecht eine Art Leitbildfunktion für die Ausschlussfristen.

Nach *Schütz* wird die Frist nach § 242 BGB gehemmt, wenn der Arbeitgeber den Arbeitnehmer bewogen bzw. gehindert hat, rechtzeitig die Klage zu erheben.

---

123 BAG, Urt. v. 21.06.2012 – 8 AZR 188/11, Rn. 24, NZA 2012, 1211; *Bauer/Krieger/Günther*, AGG, § 15 Rn. 53; *Benecke*, in: Looschelders, beckOGK AGG, 01.03.2023, § 15 Rn. 86; *Schleusener*, in: Germelmann et al., ArbGG, § 61b Rn. 5.

124 BT-Drs. 16/1780, S. 38.

125 BAG, Urt. v. 21.06.2012 – 8 AZR 188/11, DB 2012, 2521; *Deinert*, in: Däubler/Beck, AGG, § 15 Rn. 112, 143; *Greßlin*, BB 2015, 117, 118; *Serr*, in: Staudinger, AGG, § 15 Rn. 63 ff. (§ 7 Abs. 1 AGG ist kein Schutzgesetz); aA *Voggenreiter*, in: Rudolf/Mahlmann, Gleichbehandlungsrecht, S. 349; *von Roetteken*, AGG, 87. Update, § 15 AGG, Rn. 464.

126 *Stein*, in: Wendeling-Schröder/Stein, AGG, § 15 Rn. 85; wohl auch *Fromm*, ZTR 2003, 70, 72.

Als Beispiel wird genannt, dass der Arbeitgeber die Erfüllung des Anspruchs zugesagt hat und der Arbeitnehmer aus diesem Grund von einer Klage abgesehen hat.[127]

Das Landesarbeitsgericht Rheinland-Pfalz und Stimmen in der Literatur verneinen eine entsprechende Anwendung des § 203 BGB und damit eine Hemmung, sodass die Frist unabhängig davon zu laufen beginnt, ob Verhandlungen über den Anspruch zwischen Bewerber und Arbeitgeber bestehen.[128] Möglich soll es aber sein, dass sich die Parteien freiwillig auf eine Hemmung einigen. Begründet wird dies damit, dass der Schuldner sich bei einem schlichten Meinungsaustausch nicht mehr darauf verlassen könne, dass nach Fristablauf keine Ansprüche mehr gegen ihn erhoben werden.

Bei der Frist nach § 15 Abs. 4 AGG i. V. m. der Frist nach § 61b Abs. 1 ArbGG handelt es sich um eine zweistufige Ausschlussfrist hinsichtlich der Ansprüche auf Ausgleich eines Nichtvermögensschadens. Nach § 61b Abs. 1 ArbGG muss eine Klage auf Entschädigung nach § 15 AGG innerhalb von drei Monaten, nachdem der Anspruch schriftlich geltend gemacht worden ist, erhoben werden. Es ist nach dem Wortlaut eindeutig, wann die Frist zu laufen beginnt. Etwaige Verhandlungen sollen nach dem Wortlaut nicht zu einer Hemmung führen. Für den Arbeitgeber würde eine ständige Rechtsunsicherheit darüber bestehen, ob eine etwaige Frist gehemmt oder bereits abgelaufen wäre. Um dieser Rechtsunsicherheit entgegenzuwirken, müssen entsprechend voraussehbare Fristen festgelegt werden. Eine Hemmung der Frist kommt damit nicht in Betracht.

Weiterhin bestimmt § 61b Abs. 1 ArbGG, dass eine Klage auf Entschädigung nach § 15 AGG innerhalb von drei Monaten, nachdem der Anspruch schriftlich geltend gemacht worden ist, erhoben werden muss. Der Anspruch bezieht sich nur auf die Entschädigung nach § 15 Abs. 2 AGG, sodass die Frist nicht für den Anspruch auf Schadensersatz nach § 15 Abs. 1 AGG gilt.[129] Daraus ergibt sich zusammen mit § 15 Abs. 4 S. 1 AGG eine mindestens fünfmonatige Frist, innerhalb derer ein Rechtsanspruch auf Entschädigung seitens des Bewerbers geltend gemacht werden kann. Dies gilt jedoch nur dann, wenn die Geltendmachung am letzten Tag der Frist nach § 15 Abs. 4 AGG erfolgt.[130] Erfolgt die Geltendmachung bereits vorher, so läuft die Frist von drei Monaten ab dem Zeitpunkt der Geltendmachung. Die Speicherfrist ist somit davon abhängig, wann der Bewerber den Anspruch schriftlich geltend macht. Erfolgt innerhalb der 2-Monats-

---

127 *Schütz*, in: Ahrendt et al., GK-ArbGG, § 61b Rn. 14.

128 LAG Rheinland-Pfalz, Urt. v. 26.09.2017 – 8 Sa 134/17, Rn. 44, BeckRS 2017, 140039; *Bauer/Krieger/Günther*, AGG, § 15 Rn. 48, 58; *Benecke*, in: Looschelders, beckOGK AGG, 01.03.2023, § 15 Rn. 89; *Forst*, in: Hey/Forst, AGG, § 15 Rn. 125; *Mohr*, in: Adomeit/Mohr, AGG, § 15 Rn. 125; *Oetker*, in: Kiel et al., MHA, § 17 Rn. 78, 83 (Verwirkung nach § 242 BGB); wohl auch *Helml/Klaner*, in: Hauck et al., ArbGG, § 61b Rn. 5; *Walker*, in: Schwab/Weth, ArbGG, § 61b Rn. 14.

129 *Deinert*, in: Däubler/Beck, AGG, § 15 Rn. 135.

130 *Bauer/Krieger/Günther*, AGG, § 15 Rn. 59.

Frist des § 15 Abs. 4 AGG keine Geltendmachung, so sind die Bewerberdaten nach diesen zwei Monaten zu löschen.[131] Erfolgt die Geltendmachung am letzten Tag der 2-Monats-Frist, so dürfen die Daten weitere drei Monate wegen § 61b Abs. 1 ArbGG aufbewahrt werden. Einen Sicherheitszuschlag um einen weiteren Monat erscheint noch als angemessen, sodass eine Aufbewahrung von sechs Monaten nach Zugang der Ablehnung beim Bewerber erfolgen darf. Besteht ein Tarifvertrag, der längere Fristen zur Geltendmachung zulässt, verlängert sich die Frist um die Frist des Tarifvertrages. Sieht der Tarifvertrag beispielsweise eine Frist von 5 Monaten vor, so gilt eine Frist von 8 Monaten. Einen Sicherheitszuschlag von einem weiteren Monat erscheint in diesem Fall nicht mehr als angemessen. Entscheidend sind jedoch die Umstände des Einzelfalles. Kommt es zu einer Geltendmachung durch den Bewerber, dürfen die Daten für die Dauer des Rechtsstreits aufbewahrt werden.

### b. § 257 Abs. 1 Nr. 2, Abs. 4 HGB

Die Fristen nach dem AGG könnten jedoch für Kaufmänner i. S. d. HGB unbeachtlich sein, wenn sich eine längere Aufbewahrungspflicht bzw. Aufbewahrungsrecht aus dem Handelsgesetzbuch ergeben würde.

Bewerbungen könnten Handelsbriefe nach § 257 Abs. 2 HGB darstellen, mit der Folge, dass diese nach § 257 Abs. 1 Nr. 2, Abs. 4 HGB sechs Jahre beginnend mit dem Schluss des Jahres, in dem der Handelsbrief empfangen bzw. abgesandt worden ist, aufbewahrt werden müssen. Voraussetzung ist, dass der Verantwortliche ein Kaufmann i. S. d. § 1 Abs. 1 HGB ist, also jemand der ein Handelsgewerbe nach § 1 Abs. 2 HGB betreibt. Weiterhin müsste ein Handelsbrief gegeben sein. Handelsbriefe sind nur Schriftstücke, die ein Handelsgeschäft betreffen (§ 257 Abs. 2 HGB). Der Begriff der Schriftstücke ist umfassend zu verstehen und umfasst sämtliche Schriftstücke unabhängig von ihrer postalischen Versendungsform, sodass schriftliche Briefe, Telefaxe und E-Mails erfasst sind.[132] Handelsgeschäfte sind nach § 343 Abs. 1 HGB alle Geschäfte eines Kaufmanns, die zum Betriebe seines Handelsgewerbes gehören. Es besteht eine grundsätzliche Vermutung nach § 344 Abs. 1 HGB, dass die von einem Kaufmanne vorgenommenen Rechtsgeschäfte im Zweifel als zum Betriebe seines Handelsgewerbes gehörig gelten. Nach dem BGH gehören *„nicht nur die für dieses Handelsgewerbe üblichen, dafür typischen Geschäfte, sondern auch alle Geschäfte, die sich mittelbar auf das Handelsgewerbe beziehen, d. h. mit ihm noch in einem entfernten, lockeren Zusammenhang stehen*“, zum Handelsgeschäft.[133] Ein Handelsgeschäft ist betroffen i. S. d. § 257 Abs. 2 HGB, wenn es *„um die Vorbereitung, den Abschluss, die Durchführung oder die Rückgängig-*

---

131 *HmbBfDI*, TB 2021, S. 46; *Gola*, RDV 2022, 180, 181.

132 *Böcking/Gros/Heise*, in: Ebenroth et al., HGB, § 257 Rn. 15; *Merk*, in: Häublein/Hoffmann-Theinert, BeckOK HGB, 42. Ed. 15.01.2023, § 257 Rn. 7; *Reich/Szczesny/Voß*, in: Heidel/Schall, HGB, § 257 Rn. 24.

133 BGH, Urt. v. 10.06.1974 – VII ZR 44/73, NJW 1974, 1462.

*machung eines Handelsgeschäftes"* geht.[134] Die Einstellung von Personal bzw. der Abschluss eines Arbeitsvertrages wird als Hilfshandelsgeschäft zum Betriebe des Handelsgewerbes angesehen.[135] Entscheidend ist allein, dass die Handlung dem Hauptgeschäft auf irgendeine Weise dient. Damit wären grundsätzlich Bewerbungen als Handelsbriefe einzuordnen. Manche Stimmen in der Literatur trennen die Informationen in den Bewerbungsunterlagen und der Dokumentation des Bewerbungsverfahrens von dem Bewerbungsschreiben des Bewerbers und das Absageschreiben des Arbeitgebers. Das Bewerbungsschreiben und das Absageschreiben sollen als Handelsbriefe angesehen werden und damit der handelsrechtlichen Aufbewahrungsfrist von sechs Jahren nach § 257 Abs. 1 Nr. 2 und 3 HGB unterliegen.[136] Für diese Dokumente soll der Arbeitgeber die Speicherung weiterhin vornehmen dürfen, wie sich aus Art. 17 Abs. 3 lit. b DSGVO ergebe.

Nach *Winnefeld* sollen die „*Bewerbungsunterlagen*" ohne nähere Begründung unter § 257 Abs. 1 Nr. 1 HGB fallen und damit einer 10-Jahres-Frist nach § 257 Abs. 4 HGB unterliegen.[137]

Nach überwiegender Meinung werden jedoch solche Schriftstücke nicht zu den Handelsbriefen gezählt, die nicht zum Abschluss eines Handelsgeschäfts geführt haben.[138] Als Beispiele werden insbesondere erhaltende Aufträge, erhaltende Rechnungen oder Reklamationen genannt. Entscheidend soll sein, dass es sich um Handelsgeschäfte mit einer „*gewissen Dauerbedeutung*" handelt, was bei Grundstückskäufen oder Darlehensverträgen angenommen wird.[139] Für Bewerbungen, die der Kaufmann nicht in Betracht zieht, würde dies bedeuten, dass solche Bewerbungen nicht unter den Begriff des Handelsbriefes fallen, da dieses „*Geschäft*" nicht zustande gekommen ist.

---

134 BT-Drs. IV/2865, S. 8.

135 VG Darmstadt, Beschl. v. 21.05.2013 – 5 L 304/13.DA, BeckRS 2013, 52623; *Beurskens*, in: Henssler, BeckOGK HGB, 01.02.2023, § 343 Rn. 42.1; *Groh*, in: Weber, Rechtswörterbuch, Handelsgeschäft; *Klappstein*, in: Heidel/Schall, HGB, § 343 Rn. 6; *Pamp*, in: Oetker, HGB, § 343 Rn. 18; *Roth/Huber*, in: Koller et al., HGB, § 343 Rn. 5.

136 *Seifert*, in: Simitis et al., Datenschutzrecht, Art. 88 Rn. 110; *Stück*, AuA 2019, 695, 696; *Ullrich*, ZMV 2018, 176, 177; wohl auch *Dix*, in: Simitis, BDSG, § 35 Rn. 39; *Willert*, in: Weth et al., Daten- und Persönlichkeitsschutz, B., XIII., Rn. 37 (auch Auswahlvermerk); aA *Brink*, in: BeckOK DatenSR, BDSG, 28. Ed. 01.11.2017, § 35 Rn. 41.

137 *Winnefeld*, Bilanz-Handbuch, Kap. A, Rn. 868.

138 *Henssler*, in: Henssler/Strohn, Gesellschaftsrecht, § 105 HGB, Rn. 65; *Hüffer*, in: Staub, HGB, 4. Aufl., § 257 Rn. 23; *Krawitz*, in: Hofbauer/Kupsch, Rechnungslegung, § 257 HGB, Rn. 42; *Drüen, in:* Koller et al., HGB, § 257 Rn. 3; *Müller*, WPg 1965, 560, 564; *Reich/Szczesny/Voß*, in: Heidel/Schall, HGB, § 257 Rn. 23; *Trappmann*, DB 1990, 2437; aA *Pöschke*, in: Staub, HGB, § 257 Rn. 23 (angesichts des Dokumentationszwecks der Rechnungslegung).

139 *Müller*, WPg 1965, 560, 563.

Der zuletzt genannten Auffassung ist zu folgen. Handelsgeschäfte können nur solche Geschäfte sein, die zum Abschluss gekommen sind. Zwar werden auch vorbereitende Tätigkeiten von dem Begriff umfasst. Als Beispiele werden in der Literatur die Anmietung eines Ladens, die Aufnahme von Krediten, der Erwerb des Unternehmens selbst oder ein Bierlieferungsvertrag für ein zu errichtendes Hotel genannt.[140] Die Beispiele machen deutlich, dass es sich um Geschäfte auf Dauer handelt und stets der Vorgang zum Abschluss gekommen ist. Vorgänge, die keinen Abschluss gefunden haben, werden nicht genannt. Denn nur in den Fällen, in denen ein Abschluss stattgefunden hat, ist diese Handlung dem Hauptgeschäft des Kaufmannes zuzurechnen. Die Bewerbungsunterlagen des abgelehnten Bewerbers dienen jedoch dem Handelsgeschäft nicht. Die Einstellung von Personal wird zwar als Hilfsgeschäft unter den Begriff des Handelsgeschäfts gefasst. Entscheidend ist aber, dass es zu einer Einstellung gekommen ist. Eine solche Einstellung liegt bei abgelehnten Bewerbern nicht vor. Sinn und Zweck der Dokumentation nach § 257 HGB ist es gerade, dass die Rechnungslegung auch im Nachhinein verständlich und beweiskräftig ist.[141] Dies bedeutet auch, dass nicht die gesamte Korrespondenz aufbewahrungspflichtig ist, sondern sich auf den Teil beschränken muss, der für die Buchführung erforderlich ist. Anlagen zu Handelsbriefen sollen nach *Trappmann* nur dann aufzubewahren sein, „*wenn der Handelsbrief ohne Anlagen nicht oder im Wesentlichen nicht verständlich oder beweiskräftig ist*". Eine Aufbewahrungspflicht aus dem HGB besteht somit nicht.

### c. § 147 Abs. 1 Nr. 5 AO

Es könnte sich aus der Abgabenordnung eine Aufbewahrungspflicht ergeben. So sieht *Haselmann* Bewerbungsunterlagen zwar ohne nähere Begründung als sonstige Unterlagen i. S. d. § 147 Abs. 1 Nr. 5 AO an, sodass eine Aufbewahrungspflicht von sechs Jahren nach § 147 Abs. 3 AO greife.[142] Es ist jedoch nicht davon auszugehen, dass der Autor die Bewerbungsunterlagen in dem hier verstandenen Sinne meint. Voraussetzung für die sonstigen Unterlagen ist, dass diese für die Besteuerung von Bedeutung sind. Der Bundesfinanzhof hat geurteilt, dass Unterlagen unter die Vorschrift des § 147 Abs. 1 Nr. 5 AO fallen, wenn sie nicht unter § 147 Abs. 1 Nr. 1 – 4 zu subsumieren sind und „*soweit sie zum Verständnis und zur Überprüfung der für die Besteuerung gesetzlich vorgeschriebenen Aufzeichnungen im Einzelfall von Bedeutung sind*".[143] Erforderlich ist demnach, dass die Bewerbungsunterlagen Aussagen zu steuerlich relevan-

140 *Leyens*, in: Hopt, HGB, § 343 Rn. 3; *Horn*, in: Heymann, HGB, § 343 Rn. 11; *Steimle/Dornieden*, in: Röhricht et al., HGB, § 343 Rn. 27.

141 *Trappmann*, DB 1990, 2437.

142 *Haselmann*, in: Koenig, AO, § 147 Rn. 12. Fragestellung aufgreifend *Tausch/Tausch*, BC 2019, 32, 33.

143 BFH, Urt. v. 24.06.2009 – VIII R 80/06, DStR 2009, 2006.

ten Vorgängen enthalten und insbesondere Kontrollzwecken dienen können.[144] Bewerbungsunterlagen enthalten solche Informationen jedoch nicht und dienen auch nicht Kontrollzwecken, sodass diese keine Unterlagen nach § 147 Abs. 1 Nr. 5 AO darstellen können.

#### d. Zwischenfazit

Die Errechnung der Speicherfrist bei abgelehnten Bewerbern ergibt sich weder aus dem Handelsgesetzbuch noch aus der Abgabenordnung. Vielmehr kann aus § 15 Abs. 4 S. 1 AGG i. V. m. § 61b Abs. 1 ArbGG zuzüglich einen Sicherheitszuschlages von einem Monat grundsätzlich eine Speicherfrist von sechs Monaten hergeleitet werden. Diese Fristen können im Einzelfall kürzer oder länger sein.

### 2. Erlaubnisnorm für die Speicherung

Es stellt sich weiterhin die Frage, auf welche Erlaubnisnorm die weitere Speicherung der personenbezogenen Daten gestützt werden kann, um sich vor möglichen Ansprüchen des Bewerbers zu schützen. Die Frage der Erlaubnisnorm stellt sich, da auf den ersten Blick mit der weiteren Speicherung zwecks Abwehr möglicher Ansprüche des Bewerbers wegen einer Verletzung des AGG ein anderer Zweck als die Begründung des Beschäftigungsverhältnisses verfolgt wird. Eine Zweckänderung im Sinne des Art. 6 Abs. 4 DSGVO liegt jedoch regelmäßig nicht vor, da bereits bei der Erhebung der personenbezogenen Daten der Zweck der weiteren Speicherung, nämlich die Aufbewahrung der Bewerbungsunterlagen für den Fall der Ablehnung der Bewerbung, feststeht. Diese Zweckfestsetzung ist im Rahmen der Datenschutzhinweise und im Verzeichnis von Verarbeitungstätigkeiten entsprechend zu dokumentieren.

#### a. Erforderlich für die Begründung des Beschäftigungsverhältnisses?

Die *Landesdatenschutzbeauftragte von Niedersachsen*, der *Hamburgische Beauftragte für Datenschutz und Informationsfreiheit* und Teile der Literatur sehen die Speicherung als datenschutzrechtlich erforderlich i. S. d. § 26 Abs. 1 S. 1 BDSG an.[145] Für dieses Ergebnis soll der enge inhaltliche Zusammenhang mit der Bewerbung sprechen. *Haußmann/Karwatzki/Ernst* führen jedoch an, dass der Wortlaut des § 26 Abs. 1 S. 1 BDSG („*Entscheidung über die Begründung*

144 *Matthes*, in: Pfirrmann et al., BeckOK AO, 28. Ed. 15.04.2024, § 147 Rn. 75.

145 *LfD Niedersachsen*, Beschäftigtendatenschutz, S. 1; *HmbBfDI*, TB 2021, S. 45; *Lembke*, in: Henssler et al., Arbeitsrecht, Art. 88 DSGVO, Rn. 26 („erforderlich für die Begründung der (negativen) Einstellungsentscheidung"); *Stück*, AuA 2019, 695; wohl auch *Schulze*, in: Wedde, Datenschutz, C., Rn. 270 (kein „Zweckfortfall"); aA *von Steinau-Steinrück/Mosch*, NJW-Spezial 2009, 450, 451. Alternativ auf Art. 6 Abs. 1 S. 1 lit. f abstellend *Haußmann/Karwatzki/Ernst*, DB 2018, 2697, 2699; *Hitzelberger-Kijima*, öAT 2019, 140, 142.

*des Beschäftigungsverhältnisses*") dagegenspricht. Der *Europäische Datenschutzausschuss* stellt für die Aufbewahrungspflichten auf Art. 6 Abs. 1 S. 1 lit. c DSGVO ab.[146] Nach Ansicht von *Brink/Joos* kann nicht mehr auf § 26 Abs. 1 S. 1 BDSG abgestellt werden, wenn der Kandidat seine Bewerbung zurückzieht oder das Auswahlverfahren zugunsten eines anderen Bewerbers endet. Vielmehr könne auf die Erlaubnisnorm des Art. 6 Abs. 1 S. 1 lit. f DSGVO abgestellt werden, da das berechtigte Interesse des Arbeitgebers besteht, seine Bewerberauswahl in einem etwaigen Diskriminierungsprozess nach dem AGG zu rechtfertigen.[147]

Die Frage hängt maßgeblich davon ab, ob die Speicherung von Unterlagen abgelehnter Bewerber noch zum Beschäftigungskontext i. S. d. Art. 88 Abs. 1 DSGVO zählt. Davon muss ausgegangen werden, da der Beschäftigungskontext nach hier vertretener Ansicht weit ausgelegt wird und die Speicherung dieser Unterlagen noch einen Bezug zum Beschäftigungsverhältnis aufweist (vgl. Zweiter Teil, § 6, C., II., 1., b.).[148] Dies bedeutet, dass der deutsche Gesetzgeber in der Lage wäre, zur weiteren Speicherung der abgelehnten Bewerbungsunterlagen, spezifischere Vorschriften zu erlassen. Dies hat er in § 26 BDSG jedoch nicht getan. Vielmehr ist allein entscheidend, ob die Verarbeitung für die Begründung des Beschäftigungsverhältnisses erforderlich ist. Zwar handelt es sich bei der Person immer noch um einen Bewerber[149], jedoch steht die Speicherung nicht mehr im Zusammenhang mit der „*Begründung*" des Beschäftigungsverhältnisses, da der Bewerber abgelehnt wurde.[150] Der Zweck der Speicherung liegt ausschließlich darin, sich vor möglichen Ansprüchen des Bewerbers zu verteidigen. § 26 Abs. 1 S. 1 BDSG kann damit nicht als Erlaubnisnorm herangezogen werden.

### b. Berechtigtes Interesse nach Art. 6 Abs. 1 S. 1 lit. f DSGVO

Als Erlaubnisnorm kommt die Interessenabwägung nach Art. 6 Abs. 1 S. 1 lit. f DSGVO i. V. m. Art. 9 Abs. 2 lit. f DSGVO in Betracht, da das berechtigte Interesse des Arbeitgebers darin besteht, sich vor Rechtsansprüchen des Bewerbers nach § 15 Abs. 1 AGG zu verteidigen (ausführlich zu den Erlaubnisnormen Vierter Teil, § 21 sowie Fünfter Teil, § 26, B., V.).[151] Zwar besteht bezüglich Art. 6 Abs. 1 S. 1 lit. f DSGVO ein Widerspruchsrecht nach Art. 21 Abs. 1 DSGVO, je-

146 *EDPB*, Guidelines 2/2019, S. 13.

147 *Brink/Joos*, Boecken et al., Arbeitsrecht, BDSG, § 26 Rn. 80.

148 *Riesenhuber*, in: BeckOK DatenSR, DSGVO, 48. Ed. 01.05.2024, Art. 88 Rn. 56; aA *Panzer-Heemeier*, in: Braun/Wisskirchen, Konzernarbeitsrecht, Teil I, Abschnitt 4, Rn. 198.

149 *Geiger*, in: Weth et al., Daten- und Persönlichkeitsschutz, A., IV., Rn. 182.

150 *Bergt*, in: Koreng/Lachenmann, Datenschutzrecht, H. I. 2.; *Maschmann*, in: Kühling/Buchner, § 26 BDSG, Rn. 28; *Weth*, in: Weth et al., Daten- und Persönlichkeitsschutz, B., I., Rn. 148; *Wybitul/Schultze-Melling*, Datenschutz, Rn. 246.

151 *Haußmann/Karwatzki/Ernst*, DB 2018, 2697, 2699; *Jaspers/Schwartmann/Mühlenbeck*, in: Schwartmann et al., Art. 9 DSGVO, Rn. 174.

doch kann der Verantwortliche dem entgegenhalten, dass die Verarbeitung nach Art. 21 Abs. 1 S. 2, 2. Alt. DSGVO der Geltendmachung, Ausübung bzw. Verteidigung von Rechtsansprüchen dient. Diese Alternative wird sehr weit verstanden und soll die gerichtliche und außergerichtliche Geltendmachung umfassen, was mit dem Wortlaut „*dienlich*" begründet wird.[152]

### c. Art. 17 Abs. 3 DSGVO als eigenständige Erlaubnisnorm?

Weiterhin könnte in Art. 17 Abs. 3 DSGVO selbst eine datenschutzrechtliche Erlaubnisnorm für die Speicherung der Daten zu sehen sein. Nach dieser Vorschrift gelten die Absätze 1 und 2 des Art. 17 DSGVO nicht, soweit die Verarbeitung erforderlich ist. Es folgen in Art. 17 Abs. 3 lit. a bis e DSGVO verschiedene Konstellationen, wann die Erforderlichkeit vom europäischen Gesetzgeber anerkannt wird. Der Wortlaut des Absatzes 3 besagt, dass im Falle des Vorliegens der Tatbestandsvoraussetzungen eine Löschung nach Art. 17 Abs. 1 und 2 DSGVO nicht zu erfolgen hat. So sind die personenbezogenen Daten grundsätzlich nach Art. 17 Abs. 1 lit. a DSGVO zu löschen, wenn die Daten für die Zwecke, für die sie erhoben oder auf sonstige Weise verarbeitet wurden, nicht mehr notwendig sind. Eine Löschung kann jedoch unterbleiben, wenn die Verarbeitung zur Geltendmachung, Ausübung oder Verteidigung von Rechtsansprüchen erforderlich ist (vgl. Art. 17 Abs. 3 lit. e DSGVO). Daraus könnte geschlossen werden, dass die Buchstaben des Art. 17 Abs. 3 DSGVO die Erlaubnisnormen des Art. 6 Abs. 1 DSGVO modifizieren.

Das OLG Frankfurt und auch Teile der Literatur gehen wohl davon aus, dass es sich bei Art. 17 Abs. 3 lit. a DSGVO um eine eigenständige Erlaubnisnorm für die Verarbeitung handelt.[153] Nach *Michel* ermächtigt Art. 17 Abs. 3 DSGVO dazu, die „*Löschungsgründe aus Art. 17 Abs. 1 DSGVO und auch alle zugrundeliegenden Rechtmäßigkeitstatbestände (hier das Verarbeitungsverbot aus Art. 9 Abs. 1 DSGVO) nicht anzuwenden*".[154] *Nolte/Werkmeister* gehen hinsichtlich Art. 17 Abs. 1 DSGVO davon aus, dass diese Vorschrift die Erlaubnisnorm für die Löschung von personenbezogenen Daten darstellt.[155] Ausgehend

152 *Brink/Joos*, Boecken et al., Arbeitsrecht, BDSG, § 26 Rn. 80; *Helfrich*, in: Sydow, DSGVO/BDSG, Art. 21 DSGVO, Rn. 69 f. (Glaubhaftmachung erforderlich); *Kamann/Braun*, in: Ehmann/Selmayr, Art. 21 Rn. 28 (Rekurs auf ErwG 52, 111); *Martini*, in: Paal/Pauly, Art. 21 DSGVO, Rn. 43.

153 OLG Frankfurt, Urt. v. 06.09.2018 – 16 U 193/17, Leitsatz 2, GRUR 2018, 1283; *Golland*, ZD 2020, 397, 402 (Verweis auf EuGH, Urt. v. 24.9.2019 – C-507/17, ZD 2020, 31 – Google LLC/CNIL; *ders.*, DSB 2019, 262, 263; *ders.*, DSB 2019, 234, 236 („Art. 17 Abs. 3 DSGVO kann insoweit als allgemeine Rechtsgrundlage für die Verarbeitung dienen"); *Kriegesmann*, DSB 2019, 17, 18 („Rechtsfortbildung"); wohl auch *Fuhlrott/Oltmanns*, NZA 2019, 1105, 1107 (Art. 17 Abs. 3 lit. e erlaubt Speicherung); *Gomille*, ZUM 2020, 123; *Hunzinger*, Löschen, S. 166.

154 *Michel*, K&R 2018, 731, 732.

155 *Nolte/Werkmeister*, in: Gola/Heckmann, DSGVO/BDSG, Art. 17 DSGVO, Rn. 3.

davon meint *Herbst*, dass Art. 17 Abs. 3 DSGVO nicht nur die Löschpflichten des Art. 17 Abs. 1 DSGVO aufhebt, sondern zugleich „*die stillschweigend in Abs. 1 mitenthaltenen Rechtsgrundlagen für Löschungen*".[156] Die dargestellten Literaturmeinungen gehen demnach davon aus, dass Art. 17 Abs. 1 bzw. Abs. 3 DSGVO eigenständige Erlaubnisnormen darstellen.

Die systematische Stellung der Norm könnte allerdings dagegensprechen. Art. 17 DSGVO befindet sich in „*Kapitel II – Rechte der betroffenen Person*". Die Norm befindet sich damit „*im Kontext von Betroffenenrechten, die in Umsetzung der allgemeinen Zielrichtung der DS-GVO darauf gerichtet sind, den betroffenen Personen einen größeren Einfluss auf die Verarbeitung ihrer personenbezogenen Daten zu geben*".[157] Hingegen regelt Art. 6 Abs. 1 DSGVO die Erlaubnisnormen für die Verarbeitung, worunter auch die Speicherung fällt, abschließend, sodass grundsätzlich auf der Grundlage dieser Norm die Rechtmäßigkeit der Verarbeitung festgestellt werden muss. Nach dem EuGH muss „*jede Verarbeitung personenbezogener Daten [...] den in Art. 6 der RL aufgestellten Grundsätzen in Bezug auf die Qualität der Daten und einem der in Art. 7 der RL angeführten Grundsätze in Bezug auf die Zulässigkeit der Verarbeitung von Daten genügen*".[158] Dieser Rechtsprechung würde es widersprechen, wenn man in Art. 17 Abs. 1 bzw. Abs. 3 DSGVO eine eigenständige Erlaubnisnorm erblicken würde.

Überzeugend ist es vielmehr, Art. 17 Abs. 1 bzw. 3 DSGVO im Rahmen der Erlaubnisnormen des Art. 6 Abs. 1 DSGVO einzuordnen. Dieser Ansicht entspricht auch die Rechtsprechung des EuGH, wonach für jede Verarbeitung personenbezogener Daten eine Erlaubnisnorm nach Art. 6 DSGVO gegeben sein muss.[159] Die Norm des Art. 17 Abs. 1 DSGVO könnte als rechtliche Verpflichtung nach Art. 6 Abs. 1 S. 1 lit. c DSGVO angesehen werden.[160] Hiernach ist die Verarbeitung rechtmäßig, wenn sie zur Erfüllung einer rechtlichen Verpflichtung erforderlich ist, der der Verantwortliche unterliegt. Der Verantwortliche ist nach Art. 17 Abs. 1 DSGVO verpflichtet, personenbezogene Daten unverzüglich zu löschen, sofern einer der folgenden Gründe in Art. 17 Abs. 1 lit. a bis f DSGVO einschlägig ist. Die rechtliche Verpflichtung zur Löschung ist in den Fällen des Art. 17 Abs. 3 DSGVO aufgehoben, sodass durch das Vorliegen einer der Tatbe-

---

156 *Herbst*, in: Kühling/Buchner, Art. 17 DSGVO, Rn. 70; ähnlich *Stück*, AuA 2019, 695 („Art. 17 Abs. 1 DSGVO stellt insofern den Erlaubnistatbestand dar").

157 LG Frankfurt a. M., Urt. v. 28.06.2019 – 2-03 O 315/17, Rn. 35, ZD 2019, 410.

158 EuGH, Urt. v. 16.01.2019 – C-496/17, Rn. 57, EuZW 2019, 746 – Deutsche Post AG; EuGH, Urt. v. 01.10.2015 – C-201/14, Rn. 30, ZD 2015, 577 – Bara; EuGH, Urt. v. 13.05.2014 – C-131/12, Rn. 71, NJW 2014, 2257, 2260 – Google Spain; EuGH, Urt. v. 30.05.2013 – C-342/12, Rn. 33, NZA 2013, 723 – Worten.

159 EuGH, Urt. v. 30.3.2023 – C-34/21, Rn. 69, NZA 2023, 487 – Hauptpersonalrat.

160 Ebenso *BfDI*, Positionspapier Anonymisierung, S. 8. *Helfrich*, Datenschutzrecht, Einführung, S. XXXI verlangt eine Erlaubnisnorm nach Art. 6 Abs. 1; *Hornung/Wagner*, ZD 2020, 223, 226; *Stürmer*, ZD 2020, 626, 630; ähnlich *Caumanns*, ZD-Aktuell 2020, 04412.

stände des Art. 17 Abs. 3 DSGVO eine Verpflichtung zur Löschung nicht mehr besteht. Vielmehr ist in diesen Fällen die weitere Speicherung der personenbezogenen Daten weiterhin erforderlich und kann weiterhin auf die ursprüngliche Erlaubnisnorm für die Verarbeitung der Daten gestützt werden. Dies deutet auch ErwG 65 S. 5 an, wonach die *„weitere Speicherung der personenbezogenen Daten […] rechtmäßig sein [sollte], wenn…“*. Der europäische Gesetzgeber geht demnach davon aus, dass im Falle des Vorliegens einer Ausnahme nach Art. 17 Abs. 3 DSGVO die weitere Speicherung rechtmäßig ist. Für die Anwendung des Art. 6 Abs. 1 S. 1 lit. c DSGVO ist weiterhin nach Art. 6 Abs. 3 S. 1 DSGVO erforderlich, dass die Rechtsgrundlage durch Unionsrecht oder das Recht der Mitgliedstaaten festgelegt wurde. Vorliegend wurde in Art. 17 Abs. 1 DSGVO die Rechtsgrundlage im Unionsrecht festgelegt. Nach Satz 2 muss der Zweck der Verarbeitung in dieser Rechtsgrundlage festgelegt sein, was in Art. 17 DSGVO der Fall ist. So sollen zum Beispiel personenbezogene Daten nach Art. 17 Abs. 1 lit. a DSGVO gelöscht werden, wenn diese für die Zwecke, für die sie erhoben wurden, nicht mehr notwendig sind. Die Löschung verfolgt auch ein im öffentlichen Interesse liegendes Ziel (vgl. Art. 6 Abs. 3 S. 4 DSGVO), da es den Datenschutzgrundsätzen des Art. 5 Abs. 1 lit. c und e DSGVO entspricht, personenbezogene Daten zu löschen, wenn kein Grund mehr vorhanden ist, diese länger aufzubewahren. Im Ergebnis handelt es sich bei Art. 17 Abs. 1 und Abs. 3 DSGVO erst im Zusammenspiel mit Art. 6 Abs. 1 S. 1 lit. c DSGVO um eine datenschutzrechtliche Erlaubnisnorm, die es rechtfertigt, die Bewerbungsunterlagen zu speichern. Alternativ erscheint es ebenfalls denkbar, die Tatbestände des Art. 17 Abs. 1 DSGVO im Rahmen einer Interessenabwägung nach Art. 6 Abs. 1 S. 1 lit. f DSGVO zu behandeln.[161]

## B. Speicherfrist bei Initiativbewerbungen

Hat der Arbeitgeber keine Stellenausschreibung geschaltet und bewirbt sich ein Bewerber initiativ, so stellt sich die Frage, wie lange diese Bewerbungsunterlagen aufbewahrt werden müssen bzw. dürfen. Auch bei Initiativbewerbungen sind Verstöße des Arbeitgebers gegen das AGG möglich, da durch die Einreichung einer Bewerbung der Bewerberstatus i. S. d. § 6 Abs. 1 S. 2 AGG gegeben ist (vgl. Zweiter Teil, § 6, C., II., 1., a., bb.). Erforderlich ist allerdings, dass der Arbeitgeber Handlungen vornimmt, die eine Besetzung der Stelle zum Ziel hat.[162] Auch wenn den Arbeitgeber bei Initiativbewerbungen keine Auskunftspflicht darüber trifft, warum er den Bewerber nicht eingestellt hat[163], kann er, falls er Auskunft erteilt, einen Verstoß gegen das AGG begehen. Eine Pflicht zur Rückgabe der Bewerbungsunterlagen wird nicht angenommen, es sei denn, der

161 So *Gomille*, ZUM 2020, 123; ähnlich *Brink/Joos*, Boecken et al., Arbeitsrecht, BDSG, § 26 Rn. 80.
162 *Bauer/Krieger/Günther*, AGG, § 6 Rn. 12a.
163 *Bauer*, ArbRAktuell 2012, 219; *Bauer/Krieger/Günther*, AGG, § 6 Rn. 12a.

Bewerber hat um Rücksendung gebeten und einen Freiumschlag beigefügt.[164] Verstöße aus vorvertraglichen Pflichten bestehen nicht, da durch eine Initiativbewerbung, im Gegensatz zu einer Stellenausschreibung, grundsätzlich gerade noch kein vorvertragliches Schuldverhältnis i. S. d. § 311 Abs. 2 BGB entsteht.[165]

Teilweise wird auf den Inhalt der Bewerbung selbst abgestellt, da sich aus dieser Bewerbung Anhaltspunkte für einen Aufbewahrungszeitraum ergeben können. Ansonsten seien die Daten zu löschen, wenn der Bewerber nicht in Frage kommt.[166] Das *Bayerische Landesamt für Datenschutzaufsicht* und *Maschmann* sehen eine Parallele zur Speicherfrist von Stellenausschreibungen und gehen von einer sechsmonatigen Speicherfrist aus, es sei denn, der Bewerber hat in eine längere Speicherfrist eingewilligt.[167] Andere Meinungen gehen von einer Speicherfrist von sechs Monaten bis maximal einem Jahr aus.[168] *Laber/Klein* halten eine Frist von zwei Monaten für angemessen, wenn der Bewerber sich innerhalb dieser Frist nicht mehr gemeldet hat.[169]

Der Unterschied zur Speicherfrist bei Stellenausschreibungen ist, dass der Arbeitgeber bei Initiativbewerbungen keinen Willen dahingehend gebildet hat, einen etwaigen Bewerber einzustellen. Wenn der Arbeitgeber kein Interesse an der Bewerbung hat, besteht auch keine Aufbewahrungspflicht hinsichtlich des AGG. Eine Prüfpflicht der Bewerbung besteht für den Arbeitgeber gerade nicht, sodass eine Aufbewahrung nicht erfolgen muss.[170] In dem Fall einer ungeprüften Bewerbung kann der Arbeitgeber die Unterlagen daher sofort löschen bzw. vernichten.[171] Prüft der Arbeitgeber jedoch die Bewerbung und verschickt eine Absage, so ist ein möglicher Schadensersatzanspruch nach § 15 AGG möglich, wenn die Einstellung wegen eines mögliches Grundes nach § 1 AGG versagt wird. In diesem Fall besteht die gleiche Situation, wie bei einer Speicherfrist bei abgelehnten Bewerbern (vgl. Dritter Teil, § 12, A.), sodass auch hier die Frist von 6 Monaten ab Absage gilt.[172]

---

164 *Ehlers*, in: Kunz et al., Praxis des Arbeitsrechts, § 13 Rn. 4; *Linck*, in: Schaub, Arbeitsrecht, § 149 Rn. 1; aA *Laber/Klein*, ArbRB 2002, 171, 172 f. (rechtliche Pflicht unbegründbar); *Möhren*, in: Hümmerich et al., Arbeitsrecht, § 3 Rn. 2, 45.

165 *Maties*, in: beckOGK, BGB, 01.01.2023, § 611a Rn. 553; *Thüsing*, in: Säcker et al., MüKo BGB, § 7 AGG, Rn. 23; aA *Linck*, in: Schaub, Arbeitsrecht, § 26 Rn. 1; unklar *Littig*, in: Grobys/Panzer-Heemeier, Arbeitsrecht, Bewerbung, Rn. 2.

166 *Schneider*, AuA 2015, 530, 531.

167 *BayLDA*, 5. TB, S. 62; *Maschmann*, in: Kühling/Buchner, § 26 BDSG, Rn. 28.

168 *Gola*, Beschäftigtendatenschutz, Rn. 740; *Grimm*, in: Tschöpe, Arbeitsrecht, 6. Teil, F., Rn. 200; *Grimm/Kühne*, ArbRB 2018, 245, 246; *Grimm/Singraven*, in: Grimm/Singraven, Digitalisierung und Arbeitsrecht, § 23 Rn. 18; wohl auch *LfDI BW*, Beschäftigtendatenschutz, S. 32; *Möhren*, in: Hümmerich et al., Arbeitsrecht, § 3 Rn. 2 (Bewerber duldet längere Aufbewahrung); *Schneider*, AuA 2015, 530, 531.

169 *Laber/Klein*, ArbRB 2002, 171, 173.

170 *Bauer/Krieger/Günther*, AGG, § 6 Rn. 12a.

171 *Gola*, RDV 2022, 180, 182.

172 *Gola*, RDV 2022, 180, 182.

## C. Speicherfrist bei angenommenen Bewerbern

Im Falle der Einstellung eines Bewerbers, dürfen die Bewerbungsunterlagen in jedem Fall für die Dauer des Arbeitsverhältnisses aufbewahrt werden, da diese für die Durchführung des Beschäftigungsverhältnisses i. S. d. Art. 6 Abs. 1 S. 1 lit. b, Art. 88 Abs. 1 DSGVO i. V. m. § 26 Abs. 1 S. 1 Var. 1 BDSG erforderlich sind und die Bewerbungsunterlagen Teil der Personalakte werden.[173] Es handelt sich hier um einen zulässige Zweckänderung i. S. d. Art. 6 Abs. 4 DSGVO.[174] Der Arbeitgeber hat im laufenden Beschäftigungsverhältnis ein Interesse daran, die Bewerbungsunterlagen seines Arbeitnehmers zu sichten, um seine Qualifikationen für eine neue Aufgabe zu prüfen. Die Bewerbungsunterlagen sind zudem noch bei der Erfüllung des Zeugnisanspruchs nach § 109 GewO relevant. Dieser verjährt gem. §§ 195, 199 BGB drei Jahre nach Schluss des Jahres, in dem das Arbeitsverhältnis beendet wurde.[175]

## D. Speicherfrist im Bewerberpool

Viele Arbeitgeber bieten es an, dass abgelehnte Bewerber in einen sogenannten Bewerberpool (auch Talentpool genannt) aufgenommen werden können. Dies dient in erster Linie dazu, den derzeit nicht berücksichtigten Bewerber möglicherweise für künftige Stellen zu besetzen. Bei einem Bewerberpool handelt es sich um eine *„zentrale HR-Datenbank, in der Kompetenzprofile von vielversprechenden Bewerbern, (ehemaligen) Mitarbeitern oder potenziellen Kandidaten verwaltet werden"*.[176] Zu Recht wird überwiegend die Einwilligung des Bewerbers als einzige Erlaubnisnorm für zulässig erachtet, damit der Arbeitgeber den Bewerber in den Bewerberpool des Unternehmens speichern darf (zur Möglichkeit der Einwilligung und der Frage des Zeitpunktes der Einholung der Einwilligung Vierter Teil, § 19, B., I., 3.).[177] Probleme mit der Zweckänderung nach

---

173 *HmbBfDI*, TB 2021, S. 45; *Gola*, RDV 2018, 85, 88; *Grimm/Kühne*, ArbRB 2018, 245, 247; *Kramer*, DSB 2018, 41; *Laber/Klein*, ArbRB 2002, 171, 172; *Stück*, ArbRAktuell 2020, 153, 154.

174 *König*, Beschäftigtendatenschutz, § 4 Rn. 39.

175 LAG Köln, Urt. v. 31.08.2016 – 11 Sa 1025/15, Rn. 19 – juris; *Faas/Henseler*, BB 2018, 2292, 2296; *Grimm/Kühne*, ArbRB 2018, 144, 145.

176 Definition bei Haufe.de, https://tinyurl.com/toqcskb; *Mesch/Folkerts*, ZD 2021, 252, 253.

177 *LfDI BW*, Beschäftigtendatenschutz, S. 32 f.; *Bergt*, in: Koreng/Lachenmann, Datenschutzrecht, H. I. 2.; *Diercks*, zfm 2019, 97, 99; *Geißler*, in: Kramer, IT-Arbeitsrecht, § 2 Rn. 970 f. (§ 26 BDSG und Art. 6 Abs. 1 S. 1 lit. f ablehnend); *Gola*, RDV 2022, 180, 187 (mit einer Muster-Einwilligung); *Grimm*, in: Tschöpe, Arbeitsrecht, 6. Teil, F., Rn. 200; *Haußmann/Karwatzki/Ernst*, DB 2018, 2697, 2699; *Schafft*, AuA 2006, 517; *Weth*, in: Weth et al., Daten- und Persönlichkeitsschutz, B., I., Rn. 149; *Zlamal*, ZD-Aktuell 2015, 04589. Umfassende Darstellung möglicher Erlaubnisnormen bei *Mesch/Folkerts*, ZD 2021, 252, 254, die auch zum Ergebnis kommen, dass die Einwilligung die einzige Erlaubnisnorm sei.

Art. 6 Abs. 4 DSGVO bestehen nicht, da insofern eine Einwilligung eingeholt wird. Anderweitige Erlaubnisnormen für die weitere Speicherung der Bewerberdaten über die konkrete Stellenbesetzung hinaus, sind nicht ersichtlich. Fraglich ist, wie lange eine solche Einwilligung gelten kann.

## I. Meinungsstand

Der *Landesdatenschutzbeauftrage von Baden-Württemberg* und Teile der Literatur gehen davon aus, dass die Speicherung der Bewerberdaten in einem Bewerberpool eine zeitliche Grenze haben muss, unabhängig von dem Widerruf der Einwilligung durch den Bewerber.[178] Begründet wird dies damit, dass die Bewerberdaten nach einer gewissen Zeit keinen aktuellen Aussagegehalt mehr haben dürften. Als zulässige Speicherhöchstfrist wird dabei maximal ein Jahr angesetzt, da nach diesem Jahr die Bewerbungsunterlagen veraltet und nicht mehr für die Entscheidung über die Begründung eines Beschäftigungsverhältnisses geeignet sind. Teilweise soll sich die Speicherfrist verlängern, wenn der Bewerber vor Ablauf des Jahres seine Daten selbstständig aktualisiert oder wenn er zum Ausdruck bringt, dass er jährlich berücksichtigt werden möchte.[179] *Stück* geht ohne nähere Begründung von einer Speicherdauer von 1-1,5 Jahre aus.[180] Die französische Datenschutzbehörde *CNIL* geht von einer Maximalspeicherdauer von 2 Jahren aus.[181]

## II. Geltung der Einwilligung

Die DSGVO macht keine Vorgaben, wie lange eine einmal erteilte wirksame Einwilligung ihre Geltung behält. Grundsätzlich muss es für die betroffene Person möglich sein, eine Einwilligung in die Verarbeitung personenbezogener Daten abzugeben, die lebenslange Geltung entfaltet.[182] Eine Befristung durch die betroffene Person selbst muss aber möglich bleiben.

Nach der ehemaligen *Artikel-29-Datenschutzgruppe* hängt die Geltung vom Kontext, dem Umfang der ursprünglichen Einwilligung und den Erwartungen der betroffenen Person ab.[183] Auch die *Landesbeauftragte für Datenschutz und Informationsfreiheit NRW* meint, dass eine über längere Zeit nicht genutzte Ein-

178 *LfDI BW*, Beschäftigtendatenschutz, S. 33; *Däubler*, in: Däubler et al., § 26 BDSG, Rn. 77; *Gola*, Beschäftigtendatenschutz, Rn. 481, 537; *Grimm*, in: Tschöpe, Handbuch, 6. Teil, F., Rn. 200; *Grimm/Kühne*, ArbRB 2018, 245, 246; *Rockstroh/Leuthner*, ZD 2013, 497, 500.

179 *Haußmann/Karwatzki/Ernst*, DB 2018, 2697, 2699.

180 *Stück*, AuA 2019, 695.

181 *CNIL*, Guide Recrutement, S. 5.

182 *Heckmann/Paschke*, in: Ehmann/Selmayr, Art. 7 Rn. 47.

183 *Art.-29-Datenschutzgruppe,* WP 259 rev. 01, S. 25 (Leitlinie wurde vom EDPB übernommen, https://tinyurl.com/y56vzfbf).

willigung ihre Gültigkeit verliert.[184] Die *Berliner Beauftragte für Datenschutz und Informationsfreiheit* geht grundsätzlich davon aus, dass die DSGVO keine Geltungsdauer einer Einwilligung enthält, die Einwilligung sich jedoch an das Gebot der Zweckbindung nach Art. 5 Abs. 1 lit. b DSGVO zu halten habe. Wenn sich die Verarbeitungsvorgänge bzw. die Verarbeitungszwecke wesentlich verändert oder weiterentwickelt haben, soll die ursprüngliche Einwilligung ihrer Wirksamkeit verlieren, sodass die Notwendigkeit einer erneuten Einwilligung geprüft werden sollte.[185] *Broy* geht davon aus, dass die Bewerberdaten aufgrund der Einwilligung nur so lange gespeichert werden dürfen, wie die Auswahlentscheidung noch nicht getroffen wurde.[186]

Überwiegend wird allerdings davon ausgegangen, dass eine einmal erteilte Einwilligung grundsätzlich auf unbestimmte Zeit wirksam ist, solange sie nicht widerrufen wurde oder unter einer auflösenden Befristung oder Bedingung stand.[187] Begründet wird dies damit, dass die DSGVO keine Vorgaben zu dieser Thematik trifft und zudem kein Schutzbedürfnis besteht. Denn die Einwilligung kann jederzeit ohne Begründung widerrufen werden. Für den Verantwortlichen wäre eine zeitlich begrenzte Einwilligung unverhältnismäßig. Außerdem sei eine Auffrischung der Einwilligung in der Praxis nicht handhabbar.

Auch das BAG hatte zum alten Recht entschieden, dass mit Beendigung des Arbeitsverhältnisses eine einmal erteilte Einwilligungserklärung des Arbeitnehmers grundsätzlich nicht ihre Gültigkeit verliert.[188] Ebenso entschied der BGH zu § 7 UWG und der Richtlinie 2002/58/EG, dass eine einmal erteilte Einwilligung „*grundsätzlich nicht allein durch Zeitablauf erlischt*".[189] Diese Wertung kann auf die DSGVO übertragen werden. Eine Einwilligungserklärung, die nach einer gewissen Zeit ihre Wirksamkeit verliert, führt zur Rechtsunsicherheit, da die betroffene Person nicht wüsste, ob eine Einwilligung noch wirksam ist oder nicht. Darum muss aus Gründen der Rechtssicherheit die Einwilligung grundsätzlich unbefristet gelten. Durch die Möglichkeit des Widerrufs hat die betroffene Person das notwendige Korrektiv in der Hand, um der wirksamen Einwilli-

184 *LfDI NRW*, 24. TB, S. 81 (2 Jahre); ebenso *Hilber*, in: Hilber et al., Deutsche Tochter, D., Rn. 117.

185 *Berliner Datenschutzbeauftragte*, Jahresbericht 2019, S. 120; ebenso *Buchner/Kühling*, in: Kühling/Buchner, Art. 7 DSGVO, Rn. 30; *Eisenschmid*, NZM 2019, 313, 319; *Radlanski*, Einwilligung, S. 214 (Wirkung wird durch Zweckerreichung begrenzt).

186 *Broy*, in: Weth et al., Daten- und Persönlichkeitsschutz, B., IX., Rn. 88.

187 *Buchner/Kühling*, in: Kühling/Buchner, Art. 7 DSGVO, Rn. 30; *Eckhardt*, K&R 2019, 289, 291; *Gierschmann*, in: Gierschmann et al., Art. 7 Rn. 134, 138; *Gola*, Beschäftigtendatenschutz, Rn. 447 (Passus „bis auf Widerruf" aufnehmen); *Heckmann/Paschke*, in: Ehmann/Selmayr, Art. 7 Rn. 47; *Kazemi*, DSGVO, § 4 Rn. 125; *Kramer*, in: Auernhammer, Art. 7 DSGVO, Rn. 7; *Scheurer*, Spielerisch selbstbestimmt, S. 158; *Schneider*, K&R 2019, 8, 11; *Stemmer*, in: BeckOK DatenSR, DSGVO, 48. Ed. 01.11.2023, Art. 7 Rn. 88.

188 BAG, Urt. v. 11.12.2014 – 8 AZR 1010/13, Rn. 38 f., ZD 2015, 330 m. Anm. Wybitul.

189 BGH, Urt. v. 01.02.2018 – III ZR 196/17, Rn. 31, GRUR 2018, 545.

gung ihre legitimierende Wirkung zu nehmen. Wenn man eine zeitlich befristete Einwilligungserklärung einholen möchte, sollte dies im Einwilligungstext niedergelegt werden.[190] Die Einwilligung für die Aufnahme in einem Bewerberpool ist demnach grundsätzlich unbefristet wirksam.

Allerdings ist in diesem Zusammenhang der Grundsatz der Zweckbindung und der Speicherbegrenzung nach Art. 5 Abs. 1 lit. b, e DSGVO zu beachten, die auch im Rahmen der Einwilligung Geltung beanspruchen. Bewerberdaten besitzen nach einer gewissen Zeit kaum noch Aussagegehalt über den Bewerber, da dieser sich mittlerweile beruflich weiterentwickelt hat. Der damals abgegebene Lebenslauf wird mit der heutigen Realität kaum noch übereinstimmen. Die Speicherbegrenzung besagt, dass die Daten des Bewerbers nur so lange gespeichert werden dürfen, wie es für die Zwecke, für die sie verarbeitet werden, erforderlich ist. Die Bewerbungsunterlagen wurden für einen bestimmtes Jobangebot und damit für einen bestimmten Zweck übermittelt. Durch die Einholung der Einwilligung konnte der Zweck des Arbeitgebers, die konkreten Fähigkeiten des Bewerbers zu berücksichtigen, legitimiert werden. Wenn sich diese Fähigkeiten jedoch verändert haben bzw. veraltet sind, dann ist dieser Zweck entfallen. Es muss daher jeder Verantwortliche im Einzelfall prüfen, für welchen Zeitrahmen eine Speicherung von Bewerberdaten für ihn sinnvoll erscheint und die Bewerbungsunterlagen noch von Relevanz sind. Daher ist aus Transparenzgründen die Angabe einer Gültigkeitsdauer zu empfehlen.[191]

## § 13 Integrität und Vertraulichkeit, Art. 5 Abs. 1 lit. f DSGVO

Nach dem zuletzt genannten Grundsatz müssen die personenbezogenen Daten in einer Weise verarbeitet werden, die eine „*angemessene Sicherheit der personenbezogenen Daten gewährleistet, einschließlich Schutz vor unbefugter oder unrechtmäßiger Verarbeitung und vor unbeabsichtigtem Verlust, unbeabsichtigter Zerstörung oder unbeabsichtigter Schädigung durch geeignete technische und organisatorische Maßnahmen („Integrität und Vertraulichkeit")*". Nach ErwG 39 S. 12 gehört hierzu auch, dass „*Unbefugte keinen Zugang zu den Daten haben und weder die Daten noch die Geräte, mit denen diese verarbeitet werden, benutzen können*". So darf der Arbeitgeber die verschlossenen Daten nur an empfangszuständige Mitglieder des Betriebsrates übermitteln.[192] In diesem Grundsatz spiegelt sich das Erfordernis eines Berechtigungskonzeptes wi-

---

190 *Gierschmann*, in: Gierschmann et. al., DSGVO, Art. 7 Rn. 138; *Taeger*, BvD-News 1/2019, 32, 35.

191 Ebenso *Conrad/Treeger*, in: Auer-Reinsdorff/Conrad, IT- und Datenschutzrecht, § 34 Rn. 488; *Heckmann/Paschke*, in: Ehmann/Selmayr, Art. 7 Rn. 47; *Tinnefeld/Conrad*, ZD 2018, 391, 395.

192 *Kleinebrink*, DB 2019, 2577, 2581.

der, der bereits beim Grundsatz der Datenminimierung nach Art. 5 Abs. 1 lit. c DSGVO angesprochen wurde. Der Verantwortliche wird gezwungen, bereits auf technischer Ebene dafür zu sorgen, dass ein größtmögliches Datenschutzniveau gegeben ist. Der Grundsatz, der in Art. 5 Abs. 1 DSGVO als letztes genannt wird, sichert die anderen Grundsätze in Art. 5 Abs. 1 lit. a bis e DSGVO ab.[193] Er wird durch Art. 25 DSGVO, der Vorgaben zum Datenschutz durch Technikgestaltung und durch datenschutzrechtliche Voreinstellungen enthält, sowie Art. 32 DSGVO, der die Sicherheit der Verarbeitung regelt, konkretisiert. Wenn der Arbeitgeber zum Beispiel veraltete CMS-Versionen (Content-Management-System) auf seiner Bewerberplattform einsetzen würde, läge ein Verstoß gegen diesen Grundsatz vor.[194] Auch die Verschlüsselung von E-Mails oder der Bewerbungsportale stellt eine Ausprägung dieses Grundsatzes dar.[195]

## § 14 Grundsatz der Direkterhebung?

Der Grundsatz der Direkterhebung bedeutet, dass die personenbezogenen Daten grundsätzlich bei der betroffenen Person zu erheben sind und nur in Ausnahmefällen auf Drittquellen zurückgegriffen werden darf.[196] Dieser Grundsatz soll dem Bewerber die notwendige Transparenz über die Datenverarbeitung verschaffen. Der Bewerber soll wissen, „*wer was wann über ihn an Daten sammelt, verarbeitet und nutzt*".[197] Hier stellt sich die Frage, ob der Arbeitgeber auch Informationen über den Bewerber aus dem Internet suchen darf. Der Grundsatz der Direkterhebung würde dem grundsätzlich entgegenstehen, da er im ersten Schritt die erforderliche Information von dem Bewerber persönlich erfragen müsste. Denn die Erlangung von Informationen über Suchmaschinen aus dem Internet stellt grundsätzlich keine Direkterhebung, sondern eine Dritterhebung dar.[198] Teilweise wird jedoch davon ausgegangen, dass eine Direkterhebung bei der betroffenen Person auch dann gegeben ist, wenn die betroffene Person die personenbezogenen Daten selbst auf der eigenen Webseite oder seinem sozialen Netzwerkprofil veröffentlicht hat.[199] Es wird damit darauf abgestellt, ob die betroffene Person auf die Datenerhebung Einfluss nehmen kann. Allerdings wird einschränkend von *Lepperhoff* vertreten, dass eine Dritterhebung dann gegeben

193 *Roßnagel*, in: Roßnagel, Datenschutzrecht, § 3 Rn. 81.
194 *Breyer*, DuD 2018, 311, 314.
195 *Wedde*, in: v. d. Bussche/Voigt, Konzerndatenschutz, Teil 3, Kap. 6, Rn. 70; *Weichert*, in: Däubler et al., Art. 5 DSGVO, Rn. 68.
196 *Roßnagel/Richter/Nebel*, ZD 2013, 103, 105.
197 *Broy*, Bewerberdaten, S. 173 („Kenntnisnahme des Betroffenen von der Datenerhebung"); *Gola/Pötters/Wronka*, Arbeitnehmerdatenschutz, Rn. 772.
198 *Byers*, Mitarbeiterkontrollen, Rn. 300; *Gola/Pötters/Wronka*, Arbeitnehmerdatenschutz, Rn. 772; *Schwarz*, ArbRAktuell 2018, 514, 517; *Wellhöner/Byers*, BB 2009, 2310, 2315; wohl auch *Lepperhoff*, ZD-Aktuell 2017, 05748.
199 *HmbBfDI*, Rechtliche Bewertung von Fotografien, S. 7; *Lepperhoff/Ermola*, RDV 2018, 260, 261; *Veil*, in: Gierschmann et al., Art. 13 und 14, Rn. 40.

ist, wenn der Bewerber in seinen Bewerbungsunterlagen nicht ausdrücklich auf sein eigenes soziales Netzwerkprofil verweist.[200]

Nach § 4 Abs. 2 S. 1 BDSG a. F. war der sog. Grundsatz der Direkterhebung von personenbezogenen Daten beim Betroffenen ausdrücklich im Gesetz normiert, wobei dieser Grundsatz als *„Mittel zur Stärkung der informationellen Selbstbestimmung"* angesehen wurde.[201] Erhebung beim Betroffenen i. S. d. BDSG a. F. hieß, dass die Daten mit seiner Mitwirkung oder jedenfalls mit seiner Kenntnis erhoben wurden.[202] Dieser Grundsatz findet sich in der DSGVO ausdrücklich nicht mehr wieder.[203] Fraglich ist, ob damit der Grundsatz der Direkterhebung unter der Geltung der DSGVO entfallen ist.

## A. Weitergeltung

Ein Großteil der Stimmen in der Literatur geht auch unter der Geltung der DSGVO davon aus, dass der Grundsatz der Direkterhebung weiterhin besteht.[204] Teilweise wird davon ausgegangen, dass aus den Grundsätzen *„Transparenz"* und *„Treu und Glauben"* nach Art. 5 Abs. 1 lit. a Var. 1, 2 DSGVO der Vorrang der Direkterhebung indirekt abgeleitet werden könnte. *Schild* geht selbstverständlich davon aus, dass der Grundsatz des § 4 Abs. 2 S. 1 BDSG a. F. auch unter der DSGVO weiter fortbesteht, indem er den Begriff des *„Erhebens"* i. S. d. Art. 4 Nr. 2 DSGVO als das Beschaffen der personenbezogenen Daten bei dem Betroffenen selbst definiert.[205]

*Gola* argumentiert, dass aufgrund des Grundsatzes von Treu und Glauben nach Art. 5 Abs. 1 lit. a DSGVO der Grundsatz der Direkterhebung fortbesteht, da per-

200 *Lepperhoff*, RDV 2017, 21.

201 *Broy*, Bewerberdaten, S. 173; *Gola/Klug/Körffer*, in: Gola/Schomerus, BDSG, § 4 Rn. 19 ff.

202 *Gola*, RDV 2011, 109, 115.

203 *Roßnagel/Richter/Nebel*, ZD 2013, 103, 105 (Forderung einer Normierung in Art. 5 DSGVO). Vgl. zum Grundsatz der Direkterhebung im Sozialdatenschutz *Bieresborn*, in: Forgó et al., Datenschutz, Teil V, Kap. 4, Rn. 67 ff.

204 *Buchner*, in: Buchner, Datenschutz im Gesundheitswesen, S. 65; *Byers/Fischer*, ArbRAktuell 2022, 90, 91; *Däubler*, Gläserne Belegschaften, Rn. 203; *Dix*, in: Simitis et al., Datenschutzrecht, Art. 5 Rn. 1; *Grimm*, in: Tschöpe, Arbeitsrecht, 6. Teil, F., Rn. 52; *Herbst*, in: Kühling/Buchner, Art. 4 Nr. 2 DSGVO, Rn. 21; *Lücke*, NZA 2019, 658, 664; *Maschmann*, in: Kühling/Buchner, § 26 BDSG, Rn. 34; *Nebel*, ZD 2018, 520, Fn. 40; *Petri*, in: Simitis et al., Datenschutzrecht, Art. 9 Rn. 28; *Scholz/Fröhlich*, in: Dornbusch et al., AR, Art. 88 DSGVO, Rn. 10; *Schulze*, in: Wedde, Datenschutz, C., Rn. 143 f.; *Seifert*, in: Simitis et al., Datenschutzrecht, Art. 88 Rn. 97 („Transparenz- und Verhältnismäßigkeitsprinzip"); *Stamer/Kuhnke*, in: Plath, § 26 BDSG, Rn. 30; *Stelljes*, DuD 2016, 787 (indirekt aus Art. 5 Abs. 1 lit. a, b sowie aus Rechtsprechung des BAG zum Fragerecht des Arbeitgebers ableitbar); *Stück*, ArbRAktuell 2020, 153; *Wedde*, in: v. d. Bussche/Voigt, Konzerndatenschutz, Teil 3, Kap. 6, Rn. 25; *Wolff*, in: Schantz/Wolff, Datenschutzrecht, Rn. 456.

205 *Schild*, in: BeckOK DatenSR, DSGVO, 48. Ed. 01.05.2024, Art. 4 Rn. 35, 39.

sonenbezogene Daten, die bei der betroffenen Person erhoben werden können, nicht ohne Kenntnis oder Mitwirkung hinter seinem Rücken beschafft werden sollen.[206] Nach dieser Ansicht ist der Grundsatz aber durchbrochen, wenn die erforderlichen Daten nicht bei der betroffenen Person beschafft werden können. Jedoch soll bei bereits öffentlichen Daten dieser Grundsatz keine Wirkung mehr haben, da hierfür eine *„spezielle Interessenlage"* spricht und die Interessen des Bewerbers abgeschwächt sind. Dieselbe Argumentationslinie verfolgt *Schantz*, wonach davon ausgegangen wird, dass die betroffenen Personen vor unklaren Verarbeitungsvorgängen zu schützen seien, sodass sich hieraus der Vorrang der Direkterhebung ergebe.[207] *Däubler* argumentiert mit dem Grundsatz der Verhältnismäßigkeit, indem die Direkterhebung das weniger eingreifende Mittel sei und die anderen Wege der Beschaffung der personenbezogenen Daten nur dann in Betracht kommen, wenn die Direkterhebung nicht zum Ziel führe. Durch die Einschaltung eines Dritten würde ein Eingriff in die Persönlichkeitssphäre bestehen, der nicht erforderlich sei, solange das mildere Mittel der Datenerhebung nicht ebenfalls zielführend ist.[208]

Andere Stimmen leiten den Direkterhebungsgrundsatz partiell aus Art. 5, 6 DSGVO sowie Art. 8 GRCh her, da sich die Datenverarbeitungen im erforderlichen Rahmen halten müssen.[209] Demnach müssen die personenbezogenen Daten grundsätzlich bei der betroffenen Person erhoben und erst wenn dies nicht möglich ist, bei Dritten. Die Direkterhebung sei als Ausprägung des Verhältnismäßigkeitsgrundsatzes nach Art. 52 Abs. 1 S. 2 GRCh anzusehen.

*Dix* folgert aus den erweiterten Informationspflichten nach Art. 14 DSGVO gegenüber den allgemeinen Informationspflichten nach Art. 13 DSGVO, dass die indirekte Datenerhebung intensiver in das Grundrecht auf Datenschutz nach Art. 8 GRCh eingreifen würde.[210] Daraus folge sodann, dass grundsätzlich eine Direkterhebung geboten sei. Nach *Schemmel* ergebe sich der Grundsatz, wonach personenbezogene Daten möglichst beim Bewerber zu erheben sind, insbesondere aus dem Transparenzgebot des Art. 88 Abs. 2 DSGVO i. V. m. § 26 BDSG.[211]

---

206 *Gola*, NZA 2019, 654, 655; ebenso *Braun*, in: Heckmann/Paschke, Internetrecht, Kap. 7, Rn. 275; *Gollan*, in: Zilkens/Gollan, Kommunalverwaltung, Rn. 229.

207 *Schantz*, in: BeckOK DatenSR, DSGVO, 48. Ed. 01.11.2021, Art. 5 Rn. 9.

208 *Däubler*, Gläserne Belegschaften, Rn. 203; *ders.*, in: Däubler et al., Art. 13 DSGVO, Rn. 2.

209 *LfDI BW*, Beschäftigtendatenschutz, S. 29; *Bäcker*, in: Kühling/Buchner, Art. 13 DSGVO, Rn. 3; *Brink/Schwab*, in: Wedde, Datenschutz, B., Rn. 66; *Gersdorf*, in: Gersdorf/Paal, BeckOK Informations- und Medienrecht, 43. Ed. 01.05.2021, Art. 8 EU-GRCharta, Rn. 33; *Kingreen*, in: Calliess/Ruffert, EUV/AEUV, Art. 8 GRCh, Rn. 17; *Kühling/Klar/Sackmann*, Datenschutzrecht, Rn. 299; *Steiner*, in: Wedde, Datenschutz, F., Rn. 24.

210 *Dix*, in: Simitis et al., Datenschutzrecht, Art. 5 Rn. 1.

211 *Schemmel*, ZD 2022, 541, 542.

Nach dem OLG Dresden ist die Erhebung von Daten bei Dritten auch unter Geltung der DSGVO subsidiär zu einer Erhebung beim Betroffenen, sofern dies für den Verantwortlichen nicht ausnahmsweise unzumutbar ist.[212]

## B. Keine Weitergeltung

Demgegenüber stellen andere Stimmen in der Literatur oder Datenschutzbehörden fest, dass der Grundsatz der Direkterhebung unter der DSGVO als materielle Rechtmäßigkeitsvoraussetzung nicht weitergelten wird bzw. entfallen dürfte.[213] *Ziegenhorn/von Heckel* meinen, dass die DSGVO ebenso wenig wie die DSRL den Grundsatz der Direkterhebung kennt und aufgrund des Fehlens einer entsprechenden Spezifizierungsklausel der nationale Gesetzgeber auch nicht befugt sei, den Grundsatz der Direkterhebung als materielle Rechtmäßigkeitsvoraussetzung einzuführen.[214] Die Nichterwähnung dieses Grundsatzes soll kein Redaktionsversehen darstellen. Zudem lasse sich auch aus Art. 8 GRCh kein solcher Direkterhebungsgrundsatz herleiten, weil der Wortlaut des Art. 8 GRCh dies nicht hergebe. Es müsse vielmehr die Wertung des europäischen Gesetzgebers berücksichtigt werden, der in den Grundsätzen nach Art. 5 DSGVO den Grundsatz der Direkterhebung eben nicht aufgenommen hat.

## C. Stellungnahme

Die DSGVO normiert in Art. 5 DSGVO die Grundsätze für die Verarbeitung personenbezogener Daten, obwohl die Grundsätze in Art. 5 DSGVO nicht als

212 OLG Dresden, Urt. v. 30.11.2021 – 4 U 1158/21, 2. Leitsatz, ZD 2022, 159.

213 *Sächsische Datenschutz- und Transparenzbeauftragte*, TB 2023, S. 72; *Beck*, Beschäftigungsverhältnis, S. 31; *Culik*, Beschäftigtendatenschutz, S. 225; *Feldmann*, in: Forgó et al., Datenschutz, Teil XI, Kap. 4, Rn. 32; *Gola/Pötters/Wronka*, Arbeitnehmerdatenschutz, Rn. 224; *Götz*, Big Data im Personalmanagement, S. 120 f.; *Grimm/Kühne*, ArbRB 2018, 245, 247; *Kaufmann/Wegmann/Wieg*, NZA 2023, 740, 745; *Knyrim*, in: Ehmann/Selmayr, Art. 14 Rn. 2; *Kort*, NZA-Beilage 2016, 62, 69; *ders.*, RdA 2018, 24, 26; *Martini/Wenzel*, DVBl 2017, 749, 751 f.; *Oberthür*, in: Kramer, IT-Arbeitsrecht, § 2 Rn. 773; *Paal/Hennemann*, in: Paal/Pauly, Art. 13 DSGVO, Rn. 12a; *Roßnagel*, VuR 2015, 361, 362; *Roßnagel et al.*, Datenschutzrecht, S. 163 f.; *Rudkowski*, NZA 2019, 72, 76; *Schiller*, in: Besgen/Prinz, Arbeiten 4.0, § 10 Rn. 13; *Schwarz*, ZD 2018, 353, 354; *Thüsing*, in: Thüsing/Wurth, Social Media, § 1 Rn. 10; *Thüsing/Rombey*, RDV 2019, 14, 26; *Ziegenhorn*, zfm 2016, 3, 8; *Weth*, in: Weth et al., Daten- und Persönlichkeitsschutz, B., I., Rn. 79; *Zöll*, in: Taeger/Gabel, Art. 88 DSGVO, Rn. 18; wohl auch *Maschmann*, BB 2019, 628, 634.

214 *Ziegenhorn/von Heckel*, NVwZ 2016, 1585, 1588f; ebenso *Martini/Wenzel*, DVBl 2017, 749, 751; *Ziegenhorn*, zfm 2016, 3, 8 („deutsche Besonderheit").

abschließend anzusehen sind.[215] Der Grundsatz der Direkterhebung wird nicht angesprochen. Auch unter der DSRL wurde dieser Grundsatz nicht normiert.[216]

Der europäische Gesetzgeber unterscheidet in der DSGVO bei den Informationspflichten für den Verantwortlichen, ob eine Erhebung von personenbezogenen Daten bei der betroffenen Person nach Art. 13 DSGVO erfolgt oder die personenbezogenen Daten nicht bei der betroffenen Person erhoben worden sind (vgl. Art. 14 DSGVO). Aus dieser Unterscheidung lässt sich zunächst nicht ableiten, dass der Gesetzgeber den Grundsatz statuieren wollte, dass grundsätzlich bei der betroffenen Person die personenbezogenen Daten zu erheben sind. Vielmehr kann davon ausgegangen werden, dass eine Erhebung sowohl bei der betroffenen Person als auch bei einem Dritten möglich ist. Unterschiede ergeben sich nur hinsichtlich des Umfangs der Informationspflichten. Gegen diese Aussage spricht auch nicht der Grundsatz der *„Rechtmäßigkeit, Verarbeitung nach Treu und Glauben, Transparenz“* nach Art. 5 Abs. 1 lit. a DSGVO. Es widerspricht nicht Treu und Glauben beziehungsweise der Transparenz, dass die personenbezogenen Daten nicht direkt bei der betroffenen Person erhoben wurden. Art. 14 DSGVO sieht eine entsprechende Informationspflicht des Verantwortlichen vor, sodass die erforderliche Transparenz für die betroffene Person gewährleistet wird. Zwar muss grundsätzlich berücksichtigt werden, dass der Verhältnismäßigkeitsgrundsatz als ungeschriebener allgemeiner Rechtsgrundsatz im Unionsrecht anerkannt ist.[217] Dieser Grundsatz bedeutet, dass *„die von einem Unionsrechtsakt eingesetzten Mittel zur Erreichung des verfolgten Ziels geeignet sind und nicht über das hierzu Erforderliche hinausgehen“* dürfen. Nach Ansicht des EuGH muss, *„wenn mehrere geeignete Maßnahmen zur Auswahl stehen, die am wenigsten belastende [gewählt werden]“*. Dieser Verhältnismäßigkeit hat der europäische Gesetzgeber jedoch mit den Informationspflichten nach Art. 13, 14 DSGVO hinreichend Rechnung getragen.

Zudem kann auf die Wertung des Art. 9 Abs. 2 lit. e DSGVO zurückgegriffen werden. Hiernach dürfen besondere Kategorien personenbezogener Daten verarbeitet werden, wenn *„die Verarbeitung [...] sich auf personenbezogene Daten [bezieht], die die betroffene Person offensichtlich öffentlich gemacht hat“*. Wenn der Bewerber seinen Lebenslauf mit Informationen nach Art. 9 Abs. 1 DSGVO ins Internet gestellt hat, dürfen die Daten nach Art. 9 Abs. 2 lit. e DSGVO in Verbindung mit einer Erlaubnisnorm nach Art. 6 Abs. 1 DSGVO verarbeitet werden. Hier werden die Daten auch nicht direkt bei der betroffenen Person erhoben, sondern aus dem Internet bezogen, sodass keine Direkterhebung gegeben ist.[218]

---

215 *Roßnagel*, in: Roßnagel, Datenschutzrecht, § 3 Rn. 48.

216 *Raab*, Harmonisierung, S. 58 f.; *Rüpke*, in: Rüpke et al., Datenschutzrecht, § 12 Rn. 39; *Thüsing/Traut*, in: Thüsing, Beschäftigtendatenschutz, § 14 Rn. 10, 12.

217 EuGH, Urt. v. 12.07.2001 – C-189/01, Rn. 81, NVwZ 2001, 1145 – Jippes u. a.; *Pötters*, in: Preis/Sagan, Arbeitsrecht, § 3 Rn. 42; *Roßnagel*, in: Roßnagel, Datenschutzrecht, § 3 Rn. 48.

218 *Gola/Pötters/Wronka*, Arbeitnehmerdatenschutz, Rn. 772; *Lepperhoff*, ZD-Aktuell 2017, 05748; *ders.*, RDV 2017, 21 (indirekte Erhebung, sofern der Bewerber in seiner

Dies bestätigt auch Art. 14 Abs. 2 lit. f DSGVO, wonach eine sog. Dritterhebung gegeben ist, wenn die personenbezogenen Daten aus *„öffentlich zugänglichen Quellen“* stammen.

Es kann damit festgehalten werden, dass die DSGVO ausdrücklich keinen Grundsatz der Direkterhebung kennt und dieser Grundsatz auch nicht im nationalen Recht normiert werden darf. Im Rahmen der Bewerbungsphase ist der Arbeitgeber daher aus datenschutzrechtlichen Gründen nicht verpflichtet, die für die Begründung des Arbeitsverhältnisses erforderlichen Informationen grundsätzlich beim Bewerber zu erheben. Vielmehr stehen ihm auch andere Quellen offen, soweit hierfür eine Erlaubnisnorm nach Art. 6 Abs. 1 DSGVO besteht. Hierbei wird in aller Regel die Frage der Erforderlichkeit der Datenerhebung aus solchen externen Quellen eine Rolle spielen.

## § 15 Folgen eines Verstoßes gegen die Grundsätze der DSGVO

Art. 57 Abs. 1 lit. a i. V. m. Art. 58 Abs. 2 DSGVO und Art. 83 Abs. 5 lit. a bzw. Abs. 6 DSGVO normieren ausdrücklich, dass Verstöße gegen die Grundsätze des Art. 5 DSGVO Maßnahmen der Aufsichtsbehörden oder auch Bußgelder nach sich ziehen können. Ob ein Verstoß gegen die Grundsätze auch zur Rechtswidrigkeit der Datenverarbeitung führt, lässt sich der DSGVO nicht explizit entnehmen.

Ein Verstoß gegen die Grundsätze führt nach *Roßnagel* zur Rechtswidrigkeit der Datenverarbeitung, da diese unmittelbar gelten und für alle Adressaten verbindlich sind. Art. 5 DSGVO regele im Gegensatz zu Art. 6 DSGVO nicht das *„Ob“* der Verarbeitung, d. h. ob die Datenverarbeitung zulässig ist, sondern das *„Wie“* der Verarbeitung.[219] Andere Stimmen gehen ebenfalls davon aus, dass es für die Zulässigkeit und Rechtmäßigkeit der Datenverarbeitung darauf ankommt, dass die Anforderungen des Art. 5 neben den Anforderungen des Art. 6 DSGVO erfüllt sind.[220] Wenn einer der Voraussetzungen nicht erfüllt ist, so ist die Datenverarbeitung rechtswidrig. *Taeger* geht davon aus, dass Art. 5 DSGVO die

---

Bewerbung nicht explizit auf sein Profil hinweist); *Wellhöner/Byers*, BB 2009, 2310, 2315; aA *Lepperhoff/Ermola*, RDV 2018, 260, 261.

219 *Roßnagel*, ZD 2018, 339, 343; ebenso *Wybitul*, in: Kiel et al., MHA, § 96 Rn. 159; wohl auch *Freund*, in: Schuster/Grützmacher, IT-Recht, Art. 6 DSGVO, Rn. 3; zurückhaltender *Herbst*, in: Kühling/Buchner, Art. 5 DSGVO, Rn. 2, 10 („führen aber nicht notwendig zu einer Beurteilung der gesamten Verarbeitung als rechtswidrig“).

220 LG Wiesbaden, Urt. v. 21.02.2019 – 2 O 237/18; *Berger*, RDV 2019, 3, 5; *Hamann*, BB 2017, 1090, 1091; *Härting*, DSGVO, Rn. 86; *Hoffmann/Schulte*, EuZW 2019, 27, 30; *Oberlin/Lezzi*, BvD-News, 1/2019, 45; *Spindler/Dalby*, in: Spindler/Schuster, Elektron. Medien, DSGVO, Art. 6 Rn. 2; *Wilmer*, in: Jandt/Steidle, Datenschutz, Teil B, II., Rn. 3, 10; aA *Buchner/Petri*, in: Kühling/Buchner, Art. 6 DSGVO, Rn. 184 („Art. 5 und Art. 6 unabhängig voneinander“).

Rechtmäßigkeit der Verarbeitung voraussetzt und zu der Frage Stellung bezieht „*wie*“ die personenbezogenen Daten zu verarbeiten sind.[221]

*Schneider/Forgó/Helfrich* meinen hingegen, dass die Grundsätze nach Art. 5 DSGVO zwar einzuhalten sind, aber sich aus deren Einhaltung noch keine Zulässigkeit für die Datenverarbeitung ergibt.[222] Die Rechtmäßigkeit der Verarbeitung richte sich vielmehr nach Art. 6 und 9 DSGVO.

Hingegen scheint der Verfassungsgerichtshof des Freistaats Sachsen davon auszugehen, dass allein ein Verstoß gegen die Grundsätze des Art. 5 Abs. 1 DSGVO zur Rechtswidrigkeit der Datenverarbeitung führt.[223]

Für den EuGH ist neben dem Vorliegen einer Erlaubnisnorm nach Art. 7 DSRL entscheidend, „*ob die anderen in der RL aufgestellten Bedingungen für die Rechtmäßigkeit der betreffenden Verarbeitung personenbezogener Daten erfüllt sind, insb. die nach den Art. 6 und 10 bis 12 der RL*“.[224] Art. 6 DSRL normierte die „*Grundsätze in Bezug auf die Qualität der Daten*“. Dieses Verhältnis sieht der EuGH auch bei Art. 5 und 6 DSGVO als gegeben an.[225] Aus dem Urteil des EuGH könnte nun geschlossen werden, dass Art. 6 DSRL eine Rechtmäßigkeitsvoraussetzung darstellt. Jedoch hat der EuGH in einem weiteren Urteil entschieden, dass beim Nichtvorliegen eines der Grundsätze der betroffenen Person nur ein Betroffenenrecht zusteht, um diesen Verstoß zu beheben.[226] Eine Rechtswidrigkeit der Datenverarbeitung wurde nicht angesprochen. Nach der DSRL waren die Vorschriften des Art. 6 und 7 DSRL systematisch im Kapitel II „*Allgemeine Bedingungen für die Rechtmäßigkeit der Verarbeitung personenbezogener Daten*“ zu finden. In der DSGVO finden sich die vergleichbaren Vorschriften in Kapitel II „*Grundsätze*“ wieder. Allein Art. 6 DSGVO normiert die Rechtmäßigkeit der Verarbeitung, während Art. 5 DSGVO allgemeine Grundsätze aufstellt, ohne auf die Rechtmäßigkeit der Verarbeitung Bezug zu nehmen. Nach dem EuGH konkretisieren zudem die Art. 7 bis 11 DSGVO den Grundsatz der Rechtmäßigkeit, sodass bei deren Nichtvorliegen die Datenverarbeitung rechtswidrig ist. Hingegen wird dies in Bezug auf einen Verstoß gegen Art. 5 DSGVO ausdrücklich nicht festgestellt. Vielmehr wird darauf Bezug genommen, dass sich die Rechtmäßigkeit der Datenverarbeitung aus Art. 6 Abs. 1 DSGVO ergebe.[227]

---

221 *Taeger*, in: Taeger/Gabel, Art. 6 DSGVO, Rn. 15 (Art. 5 DSGVO zu beachten).

222 *Schneider/Forgó/Helfrich*, in: Forgó et al., Datenschutz, Teil VI, Kap. 1, Rn. 52; ähnlich *Voigt*, in: v. d. Bussche/Voigt, Konzerndatenschutz, Teil 3, Kap. 2, Rn. 2 („keine unmittelbare Rechtsfolge“).

223 VerfGH Sachsen, Beschl. v. 23.4.2021 – Vf. 137-IV-20, Rn. 16, 17, BeckRS 2021, 10002 („unzulässige Verarbeitung“; konkret Verstoß gegen Art. 5 Abs. 1 lit. f).

224 EuGH, Urt. v. 27.09.2017 – C-73/16, Rn. 115, ZD 2018, 420 – Puškár; ebenso EuGH (Große Kammer), Urt. v. 13.05.2014 – C-131/12, Rn. 71, GRUR 2014, 895 – Google Spain.

225 EuGH, Urt. v. 16.01.2019 – C-496/17, Rn. 57, EuZW 2019, 746 – Deutsche Post AG.

226 EuGH, Urt. v. 09.03.2017 – C-398/15, Rn. 46, ZD 2017, 325 – Manni.

227 EuGH, Urt. v. 04.05.2023 – C-60/22, Rn. 55, 58, BeckRS 2023, 8967.

Ein Verstoß gegen die Rechenschaftspflicht soll zudem ebenfalls allein nicht zur Unzulässigkeit der Verarbeitung führen.[228]

Nach der hier vertretenen Ansicht regelt Art. 5 DSGVO lediglich allgemeine Grundsätze für die Verarbeitung personenbezogener Daten, die jedoch konkretisierungsbedürftig sind, damit die Anwendung für den Verantwortlichen zur Rechtssicherheit führt. Es muss zwischen der allgemeinen Zulässigkeit und der Rechtmäßigkeit unterschieden werden.[229] Gerade der Grundsatz der Rechtmäßigkeit, wie er in Art. 5 Abs. 1 lit. a DSGVO geregelt ist, wird durch Art. 6 DSGVO konkretisiert und ausgeformt. Aus diesem Grund ist Art. 6 DSGVO auch mit „*Rechtmäßigkeit der Verarbeitung*" überschrieben. Eine Generalklausel, wie Art. 5 DSGVO, kann nicht zur Rechtswidrigkeit einer Datenverarbeitung führen. Die Rechtmäßigkeit einer Verarbeitung bestimmt sich nur nach Art. 6 Abs. 1 DSGVO. Wenn dessen Voraussetzungen nicht erfüllt sind, hat dies die Rechtswidrigkeit der Verarbeitung zur Folge. Möglich ist jedoch, dass ein Verstoß nach Art. 5 Abs. 1 DSGVO zugleich einen Verstoß gegen Art. 6 Abs. 1 DSGVO bedeutet. In diesem Fall wäre die Datenverarbeitung rechtswidrig.

228 EuGH, Urt. v. 04.05.2023 – C-60/22, Rn. 61, ZD 2023, 606.

229 Ebenso *Berger*, RDV 2019, 3, 6; *Hornung/Wagner*, CR 2019, 565, 569; *Roßnagel*, in: Roßnagel, Datenschutzrecht, § 3 Rn. 46; *ders.*, in: Simitis et al., Datenschutzrecht, Art. 5 Rn. 22, 25.

# Vierter Teil: Erlaubnisnormen für die Verarbeitung von Bewerberdaten

Im Laufe des Bewerbungsverfahrens werden unterschiedlichste personenbezogene Daten des Bewerbers erhoben und verarbeitet. Aufgrund des Ungleichgewichts zwischen Bewerber und Arbeitgeber ist rechtlich abzusichern, dass nur die für das Arbeitsverhältnis erforderlichen Daten verarbeitet werden. Nach der DSGVO dürfen grundsätzlich keine personenbezogenen Daten über den Bewerber verarbeitet werden, es sei denn, dies ist durch Gesetz oder aufgrund einer Einwilligung erlaubt (sog. Verbot mit Erlaubnisvorbehalt bzw. Verarbeitungsrechtfertigungszwang; vgl. Dritter Teil, § 8). Dies wird durch die Formulierung in Art. 6 Abs. 1 DSGVO deutlich, in dem es heißt, dass eine „*Verarbeitung [...] nur rechtmäßig [ist], wenn...*". Auch Art. 88 DSGVO darf keine weitergehende Erlaubnis für die Verarbeitung enthalten als die DSGVO selbst (vgl. Vierter Teil, § 16, A.). Die Vorschrift des Art. 6 Abs. 1 DSGVO ist abschließend. Dies wird durch den Wortlaut „*nur*" deutlich und wurde bereits unter der DSRL und wird auch unter der DSGVO vom EuGH vertreten.[1]

Liegt keine wirksame Erlaubnisnorm für die Verarbeitung der Bewerberdaten durch den Arbeitgeber vor, so ist aus Datenschutzsicht die Datenverarbeitung rechtswidrig. Die zuständige Aufsichtsbehörde kann ein Bußgeld gegen den Arbeitgeber nach Art. 83 Abs. 5 DSGVO verhängen und dem Bewerber steht zusätzlich ein Anspruch auf Schadensersatz bzw. Anspruch auf Schmerzensgeld nach Art. 82 Abs. 1 DSGVO zu. Da die DSGVO in diesem Bereich keine Öffnungsklausel enthält, ergibt sich diese Rechtsfolge allein aus der DSGVO, sodass ein Rückgriff auf nationale Rechtsinstitute (z. B. § 823 Abs. 1 i. V. m. Art. 2 Abs. 1 i. V. m. Art. 1 Abs. 1 GG[2]) nicht erforderlich ist. Zudem steht dem Bewerber das sog. Recht zur Lüge zu, was zur Folge hat, dass die arglistige Täuschung i. S. d. § 123 Abs. 1 BGB nicht rechtswidrig ist und den Arbeitgeber demnach nicht zur Anfechtung des Arbeitsvertrages berechtigt ist.[3]

Nachfolgend werden die Erlaubnisnormen für die Erhebung der personenbezogenen Daten beim Bewerber analysiert und das Verhältnis der verschiedenen Erlaubnisnormen untersucht. Abschließend wird auf ausgewählte Verarbeitungssituationen in der Bewerbungsphase eingegangen, um zu verdeutlichen, welche datenschutzrechtlichen Erlaubnisnormen für die Verarbeitung in Betracht gezogen werden können. Die Darstellung der Ausnahmetatbestände für die Erhebung und Verarbeitung der besonderen Kategorien personenbezogener Daten erfolgt im fünften Teil.

---

1 EuGH, Urt. v. 01.10.2019 – C-673/17, Rn. 53, 60, BB 2019 2572 – Planet49; EuGH, Urt. v. 24.11.2011 – C-468/10, C-469/10, Rn. 30, NZA 2011, 1409 – ASNEF.

2 *Carpender*, NZA 2015, 467, 469.

3 *Gola*, Beschäftigtendatenschutz, Rn. 578; *Krieger*, in: vom Stein et al., Gesundheitsmanagement, § 2 Rn. 25 f.; *Schmidt*, Datenschutz für Beschäftigte, S. 306; *Wisskirchen/Kies*, in: Tschöpe, Arbeitsrecht, 1. Teil, C., Rn. 67, 162.

# § 16 Erforderlichkeit für die Begründung des Beschäftigungsverhältnisses, Art. 6 Abs. 1 S. 1 lit. b Var. 2, Art. 88 Abs. 1 DSGVO i. V. m. § 26 Abs. 1 S. 1 Var. 1 BDSG

Nach § 26 Abs. 1 S. 1 Var. 1 BDSG dürfen personenbezogene Daten von Beschäftigten für Zwecke des Beschäftigungsverhältnisses verarbeitet werden, wenn dies unter anderem für die Entscheidung über die Begründung eines Beschäftigungsverhältnisses erforderlich ist. Die Vorschrift stellt dem Wortlaut nach die Eingangsnorm für die Prüfung der Verarbeitung von Bewerberdaten dar. Wenn dessen Voraussetzungen gegeben sind, dürfen die personenbezogenen Daten vom Bewerber verarbeitet werden, ohne dass zusätzlich auf eine andere Erlaubnisnorm, wie die Einwilligung, rekurriert werden müsste.

## A. Schaffung nationaler Erlaubnisnormen

§ 26 Abs. 1 S. 1 Var. 1 BDSG ist aufgrund der Spezifizierungsklausel des Art. 88 Abs. 1 DSGVO erlassen worden. Fraglich ist, ob Art. 88 Abs. 1 DSGVO den Mitgliedstaaten die Möglichkeit eröffnet, eigene nationale Erlaubnisnormen für die Verarbeitung personenbezogener Daten im Beschäftigungsverhältnis zu schaffen oder ob es in den nationalen Vorschriften nur möglich ist, die Erlaubnisnormen nach Art. 6 Abs. 1 DSGVO zu konkretisieren bzw. zu spezifizieren.

### I. Möglichkeit zur Schaffung nationaler Erlaubnisnormen

In der deutschen Literatur wird überwiegend davon ausgegangen, dass Art. 88 Abs. 1 DSGVO die Möglichkeit eröffnet, dass die nationalen Gesetzgeber eigene nationale Erlaubnisnormen für die Verarbeitung personenbezogener Beschäftigtendaten erlassen können und diese dementsprechend vorrangig gegenüber der DSGVO anzuwenden seien.[4]

Begründet wird dies damit, dass die zentrale Norm des Art. 6 Abs. 1 DSGVO nicht abschließend sei und Art. 88 Abs. 1 DSGVO diese Möglichkeit biete. Zu-

4 *Düwell/Brink*, NZA 2017,665, 666; *Gola*, ZD 2018, 448, 449; *Eisenschmid*, NZM 2019, 313, 315 f.; *Jerchel/Schubert*, DuD 2016, 782, 783; *Körner*, DSGVO, S. 13; *dies.*, NZA 2019, 1389; *Linck*, in: Schaub, Arbeitsrecht, § 26 Rn. 12, § 153 Rn. 6; *Maier*, DuD 2017, 169, 170; *Pötters/Schmidt*, in: Preis/Sagan, Arbeitsrecht, § 11 Rn. 37; *Reiserer/Christ/Heinz*, DStR 2018, 1501, 1504; *Schuler/Weichert*, Beschäftigtendatenschutz, S. 6; *Schulz*, ZESAR 2017, 270, 277; *Ströbel/Wybitul*, in: Specht/Mantz, Datenschutzrecht, § 10 Rn. 15; *Temming*, in: Preis/Temming, Individualarbeitsrecht, Rn. 1744; *Tiedemann*, in: Sydow, DSGVO/BDSG, Art. 88 DSGVO, Rn. 7, 9; *Traut*, RDV 2016, 312, 316; *von dem Bussche*, in: v. d. Bussche/Voigt, Konzerndatenschutz, Teil 3, Kap. 3, Rn. 41; *Weth*, in: Weth et al., Daten- und Persönlichkeitsschutz, B., I., Rn. 39; *Wybitul*, DSGVO, Rn. 309; *ders.*, in: Wybitul, DSGVO, Teil 1, Rn. 312.

dem wird auf ErwG 10 S. 5 und 6 rekurriert, der besagt, dass die DSGVO den Mitgliedstaaten „*einen Spielraum für die Spezifizierung ihrer Vorschriften, auch für die Verarbeitung besonderer Kategorien von personenbezogenen Daten [bietet]. Diesbezüglich schließt diese Verordnung nicht Rechtsvorschriften der Mitgliedstaaten aus, in denen die Umstände besonderer Verarbeitungssituationen festgelegt werden, einschließlich einer genaueren Bestimmung der Voraussetzungen, unter denen die Verarbeitung personenbezogener Daten rechtmäßig ist*". Diese Formulierung könnte nach *Piltz* so gelesen werden, dass es hier um die Erlaubnis zur Schaffung eigenständiger nationaler Erlaubnisnormen geht.[5]

## II. Keine Regelungsbefugnis für nationale gesetzliche Erlaubnisnormen

Andere Stimmen in der datenschutzrechtlichen Literatur halten es hingegen nicht für möglich, dass der nationale Gesetzgeber im Rahmen des Art. 88 DSGVO eigene gesetzliche datenschutzrechtliche Erlaubnisnormen setzen kann.[6]

Argumentiert wird mit dem Grundsatz der Vollharmonisierung. Wenn der nationale Gesetzgeber eigene Erlaubnisnormen schaffe, läge gerade keine Spezifizierung mehr vor, sondern etwas Neues, das wiederum der Vollharmonisierung zuwiderlaufen würde. Art. 6 DSGVO regelt ausweislich seiner Überschrift die „*Rechtmäßigkeit der Verarbeitung*". Hier hat der europäische Gesetzgeber enumerativ aufgezählt, wann eine Verarbeitung personenbezogener Daten rechtmäßig ist. Diese Liste sei als abschließend zu betrachten. Eine diesbezügliche Öffnung bezüglich der Schaffung weiterer Erlaubnisnormen finde sich dort nicht (anders § 4 Abs. 1 BDSG a. F.). Zudem finde sich Art. 6 DSGVO systematisch im „*Kapitel II – Grundsätze*" wieder. Dies bedeutet, dass Art. 6 DSGVO grundsätzlich für die ganze Verordnung gilt. Von diesem Grundsatz gibt es auch Ausnahmen. Ausdrückliche Ausnahmen hat der europäische Gesetzgeber in Art. 85 Abs. 2 („*Verarbeitung und Freiheit der Meinungsäußerung und Informationsfreiheit*") und Art. 89 Abs. 2 DSGVO („*Garantien und Ausnahmen in Bezug*

5 *Piltz*, BDSG, § 26 Rn. 24 (im Ergebnis ablehnend).

6 *Albrecht/Janson*, CR 2016, 500, 501 („Konkretisierung"); *Brühann*, EuZW 2009, 639, 642; *Hanloser*, in: Forgó et al., Datenschutz, Teil V, Kap. 1, Rn. 6, 14; *Heberlein*, in: Ehmann/Selmayr, Art. 6 Rn. 5; *Kaufmann/Wegmann/Wieg*, NZA 2023, 740, 744; *Kröger*, DSB 2018, 9 (§ 26 Abs. 1 S. 1 BDSG spezifiziert Art. 6 DSGVO); *Lachenmann*, in: Besgen/Prinz, Arbeiten 4.0, § 11 Rn. 21; *ders.*, Anmerkung zu BVerwG, Urt. v. 27.03.2019 – 6 C 2.18, ZD 2019, 374, 375 („nicht von der Öffnungsklausel nach Art. 88 DS-GVO gedeckt", da „die Erlaubnistatbestände in Art. 6 Abs. 1 DS-GVO als abschließend anzusehen sind"); *Piltz*, BDSG, § 26 Rn. 25; *ders.*, RDV 2018, 3, 5; *Selk*, in: Ehmann/Selmayr, Art. 88 Rn. 85 ff., 95 ff.; *Selmayr/Ehmann*, in: Ehmann/Selmayr, Einleitung, Rn. 4 (Rechtsvorschriften können in nationalen Datenschutzgesetzen lediglich die Wirkungsweise der DSGVO allenfalls unterstützen und bekräftigen, aber nicht ändern); ähnlich *Grimm/Kühne*, ArbRB 2018, 245, 248. Bereits zur DSRL *Forst*, RDV 2010, 150, 152; *Riesenhuber*, RdA 2011, 257, 263 („andere Erlaubnistatbestände dürfen die Mitgliedstaaten nicht vorsehen").

*auf die Verarbeitung zu im öffentlichen Interesse liegenden Archivzwecken, zu wissenschaftlichen oder historischen Forschungszwecken und zu statistischen Zwecken"*) normiert. Nach Art. 85 Abs. 2 DSGVO können von den Grundsätzen in Kapitel II (insbesondere Art. 6 DSGVO) Abweichungen und Ausnahmen durch die Mitgliedstaaten vorgesehen werden. Es wird damit ausdrücklich die Befugnis erteilt, andere Grundsätze für die Verarbeitung und Freiheit der Meinungsäußerung und Informationsfreiheit aufzustellen. Möglich wäre damit auch, eigenständige Erlaubnisnormen zu statuieren. Art. 88 DSGVO sehe solche ausdrücklichen Ausnahmen hingegen nicht vor. Möglich sind damit lediglich *„spezifischere Vorschriften"*, aber gerade keine Ausnahmen.[7]

Weiterhin spreche ein systematisches Argument gegen die Möglichkeit des Erlasses von eigenen nationalen Erlaubnisnormen. Art. 6 Abs. 3 S. 1 lit. b DSGVO ermögliche ausdrücklich, Rechtsgrundlagen für die Verarbeitungen gemäß Absatz 1 Buchstaben c und e durch das Recht der Mitgliedstaaten, dem der Verantwortliche unterliegt, festzulegen. Buchstaben c und e betreffen gerade auch Verarbeitungen von Beschäftigtendaten.[8] Art. 6 Abs. 3 DSGVO ermögliche damit ausdrücklich die Rechtsgrundlagen für die Verarbeitung im nationalen Recht festzulegen. Da eine solche Regelung in Art. 88 DSGVO fehlt, sei davon auszugehen, dass der nationale Gesetzgeber keine eigenen Erlaubnisnormen erlassen darf. Vielmehr dürfe er nur die Erlaubnisnormen des Art. 6 DSGVO spezifizieren. Er habe sich an dem abschließenden Katalog des Art. 6 Abs. 1 DSGVO zu orientieren, mit der Ausnahme in Art. 6 Abs. 3 DSGVO, dessen Absatz zusätzliche Anforderungen bereithalte. Nationale Erlaubnisnormen für die Verarbeitung personenbezogener Daten würden zudem die Wertungen des Art. 6 DSGVO unterlaufen, wenn sie andere Anforderungen an die Erlaubnis stellen, wie sie Art. 6 DSGVO vorsieht.[9]

ErwG 10 S. 5 biete nur einen Spielraum für die Mitgliedstaaten, dessen Grenzen durch die DSGVO vorgegeben und nicht überschritten werden dürfen. Durch die Schaffung eigener nationaler datenschutzrechtlicher Erlaubnisnormen werde dieser Spielraum allerdings überschritten. Diese Argumentation werde durch ErwG 48 S. 1 gestützt. Hiernach können Verantwortliche ein berechtigtes Interesse daran haben, *„personenbezogene Daten innerhalb der Unternehmensgruppe für interne Verwaltungszwecke, einschließlich der Verarbeitung personenbezogener Daten von Kunden und Beschäftigten, zu übermitteln"*. Nach *Piltz* folgt aus dieser Formulierung, dass der europäische Gesetzgeber davon ausgegangen ist, dass Beschäftigtendaten zumindest grundsätzlich auf der Grundlage des Art. 6 Abs. 1 S. 1 lit. f DSGVO gestützt werden müssen.[10] Als weiteres Argument wird auf die Kompetenz der Union nach Art. 16 Abs. 2 AEUV abgestellt, wonach die Europäische Union die Kompetenz besitzt, auch im Beschäftigtenda-

7 *Jerchel/Schubert*, DuD 2016, 782, 784.
8 *Selk*, in: Ehmann/Selmayr, Art. 88 Rn. 87.
9 *Middel*, AuR 2018, 411; *Selk*, in: Ehmann/Selmayr, Art. 88 Rn. 88.
10 *Piltz*, BDSG, § 26 Rn. 25.

tenschutz eine Vollharmonisierung herbeizuführen (vgl. Zweiter Teil, § 6, C., II., 1., c., bb., (2), (c), (ee)).

## III. Rechtsprechung des EuGH

Der EuGH hat entschieden, dass jede Verarbeitung personenbezogener Daten zum einen mit den in Art. 5 DSGVO aufgestellten Grundsätzen für die Verarbeitung der Daten im Einklang und zum anderen einem der in Art. 6 DSGVO aufgeführten Grundsätze in Bezug auf die Rechtmäßigkeit der Verarbeitung entsprechend muss. Art. 6 DSGVO sehe eine erschöpfende und abschließende Liste der Fälle vor, in denen eine Verarbeitung personenbezogener Daten als rechtmäßig angesehen werden kann. Eine Verarbeitung muss unter einen der in Art. 6 DSGVO vorgesehenen Fälle subsumierbar sein, um als rechtmäßig angesehen zu werden. Dies gelte auch für die nationalen Vorschriften, die auf der Grundlage des Art. 88 DSGVO ergehen.[11] Nach dem EuGH kann der nationale Gesetzgeber demnach keine neuen Erlaubnisnormen schaffen.[12] Vielmehr müssen die nationalen Vorschriften unter den Vorschriftenkatalog des Art. 6 Abs. 1 DSGVO subsumierbar sein.

## IV. Stellungnahme

Es ist der zuletzt genannten Auffassung des EuGH zu folgen. Bereits zur DSRL, welcher nach Ansicht des EuGH eine vollharmonisierende Wirkung zukam, hat das Gericht entschieden, dass *„die Mitgliedstaaten weder neue Grundsätze in Bezug auf die Zulässigkeit der Verarbeitung personenbezogener Daten neben Art. 7 der Richtlinie 95/46 einführen, noch zusätzliche Bedingungen stellen [dürfen], die die Tragweite eines der sechs in diesem Artikel vorgegebenen Grundsätze verändern würden*“.[13] Der Wille des europäischen Gesetzgebers bei der Verabschiedung der DSGVO ist dahingehend, diese *„Ziele und Grundsätze der Richtlinie 95/46/EG*“ weiterzuführen (vgl. ErwG 9 S. 1). Aus diesem Grund müssen auch die Ausführungen des EuGH zur DSRL Bestand haben. Der EuGH sah bereits unter der DSRL keine Möglichkeit für die Mitgliedstaaten, eigene Erlaubnisnormen für die Verarbeitung personenbezogener Daten einzuführen. Auch die DSGVO erlaubt dies nicht, da der Art. 6 Abs. 1 DSGVO insoweit abschließend ist. Daran ändert das Vorhandensein der Spezifizierungsklausel des Art. 88 Abs. 1 DSGVO nichts, wie nun auch der EuGH entschieden hat. Dieser

11 EuGH, Urt. v. 30.3.2023 – C-34/21, Rn. 69 f., NZA 2023, 487 – Hauptpersonalrat.

12 Ebenso die Anmerkung von *Meinecke*, NZA 2023, 487, 492.

13 EuGH, Urt. v. 06.11.2003 – C-101/01, Rn. 96, Slg. I-12971, MMR 2004, 95 – Lindqvist m. Anm. Roßnagel; EuGH, Urt. v. 24.11.2011 – C-468/10, C-469/10, Rn. 32, NZA 2011, 1409 – ASNEF; EuGH, Urt. v. 29.07.2019 – C-40/17, Rn. 55, NZA 2019, 1125 – Fashion ID; EuGH, Urt. v. 11.12.2019 – C-708/18, Rn. 37, BeckRS 2019, 31011 – Asociatia; *Maschmann*, NZA-Beilage 2018, 115, 117 (auf DSGVO übertragbar); *Schmidt*, Datenschutz für Beschäftigte, S. 297.

ermöglicht es den Mitgliedstaaten nicht, eigene Erlaubnisnormen zu schaffen. Dies würde dem Grundsatz der Vollharmonisierung zuwiderlaufen.[14]

Während ErwG 10 S. 6 sowohl für als auch gegen die Eigenständigkeit von Erlaubnisnormen im nationalen Recht spricht[15], scheint ErwG 48 davon auszugehen, dass man sich immer auf eine Erlaubnisnorm des Art. 6 Abs. 1 DSGVO berufen muss. Wie bereits unter Zweiter Teil, § 6, C., II., 1., c. dargelegt wurde, kann es sich bei den *„spezifischeren Vorschriften"* nur um solche Vorschriften handeln, die die allgemeinen Vorgaben der DSGVO konkretisieren und für den Einzelfall spezifizieren. Eine Befugnis, Erlaubnisnormen auszuschließen oder neue Erlaubnisnormen zu schaffen, ist danach gerade nicht möglich.

Als weiteres starkes Argument ist der Umkehrschluss zu Art. 85 Abs. 2 DSGVO zu nennen, der die Verarbeitung und Freiheit der Meinungsäußerung und Informationsfreiheit betrifft. Hier normiert der europäische Gesetzgeber ausdrücklich eine Abweichungsbefugnis von Kapitel II, der die Grundsätze der DSGVO enthält. Zu den Grundsätzen zählen auch die Erlaubnisnormen des Art. 6 Abs. 1 DSGVO. Dies bedeutet, dass der nationale Gesetzgeber im Rahmen des Art. 85 DSGVO eine Ausnahme von den Erlaubnisnormen des Art. 6 Abs. 1 DSGVO zulassen möchte. Umgekehrt findet sich eine solche Ausnahme nicht in Art. 88 Abs. 1 DSGVO. Hier wird lediglich von *„spezifischeren Vorschriften"* gesprochen, sodass davon ausgegangen werden muss, dass den Mitgliedstaaten nur die Möglichkeit gegeben wird, die allgemeinen Vorschriften der DSGVO näher zu spezifizieren.

Es kann demnach festgestellt werden, dass Art. 6 Abs. 1 S. 1 lit. b Var. 2 DSGVO die maßgebliche Erlaubnisnorm für die Verarbeitung personenbezogener Daten von Bewerbern darstellt. § 26 Abs. 1 S. 1 Var. 1 BDSG spezifiziert über die Spezifizierungsklausel des Art. 88 Abs. 1 DSGVO diese Erlaubnisnorm und muss somit grundsätzlich neben Art. 6 Abs. 1 S. 1 lit. b Var. 2 DSGVO gelesen werden, sofern die Vorschrift europarechtskonform ist (dazu sogleich). § 26 Abs. 1 BDSG stellt keine eigenständige datenschutzrechtliche Erlaubnisnorm dar. Aus Gründen der Rechtssicherheit wird vorliegend gefordert, dass der deutsche Gesetzgeber ausdrücklich klarstellt, dass § 26 Abs. 1 BDSG keine eigenständige datenschutzrechtliche Erlaubnisnorm für die Verarbeitung von personenbezogenen Beschäftigtendaten darstellt, sondern stets auf Art. 6 Abs. 1 DSGVO abgestellt werden muss. Nur auf diese Weise wird dem Rechtsanwender deutlich, dass die deutsche Vorschrift auf einer europarechtlichen Grundlage beruht.

---

14 Ebenso *Selmayr/Ehmann*, in: Ehmann/Selmayr, Einleitung, Rn. 85.
15 *Piltz*, RDV 2018, 3, 4 f.

## B. § 26 Abs. 1 S. 1 Var. 1 BDSG als „spezifischere Vorschrift“ i. S. d. Art. 88 Abs. 1 DSGVO?

### I. Meinungsstand

Die Vorschrift des § 26 Abs. 1 S. 1 BDSG wird nach der überwiegenden Ansicht in der Literatur und auch Teile der Rechtsprechung sowie der früheren Ansicht des BAG als *„spezifischere Vorschrift“* i. S. d. Art. 88 Abs. 1 DSGVO angesehen.[16] Nach der aktuellen Rechtsprechung des BAG stellt § 26 Abs. 1 S. 1 BDSG, soweit personenbezogene Daten von Beschäftigten verarbeitet werden dürfen, wenn dies zur Erfüllung eines sich aus dem Gesetz ergebenden Rechts der Interessenvertretung der Beschäftigten erforderlich ist, eine Rechtsgrundlage im Sinne von Art. 6 Abs. 3 i. V. m. Abs. 1 S. 1 lit. c DSGVO dar.[17]

Begründet wird dies vor allem damit, dass die zu § 32 BDSG a. F. ergangene Rechtsprechung einen *„funktionierenden und austarierten Regelungsrahmen“* schaffe und auf § 26 BDSG übertragen werden könne. Zudem wurde der persönliche Anwendungsbereich durch § 26 Abs. 8 BDSG konkretisiert. Es reiche aus, dass nur teilweise die Vorgaben der DSGVO speziell für das Beschäftigungsverhältnis spezifiziert werden, was gerade hinsichtlich § 26 Abs. 1 S. 2, Abs. 2 und Abs. 8 der Fall sei.[18] Nach *Höhne* enthält § 26 BDSG *„in Abgrenzung zu allgemeinen Regelungen einen den Beschäftigungsverhältnissen eigentümlichen Regelungsgehalt“*, da insbesondere § 26 Abs. 1 S. 1 BDSG durch das Abstellen auf die Begründung, Durchführung und Beendigung von Beschäftigungsverhältnis-

---

16 BAG, Beschl. v. 07.05.2019 – 1 ABR 53/17, Rn. 47 f., NZA 2019, 1218 m. w. N. (diese Rechtsprechung aufgebend BAG, Beschl. v. 09.05.2023 – 1 ABR 14/22, Rn. 64, NZA 2023, 1404); LAG Berlin-Brandenburg, Urt. v. 11.09.2020 – 9 Sa 584/20, Rn. 55, ZD 2021, 170; LAG Sachsen-Anhalt, Beschl. v. 18.12.2018 – 4 TaBV 19/17, Rn. 36, NZA-RR 2019, 256 m. Anm. Wybitul/Böhm; ArbG Heilbronn, Urt. v. 30.01.2019 – 2 Ca 360/18, Rn. 43, BeckRS 2019, 30627; *Culik*, Beschäftigtendatenschutz, S. 147; *Düwell/Brink*, NZA 2016, 665, 667; *Franzen*, in: Müller-Glöge et al., Arbeitsrecht, BDSG, § 26 Rn. 2; *Hamann/Haußmann*, in: Arnold/Günther, Arbeitsrecht 4.0, Kap. 6 Rn. 41 („Spezialregelung zu Art. 6 Abs. 1 S. 1 lit. b“); *Höhne*, Art. 88 DSGVO, S. 158 f.; *Klausch/Grabenschröer*, PinG 2018, 135, 136; *Kort*, NZA 2018, 1097, 1098; *Linck*, in: Schaub, Arbeitsrecht, § 153 Rn. 5; *Niklas/Thurn*, BB 2017, 1589, 1594; *Nolte*, in: Gierschmann et al., Art. 88 Rn. 32; *Pfrang*, PinG 2019, 159, 162; *Piltz/Zwerschke*, NZA-RR 2020, 113; *Seifert*, in: Simitis et al., Datenschutzrecht, Art. 88 Rn. 52; *Stamer/Kuhnke*, in: Plath, Art. 88 DSGVO, Rn. 7a; *Ströbel/Wybitul*, in: Specht/Mantz, Datenschutzrecht, § 10 Rn. 26; *Temming*, in: Preis/Temming, Individualarbeitsrecht, Rn. 1734; *Tiedemann*, in: Sydow, DSGVO/BDSG, Art. 88 DSGVO, Rn. 33; *Wedde*, in: v. d. Bussche/Voigt, Konzerndatenschutz, Teil 3, Kap. 6, Rn. 11 (spezifischere Vorschrift i. S. d. Art. 6 Abs. 1); *Wybitul*, CB 2016, 101, 105; *Wybitul/Sörup/Pötters*, ZD 2015, 559, 561; *Zöll*, in: Taeger/Gabel, § 26 BDSG, Rn. 3; wohl auch BAG, Urt. v. 23.08.2018 – 2 AZR 133/18, Rn. 46, NZA 2018, 1329; aA *Schuler/Weichert*, Beschäftigtendatenschutz, S. 9 (bezogen auf § 32 Abs. 1 BDSG a. F.).

17 BAG, Beschl. v. 09.05.2023 – 1 ABR 14/22, NZA 2023, 1404.

18 *Pfrang*, PinG 2019, 159, 162.

sen auf den Beschäftigungskontext zugeschnitten sei. Im Ergebnis spezifiziert die Vorschrift die Erlaubnisnorm des Art. 6 Abs. 1 S. 1 lit. b DSGVO. *Höhne* verweist dabei auf zwei Urteile des EuGH, wonach es für die nationale Umsetzung einer europäischen Richtlinie ausreichend sei, wenn die nationale Generalklausel „*tatsächlich die vollständige Anwendung der Richtlinie in so klarer und bestimmter Weise gewährleistet, dass [...] die Begünstigten in der Lage sind, von allen ihren Rechten Kenntnis zu erlangen und diese gegebenenfalls vor den nationalen Gerichten geltend zu machen*“. Da § 26 BDSG den § 32 BDSG a. F. und die dazu ergangene Rechtsprechung fortführen soll, stellt nach Ansicht der Autorin § 26 Abs. 1 S. 1 BDSG eine spezifischere Vorschrift i. S. d. Art. 88 Abs. 1 DSGVO dar.[19] Auch sieht *Piltz* keinen Widerspruch, da der Begriff der Erforderlichkeit gerade nicht als Anforderung „*für spezifischere nationale Vorschriften erwähnt wird*“.[20]

Teilweise wird diese Argumentation nicht als überzeugend angesehen, da nicht davon ausgegangen werden kann, dass eine Generalklausel, wie § 26 Abs. 1 S. 1 BDSG, geeignet ist, eine Konkretisierung herbeizuführen.[21] Es erscheine nicht sinngemäß, dass eine Wiederholung des Art. 6 Abs. 1 S. 1 lit. b DSGVO in § 26 Abs. 1 S. 1 BDSG zur Koheränzwahrung und besseren Verständlichkeit beitrage. Zudem müsse bedacht werden, dass sich die inhaltlichen Regelungen aus dem Wortlaut der Vorschriften ergeben müssen und nicht auf dazu ergangene Rechtsprechung verwiesen werden darf.[22] Der Wortlaut des Art. 88 DSGVO spricht von Rechtsvorschriften und nicht von der Rechtsprechung. Aus diesem Grund fordern manche Stimmen in der Literatur und auch der *Bundesbeauftragte für den Datenschutz und die Informationsfreiheit* ein „*deutsches Beschäftigtendatenschutzgesetz mit differenzierten Regelungen*“.[23] Gerade das Merkmal der „*Erforderlichkeit*“, welches im Rahmen des § 26 Abs. 1 S. 1 BDSG genutzt wird, wird im BDSG nicht näher beschrieben. Dies hätte einer näheren Beschreibung

19 *Höhne*, Art. 88 DSGVO, S. 158 f.; ebenso *Gola/Thüsing/Schmidt*, DuD 2017, 244, 245.

20 *Piltz*, BDSG, § 26 Rn. 53.

21 *Baumgartner/Gausling*, in: Moos et al., DSGVO, Kap. 15 Rn. 88; *Conrad/Treeger*, in: Auer-Reinsdorff/Conrad, IT- und Datenschutzrecht, § 34 Rn. 168; *Helfrich*, ZD 2017, 97, 98 („In der vorliegenden Fassung dürfte § 26 BDSG-neu wohl den Anforderungen des Art. 88 DS-GVO nicht genügen“); *Hülsmann*, DANA 2017, 80; *Körner*, Beschäftigtendatenschutz, S. 68; *Maschmann*, in: Maschmann/Fritz, Matrixorganisationen, Kap. 5, Rn. 6; ähnlich *Gräber/Nolden*, in: Paal/Pauly, § 26 BDSG, Rn. 60; *Schulz*, ZESAR 2017, 270, 278 („keine große Konkretisierung“). Bezogen auf § 32 BDSG a. F. *Kort*, 2016, 555, 556; *Taeger/Rose*, BB 2016, 819, 831.

22 *Rolf/Siewert*, RDV 2017, 236, 237.

23 *BfDI*, 27. TB, S. 48 (Datenschutz im Bewerbungsverfahren); *Jerchel/Schubert*, DuD 2016, 782, 786; *Maschmann*, in: Kühling/Buchner, Art. 88 DSGVO, Rn. 63; *von Lewinski*, DuD 2012, 564, 566; aA *Hanloser*, in: Forgó et al., Datenschutz, Teil V, Kap. 1, Rn. 42 („Ein Beschäftigtendatenschutzgesetz wird sich in den engen mitgliedstaatlichen Regelungsspielräumen der Art. 6 Abs. 2 und Abs. 3 UAbs. 2 S. 2 DS-GVO sowie Art. 88 Abs. 1 DS-GVO nicht verwirklichen lassen“).

bedurft, damit für den Rechtsanwender klar ist, welche Fälle unter den Begriff der Erforderlichkeit zu subsumieren seien.[24]

## II. Rechtsprechung des EuGH

Wie im Zweiten Teil, § 6, C., II., 1., c., bb., (3) erläutert, hat der EuGH den Begriff der *„spezifischeren Vorschriften"* einer näheren Auslegung unterzogen. Nach der Ansicht des EuGH ist es Sache des nationalen Gerichts, zu beurteilen, ob die Voraussetzungen des Art. 88 DSGVO erfüllt sind.[25] Zur vergleichbaren Vorschrift des § 23 Abs. 1 S. 1 HDSIG (*„Personenbezogene Daten von Beschäftigten dürfen für Zwecke des Beschäftigungsverhältnisses verarbeitet werden, wenn dies für die Entscheidung über die Begründung eines Beschäftigungsverhältnisses oder nach Begründung des Beschäftigungsverhältnisses für dessen Durchführung, Beendigung oder Abwicklung sowie zur Durchführung innerdienstlicher planerischer, organisatorischer, sozialer und personeller Maßnahmen erforderlich ist"*) führt der EuGH jedoch aus, dass eine solche Vorschrift nicht den Anforderungen des Art. 88 Abs. 1, 2 DSGVO zu entsprechen scheint, da diese lediglich die Erlaubnisnorm des Art. 6 Abs. 1 S. 1 lit. b DSGVO wiederhole ohne zu dem geregelten Bereich einen passenden Regelungsgehalt, der sich von den allgemeinen Regeln der DSGVO unterscheidet, zu haben. Der EuGH deutet darauf hin, dass eine zu § 26 Abs. 1 S. 1 BDSG vergleichbare Vorschrift nicht mit den vom EuGH aufgestellten Bedingungen vereinbar ist, sodass diese Vorschrift grundsätzlich unangewendet zu bleiben habe.[26] Es obliegt nun im vorliegenden Fall dem VG Frankfurt a. M. zu entscheiden, ob die Anforderungen erfüllt sind.

## III. Stellungnahme

§ 26 Abs. 1 S. 1 S. 1 BDSG stellt entgegen der Rechtsprechung des EuGH nach der hier vertretenen Ansicht dahingehend eine *„spezifischere Vorschrift"* i. S. d. Art. 88 Abs. 1 DSGVO dar, dass Art. 6 Abs. 1 S. 1 lit. b Var. 2 DSGVO auf *„Zwecke des Beschäftigungsverhältnisses […], wenn dies für die Entscheidung über die Begründung eines Beschäftigungsverhältnisses […] erforderlich ist"* konkretisiert wird. Diese Formulierung bietet einen Mehrwert im Vergleich zur Generalklausel des Art. 6 Abs. 1 S. 1 lit. b Var. 2 DSGVO, in dem lediglich von vorvertraglichen Maßnahmen gesprochen wird. Die Formulierung ist ausdrücklich auf die Bewerberphase gemünzt und bietet so eine bessere Handhabung im Vergleich zur DSGVO. Allerdings definiert der deutsche Gesetzgeber nicht, was er unter der *„Erforderlichkeit"* der Datenverarbeitung versteht. Vielmehr wird dieser Begriff lediglich in unzulässiger Weise wiederholt, da dieser Begriff bereits

---

24 *Benecke/Wagner*, DVBl 2016, 600, 603.

25 EuGH, Urt. v. 30.3.2023 – C-34/21, Rn. 80 ff., NZA 2023, 487 – Hauptpersonalrat.

26 *HBDI*, Handreichung zur Verarbeitung personenbezogener Daten von Beschäftigten, S. 4; *Glocker/Hoffmann*, BB 2023, 1333; *Hornung*, ZD 2023, 309.

in Art. 6 Abs. 1 S. 1 lit. b DSGVO verwendet wird. Es sprechen daher gewichtige Argumente dafür, dass das VG Frankfurt a. M. der Einschätzung des EuGH folgen und § 23 Abs. 1 S. 1 HDSIG für unvereinbar mit Art. 88 DSGVO halten wird. Dies würde bedeuten, dass auch § 26 Abs. 1 S. 1 BDSG die Anforderungen des Art. 88 DSGVO nicht erfüllt und daher unangewendet bleiben müsste. Diese Entscheidung hätte am Ende das BAG zu treffen.[27] Unabhängig von der Frage, ob § 26 Abs. 1 S. 1 BDSG eine spezifischere Vorschrift darstellt, müssen auch die Anforderungen des Art. 88 Abs. 2 DSGVO erfüllt sein.

## C. Umsetzung der Anforderungen des Art. 88 Abs. 2 DSGVO?

### I. Meinungsstand

In der Literatur wird überwiegend davon ausgegangen, dass § 26 BDSG diesen Anforderungen entspricht.[28] Begründet wird dies in erster Linie damit, dass durch die erfolgte Rechtsprechung zu § 32 BDSG a. F. Kriterien an die Hand gelegt wurden, wie die Verhältnismäßigkeitsprüfung zu erfolgen habe.

Auch das BAG sieht in § 26 Abs. 1 S. 1 BDSG keine unionsrechtlichen Bedenken, da durch § 26 Abs. 5 BDSG den Anforderungen des Art. 88 Abs. 2 DSGVO gerecht wird.[29] § 26 Abs. 5 BDSG bestimmt, dass der Verantwortliche geeignete Maßnahmen ergreifen muss, damit sichergestellt wird, dass insbesondere die in Art. 5 DSGVO dargelegten Grundsätze für die Verarbeitung personenbezogener Daten eingehalten werden.

*Selk* und andere Stimmen in der Literatur sehen die Anforderungen des Art. 88 Abs. 2 DSGVO hingegen nicht als erfüllt an, da *„weder in § 26 Abs. 1 BDSG noch an anderer Stelle in § 26 BDSG [...] solche Maßnahmen geregelt [sind]“*.[30]

---

27 *Fuhlrott*, NZA Editorial Heft 8/2023.

28 *Gola/Thüsing/Schmidt*, DuD 2017, 244, 245; *Maier/Ossoinig*, in: Roßnagel, Datenschutzrecht, § 8 Rn. 24; *Stamer/Kuhnke*, in: Plath, Art. 88 DSGVO, Rn. 7a; *Wybitul/Sörup/Pötters*, ZD 2015, 559, 561.

29 BAG, Beschl. v. 07.05.2019 – 1 ABR 53/17, Rn. 47 f., NZA 2019, 1218 (vom Vorabentscheidungsverfahren wurde abgesehen, da die richtige Anwendung des Unionsrechts derart offenkundig sei, dass für vernünftige Zweifel kein Raum bleibt); ebenso *Höhne*, Art. 88 DSGVO, S. 179; aA *Böhm*, Anmerkung zu BAG, Beschl. v. 07.05.2019 – 1 ABR 53/17, NZA-RR 2019, 531, 532. Beachte: Das VG Wiesbaden, Beschl. v. 21.12.2020 – 23 K 1360/20.WI.PV, BeckRS 2020, 40028 hat zu einer entsprechenden Vorschrift (§ 23 Abs. 5 HDSIG) dem EuGH die Frage vorgelegt, ob dies im Einklang mit Art. 88 Abs. 2 steht.

30 *Selk*, in: Forgó et al., Datenschutz, Teil V, Kap. 3, Rn. 144; ähnlich *Böhm*, Anmerkung zu BAG, Beschl. v. 07.05.2019 – 1 ABR 53/17, NZA-RR 2019, 531, 532; *Conrad/Treeger*, in: Auer-Reinsdorff/Conrad, IT- und Datenschutzrecht, § 34 Rn. 168 („zweifelhaft“); *Hülsmann*, DANA 2017, 80 (berechtigte Zweifel); *Lindner*, NJOZ 2020, 321, Fn. 18; *Reichold*, in: Kiel et al., MHA, 4. Aufl., § 96 Rn. 134 („berechtigte Zweifel“).

Die zuletzt genannte Auffassung scheint auch das VG Wiesbaden zu einer vergleichbaren Vorschrift zu vertreten. Das Gericht hat Zweifel daran, ob § 23 Abs. 1 S. 1 HDSIG, welchen einen nahezu identischen Wortlaut wie § 26 Abs. 1 S. 1 BDSG hat, und § 86 Abs. 4 HBG mit ihren Regelungen zum Beschäftigtendatenschutz mit Art. 88 DSGVO vereinbar sind. Die Aufnahme des Grundsatzes der *„Erforderlichkeit"* in der jeweiligen Norm stelle nach Ansicht des Gerichts keine Konkretisierung der von Art. 88 Abs. 2 DSGVO enthaltenen Anforderungen dar. Das VG Wiesbaden teilt die bereits erwähnte Rechtsprechung des BAG ausdrücklich nicht. Insbesondere könne § 23 Abs. 5 HDSIG, welcher einen identischen Gehalt wie § 26 Abs. 5 BDSG hat, nicht den Anforderungen des Art. 88 Abs. 2 DSGVO genügen. Aus diesem Grund hatte das Gericht die Frage der Europarechtskonformität dem EuGH nach Art. 267 AEUV vorgelegt.[31] Der EuGH ist der Einschätzung des VG Wiesbaden gefolgt (vgl. sogleich).

## II. Stellungnahme

Art. 88 Abs. 2 DSGVO bestimmt, dass die spezifischere Vorschrift geeignete und besondere Maßnahmen umfassen muss. Der deutsche Gesetzgeber hat in § 26 Abs. 5 BDSG die Anforderungen des Art. 88 Abs. 2 DSGVO aufgegriffen und normiert, dass der Verantwortliche geeignete Maßnahmen ergreifen muss. Zunächst ist festzustellen, dass die Formulierung in § 26 Abs. 5 BDSG das Tatbestandsmerkmal *„besonders"* des Art. 88 Abs. 2 DSGVO nicht enthält. Unabhängig davon stellt diese Regelung für sich genommen aber auch keine geeignete und besondere Maßnahme dar, sondern wiederholt nur in unzulässiger Weise punktuell die Vorgaben der DSGVO, ohne nähere Ausführungen zu diesen Maßnahmen zu machen.[32] Art. 88 Abs. 2 DSGVO verlangt, dass die einzelnen Maßnahmen in der Vorschrift genannt werden und nicht, dass bereits verbindliche Vorgaben nochmal normiert werden. § 26 Abs. 5 BDSG stellt lediglich deklaratorisch klar, was die DSGVO bereits vorgibt. Nicht ausreichend ist es, in der spezifischeren Vorschrift lediglich darauf hinzuweisen, dass geeignete und besondere Maßnahmen aufzunehmen sind. Denn hierbei handelt es sich nach der Rechtsprechung des EuGH nur um einen unzulässigen Verweis auf die Bedingungen und Grundsätze der DSGVO.[33] Ein Abstellen auf andere Gesetze, wie z. B. das BetrVG, ist auch nicht möglich. Ein Hinweis auf andere Gesetze hat der deutsche Gesetzgeber zudem nicht aufgenommen. Selbst wenn man zum Beispiel auf das BetrVG abstellen wollte, enthält auch das BetrVG keine der-

---

31 VG Wiesbaden, Beschl. v. 21.12.2020 – 23 K 1360/20.WI.PV, Rn. 31, BeckRS 2020, 40028 („Der Hinweis in § 23 HDSIG ist wahlweise tautologischer Natur oder zeigt die Hilflosigkeit des Gesetzgebers bei dem Belassen alter Normen").

32 *HBDI*, Handreichung zur Verarbeitung personenbezogener Daten von Beschäftigten, S. 5; *Wybitul*, NZA 2017, 413, 415 f.; dies in Frage stellend *Gräber/Nolden*, in: Paal/Pauly, § 26 BDSG, Rn. 51.

33 EuGH, Urt. v. 30.3.2023 – C-34/21, Rn. 71, NZA 2023, 487 – Hauptpersonalrat; *Hornung*, ZD 2023, 309.

artigen Maßnahmen, sodass hierauf nicht abgestellt werden kann. Einzig § 26 Abs. 3 S. 3 BDSG verweist hinsichtlich der Verarbeitung besonderer Kategorien personenbezogener Daten auf Maßnahmen in § 22 Abs. 2 BDSG. Hiernach gilt für die Verarbeitung besonderer Kategorien personenbezogener Daten § 22 Abs. 2 BDSG entsprechend. § 22 Abs. 2 BDSG führt zehn verschiedene Maßnahmen auf, die der Verantwortliche ergreifen kann (vgl. Fünfter Teil, § 26, B., II., 2., c., bb.). Dies stellen geeignete und besondere Maßnahmen i. S. d. Art. 88 Abs. 2 DSGVO dar. Allerdings gelten diese Maßnahmen nach dem Wortlaut nicht für die normalen personenbezogenen Daten.

Insgesamt wird § 26 Abs. 1 S. 1 BDSG den Anforderungen nach Art. 88 Abs. 2 DSGVO nicht gerecht und kann daher nicht angewendet werden. Die Vorschrift setzt die Anforderungen des Art. 88 Abs. 2 DSGVO nicht um und verstößt gegen das Normwiederholungsverbot.[34] Dies gilt zumindest soweit, wie es um Datenverarbeitungen geht, die sich im Anwendungsbereich der DSGVO nach Art. 2 DSGVO befinden. Für Datenverarbeitungen, die nach § 26 Abs. 7 BDSG nicht in den Anwendungsbereich der DSGVO fallen, ist § 26 Abs. 1 S. 1 BDSG nach wie vor anwendbar.[35] § 26 Abs. 1 S. 1 BDSG ist auch nicht als rechtliche Verpflichtung im Sinne des Art. 6 Abs. 1 S. 1 lit. c i. V. m. Abs. 3 DSGVO anzusehen. Wie *Meinecke* zutreffend ausführt, legt § 26 BDSG entgegen Art. 6 Abs. 3 DSGVO keinen konkreten Zweck der Verarbeitung fest, da die Formulierung *„Durchführung des Beschäftigungsverhältnisses“* insoweit zu unspezifisch ist.[36] Da für den nicht-öffentlichen Bereich eine Öffnungsklausel im Sinne des Art. 6 Abs. 3 S. 1 lit. b i. V. m. Art. 6 Abs. 1 S. 1 lit. c, e DSGVO fehlt, ist ein Rückgriff auf die Erlaubnisnormen des Art. 6 Abs. 1 DSGVO notwendig.[37] Auswirkungen auf die Datenverarbeitungen im Bewerbungsverhältnis hat dieses Ergebnis jedoch nicht. Vielmehr sind die Vorgaben der DSGVO unmittelbar anzuwenden, insbesondere die Vorschriften des Art. 6 Abs. 1 S. 1 lit. b Var. 2, lit. c sowie lit. f DSGVO.[38] Für die Praxis bedeutet dies, dass insbesondere die Datenschutzhinweise für Beschäftigte als auch die Datenschutzdokumentation (vgl. Verzeichnis von Verarbeitungstätigkeiten nach Art. 30 DSGVO) angepasst werden müssen. Zudem wird die Anwendung des Art. 6 Abs. 1 DSGVO zukünftig zu einer ein-

---

34 Ebenso *Braun*, DSB 2023, 140; *Glocker/Hoffmann*, BB 2023, 1333, 1334; *Hanloser*, in: Forgó et al., Datenschutz, Teil V, Kap. 1, Rn. 14; *Jaspers*, RDV 2023, 79; *Kaufmann/Wegmann/Wieg*, NZA 2023, 740, 741 f.; *Krimphove*, ArbRAktuell 2023, 227, 229; *Lachenmann*, Anmerkung zu BVerwG, Urt. v. 27.03.2019 – 6 C 2.18, ZD 2019, 374, 375; *Selk*, in: Forgó et al., Datenschutz, Teil V, Kap. 3, Rn. 144 f.; *Sorber*, DSB 2023, 129 f.; *Wünschelbaum*, NZA 2023, 542 („effektiv unanwendbar“).

35 *HBDI*, Handreichung zur Verarbeitung personenbezogener Daten von Beschäftigten, Fn. 1.

36 EuGH, Urt. v. 30.3.2023 – C-34/21, NZA 2023, 487, 493 m. Anm. Meinecke.

37 *HBDI*, Handreichung zur Verarbeitung personenbezogener Daten von Beschäftigten, 6; *Glocker/Hoffmann*, BB 2023, 1333, 1334.

38 *Hördt/Schwaab*, ArbRAktuell 2023, 230; *Hornung*, ZD 2023, 309, 310; *Kaufmann*, FD-ArbR 2023, 45676; *Sorber*, DSB 2023, 129 f.

heitlichen Anwendung in der Europäischen Union führen. Das letzte Wort bezüglich der Auslegung dieser Vorschriften wird nun der EuGH und nicht mehr das BAG haben.[39]

Es werden im Nachgang dennoch die Voraussetzungen des § 26 BDSG dargestellt, da nicht ausgeschlossen werden kann, dass der deutsche Gesetzgeber die Norm noch mit entsprechenden Maßnahmen ergänzen wird und § 26 BDSG wegen der Vorschrift des § 26 Abs. 7 BDSG nach wie vor eine Anwendungsberechtigung hat.

## D. Mitteilungspflicht nach Art. 88 Abs. 3 DSGVO

Der Mitgliedstaat ist nach Art. 88 Abs. 3 DSGVO verpflichtet, die Rechtsvorschriften, die er aufgrund von Art. 88 Abs. 1 DSGVO erlässt, der Kommission mitzuteilen. § 26 BDSG ist eine solche mitteilungspflichtige Tatsache, die vom deutschen Gesetzgeber auch gemeldet wurde.[40]

## E. Voraussetzungen des § 26 Abs. 1 S. 1 Var. 1 BDSG

§ 26 Abs. 1 S. 1 Var. 1 BDSG soll Art. 6 Abs. 1 S. 1 lit. b Var. 2 DSGVO spezifizieren. Nach überwiegender Ansicht in der Literatur muss § 26 BDSG seinerseits im Lichte primärrechtlicher Vorgaben ausgelegt werden.[41] Dem ist zuzustimmen. § 26 Abs. 1 BDSG stellt keine eigenständige Erlaubnisnorm dar, sondern soll lediglich eine allgemein gehaltene Norm der DSGVO spezifizieren und ist daher europarechtlich auszulegen. Gerade der Begriff der Erforderlichkeit ist einheitlich auszulegen, unabhängig davon, ob auf Art. 6 Abs. 1 S. 1 lit. b DSGVO abgestellt wird oder auf eine nationale Norm, die die Erlaubnisnorm nach der DSGVO lediglich konkretisieren soll. Die DSGVO sowie das BDSG müssen *„europäisch"* interpretiert und ausgelegt werden. Nach *Nolte* sind die nationalen verfassungsrechtlichen Vorgaben im Rahmen der Spezifizierungsklausel aber auch zu beachten.[42]

Nach der hier vertretenen Auffassung ist § 26 Abs. 1 S. 1 BDSG allerdings europarechtswidrig, da diese Vorschrift nicht die Anforderungen des Art. 88 DSGVO erfüllt (vgl. Vierter Teil, § 16, C., II.). Da dies jedoch noch nicht abschließend gerichtlich bestätigt ist und § 26 Abs. 1 BDSG aufgrund von § 26 Abs. 7 BDSG

---

39 *Glocker/Hoffmann*, BB 2023, 1333, 1334 f.; *Wünschelbaum*, NZA 2023, 542, 546.

40 BT-Drs. 19/5155, S. 97; *Gola*, Beschäftigtendatenschutz, Rn. 191; *Kort*, ZD 2017, 319, 320; *Stamer/Kuhnke*, in: Plath, Art. 88 DSGVO, Rn. 7b.

41 *Ehmann/Selmayr*, in: Ehmann/Selmayr, Vorwort; *Riesenhuber*, in: BeckOK DatenSR, BDSG, 48. Ed. 01.05.2024, § 26 Rn. 12; *Selk*, in: Forgó et al., Datenschutz, Teil V, Kap. 3, Rn. 146; aA *Ströbel/Wybitul*, in: Specht/Mantz, Datenschutzrecht, § 10 Rn. 40; wohl auch *Thüsing/Traut*, in: Schwartmann et al., Art. 88 DSGVO, Rn. 23.

42 *Nolte*, in: Gierschmann et. al., DSGVO, Art. 88 Rn. 34.

auch weiterhin zur Anwendung gelangt, werden der Vollständigkeit halber die Voraussetzungen des § 26 Abs. 1 S. 1 Var. 1 BDSG dargestellt.

## I. Adressat des § 26 BDSG

§ 26 BDSG macht keine ausdrücklichen Vorgaben, ob sich nur der Arbeitgeber auf die Vorschrift des § 26 BDSG berufen kann. Zu § 32 BDSG a. F. wurde vertreten, dass die verantwortliche Stelle in einem Beschäftigungsverhältnis mit der betroffenen Person stehen müsse.[43]

§ 26 Abs. 1 BDSG legt jedoch nur fest, dass die personenbezogenen Daten von Beschäftigten zu Zwecken des Beschäftigungsverhältnisses verarbeitet werden dürfen. Durch diese Formulierung wird keine Aussage dahingehend getroffen, dass sich nur der Arbeitgeber auf diese Vorschrift berufen könnte. Vielmehr ist der Wortlaut offen und lässt auch die Verarbeitung durch einen Dritten zu, der in keinem Beschäftigtenverhältnis mit dem Beschäftigten steht. Diese Dritten können insbesondere Recruitingunternehmen oder Dienstleister für Pre-Employment-Screenings oder Personalberater sein.[44]

Aus diesem Grund wird mehrheitlich davon ausgegangen, dass sich auch solche Verantwortliche auf § 26 BDSG berufen können, die in keinem Beschäftigungsverhältnis zu der betroffenen Person stehen und damit nicht Arbeitgeber der betroffenen Person sind.[45] Ausreichend sei alleine, dass die Datenverarbeitung des Verantwortlichen zum Zwecke des Beschäftigungsverhältnisses für den Arbeitgeber durchgeführt wird. Dies sei etwa dann der Fall, wenn externe Dienstleister wie z. B. Personalvermittlungsfirmen eingesetzt werden.

Teilweise wird jedoch die Ansicht vertreten, dass nur der Arbeitgeber oder derjenige, der in einem Beschäftigungsverhältnis mit der betroffenen Person steht, sich auf die Vorschrift des § 26 BDSG berufen könne.[46] Begründet wird dies in erster Linie damit, dass ansonsten die Fiktion in § 26 Abs. 8 Nr. 1 BDSG überflüssig wäre. Hiernach sind Beschäftigte auch Leiharbeitnehmerinnen und Leiharbeitnehmer im Verhältnis zum Entleiher. Diese Fiktion würde keinen Sinn machen, wenn sich der Entleiher, der in keinem Beschäftigungsverhältnis mit dem Beschäftigten steht, ohnehin auf § 26 BDSG stützen könnte. Hieraus wird der Umkehrschluss gezogen, dass § 26 BDSG nur anwendbar sei, wenn der Ver-

---

43 *Gola/Klug/Körffer*, in: Gola/Schomerus, BDSG, § 32 Rn. 3.

44 *Schröder*, Datenschutzrecht, S. 55.

45 *Gräber/Nolden*, in: Paal/Pauly, § 26 BDSG, Rn. 6; *Höhne*, Art. 88 DSGVO, S. 167; *Laue/Nink/Kremer*, Datenschutzrecht, § 11 Rn. 15; *Schaffland/Holthaus*, in: Schaffland/Wiltfang, 6. Ergänzungslieferung 2024, § 26 BDSG, Rn. 2; *Selk*, in: Ehmann/Selmayr, Art. 88 Rn. 230; *Tiedemann*, in: Sydow, DSGVO/BDSG, § 26 BDSG, Rn. 16; *Walker*, in: Gallner et al., FS Moll, S. 697; *Wybitul*, NZA 2017, 413, 414; *Zöll*, in: Taeger/Gabel, § 26 BDSG, Rn. 20.

46 *Häfner-Beil*, in: Wedde, Datenschutz, C., Rn. 37; *Sander*, PinG 2019, 127, 128; wohl auch *Riesenhuber*, in: BeckOK DatenSR, BDSG, 48. Ed. 01.05.2024, § 26 Rn. 113.1; *Schöning*, BvD-News 3/2019, 42, 43.

antwortliche in einem Beschäftigungsverhältnis mit dem Beschäftigten stehe. Es sei weiterhin ausgeschlossen, dass eine Verarbeitung durch einen unbeteiligten Dritten zur Erfüllung der vertraglichen Pflichten erforderlich sei, da eine solche Vertragspflicht, die die Notwendigkeit der Verarbeitung durch einen Dritten nach sich ziehen würde, einen Vertrag zulasten eines Dritten darstellen würde und daher nichtig wäre.

Um beurteilen zu können, welcher Adressat sich auf § 26 BDSG berufen kann, muss die Stellung der Norm im Verhältnis zur DSGVO betrachtet werden. Die Vorschrift soll unter anderen Art. 6 Abs. 1 S. 1 lit. b DSGVO spezifizieren.

Für die Erfüllung eines Vertrages nach Art. 6 Abs. 1 S. 1 lit. b Var. 1 DSGVO ist es nach dem Wortlaut ausreichend, aber auch zwingend erforderlich ist, dass die betroffene Person Vertragspartei ist.[47] Eine Aussage darüber, ob auch der Arbeitgeber als Verantwortlicher Vertragspartei sein muss, findet sich nicht. Daraus wird nach überwiegender Ansicht in der Literatur und auch vom VG Mainz, jedoch nicht bezogen auf einen Arbeitgeber, der Schluss gezogen, dass nicht nur der Arbeitgeber als Verantwortlicher, sondern auch andere Verantwortliche, die in keinem Vertragsverhältnis mit der betroffenen Person stehen, sich auf diese Erlaubnisnorm berufen können, soweit dies für die Erfüllung des Vertrages erforderlich ist.[48] Einschränkend wird aber gefordert, dass die Übermittlung an den Dritten für die Vertragserfüllung objektiv erforderlich ist und die betroffene Person im Vorhinein über den Dritten informiert wurde. Teilweise wird sogar ein analoges Widerspruchsrecht nach Art. 21 Abs. 1 DSGVO für die Übermittlung der Daten an den Dritten durch die betroffene Person befürwortet.[49] Diese Problematik müsse auch für die vorvertraglichen Maßnahmen nach Art. 6 Abs. 1 S. 1 lit. b Var. 2 DSGVO gelten, die auf Anfrage der betroffenen Person erfolgen, da Art. 6 Abs. 1 S. 1 lit. b DSGVO insoweit keine Unterschiede mache. Nach der Ansicht der *Aufsichtsbehörde Österreich* müsse der Vertragspartner den Dritten in die Vertragsanbahnung im Wege einer Funktionsübertragung eingeschaltet haben, damit Art. 6 Abs. 1 S. 1 lit. b DSGVO die Verarbeitung rechtfertigen könne.[50]

---

47 Vgl. OLG München, Endurt. v. 31.07.2019 – 7 U 4012/17, Rn. 44, BeckRS 2019, 18611.

48 VG Mainz, Urt. v. 20.02.2020 – 1 K 467/19.MZ, Rn. 29, BeckRS 2020, 5397; *Albers/Veit*, in: BeckOK DatenSR, DSGVO, 48. Ed. 01.05.2024, Art. 6 Rn. 42; *Britz/Indenhuck*, PinG 2019, 44, 45; *Gräber/Nolden*, in: Paal/Pauly, § 26 BDSG, Rn. 6; *Piltz*, BvD-News 2/2018, 25, 26; *Schaffland/Holthaus*, in: Schaffland/Wiltfang, 6. Ergänzungslieferung 2024, § 26 BDSG, Rn. 2; *Schantz*, in: Simitis et al., Datenschutzrecht, Art. 6 Abs. 1, Rn. 22; *Schulz*, in: Gola/Heckmann, DSGVO/BDSG, Art. 6 DSGVO, Rn. 30; *Selk*, in: Ehmann/Selmayr, Art. 88 Rn. 230; *Wolff*, in: Schantz/Wolff, Datenschutzrecht, Rn. 550; *Wybitul*, NZA 2017, 413, 414.

49 *Schantz*, in: Simitis et al., Datenschutzrecht, Art. 6 Abs. 1, Rn. 22; ähnlich *Gola*, Beschäftigtendatenschutz, Rn. 1668.

50 *DSB Österreich*, Beschl. v. 09.04.2019 – DSB-D123.589/0002-DSB/2019, https://tinyurl.com/y2r5oa9o.

Hingegen fordert *Sander*, dass der Verantwortliche kraft vorvertraglicher Maßnahmen in einer schuldrechtlichen Beziehung zu der Person stehen müsse.[51] Dies soll sich aus dem Sinn und Zweck sowie aus dem Wortlaut der Vorschrift ergeben. Denn der Einsatz eines unbeteiligten verantwortlichen Dritten sei nicht zur Erfüllung der vorvertraglichen Pflichten erforderlich, da dies ansonsten einen Vertrag zulasten Dritter darstellen würde. Erforderlich sei demnach, dass der Verantwortliche eine vertragliche Pflicht gegenüber der betroffenen Person habe.

Der Wortlaut des Art. 6 Abs. 1 S. 1 lit. b Var. 2 DSGVO trifft keine Aussage dahingehend, welche Partei der betroffenen Person gegenüberstehen muss. ErwG 44 besagt, dass die Verarbeitung der Daten als rechtmäßig gelten sollte, „*wenn sie für die Erfüllung oder den geplanten Abschluss eines Vertrags erforderlich ist*". Abgestellt wird allein darauf, was für den Vertrag bzw. geplanten Vertrag erforderlich ist und nicht, wer Partei der betroffenen Person ist. Eine systematische Auslegung zu Art. 22 Abs. 2 lit. a DSGVO zeigt, dass die DSGVO auch andere Regelungsziele verfolgt. Hier werden ausdrücklich die betroffene Person und der Verantwortliche als Vertragsparteien genannt. Danach gilt das Verbot der automatisierten Entscheidungsfindung nach Art. 22 Abs. 1 DSGVO nicht, wenn die Entscheidung für den Abschluss oder die Erfüllung eines Vertrages zwischen der betroffenen Person „*und*" dem Verantwortlichen erforderlich ist. Auch der auf diese Vorschrift bezogene ErwG 71 S. 3 stellt ausdrücklich auf einen Vertrag zwischen der betroffenen Person und dem Verantwortlichen ab. Weiterhin bestimmt Art. 9 Abs. 2 lit. h DSGVO, dass ein Vertrag mit einem Angehörigen eines Gesundheitsberufs gegeben sein muss. Hier wird der Vertragspartner der betroffenen Person genannt, während dies in Art. 6 Abs. 1 S. 1 lit. b DSGVO nicht der Fall ist. Ebenso wird in Art. 49 Abs. 1 lit. b DSGVO auf einen Vertrag zwischen der betroffenen Person und dem Verantwortlichen abgestellt. Aus diesem Grund sprechen die besseren Argumente dafür, dass der Vertragspartner der betroffenen Person nicht notwendigerweise der Arbeitgeber sein muss, sondern sich auch Dritte auf diese Erlaubnisnorm berufen können, soweit dies für die Durchführung vorvertraglicher Maßnahmen erforderlich ist. Erforderlich ist aber ein objektiver Bezug zum Vertragsverhältnis und eine vorherige Information über diesen Dritten nach Art. 13 Abs. 1 lit. e DSGVO.

Ausgehend vom Wortlaut des § 26 BDSG, der die Vorschrift des Art. 6 Abs. 1 S. 1 lit. b DSGVO in Teilen umsetzt, richtet sich diese Vorschrift ebenfalls an keinen bestimmten Adressaten. Vielmehr ist einzig entscheidend, dass die Verarbeitung zu Zwecken des Beschäftigungsverhältnisses erforderlich ist, sodass auch Dritte diese Norm zu beachten haben, falls sie solche Zwecke verfolgen. Aus Art. 88 DSGVO ergibt sich kein gegenteiliges Ergebnis. Die Vorschrift bestimmt keinen Adressaten für die Verarbeitung, sodass die Datenverarbeitung nicht nur durch den Arbeitgeber persönlich erfolgen muss.[52]

---

51 *Sander*, PinG 2019, 127, 131 f.

52 Ebenso *Höhne*, Art. 88 DSGVO, S. 93.

## II. Persönlicher Anwendungsbereich, § 26 Abs. 8 BDSG

Der persönliche Anwendungsbereich des § 26 BDSG wird durch den Begriff des Beschäftigten bestimmt. Im Gegensatz zur DSGVO hat der deutsche Gesetzgeber in Anlehnung an § 3 Abs. 11 BDSG a. F. den Beschäftigtenbegriff im BDSG definiert. § 26 Abs. 8 BDSG definiert, wer als Beschäftigter i. S. d. § 26 BDSG anzusehen ist. Die Begriffsbestimmungen gelten nur für das BDSG und können nicht auf die DSGVO übertragen werden (zu dem Begriff des Beschäftigten nach der DSGVO Zweiter Teil, § 6, C., II., 1., a.).[53]

Nach § 26 Abs. 8 S. 2 BDSG gelten Bewerberinnen und Bewerber für ein Beschäftigungsverhältnis als Beschäftigte. Bewerber werden somit durch eine Fiktion in den Bereich des geschützten Personenkreises gezogen und sind ebenso wie Arbeitnehmer als Beschäftigte anzusehen.[54] Für diese Einordnung spricht auch die Formulierung in § 26 Abs. 1 S. 1 BDSG, in der von der „*Entscheidung über die Begründung eines Beschäftigungsverhältnisses*" gesprochen wird. Während die anderen genannten Personenkreise sich in § 26 Abs. 8 S. 1 BDSG wiederfinden und der Bewerber in S. 2 zu finden ist, wird durch den deutschen Gesetzgeber klargestellt, dass sich der Bewerberbegriff auf alle Personengruppen i. S. d. § 26 Abs. 8 S. 1 Nr. 1-7 BDSG bezieht und nicht nur auf den Arbeitnehmer.[55] Für Vorstände, Geschäftsführer und andere Organmitglieder gilt die Vorschrift des § 26 BDSG hingegen nicht.[56]

Fraglich ist allerdings, ob der deutsche Gesetzgeber überhaupt festlegen darf, wer Beschäftigter i. S. d. Datenschutzes ist.

*Selk* verneint dies mit dem Argument, dass die Spezifizierungsklausel sich nur auf „*spezifischere Vorschriften zur Gewährleistung des Schutzes der Rechte und Freiheiten hinsichtlich der Verarbeitung personenbezogener Beschäftigtendaten im Beschäftigungskontext*" bezieht und die Umgrenzung des Personenkreises damit gerade nichts zu tun habe.[57] Nach dieser Ansicht wäre § 26 Abs. 8 BDSG aufgrund des Anwendungsvorrangs der DSGVO unanwendbar und die Definition des Beschäftigten hat autonom sowie einheitlich in allen Mitgliedstaaten zu erfolgen.

Der überwiegende Teil der datenschutzrechtlichen Literatur geht auch unter Zugrundelegung der Anforderungen des EuGH von der Möglichkeit des deutschen

53 *Piltz*, BDSG, § 26 Rn. 115.

54 *Riesenhuber*, in: BeckOK DatenSR, BDSG, 48. Ed. 01.05.2024, § 26 Rn. 30.

55 *Piltz*, BDSG, § 26 Rn. 122; *Seifert*, in: Simitis et al., Datenschutzrecht, Art. 88 Rn. 69.

56 *Grimm*, in: Tschöpe, Arbeitsrecht, 6. Teil, F., Rn. 59; *Maschmann*, in: Kühling/Buchner, § 26 BDSG, Rn. 7.

57 *Selk*, in: Ehmann/Selmayr, Art. 88 Rn. 49, 82, 223 und Fn. 51; ähnlich *Conrad/Treeger*, in: Auer-Reinsdorff/Conrad, IT- und Datenschutzrecht, § 34 Rn. 168; *Gola*, Beschäftigtendatenschutz, Rn. 218; *König*, Beschäftigtendatenschutz, § 1 Rn. 86; *Maschmann*, in: Maschmann/Fritz, Matrixorganisationen, Kap. 5, Rn. 9; *Tiedemann*, in: Sydow, DSGVO/BDSG, § 26 BDSG, Rn. 5.

Gesetzgebers aus, den Beschäftigtenbegriff im BDSG zu definieren.[58] Nach *Tinnefeld* sei es sogar die Aufgabe des nationalen Gesetzgebers, den Begriff des Beschäftigten näher zu umreißen.[59] Begründet wird dies damit, dass den Mitgliedstaaten unbenommen sein muss, nur für Teile der vom unionsrechtlichen Beschäftigtenbegriff erfassten Personengruppen überhaupt sektorspezifische Regelungen vorzusehen.

Der Bewerber fällt unter den Beschäftigtenbegriff des Art. 88 Abs. 1 DSGVO (vgl. Zweiter Teil, § 6, C., II., 1., a., bb.), sodass sich die Frage nach der Anwendbarkeit des § 26 Abs. 8 BDSG erübrigt. Es ist allerdings der Ansicht von *Selk* zu folgen. Die Spezifizierungsklausel des Art. 88 Abs. 1 DSGVO bezieht sich nicht auf die Definition des „*Beschäftigten*", sondern nur auf Vorschriften zur Gewährleistung der Rechte und Freiheiten hinsichtlich der Verarbeitung personenbezogener Beschäftigtendaten im Beschäftigungskontext. Dieser Begriff wird vielmehr vorausgesetzt und muss einheitlich in allen Mitgliedstaaten ausgelegt werden.[60] Wäre dies nicht der Fall, so würde die Spezifizierungsklausel in verschiedenen Mitgliedstaaten für andere Personengruppen gelten und hätte eine Rechtszersplitterung in der Europäischen Union zur Folge. Dies kann nicht gewollt sein. Dem deutschen Gesetzgeber ist zu empfehlen, die Auflistung der Personengruppen in § 26 Abs. 8 BDSG nicht als abschließend zu kennzeichnen, indem zum Beispiel formuliert wird: „*Beschäftigte im Sinne dieses Gesetzes sind unter anderem*:". Maßgeblich bleibt allein der unionsrechtlich auszulegende Begriff des Beschäftigten in Art. 88 Abs. 1 DSGVO. Auch der EuGH geht davon aus, dass solche Begriffe autonom auszulegen sind, es sei denn, es liegt eine ausdrückliche Verweisung auf das nationale Recht vor.[61]

## III. Sachlicher Anwendungsbereich des § 26 BDSG

Der deutsche Gesetzgeber hat den sachlichen Anwendungsbereich, wie bereits § 32 Abs. 2 BDSG a. F.[62], im Gegensatz zur DSGVO erweitert. Nach § 26 Abs. 7 BDSG sind die Absätze 1 bis 6 auch dann anzuwenden, wenn personenbezogene Daten, einschließlich besonderer Kategorien personenbezogener Daten, von Beschäftigten verarbeitet werden, ohne dass sie in einem Dateisystem gespeichert

58 *Geiger*, in: Weth et al., Daten- und Persönlichkeitsschutz, A., IV., Rn. 175; *Glocker/Hoffmann*, BB 2023, 1333, 1335 („klarstellende Vorschriften"); *Müller*, Öffnungsklauseln, S. 241; *Pfrang*, PinG 2019, 159, 160; *Pötters/Schmidt*, in: Preis/Sagan, Arbeitsrecht, § 11 Rn. 98; *Schmidt*, Datenschutz für Beschäftigte, S. 53; *Thüsing/Traut*, in: Schwartmann et al., Art. 88 DSGVO, Rn. 14; *Wünschelbaum*, NZA 2023, 542, 544.

59 *Tinnefeld*, in: Tinnefeld et al., Datenschutzrecht, Teil 1, Rn. 411.

60 Ebenso *Tiedemann*, in: Sydow, DSGVO/BDSG, Art. 88 DSGVO, Rn. 4 (Art. 88 lässt nur „konkretisierende, nicht aber interpretierende nationale Rechtsvorschriften" zu).

61 EuGH, Urt. v. 14.10.2010, C-428/09, Rn. 27 f., GewA 2011, 95 (bezogen auf den Arbeitnehmerbegriff); *Sagan*, in: Preis/Sagan, Arbeitsrecht, § 1 Rn. 108.

62 *Riesenhuber*, NZA 2012, 771, 774 (wonach § 32 Abs. 2 BDSG a. F. „entgegen Wortlaut und Systematik […] als Erweiterung des sachlichen Anwendungsbereichs des Gesetzes zu verstehen" ist); *ders.*, NZA 2014, 753.

sind oder gespeichert werden sollen. Richtigerweise bezieht sich dieser erweiterte Anwendungsbereich, wie sich bereits aus dem Wortlaut ergibt, nur auf die Absätze 1 bis 6 des § 26 BDSG.[63] Ebenso wie man § 32 Abs. 2 BDSG a. F. als Erweiterung des Anwendungsbereichs des Verbots nach § 4 Abs. 1 BDSG a. F. verstanden hatte[64], wird man § 26 Abs. 7 BDSG so verstehen müssen, dass diese Erweiterung als Erweiterung des Anwendungsbereichs des Art. 6 Abs. 1 S. 1 lit. b DSGVO anzusehen ist. Damit wird bei nicht automatisierten Verarbeitungen auf das Vorhandensein eines Dateisystems verzichtet, obwohl ein solches Dateisystem in § 1 Abs. 1 S. 2 BDSG sowie in Art. 2 Abs. 1 DSGVO vorausgesetzt wird. Es werden also auch rein tatsächliche Handlungen von § 26 BDSG erfasst, sodass auch die Befragung eines Bewerbers im Bewerbungsgesprächs, handschriftliche Notizen, die in einem Bewerbungsgespräch erfasst wurden oder auch die individuelle Auskunft beim früheren Arbeitgeber nach den datenschutzrechtlichen Vorschriften zu beurteilen ist.[65] Teilweise wird auch das reinen Merken von personenbezogenen Daten als vom sachlichen Anwendungsbereich erfasst angesehen.[66] Im Falle des Nichtvorliegens eines Dateisystems ist § 26 Abs. 1 BDSG nicht europäisch, sondern deutsch auszulegen.[67]

### 1. Ausklammerung von sozialüblichen Fragen

Nach überwiegender Ansicht sollen sozialübliche Fragen bzw. Höflichkeitsfragen des Arbeitgebers gegenüber dem Bewerber aus den datenschutzrechtlichen Vorschriften ausgeklammert werden.[68] Der Anwendungsbereich des § 26 Abs. 7

---

63 *Gola*, Beschäftigtendatenschutz, Rn. 256; *Pfrang*, DuD 2018, 380; *Pötters/Schmidt*, in: Preis/Sagan, Arbeitsrecht, § 11 Rn. 96; *Selk*, in: Forgó et al., Datenschutz, Teil V, Kap. 3, Rn. 22.

64 *Riesenhuber*, NZA 2014, 753.

65 BAG, Urt. v. 20.06.2013 – 2 AZR 546/12, Rn. 23, ZD 2014, 260 m. Anm. Wybitul/Astor; *Brink/Schwab*, RDV 2017, 170, 172; *Carpender*, NZA 2015, 466, 467; *Däubler*, in: Däubler et al., § 26 BDSG, Rn. 15; *Deutscher Anwaltverein*, Stellungnahme, S. 5; *Gola*, Beschäftigtendatenschutz, Rn. 259; *Maschmann*, NZA-Beilage 2018, 115; *Pfrang*, DuD 2018, 380; *Riesenhuber*, in: BeckOK DatenSR, BDSG, 48. Ed. 01.05.2024, § 26 Rn. 40. Zur Kritik an dieser erweiterten Regelung *Franzen*, DuD 2012, 322, 323.

66 *Däubler*, in: Däubler et al., § 26 BDSG, Rn. 20; *ders.*, Gläserne Belegschaften, Rn. 209b; *Grimm*, in: Tschöpe, Arbeitsrecht, 6. Teil, F., Rn. 62 (bloßes Beobachten fällt darunter); *Hoidn*, in: Roßnagel, Datenschutzrecht, § 7 Rn. 132; *Steiner*, in: Wedde, Datenschutz, F., Rn. 23; ähnlich VG Köln, Urt. v. 02.02.2021 – 20 K 577/19, Rn. 61, BeckRS 2021, 4423 („Datenverarbeitung auch „im Kopf des Beamten""); aA in Bezug auf Art. 2 DSGVO *Selzer*, in: Jandt/Steidle, Datenschutz, Teil B, I., Rn. 17. Zum BDSG a. F. *Dammann*, in: Simitis, BDSG, § 3 Rn. 106.

67 *Selk*, in: Ehmann/Selmayr, Art. 88 Rn. 222.

68 *Braun*, in: Heckmann/Paschke, Internetrecht, Kap. 7, Rn. 17; *Kort*, ZD 2017, 319, 323; *Höhne*, Art. 88 DSGVO, S. 160; *Kursawe/Nebel*, BB 2012, 516, 517 („Grundregeln des menschlichen Miteinanders dürfen und können nicht außer Kraft gesetzt werden"); *Pfrang*, DuD 2018, 380, 381; *Riesenhuber*, NZA 2012, 771, 774 („ausgenommen solche über das Wetter oder Fußball"); *Schmidt*, Datenschutz für Beschäftigte, S. 83;

BDSG soll in Bezug auf sozialübliche Fragen teleologisch reduziert werden. Argumentiert wird mit dem Schutzzweck der Norm. Dieser soll Beschäftigte davor schützen, dass der Arbeitgeber unbegrenzt Daten über einen Beschäftigten sammelt und auswertet. Für die Abgrenzung, wann eine solche sozialübliche Frage vorliegt, sollte sich danach orientiert werden, ob diese Frage auch außerhalb des Beschäftigungsverhältnisses realistischerweise gestellt wird[69] bzw. ob ein Bezug zum Beschäftigungsverhältnis gegeben ist.[70] Fragen im Bewerbungsgespräch wie „*Wie geht es Ihnen*?" oder „*Haben Sie den Weg zu uns geschafft?*" werden demnach aus dem Anwendungsbereich des Datenschutzrechts ausgeklammert.

## 2. Europarechtskonformität der erweiterten Regelung?

Es stellt sich die Frage, ob der deutsche Gesetzgeber vor dem Hintergrund der unmittelbar geltenden DSGVO, eine solche sachliche Erweiterung vornehmen durfte. Art. 2 Abs. 1 DSGVO bestimmt ausdrücklich, dass das Datenschutzrecht bei der nichtautomatisierten Verarbeitung nur dann eingreifen soll, wenn die personenbezogenen Daten in einem Dateisystem gespeichert sind oder gespeichert werden sollen. Art. 88 DSGVO sieht keine Ausnahme vom Erfordernis eines Dateisystems vor. Unabhängig davon, ob § 26 Abs. 7 BDSG europarechtskonform ist, ist es nach mancher Ansicht nicht nachvollziehbar, warum im Beschäftigungsverhältnis jede Handlung dem Datenschutzrecht unterworfen werden soll. Der Grund, weshalb man im damaligen § 32 BDSG den Anwendungsbereich erweiterte, war, dass man den von der Rechtsprechung aufgestellten Grundsätzen im Beschäftigungsverhältnis Rechnung tragen wollte und die Regelung dem ursprünglichen § 12 Abs. 4 Hs. 2 BDSG entsprach, der ebenfalls keinen Dateibezug forderte.[71] Es sei nicht ersichtlich, wieso im Rahmen des Beschäftigungsverhältnisses auf das Erfordernis eines Dateisystems verzichtet wird, dies bei anderen Vertragsarten jedoch verlangt.[72]

*Kleinebrink* sieht erhebliche Zweifel, ob die Erweiterung des Anwendungsbereichs nach § 26 Abs. 7 BDSG europarechtskonform ist.[73] Er begründet dies damit, dass Art. 88 Abs. 1 DSGVO eine Vollharmonisierung bezweckt und jede Verschärfung zulasten des Arbeitgebers dieser Vollharmonisierung widerspricht.

---

*Tiedemann*, in: Sydow, DSGVO/BDSG, § 26 BDSG, Rn. 61; wohl ebenso *Çalışkan*, ZD-Aktuell 2018, 04327; aA wohl *LfDI BW*, Beschäftigtendatenschutz, S. 9 (alltägliche Informationserhebung ist erfasst).

69 *Pfrang*, DuD 2018, 380, 381.

70 *Çalışkan*, ZD-Aktuell 2018, 04327; *Lembke*, in: Henssler et al., Arbeitsrecht, Einleitung, DSGVO, Rn. 12 (Verweis auf Art. 2 Abs. 2 lit. c); *Schmidt*, Datenschutz für Beschäftigte, S. 83.

71 BT-Drs. 16/13657, S. 21 (Bezug auf BAG, Urt. v. 15.07.1987 – 5 AZR 215/86, DB 1987, 2571 und BAG, Urt. v. 12.09.2006 – 9 AZR 271/06, NZA 2007, 269).

72 Kritik an § 32 Abs. 2 BDSG a. F. *Franzen*, RdA 2010, 257, 258 („rechtspolitisch nicht sachgerecht").

73 *Kleinebrink*, DB 2018, 1729, 1730; ähnlich *Hornung*, ZD 2023, 309, 310.

*Spelge* sieht diese Erweiterung als nichtig an, da es sich nicht um eine *„spezifischere Vorschrift"* i.S.d. Art. 88 DSGVO handeln würde.[74] Auch nach der Auffassung von *Helfrich* ist es untersagt, dass *„der nationale Gesetzgeber mit eigenen Vorschriften den Geltungsbereich des Datenschutzrechts anders festlegt, als dies mit der DS-GVO der Fall ist"*.[75] Begründet wird dies damit, dass die DSGVO als *„umfassende Grundlage"* die Verarbeitung personenbezogener Daten regeln will. Nach *Silberzahn* müsse die Wertung der DSGVO berücksichtigt werden, wonach die nicht-dateimäßige Verarbeitung nicht in den Anwendungsbereich der DSGVO fällt. Diese Wertung dürfe nicht völlig ausgehöhlt werden, sodass *„nationale Vorschriften, die den Anwendungsbereich erweitern, zumindest im Wesentlichen die Regelungen der DSGVO abbilden und sich in den bereichsspezifischen Kontext einfügen müssen"*.[76]

Der überwiegende Teil der datenschutzrechtlichen Literatur geht allerdings von der Europarechtskonformität dieser erweiterten Regelung aus.[77] Begründet wird dies damit, dass die Harmonisierungswirkung eines Unionsrechtsakts sich nicht über dessen Anwendungsbereich hinaus erstreckt und demnach keine Verschärfung darstellt. Da die DSGVO diesbezüglich keine Anwendung finde, bestehe auch keine Kollision. Hingegen geht *Pfrang* bei der DSGVO von einer Mindestharmonisierung aus, sodass der nationale Gesetzgeber im Beschäftigtendatenschutz eine strengere Regelung einführen könne.[78] Dies habe zur Konsequenz, dass der nationale Gesetzgeber den Anwendungsbereich erweitern dürfe. Zwar wird darauf verwiesen, dass es sich bei § 26 Abs. 7 BDSG nicht um eine spezi-

---

74 *Spelge*, DuD 2016, 775, 777, 779.

75 *Helfrich*, Datenschutzrecht, Einführung, S. XXVI.

76 *Silberzahn*, Datenschutz in kirchlichen Einrichtungen, S. 96 f.

77 *Buchner/Kühling/Raab*, in: Kühling/Buchner, Art. 2 DSGVO, Rn. 19, 33; *Conrad*, in: Auer-Reinsdorff/Conrad, IT- und Datenschutzrecht, § 34 Rn. 16; *Däubler*, Gläserne Belegschaften, Rn. 183f; *Düwell/Brink*, NZA 2017, 1081, 1083; *Franzen*, in: Müller-Glöge et al., Arbeitsrecht, BDSG, § 26 Rn. 3; *Gaul/Pitzer*, ArbRB 2017, 241, 242; *Gola*, Beschäftigtendatenschutz, Rn. 254; *Höhne*, Art. 88 DSGVO, S. 161; *Klausch/Grabenschröer*, PinG 2018, 135, 137; *Körner*, in: Deinert et al., FS Klebe, S. 231, 233 („ist zu begrüßen"); *Kort*, ZD 2017, 319, 323; *Maier/Ossoinig*, in: Roßnagel, Datenschutzrecht, § 8 Rn. 26; *Maschmann*, in: Maschmann/Fritz, Matrixorganisationen, Kap. 5, Rn. 7 („nationale Sondervorschrift"); *Pfrang*, DuD 2018, 380, 381; *Piltz*, BDSG, § 26 Rn. 113; *Reimer*, Verwaltungsdatenschutzrecht, Rn. 65; *Riesenhuber*, in: BeckOK DatenSR, BDSG, 48. Ed. 01.05.2024 („über den Anwendungsbereich der Verordnung autonom möglich"); *Sander*, PinG 2019, 127, 128; *Schmidt*, Datenschutz für Beschäftigte, S. 87 (Europarechtskonformität ggü. der DSRL); *Schuler/Weichert*, Beschäftigtendatenschutz, S. 9; *Seifert*, in: Simitis et al., Datenschutzrecht, Art. 88 Rn. 71; *Selk*, in: Ehmann/Selmayr, Art. 88 Rn. 38, 222; *Stamer/Kuhnke*, in: Plath, Art. 88 DSGVO, Rn. 16; *Ströbel/Böhm/Breunig/Wybitul*, CCZ 2018, 14, 17; *Taeger/Rose*, BB 2016, 819, 823 (Bezug auf Art. 153 i.V.m. Art. 114 Abs. 2 AEUV); *Temming*, in: Preis/Temming, Individualarbeitsrecht, Rn. 1740; *Weth*, in: Weth et al., Daten- und Persönlichkeitsschutz, B., I., Rn. 48; *Wybitul*, NZA 2017, 413, 418.

78 *Pfrang*, DuD 2018, 380, 381.

fischere Vorschrift i. S. d. Art. 88 Abs. 1 DSGVO handele[79], aber aufgrund der fehlenden Ausübung der Gesetzgebungskompetenz des europäischen Gesetzgebers durfte der deutsche Gesetzgeber diesen Bereich eigenständig regeln. Denn es handele sich beim Beschäftigtendatenschutz um eine Querschnittsmaterie aus Datenschutz- und Arbeitsrecht. Die arbeitsrechtlichen Regelungsbefugnisse können durch die DSGVO nicht eingeschränkt werden.[80] Durch die Ausweitung des sachlichen Anwendungsbereichs werde das von der DSGVO vorgegebene Regelungsareal verlassen. Dies ändere aber nichts am Datenschutzniveau, sondern erweitere lediglich den Anwendungsbereich dieses Datenschutzniveaus. Man befinde sich nicht mehr im Rahmen der Spezifizierungsklausel, sondern schaffe eine „*originär nationale Regelung*", die sich damit auch nicht an die Anforderungen der DSGVO zu halten habe.[81] Man führe für den Bereich der nichtautomatisierten Verarbeitung damit kein Unionsrecht mehr i. S. d. Art. 51 GRCh durch. Die Erweiterung des sachlichen Anwendungsbereichs ist ausweislich des klaren Wortlauts auf die Absätze 1 bis 6 des § 26 BDSG beschränkt und könne nicht auf andere Normen übertragen werden. Für die Datenverarbeitungen, die nicht in einem Dateisystem verarbeitet werden, soll die DSGVO nicht gelten, sondern nur die Vorgaben des § 26 BDSG entscheidend sein.[82] Als Beispiel wird die Inanspruchnahme des Auskunftsrechtes nach Art. 15 DSGVO durch einen Beschäftigten genannt. Hiernach kann sich dieser Anspruch nicht auf handschriftliche Notizen des Arbeitgebers beziehen, da der Anwendungsbereich des Art. 2 Abs. 1 DSGVO insoweit nicht eröffnet sei.[83] Nach Wybitul entspricht die erweiterte Regelung des § 26 Abs. 7 BDSG der Wertung des Art. 8 GRCh, welcher ebenfalls nicht auf die automatisierte Datenverarbeitung beschränkt ist.[84] Nach *Wünschelbaum* sei die Ausweitung des Anwendungsbereichs auf manuelle Datenverarbeitungen hinreichend spezifisch. Zudem seien durch § 26 Abs. 5 BDSG besondere Schutzmaßnahmen vorgesehen, die insoweit einen eigenständigen Regelungsgehalt begründen.[85]

Die Vorschrift des § 26 Abs. 7 BDSG ist nach der hier vertretenen Ansicht europarechtskonform. Art. 2 Abs. 1 DSGVO normiert den sachlichen Anwendungsbereich der DSGVO. Hiernach ist die Verordnung bei der nichtautomatisierten Verarbeitung nur dann anwendbar, wenn die personenbezogenen Daten in einem Dateisystem gespeichert sind oder gespeichert werden sollen. Art. 2 DSGVO normiert den Anwendungsbereich der DSGVO abschließend und lässt strengere Datenschutzvorgaben nicht zu. Die Möglichkeit des Erlasses strengerer Da-

---

79 *Klausch/Grabenschröer*, PinG 2018, 135, 137; *Tiedemann*, in: Sydow, DSGVO/BDSG, § 26 BDSG, Rn. 61; aA *Düwell/Brink*, NZA 2016, 665, 667.

80 *Gola*, RDV 2017, 25, 28; *Körner*, NZA 2016, 1383.

81 *Gola/Thüsing/Schmidt*, DuD 2017, 244, 248; *Schmidt*, Datenschutz für Beschäftigte, S. 86 ff.

82 *Selk*, in: Ehmann/Selmayr, Art. 88 Rn. 222.

83 *Grimm*, in: Tschöpe, Arbeitsrecht, 6. Teil, F., Rn. 163, 185; *König*, CR 2019, 295, 299 f.

84 *Wybitul*, NJW-aktuell 2019, 3.

85 *Wünschelbaum*, NZA 2023, 542, 544.

tenschutzvorgaben lässt die DSGVO zum Beispiel ausdrücklich in Art. 9 Abs. 4 DSGVO sowie Art. 37 Abs. 4 DSGVO zu.[86] Jedoch hatte der EuGH zur DSRL entschieden, dass die Mitgliedstaaten in der Lage sind, den Geltungsbereich der nationalen Datenschutzgesetze *„auf vom Anwendungsbereich dieser Richtlinie nicht erfasste Bereiche auszudehnen, soweit dem keine andere Bestimmung des Gemeinschaftsrechts entgegensteht*".[87] Welche anderen Bestimmungen des Gemeinschaftsrecht entgegenstehen könnten, ließ das Gericht offen. Unter Zugrundelegung dieser Rechtsprechung könnte der deutsche Gesetzgeber diesen Anwendungsbereich auf die nichtautomatisierte Verarbeitung personenbezogener Daten ausdehnen, die nicht in einem Dateisystem gespeichert sind oder gespeichert werden sollen. Denn die DSGVO regelt diesen Fall ausdrücklich nicht. Fraglich ist, ob dies der vollharmonisierenden Wirkung der DSGVO entgegensteht (vgl. Zweiter Teil, § 6, C., II., 1., c., bb.). Die Erweiterung des § 26 Abs. 7 BDSG stellt aus der Sicht des Arbeitgebers im Vergleich zur DSGVO eine strengere Regelung dar. Es ist jedoch zu beachten, dass § 26 Abs. 7 BDSG nicht dazu führt, dass die gesamte DSGVO zur Anwendung gelangt. Vielmehr wird lediglich § 26 Abs. 1 bis 6 BDSG für anwendbar erklärt. Eine Kollision zur DSGVO entsteht dadurch gerade nicht, da kein Widerspruch zu den Vorgaben der DSGVO hervorgerufen wird.[88] Die nationalen Bestimmungen dürfen zwar weder die DSGVO ergänzen noch ihren Anwendungsbereich erweitern[89], durch die bloße Anwendung des § 26 BDSG liegt eine solche Erweiterung des Anwendungsbereichs jedoch nicht vor. Es handelt sich vielmehr um eine *„originär nationale Rechtssetzung*", sodass der deutsche Gesetzgeber kein Unionsrecht i. S. d. Art. 51 GRCh durchgeführt hat.[90] § 26 Abs. 7 BDSG ist damit europarechtskonform.

## IV. Materielle Voraussetzungen

### 1. Begründung eines Beschäftigungsverhältnisses

Nach § 26 Abs. 1 S. 1 Var. 1 BDSG dürfen personenbezogene Daten von dem Bewerber für Zwecke des Beschäftigungsverhältnisses verarbeitet werden, wenn dies für die Entscheidung über die Begründung eines Beschäftigungsverhältnisses erforderlich ist. Damit wird die Bewerbungsphase angesprochen, sodass die Verarbeitung der personenbezogenen Daten in den Bewerbungsunterlagen, den Einstellungsbögen und im Bewerbungsgesprächs hierunter gefasst werden

---

86 *Morasch*, Beschäftigungskontext, S. 84; *Petri*, in: Simitis et al., Datenschutzrecht, Art. 9 Rn. 2.

87 EuGH, Urt. v. 06.11.2003 – C-101/01, Rn. 98, Slg. I-12971, MMR 2004, 95 – Lindqvist m. Anm. Roßnagel.

88 *Morasch*, Beschäftigungskontext, S. 48 („Die in der DSGVO nicht geregelten Bereiche sind für die Ausgestaltung durch die Mitgliedstaaten offen"); *Roßnagel*, in: Roßnagel, DSGVO, § 2 Rn. 14.

89 *Müller*, Öffnungsklauseln, S. 181.

90 *Höhne*, Art. 88 DSGVO, S. 161.

können.[91] Dieser Zweck ist von Art. 88 Abs. 1 DSGVO gedeckt, da dieser ausdrücklich auf Zwecke der Einstellung Bezug nimmt. Allerdings muss beachtet werden, dass § 26 Abs. 1 BDSG nicht nur den Arbeitgeber als Normadressanten anspricht. Vielmehr richtet sich die Norm an alle Verantwortliche, die personenbezogene Beschäftigtendaten für Zwecke des Beschäftigungsverhältnisses verarbeiten (vgl. Vierter Teil, § 16, E., I.).

## 2. Erforderlichkeit

§ 26 Abs. 1 BDSG enthält wie bereits Art. 6 Abs. 1 S. 1 lit. b DSGVO den Begriff der Erforderlichkeit. Nachfolgend wird der Begriff, wie er nach dem deutschen Verständnis ausgelegt wird, dargestellt.

### a. Fortführung des § 32 BDSG a. F.

Der deutsche Gesetzgeber geht in der Gesetzesbegründung von einer Fortführung der Wertungen des § 32 BDSG a. F. aus, sodass „*im Rahmen der Erforderlichkeitsprüfung [...] die widerstreitenden Grundrechtspositionen zur Herstellung praktischer Konkordanz abzuwägen [sind]. Dabei sind die Interessen des Arbeitgebers an der Datenverarbeitung und das Persönlichkeitsrecht des Beschäftigten zu einem schonenden Ausgleich zu bringen, der beide Interessen möglichst weitgehend berücksichtigt*“.[92] Dieser Auffassung hat sich das BAG und die überwiegende Ansicht in der datenschutzrechtlichen Literatur angeschlossen und führt im Rahmen der Prüfung der Erforderlichkeit eine Verhältnismäßigkeitsprüfung i. S. e. dreistufigen Prüfung nach Geeignetheit, Erforderlichkeit im engeren Sinne sowie Angemessenheit durch. Eine Änderung durch die DSGVO habe nicht stattgefunden. Vielmehr sei die Rechtsprechung zum Begriff der Erforderlichkeit i. S. d. § 32 BDSG a. F. auch bei der Prüfung des § 26 BDSG heranzuziehen.[93] Dies erfordere auch Art. 88 Abs. 2 DSGVO. Das BAG

---

91 *Piltz*, BDSG, § 26 Rn. 35; *Reiserer/Christ/Heinz*, DStR 2018, 1501, 1504; *Tinnefeld*, in: Tinnefeld et al., Datenschutzrecht, Teil 1, Rn. 418.

92 BT-Drs. 18/11325, S. 97; aA *Vogel/Glas*, DB 2009, 1747, 1751 (keine Interessenabwägung).

93 BAG, Beschl. v. 07.05.2019 – 1 ABR 53/17, Rn. 42, NZA 2019, 1218; BAG, Beschl. v. 09.04.2019 – 1 ABR 51/17, Rn. 39, NZA 2019, 1055; ArbG Heilbronn, Urt. v. 30.01.2019 – 2 Ca 360/18, Rn. 45, BeckRS 2019, 30627; VG Lüneburg, Teilurt. v. 19.03.2019 – 4 A 12/19, Rn. 30, ZD 2019, 331; *Baumgartner/Gausling*, in: Moos et al., DSGVO, Kap. 15 Rn. 20; *Betz*, ZD 2019, 148, 149; *Däubler*, Gläserne Belegschaften, Rn. 183i; *Diercks*, AuA 2018, 704, 706; *Franzen*, ZfA 2019, 18, 32 f.; *Grimm*, in: Tschöpe, Arbeitsrecht, 6. Teil, F., Rn. 65; *Hafenmayer*, DB 2019, 2354; *Hamdan*, ZTR 2019, 594, 595; *Hilber*, in: Hilber et al., Deutsche Tochter, D., Rn. 79; *Jaspers/Jacquemain*, RDV 2019, 232, 233; *Kainer/Weber*, BB 2017, 2740, 2741; *Klausch/Grabenschröer*, PinG 2018, 135, 136; *Kort*, NZA 2018, 1097, 1098; *Linck*, in: Schaub, Arbeitsrecht, § 26 Rn. 13; *Maier/Ossoinig*, in: Roßnagel, Datenschutzrecht, § 8 Rn. 23; *Maschmann*, NZA-Beilage 2018, 115, 117; *Piltz*, BDSG, § 26 Rn. 54; *Pötters/Schmidt*, in: Preis/

führt zur Erforderlichkeit ebenfalls aus, dass dieses Kriterium dazu dient, dass personenbezogene Daten nicht überschießend verarbeitet werden. Für die Prüfung dürfe kein geringeres belastendes, gleich geeignetes Mittel zur Erreichung des Zwecks vorhanden sein. In diesem Zusammenhang müssen die widerstreitenden Interessen des Arbeitgebers mit dem Beschäftigten abgewogen werden, wobei die Verarbeitung für den Beschäftigten keine übermäßige Belastung darstellen darf.[94] Nach der Datenschutzkonferenz ist allein entscheidend, ob „*der Zweck der Verarbeitung auch mit weniger intensiven Maßnahmen in etwa gleich gut erreicht werden kann*". Dabei sei der Grundsatz der Verhältnismäßigkeit zu wahren.[95] Begründet wird diese Ansicht vor allem damit, dass mit § 26 BDSG die Rechtsprechung und die Grundsätze zu § 32 Abs. 1 BDSG a. F. nach der deutschen Gesetzesbegründung mitübertragen werden sollen. Der deutsche Gesetzgeber greife die dazu ergangene Rechtsprechung des BAG auf. Zudem beruhe § 26 Abs. 1 BDSG auf der Spezifizierungsklausel des Art. 88 DSGVO, sodass es sich gerade um mitgliedstaatliches Recht handele. Nach dieser Ansicht regele die DSGVO den Beschäftigtendatenschutz nicht, sondern überlasse mit der Spezifizierungsklausel des Art. 88 DSGVO vielmehr den nationalen Gesetzgebern, eigene Vorschriften in diesem Bereich zu erlassen.

Bezogen auf die Bewerbungsphase wurde zur alten Rechtslage vertreten, dass das Interesse des Arbeitgebers an möglichst vielen Informationen über den Bewerber durch das sog. Fragerecht des Arbeitgebers zu konkretisieren sei.[96] Durch dieses Fragerecht wurde das Tatbestandsmerkmal der „*Erforderlichkeit*" i. S. d. BDSG a. F. eingegrenzt. Nach Ansicht des BAG konnte der Arbeitgeber den Bewerber nur nach solchen Informationen fragen, an deren Kenntnis er im Hinblick auf das Arbeitsverhältnis ein „*berechtigtes, billigenswertes und schutzwürdiges Interesse*" hatte, auf Grund dessen die Belange des Bewerbers

---

Sagan, Arbeitsrecht, § 11 Rn. 45; *Schmidl/Tannen*, DB 2017, 1633, 1636; *Seifert*, in: Simitis et al., Datenschutzrecht, Art. 88 Rn. 57; *Staben*, ZfA 2020, 287, 302; *Ströbel/Wybitul*, in: Specht/Mantz, Datenschutzrecht, § 10 Rn. 37; *Thüsing/Rombey*, NZA 2018, 1105, 1108; *Tiedemann*, in: Sydow, DSGVO/BDSG, § 26 BDSG, Rn. 20; *Tribess*, GWR 2019, 134; *Velten/Diegel*, FA 2018, 2, 3; *Weth*, in: Weth et al., Daten- und Persönlichkeitsschutz, B., I., Rn. 62 ff.; *Wybitul*, ZD-Aktuell 2017, 05483.

94 *Nebel*, ZD 2018, 520, 522; *Piltz*, BDSG, § 26 Rn. 54; *von dem Bussche*, in: v. d. Bussche/Voigt, Konzerndatenschutz, Teil 3, Kap. 3, Rn. 43 („Zwecke des Beschäftigungsverhältnisses dürften danach ohne Durchführung der Datenverarbeitung nicht erfüllbar sein").

95 *DSK*, Datenschutz bei Windows 10, S. 8.

96 *Aligbe*, Einstellungs- und Eignungsuntersuchungen, 1. Aufl., Rn. 90; *Brink/Schwab*, RDV 2017, 170, 176; *Gola*, RDV 2011, 109; *Junker*, Arbeitsrecht, Rn. 151 f.; *Kort*, in: Conrad/Grützmacher, FS Schneider, S. 368, 371 (Gleichklang von Arbeitsrecht und Datenschutzrecht); *Weichert*, RDV 2007, 189, 192; aA *Riesenhuber*, NZA 2012, 771, 775 (Sachfragen der zivilrechtlichen Grundsätze des „Fragerechts" waren vom BDSG a. F. umfasst; zudem wird von „Informationserhebungsrecht" gesprochen).

zurückzutreten haben.[97] Dabei wurde das Interesse des Arbeitgebers an einer wahrheitsgemäßen Beantwortung der Fragen mit dem Interesse des Bewerbers an einer möglichst weiten Geheimhaltung seiner Lebensumstände in Ausgleich gebracht. Ein solches Interesse für den Arbeitgeber war insbesondere dann zu bejahen, wenn die Antwort auf die Frage für den angestrebten Arbeitsplatz und die dort zu erledigende Tätigkeit von Bedeutung sei und damit in einem sachlichen und inneren Zusammenhang stand.[98] Das Fragerecht wurde dabei aus dem Allgemeinen Persönlichkeitsrecht des Arbeitnehmers nach Art. 2 Abs. 1 i. V. m. Art. 1 Abs. 1 GG sowie datenschutzrechtlich aus den Erlaubnisnormen des BDSG a. F. hergeleitet.[99] Nach *Däubler* können die Grundsätze des EGMR, die das Gericht in der Sache „*Barbulescu*" aufgestellt hat, auch auf die Bewerbersituation übertragen werden.[100]

Dieser von der Rechtsprechung konkretisierte Rahmen soll nach der überwiegenden datenschutzrechtlichen Literatur unter der Geltung der DSGVO und des neuen BDSG fortbestehen.[101] Es soll zu einem Parallelschutz kommen, da Art. 88 Abs. 2 DSGVO diesen Gleichlauf deutlich mache. Nach *Kort* sollen diese Grundsätze insbesondere auf Art. 6 Abs. 1 S. 1 lit. f sowie Art. 9 DSGVO gestützt werden.[102] *Franzen* verortet diese Rechtsprechungsgrundsätze dogmatisch in § 26 Abs. 1 S. 1 BDSG.[103] Begründet wird dies mit den unterschiedlichen Rechtsfolgen von Datenschutzrecht und Richterrecht. Während ein Verstoß gegen das Datenschutzrecht nur die allgemeinen Sanktionen nach der DSGVO auslösen, steht dem Bewerber bei einem Verstoß gegen das Richterrecht das Recht zur Lüge bei einer unzulässigen Frage zu.

Nachfolgend wird der von der Literatur präferierte dreistufige Prüfungsaufbau der Erforderlichkeit dargestellt.

---

97 BAG, Urt. v. 07.06.1984 – 2 AZR 270/83, NZA 1985, 57; *Krieger*, in: vom Stein et al., Gesundheitsmanagement, § 2 Rn. 3.

98 *Kania/Sansone*, NZA 2012, 360, 361; *Kainer/Weber*, BB 2017, 2740, 2742; *Thüsing/Lambrich*, BB 2002, 1146; *Wisskirchen/Kies*, in: Tschöpe, Arbeitsrecht, 1. Teil, C., Rn. 67.

99 BAG, Urt. v. 19.02.2015 – 8 AZR 1007/13, NZA 2015, 994; *Kort*, NZA-Beilage 2016, 62, 66.

100 *Däubler*, Gläserne Belegschaften, Rn. 183j (bezugnehmend auf EGMR, 05.09.2017 – 61496/08, Rn. 121, NZA 2017, 1443, 1446).

101 *Däubler*, Gläserne Belegschaften, Rn. 209c; *Gola*, Beschäftigtendatenschutz, Rn. 502; *Kainer/Weber*, BB 2017, 2740, 2742; *Kort*, NZA-Beilage 2016, 62, 66; *Reiserer/Christ/Heinz*, DStR 2018, 1501, 1507; *Seifert*, in: Simitis et al., Datenschutzrecht, Art. 88 Rn. 77; *Temming*, in: Preis/Temming, Individualarbeitsrecht, Rn. 1744, 1746 („arbeitsrechtliche Brille"); *Wedde*, in: v. d. Bussche/Voigt, Konzerndatenschutz, Teil 3, Kap. 6, Rn. 20; *Weth*, in: Weth et al., Daten- und Persönlichkeitsschutz, B., I., Rn. 117; ähnlich *Götz*, Big Data im Personalmanagement, S. 96.

102 *Kort*, NZA-Beilage 2016, 62, 67.

103 *Franzen*, ZfA 2019, 18, 31; wohl auch *Gola*, Beschäftigtendatenschutz, Rn. 562; *Weth*, in: Weth et al., Daten- und Persönlichkeitsschutz, B., I., Rn. 117.

### aa. Geeignetheit

Zunächst muss die Datenverarbeitung geeignet sein. Dies ist sie dann, wenn die Maßnahme für den angestrebten Zweck förderlich und von der Rechtsprechung gebilligt wird.[104] Nach § 26 Abs. 1 S. 1 BDSG liegt der Zweck unter anderem in der Begründung eines Beschäftigungsverhältnisses. Der deutsche Gesetzgeber definiert nicht, was er mit „*Zwecke des Beschäftigungsverhältnisses*" meint. Auch in der Gesetzesbegründung findet sich dazu keine Aussage. Zur Vorgängervorschrift des § 32 BDSG a. F. hat das BAG folgendermaßen Stellung genommen: „*Es muss ein Zusammenhang mit der Erfüllung der vom Arbeitnehmer geschuldeten vertraglichen Leistung, seiner sonstigen Pflichtenbindung oder mit der Pflichtenbindung des Arbeitgebers bestehen*".[105] Zusammengefasst muss es sich um Rechte oder Pflichten aus dem Beschäftigungsverhältnis handeln, welche einen legitimen Zweck verfolgen.[106] Dies bedeutet, dass die Datenverarbeitung bereits nicht geeignet ist, wenn der Arbeitgeber rechtswidrige Maßnahmen vornehmen will. Maßgeblich ist allerdings nicht, was der deutsche Gesetzgeber in § 26 BDSG für einen Zweck definiert. Vielmehr muss Art. 88 Abs. 1 DSGVO herangezogen werden, der auf den „*Beschäftigungskontext*" abstellt. Hier wird als ein zulässiger Zweck unter anderem der Zweck der Einstellung genannt. Die Geeignetheit hat sich demnach auf den Einstellungszweck zu beziehen.

### bb. Erforderlichkeit im engeren Sinne

Ferner muss die Erforderlichkeit im engeren Sinne gegeben sein. Dies bedeutet, dass der Arbeitgeber für die Verwirklichung des angestrebten Zwecks grundsätzlich das mildeste der ihm zur Verfügung stehende Mittel zu wählen hat, wobei die Mittel zur Zweckerreichung gleich effektiv sein müssen.[107] Teilweise wird auch auf die Zumutbarkeit für den Verantwortlichen abgestellt.[108] Als mildere Mittel wären z. B. nicht-automatisierte psychologische Tests oder Assessment Center gegenüber automatisierten Tests zu nennen, soweit beide auch gleich effektiv sind. Ein anonymisiertes Bewerbungsverfahren stellt kein gleich effektives Mittel dar, da in diesem Fall dem Arbeitgeber keine Möglichkeit gegeben wird, sich ein persönliches Bild über den Bewerber zu machen.[109]

Der Grundsatz der Datenminimierung nach Art. 5 Abs. 1 lit. c DSGVO korrespondiert mit dem Merkmal der Erforderlichkeit. Nach diesem Grundsatz müssen die personenbezogenen Daten angemessen und erheblich sowie auf das für die Zwecke der Verarbeitung notwendige Maß beschränkt sein. Dieser Grund-

---

104 BAG, Beschl. v. 26.08.2008 – 1 ABR 16/07, Rn. 19, NZA 2008, 1187; *Weth*, in: Weth et al., Daten- und Persönlichkeitsschutz, B., I., Rn. 66.

105 BAG, Urt. v. 29.06.2017 – 2 AZR 597/16, Rn. 31, RDV 2017, 296.

106 *Tiedemann*, in: Sydow, DSGVO/BDSG, § 26 BDSG, Rn. 19.

107 BAG, Beschl. v. 26.08.2008 – 1 ABR 16/07, Rn. 19, NZA 2008, 1187.

108 *Betz*, ZD 2019, 148, 149.

109 *Weth*, in: Weth et al., Daten- und Persönlichkeitsschutz, B., I., Rn. 67.

satz muss auch im Rahmen des § 26 Abs. 1 BDSG ausdrücklich beachtet werden, wie § 26 Abs. 5 BDSG deklaratorisch klarstellt. Die Konsequenz ist unter anderem, dass die Bewerbungsunterlagen nur bestimmten Personen zugänglich sein dürfen (vgl. die Ausführungen im Dritten Teil zu den Grundsätzen der Datenverarbeitung nach Art. 5 Abs. 1 DSGVO).

### cc. Angemessenheit

Letzter Prüfungspunkt bildet die Angemessenheit der Datenverarbeitung. Nach der Gesetzesbegründung sind „*die widerstreitenden Grundrechtspositionen, d. h. die Interessen des Arbeitgebers an der Datenverarbeitung und das Persönlichkeitsrecht des Beschäftigten, zur Herstellung praktischer Konkordanz abzuwägen, der beide Interessen möglichst weitgehend berücksichtigt*“.[110] Die Datenverarbeitung muss in einem angemessenen Verhältnis zum Zweck des Beschäftigungsverhältnisses stehen. Einigkeit besteht darin, dass eine umfassende Persönlichkeitsdurchleuchtung des Bewerbers niemals angemessen sein kann, da eine solche Durchleuchtung für die Begründung des Beschäftigungsverhältnisses keine Relevanz hat.[111] Hierbei soll auf die 3-Stufen-Lehre des BVerfG[112] abgestellt werden, wonach die Intimsphäre, die Privatsphäre und die Sozialsphäre zu unterscheiden sind. Während sich Eingriffe in die Sozialsphäre relativ einfach rechtfertigen lassen, werden die Rechtfertigungshürden höher, je mehr der Eingriff in Richtung Intimsphäre tendiert.[113]

Fraglich ist, welche Grundrechte bei der Abwägung heranzuziehen sind. Im Rahmen des nationalen Rechts sind dies die Grundrechte des Grundgesetzes. Vorliegend handelt es sich bei § 26 BDSG grundsätzlich um eine Umsetzung einer europäischen Spezifizierungsklausel. Aus diesem Grund erscheint es auch möglich, dass allein die europäischen Grundrechte der GRCh in Betracht kommen. Bei der Ausfüllung der Spezifizierungsklauseln ist in der Rechtsprechung und Literatur umstritten, ob die nationalen und europäischen Grundrechte getrennt zu prüfen sind oder beide Grundrechtekataloge nebeneinander Anwendung finden. Diese Frage hängt davon ab, wie die Norm des Art. 51 GRCh interpretiert wird, der den Anwendungsbereich der Grundrechtecharta normiert. Hiernach gilt die GRCh „*für die Mitgliedstaaten ausschließlich bei der Durchführung des Rechts der Union*“. Wenn die Mitgliedstaaten bei der Umsetzung der Spezifizierungsklauseln der DSGVO „*Recht der Union*“ durchführen, so müssen sie

110 BT-Drs. 18/11325, S. 97; *Betz*, ZD 2019, 148, 150 („Gesamtabwägung“).

111 *Betz*, ZD 2019, 148, 150 (angemessen ist nur das, was verkehrswesentlich i. S. d. § 119 Abs. 2 BGB ist); *Dzida*, NZA 2017, 541, 545; *Fitting*, BetrVG, § 94 Rn. 26; *Kreuder/Matthiessen-Kreuder*, in: Düwell, BetrVG, § 94 Rn. 21.

112 BVerfG, Beschl. v. 31.01.1973 – 2 BvR 454/71, BVerfGE 34, 238, 245 ff., NJW 1973, 891.

113 *Weth*, in: Weth et al., Daten- und Persönlichkeitsschutz, B., I., Rn. 68.

die Vorgaben der GRCh unmittelbar beachten.[114] In Privatrechtsverhältnissen kommen den Grundrechten der GRCh (insb. Art. 8 GRCh) nach überwiegender Ansicht keine unmittelbare Drittwirkung, sondern eine mittelbare Drittwirkung zu, wie es bereits aus den deutschen Grundrechten bekannt ist, auch wenn der EuGH eine unmittelbare Wirkung der GRCh für Private nicht kategorisch ausgeschlossen hat.[115] Dies hat auch das BVerfG festgestellt, allerdings darauf verwiesen, dass im Ergebnis den Unionsgrundrechten im Verhältnis zwischen Privaten eine ähnliche Wirkung wie den deutschen Grundrechten zukomme.[116] Dies bedeutet, dass die betroffenen Personen nicht unmittelbar an die GRCh gebunden sind, sondern die Grundrechte vielmehr an den Staat gerichtet sind, die wiederum Folgen für das Privatrechtsverhältnis haben. Die mittelbare Drittwirkung wird jedoch dadurch erreicht, dass die Grundrechte als Wertordnung auf das mitgliedstaatliche Recht Einfluss nehmen.

Vorliegend findet § 26 Abs. 1 S. 1 BDSG aufgrund seiner Europarechtswidrigkeit nur noch im Rahmen des § 26 Abs. 7 BDSG Anwendung, so dass auf diese Datenverarbeitungen nur die deutschen Grundrechte anwendbar sind. Da nicht auszuschließen ist, dass der deutsche Gesetzgeber in Zukunft europarechtskonform von der Spezifizierungsklausel des Art. 88 DSGVO Gebrauch machen wird, soll dennoch der Frage nachgegangen werden, welche Grundrechte im Rahmen der Spezifizierungsklauseln Anwendung finden sollen.

---

114 *Albrecht/Janson*, CR 2016, 500, 503ff; *Greve*, NVwZ 2017, 737, 744; *Jarass*, GRCh, Art. 8 Rn. 2; *Pötters*, in: Preis/Sagan, Arbeitsrecht, § 3 Rn. 26; *Spelge*, DuD 2016, 775, 779.

115 EuGH, Urt. v. 06.11.2018 – C-569/16 u. C-570/16, Rn. 87, NZA 2018, 1467 – Bauer/Broßonn; *Bretthauer*, in: Specht/Mantz, Datenschutzrecht, § 2 Rn. 64; *Breuer*, in: Heselhaus/Nowak, Europäische Grundrechte, § 25 Rn. 46; *Britz*, EuGRZ 2009, 1, 8; *Greve*, in: Franzius et al., FS Kloepfer, 665, 676 f. („wachsende Bedeutung"); *Jarass*, GRCh, Art. 51 Rn. 37; *ders.*, ZEuP 2017, 310, 332 f.; *Kainer*, NZA 2018, 894, 898, 900; *Kingreen*, in: Calliess/Ruffert, EUV/AEUV, Art. 8 GRCh, Rn. 13; *Knebel*, Drittwirkung, S. 90; *Krumm*, Videoüberwachung, S. 83 ff. *Pache*, in: Preis/Sagan, Arbeitsrecht, § 3 Rn. 30, 32 (Drittwirkung, unabhängig davon, ob unmittelbar oder mittelbar); *Roßnagel*, NJW 2019, 1, 3; *Schmitz*, Beschäftigtendatenschutz, S. 102, 104; *Schwerdtfeger*, in: Meyer/Hölscheidt, GRCh, Art. 51 GRCh, Rn. 57 ff.; *Streinz/Michl*, EuZW 2011, 384, 387; aA *DSB Österreich*, Besch. v. 07.03.2019, DSB-D130.033/0003-DSB/2019 (Horizontalwirkung des Art. 8 Abs. 1 GRCh), https://tinyurl.com/y6mbfwc3; *Singer/Beck*, Jura 2019, 125, 130; wohl auch *von Danwitz*, DuD 2015, 581, 584 f.; *Schlachter*, ZESAR 2019, 53, 58 (Rekurs auf EuGH, Urt. v. 06.11.2018, C-569/16, C-570/16, Rn. 90 f., NZA 2018, 1467 [bezogen auf Art. 31 Abs. 2 GRCh]).

116 BVerfG, Beschl. v. 06.11.2019 – 1 BvR 276/17, Rn. 97, EuZW 2019, 1035 – Recht auf Vergessen II („Die Grundrechte der Charta können einzelfallbezogen in das Privatrecht hineinwirken").

### (1) Grundsatz: Maßgeblichkeit der nationalen Grundrechte

Nach dem BVerfG und Teilen der Literatur sollen im Rahmen der Spezifizierungsklauseln grundsätzlich die nationalen Grundrechte maßgeblich sein, insbesondere das allgemeine Persönlichkeitsrecht in Form der informationellen Selbstbestimmung nach Art. 2 Abs. 1 i. V. m. Art. 1 Abs. 1 GG, wenn es sich bei der innerstaatlichen Anwendung um kein unionsrechtlich vollvereinheitlichtes Recht handele.[117] Solange den Mitgliedstaaten demnach ein Umsetzungsspielraum verbleibt, ist nach Ansicht des BVerfG das deutsche Grundgesetz der Maßstab der Überprüfung, wobei jedoch die Unionsgrundrechte bei der Auslegung des Grundgesetzes mit zu berücksichtigen seien. Es bestehe eine Vermutung dafür, dass die deutschen Grundrechte den Schutzgehalt der europäischen Grundrechte mit gewährleiste.[118] Nur wenn konkrete und hinreichende Anhaltspunkte bestehen, dass der Schutz des Grundgesetzes nicht dem Schutzstandard des GRCH entspricht, erfolge auch die Prüfung der Unionsgrundrechte.

Begründet wird dies vom BVerfG unter anderem damit, dass es in diesen Fällen regelmäßig nicht auf eine Einheitlichkeit des Grundrechtsschutzes ankommt und das Schutzniveau der Unionsgrundrechte bei der Anwendung der Grundrechte des Grundgesetzes mit gewährleistet sei. Da Art. 88 Abs. 1 DSGVO die Möglichkeit zulässt, spezifischere nationale Vorschriften zu erlassen, würde wohl nach Ansicht des BVerfG kein vollvereinheitlichtes Recht vorliegen und damit der Maßstab der nationalen Grundrechte zugrunde zu legen sein.

### (2) Nebeneinander von nationalen und europäischen Grundrechten

Eine zweite Ansicht, die der Ansicht des BVerfG sehr nahe ist und die wohl auch der EuGH vertritt, möchte die nationalen sowie die europäischen Grundrechte kumulativ anwenden.[119] Dies bedeutet, dass im Rahmen der Spezifizierungsklau-

---

117 Seit BVerfG, Urt. v. 15.12.1983 – 1 BvR 209/83 u. a., BVerfGE 65, 1, 43ff, NJW 1984, 419, NJW 2017, 3069; BVerfG, Beschl. v. 06.11.2019 – 1 BvR 16/13 u. 1 BvR 276/17, GRUR 2020, 74, EuZW 2019, 1035 – Recht auf Vergessen I u. II (Besprechung bei *Hoffmann*, NVwZ 2020, 33 ff. u. *Wendel*, JZ 2020, 157 ff.); *Dochow*, GesR 2016, 401, 402; *Bäcker*, in: Maschmann, Beschäftigtendatenschutz, 15, 43; *Everling*, EuR 1990, 195, 212 (bezogen auf eine Richtlinie); *Heuschmid*, SR 2019, 1, 7; *Kort*, NZA-Beilage 2016, 62, 66; *Nolte*, in: Gierschmann et al., Art. 88 Rn. 34; *Roßnagel*, NJW 2019, 1; *Seifert*, in: Simitis et al., Datenschutzrecht, Art. 88 Rn. 219 (bezogen auf das BGB); *von Lewinski*, DuD 2012, 564, 568; wohl auch *Bretthauer*, in: Specht/Mantz, Datenschutzrecht, § 2 Rn. 52; *Schmitz*, Beschäftigtendatenschutz, S. 444.

118 BVerfG, Beschl. v. 06.11.2019 – 1 BvR 16/13, JZ 2020, 189, 190 ff., Rn. 41 ff. – Recht auf Vergessen I; *Wendel*, JZ 2020, 157, 161 („Mitgewährleistungsvermutung").

119 EuGH, Urt. v. 26.02.2013 – C-617/10, Rn. 16 ff., 29, NJW 2013, 1415 – Fransson; OLG Köln, Beschl. v. 18.06.2018 – 15 W 27/18, Rn. 7, ZD 2018, 434 m. Anm. Hoeren; *Albrecht/Janson*, CR 2016, 500, 505; *Assion/Nolte/Veil*, in: Gierschmann et al., Art. 6 Rn. 140 (Berücksichtigung der „Wertmaßstäbe der Grundrechtecharta"); *Britz*, EuGRZ 2009, 1, 5 („Prinzip des Höchststandards"); *Greve*, NVwZ 2017, 737, 744;

seln sowohl die Grundrechte des Unionsrechts als auch die deutschen Grundrechte nebeneinander zur Anwendung kommen. Dabei soll im Ergebnis der strengere Grundrechtsstandard zur Anwendung kommen. Findet die DSGVO unmittelbare Anwendung, so müssten allerdings die deutschen Grundrechte unangewendet bleiben und nur die europäischen Grundrechte zum Tragen kommen.

### (3) Maßgeblichkeit der europäischen Grundrechte

Andere Autoren gehen von der Maßgeblichkeit der europäischen Grundrechte aus, da durch die Umsetzung der Spezifizierungsklauseln europäisches Recht *„durchgesetzt wird“* i. S. d. Art. 51 Abs. 1 S. 1 Var. 1 GRCh.[120] Begründet wird dies damit, dass der EuGH in Bezug auf eine Richtlinie entschieden hat, dass die Mitgliedstaaten verpflichtet sind, die GRCh einzuhalten, wenn sie Vorschriften aufgrund der Richtlinie umsetzen. Dasselbe muss erst recht für eine Verordnung gelten. Zudem bedeute dies im Ergebnis keinen Unterschied, da sowohl GRCh als auch GG vergleichbar seien und somit keine Absenkung des Schutzniveaus gegeben ist. Hierfür kann auf einen Beschluss des VG Wiesbaden hingewiesen werden, die diese Ansicht bestätigt. Nach Ansicht des Gerichts gewähren die Art. 2 Abs. 1 i. V. m. Art. 1 Abs. 1 GG keinen über die GRCh hinausgehenden Grundrechtsschutz (insb. Art. 7, 8 GRCh) gewähren, sodass nach Ansicht des Gerichts im Ergebnis der gleiche Grundrechtsschutz in diesem Bereich gewährleistet wird.[121]

*Franzen* geht bei der Spezifizierungsklausel des Art. 88 DSGVO davon aus, dass die Umsetzung dieser Klausel einer Richtlinie ähnelt und gerade keine Geltungsbereichsausnahme darstellt. Für die Umsetzung einer EU-Richtlinie sei

---

*Hildebrand*, ZUM 2018, 585, 589; *Krumm*, Videoüberwachung, S. 58 ff.; *Kühling/Martini et al.*, DSGVO, S. 289; *Lindner*, EuZW 2007, 71, 73; *Piltz*, BDSG, Einleitung, Rn. 9; *Pötters/Schmidt*, in: Preis/Sagan, Arbeitsrecht, § 11 Rn. 51; *Sobotta*, in: Grabitz et al., Recht der EU, 78. EL, Art. 16 AEUV, Rn. 15; *Streinz/Michl*, EuZW 2011, 384, 386; *Thym*, NVwZ 2013, 889ff; wohl auch *Conrad*, in: Auer-Reinsdorff/Conrad, IT- und Datenschutzrecht, § 34 Rn. 18; *Nolte*, in: Gierschmann et al., Art. 88 Rn. 34; ähnlich *Wybitul*, in: Kiel et al., MHA, § 96 Rn. 18 („im Lichte des Rechts auf informationelle Selbstbestimmung“).

120 *Ehmann/Selmayr*, in: Ehmann/Selmayr, Vorwort; *Franzen*, ZfA 2019, 18, 23; *Pötters/Schmidt*, in: Preis/Sagan, Arbeitsrecht, § 11 Rn. 51; *Rengeling/Szczekalla*, GRCh, Rn. 308 ff.; *Schwerdtfeger*, in: Meyer/Hölscheidt, GRCh, Art. 51 GRCh, Rn. 48; *Seifert*, in: Simitis et al., Datenschutzrecht, Art. 88 Rn. 32 (unter Rekurs auf EuGH, Urt. v. 26.02.2013 – C-617/10, NJW 2013, 1415 f. – Fransson; EuGH, Urt. v. 26.09.2013 – C-195/12, NVwZ 2013, 1468 – IBV); wohl auch *Heckmann/Scheurer*, in: Heckmann/Paschke, Internetrecht, Kap. 9, Rn. 46; *Klement*, JZ 2017, 161, 165, 168 („abschließender Charakter der DSGVO“); *Poll*, Unternehmensgruppen, S. 427; *Scheurer*, Spielerisch selbstbestimmt, S. 79 f.

121 VG Wiesbaden, Beschl. v. 21.08.2019 – 6 L 807/19.W, Rn. 24, ZD 2020, 215.

dann auch die GRCh maßgeblich, sodass dies auch auf Art. 88 DSGVO übertragen werden könne.[122]

### (4) Stellungnahme

Vorzugswürdig ist es, die Grundrechte des Unionsrechts neben den deutschen Grundrechten anzuwenden. Ebenso müssen auch die Vorgaben der EMRK beachtet werden, deren Wertungen ebenfalls in die Grundrechtsabwägung einfließen.[123] Für diese Ansicht spricht vor allem die Gewährleistung eines einheitlichen europäischen Grundrechtsstandards in der EU und ihren Mitgliedstaaten.[124] Die Mitgliedstaaten setzen durch Art. 88 DSGVO Umsetzungsspielräume einer Verordnung i. S. d. Art. 288 Abs. 2 AEUV um, sodass es geboten ist, für die Auslegung des Umsetzungsgesetzes stets die europäischen Grundrechte zugrunde zu legen. Durch die Umsetzung von europäischen Recht hat der deutsche Gesetzgeber Unionsrecht i. S. d. Art. 51 Abs. 1 S. 1 GRCh durchgeführt, da diese Umsetzung im Geltungsbereich des Unionsrecht vorgenommen wird.[125] Art. 88 Abs. 1 DSGVO erlaubt es den Mitgliedstaaten ausdrücklich, im Bereich des Beschäftigtendatenschutz spezifischere Vorschriften zu erlassen. Damit fallen alle Vorschriften, die aufgrund von Art. 88 DSGVO erlassen werden, unter den Begriff der „*Durchführung des Rechts der Union*“ i. S. d. Art. 51 Abs. 1 S. 1 GRCh. Auch wenn die DSGVO Spezifizierungsklauseln zulässt, geht der europäische gesetzgeberische Wille dahin, dass eine Harmonisierung in der Europäischen Union erzielt werden sollte. Um dies zu erreichen, bedarf es einer einheitlichen Auslegung der Normen. Ein Nebeneinander von nationalen und europäischen Grundrechten ist unschädlich und wird wohl vom EuGH zugelassen.[126] Die GRCh, die aufgrund Art. 6 Abs. 1 Hs. 2 EUV als Teil des Primärrechts anzusehen ist und damit der DSGVO grundsätzlich vorgeht[127], ist sowohl im Rahmen der Umsetzung der Spezifizierungsklauseln als auch bei der Auslegung der DSGVO selbst zu beachten. Dies entspricht auch der Rechtsprechung des EuGH. Dieser hat entschieden, „*dass die in der Unionsrechtsordnung garantierten Grundrechte in allen unionsrechtlich geregelten Fallgestaltungen, aber nicht außerhalb derselben Anwendung finden*“.[128] Maßgeblich soll aufgrund des Anwendungsvorrangs demnach die GRCh sein, wobei auch die nationalen Grundrechte von Beachtung

---

122 *Franzen*, ZfA 2019, 18, 23; zustimmend VGH München, Beschl. v. 21.05.2019 – 17 P 18.2581, Rn. 51, BeckRS 2019, 15935.

123 EuGH (Kokott), Gutachten vom 18.12.2014 – C-2/13, BeckRS 2015, 80256, Rn. 179; BVerfG, Beschl. v. 06.11.2019 – 1 BvR 16/13, Rn. 58, GRUR 2020, 74 – Recht auf Vergessen I; *Albrecht/Janson*, CR 2016, 500, 507.

124 *Albrecht/Janson*, CR 2016, 500, 505 f.

125 Ebenso *Albrecht/Janson*, CR 2016, 500, 504 ff.; *Ziebarth/Elsaß*, ZUM 2018, 578, 583.

126 EuGH, Urt. v. 26.02.2013, C-617/10, Rn. 29, EuZW 2013, 302 – Fransson.

127 *Jarass*, EuR 2013, 29, 33; *Riesenhuber*, in: Riesenhuber, Methodenlehre, § 10 Rn. 29; *Sagan*, in: Preis/Sagan, Arbeitsrecht, § 1 Rn. 27.

128 EuGH, Urt. v. 26.02.2013, C-617/10, Rn. 19, EuZW 2013, 302 – Fransson.

sind (sog. Doppelgeltung).[129] Für das Nebeneinander der Grundrechtsordnungen spricht auch ErwG 41 S. 1 Hs. 2, wonach die „*Anforderungen gemäß der Verfassungsordnung des betreffenden Mitgliedstaats*“ unberührt bleiben.

Als weiteres Argument kann Art. 53 GRCh herangezogen werden. Hiernach wird das Schutzniveau, welches durch die Union, die Mitgliedstaaten und das Völkerrecht vorgegeben wird, anerkannt. Daraus wird der Schluss gezogen, dass die nationalen Grundrechte als „*Schutzverstärkung*“ für die europäischen Grundrechte heranzuziehen sind.[130] Auch bestimmt Art. 52 Abs. 4 GRCh, dass die europäischen Grundrechte im Einklang mit den nationalen Verfassungen auszulegen sind. Art. 52 Abs. 6 GRCh besagt, dass „*den einzelstaatlichen Rechtsvorschriften und Gepflogenheiten im vollem Umfang Rechnung zu tragen*“ ist. Aus diesen Vorschriften der GRCh lässt sich ableiten, dass die Wertungen der nationalen Verfassungen in die Auslegung der Unionsgrundrechte einzubeziehen und zu beachten sind. Daher spricht einiges dafür, eine parallele Anwendung der Unionsgrundrechte und der Grundrechte des Grundgesetzes anzunehmen. Für den Arbeitgeber streiten insbesondere die unternehmerische Freiheit nach Art. 16 GRCh bzw. Art. 12 GG, die Eigentumsfreiheit nach Art. 17 GRCh bzw. Art. 14 GG sowie die Grundfreiheiten, während sich der Bewerber insbesondere auf sein Recht auf Schutz personenbezogener Daten nach Art. 8 GRCh bzw. Art. 2 Abs. 1 i. V. m. Art. 1 Abs. 1 GG berufen kann.[131]

## b. Unionskonforme Auslegung

Unter der Geltung der DSGVO werden Stimmen laut, die den Begriff der Erforderlichkeit unionskonform auslegen wollen. Es soll gerade keine Interessenabwägung mehr stattfinden.[132] Denn ausgehend vom Grundsatz der Vollharmonisierung würde die Einführung einer Verhältnismäßigkeitsprüfung eine Abweichung nach oben bedeuten und somit diesem Grundsatz zuwiderlaufen. Eine Interessenabwägung erfolge lediglich in Art. 6 Abs. 1 S. 1 lit. f DSGVO, der ausdrücklich darauf Bezug nimmt, dass die berechtigten Interessen des Verantwortlichen mit den Interessen der betroffenen Person abzuwägen sind. Weder Art. 88 DSGVO noch die DSGVO sehen eine derartige Verhältnismäßigkeitsprüfung vor. Nach *Düwell/Brink* sei das Abstellen auf eine praktische Konkordanz zudem bedenklich, da das Tatbestandsmerkmal der Erforderlichkeit nicht mehr nach nationalen, sondern allein nach europarechtlichen Grundsätzen auszulegen sei. Das Verhältnismäßigkeitsprinzip, welches aus dem Rechtsstaatsprinzip nach Art. 20 Abs. 3, Art. 28 Abs. 1 S. 1 GG hergeleitet wird, bindet in erster Linie nur

---

129 *Thym*, NVwZ 2013, 889, 894.

130 *Krumm*, Videoüberwachung, S. 58.

131 *Pötters/Schmidt*, in: Preis/Sagan, Arbeitsrecht, § 11 Rn. 51; *Wybitul*, in: Kiel et al., MHA, § 96 Rn. 9.

132 *Düwell/Brink*, NZA 2017, 1081, 1084; wohl auch *Hansen-Oest*, Dürfen Arbeitgeber den Führerschein von Beschäftigten kopieren?, https://tinyurl.com/y23wm3my; *Schwarz*, ZD 2018, 353, 354; *Velten/Diegel*, FA 2018, 2.

die öffentlichen Stellen. Die Unterwerfung von nicht-öffentlichen Stellen wäre nach Ansicht der Autoren *„hoch problematisch“*. Auch *Seifert* geht von einer konzeptionellen Änderung aus, sodass nicht mehr auf das berechtigte Interesse des Arbeitgebers abgestellt werden kann, sondern nun die Erforderlichkeit für die Begründung des Beschäftigungsverhältnisses maßgeblich ist.[133] Nach *Lachenmann* bezieht sich das Merkmal der Erforderlichkeit des § 26 Abs. 1 S. 1 BDSG auf den Maßstabsrahmen, der der DSGVO zugrunde liegt.[134]

### c. Stellungnahme

§ 26 Abs. 1 S. 1 BDSG ist aufgrund seiner Europarechtswidrigkeit nur noch für die Datenverarbeitungen anwendbar, die sich im Anwendungsbereich des § 26 Abs. 7 BDSG bewegen, d. h. bei der Verarbeitung personenbezogener Daten, die nicht in einem Dateisystem gespeichert sind oder gespeichert werden sollen. Aus diesem Grund gelten für diese Datenverarbeitungen die vom BAG herausgearbeiteten Grundsätze (vgl. Vierter Teil, § 16, E., IV., 2., a.). Bezogen auf die Bewerbungsphase dürfen alle personenbezogenen Daten des Bewerbers durch den zukünftigen Arbeitgeber verarbeitet werden, die für die Begründung des Beschäftigungsverhältnisses erforderlich sind.

## 3. Offenbarungspflicht des Bewerbers

Das BAG hat schon früh erkannt, dass der Bewerber von sich aus Informationen dem zukünftigen Arbeitgeber mitteilen muss, wenn *„die betreffenden Umstände entweder dem Bewerber die Erfüllung seiner vorgesehenen arbeitsvertraglichen Leistungspflicht von vornherein unmöglich machen oder für die Eignung für den in Betracht kommenden Arbeitsplatz von ausschlaggebender Bedeutung sind“*.[135] Diese Pflicht folgt aus dem vorvertraglichen Schuldverhältnis. Da der Offenbarungspflicht *„kein unmittelbarer Datenschutzaspekt“* innewohnt, soll dieser Aspekt vorliegend nicht näher vertieft werden. Die Offenbarungspflicht kann nach *Gola* als *„Spiegelbild des Fragerechts“* angesehen werden.[136]

---

133 *Seifert*, in: Simitis et al., Datenschutzrecht, Art. 88 Rn. 78.

134 *Lachenmann*, in: Besgen/Prinz, Arbeiten 4.0, § 11 Rn. 21.

135 BAG, Urt. v. 06.09.2012 – 2 AZR 270/11, Rn. 25, NZA 2013, 1087; BAG, Urt. v. 01.08.1985 – 2 AZR 101/83, NZA 1986, 635; *Däubler*, Gläserne Belegschaften, Rn. 228; *Kort*, in: Conrad/Grützmacher, FS Schneider, S. 368, 379; *Krieger*, in: vom Stein et al., Gesundheitsmanagement, § 3 Rn. 1 (Grundsatz: keine Offenbarungspflicht); *Linck*, in: Schaub, Arbeitsrecht, § 26 Rn. 8 f.; *Möhren*, in: Hümmerich et al., Arbeitsrecht, § 3 Rn. 31 ff.

136 *Gola*, Beschäftigtendatenschutz, Rn. 563; ähnlich *Temming*, in: Preis/Temming, Individualarbeitsrecht, Rn. 775.

## F. Voraussetzungen des Art. 6 Abs. 1 S. 1 lit. b Var. 2 DSGVO

Art. 6 Abs. 1 S. 1 lit. b Var. 2 DSGVO stellt nach der Entscheidung des EuGH und vor Erlass eines etwaigen deutschen Beschäftigtendatenschutzgesetzes die zentrale Erlaubnisnorm für die Verarbeitung der personenbezogenen Bewerberdaten dar. Nach Art. 6 Abs. 1 S. 1 lit. b Var. 2 DSGVO ist die Verarbeitung der Daten unter anderem rechtmäßig, wenn die Verarbeitung zur Durchführung vorvertraglicher Maßnahmen erforderlich ist, die auf Anfrage der betroffenen Person erfolgt. Die Erlaubnisnorm setzt demnach zwei Tatbestandsmerkmale voraus. Zunächst muss eine Verarbeitung zum Zwecke einer vorvertraglichen Maßnahme auf Anfrage einer betroffenen Person gegeben sein. Wesentliches Merkmal ist sodann, dass diese Verarbeitung erforderlich ist.

### I. Vorvertragliche Maßnahmen auf Anfrage des Bewerbers

Für das Vorliegen der Erlaubnisnorm bedarf es zunächst der Durchführung vorvertraglicher Maßnahmen. Auch Art. 7 lit. b DSRL enthielt eine ähnliche Formulierung. Danach verstand man unter einer vorvertraglichen Maßnahme die Situation vor der Schaffung eines Vertragsverhältnisses bzw. wenn eine vertragliche Bindung der betroffenen Person noch nicht gegeben war.[137] Man wollte erreichen, dass die Verarbeitungen im Vorfelde eines Vertragsschlusses ebenfalls in den Anwendungsbereich der Erlaubnisnorm gefasst werden. Allerdings wurde in der Literatur gefordert, dass der Abschluss eines Vertrages beabsichtigt war bzw. der Vertrag vor dem Abschluss stand.[138]

Die Formulierung des Art. 6 Abs. 1 S. 1 lit. b Var. 2 DSGVO macht deutlich, dass die vorvertragliche Beziehung zwischen dem Arbeitgeber und dem Bewerber unter diese Alternative fällt.[139] Die Aufnahme von Vertragsverhandlungen mit dem Bewerber stellt ein gesetzliches Schuldverhältnis nach § 311 Abs. 2 BGB dar, welches auch als Anbahnungsverhältnis bezeichnet wird.[140] Für die Durchführung vorvertraglicher Maßnahmen ist es notwendig, dass dies auf „*Anfrage*" des Bewerbers erfolgt. In Art. 7 lit. b DSRL wurde noch den Begriff des „*Antrags*" verwendet. *Dammann/Simitis* deuteten den Begriff des Antrags im Sinne von „*auf Wunsch oder Initiative der betroffenen Person*".[141] Inhaltliche Änderungen sind mit dieser unterschiedlichen Wortwahl allerdings nicht verbunden, da in der englischen Sprachfassung des Art. 7 lit. b DSRL und Art. 6 Abs. 1 S. 1 lit. b Var. 2 DSGVO jeweils der Begriff „*at the request of*" verwendet wurde bzw. wird. Nach *Heberlein* macht die Verwendung des Wortes „*Anfrage*"

137 *Dammann/Simitis*, Art. 7 Erl. 6; *Ehmann/Helfrich*, Art. 7 Rn. 18.
138 *Ehmann/Helfrich*, Art. 7 Rn. 20.
139 *Gola*, RDV 2017, 25, 27 („Anbahnungsverhältnis"); *Gola/Thüsing/Schmidt*, DuD 2017, 244, 245.
140 *Gola*, Beschäftigtendatenschutz, Rn. 1479; *Mesch/Folkerts*, ZD 2021, 252, 253.
141 *Dammann/Simitis*, Art. 7 Erl. 6.

deutlich, dass es keines förmlichen Antrages bedarf.[142] Nach Ansicht von *Plath/Struck* ist der Begriff *„auf Anfrage“* weit zu verstehen, sodass es gerade nicht einer hinreichend bestimmten Willenserklärung i. S. d. § 145 BGB bedarf.[143] ErwG 44 lässt es ausreichen, dass die Verarbeitung für *„den geplanten Abschluss eines Vertrages erforderlich ist“*. Unerheblich ist damit, ob ein Vertragsschluss überhaupt zustande kommt.[144]

Der europäische Gesetzgeber verdeutlicht, dass es nicht ausreichend ist, wenn die Verarbeitung auf Initiative des Verantwortlichen erfolgt. Background-Checks des Arbeitgebers im Vorfelde einer Bewerbung können damit nicht auf die Erlaubnisnorm des Art. 6 Abs. 1 S. 1 lit. b Var. 2 DSGVO gestützt werden, da noch keine Anfrage des Bewerbers vorliegt. Erforderlich ist vielmehr, dass der Bewerber einen Anlass zu dieser Verarbeitung gegeben hat.[145] Nach dem LAG Düsseldorf strecke sich das Merkmal auf jegliche der vom Betroffenen gewünschten Einstellungsentscheidung dienende Datenverarbeitung. Mit der eigenen Bewerbung setze der Betroffene den Auswahlprozess in Gang und hat damit die i. S. v. Art. 6 Abs. 1 S. 1 lit. b DSGVO erforderliche Eigeninitiative an den Tag gelegt.[146] Ohne aktive Bewerbung ist die Erlaubnisnorm nicht erfüllt.

Nach *Gola* zielt Art. 6 Abs. 1 S. 1 lit. b Var. 2 DSGVO nur auf die Initiativbewerbung ab (zum Begriff der Initiativbewerbung Erster Teil, § 3).[147] Dem ist jedoch nicht zuzustimmen. Ausreichend ist es, wenn der Arbeitgeber eine Stellenausschreibung schaltet und der Bewerber sich auf diese Ausschreibung bewirbt. Denn der Bewerber bewirbt sich auf seine Initiative hin und die Verarbeitung dieser Daten ist als vorvertragliche Maßnahme anzusehen, da diese Verarbeitung dem geplanten Abschluss eines Vertrages dient. Nach Sinn und Zweck dieser Regelung sind reine proaktive Handlungen des Arbeitgebers nicht unter diese Erlaubnisnorm zu subsumieren. Sobald jedoch der Anfragende bewusst eine Handlung vorgenommen hat bzw. dies auf seine Veranlassung hin geschieht, so können diese Daten verarbeitet werden.

Die Frage, ob sich nur der Arbeitgeber, der in einer vorvertraglichen Beziehung zu dem Bewerber befindet, auf die Erlaubnisnorm des Art. 6 Abs. 1 S. 1 lit. b Var. 2 DSGVO berufen kann, wurde bereits im Rahmen des § 26 BDSG geführt. Nach der hier vertretenen Auffassung kann sich jede Partei auf die Vorschrift des Art. 6 Abs. 1 S. 1 lit. b Var. 2 DSGVO stützen, soweit dies für die Durchführung vorvertraglicher Maßnahmen erforderlich ist (vgl. Vierter Teil, § 16, E., I.).

142 *Heberlein*, in: Ehmann/Selmayr, Art. 6 Rn. 27.

143 *Plath/Struck*, in: Plath, Art. 6 DSGVO, Rn. 13.

144 *Klar*, BB 2019, 2243, 2248; *Mantz/Marosi*, in: Specht/Mantz, Datenschutzrecht, § 3 Rn. 59.

145 *Bissels/Ziegelmayer/Kiehn*, BB 2013, 2869, 2870; *Göpfert/Dußmann*, NZA-Beilage 2016, 41, 43; *Kainer/Weber*, BB 2017, 2740, 2743; *Lepperhoff/Ermola*, RDV 2018, 260.

146 LAG Düsseldorf, Urt. v. 10.04.2024 – 12 Sa 1007/23, Rn. 160, BeckRS 2024, 14078.

147 *Gola*, NZA 2019, 654, 655; *ders.*, Beschäftigtendatenschutz, Rn. 1491.

## II. Erforderlichkeit

Die Verarbeitung muss zur Durchführung der vorvertraglichen Maßnahmen „*erforderlich*“ sein. Der Begriff der Erforderlichkeit wird in der DSGVO nicht definiert. Der Begriff zeichnet sich gerade durch seine Unbestimmtheit aus und bedarf demnach einer europarechtskonformen Auslegung.[148] Für Konkretisierung des Begriffs soll nach *Pötters/Schmid* eine primärrechtskonforme Auslegung von besonderer Bedeutung sein.[149] Teilweise wird auch davon ausgegangen, dass die Kriterien der Erforderlichkeit für DSRL, BDSG und DSGVO die gleichen sind.[150] Nach deutschem Verständnis stellt der Begriff der Erforderlichkeit, neben der Geeignetheit und der Angemessenheit, die zweite von drei notwendigen Prüfungsschritten bei der Verhältnismäßigkeitsprüfung dar.[151] Im Folgenden soll ein Überblick über den Meinungsstand gegeben werden, wie der Begriff der Erforderlichkeit auszulegen ist.

### 1. Meinungsstand

*Schwarz* geht mit Blick auf den ErwG 47 davon aus, dass der Begriff der Erforderlichkeit vor dem Hintergrund des Wegfalls der Privilegierung von Daten aus „*allgemein zugänglichen Quellen*“ nach § 28 Abs. 1 S. 1 Nr. 3 BDSG a. F. neu aufgerollt werden müsse. Der Arbeitgeber binde sich teils jahrelang an einen Arbeitnehmer, sodass eine Abwägung stattzufinden habe. Hiernach muss ein Gleichklang mit dem Fragerecht des Arbeitgebers erfolgen.[152]

Andere Stimmen in der datenschutzrechtlichen Literatur nehmen an, dass der Begriff der „*Erforderlichkeit*“ in Art. 6 Abs. 1 S. 1 lit. b DSGVO weniger strikt auszulegen sei, als die Begriffe der Erforderlichkeit in den Alternativen der Art. 6 Abs. 1 S. 1 lit. c bis f DSGVO.[153] Gerade die Frage der Erforderlichkeit für Zwecke des Beschäftigungsverhältnisses sei eine andere als die Erforderlichkeit zur Wahrung der berechtigten Interessen nach Art. 6 Abs. 1 S. 1 lit. f DSGVO.

Weitere Stimmen in der Literatur gehen davon aus, dass Erforderlichkeit nur dann vorliegt, wenn sie für die Erfüllung der konkreten Vertragszwecke „*notwendig*“ und nicht nur nützlich ist.[154] Auch der EuGH geht davon aus, dass die

---

148 *Rüpke*, in: Rüpke et al., Datenschutzrecht, § 12 Rn. 21 („offener Begriff“).

149 *Pötters/Schmidt*, in: Preis/Sagan, Arbeitsrecht, § 11 Rn. 43 (bezugnehmend auf EuGH, Urt. v. 16.12.2008 – C-524/06, Rn. 52 ff., Slg. 2008, I-9705, MMR 2009, 171 – Huber).

150 *Gola/Thüsing/Schmidt*, DuD 2017, 244, 245.

151 Zutreffend *Hamann/Haußmann*, in: Arnold/Günther, Arbeitsrecht 4.0, Kap. 6 Rn. 67.

152 *Schwarz*, ArbRAktuell 2018, 514, 515; *dies.*, ZD 2018, 353, 354.

153 *Kramer*, in: Auernhammer, Art. 6 DSGVO, Rn. 43 ff.; *Rüpke*, in: Rüpke et al., Datenschutzrecht, § 12 Rn. 23 m. w. N.; *Tribess*, GWR 2019, 134.

154 *Asgari*, DB 2017, 1325; *Eisenschmid*, NZM 2019, 313, 318 (Grundsatz „nice to have“ reicht nicht); *Heberlein*, in: Ehmann/Selmayr, Art. 6 Rn. 25; *Kremer*, CR 2019, 676, 687; *Nebel*, K&R 2019, 148, 150; *Taeger*, in: Taeger/Gabel, Art. 6 DSGVO, Rn. 57; aA *Diercks*, zfm 2019, 97, 103; *Frenzel*, in: Paal/Pauly, Art. 6 DSGVO, Rn. 14.

Erforderlichkeit auf das *„absolut Notwendige“* beschränkt werden müsse.[155] Das Gericht hat zu Art. 7 lit. e DSRL zum Begriff der Erforderlichkeit Folgendes ausgeführt: *„Es handelt sich […] um einen autonomen Begriff des Gemeinschaftsrechts, der so auszulegen ist, dass er in vollem Umfang dem Ziel dieser Richtlinie, so wie es in ihrem Art. 1 Abs. 1 definiert wird, entspricht.“*[156] Unter der DSGVO vertritt der EuGH, dass die Verarbeitung objektiv unerlässlich sein muss, um einen Zweck zu verwirklichen, der notwendiger Bestandteil der Vertragsleistung ist, die für die betroffene Person bestimmt ist. Der Verantwortliche muss nachweisen können, inwiefern der Hauptgegenstand des Vertrags ohne die betreffende Verarbeitung nicht erfüllt werden könnte. Der etwaige Umstand, dass eine solche Verarbeitung im Vertrag erwähnt wird oder für dessen Erfüllung lediglich von Nutzen ist, sei insoweit für sich genommen unerheblich. Entscheidend sei, dass die Verarbeitung personenbezogener Daten durch den Verantwortlichen für die ordnungsgemäße Erfüllung des zwischen ihm und der betroffenen Person geschlossenen Vertrags wesentlich ist und dass daher keine praktikablen und weniger einschneidenden Alternativen bestehen.[157]

*Eisenschmid* vertritt die Ansicht, dass die Wertentscheidung des Gesetzgebers beachtet werden müsse, die Verarbeitung personenbezogener Daten grundsätzlich zu untersagen.[158] Nach *Albers/Veit* ist die *„Erforderlichkeit“*, auch wenn es ein Anknüpfungspunkt für das Verhältnismäßigkeitsprinzip sein kann, ein datenschutzrechtliches Regelungselement. Als solches ergänze sie die Bindung an festgelegte Zwecke. Bezugspunkt der Erforderlichkeit sei der näher festgelegte Verarbeitungs- und Verwendungszweck i. S. d. Art. 5 Abs. 1 lit. b DSGVO.[159]

*Spindler/Dalby* sind der Ansicht, dass die Verarbeitungen dann erforderlich sind, wenn sie einen *„engen Sachzusammenhang zum Vertragszweck aufweisen und für dessen Erreichung notwendig sind“*.[160] Wenn die Verarbeitung auch auf anderem Wege erreicht werden könne, so sei keine Erforderlichkeit der konkreten Datenverarbeitung gegeben.

Nach *Pötters/Rauer* ist im Ergebnis eine Verhältnismäßigkeitsprüfung durchzuführen, sodass die Geeignetheit, die Erforderlichkeit im engeren Sinne und eine abgeschwächte Angemessenheitsprüfung durchzuführen sei, wobei die Grundrechte und Interessen der betroffenen Person und die Verarbeitungsinteressen

---

155 EuGH, Urt. v. 8.4.2014 – C-293/12 u. C-594/12, Rn. 52 ff., NJW 2014, 2169 – Digital Rights Ireland Ldt.; ebenso *Paul*, GWR 2019, 413, 424; *Wolff*, in: Pechstein et al., Frankfurter Kommentar, Art. 8 GRCh, Rn. 48.

156 EuGH, Urt. v. 16.12.2008 – C-524/06, Rn. 52, Slg. 2008, I-9705, MMR 2009, 171 – Huber.

157 EuGH, Urt. v. 04.07.2023 – C-252/21, Rn. 97 ff., GRUR 2023, 1131.

158 *Eisenschmid*, NZM 2019, 313, 318.

159 *Albers/Veit*, in: BeckOK DatenSR, BDSG, 48. Ed. 01.05.2024, § 22 Rn. 20; ähnlich *Brink/Schwab*, in: Wedde, Datenschutz, B., Rn. 149 („unmittelbarer sachlicher Zusammenhang“).

160 *Spindler/Dalby*, in: Spindler/Schuster, Elektron. Medien, DSGVO, Art. 6 Rn. 6.

des Verantwortlichen abzuwägen sind.[161] Auch nach *Breuer* handele es sich um einen *„Ausfluss des Verhältnismäßigkeitsprinzip"*.[162]

Dem tritt *Bock* entgegen, da ein *„Rückgriff auf die staatsrechtliche Verhältnismäßigkeitsprüfung"* ausgeschlossen und eine solche Abwägung nur im Rahmen des Art. 6 Abs. 1 S. 1 lit. f DSGVO vorzunehmen ist, der ausdrücklich eine solche Abwägungsregel normiert.[163]

Dem schließen sich im Grundsatz *Mantz/Marosi* an. Sie gehen davon aus, dass die Erforderlichkeit gegeben ist, wenn sie nicht nur für den Zweck förderlich ist, sondern, *„wenn darüber hinaus keine sinnvolle oder zumutbare Alternative besteht, den Zweck durch die konkrete Verarbeitung zu erreichen"*.[164] Damit das Merkmal nicht verwässert, müsse die Erforderlichkeit eng und objektiv ausgelegt werden. Ohne die Datenverarbeitung könne der Vertragszweck nicht oder nur unwirtschaftlich umgesetzt werden. Dies soll deshalb gelten, um sie von anderen Erlaubnisvorschriften und der Einwilligung abzugrenzen. Denn ansonsten würde die Vorschrift ihre Wirkung verlieren. Maßstab der Erforderlichkeit ist damit immer der mit der Verarbeitung verfolgte Zweck.[165] Die Erforderlichkeit sei durch den Grundsatz der Datenminimierung nach Art. 5 Abs. 1 lit. c DSGVO konkretisiert.[166] Dabei soll die Zumutbarkeit für den Verantwortlichen sowie die Qualität des Vertragsverhältnisses von Bedeutung sein. Die Erforderlichkeit sei gerade nicht im Sinne einer strikten Verhältnismäßigkeitsprüfung zu verstehen, sodass eine Interessenabwägung gerade nicht erforderlich sei.

Auch nach *Plath/Struck* ist die Erforderlichkeit objektiv zu bestimmen, sodass eine weitere Interessenabwägung entbehrlich sei. Maßgeblich sei die Zweckbestimmung des konkreten Schuldverhältnisses.[167]

---

161 *Pötters/Böhm*, in: Wybitul, DSGVO, Art. 6 Rn. 16; ebenso *Gola/Pötters/Wronka*, Arbeitnehmerdatenschutz, Rn. 545; *Gola/Thüsing/Schmidt*, DuD 2017, 244, 245; *Kramer*, in: Auernhammer, Art. 6 DSGVO, Rn. 44 („kleine Interessenabwägung"); *Xander*, Das liechtensteinische Datenschutzrecht, S. 140 f.

162 *Breuer*, in: Heselhaus/Nowak, Europäische Grundrechte, § 25 Rn. 36.

163 *Bock*, CR 2020, 173, 174; ebenso *DSB Österreich*, Besch. v. 09.04.2019 – DSB-D123.589/0002-DSB/2019, https://tinyurl.com/y2r5oa9o; VG Mainz, Urt. v. 20.02.2020 – 1 K 467/19.MZ, Rn. 27, BeckRS 2020, 5397.

164 *Mantz/Marosi*, in: Specht/Mantz, Datenschutzrecht, § 3 Rn. 54, 58; ebenso *Buchner/Petri*, in: Kühling/Buchner, Art. 6 DSGVO, Rn. 15; *Eckhardt/Riess*, ZD-Aktuell 2018, 06349; *Eisenschmid*, NZM 2019, 313, 320 („objektiv sinnvoll im Kontext der jeweiligen vertraglichen Situation"); *Engelhardt/Riess*, ZD-Aktuell 2018, 06349; *Frenzel*, in: Paal/Pauly, Art. 6 DSGVO, Rn. 9, 14; *Hilber*, in: Hilber et al., Deutsche Tochter, D., Rn. 71; *Wedde*, in: v. d. Bussche/Voigt, Konzerndatenschutz, Teil 3, Kap. 6, Rn. 19.

165 Ebenso *Wagner*, ZD-Aktuell 2018, 06103.

166 *LfDI BW*, Beschäftigtendatenschutz, S. 12 („Der Maßstab der Erforderlichkeit orientiert sich also in erster Linie an der unternehmerischen Entscheidungsfreiheit, die Zwecke des Beschäftigungsverhältnisses zu bestimmen"); *Taeger*, in: Taeger/Gabel, Art. 6 DSGVO, Rn. 57.

167 *Plath/Struck*, in: Plath, Art. 6 DSGVO, Rn. 17.

Dem schließen sich weitere Stimmen in der Literatur an, indem die Erforderlichkeit nicht nach den subjektiven Maßstäben des Arbeitgebers zu bestimmen sei, sondern die Erforderlichkeit objektiv unter Einbeziehung anderer gesetzlicher Erhebungsschranken ausgelegt werden muss.[168] Dadurch erfolge ein *„Brückenschlag zum Arbeitsrecht*". Das, was arbeitsrechtlich untersagt ist, kann nicht erforderlich i. S. d. Datenschutzrechts sein. So dient die Erhebung diskriminierender Daten i. S. d. § 1 AGG keiner rechtmäßigen vorvertraglichen Maßnahme.

Der *Europäische Datenschutzausschuss* bestimmt die Erforderlichkeit insbesondere anhand des Grundsatzes der Datenminimierung nach Art. 5 Abs. 1 lit. c DSGVO.[169] Der Ausschuss stellt auf eine objektive Sichtweise ab, sodass sich die Erforderlichkeit grundsätzlich nicht danach richten darf, was vertraglich vereinbart ist. Es soll vielmehr auf den Hauptzweck des Vertrages abgestellt werden und danach gefragt werden, ob die Datenverarbeitung für die eigentliche Leistung tatsächlich zwingend erforderlich ist.

Auch *Roßnagel* meint, dass sich die Erforderlichkeit maßgeblich durch den zugrundeliegenden Vertragszweck definiert.[170] Bezogen auf das vorvertragliche Stadium der Bewerbungsphase bedeutet dies, dass nur das erforderlich sein kann, was für das konkrete Bewerberverhältnis von Bedeutung ist. Ähnlich argumentiert *Marsch*, wonach nicht auf die Verhältnismäßigkeit abzustellen ist, sondern darauf, dass eine Verknüpfung zwischen der Datenverarbeitung und dem jeweils verfolgten Zweck hergestellt wird.[171]

Der *Europäische Datenschutzbeauftragte* formuliert die Erforderlichkeit folgendermaßen: *„Erforderlichkeit impliziert das Erfordernis einer kombinierten, faktengestützten Bewertung der Wirksamkeit der Maßnahme mit Blick auf das angestrebte Ziel und auf die Frage, ob sie im Vergleich zu anderen Optionen für das Erreichen desselben Ziels weniger eingreifend ist*".[172]

## 2. Stellungnahme

Sowohl in Art. 5 Abs. 1 lit. c DSGVO als auch Art. 6 Abs. 1 Abs. 1 lit. b DSGVO wird in der englischen Sprachfassung der Begriff *„necessary*" verwendet. In der deutschen Übersetzung von Art. 5 Abs. 1 lit. c DSGVO wird hingegen von *„notwendig*" gesprochen. Die Formulierung *„notwendig*" stellt jedoch nur ein Synonym für *„erforderlich*" dar und hilft daher bei der Interpretation der Erforderlichkeit nicht weiter. Art. 52 Abs. 1 GRCh unterscheidet zwischen *„Verhältnismäßigkeit*" und *„erforderlich*". Der Begriff Verhältnismäßigkeit wird in der

168 *Hanloser*, in: Forgó et al., Datenschutz, Teil V, Kap. 1, Rn. 60; *Hilber*, in: Hilber et al., Deutsche Tochter, D., Rn. 71; ähnlich *Taeger*, in: Taeger/Gabel, Art. 6 DSGVO, Rn. 64 („Insofern ist die Feststellung, was erforderlich ist, objektivierbar").

169 *EDSA*, Leitlinien 2/2019, S. 8 f. Zur Kritik *Indenhuck/Britz*, BB 2019, 1091, 1092 ff.

170 *Roßnagel*, in: Roßnagel, Datenschutzrecht, § 3 Rn. 62.

171 *Marsch*, in: Sydow, DSGVO/BDSG, § 4 BDSG Rn. 23, § 24 BDSG, Rn. 10.

172 *EDSB*, Beurteilung der Erforderlichkeit, S. 5.

englischen Sprachfassung mit „*proportionality*“ übersetzt, während der Begriff „*necessary*“ das Pendant zu „*erforderlich*“ darstellt. Dies bedeutet, dass es einen Unterschied zwischen diesen beiden Begrifflichkeiten geben muss.[173] Eine strikte Verhältnismäßigkeitsprüfung vorzunehmen, wie von manchen Stimmen in der Literatur gefordert, ist nicht die Intention des europäischen Gesetzgebers.[174] Wie *Taeger* zutreffend festgestellt hat, geht man bei Art. 6 Abs. 1 S. 1 lit. b DSGVO stillschweigend davon aus, dass die Datenverarbeitung mit den Interessen der betroffenen Person übereinstimmen, da die betroffene Person dieses Schuldverhältnis eingegangen ist und ihr bewusst sein muss, dass Daten benötigt werden.[175] Eine Verhältnismäßigkeitsprüfung ist in erster Linie bei der Durchführung einer hoheitlichen Maßnahme gegenüber einem Privaten erforderlich.[176] Nur in Art. 6 Abs. 1 S. 1 lit. f DSGVO sieht der europäische Gesetzgeber eine solche Interessenabwägung vor, während dies in Art. 6 Abs. 1 S. 1 lit. b DSGVO nicht der Fall ist. Nach ErwG 39 S. 9 sollten „*personenbezogene Daten [...] nur verarbeitet werden dürfen, wenn der Zweck der Verarbeitung nicht in zumutbarer Weise durch andere Mittel erreicht werden kann*“. Auch der EuGH hat in Urteilen zur DSRL für den Erfüllung der Erforderlichkeit darauf abgestellt, ob mildere Mittel vorhanden sind, um den angestrebten Zweck zu erfüllen.[177] Zudem sollen „*sich die Ausnahmen und Einschränkungen in Bezug auf den Schutz der personenbezogenen Daten auf das absolut Notwendige beschränken*“.[178] Nach dem EuGH ist der Begriff der Erforderlichkeit demnach auf das „*absolut Notwendige*“ zu beschränken. Dieser Begriff kann mit der Erforderlichkeit im engeren Sinne verglichen werden, wonach das Mildeste zur Verfügung stehende Mittel eingesetzt werden muss. Durch den Einsatz der Pseudonymisierung und Anonymisierung kann dem Begriff der Erforderlichkeit Rechnung getragen werden, da die Datenverarbeitung auf diese Weise auf das absolut Notwendige beschränkt werden kann.[179]

Der Begriff der Erforderlichkeit ist dabei europarechtlich autonom auszulegen, sodass die Rechtsprechung des BAG nicht ohne Weiteres auf die geltende Rechtslage übertragen werden kann, sondern vielmehr im Einzelfall geprüft werden muss, ob diese Rechtsprechung mit den Vorgaben der DSGVO im Einklang steht.[180] Es muss zudem strikt zwischen der datenschutzrechtlichen Prüfung und der arbeitsrechtlichen Zulässigkeit unterschieden werden.

---

173 Ebenso *EDSB*, Beurteilung der Erforderlichkeit, S. 6.

174 *Taeger*, in: Taeger/Gabel, Art. 6 DSGVO, Rn. 57.

175 *Taeger*, in: Taeger/Gabel, Art. 6 DSGVO, Rn. 60.

176 Zutreffend *Frenzel*, in: Paal/Pauly, Art. 6 DSGVO, Rn. 14.

177 EuGH, Urt. v. 09.11.2010 – C-92/09 u. C-93/09, Rn. 82, 83, ZUR 2011, 139.

178 St. Rspr. EuGH, Urt. v. 04.05.2017 – C-13/16, Rn. 30, BeckRS 2017, 108615 – Rīgas satiksme; EuGH, Urt. v. 21.12.2016 – C-203/15 u. C-698/15, Rn. 96, NJW 2017, 717 – Tele2.

179 *Schmidt*, DuD 2010, 207, 212.

180 *Lachenmann*, in: Besgen/Prinz, Arbeiten 4.0, § 11 Rn. 24; *Selk*, in: Forgó et al., Datenschutz, Teil V, Kap. 3, Rn. 146; *Wünschelbaum*, NZA 2023, 542, 545.

Insgesamt wird dafür plädiert, die Bezeichnung „*Fragerecht des Arbeitgebers*“ im Datenschutzkontext abzuschaffen und die Grundsätze, wenn überhaupt, nur hilfsweise in den Begriff der Erforderlichkeit hineinzulesen.[181] Dies kann dadurch geschehen, dass die Rechtsprechung des BAG im Einzelfall in die Grundsätze nach Art. 5 Abs. 1 DSGVO hineinfließen. Denn Art. 5 Abs. 1 lit. b DSGVO bestimmt, dass nur für festgelegte, eindeutige und „*legitime*“ Zwecke personenbezogene Daten erhoben werden dürfen, während Art. 5 Abs. 1 lit. c DSGVO die Aussage enthält, dass die personenbezogenen Daten dem Zweck angemessen und erheblich sowie für das für die Zwecke der Verarbeitung notwendige Maß beschränkt sein müssen.[182] Der Begriff „*legitim*“ entspricht dem „*berechtigten, billigenswerten und schutzwürdigen Interesse*“, welches das BAG seit jeher fordert. Diese Formulierung findet sich jedoch nicht in der DSGVO, sodass auf die Terminologie der DSGVO abgestellt werden sollte. Wesentliche Anhaltspunkte für die Ausfüllung des Begriffs der Erforderlichkeit finden sich auch in den Erwägungsgründen. Nach ErwG 39 S. 7 „*sollten [die personenbezogenen Daten] für die Zwecke, zu denen sie verarbeitet werden, angemessen und erheblich sowie auf das für die Zwecke ihrer Verarbeitung notwendige Maß beschränkt sein*“. Zudem „*sollten [die personenbezogenen Daten] nur verarbeitet werden dürfen, wenn der Zweck der Verarbeitung nicht in zumutbarer Weise durch andere Mittel erreicht werden kann*“. *Halder/Johanson* schließen daraus, dass die Verarbeitung nur dann als erforderlich anzusehen ist, „*wenn kein milderes, wirtschaftlich gleich effizientes Mittel zur Verfügung steht, das den jeweiligen Zweck mit gleicher Sicherheit zu verwirklichen vermag. Damit liegt die Erforderlichkeit zwischen der Zweckdienlichkeit einerseits und der Unverzichtbarkeit andererseits. Konkret heißt das, dass die Erforderlichkeit auf jeden Fall gegeben ist, wenn es ansonsten absolut unmöglich ist, den Zweck zu erreichen. Hingegen ist es nicht ausreichend, wenn das Datum irgendwie nützlich – im Sinne von nice to have – ist*“.[183] Dem ist zuzustimmen. Die Erwägungsgründe stellen maßgeblich auf die Zumutbarkeit ab und ob der Zweck nicht durch andere Mittel erreicht werden kann. Dies entspricht dem deutschen Verständnis des Begriffs der Erforderlichkeit im engeren Sinne. Gibt es ein milderes Mittel, das den Zweck der Verarbeitung gleich effektiv erfüllt, so muss dieses Mittel eingesetzt werden. Das andere Mittel ist dann nicht als erforderlich anzusehen. Eine Abwägung mit den Interessen der betroffenen Person ist weder in Art. 88 DSGVO noch in Art. 6 Abs. 1 S. 1 lit. b DSGVO vorgesehen. Eine solche Interessenabwägung sieht ausschließlich Art. 6 Abs. 1 S. 1 lit. f DSGVO vor.[184] Da Art. 88 DSGVO weder die Erhöhung noch die Absenkung des Datenschutzniveaus zulässt (vgl.

---

181 Bereits zum BDSG a. F. *Burger*, Der Schutz gesundheitsbezogener Beschäftigtendaten, S. 124; *Riesenhuber*, NZA 2012, 771, 775 f.

182 ArbG Heilbronn, Urt. v. 30.01.2019 – 2 Ca 360/18, Rn. 45, BeckRS 2019, 30627 (hiernach ist Art. 5 Abs. 1 lit. c in die Abwägung einzustellen).

183 *Halder/Johanson*, NJOZ 2019, 1425, 1429.

184 Vgl. zur DSRL EuGH, Urt. v. 13.05.2014 – C-131/12, Rn. 74, NJW 2014, 2257, 2260 – Google Spain.

Zweiter Teil, § 6, C., II., 1., c., bb.), ist die Einführung einer Interessenabwägung nicht möglich.

Maßgeblich für den Begriff der Erforderlichkeit müssen objektive Maßstäbe sein. Eine Datenverarbeitung kann nur dann erforderlich sein, wenn auch andere gesetzliche Bestimmungen berücksichtigt worden sind. Art. 6 Abs. 1 S. 1 lit. b DSGVO erfasst neben der Bewerbungsphase und dem Arbeitsverhältnis auch normale Kaufverträge oder Mietverträge. Bei jedem Rechtsverhältnis bestehen unterschiedliche rechtliche Vorgaben, die Einfluss auf den Begriff der Erforderlichkeit haben. Eine pauschale Aussage dahingehend, wann eine Erforderlichkeit der Datenverarbeitung gegeben ist, kann nicht gegeben werden. Vielmehr müssen auch andere gesetzliche Schranken in den Begriff hineingelesen werden. Bestehen gesetzliche Vorgaben, die einer Datenverarbeitung entgegenstehen, so kann eine datenschutzrechtliche Erforderlichkeit nicht gegeben sein. Der Begriff der Erforderlichkeit ist datenschutzrechtlich zu interpretieren, sodass insbesondere der Grundsatz der Datenminimierung nach Art. 5 Abs. 1 lit. c DSGVO in den Begriff hineingelesen werden muss. Wenn demnach für die Erreichung eines bestimmten Zwecks die Verarbeitung nur des Namens ausreicht, so kann die Verarbeitung von weiteren personenbezogenen Daten wie Kontaktdaten etc. nicht als erforderlich angesehen werden. Die datenschutzrechtliche Prägung des Begriffs der Erforderlichkeit muss auch andere Rechtsgebiete umfassen, da sich das Datenschutzrecht in verschiedenste Rechtsgebiete erstreckt. So kann eine datenschutzrechtliche Erforderlichkeit insbesondere dann nicht gegeben sein, wenn eine Maßnahme arbeitsrechtlich untersagt ist. Insbesondere das Allgemeine Gleichbehandlungsgesetz (AGG) stellt eine maßgebliche Schranke in der Bewerbungsphase dar. Die Erhebung diskriminierender Daten i. S. d. § 1 AGG kann nicht zur datenschutzrechtlichen Erforderlichkeit führen. Bezogen auf die Bewerbungsphase dürfen nur die personenbezogenen Daten vom Bewerber erhoben werden, *„die für die Bewertung der Eignung von Bewerbern und ihres Karrierepotenzials erforderlich sind*“.[185] Es bedarf demnach einer unmittelbaren Verbindung zwischen der Datenverarbeitung und dem Zweck der Begründung des Beschäftigungsverhältnisses. Die geplante Datenverarbeitung muss sich bei vernünftiger Würdigung als objektiv sinnvoll im Kontext des Bewerbungsverhältnisses erweisen.[186] Im Ergebnis bleibt die Frage nach dem Vorliegen der Erforderlichkeit nicht frei von etwaigen Interessenabwägungen. Die Interessen sind im jeweiligen Einzelfall zu berücksichtigen und beeinflussen die Frage, ob ein bestimmtes personenbezogenes Datum im Rahmen des Bewerbungsverhältnisses für eine konkrete Arbeitsstelle notwendig ist. Der Zweck der Verarbeitung steckt die Grenzen der Erforderlichkeit ab. Wenn es realistische, die Rechte der betroffenen Person weniger beeinträchtigende Alternativen gibt, ist die Verarbeitung nicht *„erforderlich*“.[187]

185 *Giakoumopoulos/Buttarelli/O'Flaherty*, Datenschutzrecht, S. 395.
186 *Hördt/Schwaab*, ArbRAktuell 2023, 230, 231.
187 *EDSA*, Leitlinien 2/2019, S. 9.

Die Sichtung und die Prüfung eingegangener Bewerbungen und die anschließende Kontaktaufnahme mit dem Bewerber ist für die Begründung des Beschäftigungsverhältnisses erforderlich. Erforderliche Daten sind insbesondere die sog. Stammdaten, wie z.B. Name, Adresse, Telefonnummer oder E-Mail-Adresse des Bewerbers, um mit dem Bewerber in Kontakt zu treten.[188] Damit sind grundsätzlich alle Maßnahmen von der ersten Kontaktaufnahme mit dem Bewerber bis zum Abschluss des Bewerbungsverfahrens erforderlich. Es muss unerheblich sein, ob es sich um eine Initiativbewerbung des Bewerbers oder eine Stellenausschreibung des Arbeitgebers handelt. In beiden Fällen liegt eine Anfrage des Bewerbers vor, sodass alle Maßnahmen, die für die Begründung des Beschäftigungsverhältnisses von Relevanz sind, erforderlich sind. Weiterhin ist die Speicherung der eingehenden E-Mails des Bewerbers und das Einscannen der Papierunterlagen als erforderlich anzusehen.[189] Die Gesetzesmaterialien zu § 32 BDSG a.F. nannten Fragen nach fachlichen Fähigkeiten, Kenntnissen und Erfahrungen.[190] Diese Beispiele sind auch unter der geltenden Gesetzeslage als erforderlich anzusehen, solange die Maßnahmen für die Feststellung der vorgesehenen Tätigkeit erforderlich sind. Demnach können insbesondere Fragen nach der fachlichen Qualifikation, der körperlichen und gesundheitlichen Verfassung und sonstige persönliche Eigenschaften des Bewerber zulässig sein.[191] Was als erforderlich anzusehen ist, muss für den konkreten Einzelfall bestimmt werden, da in die Bewertung der Erforderlichkeit auch der jeweilige Arbeitsplatz betrachtet werden muss, auf die sich der Bewerber bewirbt.[192] So kann die Frage nach den Englischkenntnissen für einen Beruf, der zwangsläufig mit Auslandsreisen in Verbindung steht, zulässig sein, während dies für eine Anstellung als Bäckereiverkäufer keine Rolle spielen mag. Fragen, die in keinem Verhältnis zu dem beabsichtigten Beschäftigungsverhältnis stehen, wie z.B. Fragen nach dem Privatleben, sind niemals als erforderlich anzusehen.[193] Entscheidend muss sein, ob die Kenntnis der Information für die Begründung des Beschäftigungsverhältnisses erforderlich ist. Die Tatsache, dass im Rahmen der Durchführung eines Beschäftigungsverhältnisses weitere Informationen seines nun angestellten Arbeitnehmers benötigt, rechtfertigt es nicht, bereits im Rahmen der Begründung

---

188 *Jacobi*, in: Behling/Abel, Datenschutz, Rn. 1010; *Piltz*, BDSG, § 26 Rn. 35 f.; *Schmidt*, DuD 2010, 207, 209; *Ströbel/Wybitul*, in: Specht/Mantz, Datenschutzrecht, § 10 Rn. 41. *Weth*, in: Weth et al., Daten- und Persönlichkeitsschutz, B., I., Rn. 121. Zur Telefonnummer *Kort*, NZA-RR 2018, 449, 455.

189 *Juli/Gömöry*, PuR 2017, 4, 5.

190 BT-Drs. 16/13657, S. 35 f.

191 *Gola*, Beschäftigtendatenschutz, Rn. 517; *Maschmann*, in: Maschmann/Fritz, Matrixorganisationen, Kap. 5, Rn. 103.

192 *Schulze*, in: Wedde, Datenschutz, C., Rn. 216; *Wisskirchen/Kies*, in: Tschöpe, Arbeitsrecht, 1. Teil, C., Rn. 65.

193 *Däubler*, Gläserne Belegschaften, Rn. 211; *Preis*, in: Müller-Glöge et al., Arbeitsrecht, BGB, § 611a, Rn. 294.

solche Informationen zu erfragen.[194] Vielmehr ist auf den Zeitpunkt abzustellen, in dem der Bewerber zum Arbeitnehmer wird.

Im Ergebnis ist eine Datenverarbeitung im Bewerbungsverhältnis „*erforderlich*“, wenn kein milderes, gleich wirksames Mittel zur Verfügung steht, um den Zweck mit gleicher Sicherheit zu erreichen.[195] Entscheidend ist, ob der Bewerber vernünftigerweise mit der Datenverarbeitung rechnen musste. Es kommt also darauf an, auf welche Stelle sich der Bewerber beworben hat und welche Daten der Arbeitgeber vernünftigerweise erheben und verarbeiten muss, um eine Entscheidung über die Begründung eines Beschäftigungsverhältnisses treffen zu können. Auch wenn Art. 6 Abs. 1 S. 1 lit. b DSGVO keine mit Art. 6 Abs. 1 S. 1 lit. f DSGVO vergleichbare Interessenabwägung vorsieht, sind die Interessen des betroffenen Bewerbers bei der Feststellung der Erforderlichkeit – aufgrund der in Art. 52 Abs. 1 S. 2 GRCh geforderten Verhältnismäßigkeit eines jeden Grundrechtseingriffs – zu berücksichtigen.[196]

## § 17 Datenverarbeitungen in Bezug auf den Betriebsrat

Bewerberdaten können nach dem Wortlaut des § 26 Abs. 1 S. 1 Var. 4 BDSG verarbeitet werden, wenn dies zur Ausübung oder Erfüllung der sich aus einem Gesetz ergebenden Rechte und Pflichten der Interessenvertretung der Beschäftigten erforderlich ist. Mit dem „*Gesetz*“ sind unter anderem die Pflichten nach dem BetrVG gemeint.[197] Diese Tatbestandsvariante umfasst dabei zwei Konstellationen. Zunächst wird die Datenübermittlung des Arbeitgebers an die Interessenvertretung erfasst, ferner die Datenverarbeitung durch die Interessenvertretung selbst.[198] Die Interessenvertretung ist in erster Linie der Betriebsrat, auf den im Folgenden näher eingegangen werden soll.[199] Diesem steht nach dem Betriebsverfassungsrecht (im Folgenden: „*BetrVG*“) eine Reihe von Rechten und Pflichten zu. Der deutsche Gesetzgeber hat dies erkannt und aus diesem Grund § 26 Abs. 1 S. 1 Var. 4 BDSG ergänzt, da er offensichtlich davon ausgegangen

194 *Piltz*, BDSG, § 26 Rn. 37.

195 Ebenso *HBDI*, Handreichung zur Verarbeitung personenbezogener Daten von Beschäftigten, S. 7.

196 *EDSA*, Leitlinien 2/2019, S. 10 ff.; *HBDI*, Handreichung zur Verarbeitung personenbezogener Daten von Beschäftigten, S. 7.

197 *Selk*, in: Forgó et al., Datenschutz, Teil V, Kap. 3, Rn. 142.

198 *Zöll*, in: Taeger/Gabel, § 26 BDSG, Rn. 60.

199 LAG Niedersachsen, Beschl. v. 22.10.2018 – 12 TaBV 23/18, Rn. 27, NZA-RR 2019, 92; *Meder*, in: Auernhammer, § 26 BDSG, Rn. 83 („Interessenvertretungen sind der [Gesamt-, Konzern-] Betriebsrat, die Schwerbehindertenvertretung, die Jugend- und Auszubildendenvertretungen, der Wirtschaftsausschuss, der Europäische Betriebsrat bzw. SE/SCE-Betriebsrat, der [Gesamt-. Unternehmens-, Konzern-) Sprecherausschuss sowie die entsprechenden Beschäftigtenvertretungen in öffentlichen Stellen [...] und die Mitarbeitervertretungen in kirchlichen Einrichtungen“).

ist, dass die Vorschriften des BetrVG grundsätzlich nicht als der DSGVO vorrangige Normen betrachtet werden können.[200] Vielmehr muss im Einzelfall geprüft werden, ob einzelne Vorschriften des BetrVG dem BDSG nach § 1 Abs. 2 BDSG vorgehen.[201] Für § 1 Abs. 2 S. 1 BDSG ist nach allgemeiner Auffassung erforderlich, dass eine „*Tatbestandskongruenz*" gegeben ist. Dies bedeutet, dass Normen außerhalb des BDSG diesem nur dann vorgehen können, wenn sie eine konkrete Aussage bezüglich der Art der Daten und ihrer Zweckbestimmung enthält. Es genügt nicht, dass lediglich abstrakt eine Aufgabe beschrieben wird, zu deren Erfüllung unter Umständen personenbezogene Daten benötigt werden.[202] So ist die allgemeine Aufgabennorm des § 80 BetrVG nicht geeignet, konkrete Aussagen hinsichtlich des Zwecks und der Art der Daten zu geben. Unabhängig davon kann einer Norm, die dem BDSG vorgeht, nicht zugleich eine Vorrangwirkung gegenüber der DSGVO beigemessen werden. Die Vorschriften des BetrVG haben keine Vorrangstellung gegenüber der DSGVO.[203] Eine solche Vorrangstellung kann nur in den Fällen angenommen werden, in denen die DSGVO eine solche ausdrücklich zulässt. Art. 88 Abs. 1 DSGVO kann eine solche Vorrangstellung jedoch nicht bewirken. Die Vorschrift erlaubt lediglich zur Gewährleistung des Schutzes der Rechte und Freiheiten hinsichtlich der Verarbeitung personenbezogener Beschäftigtendaten spezifischere Vorschriften zu erlassen. § 26 Abs. 1 S. 1 Var. 4 BDSG stellt eine solche spezifischere Vorschrift dar (vgl. Zweiter Teil, § 6, C., II., 1., c.).[204] Der deutsche Gesetzgeber hat präzise bestimmt, was unter einer Kollektivvereinbarung zu verstehen ist und konkretisiert demnach den Begriff der Kollektivvereinbarung. Dies ändert allerdings nichts daran, dass § 26 BDSG die Anforderungen des Art. 88 Abs. 2 DSGVO nicht erfüllt und daher nicht angewendet werden kann (siehe Vierter Teil, § 16, C., II.). Insgesamt muss das Verhältnis von DSGVO, BDSG und BetrVG einer neuen rechtlichen Bewertung unterzogen werden.[205] Dabei ist streng zwischen der Übermittlung der Daten durch den Arbeitgeber von der Konstellation der Datenverarbeitung durch den Betriebsrat zu unterscheiden. Diese Fälle bedürfen unterschiedlicher Erlaubnisnormen und sind getrennt datenschutzrechtlich zu prüfen.

---

200 *Gola*, BB 2017, 1462, 1465; *ders.*, Beschäftigtendatenschutz, Rn. 1634; *Kleinebrink*, ArbRB 2018, 346; *Kort*, ZD 2017, 3, 5; *Lücke*, NZA 2019, 658, 659.

201 Verneinend *Düwell*, in: Weth et al., Daten- und Persönlichkeitsschutz, A, I., Rn. 73.

202 *Culik*, Beschäftigtendatenschutz, S. 178; *Engeler*, NJOZ 2019, 593, 598 („programmatische Aufgabenbeschreibung" unzulässig); *Gola,* Beschäftigtendatenschutz, Rn. 1646.

203 *Kort*, ZD 2017, 3, 5.

204 Ebenso *Franzen*, in: Müller-Glöge et al., Arbeitsrecht, BDSG, § 26 Rn. 2; zweifelnd *Selk*, in: Forgó et al., Datenschutz, Teil V, Kap. 3, Rn. 143.

205 *Böhm*, Anmerkung zu BAG, Beschl. v. 07.05.2019 – 1 ABR 53/17, NZA-RR 2019, 531; *Dzida*, BB 2019, 3060.

## A. Datenübermittlung des Arbeitgebers an den Betriebsrat, § 99 BetrVG

Der Arbeitgeber ist in vielen Fällen nach dem BetrVG verpflichtet, dem Betriebsrat Informationen über die Mitarbeiter mitzuteilen. Dies betrifft insbesondere auch Informationen über einen Bewerber. Eine Sondervorschrift für die Übermittlung der Bewerbungsunterlagen an den Betriebsrat enthält § 99 Abs. 1 S. 1 BetrVG. Danach hat der Arbeitgeber in einem Unternehmen mit in der Regel mehr als zwanzig wahlberechtigten Arbeitnehmern (vgl. § 7 BetrVG) „*den Betriebsrat vor jeder Einstellung [...] zu unterrichten*" und „*ihm die erforderlichen Bewerbungsunterlagen vorzulegen*". Einstellung meint, dass der Beschäftigte in den Betrieb des Arbeitgebers eingliedert wird bzw. mit den Worten des BAG, „*wenn Personen in den Betrieb eingegliedert werden, um zusammen mit den dort schon beschäftigten Arbeitnehmern dessen arbeitstechnischen Zweck durch weisungsgebundene Tätigkeit zu verwirklichen*".[206] Es ist demnach keine Voraussetzung, dass die Person bereits in einem Arbeitsverhältnis zum Betriebsinhaber steht bzw. stehen muss. Zu der Unterrichtung gehört, dass der Arbeitgeber dem Betriebsrat Auskunft über die Person der Beteiligten gibt. Damit ist insbesondere der Name, das Alter, die fachlichen und persönlichen Voraussetzungen für den in Aussicht genommenen Arbeitsplatz sowie Angaben über die Schwerbehinderung, Schwangerschaft oder Vorstrafen des Bewerbers gemeint.[207] Es sind demnach alle Angaben zu machen, die der Betriebsrat benötigt, um seinem Recht auf Stellungnahme nach § 99 Abs. 2 BetrVG nachkommen zu können. Nach dem BAG ist Bewerber i. S. d. § 99 Abs. 1 S. 1 BetrVG, wer sein Interesse für einen konkreten Arbeitsplatz bekundet hat, unabhängig davon, ob der Bewerber offensichtlich oder objektiv ungeeignet ist.[208] Es muss ein konkretes Anbahnungsverhältnis für einen konkreten Arbeitsplatz bestehen. Zusätzlich müssen die Bewerbungsunterlagen des Bewerbers vorgelegt werden, die eine Reihe von personenbezogenen Daten über den Bewerber enthalten. Der Zweck des Mitteilungsrechts ist es, „*dass die Beteiligung des Betriebsrats zu einer Zeit erfolgt, zu der noch keine abschließende und endgültige Entscheidung getroffen worden ist oder doch eine solche noch ohne Schwierigkeiten revidiert werden kann*".[209]

---

206 BAG, Beschl. v. 13.12.2016 – 1 ABR 59/14, Rn. 24, NZA 2017, 525; *Ottmann*, ArbRAktuell 2018, 521; *Schulze/Ratzesberger*, ArbRAktuell 2015, 497; aA *Preis/Greiner*, Kollektivarbeitsrecht, Rn. 2419 („sowohl Abschluss eines Vertrags, der auf eine Eingliederung abzielt, als auch die tatsächliche Eingliederung"); *Raab*, in: Wiese et al., GK-BetrVG, § 99 Rn. 28 ff.

207 BAG, Beschl. v. 14.12.2004 – 1 ABR 55/03, NZA 2005, 827; *Groß*, ArbRAktuell 2016, 7, 8; *Koch*, in: Schaub, Arbeitsrecht, § 241 Rn. 25.

208 BAG, Beschl. v. 21.10.2014 – 1 ABR 10/13, Rn. 32, NZA 2015, 311; *Groß*, ArbRAktuell 2016, 7, 8; *Preis/Greiner*, Kollektivarbeitsrecht, Rn. 2474.

209 BAG, Urt. v. 21.11.2018 – 7 ABR 16/17, Rn. 18, BB 2019, 1917.

Die Übermittlung dieser Daten an den Betriebsrat ist als Verarbeitung i. S. d. Art. 4 Nr. 2 DSGVO in der Form einer Offenlegung durch Übermittlung anzusehen.[210] § 99 BetrVG stellt keine *„spezifischere Vorschrift“* i. S. d. Art. 88 Abs. 1 DSGVO dar, da die Anforderungen des Art. 88 Abs. 2 DSGVO nicht umgesetzt sind und die Vorschrift zudem nicht nach Art. 88 Abs. 3 DSGVO der Kommission gemeldet wurde, sodass sich aus der Norm keine eigenständige datenschutzrechtliche Norm herleiten lässt.[211]

## I. Erforderlichkeit einer Erlaubnisnorm?

Fraglich ist zunächst, ob es für die Datenübermittlung des Arbeitgebers an den Betriebsrat überhaupt einer datenschutzrechtlichen Erlaubnisnorm bedarf oder nicht vielmehr die Erlaubnisnorm greift, auf die sich der Arbeitgeber für die Verarbeitung beruft.

Unter alter Rechtslage wurde unter anderem vom BAG und Teilen der Literatur die Ansicht vertreten, dass es sich bei dem Datenfluss zwischen Arbeitgeber und Betriebsrat um keine Übermittlung nach § 3 Abs. 4 Nr. 3 BDSG a. F. handelte, da der Betriebsrat insoweit kein Dritter i. S. d. § 3 Abs. 8 BDSG a. F. sei. Eine Zulässigkeitsprüfung nach § 4 BDSG a. F. musste demnach nicht stattfinden. Die Zulässigkeit richtete sich einzig nach dem BetrVG, solange die Verarbeitung zur Wahrnehmung betriebsverfassungsrechtlicher Aufgaben erfolgte.[212] Eine Ausnahme kam nur dann in Betracht, wenn der Betriebsrat eigenständig personenbezogene Daten verarbeitete.

Teilweise wird auch unter der Geltung der DSGVO eine solche Rechtsansicht vertreten. Gefordert wird, dass für die Empfängereigenschaft i. S. d. Art. 4 Nr. 9 DSGVO eine gewisse Selbstständigkeit gegeben ist, die bei Stellen innerhalb des Verantwortlichen gerade nicht vorliegen sein soll.[213] Nach dem EuGH sind zumindest Arbeitnehmer nicht als Empfänger einzuordnen, wenn sie personen-

---

210 BAG, Beschl. v. 07.05.2019 – 1 ABR 53/17, Rn. 33, NZA 2019, 1218; *Stück*, ZD 2019, 256, 259; aA wohl VGH München, Beschl. v. 21.05.2019 – 17 P 18.2581, Rn. 47, BeckRS 2019, 15935.

211 Ebenso *Lücke*, NZA 2019, 658, 662; *Selk*, in: Forgó et al., Datenschutz, Teil V, Kap. 3, Rn. 138 ff.; *Ströbel/Wybitul*, in: Specht/Mantz, Datenschutzrecht, § 10 Rn. 73; *Wybitul*, ZD 2016, 203, 206. Zum BPersVG *Engeler*, NJOZ 2019, 593 ff.

212 BAG, Beschl. v. 02.02.2012 – 1 ABR 46/10, Rn. 43, NZA 2012, 744; *Dammann*, in: Simitis, BDSG, § 3 Rn. 240; *Joussen*, ZfA 2012, 235, 246 f.; *Lelley/Bruck/Yildiz*, BB 2018, 2164, 2170; *Schierbaum*, Computer-Fachwissen 4/2004, S. 29, 30.

213 LAG Hessen, Beschl. v. 10.12.2018 – 16 TaBV 130/18, Rn. 32, NZA-RR 2019, 196 m. Anm. Möllenkamp; *Eßer*, in: Auernhammer, Art. 4 DSGVO, Rn. 91; *Hartung*, in: Kühling/Buchner, Art. 4 Nr. 9 DSGVO, Rn. 6; *Regenhardt*, in: Sydow, DSGVO/BDSG, Art. 4 DSGVO, Rn. 156; *Renner*, Rolle des Betriebsrates, S. 69; *Schreiber*, in: Plath, Art. 4 DSGVO, Rn. 34; *Stück*, ZD 2019, 346, 348; ähnlich *Ernst*, in: Paal/Pauly, Art. 4 DSGVO, Rn. 57; *Velten/Diegel*, FA 2018, 2, 4; offenlassend *Petri*, in: Simitis et al., Datenschutzrecht, Art. 4 Nr. 9 DSGVO, Rn. 3.

bezogene Daten unter der Aufsicht dieses Verantwortlichen und im Einklang mit seinen Weisungen verarbeiten.[214] Bei dem Betriebsrat wird eine solche Selbstständigkeit verneint, sodass eine Verarbeitung in Form einer Übermittlung i. S. d. Art. 4 Nr. 2 DSGVO nicht vorliegt.

Die alte Rechtslage kann unter der DSGVO allerdings nach dem BAG und Teilen der Literatur nicht aufrechterhalten werden, da auch der Betriebsrat Empfänger von Daten i. S. d. Art. 4 Nr. 9 S. 1 DSGVO sei und damit die Offenlegung gegenüber dem Betriebsrat einer Erlaubnisnorm bedürfe.[215]

Von dieser Rechtsansicht geht wohl auch das österreichische Bundesverwaltungsgericht aus. Nach Ansicht des Gerichts können zwar Mitarbeiter keine Empfänger i. S. d. Definition der DSGVO sein, jedoch liege eine Übermittlung personenbezogener Daten innerhalb eines Unternehmens vor, „*wenn die Daten für ein anderes Aufgabengebiet verwendet werden*". Für die Empfängereigenschaft komme es auf die Eigenständigkeit und „*andere*" Wahrnehmung der Stelle an.[216] Unter Zugrundelegung dieser Rechtsprechung wird man den Betriebsrat eine Eigenständigkeit zukommen lassen müssen.

Als weiteres Argument für die Erforderlichkeit einer Erlaubnisnorm kann der Wortlaut des Art. 4 Nr. 9 DSGVO herangezogen werden. Empfänger ist nach der Legaldefinition „*eine natürliche oder juristische Person, Behörde, Einrichtung oder andere Stelle, der personenbezogene Daten offengelegt werden, unabhängig davon, ob es sich bei ihr um einen Dritten handelt oder nicht*". Der Betriebsrat ist eine solche Stelle, sodass die Offenlegung an den Betriebsrat einer Erlaubnisnorm bedarf. Dies belegt ein Umkehrschluss der Definition des Dritten nach Art. 4 Nr. 10 DSGVO. Hiernach ist kein Dritter die betroffene Person, der Verantwortliche, der Auftragsverarbeiter und die Personen, die unter der unmittelbaren Verantwortung des Verantwortlichen befugt sind, die personenbezogenen Daten zu verarbeiten. Die Empfängereigenschaft ist jedoch unabhängig davon, ob der Empfangende Dritter ist oder nicht, sodass auch die Stellen innerhalb eines Verantwortlichen als Empfänger angesehen werden müssen. Die Unterscheidung zwischen der Verarbeitung und der Nutzung, wie es das BDSG a. F. vorgenommen hat, kann nicht übernommen werden. Die Offenlegung setzt nach Ansicht in der Literatur voraus, dass die personenbezogenen Daten von dem Verantwortlichen zielgerichtet an einen bestimmten Empfänger übermittelt

---

214 EuGH, Urt. v. 22.06.2023 – C-579/21, Rn. 73, NZA 2023, 889.

215 BAG, Beschl. v. 07.05.2019 – 1 ABR 53/17, Rn. 33, NZA 2019, 1218; BAG, Beschl. v. 09.04.2019 – 1 ABR 51/17, Rn. 32, NZA 2019, 1055; *Herbst*, in: Kühling/Buchner, Art. 4 Nr. 2 DSGVO, Rn. 29; *Kleinebrink*, DB 2019, 2577, 2580; *Lembke*, in: Henssler et al., Arbeitsrecht, Einleitung, DSGVO, Rn. 27; *Maschmann*, in: Maschmann/Fritz, Matrixorganisationen, Kap. 5, Rn. 32; *Schild*, in: BeckOK DatenSR, DSGVO, 48. Ed. 01.05.2024, Art. 4 Rn. 102; *Schwartmann/Hermann*, in: Schwartmann et al., Art. 4 DSGVO, Rn. 192; *Stark*, Aufgabenwahrnehmung des Betriebsrats, S. 147; *Thüsing/Granetzny*, in: Thüsing, Beschäftigtendatenschutz, § 20 Rn. 98; *Veil*, in: Gierschmann et al., Art. 4 Nr. 9, Rn. 15.

216 BVwG, Erkenntnis v. 10.12.2018 – W211 2188383-1, https://tinyurl.com/ybq7houa.

werden.[217] Dies ist der Fall, wenn der Arbeitgeber die Bewerbungsunterlagen dem Betriebsrat zukommen lässt.

Es kann demnach festgestellt werden, dass für die Datenübermittlung an den Betriebsrat eine Erlaubnisnorm benötigt wird. Dabei ist unerheblich, ob der Betriebsrat als eigenständiger Verantwortlicher[218] oder als Teil des Verantwortlichen Arbeitgeber[219] anzusehen ist, da in jedem Fall eine datenschutzrechtliche Erlaubnis erforderlich ist.[220] Der deutsche Gesetzgeber hat in den neu eingefügten § 79a S. 2 BetrVG die datenschutzrechtliche Verantwortung dem Arbeitgeber auferlegt, soweit der Betriebsrat zur Erfüllung der in seiner Zuständigkeit liegenden Aufgaben personenbezogene Daten verarbeitet.[221]

---

217 *Eßer*, in: Auernhammer, Art. 4 DSGVO, Rn. 53; *Schwartmann/Hermann*, in: Schwartmann et al., Art. 4 DSGVO, Rn. 195; *Veil*, in: Gierschmann et al., Art. 4 Nr. 9, Rn. 24.

218 LAG Mecklenburg-Vorpommern, Beschl. v. 15.05.2019 – 3 TaBV 10/18, Rn. 17, ZD 2019, 573; LAG Sachsen-Anhalt, Beschl. v. 18.12.2018 – 4 TaBV 19/17, Rn. 37, NZA-RR 2019, 256 m. Anm. Wybitul/Böhm; *LfDI Thüringen*, 1. TB, S. 66; *Brink/Joos*, jurisPR-ArbR 33/2019, Anm. 1; *Engeler*, NJOZ 2019, 593, 601; *Grimm*, in: Tschöpe, Arbeitsrecht, 6. Teil, F., Rn. 124; *Kleinebrink*, DB 2018, 2566; *Kort*, ZD 2017, 319, 323; *Kramer*, in: Weth et al., Daten- und Persönlichkeitsschutz, A., X., Rn. 12, Teil C, I, Rn. 47; *Kurzböck/Weinbeck*, BB 2018, 1652; *dies.*, BB 2020, 500 ff.; *Renner*, Rolle des Betriebsrates, S. 12; *Staben*, ZfA 2020, 287 ff.

219 LAG Hessen, Beschl. v. 10.12.2018 – 16 TaBV 130/18, Rn. 32, NZA-RR 2019, 196 m. Anm. Möllenkamp; LAG Niedersachsen, Beschl. v. 22.10.2018 – 12 TaBV 23/18, Rn. 27, ZD 2019, 178 m. Anm. Stück; *LfDI BW*, 34. TB, S 37 f.; *Bott/Vogel*, BB 2019, 2100, 2101; *Brams/Möhle*, ZD 2018, 570 f.; *Däubler*, Gläserne Belegschaften, Rn. 640g; *Dzida*, BB 2019, 3060, 3062; *Eder*, CuA 4/2018, 8, 9; *Franzen*, in: Müller-Glöge et al., Arbeitsrecht, BDSG, § 26 Rn. 50; *Gierschmann*, in: Gierschmann et al., Art. 4 Nr. 7 Rn. 14; *Gola*, Beschäftigtendatenschutz, Rn. 1712; *Häfner-Beil*, in: Wedde, Datenschutz, C., Rn. 61 f.; *Heckmann/Scheurer*, in: Heckmann/Paschke, Internetrecht, Kap. 9, Rn. 249; *Heuschmid*, SR 2019, 1, 7 f.; *Jacobi*, ArbRB 2019, 375, 378; *Jung/Hansch*, ZD 2019, 143, 147; *Klebe/Schmidt/Klengel*, in: Gräfl et al., Betriebsverfassungsrecht, S. 303, 317; *Körner*, in: Deinert et al., FS Klebe, S. 231, 235; *Linck*, in: Schaub, Arbeitsrechts, § 148 Rn. 5; *Lücke*, NZA 2019, 658, 660; *Pötters/Hansen*, ArbRAktuell 2020, 193; *Raschauer*, in: Sydow, Art. 4 Rn. 129; *Schröder*, Datenschutzrecht, S. 101; *Stark*, Aufgabenwahrnehmung des Betriebsrats, S. 104; *Steiner/Wedde*, in: Wedde, Datenschutz, G., Rn. 22 ff.; *Ströbel/Wybitul*, in: Specht/Mantz, Datenschutzrecht, Teil B, § 10 Rn. 78; *Stück*, ZD 2019, 346, 347 f.; *Velten/Diegel*, FA 2018, 2, 4.

220 *Schulze/Helmrich*, ArbRAktuell 2020, 253; *Selk*, in: Forgó et al., Datenschutz, Teil V, Kap. 3, Rn. 140.

221 *Schulze*, ArbRAktuell 2021, 211, 212 sieht eine solche Bestimmung als rechtsunwirksam an, da dem Bund keine Regelungskompetenz zustehe; ähnlich *Keitel/Busch*, BB 2021, 564, 567; aA *Gaul/Kaule*, ArbRB 2021, 176, 178 (Grundlage: Art. 4 Nr. 7 Hs. 2); ähnlich *Möhle*, ZD-Aktuell 2021, 05067.

## II. Einschlägige Erlaubnisnormen

Es ist daher die Frage zu beantworten, auf welche Erlaubnisnorm sich der Arbeitgeber für die Übermittlung der personenbezogenen Daten an den Betriebsrat berufen kann. Eine Einwilligung des Bewerbers i. S. d. Art. 6 Abs. 1 S. 1 lit. a DSGVO kann in der Einreichung der Bewerbungsunterlagen beim Arbeitgeber nicht gesehen werden, da der Bewerber damit nicht zum Ausdruck bringt, dass die Bewerbungsunterlagen auch dem Betriebsrat zugehen sollen.[222] Da die in Betracht kommenden Erlaubnisnormen stets die „*Erforderlichkeit*" der Datenverarbeitung voraussetzen, erfolgt die Prüfung der Erforderlichkeit unter 3. gesondert.

### 1. Meinungsstand

Teilweise wird davon ausgegangen, dass es sich bei § 99 Abs. 1 S. 1 BetrVG um eine vorrangige Regelung gegenüber dem BDSG i. S. d. § 1 Abs. 2 S. 1 BDSG handelt, sodass eine Prüfung nach § 26 BDSG nicht zu erfolgen hat.[223] Vielmehr sei § 99 BetrVG die Erlaubnis zur Übermittlung der Daten. Nach *Lelley/Bruck/Yildiz* sind jedoch wegen dem Vorrang des Europarechts die Vorgaben des Art. 88 Abs. 2 DSGVO und Art. 6 Abs. 1 S. 1 DSGVO zu beachten.

*Däubler* sieht § 99 Abs. 1 S. 1 BetrVG als eine Vorschrift an, welche von § 26 Abs. 1 S. 1 BDSG umfasst sei.[224]

Auch nach anderen Stimmen in der Literatur soll die Regelung des § 99 Abs. 1 S. 1 BetrVG unter § 26 Abs. 1 S. 1 Var. 4 BDSG zu subsumieren sein, soweit ein konkreter Bezug zu den gesetzlichen Aufgaben des Betriebsrats besteht.[225] Nach *Wybitul/Böhm* soll die Bereitstellung an den Betriebsrat nach § 26 Abs. 1 S. 1 BDSG i. V. m. Art. 88 Abs. 1 DSGVO erfolgen, die dem Art. 6 Abs. 1 S. 1 lit. c DSGVO insoweit vorgehen.[226]

---

222 Ebenso VGH München, Beschl. v. 21.05.2019 – 17 P 18.2581, Rn. 59, BeckRS 2019, 15935; aA wohl LAG Hessen, Beschl. v. 10.12.2018 – 16 TaBV 130/18, Rn. 32, NZA-RR 2019, 196 m. Anm. Möllenkamp (die Erlaubnisnorm des Arbeitsgebers, die bei Aufnahme des Arbeitsverhältnisses gilt, gelte auch für die Übermittlung an den Betriebsrat).

223 *Gola*, BB 2017, 1462, 1465; *ders.*, Beschäftigtendatenschutz, Rn. 1650 (alternativ Art. 6 Abs. 1 lit. c, f DSGVO); *Gola/Pötters*, RDV 2017, 111, 114; *Häfner-Beil*, in: Wedde, Datenschutz, C., Rn. 43; *Lelley/Bruck/Yildiz*, BB 2018, 2164, 2172; wohl auch *Bachner/Wenckebach*, in: Däubler et al., BetrVG, § 99 Rn. 146 („spezielle Übermittlungsvorschrift"); *Culik*, Beschäftigtendatenschutz, S. 181. Zum BDSG a. F. *Joussen*, ZfA 2012, 235, 249.

224 *Däubler*, in: Däubler et al., § 26 BDSG, Rn. 70 f., 74; wohl auch *Raab*, in: Wiese et al., GK-BetrVG, § 99 Rn. 155.

225 *Tiedemann*, in: Sydow, DSGVO/BDSG, § 26 BDSG, Rn. 32; ähnlich *Grimm*, in: Tschöpe, Arbeitsrecht, 6. Teil, F., Rn. 130.

226 *Wybitul/Böhm*, Anmerkung zu LAG Sachsen-Anhalt, Beschl. v. 18.12.2018 – 4 TaBV 19/17, NZA-RR 2019, 259 („speziellere Rechtsgrundlage"); ebenso *Höhne*, Art. 88 DSGVO, S. 167; aA *Stark*, Aufgabenwahrnehmung des Betriebsrats, S. 297.

Nach dem LAG Köln handelt es sich bei der Auskunft an den Betriebsrat um eine zulässige Form der Datennutzung nach § 26 Abs. 1 S. 1 BDSG, da die Übermittlung der personenbezogenen Daten des Bewerbers an den Betriebsrat für die Entscheidung über die Begründung eines Beschäftigungsverhältnisses erforderlich ist. Die Übermittlung sei zur Erfüllung der sich aus § 99 Abs. 1 S. 1 BetrVG ergebenden Rechte des Betriebsrats erforderlich.[227]

Weitere Stimmen in der Literatur und das LAG Hessen sehen die Anwendbarkeit des § 99 BetrVG über die Erlaubnisnorm des Art. 6 Abs. 1 S. 1 lit. c bzw. hilfsweise lit. f DSGVO als gegeben an.[228] Die betriebsverfassungsrechtlichen Aufgaben des Betriebsrates seien als solche rechtlichen Verpflichtungen anzusehen. Hinsichtlich Art. 6 Abs. 1 S. 1 lit. c DSGVO bedürfe es einer nationalen gesetzlichen Verpflichtung, die sich nach dieser Auffassung aus den betriebsverfassungsrechtlichen Unterrichtungspflichten ergeben könne. Zwar müsse Art. 6 Abs. 3 DSGVO beachtet werden, den das BetrVG nicht erfüllt. Dies habe der deutsche Gesetzgeber aber erkannt und aus diesem Grund § 26 Abs. 1 S. 1 Var. 4 BDSG neu gefasst („*für Zwecke der Interessenvertretung der Beschäftigten*"). Dies soll rechtsdogmatisch der Link zwischen Art. 6 und 88 DSGVO sowie den Bestimmungen des BetrVG sein.[229] Nach dieser Auffassung ist die Erlaubnisnorm für die Datenübermittlung des Arbeitgebers an den Betriebsrat Art. 6 Abs. 1 S. 1 lit. c, Art. 88 DSGVO i. V. m. § 26 Abs. 1 S. 1 Var. 4 BDSG i. V. m. § 99 Abs. 1 S. 1 BetrVG. Dieser Auffassung ist auch das BAG, der Art. 6 Abs. 1 S. 1 lit. c und Abs. 3 DSGVO i. V. m. § 26 Abs. 1 S. 1 BDSG heranzieht.[230]

Das LAG Niedersachsen prüft im Rahmen der Einsichtnahme von Bruttolöhnen nach § 80 Abs. 2 S. 2 Hs. 2 BetrVG die Vorschrift des § 26 Abs. 1 S. 1 BDSG, zieht für die Rechtmäßigkeit der Datenverarbeitung jedoch Art. 6 Abs. 1 S. 1 lit. c DSGVO heran, sodass davon ausgegangen werden könnte, dass es für die Rechtmäßigkeit auf die DSGVO ankommt.[231] Denn § 26 Abs. 1 BDSG soll nur die Zulässigkeit einer Datennutzung normieren, während die Rechtmäßigkeit über die DSGVO hergestellt wird. Das Gericht nimmt eine Doppelprüfung vor. Es müsse zwischen der Rechtmäßigkeit nach der DSGVO sowie nach der Zulässigkeit nach dem BDSG unterschieden werden. Teilweise wird dieses Urteil

227 LAG Köln, Beschl. v. 15.05.2020 – 9 TaBV 32/19, Rn. 59, NZA-RR 2021, 76.

228 LAG Hessen, Beschl. v. 10.12.2018 – 16 TaBV 130/18, Rn. 33, NZA-RR 2019, 196 m. Anm. Möllenkamp; *Gola*, Beschäftigtendatenschutz, Rn. 1636; *Lücke*, NZA 2019, 658, 662 f. und Fn. 55; *Middel*, AuR 2018, 411, 417; *Stark*, Aufgabenwahrnehmung des Betriebsrats, S. 296 f.; *Weber*, in: Wiese et al., GK-BetrVG, § 80 Rn. 92.

229 Ebenso *Wybitul* NZA 2017, 413, 415.

230 BAG, Beschl. v. 13.12.2023 – 1 ABR 28/22, Rn. 27, NZA 2024, 636; BAG, Beschl. v. 09.05.2023 – 1 ABR 14/22, NZA 2023, 1404.

231 LAG Niedersachsen, Beschl. v. 22.10.2018 – 12 TaBV 23/18, Rn. 33, ZD 2019, 178 m. Anm. Stück (beim BAG unter 1 ABR 44/18 anhängig).

jedoch dahingehend gedeutet, dass das Gericht offenbar die Rechtmäßigkeit auf § 26 BDSG stütze.[232]

Nach *Stark* ist für die Datenübermittlung unter anderem die Erlaubnisnorm des Art. 6 Abs. 1 S. 1 lit. b DSGVO maßgeblich, da die Erfüllung eines Arbeitsvertrages auch die Aufgabenwahrnehmung des Betriebsrates umfasse.[233]

## 2. Stellungnahme

Als Erlaubnisnorm kann nach der hier vertretenen Ansicht § 26 Abs. 1 S. 1 Var. 4 BDSG nicht allein herangezogen werden, da diese Vorschrift keine eigenständige Erlaubnisnorm darstellt (vgl. Vierter Teil, § 16, A., III.). Es bedarf stets einer Erlaubnisnorm nach Art. 6 Abs. 1 DSGVO. Nach § 26 Abs. 6 BDSG bleiben die Beteiligungsrechte der Interessenvertretungen der Beschäftigten unberührt. Daraus folgt aber nicht sogleich die Rechtfertigung für die Übermittlung des Arbeitgebers an den Betriebsrat, wie das BAG in zwei Urteilen aus dem Jahre 2019 zutreffend festgestellt hat.[234] Vielmehr wird mit dieser Vorschrift nur klargestellt, dass die Beteiligungsrechte der Interessenvertretungen auch weiterhin Bestand haben und das Datenschutzrecht und Arbeitsrecht nebeneinander zur Anwendung kommen. Wie *Kort* zutreffend feststellt, kann § 26 Abs. 6 BDSG die Vorgaben der DSGVO nicht aushebeln, da Art. 88 DSGVO dem deutschen Gesetzgeber nicht die Möglichkeit einräumt, das nationale Arbeitsrecht von den Bestimmungen der DSGVO auszuklammern.[235] Es ist zu betonen, dass dem Arbeitgeber ein Auskunftsverweigerungsrecht zustehen kann, wenn der Betriebsrat die Anforderungen des Datenschutzes und der Datensicherheit nicht einhält.[236] Nach *Faas* soll dies jedoch nur gelten, wenn der Betriebsrat als Teil des Verantwortlichen einzustufen ist.

### a. § 99 BetrVG als spezielle Erlaubnisnorm?

Zunächst könnte daran gedacht werden, die Regelungen des BetrVG, insbesondere des § 99 BetrVG, selbst als datenschutzrechtliche Erlaubnisnorm anzuse-

---

232 *Rid*, AuA 2019, 115; *Schulze*, jurisPR-ArbR 3/2019 Anm. 1; unklar *Hülbach*, ArbRB 2019, 42; *Schindele*, ArbRAktuell 2019, 51.

233 *Stark*, Aufgabenwahrnehmung des Betriebsrats, S. 296.

234 BAG, Beschl. v. 07.05.2019 – 1 ABR 53/17, Rn. 36, NZA 2019, 1218; BAG, Beschl. v. 09.04.2019 – 1 ABR 51/17, Rn. 23, NZA 2019, 1055; ebenso *Fuhlrott*, ArbRAktuell 2019, 408; *Kleinebrink*, DB 2019, 2577; *Lücke*, NZA 2019, 658, 661 f.; *Weber*, in: Wiese et al., GK-BetrVG, § 80 Rn. 92; aA wohl *Gräber/Nolden*, in: Paal/Pauly, § 26 BDSG, Rn. 20.

235 *Kort*, NZA 2019, 502, 504; ebenso VGH München, Beschl. v. 21.05.2019 – 17 P 18.2581, Rn. 51, BeckRS 2019, 15935.

236 *Faas*, jM 2019, 454, 459. Das BAG, Beschl. v. 09.04.2019 – 1 ABR 51/17, Rn. 46 ff., NZA 2019, 1055 hat dies bislang nur bezogen auf Daten nach Art. 9 DSGVO anerkannt.

hen. Jedoch muss der Anwendungsvorrang der DSGVO bedacht werden. Über die Spezifizierungsklausel des Art. 88 Abs. 1 DSGVO könnte man die Vorschrift des § 99 BetrVG als spezifischere Vorschrift ansehen. Dies ist jedoch abzulehnen. Die Regelungen des BetrVG und auch § 99 BetrVG stellen keine spezifischeren Vorschriften i. S. d. DSGVO dar.[237] Als Ausnahme kann höchstens § 75 Abs. 2 BetrVG angesehen werden. Diese ist jedoch nicht konkret, sondern besagt nur, dass Arbeitgeber und Betriebsrat die freie Entfaltung der Persönlichkeit der im Betrieb beschäftigten Arbeitnehmer zu schützen und zu fördern haben. Ferner wäre nach Art. 88 Abs. 2 DSGVO erforderlich, dass geeignete und besondere Maßnahmen im BetrVG ergriffen worden sind. Solche Maßnahmen wurden nicht ergriffen, sodass sich im BetrVG keine datenschutzrechtliche Erlaubnisnorm findet.[238]

### b. Art. 6 Abs. 1 S. 1 lit. b Var. 2 DSGVO

Entscheidend ist, dass eine Erlaubnisnorm in Art. 6 Abs. 1 DSGVO gefunden wird. Dazu könnte auf Art. 6 Abs. 1 S. 1 lit. b Var. 2 DSGVO abgestellt werden. Die Übermittlung der Daten durch den Arbeitgeber an den Betriebsrat müsste zur Durchführung vorvertraglicher Maßnahmen erforderlich sein. Dies bedeutet, dass für Zwecke der Begründung des Beschäftigungsverhältnisses (vgl. § 26 Abs. 1 S. 1 Var. 1 BDSG) die Übermittlung der Bewerbungsunterlagen an den Betriebsrat erforderlich sein müsste. Nach § 99 Abs. 1 S. 1 BetrVG hat der Arbeitgeber in den dort geregelten Fällen dem Betriebsrat die Bewerbungsunterlagen vorzulegen. Für die Einstellung des Bewerbers ist es demnach Voraussetzung, dass in den Fällen, in denen ein Betriebsrat vorhanden ist, der Betriebsrat in diesen Prozess eingebunden wird. Damit kann diese Erlaubnisnorm grundsätzlich herangezogen werden.

Nach *Selk* kann jedoch die Erfüllung des Arbeitsvertrages, der zwischen dem Arbeitgeber und dem Beschäftigten geschlossen wird, wohl nicht als erforderlich angesehen werden, dass der Betriebsrat als dritte Partei personenbezogene Daten des Beschäftigten verarbeitet. Als Grund wird angeführt, dass der Arbeitgeber den Arbeitsvertrag erfüllt und nicht der Betriebsrat.[239]

Hingegen gehört nach *Stark* zur Erfüllung des Arbeitsvertrages auch die Aufgabenwahrnehmung des Betriebsrates.[240]

Im Ergebnis ist die Zweckbestimmung der Begründung des Beschäftigungsverhältnisses entscheidend. Diese wird nach der hier vertretenen Ansicht grundsätz-

---

237 Ebenso *Schulze/Helmrich*, ArbRAktuell 2020, 253, 254; *Stark*, Aufgabenwahrnehmung des Betriebsrats, S. 339.

238 *Selk*, in: Forgó et al., Datenschutz, Teil V, Kap. 3, Rn. 140; *Wybitul*, ZD 2016, 203, 206; aA wohl *Stark*, Aufgabenwahrnehmung des Betriebsrats, S. 243 f.

239 *Selk*, in: Forgó et al., Datenschutz, Teil V, Kap. 3, Rn. 147.

240 *Stark*, Aufgabenwahrnehmung des Betriebsrats, S. 296; ebenso *Gola*, RDV 2022, 180, 186.

lich sehr weit ausgelegt (vgl. Zweiter Teil, § 6, C., II., 1., b., cc.). Die Erfüllung betriebsverfassungsrechtlicher Vorgaben stellt keinen anderen Zweck als die Begründung des Beschäftigungsverhältnisses dar. Nach dem Betriebsverfassungsgesetz ist der Arbeitgeber verpflichtet, vor der Einstellung eines Arbeitnehmers den Betriebsrat zu unterrichten und dessen Zustimmung einzuholen. Verweigert der Betriebsrat seine Zustimmung, so hat der Arbeitgeber nach § 99 Abs. 4 BetrVG beim Arbeitsgericht die Ersetzung der Zustimmung zu beantragen. Die Zustimmung des Betriebsrats oder die Ersetzung der Zustimmung durch das Arbeitsgericht nach § 99 BetrVG ist für die Begründung des Beschäftigungsverhältnisses erforderlich. Diese Verpflichtung trifft den Arbeitgeber gegenüber dem Betriebsrat. Davon hängt die Durchführung eines etwaigen Arbeitsvertrages zwischen dem potenziellen Bewerber und dem Arbeitgeber ab, so dass die Übermittlung der personenbezogenen Daten an den Betriebsrat aufgrund des Zwecks „*Begründung des Beschäftigungsverhältnisses*" bzw. der vorvertraglichen Maßnahmen erforderlich ist. Art. 6 Abs. 1 S. 1 lit. b Var. 2 DSGVO kann damit als Erlaubnisnorm für die Datenübermittlung an den Betriebsrat herangezogen werden.

### c. Art. 6 Abs. 1 S. 1 lit. c DSGVO i. V. m. § 99 Abs. 1 S. 1 BetrVG

Weiterhin könnte Art. 6 Abs. 1 S. 1 lit. c DSGVO als Erlaubnisnorm fungieren. Danach muss die Datenübermittlung zur Erfüllung einer rechtlichen Verpflichtung erforderlich sein, der der Verantwortliche unterliegt. Die Vorschrift stellt keine eigenständige Erlaubnisnorm dar, sondern es muss sich die Verpflichtung aus einer nationalen Vorschrift ergeben.[241] Nach dem EuGH genügt es, wenn der Verantwortliche seine rechtliche Pflicht ohne die Verarbeitung nicht oder nicht vollständig erfüllen kann.[242] Der Arbeitgeber ist nach § 99 Abs. 1 S. 1 BetrVG verpflichtet, dem Betriebsrat die Bewerbungsunterlagen vorzulegen, sodass eine rechtliche Verpflichtung besteht.[243] Für die Anwendung dieser gesetzlichen Erlaubnisnorm muss Art. 6 Abs. 3 DSGVO eingehalten werden. Nach Art. 6 Abs. 3 S. 1 lit. b DSGVO ist die erforderliche Rechtsgrundlage mit der Regelung des § 99 BetrVG durch das Recht der Mitgliedstaaten, dem der Verantwortliche unterliegt, festgelegt. ErwG 45 S. 2 bestimmt, dass nicht für jede einzelne Verarbeitung ein spezifisches Gesetz gegeben sein muss. Vielmehr reicht bereits ein Gesetz als Grundlage für mehrere Verarbeitungsvorgänge aus (vgl. ErwG 45 S. 3). Nach dessen Art. 6 Abs. 3 S. 2 DSGVO muss der Zweck der Verarbeitung in dieser Rechtsgrundlage festgelegt sein. Es handelt sich um eine Konkretisierung des Zweckbindungsgrundsatzes nach Art. 5 Abs. 1 lit. b DSGVO. Hinsichtlich Art. 6 Abs. 3 S. 2 DSGVO soll nach Ansicht vereinzelter Stimmen in der Literatur der Gesetzgeber die Zweckfestlegung lediglich hinreichend bestimmt

241 *HBDI*, Handreichung zur Verarbeitung personenbezogener Daten von Beschäftigten, S. 7 („Scharniernorm").
242 EuGH, Urt. v. 09.11.2023 – C-319/22, Rn. 56 ff., BeckRS 2023, 30962.
243 *Stark*, Aufgabenwahrnehmung des Betriebsrats, S. 244.

vorkonturieren.[244] Da sich die Zweckfestlegung an den Mitgliedstaat richte, müsse keine Zweckfestlegung im Detail erfolgen. Diese muss nach der Systematik der DSGVO vielmehr der Verantwortliche übernehmen. Denn der Verantwortliche muss festgelegte, eindeutige und legitime Zwecke verfolgen (Art. 5 Abs. 1 lit. b DSGVO), da diesen die Pflichten der DSGVO treffen. § 99 BetrVG enthält keine solche ausdrückliche Zweckfestsetzung. Auch die restlichen Bestimmungen des BetrVG sehen eine solche Zweckfestsetzung hinsichtlich der Verarbeitung personenbezogener Beschäftigtendaten nicht vor.[245] Vielmehr wurde dieser Zweck durch § 26 Abs. 1 S. 1 Var. 4 BDSG festgelegt. Hiernach liegt der Zweck in der *„Ausübung oder Erfüllung der sich aus einem Gesetz [...] ergebenden Rechte und Pflichten der Interessenvertretung“*. Wie *Lücke* zutreffend festgestellt hat, stellt diese Ergänzung rechtsdogmatisch den *„Link zwischen den Art. 6 und 88 DS-GVO und den Bestimmungen des BetrVG“* dar.[246] Durch die Vorschrift des § 26 Abs. 1 S. 1 Var. 4 BDSG legt der deutsche Gesetzgeber den Zweck i. S. d. Art. 6 Abs. 3 S. 2 DSGVO fest. Nach Art. 6 Abs. 3 S. 3 DSGVO können in dieser Rechtsgrundlage spezifische Bestimmungen zur Anpassung der Anwendung der Vorschriften dieser Verordnung erlassen werden. Da es sich hierbei um eine *„kann“*-Bestimmung handelt, muss diese Vorgabe nicht zwingend erfüllt werden.

Weiterhin ist nach Art. 6 Abs. 3 S. 4 DSGVO erforderlich, dass das Recht der Mitgliedstaaten ein im öffentlichen Interesse liegendes Ziel verfolgen und in einem angemessenen Verhältnis zu dem verfolgten legitimen Zweck stehen. Nach *Lücke* ist dies beim BetrVG der Fall.[247] *Selk* hingegen verneint diese Anforderung, da das BetrVG vor allem Rechte des Betriebsrates konstituiert und keine öffentlichen Interessen verfolge.[248] Auch *Klebe/Schmidt/Klengel* meinen, dass der Betriebsrat im Interesse der Arbeitnehmerinnen und Arbeitnehmer handelt, was darauf hindeuten kann, dass das BetrVG keine öffentlichen Interessen verfolgt.[249]

Das öffentliche Interesse wird in der DSGVO nicht definiert. Die englische Sprachfassung spricht von *„public interest“* und wird in der DSGVO an über 70 Stellen verwendet (z. B. Art. 14 Abs. 5 lit. b, Art. 17 Abs. 3 lit. b DSGVO). Die DSGVO unterscheidet zwischen öffentlichen Interessen, wichtigen öffentlichen Interessen (z. B. Art. 18 Abs. 2, Art. 49 Abs. 1 lit. d DSGVO) und erheblichen öffentlichen Interessen (z. B. Art. 9 Abs. 2 lit. g DSGVO). In der DSGVO finden sich jedoch Anhaltspunkte, was als öffentliches Interesse anerkannt ist. Demnach sind unter anderem der Zugang zu amtlichen Dokumenten (ErwG 154

---

244 *Assion/Nolte/Veil*, in: Gierschmann et al., Art. 6 Rn. 163.

245 *Selk*, in: Ehmann/Selmayr, Art. 88 Rn. 194; wohl aA *Stark*, Aufgabenwahrnehmung des Betriebsrats, S. 243 f.

246 *Lücke*, NZA 2019, 658, 662; ebenso *Wybitul*, NZA 2017, 413, 415.

247 *Lücke*, NZA 2019, 658, Fn. 59. Unter der österreichischen Rechtslage ebenfalls vertretend *Renner*, Rolle des Betriebsrates, S. 76.

248 *Selk*, in: Ehmann/Selmayr, Art. 88 Rn. 194.

249 *Klebe/Schmidt/Klengel*, in: Gräfl et al., Betriebsverfassungsrecht, S. 303, 319.

S. 2), die Archivzwecke, wissenschaftliche oder historische Forschungszwecke sowie statistische Zwecke (ErwG 156 S. 1), Verarbeitungen für „*humanitäre Zwecke einschließlich der Überwachung von Epidemien und deren Ausbreitung oder in humanitären Notfällen insbesondere bei Naturkatastrophen oder vom Menschen verursachten Katastrophen*“ (ErwG 46 S. 3) und die öffentliche Gesundheit (ErwG 53 S. 1) als öffentliches Interesse anerkannt. Ferner wird die Verarbeitung personenbezogener Daten durch staatliche Stellen zu verfassungsrechtlich oder völkerrechtlich verankerten Zielen von staatlich anerkannten Religionsgemeinschaften (ErwG 55), der Schutz von Menschenleben insbesondere bei Naturkatastrophen oder vom Menschen verursachten Katastrophen, die Verhütung, Aufdeckung und Verfolgung von Straftaten oder die Strafvollstreckung oder die Verhütung, Aufdeckung und Verfolgung von Verstößen gegen Berufsstandsregeln bei reglementierten Berufen und das Führen öffentlicher Register (ErwG 73 S. 1) zu den öffentlichen Interessen gezählt. Nach *Kamann/Braun* zählen zu den öffentlichen Interessen insbesondere die in Art. 23 Abs. 1 DSGVO genannten Zwecke.[250] Hiernach zählen insbesondere die nationale Sicherheit, die Landesverteidigung und die öffentliche Sicherheit zu den öffentlichen Interessen (vgl. auch ErwG 73 S. 1). Nach dem Verwaltungsgerichtshof Baden-Württemberg liegt ein öffentliches Interesse darin, Informationen über Verstöße gegen das Lebensmittelrecht bekanntzugeben.[251] Das VG Mainz sieht in den Ethik-Rahmen-Leitlinien (Leitlinie (EU) 2015/856) ein öffentliches Interesse als gegeben an.[252]

Um ein gleichmäßiges und hohes Datenschutzniveau zu gewährleisten, wird von *Buchner/Petri* vertreten, den „*Begriff des öffentlichen Interesses allerdings ähnlich wie das Merkmal der Erforderlichkeit EU-weit möglichst einheitlich*“ auszulegen.[253] Denn ansonsten würde den einzelnen Mitgliedstaaten die Möglichkeit eröffnet, durch eine möglichst weite Auslegung des Begriffs die Vorgaben der DSGVO zu umgehen. Allerdings wird anerkannt, dass durch Art. 6 Abs. 2 DSGVO sowie ErwG 10 den Mitgliedstaaten der Raum gelassen wird, wie die Begrifflichkeiten konkretisiert werden.

Die vorstehenden Ausführungen zeigen, dass hohe Anforderungen an das öffentliche Interesse zu stellen sind. Dieses Interesse ist europarechtlich einheitlich auszulegen, um einen möglichst effektiven und einheitlichen Schutz in der Europäischen Union zu gewährleisten. Der Schutz der Arbeitnehmer wird in den Artt. 15, 27 ff. GRCh gewährleistet, welches als öffentliches Interesse anzusehen ist. Das BetrVG enthält insbesondere Rechte des Betriebsrates. Es geht darum, im Interesse der Arbeitnehmer zu handeln. Dies wird durch § 2 Abs. 1 BetrVG

250 *Kamann/Braun*, in: Ehmann/Selmayr, DSGVO, Art. 21 Rn. 23.

251 VGH Baden-Württemberg, Beschl. v. 13.12.2019 – 10 S 1891/19, Rn. 25 – juris.

252 VG Mainz, Urt. v. 15.11.2019 – 4 K 32/19.MZ, Rn. 130, BeckRS 2019, 38470.

253 *Buchner/Petri*, in: Kühling/Buchner, Art. 6 DSGVO, Rn. 87 f. („Belange der öffentlichen Sicherheit, wirtschaftliche oder finanzielle Interessen der Union oder eines Mitgliedstaats sowie Fragen der öffentlichen Gesundheit und der sozialen Sicherheit“).

deutlich, wonach Arbeitgeber und Betriebsrat *„zum Wohl der Arbeitnehmer und des Betriebs“* zusammenarbeiten sollen. § 49 Abs. 1 BetrVG 952 enthielt noch die Formulierung, dass auch das Gemeinwohl berücksichtigt wird.[254] Aus dieser Streichung wird jedoch überwiegend nicht geschlossen, dass die Kollektivparteien keine überbetrieblichen Arbeitnehmerinteressen in die Verhandlungen einschließen lassen können.[255] Die Streichung dieser Formulierung solle nicht überbewertet werden. Daraus ist zu schließen, dass das BetrVG insgesamt auch ein öffentliches Interesse verfolgt und auf die Belange der Allgemeinheit Rücksicht nimmt.

Die personelle Einzelmaßnahme des § 99 Abs. 1 S. 1 BetrVG muss eine spezifischere Bestimmung zur Anpassung der Anwendung der Vorschriften der DSGVO nach Art. 6 Abs. 2 DSGVO darstellen. Eine solche spezifischere Bestimmung stellt § 99 BetrVG jedoch nicht dar (vgl. Vierter Teil, § 17, A., II., 2., a.). § 99 BetrVG kann demnach nicht als rechtliche Verpflichtung i. S. d. Art. 6 Abs. 1 S. 1 lit. c, Abs. 2, 3 DSGVO angesehen werden.

#### d. Art. 6 Abs. 1 S. 1 lit. f DSGVO

Als Erlaubnisnorm kann neben Art. 6 Abs. 1 S. 1 lit. b Var. 2 DSGVO auch Art. 6 Abs. 1 S. 1 lit. f DSGVO herangezogen werden (vgl. ausführlich Vierter Teil, § 21). Diese Norm kann zur Rechtmäßigkeit der Datenübermittlung führen, wenn und soweit die Vorgaben des § 99 Abs. 1 BetrVG umgesetzt werden sollen (vgl. auch § 26 Abs. 1 S. 1 Var. 4 BDSG). Es liegt im Interesse des Arbeitgebers, die Vorgaben des BetrVG umzusetzen. Gegenläufige Interessen des Bewerbers werden in aller Regel nicht vorliegen.

### 3. Erforderlichkeit

Die Übermittlung der Unterlagen des Bewerbers an den Betriebsrat durch den Arbeitgeber ist nur dann datenschutzrechtlich als rechtmäßig zu erachten, wenn die Verarbeitung auch erforderlich ist (vgl. Art. 6 Abs. 1 S. 1 lit. b Var. 2 DSGVO und keine gegenläufigen Interessen des Bewerbers bestehen (vgl. Art. 6 Abs. 1 S. 1 lit. f DSGVO). Nach dem BAG ist die datenschutzrechtliche Erforderlichkeit gegeben, wenn dem Betriebsrat eine betriebsverfassungsrechtliche Aufgabe nach dem BetrVG zusteht.[256] Insoweit sei auch keine Einzelfallabwägung der verschiedenen Interessen des Betriebsrates und des Arbeitgebers bzw. Arbeitnehmers vorzunehmen, da der Gesetzgeber diese Abwägung bereits durch

---

254 *Fitting*, BetrVG, § 2 Rn. 20, 57.

255 *Fitting*, BetrVG, § 2 Rn. 20 m. w. N.; *Krause*, RdA 2009, 129, 137.

256 BAG, Beschl. v. 07.05.2019 – 1 ABR 53/17, Rn. 43, NZA 2019, 1218; BAG, Beschl. v. 09.04.2019 – 1 ABR 51/17, Rn. 41, NZA 2019, 1055 (bezogen auf § 80 Abs. 2 S. 1 BetrVG); ebenso LAG Köln, Beschl. v. 19.07.2019 – 9 TaBV 125/18, Rn. 37, BeckRS 2019, 29458; Ebenso *Heuschmid*, SR 2019, 1, 11; aA *Wybitul*, NZA 2017, 413, 419.

§ 26 Abs. 1 S. 1 BDSG vorgenommen habe. Begründet wird dies mit § 26 Abs. 6 BDSG, wonach die Beteiligungsrechte unberührt bleiben.

Dieser Ansicht des BAG ist jedoch zu widersprechen. Zunächst deutet der Wortlaut des § 26 Abs. 1 S. 1 BDSG („*erforderlich ist*") darauf hin, dass eine zusätzliche datenschutzrechtliche Erforderlichkeitsprüfung durchzuführen ist.[257] Aus einer betriebsverfassungsrechtlichen Zulässigkeit folgt nicht automatisch eine datenschutzrechtliche Zulässigkeit. Nur im Rahmen der datenschutzrechtlichen Zulässigkeit wird geprüft, ob es mildere und zumutbare Mittel gibt, die Zweck der Datenverarbeitung erfüllt. Diese Voraussetzungen müssen im Rahmen der Prüfung des Tatbestandsmerkmals der Erforderlichkeit des § 26 Abs. 1 S. 1 BDSG erfolgen. Zudem ist nicht erkennbar, dass der Gesetzgeber sich mit der Frage beschäftigt hat, ob das BetrVG, welches lange Zeit vor der DSGVO in Kraft trat, den Anforderungen des Art. 88 DSGVO genüge.

Die Erforderlichkeit muss sowohl hinsichtlich des BetrVG als auch hinsichtlich des BDSG geprüft werden.[258] Erforderlich ist eine zweistufige Prüfung zwischen dem betriebsverfassungsrechtlichen und dem datenschutzrechtlichen Begriff der Erforderlichkeit, wobei diesen Begriffen durchaus eine Wechselwirkung zukommen kann. Die Weitergabe personenbezogener Daten kann nicht mehr allein durch Verweis auf ein möglicherweise bestehendes Mitbestimmungs- oder Beteiligungsrecht des Betriebsrats gerechtfertigt werden. Sie ist nur gegeben, wenn der Interessenvertretung die Aufgabe der Verarbeitung der personenbezogenen Daten des Bewerbers durch das BetrVG zugewiesen wurde.[259] Fehlt eine solche betriebsverfassungsrechtliche Aufgabe des Betriebsrates, so kann die Datenverarbeitung nicht als datenschutzrechtlich erforderlich angesehen werden. Die Erforderlichkeit ist zum Beispiel nicht gegeben, wenn das BetrVG nur ein Recht auf Einsichtnahme zulässt und der Arbeitgeber an den Betriebsrat eine Kopie der Daten übermitteln möchte.[260] Eine Erforderlichkeit kann auch dann nicht

---

257 *Böhm*, Anmerkung zu BAG, Beschl. v. 07.05.2019 – 1 ABR 53/17, NZA-RR 2019, 531, 532; *Böhm/Brams*, NZA 2020, 449, 454; *Dzida*, BB 2019, 3060, 3061 (ohne die Prüfung der berechtigten Interessen und der Grundrechte der betroffenen Person wäre § 26 Abs. 1 BDSG europarechtswidrig).

258 VGH München, Beschl. v. 21.05.2019 – 17 P 18.2581, Rn. 31, BeckRS 2019, 15935 („wobei personalvertretungsrechtliche Datenübermittlungen auch nicht gegen unionsrechtliche Datenschutzvorgaben verstoßen dürfen"); *Gola/Pötters*, RDV 2017, 111, 114; *Lelley/Bruck/Yildiz*, BB 2018, 2164, 2172; *Scholz/Fröhlich*, in: Dornbusch et al., AR, Art. 88 DSGVO, Rn. 25; *Staben*, ZfA 2020, 287, 301; *Steiner/Wedde*, in: Wedde, Datenschutz, G., Rn. 41 („Verbot mit kollektivrechtlichen Erlaubnistatbeständen"); *Wybitul*, NZA 2017, 413, 415; *Wybitul/Böhm*, Anmerkung zu LAG Sachsen-Anhalt, Beschl. v. 18.12.2018 – 4 TaBV 19/17, NZA-RR 2019, 259, 260; aA *Höhne*, Art. 88 DSGVO, S. 168; *Middel*, AuR 2018, 411, 417 („Erforderlichkeitsmaßstab ist demnach betriebsverfassungsrechtlicher Natur").

259 *Beckschulze/Fackeldey*, RDV 2013, 109, 118; *Culik*, Beschäftigtendatenschutz, S. 178; *Gola*, Beschäftigtendatenschutz, Rn. 1659; *Joussen*, ZfA 2012, 235, 248; *Lelley/Bruck/Yildiz*, BB 2018, 2164, 2172; *Lücke*, NZA 2019, 658, 663.

260 BAG, Beschl. v. 15.06.1976 – 1 ABR 116/74, BB 1976, 1223.

angenommen werden, wenn die Aufgabe des Betriebsrates auch mit Hilfe von anonymisierten Daten erfolgen kann (zu den anonymisierten Daten vgl. Zweiter Teil, § 6, C., I., 1.).[261]

## III. Anforderungen des § 99 BetrVG

Nach § 99 Abs. 1 S. 1 BetrVG hat in Unternehmen mit in der Regel mehr als zwanzig wahlberechtigten Arbeitnehmern der Arbeitgeber den Betriebsrat vor jeder Einstellung, Eingruppierung, Umgruppierung und Versetzung zu unterrichten, ihm die erforderlichen (1) „*Bewerbungsunterlagen*" (2) „*vorzulegen*" und Auskunft über die Person der Beteiligten zu geben; er hat dem Betriebsrat unter Vorlage der erforderlichen Unterlagen Auskunft über die Auswirkungen der geplanten Maßnahme zu geben und die Zustimmung des Betriebsrats zu der geplanten Maßnahme einzuholen. Der Betriebsrat muss sich (3) nach § 99 Abs. 3 S. 1 BetrVG an eine bestimmte Frist halten.

### 1. Bewerbungsunterlagen

Der Arbeitgeber hat dem Betriebsrat nach § 99 Abs. 1 S. 1 BetrVG die erforderlichen „*Bewerbungsunterlagen*" vorzulegen. Der Normzweck liegt darin, dass der Betriebsrat sein Recht nur dann ausüben kann, wenn er die vom Arbeitgeber ermittelten und von diesem für auswahlrelevant gehaltenen Daten und Unterlagen kennt, damit er sein Recht auf Stellungnahme nach § 99 Abs. 2 BetrVG ausüben kann.[262] Dem Betriebsrat steht damit eine betriebsverfassungsrechtliche Aufgabe zu.

Der Begriff „*Bewerbungsunterlagen*" erfasst nicht nur Unterlagen, die vom Bewerber selbst herrühren. Vielmehr werden darunter auch solche Unterlagen verstanden, die vom Arbeitgeber stammen und sich über den Bewerber verhalten.[263] Dazu zählen etwa Personalfragebögen i. S. d. § 94 BetrVG, schriftliche Auskünfte von dritter Seite und Ergebnisse von Tests oder Einstellungsprüfungen. Nach dem LAG Köln können dies auch Informationen sein, die einem

---

261 LAG Hamburg, Beschl. v. 26.11.2009 – 7 TaBV 2/09, Rn. 137, juris; *Beckschulze/Fackeldey*, RDV 2013, 109, 118; *Gola,* Beschäftigtendatenschutz, Rn. 1661; *Lelley/Bruck/Yildiz*, BB 2018, 2164, 2172; *Lücke*, NZA 2019, 658, 662 f. (unter Bezugnahme auf BVerwG, NZA-RR 2014, 387); *Stück*, ZD 2019, 346, 347. Vgl. auch zum Personalrat VG Darmstadt, Beschl. v. 30.07.2019 – 23 K 2160/18.DA.PV, wonach die Kenntnis von Namen und Identität der betroffenen Personen ist zur Wahrnehmung der Überwachungsangabe aus §§ 62 Abs. 1 Nr. 2, 61 Abs. 1 HPVG nicht erforderlich ist.

262 BAG, Beschl. v. 14.04.2015 – 1 ABR 58/13, Rn. 18, NZA 2015, 1081; *Groß*, ArbRAktuell 2016, 7, 8; *Preis/Greiner*, Kollektivarbeitsrecht, Rn. 2474.

263 BAG, Beschl. v. 28.06.2005 – 1 ABR 26/04, Rn. 23, BeckRS 2005, 43746; BAG, Beschl. v. 14.12.2004 – 1 ABR 55/03, AP BetrVG 1972 § 99 Nr. 122; LAG Köln, Beschl. v. 15.05.2020 – 9 TaBV 32/19, Rn. 44, NZA-RR 2021, 76; LAG Hamm, Beschl. v. 26.09.2003 – 10 TaBV 63/03, NZA-RR 2004, 305, 307; *Groß*, ArbRAktuell 2016, 7, 9; aA *Stege/Weinspach/Schiefer*, BetrVG, §§ 99-101, Rn. 34.

Team-Chat zwischen einem Recruiter und dem Bewerber ausgetauscht worden sind. Denn in diesem Bewerbungsmanagementsystem können Bewertungen und Kommentare der Recruiter hinterlegt sein.[264] Erforderlich ist jedoch, dass diese Unterlagen für die Auswahlentscheidung von Bedeutung sind. Die Unterlagen müssen einen „*Aussagegehalt in Bezug auf die Leistungen, Fähigkeiten und Persönlichkeit des Bewerbers haben*".[265] Nach dem BAG zählen dazu nicht die während eines Bewerbungsgesprächs gefertigten Notizen, die der Arbeitgeber nur als Erinnerungsstütze gefertigt hat, da in diesem Fall die Notizen nicht für die Auswahlentscheidung relevant sind.[266] Zu den Bewerbungsunterlagen zählen jedoch sämtliche vom Bewerber zur Person gemachten Angaben sowie beigebrachten Unterlagen (z. B. Zeugnisse, Lebenslauf, Lichtbild). Dabei sind nach überwiegender Auffassung die Bewerbungsunterlagen aller Bewerber dem Betriebsrat vorzulegen, auch von denen, die der Arbeitgeber nicht einstellen will.[267] Eine Ausnahme wird nur bei den Bewerbern gemacht, die sich für eine andere Stelle beworben bzw. ihre Bewerbung vorher zurückgezogen haben oder offensichtlich nicht die fachliche Qualifikation besitzen.[268] Der Grund für die umfangreiche Unterrichtung wird darin gesehen, dass der Betriebsrat in die Lage versetzt werden soll, die er benötigt, damit er sein Recht auf Stellungnahme nach § 99 Abs. 2 BetrVG bzw. seine Überwachungsaufgaben nach § 80 BetrVG sachgerecht ausführen kann. Zudem soll diesem die Möglichkeit gegeben werden, Anregungen für die Auswahl der Bewerber zu geben. Nicht erforderlich ist es aber, eine namentliche Liste der Bewerber zu übermitteln, die der Arbeitgeber nicht einstellen will.[269] Der Betriebsrat ist auch ohne die Namen der Bewerber in der Lage, sein Recht auf Stellungnahme zu erfüllen. Ausreichend wäre es, wenn die Bewerbungsunterlagen nur eine Aussage darüber geben, ob der Bewerber männlich, weiblich oder divers ist.

---

264 LAG Köln, Beschl. v. 15.05.2020 – 9 TaBV 32/19, Rn. 57, NZA-RR 2021, 76.

265 *Raab*, in: Wiese et al., GK-BetrVG, § 99 Rn. 142.

266 BAG, Beschl. v. 14.4.2015 – 1 ABR 58/13, Rn. 19 f., NZA 2015, 1081; aA *Schulze/Ratzesberger*, ArbRAktuell 2015, 497, 499.

267 BAG, Beschl. v. 14.04.2015 – 1 ABR 58/13, Rn. 18, NZA 2015, 1081; BAG, Beschl. v. 21.10.2014 – 1 ABR 10/13, Rn. 29, NZA 2015, 311; BAG, Beschl. v. 14.12.2004 – 1 ABR 55/03, AP BetrVG 1972 § 99 Nr. 122; *Gerhardt*, in: Grobys/Panzer-Heemeier, Arbeitsrecht, Einstellung, Rn. 18; *Groß*, ArbRAktuell 2016, 7, 8; *Klebe/Schmidt/Klengel*, in: Gräfl et al., Betriebsverfassungsrecht, S. 303, 310; *Koch*, in: Schaub, Arbeitsrecht, § 241 Rn. 25, 29; *Möhren*, in: Hümmerich et al., Arbeitsrecht, § 3 Rn. 9, 56; *Preis/Greiner*, Kollektivarbeitsrecht, Rn. 2474; *Thüsing*, in: Richardi, BetrVG, § 99 Rn. 166, 168; aA wohl *Raab*, in: Wiese et al., GK-BetrVG, § 99 Rn. 141, 146.

268 *Raab*, in: Wiese et al., GK-BetrVG, § 99 Rn. 146 m. w. N.

269 Ebenso VGH München, Beschl. v. 21.05.2019 – 17 P 18.2581, Rn. 32 ff., BeckRS 2019, 15935.

## 2. Vorlage

Weiterhin ist erforderlich, dass die Bewerbungsunterlagen dem Betriebsrat „*vorgelegt*“ werden. Nach der früheren Rechtsprechung BAG und Teilen der Literatur bedeutet Vorlage, „*dass der Arbeitgeber dem Betriebsrat die Unterlagen für die Dauer der gesetzlichen Entscheidungsfrist tatsächlich zur Verfügung zu stellen und zu überlassen und damit dem Zustimmungsantrag in der Regel beizufügen hat*“.[270] Begründet wird diese Auslegung mit dem Sinn und Zweck des § 99 BetrVG und der Praktikabilität. Der Betriebsrat habe so die Möglichkeit im Gremium eigene Vorschläge zu unterbreiten. Diese Entscheidung wird in der Sitzung des Betriebsrats nach §§ 29, 33 BetrVG getroffen, an der der Arbeitgeber grundsätzlich nicht teilnimmt. Schon aus diesem Grund müssen die Bewerbungsunterlagen aus der Hand gegeben werden. Eine Abschrift der Unterlagen sei jedoch nicht zulässig, da der Betriebsrat keine Personalverwaltung aufbauen soll. Nach dem LAG Köln erscheint sogar ein Lesezugriff auf das Bewerbermanagement-Tool denkbar.[271] Eine aktuelle Rechtsprechung des BAG deutet aber eine Kehrtwende der Rechtsprechung an. Führt der Arbeitgeber den Bewerbungsprozess um eine ausgeschriebene Stelle mithilfe eines Softwareprogramms digital durch, genügt der Arbeitgeber nach Ansicht des BAG seiner Pflicht zur Vorlage der Bewerbungsunterlagen an den Betriebsrat nach § 99 Abs. 1 S. 1 BetrVG, wenn er dessen Mitgliedern für die Dauer des Zustimmungsverfahrens ein auf die im Programm hinterlegten Bewerbungsunterlagen bezogenes Einsichtsrecht gewährt, das sie mithilfe von ihnen zur Verfügung gestellten Laptops jederzeit nutzen können, und die Möglichkeit besteht, Notizen anzufertigen.[272]

In der Literatur und auch in der früheren Instanzrechtsprechung wird bzw. wurde hingegen davon ausgegangen, dass dem Betriebsrat lediglich ein Einsichtsrecht zustehe und eine Aushändigung der Bewerbungsunterlagen nicht zu erfolgen habe.[273] Dies folge aus einem Umkehrschluss zu § 80 Abs. 2 BetrVG, wonach nach dieser Vorschrift ausdrücklich die Unterlagen zur Verfügung gestellt werden müssen.

---

270 BAG, Beschl. v. 14.12.2004 – 1 ABR 55/03, AP BetrVG 1972 § 99 Nr. 122; BAG, Beschl. v. 03.12.1985 – 1 ABR 72/83, NZA 1986, 335; ebenso LAG Frankfurt v. 09.01.1973 – 5 Ta BV 33/72, ArbuR 1974, 28; *Bachner/Wenckebach*, in: Däubler et al., BetrVG, § 99 Rn. 162; *Dahm*, in: Löwisch et al., BetrVG, § 99 Rn. 110; *Groß*, ArbRAktuell 2016, 7, 9; *Koch*, in: Schaub, Arbeitsrecht, § 241 Rn. 32; *Lützeler/Kopp*, ArbRAktuell 2015, 491, 493; *Stark*, Aufgabenwahrnehmung des Betriebsrats, S. 307; *Thüsing*, in: Richardi, BetrVG, § 99 Rn. 172; *Wahlers*, jurisPR-ITR 5/2019, Anm. 5.

271 LAG Köln, Beschl. v. 15.05.2020 – 9 TaBV 32/19, Rn. 47 ff., NZA-RR 2021, 76; ähnlich *Gola*, RDV 2022, 180, 186.

272 BAG, Beschl. v. 13.12.2023 – 1 ABR 28/22, NZA 2024, 636.

273 LAG Berlin, Beschl. v. 29.09.1983 – 7 TaBV 7/83; *Galperin/Löwisch*, BetrVG, § 99 Rn. 48; *Heinze*, Personalplanung, Rn. 242; *Huke*, in: Hess et al., BetrVG, § 99 Rn. 146; *Raab*, in: Wiese et al., GK-BetrVG, § 99 Rn. 154; *Stege/Weinspach/Schiefer, BetrVG*, §§ 99–101, Rn. 38.

§ 99 Abs. 1 S. 1 BetrVG verwendet den Begriff „*vorzulegen*“ ebenso wie § 108 Abs. 3, § 115 Abs. 7 Nr. 5 und § 116 Abs. 6 Nr. 2 BetrVG. Nach dem Duden bedeutet dies „*etwas vor jemanden zur Ansicht, Begutachtung, Bearbeitung o. Ä. hinlegen*“.[274] Die Wortbedeutung deutet damit darauf hin, dass die Unterlagen dem Betriebsrat lediglich vor Ort hinzulegen sind („*vor jemanden [...] hinlegen*“). Im Vergleich hierzu muss der Arbeitgeber nach § 80 Abs. 2 S. 2, Hs. 1 BetrVG dem Betriebsrat die Unterlagen „*zur Verfügung stellen*“. Diese Formulierung findet sich auch in § 18a Abs. 2 S. 2, § 40 Abs. 2, § 70 Abs. 2 S. 2 und § 120 Abs. 1 Nr. 3b BetrVG wieder. Diese Formulierung deutet darauf hin, dass die Unterlagen dem Betriebsrat überlassen werden sollen. Deutlich macht dies insbesondere § 40 Abs. 2 BetrVG. Danach hat der Arbeitgeber dem Betriebsrat für dessen Sitzungen, die Sprechstunden und die laufende Geschäftsführung in erforderlichem Umfang Räume, sachliche Mittel, Informations- und Kommunikationstechnik sowie Büropersonal zur Verfügung zu stellen. Das deutet darauf hin, dass die Ausstattungen für längere Zeit dem Betriebsrat überlassen werden müssen. Es sprechen daher die stärkeren Argumente dafür, dem Betriebsrat nur ein Einsichtsrecht in die Bewerbungsunterlagen zuzugestehen. Dieser Auffassung hat sich auch das BAG angeschlossen. Aufgrund der fortschreitenden Digitalisierung bietet sich für den Gesetzgeber jedoch an, eine Klarstellung und eine Gesetzesänderung vorzunehmen, damit solche Vorgänge auch auf elektronischem Wege vorgenommen werden können.

### 3. Frist

§ 99 Abs. 3 S. 1 BetrVG besagt, dass der Betriebsrat seine Zustimmung unter Angabe von Gründen „*innerhalb einer Woche*“ nach Unterrichtung durch den Arbeitgeber schriftlich verweigern kann. Das Gesetz geht damit grundsätzlich davon aus, dass der Betriebsrat die Unterlagen nicht länger als eine Woche benötigt. Sinn und Zweck dieser Frist ist es, die Erfolgsaussichten eines Zustimmungsersetzungsverfahrens abschätzen zu können.[275] Sofern der Arbeitgeber den Betriebsrat ordnungsgemäß unterrichtet hat, ist nach Ablauf dieser Woche, der Zweck des Mitbestimmungsrechts nach § 99 BetrVG erloschen. Danach sind die Notizen zu den Bewerbungen zu löschen, es sei denn, Arbeitgeber und Betriebsrat haben sich einvernehmlich auf eine längere Frist geeinigt.[276] Eine kürzere Frist soll nicht möglich sein. Aus Rechtssicherheitsaspekten erscheint es nach der hier vertretenen Ansicht aber geboten, den Bewerber über den Be-

---

274 Definition „vorlegen“ beim Duden-Online, https://tinyurl.com/yyb39vlp.

275 BAG, Beschl. v. 14.04.2015 – 1 ABR 58/13, Rn. 24, NZA 2015, 1081.

276 BAG, Beschl. v. 14.12.2004 – 1 ABR 55/03, AP BetrVG 1972 § 99 Nr. 122; BAG, Beschl. v. 03.12.1985 – 1 ABR 72/83, NZA 1986, 335; BAG, Beschl. v. 17.05.1983 – 1 ABR 5/80, AP BetrVG 1972 § 99 Nr. 18; *Koch*, in: Schaub, Arbeitsrecht, § 241 Rn. 36a; *Möhren*, in: Hümmerich et al., Arbeitsrecht, § 3 Rn. 55; aA *Thüsing*, in: Richardi, BetrVG, § 99 Rn. 287; wohl auch *Joussen*, ZfA 2012, 235, 249 (Kopien können angefertigt und archiviert werden).

ginn und das Ende der Frist zu unterrichten. Besteht Streit über die Einhaltung der Vorgaben des § 99 BetrVG, so ist im Einzelfall eine längere Speicherung der personenbezogenen Daten geboten. In diesen Fällen ist die Speicherung der Bewerbungsunterlagen weiterhin erforderlich, solange der Grundsatz der Datenminimierung nach Art. 5 Abs. 1 lit. c DSGVO beachtet wird.

## IV. Übermittlungswiderspruch durch Bewerber?

Fraglich und schon seit langer Zeit umstritten ist, ob der Bewerber dem Arbeitgeber wirksam verbieten kann, dass der Arbeitgeber seine Bewerbungsunterlagen an den Betriebsrat übermittelt.

Teilweise wird davon ausgegangen, dass in diesem Fall eine Vorlage der Unterlagen an den Betriebsrat nicht zu erfolgen hat, da dies das allgemeine Persönlichkeitsrecht garantiert.[277] Der Bewerber verzichte auf eine Initiative des Betriebsrates zugunsten seiner Bewerbung, sodass sich der Arbeitgeber nicht über diesen Willen hinwegsetzen dürfe. Nach den Ansichten von *Gola* sowie *Thüsing/Schmidt* muss das Widerspruchsrecht nach Art. 21 Abs. 1 S. 1 DSGVO auch hier entsprechend gelten. Der Bewerber hat es in diesem Fall jedoch hinzunehmen, dass eine Einstellung ohne die Zustimmung des Betriebsrates nicht erfolgen kann. Darauf müsse der Bewerber hingewiesen werden.

Die andere Ansicht, unter anderem das BAG, ist jedoch der Ansicht, dass der Widerspruch des Bewerbers nicht dazu führt, dass der Betriebsrat von den Informationen ausgeschlossen werden kann.[278] Die Rechte des Betriebsrates stehen nicht zur Disposition der Beschäftigten. Der Bewerber, der sich um eine Stelle bewirbt, muss den Informationsfluss an den Betriebsrat in Kauf nehmen. Zudem sei ein Schutz des Bewerbers durch die Geheimhaltungspflicht des Betriebsrats nach § 99 Abs. 1 S. 3 Hs. 2, § 79 Abs. 1 S. 2 bis 4 BetrVG sowie durch den begrenzten Umfang der Vorlagepflicht gegeben. Außerdem wisse jeder Bewerber, dass die Daten an den Betriebsrat übermittelt werden. Nach dem BAG ist ein

---

277 *Adomeit*, DB 1971, 2360; *Heinze*, Personalplanung, Rn. 240; *Ricken*, in: Henssler et al., Arbeitsrecht, § 99 BetrVG, Rn. 54 („Sperrvermerk"); *Thüsing*, in: Richardi, BetrVG, § 99 Rn. 171; *Thüsing/Schmidt*, in: Schwartmann et al., § 26 BDSG, Rn. 19; *Wiedemann*, Anm. zu AP BetrVG 1972 § 99 Nr. 1 („BetrVG bietet keinen Rechtfertigungsgrund für einen Geheimnisbruch"). Nach *Stück*, ArbRAktuell 2020, 153, 156 darf der Arbeitgeber ohne explizite Zustimmung des Bewerbers nur zusammenfassende Ergebnisse von Persönlichkeitstests übermitteln.

278 BAG, Beschl. v. 09.04.2019 – 1 ABR 51/17, Rn. 21, 49, NZA 2019, 1055; *Bachner/Wenckebach*, in: Däubler et al., BetrVG, § 99 Rn. 153; *Brink/Schwab*, RDV 2017, 170, 181; *Dahm*, in: Löwisch et al., BetrVG, § 99 Rn. 110; *Fitting*, BetrVG, § 99 Rn. 182; *Galperin/Löwisch*, BetrVG, § 99 Rn. 47 ff.; *Huke*, in: Hess et al., BetrVG, § 99 Rn. 147; *Jacobi*, ArbRB 2019, 375, 376; *Koch*, in: Schaub, Arbeitsrecht, § 241 Rn. 29; *Raab*, in: Wiese et al., GK-BetrVG, § 99 Rn. 155; *Stege/Weinspach/Schiefer, BetrVG*, §§ 99–101, Rn. 37; *Stück*, ZD 2019, 346, 348; wohl auch *Reiserer*, BB 1992, 2499, 2503.

Widerspruch des Bewerbers nach Art. 21 DSGVO unbedeutend, da die Erfüllung der dem Betriebsrat von Gesetzes wegen zugewiesenen Aufgaben nicht von einer Einwilligung abhängig gemacht werden kann. Würde der Arbeitgeber die Informationen nicht weiterleiten, so wäre eine Ordnungswidrigkeit nach § 121 BetrVG gegeben und die Einstellung könne nach § 101 BetrVG rückgängig gemacht werden. Teilweise wird jedoch gefordert, dass der Arbeitgeber vor einer Weitergabe der Daten an den Betriebsrat den Bewerber darauf hinweisen muss.[279] Nach *Raab* muss im Falle eines Bewerbers, der vom Arbeitgeber nicht eingestellt werden soll, die Möglichkeit gegeben sein, dass durch einen ausdrücklichen Vorbehalt in dem Bewerbungsschreiben, eine Weitergabe der Bewerbungsunterlagen an den Betriebsrat nicht zu erfolgen hat.[280]

Der Arbeitgeber ist nach § 99 Abs. 1 BetrVG gehalten, die erforderlichen Informationen dem Betriebsrat mitzuteilen. Die datenschutzrechtliche Erlaubnis ergibt sich hierbei aus Art. 6 Abs. 1 S. 1 lit. b, f DSGVO. Nach Art. 21 Abs. 1 DSGVO hat die betroffene Person in den Fällen des Art. 6 Abs. 1 S. 1 lit. f DSGVO das grundsätzliche Recht, aus Gründen, die sich aus ihrer besonderen Situation ergeben, jederzeit gegen die Verarbeitung sie betreffender personenbezogener Daten Widerspruch einzulegen (vgl. ausführlich zum Widerspruchsrecht Vierter Teil, § 21, E.). Es ist jedoch kaum ein Grund ersichtlich, welche besondere Situation sich für den Bewerber ergeben sollte, seine personenbezogenen Daten nicht an den Betriebsrat zu übermitteln. Im Grundsatz ist vielmehr davon auszugehen, dass der Arbeitgeber aufgrund der konkreten Vorschrift des § 99 Abs. 1 BetrVG gehalten ist, die Bewerbungsunterlagen des Bewerbers dem Betriebsrat vorzulegen. Nur in besonderen Ausnahmefällen kann eine Unterrichtung unterbleiben. In diesen Fällen ist betriebsverfassungsrechtlich aber keine Zustimmung des Betriebsrates möglich, sodass auch keine wirksame Einstellung erfolgen kann. Zudem greift das Widerspruchsrecht bereits aus dem Grund nicht, da die Übermittlung an den Betriebsrat nicht ausschließlich auf der Erlaubnisnorm des Art. 6 Abs. 1 S. 1 lit. f DSGVO erfolgt. Vielmehr beruht die Datenübermittlung auch auf Art. 6 Abs. 1 S. 1 lit. b DSGVO, sodass ein Widerspruchsrecht ins Leere läuft.

## B. Datenverarbeitung durch den Betriebsrat

Nach dem BetrVG stehen dem Betriebsrat eine Reihe von Mitbestimmungsrechten zu. Ein solches Recht Mitbestimmungsrecht sieht auch § 99 Abs. 1 BetrVG vor. Durch die Vorschrift des § 99 Abs. 1 BetrVG erhält der Betriebsrat Bewerberdaten. Der Umgang mit diesen personenbezogenen Daten des Bewerbers unterliegt den datenschutzrechtlichen Vorschriften. Die DSGVO und im Falle seiner Europarechtskonformität § 26 BDSG gelten auch für die Datenverarbei-

---

279 *Koch*, in: Schaub, Arbeitsrecht, § 241 Rn. 29; *Ricken*, in: Henssler et al., Arbeitsrecht, § 99 BetrVG, Rn. 54.

280 *Raab*, in: Wiese et al., GK-BetrVG, § 99 Rn. 155.

tung durch den Betriebsrat, insbesondere ist die Rechtsgrundlage des Betriebsrats als Teil des Verantwortlichen (vgl. § 79a S. 2 BetrVG) dieselbe wie die des verantwortlichen Arbeitgebers.[281] Während der Arbeitgeber den Zweck der Begründung des Beschäftigungsverhältnisses verfolgt (vgl. § 26 Abs. 1 S. 1 Var. 1 BDSG), liegt der Zweck des Betriebsrates nach *Joussen* allein in der Funktionsfähigkeit der Mitbestimmung.[282] *Renner* geht davon aus, dass sich die Zweckfestsetzung des Betriebsrates aus seiner „*Interessensvertretungsaufgabe*“ ergebe.[283] Entscheidend ist in diesem Zusammenhang allein, dass der Betriebsrat im Rahmen des § 99 BetrVG seine betriebsverfassungsrechtliche Aufgabe wahrzunehmen hat.

Es stellt sich daher die Frage, auf welcher datenschutzrechtlichen Erlaubnisnorm der Betriebsrat die personenbezogenen Daten des Bewerbers im Gremium verarbeitet.

## I. Einschlägige Erlaubnisnormen

Es werden in der Literatur unterschiedliche Ansichten vertreten, auf welche Erlaubnisnormen sich der Betriebsrat bei seiner Datenverarbeitung berufen kann.

### 1. Meinungsstand

Nach *Eder* stellt § 26 Abs. 1 S. 1 BDSG i. V. m. den jeweiligen BetrVG-Regelungen die datenschutzrechtliche Erlaubnisnorm für die Verarbeitung von Beschäftigtendaten beim Betriebsrat dar.[284] Nach *Körner* ist die Datenverarbeitung gerechtfertigt, wenn eine betriebsverfassungsrechtliche Aufgabe bestehe, sodass sich im Verhältnis zu § 75 Abs. 2 BetrVG keine wesentlichen Änderungen ergebe. Zudem bestehe nach Ansicht der Autorin auch ein „*Recht auf personenbezogene Daten*“.[285]

Nach anderer Ansicht kann sich aus dem BetrVG keine datenschutzrechtliche Erlaubnisnorm ergeben. Nach *Selk* sei als Erlaubnisnorm vielmehr auf Art. 6 Abs. 1 S. 1 lit. f bzw. alternativ auf lit. b DSGVO abzustellen. Gerade die Interes-

---

281 BAG, Beschl. v. 07.05.2019 – 1 ABR 53/17, Rn. 45, NZA 2019, 1218; BAG, Beschl. v. 09.04.2019 – 1 ABR 51/17, Rn. 23, NZA 2019, 1055; *Gola*, Beschäftigtendatenschutz, Rn. 1669; *Kleinebrink*, DB 2019, 2577; *Körner*, DSGVO, S. 20, 60; *Kort*, NZA 2019, 502, 504; *Kuß/Langenheim*, CR 2022, 235, 240; *Seifert*, in: Simitis et al., Datenschutzrecht, Art. 88 Rn. 209 f.; *Selk*, in: Forgó et al., Datenschutz, Teil V, Kap. 3, Rn. 137; aA wohl *Heuschmid*, SR 2019, 1, 6 (DSGVO gilt nur, „sofern der nationale Gesetzgeber dies explizit angeordnet hat“).

282 *Joussen*, ZfA 2012, 235, 252.

283 *Renner*, Rolle des Betriebsrates, S. 31.

284 *Eder*, CuA 4/2018, 8, 9; ebenso *Körner*, Rechtswissenschaftliche Beiträge, Heft 27, S. 6 f.

285 *Körner*, Rechtswissenschaftliche Beiträge, Heft 29, S. 5.

senabwägung führe zu einer Erlaubnis, „*wenn und soweit der Betriebsrat Daten nur im Rahmen seiner Pflichten nach dem BetrVG verarbeitet*".[286]

Wiederum andere Stimmen gehen davon aus, dass Art. 6 Abs. 1 S. 1 lit. c, Art. 88 DSGVO, § 26 Abs. 1 S. 1 BDSG i. V. m. den Regelungen des BetrVG als Erlaubnisnorm fungieren.[287] Der Betriebsrat sei zur Ausübung seiner Beteiligungsrechte nach dem BetrVG verpflichtet. Nach *Lücke* reiche ein pauschaler Hinweis auf § 80 BetrVG nicht aus, sondern die datenschutzrechtliche Zulässigkeit ergebe sich dann, wenn sich die Verarbeitung im Rahmen einer betriebsverfassungsrechtlichen Aufgabe bewegt und die Grundsätze des Art. 5 DSGVO eingehalten werden (vgl. § 25 Abs. 5 BDSG). Maßgeblich seien demnach der Aufgabenbezug sowie die Zweckbestimmung. Gegen diese Ansicht spricht sich *Engeler* aus, da derzeit in den Mitbestimmungsgesetzen die notwendigen Rechtsgrundlagen nach Art. 6 Abs. 1 S. 1 lit. c DSGVO fehlen, weil die abstrakten Aufgabenumschreibungen nicht geeignet seien, die Anforderungen des Art. 6 Abs. 3 DSGVO zu erfüllen. Vielmehr müssen konkrete rechtliche Grundlagen geschaffen werden, die Zweck, Modalitäten und Dauer der Datenverarbeitung regeln.[288]

Andere Stimmen der datenschutzrechtlichen Literatur sehen in § 26 Abs. 1 S. 1 Var. 4 BDSG i. V. m. Art. 88 Abs. 1 DSGVO die maßgebliche Erlaubnisnorm für die Verarbeitung personenbezogener Daten beim Betriebsrat.[289] *Däubler* erkennt dabei in § 26 Abs. 1 S. 1 BDSG eine weitgehende Übereinstimmung mit der rechtlichen Verpflichtung i. S. d. Art. 6 Abs. 1 S. 1 lit. c DSGVO. Nach Ansicht des Autors soll für Betriebsräte der Grundsatz der Datensparsamkeit nach Art. 5 Abs. 1 lit. c, 25 DSGVO nicht gelten.[290] Dieser Ansicht ist jedoch nicht zuzustimmen. Es ist nicht ersichtlich, wieso dieser Grundsatz keine Geltung für die Betriebsräte entfalten soll, da auch der Betriebsrat an die Vorgaben der DSGVO gebunden ist.[291]

---

286 *Selk*, in: Forgó et al., Datenschutz, Teil V, Kap. 3, Rn. 140, 147 f.; ebenso *Schulze/Helmrich*, ArbRAktuell 2020, 253, 254; *Wybitul*, ZD 2016, 203, 206.

287 *Brink/Joos*, jurisPR-ArbR 33/2019, Anm. 1; *Klebe/Schmidt/Klengel*, in: Gräfl et al., Betriebsverfassungsrecht, S. 303, 314; *Lücke*, NZA 2019, 658, 663; *Stark*, Aufgabenwahrnehmung des Betriebsrats, S. 338; *Stück*, ZD 2019, 256, 258.

288 *Engeler*, NJOZ 2019, 593, 597 f., 601; wohl auch *Selk*, in: Ehmann/Selmayr, DSGVO, Art. 88 Rn. 194, 196; *ders.*, in: Forgó et al., Datenschutz, Teil V, Kap. 3, Fn. 80; *Stark*, Aufgabenwahrnehmung des Betriebsrats, S. 339 („nicht als spezifischere Bestimmung iSv. Art. 6 Abs. 2, 3 DS-GVO bzw. Art. 88 Abs. 1 DS-GVO anzusehen", anders aber S. 244).

289 *Däubler*, Gläserne Belegschaften, Rn. 640; *Gola*, Beschäftigtendatenschutz, Rn. 1671; *Staben*, ZfA 2020, 287, 300 (spezieller als Art. 6 Abs. 1 S. 1 lit. c).

290 *Däubler*, Gläserne Belegschaften, Rn. 635.

291 Ähnlich *Körner*, Rechtswissenschaftliche Beiträge, Heft 29, S. 8 f.

## 2. Stellungnahme

Aus dem BetrVG lässt sich keine datenschutzrechtliche Erlaubnisnorm herleiten. Der deutsche Gesetzgeber hat zwar in §26 Abs. 1 S. 1 Var. 4 BDSG einen neuen Zusatz hinzugefügt, welcher primär auf die Datenverarbeitung von Interessenvertretungen abstellt. Hiernach dürfen personenbezogene Daten verarbeitet werden, wenn dies *„zur Ausübung oder Erfüllung der sich aus einem Gesetz oder einem Tarifvertrag, einer Betriebs- oder Dienstvereinbarung (Kollektivvereinbarung) ergebenden Rechte und Pflichten der Interessenvertretung der Beschäftigten erforderlich ist*". Vorliegend ergibt sich aus §99 Abs. 1, 2 BetrVG die Aufgabe des Betriebsrats bei der Einstellung gewisse Maßnahmen zu überprüfen, sodass die Norm des §26 Abs. 1 S. 1 Var. 4 BDSG erfüllt wäre. Nach der hier vertretenen Ansicht kann sich aus §26 BDSG aber keine eigenständigen Erlaubnisnormen herleiten (vgl. Vierter Teil, §16, A., III.). Vielmehr ist immer auf die Erlaubnisnormen des Art. 6 Abs. 1 DSGVO zu rekurrieren. Würde der Gesetzgeber die Anforderungen des Art. 88 Abs. 2 DSGVO erfüllen, so könnte diese Vorschrift in Verbindung mit Art. 6 Abs. 1 DSGVO die Datenverarbeitung legitimieren.[292]

Die Verarbeitung des Betriebsrates könnte durch die Erlaubnisnorm des Art. 6 Abs. 1 S. 1 lit. b Var. 2, Art. 88 DSGVO (i. V. m. §26 Abs. 1 S. 1 Var. 4 BDSG, falls man diese Vorschrift als europarechtskonform ansehen würde) legitimiert sein. Dann müsste die Datenverarbeitung des Betriebsrates zur Durchführung vorvertraglicher Maßnahmen erforderlich sein. Entscheidend ist allein die Frage, ob die Verarbeitung beim Betriebsrat unter den Begriff der Erforderlichkeit gefasst werden kann. Diese datenschutzrechtliche Erforderlichkeit bestimmt sich maßgeblich nach der betriebsverfassungsrechtlichen Erforderlichkeit. Alle Verarbeitungen, die zur Erfüllung der Vorgaben des §99 BetrVG betriebsverfassungsrechtlich erforderlich sind, sind in der Regel auch im Rahmen der datenschutzrechtlichen Erforderlichkeit zu berücksichtigen, wobei die datenschutzrechtliche Erforderlichkeit im Einzelfall bestimmt werden muss.

Als weitere Erlaubnisnorm ist die Interessenabwägung nach Art. 6 Abs. 1 S. 1 lit. f DSGVO heranzuziehen (ausführlich zu dieser Erlaubnisnorm unter Vierter Teil, §21).[293] Der Betriebsrat verarbeitet die Bewerberdaten aufgrund der Vorgabe des §99 BetrVG und verfolgt demnach ein berechtigtes Interesse. Gegenläufige Interessen des Bewerbers werden in aller Regel nicht vorhanden sein.

Obwohl es sich bei §99 BetrVG um eine rechtliche Verpflichtung handelt, die dieser zwingend beachten muss, handelt es sich bei dieser Vorschrift dennoch nicht um eine rechtliche Verpflichtung i. S. d. Art. 6 Abs. 1 S. 1 lit. c DSGVO, da die Vorgaben des Art. 6 Abs. 2 und Abs. 3 DSGVO nicht eingehalten werden (vgl. Vierter Teil, § 17, A., II., 2., c.).[294]

---

292 *Selk*, in: Forgó et al., Datenschutz, Teil V, Kap. 3, Rn. 145.

293 Ebenso *Selk*, in: Forgó et al., Datenschutz, Teil V, Kap. 3, Rn. 148.

294 *Stark*, Aufgabenwahrnehmung des Betriebsrats, S. 338 f.

## II. Erforderlichkeit

Die Datenverarbeitung durch die Interessenvertretung muss für deren Ausübung oder Erfüllung i. S. d. Art. 6 Abs. 1 S. 1 lit. b, f DSGVO erforderlich sein. Bislang wurde die Ansicht vertreten, dass das BDSG a. F. keine Einschränkung des BetrVG bezwecken könnte.[295] Unter Geltung der DSGVO und des BDSG kann diese Aussage nicht uneingeschränkt zugestimmt werden. Vielmehr muss im Einzelfall geprüft werden, ob die datenschutzrechtliche Erforderlichkeit gegeben ist.

Die Speicherung einer Kopie der Bewerbungsunterlagen ist im Rahmen des § 99 BetrVG als nicht erforderlich anzusehen.[296] Der Betriebsrat hat im Rahmen der Unterrichtung nur zu prüfen, ob ein Verweigerungsgrund nach § 99 Abs. 2 BetrVG gegeben ist. Dazu ist es nicht notwendig, eine Kopie der Unterlagen aufzubewahren.

Nach *Eder* ist hingegen eine Aufbewahrung der Unterlagen über das Verfahren hinaus für eine gewisse Dauer zum Nachweis des Abschlusses weiterhin erforderlich, um die ordnungsgemäße Abwicklung des Verfahrens nachweisen zu können. Auch mit Blick auf etwaige Diskriminierungstatbestände sei eine Speicherung zulässig, da der Zweck der Datenverarbeitung jedenfalls bei Abschluss des Verfahrens noch nicht weggefallen ist. Eine Ausnahme sei nur bei den Bewerbungsunterlagen zu machen, da diese nach § 99 Abs. 3 S. 1 BetrVG nicht länger als eine Woche im Besitz des Betriebsrates verbleiben dürfen, sodass eine Speicherung ohne weiteren Aufgabenbezug unzulässig sein dürfte. Zudem wird auf die Verpflichtung des § 34 Abs. 1 BetrVG verwiesen, wonach eine Niederschrift anzufertigen ist. Diese dürfte vermutlich bis Ende der Amtsperiode aufbewahrt werden.[297]

Ähnlich argumentiert der *Bayerische Landesbeauftragte für den Datenschutz* für den öffentlichen Bereich, wonach personenbezogene Daten beim Personalrat nur so lange gespeichert werden dürfen, wie die Speicherung zur Aufgabenerfüllung des Personalrats erforderlich ist. Dabei sei immer auf die Umstände des Einzelfalles abzustellen. Wenn erweiterte Auswertungsmöglichkeiten gegeben seien, ist die Erforderlichkeit nicht gegeben. Auch eine zweite automatisierte Personalakte dürfe nicht aufgebaut werden. Jedoch dürfe man Unterlagen, die der Personalrat im Zusammenhang mit einem Mitbestimmungsverfahren erhalten hat, für eine gewisse Zeit aufbewahren, selbst wenn diese einige personenbezogene Beschäftigtendaten enthalten sollten. Diese gelte auch für etwaige Niederschriften über die Beschlüsse.[298]

---

295 BVerwG, Urt. v. 23.01.2002 – 6 P 5.01, AP BPersVG § 68 Nr. 7; LAG Baden-Württemberg, Urt. v. 17.01.2017 – 19 TaBV 3/16, Rn. 44, BeckRS 2017, 103514.

296 *Gola,* Beschäftigtendatenschutz, Rn. 1670.

297 *Eder*, CuA 4/2018, 8, 12 f. (unter Bezug auf BAG, Urt. v. 03.12.1985 – 1 ABR 72/83; BAG, Urt. v. 14.12.2004 – 1 ABR 55/03).

298 *BayLfD*, 25. TB, 218 f.

Dem ist im Ergebnis zuzustimmen. Die Erforderlichkeit kann sich nur im Rahmen dessen bewegen, wie die Daten für die Aufgabenerfüllung nach dem BetrVG noch benötigt werden. Ist das Mitbestimmungsverfahren seitens des Betriebsrates erfolgreich durchgelaufen worden und bestehen keine laufenden Streitigkeiten mit dem Arbeitgeber, besteht für den Betriebsrat kein Grund die Bewerbungsunterlagen noch länger aufzubewahren. In erfolgreich abgeschlossenen Verfahren ist eine weitere Speicherung der Bewerbungsunterlagen nicht mehr erforderlich und eine Löschung der Daten beim Betriebsrat hat zu erfolgen.[299]

## § 18 Kollektivvereinbarung, Art. 88 Abs. 1 DSGVO, § 26 Abs. 1 S. 1, Abs. 4 S. 1 BDSG

Art. 88 DSGVO bestimmt, dass die Mitgliedstaaten durch Kollektivvereinbarungen spezifischere Vorschriften vorsehen können. Die Formulierung des Art. 88 Abs. 1 DSGVO ist missverständlich. Demnach können nur die Mitgliedstaaten durch Kollektivvereinbarungen spezifischere Vorschriften erlassen. Kollektivvereinbarungen werden allerdings nicht von den Mitgliedstaaten, sondern von den Kollektivparteien erlassen.[300] Es müsste heißen, dass die Mitgliedstaaten vorsehen können, dass die Kollektivparteien durch Kollektivvereinbarungen spezifischere Vorschriften vorsehen können.[301] Nach *Wolff* ist der Gesetzeswortlaut zu auszulegen, dass die Kollektivvereinbarungen den Mitgliedstaaten zugerechnet werden müssen.[302] Zutreffender ist in diesem Zusammenhang ErwG 155, wonach in Kollektivvereinbarungen spezifische Vorschriften vorgesehen werden können. ErwG 155 sieht ausdrücklich Betriebsvereinbarungen als Kollektivvereinbarungen an. Eine Betriebsvereinbarung ist nach deutschem Recht ein Vertrag, der schriftlich im Sinne von § 126 BGB zwischen Arbeitgeber und Betriebsrat (bzw. Gesamt- oder Konzernbetriebsrat) abgeschlossen wird.[303] In den Worten des BAG: „*Ihrem Sinn und Inhalt nach kann die Betriebsvereinbarung als die Rechtsform bezeichnet werden, in der der Arbeitgeber und der Betriebsrat die betriebliche Ordnung und Rechtsverhältnisse des Arbeitgebers zu den Arbeitnehmern gemeinsam gestaltet*“.[304] Im Unionsrecht, insbesondere in Art. 88 Abs. 1 DSGVO, ist der Begriff der Kollektivvereinbarung nicht definiert, sodass dieser Begriff im Lichte des Unionsrechts autonom ausgelegt wer-

---

299 Ebenso *Steiner/Wedde*, in: Wedde, Datenschutz, G., Rn. 60.

300 *Selk*, in: Ehmann/Selmayr, Art. 88 Rn. 22.

301 *Hanloser*, in: Forgó et al., Datenschutz, Teil V, Kap. 1, Rn. 49; *Körner*, ZESAR 2013, 153, 155; *Velten/Diegel*, FA 2018, 2, 5.

302 *Wolff*, in: Schantz/Wolff, Datenschutzrecht, Teil G, Rn. 1336.

303 *Gola*, Beschäftigtendatenschutz, Rn. 1926.

304 BAG, Beschl. v. 16.03.1956 – GS 1/55, NJW 1956, 1086.

den muss.[305] Ein ursprünglicher Erwägungsgrund 124 definierte den Begriff als Vereinbarung zwischen den Arbeitnehmervertretern und der Leitung des Unternehmens oder des herrschenden Unternehmens einer Unternehmensgruppe.[306] Diese Definition wurde jedoch nicht in die finale Fassung der DSGVO übernommen. Entscheidend ist, dass die Kollektivvereinbarungen vergleichbar den staatlichen Rechtsvorschriften unmittelbar und zwingend auf die Arbeitsverhältnisse einwirken.[307] Dies ist bei den soeben genannten Betriebsvereinbarungen der Fall, da diese nach § 77 Abs. 4 S. 1 BetrVG unmittelbar und zwingend gelten. Regelungsabreden zwischen dem Arbeitgeber und dem Betriebsrat genügen nach überwiegender Ansicht nicht, da hier nur dem Betriebsrat eigene Rechte eingeräumt werden und nicht dem Arbeitnehmer.[308] Der Begriff der Kollektivvereinbarung wird in § 26 Abs. 1 S. 1 BDSG legaldefiniert als Tarifvertrag, Betriebs- und Dienstvereinbarung.

§ 26 Abs. 4 S. 1 BDSG greift Art. 88 Abs. 1 DSGVO auf und bestimmt, dass die Verarbeitung personenbezogener Daten auf der Grundlage von Kollektivvereinbarungen zulässig ist. Damit macht der deutsche Gesetzgeber zunächst deutlich, dass auch im Rahmen von Kollektivvereinbarungen datenschutzrechtliche Vorgaben getroffen werden können. Eine solche Klarstellung war notwendig, damit eine solche Möglichkeit überhaupt besteht, da sich die Vorschrift an die Mitgliedstaaten richtet.[309] Auch der Generalanwalt am EuGH scheint in Bezug auf eine vergleichbare Vorschrift (§ 23 Abs. 4 Hessisches Datenschutz- und Informationsfreiheitsgesetz) davon auszugehen, dass der deutsche Gesetzgeber von der Möglichkeit des Art. 88 Abs. 1 DSGVO für Kollektivvereinbarungen Gebrauch gemacht hat.[310] Bedenken bezüglich der Europarechtskonformität werden nicht geäußert.

Im Ergebnis stellt § 26 Abs. 4 BDSG nur eine Klarstellung des deutschen Gesetzgebers dar, dass personenbezogene Daten auf der Grundlage von Kollektivvereinbarungen verarbeitet werden dürfen (zur Frage der Zulässigkeit vgl.

305 *Maschmann*, in: Kühling/Buchner, Art. 88 DSGVO, Rn. 26; *Thüsing/Traut*, in: Schwartmann et al., Art. 88 DSGVO, Rn. 40.

306 *Höhne*, Art. 88 DSGVO, S. 26.

307 *Seifert*, in: Simitis et al., Datenschutzrecht, Art. 88 Rn. 28.

308 *Hromadka/Maschmann*, Arbeitsrecht Band 2, § 16 Rn. 415; *Maschmann*, in: Kühling/Buchner, Art. 88 DSGVO, Rn. 27; *Morasch*, Beschäftigungskontext, S. 185; *Seifert*, in: Simitis et al., Datenschutzrecht, § 26 BDSG, Rn. 54; *Tiedemann*, in: Sydow, DSGVO/BDSG, Art. 88 DSGVO, Rn. 9; aA wohl *Zöll*, in: Taeger/Gabel, Art. 88 DSGVO, Rn. 11.

309 *Höhne*, Art. 88 DSGVO, S. 106 f.; *Selk*, in: Forgó et al., Datenschutz, Teil V, Kap. 3, Rn. 25; *Wolff*, in: Schantz/Wolff, Datenschutzrecht, Rn. 1337, 1343; aA *Pauly*, in: Paal/Pauly, Art. 88 DSGVO, Rn. 6.

310 Generalanwalt beim EuGH *Sánchez-Bordona*, Schlussantrag vom 22.09.2022 – C-34/21, Fn. 37, BeckRS 2022, 24515; zweifelnd *Kaufmann/Wegmann/Wieg*, NZA 2023, 740, 745.

Vierter Teil, § 18, A.).[311] Bestehende Kollektivvereinbarungen, die den Umgang mit Beschäftigtendaten regeln, müssen überarbeitet werden, wenn sie keine spezifischeren Vorgaben nach Art. 88 Abs. 1 DSGVO enthalten sowie nicht den Anforderungen des Art. 88 Abs. 2 DSGVO genügen.[312]

Nachfolgend wird die Frage untersucht, ob Kollektivvereinbarungen als datenschutzrechtliche Erlaubnisnormen anzusehen sind und welche Anforderungen die DSGVO an solche Kollektivvereinbarungen stellt. Abschließend wird die Wirkung von Kollektivvereinbarungen für Bewerber einer näheren Betrachtung unterzogen.

## A. Kollektivvereinbarung als datenschutzrechtliche Erlaubnisnorm?

Fraglich ist, ob es den Kollektivparteien gestattet ist, durch Kollektivvereinbarungen eigene Erlaubnisnormen für die Verarbeitung von personenbezogenen Beschäftigtendaten zu schaffen. Unter der alten Rechtslage war in der Rechtsprechung und in der datenschutzrechtlichen Literatur überwiegend anerkannt, dass Kollektivvereinbarungen als *„andere Rechtsvorschrift“* i. S. d. § 4a Abs. 1 BDSG a. F. galten und somit die Verarbeitung von personenbezogenen Daten legitimieren konnten, soweit sie einen materiellen datenschutzrechtlichen Kern beinhalteten.[313] Aus diesem Grund hat die *Datenschutzkonferenz* den deutschen Gesetzgeber aufgefordert klarzustellen, *„ob und inwieweit mit Kollektivvereinbarungen einschließlich Betriebsvereinbarungen zusätzliche Rechtsgrundlagen für Datenverarbeitungen im Beschäftigungsverhältnis geschaffen werden können“*.[314]

Die Aufsichtsbehörden hatten allerdings in einem Arbeitspapier die Meinung vertreten, dass der *„Schutz der informationellen Selbstbestimmung [...] präzisiert und ausgebaut [werden könne], nicht jedoch verdrängt“*.[315] Zudem hat das BAG unter dem BDSG a. F. in einer neueren Entscheidung zur Teilnahme an einem elektronischen Warn- und Berichtssystem (RIBAS) offengelassen, ob

311 *Zöll*, in: Taeger/Gabel, § 26 Rn. 90.

312 *Pauly*, in: Paal/Pauly, Art. 88 DSGVO, Rn. 19; *Selk*, in: Ehmann/Selmayr, Art. 88 Rn. 158 ff.; *Stamer/Kuhnke*, in: Plath, Art. 88 DSGVO, Rn. 10a.

313 Erstmals BAG, Beschl. v. 27.05.1986 – 1 ABR 48/84, NZA 1986, 643 (zum § 3 S. 1 Nr. 1 BDSG 1977, der dem § 4 Abs. 1 BDSG 2001 entsprach); *Brandt*, DuD 2010, 213; *Brink/Schwab*, RDV 2017, 170, 171; *Grönemeyer*, Einwilligung, S. 68; *Joussen*, ZfA 2012, 235, 250; *Liedke*, Einwilligung, S. 43; *Radlanski*, Einwilligung, S. 134; *Schrey/Kielkowski*, BB 2018, 629; *Sörup/Marquardt*, ArbRAktuell 2016, 103, 105; *Taeger/Rose*, BB 2016, 819, 821; *Thüsing/Granetzny*, in: Thüsing, Beschäftigtendatenschutz, 2. Aufl., § 4 Rn. 4; *Wybitul*, NZA 2014, 225; aA *Scholz/Sokol*, in: Simitis, BDSG, § 4 Rn. 17 m. w. N. („Regelungsspielraum des BDSG muss ausreichen“); *Seifert*, in: Simitis, BDSG, § 32 Rn. 167.

314 *DSK*, Beschäftigtendatenschutzgesetz, S. 3.

315 *Regierungspräsidium Darmstadt*, Konzerninterner Datentransfer, S. 12.

Betriebsvereinbarungen auch weiterhin eine eigenständige datenschutzrechtliche Erlaubnisnorm darstellen können.[316] Hiernach ließ das BAG ausdrücklich offen, „*ob auch allein die Regelungen einer Betriebsvereinbarung eine die Datenverarbeitung gestattende Rechtsvorschrift i. S. d. § 4 Abs. 1 BDSG [a. F.] sein können*“. Obwohl in der Betriebsvereinbarung selbst von den Betriebsparteien festgelegt worden war, dass eine Datenerhebung stattfinden kann, ließ das BAG offen, ob die Betriebsvereinbarung eine datenschutzrechtliche Erlaubnisnorm darstelle. In der Literatur wird aufgrund dieses Urteils teilweise die Frage aufgeworfen, ob das BAG mit dieser Entscheidung eine Kehrtwende von seiner früheren Rechtsprechung vollziehen wollte.[317]

Ob den Kollektivvereinbarungen unter der Geltung der DSGVO eine solche legitimierende Wirkung zukommt, soll nachfolgend untersucht werden. Die Antwort der Frage hängt maßgeblich von der Auslegung der Vorschrift des Art. 88 Abs. 1 DSGVO ab.

## I. Direkte Erlaubnis aus Art. 88 Abs. 1 DSGVO

Nach mancher Ansicht in der Literatur könnte Art. 88 Abs. 1 DSGVO so ausgelegt werden, dass als selbstverständlich vorausgesetzt wird, dass die Parteien von Kollektivvereinbarungen Regelungen zum Beschäftigtendatenschutz erlassen dürfen, sodass es gerade keiner expliziten Befugnis im nationalen Recht bedürfe.[318] Demnach seien nicht nur die Mitgliedstaaten als Normadressaten angesprochen, sondern gerade auch die Parteien von den Kollektivvereinbarungen. *Körner* betont ausdrücklich, dass Datenschutzregeln durch Betriebsvereinbarungen möglich sind, ohne dass dies vom Erlass nationaler gesetzlicher Beschäftigtendatenschutzregeln abhängig ist. Kollektivvereinbarungen sind allein aufgrund Art. 88 Abs. 1 DSGVO als Erlaubnisnormen anzusehen.[319]

Begründet wird dies mit dem Wortlaut des Art. 88 Abs. 1 DSGVO. Dieser soll eindeutig davon ausgehen, dass spezifischere Regelungen in Form von Kollektivvereinbarungen erlassen werden können. Durch diese Formulierung werde

---

316 BAG, Urt. v. 17.11.2016 – 2 AZR 730/15, NZA 2017, 394; *Ehmann*, jurisPR-ArbR 20/2017, Anm. 2.

317 *Ehmann*, jurisPR-ArbR 20/2017, Anm. 2; *Selk*, in: Ehmann/Selmayr, Art. 88 Rn. 97.

318 *Dendorfer-Ditges*, in: Moll, Arbeitsrecht, § 35 Rn. 265; *Düwell*, jurisPR-ArbR 22/2017 Anm. 1; *Franzen*, in: Franzen et al., Arbeitsrecht, Art. 88 DSGVO, Rn. 17; *Klösel/Mahnhold*, NZA 2017, 1428, 1429; *Nolte*, in: Gierschmann et al., Art. 88 Rn. 3; *Pauly*, in: Paal/Pauly, Art. 88 DSGVO, Rn. 6; *Reichold*, in: Kiel et al., MHA, 4. Aufl., § 96 Rn. 32; *Schrey/Kielkowski*, BB 2018, 629, 631; wohl auch *Dzida*, BB 2018, 2677, 2681; *Pötters/Schmidt*, in: Preis/Sagan, Arbeitsrecht, § 11 Rn. 104; *Stelljes*, DuD 2016, 787, 791; *Ströbel/Wybitul*, in: Specht/Mantz, Datenschutzrecht, § 10 Rn. 83; *Wybitul*, DSGVO, Rn. 312; *ders.*, ZD-Aktuell 2017, 05483.

319 *Körner*, Beschäftigtendatenschutz, S. 50; *dies.*, DSGVO, S. 18 (aA S. 30, wonach Betriebsvereinbarung als Erlaubnis i. S. v. Art. 6 gelten); *dies.*, in: Deinert et al., FS Klebe, S. 231, 234; *dies.*, Rechtswissenschaftliche Beiträge, Heft 27, S. 5.

deutlich, dass Kollektivvereinbarungen eigenständige Erlaubnisnormen darstellen. Zudem sehen Absatz 1 und 2 umfassende inhaltliche Vorgaben vor, die überflüssig wären, wenn Art. 88 Abs. 1 DSGVO nicht die Möglichkeit biete würde, dass Kollektivvereinbarungen eigenständige Erlaubnisnorm darstellen.

## II. Möglichkeit zur nationalen Regelung

Einer anderen Ansicht nach schafft Art. 88 DSGVO keine eigenständige Grundlage für Kollektivvereinbarungen, sondern ermöglicht nur, dass die Mitgliedstaaten gesetzlich festlegen können, dass Kollektivvereinbarungen als Erlaubnisnorm für die Verarbeitung personenbezogener Daten in Betracht kommen.[320] Nutzt der Mitgliedstaat diese Möglichkeit nicht, kommt den Kollektivvereinbarungen auch nicht die Erlaubniswirkung zu. Nach *Wolff* muss der nationale Gesetzgeber gesetzlich klar machen, dass er die Spezifizierungsklausel nutzen will.[321] Nach Ansicht von *Däubler* ist es ausreichend, wenn im nationalen Recht dem Betriebsparteien die Befugnis eingeräumt wurde, durch Kollektivvereinbarungen datenschutzrechtliche Normen zu setzen.[322] Der deutsche Gesetzgeber habe diese Möglichkeit durch § 26 Abs. 1 S. 1, Abs. 4 S. 1 BDSG genutzt. Zwar

---

320 BT-Drs. 18/11325, S. 98; LAG Baden-Württemberg, Urt. v. 25.02.2021 – 17 Sa 37/20, Rn. 55, BeckRS 2021, 5529; *Aligbe*, Einstellungs- und Eignungsuntersuchungen, Rn. 534; *Angerler/Reven*, in: Knyrim, DSGVO, S. 357; *Asgari*, DB 2017, 1325, 1328; *Culik*, Beschäftigtendatenschutz, S. 176; *Düwell/Brink*, NZA 2017, 1081, 1085; *Dzida/Grau*, DB 2018, 189, 194; *Egberts/Monschke*, Jura 2018, 1100, 1107; *Ehmann*, jurisPR-ArbR 20/2017 Anm. 2; *Franzen*, ZfA 2019, 18, 35; *ders.*, in: Müller-Glöge et al., Arbeitsrecht, BDSG, § 26 Rn. 47; *Fuhlrott*, ArbRAktuell 2019, 408; *Fuhlrott/Oltmanns*, NZA 2019, 1105, 1109; *Gaul/Pitzer*, ArbRB 2017, 241, 243; *Gola*, Beschäftigtendatenschutz, Rn. 1952; *Grimm*, in: Tschöpe, Arbeitsrecht, 6. Teil, F., Rn. 5; *Gundelach*, NJOZ 2018, 1841, 1846; *Haußmann/Brauneisen*, BB 2017, 3065; *Hülsmann*, DANA 2016, 62, 63; *Imping*, CR 2017, 378, 380; *Jerchel/Schubert*, DuD 2016, 782, 783; *Kort*, DB 2016, 711, 714; *Kröger*, DSB 2018, 9, 10; *Lembke*, in: Henssler et al., Arbeitsrecht, Art. 88 DSGVO, Rn. 77; *Lücke*, NZA 2019, 658, 666; *Maier/Ossoinig*, in: Roßnagel, DSGVO, § 4 Rn. 40; *dies.*, in: Roßnagel, Datenschutzrecht, § 8 Rn. 25; *Maschmann*, NZA-Beilage 2018, 115, 116; unklar *ders.*, BB 2019, 628, 629; *Naber/Ahrens*, PinG 2018, 257, 259; *Nebel*, ZD 2018, 520, 523; *Reif*, RDV 2018, 89; *Reiserer/Christ/Heinz*, DStR 2018, 1501, 1505; *Riesenhuber*, in: BeckOK DatenSR, DSGVO, 48. Ed. 01.05.2024, Art. 88 Rn. 49; *Rolf/Siewert*, RDV 2017, 236; *Schulz*, ZESAR 2017, 270, 277; *Schulze/Simon*, ArbRAktuell 2021, 182; *Seifert*, in: Simitis et al., Datenschutzrecht, Art. 88 Rn. 54; *Sörup/Marquardt*, ArbRAktuell 2016, 103, 105; *Temming*, in: Preis/Temming, Individualarbeitsrecht, Rn. 1743; *Thüsing/Traut*, in: Schwartmann et al., Art. 88 DSGVO, Rn. 40; *Traut*, RDV 2016, 312, 313; *Velten/Diegel*, FA 2018, 2, 4; *Wedde*, in: v. d. Bussche/Voigt, Konzerndatenschutz, Teil 3, Kap. 6, Rn. 12; wohl auch *ders.*, Der Personalrat 6/2019, 14 (bzgl. Dienstvereinbarungen); *Weth*, in: Weth et al., Daten- und Persönlichkeitsschutz, B., I., Rn. 76; wohl auch *Poll*, Unternehmensgruppen, S. 425 f.

321 *Wolff*, in: Schantz/Wolff, Datenschutzrecht, Rn. 1338.

322 *Däubler*, in: Däubler et al., Art. 88 DSGVO, Rn. 9.

besagt § 26 Abs. 4 BDSG nicht ausdrücklich, dass Kollektivvereinbarungen als datenschutzrechtliche Erlaubnisnormen gelten sollen, dies wird aber überwiegend so ausgelegt. Zudem werde in der deutschen Gesetzesbegründung zum BDSG ausdrücklich betont, dass „*Tarifverträge, Betriebsvereinbarungen oder Dienstvereinbarungen weiterhin die Rechtsgrundlage für Regelungen zum Beschäftigtendatenschutz bilden können*".[323] Entscheidend sei, dass der Arbeitgeber durch die Regelung gebunden wird, was bei Betriebsvereinbarungen der Fall ist (vgl. § 77 Abs. 4 S. 1 BetrVG).[324]

Als Begründung wird überwiegend ErwG 41 S. 1 herangezogen, wonach es nicht notwendigerweise erforderlich sei, dass es sich um einen von einem Parlament angenommenen Gesetzgebungsakt handeln muss. Vielmehr können auch Kollektivvereinbarungen solche Regelungen enthalten. Zudem würde eine Beschränkung der Verarbeitungsgrundlagen auf gesetzliche Erlaubnistatbestände dazu führen, dass die Akteure des betrieblichen Datenschutzes auf starre Datenverarbeitungsvorgänge beschränkt seien, obwohl es im Beschäftigungskontext unbedingt erforderliche Datenverarbeitungen gebe.

## III. Erlaubnisnorm nach Art. 6 Abs. 1 DSGVO

Zum Entwurf der DSGVO und auch unter alter Rechtslage wurde bzw. wird teilweise vertreten, dass Kollektivvereinbarungen als Erlaubnisnormen nach Art. 6 Abs. 1 S. 1 lit. b DSGVO anzusehen seien bzw. sind.[325]

Das BAG geht in einem Vorabentscheidungsersuchen an den EuGH wohl davon aus, dass stets § 26 Abs. 1, Art. 6 Abs. 1, Art. 9 Abs. 2 DSGVO erfüllt sein muss und Regelungen in einer Kollektivvereinbarung davon nicht ausgenommen sind: „*Im Ergebnis könnte deshalb einiges dafür sprechen, dass bei nationalen Rechtsvorschriften, die iSv. Art. 88 Abs. 1 DSGVO erlassen wurden, stets auch die sonstigen Vorgaben der DSGVO – wie etwa Art. 5, Art. 6 Abs. 1 und Art. 9 Abs. 1 und Abs. 2 DSGVO – einzuhalten sind und dass Regelungen in einer Kollektivvereinbarung – wie der BV Duldung – davon nicht ausgenommen sind*".[326]

Andere Stimmen in der Literatur und auch die deutsche Delegation zum Entwurf der DSGVO gehen davon aus, dass sich die datenschutzrechtliche Erlaubnis von Kollektivvereinbarungen stets aus Art. 6 Abs. 1 S. 1 lit. c DSGVO ergeben würde, da der Arbeitgeber als Verantwortlicher durch die Kollektivvereinbarung normativ gebunden wird und die Kollektivvereinbarung diese Vor-

323 BT-Drs. 18/11325, S. 98.

324 *Gaul*, in: Henssler et al., Arbeitsrecht, § 77 BetrVG, Rn. 2; *Maschmann*, in: Kühling/Buchner, Art. 88 DSGVO, Rn. 26.

325 Zum Entwurf *Schmitz*, Beschäftigtendatenschutz, S. 440; zur aktuellen Rechtslage *Schulze*, in: Wedde, Datenschutz, C., Rn. 174.

326 BAG, Vorlagebeschl. v. 22.9.2022 – 8 AZR 209/21 (A), Rn. 28, NZA 2023, 363.

schrift spezifiziert.[327] Nach Art. 6 Abs. 1 S. 1 lit. c DSGVO sei eine Verarbeitung rechtmäßig, wenn die Verarbeitung zur Erfüllung einer rechtlichen Verpflichtung erforderlich ist, der der Verantwortliche unterliegt. Die Betriebsvereinbarung wird aufgrund ihrer normativen Wirkung nach § 77 Abs. 4 S. 1 BetrVG unter diesen Artikel subsumiert, da ErwG 41 S. 1 gerade nicht notwendigerweise einen von einem Parlament angenommenen Gesetzgebungsakt fordert. Zudem wird mit einem Umkehrschluss zu Art. 9 Abs. 2 lit. b DSGVO argumentiert, der eine Erlaubnisnorm für besondere Kategorien personenbezogener Daten darstelle. Hiernach ist die Verarbeitung rechtmäßig, wenn die Verarbeitung erforderlich ist, *„damit der Verantwortliche oder die betroffene Person die ihm bzw. ihr aus dem Arbeitsrecht und dem Recht der sozialen Sicherheit und des Sozialschutzes erwachsenden Rechte ausüben und seinen bzw. ihren diesbezüglichen Pflichten nachkommen kann, soweit dies nach […] einer Kollektivvereinbarung […] zulässig ist*“. Aus dieser Formulierung wird ein Erst-Recht-Schluss gezogen. Wenn eine Kollektivvereinbarung bereits für besondere Kategorien personenbezogener Daten gelten könne, dann müsse dies erst recht für die Verarbeitung „*normaler*“ personenbezogener Daten gelten.

Nach *Hanloser* kann eine Betriebsvereinbarung hingegen nur dann als Erlaubnisnorm i. S. d. Art. 6 Abs. 1 S. 1 lit. c DSGVO fungieren, wenn sich ein Arbeitgeber in einer Betriebsvereinbarung im Interesse der Beschäftigten zur Gewährung von Vorteilen verpflichtet, wobei als Beispiele das Arbeitgeberdarlehen, das Kantinenessen und die Parkberechtigungen genannt werden. Erfolgt die

327 Ratsdokument 15108/14, 5.11.2014, S. 2 („collective bargaining agreements shall be covered by Art. 6, paragraph 1 (c)“, https://tinyurl.com/y3sbn5hu; *Buchner/Petri*, in: Kühling/Buchner, Art. 6 DSGVO, Rn. 85 („können […] nach Maßgabe des Art. 88 Verarbeitungsvorschriften enthalten“); *Conrad/Treeger*, in: Auer-Reinsdorff/Conrad, IT- und Datenschutzrecht, § 34 Fn. 377; *Culik*, Beschäftigtendatenschutz, S. 176 f.; *Eder*, in: Wedde, Datenschutz, D., Rn. 202, 231; *Franzen*, EuZA 2017, 313, 324, 349; *Frenzel*, in: Paal/Pauly, Art. 6 DSGVO, Rn. 17; *Gola/Pötters/Wronka*, Arbeitnehmerdatenschutz, Rn. 565; *Klebe/Schmidt/Klengel*, in: Gräfl et al., Betriebsverfassungsrecht, S. 303, 314; *Kort*, DB 2016, 711, 714 (Zweifel, ob zusätzlich auf Art. 6 Abs. 1 S. 1 lit. c gestützt werden kann); *Lachenmann*, in: Besgen/Prinz, Arbeiten 4.0, § 11 Rn. 51; *Lauber-Rönsberg*, in: Specht/Mantz, Datenschutzrecht, § 4 Fn. 57; *Piltz*, BDSG, § 26 Rn. 26, 95; *Roßnagel*, in: Simitis et al., Datenschutzrecht, Art. 6 Abs. 1 Rn. 51; *Schwartmann/Jacquemain*, in: Schwartmann et al., Art. 6 DSGVO, Rn. 72; *Spindler/Dalby*, in: Spindler/Schuster, Elektron. Medien, DSGVO, Art. 6 Rn. 8; *Stark*, Aufgabenwahrnehmung des Betriebsrats, S. 277; *Tiedemann*, in: Sydow, DSGVO/BDSG, Art. 88 DSGVO, Rn. 9 (§ 26 Abs. 4 S. 1 BDSG erforderlich); *Volker*, in: Dahl et al., Pandemien, Kap. 8, IV., Rn. 11; *Wurzberger*, 2017, 258, 260; *Wybitul/Sörup/Pötters*, ZD 2015, 559, 561; wohl auch *Kühling/Martini et al.*, DSGVO, Fn. 49; *Lauber-Rönsberg*, in: Specht/Mantz, Datenschutzrecht, § 4 Fn. 57; *von dem Bussche*, in: v. d. Bussche/Voigt, Konzerndatenschutz, Teil 3, Kap. 3, Rn. 48; *Wybitul*, ZD 2016, 203, 207; in diese Richtung *Borges/Steinrötter*, in: Borges/Hilber, BeckOK IT-Recht, 14. Ed. 01.01.2022, Art. 6 DSGVO, Rn. 29; *Reimer*, Verwaltungsdatenschutzrecht, Rn. 141.

Verarbeitung jedoch im Interesse des Arbeitgebers, so kann eine Betriebsvereinbarung lediglich im Rahmen des Art. 6 Abs. 1 S. 1 lit. f DSGVO ergänzend die Verarbeitungszwecke spezifizieren.[328]

*Thüsing/Peisker* vertreten den Standpunkt, dass sich die rechtliche Verpflichtung unmittelbar aus § 26 Abs. 1, 2. Var. BDSG ergeben würde.[329]

Andere Stimmen in der Literatur gehen unstreitig davon aus, dass Kollektivvereinbarungen als Erlaubnisnorm i. S. d. Art. 6 DSGVO gelten.[330] So vertreten *Klausch/Grabenschröer*, dass Kollektivvereinbarungen eine eigenständige datenschutzrechtliche Erlaubnisnorm begründen können. Allerdings wird davon ausgegangen, dass zusätzlich auch die Voraussetzungen einer Erlaubnisnorm nach Art. 6 Abs. 1 DSGVO vorliegen müssen.[331]

## IV. Keine Möglichkeit zur Schaffung einer Erlaubnisnorm

*Selk* meint, dass unter der DSGVO eine Kollektivvereinbarung keine datenschutzrechtliche Erlaubnisnorm mehr darstellt.[332] Seine Argumentationslinie entspricht dem unter Vierter Teil, § 16, A., II. Gesagtem. Eine Kollektivvereinbarung wäre ein „*Mehr*" an Erlaubnisnormen, wie es Art. 6 DSGVO gerade nicht vorsieht. Art. 88 DSGVO verlange nur eine spezifischere Vorschrift und keine neue Vorschrift.

Auch andere Stimmen in der Literatur vertreten die Ansicht, dass eine Betriebsvereinbarung keine Erlaubnisnorm für die Verarbeitung von personenbezogenen Daten darstellen könne, sondern vielmehr immer eine Erlaubnisnorm nach Art. 6 Abs. 1 DSGVO greifen müsse.[333] Wenn die Datenverarbeitung im Interesse des Arbeitgebers erfolge, soll Art. 6 Abs. 1 S. 1 lit. f DSGVO als Erlaubnisnorm eingreifen. Die Kollektivvereinbarung könne als Spezifizierung der Verarbeitungszwecke herangezogen werden. Wenn sich der Arbeitgeber hingegen zu etwas verpflichten soll, dann stelle die Betriebsvereinbarung eine rechtliche Verpflichtung i. S. d. Art. 6 Abs. 1 S. 1 lit. c DSGVO dar. Die Betriebsvereinbarung sei nur ein Instrument, um die erforderliche Transparenz nach Art. 88 Abs. 2 DSGVO zu wahren und um die Verarbeitung näher zu spezifizieren.

---

328 *Hanloser*, in: Forgó et al., Datenschutz, Teil V, Kap. 1, Rn. 51.

329 *Thüsing/Peisker*, NZA 2023, 213, 215.

330 *Körner*, DSGVO, S. 30; *Stamer/Kuhnke*, in: Plath, Art. 88 DSGVO, Rn. 9; *Stück*, ZD 2019, 256; *Tiedemann*, ArbRB 2016, 334, 335.

331 *Klausch/Grabenschröer*, PinG 2018, 135, 138.

332 *Selk*, in: Ehmann/Selmayr, Art. 88 Rn. 99 ff.; wohl auch *Schmidt*, Datenschutz für Beschäftigte, S. 275 („Betriebsvereinbarungen [können] das geltende Datenschutzrecht ausgestalten und konkretisieren").

333 *Hanloser*, in: Forgó et al., Datenschutz, Teil V, Kap. 1, Rn. 14, 51; wohl auch *Gola*, Beschäftigtendatenschutz, Rn. 1635; *Maschmann*, BB 2019, 628, 629 (auf § 26 Abs. 4 BDSG, Art. 6 Abs. 1, Art. 88 Abs. 1 und 2 stützend).

In der Konsequenz wird die Europarechtskonformität des § 26 Abs. 4 BDSG auch angezweifelt, da dieser eine Möglichkeit schaffe, durch Kollektivvereinbarungen eigenständige Erlaubnisnormen zu setzen.[334] Zumindest sei § 26 Abs. 4 BDSG dahingehend unionsrechtskonform auszulegen, dass diese Vorschrift nur klarstellt, dass in Kollektivvereinbarungen spezifischere Vorschriften i. S. d. Art. 88 Abs. 1 DSGVO enthalten sein dürfen.

## V. Stellungnahme

Zunächst muss festgestellt werden, dass Kollektivvereinbarungen nicht losgelöst von den Erlaubnisnormen des Art. 6 Abs. 1 DSGVO als eigenständige Erlaubnisnorm betrachtet werden können. Vielmehr ist immer eine Erlaubnisnorm in Art. 6 Abs. 1 DSGVO zu finden (vgl. Vierter Teil, § 16, A. IV.).[335] Kollektivvereinbarungen stellen keine Verträge i. S. d. Art. 6 Abs. 1 S. 1 lit. b Var. 1 DSGVO dar, da Kollektivvereinbarungen nur kraft gesetzlicher Anordnung gelten und gerade kein Rechtsverhältnis gegeben ist.[336] Die betroffenen Personen sind nicht Bestandteil dieses Vertrages, was die Erlaubnisnorm allerdings ausdrücklich voraussetzt.

Fraglich ist, ob Betriebsvereinbarungen, die unter den Begriff der Kollektivvereinbarungen zu fassen sind (vgl. ErwG 155), als rechtliche Verpflichtungen i. S. d. Art. 6 Abs. 1 S. 1 lit. c DSGVO angesehen werden können. Die Norm schreibt Art. 7 lit. c DSRL fort. Die damalige datenschutzrechtliche Literatur verlangte, dass die rechtliche Verpflichtung kraft objektiven Rechts galt, wobei rein vertragliche Verpflichtungen nicht genügten. Erforderlich sei demnach, dass der Verantwortliche einer rechtlichen Verpflichtung unterliegt, denen der Verantwortliche infolge einzelstaatlicher oder gemeinschaftsrechtlicher Vorschriften zu folgen habe.[337] Auch unter der Geltung der DSGVO wird vertreten, dass diese Erlaubnisnorm *„klassische Staatsaufgaben"* betrifft und nicht aus privatautonomen Schuldverhältnissen folge, wobei als Beispiele die Aufbewahrungspflichten aus dem Handels-, Steuer- und Sozialrecht genannt werden.[338] Begründet wird dies mit dem Wortlaut, wonach der Verantwortliche einer rechtlichen Verpflichtung *„unterliegt"*. Es kann demnach nicht auf den Willen der Vertragspartner ankommen. Nach *Helfrich* geht die DSGVO wohl davon aus,

334 *Hanloser*, in: Forgó et al., Datenschutz, Teil V, Kap. 1, Rn. 2 („seinem reinen Wortlaut nach evident unionsrechtswidrig"); ähnlich *Kaufmann/Wegmann/Wieg*, NZA 2023, 740, 745; *Selk*, in: Ehmann/Selmayr, Art. 88 Rn. 226.

335 Generalanwalt beim EuGH *Pikamäe*, Schlussantrag v. 16.3.2023 – C-26/22, C-64/22, Rn. 101, BeckRS 2023, 4638.

336 *Schantz*, in: Simitis et al., Datenschutzrecht, Art. 6 Abs. 1, Rn. 18.

337 *Dammann/Simitis*, Art. 7 Erl. 7; *Ehmann/Helfrich*, Art. 7 Rn. 22. Zum heutigen Recht *Helfrich*, Datenschutzrecht, Einführung, S. XXVII.

338 *Albrecht/Jotzo*, Datenschutzrecht, Teil 3 Rn. 45, 47; *Heberlein*, in: Ehmann/Selmayr, Art. 6 Rn. 29; *Lauber-Rönsberg*, in: Specht/Mantz, Datenschutzrecht, § 4 Rn. 83 („öffentlich-rechtlich gesetzte Verpflichtung").

dass es sich um Normen eines Gesetzgebers (d. h. formelle oder materielle Gesetze) handeln muss.[339] Dabei sei nach manch anderer Ansicht erforderlich, dass sich die rechtliche Verpflichtung unmittelbar auf die Datenverarbeitung beziehe, sodass es nicht ausreichend sei, wenn ein Verantwortlicher, um eine rechtliche Verpflichtung erfüllen zu können, auch personenbezogene Daten verarbeiten muss.[340] Dem ist jedoch nicht zu folgen. Der Wortlaut der Norm besagt, dass die Verarbeitung zur Erfüllung einer rechtlichen Verpflichtung erforderlich ist, der der Verantwortliche unterliegt. Es wird nicht darauf Bezug genommen, dass die rechtliche Verpflichtung sich unmittelbar auf die Datenverarbeitung bezieht. Auch der EuGH scheint nicht davon ausgehen.[341] Die dem Fall zugrundliegende Vorschrift (Art. 24 Abs. 1, Unterabsatz 2 Unionszollkodex-Durchführungsverordnung (EU) 2015/2447) bezog sich nicht auf eine unmittelbare rechtliche Verpflichtung zur Datenverarbeitung. Dennoch nahm der EuGH eine rechtliche Verpflichtung nach Art. 6 Abs. 1 S. 1 lit. c DSGVO an. Es muss demnach bei der Vorschrift des nationalen Rechts nicht unmittelbar auf die Verarbeitung Bezug genommen werden. Das BetrVG bezieht sich ebenfalls nicht unmittelbar auf die Datenverarbeitung, jedoch ist in diesem Zusammenhang die Verarbeitung von personenbezogenen Daten notwendig.

Bei Betriebsvereinbarungen handelt es sich um privatrechtliche Vereinbarungen und gerade nicht um „*Recht der Mitgliedstaaten*", was Art. 6 Abs. 3 S. 1 lit. b DSGVO verlangt.[342] Aufgrund dieser Formulierung entfaltet Art. 6 Abs. 1 S. 1 lit. c DSGVO „*Richtliniencharakter*", da diese Norm für sich genommen keine eigenständige Erlaubnisnorm darstellt.[343] Vielmehr ist nach Art. 6 Abs. 3 S. 1 DSGVO erforderlich, dass die Erlaubnisnorm im Unionsrecht oder im Recht der Mitgliedstaaten normiert ist, sowie die sonstigen Anforderungen des Absatzes 3 erfüllt sind. Andere Stimmen gehen davon aus, dass Art. 6 Abs. 1 S. 1 lit. c DSGVO i. V. m. der rechtlichen Verpflichtung die Erlaubnisnorm darstellt.[344] Unabhängig von diesem Streit könnte eine solche nationale Norm die Vorschrift des § 26 Abs. 4 S. 1 BDSG darstellen, wonach die Verarbeitung personenbezogener Daten auf der Grundlage von Kollektivvereinbarungen zulässig ist. Je-

339 *Helfrich*, Datenschutzrecht, Einführung, S. XXVIII.

340 *Buchner/Petri*, in: Kühling/Buchner, Art. 6 DSGVO, Rn. 76; *Lauber-Rönsberg*, in: Specht/Mantz, Datenschutzrecht, § 4 Rn. 83; aA *Hunzinger*, Löschen, S. 161; *Reimer*, Verwaltungsdatenschutzrecht, Rn. 132.

341 EuGH, Urt. v. 16.01.2019 – C-496/17, Rn. 61 f., EuZW 2019, 746; ebenso *Hoffmann/Schulte*, EuZW 2019, 733, 737 („zeigt der Zulässigkeitstatbestand, dass es auf eine hiervon unabhängige Pflicht ankommt, zu deren Befolgung die Datenverarbeitung ein bloßes Vehikel sein kann").

342 *Freund*, in: Schuster/Grützmacher, IT-Recht, Art. 6 DSGVO, Rn. 35; *Gaul*, in: Henssler et al., Arbeitsrecht, § 77 BetrVG, Rn. 1 („privatrechtl. Normenvertrag"); *Selk*, in: Forgó et al., Datenschutz, Teil V, Kap. 3, Rn. 99.

343 BT-Drs. 18/11325, S. 81 (zu Art. 6 Abs. 1 S. 1 lit. e DSGVO); *Buchner/Petri*, in: Kühling/Buchner, Art. 6 DSGVO, Rn. 73; *Theurich/Degenhardt*, NZI 2018, 870, 871.

344 *Frenzel*, in: Paal/Pauly, § 3 BDSG, Rn. 10; *Wolff*, in: Schantz/Wolff, Datenschutzrecht, Rn. 597.

doch stellt diese Vorschrift keine rechtliche Verpflichtung dar, sondern erlaubt ausschließlich, dass Kollektivvereinbarungen Regelungen zur Verarbeitung enthalten dürfen. Nach der hier vertretenen Auffassung kann § 26 Abs. 4 BDSG nicht dahingehend verstanden werden, dass Kollektivvereinbarungen als datenschutzrechtliche Erlaubnisnorm fungieren können. Es wird lediglich vom deutschen Gesetzgeber festgestellt, dass Kollektivvereinbarungen spezifischere Vorschriften nach Art. 88 Abs. 1 DSGVO enthalten dürfen.[345] So wird von manchen Stimmen in der Literatur zu Recht die Ansicht vertreten, dass § 26 Abs. 4 S. 1 BDSG nicht die Frage beantwortet, ob Kollektivvereinbarungen eigenständige datenschutzrechtliche Erlaubnisnormen darstellen können, obwohl der deutsche Gesetzgeber in der Gesetzesbegründung davon auszugehen scheint.[346]

Ferner verkennt die Auffassung, die Betriebsvereinbarungen als rechtliche Verpflichtungen ansehen, dass eine rechtliche Verpflichtung für den Arbeitgeber durch die Betriebsvereinbarung erst begründet wird und daher nicht erforderlich im Sinne dieser Vorschrift sein kann.[347] Die rechtliche Verpflichtung muss im Unionsrecht bzw. im Recht der Mitgliedstaaten festgelegt worden sein, wobei der Zweck der Verarbeitung ebenfalls in dieser Rechtsgrundlage normiert sein muss. Der Zweck der Rechtsgrundlage könnte der nationale Gesetzgeber zwar in § 26 Abs. 1 S. 1 BDSG festgelegt haben („*Zwecke des Beschäftigungsverhältnisses*“). Jedoch kann der gesetzgeberische Wille nicht dahingehend auszulegen sein, dass Arbeitgeber und Betriebsrat die Rolle zugewiesen wird, eigenständige Erlaubnisnormen zu kreieren, da dies ansonsten als „*Freibrief*“ zur Schaffung nationaler datenschutzrechtlicher Erlaubnisnormen verstanden werden könnte.[348] Auch spricht Art. 6 Abs. 3 S. 4 DSGVO dagegen, der verlangt, dass ein im öffentlichen Interesse liegendes Ziel verfolgt werden und in einem angemessen Verhältnis zu dem verfolgten legitimen Zweck stehen muss. Die Betriebsvereinbarung wird jedoch nicht im öffentlichen Interesse, sondern im Interesse der Belegschaft abgeschlossen (vgl. zum öffentlichen Interesse Vierter Teil, § 17, A., II., 2., c.).[349] Weiterhin unterscheidet der europäische Gesetzgeber in Art. 9 Abs. 2 lit. b DSGVO zwischen dem „*Recht der Mitgliedstaaten*“ und den „*Kollektivvereinbarungen*“. Dies bedeutet, dass der Gesetzgeber einen Unterschied zwischen diesen beiden Begriffen sieht. In Art. 6 Abs. 3 S. 1 DSGVO, der unter anderem auf Art. 6 Abs. 1 S. 1 lit. c DSGVO Bezug nimmt, wird hingegen nur die Formulierung „*Recht der Mitgliedstaaten*“ verwendet. Im Umkehrschluss kann daraus gezogen werden, dass Kollektivvereinbarungen gerade nicht unter das Recht der Mitgliedstaaten fallen.[350] Kollektivvereinbarungen stellen demnach keine rechtlichen Verpflichtungen i. S. d. Art. 6 Abs. 1 S. 1 lit. c DSGVO dar.

---

345 Ebenso *Selk*, in: Ehmann/Selmayr, Art. 88 Rn. 226.

346 BT-Drs. 18/11325, S. 98; *Kort*, ZD 2017, 319, 322; *Stamer/Kuhnke*, in: Plath, Art. 88 DSGVO, Rn. 8; aA *Franzen*, ZfA 2019, 18, 35.

347 *Kort*, NZA 2018, 1097, 1101; *Stamer/Kuhnke*, in: Plath, Art. 88 DSGVO, Rn. 8.

348 *Kort*, NZA 2018, 1097, 1101.

349 *Selk*, in: Forgó et al., Datenschutz, Teil V, Kap. 3, Rn. 99.

350 *Laue/Nink/Kremer*, Datenschutzrecht, § 2 Rn. 37.

Gegen die Ansicht, die unmittelbar aus Art. 88 Abs. 1 DSGVO herausliest, dass die Parteien von Kollektivvereinbarungen Normadressaten dieser Vorschrift seien, spricht der Wortlaut, der nicht auf die Kollektivparteien eingeht, sondern ausdrücklich den Mitgliedstaaten die Befugnis einräumt, durch Kollektivvereinbarungen spezifischere Vorschriften zu erlassen. Diese Formulierung spricht vielmehr für die Ansicht, die in Art. 88 DSGVO nur die Möglichkeit für die Mitgliedstaaten sieht, den Kollektivvereinbarungen eine solche Erlaubniswirkung zukommen zu lassen. Allerdings ist der zu Art. 88 DSGVO dazugehörige ErwG 155 nicht so eindeutig wie der Wortlaut von Art. 88 Abs. 1 DSGVO. Nach dem Erwägungsgrund können im Recht der Mitgliedstaaten oder in Kollektivvereinbarungen (einschließlich Betriebsvereinbarungen) spezifische Vorschriften erlassen werden. Dies spricht dafür, dass Kollektivvereinbarungen, die nach dem Wortlaut nicht zwingend von den Mitgliedstaaten erlassen werden müssen, als Erlaubnisnorm betrachtet werden sollen.[351] Nach dem Wortlaut des Erwägungsgrundes ist jedoch offen, wer Adressat ist. Adressat von Vorschriften der DSGVO sind grundsätzlich die Verantwortlichen nach Art. 4 Nr. 7 DSGVO. Nach Art. 88 Abs. 1 DSGVO ist jedoch der Mitgliedstaat der Adressat. Kollektivvereinbarungen können allerdings nur von den Kollektivparteien geschlossen, werden. Dafür spricht Art. 28 GRCh, da dieser den Kollektivparteien das Recht auf Kollektivverhandlungen und Kollektivmaßnahmen zubilligt.[352] Der Wortlaut der Regelungen lässt jedoch kein Ergebnis darauf zu, ob datenschutzrechtliche Erlaubnisnormen geschaffen werden dürfen.

Durch das Setzen einer eigenen datenschutzrechtlichen Erlaubnisnorm durch die Kollektivparteien ist eine Rechtszersplitterung in den einzelnen Unternehmen zu befürchten.[353] Es gibt Mitgliedsstaaten, die das Institut des Betriebsrates nicht kennen. Außerdem gibt es Unternehmen, die aufgrund ihrer Größe keinen Betriebsrat bilden können und demnach auch nicht in der Lage sind, Betriebsvereinbarungen zu schließen. Während Unternehmen mit Betriebsräten ihre eigenen datenschutzrechtlichen Erlaubnisnormen „*formen*" könnten, wären andere Unternehmen auf die bestehende gesetzlichen Erlaubnisnormen beschränkt. Dadurch wird die vom europäischen Gesetzgeber geforderte Vollharmonisierung nicht geschaffen, da in jedem Betrieb eine unterschiedliche datenschutzrechtliche Erlaubnisnorm geschaffen werden könnte.

Jedoch ist dem Argument zuzubilligen, dass jeder Betrieb auf seine Bedürfnisse eingehen können muss. Dies lässt sich durch abstrakt-generelle Regelungen nicht bewerkstelligen, sodass die betrieblichen Datenschutzregelungen sehr vorteilhaft sind.[354] Die Lösung liegt jedoch nicht darin, Kollektivvereinbarungen als Erlaubnisnormen anzusehen. Vielmehr können alle Verarbeitungen über

351 Im Ergebnis ebenso *Stamer/Kuhnke*, in: Plath, Art. 88 DSGVO, Rn. 9.
352 *Selk*, in: Ehmann/Selmayr, Art. 88 Rn. 28 f.
353 Ebenso *Körner*, ZESAR 2013, 153 Fn. 61.
354 *Maschmann*, in: Kühling/Buchner, Art. 88 DSGVO, Rn. 24.

gesetzliche Erlaubnisnormen aufgefangen werden.[355] Kollektivvereinbarungen, die den Anforderungen des Art. 88 Abs. 2 DSGVO genügen, können und müssen im Rahmen der Interessenabwägung des Art. 6 Abs. 1 S. 1 lit. f DSGVO positiv für die Rechtmäßigkeit der Datenverarbeitung des Verantwortlichen berücksichtigt werden. Betriebsvereinbarungen können ergänzend die Verarbeitungszwecke transparent benennen und nähere Umstände nach Art. 88 Abs. 2 DSGVO wie die Transparenz spezifizieren.[356] Erfüllen die Kollektivvereinbarungen die Anforderungen des Art. 88 Abs. 1, 2 DSGVO nicht, kann ihnen aus datenschutzrechtlicher Perspektive keine Relevanz zugesprochen werden. Vielmehr haben sie dann nur betriebsverfassungsrechtliche Bedeutung, da die Datenverarbeitung durch die Kollektivvertragsparteien dann nur betriebsverfassungsrechtlich, nicht aber datenschutzrechtlich erlaubt wird.[357]

## B. Anforderungen des Art. 88 Abs. 2 DSGVO

Art. 88 Abs. 2 DSGVO stellt nicht nur besondere Anforderungen an die Rechtsvorschriften, sondern auch an Kollektivvereinbarungen. Die Rechtsprechung des EuGH vom März 2023 ist hier ebenfalls heranzuziehen (vgl. Zweiter Teil, § 6, C., II., 1., c., bb., (3)). Auf die Anforderungen des Art. 88 Abs. 2 DSGVO nimmt § 26 Abs. 4 S. 2 BDSG ausdrücklich Bezug. § 26 Abs. 4 S. 2 BDSG besagt, dass die Verhandlungspartner von Kollektivvereinbarungen die Vorgaben des Art. 88 Abs. 2 DSGVO zu beachten haben. Nach *Seifert* stellt dies wegen ErwG 8 keinen Verstoß gegen das Normwiederholungsverbot bezüglich Art. 88 Abs. 2 DSGVO dar, da diese Vorschrift dazu dient, die inhaltlichen Grenzen von Kollektivvereinbarungen klarer zu machen.[358] *Culik* hingegen hält in dieser Regelung einen Verstoß bei strenger Lesart für möglich.[359] Im Ergebnis muss eine solche Regelung wie § 26 Abs. 4 S. 2 BDSG möglich bleiben, da die Regelung nur ausdrücklich darauf hinweist, dass die Vorgaben nach Art. 88 Abs. 2 DSGVO zu beachten sind. Es stellt eine lediglich deklaratorische Regelung dar, die der Verständlichkeit dient.[360]

Die Anforderungen des Art. 88 Abs. 2 DSGVO müssen unabhängig davon beachtet werden, ob man Kollektivvereinbarungen als Erlaubnisnorm für die Verarbeitung personenbezogener Daten ansieht oder nicht. Enthält eine Kollektivvereinbarung Ausführungen zum Datenschutz, so hat sie die Anforderungen

355 *Selk*, in: Forgó et al., Datenschutz, Teil V, Kap. 3, Rn. 100.
356 *Hanloser*, in: Forgó et al., Datenschutz, Teil V, Kap. 1, Rn. 51.
357 *Selk*, in: Ehmann/Selmayr, Art. 88 Rn. 103.
358 *Seifert*, in: Simitis et al., Datenschutzrecht, Art. 88 Rn. 55; ebenso *Höhne*, Art. 88 DSGVO, S. 177.
359 *Culik*, Beschäftigtendatenschutz, Fn. 649.
360 Ebenso *Wünschelbaum*, NZA 2023, 542, 544.

des Art. 88 Abs. 2 DSGVO zu beachten.[361] Wenn lediglich eine Betriebsvereinbarung aufgrund gesetzlicher Verpflichtung (z. B. § 87 BetrVG) abgeschlossen wird, muss diese nicht den Anforderungen des Art. 88 Abs. 2 DSGVO genügen. Teilweise werden die Anforderungen des Art. 88 Abs. 2 DSGVO mit den Anforderungen, die § 75 Abs. 2 S. 1 BetrVG an die Betriebsvereinbarung stellt, gleichgestellt.[362] Entscheidend ist jedoch, dass es sich bei den Anforderungen um europarechtliche Vorschriften handelt (vgl. Vierter Teil, § 16, B.). Ein Rückgriff auf die Auslegung nach dem nationalen Recht ist danach nicht erforderlich und auch nicht zielführend, obwohl sich natürlich an bestehende nationale Vorgaben orientiert werden kann. Nach *Seifert* handelt es sich bei den Maßnahmen i. S. d. Art. 88 Abs. 2 DSGVO um „*Maßnahmen der Mitgliedstaaten zur Grundrechtssicherung*", d. h. der GRCh.[363]

Wenn die Anforderungen des Art. 88 Abs. 2 DSGVO nicht umgesetzt werden, soll die gesamte Kollektivvereinbarung als unwirksam zu betrachten sein, soweit der verbleibende Teil ohne die unzulässigen Bestimmungen keine sinnvolle, in sich geschlossene Regelung mehr enthält.[364] Nach *Franck* soll sich Nichtigkeit der Betriebsvereinbarung aus § 134 BGB ergeben.[365] Richtigerweise ergibt sich die Rechtsfolge nicht aus dem nationalen Recht. Eine Kollektivvereinbarung, die den Anforderungen des Art. 88 Abs. 2 DSGVO nicht genügt, ist europarechtswidrig und kann aufgrund des Anwendungsvorrangs datenschutzrechtlich nicht berücksichtigt werden. Es gelten vielmehr die Vorgaben der DSGVO.[366]

## I. Geeignete und besondere Maßnahmen

Auch die Kollektivvereinbarungen müssen geeignete und besondere Maßnahmen vorsehen (vgl. Vierter Teil, § 16, C.).

In der Literatur wird die Frage aufgeworfen, ob jede Kollektivvereinbarung alle Anforderungen des Art. 88 Abs. 2 DSGVO zu erfüllen hat. Teilweise wird dies

---

361 *Hamann/Haußmann*, in: Arnold/Günther, Arbeitsrecht 4.0, Kap. 6 Rn. 42; *Haußmann/Brauneisen*, BB 2017, 3065, 3066; *Wybitul/Sörup/Pötters*, ZD 2015, 559, 564; aA wohl *Dzida*, BB 2018, 2677, 2681.

362 *Heuschmid*, SR 2019, 1, 6 („im Wesentlichen"); *Klocke*, ZTR 2018, 116, 119; *Körner*, DSGVO, S. 13 f.; *dies.*, NZA 2019, 1389; *Linck*, in: Schaub, Arbeitsrecht, § 153 Rn. 17; *Maschmann*, in: Maschmann/Fritz, Matrixorganisationen, Kap. 5, Rn. 26; *Wedde*, in: v. d. Bussche/Voigt, Konzerndatenschutz, Teil 3, Kap. 6, Rn. 54; *Wünschelbaum*, BB 2019, 2102, 2104; *Wybitul*, ZD 2016, 203, 207 („zu orientieren"); wohl auch *Culik*, Beschäftigtendatenschutz, S. 191.

363 *Seifert*, in: Simitis et al., Datenschutzrecht, Art. 88 Rn. 31.

364 *Grimm*, in: Tschöpe, Arbeitsrecht, 6. Teil, F., Rn. 113; *Körner*, DSGVO, S. 49 (unter Bezugnahme auf BAG, Beschl. v. 09.07.2013 – 1 ABR 19/12, NZA 2014, 99); *Pötters/Schmidt*, in: Preis/Sagan, Arbeitsrecht, § 11 Rn. 110; aA *Heuschmid*, SR 2019, 1, 6.

365 *Franck*, ZD 2017, 509, 511.

366 *Morasch*, Beschäftigungskontext, S. 175; *Seifert*, in: Simitis et al., Datenschutzrecht, Art. 88 Rn. 45; ähnlich *Maschmann*, in: Kühling/Buchner, Art. 88 DSGVO, Rn. 83.

verneint[367] und teilweise bejaht.[368] Richtigerweise müssen nur die Regelungen in einer Kollektivvereinbarung umgesetzt werden, die durch die Vereinbarung auch erreicht werden sollen. Die Kollektivvereinbarung muss nur dann Aussagen zur Übermittlung personenbezogener Daten innerhalb einer Unternehmensgruppe i. S. d. Art. 4 Nr. 19 DSGVO treffen, wenn tatsächlich eine solche Übermittlung stattfindet. Ist keine Unternehmensgruppe vorhanden, so bedarf es dazu auch keiner Ausführungen.[369] Eine solche Regelung würde vielmehr der geforderten Transparenz zuwiderlaufen, da die betroffenen Personen diese Regelung nicht einordnen könnten. Art. 88 Abs. 2 DSGVO listet nur beispielhaft auf („*insbesondere*"), welche Maßnahmen getroffen werden sollen.

Die Transparenz der Verarbeitung nach Art. 88 Abs. 2 DSGVO fordert nach mancher Ansicht nicht, dass alle Informationen nach den Artt. 13 und 14 DSGVO in jede Kollektivvereinbarung aufgenommen werden muss.[370] Vielmehr beziehe sich die Transparenz auf die durch die Regelungen ermöglichten Datenverarbeitungen. Für die betroffene Person muss erkennbar sein, dass personenbezogene Daten verarbeitet werden und auf welche Weise dies geschieht. Es müssen konkrete Maßnahmen erfolgen, wie etwa konkrete Datenschutzhinweise vorzuformulieren und als Anlage in die Kollektivvereinbarung aufzunehmen.[371] Nach *Körner* ist zwischen der Transparenz der durch eine Betriebsvereinbarung erlaubten Datenverarbeitung und der formalen transparenten Ausgestaltung der Betriebsvereinbarung selbst zu unterscheiden, etwa im Hinblick auf eine klare, verständliche Sprache.[372]

Andere Stimmen in der Literatur fordern hingegen die Umsetzung der Artt. 13 bis 15 DSGVO in jeder Kollektivvereinbarung, d. h. die Wiedergabe beziehungsweise ein Bezug auf diese Vorschriften.[373] Die Angaben in diesen Vorschriften müssen sich in der Kollektivvereinbarung wiederfinden.

Im Ergebnis ist entscheidend, dass die betroffene Person transparent über die jeweilige Verarbeitung informiert wird. Ein bloßer Bezug auf gesetzliche Vorschriften wird dem nicht gerecht. Vielmehr sind die gesetzlichen Informationspflichten mit Inhalt zu füllen. Eine Informationspflicht nach den Artt. 13 ff.

---

367 *Haußmann/Brauneisen*, BB 2017, 3065, 3066; *Pfrang*, DuD 2021, 396, 397; *Pötters/Schmidt*, in: Preis/Sagan, Arbeitsrecht, § 11 Rn. 107.

368 *Körner*, Beschäftigtendatenschutz, S. 68.

369 *Klösel/Mahnhold*, NZA 2017, 1428, 1432 (teleologische Reduktion); *Körner*, DSGVO, S. 50 („kontextabhängig"); *Riesenhuber*, in: BeckOK DatenSR, DSGVO, 48. Ed. 01.05.2024, Art. 88 Rn. 88.

370 *Gola*, Beschäftigtendatenschutz, Rn. 1992; *Körner*, DSGVO, S. 36 f.; *Riesenhuber*, in: BeckOK DatenSR, DSGVO, 48. Ed. 01.05.2024, Art. 88 Rn. 85 f.; *Reif*, RDV 2018, 89, 90; *Schrey/Kielkowski*, BB 2018, 629, 632; *Wurzberger*, ZD 2017, 258, 262.

371 *Selk*, in: Forgó et al., Datenschutz, Teil V, Kap. 3, Rn. 124.

372 *Körner*, DSGVO, S. 27 f.

373 *Maschmann*, NZA-Beilage 2018, 115, 118; *Pauly*, in: Paal/Pauly, Art. 88 DSGVO, Rn. 14; *Seifert*, in: Simitis et al., Datenschutzrecht, Art. 88 Rn. 34; *Sörup*, ArbRAktuell 2016, 207, 209 f.; *Wybitul*, ZD 2016, 203, 207 f.

DSGVO besteht unabhängig von dem Abschluss einer Betriebsvereinbarung. Es ist daher dem Verantwortlichen zu überlassen, ob er die Informationen bereits in die Betriebsvereinbarung mit aufnimmt oder diese in einem eigenständigen Dokument vorhält.

Für die Praxis wird empfohlen, dass in der Kollektivvereinbarung ausdrücklich benannt wird, dass die vorliegende Vereinbarung als Erlaubnisnorm für die Verarbeitung von personenbezogenen Daten fungieren soll.[374] Eine gesetzliche Pflicht bestehe dazu allerdings nicht, da sich diese aus Art. 88 Abs. 1 DSGVO i. V. m. § 26 Abs. 4 BDSG ergeben soll.[375] Nach der hier vertretenen Ansicht stellen Kollektivvereinbarungen keine eigenständige Erlaubnisnormen dar, sodass klargestellt werden sollte, dass die Kollektivvereinbarung keine Erlaubnisnorm darstellt.[376] Sie können im Rahmen der Interessenabwägung nach Art. 6 Abs. 1 S. 1 lit. f DSGVO herangezogen werden, sodass sich empfiehlt, die Dokumentation der Interessenabwägung in die Kollektivvereinbarung aufzunehmen. So könnte eine Betriebsvereinbarung, die den Umgang mit Internetrecherchen über Bewerber regelt, die Interessenabwägung enthalten.

## II. Normwiederholungsverbot und Beachtung des nationalen Rechts

In vielen Kollektivvereinbarungen werden in der Regel Passagen aus der DSGVO wortwörtlich übernommen. Gerade bei den Definitionen werden hauptsächlich die Definitionen des Art. 4 DSGVO abgeschrieben. Passagen aus der DSGVO zu verwenden, könnte gegen das unionsrechtliche Normwiederholungsverbot verstoßen. Danach ist es den Mitgliedstaaten grundsätzlich verboten, solche Regelungen zu erlassen, die im Wortlaut mit einer Verordnung übereinstimmen (vgl. Zweiter Teil, § 6, C., II., 2., b.). ErwG 8 sieht von diesem Verbot eine Ausnahme vor, wenn die Wiederholung dazu dient, die Vorschrift verständlicher zu machen und damit der Klarheit der Vorschrift dient. Das Normwiederholungsverbot bezieht sich in erster Linie auf nationale Vorschriften. Inwieweit dieses Verbot auf Kollektivvereinbarungen übertragen werden kann, ist nicht geklärt. Aufgrund der normativen Geltung von Kollektivvereinbarungen geht *Selk* davon aus, dass das Normwiederholungsverbot auch für Kollektivvereinbarungen gilt.[377] Da als Ausnahme anerkannt ist, dass Wiederholungen zulässig sind, wenn dies der Klarheit der Vorschrift dient, muss dies auch im Rahmen von Kollektivvereinbarungen gelten. Dies bedeutet, dass die Defini-

---

374 *Gola*, Beschäftigtendatenschutz, Rn. 1983; *Grimm*, in: Tschöpe, Arbeitsrecht, 6. Teil, F., Rn. 118; *Tiedemann*, ArbRB 2016, 334, 336; *Wurzberger*, ZD 2017, 258, 260; *Wybitul*, CB 2016, 101, 107 (andere gesetzliche Erlaubnisnormen könnten eingreifen).

375 *Dzida/Grau*, DB 2018, 189, 193; *Körner*, DSGVO, S. 30; aA wohl *Klösel/Mahnhold*, NZA 2017, 1428, 1432.

376 Zustimmend *Selk*, in: Ehmann/Selmayr, Art. 88 Rn. 167.

377 *Selk*, in: Ehmann/Selmayr, Art. 88 Rn. 62; aA *König*, Beschäftigtendatenschutz, § 1 Rn. 74.

tionen aus der DSGVO wortwörtlich übernommen werden können. Abweichende Definitionen von Art. 4 DSGVO dürfen hingegen nicht verwendet werden.

Neben den Anforderungen, die Art. 88 Abs. 2 DSGVO an die Kollektivvereinbarungen stellt, müssen zudem die nationalen Anforderungen beachtet werden, die diese an die Kollektivvereinbarungen stellen. So müssen für Betriebsvereinbarungen die Vorgaben des BetrVG und für Tarifverträge die Vorgaben des Tarifvertragsgesetzes erfüllt werden.[378]

## C. Mitteilungspflicht nach Art. 88 Abs. 3 DSGVO

Kollektivvereinbarungen müssen nicht nach Art. 88 Abs. 3 DSGVO der Kommission gemeldet werden, da der eindeutige Wortlaut davon ausgeht, dass nur die Rechtsvorschriften, die aufgrund von Art. 88 Abs. 1 DSGVO erlassen wurden, gemeldet werden müssen. Art. 88 Abs. 1 DSGVO nennt sowohl die Rechtsvorschriften als auch die Kollektivvereinbarungen. Im Umkehrschluss folgt daraus, dass aufgrund der fehlenden Nennung der Kollektivvereinbarungen in Art. 88 Abs. 3 DSGVO, eine Meldung nicht erfolgen muss.[379] Eine solche Meldung wäre in der Praxis aufgrund der Menge der Kollektivvereinbarungen zudem nicht realisierbar.

## D. Wirkung von Betriebsvereinbarungen für Bewerber?

Es stellt sich die Frage, ob eine datenschutzrechtliche Kollektivvereinbarung Wirkung für einen Bewerber entfalten kann. Im Folgenden soll exemplarisch nur auf die Betriebsvereinbarung nach dem BetrVG eingegangen werden. Sinn und Zweck einer Betriebsvereinbarung ist grundsätzlich, dass nur diejenigen Betroffenen verpflichtet werden, die auch dem Betriebsrat angehören können.[380]

Aus Datenschutzsicht kann eine Kollektivvereinbarung Wirkung für Bewerber entfalten, da der Begriff des Beschäftigten i. S. d. Art. 88 Abs. 1 DSGVO auch den Bewerber umfasst (vgl. Zweiter Teil, § 6, C., II., 1., a., bb.). Dies wird durch § 26 Abs. 8 S. 2 BDSG bestätigt, der ausdrücklich den Bewerber als Beschäftigten definiert.

Nach dem BetrVG gehört der Bewerber nicht zum Kreis der Arbeitnehmer. Arbeitnehmer i. S. d. § 5 Abs. 1 BetrVG sind insbesondere Arbeiter und Angestellte. Der Bewerber ist kein Arbeitnehmer i. S. d. § 5 BetrVG.[381] Dieser Begriff des

378 *Taeger/Rose*, BB 2016, 819, 821; *Traut*, RDV 2016, 312, 313 („2-Schranken-Theorie"); *Wybitul*, ZD 2016, 203, 206.

379 *Gola/Pötters/Wronka*, Arbeitnehmerdatenschutz, Rn. 507; *Pötters/Schmidt*, in: Preis/Sagan, Arbeitsrecht, § 11 Rn. 111; *Rolf/Siewert*, RDV 2017, 236, 239; *Stamer/Kuhnke*, in: Plath, Art. 88 DSGVO, Rn. 11.

380 *Preis/Greiner*, Kollektivarbeitsrecht, Rn. 1667.

381 *Forst*, NZA 2010, 427, 432; *Wisskirchen/Kies*, in: Tschöpe, Arbeitsrecht, 1. Teil, C., Rn. 220d.

Beschäftigten im BetrVG ist damit enger, als der Begriff im datenschutzrechtlichen Sinne.[382] Daraus wird von der datenschutzrechtlichen Literatur überwiegend geschlossen, dass eine Betriebsvereinbarung keine Wirkung für den Bewerber entfalten kann.[383] Der Bewerber unterfalle nicht der Betriebsautonomie nach § 5 BetrVG und damit könne dieser auch nicht von der unmittelbaren und zwingenden Wirkung einer Betriebsvereinbarung nach § 77 Abs. 4 BetrVG erfasst werden. Der Betriebsrat vertrete nur die in den Betrieb eingegliederten Arbeitnehmer nach § 5 BetrVG. Daran ändere auch § 94 BetrVG, der Aussagen über die Mitbestimmung bei Personalfragebögen enthält, nichts. Diese Norm gilt auch für Fragen von Einstellungsbewerbern.[384]

Es liegt noch keine Rechtsprechung des BAG zu dieser Frage vor. Allerdings geht das BAG davon aus, dass Pensionäre, d. h. ausgeschiedene Arbeitnehmer, grundsätzlich nicht als Arbeitnehmer i. S. d. § 5 BetrVG anzusehen sind.[385] Nach dem BAG kann sich die normative Wirkung einer Betriebsvereinbarung nur auf *„Personen erstrecken, die in einem Arbeitsverhältnis zum Arbeitgeber stehen [...], die also aktive Betriebsangehörige sind*". Begründet wurde dieses Ergebnis insbesondere damit, dass nur hinsichtlich der aktuellen Belegschaft der Betriebsrat gewählt worden ist. Teilweise wird daraus geschlossen, dass das BAG auch bei Bewerbern so entscheiden würde.[386] Das BAG knüpfe maßgeblich an die Aktivbelegschaft für den persönlichen Geltungsbereich der Betriebsvereinbarung an. Allerdings ist zweifelhaft, ob das BAG weiterhin an dieser Recht-

382 *Culik*, Beschäftigtendatenschutz, S. 180; *Gola*, Beschäftigtendatenschutz, Rn. 1947.

383 *Barlage-Melber et al.*, Beschäftigtendatenschutz, S. 50; *Bausewein*, DuD 2016, 139, 140; *Brink/Schwab*, RDV 2017, 170, 173; *Däubler*, Gläserne Belegschaften, Rn. 184, 629a; *Gola*, Datenschutz, Rn. 686; *Gola/Pötters/Wronka*, Arbeitnehmerdatenschutz, Rn. 767; *Greßlin*, BB 2015, 117, 121; *Juli/Gömöry*, PuR 2017, 4, 6; *Kania*, in: Müller-Glöge et al., Arbeitsrecht, BetrVG, § 77 Rn. 32; *Kleinebrink*, DB 2018, 1729, 1735; *Koch*, in: Müller-Glöge et al., Arbeitsrecht, BetrVG, § 5 Rn. 1; *Riesenhuber*, in: BeckOK DatenSR, BDSG, 48. Ed. 01.05.2024, § 26 Rn. 109; *Schmitz*, Beschäftigtendatenschutz, S. 301; *Schrey/Kielkowski*, BB 2018, 629, 630 („datenschutzrechtliche Wirkung von Betriebsvereinbarungen ist zu der jeweiligen Regelungskompetenz der Betriebspartner akzessorisch"); *Schulze*, in: Wedde, Datenschutz, C., Rn. 243; *Ströbel/Wybitul*, in: Specht/Mantz, Datenschutzrecht, § 10 Rn. 13; *Thüsing/Traut*, in: Thüsing, Beschäftigtendatenschutz, § 14 Rn. 64; *Traut*, RDV 2016, 312, 318; *Werner*, in: Rolfs et al., BeckOK ArbR, 71. Ed. 01.03.2024, § 77 BetrVG, Rn. 31; wohl auch *Panzer-Heemeier*, in: Braun/Wisskirchen, Konzernarbeitsrecht, Teil I, Abschnitt 4, Rn. 199.

384 LAG Köln, Beschl. v. 21.04.1997 – 3 TaBV 79/96, NZA-RR 1997, 481; *Gola*, Beschäftigtendatenschutz, Rn. 2010; *Krieger*, in: vom Stein et al., Gesundheitsmanagement, § 6 Rn. 1; *Möhren*, in: Hümmerich et al., Arbeitsrecht, § 3 Rn. 37.

385 BAG, Urt. v. 28.06.2005 – 1 AZR 213/04, NJOZ 2005, 5080; BAG, Urt. v. 13.05.1997 – 1 AZR 75/97, NZA 1998, 160; BAG, Beschl. v. 16.03.1956 – GS 1/55, NJW 1956, 1086, 1087; *Oberthür*, in: Oberthür/Seitz, Betriebsvereinbarungen, A. VI. Rn. 7; aA *Berg*, in: Däubler et al., BetrVG, § 77 Rn. 80; *Kreutz*, in: Wiese et al., GK-BetrVG, § 77 Rn. 199 ff.

386 *Forst*, ZD 2012, 251, 253; *Thüsing/Traut*, in: Thüsing, Beschäftigtendatenschutz, § 14 Rn. 64.

sprechung festhalten wird, da das Gericht dies in einer Entscheidung aus dem Jahr 2009 ausdrücklich offengelassen hat.[387]

Es werden Stimmen laut, die die Wirkung von Betriebsvereinbarungen auch für Bewerber bejahen.[388] Für dieses Ergebnis spreche zunächst, *„dass Auswahlrichtlinien nach § 95 BetrVG einem Mitbestimmungsrecht des Betriebsrats unterliegen und dass Fragebogen nach § 94 Abs. 2 BetrVG, die üblicherweise vor der Begründung des Beschäftigungsverhältnisses ausgefüllt werden, ebenfalls dem Mitbestimmungsrecht unterliegen*". Fragen des Bewerberdatenschutzes fallen demnach unter die Regelungsaufgaben des Betriebsrates. Zudem werden nach *Kort* in der Praxis vermehrt Regelungen in Betriebsvereinbarungen aufgenommen, die Fragen des Datenschutzes von Bewerbern betreffen.[389] Möglich soll es auch sein, eine freiwillige Betriebsvereinbarung i. S. d. § 88 BetrVG abzuschließen. So könne in dieser Vereinbarung von den Kollektivparteien festgelegt werden, dass sich der Arbeitgeber keine Informationen über Bewerber im Internet verschafft oder dass keine Auskünfte bei früheren Arbeitgebern durch den Arbeitgeber durchgeführt werden.[390] Dies habe zwar keine unmittelbare Wirkung für den Bewerber, sondern bindet nur unmittelbar den Arbeitgeber. Durch diese unmittelbare Bindung des Arbeitgebers durch den Betriebsrat an die Betriebsvereinbarung, entfaltet diese Bindung aber auch mittelbar Wirkung zugunsten des Bewerbers.[391]

Zunächst ist entscheidend, dass aus betriebsverfassungsrechtlicher Sicht wegen § 5 BetrVG die Kollektivparteien keine Betriebsautonomie über den Bewerber besitzen. Der Bewerber wird nicht genannt, da der Kreis der betroffenen Personen nur Arbeitnehmer sein können. Die nationalen Schranken müssen neben den Vorgaben des Art. 88 DSGVO beachtet und eingehalten werden.[392] Dennoch existieren verschiedenste Regelungen im BetrVG, die auf den Bewerber Bezug

---

387 BAG, Urt. v. 10.02.2009 – 3 AZR 653/07, Rn. 16, NZA 2009, 796.

388 *Berliner Datenschutzbeauftragte*, Jahresbericht 2016, S. 115; *Culik*, Beschäftigtendatenschutz, S. 180; *Forst*, ZD 2012, 251, 253; *Gola*, Beschäftigtendatenschutz, Rn. 228, 1949, 2010, 2016 („Betriebsvereinbarungen [können] für Bewerber als eine spezifizierende Ausgestaltung der Verarbeitung ihrer Daten dienen"); *Hümmerich*, RdA 1979, 143, 144; *Kort*, NZA-Beilage 2016, 62, 65; *ders.*, ZD 2017, 3, 5; *Nolde*, in: Koreng/Lachenmann, Datenschutzrecht, H. VI., Anm. 2 (restriktive Auslegung und gilt dann, „wenn tatsächlich (schon oder noch) konkrete Auszahlungen in Betracht kommen"); *Thüsing/Traut*, in: Thüsing, Beschäftigtendatenschutz, § 14 Rn. 64; *Wendel*, Bundeszentralregisterauskunft, S. 74 ff.; *Weth*, in: Weth et al., Daten- und Persönlichkeitsschutz, B., I., Rn. 76; wohl auch *Kreutz*, in: Wiese et al., GK-BetrVG, § 77 Rn. 199 ff. m. w. N. (hinsichtlich Ruheständler); *ders.*, ZfA 2003, 361 ff.

389 *Kort*, NZA-Beilage 2016, 62, 65.

390 *Wendel*, Bundeszentralregisterauskunft, S. 75; *Seifert*, in: Simitis et al., Datenschutzrecht, Art. 88 Rn. 248.

391 *Däubler*, in: Däubler et al., § 26 BDSG, Fn. 426; *Wisskirchen/Kies*, in: Tschöpe, Arbeitsrecht, 1. Teil, C., Rn. 220d; ähnlich *Byers*, Mitarbeiterkontrollen, Rn. 310.

392 *Thüsing/Traut*, in: Schwartmann et al., Art. 88 DSGVO, Rn. 53; *Traut*, RDV 2016, 312, 318.

nehmen. Für den Bewerber sind insbesondere die Vorschriften nach §§ 92, 94, 95, 99, 100 BetrVG von Relevanz. So muss der Arbeitgeber den Betriebsrat zum Beispiel nach § 92 Abs. 1 S. 1 BetrVG über die Personalplanung, insbesondere über den gegenwärtigen und künftigen Personalbedarf sowie über die sich daraus ergebenden personellen Maßnahmen einschließlich der geplanten Beschäftigung von Personen, die nicht in einem Arbeitsverhältnis zum Arbeitgeber stehen, und Maßnahmen der Berufsbildung anhand von Unterlagen rechtzeitig und umfassend unterrichten. Das BetrVG geht sehr wohl von der Existenz des Bewerbers aus, auch wenn die Kollektivparteien aufgrund des § 5 BetrVG gehindert sind, Betriebsvereinbarungen zu schaffen, die unmittelbar und zwingend für den Bewerber i. S. d. § 77 Abs. 4 S. 1 BetrVG gelten. § 5 BetrVG soll auch nicht zur Disposition der Kollektivparteien stehen, d. h. es kann nicht bestimmt werden, dass Bewerber als Arbeitnehmer gelten.[393] Eine mittelbare Wirkung der Betriebsvereinbarung für den Bewerber ist dadurch jedoch nicht ausgeschlossen, da die soeben genannten Vorschriften des BetrVG zeigen, dass dem Betriebsrat zahlreiche Rechte und Pflichten nicht nur hinsichtlich der Arbeitnehmer, sondern gerade auch hinsichtlich der Bewerber treffen.[394] Dies bedeutet, dass auch die Kollektivparteien Regelungen erlassen können, die Auswirkungen auf den Bewerber haben. Diese Regelungen können aus datenschutzrechtlicher Sicht Wirkung zukommen, indem diese im Rahmen der Interessenabwägung nach Art. 6 Abs. 1 S. 1 lit. f DSGVO bzw. im Rahmen der Erforderlichkeit nach Art. 6 Abs. 1 S. 1 lit. b Var. 2 DSGVO berücksichtigt werden.[395] Um die Erwartungshaltung der Bewerber entsprechend zu beeinflussen, bietet es sich an, die Betriebsvereinbarung dem Bewerber im Vorfeld zur Kenntnis zu geben. So kann vor der Möglichkeit des Abschickens der Bewerbung auf diese Betriebsvereinbarung hingewiesen werden.

## § 19 Einwilligung, Art. 6 Abs. 1 S. 1 lit. a DSGVO

Die Verarbeitung personenbezogener Daten des Beschäftigten kann vom Arbeitgeber als Verantwortlichen grundsätzlich auch auf die Einwilligung nach Art. 6 Abs. 1 S. 1 lit. a DSGVO gestützt werden. Dies war zwar lange Zeit unter dem BDSG a. F. umstritten, die damalige überwiegende Literatur nahm jedoch an, dass unter gewissen Voraussetzungen auch im Beschäftigungsverhältnis eine freiwillige Einwilligung vom Beschäftigten erteilt werden konnte.[396] Auch die

393 BAG, Beschl. v. 03.08.1989 – 1 ABR 97/87, NZA 1989, 804, 806; *Koch*, in: Müller-Glöge et al., Arbeitsrecht, BetrVG, § 5 Rn. 1; *Trümner*, in: Däubler et al., BetrVG, § 5 Rn. 6, 7, 17 („zwingendes Recht"); aA wohl *Waltermann*, Betriebsvereinbarung, S. 201.

394 *Hümmerich*, RdA 1979, 143, 144.

395 Ähnlich *Gola*, RDV 2008, 135, 138.

396 *Gola*, RDV 2002, 109, 111; *ders.*, RDV 2011, 109, 114; *Haase/Heermann/Rottwinkel*, DuD 2011, 83, 86; *Riesenhuber*, RdA 2011, 257, 261; *Schmidl*, DuD 2006, 353, 355;

DSRL stützte dieses Ergebnis, da sie in Art. 7 lit. a DSRL die Einwilligung als Erlaubnisnorm ausdrücklich anerkannt hatte. Dies hat auch das BAG unter der alten Rechtslage anerkannt und die Einwilligung im Beschäftigungsverhältnis ausdrücklich zugelassen.[397]

Im Entwurfsvorschlag der Kommission zur DSGVO wurde die Einwilligung nicht als taugliche Erlaubnisnorm angesehen, wenn zwischen der Position der betroffenen Person und des Verantwortlichen ein erhebliches Ungleichgewicht besteht, wobei gerade an das Verhältnis von Arbeitgeber und Arbeitnehmer im Arbeitsverhältnis gedacht wurde.[398] Dieser Entwurf hat sich allerdings nicht durchgesetzt. Daher wird die Einwilligung nach überwiegender Ansicht weiterhin eine *„zentrale Rolle“* als Erlaubnisnorm für die Verarbeitung personenbezogener Daten spielen[399], während andere Stimmen die Einwilligung als bloße Fiktion ansehen.[400] Durch die prominente Nennung der Einwilligung kann allerdings nicht geschlossen werden, dass es sich bei der Einwilligung um eine vorrangige Erlaubnisnorm handelt.[401]

## A. Möglichkeit des Ausschlusses der Einwilligung?

Fraglich ist, ob die Einwilligung dennoch für den Beschäftigungskontext von vornherein ausgeschlossen werden könnte. In der Literatur wird aufgrund der Spezifizierungsklausel des Art. 88 Abs. 1 DSGVO teilweise davon ausgegangen, dass die Mitgliedstaaten die Möglichkeit besitzen, im Beschäftigungskontext die Einwilligung (z. B. die Einwilligung des Bewerbers) als Erlaubnisnorm von vornherein auszuschließen, sodass ein Berufen auf eine Einwilligung im Beschäftigungskontext nicht möglich sei.[402]

---

*Scholz/Sokol*, in: Simitis, BDSG, § 4 Rn. 7; *Sorber*, Rechtsstellung des Bewerbers, S. 408 ff.; *Wedde*, DuD 2004, 169, 172; *Zscherpe*, MMR 2004, 723, 727.

397 BAG, Urt. v. 11.12.2014 – 8 AZR 1010/13, Rn. 32, CR 2015, 453; *Thüsing*, RDV 2010, 147, 148.

398 *Bausewein*, ZD 2014, 443, 446; *ders.*; DuD 2016, 139, 141; *Gola*, RDV 2012, 60, 62 f.

399 *Buchner/Kühling*, DuD 2017, 544, 545; *Dzida/Grau*, DB 2018, 189; *Fladung*, CB 2015, 364, 366; *Piltz*, BDSG, § 26 Rn. 69 (missverständlich, dass der deutsche Gesetzgeber mit § 26 Abs. 2 BDSG diese Frage geklärt hat; Klärung durch ErwG 155; so *Wybitul*, ZD-Aktuell 2017, 05483); *Pollmann/Kipker*, DuD 2016, 378; *Tinnefeld/Conrad*, ZD 2018, 391, 392; aA *Veil*, NVwZ 2018, 686, 688 („schlechteste Rechtsinstrument zur Sicherstellung informationeller Selbstbestimmung“).

400 *Albrecht*, in: Simitis et al., Datenschutzrecht, Einführung zu Art. 6, Rn. 4; *Simitis*, in: Brem et al., FS Pedrazzini, 469, 492; *Specht/Bienemann*, K&R Beilage 2018, Nr. 1, 22; *Tinnefeld/Conrad*, ZD 2018, 391, 392.

401 VG Mainz, Urt. v. 20.02.2020 – 1 K 467/19.MZ, Rn. 27, BeckRS 2020, 5397.

402 *Feiler/Forgó*, DSGVO, Art. 88 Rn. 2; *Körner*, Beschäftigtendatenschutz, S. 79 f.; *Kort*, ZD 2016, 555, 557 (Einwilligung bei Bewerbung); *Schuler/Weichert*, Beschäftigtendatenschutz, S. 7; *von Lewinski*, in: Rüpke et al., Datenschutzrecht, § 13 Rn. 67 („kategorische Datenverarbeitungsverbote“); *Wolff*, in: Schantz/Wolff, Datenschutzrecht, Rn. 1332; *Wybitul/Pötters*, RDV 2016, 10, 13 (Einwilligung bei Bewerbung);

Gegen diese Ansicht spricht die vollharmonisierende Wirkung der DSGVO. Der Ausschluss der Einwilligung wäre ein „*Mehr*" an Datenschutz, was nach der hier vertretenen Ansicht nicht möglich ist. Zudem spricht ErwG 155 für dieses Ergebnis. Danach können Vorschriften über die Bedingungen, unter denen personenbezogene im Beschäftigungskontext auf der Grundlage der Einwilligung des Beschäftigten verarbeitet werden, erlassen werden. Demnach ist es den Mitgliedstaaten überlassen, die „*Bedingungen*" an die besondere Situation im Arbeitsverhältnis anzupassen. Eine Befugnis, dies für Bewerber vollständig auszuschließen lässt sich aus dem Wortlaut nicht ableiten. Dies würde auch dem Grundgedanken des Art. 8 Abs. 2 S. 1 GRCh und Art. 6 Abs. 1 S. 1 lit. a DSGVO widersprechen, der die Einwilligung als Erlaubnisnorm für die Verarbeitung personenbezogener Daten ausdrücklich anerkennt, sodass die sekundärrechtliche Einwilligung nach der DSGVO an den primärrechtlichen Vorgaben der GRCh zu messen ist.[403] Zudem spricht ein Umkehrschluss zu Art. 9 Abs. 2 lit. a DSGVO gegen die Möglichkeit, im Beschäftigtenbereich die Einwilligung als Erlaubnisnorm auszuschließen. Hier hat der europäische Gesetzgeber ausdrücklich normiert, dass nach dem Unionsrecht oder dem Recht der Mitgliedstaaten die Einwilligung aufgehoben werden kann. Dies gilt umgekehrt aber nicht für Art. 6 Abs. 1 S. 1 lit. a DSGVO, da ein derartiger Ausschluss in dieser Norm nicht normiert ist. Außerdem wurde die Formulierung der Kommission, dass eine Einwilligung bei signifikantem Ungleichgewicht ausgeschlossen ist, gerade nicht in den finalen Text der DSGVO übernommen.[404] Eine Einwilligung des Bewerbers bleibt demnach grundsätzlich möglich, soweit die formellen und materiellen Voraussetzungen der Einwilligung vorliegen.

## B. Voraussetzungen der Einwilligung

Die Voraussetzungen der Einwilligung finden sich in Art. 6 Abs. 1 S. 1 lit. a, Art. 7, Art. 4 Nr. 11 DSGVO. § 26 Abs. 2 BDSG konkretisiert die Anforderungen der Einwilligung im Beschäftigungskontexts aufgrund der Spezifizierungsklausel des Art. 88 Abs. 1 DSGVO. Dieser bezieht nach dem Wortlaut zwar die

aA *Forst*, RDV 2010, 150 (zur DSRL); *Hanloser*, in: Forgó et al., Datenschutz, Teil V, Kap. 1, Rn. 12; *Maschmann*, in: Maschmann/Fritz, Matrixorganisationen, Kap. 5, Rn. 21; *Schmidt*, Datenschutz für Beschäftigte, S. 300 („Die Festschreibung von Bedingungen setzt vielmehr gerade voraus, dass die Einwilligung nicht von vornherein ausgeschlossen sein kann"); *Piltz*, BDSG, § 26 Rn. 71.

403 Ebenso *Forst*, RDV 2010, 150, 154; *ders.*, in: Maschmann, Beschäftigtendatenschutz, 45, 63; *Heckmann/Paschke*, in: Ehmann/Selmayr, Art. 7 Rn. 1, 22; *Maschmann*, in: Kühling/Buchner, Art. 88 DSGVO, Rn. 48; *Riesenhuber*, in: BeckOK DatenSR, DSGVO, 48. Ed. 01.05.2024, Art. 88 Rn. 77; *Scheurer*, Spielerisch selbstbestimmt, S. 320; *Schmitz*, Beschäftigtendatenschutz, S. 439 („Pauschalausschluss der Einwilligung im Beschäftigungsverhältnis […] nicht vereinbar"); *Thüsing/Traut*, in: Schwartmann et al., Art. 88 DSGVO, Rn. 28.

404 *Heckmann/Paschke*, in: Ehmann/Selmayr, Art. 7 Rn. 8.

Einwilligung nicht ausdrücklich mit ein, jedoch wird dies durch ErwG 155 klargestellt. Die materiellen Voraussetzungen, die die DSGVO an die Einwilligung stellt, bleiben damit auch im Beschäftigungsverhältnis anwendbar.[405]

Art. 4 Nr. 11 DSGVO definiert die Einwilligung als *„jede freiwillig für den bestimmten Fall, in informierter Weise und unmissverständlich abgegebene Willensbekundung in Form einer Erklärung oder einer sonstigen eindeutigen bestätigenden Handlung, mit der die betroffene Person zu verstehen gibt, dass sie mit der Verarbeitung der sie betreffenden personenbezogenen Daten einverstanden ist*“. Diese Voraussetzungen sind als Grundelemente durch den europäischen Gesetzgeber vorgegeben und können nicht von den Mitgliedstaaten abgeändert werden und sind somit nicht disponibel.[406] Die Definition konkretisiert in angemessener Weise den Begriff der Einwilligung, wie er in Art. 8 Abs. 2 GRCh vorgegeben ist.[407] Die Voraussetzungen der Einwilligung können insbesondere nicht durch eine Betriebsvereinbarung geändert werden.[408] ErwG 155 gestattet nur, dass mittels Kollektivvereinbarungen die Vorschriften über die *„Bedingungen, unter denen personenbezogene Daten im Beschäftigungskontextes auf der Grundlage der Einwilligung des Beschäftigten verarbeitet werden dürfen*“. Eine Änderung der Anforderungen an eine wirksame Einwilligung ist davon aber nicht erfasst.

Die Einwilligung muss vor der Verarbeitung der personenbezogenen Daten abgegeben werden. Es ist nicht möglich, die Einwilligung erst nachträglich einzuholen, nachdem die personenbezogenen Daten bereits verarbeitet wurden.[409] Dies wird in der DSGVO nicht ausdrücklich normiert, folgt aber aus dem Charakter der Einwilligung als Erlaubnisnorm. Dies soll der Wortlaut *„hat […] gegeben*“ nach Art. 6 Abs. 1 S. 1 lit. a DSGVO, der Wortlaut *„beruht*“ nach Art. 7 Abs. 1 DSGVO sowie der Wortlaut *„aufgrund der Einwilligung bis zum Widerruf erfolgten Verarbeitung*“ nach Art. 7 Abs. 3 S. 2 DSGVO nahelegen. Diese Formulierungen deuten darauf hin, dass eine Einwilligung bereits vorgelegen hat, weil die Datenverarbeitung auf der Einwilligung *„beruhen*“ muss.

---

405 *Gola/Pötters*, in: Gola/Heckmann, DSGVO/BDSG, § 26 BDSG, Rn. 66.

406 *Maschmann*, in: Kühling/Buchner, Art. 88 DSGVO, Rn. 49.

407 *Wolff*, in: Pechstein et al., Frankfurter Kommentar, Art. 8 GRCh, Rn. 23 (zur DSRL).

408 *Conrad/Treeger*, in: Auer-Reinsdorff/Conrad, IT- und Datenschutzrecht, § 34 Rn. 341; *Kleinebrink*, DB 2018, 1729, 1731 („weder verschärft noch abgeschwächt“); *Kort*, DB 2016, 711, 715; *Maschmann*, in: Maschmann/Fritz, Matrixorganisationen, Kap. 5, Rn. 21.

409 EuGH, Urt. v. 29.07.2019 – C-40/17, Rn. 102, NZA 2019, 1125 – Fashion ID (zur DSRL); *Art.-29-Datenschutzgruppe,* WP 259 rev. 01, S. 21; *Buchner/Kühling*, in: Kühling/Buchner, Art. 7 DSGVO, Rn. 30; *Funke*, Einwilligung, S. 215 („Vorfeldschutz“); *Schneider*, K&R 2019, 8, 11; aA *Selzer*, in: Jandt/Steidle, Datenschutz, Teil B, I., Rn. 40 („regelmäßig vor Beginn der Datenverarbeitung“); *von Lewinski*, in: Rüpke et al., Datenschutzrecht, § 13 Rn. 119, 168 (Rückgriff auf allgemeine Rechtsgeschäftslehre).

Eine Einwilligung kann ferner nur dann wirksam von dem betroffenen Bewerber abgegeben werden, wenn dieser auch fähig ist, diese Einwilligung abgeben zu können.[410] Erforderlich ist, dass ein Erklärungsbewusstsein vorliegt, also das Bewusstsein, dass man durch seine Handlung eine Einwilligung in die Verarbeitung personenbezogener Daten abgibt. Der Bewerber muss Bedeutung und Tragweite seiner Entscheidung erkennen. Dieses Erfordernis soll bereits aus allgemeinen rechtsgeschäftlichen Grundsätzen sowie aus Art. 4 Nr. 11 DSGVO folgen („*unmissverständlich*", „*eindeutigen Handlung*"), da jede Willensäußerung voraussetzt, dass man sich bewusst ist, etwas rechtsgeschäftlich Erhebliches zu tun.[411] Zudem handelt es sich bei der Einwilligung nach überwiegender Ansicht in der datenschutzrechtlichen Literatur um eine höchstpersönliche Einwilligung.[412] Denn die Einwilligung muss „*von der betroffenen Person*" abgegeben werden (vgl. Art. 4 Nr. 11 DSGVO). Die Erteilung einer Einwilligung durch einen gesetzlichen Stellvertreter (z. B. Betreuer nach § 1902 BGB) wird aber als zulässig erachtet, soweit eine Einwilligung durch die betroffene Person selbst nicht möglich ist.[413]

Der Nachweis der Einwilligung nach Art. 7 Abs. 1 DSGVO stellt nach überwiegender Ansicht keine materiell-rechtliche Voraussetzung für die Wirksamkeit einer Einwilligung dar, sondern konkretisiert nur die Rechenschaftspflicht, wie sie in Art. 5 Abs. 2 DSGVO für den Verantwortlichen normiert ist.[414] An den Nichtnachweis der Einwilligung werden in der DSGVO keine unmittelbaren Rechtsfolgen geknüpft. Aus diesem Grund geht *Gierschmann* davon aus, dass es aufgrund der Rechenschaftspflicht in Art. 5 Abs. 2 DSGVO der zusätzlichen Erwähnung in Art. 7 Abs. 1 DSGVO nicht bedurft hätte.[415] Wird der Nachweis von dem Verantwortlichen nicht erbracht, ist die Einwilligung nicht nachgewiesen und eine Berufung auf die Einwilligung nicht möglich. Der Nichtnachweis kann mit einem Bußgeld nach Art. 83 Abs. 5 lit. a DSGVO belegt werden. Im Rahmen

410 *Conrad/Treeger*, in: Auer-Reinsdorff/Conrad, IT- und Datenschutzrecht, § 34 Rn. 440; *Spindler/Dalby*, in: Spindler/Schuster, Elektron. Medien, DSGVO, Art. 7 Rn. 1; *Weth*, in: Weth et al., Daten- und Persönlichkeitsschutz, B., I., Rn. 36.

411 *Buchner*, in: Tinnefeld et al., Datenschutzrecht, Teil 4, Rn. 61 f.

412 *Ernst*, ZD 2017, 110, 111; *Gola*, Beschäftigtendatenschutz, Rn. 424; *Kazemi*, DSGVO, § 4 Rn. 130; *Klement*, Medizinische Datenerhebungen, S. 181; *Lüdemann/Pokrant*, DuD 2019, 365, 368; *Scheurer*, Spielerisch selbstbestimmt, S. 130 ff.; aA *Ingold*, JuS 2018, 1214, 1218.

413 AG Gießen, Beschl. v. 16.07.2018 – 230 XVII 381/17 G, ZD 2018, 592 (Einwilligung eines Betreuten); *Arning/Rothkegel*, in: Taeger/Gabel, Art. 4 DSGVO, Rn. 348; *Gola*, Beschäftigtendatenschutz, Rn. 424.

414 *Beckers*, ZWE 2019, 297, 299; *Franzen*, in: Franzen et al., Arbeitsrecht, Art. 7 DSGVO, Rn. 2; *Heckmann/Paschke*, in: Ehmann/Selmayr, Art. 7 Rn. 73 („Risikoverteilungsregelung"); *Klement*, in: Simitis et al., Datenschutzrecht, Art. 7 Rn. 42 ff.; *Kühling/Klar/Sackmann*, Datenschutzrecht, Rn. 528; *Scheurer*, Spielerisch selbstbestimmt, S. 202; aA OVG Saarlouis, Beschl. v. 16.02.2021 – 2 A 355/19, BB 2021, 720, 721 (Verweis auf die Regelungssystematik des Art. 7); *Schemmel*, BB 2021, 723, 724.

415 *Gierschmann*, in: Gierschmann et. al., DSGVO, Art. 7 Rn. 126.

eines Online-Bewerbungsportals für die Speicherung der Daten in einem Bewerber-Pool kann der Nachweis der Einwilligung dadurch erfüllt werden, dass die Einwilligung elektronisch protokolliert wird.[416]

Liegen die nachfolgend dargelegten Voraussetzungen der Art. 4 Nr. 11, Art. 6 Abs. 1 S. 1 lit. a, Art. 7 DSGVO nicht vor, ist keine wirksame Einwilligung gegeben.[417]

## I. Freiwilligkeit

Art. 4 Nr. 11 DSGVO bestimmt ausdrücklich, dass eine Einwilligung freiwillig erteilt werden muss. Dieses Merkmal stellt eine wesentliche Voraussetzung einer Einwilligung dar.[418] Die Freiwilligkeit im Beschäftigungsverhältnis wurde schon immer als problematisch angesehen und stellt eine „*wichtige Hürde*" dar.[419] Der Grund wird darin gesehen, dass in dem Verhältnis von Beschäftigten gegenüber dem Arbeitgeber ein Machtgefälle bzw. ein Über- und Unterordnungsverhältnis gesehen wird, sodass zur alten Rechtslage teilweise vertreten wurde, dass ein Beschäftigter niemals freiwillig seine Einwilligung abgeben konnte, mit der Folge, dass die Einwilligung im Beschäftigungsverhältnis nicht möglich war.[420]

Der Begriff der Freiwilligkeit wird in der DSGVO nicht definiert. Freiwillig soll eine Einwilligung nach der ehemaligen *Artikel-29-Datenschutzgruppe* insbesondere dann sein, wenn die betroffene Person eine echte Wahl und die Kontrolle über seine personenbezogenen Daten hat.[421] Dieser Gedanke findet sich in ErwG 42 S. 5 wieder, wonach von einer freiwilligen Einwilligung nur dann auszugehen ist, „*wenn [die betroffene Person] eine echte oder freie Wahl hat und somit in der Lage ist, die Einwilligung zu verweigern oder zurückzuziehen, ohne Nachteile zu erleiden*". Falls die betroffene Person sich zur Einwilligung gedrängt fühlt oder negative Auswirkungen erdulden muss, kann denklogisch

416 *Stemmer*, in: BeckOK DatenSR, DSGVO, 48. Ed. 01.11.2023, Art. 7 Rn. 91.

417 *Art.-29-Datenschutzgruppe*, WP 259 rev. 01, S. 3; aA *Gierschmann*, in: Gierschmann et al., Art. 7 Rn. 31 (nur Teile unverbindlich).

418 *Buchner*, Selbstbestimmung, S. 239 („eine der zentralen Voraussetzungen informationeller Selbstbestimmung"); *Heckmann/Paschke*, in: Ehmann/Selmayr, Art. 7 Rn. 52 („Kernelement"); *Ingold*, in: Sydow, DSGVO/BDSG, Art. 7 DSGVO, Rn. 25 („zentrale Maxime").

419 *Gola/Pötters/Wronka*, Arbeitnehmerdatenschutz, Rn. 538; ebenso *Renner*, Rolle des Betriebsrates, S. 66, 75 („verdünnte Willensfreiheit").

420 *Brink/Schwab*, jurisPR-ArbR 39/2018 Anm. 3; *Thüsing/Traut*, in: Thüsing, Beschäftigtendatenschutz, 2. Aufl., § 5 Rn. 10 ff. Zur DSGVO vertretend *ULD Schleswig-Holstein*, 37. TB, S. 116.

421 *Art.-29-Datenschutzgruppe*, WP 259 rev. 01, S. 6; ebenso *Otto/Rüdlin*, ZD 2017, 519, 521; *Selzer*, in: Jandt/Steidle, Datenschutz, Teil B, I., Rn. 43 („hinsichtlich des Ob, Wie, Wieviel und Wem"). Vgl. zur alten Rechtslage *Däubler*, in: Tinnefeld et al., Informationsgesellschaft, S. 110, 117 (keine Freiwilligkeit, wenn man durch ein „Nein" Nachteile befürchten muss).

keine freiwillige Einwilligung gegeben sein. Dies ist etwa dann der Fall, wenn die Einwilligung als eine Einstellungsvoraussetzung gemacht wird.[422] Der Begriff des Nachteils i. S. d. ErwG 42 S. 5 wird in der Literatur sehr restriktiv ausgelegt und nur bei schwerwiegenden Folgen für die betroffene Person angenommen, sodass bloße Unannehmlichkeiten oder unbeträchtliche negative Folgen nicht ausreichen.[423] So wird die Ablehnung eines Vertragsangebots außerhalb monopolartiger Strukturen aufgrund der Privatautonomie nicht als Nachteil angesehen. Ebenfalls kein Nachteil soll bei Bewerbern auf Führungspositionen gegeben sein, da diese mit guter Qualifikation und allgemein guten Jobaussichten eine hohe Nachfrage am Arbeitsmarkt haben und ihnen dementsprechend die Möglichkeit zukommt, einen anderen Job zu bekommen.[424] Dem ist zuzustimmen, da diesen Bewerbern grundsätzlich die freie Wahl zusteht, welchem Job sie nachgehen wollen. Solche Bewerber sollten demnach auch freiwillig ihre Einwilligung abgeben können.

In der Literatur wird von einer Freiwilligkeit insbesondere dann ausgegangen, wenn der Beschäftigte ein hinreichendes Interesse an der Verarbeitung hat, der Beschäftigte bei Verweigerung oder Widerruf der Einwilligung keine Nachteile erleidet oder dem Beschäftigten ausreichend Zeit zur Entscheidung gegeben wird.[425] *Gierschmann* geht davon aus, dass Freiwilligkeit dann gegeben ist, wenn „*die Einwilligung aus freien Stücken und in Vollbesitz seiner geistigen Kräfte ohne jeglichen sozialen, finanziellen, psychologischen oder sonstigen Druck von außen abgegeben*“ hat.[426]

Der europäische Gesetzgeber hat diesen Gedankengang in ErwG 43 S. 1 fortgeführt, wonach die Frage der Freiwilligkeit der Einwilligung danach zu bestimmen ist, ob ein „*klares Ungleichgewicht*“ zwischen der betroffenen Person und dem Verantwortlichen besteht. Als Beispiel wird eine Behörde als Verantwortlicher genannt.[427] Dieses Beispiel kann nicht einfach auf das Arbeits- bzw. Bewerbungsverhältnis übertragen werden, da ErwG 155 ausdrücklich die Mög-

---

422 *Bausewein*, ZD 2014, 443, 447; *Gierschmann*, in: Gierschmann et al., Art. 7 Rn. 57; *Gola*, Beschäftigtendatenschutz, Rn. 488 ff.; *Gola/Pötters/Wronka*, Arbeitnehmerdatenschutz, Rn. 540; *Maschmann*, in: Maschmann/Fritz, Matrixorganisationen, Kap. 5, Rn. 21.

423 *Gierschmann*, in: Gierschmann et. al., DSGVO, Art. 7 Rn. 50 (gewisse Erheblichkeit); *Gosch*, Besondere Kategorien, S. 89; *Stemmer*, in: BeckOK DatenSR, DSGVO, 48. Ed. 01.11.2023, Art. 7 Rn. 40 (Nachteil „von einem gewissem Gewicht“); *Weth*, in: Weth et al., Daten- und Persönlichkeitsschutz, B., I., Rn. 26; wohl aA *Scheurer*, Spielerisch selbstbestimmt, S. 316 („irgendwie geartete Sanktion“).

424 *Bausewein*, ZD 2014, 443, 447; *Klement*, Medizinische Datenerhebungen, S. 188 f. (der qualifizierte Informatikspezialist wird sich Arbeitgeber eher aussuchen können, als ein einfacherer Bauwerker).

425 *Ingold*, in: Sydow, DSGVO/BDSG, Art. 7 DSGVO, Rn. 29; *Kamps/Bonanni*, ArbRB 2018, 50, 53; *Thüsing*, BB 2016, 2165, 2166 (mit weiteren Indizien).

426 *Gierschmann*, in: Gierschmann et al., Art. 7 Rn. 49.

427 *Art.-29-Datenschutzgruppe*, WP 259 rev. 01, S. 7.

lichkeit einer Einwilligung im Beschäftigungskontext zulassen will.[428] Zudem spricht die Gesetzgebungshistorie für die Möglichkeit der Freiwilligkeit. Denn der Kommissionsvorschlag zur DSGVO sah vor, dass ein erhebliches Ungleichgewicht bei der Datenverarbeitung des Arbeitgebers im Rahmen des Beschäftigungsverhältnisses vorliegen sollte.[429] Dieser Vorschlag ist nicht in die endgültige Fassung aufgenommen worden, sodass davon ausgegangen werden muss, dass der europäische Gesetzgeber davon ausging, dass auch im Beschäftigungskontext die Einwilligung vom Beschäftigten freiwillig erteilt werden kann.

Auch der deutsche Gesetzgeber ist mit §26 Abs. 2 BDSG dem Kommissionsvorschlag entgegengetreten. §26 Abs. 2 BDSG spezifiziert in zulässiger Weise die Einwilligung in Bezug auf die Freiwilligkeit. Dies ist auf der Grundlage des Art. 88 Abs. 1 DSGVO möglich, da ErwG 155 zulässt, Bedingungen darüber zu erlassen, wann eine Einwilligung gegeben ist.[430] Hiernach wird davon ausgegangen, dass der Beschäftigte seine Einwilligung freiwillig abgeben kann. Allerdings sind nach §26 Abs. 2 S. 1 BDSG für die „*Beurteilung der Freiwilligkeit der Einwilligung insbesondere die im Beschäftigtenverhältnis bestehende Abhängigkeit der beschäftigten Person sowie die Umstände, unter denen die Einwilligung erteilt worden ist, zu berücksichtigen*". Satz 2 definiert positiv, dass eine Freiwilligkeit insbesondere dann vorliegen kann, wenn für die beschäftigte Person ein rechtlicher oder wirtschaftlicher Vorteil erreicht wird oder Arbeitgeber und beschäftigte Person gleichgelagerte Interessen verfolgen (sog. „*Vorteilseinwilligung*").[431] Als wirtschaftlicher Vorteil soll ein erhöhtes Arbeitsentgelt nicht angesehen werden.[432] Die Freiwilligkeit der Einwilligung kann allerdings dann nicht ausscheiden, wenn die Einwilligung nachteilig ist, da aus dem Wort „*insbesondere*" kein Umkehrschluss gezogen werden kann.[433] Weiterhin wird die Einwilligung nicht dadurch freiwillig, wenn darauf ausdrücklich hingewiesen wird, was in den meisten Einwilligungserklärungen der Fall ist.[434]

---

428 *Franzen*, EuZA 2017, 313, 322 f.; *Heckmann/Paschke*, in: Ehmann/Selmayr, Art. 7 Rn. 58.

429 Vorschlag für Verordnung des Europäischen Parlaments und des Rates zum Schutz natürlicher Personen bei der Verarbeitung personenbezogener Daten und zum freien Datenverkehr (Datenschutz-Grundverordnung), KOM (2012), S. 25 endg.; *Buchner/Kühling*, in: Kühling/Buchner, Art. 7 DSGVO, Rn. 6; *Franzen*, EuZA 2017, 313, 323.

430 *Linck*, in: Schaub, Arbeitsrecht, §153 Rn. 12; *Stelljes*, DuD 2016, 787, 791; *Tiedemann*, in: Sydow, DSGVO/BDSG, §26 BDSG, Rn. 36; aA von der Europarechtswidrigkeit dieser Regelung ausgehend *Geiger*, in: Weth et al., Daten- und Persönlichkeitsschutz, A., IV., Rn. 193 ff. („widerlegbare Vermutung der Unfreiwilligkeit").

431 *Von Lewinski*, in: Rüpke et al., Datenschutzrecht, §13 Rn. 44.

432 *Franzen*, in: Müller-Glöge et al., Arbeitsrecht, BDSG, §26 Rn. 42.

433 *Dzida/Grau*, DB 2018, 189, 190; *Klement*, in: Simitis et al., Datenschutzrecht, Art. 7 Rn. 66 („bei der Auslegung und Anwendung des §26 Abs. 2 BDSG ist […] Art. 4 Nr. 11 DSGVO Rechnung zu tragen"); aA *Rudkowski*, NZA 2019, 72, 73 (§26 Abs. 2 BDSG liegt die Annahme zugrunde, dass eine freiwillige Einwilligung regelmäßig nicht gegeben ist).

434 *Tinnefeld/Conrad*, ZD 2018, 391, 396.

In der Literatur wird teilweise bemängelt, dass der Gesetzgeber zu wenige Indizien für die Freiwilligkeit in das Gesetz mit aufgenommen hat. So werden als weitere Indizien zum Beispiel der Zeitpunkt der Einwilligung, der Umfang der Einwilligung und die Bestätigung der Einwilligung durch den Betriebsrat genannt.[435] Im Ergebnis ist dieser Ansicht zuzustimmen, da durch eine Vielzahl von Indizien mehr Rechtssicherheit hergestellt werden kann. Es muss jedoch auf der anderen Seite berücksichtigt werden, dass die Freiwilligkeit immer hinsichtlich des konkreten Einzelfalls geprüft werden muss und eine Vielzahl von Indizien nicht unbedingt dazu führt, eine verlässliche Prüfung vornehmen zu können. Aus diesem Grund hat sich der deutsche Gesetzgeber vorgenommen, im Rahmen eines neuen Beschäftigtendatenschutzgesetzes zukünftig klare Regelungen für Einwilligungen mit konkreten Maßstäben für die Freiwilligkeit mit Beispielsfällen zu schaffen.[436]

### 1. Freiwilligkeit im Bewerbungsverhältnis?

Es stellt sich die Frage, ob ein Bewerber freiwillig in die Datenverarbeitung einwilligen kann. Man könnte argumentieren, dass der Bewerber anders als der eingestellte Arbeitnehmer nicht in einem so krassen Abhängigkeitsverhältnis zum Arbeitgeber steht, da dieser noch nicht beim Arbeitgeber eingestellt ist.[437] Diese Argumentation geht allerdings fehl. Die Abhängigkeit besteht aber darin, dass die Bewerber auf eine Einstellung hoffen und befürchten müssen, dass sie bei Nichterteilung einer Einwilligung nicht berücksichtigt werden. So wird auch vom deutschen Gesetzgeber davon ausgegangen, dass vor Abschluss des Arbeitsvertrages die Drucksituation für den Bewerber in der Regel höher ist als während des Beschäftigungsverhältnisses.[438] In der Gesetzesbegründung wird neben der Art des verarbeiteten Datums und der Eingriffstiefe maßgeblich auf den Zeitpunkt der Einwilligungserteilung für die Beurteilung der Freiwilligkeit abgestellt.[439] Vor Abschluss eines Arbeitsvertrages sei der Bewerber damit in der Regel einer großen Drucksituation ausgesetzt. Dies hat auch das Bundesverfassungsgericht erkannt, da sich *„einzelne Arbeitnehmer [...] beim Abschluss von*

---

435 *Gola/Thüsing/Schmidt*, DuD 2017, 244, 248; *Höhne*, Art. 88 DSGVO, S. 174.

436 *Schemmel*, ZD-Aktuell 2023, 01164 mit einem Hinweis auf ein Positionspapier des Bundesministeriums für Arbeit und Soziales sowie des Bundesministeriums des Inneren und für Heimat.

437 *Bettinghausen/Wiemers*, DB 2018, 1277, 1279.

438 BT-Drs. 18/11325, S. 97; *Berliner Datenschutzbeauftragte*, Jahresbericht 2016, S. 114 („strukturellen Unterlegenheit der Bewerber"); *Assmus/Winzer*, ZD 2018, 508, 510; *Funke*, Einwilligung, S. 250 („besonders großes Machtgefälle"); *Hilber*, in: Hilber et al., Deutsche Tochter, D., Rn. 59 (Einwilligung im Bewerbungsverfahren ist typischerweise unwirksam); *Kainer/Weber*, BB 2017, 2740, 2741; *Klausch/Grabenschröer*, PinG 2018, 135, 138; *Radlanski*, Einwilligung, S. 125 f.; *Schmidt*, Datenschutz für Beschäftigte, S. 301 („besondere Abhängigkeitssituation").

439 BT-Drs. 18/11325, S. 97.

*Arbeitsverträgen typischerweise in einer Situation struktureller Unterlegenheit [befinden]*".[440]

Nach *Höhne* hätte im Gesetz aufgenommen werden sollen, die Einwilligung vor Vertragsschluss als regelmäßig unfreiwillig zu normieren, es sei denn, es liegen besondere Umstände vor, die zur Freiwilligkeit der Einwilligung führen.[441] Dass der Bewerber seine Einwilligung nicht freiwillig erteilen kann, sei damit aber nicht gesagt. Vielmehr wird nur betont, dass gerade in der Bewerbungsphase das Merkmal der Freiwilligkeit einer näheren Betrachtung bedarf.

Bezogen auf die Einwilligung in der Bewerbungsphase verweisen manche Stimmen in der datenschutzrechtlichen Literatur und die ehemalige *Artikel-29-Datenschutzgruppe* darauf, dass der Bewerber grundsätzlich nicht in die Erhebung seiner personenbezogenen Daten freiwillig einwilligen kann bzw. die Freiwilligkeit aufgrund des Über- und Unterordnungsverhältnisses kritisch zu hinterfragen ist.[442] Dies gelte zumindest dann, wenn der Bewerber auf den Arbeitsplatz angewiesen sei. Der Bewerber sei einer Drucksituation ausgeliefert, der er sich nicht entziehen kann. Er muss befürchten, dass er bei Nichterteilung der Einwilligung im weiteren Bewerbungsprozess nicht berücksichtigt wird. So könne zum Beispiel für eine Videobewerbung keine Einwilligung als Erlaubnisnorm herangezogen werden, wenn der potentielle Arbeitgeber den Bewerber dazu auffordert.[443] Etwas anderes könne gelten, wenn der Bewerber von sich aus eine Videobewerbung einsendet ohne dazu aufgefordert zu werden. Hat der Bewer-

---

440 BVerfG, Beschl. v. 23.11.2006 – 1 BvR 1909/06, NJW 2007, 286, 287.

441 *Höhne*, Art. 88 DSGVO, S. 184.

442 *Art.-29-Datenschutzgruppe,* WP 259 rev. 01, S. 8; *LfD Bremen*, Gesundheitsdaten im Bewerbungsverfahren; *Baumgartner/Gausling*, in: Moos et al., DSGVO, Kap. 15 Rn. 40; *Bissels/Meyer-Michaelis/Schiller*, DB 2016, 3042, 3045; *Brink/Schwab*, RDV 2017, 170, 180; *Burger*, Der Schutz gesundheitsbezogener Beschäftigtendaten, S. 110; *Carpender*, NZA 2015, 467, 469; *Däubler*, in: Däubler et al., BDSG, § 4a Rn. 23 („Vermutung"); *Ertel*, DuD 2012, 126, 128; *Franzen*, DuD 2012, 322, 324; *Geiger*, in: Weth et al., Daten- und Persönlichkeitsschutz, A., IV., Rn. 58 („strukturell ungleiche Verhandlungsstärke"); *Hafenmayer*, DB 2019, 2354, 2356; *Hützen*, AE 2013, 39 f.; *Jacobi*, in: Behling/Abel, Datenschutz, Rn. 1001 f. („Vermutung gegen die Freiwilligkeit"); *Joussen*, ZMV 2017, 176, 177; *Kainer/Weber*, BB 2017, 2740, 2742; *Klausch/Grabenschröer*, PinG 2018, 135, 139; *Kort*, NZA-Beilage 2016, 62, 65; *ders.*, in: Conrad/Grützmacher, FS Schneider, S. 368, 378; *Kröger*, DSB 2018, 9, 10 („aufgrund der erhöhten Abhängigkeit"); *Pötters/Schmidt*, in: Preis/Sagan, Arbeitsrecht, § 11 Rn. 84; *Schiller*, in: Besgen/Prinz, Arbeiten 4.0, § 10 Rn. 10 („nicht unproblematisch"); *Schmidt*, Datenschutz für Beschäftigte, S. 301 („liegt ein weitgehender Ausschluss nahe"); *Schulze*, in: Wedde, Datenschutz, C., Rn. 197; *Spelge*, DuD 2016, 775, 780 (bezogen auf das Kopplungsverbot); *Taeger/Rose*, BB 2016, 819, 822; aA *Oberthür*, AnwBl 2015, 849; *Weth*, in: Weth et al., Daten- und Persönlichkeitsschutz, B., I., Rn. 23. Beachte *Reinhard*, in: Nägele/Apel, BeckOF IT- und Datenrecht, 18. Ed., 01.02.2024, 2.9, Anm. 5, wonach im Bewerbungsprozess noch nicht das typische Über-Unterordnungs-Verhältnis vorliege.

443 *Hamann/Haußmann*, in: Arnold/Günther, Arbeitsrecht 4.0, Kap. 6 Rn. 66.

ber von sich aus auf eine bestimmte Datenverarbeitung in seiner Bewerbung hingewiesen (z. B. Wunsch des Bewerbers, dass seine Bewerbungsunterlagen im gesamten Konzern den verantwortlichen Personen zugänglich gemacht werden soll), so bestehe an der Freiwilligkeit kein Problem, da der Bewerber von sich aus, d. h. ohne Druck oder sonstige Zwänge seitens des Arbeitgebers seine Daten zu einem bestimmten Zweck verarbeiten wissen möchte.[444] Ebenso könne von einer Freiwilligkeit ausgegangen werden, wenn dem Bewerber ausreichend Zeit für eine Rücksprache mit Dritten eingeräumt wird.[445]

Eine Unfreiwilligkeit soll hingegen dann vorliegen, wenn die Einwilligung in die Verarbeitung der Bewerberdaten zur Voraussetzung für den Abschluss des Arbeitsvertrags und die spätere Einstellung gemacht wird oder die Grenzen des Fragerechts erweitert werden sollen.[446] Eine andere Bewertung sei vorzunehmen, wenn eine verbindliche Zusicherung des Arbeitgebers bezüglich eines Vertragsschlusses vorliege. In diesem Fall könne die Einwilligung des Bewerbers als Indiz dafür gewertet werden, dass die Einwilligung freiwillig erfolgt.[447]

Eine freiwillige Einwilligung des Bewerbers ist damit grundsätzlich möglich, wobei es immer auf die Umstände des Einzelfalles ankommt.[448] Eine Einwilligung für die Speicherung in einem Bewerberpool nach Absage der Stellenbesetzung ist, wie bereits dargestellt, möglich (vgl. Dritter Teil, § 12, D., II.). Fraglich ist, zu welchem Zeitpunkt eine solche Einwilligung eingeholt werden sollte. Nach mancher Ansicht könne der Bewerber keine freiwillige Einwilligung abgeben, wenn beim Bewerber vor der Abgabe seiner Bewerbungsunterlagen um eine entsprechende Einwilligung gebeten wird. Werde diese Einwilligung erst nach Abschluss des Bewerbungsverfahrens eingeholt und eine weitere Bewerbung stehe nicht unmittelbar bevor, spreche nichts gegen eine freiwillige Einwilligung. Der Bewerber habe in diesem Fall eine echte Wahl zwischen Zustimmung und Ablehnung, sodass ihm keine Nachteile entstehen.[449]

Dem ist zuzustimmen. Der Bewerber steht bei Abgabe seiner Bewerbungsunterlagen in einer Drucksituation. In einer solchen Situation werden alle Hand-

---

444 *Schulze*, in: Wedde, Datenschutz, C., Rn. 203.

445 *Höhne*, Art. 88 DSGVO, S. 184.

446 *Baumgartner/Gausling*, in: Moos et al., DSGVO, Kap. 15 Rn. 40; *Däubler*, in: Däubler et al., § 26 BDSG, Rn. 226; *Kamps/Bonanni*, ArbRB 2018, 50, 51. Zum BDSG a. F. *Schimmelpfennig/Wenning*, DB 2006, 2290, 2292 (Freiwilligkeit zweifelhaft).

447 *Gola/Thüsing/Schmidt*, DuD 2017, 244, 249; *Höhne*, Art. 88 DSGVO, S. 184.

448 *Bausewein*, Einwilligung und Betriebsvereinbarung, S. 70 ff.; *Bettinghausen/Wiemers*, DB 2018, 1277, 1279; *Brink/Schwab*, jurisPR-ArbR 39/2018 Anm. 3; *Kleinebrink*, DB 2018, 1729, 1733; *Lepperhoff*, ZD-Aktuell 2017, 05748; Reinhard, *Schwarz*, ZD 2018, 353, 355 (nur in seltenen Fällen möglich); wohl auch *Diercks*, zfm 2019, 97, 99.

449 *Franzen*, in: Müller-Glöge et al., Arbeitsrecht, BDSG, § 26 Rn. 20; *Kainer/Weber*, BB 2017, 2740, 2744 f.; *Ohlendorf/Schreier*, BB 2008, 2458, 2464; *Pötters/Schmidt*, in: Preis/Sagan, Arbeitsrecht, § 11 Rn. 84; wohl auch *Geißler*, in: Kramer, IT-Arbeitsrecht, § 2 Rn. 970; aA wohl *Bergt*, in: Koreng/Lachenmann, Datenschutzrecht, H. I. 2., Anm. 7.

lungen vorgenommen, um ein möglichst gutes Bild gegenüber dem Arbeitgeber abzugeben. Dazu zählt auch, eine Einwilligung darüber abzugeben, dass seine Daten in einem Bewerberpool aufgenommen werden. Die Aufnahme in einen Bewerberpool steht jedoch in keinem Zusammenhang mit dem Abschluss des konkreten Arbeitsvertrages. Vielmehr dient der Bewerberpool einzig dem Zweck, auf mögliche andere Jobangebote in der Zukunft hingewiesen zu werden. Die Freiwilligkeit der Einwilligung ist in diesem Stadium nicht zu verneinen. Es ist daher zu raten, eine Einwilligung in den Bewerberpool erst dann abzufragen, nachdem dem Bewerber abgesagt worden ist.[450]

Ob eine Einwilligung des Bewerbers freiwillig erteilt werden kann, hängt auch von der Frage ab, ob beim Vorliegen einer gesetzlichen Erlaubnisnorm, die dieselbe Verarbeitung legitimiert, eine Einwilligung überhaupt wirksam eingeholt werden kann. Darauf soll im Folgenden näher eingegangen werden. Sodann wird auf das Kopplungsverbot nach Art. 7 Abs. 4 DSGVO sowie auf die Grenzen der Einwilligung eingegangen, welche ebenfalls Hinweise auf dieses Tatbestandsmerkmal geben.

## 2. Freiwilligkeit beim Vorliegen einer gesetzlichen Erlaubnisnorm?

In der Praxis kommt es vor, dass bezüglich der Verarbeitung personenbezogener Daten von Bewerbern die Einwilligung des Bewerbers eingeholt wird.[451] Diese ist allerdings in den meisten Fällen nicht erforderlich, da mit Art. 6 Abs. 1 S. 1 lit. b Var. 2 DSGVO eine gesetzliche Erlaubnisnorm vorhanden ist, die diese Verarbeitung legitimiert. Fraglich ist, ob das Einholen einer Einwilligung trotz Bestehen einer gesetzlichen Erlaubnisnorm nach der DSGVO Konsequenzen für die Wirksamkeit einer Einwilligung hat oder ob eine Art Sperrwirkung gegenüber gesetzlichen Erlaubnisnormen besteht, wenn eine Einwilligung eingeholt wird (sog. Rückgriffsverbot).[452]

### a. Unwirksamkeit bzw. Sperrwirkung der Einwilligung

Ein Teil der datenschutzrechtlichen Literatur, der *Landesbeauftragte für Datenschutz und Informationsfreiheit Mecklenburg-Vorpommern*, das *Bayerische Landesamt für Datenschutzaufsicht* und wohl auch der EuGH zu Art. 8 Abs. 2 GRCh gehen davon aus, dass eine Einwilligung (an der Freiwilligkeit) scheitert, wenn eine Rechtspflicht zur Verarbeitung besteht.[453] Wenn eine solche Rechtspflicht

---

450 Ebenso *Mesch/Folkerts*, ZD 2021, 252, 255.

451 Vgl. nur *Haußmann/Diller*, in: Bauer et al., Arbeitsrecht, Kap. 70, II. Muster.

452 *Reichold/Pfrang*, KSzW 2017, 106 („deklaratorische Einwilligung"); *Schneider*, CR 2017, 568, 569.

453 EuGH, Urt. v. 17.10.2013 – C-291/12, Rn. 32, NVwZ 2014, 435 – Schwarz/Stadt Bochum; *LfDI M-V*, 14. TB, S. 40; *BayLDA*, Datenschutz Newsbox 6/2018, S. 3, https://tinyurl.com/y5xxjump; *Buchner*, in: Tinnefeld et al., Datenschutzrecht, Teil 4, Rn. 17; *Buchner/Petri*, in: Kühling/Buchner, Art. 6 DSGVO, Rn. 24; *Gersdorf*, in:

zur Verarbeitung hingegen nicht bestehe, dann sei die Einwilligung wirksam und ein Rückgriff auf die anderen gesetzlichen Erlaubnisnormen nicht möglich. Nach *Radlanski* gilt dies auch dann, wenn die Datenverarbeitung für die Durchführung eines Vertrages erforderlich ist.[454] Dies sei nur dann ausnahmsweise anders zu beurteilen, wenn auf die Verarbeitung verzichtet werden könne. Der *Europäische Datenschutzausschuss* ist der Ansicht, dass durch das Abstellen auf die Einwilligung, der Verantwortliche nicht mehr auf andere Erlaubnisnormen rekurrieren kann. Dieses Verhalten wäre gegenüber der betroffenen Person im höchsten Maße missbräuchlich.[455] Nach der *Sächsischen Datenschutz- und Transparenzbeauftragten* scheidet eine Einwilligung als Rechtsgrundlage regelmäßig aus, wenn eine gesetzliche Verarbeitungsbefugnis im Raum stehe.[456]

*Roßnagel* erkennt zwar an, dass aufgrund des Wortlautes des Art. 6 Abs. 1 DSGVO („*mindestens*") die grundsätzliche Möglichkeit bestehe, dass mehrere Erlaubnisnormen nebeneinander bestehen. Dies gelte allerdings dann nicht, wenn eine Einwilligung als Erlaubnisnorm fungieren soll. Denn es würde gegen den Grundsatz von Treu und Glauben nach Art. 5 Abs. 1 lit. a DSGVO verstoßen, wenn „*die betroffene Person bei einer Einwilligung keine freie Wahlmöglichkeit über die Datenverarbeitung hat und bei einem Widerruf die weitere Datenverarbeitung nicht verhindern kann*".[457] Das Abstellen auf eine Einwilligung als Erlaubnisnorm für die Verarbeitung, obwohl eine andere gesetzliche Erlaubnisnorm ebenfalls einschlägig sei, würde das Vertrauen der betroffenen Person missbrauchen. Ebenso wäre der Hinweis auf das Bestehen eines Widerrufsrechts nach Art. 7 Abs. 3 S. 2 DSGVO überflüssig, da ein solcher Widerruf faktisch keine Auswirkung hätte. Auch die unterschiedlichen Informationspflichten, die nach Artt. 13, 14 DSGVO zu geben seien, wären in sich widersprüchlich, würde man sich auf mehrere verschiedene Erlaubnisnormen berufen. In diesel-

---

Gersdorf/Paal, BeckOK Informations- und Medienrecht, 43. Ed. 01.05.2021, Art. 8 EU-GRCharta, Art. 8 Rn. 27; *Heckmann/Paschke*, in: Ehmann/Selmayr, Art. 7 Rn. 59 (nur, wenn Rechtssicherheit dahingehend besteht, dass eine bestimmte Erlaubnisnorm greift); *Helfrich/Forgó/Schneider*, in: Forgó et al., Datenschutz, Teil 1, Kap. 5 Rn. 54 („keine Dispositionsmöglichkeit" bei gesetzlichen Verarbeitungsverbot); *Selk*, in: Ehmann/Selmayr, Art. 88 Rn. 205; *Uecker*, ZD 2019, 248, 249; wohl auch *Scheurer*, Spielerisch selbstbestimmt, S. 316 f.; *Schneider*, CR 2017, 568, 573. Vergleiche zum BDSG a. F. *Gola*, RDV 2002, 109, 111; *Gola/Klug/Körffer*, in: Gola/Schomerus, BDSG, § 4 Rn. 16 (Rekurs auf § 242 BGB); aA *Riesenhuber*, RdA 2011, 257, 261 (Vertrauen nicht schutzwürdig).

454 *Radlanski*, Einwilligung, S. 209.

455 *EDSA*, Leitlinien 5/2020, S. 30.

456 *Sächsische Datenschutz- und Transparenzbeauftragte*, TB 2022, S. 98.

457 *Roßnagel*, DuD 2018, 741, 745; *ders.*, DuD 2020, 287, 290; ebenso *DSB Österreich*, Besch. v. 19.11.2020, 2020-0.743.659, https://tinyurl.com/3wda43r4; *LfDI M-V*, 14. TB, S. 40; *Buchner*, in: Buchner, Datenschutz im Gesundheitswesen, S. 54 f.; *Brink/Hertfelder*, in: Roßnagel/Hornung, Smart Car, S. 75, 83; *Roßnagel/Geminn*, Gutachten, S. 27; *Roßnagel/Pfitzmann/Garstka*, Modernisierung des Datenschutzrechts, S. 72.

be Richtung argumentiert auch *Däubler*, wonach die Einwilligung *„exklusiven Charakter“* habe, wenn sich aus den Umständen nicht herauslesen lasse, dass die Einwilligung nicht die einzige Erlaubnisnorm für die Verarbeitung personenbezogener Daten sein soll. Art. 17 Abs. 1 lit. b DSGVO ändere daran nicht, da diese Vorschrift keine Aussage darüber trifft, unter welchen Voraussetzungen die Einwilligung neben anderen Rechtsgrundlagen eingreifen könne.[458]

Andere Stimmen gehen davon aus, dass der Wortlaut der Einwilligung nach Art. 6 Abs. 1 S. 1 lit. a DSGVO nahelege, dass die Einwilligung in den Fällen keine legitimierende Wirkung entfalte, in denen gesetzliche Erlaubnisnormen für dieselbe Datenverarbeitung einschlägig seien (sog. Subsidiarität der Einwilligung).[459] Die Einwilligung soll nur die Verarbeitung legitimieren können, die nicht bereits durch gesetzliche Erlaubnisnormen legitimiert ist. Dies soll der Wortlaut *„beruhen“* in Art. 7 Abs. 1 DSGVO indizieren.

Teilweise wird auch damit argumentiert, dass eine Einwilligung aufgrund der fehlenden Freiwilligkeit ausscheidet, wenn die betroffene Person im Rahmen der Informiertheit nicht darauf hingewiesen wurde, dass neben der Einwilligung noch gesetzliche Erlaubnisnormen eingreifen.[460] Es würde damit über die Art und den Umfang des Selbstbestimmungsrechts getäuscht. Durch das Abstellen auf die Einwilligung werde signalisiert, dass es allein auf die Einwilligung der betroffenen Person ankomme. Die betroffene Person gehe dann davon aus, dass die Verarbeitung nur aufgrund dessen Einwilligung verarbeitet werden könne. Wenn die Einwilligung unwirksam oder verweigert wird, wäre es in sich widersprüchlich, wenn dann doch auf eine gesetzliche Erlaubnisnorm rekurriert werde.

### b. Keine Sperrwirkung

Es wird, unter anderem vom EuGH, dem *Hessischen Beauftragten für Datenschutz und Informationsfreiheit*, dem Lan*desbeauftragten für Datenschutz und Informationsfreiheit Baden-Württemberg* und Teilen der Literatur, vertreten, dass das Einholen einer Einwilligung keine Sperrwirkung gegenüber den gesetzlichen Erlaubnisnormen entfalte.[461] Allerdings soll nach teilweiser Auffassung

---

458 *Däubler*, in: Däubler et al., Art. 7 DSGVO, Rn. 45.

459 *Hoffmann*, NZS 2017, 807, 811; *Ingold*, in: Sydow, DSGVO/BDSG, Art. 7 DSGVO, Rn. 51, 59; *Liedke*, Einwilligung, S. 36 f.; *Radlanski*, Einwilligung, S. 203 ff. ähnlich *DSK*, Einholung von Selbstauskünften, S. 1 (Rückgriff auf Einwilligung ist unzulässig).

460 *Buchner/Petri*, in: Kühling/Buchner, Art. 6 DSGVO, Rn. 23 (keine Suggestion von Entscheidungsmacht); *Martini/Wenzel*, DVBl 2017, 749, 753.

461 EuGH, Urt. v. 04.07.2023 – C-252/21, Rn. 92, GRUR 2023, 1131; *HBDI*, HBF, unter Einwilligung; *LfDI BW*, Beschäftigtendatenschutz, S. 20; *Brink/Schwab*, in: Wedde, Datenschutz, B., Rn. 95; *Drewes*, CR 2016, 721, 723; *Eckhardt/Riess*, ZD-Aktuell 2018, 06349; *Freund*, in: Schuster/Grützmacher, IT-Recht, Art. 6 DSGVO, Rn. 6; *Götz*, Big Data im Personalmanagement, S. 55 f.; *Grimm*, in: Tschöpe, Arbeitsrecht,

aus Gründen der Fairness nach Art. 5 Abs. 1 lit. a DSGVO die betroffene Person nach Art. 13 Abs. 1 lit. c DSGVO, Art. 14 Abs. 1 lit. c DSGVO darauf hingewiesen werden, dass neben der Einwilligung zusätzlich noch auf eine gesetzliche Erlaubnisnorm abgestellt werde.[462] Hingegen meint das österreichische Bundesverwaltungsgericht, dass eine ungültige Einwilligungserklärung selbst bei mangelnder Information der betroffenen Person über weitere Rechtsgrundlagen die Datenverarbeitung nicht zwangsläufig zur Unrechtmäßigkeit der Verarbeitung führe. Eine Sperrwirkung der anderen Erlaubnisnormen liege nicht vor.[463]

Begründet wird diese Ansicht unter anderem mit der bestehenden Rechtsunsicherheit bei weitreichenderen Datenverarbeitungswünschen. Es sei nicht absehbar, ob die Verarbeitung der personenbezogenen Daten auf eine gesetzliche Erlaubnisnorm gestützt werden könne. Zur Rechtssicherheit sei es legitim, auf die Einwilligung als alternative Legitimationsgrundlage zurückzugreifen. Zudem wird auf den Wortlaut des Art. 6 Abs. 1 DSGVO abgestellt, wonach die Verarbeitung nur rechtmäßig sei, wenn „*mindestens*" eine der nachstehenden Bedingungen erfüllt ist. Das Wort „*mindestens*" mache deutlich, dass auch mehrere Erlaubnisnormen nebeneinander zur Anwendung kommen können. Außerdem stützt sich diese Ansicht auf den Wortlaut des Art. 17 Abs. 1 lit. b DSGVO, wonach bei einem Widerruf der Einwilligung die personenbezogenen Daten nicht gelöscht werden müssen, wenn eine anderweitige Rechtsgrundlage für die Verarbeitung dieser Daten besteht. Obwohl ein nebeneinander der Erlaubnisnormen bejaht wird, müsse der Umstand der fehlenden Einwilligung bei der Interessenabwägung nach Art. 6 Abs. 1 S. 1 lit. f DSGVO aber entsprechend berücksichtigt werden. Ferner wird vorgebracht, dass der Arbeitgeber als Verantwortlicher

---

6. Teil, F., Rn. 108; *Härting/Gössling/Dimov*, ITRB 2017, 169, 171; *Höhne*, Art. 88 DSGVO, S. 130 f.; *Kazemi*, DSGVO, § 4 Rn. 132; *Klar*, BB 2019, 2243, 2247; *Klement*, in: Simitis et al., Datenschutzrecht, Art. 7 Rn. 34 („für eine Beschränkung […] gibt die DSGVO nichts her"); *Liedke*, Einwilligung, S. 36; *Remmertz*, GRUR-Prax 2018, 254; *Schafft/Ruoff*, CR 2006, 499, 502 („nach dem Grundsatz volenti non fit iniuria gibt es keinen überzeugenden Grund, warum die Einwilligung allein durch die parallele Existenz eines gesetzlichen Erlaubnistatbestandes unwirksam sein sollte"); *Schantz*, in: Simitis et al., Datenschutzrecht, Art. 6 Abs. 1, Rn. 89, 109 („Illusion"); *Schätzle*, PinG 2017, 203; *Schmidl/Tannen*, DB 2017, 1633, 1638; *Schrey/Kielkowski*, BB 2018, 629, 633; *Tavanti*, RDV 2016, 231, 234; *Veil*, NJW 2018, 3337, 3342; *von dem Bussche*, in: v. d. Bussche/Voigt, Konzerndatenschutz, Teil 3, Kap. 3, Rn. 24; *von Lewinski*, in: Rüpke et al., Datenschutzrecht, § 13 Rn. 156; *Weth*, in: Weth et al., Daten- und Persönlichkeitsschutz, B., I., Rn. 24; *Zöll*, in: Taeger/Gabel, Art. 88 DSGVO, Rn. 17, 74; wohl auch *Pohl*, Einwilligung, S. 125; *Wagner*, ZD-Aktuell 2018, 06103. Zum BDSG a. F. *Reichold/Pfrang*, KSzW 2017, 106, 107.

462 *Breyer*, DuD 2018, 311, 312; *Grimm*, in: Tschöpe, Arbeitsrecht, 6. Teil, F., Rn. 108; *Kramer*, in: Auernhammer, Art. 7 DSGVO, Rn. 31; *Nugel*, ZD 2019, 341, 344; *Schantz*, in: Simitis et al., Datenschutzrecht, Art. 6 Abs. 1, Rn. 12, 89 f.; *Voigt*, in: Taeger/Gabel, Art. 5 DSGVO, Rn. 12; aA *Klement*, in: Simitis et al., Datenschutzrecht, Art. 7 Rn. 34.

463 BVwG, Entscheidung v. 31.08.2021 – W2562227693-1/10E, https://tinyurl.com/4n83r7eh.

nach Art. 13 Abs. 1 lit. c DSGVO über die Erlaubnisnormen der Verarbeitung zu informieren habe. Wenn der Verantwortliche im Rahmen seiner Informationspflicht alle Erlaubnisnormen nennt, auf die er sich für die Verarbeitung der personenbezogenen Daten stützt, kann keine Rechtsunsicherheit bestehen. Dies spreche dafür, dass Datenverarbeitungsvorgänge zusätzlich über eine Einwilligung abgesichert werden können.

Das Argument, dass das Berufen auf eine gesetzliche Erlaubnisnorm gegen Treu und Glauben verstoßen würde, wird dadurch entkräftet versucht, dass *„mit der Einholung einer Einwilligung [...] in der Regel weder ausdrücklich noch konkludent behauptet [wird], dass die Verarbeitung mit der Wirksamkeit der Einwilligung stehen und fallen soll*".[464] Dies soll sich auch nicht dadurch ändern, dass nicht auf das mögliche Vorliegen einer gesetzlichen Erlaubnisnorm verwiesen wurde.

### c. Stellungnahme

Art. 6 Abs. 1 DSGVO listet enumerativ sechs Möglichkeiten auf, wie eine Verarbeitung personenbezogener Daten legitimiert werden kann. Ein Stufenverhältnis lässt sich dem Aufbau nicht entnehmen, da durch die Formulierung *„mindestens*" darauf hingedeutet wird, dass mehrere Erlaubnisnormen nebeneinander zur Anwendung kommen können. Die Formulierung *„mindestens eine der nachstehenden Bedingungen*" (engl.: *„at least one of the following applies*") besagt, dass wenigstens eine Bedingung erfüllt sein muss. Dies entspricht auch der Wertung des Art. 8 Abs. 2 S. 1 GRCh, wonach die Einwilligung neben den gesetzlichen Grundlagen aufgezählt wird. Auch der EuGH urteilte zur DSRL, dass die Erlaubnisnormen gleichzeitig erfüllt sein konnten, ohne dass ein Stufenverhältnis angedeutet wurde.[465] Nach dem Wortlaut ist es demnach grundsätzlich möglich, dass eine Einwilligung neben einer gesetzlichen Erlaubnisnorm bestehen kann. Dem steht wiederum der Wortlaut des Art. 7 Abs. 1 DSGVO entgegen. Hiernach besteht eine Nachweispflicht für den Verantwortlichen, wenn die Verarbeitung auf einer Einwilligung *„beruht*". Dieser Begriff verlangt nach *Spindler/Dalby* eine Kausalität zwischen der Einwilligung und der Datenverarbeitung, sodass *„die konkrete, zweckgebundene Datenverarbeitung sich jedoch entweder auf eine Einwilligung oder auf einen der übrigen Erlaubnisgründe stützen darf*".[466] Damit widersprechen sich der Wortlaut des Art. 6 Abs. 1 und Art. 7 Abs. 1 DSGVO, sodass sich anhand des Wortlauts kein eindeutiges Ergebnis erzielt werden kann.

Hingegen scheint Art. 17 Abs. 1 lit. b DSGVO in dieser Hinsicht deutlich zu sein, da sich der Verantwortliche trotz Widerruf einer Einwilligung auf eine ander-

464 *Klement*, in: Simitis et al., Datenschutzrecht, Art. 7 Rn. 34.

465 EuGH, Urt. v. 09.03.2017 – C-398/15, Rn. 42, BeckRS 2017, 103300 – Manni; *Veil*, NJW 2018, 3337, 3342.

466 *Spindler/Dalby*, in: Spindler/Schuster, Elektron. Medien, DSGVO, Art. 7 Rn. 6.

weitige Rechtsgrundlage stützen kann.[467] Diese Norm scheint zu suggerieren, dass eine Einwilligung neben einer anderweitigen Rechtsgrundlage vorliegen kann. Die Formulierung des Art. 17 Abs. 1 lit. b DSGVO besagt, dass eine Löschung nach dem Widerruf der betroffenen Person dann nicht zu erfolgen hat, wenn eine anderweitige Rechtsgrundlage vorhanden ist. Damit ist aber nicht automatisch gesagt, unter welchen Voraussetzungen eine Einwilligung neben einer gesetzlichen Erlaubnisnorm bestehen kann.[468] Vielmehr wird mit der Norm nur ausgedrückt, dass im Falle einer anderweitigen Rechtsgrundlage das Tatbestandsmerkmal nicht gegeben ist, welche für einen Löschungsanspruch erforderlich ist. Ausgehend vom Wortlaut der Norm muss sich die Verarbeitung auf die Einwilligung „*stützen*". Es wird keine Aussage darüber getroffen, ob sich die Verarbeitung auch auf gesetzliche Erlaubnisnormen gestützt hat. Durch den Widerruf der Einwilligung ist die derzeitige Verarbeitung nicht mehr durch die Einwilligung legitimiert. Es ist zu fragen, ob sich die auf die Einwilligung gestützte Verarbeitung nunmehr auf eine anderweitige Rechtsgrundlage stützen kann. Der Widerruf der Einwilligung wirkt ex nunc, sodass ab dem Zeitpunkt des Widerrufs die Rechtmäßigkeit aufgrund der Einwilligung nicht mehr gegeben ist. Für die weitere Verarbeitung bzw. Speicherung kann eine andere gesetzliche Erlaubnisnorm herangezogen werden.[469]

Fraglich ist jedoch, welche Bedeutung der Formulierung „*und es fehlt an einer anderweitigen Rechtsgrundlage für die Verarbeitung*" zukommt. Die englische Bezeichnung für Rechtsgrundlage i. S. d. Art. 17 Abs. 1 lit. b DSGVO ist „*legal ground*". Diese Bezeichnung wird noch in ErwG 43, 68 und 72 verwendet. Der deutsche Begriff „*Rechtsgrundlage*" wird insbesondere in Art. 6 Abs. 3 DSGVO genutzt. Die englische Übersetzung lautet „*basis*" bzw. „*legal basis*". Es ist demnach nicht eindeutig, ob Art. 17 Abs. 1 lit. b DSGVO auf die Erlaubnisnormen des Art. 6 Abs. 1 DSGVO Bezug nimmt. Vielmehr ist es auch möglich, dass durch diese Formulierung auf Art. 17 Abs. 3 DSGVO Bezug genommen worden ist. Hiernach hat eine Löschung in bestimmten Fällen nicht zu erfolgen, obwohl die betroffene Person ihre Einwilligung widerrufen hat. Dieses Ergebnis wird auch durch ErwG 65 gestützt. Hier wird klargestellt, dass eine Löschung unter anderem erfolgen soll, „*wenn die betroffenen Personen ihre Einwilligung in die Verarbeitung widerrufen*" haben (vgl. ErwG 65 S. 2). Die Formulierung, dass dies nicht gilt, wenn eine anderweitige Rechtsgrundlage vorhanden ist, wird nicht erwähnt. Vielmehr findet sich in ErwG 65 S. 5 die Formulierung: „*Die weitere Speicherung der personenbezogenen Daten sollte jedoch rechtmäßig sein, wenn […]*" (im Englischen: „*However, the further retention of the personal data should be lawful*"). Dies bedeutet, dass eine Löschung nicht erfolgen soll, wenn

467 Beachte aber *Stemmer*, in: BeckOK DatenSR, DSGVO, 48. Ed. 01.11.2023, Art. 7 Rn. 96.1 („äußerst bedenkliche Regelung").

468 Zutreffend *Däubler*, in: Däubler et al., Art. 7 DSGVO, Rn. 45.

469 *Leutheusser-Schnarrenberger*, in: Schwartmann et al., Art. 17 DSGVO, Rn. 25; *Spindler/Dalby*, in: Spindler/Schuster, Elektron. Medien, DSGVO, Art. 17 Rn. 5 („fortdauernde Speicherung").

eine der in Art. 17 Abs. 3 lit. a bis e DSGVO genannten Ausnahmen gegeben sind. Wenn die Einwilligung widerrufen wurde, aber die weitere Speicherung der Daten unter einer der Ausnahmetatbestände des Art. 17 Abs. 3 DSGVO fällt, so liegt eine „*anderweitige Rechtsgrundlage für die Verarbeitung*" nach Art. 17 Abs. 1 lit. b DSGVO vor. Die Rechtsgrundlage des Art. 17 Abs. 1 lit. a DSGVO kann sich vom Wortlaut her damit auf die Norm des Art. 17 Abs. 3 DSGVO beziehen, wonach die weitere Speicherung der Daten in bestimmten Fällen weiterhin zulässig ist.[470] Ein eindeutiges Ergebnis lässt sich hieraus jedoch nicht erzielen.

Daher ist danach zu fragen, ob das Tatbestandsmerkmal der Freiwilligkeit angenommen werden kann, wenn eine gesetzliche Erlaubnisnorm besteht, die die Datenverarbeitung legitimiert. In diesem Fall könnte der Bewerber keine freie Wahl haben, die Datenverarbeitung zu erlauben. Im Falle des Vorliegens einer gesetzlichen Erlaubnisnorm liegt es nicht in der Entscheidungsmacht der betroffenen Person, die Datenverarbeitung zu rechtfertigen.[471] Wie es *Radlanski* zutreffend ausdrückt, kommt es bei der Einwilligung auf den Willen der betroffenen Person an, während die gesetzlichen Erlaubnisnormen die Datenverarbeitung bei Vorliegen äußerer Umstände legitimieren.[472] Es muss bedacht werden, dass der Verantwortliche in manchen Fällen zu einer Verarbeitung verpflichtet ist (z. B. Datenweitergabe an das Finanzamt). Würde er in diesen Fällen eine Einwilligung einholen und sich nicht mehr auf diese rechtliche Verpflichtung berufen können, so würde er sich gesetzeswidrig verhalten. In den Fällen, in denen der Verantwortliche eine Rechtspflicht zur Verarbeitung hat (Art. 6 Abs. 1 S. 1 lit. c DSGVO), kann keine wirksame freiwillige Einwilligung eingeholt werden, da in diesen Fällen die betroffene Person keine echte Wahl hat, ob sie die Datenverarbeitung legitimiert. Das Abstellen auf die rechtliche Verpflichtung muss möglich bleiben. Dieser Rechtsgedanke muss hinsichtlich aller gesetzlicher Erlaubnisnormen gelten. Greift eine gesetzliche Erlaubnisnorm, die die Verarbeitung der personenbezogenen Daten legitimiert, kommt der Einwilligung keine eigenständige Bedeutung mehr zu. Das Verhalten der betroffenen Person wäre nicht mehr selbstbestimmt, da sie es nicht mehr selbst in der Hand hätte, der Verarbeitung legitimierende Wirkung zukommen zu lassen.[473] Wenn keine solche Wahl besteht, ist die die Einwilligung illusorisch. Art. 5 Abs. 1 lit. a DSGVO bestimmt, dass die personenbezogenen Daten unter anderem in einer für die betroffene Person nachvollziehbaren Weise verarbeitet werden müssen.

---

470 Ähnlich *Art.-29-Datenschutzgruppe,* WP 259 rev. 01, S. 26 („weitere Speicherung" als Beispiel genannt).

471 OVG Saarlouis, Urt. v. 14.12.2017 – 2 A 662/17, MMR 2018, 259, 263 m. Anm. Ziebarth; ähnlich *Benedikt*, PinG 2020, 220, 222.

472 *Radlanski*, Einwilligung, S. 202.

473 *EDSA*, Leitlinien 5/2020, S. 5 verlangt, dass die betroffene Person eine echte Wahl haben muss; ebenso *Radlanski*, Einwilligung, S. 203 („Die Einwilligung soll ihrem Konzept nach dem Betroffenen die Macht geben, Datenumgang zu legitimieren oder zu verbieten"); aA *Krusche*, ZD 2020, 232, 234.

Wenn die betroffene Person ihre Einwilligung erteilt und davon ausgeht, dass die Verarbeitung ohne deren Einwilligung nicht rechtmäßig wäre, dann ist es für die betroffene Person nicht nachvollziehbar, dass beim Widerruf der Einwilligung, die Verarbeitung aufgrund des Bestehens einer gesetzlichen Erlaubnisnorm dennoch rechtmäßig weiterverarbeitet werden kann. Dies ändert sich auch nicht dadurch, dass der betroffenen Person vorher mitgeteilt wird, dass eine gesetzliche Erlaubnisnorm eingreifen könnte. In diesen Fällen ist für die betroffene Person nicht ersichtlich, wieso überhaupt ihre Einwilligung eingeholt wird, die nicht benötigt wird, um die Verarbeitung zu legitimieren. Außerdem würde dies dazu führen, dass die betroffene Person sich weniger Gedanken über die Folgen seiner Einwilligung macht.[474] Der Widerruf hätte aus Sicht der betroffenen Person keine rechtliche Wirkung, da die Verarbeitung dennoch aufgrund gesetzlicher Erlaubnisnormen legitimiert wäre. Die Selbstbestimmung der betroffenen Person, die Datenverarbeitung zu widerrufen, wäre gefährdet.

Aus diesem Grund ist festzuhalten, dass eine Einwilligung an der Freiwilligkeit scheitert, wenn zugleich eine gesetzliche Erlaubnisnorm einschlägig ist, die die Datenverarbeitung legitimiert. Die Einwilligung sollte nur als ultima ratio zur Datenverarbeitung herangezogen werden, und zwar dann, wenn aufgrund einer unklaren Rechtslage nicht sicher ist, ob die Datenverarbeitung auf eine gesetzliche Erlaubnisnorm gestützt werden kann.[475]

### 3. „Kopplungsverbot“ in der Bewerbungsphase?

In Art. 7 Abs. 4 DSGVO hat der europäische Gesetzgeber bestimmt, dass bei der Beurteilung, ob die Einwilligung freiwillig erteilt wurde, dem Umstand in größtmöglichen Umfang Rechnung getragen werden muss, ob unter anderem die Erfüllung eines Vertrages, einschließlich der Erbringung einer Dienstleistung, von der Einwilligung zu einer Verarbeitung personenbezogener Daten abhängig gemacht wird, die für die Erfüllung des Vertrages gerade nicht erforderlich ist. Dieser umstrittene Absatz wird als sog. Kopplungsverbot umschrieben, obwohl es richtigerweise kein absolutes Kopplungsverbot in der DSGVO gibt.[476] Zwar spricht ErwG 43 S. 2 Hs. 2 für ein absolutes Kopplungsverbot („*die Einwilligung [gilt] nicht als freiwillig erteilt […], wenn die Erfüllung eines Vertrages […] von der Einwilligung abhängig ist, obwohl diese Einwilligung für die Erfüllung*

---

474 Zustimmend *Radlanski*, Einwilligung, S. 203; *Schneider*, CR 2017, 568, 572.

475 Ebenso *Beckers*, ZWE 2019, 297, 300; *Brink/Schwab*, jurisPR-ArbR 39/2018 Anm. 3; *Egberts/Monschke*, Jura 2018, 1100, 1106.

476 *Conrad/Treeger*, in: Auer-Reinsdorff/Conrad, IT- und Datenschutzrecht, § 34 Rn. 470 („Abwägungsumstand“); *Eckhardt*, K&R 2019, 289, 291; *Hoffmann*, NZS 2017, 807, 809; *Klement*, in: Simitis et al., Datenschutzrecht, Art. 7 Rn. 58 („Berücksichtigungspflicht“); *Schätzle*, PinG 2017, 203, 204; *Spindler/Dalby*, in: Spindler/Schuster, Elektron. Medien, DSGVO, Art. 7 Rn. 14 („unechtes Kopplungsverbot“); *Steinrötter*, in: Borges/Hilber, BeckOK IT-Recht, 14. Ed. 01.07.2023, Art. 7 DSGVO, Rn. 34 („Berücksichtigungsgebot“).

*nicht erforderlich ist*"), doch ist der maßgebliche Art. 7 Abs. 4 DSGVO offener formuliert („*muss dem Umstand in größtmöglichem Umfang Rechnung getragen werden*"). Hiernach besteht nur eine Berücksichtigungspflicht. Da der Erwägungsgrund dem verbindlichen Teil zuwiderläuft, ist dem verbindlichen Teil der Vorrang einzuräumen.[477] Ziel ist es, dass eine Leistung nicht von der Erteilung einer Einwilligungserklärung abhängig gemacht wird. Wenn die betroffene Person keine andere Wahl hat, als der Datenverarbeitung zuzustimmen, so kann keine Freiwilligkeit gegeben sein.[478] Eine Monopolstellung des Verantwortlichen ist nach überwiegender Ansicht nicht erforderlich.[479]

Das Kopplungsverbot bezieht sich seinem Wortlaut nach nur auf den Fall, dass die „*Erfüllung eines Vertrages*" nicht von der Einwilligung abhängig gemacht werden kann. Ob dies auch für den Abschluss eines Vertrages, also auch für das Bewerberverhältnis gilt, besagt der Wortlaut der Norm nicht. Der Vertragsschluss liegt zeitlich vor der Erfüllung eines Vertrages. Dies könnte zunächst dafürsprechen, dass der Vertragsschluss als zwingend zu durchlaufende Phase miterfasst ist. Soweit ersichtlich, wird in der datenschutzrechtlichen Literatur davon ausgegangen, dass der Vertragsschluss ebenfalls vom Kopplungsverbot umfasst ist.[480] Dafür sprechen der Sinn und Zweck der Vorschrift, da der Schutz der betroffenen Person im Rahmen des kompletten Einwilligungsprozesses zu beachten ist. Zudem trennt das Europarecht grundsätzlich nicht zwischen dem Trennungs- und Abstraktionsprinzip, da lediglich in der deutschen und estländischen Rechtsordnung eine solche Unterscheidung getroffen wird.[481] Dies ist ein Argument dafür, dass auch der Vertragsschluss unter Art. 7 Abs. 4 DSGVO zu subsumieren ist.

Nach *Gola* spielt das Kopplungsverbot im Bewerbungsverhältnis kaum eine Rolle.[482] Dem ist jedoch nicht zuzustimmen. Das Kopplungsverbot besagt nach Ansicht mancher Stimmen in der Literatur, dass der Abschluss des Arbeitsvertrages nicht von einer „*Pauschaleinwilligung*" abhängig gemacht werden darf, das über die Verarbeitung für das konkrete Bewerbungsverfahren hinaus-

---

477 *Gierschmann*, in: Gierschmann et. al., DSGVO, Art. 7 Rn. 30, 62 (Hinweis auf die historische Auslegung und die englische Sprachfassung); *Moos*, K&R 2019, 237, 244; *Scheurer*, Spielerisch selbstbestimmt, S. 328.

478 *Bausewein*, ZD 2014, 443, 447; *Krohm/Müller-Peltzer*, ZD 2017, 551; *Tavanti*, RDV 2016, 231, 235 (Einwilligung soll als „als Ausdruck informationeller Selbstbestimmung und nicht als aufoktroyierte Fremdbestimmung" dargestellt werden); *von Zimmermann*, Einwilligung im Internet, S. 228.

479 *Heckmann/Paschke*, in: Ehmann/Selmayr, DSGVO, Art. 7 Rn. 56; *Plath*, in: Plath, Art. 7 DSGVO, Rn. 22; ähnlich *Klement*, in: Simitis et al., Datenschutzrecht, Art. 7 Rn. 62.

480 *Culik*, Beschäftigtendatenschutz, S. 168; *Geiger*, in: Weth et al., Daten- und Persönlichkeitsschutz, A., IV., Rn. 57; *Gola,* Beschäftigtendatenschutz, Rn. 433; *Schätzle*, PinG 2017, 203, 205 ff.; *Scheurer*, Spielerisch selbstbestimmt, S. 325 f.

481 *Scheurer*, Spielerisch selbstbestimmt, S. 326.

482 *Gola,* Beschäftigtendatenschutz, Rn. 434.

geht.[483] Die Einwilligung und der Vertrag können demnach grundsätzlich nicht zusammengeführt werden. Die Formulierung „*unter anderem*" zeigt, dass noch weitere Fälle unter das Kopplungsverbot fallen können und die in Art. 7 Abs. 4 DSGVO genannte Konstellation nicht abschließend zu verstehen ist. *Kort* geht davon aus, dass im Rahmen der Bewerbungsphase die Einwilligung in aller Regel als Erlaubnisnorm ausscheiden dürfte, da das Kopplungsverbot hier entgegenstehen dürfte. Nach dieser Ansicht besteht ein Verbot, die Einwilligung mit einem in Aussicht genommenen Vertrag, welcher hier der Arbeitsvertrag ist, in Verbindung zu setzen.[484] Hingegen dürfe der Arbeitgeber den Abschluss des Arbeitsvertrages von der Preisgabe der Qualifikation eines Bewerbers abhängig machen, da diese Kenntnis für die Erfüllung des Arbeitsvertrages erforderlich sei.[485] Ein Problem mit dem Kopplungsverbot ergibt sich in dieser Konstellation jedoch nicht, da für die Preisgabe der Qualifikation keine Einwilligung notwendig ist. Die Kenntnisnahme ist für den Arbeitgeber zum Zwecke der Begründung eines Beschäftigungsverhältnisses erforderlich, sodass bereits eine gesetzliche Erlaubnisnorm einschlägig ist. Sollte eine Einwilligung in die Aufnahme in einen Bewerberpool verlangt werden, ist das Kopplungsverbot nicht verletzt. Das Kopplungsverbot spielt keine Rolle, da die Abgabe der Bewerbung nicht von der Einwilligung zur Aufnahme in den Bewerberpool abhängig gemacht wird.[486] Zu empfehlen ist allerdings, dass die Einwilligung in die Aufnahme in den Bewerberpool erst nach Absage der Bewerbung durch den Arbeitgeber eingeholt wird (vgl. Vierter Teil, § 19, B., I., 1.).

### 4. Grenzen der Einwilligung

Eine Einwilligung kann grundsätzlich die Verarbeitungen legitimieren, die die gesetzlichen Erlaubnisnormen nicht mehr abdecken.[487] Nach der ehemaligen *Artikel-29-Datenschutzgruppe* endet die legitimierende Wirkung der Einwilligung aber dann, wenn die Verarbeitung für den angegebenen Zweck nicht erforderlich ist, weil dies sonst missbräuchlich wäre.[488]

Unter alter Rechtslage wurde bereits die Ansicht vertreten, dass das Fragerecht des Arbeitgebers nicht über die Einwilligung umgangen werden könne, d. h., dass der Arbeitgeber durch die Einwilligung des Bewerbers die Grundsätze des

---

483 *Art.-29-Datenschutzgruppe,* WP 259 rev. 01, S. 9; *Franzen*, EuZA 2017, 313, 323; *Grimm*, in: Tschöpe, Arbeitsrecht, 6. Teil, F., Rn. 108; *Grimm/Göbel*, jM 2018, 278, 281.

484 *Kort*, NZA-Beilage 2016, 62, 65.

485 *Buchner*, Selbstbestimmung, S. 239; *Buchner/Kühling*, in: Kühling/Buchner, Art. 7 DSGVO, Rn. 47.

486 Ebenso *Mesch/Folkerts*, ZD 2021, 252, 255.

487 *Hoffmann*, NZS 2017, 807, 812; *Veil*, NJW 2018, 3337, 3338.

488 *Art.-29-Datenschutzgruppe,* WP 259 rev. 01, S. 4; wohl ebenso *Brink/Schwab*, in: Wedde, Datenschutz, B., Rn. 153; *Buchner/Kühling*, DuD 2017, 544, 546; *Conrad/Hausen*, in: Auer-Reinsdorff/Conrad, IT- und Datenschutzrecht, § 36 Rn. 74.

Fragerechts nicht erweitern konnte.[489] Begründet wurde die Beschränkung des vorvertraglichen Fragerechts des Arbeitgebers mit dem Schutz der informationellen Selbstbestimmung des Bewerbers als Abwehrrecht. Vor dem Vertragsschluss sei eine freie Entscheidung aufgrund der vorliegenden Abhängigkeitssituation des Bewerbers typischerweise ausgeschlossen.[490] Der Bewerber müsse immer befürchten, dass er bei einer Nein-Antwort nicht in die engere Wahl gezogen wird. Die erforderliche Freiwilligkeit der Einwilligung sei in diesen Fällen nicht gegeben.

Diese Rechtsauffassung wird nach überwiegender Ansicht in der Literatur auch unter der Geltung der DSGVO vertreten. Eine Einwilligung könne nicht wirksam eingeholt werden, wenn dadurch die aus dem Arbeitsrecht geltenden Grundsätze, insbesondere die Grundsätze aus dem AGG bzw. das arbeitsrechtliche Frageverbot umgangen werden.[491] Es soll zum Beispiel nicht möglich sein, eine Einwilligung des Bewerbers in die Verarbeitung der Daten über die Schwangerschaft einzuholen.[492] Begründet wird dies damit, dass ein solcher Eingriff in das allgemeine Persönlichkeitsrecht des Bewerbers nicht mit dem Verhältnismäßigkeitsgrundsatz in Einklang zu bringen sei. Nach *Gola* soll dies auch dann gelten, wenn die Bewerberin auf den Umstand der Schwangerschaft freiwillig hingewiesen hat, weil dies sonst zu einer diskriminierenden Bevorzugung gegenüber den anderen Bewerberinnen führen könnte.[493] Nach *Weth* wäre jedoch in dem Fall Raum für eine freiwillige Einwilligung, da die Bewerberin die Daten von sich aus offengelegt hat.[494] Dem ist zuzustimmen. Von einer Freiwilligkeit der Einwilligung des Bewerbers kann immer dann ausgegangen werden, wenn der

489 *Däubler*, in: Tinnefeld et al., Informationsgesellschaft, S. 110, 123, Fn. 51 (Grenzen des arbeitgeberseitigen Fragerechts nicht dispositiv); *ders.*, Gläserne Belegschaften, Rn. 209c; *Kania/Sansone*, NZA 2012, 360, 364 (mangelnde Freiwilligkeit); *Kort*, NZA-Beilage 2016, 62, 69; *Riesenhuber*, RdA 2011, 257, 261.

490 *Däubler*, Gläserne Belegschaften, Rn. 209c; *Schmidt*, Datenschutz für Beschäftigte, S. 306.

491 *Aligbe*, Einstellungs- und Eignungsuntersuchungen, Rn. 455; *Bergt*, in: Koreng/Lachenmann, Datenschutzrecht, H. I. 2, Anm. 1; *Conrad/Treeger*, in: Auer-Reinsdorff/Conrad, IT- und Datenschutzrecht, § 34 Rn. 339; *Gola*, Beschäftigtendatenschutz, Rn. 483; *Jacobi*, in: Behling/Abel, Datenschutz, Rn. 1000; *Kort*, in: Conrad/Grützmacher, FS Schneider, S. 368, 376; *Radlanski*, Einwilligung, S. 128; *Temming*, in: Preis/Temming, Individualarbeitsrecht, Rn. 1751; *Thüsing/Traut*, in: Thüsing, Beschäftigtendatenschutz, § 5 Rn. 32; *Weth*, in: Weth et al., Daten- und Persönlichkeitsschutz, B., I., Rn. 28.

492 *Gola*, Beschäftigtendatenschutz, Rn. 484; *Ströbel/Wybitul*, in: Specht/Mantz, Datenschutzrecht, § 10 Rn. 58 (keine Durchbrechung der Grenzen, die im Hinblick auf das Persönlichkeitsrecht gesetzt werden). Nach *Krieger*, in: vom Stein et al., Gesundheitsmanagement, § 2 Rn. 18 ist Frage nach Schwangerschaft bei Bewerbern stets unzulässig.

493 *Gola*, Beschäftigtendatenschutz, Rn. 484.

494 *Weth*, in: Weth et al., Daten- und Persönlichkeitsschutz, B., I., Rn. 29 („gleichgelagerte Interessen").

Bewerber von sich aus personenbezogene Daten an den Arbeitgeber offenlegt, ohne sich dazu gedrängt zu fühlen. Aufgedrängte Informationen stellen noch keine datenschutzrechtliche Verarbeitung dar (vgl. Zweiter Teil, § 1, C., I., 2., a., bb.). In dem Fall besteht jedoch für den Arbeitgeber im Nachgang die Möglichkeit, eine ausdrückliche Einwilligung des Bewerbers nach Art. 6 Abs. 1 S. 1 lit. a i. V. m. Art. 9 Abs. 2 lit. a DSGVO einzuholen, falls dieser die Daten zum Zwecke der Begründung des Beschäftigungsverhältnisses verarbeiten möchte.

Maßgeblicher Anknüpfungspunkt, ob eine Einwilligung wirksam eingeholt werden kann, ist anhand des Tatbestandsmerkmales der Freiwilligkeit zu bestimmen. Die Fälle, die unter alter Rechtslage unter dem Stichwort der Umgehung des Fragerechts des Arbeitgebers behandelt wurde, sind dogmatisch nun unter dem Tatbestandsmerkmal der Freiwilligkeit der Einwilligung zu behandeln.

## II. Erklärung für einen bestimmten Fall und in Kenntnis der Sachlage

Als weitere Voraussetzung einer Einwilligung wird in Art. 4 Nr. 11 DSGVO verlangt, dass der Bewerber *„für einen bestimmten Fall eine Erklärung oder eine sonstige eindeutige bestätigende Handlung“* abgibt. Durch diese Anforderung wird auf die Zweckbindung der Einwilligung abgestellt, welcher sich in Art. 5 Abs. 1 lit. b DSGVO und auch in Art. 8 Abs. 2 S. 1 GRCh wiederfindet. Es sollen insbesondere generalklauselartige Zweckbeschreibungen ausgeschlossen werden, bei denen der Bewerber nicht weiß, welchen Inhalt und welche Tragweite seiner Einwilligung beigemessen wird.[495] Der *„Fall“* bezieht sich auf die zu legitimierende Datenverarbeitung.[496] Nach dem EuGH muss sich die Einwilligung *„konkret auf die Datenverarbeitung“* beziehen.[497] Die Anforderungen an die Zweckbestimmung soll nach mancher Ansicht umso höher sein, je stärker die Verarbeitung in die Grundrechte und -freiheiten der betroffenen Person eingreift.[498]

Art. 6 Abs. 1 S. 1 lit. a DSGVO bestimmt, dass sich die Erklärung auf *„einen oder mehrere bestimmte Zwecke“* beziehen muss. Damit soll ein gewisses Maß an Kontrolle und Transparenz für die betroffene Person gewährleistet werden.[499] Nur wenn die betroffene Person weiß, für welche Zwecke seine personenbezogenen Daten verarbeitet werden soll, kann er wirklich frei in seiner Entscheidung sein. Der Bewerber muss Sinn und Reichweite seiner Entscheidung verstehen.[500] Dies wird durch den Grundsatz der Transparenz nach Art. 5 Abs. 1 lit. a

495 *Hoffmann*, NZS 2017, 807, 809; *Ingold*, in: Sydow, DSGVO/BDSG, Art. 7 DSGVO, Rn. 38 f.; *Klement*, in: Simitis et al., Datenschutzrecht, Art. 7 Rn. 69 f.; *Ströbel/Wybitul*, in: Specht/Mantz, Datenschutzrecht, § 10 Rn. 64; *Wybitul/Rauer*, ZD 2012, 160, 161 („Pauschaleinwilligung“).

496 *Klement*, in: Simitis et al., Datenschutzrecht, Art. 7 Rn. 68.

497 EuGH, Urt. v. 01.10.2019 – C-673/17, Rn. 58, BB 2019, 2572 – Planet49.

498 *Ernst*, in: Paal/Pauly, Art. 4 DSGVO, Rn. 78; *Veil*, NJW 2018, 3337, 3340.

499 *Art.-29-Datenschutzgruppe*, WP 259 rev. 01, S. 13.

500 *Culik/Döpke*, ZD 2017, 226, 228.

DSGVO untermauert. Die Vorschrift verdeutlicht, dass die Einwilligung sich auch auf mehrere Zwecke beziehen kann, solange diese Zwecke hinreichend bestimmt sind. Es bedarf demnach einer hinreichenden Konkretisierung, welche Verarbeitungen der Verantwortliche vornehmen will.[501] Dabei muss aus der Perspektive eines objektiven Empfängers erkennbar sein, welche Datenverarbeitung von der Einwilligung umfasst werden soll.[502] Dies konkretisiert ErwG 32 S. 5, wonach für alle Verarbeitungszwecke eine Einwilligung gegeben werden muss. *Heckmann/Paschke* fordern daher, dass die Einwilligungserklärung so feingranular sein muss, dass die betroffene Person in jede Verarbeitungsart eigenständig einwilligen könnte.[503] Nach dem Generalanwalt *Szpunar* ist wegen dem Vergleich zu einem normalen Verbraucher „*auf das Konzept des normal informierten, angemessen aufmerksamen und verständigen europäischen Durchschnittverbraucher*“ abzustellen.[504]

Im Falle der Einwilligung für den Bewerberpool muss die Einwilligung insbesondere darauf hinweisen, dass die personenbezogenen Daten nur zum Zweck der Kontaktaufnahme für ein anderes Stellenangebot gespeichert werden. Weitergehende Datenverarbeitungen werden nicht vorgenommen. Zusätzlich sollte darauf hingewiesen werden, wann eine Löschung der Daten erfolgt. Die Zweckfestsetzung muss bereits zum Zeitpunkt des Einholens der Einwilligung vorliegen und dem Bewerber mitgeteilt werden.

## III. Informiertheit

Die „*Informiertheit*“ der Einwilligung setzt unter anderem voraus, dass die Erklärung mit Einwilligungserklärung oder einer ähnlichen Formulierung überschrieben ist.[505] Der Einwilligende muss in informierter Weise eine Erklärung abgeben können. Welche Informationen in der Einwilligung mitgeteilt werden müssen, wird unterschiedlich gesehen.

Die ehemalige *Artikel-29-Datenschutzgruppe* und ihm folgend der *Europäische Datenschutzausschuss* vertreten die Auffassung, dass folgende sechs Informationen zur Verfügung gestellt werden müssen: Die Identität des Verantwortlichen, der Zweck jedes Verarbeitungsvorgangs, für den die Einwilligung eingeholt wird, die Daten bzw. Datenarten, die erhoben und verwendet werden, das Vorliegen des Rechts, die Einwilligung zu widerrufen, gegebenenfalls Informationen über die Verwendung der Daten für eine automatisierte Entscheidungsfindung gemäß Art. 22 Abs. 2 lit. c DSGVO sowie Angaben zu möglichen Risiken von

501 *Spranger*, MedR 2017, 864.

502 *Klement*, in: Simitis et al., Datenschutzrecht, Art. 7 Rn. 68 („objektive Bestimmtheit“); *Martini/Wenzel*, DVBl 2017, 749, 753 („Entbündelungsgebot“).

503 *Heckmann/Paschke*, in: Ehmann/Selmayr, Art. 7 Rn. 69.

504 *Generalanwalt Szpunar*, Schlussanträge v. 21.03.2019 – C-673/17, Rn. 113.

505 *Gierschmann*, in: Gierschmann et al., Art. 7 Rn. 83; *Schulz*, in: Gola/Heckmann, DSGVO/BDSG, Art. 7 DSGVO, Rn. 46 f.

Datenübermittlungen ohne Vorliegen eines Angemessenheitsbeschlusses und ohne geeignete Garantien gemäß Art. 46 DSGVO.[506]

Für den Inhalt der Informiertheit kann sich nach anderer Ansicht und wohl auch nach Ansicht des EuGH an dem Katalog der Art. 13 Abs. 1 und 2 DSGVO bzw. Art. 14 Abs. 1 und 2 DSGVO orientiert werden.[507] In diesen beiden Absätzen wird detailliert aufgezählt, welche Informationen bei der Erhebung personenbezogener Daten der betroffenen Person mitzuteilen sind, damit man seiner Informationspflicht nachkommt. Es müssen nicht sämtliche dort genannten Informationen aufgeführt werden. Vielmehr ist es ausreichend, wenn der Name des Verantwortlichen (Art. 13 Abs. 1 lit. a DSGVO), die Zwecke und Rechtsgrundlage der Verarbeitung (Art. 13 Abs. 1 lit. c DSGVO), die Empfänger (Art. 13 Abs. 1 lit. e DSGVO), die Dauer (Art. 13 Abs. 2 lit. a DSGVO), die Betroffenenrechte (Art. 13 Abs. 2 lit. b DSGVO) und die Möglichkeit des Widerrufs (Art. 13 Abs. 2 lit. c DSGVO, Art. 7 Abs. 3 S. 3 DSGVO) genannt werden. Diese Ansicht wird dadurch untermauert, dass nach ErwG 42 S. 2 die betroffene Person bzw. der Bewerber wissen muss, dass und in welchem Umfang man eine Einwilligung abgibt. Satz 4 konkretisiert dies dahingehend, dass der Bewerber wissen sollte, wer der Verantwortliche ist und für welche Zwecke die personenbezogenen Daten verarbeitet werden sollen. Auch der Grundsatz der Transparenz nach Art. 5 Abs. 1 lit. a DSGVO spielt eine Rolle, da hier verdeutlicht wird, dass die personenbezogenen Daten in nachvollziehbarer Weise verarbeitet werden müssen. Nur wenn die betroffene Person informiert ist, kann sie die Verarbeitung ihrer personenbezogenen Daten kontrollieren.[508]

Welche Informationen in einer Einwilligung genannt sein müssen, hängt stark vom jeweiligen Kontext ab und kann nicht pauschal beantwortet werden. Der Bewerber muss zumindest über den Verantwortlichen, den Zusammenhang, die Hintergründe und die Tragweite seiner Erklärung zum Zeitpunkt der Abgabe seiner Einwilligung in Kenntnis gesetzt werden.[509] Nur so kann der Bewerber

506 *Art.-29-Datenschutzgruppe,* WP 259 rev. 01, S. 15; *EDSA*, Leitlinien 5/2020, S. 17 f.; vgl. auch GA Szpunar, Schlussantrag v. 04.03.2020 – C-61/19, Rn. 47, BeckRS 2020, 2690 – Orange România SA.

507 EuGH, Urt. v. 11.11.2020 – C-61/19, Rn. 40, BeckRS 2020, 30027; *Buchner/Kühling*, in: Kühling/Buchner, Art. 7 DSGVO, Rn. 59; *Conrad/Treeger*, in: Auer-Reinsdorff/Conrad, IT- und Datenschutzrecht, § 34 Rn. 451; *Faulhaber/Scheurer*, jM 2019, 2, 7; *Gierschmann*, in: Gierschmann et al., Art. 7 Rn. 77; *Ingold*, JuS 2018, 1214, 1218 („Synchronisierung der Informationsgehalte mit Art. 13 DS-GVO); *Kremer*, CR 2019, 676, 685 f.; *Scheurer*, Spielerisch selbstbestimmt, S. 217.

508 *Art.-29-Datenschutzgruppe,* WP 259 rev. 01, S. 15 (bei fehlenden Informationen wird Kontrolle illusorisch).

509 *Heberlein*, in: Ehmann/Selmayr, Art. 6 Rn. 16 („nachvollziehbar"); *Ingold*, in: Sydow, DSGVO/BDSG, Art. 7 DSGVO, Rn. 34 („entscheidungsrelevante Informationen"); *Klement*, in: Simitis et al., Datenschutzrecht, Art. 7 Rn. 72 („subjektive Gegenstück zur Bestimmtheit"); *Rothmann/Buchner*, DuD 2018, 342, 343; *Veil*, NJW 2018, 3337, 3339.

selbstbestimmt entscheiden, ob er eine Einwilligung in die Verarbeitung seiner personenbezogenen Daten abgeben will. Dies bestätigt ErwG 42 S. 4, wonach *„die betroffene Person mindestens wissen [muss], wer der Verantwortliche ist und für welche Zwecke ihre personenbezogenen Daten verarbeitet werden sollen*“. Dabei müssen die Informationen nicht zwangsläufig per Schriftform erteilt werden, da die DSGVO an die Informiertheit keine Anforderungen stellt. Aus Gründen der Nachweisbarkeit nach Art. 7 Abs. 1 DSGVO ist eine Schriftform aber zu empfehlen.[510]

Zudem bestimmt Art. 7 Abs. 2 S. 1 DSGVO, dass bei Abgabe einer schriftlichen Erklärung, die noch andere Sachverhalte betrifft, das Ersuchen um die Einwilligung *„in verständlicher und leicht zugänglicher Form in einer klaren und einfachen Sprache*“ zu erfolgen hat, damit die Erklärung von anderen Sachverhalten klar zu unterscheiden ist. In solchen Konstellationen besteht das Risiko, dass die betroffene Person die Einwilligung nicht aktiv wahrnimmt und somit in den Hintergrund gerät.[511] Eine schriftliche Erklärung umfasst solche Erklärungen, die auch von § 126a, b BGB umfasst sind.[512] Art. 7 Abs. 2 DSGVO dient damit der Transparenz von Erklärungen.[513] Um dies zu erreichen, dürfen keine langen Einwilligungen verwendet werden. Einwilligungen, die sich über mehrere DIN-A4 erstrecken, würden diesem Erfordernis nicht entsprechen, unabhängig davon, ob die betroffene Person aktiv eingewilligt hat oder nicht.[514] Gerade bei der Abgabe elektronischer Einwilligungen, die im Rahmen eines Online-Bewerbungsverfahrens eingeholt werden, sollte die Einwilligung in klarer und knapper Form erfolgen.[515]

Nach *Taeger* soll ein Verstoß gegen Art. 7 Abs. 2 S. 1 DSGVO nicht zur Unwirksamkeit der gesamten Einwilligung führen.[516] Hingegen gehen *Heckmann/Paschke* von einer Gesamtunwirksamkeit aus, *„um die Verarbeiter von Daten zu disziplinieren*“.[517] Der zuletzt genannten Auffassung ist zuzustimmen. Art. 7 Abs. 2 S. 2 DSGVO bestimmt, dass Teile der Erklärung als nicht verbindlich anzusehen sind, wenn sie einen Verstoß gegen die DSGVO darstellen. Wird gegen die Vorgabe des Art. 7 Abs. 2 S. 1 DSGVO verstoßen, so ist diese Einwilligung unwirksam. Die übrigen Erklärungen, die zusammen mit der Einwilligungser-

510 *Heckmann/Paschke*, in: Ehmann/Selmayr, Art. 7 Rn. 79.

511 *Heckmann/Paschke*, in: Ehmann/Selmayr, Art. 7 Rn. 83.

512 *Heckmann/Paschke*, in: Ehmann/Selmayr, Art. 7 Rn. 77; *Spindler/Dalby*, in: Spindler/Schuster, Elektron. Medien, DSGVO, Art. 7 Rn. 8; *a*A *Plath*, in: Plath, Art. 7 DSGVO, Rn. 11 (von Textform nach § 126a BGB ausgehend).

513 *Heckmann/Paschke*, in: Ehmann/Selmayr, Art. 7 Rn. 83.

514 *Heckmann/Paschke*, in: Ehmann/Selmayr, Art. 7 Rn. 83.

515 *Art.-29-Datenschutzgruppe,* WP 259 rev. 01, S. 16; *Klement*, in: Simitis et al., Datenschutzrecht, Art. 7 Rn. 73 (keine juristische Vorbildung zugrunde legen und Verzicht auf Rechtssprache).

516 *Taeger*, in: Taeger/Gabel, Art. 7 DSGVO, Rn. 150; wohl ebenso *Gierschmann*, in: Gierschmann, DSGVO, Art. 7 Rn. 132.

517 *Heckmann/Paschke*, in: Ehmann/Selmayr, Art. 7 Rn. 83.

klärung bestanden, bleiben weiterhin wirksam. Nur die Einwilligungserklärung ist als unwirksam zu betrachten.

Davon zu trennen ist die Frage, ob das Fehlen der Informiertheit bzw. ob das Fehlen einzelner Inhalte zur Unwirksamkeit der Einwilligung führt. Nach Art. 4 Nr. 11 DSGVO ist die Informiertheit der Einwilligung eine Tatbestandsvoraussetzung, sodass dessen Fehlen zur Unwirksamkeit der erteilten Einwilligung führt.[518] Das Fehlen der Informationen nach den Art. 13 bzw. Art. 14 DSGVO führt jedoch nicht zwingend zur Unwirksamkeit der Einwilligung, da die Informiertheit nach Art. 4 Nr. 11 DSGVO und die Informationspflichten nach den Art. 13, 14 DSGVO nicht kongruent sind.[519] Nach dem EuGH ergibt sich die Frage der Rechtmäßigkeit der Datenverarbeitung ausschließlich aus Art. 6 Abs. 1 DSGVO, die durch die Art. 7 bis 11 DSGVO konkretisiert werden. Ein Verstoß gegen Art. 26 und 30 DSGVO kann nach Ansicht des Gerichts nicht zur Rechtwidrigkeit führen, da diese Vorschriften nicht das Ziel haben, den Umfang der Art. 5 Abs. 1 lit. a und Art. 6 Abs 1 DSGVO näher zu bestimmen.[520] Diese Wertung kann auch auf Art. 13, 14 DSGVO übertragen werden, da diese ebenfalls nicht das Ziel verfolgen Art. 6 Abs. 1 DSGVO näher zu bestimmen und nicht im Kapitel II der DSGVO enthalten sind.

Verzichtet die betroffene Person allerdings darauf, die Informationen zur Kenntnis zu nehmen, bleibt die Einwilligung dennoch wirksam.[521] Ausreichend ist es, wenn der Verantwortliche die Informationen der betroffenen Person bereitstellt. Eine tatsächliche Kenntnisnahme ist nicht erforderlich.

## IV. Widerruf

Wesentlicher Vorteil der Einwilligung für die betroffene Person und wesentlicher Nachteil für den Verantwortlichen ist, dass die Einwilligung jederzeit voraussetzungslos und gebührenfrei widerrufen werden kann. Dies bestimmt der Wortlaut des Art. 7 Abs. 3 S. 1 DSGVO („*jederzeit*") ausdrücklich und gestaltet dies als ein ausdrückliches Recht der betroffenen Person aus. Das BAG hatte hingegen unter der alten Rechtslage die Interessen des Arbeitgebers berücksichtigt und das Vorliegen eines plausiblen Grundes gefordert.[522] Diese Rechtsprechung kann nach überwiegender Ansicht nicht mehr aufrechterhalten bleiben.[523]

---

518 *Hoffmann*, NZS 2017, 807, 809.

519 *Albrecht/Jotzo*, Teil 3, Rn. 41; *Bäcker*, in: Kühling/Buchner, Art. 13 DSGVO, Rn. 63 ff.; *Buchner/Kühling*, in: Kühling/Buchner, Art. 7 DSGVO, Rn. 59; *Gierschmann*, in: Gierschmann et. al., DSGVO, Art. 7 Rn. 77; *Veil*, NJW 2018, 3337, 3339; *von Lewinski*, in: Rüpke et al., Datenschutzrecht, § 13 Rn. 94.

520 EuGH, Urt. v. 4.5.2023 – C-60/22, Rn. 55, 58, BeckRS 2023, 8967.

521 *Stemmer*, in: BeckOK DatenSR, DSGVO, 48. Ed. 01.11.2023, Art. 7 Rn. 73.

522 BAG, Urt. v. 11.12.2014 – 8 AZR 1010/13, Rn. 39, NZA 2015, 604. *Schulz*, DuD 2020, 302, 304 hält eine solche Begrenzung in der DSGVO für erwägenswert.

523 *Assmus/Winzer*, ZD 2018, 508, 510; *Franzen*, EuZA 2017, 313, 323 f.; *von dem Bussche/Zeiter/Brombach*, DB 2016, 1359, 1363; *Hanloser*, in: Forgó et al., Datenschutz,

Begründet wird dies mit dem Schutz der betroffenen Person, jederzeit seine vorschnelle Entscheidung widerrufen zu können und mit dem eindeutigen Wortlaut.

Das Widerrufsrecht wird primärrechtlich durch Art. 8 Abs. 1 GRCh geschützt.[524] Die Widerruflichkeit der Einwilligung war bereits unter dem BDSG a. F. nach überwiegender Ansicht anerkannt.[525] Der Widerruf wird als *„ausdrückliche Erklärung oder konkludent erfolgende Willensbekundung*" definiert, mit der Datenverarbeitung nicht mehr einverstanden zu sein.[526] Nach *Schwartmann/Klein* soll durch die ausdrückliche Normierung des Widerrufsrechts deutlich werden, dass der europäische Gesetzgeber den Gebrauch von Einwilligungen als Erlaubnisnorm einschränken will.[527] Ob ein solcher gesetzgeberische Wille bestand, kann dahinstehen, da auf jeden Fall durch die Möglichkeit des Widerrufs die Einwilligung als Erlaubnisnorm *„eine deutliche Schwächung als sichere Rechtsgrundlage*" erfährt.[528] Die Warnfunktion, welches durch das fehlende Schriftformgebot in der DSGVO nicht mehr erfüllt werden kann, wird durch das Widerrufsrecht kompensiert.[529] Ein datenschutzrechtlicher Verzicht auf die Ausübung des Widerrufs soll nicht möglich sein, da der Widerruf zur grundrechtlichen Realisierung der informationellen Selbstbestimmung zählt.[530]

In einem Entwurf zur ePrivacy-Verordnung wird in Art. 9 Abs. 3 verlangt, dass der Verantwortliche die betroffene Person alle sechs Monate an die Widerrufsmöglichkeit erinnern muss.[531] Eine solche Pflicht besteht nach der DSGVO nicht und kann daher vom Verantwortlichen auch nicht verlangt werden. Es reicht aus, dass beim Einholen der Einwilligung die betroffene Person auf die

---

Teil V, Kap. 1, Rn. 1 („Verfallsdatum"); *Klement*, in: Simitis et al., Datenschutzrecht, Art. 7 Rn. 91; *Kort*, DB 2016, 711, 715; *Linck*, in: Schaub, Arbeitsrecht, § 153 Rn. 16; *Lücke*, NZA 2019, 658, 662; *Schneider*, K&R 2019, 8, 10; *Seifert*, in: Simitis et al., Datenschutzrecht, Art. 88 Rn. 186; *Tinnefeld/Conrad*, ZD 2018, 391, 396; restriktiver *Schulz*, in: Gola/Heckmann, DSGVO/BDSG, Art. 7 DSGVO, Rn. 54 (es sind alle Interessen zu berücksichtigen"); aA *HBDI*, 47. TB, S. 143 (wegen Treu und Glauben und arbeitsrechtlicher Rücksichtnahmepflicht erforderlich); *Tiedemann*, in: Sydow, DSGVO/BDSG, § 26 BDSG, Rn. 46 (Rechtsmissbrauch).

524 *Klement*, in: Simitis et al., Datenschutzrecht, Art. 7 Rn. 86 („actus contrarius zur Einwilligung"); *Liedke*, Einwilligung, S. 29 f.

525 *Gola/Klug/Körffer*, in: Gola/Schomerus, BDSG, § 4a Rn. 37 ff.; *Liedke*, Einwilligung, S. 29; *Riesenhuber*, RdA 2011, 257, 258; *Simitis*, in: Simitis, BDSG, § 4a Rn. 94.

526 *Klement*, in: Simitis et al., Datenschutzrecht, Art. 7 Rn. 85.

527 *Schwartmann/Klein*, in: Schwartmann et al., Art. 7 DSGVO, Rn. 5.

528 *Krüger/Wiencke*, MMR 2019, 76, 79; ebenso *Schulz*, ZESAR 2017, 270, 271. Für die Begrenzung der Widerrufsmöglichkeit *Schulz*, DuD 2020, 302, 304.

529 *Klement*, in: Simitis et al., Datenschutzrecht, Art. 7 Rn. 40.

530 *Buchner/Kühling*, in: Kühling/Buchner, Art. 7 DSGVO, Rn. 35; *Ingold*, in: Sydow, DSGVO/BDSG, Art. 7 DSGVO, Rn. 46; *Kramer*, in: Auernhammer, Art. 7 DSGVO, Rn. 34; *Linck*, in: Schaub, Arbeitsrecht, § 153 Rn. 16; *Maschmann*, NZA-Beilage 2018, 115, 116; aA wohl *Ernst*, ZD 2020, 383, 384 („allenfalls individualvertraglich möglich").

531 *Klement*, in: Simitis et al., Datenschutzrecht, Art. 7 Rn. 17.

Widerrufsmöglichkeit hingewiesen wird. Der Widerruf hat nach Art. 7 Abs. 3 S. 2 DSGVO zur Folge, dass in Zukunft die Datenverarbeitung nicht mehr auf die Einwilligung gestützt werden kann (sog. ex-nunc-Wirkung).[532] Diese Erkenntnis kann auch auf Art. 13 Abs. 2 lit. c, Art. 14 Abs. 2 lit. d DSGVO gestützt werden. Hiernach bleibt *„die Rechtmäßigkeit der aufgrund der Einwilligung bis zum Widerruf erfolgten Verarbeitung"* unberührt. Bereits getätigte Verarbeitungen vor dem Widerruf der Einwilligung bleiben damit rechtmäßig. Der Umfang des Widerrufs wird durch die betroffene Person bestimmt.[533]

## 1. Form des Widerrufs

Wurde die Einwilligung elektronisch eingeholt, so muss die Möglichkeit bestehen, dass der Widerruf auch elektronisch erfolgen kann (vgl. Art. 7 Abs. 3 S. 4 DSGVO).[534] Der Widerruf muss demnach so einfach wie die Erteilung der Einwilligung sein. Damit will man den betroffenen Personen Unannehmlichkeiten und unangemessene Anstrengungen ersparen.[535] Möglich muss es daher auch sein, eine schriftliche Einwilligung mündlich zu widerrufen.[536] Der Widerruf muss so einfach wie möglich ausgeübt werden können. Erforderlich ist, dass der Widerruf dem Verantwortlichen gegenüber ernsthaft mitgeteilt worden ist, damit für diesen erkennbar ersichtlich ist, dass die Einwilligung als Erlaubnisnorm nicht mehr fungieren soll.

### a. Hinweis auf Widerrufsrecht als Wirksamkeitsvoraussetzung?

Die betroffene Person muss, bevor sie eine wirksame Einwilligung abgibt, darauf hingewiesen werden, dass die betroffene Person die Möglichkeit zum Widerruf hat und durch den Widerruf die Rechtmäßigkeit der aufgrund der Einwilligung bis zum Widerruf erfolgten Verarbeitung nicht berührt wird (vgl. Art. 7 Abs. 3 S. 3 DSGVO). Es wird nach dem Wortlaut (*„hiervon"*) nur auf die Rechtmäßigkeit der vorherigen Datenverarbeitung nach Art. 7 Abs. 3 S. 2 DSGVO Bezug genommen. Nach Sinn und Zweck der Vorschrift muss sich der Hinweis aber auch auf Art. 7 Abs. 3 S. 1 DSGVO beziehen, da die betroffene Person darüber

---

532 *Ingold*, in: Sydow, DSGVO/BDSG, Art. 7 DSGVO, Rn. 48; *Klement*, in: Simitis et al., Datenschutzrecht, Art. 7 Rn. 90; aA *Buchner/Kühling*, in: Kühling/Buchner, Art. 7 DSGVO, Rn. 37 (durch Art. 17 Abs. 1 lit. b tritt gewisse ex-tunc-Wirkung ein).

533 *Buchner/Kühling*, in: Kühling/Buchner, Art. 7 DSGVO, Rn. 35; *Taeger*, in: Taeger/Gabel, Art. 7 DSGVO, Rn. 80.

534 *Art.-29-Datenschutzgruppe,* WP 259 rev. 01, S. 25; *Schulz*, in: Gola/Heckmann, DSGVO/BDSG, Art. 7 DSGVO, Rn. 56 („Korrespondenz der Erklärungsmittel"); *Schwartmann/Klein*, in: Schwartmann et al., Art. 7 DSGVO, Rn. 39 (Analogie zur Formfreiheit der Einwilligung).

535 *Art.-29-Datenschutzgruppe,* WP 259 rev. 01, S. 26; *Klement*, in: Simitis et al., Datenschutzrecht, Art. 7 Rn. 85 („formfrei").

536 *Klement*, in: Simitis et al., Datenschutzrecht, Art. 7 Rn. 96; *Kramer*, in: Auernhammer, Art. 7 DSGVO, Rn. 39; aA *Plath*, in: Plath, Art. 7 DSGVO, Rn. 19.

informiert werden muss, dass ihr das Recht des Widerrufs zusteht.[537] Dies ergibt sich aus Art. 13 Abs. 2 lit. c DSGVO und Art. 14 Abs. 2 lit. d DSGVO, wonach die betroffene Person über das Bestehen des Rechts zu informieren ist, dass die Einwilligung jederzeit widerrufen werden kann, ohne dass die Rechtmäßigkeit der aufgrund der Einwilligung bis zum Widerruf erfolgten Verarbeitung berührt wird.

Fraglich ist, ob eine unterbliebene Belehrung über das Widerrufsrecht nach Art. 7 Abs. 3 S. 3 DSGVO zur Unwirksamkeit der Einwilligung führt.

Der *Düsseldorfer Kreis* und Teile der Literatur sind der Ansicht, dass aufgrund des Fehlens einer eindeutigen Rechtsfolgenregelung die Wirksamkeit der Einwilligung unberührt bleibt.[538] Die fehlende Belehrung führe unter Umständen zu einem Bußgeld nach Art. 83 Abs. 5 lit. a DSGVO, da gegen Art. 7 DSGVO verstoßen werde. Gestützt wird dieses Argument mit einem Umkehrschluss zu Art. 7 Abs. 2 S. 2 DSGVO. Dort wird ausdrücklich als Rechtsfolge die Unwirksamkeit der Einwilligung normiert, während in Absatz 3 eine solche Rechtsfolge nicht normiert sei.

Nach überwiegender Ansicht und auch nach Ansicht des VG Lüneburg stellt die Belehrung über das Widerrufsrecht nach Art. 7 Abs. 3 S. 3 DSGVO eine materiell-rechtliche Wirksamkeitsvoraussetzung für eine Einwilligung dar, dessen Fehlen die Unwirksamkeit der Einwilligung zur Folge hat.[539] Als Argument wird auf Art. 7 Abs. 2 S. 2 DSGVO abgestellt. Diese Vorschrift könne auch auf Art. 7 Abs. 3 S. 3 DSGVO übertragen werden und sei daher als eigenständiger Absatz zu lesen. Wenn die betroffene Person nicht über ihr Widerrufsrecht informiert werden, so stelle dies einen Verstoß gegen die DSGVO dar.

Der zuletzt genannten Auffassung ist in ihren Argumenten zu folgen. Zudem verlangt Art. 4 Nr. 11 DSGVO, dass die Einwilligung in informierter Weise abgegeben wird. Wenn der Bewerber nicht über die Möglichkeit eines jederzeitigen Widerrufsrechts informiert worden ist, dann liegt dieses Tatbestandsmerkmal gerade nicht vor. Informiert ist der Bewerber nur dann, wenn er über alle

537 *Gierschmann*, in: Gierschmann et al., Art. 7 Rn. 121; *Klement*, in: Simitis et al., Datenschutzrecht, Art. 7 Rn. 94; *Plath*, in: Plath, Art. 7 DSGVO, Rn. 16.

538 *Düsseldorfer Kreis*, Einwilligungen; *Ernst*, ZD 2020, 383; *Gola*, Beschäftigtendatenschutz, Rn. 440; *Plath*, in: Plath, Art. 7 DSGVO, Rn. 16.

539 VG Lüneburg, Urt. v. 19.03.2019 – 4 A 12/19, Rn. 60, ZD 2019, 331; *EDSA*, Leitlinien 5/2020, S. 18, 28; *Art.-29-Datenschutzgruppe,* WP 259 rev. 01, S. 26; *LfD Niedersachsen*, Datenschutzkonforme Einwilligungen auf Webseiten, S. 3; *Buchner/Kühling*, in: Kühling/Buchner, Art. 7 DSGVO, Rn. 21; *Franzen*, EuZA 2017, 313, 323; *Heberlein*, in: Ehmann/Selmayr, Art. 6 Rn. 16; *Hoffmann*, NZS 2017, 807, 809; *Ingold*, in: Sydow, DSGVO/BDSG, Art. 7 DSGVO, Rn. 52 („generelle Fehlerfolgenregelung"); *Klement*, in: Simitis et al., Datenschutzrecht, Art. 7 Rn. 95 (Möglichkeit einer ex-nunc-Heilung, wenn vor Beginn der Datenverarbeitung darüber informiert wird); *Kramer*, in: Auernhammer, Art. 7 DSGVO, Rn. 38; *Tavanti*, RDV 2016, 231, 238; wohl auch OLG Sachsen-Anhalt, Urt. v. 10.03.2021 – 5 U 182/20, Rn. 33 – juris.

Umstände aufgeklärt worden ist. Dazu gehört auch die Information über das Widerrufsrecht.

### b. Textform nach § 26 Abs. 2 S. 4 BDSG

Der deutsche Gesetzgeber hat die Anforderung des Art. 7 Abs. 3 S. 3 DSGVO verschärft und in § 26 Abs. 2 S. 4 BDSG bestimmt, dass der Arbeitgeber die beschäftigte Person über ihr Widerrufsrecht nach Art. 7 Abs. 3 DSGVO in Textform aufzuklären hat.[540] Nach *Höhne* bestehen an der Zulässigkeit der Verweisung auf Art. 7 Abs. 3 DSGVO keine unionsrechtlichen Bedenken.[541] In der deutschen Gesetzesbegründung teilt der Gesetzgeber nicht mit, ob mit der Textform in § 26 Abs. 2 S. 4 BDSG die Textform i. S. d. § 126b BGB gemeint ist. Manche Stimmen in der Literatur nehmen dies an.[542] Textform meint nach § 126b S. 1 BGB, dass eine lesbare Erklärung gegeben sein muss, in der die Person des Erklärenden genannt ist und diese Erklärung auf einem Datenträger, der in § 126b S. 2 BGB näher umschrieben wird, abgegeben wird.

Es wird teilweise davon ausgegangen, dass es sich bei der Einführung der Textform um eine von Art. 88 Abs. 1 DSGVO gedeckte Spezifizierung handelt.[543] Dem ist nicht zuzustimmen. Die Einführung der Textform verschärft die Anforderungen des Art. 7 Abs. 3 S. 3 DSGVO, der gerade keine bestimmte Form der Aufklärung verlangt. Vielmehr ist es ausreichend, dass die betroffene Person vor Abgabe der Einwilligung von der Möglichkeit des Widerrufs in Kenntnis gesetzt wird (engl. „*shall be informed*").[544] Die Inkenntnissetzung ist allerdings auch durch eine mündliche Unterrichtung möglich. Dies entspricht der englischen Sprachfassung, wonach die betroffene Person informiert („*informed*") werden soll. Auf welche Weise dies erfolgt, besagt die DSGVO nicht, sodass von der Formfreiheit auszugehen ist. Auch wenn aus Gründen der Rechenschaftspflicht nach Art. 5 Abs. 2 DSGVO eine schriftliche Dokumentation anzuraten ist, lässt die DSGVO die Möglichkeit der mündlichen Unterrichtung zu. Die Verpflichtung zur Unterrichtung in Textform stellt davon eine Abweichung dar und kann auch nicht als spezifischere Vorschrift i. S. d. Art. 88 Abs. 1 DSGVO angesehen werden, da diese nur präzisere Vorschriften zulässt, aber gerade keine strengeren Regelungen (vgl. Zweiter Teil, § 6, C., II., 1., c., bb., (2)). Die Einführung einer Textform stellt als strengere Regelung eine unzulässige Abweichung von der DSGVO dar und ist damit als europarechtswidrig anzusehen und nicht anzuwenden.

---

540 *Piltz*, BDSG, § 26 Rn. 80.

541 *Höhne*, Art. 88 DSGVO, S. 176.

542 *Gola*, Beschäftigtendatenschutz, Rn. 467; *Linck*, in: Schaub, Arbeitsrecht, § 153 Rn. 12.

543 *Gola*, Beschäftigtendatenschutz, Rn. 467; *Piltz*, BDSG, § 26 Rn. 80.

544 AA wohl *Taeger*, in: Taeger/Gabel, Art. 7 DSGVO, Rn. 86 (Textform einzuhalten).

## 2. Verhältnis zu gesetzlichen Erlaubnisnormen

Fraglich ist, ob der Arbeitgeber, der sich für die Verarbeitung der Bewerberdaten auf eine Einwilligung des Bewerbers gestützt hat, sich nach dem Widerruf der Einwilligung durch den Bewerber auf eine gesetzliche Erlaubnisnorm stützen kann, um die personenbezogenen Daten weiter zu verarbeiten. Das Problem stellt sich auch, wenn die Einwilligung unwirksam war oder verweigert wurde.[545] Dieses Problem wurde von Deutschland erkannt und diese Frage auf europäischer Ebene aufgeworfen.[546]

### a. Sperrwirkung

Die ehemalige Artikel-29-Datenschutzgruppe und ihm folgend auch der Europäische Datenschutzausschuss sowie der Thüringer Landesbeauftragte für den Datenschutz und die Informationsfreiheit stehen auf dem Standpunkt, dass ein Wechsel von der Einwilligung, die widerrufen wurde, zu einer anderen Rechtsgrundlage nicht erfolgen kann.[547] Begründet wird dies damit, dass es im höchsten Maß missbräuchlich wäre, wenn man der betroffenen Person suggeriere, dass man dessen personenbezogenen Daten aufgrund einer Einwilligung verarbeite, obwohl tatsächlich auf eine andere Rechtsgrundlage rekurriert wird. Die Erlaubnisnorm müsse zum Zeitpunkt vor Erhebung der personenbezogenen Daten von dem Verantwortlichen festgelegt werden. An diese Entscheidung müsse er sich dann auch festhalten lassen.

Auch die *Datenschutzkonferenz* hat sich in ihrem Kurzpapier Nr. 20 dazu positioniert, dass sich der Verantwortliche im Falle der Unwirksamkeit der Einwilligung grundsätzlich nicht auf eine andere Rechtsgrundlage stützen könne, da der Verantwortliche die Grundsätze der Fairness und Transparenz nach Art. 5 Abs. 1 lit. a DSGVO zu beachten habe. Nach dieser Ansicht sei ein willkürliches Wechseln zwischen Einwilligung und anderen Rechtsgrundlagen nicht möglich.[548]

Andere Stimmen in der datenschutzrechtlichen Literatur gehen ebenfalls davon aus, dass es dem Grundsatz von Treu und Glauben nach Art. 5 Abs. 1 lit. a DSGVO widersprechen würde, wenn der Verantwortliche sich nach dem Widerruf, der Verweigerung oder Unzulässigkeit der Einwilligung auf eine gesetzliche Erlaubnisnorm stützen würde.[549] Man dürfe der betroffenen Person keine

545 Zu der Frage nach deutschem Zivilrecht, ob ein nichtiger Vertrag widerrufen werden kann, gilt die Theorie von den Doppelwirkungen im Recht, dazu *Würdinger*, JuS 2011, 769 ff.

546 General Secretariat of the Council, 12756/1/19 REV 1, S. 14, https://tinyurl.com/y4wpfn9p.

547 *Art.-29-Datenschutzgruppe,* WP 259 rev. 01, S. 27 f.; *EDSA*, Leitlinien 5/2020, S. 30; *EDPB*, Endorsement 1/2018; *LfDI Thüringen*, 1. TB, S. 118.

548 *DSK*, Kurzpapier Nr. 20, S. 3.

549 *Bichlmaier*, in: Forgó et al., Datenschutz, Teil IX, Kap. 4, Rn. 20; *Buchner*, in: Tinnefeld et al., Datenschutzrecht, Teil 4, Rn. 17, 34; *Buchner/Petri*, in: Kühling/Buchner,

Entscheidungsmacht suggerieren, die im Falle des Vorliegens einer gesetzlichen Erlaubnisnorm überhaupt nicht bestehen würde. Zudem würde der Widerruf ins Leere laufen, wenn sich der Verantwortliche nun auf eine gesetzliche Erlaubnisnorm stützen würde. Der Sinn des Widerrufs würde sich dann nicht mehr erschließen. Ein solches widersprüchliches Verhalten soll aber gerade dann nicht vorliegen, wenn der Verantwortliche die betroffene Person auf das zusätzliche Vorliegen einer gesetzlichen Erlaubnisnorm vorher informiert hat. Denn in diesem Fall ist die betroffene Person darüber aufgeklärt, dass auch gesetzliche Erlaubnisnormen die Verarbeitung legitimieren.

### b. Keine Sperrwirkung

Teilweise hält man das Abstellen auf eine gesetzliche Erlaubnisnorm nach dem Widerruf der Einwilligung nicht für widersprüchlich. Das Abstellen auf eine gesetzliche Erlaubnisnorm sei auch dann zulässig, wenn die Einwilligung widerrufen bzw. verweigert wurde oder unwirksam ist.[550] So könne beim Berufen auf die Generalklausel des Art. 6 Abs. 1 S. 1 lit. f DSGVO die Verweigerung oder der Widerruf im Rahmen der Interessenabwägung hinreichend beachtet werden, indem der Widerruf der Einwilligung als Widerspruch nach Art. 21 DSGVO umgedeutet werden könnte.[551] Um Missverständnisse bei der betroffenen Person zu vermeiden, wird auch hier vorgeschlagen, dass im Vorhinein der betroffenen Person transparent gemacht werden sollte, dass im Falle eines Widerrufs die

---

Art. 6 DSGVO, Rn. 18, 23; *Caumanns*, ZD-Aktuell 2020, 04412; *Heberlein*, in: Ehmann/Selmayr, Art. 6 Rn. 15; *Helfrich/Forgó/Schneider*, in: Forgó et al., Datenschutz, Teil 1, Kap. 5 Rn. 54; *Klement*, Medizinische Datenerhebungen, S. 199; *Mantz/Marosi*, in: Specht/Mantz, Datenschutzrecht, § 3 Rn. 57; *Schröder*, in: Forgó et al., Datenschutz, Teil IV, Kap. 4, Rn. 11; *Spindler/Dalby*, in: Spindler/Schuster, Elektron. Medien, DSGVO, Art. 6 Rn. 2; *Tinnefeld/Conrad*, ZD 2018, 391, 392 („Selbstbestimmung in eine Fremdbestimmung verkehrt"); *Uecker*, ZD 2019, 248, 249; *Weberling/Bergann*, AfP 2019, 293, 295 (hinsichtlich Art. 6 Abs. 1 S. 1 lit. f DSGVO).

550 *Culik*, Beschäftigtendatenschutz, S. 172; *Fladung*, in: Wybitul, DSGVO, Art. 17 Rn. 10; *Franzen*, in: Müller-Glöge et al., Arbeitsrecht, BDSG, § 26 Rn. 43; *Frenzel*, in: Paal/Pauly, Art. 7 DSGVO, Rn. 17a („pauschale Hinweise auf eine mögliche anhaltende Zulässigkeit der Verarbeitung aus anderen Gründen sind insoweit weder hilfreich [...] noch ausreichend"); *Härting/Gössling/Dimov*, ITRB 2017, 169, 171; *Kazemi*, DSGVO, § 4 Rn. 132; *Schulz*, DuD 2020, 302, 304; *Schwartmann/Klein*, in: Schwartmann et al., Art. 7 DSGVO, Rn. 40; *Ströbel/Wybitul*, in: Specht/Mantz, Datenschutzrecht, § 10 Rn. 66; *von dem Bussche*, in: v. d. Bussche/Voigt, Konzerndatenschutz, Teil 3, Kap. 3, Rn. 24; wohl auch *Ziebarth/Elsaß*, ZUM 2018, 578, 581 („Berufung auf eine solche Reserve-Rechtsgrundlage möglich"); aA *Tinnefeld/Conrad*, ZD 2018, 391, 393; *Weberling/Bergann*, AfP 2019, 293, 294 (Abstellen auf Art. 6 Abs. 1 S. 1 lit. f nicht möglich). Zum BDSG a. F. *Reichold/Pfrang*, KSzW 2017, 106, 107.

551 AA *Krusche*, ZD 2020, 232, 235.

Verarbeitung aufgrund einer gesetzlichen Erlaubnisnorm nicht ausgeschlossen sei.[552]

Als wesentliches Argument wird vorgebracht, dass Art. 17 Abs. 1 lit. b DSGVO bestimmt, dass sich ein Löschgrund nicht ergibt, wenn nach dem Widerruf durch die betroffene Person, der Verantwortliche sich für die Verarbeitung der personenbezogenen Daten auf eine anderweitige Rechtsgrundlage stützen kann.[553] Zudem komme es nicht auf das subjektive Empfinden der betroffenen Person an. Die Erlaubnis ergebe sich vielmehr aus dem Gesetz. Als weiteres Argument wird der Wortlaut des Art. 6 Abs. 1 DSGVO vorgetragen, wonach die Verarbeitung nur rechtmäßig ist, „*wenn mindestens eine der nachfolgenden Bedingungen erfüllt ist*". Danach bestehe keine Einschränkung dahingehend, dass im Falle einer Einwilligung nicht auch auf gesetzliche Erlaubnisnormen rekurriert werden könne.

### c. Stellungnahme

Die DSGVO enthält keine ausdrücklichen Vorgaben dazu, ob der Verantwortliche nach dem Widerruf, der Unwirksamkeit oder der Verweigerung einer Einwilligung durch die betroffene Person auf eine gesetzliche Erlaubnisnorm zurückgreifen kann. Nach der hier vertretenen Ansicht liegt keine wirksame Einwilligung vor, wenn gesetzliche Erlaubnisnormen die Verarbeitung legitimieren. Dies hat zur Folge, dass eine gesetzliche Erlaubnisnorm ihre legitimierende Wirkung weiterhin entfaltet. Der Gesetzgeber geht davon aus, dass in bestimmten Fällen eine Erlaubnis zur Verarbeitung personenbezogener Daten besteht. Diese Fälle wurden in Art. 6 Abs. 1 S. 1 lit. b bis f DSGVO normiert. Liegt ein solcher Fall vor, so hat der Verantwortliche eine wirksame gesetzliche Erlaubnisnorm. Widerruft der Bewerber eine unwirksame Einwilligung, so kann dieser Gestaltungsakt nur im Rahmen des Widerspruchsrechts nach Art. 21 DSGVO Berücksichtigung finden, soweit die Verarbeitung auf Art. 6 Abs. 1 S. 1 lit. e oder f DSGVO beruhte. Durch das Abstellen auf eine Einwilligung, obwohl eine gesetzliche Erlaubnisnorm gegeben ist, liegt ein Verstoß gegen Treu und Glauben nach Art. 5 Abs. 1 lit. a DSGVO vor, der entsprechend bußgeldbewährt ist (vgl. Art. 83 Abs. 5 DSGVO). Auf die Rechtmäßigkeit der Datenverarbeitung wirkt sich ein solcher Verstoß jedoch nicht aus, da sich die Rechtmäßigkeit aus der gesetzlichen Erlaubnisnorm ergibt.

---

552 *Gola*, Beschäftigtendatenschutz, Rn. 453; *Krüger/Wiencke*, MMR 2019, 76, 79; *Mantz/Marosi*, in: Specht/Mantz, Datenschutzrecht, § 3 Rn. 57; *Ströbel/Wybitul*, in: Specht/Mantz, Datenschutzrecht, § 10 Rn. 66. Zum BDSG a. F. *Reichold/Pfrang*, KSzW 2017, 106, 111 („konkludente Verdrängungsvereinbarung")

553 *Tavanti*, RDV 2016, 231, 238; *von Lewinski*, in: Rüpke et al., Datenschutzrecht, § 13 Rn. 156. Beachte *Roßnagel/Geminn*, Gutachten, S. 26 (nur die Erlaubnistatbestände des Art. 6 Abs. 1 S. 1 lit. b und f kommen in Betracht).

## V. Form

DSGVO und das BDSG stellen unterschiedliche Voraussetzungen an die Form der Einwilligung, sodass untersucht werden muss, welche Vorgaben die DSGVO hinsichtlich dieses Tatbestandsmerkmals stellt und ob der deutsche Gesetzgeber diese Anforderungen umgesetzt hat.

### 1. Vorgaben der DSGVO

Die DSGVO enthält keine ausdrücklichen Vorgaben, welchen Formvorschriften die Einwilligung unterliegt. Vielmehr bestimmt Art. 4 Nr. 11 DSGVO, dass eine Erklärung oder eine sonstige eindeutige bestätigende Handlung gegeben sein muss, mit der die betroffene Person zu verstehen gibt, dass sie mit der Verarbeitung der sie betreffenden personenbezogenen Daten einverstanden ist. ErwG 32 S. 3 stellt klar, dass Stillschweigen, bereits angekreuzte Kästchen oder Untätigkeit der betroffenen Person keine Einwilligung darstellen sollten. Damit wird der Wille des europäischen Gesetzgebers deutlich, dass er Einwilligungen im Wege eines sogenannten Opt-Out nicht als wirksame Einwilligungen zulassen möchte, was der EuGH ausdrücklich so bestätigt hat.[554] Erforderlich ist vielmehr eine Opt-in-Lösung, bei dem die betroffene Person unmissverständlich und eindeutig die Einwilligungserklärung abgibt. Diese Lösung kann durch das sog. Double-Opt-in-Verfahren verstärkt werden. Hiernach wird der betroffenen Person zunächst nach Anmeldung mit einer E-Mail-Adresse eine Bestätigungsmail geschickt, um sicherzustellen, dass die Einwilligungserklärung tatsächlich von der betroffenen Person stammt. Erst wenn der Link in der Bestätigungsmail angeklickt wird, ist für den Verantwortlichen die Identität der betroffenen Person verifiziert.[555]

Auch Art. 7 DSGVO enthält keine eindeutigen Aussagen zur Form der Einwilligung. Nach Absatz 1 ist nur entscheidend, dass der Verantwortliche nachweisen können muss, dass die betroffene Person in die Verarbeitung ihrer personenbezogenen Daten eingewilligt hat. Wie der Nachweis zu erfüllen ist, lässt sich der Vorschrift nicht entnehmen. Der Nachweis ist wohl auch durch einen Zeugenbeweis möglich.[556] Eine schriftliche Einwilligung, vergleichsweise wie § 126 BGB, wird damit aber gerade nicht gefordert.[557] Art. 7 Abs. 2 S. 1 DSGVO hebt

554 EuGH, Urt. v. 01.10.2019 – C-673/17, Rn. 52, 62, BB 2019 2572 – Planet49; *Generalanwalt Szpunar*, Schlussanträge v. 21.03.2019 – C-673/17, Rn. 73, 88 („aktive Einwilligung"); *Dralle*, BvD-News 1/2019, 38, 41; *Martini/Wenzel*, DVBl 2017, 749, 753; *Scheurer*, Spielerisch selbstbestimmt, S. 160 ff.; wohl auch *Freiherr von Ulmenstein*, ZD 2019, 117, 118; aA *Klement*, in: Simitis et al., Datenschutzrecht, Art. 7 Rn. 36 (ErwG 32 S. 3 nimmt „nicht direkt an der Normativität der Verordnung [teil]").

555 *Frenzel*, in: Paal/Pauly, Art. 7 DSGVO, Rn. 6; *Heckmann/Paschke*, in: Ehmann/Selmayr, Art. 7 Rn. 75 (OLG München, Urt. v. 27.9.2012 – 29 U 1682/12 bzgl. Wettbewerbswidrigkeit).

556 *Lorenz*, DuD 2017, 757, 759.

557 *Laue/Nink/Kremer*, Datenschutzrecht, § 2 Rn. 8.

nur den Fall hervor, dass im Falle einer schriftlichen Erklärung, die noch andere Sachverhalte betrifft, besonders hervorgehoben werden muss. „*Schriftlich*" meint nach *Klement* in diesem Zusammenhang „*jede verbalisierte, perpetuierte Gedankenerklärung*".[558]

Teilweise wird gefordert, dass die Einwilligung besonders hervorgehoben werden muss, sei es durch Fettdruck oder durch Umrandung.[559] Nach anderer Ansicht ist es ausreichend, dass die Einwilligungserklärung in einen eigenen Absatz steht, da die DSGVO eine Hervorhebungspflicht nicht kennt.[560] Auch der Oberste Gerichtshof in Wien hat anerkannt, dass es keiner besonderen Hervorhebung mehr bedarf.[561] Entscheidend ist allein, dass der betroffenen Person bewusst ist, dass eine Einwilligung eingeholt werden soll. Ob dies drucktechnisch oder durch einen eigenen Absatz erfolgt, ist dabei unerheblich. Die betroffene Person muss nur wissen, dass und in welchem Umfang sie ihre Einwilligung erteilt (vgl. ErwG 42 S. 2). Die Einwilligung darf in der schriftlichen Erklärung nicht untergehen, sondern muss für einen durchschnittlichen Leser sofort erkennbar sein.[562] Dies besagt aber nicht, dass immer eine schriftliche Einwilligung erforderlich ist. Vielmehr wird auch eine mündliche Einwilligung ausreichend sein, wenn die sonstigen Voraussetzungen an eine wirksame Einwilligung erfüllt sind. Dies bestätigt ErwG 32 S. 1, wonach ausdrücklich eine mündliche Erklärung für ausreichend erachtet wird. Ferner bestimmt der Erwägungsgrund, dass auch eine elektronische Einwilligung eingeholt werden kann. Nach dessen Satz 2 kann die elektronische Einwilligung durch Anklicken eines Kästchens beim Besuch einer Internetseite, durch die Auswahl technischer Einstellungen für Dienste der Informationsgesellschaft oder durch eine andere Erklärung oder Verhaltensweise geschehen, mit der die betroffene Person in dem jeweiligen Kontext eindeutig ihr Einverständnis mit der beabsichtigten Verarbeitung ihrer personenbezogenen Daten signalisiert.

Damit kann festgehalten werden, dass in der DSGVO für die Einwilligung der Grundsatz der Formfreiheit gilt.[563] Es ist ausreichend, dass die Einwilligung

---

558 *Klement*, in: Simitis et al., Datenschutzrecht, Art. 7 Rn. 76.

559 *Bergt*, in: Koreng/Lachenmann, Datenschutzrecht, H.I. 2, Anm. 9; *Buchner*, in: Tinnefeld et al., Datenschutzrecht, Teil 4, Rn. 66; *Eckhardt*, CR 2012, 195, 197; *Gierschmann*, in: Gierschmann et al., Art. 7 Rn. 103; *Schulze*, in: Wedde, Datenschutz, C., Rn. 191; *Uecker*, ZD 2019, 248.

560 *Dammann*, ZD 2016, 307, 308; *Gola*, Beschäftigtendatenschutz, Rn. 415; *Stemmer*, in: BeckOK DatenSR, DSGVO, 48. Ed. 01.11.2023, Art. 7 Rn. 69; aA *Eckhardt*, K&R 2019, 289, 291 (nicht zwingend).

561 OGH, Urt. v. 31.08.2018 – 6 Ob 140/18h, ZD 2019, 72, K&R 2019, 141; *Golland*, DSB 2019, 15, 16.

562 *Heckmann/Paschke*, in: Ehmann/Selmayr, Art. 7 Rn. 83; *Klement*, in: Simitis et al., Datenschutzrecht, Art. 7 Rn. 77; *Spindler/Dalby*, in: Spindler/Schuster, Elektron. Medien, DSGVO, Art. 7 Rn. 9.

563 *Heckmann/Paschke*, in: Ehmann/Selmayr, Art. 7 Rn. 38; *Ingold*, in: Sydow, DSGVO/BDSG, Art. 7 DSGVO, Rn. 22; *Klement*, in: Simitis et al., Datenschutzrecht, Art. 7 Rn. 39, 40; *Lorenz*, DuD 2017, 757, 758 f.; *Selk*, DANA 2016, 59, 60.

durch eine eindeutig bestätigende Handlung abgegeben wird, unabhängig davon, ob diese mündlich, schriftlich oder elektronisch erfolgt.

## 2. Umsetzung im BDSG, § 26 Abs. 2 S. 3 BDSG

Der deutsche Gesetzgeber hat im Bereich des Beschäftigtendatenschutzes nach § 26 Abs. 2 S. 3 BDSG ursprünglich geregelt, dass die Einwilligung der Schriftform bedarf, soweit nicht wegen besonderer Umstände eine andere Form angemessen ist.[564] Auch das Bundesarbeitsgericht forderte unter der alten Rechtslage in Bezug auf die Einwilligung eines Arbeitnehmers die Schriftform.[565] Durch das 2. Datenschutz-Anpassungs- und Umsetzungsgesetz wurde die Formulierung *„schriftlich"* in § 26 Abs. 2 S. 3 BDSG durch *„hat schriftlich oder elektronisch zu erfolgen"* ersetzt.[566] Bei § 26 Abs. 2 S. 3 BDSG handelt es sich um eine Wirksamkeitsvoraussetzung für eine Einwilligung im Beschäftigungskontext.[567] Nach *Gola* ist in entsprechender Anwendung der §§ 125, 126 BGB die Einwilligung unwirksam, falls die Vorgaben des § 26 Abs. 2 BDSG nicht eingehalten werden.[568]

Im Grundsatz bedeutet dies, dass die Einwilligung schriftlich oder elektronisch zu erfolgen hat und nur in besonderen Ausnahmefällen eine andere Form möglich ist. Die Formulierung der besonderen Umstände hat der deutsche Gesetzgeber aus dem § 4a Abs. 1 S. 3 BDSG a. F. übernommen und fortgeführt, *„um die informationelle Selbstbestimmung der betroffenen Beschäftigten abzusichern"*.[569] Wann ein solcher Ausnahmefall hingegen vorliegt, wird vom deutschen Gesetzgeber nicht definiert. Die besonderen Umstände beziehen sich ausschließlich auf die Form der Erklärung. Zu § 4a Abs. 1 S. 3 BDSG a. F. wurde in der datenschutzrechtlichen Literatur als besonderer Umstand eine Telefonumfrage oder eine besondere Eilbedürftigkeit genannt.[570] Als weiterer Fall wird das Angebot des Bewerbers genannt, der dem Arbeitgeber ungefragt mitteilt, dass bestimmte Daten aus dem Internet als Referenz verarbeitet werden dürfen.[571] Entscheidend war einzig und allein der *„spezifische datenschutzrechtliche Zusammenhang, in dem die relevante Maßnahme"* stattfand.[572] Auch unter der aktuellen Gesetzeslage kann nach *Piltz* hiermit nur eine zeitliche Drucksituation

---

564 BT-Drs. 18/11325, S. 30.

565 BAG, Urt. v. 11.12.2014 – 8 AZR 1010/13, Rn. 25, ZD 2015, 330 m. Anm. Wybitul.

566 BR-Drs. 380/19, S. 2.

567 *Klement*, in: Simitis et al., Datenschutzrecht, Art. 7 Rn. 7.

568 *Gola*, Beschäftigtendatenschutz, Rn. 461; ebenso *Franzen*, in: Müller-Glöge et al., Arbeitsrecht, BDSG, § 26 Rn. 43; *Hamdan*, ZTR 2019, 594, 596; *Tiedemann*, in: Sydow, DSGVO/BDSG, § 26 BDSG, Rn. 40; aA *Thüsing/Traut*, in: Thüsing, Beschäftigtendatenschutz, § 5 Rn. 28 („[kein] Übereilungsschutz bezweckt").

569 BT-Drs. 18/11325, S. 97.

570 *Gola/Klug/Körffer*, in: Gola/Schomerus, BDSG, § 4a Rn. 29a; *Riesenhuber*, RdA 2011, 257, 260.

571 *Thüsing/Traut*, in: Thüsing, Beschäftigtendatenschutz, 2. Aufl., § 14 Rn. 31.

572 *Klement*, Medizinische Datenerhebungen, S. 183 f.

oder ein Home-Arbeitsplatz zu verstehen sein.[573] *Wedde* geht von einem besonderem Umstand aus, wenn der Arbeitnehmer selbst eine andere Form der Einwilligungserklärung wünscht.[574] Bei einem Bewerbungsprozess, der komplett online abgewickelt wird (insbesondere bei einer Ortsabwesenheit des Bewerbers im Bewerbungsverfahren), soll es ausreichen, dass eine Einwilligung per E-Mail erklärt wird oder die Einwilligung durch Anklicken eines Kästchens auf der Webseite erfolgt.[575] Nach *Däubler* muss es sich bei dem besonderen Umstand um einen „*unzumutbaren Aufwand*" handeln.[576]

Die Schriftform der Einwilligung muss sich nach überwiegender Ansicht an die Anforderungen des § 126 Abs. 1 BGB halten, da der Wortlaut insoweit eindeutig sei und mithilfe der Schriftform die informationelle Selbstbestimmung der Beschäftigten besondere Bedeutung beigemessen werden soll.[577] Nur im Rahmen der besonderen Umstände sei das Abstellen auf die Textform bzw. sogar eine konkludente Einwilligungserklärung möglich. Dies bedeutet, dass der Bewerber grundsätzlich mit persönlicher Originalunterschrift die Einwilligung unterschreiben muss. Begründet wird dies damit, dass § 26 Abs. 2 S. 3 BDSG im Rahmen der Spezifizierungsklausel des Art. 88 Abs. 1 DSGVO erlassen wurde und aus diesem Grund nationales Recht angewendet werden müsse. Die Einführung einer Schriftform soll sich auch damit erklären, dass der deutsche Gesetzgeber die dem Verantwortlichen nach Art. 7 Abs. 1 DSGVO zukommende Darlegungs- und Beweislast konkretisiere.[578]

Andere Stimmen lassen auch eine Einwilligung in Textform ausreichen, da auch auf diese Weise die Einwilligung dokumentiert werden kann.[579] Denn die Schriftform nach § 126 BGB sei mit dem modernen Wirtschaftsleben nicht in Einklang zu bringen.

---

573 *Piltz*, BDSG, § 26 Rn. 78.

574 *Wedde*, in: v. d. Bussche/Voigt, Konzerndatenschutz, Teil 3, Kap. 6, Rn. 56.

575 *Gaul/Pitzer*, ArbRB 2017, 241, 244; *Gola*, BB 2017, 1462, 1468; *ders.*, Beschäftigtendatenschutz, Rn. 459, 536; *Grimm*, in: Tschöpe, Arbeitsrecht, 6. Teil, F., Rn. 106; *Haußmann/Karwatzki/Ernst*, DB 2018, 2697, Fn. 22; *Rinck*, in: Schaub, Arbeitsrecht, § 153 Rn. 14; *Thüsing/Schmidt/Forst*, RDV 2017, 116, 121.

576 *Däubler*, CuA 2/2020, 23, 24.

577 *Däubler*, CuA 2/2020, 23, 24; *Düwell*, in: Weth et al., Daten- und Persönlichkeitsschutz, A, I., Rn. 69; *Faulhaber/Scheurer*, jM 2019, 2, 5; *Franzen*, in: Müller-Glöge et al., Arbeitsrecht, BDSG, § 26 Rn. 43; *Geiger*, in: Weth et al., Daten- und Persönlichkeitsschutz, A., IV., Rn. 191; *Krohm*, ZD 2016, 368; *Rinck*, in: Schaub, Arbeitsrecht, § 153 Rn. 14; *Müller*, öAT 2019, 1, 2; *Rohwedder*, in: Moos et al., DSGVO, Kap. 5 Rn. 140; *Seifert*, in: Simitis et al., Datenschutzrecht, Art. 88 Rn. 219; *von dem Bussche*, in: v. d. Bussche/Voigt, Konzerndatenschutz, Teil 3, Kap. 3, Rn. 46; *Wedde*, in: v. d. Bussche/Voigt, Konzerndatenschutz, Teil 3, Kap. 6, Rn. 58. Siehe bereits zu § 4a BDSG *Riesenhuber*, RdA 2011, 257, 259.

578 Zu der Frage, ob Art. 7 Abs. 1 die Beweislast regelt GA Szpunar, Schlussantrag v. 04.03.2020 – C-61/19, Rn. 50 ff., BeckRS 2020, 2690 – Orange România SA.

579 *Pötters/Schmidt*, in: Preis/Sagan, Arbeitsrecht, § 11 Rn. 79; *Thüsing/Schmidt/Forst*, RDV 2017, 116, 121; *Wybitul*, NZA 2017, 413, 417.

Nach *Thüsing/Rombey* sei hingegen ein „*technikoffener, primär die Nachweisfunktion, sekundär aber auch die Warnfunktion erfüllender, BDSG-eigener Schriftlichkeitsbegriff*" heranzuziehen.[580]

Ungeklärt ist weiterhin, was der deutsche Gesetzgeber mit der „*elektronischen Form*" meint. In der Gesetzesbegründung findet sich der Hinweis, dass der Arbeitgeber die Einwilligung zukünftig auch als E-Mail abspeichern kann. Dies entspreche dem „*Ziel des Koalitionsvertrages, alle Gesetze auf ihre Digitaltauglichkeit zu überprüfen*".[581] Teilweise wird davon ausgegangen, dass dadurch die bisherige Warnfunktion der Einwilligung aufgehoben und nur noch die Nachweisfunktion normiert wird.[582] Fraglich ist, ob der deutsche Gesetzgeber mit der elektronischen Form auf § 126a BGB rekurriert,[583] der die elektronische Form regelt. Während nach *Thüsing/Rombey* durch den Verweis auf die Speicherung der Einwilligung als E-Mail nur geschlossen werden kann, dass ein Verweis auf § 126a BGB gerade nicht gewollt war, da dieser Vorgang ersichtlich nicht den Anforderungen dieser Norm genügt, geht *Tiedemann* davon aus, dass die Textform nach § 126b BGB gemeint ist.[584] Entscheidend sei allein die Nachweisfunktion. Dem ist insofern zuzustimmen, dass eine E-Mail nicht ohne weiteres den Anforderungen einer qualifizierten elektronischen Signatur entspricht und damit nicht § 126a BGB gemeint sein kann. Vielmehr muss der gesetzgeberische Wille berücksichtigt werden und die neue Formulierung so verstanden werden, dass eine Textform nach § 126b BGB ausreichend ist.

### 3. Europarechtskonformität des § 26 Abs. 2 S. 3 und Abs. 3 S. 2 BDSG?

#### a. Meinungsstand

Fraglich ist, ob die Einführung einer Form für die Einwilligung mit den Vorgaben der DSGVO im Einklang steht. Unabhängig davon, ob die Europarechtskonformität gegeben ist, erscheint das Erfordernis einer Schriftform im Zuge der Digitalisierung überholt und man kann zutreffend mit *Kirchert* von einem „*Relikt aus dem letzten Jahrhundert*" sprechen.[585] Durch die Einführung der elektronischen Form durch den deutschen Gesetzgeber wird Trend der Digita-

---

580 *Thüsing/Rombey*, NZA 2019, 1399, 1401; aA *Däubler*, CuA 2/2020, 23, 24.

581 BT-Drs. 19/11181, S. 19; ebenso *Hilgers*, ZD 2020, 556, 560.

582 *Thüsing/Rombey*, NZA 2019, 1399.

583 So *Däubler*, CuA 2/2020, 23, 24; *ders.*, in: Däubler et al., § 26 BDSG, Rn. 223.

584 *Thüsing/Rombey*, NZA 2019, 1399, 1401; *Tiedemann*, in: Sydow, DSGVO/BDSG, § 26 BDSG, Rn. 62; wohl auch *Braun*, in: Heckmann/Paschke, Internetrecht, Kap. 7, Rn. 22; *Kirchert*, PinG 2020, 82, 83; *Meder*, in: Auernhammer, § 26 BDSG, Rn. 66 (Textform).

585 *Kirchert*, PinG 2018, 267; ähnlich *Brecht/Steinbrück/Wagner*, PinG 2018, 10, 12 („Frage, ob diese Regelung antiquiert ist"); *Heckmann/Paschke*, in: Ehmann/Selmayr, Art. 7 Rn. 38; *Krohm*, ZD 2016, 368, 369; *Ströbel/Wybitul*, in: Specht/Mantz, Datenschutzrecht, § 10 Rn. 63 („Mit der Realität des modernen Wirtschaftslebens [...] oftmals schwer in Einklang zu bringen").

lisierung gefolgt. Ebenso geht *Franzen* davon aus, dass im Zeitalter der Digitalisierung die Textform nach § 126b BGB ausreichend gewesen wäre.[586] Auch die Kollegen *Heckmann/Paschke* weisen darauf hin, dass durch die Schriftform keine Aussage darüber getroffen werden kann, ob die betroffene Person auch wirklich informiert eingewilligt hat und sich der Bedeutung ihrer Einwilligung bewusst war.[587] Der Bundesrat hatte empfohlen, das Erfordernis einer Schriftform aufzuheben und die Einwilligung auch auf anderem Wege zu ermöglichen, wie zum Beispiel der Textform.[588] Nach dessen Begründung entspreche das Erfordernis einer Schriftform in einer digitalen Arbeitswelt nicht mehr den praktischen Anforderungen und führe zu einem zusätzlichen bürokratischen Aufwand für Unternehmen. Auch ein Vergleich zu anderen Mitgliedstaaten zeige, dass nach derzeitigem Stand kein Mitgliedstaat die Schriftform eingeführt hat.[589]

Die Formvorgabe im BDSG stellt eine Abweichung von den Vorgaben der Art. 4 Nr. 11 i. V. m. Art. 7 Abs. 2 S. 1 DSGVO dar, die gerade keine Formvorgaben für die Einwilligung kennt.

Teilweise wird daher davon ausgegangen, dass die Regelung des § 26 Abs. 2 S. 3 BDSG die Vorgaben der DSGVO überschreitet und aus diesem Grund europarechtswidrig ist bzw. Zweifel an der Europarechtskonformität bestehen.[590] In der DSGVO gelte der Grundsatz der Formfreiheit. Auch die Aufweichung der Formvorgabe durch die besonderen Umstände reiche nicht, da dadurch das Regel-Ausnahme-Verhältnis des Art. 7 Abs. 3 DSGVO umgangen werde.

Andere Stimmen in der Literatur vertreten die Ansicht, dass aufgrund des in Art. 6 und 7 DSGVO angelegten Standards der Formfreiheit, das Tatbestandsmerkmal der „*besonderen Umstände*" in § 26 Abs. 3 BDSG nicht übermäßig eng

---

586 *Franzen*, ZfA 2019, 18, 30.

587 *Heckmann/Paschke*, in: Ehmann/Selmayr, Art. 7 Rn. 38.

588 BR-Drs. 110/1/17 (neu), S. 32; ebenso *Thüsing/Schmidt/Forst*, RDV 2017, 116, 122.

589 *Ingold*, in: Sydow, DSGVO/BDSG, Art. 7 DSGVO, Rn. 22; *Raab*, Harmonisierung, S. 75.

590 *Geiger*, in: Weth et al., Daten- und Persönlichkeitsschutz, A., IV., Rn. 191; *Kirchert*, PinG 2018, 267 (Zweifel, ob Gesetzgeber Art. 7 verschärfen durfte); *dies.*, PinG 2020, 82; *Kleinebrink*, DB 2018, 1729, 1735 („erhebliche Bedenken"); *Klement*, in: Simitis et al., Datenschutzrecht, Art. 7 Rn. 41 („klare Widerspruch zum unionsrechtlichen Grundsatz der Formfreiheit ist schwer zu rechtfertigen"); *Laue/Nink/Kremer*, Datenschutzrecht, § 9 Rn. 17; *Maschmann*, in: Kühling/Buchner, Art. 88 DSGVO, Rn. 49; *Selk*, in: Ehmann/Selmayr, Art. 88 Rn. 76, 208, 228; *Spelge*, DuD 2016, 775, 781; *Stark*, Aufgabenwahrnehmung des Betriebsrats, S. 345; *Weth*, in: Weth et al., Daten- und Persönlichkeitsschutz, B., I., Rn. 35, 86; wohl auch *Hoffmann*, NZS 2017, 807, 809. Zur Europarechtskonformität einer solchen Schriftform unter der DSRL *Forst*, RDV 2010, 150, 154; ähnlich *Krohm*, ZD 2016, 368, 370 f. *LfDI BW*, Beschäftigtendatenschutz, S. 23 und *Conrad/Treeger*, in: Auer-Reinsdorff/Conrad, IT- und Datenschutzrecht, § 34 Rn. 458 lassen Frage aufkommen.

ausgelegt werden sollte.[591] Gerade durch die Einführung der „*besonderen Umstände*" sei den spezifischen Umständen im Beschäftigungsverhältnis Rechnung getragen worden, da sich die Vorschrift im Rahmen des Art. 88 DSGVO bewege und nicht vom Schutzniveau der DSGVO abweiche.

Nach *Kühling/Klar/Sackmann* werde durch diese Regelung die Nachweispflicht i. S. v. Art. 7 Abs. 1 DSGVO konkretisiert.[592]

Nach Ansicht von *Piltz* ist fraglich, ob die Einführung einer Schriftform für die Einwilligung noch von einer „*spezifischeren Vorschrift*" ausgegangen werden könne. Denn dadurch werde die Definition der Einwilligung nach Art. 4 Nr. 11 DSGVO abgeändert und eine „*neue formelle Voraussetzung für die Einwilligung im Beschäftigungsverhältnis [kreiert]*".[593]

Nach dem *Hessischen Beauftragten für Datenschutz und Informationsfreiheit* ist die Reichweite der Entscheidung des EuGH zu Art. 88 DSGVO mit Blick auf die Einwilligung derzeit offen. Sollte die nationale deutsche Vorschrift gegen die DSGVO verstoßen, wäre die Einwilligung im Beschäftigungskontext am Maßstab des Art. 6 Abs. 1 S. 1 lit. a i. V. m. Art. 7 DSGVO zu prüfen. Dabei sei das Über-Unterordnungsverhältnis zwischen Arbeitgeber und Beschäftigten für die Beurteilung der Freiwilligkeit weiterhin maßgebend.[594]

Überwiegend wird allerdings in der datenschutzrechtlichen Literatur und auch vom Arbeitsgericht Lübeck davon ausgegangen, dass die Einführung einer Schriftform der Einwilligung den Vorgaben des Art. 88 DSGVO entspreche und der nationale Gesetzgeber berechtigt sei, die Anforderungen an die Einwilligung nach Art. 7 Abs. 2 DSGVO zu verschärfen. Durch die Einführung einer Schriftform bzw. elektronischen Form habe der deutsche Gesetzgeber den Anforderungen des Art. 88 Abs. 2 DSGVO hinreichend Rechnung getragen. Die Vorgabe der Schriftform einhalte ein Transparenzelement, das den Anforderungen des Art. 88 DSGVO und der Rechtsprechung des EuGH gerecht werde (auf die Argumente unter dem Zweiten Teil, § 6, C., II., 1., c., bb., (2), (b) wird verwiesen).[595]

---

591 *Hanloser*, in: Forgó et al., Datenschutz, Teil V, Kap. 1, Fn. 205; *Klausch/Grabenschröer*, PinG 2018, 135, 139 (fraglich, wie weit aufgrund der fortschreitenden Digitalisierung der Ausnahmetatbestand ausgedehnt wird); *Laue*, in: Das neue Datenschutzrecht, § 9 Rn. 21; *Lepperhoff/Müthlein*, DSGVO, 11.5.2; *Schmidl/Tannen*, DB 2017, 1633, 1638; *Wybitul*, NZA 2017, 413, 417; wohl auch *Thüsing/Rombey*, NZA 2019, 1399, 1400 („legislatives Überdruckventil").

592 *Kühling/Klar/Sackmann*, Datenschutzrecht, Rn. 842.

593 *Piltz*, BDSG, § 26 Rn. 76 f.

594 *HBDI*, Handreichung zur Verarbeitung personenbezogener Daten von Beschäftigten, S. 8.

595 ArbG Lübeck, Beschl. v. 20.06.2019 – 1 Ca 538/19, Rn. 23 – juris; *Assmus/Winzer*, ZD 2018, 508, 510; *Brink/Schwab*, jurisPR-ArbR 39/2018 Anm. 3; *Düwell/Brink*, NZA 2017, 1081, 1084 f.; *Gierschmann*, in: Gierschmann et al., Art. 7 Rn. 131; *Glocker/Hoffmann*, BB 2023, 1333, 1335; *Höhne*, Art. 88 DSGVO, S. 159, 175; *Hornung*, ZD 2023, 309; *Kaufmann/Wegmann/Wieg*, NZA 2023, 740, 742; *Klausch/Grabenschröer*, PinG 2018, 135, 139; *Klement*, in: Simitis et al., Datenschutzrecht, Art. 7 Rn. 41;

### b. Stellungnahme

Die Einführung einer Formvorgabe stellt eine Verschärfung und damit eine strengere Regelung gegenüber der DSGVO dar.[596] In Art. 7 DSGVO ist keine Öffnungsklausel für eine Verschärfung der Einwilligungsvoraussetzungen von der DSGVO vorgesehen.[597] Auch Art. 88 DSGVO sieht eine solche Verschärfung aufgrund seiner vollharmonisierenden Wirkung nicht vor (vgl. Zweiter Teil, § 6, C., II., 1., c., bb., (2)). ErwG 155 geht zwar davon aus, dass Vorschriften über die Bedingungen, unter denen personenbezogene Daten im Beschäftigungskontext auf der Grundlage der Einwilligung des Beschäftigten verarbeitet werden dürfen. Dies darf aber nicht dazu führen, dass eine zusätzliche Anforderung an die Einwilligung gestellt wird, die die DSGVO nicht kennt. Dies würde der Vollharmonisierung zuwiderlaufen. Vielmehr ist mit dem Erwägungsgrund gemeint, dass der nationale Gesetzgeber Situationen normieren kann, unter denen eine freiwillige Einwilligung des Beschäftigten angenommen wird, wie dies bei § 26 Abs. 2 S. 2 BDSG der Fall ist.[598] Durch die Einführung eines Regel-Ausnahme-Verhältnis (d. h. grundsätzlich schriftlich oder elektronisch, es sei denn, es gibt besondere Umstände, für die eine andere Form angemessen wäre) wird das Regelungsregime des Art. 7 DSGVO verlassen. Der deutsche Gesetzgeber schreibt eine Formvorgabe grundsätzlich vor. Nur in begründeten Ausnahmefällen kann von dieser Formvorschrift abgewichen werden. Dies widerspricht jedoch den Wertungen der DSGVO, die vom Grundsatz die Formfreiheit normiert. Der EuGH urteilte bereits zur DSRL, dass keine zusätzlichen Bedingungen an die Zulässigkeit der Verarbeitung gestellt werden dürfen, die die Tragweite der aufgelisteten Erlaubnisnormen verändern würde.[599] Durch die Einführung einer Formvorgabe wird die Tragweite der Einwilligung jedoch verändert. Die Rechtsprechung des EuGH zu Art. 88 DSGVO verlangt eine *„spezifischere"* Regelung zu den Vorgaben der DSGVO, die sich *„von den allgemeinen Regeln der DSGVO unterscheidet"*.[600] Damit ist aber gerade kein zusätzliches Tatbestandsmerkmal gemeint, sondern lediglich eine Konkretisierung. Der deutsche Gesetzgeber ist vielmehr befugt, Konstellationen zu beschreiben, wann von einer freiwilligen Einwilligung im Beschäftigungskontext ausgegangen werden kann.

---

*Kort*, ZD 2017, 319, 321; *Maier/Ossoinig*, in: Roßnagel, Datenschutzrecht, § 8 Rn. 27; *Nebel*, ZD 2018, 520, 523; *Reiserer/Christ/Heinz*, DStR 2018, 1501, 1507; *Rohwedder*, in: Moos et al., DSGVO, Kap. 5 Rn. 140; *Schmidl/Tannen*, DB 2017, 1633, 1638; *Schulze*, in: Wedde, Datenschutz, C., Rn. 186; *Stamer/Kuhnke*, in: Plath, Art. 88 DSGVO, Rn. 13; *Tiedemann*, in: Sydow, DSGVO/BDSG, Art. 88 DSGVO, Rn. 24; *Tinnefeld/Conrad*, ZD 2018, 391, 396; *von Lewinski*, in: Rüpke et al., Datenschutzrecht, § 13 Rn. 84, 113; *Wünschelbaum*, NZA 2023, 542, 544; *Wybitul/Pötters*, RDV 2016, 10, 13.

596 *Müller*, Öffnungsklauseln, S. 226.

597 Zutreffend *Frenzel*, in: Paal/Pauly, Art. 7 DSGVO, Rn. 22.

598 Ebenso *Selk*, in: Ehmann/Selmayr, Art. 88 Rn. 208.

599 EuGH, Urt. v. 24.11.2011 – C-468/10 u. C-469/10, Rn. 32, EuZW 2012, 37 – ASNEF.

600 EuGH, Urt. v. 30.3.2023 – C-34/21, Rn. 61, NZA 2023, 487 – Hauptpersonalrat.

Maßgebend für die Einwilligung ist allein, dass dem Bewerber bewusst ist, welche Tragweite seine Einwilligung hat. Dazu ist aber keine Schriftform oder elektronische Form erforderlich, da hierdurch nicht garantiert wird, dass die betroffene Person tatsächlich die Einwilligung verstanden hat.[601] Vielmehr muss die Einwilligungserklärung verständlich für die betroffene Person formuliert sein, was man im digitalen Zeitalter auch durch den Einsatz von audiovisuellen Hinweisen erreichen kann. Es muss sichergestellt werden, dass der betroffenen Person klar ist, in welche Datenverarbeitung sie konkret einwilligt. Die Einwilligung muss in „*informierter Weise*" eingeholt werden (vgl. ErwG 32 S. 1). Wie dies erfolgt, bleibt Sache des Verantwortlichen.

Die Einführung der Schriftform bzw. elektronischen Form stellt demnach eine strengere Regelung dar und ist nach der hier vertretenen Meinung europarechtswidrig, sodass § 26 Abs. 2 S. 3 BDSG unangewendet bleiben muss. Unabhängig davon, ob die Formvorgabe europarechtskonform eingeführt wurde, ist die Schriftform aus beweisrechtlichen Gründen nach Art. 24 DSGVO als ratsam zu empfehlen und sollte daher stets beachtet werden.[602]

## 4. Konkludente Einwilligung

Konkludente Erklärungen zeichnen sich dadurch aus, dass die betroffene Person weder mündlich oder schriftlich seine Einwilligung in die Verarbeitung seiner personenbezogenen Daten ausdrücklich gegeben hat, aber sich in einer Weise verhält, die deutlich macht, dass sie mit der Verarbeitung einverstanden ist.[603] Nach Art. 4 Nr. 11 DSGVO ist ausreichend, wenn die Einwilligung durch eine „*sonstige eindeutige bestätigende Handlung*" abgegeben wird. Darauf nimmt ErwG 32 S. 2 Hs. 2 Bezug. Hiernach muss in dem jeweiligen Kontext eindeutig sein, dass die betroffene Person ihr Einverständnis mit der beabsichtigten Verarbeitung ihrer personenbezogenen Daten signalisiert. Entscheidend ist damit, dass der Verantwortliche aus dem Verhalten des Bewerbers schließen kann, dass der Bewerber seine Einwilligung bezüglich dieser Datenverarbeitung erteilen will. Die betroffene Person muss nur eine bewusste Handlung zur Einwilligung vorgenommen haben, sodass die Möglichkeit besteht, die Einwilligung konkludent abzugeben.[604] Bloßes Nichtstun, bereits angekreuzte Kästchen oder

601 Ebenso *Krohm*, ZD 2016, 368, 371; aA *Tiedemann*, in: Sydow, DSGVO/BDSG, § 26 BDSG, Rn. 42.

602 *Heckmann/Paschke*, in: Ehmann/Selmayr, Art. 7 Rn. 38; *Maier/Ossoinig*, in: Roßnagel, Datenschutzrecht, § 8 Rn. 27; *Nebel*, ZD 2018, 520, 523.

603 *Taeger*, in: Taeger/Gabel, Art. 7 DSGVO, Rn. 33 („eindeutiges Erklärungsverhalten").

604 *Art.-29-Datenschutzgruppe*, WP 259 rev. 01, S. 18; *Funke*, Einwilligung, S. 321 f.; *Gierschmann*, in: Gierschmann et al., Art. 7 Rn. 89; *Gola*, Beschäftigtendatenschutz, Rn. 411; *Heckmann/Paschke*, in: Ehmann/Selmayr, Art. 7 Rn. 40 („bei hinreichender Eindeutigkeit"); *Hoffmann*, NZS 2017, 807, 809; *Ingold*, JuS 2018, 1214, 1218; *Klement*, in: Simitis et al., Datenschutzrecht, Art. 7 Rn. 35; *Kort*, DB 2016, 711, 715; *Pötters/Schmidt*, in: Preis/Sagan, Arbeitsrecht, § 11 Rn. 78; zurückhaltender *Krüger/*

Stillschweigen reichen allerdings nicht aus, was ErwG 32 S. 3 betont. Durch die Formulierung, dass eine eindeutige bestätigende Handlung erforderlich ist, aus der der Verantwortliche die Einwilligung erschließen kann, scheidet die Möglichkeit einer mutmaßlichen Einwilligung aus.[605] Denn eine mutmaßliche Einwilligung kann begrifflich bereits keine eindeutige bestätigende Handlung sein. Es muss vielmehr durch Auslegung ermittelt werden, ob eine Einwilligung zu einer bestimmten Datenverarbeitung gegeben werden sollte. Durch die Formulierung *„unmissverständlich"* in Art. 4 Nr. 11 DSGVO muss im Zweifel davon ausgegangen werden, dass keine Einwilligung gegeben ist. *Buchner* fordert allerdings, von dem Begriff der konkludenten Einwilligung Abstand zu nehmen und ausschließlich danach zu entscheiden, ob eine unmissverständliche und eindeutige Einwilligung gegeben ist.[606]

Fraglich ist, ob die bloße Zusendung einer Bewerbung durch den Bewerber als konkludente Einwilligung in die Verarbeitung dieser personenbezogenen Daten einzuordnen ist. Aus diesem konkludenten Verhalten kann grundsätzlich geschlossen werden, dass der Bewerber mit der Verarbeitung seiner Daten einverstanden ist. Teilweise wird in der Zusendung dieser unaufgeforderten Daten deshalb eine Einwilligung des Bewerbers gesehen, diese Daten zu verarbeiten.[607]

Diese Argumentation verfängt jedoch nicht, da die gesetzlichen Anforderungen an eine Einwilligung, insbesondere den Hinweis auf die Widerrufsmöglichkeit und dem Zweck der Verarbeitung, nicht erfüllt sind.[608] Es ist zu beachten, dass die Einwilligung als sehr formaler Akt in der DSGVO ausgestaltet ist und an viele Bedingungen geknüpft ist. Die bloße Zusendung einer Bewerbung kann demnach keine wirksame Einwilligung darstellen. Dies könnte anders zu werten sein, wenn die zusätzlichen Informationen für eine wirksame Einwilligung bereits bei der Stellenausschreibung zur Verfügung gestellt werden und der Bewerber sich daraufhin bewirbt.[609] Eine Einwilligung könnte allerdings im Nachgang eingeholt werden, da in dem Fall der Initiativbewerbung von der notwendigen Freiwilligkeit der Einwilligung ausgegangen werden kann.[610] Der Bewerber, der seine Bewerbung von sich aus an den Arbeitgeber übermittelt, hat die freie Wahl

---

*Wiencke*, MMR 2019, 76, 79 (fraglich, ob eine „eindeutige bestätigende Handlung" konkludent erfolgen kann); aA *Grimm*, in: Tschöpe, Arbeitsrecht, 6. Teil, F., Rn. 106; *Körner*, ZESAR 2013, 99, 103.

605 *Heckmann/Paschke*, in: Ehmann/Selmayr, Art. 7 Rn. 40; *Hoffmann*, NZS 2017, 807, 809; *Klement*, in: Simitis et al., Datenschutzrecht, Art. 7 Rn. 35; *Scheurer*, Spielerisch selbstbestimmt, S. 176.

606 *Buchner*, in: Tinnefeld et al., Datenschutzrecht, Teil 5, Rn. 81.

607 *Lücke*, NZA 2019, 658, 664. Vgl. zu § 32 Abs. 2 E-BDSG *Gola*, RDV 2011, 109, 115 (Entwurf sah in freiwillig zur Verfügung gestellten Daten eine Einwilligung).

608 *König*, Beschäftigtendatenschutz, § 4 Rn. 15; *Maschmann*, in: Kühling/Buchner, § 26 BDSG, Rn. 27.

609 *Schiller*, in: Besgen/Prinz, Arbeiten 4.0, § 10 Rn. 9; aA wohl *Kort*, DuD 2012, 722, 723.

610 *Weth*, in: Weth et al., Daten- und Persönlichkeitsschutz, B., I., Rn. 87.

und ist somit in seiner Entscheidung frei. Die nachträglich erteilte Einwilligung hat in diesem Fall rückwirkende Wirkung. Dies ergibt sich aus einem Umkehrschluss zu Art. 17 Abs. 1 lit. d DSGVO. Hiernach besteht kein Recht auf Löschung, wenn die personenbezogenen Daten unrechtmäßig verarbeitet wurden. Dies wird in der Literatur so gedeutet, dass es für die Beurteilung der Rechtmäßigkeit auf den Zeitpunkt des Löschungsverlangens ankomme. Eine nachträgliche Einwilligung könne eine ursprünglich rechtswidrige Datenverarbeitung legitimieren, sodass die Daten nicht gelöscht werden müssten.[611] Zudem ergebe sich aus dem Wortlaut des Art. 6 Abs. 1 S. 1 lit. a DSGVO keine Anzeichen, dass eine rückwirkende Einwilligung nicht möglich sei. Dem ist zuzustimmen. Damit kann eine wirksame Einwilligung für die unverlangt zugesendeten Bewerbungsunterlagen eingeholt werden, die die zunächst rechtswidrige Datenverarbeitung nachträglich legitimiert (zu der Frage, ob eine Verarbeitung bei aufgedrängten Informationen vorliegt, Zweiter Teil, § 6, C., I., 2., bb.).

Alternativ kann auf die Erlaubnisnormen des Art. 6 Abs. 1 S. 1 lit. f i. V. m. Art. 9 Abs. 2 lit. e DSGVO zurückgegriffen werden (zu den Erlaubnisnormen ausführlich Vierter Teil, § 21 und Fünfter Teil, § 26, B., IV.). Hiernach ist die Verarbeitung von Daten, die die betroffene Person offensichtlich öffentlich gemacht hat, zulässig und kann im Rahmen der Abwägung nach Art. 6 Abs. 1 S. 1 lit. f DSGVO berücksichtigt werden (vgl. Vierter Teil, § 20).[612] Wenn die Verarbeitung bereits zulässig ist, wenn die betroffene Person die personenbezogenen Daten öffentlich gemacht hat, muss dies erst recht auch dann gelten, wenn die betroffene Person ihre Daten offensichtlich einer bestimmten Person offenlegen wollte. Der Bewerber, der seine Bewerbungsunterlagen ungefragt an den potenziellen Arbeitgeber übermittelt, ist dieser Hinsicht nicht schutzwürdig. Dies bedeutet jedoch auch, dass der Arbeitgeber für die Verarbeitung der Daten, die er nicht löscht, eine datenschutzrechtliche Erlaubnisnorm hat. Er darf jedoch für die Bewerberauswahl nur die Daten verarbeiten, die für die Entscheidung über die Begründung eines Beschäftigungsverhältnisses erforderlich sind (vgl. Vierter Teil, § 16). Alle nicht erforderlichen Daten sind zu löschen.

## § 20 Erst-Recht-Schluss zu Art. 9 Abs. 2 lit. e DSGVO?

Als Ausnahmetatbestand für besondere Kategorien personenbezogener Daten kommt unter anderem Art. 9 Abs. 2 lit. e DSGVO in Betracht. Hiernach ist die Verarbeitung sensibler Daten zulässig, wenn die Verarbeitung sich auf personenbezogene Daten bezieht, die die betroffene Person offensichtlich öffentlich gemacht hat (zu dem Ausnahmetatbestand Fünfter Teil, § 26, B., IV.). Eine vergleichbare Erlaubnisnorm findet sich im Rahmen des Art. 6 Abs. 1 DSGVO

611 *Dix*, in: Simitis et al., Datenschutzrecht, Art. 17 DSGVO, Rn. 15; *Piltz/Zwerschke*, DSB 2020, 148, 149.

612 *König*, Beschäftigtendatenschutz, § 4 Rn. 15 („faktisches Einverständnis" kann berücksichtigt werden).

nicht wieder. Auch Art. 7 DSRL hatte eine solche Regelung nicht vorgesehen. Der deutsche Gesetzgeber hingegen hatte diesen Fall in § 28 Abs. 1 S. 1 Nr. 3 BDSG a. F. auch für die „*normalen*" personenbezogenen Daten normiert. Hiernach war das Erheben, Speichern, Verändern oder Übermitteln personenbezogener Daten unter anderem zulässig gewesen, wenn die Daten „*allgemein zugänglich*" waren.

Es stellt sich die Frage, auf welcher Grundlage öffentlich zugänglich gemachte „*normale*" personenbezogene Daten von dem Verantwortlichen verarbeitet werden dürfen. Nach *Geiger* ist der Gesetzgeber aufgefordert, einen Ausgleich zwischen Datenschutz einerseits und Meinungs- und Informationsfreiheit andererseits nach den Vorgaben der Artt. 85, 86 DSGVO zu schaffen, damit diese Daten verarbeitet werden können.[613]

Andere Stimmen in der Literatur werfen die Frage auf, ob Art. 9 Abs. 2 lit. e DSGVO im Wege eines Erst-Recht-Schlusses („*argumentum a maiore ad minus*") auch für „*normale*" personenbezogene Daten gelten muss. So wird von einem Teil der Literatur ein Erst-Recht-Schluss bezogen auf Art. 9 Abs. 2 lit. f DSGVO angenommen.[614] Begründet wird dies damit, dass es nicht nachvollziehbar sei, wieso eine Verarbeitung besonderer Kategorien personenbezogener Daten nach Art. 9 Abs. 2 DSGVO erlaubt und für die normalen Daten eine weitere Erlaubnisnorm nach Art. 6 Abs. 1 DSGVO erforderlich sei. Dies könne allerdings nur gelten, wenn die Vorschriften des Art. 9 Abs. 2 DSGVO selbstständige Erlaubnisnormen darstellen, wovon die Autoren ausgehen (zu diesem Streit ausführlich Fünfter Teil, § 26, A.). *Weth* meint, dass der Rechtsgedanke des Art. 9 Abs. 2 lit. e DSGVO (Verzicht der betroffenen Person auf Schutz seiner Daten) für alle personenbezogene Daten gelten müsse, sodass solche offensichtlich gemachten Daten verarbeitet werden dürfen.[615]

Dem folgen andere Stimmen in der Literatur und nehmen ausdrücklich einen Erst-Recht-Schluss zu Art. 9 Abs. 2 lit. e DSGVO an, wenn die personenbezogenen Daten aus öffentlich zugänglichen Quellen stammen.[616]

*Conrad* meint, dass die Verarbeitung normaler personenbezogener Daten im Rahmen von offensichtlich öffentlich gemachten Daten ohne Abwägung verarbeitet werden dürfen, da dies für besondere Kategorien personenbezogener Daten auch gelte und dadurch die Zweckbindung aufgehoben werde. Jedoch müssten wohl die Bedingungen des Art. 6 Abs. 4 lit. c DSGVO beachtet werden.[617]

---

613 *Geiger*, in: Weth et al., Daten- und Persönlichkeitsschutz, A., IV., Rn. 77 f.

614 *Marion/Resch*, jM 2020, 134, 137; *Ory/Weth*, NJW 2018, 2829, 2831.

615 *Weth*, in: Weth et al., Daten- und Persönlichkeitsschutz, B., I., Rn. 106.

616 *Assion/Nolte/Veil*, in: Gierschmann et al., Art. 6 Rn. 142; *Culik*, Beschäftigtendatenschutz, S. 225; *Gola*, in: Gola, 2017, Art. 6 Rn. 92; *Herfurth*, ZD 2018, 514, 516; *Raji*, ZD 2019, 61, 66.

617 *Conrad*, in: Auer-Reinsdorff/Conrad, IT- und Datenschutzrecht, § 34 Rn. 726; ebenso *Golland*, ZD 2020, 397, 401.

Andere Stimmen in der Literatur verfolgen hingegen den Ansatz, dass die Wertung des Art. 9 Abs. 2 lit. e DSGVO in die Interessenabwägungsklausel des Art. 6 Abs. 1 S. 1 lit. f DSGVO bzw. in die Erforderlichkeitsprüfung des § 26 Abs. 1 BDSG hineinlesen werden müsse. Ein Erst-Recht-Schluss sei nicht erforderlich. Durch die Veröffentlichung der Daten sei die vernünftige Erwartungshaltung der betroffenen Personen dahingehend zu verstehen, dass diese Daten auch von Dritten verarbeitet werden können.[618]

*Fuhlford/Carey* halten sogar eine Einwilligung für möglich, wenn die Daten von der betroffenen Person offensichtlich öffentlich gemacht worden sind. In diesem Verhalten könnte eine konkludente Einwilligung zu erblicken sein. Allerdings wird anerkannt, dass die Voraussetzung der konkreten Zweckfestlegung wahrscheinlich nicht als erfüllt angesehen werden kann.[619]

Auch wenn für die Bejahung eines Erst-Recht-Schlusses naheliegt und im Rahmen der europäischen Methodenlehre grundsätzlich möglich ist[620], besteht für diese Einordnung kein Bedürfnis und ist aus rechtlichen und historischen Gründen abzulehnen. Personenbezogene Daten, die offensichtlich öffentlich gemacht wurden, können nach dem EuGH zur DSRL und nach mancher Ansicht in der Literatur vielmehr bei der Interessenabwägung in Art. 6 Abs. 1 S. 1 lit. f DSGVO berücksichtigt werden.[621] Der EuGH urteilte, dass die Tatsache, dass „*die in Rede stehenden Daten bereits in öffentlich zugänglichen Quellen enthalten sind*“ im Rahmen der erforderlichen Abwägung berücksichtigt werden können. Ein Erst-Recht-Schluss zu Art. 9 Abs. 2 lit. e DSGVO ist damit nicht erforderlich und auch nicht möglich, da die datenschutzrechtlichen Erlaubnisnormen in Art. 6 Abs. 1 DSGVO abschließend formuliert sind. Es bedarf immer einer Erlaubnisnorm nach Art. 6 Abs. 1 DSGVO (vgl. Fünfter Teil, § 26, A.). Ein Erst-Recht-Schluss zu Art. 9 Abs. 2 lit. e DSGVO für offensichtlich öffentliche gemachte Daten durch die betroffene Person würde dazu führen, dass eine Abwägung mit den Interessen der betroffenen Person durch den Verantwortlichen nicht stattfinden würde. Ausreichend wäre es allein, wenn die Daten offensichtlich öffentlich

618 *Engelhardt/Riess*, ZD-Aktuell 2018, 06349; *Gola*, NZA 2019, 654, 656; *ders.*, Beschäftigtendatenschutz, Rn. 1499; *Hornung/Gilga*, CR 2020, 367, 376; *Schantz*, in: Simitis et al., Datenschutzrecht, Art. 6 Abs. 1, Rn. 110; *Schwarz*, ZD 2018, 353, 355; wohl auch *Diercks*, AuA 2018, 704, 705 (Art. 6 Abs. 1 lit. f i. V. m. Art. 9 Abs. 2 lit. e); *Lachenmann*, Anmerkung zu EuGH, Urt. v. 11.12.2019 – C-708/18, ZD 2020, 150, 151.

619 *Fuhlford/Carey*, in: Carey, Data Protection, 66, 74.

620 EuGH, Urt. v. 17.07.1959 – C-32/58 u. C-32/59, juris, Celex-Nr. 61958CJ0032.

621 EuGH, Urt. v. 04.05.2017 – C-13/16, Rn. 29, 32, BeckRS 2017, 108615 – Rīgas satiksme; *Art.-29-Datenschutzgruppe*, WP 217, S. 19, Fn. 31; *Datenschutzstelle Liechtenstein*, Berechtigtes Interesse; *Dallmann/Busse*, ZD 2019, 394, 395; *Dammann/Simitis*, Art. 7 Erl. 14; *Engelhardt/Riess*, ZD-Aktuell 2018, 06349; *Hilber*, in: Hilber et al., Deutsche Tochter, D., Rn. 75; *Schantz*, in: Simitis et al., Datenschutzrecht, Art. 6 Abs. 1, Rn. 110; *Wächter*, Datenschutz, Rn. 487; *Zanol*, in: Schweighofer et al., IoT, S. 161, 167. Zur DSRL *Dammann/Simitis*, Art. 7 Erl. 14.

sind. Die Tatsache, dass die Daten frei zugänglich sind, darf nicht dazu führen, dass diese Daten „*datenschutzfrei*" verwendet werden dürfen.[622] Aus diesem Grund ist erforderlich, dass eine Erlaubnisnorm in Art. 6 Abs. 1 DSGVO gefunden wird, die die notwendige Abwägung mit den Interessen der betroffenen Person vornimmt. Zwar kann der Erst-Recht-Schluss dahingehend gezogen werden, dass in den Fällen, in denen bereits besondere Kategorien personenbezogener Daten verarbeitet werden dürfen, dies erst recht auch für die normalen personenbezogenen Daten zu gelten hat.[623] Dies entbindet jedoch nicht der Prüfung des Vorliegens einer Erlaubnisnorm nach Art. 6 Abs. 1 DSGVO. Vielmehr ist dieser Umstand im Rahmen der Interessenabwägung zugunsten des Verantwortlichen zu berücksichtigen. Eine betroffene Person, die auf ihrem freien Entschluss Daten der Öffentlichkeit zur Verfügung stellt, muss damit rechnen, dass diese Daten auch von der Öffentlichkeit verwendet wird, sodass deren Schutzbedürftigkeit gesunken ist. Auch die Erwartungshaltung der betroffenen Personen, die aufgrund ErwG 47 S. 1 Hs. 2 im Rahmen der Interessenabwägung zu berücksichtigen ist, geht von einer Verarbeitung durch Dritte aus.[624]

Der EuGH hat in einem weiteren Urteil zur DSRL entschieden, dass ein Interesse i. S. d. Art. 7 lit. f DSRL berechtigt ist, wenn die Verarbeitung von Daten zur Geltendmachung, Ausübung oder Verteidigung rechtlicher Ansprüche erforderlich sind. Dies werde durch Art. 8 Abs. 2 lit. e, 2. Alt. DSRL bestätigt, der für besondere Kategorien personenbezogener Daten eine solche Ausnahmevorschrift vorsehe.[625] Das Gericht zieht damit die Wertung der besonderen Kategorien personenbezogener Daten in die Erlaubnisnorm des berechtigten Interesses. Es erfolgt demnach eine Prüfung nach Art. 7 lit. f DSRL, ohne dass ein Erst-Recht-Schluss zu Art. 8 Abs. 2 lit. e DSRL gezogen wird. Es ist sehr wahrscheinlich, dass das Gericht diese Wertung auch hinsichtlich Art. 9 Abs. 2 lit. e DSGVO ziehen würde.[626]

Zudem kann auf die Gesetzgebungsgeschichte zur DSRL zurückgegriffen werden. Ein Entwurf der DSRL hatte in einem entsprechenden Art. 7 der Richtlinie, welcher mit dem Katalog des Art. 6 Abs. 1 DSGVO vergleichbar ist, die allgemein zugänglichen Quellen als Erlaubnisnorm enthalten. Dieser Entwurf wurde nicht in die finale Fassung übernommen. Vielmehr teilte die Kommission in ihrer Begründung zum finalen Art. 7 DSRL mit, dass das Merkmal der „*allgemein zugänglichen Quelle*" nicht in den Katalog der Erlaubnisnormen aufgenommen werde, da in diesen allgemein zugänglichen Quellen empfindliche personenbe-

---

622 EuGH, Urt. v. 11.12.2019 – C-708/18, Rn. 54 f., BeckRS 2019, 31011 – Asociatia; BVerfG, Beschl. v. 18.12.2018 – 1 BvR 142/15, Rn. 39, NJW 2019, 827; *Rüpke*, in: Rüpke et al., Datenschutzrecht, § 14 Rn. 3.

623 Ebenso *Dallmann/Busse*, ZD 2019, 394, 395 f.

624 *Dallmann/Busse*, ZD 2019, 394, 395.

625 EuGH, Urt. v. 04.05.2017 – C-13/16, Rn. 29, GRUR-RS 2017, 108615 – Rigas satiksme. Zur DSGVO *Schantz*, in: Simitis et al., Datenschutzrecht, Art. 6 Abs. 1, Rn. 124 (Beweissicherung als berechtigtes Interesse).

626 So zumindest bereits zur DSRL *Dammann/Simitis*, Art. 7 Erl. 14.

zogene Daten enthalten sein könnten.[627] Aus diesem Grund wurde nur Art. 7 lit. f DSRL behalten, der eine entsprechende Interessenabwägung beinhaltete. Der gesetzgeberische Wille kann demnach dahingehend ausgelegt werden, dass trotz allgemein zugänglicher Daten, die Verarbeitung nicht ohne Abwägung vorgenommen werden sollte.

Abschließend kann festgehalten werden, dass bei offensichtlich öffentlich gemachten Daten durch die betroffene Person, diese Tatsache im Rahmen einer Interessenabwägung nach Art. 6 Abs. 1 S. 1 lit. f DSGVO berücksichtigt werden muss. Eine Privilegierung solcher Daten besteht demnach nicht. Der Arbeitgeber, der offensichtlich öffentlich gemachte Informationen von dem Bewerber verarbeiten möchte, darf dies ohne vorherige Interessenabwägung nicht.

## § 21 Interessenabwägung, Art. 6 Abs. 1 S. 1 lit. f DSGVO

Die Erlaubnisnorm zur Wahrung der berechtigten Interessen des Verantwortlichen nach Art. 6 Abs. 1 S. 1 lit. f DSGVO zählt zu einer der wichtigsten Erlaubnisnormen der DSGVO, auch für die Verarbeitung von Bewerberdaten.[628] Nach dieser Erlaubnisnorm ist die Verarbeitung rechtmäßig, wenn sie zur Wahrung der berechtigten Interessen des Verantwortlichen oder eines Dritten erforderlich ist, sofern nicht die Interessen oder Grundrechte und Grundfreiheiten der betroffenen Person, die den Schutz personenbezogener Daten erfordern, überwiegen. Der EuGH urteilte zu der vergleichbaren Vorschrift des Art. 7 lit. f DSRL, dass drei kumulative Voraussetzungen vom Verantwortlichen zu prüfen sind, damit die Erlaubnisnorm herangezogen werden kann.[629] Zunächst muss ein berechtigtes Interesse des Verantwortlichen oder eines Dritten vorliegen. Dann muss die Verarbeitung zur Wahrung dieses berechtigten Interesses erforderlich sein. Zum Schluss dürfen die Interessen oder Grundrechte und Grundfreiheiten der betroffenen Person das berechtigte Interesse des Verantwortlichen oder des Dritten nicht überwiegen.

Die Wichtigkeit dieser Erlaubnisnorm liegt vor allem darin begründet, dass der Wortlaut des *„berechtigten Interesses“* denkbar weit gezogen werden kann und somit auslegungsbedürftig ist.[630] Während sich die Norm in der DSRL an die Mitgliedstaaten richtete und diese die Norm durch konkretisierende Vorschriften ausgestalten mussten, findet die Erlaubnisnorm in der DSGVO nun unmit-

---

627 Begr. zu Art. 7 des geä. Vorschlags, abgedr. bei *Dammann/Simitis*, Vor Art. 7; aA *Wind/Siegert*, CR 1993, 46, 50, die der Ausklammerung nicht zustimmen, da zum Beispiel Telefonbücher keine sensiblen Daten enthalten würden.

628 *Härting/Gössling/Dimov*, ITRB 2017, 169 („zentrale Rolle“); *Richter*, in: Jandt/Steidle, Datenschutz, Teil B, II., Rn. 52; *Taeger*, in: Taeger/Gabel, Art. 6 DSGVO, Rn. 106 („überragende Bedeutung“).

629 EuGH, Urt. v. 29.07.2019 – C-40/17, Rn. 95, NZA 2019, 1125 – Fashion ID; *Nebel*, in: Roßnagel, Datenschutzrecht, § 3 Rn. 99,

630 *Oberlin/Lezzi*, BvD-News 1/2019, 45; *Veil*, NJW 2018, 3337, 3338.

telbare Wirkung gegenüber dem Verantwortlichen. Eine Konkretisierung in das nationale Recht bedarf es demnach nicht mehr.[631] Der Verantwortliche bestimmt insoweit selber, welche berechtigten Interessen er verfolgt und nimmt auch die entsprechende Interessenabwägung vor.

Nach teilweiser Ansicht soll die Erlaubnisnorm nach Art. 6 Abs. 1 S. 1 lit. f DSGVO als Auffangtatbestand angesehen werden, der nur dann heranzuziehen sei, wenn andere Erlaubnisnormen nicht einschlägig sind.

Die überzeugendere Gegenansicht vertritt demgegenüber, dass es sich bei Art. 6 Abs. 1 S. 1 lit. f DSGVO um eine eigenständige Erlaubnisnorm handelt, die gerade keinen Auffangtatbestand darstelle. Vielmehr lasse sich aus dem Wortlaut des Art. 6 Abs. 1 DSGVO kein Rangverhältnis begründen. Auch ErwG 46 S. 2 stütze dieses Ergebnis. Hiernach wird bezogen auf die Erlaubnisnorm des Art. 6 Abs. 1 S. 1 lit. d DSGVO die Aussage getroffen, dass *„personenbezogene Daten [...] grundsätzlich nur dann aufgrund eines lebenswichtigen Interesses [...] verarbeitet werden [sollten], wenn die Verarbeitung offensichtlich nicht auf eine andere Rechtsgrundlage gestützt werden kann*“. Diese Erlaubnisnorm ist nach Auffassung des europäischen Gesetzgebers als *„Auffangklausel*“ konzipiert. Im Umkehrschluss kann dies nicht für Art. 6 Abs. 1 S. 1 lit. f DSGVO gelten. Dieser Ansicht scheint sich auch der BGH angeschlossen zu haben, wonach die Erlaubnisnormen des Art. 6 Abs. 1 S. 1 lit. b und f DSGVO *„jeweils eigenständig die datenschutzrechtliche Zulässigkeit*“ begründen.

Im Folgenden soll die Prüfung der Erlaubnisnorm dargestellt werden. Wie sich diese Norm auf die Bewerbungssituation auswirkt, wird anhand verschiedener Verarbeitungssituationen, wie sie im Rahmen des Bewerbungsverfahrens vorkommen können, noch näher beleuchtet (vgl. Vierter Teil, § 24).

## A. Anwendbarkeit im Beschäftigungsverhältnis?

Fraglich ist, ob die Erlaubnisnorm des Art. 6 Abs. 1 S. 1 lit. f DSGVO im Beschäftigungsverhältnis angewendet werden kann. Die Norm des § 26 BDSG könnte vorrangig anzuwenden sein. Dieses Verständnis hatte der damalige deutsche Gesetzgeber zu § 32 BDSG a. F. und § 28 Abs. 1 S. 1 Nr. 2 BDSG a. F., der dem Art. 6 Abs. 1 S. 1 lit. f DSGVO entspricht, vertreten. § 32 BDSG a. F. hatte als lex specialis die Regelung des § 28 Abs. 1 S. 1 Nr. 2 BDSG a. F. verdrängt, wenn eine Verarbeitung zum Zwecke des Beschäftigungsverhältnisses vorlag.[632] Für andere Zwecke war ein Rückgriff auf die allgemeineren Vorschriften nicht ausgeschlossen.

---

631 *Richter*, in: Jandt/Steidle, Datenschutz, Teil B, II., Rn. 53.

632 BT-Drs. 16/13657, S. 20 f.; *Wedde*, in: v. d. Bussche/Voigt, Konzerndatenschutz, Teil 3, Kap. 6, Rn. 38 f.

## I. Meinungsstand

Manche Stimmen in der Literatur, die *Landesbeauftragte für Datenschutz und Informationsfreiheit NRW* und das Arbeitsgericht Lübeck gehen davon aus, dass Art. 6 Abs. 1 S. 1 lit. f DSGVO immer neben dem § 26 BDSG zur Anwendung kommt.[633] Begründet wird dies mit ErwG 48, der ein berechtigtes Interesse anerkennt, personenbezogene Daten innerhalb der Unternehmensgruppe für interne Verwaltungszwecke, einschließlich der Verarbeitung von Beschäftigten, zu übermitteln. Wenn dies der gesetzgeberische Wille ist, dann muss ein Rückgriff auf Art. 6 Abs. 1 S. 1 lit. f DSGVO möglich sein.

Die Gegenmeinung meint, dass § 26 BDSG die Vorschrift des Art. 6 Abs. 1 S. 1 lit. f DSGVO bei der Prüfung verdrängt, soweit es um Datenverarbeitungen zu Zwecken des Beschäftigungsverhältnisses geht.[634] Werden jedoch Zwecke verfolgt, die nicht unmittelbar auf das Beschäftigungsverhältnis bezogen sind, könne auf Art. 6 Abs. 1 S. 1 lit. f DSGVO zurückgegriffen werden.

*Wedde* geht davon aus, dass Art. 6 Abs. 1 S. 1 lit. f DSGVO grundsätzlich anwendbar sei. Jedoch gehe die erforderliche Interessenabwägung meistens zu Lasten des Arbeitgebers aus, da die durch § 26 Abs. 1 BDSG gezogenen Grenzen der Erforderlichkeit im Regelfall zu einem Überwiegen der Interessen des Beschäftigten führe.[635]

## II. Stellungnahme

Art. 6 Abs. 1 S. 1 DSGVO listet sechs verschiedene Erlaubnisnormen auf, wie eine Verarbeitung personenbezogener Daten legitimiert werden kann. Diese stehen in keinem Ausschließlichkeitsverhältnis. Zudem bietet Art. 88 Abs. 1 DSGVO nur die Möglichkeit, spezifischere Vorschriften zu erlassen. Durch § 26 Abs. 1 S. 1 BDSG hat der deutsche Gesetzgeber die Erlaubnisnorm des Art. 6 Abs. 1 S. 1 lit. b DSGVO spezifiziert. Hinsichtlich Art. 6 Abs. 1 S. 1 lit. b DSGVO ist § 26 Abs. 1 S. 1 BDSG spezieller und „*verdrängt*" dementsprechend diese Norm für Zwecke des Beschäftigungsverhältnisses, sofern man § 26 BDSG überhaupt für europarechtskonform hält (vgl. Vierter Teil, § 16, C.).

---

633 ArbG Lübeck, Beschl. v. 20.06.2019 – 1 Ca 538/19, Rn. 26 – juris; *LfDI NRW*, 24. TB, S. 65; *Dzida/Groh*, ArbRB 2018, 179, 180; *Franzen*, in: Müller-Glöge et al., Arbeitsrecht, BDSG, § 26 Rn. 4 f.; *Schmidl/Tannen*, DB 2017, 1633, 1639; *Schneider/Forgó/Helfrich*, in: Forgó et al., Datenschutz, Teil VI, Kap. 1, Rn. 71; *Schulze/Simon*, ArbRAktuell 2021, 182, 183; *Wünschelbaum*, NZA 2020, 1222, 1223.

634 *Däubler*, Gläserne Belegschaften, Rn. 185; *Gola/Wronka*, RDV 2018, 309, 312; *Gräber/Nolden*, in: Paal/Pauly, § 26 BDSG, Rn. 10; *Grau/Dzida*, NZA 2017, 1515, 1518; *Grimm*, in: Tschöpe, Arbeitsrecht, 6. Teil, F., Rn. 64; *Richter*, in: Jandt/Steidle, Datenschutz, Teil B, II., Rn. 58; *Riesenhuber*, in: BeckOK DatenSR, BDSG, 48. Ed. 01.05.2024, § 26 Rn. 20; *Schulze*, in: Wedde, Datenschutz, C., Rn. 212; *Schwarz*, ZD 2018, 353, 354; *Wedde*, in: Wedde, Datenschutz, A., Rn. 25; im Ergebnis wohl auch *Sander/Schumacher/Kühne*, ZD 2017, 105, 108.

635 *Wedde*, in: v. d. Bussche/Voigt, Konzerndatenschutz, Teil 3, Kap. 6, Rn. 48.

Keine Verdrängung erfolgt jedoch hinsichtlich der anderen Erlaubnisnormen des Art. 6 Abs. 1 DSGVO und insbesondere Art. 6 Abs. 1 S. 1 lit. f DSGVO. Dafür spricht insbesondere ErwG 48 S. 1, wonach Verantwortliche, die Teil einer Unternehmensgruppe oder einer Gruppe von Einrichtungen sind, ein berechtigtes Interesse daran haben können, personenbezogene Daten innerhalb der Unternehmensgruppe für interne Verwaltungszwecke, einschließlich der Verarbeitung von personenbezogenen Daten von Kunden und „*Beschäftigten*", zu übermitteln. Der Erwägungsgrund bezieht sich auf die Erlaubnisnorm des Art. 6 Abs. 1 S. 1 lit. f DSGVO, sodass die Übermittlung von Beschäftigtendaten nach dem Willen des Gesetzgebers unter diese Erlaubnisnorm fallen soll. Eine Verdrängung durch § 26 Abs. 1 S. 1 BDSG ist nicht möglich. Dies muss erst recht auch für die anderen Erlaubnisnormen des Art. 6 Abs. 1 DSGVO gelten.[636] Unabhängig davon, ob man § 26 Abs. 1 S. 1 BDSG als eigenständige Erlaubnisnorm ansieht, kann eine mitgliedstaatliche Norm keine höherrangige europäische Norm verdrängen. Dies ist aufgrund der Normenhierarchie nicht möglich und wurde bereits vom EuGH zur DSRL so entschieden. Hiernach stehe den Mitgliedstaaten keine Möglichkeit offen, vorgeschriebene Erlaubnisnormen auszuschließen oder neue zu erfinden.[637] Bei der Anwendung der Interessenabwägung nach Art. 6 Abs. 1 S. 1 lit. f DSGVO sind allerdings die Wertungen des § 26 Abs. 1 S. 1 BDSG bzw. des Art. 6 Abs. 1 S. 1 lit. b Var. 2 DSGVO zu berücksichtigen. Wenn die Erforderlichkeit der Verarbeitung im Rahmen des § 26 Abs. 1 S. 1 BDSG nicht gegeben ist, so wird auch die Interessenabwägung im Zweifel zuungunsten des Arbeitgebers ausfallen. Denn die Erforderlichkeitsprüfung hat bei beiden Vorschriften zu erfolgen. Die Anwendung des Art. 6 Abs. 1 S. 1 lit. f DSGVO darf nicht dazu führen, dass die Anforderungen nach Art. 6 Abs. 1 S. 1 lit. b Var. 2 DSGVO umgangen werden, sodass sich die beiden Erlaubnisnormen wechselseitig beeinflussen.[638] Damit ist festzuhalten, dass Art. 6 Abs. 1 S. 1 lit. f DSGVO auch im Beschäftigungsverhältnis zur Anwendung gelangt.

## B. Berechtigtes Interesse

Im Folgenden sollen die Tatbestandsvoraussetzungen des Art. 6 Abs. 1 S. 1 lit. f DSGVO dargestellt werden. Zunächst muss der Arbeitgeber als Verantwortlicher ein „*berechtigtes Interesse*" an der Verarbeitung der Bewerberdaten haben. Nach dem Wortlaut ist ebenfalls ausreichend, wenn ein Interesse eines Dritten i. S. d. Art. 4 Nr. 10 DSGVO verfolgt wird. Dies soll nach mancher Ansicht eine Neuerung zur alten Rechtslage darstellen und diese Erlaubnisnorm künftig wei-

636 Zustimmend *Franzen*, in: Müller-Glöge et al., Arbeitsrecht, BDSG, § 26 Rn. 4 f.

637 EuGH, Urt. v. 24.11.2011 – C-468/10, C-469/10, Rn. 32, EuZW 2012, 37 – ASNEF; EuGH, Urt. v. 06.11.2003 – C-101/01, Rn. 97, EuZW 2004, 245 – Lindqvist.

638 *Von dem Bussche*, in: v. d. Bussche/Voigt, Konzerndatenschutz, Teil 3, Kap. 3, Rn. 54.

ter fassen.[639] Dem ist jedoch nicht zuzustimmen, da bereits nach dem Wortlaut des Art. 7 lit. f DSRL die Möglichkeit bestand, sich auf die Interessen Dritter zu stützen („*das von dem für die Verarbeitung Verantwortlichen oder von dem bzw. den Dritten wahrgenommen wird*"). Die ehemalige *Artikel-29-Datenschutzgruppe* hatte zu Art. 7 lit. f DSRL den Begriff des „*Interesses*" definiert als das „*Bestreben im weiteren Sinne, das ein für die Verarbeitung Verantwortlicher an dieser Verarbeitung haben kann, oder der Nutzen, den der für die Verarbeitung Verantwortliche aus der Verarbeitung zieht – oder den die Gesellschaft daraus ziehen könnte*".[640] Diese Definition kann auch unter der DSGVO Bestand haben.

Der europäische Gesetzgeber definiert in der DSGVO nicht, was unter einem „*berechtigten*" Interesse verstanden wird, sondern es werden nur Verarbeitungsbeispiele vorgegeben, in denen der europäische Gesetzgeber davon ausging, dass ein berechtigtes Interesse gegeben ist. So wird nach ErwG 47 S. 6 und 7 die Verarbeitung zur Betrugsverhinderung und zur Direktwerbung als berechtigtes Interesse anerkannt. In ErwG 48 S. 1 wird klargestellt, dass für Verantwortliche, die Teil einer Unternehmensgruppe sind, ein berechtigtes Interesse vorliegen kann. Demnach kann eine Unternehmensgruppe i. S. d. Art. 4 Nr. 19 DSGVO ein berechtigtes Interesse daran haben, personenbezogene Daten innerhalb der Unternehmensgruppe für interne Verwaltungszwecke, einschließlich der Verarbeitung personenbezogener Daten von Kunden und Beschäftigten, zu übermitteln. Auch bei der Netz- und Informationssicherheit erkennt der europäische Gesetzgeber in ErwG 49 S. 1 ein Interesse an.

Welche Anforderungen an das berechtigte Interesse zu stellen ist, wurde weder in der DSRL noch wird es in der DSGVO näher ausgeführt. Generalanwalt *Bot* hat in einem Schlussantrag in der Rechtssache „*Fashion ID*" ausgeführt, dass per se erst einmal jedes Interesse berechtigt sein kann, es sei denn, es ist für sich genommen rechtswidrig.[641] Dem EuGH wurde die Frage, wie der Begriff des „*berechtigten Interesses*" auszulegen ist, im Rahmen eines Vorabentscheidungsersuchens vorgelegt.[642] In der damaligen Kommentarliteratur wurde das berechtigte Interesse darin gesehen, das „*nicht gegen rechtliche Grundsätze, einschließlich des Gebots der Achtung von Treu und Glauben*" verstoßen wird.[643] Dabei sollte das berechtigte Interesse niedrig anzusetzen sei, da sich diese so-

639 *Werry/Knoblich*, MPR 2017, 1, 4; aA wohl LAG Niedersachsen, Beschl. v. 22.10.2018 – 12 TaBV 23/18, Rn. 35, ZD 2019, 178 m. Anm. Stück (keine Berufung auf Grundrechte der Arbeitnehmer).

640 *Art.-29-Datenschutzgruppe*, WP 217, S. 30 f.; ebenso zur DSGVO *Halder/Johanson*, NJOZ 2019, 1425, 1430; *Herfurth*, ZD 2018, 514.

641 Generalanwalt *Bobek*, Schlussanträge v. 19.12.2018 – C-40/17, Rn. 122 f., BeckRS 2018, 32835 (hier: Marketing bzw. Werbung). Zur Bedeutung von Schlussanträgen *Sagan*, in: Preis/Sagan, Arbeitsrecht, § 1 Rn. 80.

642 EuGH – C-621/22, Vorabentscheidungsersuchen der Rechtbank Amsterdam (Niederlande), eingereicht am 29. September 2022 — Koninklijke Nederlandse Lawn Tennisbond/Autoriteit Persoonsgegevens, BeckEuRS 2022, 758138.

643 *Dammann/Simitis*, Art. 7 Erl. 12.

wieso noch in der Abwägung mit den Interessen der betroffenen Person durchsetzen müssen. Die ehemalige *Artikel-29-Datenschutzgruppe* führte zu Art. 7 lit. f DSRL aus: „*Um als „berechtigt" und nach Artikel 7 Buchstabe f erheblich angesehen zu werden, muss das Interesse rechtmäßig sein, d. h. sich im Einklang mit dem EU-Recht und dem einzelstaatlichen Recht befinden. Zudem muss es hinreichend klar artikuliert und spezifisch genug sein, damit es in einer Prüfung der Ausgewogenheit der Interessen gegen die Interessen und Grundrechte der betroffenen Person abgewogen werden kann. Darüber hinaus muss es sich um ein tatsächliches und aktuelles Interesse handeln, es darf also nicht spekulativ sein*".[644] Dieses Working Paper wurde allerdings noch nicht vom *Europäischen Datenschutzausschuss* adaptiert, jedoch können dessen Ausführungen aufgrund der Vergleichbarkeit der Normen weiterhin herangezogen werden.[645] Der EuGH hatte zur Datenschutz-Richtlinie den Schutz des Eigentums, der Gesundheit und des Lebens ausdrücklich als berechtigtes Interesse anerkannt, wobei zugleich geurteilt wurde, dass „*dieses Interesse zum Zeitpunkt der Verarbeitung entstanden und vorhanden sein muss und zu diesem Zeitpunkt nicht hypothetisch sein darf*".[646]

Ob ein Interesse berechtigt ist, muss anhand von Wertungen geprüft werden. Dabei ist nach dem OLG München eine weite Auslegung des Begriffs unionsrechtlich geboten.[647] Ausgehend von dem Schlussantrag des Generalanwalts *Bot* und der ehemaligen *Artikel-29-Datenschutzgruppe* können alle „*grundrechtlich geschützten und von der Rechtsordnung gebilligten Interessen*" berechtigt sein.[648] Entscheidend ist, dass die Verarbeitung rechtmäßig ist, im Einklang mit der Rechtsordnung des jeweiligen Mitgliedstaats und Unionsrecht steht sowie hinreichend konkretisiert wurde.[649] Neben rechtlichen Interessen werden auch tatsächliche, wirtschaftliche und ideelle Interessen als berechtigte Interessen anerkannt, wobei das wirtschaftliche Interesse ausdrücklich vom EuGH anerkannt ist.[650] Das BVerwG versteht unter einem berechtigten Interesse solche Interessen, die schutzwürdig und objektiv begründbar sind.[651]

---

644 *Art.-29-Datenschutzgruppe*, WP 217, S. 63.

645 *Drewes*, ZD 2019, 296, 297.

646 EuGH, Urt. v. 11.12.2019 – C-708/18, Rn. 42 ff., BeckRS 2019, 31011– Asociatia.

647 OLG München, Teilurt. v. 24.10.2018 – 3 U 1551/17, Rn. 30, GRUR-RR 2019, 137.

648 *Richter*, in: Jandt/Steidle, Datenschutz, Teil B, II., Rn. 65.

649 *Härting/Gössling/Dimov*, ITRB 2017, 169, 170 („Datensammlung, Datenauswertung und Informationsverschaffung"); *Richter*, in: Jandt/Steidle, Datenschutz, Teil B, II., Rn. 61; *Taeger*, in: Taeger/Gabel, Art. 6 DSGVO, Rn. 129 („soweit es von der Rechtsordnung nicht missbilligt wird").

650 EuGH, Urt. v. 13.05.2014 – C-131/12, Rn. 97, NJW 2014, 2257, 2260 – Google Spain; *Eisenschmid*, NZM 2019, 313, 321 („rechtliche, finanzielle, kulturelle, soziale, wissenschaftliche oder sonstige Interessen tatsächlicher und ideeller Art"); *Härting/Gössling/Dimov*, ITRB 2017, 169, 171.

651 BVerwG, Urt. v. 27.03.2019 – 6 C 2.18, Rn. 47, NJW 2019, 2556 m. Anm. Kühling/ Sackmann.

Einigkeit besteht somit dahingehend, dass ein von der Rechtsordnung missbilligtes Ziel, niemals berechtigt sein kann. Als berechtigtes Interesse im Bewerbungsverfahren kommt insbesondere das Personalgewinnungsinteresse des Arbeitgebers in Betracht, da der Arbeitgeber ein Interesse an neuen Beschäftigten hat.[652] Als weiteres Interesse kann die Recherche nach potenziellen Bewerbern in sozialen Netzwerken oder Suchmaschinen, wie Google, genannt werden. Zudem hatte das BAG die Frage nach der Beschäftigungsdauer als berechtigtes Interesse des Arbeitgebers anerkannt, da dies die Möglichkeit zur Kenntnis über die grundsätzliche Betriebstreue des Bewerbers gibt.[653] Es kommt insgesamt auf den konkreten Einzelfall an, welche Interessen als berechtigt anzusehen sind. Überzeugend ist es, dass nur solche Interessen als berechtigt anzusehen sind, die schutzwürdig und objektiv begründbar sind.

Im Rahmen der Informationspflichten nach Artt. 13 und 14 DSGVO gegenüber dem Bewerber ist noch nicht geklärt, ob der Verantwortliche lediglich das berechtigte Interesse nennen muss oder ob dieser den gesamten Abwägungsprozess der betroffenen Person mitzuteilen hat. Teilweise wird es für ausreichend erachtet, wenn der Verantwortliche lediglich das berechtigte Interesse mitteilt.[654] Argumentiert wird mit dem eindeutigen Wortlaut des Art. 13 Abs. 1 lit. d bzw. Art. 14 Abs. 2 lit. b DSGVO, der lediglich die berechtigten Interessen des Verantwortlichen oder des Dritten nennt. Andere Stimmen in der Literatur sind der Ansicht, dass der gesamte Abwägungsprozess dargestellt werden muss, damit die betroffene Person die eingestellten Interessen und deren Abwägung einzelfallbezogen nachvollziehen kann, um somit etwaige Einwände gegen sie vorbringen zu können.[655] Aufgrund des eindeutigen Wortlauts des Art. 13 Abs. 1 lit. d bzw. Art. 14 Abs. 2 lit. b DSGVO ist der zuerst genannten Ansicht zu folgen und im Rahmen der Informationspflicht nur die „*berechtigten Interessen, die von dem Verantwortlichen oder einem Dritten verfolgt werden*", zu nennen. Aus dem Wortlaut oder den dazugehörigen Erwägungsgründen ist nicht ersichtlich, dass der Verantwortliche im Rahmen seiner Informationspflicht den kompletten Abwägungsprozess darstellen muss.

---

652 *Diercks*, AuA 2018, 704, 705.

653 BAG, Urt. v. 12.02.1970 – 2 AZR 184/69, Rn. 17, BAGE 22, 278.

654 *DSK*, Kurzpapier Nr. 10, S. 1; *Bierekoven*, in: Forgó et al., Datenschutz, Teil III, Rn. 21 („Subsumtionsrisiko" darf nicht vollständig auf den Verantwortlichen übertragen werden, da dies sonst gegen Art. 16, 17 GRCh verstoßen würde); *Härting/Gössling/Dimov*, ITRB 2017, 169, 171; *Paal/Hennemann*, in: Paal/Pauly, Art. 13 DSGVO, Rn. 17; *Schwartmann/Schneider*, in: Schwartmann et al., Art. 13 DSGVO, Rn. 40 („wesentliche Gründe"); *Veil*, NJW 2018, 3337, 3339.

655 *Bäcker*, in: Kühling/Buchner, Art. 13 DSGVO, Rn. 27; *Knyrim*, in: Ehmann/Selmayr, Art. 13 Rn. 39.

## C. Erforderlichkeit

Ferner muss die Verarbeitung zur Wahrung des berechtigten Interesses des Verantwortlichen oder eines Dritten „*erforderlich*" sein. Der Begriff der Erforderlichkeit wird in der DSGVO nicht definiert. Nach ErwG 39 S. 7 sollte die Verarbeitung allerdings auf das „*notwendige Maß beschränkt sein*". Zudem sollte der „*Zweck der Verarbeitung nicht in zumutbarer Weise durch andere Mittel erreicht werden*" können (vgl. ErwG 39 S. 9). Dies bedeutet, dass die Erforderlichkeit soweit reicht, wie die Verarbeitung zumutbar erfolgen kann. Wenn die Datenverarbeitung mit anderen, weniger eingreifenden Mitteln ebenfalls erreicht werden kann, ist die Datenverarbeitung nicht mehr als erforderlich anzusehen.

Der EuGH vertrat bereits zur DSRL und nun auch zur DSGVO, dass sich die Verarbeitung auf das „*absolut Notwendige*" zu beschränken habe.[656] Zu fragen sei immer, ob man das Ziel auch mit anderen Mitteln erreichen könne, die weniger stark in die Grundrechte und Grundfreiheiten der betroffenen Person, insbesondere in die Artt. 7 und 8 GRCh genannten Rechte, eingreifen kann und dieses Mittel vernünftigerweise ebenso wirksam ist. Das Gericht spricht insofern von einer Prüfung der „*Verhältnismäßigkeit*". Das höchste europäische Gericht nahm in der Sache „*Huber*" den Standpunkt ein, dass auch die anonyme Verarbeitung von Daten als milderes Mittel anzusehen ist, wenn der Zweck der Verarbeitung auch dadurch erreicht werden könne. Dem hat sich das BVerwG unter der Geltung der DSGVO angeschlossen.[657] Die Verarbeitung der Daten darf nicht nur zweckmäßig sein. Im Ergebnis entspricht diese Vorgabe des EuGH dem Prüfungspunkt der Erforderlichkeit im engeren Sinne nach deutschem Verständnis.

Die ehemalige *Artikel-29-Datenschutzgruppe* geht davon aus, dass die Information für die Ausübung der jeweiligen Beschäftigung erforderlich und relevant sein muss.[658] Auch wenn mit der Formulierung „*erforderlich und relevant*" nur wenig geholfen ist, stellte die *Artikel-29-Datenschutzgruppe* dennoch klar, dass sie keinen objektiven, sondern einen individuellen auf den konkreten Arbeitsplatz bezogenen Maßstab der Erforderlichkeit zugrunde legt. Auch *Gola* geht von der Relevanz für die arbeitsvertragliche Beziehung aus.[659]

Insgesamt wird in der Literatur von einem engen Verständnis des Begriffs der Erforderlichkeit ausgegangen. Dies folge daraus, dass es sich bei Art. 6 Abs. 1 S. 1 lit. f DSGVO um eine Ausnahme zu Artt. 7, 8 GRCh handelt. Es dürfen

---

656 EuGH, Urt. v. 17.6.2021 – C-597/19, Rn. 110, GRUR 2021, 1067; EuGH, Urt. v. 11.12.2019 – C-708/18, Rn. 46 ff., BeckRS 2019, 31011 – Asociatia; EuGH, Urt. v. 04.05.2017 – C-13/16, Rn. 30, BeckRS 2017, 108615 – Rīgas satiksme; EuGH, Urt. v. 16.12.2008 – C-524/06, Rn. 65, EuZW 2009, 183 – Huber.

657 BVerwG, Urt. v. 27.09.2018 – 7 C 5.17, Rn. 31, NVwZ 2019, 473 m. Anm. Hofmann.

658 *Art.-29-Datenschutzgruppe*, WP 249, S. 13; ähnlich *Johnson/Brechtel*, ITRB 2019, 208, 209.

659 *Gola*, in: Gola, 2017, Art. 6 Rn. 92; ebenso *Hützen*, AE 2013, 39, 40; wohl auch *Reichold*, in: Kiel et al., MHA, 4. Aufl., § 96 Rn. 47.

keine objektiv zumutbaren Alternativen für die Verarbeitung bestehen.[660] Eine zwingende Notwendigkeit wird gerade nicht verlangt. In diesem Zusammenhang sei der Grundsatz der Datenminimierung nach Art. 5 Abs. 1 lit. c DSGVO zu beachten (vgl. Dritter Teil, § 10).[661] Erforderlich ist die Prüfung, ob die konkrete Datenverarbeitung zur Zweckerreichung geeignet ist und keine milderen Mittel zur Verfügung stehen, die im konkreten Einzelfall vorzuziehen sind. Wenn die Datenverarbeitung auf weniger eingreifende Mittel gestützt werden kann, dann ist die Datenverarbeitung nicht erforderlich (vgl. ErwG 39 S. 7). Gibt es andere zumutbare Möglichkeiten, um den konkreten Zweck zu erfüllen, so ist diese Alternative zu nutzen. Bezogen auf das Bewerberverhältnis dürfen demnach nur die personenbezogenen Daten verarbeitet werden, die für die Beurteilung benötigt werden, ob der Bewerber für die konkrete Stelle geeignet ist. Dies ist für jeden Einzelfall zu bewerten (vgl. Beispiele im Vierten Teil, § 24).

## D. Interessenabwägung

Neben dem Erfordernis eines berechtigten Interesses und der Erforderlichkeit ist abschließend entscheidend, dass die Interessen des Verantwortlichen bzw. des Dritten mit den Interessen der betroffenen Person, d. h. des Bewerbers, abgewogen werden. Der EuGH hatte zur DSRL entschieden, dass für die Frage der Abwägung maßgeblich auf die konkreten Umstände des Einzelfalles abzustellen ist.[662] Unter der Geltung der DSGVO kann nichts anderes gelten.

Damit Art. 6 Abs. 1 S. 1 lit. f DSGVO als Erlaubnisnorm fungieren kann, dürfen die Interessen oder Grundrechte und Grundfreiheiten der betroffenen Person gegenüber den Interessen des Verantwortlichen bzw. des Dritten nicht überwiegen. Daraus folgt, dass die Erlaubnisnorm auch dann einschlägig ist, wenn die Interessen der Parteien als gleichwertig einzustufen sind.[663] Ein Überwiegen der Interessen des Verantwortlichen ist nicht erforderlich, wie sich aus dem Wortlaut „*sofern nicht*" ergibt.

660 *Britz/Indenhuck*, in: Taeger, DSRITB 2018, 231, 239; *Härting/Gössling/Dimov*, ITRB 2017, 169; *Johnson/Brechtel*, ITRB 2019, 208, 209; *Marsch*, in: Sydow, DSGVO/BDSG, § 4 BDSG, Rn. 21 ff. (Kosten sind kein Kriterium und es dürfe nicht nach „datenverarbeitungsexternen milderen Mitteln" gefragt werden); *Schantz*, in: Simitis et al., Datenschutzrecht, Art. 6 Abs. 1, Rn. 100; *Schmidt*, jurisPR-ITR 22/2019, Anm. 5; *von dem Bussche*, in: v. d. Bussche/Voigt, Konzerndatenschutz, Teil 3, Kap. 3, Rn. 58.

661 EuGH, Urt. v. 11.12.2019 – C-708/18, Rn. 31, 48, BeckRS 2019, 31011 – Asociatia; *Richter*, in: Jandt/Steidle, Datenschutz, Teil B, II., Rn. 63.

662 EuGH, Urt. v. 04.05.2017 – C-13/16, Rn. 31, BeckRS 2017, 108615 – Rīgas satiksme.

663 OLG Karlsruhe, Urt. v. 23.02.2021 – 14 U 3/19, Rn. 29, BeckRS 2021, 2940; *Beckers*, ZWE 2019, 297, 299; *Gosch*, Besondere Kategorien, S. 102; *Härting/Gössling/Dimov*, ITRB 2017, 169, 170; *Spindler/Dalby*, in: Spindler/Schuster, Elektron. Medien, DSGVO, Art. 6 Rn. 18; aA wohl BVerwG, Urt. v. 27.03.2019 – 6 C 2.18, Rn. 47, NJW 2019, 2556 m. Anm. Kühling/Sackmann.

Nach teilweiser Ansicht soll bei der Interessenabwägung der gleiche Maßstab wie bei der Abwägung nach § 26 Abs. 1 S. 1 BDSG angelegt werden.[664] Allerdings ist zu beachten, dass es sich vorliegend um eine unmittelbar anwendbare europäische Vorschrift handelt. Aus diesem Grund sind bei der Interessenabwägung künftig europarechtliche Maßstäbe (insb. die Artt. 7 und 8 GRCh auf Seiten des Bewerbers) heranzuziehen, sodass die deutschen Rechtsinstitute und Grundrechte grundsätzlich nicht zur Anwendung gebracht werden können (Beachtung des Art. 52 Abs. 4 GRCh).[665] Dies ergibt sich daraus, dass eine europarechtliche Verordnung ausgelegt wird (vgl. Art. 52 Abs. 1 S. 1 GRCh). Während sich der Verantwortliche nur auf berechtigte Interessen stützen kann, kann sich der Bewerber auf jedes für ihn maßgebliche Interesse berufen, ohne dass es darauf ankommt, ob dieses „*berechtigt*" ist, solange dieses Interesse den Schutz personenbezogener Daten erfordert.[666] Dies ist gerechtfertigt, da grundsätzlich von einer „*Schutzwürdigkeit der Betroffeneninteressen*" auszugehen ist.[667] ErwG 47 S. 1 Hs. 2 besagt, dass die vernünftigen Erwartungen der betroffenen Personen zu berücksichtigen sind, die auf ihrer Beziehung zu dem Verantwortlichen beruhen. Mit dieser vernünftigen Erwartung wird das Verhältnis der betroffenen Person zu dem Verantwortlichen beschrieben, wobei aus objektiver Sicht eines Bewerbers der Erwartungshorizont ermittelt werden muss.[668] Die *Datenschutzkonferenz* erkennt dabei an, dass die Erwartungen der betroffenen Personen nicht durch die Informationen nach den Artt. 13 und 14 DSGVO erweitert werden können.[669] Der Grund, wieso der europäische Gesetzgeber auf die vernünftigen Erwartungen der betroffenen Personen abstellt, ist, dass solche Verarbeitungen weniger belastend in die Rechte der betroffenen Person eingreift. Die betroffene

664 *Gola*, NZA 2019, 654, 655; *Richter*, in: Jandt/Steidle, Datenschutz, Teil B, II., Rn. 67.

665 EuGH, Urt. v. 13.05.2014 – C-131/12, Rn. 74, CR 2014, 460 – Google Spain; BVerfG, Beschl. v. 06.11.2019 – 1 BvR 276/17, Rn. 42 ff., EuZW 2019, 1035 – Recht auf Vergessen II; VGH München, Beschl. v. 21.05.2019 – 17 P 18.2581, Rn. 66, BeckRS 2019, 15935; LG Frankfurt a. M., Urt. v. 28.06.2019 – 2-03 O 315/17, Rn. 42, ZD 2019, 410; *Broy/Heinson*, in: Weth et al., Daten- und Persönlichkeitsschutz, B, II., Rn. 16 ff.; aA *von dem Bussche*, in: v. d. Bussche/Voigt, Konzerndatenschutz, Teil 3, Kap. 3, Rn. 59 (sowohl GG, EMRK und GRCh).

666 *Spindler/Dalby*, in: Spindler/Schuster, Elektron. Medien, DSGVO, Art. 6 Rn. 17; weitergehend *Schantz*, in: Simitis et al., Datenschutzrecht, Art. 6 Abs. 1, Rn. 101 (alle Folgen eines Eingriffs zu berücksichtigen).

667 *Britz/Indenhuck*, in: Taeger, DSRITB 2018, 231, 239; *Dregelies*, AfP 2019, 298, 300; *Engelhardt/Riess*, ZD-Aktuell 2018, 06349; aA *Richter*, in: Jandt/Steidle, Datenschutz, Teil B, II., Rn. 67.

668 *Herfurth*, ZD 2018, 514, 518 („gemischt subjektivobjektiver Maßstab"); *Oberlin/Lezzi*, BvD-News, 1/2019, 45, 49; *PlathStruck*, in: Plath, Art. 6 DSGVO, Rn. 66; aA EuGH, Urt. v. 11.12.2019 – C-708/18, Rn. 58, BeckRS 2019, 31011 – Asociatia (zur DSRL wurde auf die betroffene Person abgestellt); *DSK*, OH Direktwerbung, S. 4 (auf subjektive Erwartung der betroffenen Person abzustellen).

669 *DSK*, OH Direktwerbung, S. 4; ebenso *Britz/Indenhuck*, in: Taeger, DSRITB 2018, 231, 239; *Eckhardt*, K&R 2019, 289, 292; *Herfurth*, ZD 2018, 514, 518; kritisch *Schantz*, in: Simitis et al., Datenschutzrecht, Art. 6 Abs. 1, Rn. 108.

Person rechnet mit dieser Verarbeitung und ist demnach weniger schutzwürdig. Gerade bei Bewerbungsportalen, in denen der Bewerber seine Daten eintragen kann, ist sicherzustellen, dass die Informationspflichten nach Art. 13 Abs. 1, 2 DSGVO erfüllt werden. In diesem Zusammenhang sind auf alle Verarbeitungszwecke durch den möglicherweise zukünftigen Arbeitgeber als Verantwortlichen hinzuweisen. Durch diese Information kann der Erwartungshorizont des Bewerbers entsprechend beeinflusst werden.

Ein weiterer maßgeblicher Indikator für die Interessenabwägung ist der Umfang der verarbeiteten Daten durch den Verantwortlichen. Je mehr personenbezogene Daten über eine betroffene Person verarbeitet werden, desto eher fällt die Interessenabwägung zugunsten der betroffenen Person aus. Umfassende Persönlichkeitsprofile eines Bewerbers sind demnach grundsätzlich nicht statthaft, da diese zu sehr in die Rechte des Bewerbers eingreifen. Eine negative Interessenabwägung für den Verantwortlichen kann auch dadurch entstehen, wenn durch die Kenntnis des früheren Gehalts des Bewerbers eine schlechtere Verhandlungsposition für den Bewerber besteht.[670] Dies hat der EuGH anerkannt, da durch die Veröffentlichung des beruflichen Einkommens die betroffenen Personen in ihren Einstellungsmöglichkeiten geschädigt werden können.[671] Entscheidend ist auch, wie die Daten verarbeitet werden. Erfolgt die Erhebung von personenbezogenen Daten heimlich, so greift diese Vorgehensweise stärker in die Rechte der betroffenen Person, als wenn die Daten mit Kenntnis der Person verarbeitet werden.[672] Dies bedeutet aber nicht, dass eine heimliche Verarbeitung stets unzulässig ist. Vielmehr wird durch Art. 14 DSGVO die fehlende Transparenz im Nachgang wiederhergestellt. Es ist immer auf den Gesamtkontext der Verarbeitung abzustellen. Hat der Bewerber seine Daten öffentlich zugänglich gemacht, so ist dieser Umstand bei der Interessenabwägung berücksichtigen, da in diesem Fall die Beeinträchtigung der Grundrechte als geringer einzustufen ist. Denn nur weil die Daten öffentlich sind, bedeutet dies keinen „*Freibrief*" für deren Verarbeitung. Vielmehr bedarf es in diesem Fall auch einer Interessenabwägung im Einzelfall (vgl. Vierter Teil, § 20).

Der Verantwortliche kann die Interessenabwägung auch dadurch beeinflussen, indem er Maßnahmen ergreift, um den Eingriff in die Rechte der betroffenen Person abzuschwächen. So würde ein voraussetzungsloses Widerspruchsrecht oder eine Pseudonymisierung, positiv in die Interessenabwägung für den Verantwortlichen gewertet.[673] Wenn der Arbeitgeber bereits bei der Stellenausschreibung darauf verweist, dass ein Social-Media-Screening durchgeführt wird, sobald sich eine Person auf dieses Angebot bewirbt, so könnte der Bewerber

---

670 *Dallmann/Busse*, ZD 2019, 394, 397; *Schantz*, in: Simitis et al., Datenschutzrecht, Art. 6 Abs. 1, Rn. 106 f.

671 EuGH, Urt. v. 20.05.2003 – C-465/00, C-138/01, C-139/01, Rn. 89, Slg. 2003, I-4989, EuR 2004, 276 – Österreichischer Rundfunk.

672 *Schantz*, in: Simitis et al., Datenschutzrecht, Art. 6 Abs. 1, Rn. 111.

673 *Conrad/Treeger*, in: Auer-Reinsdorff/Conrad, IT- und Datenschutzrecht, § 34 Rn. 179; *Schantz*, in: Simitis et al., Datenschutzrecht, Art. 6 Abs. 1, Rn. 114.

bereits vor dem Screening von diesem voraussetzungslosen Widerspruchsrecht profitieren.

## E. Widerspruchsrecht

Sofern der Arbeitgeber sich auf die Erlaubnisnorm des Art. 6 Abs. 1 S. 1 lit. f DSGVO stützen kann, ist der Bewerber als betroffene Person dennoch nicht schutzlos gestellt. Vielmehr wird ihm in Art. 21 Abs. 1 S. 1 DSGVO ein Widerspruchsrecht eingeräumt, auf das er nach Art. 21 Abs. 4 Hs. 1 DSGVO zum Zeitpunkt der ersten Kommunikation, d. h. in den meisten Fällen bei der Stellenausschreibung selbst, ausdrücklich hingewiesen werden muss. Nach Art. 21 Abs. 1 S. 1 Hs. 1 DSGVO hat die betroffene Person das Recht, aus Gründen, die sich aus ihrer besonderen Situation ergeben, jederzeit gegen die Verarbeitung sie betreffender personenbezogener Daten, die aufgrund von Art. 6 Abs. 1 S. 1 lit. e oder f DSGVO erfolgt, Widerspruch einzulegen. Der Bewerber ist bereits vor Beginn der Datenverarbeitung durch den Verantwortlichen berechtigt, Widerspruch gegen die Verarbeitung einzulegen.[674] Denn nach dem Wortlaut ist es der betroffenen Person *„jederzeit*“ möglich Widerspruch einzulegen. Dies kann insbesondere dann bedeutsam werden, wenn in der Stellenausschreibung bereits darauf hingewiesen wird, dass der Arbeitgeber ein Social-Media-Screening, welches er auf Art. 6 Abs. 1 S. 1 lit. f DSGVO stützt, durchführen will.

Art. 21 DSGVO bietet demnach für die betroffene Person die Möglichkeit, eine möglicherweise an sich richtige und zulässige Datenverarbeitung unter bestimmten Umständen zu unterbinden (vgl. ErwG 69 S. 1).[675] Mit dem Widerspruchsrecht kann eine ursprüngliche Abwägungsentscheidung korrigiert werden.[676] Nach zutreffender, aber umstrittener Auffassung muss das Widerspruchsrecht erst recht gelten, wenn sich der Verantwortliche in rechtswidriger Weise auf die berechtigten Interessen nach Art. 6 Abs. 1 S. 1 lit. f DSGVO beruft, da eine solche Handlung stärker in die Rechte der betroffenen Person eingreift.[677] Dies entspricht dem Wortlaut des Art. 21 Abs. 1 S. 1 Hs. 2 DSGVO, wonach die Ver-

---

674 *Atzert*, in: Schwartmann et al., Art. 21 DSGVO, Rn. 36; *Herbst*, in: Kühling/Buchner, Art. 21 DSGVO, Rn. 16 („jederzeit“); *Robrahn/Bremert*, ZD 2018, 291, 296.

675 *Helfrich*, in: Sydow, DSGVO/BDSG, Art. 21 DSGVO, Rn. 7 ff. (Hinweise zur Gesetzeshistorie); *Munz*, in: Taeger/Gabel, Art. 21 DSGVO, Rn. 1. Vgl. *Schulz*, in: Gola/Heckmann, DSGVO/BDSG, Art. 21 DSGVO, Rn. 9 zur missglückten deutschen Übersetzung des ErwG 69 S. 1.

676 *Herbst*, in: Kühling/Buchner, Art. 21 DSGVO, Rn. 15.

677 *Atzert*, in: Schwartmann et al., Art. 21 DSGVO, Rn. 19; *Herbst*, in: Kühling/Buchner, Art. 21 DSGVO, Rn. 4 (Wahlrecht); *Kramer*, in: Auernhammer, Art. 21 DSGVO, Rn. 18 („Schutzinstrument“); *Martini*, in: Paal/Pauly, Art. 21 DSGVO, Rn. 24 ff. (mit dogmatischer Begründung); aA *Forgó*, in: BeckOK DatenSR, DSGVO, 48. Ed. 01.02.2024, Art. 21 Rn. 2 (kein „weiteres Instrument gegen rechtswidrige Verarbeitungen“); *Veil*, in: Gierschmann et. al., DSGVO, Art. 21 Rn. 26, 72 (ErwG 69 ist eindeutig).

arbeitung „*aufgrund von Artikel 6 Absatz 1 Buchstaben e oder f erfolgt*". Der Verantwortliche stützt sich für diese Verarbeitung auf einer dieser Normen, auch wenn herauskommt, dass die Voraussetzungen dieser Erlaubnisnorm nicht gegeben sind. Auch der Wortlaut hinsichtlich des Profiling nach Art. 21 Abs. 1 S. 1 Hs. 2 DSGVO spricht für diese Auffassung, da das Profiling „*auf diese Bestimmungen*" gestützt wird. Mit diesen Bestimmungen sind die Erlaubnisnormen des Art. 6 Abs. 1 S. 1 lit. e und f DSVGO gemeint.

Entscheidend für das Widerspruchsrecht ist, dass sich die Verarbeitung ausschließlich auf Art. 6 Abs. 1 S. 1 lit. e oder f DSGVO stützt.[678] Ist eine Erlaubnisnorm nach Art. 6 Abs. 1 S. 1 lit. a bis d DSGVO erfüllt, so ist ein Widerspruchsrecht nicht mehr möglich. Wenn eine Datenverarbeitung aufgrund vorvertraglicher Maßnahmen i. S. d. Art. 6 Abs. 1 S. 1 lit. b Var. 2 i. V. m. Art. 88 Abs. 1 DSGVO i. V. m. § 26 Abs. 1 S. 1 Var. 1 BDSG erforderlich ist, so kann ein Widerspruch diese Datenverarbeitung nicht beenden. Dies kann durch den Wortlaut des Art. 21 Abs. 1 DSGVO begründet werden, wonach die Verarbeitung „*aufgrund von Artikel 6 Absatz 1 Buchstaben e oder f erfolgt*". Zudem ist die Norm teleologisch darauf gerichtet, ein Widerspruchsrecht denjenigen betroffenen Personen einzuräumen, bei denen die Datenverarbeitung auf einer generellen Interessenabwägung erfolgt. Sowohl Art. 6 Abs. 1 S. 1 lit. e als auch f DSGVO liegt eine generelle Betrachtung zugrunde. Art. 21 Abs. 1 DSGVO soll dazu beitragen, die Individualinteressen bei der Abwägungsentscheidung zu berücksichtigen.

Durch den erfolgten Widerspruch hat der Bewerber das „*Recht*", die Einschränkung der Verarbeitung (vgl. Legaldefinition in Art. 4 Nr. 3 DSGVO) nach Art. 18 Abs. 1 lit. d DSGVO vom Verantwortlichen zu verlangen. Dies bedeutet, dass der Bewerber dieses Recht aktiv wahrnehmen muss. Hingegen muss nach *Atzert* der Verantwortliche die Daten nach Art. 18 Abs. 1 lit. d DSGVO einschränken, da durch den Widerspruch der betroffenen Person, welcher zu einem Verarbeitungsverbot führt, zugleich als Minus die Aufforderung zur Einschränkung der Verarbeitung nach Art. 18 Abs. 1 lit. d DSGVO verbunden ist.[679]

## I. Besondere Situation des Bewerbers

Die erfolgreiche Durchsetzung des Widerspruchsrechts erfordert, dass die betroffene Person eine „*besondere Situation*" darlegt. Der EuGH hatte zum damaligen Art. 14 Abs. 1 lit. a DSRL entschieden, dass für die Bejahung dieser Anwendungsvoraussetzung nicht entscheidend ist, ob der betroffenen Person durch die Verarbeitung (im konkreten Fall: Einbeziehung der betreffenden Information

---

678 *Herbst*, in: Kühling/Buchner, Art. 21 DSGVO, Rn. 12; *Martini*, in: Paal/Pauly, Art. 21 DSGVO, Rn. 28.

679 *Atzert*, in: Schwartmann et al., Art. 21 DSGVO, Rn. 40 (Betroffenenrechte sollen diskriminierungsfrei erteilt werden und es würde gegen Treu und Glauben nach Art. 5 Abs. 1 lit. a verstoßen, wenn die betroffene Person das Recht explizit wahrnehmen müsste); aA *Veil*, in: Gierschmann et. al., DSGVO, Art. 21 Rn. 94.

in die Ergebnisliste) ein Schaden entstanden ist. Vielmehr ergebe sich in dem konkreten Fall aus den Artt. 7, 8 GRCh, dass die betroffene Person ein Recht hat, dass die Informationen nicht mehr einer breiten Öffentlichkeit zugänglich gemacht werden. Dieses Interesse überwiege auch dem wirtschaftlichen Interesse des Verantwortlichen.[680] Der EuGH nimmt damit eine Abwägung vor. Als Abwägungskriterien werden insbesondere die Art der betreffenden Information, die Sensibilität für das Privatleben und das Interesse der Öffentlichkeit am Zugang zu den Informationen genannt.[681]

Ausgehend von dem Wortlaut des Art. 21 Abs. 1 S. 1 DSGVO ist zunächst eindeutig, dass sich die besondere Situation auf die betroffene Person beziehen muss und nicht eine allgemeine Situation beschreibt. Dies ergibt sich aus der Formulierung „*ihrer*". Diese Situation ist zum Zeitpunkt der ursprünglichen Abwägung durch den Verantwortlichen noch nicht bekannt gewesen, da die ursprüngliche Abwägung ansonsten nicht positiv für den Verantwortlichen ausgefallen wäre.[682] Diese Situation soll sich aus veränderten Umständen, durch eine nachträglich veränderte Eingriffsqualität oder auch durch eine neue Gefährdungslage ergeben.[683] *Kamann/Braun* definieren die besondere Situation als eine Situation, „*durch welche sich die betroffene Person in außerordentlicher, spezifischer und individueller Weise von der Situation anderer Personen unterscheidet*".[684] Eine solche Situation kann in einer „*familiären, gesellschaftlichen, sozialen, wirtschaftlichen, rechtlichen oder sonst wie faktischen Sondersituation*" liegen.[685] Dabei sollen subjektive Befindlichkeiten nicht ausreichen. Vielmehr müsse sich für einen verständigen Dritten aufdrängen, dass es sich hierbei für die betroffene Person um eine besondere Situation bzw. eine Gefährdungssituation handele. Auch *Atzert* geht bei dem Begriff von einem vom „*Normalfall abweichenden Sonderfall*" aus, wobei dieser Begriff ausschließlich in Abhängigkeit von dem konkreten Sachverhalt zu bestimmen sei.[686]

*Martini* ist der Ansicht, dass dieser Begriff auf die Rechte und Freiheiten der betroffenen Personen und insbesondere auf die Persönlichkeitsrechte Bezug nimmt.[687] Demnach muss es sich um eine atypische Situation handeln, wobei als Beispiele die familiären Umstände oder schutzwürdige geschäftliche Geschäftsgeheimnisse genannt werden. Um die grundsätzliche Zulässigkeit der Verarbeitung durch den Verantwortlichen nicht zu untergraben, dürfe der Begriff

680 EuGH, Urt. v. 13.05.2014 – C-131/12, Rn. 99, NJW 2014, 2257, 2260 – Google Spain; ebenso *Kamann/Braun*, in: Ehmann/Selmayr, Art. 21 Rn. 19.

681 *Nolte*, NJW 2014, 2238, 2241.

682 *Kamlah*, in: Plath, Art. 21 DSGVO, Rn. 5.

683 *Atzert*, in: Schwartmann et al., Art. 21 DSGVO, Rn. 25.

684 *Kamann/Braun*, in: Ehmann/Selmayr, Art. 21 Rn. 20.

685 Ebenso *Munz*, in: Taeger/Gabel, Art. 21 DSGVO, Rn. 14.

686 *Atzert*, in: Schwartmann et al., Art. 21 DSGVO, Rn. 22; ähnlich *Veil*, in: Gierschmann et. al., DSGVO, Art. 21 Rn. 1 („Härtefall").

687 *Martini*, in: Paal/Pauly, Art. 21 DSGVO, Rn. 30; ähnlich *Herbst*, in: Kühling/Buchner, Art. 21 DSGVO, Rn. 15; *Trentmann*, CR 2017, 26, 32.

nicht extensiv ausgelegt werden. Dies entspricht auch anderen Stimmen in der Literatur, die die „*besonderen Umstände*" ebenfalls eng auslegen wollen und hohe Anforderungen aufstellen.[688] Als Beispiele werden die Teilnahme an einem Zeugenschutzprogramm oder das Wohnen in einem Frauenhaus genannt. Teilweise wird auch verlangt, dass mit der Datenverarbeitung eine Gefahr für Leib oder Leben, das Eigentum oder eine andere bedeutsame Rechtsposition besteht, eine Rufgefährdung möglich ist bzw. Daten nach Art. 9 DSGVO betroffen sind. Eine bloße Erkrankung oder ein wirtschaftliches Interesse soll dagegen nicht ausreichen.

Um diese besondere Situation überprüfen zu können, wird in der datenschutzrechtlichen Literatur verlangt, dass die betroffene Person ihr Widerspruchsrecht begründet und darlegt, warum die Verarbeitung unterbunden werden soll.[689] Die Darlegungspflicht bestehe nur für die Gründe der besonderen Situation, nicht hingegen für das Überwiegen gegenüber den schutzwürdigen Gründen des Verantwortlichen. Nach *Forgó* ist es nicht ausreichend, dass die betroffene Person die Verarbeitung schlicht nicht mehr wünscht und sich auf ihr Grundrecht nach Art. 8 GRCh beruft.[690] Nach Ansicht des LG Bochum sind an den Widerspruch hingegen keine hohen Anforderungen zu stellen. Hiernach sei es ausreichend, wenn die betroffene Person die Verarbeitung schlicht nicht wünscht, dies ausführt und derart sein Grundrecht auf Schutz personenbezogener Daten (Art. 8 GRCh) ausübt.[691] Auch *Munz* geht aufgrund der Verlagerung der Darlegungslast auf den Verantwortlichen davon aus, dass die Rechte der betroffenen Personen gestärkt werden sollten und deshalb keine allzu hohen Anforderungen an die Gewichtigkeit der besonderen Situation zu stellen sei.[692]

Es ist fraglich, ob eine enge Auslegung des Begriffs der „*besonderen Situation*" geboten ist. Nach dem Wortlaut der Norm wird keine Aussage dahingehend getroffen, welche Anforderungen an die besondere Situation gestellt werden sollen. ErwG 69 S. 1 besagt, dass „*jede betroffene Person [...] das Recht haben [sollte], Widerspruch gegen die Verarbeitung der sich aus ihrer besonderen Situation ergebenden personenbezogenen Daten einzulegen*". Der Erwägungs-

688 *Kamlah*, in: Plath, Art. 21 DSGVO, Rn. 5; *Rüpke*, in: Rüpke et al., Datenschutzrecht, § 12 Rn. 14; *Veil*, in: Gierschmann et. al., DSGVO, Art. 21 Rn. 68 ff.; *Walter*, zfm 2019, 179, 183 f.; aA *Caspar*, in: Simitis et al., Datenschutzrecht, Art. 21 DSGVO, Rn. 7 („rein prozedurale Vorgabe"). Zum BDSG a. F. OLG Düsseldorf, Urt. v. 13.02.2015 – I-16 U 41/14, Rn. 35 – juris.

689 *Kamann/Braun*, in: Ehmann/Selmayr, Art. 21 Rn. 35 („qualifizierte Darlegung"); *Martini*, in: Paal/Pauly, Art. 21 DSGVO, Rn. 19a („nachvollziehbar widerspiegeln"); *Schaffland/Holthaus*, in: Schaffland/Wiltfang, 6. Ergänzungslieferung 2024, Art. 21 DSGVO, Rn. 2 („in einer plausiblen nachvollziehbaren Weise").

690 *Forgó*, in: BeckOK DatenSR, DSGVO, 48. Ed. 01.02.2024, Art. 21 Rn. 8 (aA 36. Ed.); wohl anders *Caspar*, in: Simitis et al., Datenschutzrecht, Art. 21 DSGVO, Rn. 7; ebenso BGH, Vorlagebeschl. v. 27.07.2020 – VI ZR 476/18, Rn. 31, NJW 2020, 3444.

691 LG Bochum, Urt. v. 22.01.2020 – 2 O 186/19, Rn. 15, BeckRS 2020, 58911.

692 *Munz*, in: Taeger/Gabel, Art. 21 DSGVO, Rn. 16.

grund geht davon aus, dass zunächst jede Person Widerspruch gegen die Verarbeitung seiner personenbezogenen Daten einlegen können muss. Wenn an das Merkmal der *„besonderen Situation*" hohe Anforderungen gestellt werden würden, wäre dieses Merkmal in den meisten Fällen nicht erfüllt.[693] Die Wortbedeutung *„besonders*" deutet darauf hin, dass es sich um eine Situation handelt, die auf die konkrete Situation der einzelnen betroffenen Person abstellt. Nach dem Duden kann der Begriff auch mit *„eigenartig*" bzw. *„individuell*" umschrieben werden.[694] Auch die englische Übersetzung (*„particular*") bezieht sich nur auf eine individuelle Person.[695] Die Situation unterscheidet sich demnach von der Situation, die der Verantwortliche bei der ersten Interessenabwägung zugrunde gelegt hat. Hier konnte der Verantwortliche nur eine allgemeine Interessenabwägung vornehmen, ohne auf den konkreten Einzelfall abzustellen. Die besondere Situation stellt demnach nach dem Wortlaut auf diesen konkreten Einzelfall der betroffenen Person ab. Ein systematischer Vergleich zu Art. 21 Abs. 2 DSGVO zeigt jedoch, dass an das Merkmal andere Anforderungen geknüpft sein sollen. Während bei dem Widerspruch gegen die Direktwerbung keine Gründe von der betroffenen Person vorgetragen werden müssen und es demnach ausreicht, dass die betroffene Person die Datenverarbeitung schlicht nicht mehr wünscht, sind bei Art. 21 Abs. 1 DSGVO besondere Gründe darzustellen. Der Verantwortliche hat bereits im Rahmen der ersten Abwägung nach Art. 6 Abs. 1 S. 1 lit. f DSGVO die allgemeinen Interessen der betroffenen Person berücksichtigt. Dies bedeutet, dass der Gesetzgeber zunächst davon ausgeht, dass die Datenverarbeitung rechtmäßig erfolgen kann. Erst im Rahmen der Abwägung in Art. 21 Abs. 1 DSGVO ist nun eine einzelfallbezogene Abwägung erforderlich, in der die besonderen Gründe der einzelnen betroffenen Person berücksichtigt werden, die vorher von dem Verantwortlichen nicht bekannt waren. Der Begründungsaufwand muss daher *„über eine bloße und isolierte Ablehnung der Datenverarbeitung hinausgehen*", da der Gesetzgeber ein *„voraussetzungsloses Widerspruchsrecht*" nur in Art. 21 Abs. 2 DSGVO anerkannt hat.[696] Bezogen auf die Bewerbungsphase können insbesondere unvorteilhafte Fotos (z. B. Partyfotos) im Internet als besondere Gründe des Bewerbers genannt werden. Aber auch Informationen, die nicht von dem Bewerber willentlich veröffentlicht worden sind, müssen im Rahmen des Widerspruchs Berücksichtigung finden.

## II. Zwingende schutzwürdige Gründe des Arbeitgebers

Wenn die betroffene Person eine besondere Situation vorweisen kann, dann darf der Verantwortliche nach Art. 21 Abs. 1 S. 2 DSGVO die personenbezogenen Daten grundsätzlich nicht mehr verarbeiten. Eine Ausnahme besteht jedoch,

---

693 Ebenso *Caspar*, in: Simitis et al., Datenschutzrecht, Art. 21 DSGVO, Rn. 7.

694 Definition „besonders" beim Duden-Online, https://tinyurl.com/y6dc99lv.

695 Definition „particular" bei Encyclopedia („Used to single out an individual member of a specified group or class"), https://tinyurl.com/yujjwe44.

696 *Robrahn/Bremert*, ZD 2018, 291, 296.

wenn der Verantwortliche zwingende schutzwürdige Gründe für die Verarbeitung nachweisen kann, die die Interessen, Rechte und Freiheiten der betroffenen Person überwiegen, oder die Verarbeitung der Geltendmachung, Ausübung oder Verteidigung von Rechtsansprüchen dient. Erforderlich ist zunächst, dass der Verantwortliche keine *„zwingenden schutzwürdigen Gründe“* nachweisen kann. Eine Definition dieses Begriffes ist in der DSGVO nicht enthalten. Auch die vergleichbare Vorschrift in Art. 14 lit. a DSRL erfuhr keine Konkretisierung. Nach *Dammann/Simitis* zielte die damalige Regelung *„auf Fälle, bei welchem die Berechtigung zur Datenverarbeitung nicht so klar und unzweifelhaft feststeht, als daß nicht eine Beurteilung des konkreten Einzelfalls doch zu einer betroffenenfreundlicheren Lösung führen könnte“*.[697] Die englische Übersetzung des Begriffs *„schutzwürdig“* ist *„legitimate“*, welcher auch im Rahmen des Art. 6 Abs. 1 S. 1 lit. f DSGVO verwendet wird. Damit handelt es um berechtigte Interessen, sodass der Begriff *„schutzwürdig“* fehlleitend ist und vielmehr auf das Verständnis zu Art. 6 Abs. 1 S. 1 lit. f DSGVO und Art. 23 Abs. 1 DSGVO zurückgegriffen werden kann (vgl. Vierter Teil, § 21, B.).[698] Schutzwürdig sind damit insbesondere die Gründe, die vom Unionsrecht anerkannt sind.

Der Wortlaut *„zwingend“* geht von einem hohen Rechtfertigungsgrund aus, damit die Verarbeitung weiterhin betrieben werden darf. Auch *Martini* meint, dass es sich um legitime und von der Rechtsordnung gebilligte Gründe handeln muss (z. B. öffentliche Interessen), wobei die Voraussetzung verlangt, dass die Erreichung des verfolgten Ziels nicht anders als durch die vorliegende Verarbeitung erreicht werden könne.[699] *Kamann/Braun* legen den Begriff lediglich dahingehend aus, dass die vorgebrachten Gründe des Verantwortlichen in ihrer Wertigkeit den Interessen der betroffenen Person vorgehen müssen.[700] Aufgrund der Ausnahmeregelung müsse das Merkmal nach *Munz* restriktiv ausgelegt werden, sodass die Datenverarbeitung zwingend ist, wenn sie zu ihrer Verwirklichung erforderlich ist.[701]

Nach *Veil* sind die Gründe des Verantwortlichen zwingend, *„wenn der Wesensgehalt eines für ihn streitenden Grundrechts durch einen erfolgreichen Widerspruch angetastet würde“*.[702] Der Autor begründet dies mit ErwG 4 S. 2, wonach das Recht auf Schutz personenbezogener Daten nicht uneingeschränkt ist, sondern mit anderen Grundrechten im Einklang stehen müsse. Wenn der Verantwortliche demnach seine grundrechtlich geschützte Tätigkeit durch den Widerspruch nicht mehr ausüben könnte, wäre ein zwingender schutzwürdiger Grund gegeben. Auch aus den berechtigten Interessen nach Art. 6 Abs. 1 S. 1 lit. f

---

697 *Dammann/Simitis*, Art. 14 Erl. 2.

698 *Atzert*, in: Schwartmann et al., Art. 21 DSGVO, Rn. 48; *Herbst*, in: Kühling/Buchner, Art. 21 DSGVO, Rn. 20.

699 *Martini*, in: Paal/Pauly, Art. 21 DSGVO, Rn. 35 ff.; ebenso *Atzert*, in: Schwartmann et al., Art. 21 DSGVO, Rn. 48 f.; *Kramer*, in: Auernhammer, Art. 21 DSGVO, Rn. 26.

700 *Kamann/Braun*, in: Ehmann/Selmayr, Art. 21 Rn. 23.

701 *Munz*, in: Taeger/Gabel, Art. 21 DSGVO, Rn. 23, 25.

702 *Veil*, in: Gierschmann et. al., DSGVO, Art. 21 Rn. 77 ff.

DSGVO könnten sich solche Gründe ergeben. Daneben werden auch öffentliche Interessen, wie insbesondere gesetzliche Aufbewahrungsvorschriften anerkannt. Dieser Auffassung widersprechen Teile der Literatur, da davon ausgegangen wird, dass die Interessen höher als die Interessen in Art. 6 Abs. 1 S. 1 lit. e, f DSGVO zu veranschlagen seien.[703] Begründet wird dies damit, dass Art. 21 DSGVO ein Instrument gegen eine an sich zulässige Datenverarbeitung sei und es wäre widersprüchlich, wenn schon bei einfachen schutzwürdigen Interessen des Verantwortlichen das Tatbestandsmerkmal erfüllt wäre.

Insgesamt sprechen die besseren Argumente dafür, den Begriff „*zwingend*" an hohe Anforderungen zu knüpfen und im Verhältnis mit den Interessen der betroffenen Person zu bewerten. Der Gesetzgeber geht bei einem erfolgten Widerspruch durch die betroffene Person grundsätzlich davon aus, dass die Verarbeitung zu unterbleiben hat. Damit wird deutlich, dass das Verarbeitungsverbot durch den Widerspruch im Grundsatz dem Verarbeitungsinteresse des Arbeitgebers überwiegt. Nur in den Fällen, in denen der Arbeitgeber zwingende schutzwürdige Gründe vortragen kann, die Verarbeitung weiterzuführen, ist von einer Weiterverarbeitungserlaubnis auszugehen. Die betroffene Person, um dessen personenbezogene Daten es geht, muss daher im Vergleich zum Verantwortlichen weniger gewichtige Gründe vortragen als der Verantwortliche, der fremde personenbezogene Daten verarbeitet. Hat der Verantwortliche ein Interesse, welches es zwingend erforderlich erscheinen lässt, die personenbezogenen Daten zu verarbeiten, dann ist ihm dies nach dem Wortlaut möglich. Einen solch zwingenden Grund ist im Rahmen des Bewerbungsverhältnisses kaum denkbar und ist im jeweiligen Einzelfall zu betrachten.

## 1. Überwiegen der Bewerberinteressen

Die zwingenden schutzwürdigen Gründe des Verantwortlichen müssen geeignet sein, um die „*Interessen, Rechte und Freiheiten der betroffenen Person [zu] überwiegen*". Da die Gründe des Verantwortlichen „*überwiegen*" müssen, reicht eine Gleichgewichtigkeit der Gründe von Verantwortlichen und betroffener Person nicht aus.[704] Erforderlich ist, dass der Begriff „*zwingend*" im Kontext der Interessen der betroffenen Person auszulegen ist. Es hat demnach eine Interessenabwägung mit den neuen Gründen der betroffenen Person und den Interessen des Verantwortlichen zu erfolgen, wie der EuGH bereits unter der DSRL festgestellt hat.[705] Maßgebliche „*Interessen*" der betroffenen Person können nach der Literatur alle Interessen rechtlicher oder faktischer Natur sein, wie zum Beispiel

703 *Forgó*, in: BeckOK DatenSR, DSGVO, 48. Ed. 01.02.2024, Art. 21 Rn. 12 (nicht bloße Unannehmlichkeiten oder geringfügige Mehrkosten); *Laue/Nink/Kremer*, Datenschutzrecht, § 4 Rn. 75 („schwerwiegender, unumkehrbarer Nachteil").

704 *Robrahn/Bremert*, ZD 2018, 291, 296.

705 EuGH, Urt. v. 13.05.2014 – C-131/12, Rn. 99, NJW 2014, 2257, 2260 – Google Spain; *Caspar*, in: Simitis et al., Datenschutzrecht, Art. 21 DSGVO, Rn. 12 („Abwägung nach Maßgabe des Verhältnismäßigkeitsgrundsatzes").

familiäre oder gesellschaftliche Interessen, während es sich bei den *„Rechten und Freiheiten"* um alle *„relevanten Grundrechte, Grundfreiheiten sowie sekundärrechtlich gewährleisteten weiteren Rechte"* der betroffenen Person handelt.[706] Durch die Formulierung *„der betroffenen Person"* kann kein objektiver Maßstab angelegt werden, sondern entscheidend ist, dass die subjektiven Gegebenheiten der konkreten Person in die Abwägung einfließen. Im Zweifel sollen die Interessen der betroffenen Person vorgehen, sodass ein strenger Maßstab an die Interessenabwägung zu stellen ist.[707] Der Verantwortliche kann die Verarbeitung nur dann fortführen, wenn die Nichtverarbeitung keine Alternative ist und daher dringend geboten ist.

### 2. Rechtsansprüche des Arbeitgebers

Wenn die Verarbeitung nach Art. 21 Abs. 1 S. 2 Var. 2 DSGVO der *„Geltendmachung, Ausübung oder Verteidigung von Rechtsansprüchen"* des Verantwortlichen dient, muss keine Interessenabwägung erfolgen. Jedoch ist erforderlich, dass die Geltendmachung, Ausübung oder Verteidigung der Rechtsansprüche bereits stattfindet oder bevorsteht. Die bloß abstrakte Möglichkeit ist nicht ausreichend, sondern es muss eine gewisse Wahrscheinlichkeit gegeben sein, dass es tatsächlich zu einer Geltendmachung eines Rechtsanspruchs kommt.[708] Dies folgt aus der Formulierung *„dient"*. Unter die Rechtsansprüche können sowohl gerichtliche als auch außergerichtliche Ansprüche fallen (vgl. ErwG 52 S. 3).[709] Relevant werden kann dies in der Bewerbungsphase unter anderem dann, wenn es um die Ansprüche des Bewerbers nach dem AGG geht.

## § 22 Auftragsverarbeitungsvertrag, Art. 28 Abs. 3 DSGVO

Beim Einsatz eines Auftragsverarbeiters muss der Arbeitgeber als Verantwortlicher einen Auftragsverarbeitungsvertrag nach Art. 28 Abs. 3 DSGVO abschließen. Dies ist etwa dann der Fall, wenn ein Bewerbermanagement-Tool eingesetzt werden soll, dass nicht auf den eigenen IT-Systemen läuft, sondern auf dem System eines Dritten genutzt wird. Weiterhin kann der Fall vorliegen, dass sich der Arbeitgeber einem Personalberater bedient, der die Bewerbungsunterlagen nach den Vorgaben des Arbeitgebers vorsortieren soll.[710] Wenn der

706 *Kamann/Braun*, in: Ehmann/Selmayr, Art. 21 Rn. 24.

707 *Helfrich*, in: Sydow, DSGVO/BDSG, Art. 21 DSGVO, Rn. 67; *Herbst*, in: Kühling/Buchner, Art. 21 DSGVO, Rn. 22; *Martini*, in: Paal/Pauly, Art. 21 DSGVO, Rn. 38.

708 *Herbst*, in: Kühling/Buchner, Art. 21 DSGVO, Rn. 23; *Kamann/Braun*, in: Ehmann/Selmayr, Art. 21 Rn. 29; aA wohl *Forgó*, in: BeckOK DatenSR, DSGVO, 48. Ed. 01.02.2024, Art. 21 Rn. 15 (mögliche Geltendmachung ausreichend).

709 *Robrahn/Bremert*, ZD 2018, 291, 296 (Verweis auf Art. 49 Abs. 1 S. 1 lit. e).

710 *Diercks*, zfm 2019, 97, 104; *Göpfert/Dußmann*, NZA-Beilage 2016, 41, 45; *Lützeler/Kopp*, ArbRAktuell 2015, 491, 492; *Schröder*, Datenschutzrecht, S. 55.

Auftragsverarbeiter auf Weisung des Verantwortlichen personenbezogene Daten eines Bewerbers erhebt, dann liegt eine Erhebung auf Seiten des Verantwortlichen vor. Begründet werden kann dieses Ergebnis damit, dass nach Art. 4 Nr. 8 DSGVO der Auftragsverarbeiter *„eine natürliche oder juristische Person, Behörde, Einrichtung oder andere Stelle [ist], die personenbezogene Daten im Auftrag des Verantwortlichen verarbeitet“*. Der Auftragsverarbeiter ist damit als Teil des Verantwortlichen anzusehen, sodass die Tätigkeiten des Auftragsverarbeiters dem Verantwortlichen solange zuzurechnen ist, wie der Auftragsverarbeiter nach den Weisungen des Verantwortlichen handelt (vgl. Art. 29 DSGVO). Handelt der Auftragsverarbeiter entgegen den Weisungen des Verantwortlichen, so ist er in Bezug auf diese Verarbeitung als eigenständiger Verantwortlicher anzusehen (vgl. Art. 28 Abs. 10 DSGVO). Diese Weisungsgebundenheit bedeutet, dass der Auftragsverarbeiter nur als *„verlängerter Arm“* des Verantwortlichen tätig werden darf.[711] Der Verantwortliche bleibt durch den Einsatz eines Auftragsverarbeiters auch weiterhin selbst verantwortlich.

Fraglich ist, ob der Auftragsverarbeitungsvertrag eine eigenständige Erlaubnisnorm für die Weitergabe der personenbezogenen Daten des Arbeitgebers als Verantwortlichen an den Auftragsverarbeiter darstellt oder ob zusätzlich zu dem Vertrag auf eine andere gesetzliche Erlaubnisnorm zu rekurrieren ist. Diese Fragestellung wurde unter dem alten Recht unter dem Stichwort *„Privilegierung der Auftrags[daten]verarbeitung“* diskutiert. Die Privilegierung wird dabei so verstanden, dass keine zusätzliche Erlaubnisnorm für die Übermittlung[712] der personenbezogenen Daten an den Auftragsverarbeiter gegeben sein muss. Ausreichend ist, wenn der Verantwortliche eine Erlaubnisnorm für die Verarbeitung der Daten hätte, würde er die Daten bei sich verarbeiten.

## A. Privilegierungswirkung unter dem BDSG a. F.

Zum BDSG a. F. wurde überwiegend die Ansicht vertreten, dass die Weitergabe von personenbezogenen Daten vom Auftraggeber an den Auftragnehmer keiner gesonderten datenschutzrechtlichen Erlaubnisnorm bedurfte.[713] Vielmehr war ausreichend, dass der Verantwortliche zur Nutzung der personenbezogenen Daten berechtigt war und sich dafür auf eine Erlaubnisnorm stützen konnte. Wenn dies der Fall war, wirkte diese Erlaubnis auch für die durch den Auftragsverar-

---

711 *BayLfD*, Auftragsverarbeitung, S. 12; *Monreal*, PinG 2017, 216, 218.

712 Art. 4 Nr. 2 DSGVO: „Offenlegung durch Übermittlung, Verbreitung oder eine andere Form der Bereitstellung“; *Schmid/Freund*, ZD 2017, 14 („Übermittlung“ ist auf Dritte zu beschränken und Weitergabe von Daten an den Auftragsverarbeiter als „andere Form der Bereitstellung“ anzusehen; ebenso *Weth*, in: Weth et al., Daten- und Persönlichkeitsschutz, B., I., Rn. 55); *Martini*, in: Paal/Pauly, Art. 28 DSGVO, Rn. 9.

713 *Gola/Klug/Körffer*, in: Gola/Schomerus, BDSG, § 11 Rn. 3, 4; *Koós/Englisch*, ZD 2014, 276, 277; *Monreal*, PinG 2017, 216, 219 („legitimierungsprivilegierte Weitergabe“); *Petri*, in: Simitis, BDSG, § 11 Rn. 43; *Schmidt/Freund*, ZD 2017, 14; *von Holleben/Knaut*, CR 2017, 299, 300.

beiter erfolgenden Verarbeitungen, da Auftragsverarbeiter und Verantwortlicher als *„rechtliche Einheit"* betrachtet wurden. Dieses Ergebnis wurde auf die Formulierung des § 3 Abs. 8 S. 2 und 3 BDSG a. F. gestützt, welches eine Gesetzesfiktion darstellte. Hiernach war der Betroffene sowie Personen und Stellen, die im Inland in einem anderen Mitgliedstaat der Europäischen Union oder in einem anderen Vertragsstaat des Abkommens über den Europäischen Wirtschaftsraum personenbezogene Daten im Auftrag erheben, verarbeiten oder nutzen, nicht als Dritte anzusehen. Grundsätzlich bedurfte es nach § 4 Abs. 1 BDSG a. F. für die Erhebung, Verarbeitung und Nutzung personenbezogener Daten einer Erlaubnisnorm. Das Übermitteln personenbezogener Daten war ein Unterfall der Verarbeitung und wurde in § 3 Abs. 4 S. 2 Nr. 3 BDSG a. F. legaldefiniert. Danach war Voraussetzung, dass die Daten an einen *„Dritten"* übermittelt werden. Durch § 3 Abs. 8 S. 3 BDSG a. F. lag bei einer *„Übermittlung"* personenbezogener Daten an einen Auftragsdatenverarbeiter damit keine *„Übermittlung"* i. S. d. § 3 Abs. 4 S. 2 Nr. 3 BDSG a. F. und damit keine Verarbeitung i. S. d. § 4 Abs. 1 BDSG a. F. vor. Eine Erlaubnisnorm für die Übermittlung wurde demnach nicht benötigt.

Zu betonen ist allerdings, dass die zugrundeliegende DSRL das Tatbestandsmerkmal der Übermittlung nicht legaldefiniert hatte, sodass unter der DSRL die Möglichkeit bestand, dass auch die Weitergabe personenbezogener Daten an den Auftragsdatenverarbeiter als *„Übermittlung"* i. S. d. DSRL angesehen werden konnte.[714] Teilweise wurde behauptet, dass die Mitgliedstaaten einzelne Verarbeitungsvorgänge nicht aus dem Begriff der Verarbeitung herauslösen durften.[715]

## B. Privilegierungswirkung unter der DSGVO

Fraglich ist, ob unter der Geltung der DSGVO die Auftragsverarbeitung wie nach bisherigem Recht eine Privilegierung erfährt.

### I. Fehlende Privilegierung

Eine Ansicht in der Literatur geht davon aus, dass eine Privilegierung der Auftragsverarbeitung nicht mehr gegeben ist.[716] Vielmehr sei auf die Erlaubnisnormen des Art. 6 Abs. 1 DSGVO zu rekurrieren. Teilweise wird die Einwilligung

---

714 *Krohm/Müller-Peltzer*, RDV 2016, 307, 308.

715 *Monreal*, PinG 2017, 216, 221 (Verweis auf EuGH, Urt. v. 24.11.2011 – C-468/10, C-469/10, Rn. 32, EuZW 2012, 37 – ASNEF).

716 *Barlag*, in: Roßnagel, DSGVO, § 3 Rn. 4; *Buchholtz/Stentzel*, in: Gierschmann et al., Art. 4 Nr. 2, Rn. 2 f.; *Dovas*, ZD 2016, 512, 516; *Eckhardt/Kramer/Mester*, DuD 2013, 623, 626; *Helfrich*, Datenschutzrecht, Einführung, S. XXXVII; *Hofmann*, in: Roßnagel, Datenschutzrecht, § 5 Rn. 77; *Krohm/Müller-Peltzer*, RDV 2016, 307; *Piltz*, K&R 2016, 709, 712; *Roßnagel/Kroschwald*, ZD 2014, 495, 497; *Schwartmann/Hermann*, in: Schwartmann et al., Art. 4 DSGVO, Rn. 54; *Spoerr*, in: BeckOK DatenSR, DSGVO, 48. Ed. 01.02.2024, Art. 28 Rn. 31.

nach Art. 6 Abs. 1 S. 1 lit. a, Art. 7 DSGVO bzw. die Interessenabwägung nach Art. 6 Abs. 1 S. 1 lit. f DSGVO als passende Erlaubnisnorm für die Weitergabe der personenbezogenen Daten angesehen. Das berechtigte Interesse sei in der Auftragsverarbeitung selbst begründet, wenn die Voraussetzungen der Artt. 28 ff. DSGVO erfüllt seien.[717] Das effiziente Outsourcing diene der Wahrung des berechtigten Interesses des Verantwortlichen. Durch die Einhaltung der Vorschriften der Artt. 28 ff. DSGVO würden dem auch keine gegenläufigen Interessen von betroffenen Personen entgegenstehen. Auch die Trilog-Teilnehmer schienen davon auszugehen, dass sich die Zulässigkeit der Übermittlung der Daten an den Auftragnehmer nach Art. 6 Abs. 1 S. 1 lit. f DSGVO richte.[718]

Als Begründung für dieses Ergebnis wird der Wortlaut der DSGVO herangezogen, wonach eine Übermittlung eine Verarbeitung i. S. d. Art. 4 Nr. 2 DSGVO darstelle, die nach Art. 6 bzw. Art. 9 DSGVO zu rechtfertigen sei. Auch der Auftragsverarbeiter sei nur als Empfänger von Daten i. S. d. Art. 4 Nr. 9 DSGVO anzusehen, für die es einer Erlaubnisnorm bedürfe. Dies habe auch das BAG anerkannt, indem es urteilte, dass es für eine Datenverarbeitung unerheblich sei, ob die empfangende Stelle Dritter i. S. d. Art. 4 Nr. 9 DSGVO ist oder nicht.[719]

## II. Art. 28 Abs. 3 DSGVO als eigenständige Erlaubnisnorm

Teilweise wird durch den notwendig abzuschließenden Auftragsverarbeitungsvertrag die Vorschrift des Art. 28 Abs. 3 DSGVO als eigenständige Erlaubnisnorm angesehen.[720] Art. 28 DSGVO stelle eine lex specialis-Regelung zu Art. 6 und Art. 9 DSGVO dar. *Von Holleben/Knaut* argumentieren damit, dass Art. 28 DSGVO als eine Befreiung von dem grundsätzlichen Rechtfertigungsbedürfnis nach Art. 6 Abs. 1 DSGVO anzusehen sei.[721] *Bogendorfer* geht davon aus, dass Art. 6 und Art. 9 DSGVO teleologisch zu reduzieren und auf die Auftragsverarbeitung nicht anzuwenden seien.[722]

---

717 *Hofmann*, in: Roßnagel, Datenschutzrecht, § 5 Rn. 77; *Koós/Englisch*, ZD 2014, 276, 284; *Laue/Nink/Kremer*, Datenschutzrecht, § 5 Rn. 10; ähnlich *Werry/Knoblich*, MPR 2017, 1, 7.

718 So *Pohle*, jurisPR-DSR 2/2015 Anm. 4.

719 BAG, Beschl. v. 07.05.2019 – 1 ABR 53/17, Rn. 33, BeckRS 2019, 1816.

720 *Eckhardt/Kramer*, DuD 2013, 297, 291; *Gola*, RDV 2019, 73; *ders.*, Beschäftigtendatenschutz, Rn. 281; *Schmid/Freund*, ZD 2017, 14, 15; *Schneider*, in: Forgó et al., Datenschutz, Teil VII, Kap. 2, Rn. 42 f.; in diese Richtung bereits *Gola*, K&R 2017, 145, 149; *Rücker/Kugler*, DB 2016, 2767, 2768; *Spindler/Dalby*, in: Spindler/Schuster, Elektron. Medien, DSGVO, Art. 28 Rn. 2; ähnlich *Conrad/Treeger*, in: Auer-Reinsdorff/Conrad, IT- und Datenschutzrecht, § 34 Rn. 322; aA *Kremer*, in: Schwartmann et al., Art. 28 DSGVO, Rn. 73.

721 *Von Holleben/Knaut*, CR 2017, 299, 301; ebenso *Martini*, in: Paal/Pauly, Art. 28 DSGVO, Rn. 10.

722 *Bogendorfer*, in: Knyrim, DSGVO, S. 172 f.

Als Argument wird der Wortlaut des Art. 28 Abs. 3 DSGVO herangezogen. Hiernach erfolge die Auftragsverarbeitung *„auf der Grundlage eines Vertrags oder eines anderen Rechtsinstruments"*, wobei gerade kein Hinweis auf die Artt. 6 oder 9 DSGVO erfolge. Auch ErwG 81 S. 3 gehe von dieser Annahme aus, wonach die Durchführung einer Verarbeitung durch einen Auftragsverarbeiter auf der Grundlage eines Vertrages erfolgen sollte. Dies spreche dafür, dass für die Auftragsverarbeitung allein die Voraussetzungen der Artt. 28 ff. DSGVO zu erfüllen seien. Zudem wird darauf abgestellt, dass durch die Weisungsgebundenheit zwischen Verantwortlichen und Auftragsverarbeiter nach Art. 29 DSGVO deutlich werde, dass es keiner weiteren Beschränkung durch eine zusätzliche Erlaubnisnorm bedürfe. Auch die gemeinsame Haftung von Auftraggeber und Auftragsverarbeiter nach Art. 82 Abs. 1 DSGVO spreche für diese Auffassung.

*Monreal* sieht die Legitimation für die Weitergabe der personenbezogenen Daten an den Auftragsverarbeiter darin begründet, dass dem Verantwortlichen die Entscheidungsbefugnis darüber obliegt, zu entscheiden, mit welchen Mitteln er die Verarbeitung durchführt.[723] Dafür beruft er sich auf die Legaldefinition des Art. 4 Nr. 7 DSGVO, wonach der Verantwortliche *„über die Zwecke und Mittel der Verarbeitung von personenbezogenen Daten"* entscheiden könne. Zu den Mitteln der Verarbeitung zähle auch die Festlegung, mit welchem *„technischen Equipment die Verarbeitung"* und durch wen die Verarbeitungstätigkeiten durchgeführt werden sollen. Der Verantwortliche könne sich dafür entscheiden, ob er die Verarbeitung selbst durchführt oder ob er diese an einen versierten Auftragsverarbeiter delegiert.

## III. Privilegierung

Überwiegend wird in der datenschutzrechtlichen Literatur und auch von der *Datenschutzkonferenz* davon ausgegangen, dass unter der Geltung der DSGVO keine zusätzliche Erlaubnisnorm für die Übermittlung personenbezogener Daten an den Auftragsverarbeiter erforderlich sei. Soweit die Verarbeitung durch den Verantwortlichen selbst nach Art. 6 Abs. 1 und Art. 9 Abs. 2 DSGVO rechtmäßig sei, könne der Verantwortliche einen Auftragsverarbeiter einsetzen, soweit die Voraussetzungen der Artt. 28 ff. DSGVO erfüllt sind. Die Übermittlung wird nicht als eigener Akt der Verarbeitung angesehen, sondern als Teil der Verarbeitung durch den Verantwortlichen.[724] Auch das VG Mainz und das LAG Baden-

---

723 *Monreal*, PinG 2017, 216, 223 (legitimiert aus „gesetzlich festgelegten Rolle des Verantwortlichen").

724 *DSK*, Kurzpapier Nr. 13, S. 2; *BayLfD*, Auftragsverarbeitung, S. 7; *Albrecht/Jotzo*, Datenschutzrecht, Teil 5 Rn. 22; *Bertermann*, in: Ehmann/Selmayr, Art. 28 Rn. 7; *Borges*, in: Borges/Hilber, BeckOK IT-Recht, 14. Ed. 01.01.2022, Art. 28 DSGVO, Rn. 11; *Brink/Schwab*, in: Wedde, Datenschutz, B., Rn. 51; *Buchner*, in: Tinnefeld et al., Datenschutzrecht, Teil 2, Rn. 155; *Claus/Reif*, RDV 2020, 258; *Eckhardt*, CCZ 2017, 111, 113; *Freund*, in: Schuster/Grützmacher, IT-Recht, Art. 28 DSGVO, Rn. 13; *Fromageau/Bäuerle/Werkmeister*, PinG 2018, 216, 218; *Greve*, NVwZ 2017, 737, 742;

Württemberg scheinen der Auffassung zu sein, dass im Falle einer Auftragsverarbeitung bei der Übermittlung der Daten die Normen der Artt. 6 ff. DSGVO nicht zu prüfen seien, auch wenn keine nähere Begründung geliefert wird. Im vorliegenden Fall ging das VG Mainz von keiner Auftragsverarbeitung aus und stellte hypothetisch fest, dass im Falle der Bewertung dieser Konstellation als Auftragsverarbeitung „*eine Umgehung der eigentlich einschlägigen, strengeren Anforderungen der Art. 6 ff. DSGVO für eine Datenübermittlung an einen nicht weisungsgebundenen Dritten bedeuten*" würde.[725] Das Gericht ging demnach davon aus, dass die Artt. 6 ff. DSGVO nur dann zu prüfen seien, wenn die Übermittlung an einen nicht weisungsgebundenen Dritten erfolge.

Begründet wird diese Auffassung damit, dass der Auftragsverarbeiter als „*verlängerte Werkbank*" des Verantwortlichen agiert und demnach kein Dritter i. S. d. Art. 4 Nr. 10 DSGVO sei. Der Verantwortliche sei nach Art. 24 DSGVO für die Verarbeitung der personenbezogenen Daten verantwortlich, während der Auftragsverarbeiter nach Art. 29 DSGVO diese Daten ausschließlich auf Weisung des Verantwortlichen verarbeiten dürfe. Zusätzlich wird auf Art. 28 Abs. 10 DSGVO Bezug genommen, der besagt, dass der Auftragsverarbeiter, der unter Verstoß gegen diese Verordnung die Zwecke und Mittel der Verarbeitung bestimmt, in Bezug auf diese Verarbeitung als Verantwortlicher anzusehen ist. Daraus wird der Schluss gezogen, dass der europäische Gesetzgeber die Privilegierung der Auftragsverarbeitung beibehalten wollte, da ansonsten diese Differenzierung keinen Sinn machen würde. Hält sich der Auftragsverarbeiter an die Weisungen des Verantwortlichen, sei der Auftragsverarbeiter selbst nicht Verantwortlicher. Die Definitionen der Verarbeitung (Art. 4 Nr. 2 DSGVO), Dritter (Art. 4 Nr. 10 DSGVO) und des Auftragsverarbeiters (Art. 4 Nr. 8 DSGVO) seien im Vergleich zur DSRL gleichgeblieben, sodass die Privilegierung weiterhin Bestand haben sollte. Denn die Verarbeitung kenne nicht nur einzelne Verarbeitungsschritte, sondern auch ganze Verarbeitungsreihen (vgl. die Definition der Verarbeitung nach Art. 4 Nr. 2 DSGVO: „*Vorgang oder jede solche Vorgangsreihe*"). Die Tatsache, dass der Auftragsverarbeiter kein

---

*Halder/Johanson*, NJOZ 2019, 1457, 1463; *Hartung*, in: Kühling/Buchner, Art. 28 DSGVO, Rn. 15; *Hartung/Büttgen*, DuD 2017, 549, 552 f.; *Heckmann/Scheurer*, in: Heckmann/Paschke, Internetrecht, Kap. 9, Rn. 820; *Kazemi*, DSGVO, § 8 Rn. 34; *Krasemann*, in: Jandt/Steidle, Datenschutz, Teil B, II., Rn. 147; *Kremer*, CR 2019, 225, 230 f.; *Krohm/Müller-Peltzer*, RDV 2016, 307, 311; *Kühling/Klar/Sackmann*, Datenschutzrecht, Rn. 557 ff.; *Mantz/Marosi*, in: Specht/Mantz, Datenschutzrecht, § 3 Rn. 145; *Martini*, in: Paal/Pauly, Art. 28 DSGVO, Rn. 8a; *Maschmann*, BB 2019, 628, 631; *Scheja/Reibach/Reichert*, in: Leupold et al., MAH IT-Recht, Teil 6.6, Rn. 201; *Schmid/Freund*, ZD 2017, 14, 15; *Schmitz/von Dall'Armi*, ZD 2016, 427, 429 („faktische Privilegierung"); *Seiter*, DuD 2019, 127, 131; *Voigt/von dem Bussche*, in: v. d. Bussche/Voigt, Konzerndatenschutz, Teil 3, Kap. 4, Rn. 4; in diese Richtung *Härting*, ITRB 2016, 137, 139.

725 VG Mainz, Urt. v. 20.02.2020 – 1 K 467/19.MZ, Rn. 21, BeckRS 2020, 5397; ähnlich LAG Baden-Württemberg, Urt. v. 25.02.2021 – 17 Sa 37/20, Rn. 73, BeckRS 2021, 5529.

Dritter im Sinne der DSGVO sei, könne als starkes Indiz dafür zu werten sein, dass keine weitergehende, zweite Rechtsgrundlage erforderlich ist. Art. 6 Abs. 1 DSGVO begrenze nur die Weitergabe an Dritte.[726] Da ein Auftragsverarbeiter nach Art. 4 Nr. 10 DSGVO kein Dritter ist, bedürfe es für die Übermittlung der Daten keiner gesonderten Erlaubnisnorm. Die einzelnen Verarbeitungen dürfen nicht auf der Mikroebene, sondern müssen auf der Makroebene betrachtet werden. Makroebene meint die Summe mehrerer aufeinanderfolgender, miteinander im Zusammenhang stehender Verarbeitungsschritte. Dies habe zur Folge, dass die Auftragsverarbeitung als Teil der Verarbeitung angesehen werden kann, da die Datenverarbeitung im Ganzen bewertet werden müsse.[727] Auftraggeber und Auftragsverarbeiter werden insoweit als „*Verarbeitungseinheit*" angesehen.

## IV. Stellungnahme

Die Ansicht, die in Art. 28 DSGVO eine eigenständige Erlaubnisnorm erblickt, widerspricht dem eindeutigen Wortlaut des Art. 6 Abs. 1 DSGVO. Hiernach ist die Verarbeitung personenbezogener Daten „*nur*" rechtmäßig, wenn mindestens eine der nachstehenden Bedingungen erfüllt ist. Dies bedeutet, dass immer eine Erlaubnisnorm nach Art. 6 Abs. 1 DSGVO gegeben sein muss. Art. 6 Abs. 1 DSGVO ist abschließend. Art. 28 DSGVO enthält darüber hinaus keinen ausdrücklichen Hinweis, dass die Vorschrift eine eigenständige Erlaubnisnorm darstellt.[728] Zudem spricht die Systematik der DSGVO gegen diese Ansicht, da Art. 28 DSGVO im Kapitel IV (Verantwortlicher und Auftragsverarbeiter) zu finden ist und gerade nicht bei den allgemeinen Grundsätzen über die Verarbeitung personenbezogener Daten.[729] Die Formulierung des Art. 28 DSGVO widerspricht auch dem Gebot der Normenklarheit, da die Vorschrift nicht auf die Voraussetzungen für die Rechtmäßigkeit der Verarbeitung Bezug nimmt. Durch die Regelung des Art. 28 DSGVO dürfen nicht die strengen Voraussetzungen des Art. 6 Abs. 1 DSGVO ersetzt bzw. umgangen werden.

Gegen die erste Ansicht, die von einer fehlenden Privilegierung der Auftragsverarbeitung ausgeht und die Einwilligung als Erlaubnisnorm heranziehen möchte, spricht, dass der Rückgriff auf die Einwilligung nicht praktikabel ist und wegen

---

726 *Albrecht/Jotzo*, Datenschutzrecht, Teil 5 Rn. 22; *Eckhardt*, CCZ 2017, 111, 113; *Krohm/Müller-Peltzer*, RDV 2016, 307, 311.

727 *Bertermann*, in: Ehmann/Selmayr, Art. 28 Rn. 7; *Kremer*, in: Schwartmann et al., Art. 28 DSGVO, Rn. 63 ff.; *ders.*, CR 2019, 225, 230 („Top-Down Betrachtung"); *Krohm/Müller-Peltzer*, RDV 2016, 307, 310, 311; aA *Hartung*, in: Kühling/Buchner, Art. 28 DSGVO, Rn. 23.

728 Zutreffend *Bertermann*, in: Ehmann/Selmayr, Art. 28 Rn. 5; *Krohm/Müller-Peltzer*, RDV 2016, 307, 310.

729 *Kremer*, in: Schwartmann et al., Art. 28 DSGVO, Rn. 73; *Kühling/Martini et al.*, DSGVO, S. 27; *Monreal*, PinG 2017, 216, 222.

der jederzeitigen Widerrufsmöglichkeit durch die betroffene Person nach Art. 7 Abs. 3 S. 1 DSGVO auch die *„schwächste"* Erlaubnisnorm ist.[730]

Ein erster Lösungsansatz wäre, die Datenübermittlung an den Auftragsverarbeiter unter Rekurs auf Art. 6 Abs. 1 S. 1 lit. f DSGVO und der Umsetzung der Vorgaben des Art. 28 DSGVO zu rechtfertigen. Zunächst ist festzustellen, dass es sich bei dem Auftragsverarbeiter um keinen Dritten i. S. d. Art. 4 Nr. 10 DSGVO handelt. Der Auftragsverarbeiter ist Empfänger i. S. d. Art. 4 Nr. 9 DSGVO, da diesem personenbezogene Daten offengelegt werden. Für die Empfängereigenschaft spielt es keine Rolle, ob es sich um einen Dritten handelt oder nicht. Das Gesetz knüpft an den Begriff des Dritten, wie früher nach BDSG a. F., keine Rechtsfolge mehr. Jede Verarbeitung, auch gegenüber einem Empfänger, unterliegt damit grundsätzlich dem Verbot mit Erlaubnisvorbehalt nach Art. 6 Abs. 1 DSGVO. Das Outsourcing der Datenverarbeitung dient der Wahrung des berechtigten Interesses des Verantwortlichen und ist auch dafür erforderlich, da der Grund einer Auftragsverarbeitung gerade darin liegt, sich der besonderen Sachkunde des Auftragsverarbeiters zu bedienen. Durch die Einhaltung der Vorschrift nach Art. 28 DSGVO stehen diesem Outsourcing auch keine gegenläufigen Interessen der betroffenen Personen entgegen. Das Argument von *Bertermann*, wonach es nicht praktikabel ist *„vor jeder Auftragsverarbeitung eine unter Umständen aufwändige und zu dokumentierende Interessenabwägung"* durchzuführen, kann nicht überzeugen, da für die Rechtfertigung einer Datenverarbeitung keine rein praktischen Erwägungen entgegengehalten werden können.[731]

Problematisch ist jedoch, wenn besondere Kategorien personenbezogener Daten nach Art. 9 Abs. 1 DSGVO an den Auftragsverarbeiter übermittelt werden sollen. Grundsätzlich ist dafür ein Ausnahmetatbestand nach Art. 9 Abs. 2 DSGVO erforderlich (zu dem Verhältnis von Art. 6 Abs. 1 und Art. 9 Abs. 2 DSGVO Fünfter Teil, § 26, A.). Ein entsprechendes Pendant zur Interessenabwägung nach Art. 6 Abs. 1 S. 1 lit. f DSGVO findet sich in Art. 9 Abs. 2 DSGVO nicht wieder.[732] In Art. 9 Abs. 2 DSGVO finden sich auch keine passenden Ausnahmetatbestände, um diese Übermittlung zu rechtfertigen. Ein Lösungsansatz wäre es, den Katalog des Art. 9 Abs. 2 DSGVO teleologisch zu reduzieren und ihn für die Übermittlung an den Auftragsverarbeiter nicht anzuwenden (vgl. ausführlich Fünfter Teil, § 25, A., II.). Nach ErwG 51 S. 1 verdienen *„personenbezogene Daten, die ihrem Wesen nach hinsichtlich der Grundrechte und Grundfreiheiten besonders sensibel sind, [...] einen besonderen Schutz, da im Zusammenhang mit ihrer Verarbeitung erhebliche Risiken für die Grundrechte und Grundfreiheiten auftreten können"*. Der Gesetzgeber geht demnach davon aus, dass hinsichtlich dieser Daten ein Risiko bestehen könnte. Im Umkehrschluss bedeutet dies, dass

---

730 *BayLfD*, Auftragsverarbeitung, S. 7; *Monreal*, PinG 2017, 216, 221 („fragilste Legitimierungsgrundlage").

731 *Bertermann*, in: Ehmann/Selmayr, Art. 28 Rn. 6.

732 *Hartung*, in: Kühling/Buchner, Art. 28 DSGVO, Rn. 21.

bei einem fehlenden Risiko auch nicht die besonderen Anforderungen des Art. 9 Abs. 2 DSGVO einzuhalten sind. Bei der Einhaltung der Anforderungen des Art. 28 DSGVO fehlt es an diesem spezifischen Risiko. Denn nach ErwG 81 S. 3 werden bei dem Vertrag nach Art. 28 Abs. 3 DSGVO das Risiko für die Rechte und Freiheiten der betroffenen Person berücksichtigt. Der Vertrag dient demnach dazu, das Risiko für die Verarbeitung einzudämmen. Zudem darf der Verantwortliche nach Art. 28 Abs. 1 DSGVO nur mit solchen Auftragsverarbeitern zusammenarbeiten, „*die hinreichend Garantien dafür bieten, dass geeignete technische und organisatorische Maßnahmen so durchgeführt werden, dass die Verarbeitung im Einklang mit den Anforderungen dieser Verordnung erfolgt und den Schutz der Rechte der betroffenen Person gewährleistet*". Ein Risiko für die Grundrechte und Grundfreiheiten der betroffenen Person i. S. d. ErwG 51 S. 1 besteht dadurch nicht, sodass auch die Anforderungen an Art. 9 Abs. 2 DSGVO nicht zu erfüllen sind.[733] Diese Erwägungen entsprechen auch der Wertung des Art. 9 Abs. 2 lit. b DSGVO, wonach eine Kollektivvereinbarung, welche geeignete Garantien für die Grundrechte und die Interessen der betroffenen Person vorsieht, das Verarbeitungsverbot nach Art. 9 Abs. 1 DSGVO aufheben kann. Durch den Auftragsverarbeitungsvertrag sollen nach Art. 28 Abs. 1 DSGVO hinreichende Garantien vorgesehen werden, die den Schutz der Rechte der betroffenen Person gewährleisten. Wenn dieser Schutz gewährleistet wird (wie z. B. durch die Kollektivvereinbarung oder den Auftragsverarbeitungsvertrag), so wird das Verarbeitungsverbot nach Art. 9 Abs. 1 DSGVO aufgehoben.

Allerdings hätte der Lösungsansatz über die Erlaubnisnorm nach Art. 6 Abs. 1 S. 1 lit. f DSGVO und der teleologischen Reduktion des Art. 9 DSGVO zur Folge, dass Behörden zukünftig keine Auftragsverarbeiter mehr einsetzen könnten. Art. 6 Abs. 1 S. 2 DSGVO sieht vor, dass die Interessenabwägung nicht für die von Behörden in Erfüllung ihrer Aufgaben vorgenommene Verarbeitung gilt. Der Rückgriff auf die Interessenabwägung ist den Behörden verwehrt, wenn diese gegenüber den betroffenen Personen in einem „*spezifisch staatlichen Verhältnis*" stehen, d. h. in Erfüllung ihrer Aufgaben handeln.[734] Wenn Behörden mit Dienstleistern Auftragsverarbeitungsverträge nach Art. 28 Abs. 3 DSGVO abschließen, dann handeln diese in Erfüllung ihrer Aufgaben, soweit die eigentliche Verarbeitungstätigkeit, die die Behörde selbst vornehmen müsste, als Aufgabenerfüllung anzusehen ist. Es kann jedoch nicht der gesetzgeberische Wille gewesen sein, dass Behörden keine Auftragsverarbeiter mehr einsetzen. Dies wird dadurch deutlich, dass Behörden grundsätzlich als Empfänger i. S. d. Art. 4 Nr. 9 S. 1 DSGVO gelten, soweit keine Ausnahme nach Art. 4 Nr. 9 S. 2 DSGVO einschlägig ist. Auch der *Bayerische Landesbeauftragte für den Datenschutz* geht offensichtlich davon aus, dass auch Behörden Auftragsverarbeiter einsetzen können.[735]

---

733 In diese Richtung *Schmid/Kahl*, ZD 2017, 54, 57.

734 *Albers/Veit*, in: BeckOK DatenSR, DSGVO, 48. Ed. 01.05.2024, Art. 6 Rn. 65.

735 *BayLfD*, Auftragsverarbeitung.

Die Lösung würde daher in der Privilegierungswirkung der Auftragsverarbeitung liegen. Zwar spricht grundsätzlich gegen die Privilegierungswirkung, dass der Verarbeitungsbegriff in Art. 4 Nr. 2 DSGVO sowohl im Rahmen des Art. 6 Abs. 1 DSGVO als auch im Rahmen des Art. 28 DSGVO herangezogen werden muss. Erforderlich ist stets, dass eine Erlaubnisnorm für die Übermittlung der Daten an den Auftragsverarbeiter gegeben ist. Die Weitergabe der Daten an den Auftragsverarbeiter stellt nach dem Wortlaut grundsätzlich eine Verarbeitung dar, unabhängig davon, ob man darin nun eine Übermittlung oder eine andere Form der Bereitstellung erblickt. Allerdings muss der gesetzgeberische Wille berücksichtigt werden, dass der Auftragsverarbeiter kein „*Dritter*" i. S. d. Art. 4 Nr. 10 DSGVO darstellt. Das Gleiche gilt für die Personen, die unter der unmittelbaren Verantwortung des Verantwortlichen befugt sind, die personenbezogenen Daten zu verarbeiten. Die Weitergabe von personenbezogenen Daten von dem Verantwortlichen an seine Beschäftigten bedarf keiner Erlaubnisnorm.[736] Dies muss auch für den Auftragsverarbeiter gelten, da dieser ebenfalls kein Dritter ist. Die DSGVO geht demnach davon aus, dass der Auftragsverarbeiter in die Sphäre des Verantwortlichen gezogen wird. Dieser gesetzgeberische Gedanke kommt auch in Art. 29 DSGVO zum Ausdruck. Hiernach darf der Auftragsverarbeiter und jede dem Verantwortlichen oder dem Auftragsverarbeiter unterstellte Person, die Zugang zu personenbezogenen Daten hat, diese Daten ausschließlich auf Weisung des Verantwortlichen verarbeiten. Aus dieser Vorschrift lässt sich ein gewisser Sonderstatus dieser Parteien ableiten, indem sowohl Auftragsverarbeiter als auch Beschäftigter nach dem Gesetz zum Verantwortlichen zu zählen sind. Die Erlaubnisnorm für die Verarbeitung, die der Verantwortliche in seiner Sphäre vornimmt, muss entsprechend auch für die Übermittlung zum Auftragsverarbeiter gelten. Art. 4 Nr. 2 DSGVO definiert die Verarbeitung auch als eine Vorgangsreihe im Zusammenhang mit personenbezogenen Daten. Eine Gesamtbetrachtung der Verarbeitung zeigt, dass die Übermittlung der Daten an den Auftragsverarbeiter als eine Verarbeitung anzusehen ist, für die es einzig die Erlaubnisnorm des Verantwortlichen bedarf. Der Auftragsverarbeiter verarbeitet diese Daten im Auftrag des Verantwortlichen (vgl. Art. 4 Nr. 8 DSGVO) und darf die personenbezogenen Daten nur nach Weisung und unter den Vorgaben des Auftragsverarbeitungsvertrages nach Art. 28 Abs. 3 DSGVO verarbeiten. Ein Entscheidungsspielraum bezüglich der Zwecke und Mittel der Verarbeitung kommt ihm grundsätzlich nicht zu. Widersetzt sich der Auftragsverarbeiter den Weisungen und bestimmt die Zwecke und Mittel der Verarbeitung eigenständig, wird er ein Verantwortlicher und bedarf demnach einer eigenständigen Erlaubnisnorm. Im Umkehrschluss gilt, dass keine zusätzliche Erlaubnisnorm für die Übermittlung an den Auftragsverarbeiter erforderlich ist, wenn die Verarbeitungen ausschließlich nach Weisung vorgenommen werden.

Es kann demnach abschließend festgestellt werden, dass der Sinn und Zweck des Gesetzes dahingehend zu verstehen ist, dass es für die Übermittlung der per-

736 *BayLfD*, Auftragsverarbeitung, S. 7 („Einheit der beiden Stellen fingiert").

sonenbezogenen Daten vom Verantwortlichen an den Auftragsverarbeiter keiner neuen Erlaubnisnorm bedarf. Vielmehr ist als Rechtfertigungsgrundlage diejenige Erlaubnisnorm heranzuziehen, auf die sich der Verantwortliche stützt, wenn er die Daten bei sich rechtmäßig verarbeiten würde.

### C. Weitergabe personenbezogener Daten an unionsfremde Auftragsverarbeiter

Die vorliegende Diskussion gilt auch für den Auftragsverarbeiter, der in einem Drittland sitzt.[737] Gestützt wird diese Aussage durch ErwG 80 S. 1, wonach der Verantwortliche oder der Auftragsverarbeiter keine Niederlassung in der Union haben müssen. Zusätzlich zu Art. 28 DSGVO müssen die besonderen Voraussetzungen für die Übermittlungen in Drittländer nach den Artt. 44 ff. DSGVO erfüllt werden. Dies war nach überwiegender Ansicht in der Literatur unter dem BDSG a. F. nicht möglich, sodass es hierfür einer gesonderten Erlaubnis bedurfte.[738]

## § 23 Verhältnis der Erlaubnisnormen

Um eine datenschutzrechtliche Prüfung der Erlaubnisnormen im Bewerbungsverfahren vornehmen zu können, muss das Verhältnis der verschiedenen in Betracht kommenden Erlaubnisnormen beleuchtet werden und welcher Erlaubnisnorm unter Umständen der Vorrang einzuräumen ist. Dieses Verhältnis wird in der DSGVO nicht näher thematisiert.

### A. Verhältnis der Erlaubnisnormen in Art. 6 Abs. 1 DSGVO

Der Wortlaut des Art. 6 Abs. 1 DSGVO („*wenn mindestens eine der nachstehenden Bedingungen erfüllt ist*“) spricht dafür, dass die Erlaubnisnormen des Art. 6 Abs. 1 S. 1 lit. a bis f DSGVO gleichrangig sind und nebeneinander zur Anwendung gelangen können (vgl. zum Verhältnis von Einwilligung und gesetzlichen Erlaubnisnormen bereits Vierter Teil, § 19, B., I., 2.). Dies wird auch überwiegend in der datenschutzrechtlichen Literatur und dem VG Mainz vertreten. Dies ergebe sich auch aus Art. 8 Abs. 2 S. 1 GRCh, wonach Einwilligung und gesetzliche Erlaubnisnormen gleichwertig nebeneinander genannt werden.[739] Gefordert

737 *Fromageau/Bäuerle/Werkmeister*, PinG 2018, 216, 219; *Schmidt/Kahl*, ZD 2017, 54, 56; *von Holleben/Knaut*, CR 2017, 299, 304.

738 *Hartung/Büttgen*, DuD 2017, 549, 552 (europarechtswidrige Beschränkung); *Krohm/Müller-Peltzer*, RDV 2016, 307, 308; *Schmidt/Freund*, ZD 2017, 14.

739 VG Mainz, Urt. v. 20.02.2020 – 1 K 467/19.MZ, Rn. 27, BeckRS 2020, 5397 („gleichwertig und gelten nebeneinander, ohne dass von einem Stufenverhältnis ausgegangen werden müsste“); *Drewes*, ZD 2019, 296, 297; *Härting/Gössling/Dimov*, ITRB 2017,

wird von *Krusche* jedoch, dass der Verantwortliche beim Abstellen auf mehrere Erlaubnisnormen alle einschlägigen Erlaubnisnormen im Rahmen seiner Informationspflicht benennt. Auch der *Europäische Datenschutzausschuss* geht hinsichtlich des Nichtvorliegens der Voraussetzungen des Art. 6 Abs. 1 S. 1 lit. b DSGVO davon aus, dass andere Erlaubnisnormen herangezogen werden können, falls deren Voraussetzungen erfüllt sind.[740] Diese Ansicht vertritt auch der BGH hinsichtlich des Verhältnisses von Art. 6 Abs. 1 S. 1 lit. b und f DSGVO.[741]

Nach der Ansicht von *Schantz* sollen sich die Erlaubnisnormen des Art. 6 Abs. 1 S. 1 lit. c und f DSGVO ausschließen, da der Verantwortliche bei Art. 6 Abs. 1 S. 1 lit. f DSGVO frei entscheiden kann, ob er die Daten zu einem bestimmten Zweck verarbeiten möchte. Im Falle einer gesetzlichen Verpflichtung bestehe dieser Entscheidungsspielraum gerade nicht.[742] Dabei wird auf das EuGH-Urteil in der Sache „*Rigas satiksme*" zur DSRL verwiesen. Jedoch besagte dieses EuGH-Urteil nur, dass Art. 7 lit. f DSRL nicht zu einer Verarbeitung verpflichtet, sondern eine Verarbeitung erlaubt. Eine weitere Aussage enthielt dieses Urteil nicht. Vielmehr ist davon auszugehen, dass im Falle einer rechtlichen Verpflichtung zur Verarbeitung i. S. d. Art. 6 Abs. 1 S. 1 lit. c DSGVO auch ein berechtigtes Interesse i. S. d. Art. 6 Abs. 1 S. 1 lit. f DSGVO gegeben ist, diese rechtliche Verpflichtung durchzuführen. Ein Widerspruchsrecht nach Art. 21 DSGVO gegen die Interessenabwägung ist von vornherein ausgeschlossen, da die Verarbeitung nicht ausschließlich auf Art. 6 Abs. 1 S. 1 lit. f DSGVO erfolgt. Ein Ausschließlichkeitsverhältnis dieser beiden Erlaubnisnormen kann nicht begründet werden. Dem scheint sich auch das LG Oldenburg anzuschließen, welches einen Gleichlauf dieser beiden Vorschriften annimmt.[743]

Insgesamt ist davon auszugehen, dass die Erlaubnisnormen des Art. 6 Abs. 1 DSGVO grundsätzlich gleichwertig nebeneinander zur Anwendung gelangen können. Ein Rangverhältnis lässt sich der Vorschrift des Art. 6 Abs. 1 S. 1 DSGVO nicht entnehmen. Es ist jedoch für die Rechtmäßigkeit nicht erforderlich, dass im Rahmen der Informationspflichten nach den Artt. 13, 14 DSGVO auf die Erlaubnisnormen verwiesen wird, die die Datenverarbeitung legitimieren. Zwar liegt durch den Verstoß gegen die Vorschriften des Art. 13 Abs. 1 lit. c und Art. 14 Abs. 1 lit. c DSGVO zugleich ein Verstoß gegen den Grundsatz der Transparenz nach Art. 5 Abs. 1 lit. a Var. 3 DSGVO vor, der zu einem entspre-

---

169, 170 f.; *Kleinebrink*, DB 2018, 1729, 1732; *Krusche*, ZD 2020, 232, 233, 236; *Piltz/Pradel*, BvD-News 2/2019, 32, 34; *Plath/Grages*, CR 2018, 770, 773; *Reimer*, Verwaltungsdatenschutzrecht, Rn. 116; *Stollhoff*, in: Auernhammer, Art. 17 DSGVO, Rn. 16; *Uecker*, ZD 2019, 248; *Veil*, NJW 2018, 3337, 3338.

740 *EDSA*, Leitlinien 2/2019, S. 7.

741 BGH, Urt. v. 12.07.2018 – III ZR 183/17, Rn. 94, NJW 2018, 3178; ebenso *Krusche*, ZD 2020, 232, 235 f.

742 *Schantz*, in: Simitis et al., Datenschutzrecht, Art. 6 Abs. 1, Rn. 92 (Rekurs auf EuGH, Urt. v. 04.05.2017 – C-13/16, Rn. 26, ZD 2017, 324 – Rigas satiksme); aA *Krusche*, ZD 2020, 232, 236.

743 LG Oldenburg, Urt. v. 22.12.2020 – 5 S 50/20, Rn. 8, BeckRS 2020, 41645.

chendem Bußgeld nach Art. 83 Abs. 5 lit. a DSGVO führen kann. Der Grundsatz der Rechtmäßigkeit nach Art. 5 Abs. 1 lit. a Var. 1 DSGVO ist dadurch jedoch nicht verletzt. Art. 6 Abs. 1 DSGVO besagt, dass eine Verarbeitung rechtmäßig ist, wenn mindestens eine der nachstehenden Bedingungen erfüllt ist. Eine Pflicht zur Information über die einschlägigen Erlaubnisnormen ergibt sich aus dieser Rechtmäßigkeitsvorschrift nicht und ist somit getrennt von den Informationspflichten nach den Artt. 13, 14 DSGVO zu betrachten. Die Verarbeitung personenbezogener Daten ist bereits in dem Moment rechtmäßig, wenn eine der Bedingungen in Art. 6 Abs. 1 DSGVO vorliegt.

## B. Verhältnis von Art. 6 Abs. 1 DSGVO zum § 26 Abs. 1 S. 1 BDSG

Das Verhältnis der Erlaubnisnormen in Art. 6 Abs. 1 DSGVO zu § 26 Abs. 1 S. 1 BDSG ist umstritten. § 26 Abs. 1 BDSG soll nach der Gesetzesbegründung unter anderem eine Spezifizierung nach Vorgabe des Art. 88 Abs. 1 DSGVO darstellen. Aufgrund der vom europäischen Gesetzgeber erlassenen Spezifizierungsklausel für den Beschäftigtendatenschutz könnte zunächst davon ausgegangen werden, dass im Rahmen des Beschäftigtendatenschutzrechts der europäische Gesetzgeber den nationalen Vorschriften den Vorrang einräumen wollte. Dies könnte sich aus dem Zweck des Art. 88 DSGVO ergeben, da in der Regelungsoption *„spezifischere Vorschriften"* eine einfach-gesetzliche Ausprägung des Grundsatzes lex specialis derogat legi generali zu erblicken sein könnte.[744] Das VG Lüneburg hatte diese Frage ausdrücklich offengelassen.[745] *Conrad/Treeger* empfehlen dem nationalen Gesetzgeber, dass alle Verarbeitungstätigkeiten bzw. Zwecke, die im Rahmen des Art 88 DSGVO ausgeschlossen werden sollen, durch gesetzliche Vorschrift ausdrücklich zu verbieten.[746] Hinsichtlich des Verhältnisses von Art. 6 Abs. 1 S. 1 lit. f DSGVO zu § 26 BDSG wird auf die Ausführungen unter Vierter Teil, § 21, A. verwiesen.

### I. Gleichrang der Vorschriften

Manche Stimmen in der Literatur gehen davon aus, dass die Erlaubnisnormen nach Art. 6 Abs. 1 DSGVO neben der Vorschrift des § 26 Abs. 1 BDSG zur Anwendung kommen können.[747] Für diese Sichtweise spreche die Systematik der Erlaubnisnormen in Art. 6 Abs. 1 DSGVO und der Zweck der Spezifizierungs-

744 *Riesenhuber*, in: BeckOK DatenSR, DSGVO, 48. Ed. 01.05.2024, Art. 88 Rn. 16.

745 VG Lüneburg, Teilurt. v. 19.03.2019 – 4 A 12/19, Rn. 51, BeckRS 2019, 3816 (bezogen auf Art. 6 Abs. 1 S. 1 lit. c und f).

746 *Conrad/Treeger*, in: Auer-Reinsdorff/Conrad, IT- und Datenschutzrecht, § 34 Rn. 197.

747 *Franzen*, in: Müller-Glöge et al., Arbeitsrecht, BDSG, § 26 Rn. 4 (Ausnahme: Art. 6 Abs. 1 S. 1 lit. b); *Jaspers/Jacquemain*, RDV 2019, 232, 234; *Pfrang*, PinG 2019, 159, 162; *Reiserer/Christ/Heinz*, DStR 2018, 1501, 1504; wohl auch *Hilber*, in: Hilber et al., Deutsche Tochter, D., Rn. 77.

klauseln, wonach gerade der Handlungsspielraum eröffnet und nicht beschränkt werden sollte. Eine Beschränkung würde allerdings vorliegen, würde man einzelne Erlaubnisnormen von vornherein ausklammern. Nach *Schulze* sollen die Erlaubnisnormen nach Art. 6 Abs. 1 S. 1 lit. c bis e DSGVO nicht durch § 26 BDSG verdrängt werden.[748]

Das VG Hamburg geht, allerdings ohne jegliche Begründung, davon aus, dass § 26 BDSG keine abschließende Regelung zur Zulässigkeit der Verarbeitung von persönlichen Daten der Beschäftigten normiert, so dass ein Rückgriff auf die allgemeinen Regelungen der DSGVO möglich bleibt (vorliegend insbesondere Art. 6 Abs. 1 S. 1 lit. c und e DSGVO).[749] Keine Aussage wird jedoch dahingehend getroffen, ob das Gericht bereits den Anwendungsbereich des § 26 BDSG („*Zwecke des Beschäftigungsverhältnisses*") als nicht eröffnet ansieht oder neben dem einschlägigen § 26 BDSG auch Art. 6 Abs. 1 DSGVO für anwendbar gehalten wird.

Das VG Mainz nimmt zumindest einen Gleichrang der Vorschriften des Art. 6 Abs. 1 S. 1 lit. c DSGVO und Art. 88 DSGVO i. V. m. § 26 Abs. 1 BDSG an.[750]

Nach dem ArbG Kaiserslautern ist die Anwendung von Art. 6 Abs. 1 S. 1 lit. f DSGVO – unabhängig davon, ob eine Datenverarbeitung für Zwecke des Beschäftigungsverhältnisses im Sinne von § 26 Abs. 1 BDSG vorliegt – nicht nach § 26 BDSG ausgeschlossen, da § 26 BDSG lediglich eine nach § 88 Abs. 1 DSGVO mögliche Konkretisierung von Art. 6 Abs. 1 S. 1 lit. b DSGVO darstellt, neben der die weiteren Erlaubnistatbestände des Art. 6 Abs. 1 DSGVO weiterhin anwendbar sind.[751]

Das BAG äußerte sich zu dieser Fragstellung noch nicht ausdrücklich, allerdings urteilte das Gericht in einem Fall der offenen Videoüberwachung, dass aus Art. 88 DSGVO i. V. m. § 26 Abs. 1 S. 1 BDSG das gleiche folgt, wie aus einer Anwendung des Art. 6 Abs. 1 S. 1 lit. f DSGVO.[752] Daraus könnte der Schluss gezogen werden, dass das BAG von der beiderseitigen Anwendbarkeit der Vorschriften ausgeht.

## II. Spezialitätsverhältnis

Nach anderer Ansicht steht die Vorschrift des § 26 Abs. 1 S. 1 BDSG in einem Spezialitätsverhältnis zu den Erlaubnisnormen der DSGVO, soweit es sich

748 *Schulze*, in: Wedde, Datenschutz, C., Rn. 210.

749 VG Hamburg, Urt. v. 16.01.2020 – 17 K 3920/19, Rn. 56, BeckRS 2020, 679 Zu dem Urteil *Adelberg/Spittka*, DSB 2020, 104 ff., wonach es sich um die „erste nationale Gerichtsentscheidung, die die Erlaubnistatbestände des Art. 6 Abs. 1 DSGVO für neben § 26 Abs. 1 BDSG anwendbar erklärt" handelt; ähnlich OLG Brandenburg, Urt. v. 23.02.2022 – 4 U 111/21, Rn. 24, BeckRS 2022, 3971.

750 VG Mainz, Urt. v. 15.11.2019 – 4 K 32/19.MZ, Rn. 126, BeckRS 2019, 38470.

751 ArbG Kaiserslautern, Urt. v. 25.01.2022 – 4 Ca 488/21, Rn. 19, BeckRS 2022, 20461.

752 BAG, Urt. v. 23.08.2018 – 2 AZR 133/18, Rn. 46, NZA 2018, 1329.

um Zwecke handelt, die im Beschäftigungsverhältnis wurzeln. § 26 BDSG sei demnach bezogen auf diesen Zweck die alleinige Erlaubnisnorm für die Verarbeitung von Beschäftigtendaten, sodass ein Rückgriff auf die Erlaubnisnormen nach Art. 6 Abs. 1 DSGVO nicht möglich sei.[753] Teilweise wird in der Literatur konkret darauf abgestellt, dass § 26 Abs. 1 S. 1 BDSG für Datenverarbeitungen zu Zwecken des Beschäftigungsverhältnisses nur hinsichtlich der Art. 6 Abs. 1 S. 1 lit. b, c bzw. f DSGVO spezieller sei bzw. als spezifischere Regelung anzusehen ist und diese dementsprechend verdrängen würde (vgl. Vierter Teil, § 21, A.).[754] Nach dem LAG Hamm verdränge § 26 BDSG in seinem Anwendungsbereich lediglich die Regelung des Art. 6 Abs. 1 S. 1 lit. b DSGVO. Demgegenüber seien die übrigen Tatbestände des Art. 6 Abs. 1 DSGVO weiterhin anwendbar.[755] Nach *Schulze/Simon* schließen die im Rahmen von Art. 88 DSGVO erlassenen nationalen Rechtsvorschriften bereits per se den Rückgriff auf andere Verarbeitungserlaubnisse des Art. 6 DSGVO aus, mit Ausnahme der Verarbeitung zur Erfüllung einer rechtlichen Verpflichtung i. S. d. Art. 6 Abs. 1 S. 1 lit. c DSGVO.[756]

Einigkeit besteht jedoch dahingehend, dass im Falle eines „*beschäftigungsfremden Zweckes*", also einem Zweck, welches nicht unmittelbar einem beschäftigungsvertraglichen Recht nach § 26 Abs. 1 S. 1 BDSG dient, die Erlaubnisnormen der DSGVO, insbesondere die Vorschrift des Art. 6 Abs. 1 S. 1 lit. f DSGVO, wiederum Anwendung finden sollen.[757]

---

753 *Böhm/Arabi*, DSB 2019, 61, 62; *Conrad/Treeger*, in: Auer-Reinsdorff/Conrad, IT- und Datenschutzrecht, § 34 Rn. 197; *Eder*, in: Wedde, Datenschutz, D., Rn. 269; *Kort*, NZA 2018, 1097, 1100; *Piltz*, BDSG, § 26 Rn. 19 ff.; *Scholz/Fröhlich*, in: Dornbusch et al., AR, Art. 6 DSGVO, Rn. 2; *Ströbel/Wybitul*, in: Specht/Mantz, Datenschutzrecht, § 10 Rn. 34; *Temming*, in: Preis/Temming, Individualarbeitsrecht, Rn. 1744; *Wedde*, in: Wedde, Datenschutz, A., Rn. 30; *Willert*, in: Weth et al., Daten- und Persönlichkeitsschutz, B., XIII., Rn. 2a.

754 *Däubler*, Gläserne Belegschaften, Rn. 184; *Feldmann*, in: Forgó et al., Datenschutz, Teil XI., Kap. 4, Rn. 21; *Franzen*, in: Müller-Glöge et al., Arbeitsrecht, BDSG, § 26 Rn. 4 f.; *Gola*, Beschäftigtendatenschutz, Rn. 200; *Gola/Thüsing/Schmidt*, DuD 2017, 244, 245 (bezogen auf Art. 6 Abs. 1 S. 1 lit. b); *Grau/Dzida*, NZA 2017, 1515, 1518; *Lembke*, in: Henssler et al., Arbeitsrecht, Art. 88 DSGVO, Rn. 14; *Linck*, in: Schaub, Arbeitsrecht, § 26 Rn. 12; *Maschmann*, in: Kühling/Buchner, Art. 88 DSGVO, Rn. 18, 68; *Richter*, in: Jandt/Steidle, Datenschutz, Teil B, II., Rn. 58; *Sander*, BvD-News 1/2020, 43, 44; *Schmidl/Tannen*, DB 2017, 1633, 1639 (bezogen auf Art. 6 Abs. 1 S. 1 lit. b); *Schulze*, in: Wedde, Datenschutz, C., Rn. 211 f.; *Schwarz*, ZD 2018, 353, 354; *Wedde*, in: v. d. Bussche/Voigt, Konzerndatenschutz, Teil 3, Kap. 6, Rn. 37; wohl auch *Riesenhuber*, in: BeckOK DatenSR, DSGVO, 48. Ed. 01.05.2024, Art. 88 Rn. 16 f.; *Scholz/Fröhlich*, in: Dornbusch et al., AR, Art. 6 DSGVO, Rn. 8; *Willert*, in: Weth et al., Daten- und Persönlichkeitsschutz, B., XIII., Rn. 2a.

755 LAG Hamm, Urt. v. 14.12.2021 – 17 Sa 1185/20, Rn. 70, BeckRS 2021, 45536.

756 *Schulze/Simon*, ArbRAktuell 2021, 182, 183.

757 *LfDI BW*, Beschäftigtendatenschutz, S. 8; *Braun*, in: Heckmann/Paschke, Internetrecht, Kap. 7, Rn. 97; *Culik*, Beschäftigtendatenschutz, S. 107; *Däubler*, in: Däubler et al., § 26 BDSG, Rn. 17; *Feldmann*, in: Forgó et al., Datenschutz, Teil XI., Kap. 4, Rn. 21 (bezogen auf Art. 6 Abs. 1 S. 1 lit. f); *Gola*, BB 2017, 1462, 1464; *Gräber/Nol-*

Begründet werden diese Auffassungen unter anderem damit, dass ein vollständiger Ausschluss der Anwendbarkeit des Art. 6 Abs. 1 DSGVO durch den deutschen Gesetzgeber wohl nicht möglich wäre, da die Öffnungsklausel des Art. 88 Abs. 1 DSGVO gerade nur *„spezifischere Vorschriften (...) hinsichtlich der Verarbeitung personenbezogener Beschäftigtendaten im Beschäftigungskontext"* erlaube und eine entsprechende Regelung damit außerhalb der Regelungskompetenz des deutschen Gesetzgebers stünde.

### III. Stellungnahme

Nach der hier vertretenen Meinung ist § 26 Abs. 1 S. 1 BDSG auf der Linie mit der EuGH-Rechtsprechung zu Art. 88 DSGVO aufgrund Verstoßes gegen die Vorgaben des Art. 88 Abs. 1, 2 DSGVO unionswidrig und kann nicht mehr angewendet werden. Die Erlaubnisnormen für die Verarbeitung personenbezogener Beschäftigtendaten sind ausschließlich in Art. 6 Abs. 1 DSGVO geregelt. Diese Erlaubnisnormen stehen eigenständig nebeneinander und in keinen Exklusivitätsverhältnis (vgl. Vierter Teil, § 23, A.). Dies bedeutet, dass eine Erlaubnisnorm in Art. 6 Abs. 1 DSGVO zu gefunden werden muss. Gibt es spezifischere Vorschriften, die den Anforderungen des Art. 88 DSGVO entsprechen, so spezifizieren diese Vorschriften einzelne Erlaubnisnormen des Art. 6 Abs. 1 DSGVO, verdrängen diese allerdings nicht.

## C. Verhältnis von § 26 Abs. 1 S. 1 BDSG zu § 26 Abs. 3 BDSG

§ 26 Abs. 3 BDSG, der die Verarbeitung besonderer Kategorien personenbezogener Daten nach Art. 9 DSGVO betrifft und auf Art. 9 Abs. 2 lit. b DSGVO beruht (vgl. Fünfter Teil, § 26, B., II., 3.) wird als lex specialis gegenüber § 26 Abs. 1 S. 1 BDSG für die Verarbeitung besonderer Kategorien personenbezogener Daten angesehen, soweit die Datenverarbeitung durch den Arbeitgeber erfolgt.[758] Nach *Pötters* soll dies auch für die Datenverarbeitung durch die Interessenvertretungen gelten, da ansonsten die besonderen Anforderungen des Art. 9 Abs. 2 DSGVO unterlaufen würden.

---

*den*, in: Paal/Pauly, § 26 BDSG, Rn. 10 f.; *Grimm*, in: Tschöpe, Arbeitsrecht, 6. Teil, F., Rn. 64; *Klausch/Grabenschröer*, PinG 2018, 135, 139; *Kühling/Klar/Sackmann*, Datenschutzrecht, Rn. 831; *Maschmann*, BB 2019, 628, 629 (bezogen auf Art. 6 Abs. 1 S. 1 lit. f); *Niklas/Thurn*, BB 2017, 1589, 1594; *Pötters/Schmidt*, in: Preis/Sagan, Arbeitsrecht, § 11 Rn. 40; *Schröder*, in: Forgó et al., Datenschutz, Teil IV, Kap. 4, Rn. 16; *Ströbel/Böhm/Breunig/Wybitul*, CCZ 2018, 14, 19; *Ströbel/Wybitul*, in: Specht/Mantz, Datenschutzrecht, § 10 Rn. 34; *Tiedemann*, in: Sydow, DSGVO/BDSG, § 26 BDSG, Rn. 19.

758 *Gola*, Beschäftigtendatenschutz, Rn. 1641; *Kort*, NZA 2019, 502, 505; *Seifert*, in: Simitis et al., Datenschutzrecht, Art. 88 DSGVO, Rn. 121; *Tiedemann*, in: Sydow, DSGVO/BDSG, § 26 BDSG, Rn. 47.

Nach der hier vertretenen Auffassung sind die Voraussetzungen des Art. 6 Abs. 1 und Art. 9 Abs. 2 DSGVO kumulativ zu erfüllen (vgl. Fünfter Teil, § 26, A.). Dies bedeutet, dass in diesem Zusammenhang auch die Normen, die aufgrund der Spezifizierungsklauseln der DSGVO ergehen, kumulativ zu erfüllen sind. Es muss sowohl eine Erlaubnisnorm nach Art. 6 Abs. 1 DSGVO als auch ein Ausnahmetatbestand nach Art. 9 Abs. 2 DSGVO, der durch eine nationale Vorschrift wie § 26 Abs. 3 BDSG ausgefüllt werden kann, gegeben sein.

### D. Verhältnis von Kollektivvereinbarungen zu gesetzlichen Erlaubnisnormen

Kollektivvereinbarungen werden von der überwiegenden Ansicht in der datenschutzrechtlichen Literatur als eigenständige Erlaubnisnormen angesehen, die grundsätzlich neben den anderen gesetzlichen Erlaubnisnormen, insbesondere Art. 6 Abs. 1 S. 1 lit. f DSGVO, § 26 BDSG, bestehen sollen. Es wird demnach von einem Gleichrangigkeitsverhältnis ausgegangen.[759] Für dieses Ergebnis spreche der Wortlaut des Art. 6 Abs. 1 DSGVO („*mindestens*“).

Hingegen geht *Gola* ohne nähere Begründung von einem Vorrangverhältnis zu § 26 Abs. 1 S. 1 BDSG aus.[760]

Im Ergebnis wird die Kollektivvereinbarung nach der hier vertretenen Auffassung nicht als eigenständige Erlaubnisnorm angesehen, sodass sich auch kein Konkurrenzverhältnis zu anderen gesetzlichen Erlaubnisnormen ergeben kann (vgl. Vierter Teil, § 18, A., V.).

## § 24 Ausgewählte Verarbeitungssituationen

Im Folgenden werden anhand von Praxisbeispielen einzelne Verarbeitungssituationen auf ihre datenschutzrechtliche Rechtmäßigkeit untersucht. Dabei erfolgt eine Unterteilung der Praxisbeispiele in das Pre-Employment Screening und das Sprachanalysetool Precire. Für alle diese Verarbeitungssituationen ist der Arbeitgeber i. S. d. DSGVO verantwortlich.

Hinzuweisen ist auf ein Vorhaben des deutschen Gesetzgebers, der in einem Entwurf eines eigenständigen Beschäftigtendatenschutzgesetzes, welches im Herbst 2023 veröffentlicht werden sollte, klare Anforderungen an praxisnahe Fallbeispiele im Bewerbungsprozess gewährleisten will.[761]

---

759 *Pötters/Hansen*, ArbRAktuell 2020, 193, 197; *Pötters/Wybitul/Böhm*, in: Wybitul, DSGVO, Art. 88 Rn. 36; *Schrey/Kielkowski*, BB 2018, 629, 632 f. (Exklusivitätsverhältnis ausschließend); *Stück*, ZD 2019, 256, 257; *Wybitul/Sörup/Pötters*, ZD 2015, 559, 662.

760 *Gola*, Beschäftigtendatenschutz, Rn. 1659.

761 Vgl. dazu *Schemmel*, ZD-Aktuell 2023, 01164.

## A. Pre-Employment Screening

Arbeitgeber haben ein berechtigtes Interesse daran, potenzielle Bewerber im Vorhinein zu *„durchleuchten*", um sicherstellen zu können, ob der Bewerber sich in das Unternehmen einfügen kann und ob die dargelegten Informationen des Bewerbers auch tatsächlich der Wahrheit entsprechen. Von solchem Screening sind zumindest in Deutschland vorrangig Führungskräfte betroffen. Für diesen Zweck wird vermehrt auf verschiedenste Informationskanäle zurückgegriffen, die einen Rückschluss auf das Verhalten des Bewerbers zulassen. Man spricht in diesem Zusammenhang auch von sog. Pre-Employment Screening oder Social Media Recruiting (vgl. Erster Teil, § 4). Dieser Begriff bezeichnet *„die Prüfung von Identität, Vita und Umfeld eines Bewerbers durch den Arbeitgeber vor dessen möglicher Einstellung*", also das Sich-Erkundigen über einen Bewerber.[762] Dazu kann das Nachfragen beim früheren Arbeitgeber, die Suche in freizeit- oder berufsorientierten Netzwerken oder die einfache *„Google-Suche*" im Internet gehören.

Ziel des Pre-Employment Screening ist es, dass der Arbeitgeber gezielt nach Informationen über den Bewerber sucht, um zusätzliche Informationen über den Bewerber einzuholen oder um dessen Angaben zu überprüfen.[763] In diesem Zusammenhang kann nicht nur nach der kriminellen Vergangenheit, sondern vor allem auch die finanzielle Situation und die gesundheitliche Eignung überprüft werden. Der Ursprung des Pre-Employment Screening findet sich im sog. Sarbanes-Oxley-Act, wonach US-amerikanische Unternehmen *„zur Einrichtung eines internen Überwachungssystems sowie die Berichtspflicht über die Einführung eines „Code of Ethics" („Ethik-Kodex")*" vorsehen müssen.[764]

In diesem Zusammenhang werden personenbezogene Daten des Bewerbers verarbeitet. So werden unter anderem im Rahmen der Überprüfungen entweder personenbezogene Daten niedergeschrieben oder im Betriebssystem gespeichert. Für jede Verarbeitung personenbezogener Daten bedarf es einer Erlaubnisnorm. Nach *Däubler* soll ein Pre-Employment Screening nur dann in Betracht kommen, wenn der *„Verdacht einer unzutreffenden Darstellung seitens des Bewerbers besteht*".[765] Er rät daher dazu, solche Screenings nicht durchzuführen. Richtigerweise kann dies nicht pauschal beantwortet werden, da ein

---

762 *Sächsische Datenschutz- und Transparenzbeauftragte*, TB 2023, S. 71; *Grützner/Jakob*, in: Grützner/Jakob, Compliance, Pre-Employment-Screening; ebenso *Däubler*, in: Däubler et al., § 26 BDSG, Rn. 45 („Virtuelle Schnüffeltour"); *Rosenberger*, DuD 2022, 87.

763 *Aszmons/Raben/Reimers*, DB 2018, 1593; *Bayreuther/Stark*, in: Hornung/Müller-Terpitz, Social Media, Kap. 9, Rn. 65 ff.; *Heimann*, in: Leupold et al., MAH IT-Recht, Teil 14.4, Rn. 175. Beachte *Steiner/Wedde*, in: Wedde, Datenschutz, G., Rn. 59 (keine Recherchen seitens des Betriebsrates möglich).

764 *Hohenstatt/Stamer/Hinrichs*, NZA 2006, 1065.

765 *Däubler*, Gläserne Belegschaften, Rn. 211a, 250 (übersieht Art. 9 Abs. 2 lit. e DSGVO).

solches Screening dann zulässig ist, wenn es für die Begründung eines Beschäftigungsverhältnisses erforderlich ist. Es hat eine Einzelfallprüfung zu erfolgen.

Nachfolgend soll die Recherche des Arbeitgebers in Suchmaschinen, sozialen Netzwerken und der Nachfrage beim früheren Arbeitgeber dargestellt werden. Es wird untersucht, welche datenschutzrechtlichen Erlaubnisnormen für die Rechtmäßigkeit dieser Datenverarbeitung in Betracht kommen können. Während der Regierungsentwurf vom 15.12.2010 in § 32 Abs. 6 BDSG-E eine spezielle datenschutzrechtliche Regelung zum Pre-Employment Screening vorsah, sich aber nicht durchsetzen konnte[766], gibt es weder in der DSGVO noch im BDSG eine ausdrückliche Regelung hierzu. Hingegen hatte das LAG Baden-Württemberg unter alter Rechtslage nach § 32 Abs. 1 S. 1 BDSG a. F. anerkannt, dass ein Background-Check eines Arbeitnehmers im Internet durchgeführt werden könne, wenn Unstimmigkeiten im Lebenslauf des Arbeitnehmers vorlagen.[767]

## I. Suchmaschinen

Die Recherche in Suchmaschinen, wie z. B. Google oder Startpage, ist für Arbeitgeber ein schneller und kostengünstiger Weg, um möglichst viele Informationen über den Bewerber zu erhalten. Zur Suchmaschinenrecherche gehören alle Informationen, die mittels der Suchmaschine aufgefunden werden können. Dies können grundsätzlich auch Informationen aus sozialen Netzwerken sein, für die keine Anmeldung im sozialen Netzwerk nötig ist (vgl. zur Recherche in sozialen Netzwerken ausführlich Vierter Teil, § 24, A., II.).

Zum BDSG a. F. wurde überwiegend die Auffassung vertreten, dass eine datenschutzrechtliche Zulässigkeit für eine Suchmaschinenrecherche gegeben sein kann.[768] Dabei war jedoch zu beachten, wie *„alt die Veröffentlichung ist, in welchem Kontext sie erfolgte und ob der Beschäftigte nach den erkennbaren Umständen noch die Herrschaft über die Veröffentlichung hat*".[769] Die personenbezogenen Daten mussten demnach zulässig ins Internet gelangt sein. Nach geltender Rechtslage gehen die Autoren *Schulze* und *Wedde* davon aus, dass im

766 BT-Drs. 17/4230, S. 6; *Bayreuther*, in: Hornung/Müller-Terpitz, Social Media, 1. Aufl., Kap. 8, Rn. 58; *Göpfert/Wilke*, NZA 2010, 1329 ff.

767 LAG Baden-Württemberg, Urt. v. 21.02.2019 – 3 Sa 65/17, ZD 2020, 50 m. Anm. Tiedemann (Revision beim BAG unter 6 AZR 92/19 anhängig); der Entscheidung zustimmend *Fuhlrott*, NZA-RR 2020, 167; ebenso zur aktuellen Rechtslage LAG Düsseldorf, Urt. v. 10.04.2024 – 12 Sa 1007/23, Rn. 162, BeckRS 2024, 14078; *Byers/Fischer*, ArbRAktuell 2022, 90, 92; *Maschmann*, in: Kühling/Buchner, § 26 BDSG, Rn. 36; *Oberwetter*, AnwZert ArbR 7/2020 Anm. 2;

768 *Gola/Klug/Schomerus*, in: Gola/Schomerus, BDSG, § 28 Rn. 33a; *Taeger*, in: Taeger/Gabel, BDSG, § 28 Rn. 81; *Spindler/Nink*, in: Spindler/Schuster, Elektron. Medien, 3. Aufl., § 28 BDSG, Rn. 12; *Ernst*, NJOZ 2011, 953, 955; aA *Wedde*, in: Däubler et al., BDSG, § 28 Rn. 58.

769 *Bayreuther/Stark, in: Hornung/Müller-Terpitz, Social Media, Kap. 9, Rn. 68.*

Regelfall eigenständige Nachforschungen von potenziellen Arbeitgebern in sozialen Netzwerken ebenso aus allgemeinen Internetrecherchen ausscheiden.[770] Auch der *Landesbeauftragte Bremen* geht davon aus, dass ausschließlich mittels der Einwilligung eine Recherche erfolgen kann und sonst keine Erforderlichkeit gegeben ist.[771] Diese Aussagen zur Internetrecherche sollen nachfolgend untersucht werden. Fraglich ist, ob und bejahendenfalls nach welchen Erlaubnisnormen diese Recherche unter Geltung der DSGVO rechtmäßig sein kann.

## 1. Einwilligung

Zunächst könnte an eine Einwilligung des Bewerbers in die Suchmaschinenrecherche gedacht werden. Die „*Erklärung der Einwilligung*" könnte in dem Einstellen der Informationen im Internet gesehen werden, sodass von einer konkludenten Einwilligung ausgegangen kann. Eine solche konkludente Einwilligung ist unter der Geltung der DSGVO möglich (vgl. Vierter Teil, § 19, B., V., 4.). Die Freiwilligkeit der Einwilligung ist in dieser Konstellation gegeben, da der Bewerber zum Zeitpunkt des Einstellens der Informationen noch nicht wissen konnte, dass diese Informationen von einem potenziellen Arbeitgeber verarbeitet werden könnte. Es liegt demnach zum Zeitpunkt des Einstellens keine Drucksituation vor. Jedoch ist weitere Voraussetzung, dass der Bewerber im Vorhinein über sein Widerrufsrecht und den Zweck der Verarbeitung informiert wird. Zum Zeitpunkt des Einstellens der Informationen wird der Bewerber nicht informiert sein, dass seine Daten zum Zwecke der Begründung eines Beschäftigungsverhältnisses verarbeitet werden sollen. Eine konkludente Einwilligung ist deshalb im Ergebnis abzulehnen.[772] Anders ist dies wiederum zu beurteilen, wenn der Arbeitgeber den Bewerber nach der Zusendung der Bewerbungsunterlagen aktiv um eine Einwilligung in eine Suchmaschinenrecherche bittet. In diesem Fall wäre der Bewerber zwar informiert über den Zweck und kann auf den Widerruf seiner Einwilligung hingewiesen werden. Es fehlt jedoch in der Regel an der erforderlichen Freiwilligkeit, da der Bewerber aufgrund der Drucksituation gar keine andere Wahl hat, die Einwilligung nicht abzugeben. Denn durch die Versagung der Einwilligung rückt die Wahrscheinlichkeit auf Null im weiteren Bewerbungsverfahren berücksichtigt zu werden, sodass der Bewerber nicht frei in seiner Entscheidung sein kann, die Einwilligung nicht abzugeben.[773]

Unter der alten und teilweisen auch aktuellen Rechtslage wurde bzw. wird teilweise eine Einwilligung darin gesehen, dass der Bewerber in seinen Be-

770 *Schulze*, in: Wedde, Datenschutz, C., Rn. 225 f.; *Wedde*, in: v. d. Bussche/Voigt, Konzerndatenschutz, Teil 3, Kap. 6, Rn. 25.

771 *LfD Bremen*, Recherche über Bewerberinnen und Bewerber, S. 5.

772 *LfDI BW*, Beschäftigtendatenschutz, S. 29 f.; *Bayreuther/Stark, in: Hornung/Müller-Terpitz, Social Media, Kap. 9, Rn.* 65 (denkbar, in der Praxis nicht möglich); *Kainer/Weber*, BB 2017, 2740, 2743.

773 *Tiedemann*, Anmerkung zu LAG Baden-Württemberg, Urt. v. 21.02.2019 – 3 Sa 65/17, ZD 2020, 53.

werbungsunterlagen auf die im Internet eingestellten Inhalte ausdrücklich hingewiesen hat.[774] Dies soll auch dann gelten, wenn sich ein Bewerber auf eine Stellenausschreibung bewirbt, die ausdrücklich auf die beabsichtigte Recherche im Internet verweist. Ohne einen solchen Hinweis könne auch nicht von einer konkludenten Einwilligung ausgegangen werden. Zwar wird dieser Hinweis von *Gola* als „*Quasi-Einwilligung*" angesehen, jedoch sollte dieser Hinweis des Bewerbers nach Ansicht des Autors besser im Rahmen der Erforderlichkeitsprüfung des § 26 Abs. 1 S. 1 BDSG berücksichtigt werden. Nach *Gola* gilt dies auch, wenn die Daten mit unterstellender Zustimmung des Bewerbers veröffentlicht wurden.[775]

*Gola* ist insofern zuzustimmen, dass der Hinweis in der Stellenausschreibung hinsichtlich der Durchführung einer Recherche im Internet durch den Arbeitgeber grundsätzlich im Rahmen einer Interessenabwägung zu berücksichtigen ist. In der Zusendung der Bewerbung auf eine Stellenausschreibung mit diesem Hinweis, kann eine wirksame datenschutzrechtliche Einwilligung des Bewerbers nur dann gesehen werden, wenn die Anforderungen der Einwilligung nach den Vorgaben der DSGVO erfüllt sind (vgl. Vierter Teil, § 19, B., V., 4.). Insbesondere muss der Arbeitgeber in der Stellenausschreibung auf die Widerruflichkeit der Einwilligung hinweisen und auch den Zweck der Einwilligung ausdrücklich bestimmen. Sendet der Bewerber die Bewerbung dann dem Arbeitgeber zu, so könnte von einer konkludenten Einwilligung des Bewerbers ausgegangen werden. Insbesondere kann in diesen Fällen auch von der Schriftform bzw. der elektronischen Form der Einwilligung nach § 26 Abs. 2 S. 3 BDSG abgewichen werden, da in diesem Fall ein besonderer Umstand gegeben ist (nach hier vertretener Auffassung ist die Einführung einer Formvorgabe im BDSG allerdings unionsrechtswidrig, vgl. Vierter Teil, § 19, B., V., 3., b.). Es stellt sich aber weiterhin die Frage der Freiwilligkeit der Einwilligung. Es ist daher zu empfehlen, den ausdrücklichen Hinweis des Bewerbers auf Inhalte im Internet im Rahmen einer Erforderlichkeits- bzw. Interessenabwägungsprüfung nach Art. 6 Abs. 1 S. 1 lit. b, § 26 Abs. 1 S. 1 Var. 1 BDSG bzw. Art. 6 Abs. 1 S. 1 lit. f DSGVO zu berücksichtigen. Als Zwischenfazit kann somit festgehalten werden, dass eine Einwilligung des Bewerbers in eine Suchmaschinenrecherche regelmäßig nicht vorliegt, da die meisten Stellenausschreibungen diese Anforderungen nicht erfüllen werden.

## 2. Vorvertragliche Maßnahme

Die Verarbeitung von personenbezogenen Daten des Bewerbers, die im Rahmen einer Recherche in Suchmaschinen (wie Google) erfolgt, könnte als vorvertragliche Maßnahme nach Art. 6 Abs. 1 S. 1 Var. 2 DSGVO (ggf. i. V. m. § 26 Abs. 1

---

774 Zur alten Rechtslage *Ernst*, NJOZ 2011, 953, 955; *Riesenhuber*, in: BeckOK DatenSR, BDSG a. F., 28. Ed. 01.05.2018, § 32 Rn. 88. Zur aktuellen Rechtslage *Riesenhuber*, in: BeckOK DatenSR, BDSG, 48. Ed. 01.05.2024, § 26 Rn. 99a.

775 *Gola*, NZA 2019, 654, 655 f.; *ders.*, Beschäftigtendatenschutz, Rn. 1490, 1501.

S. 1 Var. 1 BDSG) zulässig sein. Wenn der Arbeitgeber von sich aus auf die Suche nach potenziellen Kandidaten für eine bestimmte Arbeitsstelle geht, dann liegt noch kein Kontakt zwischen dem Arbeitgeber und dem Kandidaten vor. Damit kann die Verarbeitung der personenbezogenen Daten, die im Rahmen dieser Recherche einhergehen, nicht auf die Durchführung vorvertraglicher Maßnahmen gestützt werden, da der mögliche Kandidat mangels Bewerbung eben noch kein Bewerber ist.[776] Es liegt kein vertragsähnliches Vertrauensverhältnis vor. Eine Bewerbungssituation liegt erst dann vor, wenn die betroffene Person selbst aktiv tätig geworden ist (vgl. Zweiter Teil, § 6, C., II., 1., a., bb.).

Wenn die betroffene Person als Bewerber zu qualifizieren ist, kann die Erlaubnisnorm des Art. 6 Abs. 1 S. 1 lit. b Var. 2 DSGVO grundsätzlich herangezogen werden.[777] Nach *Riesenhuber* ist der Einsatz von Suchmaschinen im Bewerbungsverfahren durch den Arbeitgeber als erforderlich anzusehen, da die Erhebung durch den Arbeitgeber für den Bewerber absehbar ist. Überwiegende gegenläufige Interessen bestehen nicht, es sei denn, der Arbeitgeber würde mit Schädigungsabsicht handeln. Die Tatsache, dass bei der Verwendung von Suchmaschinen auch personenbezogene Daten erhoben werden, die nicht erforderlich sind (sog. überschießende Daten), sei nach Ansicht des Autors unvermeidlich und durchaus noch als erforderlich anzusehen.[778] Nicht ersichtlich ist allerdings, ob der Autor damit nur auf die Erhebung der Daten abstellen wollte oder ob diese Wertung für den gesamten Verarbeitungsbegriff i. S. d. Art. 4 Nr. 2 DSGVO gilt.

Im Rahmen der Erforderlichkeit wird teilweise die Wertung des Art. 9 Abs. 2 lit. e DSGVO mit eingestellt, wonach die Verarbeitung dann erfolgen darf, wenn die betroffene Person die personenbezogenen Daten offensichtlich öffentlich gemacht hat (vgl. Vierter Teil, § 20).[779] Ähnlich argumentieren *Bayreuther/Stark*, wonach der Arbeitgeber alle Informationen einsehen darf, die für jedermann einsehbar sind. Es wäre nämlich realitätsfremd, wenn der Arbeitgeber, der im

---

776 EuGH, Urt. v. 28.07.2016 – C-423/15, Rn. 35, NZA 2016, 1014 – Nils-Johannes Kratzer; *Bissels/Ziegelmayer/Kiehn*, BB 2013, 2869, 2870; *Kaufmann/Wegmann/Wieg*, NZA 2023, 740, 743.

777 So ausdrücklich LAG Düsseldorf, Urt. v. 10.04.2024 – 12 Sa 1007/23, Rn. 156, BeckRS 2024, 14078.

778 *Riesenhuber*, in: BeckOK DatenSR, BDSG, 48. Ed. 01.05.2024, § 26 Rn. 100; ebenso *Linck*, in: Schaub, Arbeitsrecht, § 26 Rn. 14; aA *Sächsische Datenschutz- und Transparenzbeauftragte*, TB 2023, S. 73 („Verantwortlichen stehen Nachweisdokumente, Vorstellungsgespräche und Assessment-Center um Personalentscheidungen zu treffen"); *Seifert*, in: Simitis et al., Datenschutzrecht, Art. 88 Rn. 104.

779 *Franzen*, in: Müller-Glöge et al., Arbeitsrecht, BDSG, § 26 Rn. 19; *Ströbel/Wybitul*, in: Specht/Mantz, Datenschutzrecht, § 10 Rn. 52; aA *Däubler*, in; Däubler et al., DSGVO/BDSG, § 26 Rn. 45.

Grundsatz eine Internetrecherche vornehmen dürfe, vor bestimmten Suchergebnissen die Augen verschließen müsste.[780]

Nach *Gola* und *Zöll* muss die Suche in allgemein zugänglichen Daten, wozu auch die Internetrecherche zu zählen sei, anhand der Prüfung des § 26 BDSG erfolgen.[781]

Im Ergebnis ergeben sich für die Erlaubnisnorm des Art. 6 Abs. 1 S. 1 lit. b Var. 2 DSGVO im Rahmen einer Recherche in Suchmaschinen keine Besonderheiten. Es dürfen die personenbezogenen Daten des Bewerbers im Rahmen einer Suchmaschinenabfrage verarbeitet werden, die für die Begründung des Beschäftigungsverhältnisses erforderlich sind (vgl. Vierter Teil, § 16).[782] Dies bedeutet, dass die Verarbeitung nicht erforderlicher Daten, die zwangsläufig im Rahmen einer Suchmaschinenabfrage verarbeitet werden können, nicht für die Verarbeitung zur Begründung des Beschäftigungsverhältnisses genutzt werden dürfen. Der Arbeitgeber hat diese Informationen für seine Entscheidung „*auszublenden*", auch wenn dies in der Praxis kaum zu bewerkstelligen ist, da der Arbeitgeber als Mensch durch die Kenntnis gewisser Informationen voreingenommen ist. Zutreffend sprechen *Thüsing/Traut* daher von einer gewissen „*Persönlichkeitsspaltung*", die vorgenommen werden müsse. Sie weisen aber darauf hin, dass diese künstliche Spaltung bereits heute bei Richtern und Schöffen vorgenommen wird. Diese unterliegen Beweisverwertungsverboten und haben somit solche Beweise im Prozess auszublenden, obwohl sie von bestimmten Beweisen Kenntnis erlangt haben, die unter Umständen zu einer Verurteilung des Betroffenen führen könnte.[783] Die beiden Autoren schlagen dabei verschiedene Lösungswege vor, wie der Arbeitgeber bei einer Internetrecherche vorzugehen habe. So sollte der Arbeitgeber bei der Überprüfung der betroffenen Person möglichst Zufallstreffer vermeiden, indem „*eine möglichst gute Eingrenzung der Treffer durch trennscharfe Suchbegriffe zu erfolgen hat*". Weiterhin wird vorgeschlagen, eine organisatorische Trennung beim Arbeitgeber vorzunehmen, indem zwischen denjenigen, die recherchieren und denjenigen, die die Personalentscheidung treffen, getrennt wird. Der Personalverantwortliche sollte dann nur die zulässigen Informationen erhalten.

Insgesamt ist den Vorschlägen von *Thüsing/Traut* zu folgen, auch wenn dessen Vorschläge nicht dazu führen, dass dadurch nur erforderliche Daten über den Bewerber aufgefunden werden. Es ist dem Internet systemimmanent, dass nicht erforderliche Daten aufgefunden werden. Es ist dennoch dem Arbeitgeber

---

780 *Bayreuther/Stark, in: Hornung/Müller-Terpitz, Social Media, Kap. 9, Rn.* 71; ebenso *Byers/Fischer*, ArbRAktuell 2022, 90, 91.

781 *Gola*, NZA 2019, 654, 655 f.; *Zöll*, in: Taeger/Gabel, § 26 BDSG, Rn. 18.

782 *Oberthür*, AnwBl. 2015, 849, 850; ebenso ebenso *Oberwetter*, AnwZert ArbR 7/2020 Anm. 2; *Tiedemann*, Anmerkung zu LAG Baden-Württemberg, Urt. v. 21.02.2019 – 3 Sa 65/17, ZD 2020, 53 (keine Umgehung des Fragerechts); *Wisskirchen/Kies*, in: Tschöpe, Arbeitsrecht, 1. Teil, C., Rn. 131.

783 *Thüsing/Traut*, in: Thüsing, Beschäftigtendatenschutz, § 14 Rn. 28.

zu raten, durch eine möglichst gezielte Recherche (z. B. Name des Bewerbers und vorherige Arbeitgeber) nur die erforderlichen Daten abzufragen, die für die Begründung des Beschäftigungsverhältnisses erforderlich sind.[784] Es lässt sich nicht vermeiden, dass trotz einer gezielten Suche auch nicht erforderliche Daten zum Vorschein kommen. Dieser Umstand ist durch den Bewerber hinzunehmen. Die Informationsquelle Internet muss genutzt werden können. Damit hat der Arbeitgeber mangels Erlaubnisnorm die nicht erforderlichen Daten bei der Prüfung der Geeignetheit des Bewerbers auszublenden. Es lässt sich damit festhalten, dass eine Recherche über Suchmaschinen grundsätzlich auf die Erlaubnisnorm des Art. 6 Abs. 1 S. 1 lit. b Var. 2 DSGVO gestützt werden kann.

### 3. Berechtigtes Interesse

Der Arbeitgeber könnte zudem ein berechtigtes Interesse nach Art. 6 Abs. 1 S. 1 lit. f DSGVO daran haben, die Informationen, die er im Rahmen einer Internetrecherche erhält, zu verarbeiten. Diese Erlaubnisnorm wird nicht durch § 26 Abs. 1 S. 1 BDSG gesperrt (vgl. Vierter Teil, § 21, A. und § 23, B., III.). Das berechtigte Interesse des Arbeitgebers kann darin bestehen, die Informationen des Bewerbers aus den Bewerbungsunterlagen zu überprüfen und die Geeignetheit des Bewerbers für den bestimmten Beruf zu bestimmen. Der Bewerber hat grundsätzlich das gegenläufige Interesse, dass nur die Daten verarbeitet werden, die der Bewerber in seinen Bewerbungsunterlagen zur Verfügung gestellt hat. Zudem besteht das Interesse, im Internet personenbezogene Daten zu veröffentlichen, ohne dass Dritte diese zu einem bestimmten Zweck verarbeiten. Hat der Bewerber hingegen ausdrücklich auf Inhalte im Internet verwiesen, so kann dies im Rahmen der Interessenabwägung berücksichtigt werden. Zumindest kann ein gegenläufiges Interesse des Bewerbers hinsichtlich der Überprüfung dieses angegebenen Inhalts im Internet nicht festgestellt werden.

Die Informationen über einen Bewerber, die über eine Suchmaschinenrecherche ohne weiteres auffindbar sind, sind in der Regel offensichtlich öffentlich gemacht i. S. d. Art. 9 Abs. 2 lit. e DSGVO (vgl. Fünfter Teil, § 26, B., IV., 2., b.). Diese Wertung muss im Rahmen der Interessenabwägung nach Art. 6 Abs. 1 S. 1 lit. f DSGVO berücksichtigt werden. Die Tatsache, dass sich der Arbeitgeber aus öffentlich zugänglichen Quellen über den Bewerber informieren darf, lässt sich unter anderem aus der Wertung des Art. 14 Abs. 2 lit. f DSGVO ableiten, der eine Informationspflicht bezüglich öffentlich zugänglicher Quellen normiert, und aus der Tatsache, dass sich der Arbeitgeber für lange Zeit an einen Bewerber bindet (vgl. Vierter Teil, § 20).[785]

Jedoch wird von *Thüsing/Traut* verlangt, dass der Arbeitgeber nicht ohne Anlass eine Internetrecherche vornehmen darf. In die erforderliche Abwägung sollen

784 Ebenso *Claus/Reif*, RDV 2020, 83, 85.

785 *Feldmann*, in: Forgó et al., Datenschutz, Teil XI., Kap. 4, Rn. 32; *Schwarz*, ZD 2018, 353, 355.

auch die Aufgaben und die berufliche Stellung des Bewerbers einfließen. Je höher die Position sei, für die sich der Bewerber beworben hat, desto größer sei das Aufklärungsinteresse des Arbeitgebers.[786] Dem ist zuzustimmen. Im Rahmen der Interessenabwägung kann der Umstand, dass der Bewerber seine Daten selbst öffentlich und damit einer unbestimmten Anzahl von Personen zugänglich gemacht hat (z. B. den Lebenslauf ins Internet gestellt oder an fachlichen Diskussionen bei Twitter teilgenommen), zugunsten des Arbeitgebers ausgelegt werden (vgl. Vierter Teil, § 20). Nach *Byers* wird der Arbeitgeber auch auf Informationen über den Bewerber zugreifen können, die auf der Webseite des bisherigen Arbeitgebers enthalten sind.[787] Als weiterer Faktor zugunsten der Abwägung könnte angeführt werden, dass der Arbeitgeber bereits in der Stellenausschreibung darauf verweist, dass eine Recherche in Suchmaschinen vorgenommen werden soll.[788] Ähnlich sah dies die ehemalige *Artikel-29-Datenschutzgruppe*, die bereits zu Art. 7 lit. f DSRL die Ansicht vertreten hatte, dass eine Recherche über den Bewerber in sozialen Netzwerken möglich ist, wenn der Arbeitgeber bestimmte Risiken hinsichtlich des Bewerbers für eine spezifische Funktion zu bewerten habe, und wenn der Bewerber ordnungsgemäß informiert wurde. Diese Information könne bereits in der Stellenanzeige erfolgen.[789] Auch wenn dieser Umstand für eine positive Interessenabwägung nicht ausreichend ist, so spielt dieser Umstand eine wichtige Rolle, um die notwendige Transparenz gegenüber der betroffenen Person herzustellen.

Wenn allerdings personenbezogene Daten verarbeitet werden, die keinen Bezug zum Arbeitsverhältnis aufweisen (z. B. Vorliebe für einen Reitverein) oder die Urheberschaft der Internet-Beiträge nicht eindeutig festgestellt werden kann, so stellen dies Anhaltspunkte dar, die auf Seiten des Bewerbers stärker zu berücksichtigen sind.[790] Bei der Interessenabwägung des Art. 6 Abs. 1 S. 1 lit. f DSGVO sind alle Umstände des Einzelfalles zu gewichten, sodass ein eindeutiges Ergebnis nicht gegeben werden kann. Entscheidend ist, dass über diese Erlaubnisnorm eine Suchmaschinenabfrage des Bewerbers möglich ist, soweit dies für den Zweck der Begründung des Beschäftigungsverhältnisses erforderlich ist. Der Arbeitgeber ist gut beraten, wenn er die Umstände der Recherche in allen Schritten detailliert dokumentiert.

786 *Thüsing/Traut*, in: Thüsing, Beschäftigtendatenschutz, § 14 Rn. 24, 33.

787 *Byers*, Mitarbeiterkontrollen, Rn. 303.

788 *Wisskirchen/Kies*, in: Tschöpe, Arbeitsrecht, 1. Teil, C., Rn. 131; ähnlich *Bayreuther/Stark*, in: Hornung/Müller-Terpitz, Social Media, Kap. 9, Rn. 72. Einen Hinweis nicht für erforderlich haltend *Beckschulze/Natzel*, BB 2010, 2368, 2370.

789 *Art.-29-Datenschutzgruppe*, WP 249, S. 12 f.; ebenso *Rosenberger*, DuD 2022, 87, 90.

790 *Brecht-Heitzmann*, in: Kohte/Absenger, FS Höland, S. 381, 394 f.; *Byers*, Mitarbeiterkontrollen, Rn. 304; *Heckmann/Scheurer*, in: Heckmann/Paschke, Internetrecht, Kap. 9, Rn. 911.

## II. Soziale Netzwerke

Über die Recherche in Suchmaschinen gelangt man auch an Informationen in sozialen Netzwerken (z.B. Facebook, Xing, Instagram), soweit diese vom Nutzer nicht untersagt worden sind. Typischerweise wird in der Literatur zwischen berufsorientierten (z.B. Xing, LinkedIn) und freizeitorientierten Netzwerke (z.B. Facebook, Instagram) unterschieden (vgl. Fünfter Teil, § 26, B., IV., 2., a., aa.). Nach dem *Bayerischen Landesamt für Datenschutzaufsicht* sind Recherchen in sozialen Netzwerken mit beruflichem Bezug nach § 26 Abs. 1 S. 1 BDSG zulässig, während eine Recherche im sozialen Netzwerk Facebook unzulässig sein soll, auch wenn der Facebook-Account öffentlich zugänglich ist.[791] Im Folgenden soll untersucht werden, ob diese Aussage in dieser Pauschalität zutrifft und welche Erlaubnisnormen für die Verarbeitung personenbezogener Daten des Bewerbers in sozialen Netzwerken herangezogen werden können. Dabei ist eine starke Verzahnung zu der Verarbeitung von personenbezogenen Daten in Suchmaschinen festzustellen.

### 1. Einwilligung

Die Recherche in sozialen Netzwerken könnte durch eine Einwilligung des Bewerbers legitimiert werden.[792] Dabei ist zwischen freizeitorientierten und berufsorientierten Netzwerken zu unterscheiden. Für freizeitorientierte Netzwerke wie Facebook kann von keiner Einwilligung des Bewerbers ausgegangen werden. Der Bewerber, der eine Facebook-Seite unterhält, gibt weder ausdrücklich noch konkludent eine Einwilligung dahingehend ab, dass ein Arbeitgeber seine Seite zu beruflichen Zwecken nutzen darf.[793] Teile der Literatur gehen hingegen von einer Einwilligung aus, wenn der Bewerber mit dem Arbeitgeber aufgrund einer Kontaktanfrage „*verknüpft*" ist.[794] Die Einwilligung soll durch die Verknüpfung konkludent erteilt worden sein, wenn der Bewerber die Unternehmenszugehörigkeit des Recherchierenden kennt. Dem ist nicht zuzustimmen. Die Anforderungen, die die DSGVO an eine wirksame Einwilligung stellt (insbesondere der Hinweis auf das Widerrufsrecht nach Art. 7 Abs. 3 S. 3 DSGVO, welche nach der hier vertretenen Ansicht eine materiell-rechtliche Wirksamkeitsvoraussetzung darstellt; vgl. Vierter Teil, § 19, B., IV., 1., a.), sind in diesem Fall nicht erfüllt. Die Verknüpfung kann allenfalls im Rahmen einer Interessenabwägung

---

791 *BayLDA*, 9. TB, S. 47.

792 *Bayreuther/Stark*, in: Hornung/Müller-Terpitz, Social Media, Kap. 9, Rn. 65 (Einwilligung denkbar, aber in der Praxis meist nicht zu bewerkstelligen); *Oberwetter*, AnwZert ArbR 7/2020 Anm. 2 (zweifelhaft); *Riesenhuber*, in: BeckOK DatenSR, BDSG, 48. Ed. 01.05.2024, § 26 Rn. 101.

793 *Frings/Wahlers*, BB 2011, 3126, 3128; *Göpfert/Dußmann*, NZA-Beilage 2016, 41, 42 f.; *Grimm/Maiß*, AuA 2015, 270; *Kainer/Weber*, BB 2017, 2740, 2744; *Weth*, in: Weth et al., Daten- und Persönlichkeitsschutz, B., I., Rn. 103.

794 *Determann*, BB 2013, 181, 188; *Forst*, NZA 2010, 427, 432; kritisch *Kainer/Weber*, BB 2017, 2740, 2744.

nach Art. 6 Abs. 1 S. 1 lit. f DSGVO berücksichtigt werden. Eine Einwilligung ist darin aber nicht zu erblicken, da die Einwilligung zur Recherche in freizeitorientierten Netzwerken vor allem an der fehlenden Freiwilligkeit scheitert.[795] Diese Netzwerke sind grundsätzlich nicht für die beruflichen Zwecke bestimmt, sondern werden ausschließlich zu privaten Zwecken betrieben. Aufgrund des Druckes des potenziellen Kandidaten, die Arbeitsstelle zu erhalten, kann nicht davon ausgegangen werden, dass dieser die Einwilligung freiwillig erteilen würde. Vielmehr würde er im Zweifel eine Einwilligung erteilen, damit er bei der Bewerberauswahl weiter berücksichtigt wird. Um den Bewerber zu schützen, muss die Freiwilligkeit aufgrund dieses Abhängigkeitsverhältnisses verneint werden.

Für berufsorientiere Netzwerke wie Xing oder LinkedIn könnte hingegen an eine konkludente Einwilligung gedacht werden, was in der Literatur bereits angedacht wurde.[796] Denn solche Netzwerke sind gerade zu dem Zweck angelegt, dass zukünftige Arbeitgeber sich einen Überblick über die Leistungen des Bewerbers machen können. Der Bewerber hat diese personenbezogenen Daten freiwillig in das Netzwerk eingegeben und will, dass diese Informationen von potenziellen Arbeitgebern verarbeitet werden. Nach *Broy* stellen solche Onlineprofile „*einem Lebenslauf in den Bewerbungsunterlagen in nichts nach*“. Es handele sich demnach um eine „*dauerhafte Online-Bewerbung*“.[797]

Die Lösung über eine konkludente Einwilligung scheitert jedoch. Die Einwilligung nach Art. 4 Nr. 11 DSGVO hat hohe Voraussetzungen und setzt insbesondere voraus, dass die Einwilligung für einen bestimmten Fall, d. h. einen bestimmten Zweck abgegeben wird. Dies schließt eine Generaleinwilligung weitestgehend aus.[798] Bevor kein Kontakt zu einem bestimmten Arbeitgeber aufgenommen wurde, kann nicht davon ausgegangen werden, dass eine für den bestimmten Fall abgegebene Einwilligung für einen bestimmten Arbeitgeber vorliegt.

Eine andere rechtliche Situation liegt vor, wenn der Arbeitgeber beim Einstellungsgespräch um eine Einwilligung bittet, die berufsorientierten Netzwerke zur Recherche nutzen zu dürfen. Gerade bei diesen Netzwerken kann die Freiwilligkeit der Einwilligung angenommen werden.[799] Die Informationen, die in den Netzwerken zu finden sind, sind gerade dazu gedacht, von potenziellen Arbeit-

---

795 *LfDI BW*, Beschäftigtendatenschutz, S. 29 f.; *Rolf/Rötting*, RDV 2009, 263, 267; *Kania/Sansone*, NZA 2012, 360, 364.

796 *Bissels/Ziegelmayer/Kiehn*, BB 2013, 2869, 2870; *Forst*, NZA 2010, 427, 429; *Keber*, RDV 2014, 190, 191; *Weichert*, ArbuR 2010, 100, 104 (Webseite); *Weth*, in: Weth et al., Daten- und Persönlichkeitsschutz, B., I., Rn. 108.

797 *Broy*, Bewerberdaten, S. 290.

798 *Gola*, NZA 2019, 654, 656; *Weth*, in: Weth et al., Daten- und Persönlichkeitsschutz, B., I., Rn. 108.

799 *Kort*, in: Conrad/Grützmacher, FS Schneider, S. 368, 377; zurückhaltender *ders.*, DuD 2012, 722, 723; kritisch *Claus/Reif*, RDV 2020, 83, 84; aA *Oberthür*, in: Kramer, IT-Arbeitsrecht, § 2 Rn. 768.

gebern genutzt zu werden. Nachteile entstehen den Bewerbern dadurch nicht. Obwohl auch im Bewerbungsverhältnis von einem grundsätzlichen Ungleichgewicht ausgegangen werden kann, ist in dieser Konstellation von der Freiwilligkeit der Einwilligung auszugehen.

Ähnlich liegt die Situation, wenn der Bewerber von sich aus auf die Existenz eines Online-Profils hinweist. Dies kann etwa dann der Fall sein, wenn der Bewerber in seinem Bewerbungsschreiben ausdrücklich auf die Xing-URL verweist. In diesen Fällen ist die Freiwilligkeit der Einwilligung gegeben, da der Bewerber keinem Druck ausgesetzt war.[800] Zwar ist in diesem Fall von der Freiwilligkeit der Einwilligung auszugehen, jedoch liegen die weiteren Voraussetzungen der Einwilligung nicht vor. Es erfolgt insbesondere kein Hinweis darauf, dass die Einwilligung jederzeit widerrufen werden kann. Auch die Information darüber, welche Datenverarbeitungen durch die Einwilligung legitimiert werden dürfen, kann aus diesem Verhalten nicht erschlossen werden. Weist ein Bewerber auf das Bestehen sozialer Netzwerke in den Bewerbungsunterlagen hin, kann der Arbeitgeber vielmehr im Gegenzug, bevor er eine Recherche startet, eine wirksame Einwilligung beim Bewerber einholen. Praxisgerecht erscheint dieses Verhalten nicht. Es ist daher naheliegender den Hinweis des Bewerbers im Rahmen der Interessenabwägung nach Art. 6 Abs. 1 S. 1 lit. f DSGVO bzw. der Erforderlichkeit i. S. d. Art. 6 Abs. 1 S. 1 lit. b DSGVO bzw. § 26 Abs. 1 S. 1 BDSG zu berücksichtigen.[801]

## 2. Vorvertragliche Maßnahme

Weiterhin besteht die Möglichkeit, dass die Verarbeitung der personenbezogenen Daten des Bewerbers in sozialen Netzwerken über die Erlaubnisnorm des Art. 6 Abs. 1 S. 1 lit. b Var. 2 DSGVO (ggf. i. V. m. § 26 Abs. 1 S. 1 Var. 1 BDSG) als vorvertragliche Maßnahme gerechtfertigt wird.

Unter dem BDSG a. F. wurde teilweise die Auffassung vertreten, dass die online-Datenrecherche in sozialen Netzwerken nicht i. S. d. § 32 Abs. 1 S. 1 BDSG a. F. erforderlich war, da gerade das Bewerbungsverfahren die Möglichkeit des Bewerbungsgesprächs biete. Zudem würde der Grundsatz der Direkterhebung nach § 4 Abs. 2 S. 1 BDSG a. F. für diesen Ergebnis sprechen.[802] Eine andere Bewertung sei nach *Brecht-Heitzmann* nur dann vorzunehmen, wenn der Bewerber ausdrücklich in den Bewerbungsunterlagen auf die Existenz dieser sozialen Netzwerke hingewiesen habe.

---

800 *Brecht-Heitzmann*, in: Kohte/Absenger, FS Höland, S. 381, 389; *Riesenhuber*, in: BeckOK DatenSR, BDSG, 48. Ed. 01.05.2024, § 26 Rn. 99; *Weichert*, ArbuR 2010, 100, 104.

801 *Thüsing*, in: Thüsing/Wurth, Social Media, § 1 Rn. 15.

802 *Hützen*, AE 2013, 39, 40; ebenso *Brecht-Heitzmann*, in: Kohte/Absenger, FS Höland, S. 381, 389 f.

Dem treten Teile der Literatur entgegen und gehen davon aus, dass eine Datenverarbeitung in sozialen Netzwerken grundsätzlich zulässig ist, wenn nur die Daten des Bewerbers verarbeitet werden, die für die Begründung des Beschäftigungsverhältnisses erforderlich sind. Dies sei insbesondere bei berufsorientierten Netzwerken der Fall.[803]

Die rechtlichen Erwägungen zu der Erlaubnisnorm der vorvertraglichen Maßnahmen nach Art. 6 Abs. 1 S. 1 lit. b Var. 2 DSGVO, die für die Suchmaschinen gelten, können auch für die sozialen Netzwerken herangezogen werden, sodass hierauf verwiesen werden kann (vgl. Vierter Teil, § 24, A., I., 2.). Im Ergebnis kann diese Erlaubnisnorm herangezogen werden, wenn nur die personenbezogenen Daten durch den Arbeitgeber verarbeitet werden, die auch tatsächlich für den Zweck der Begründung eines Beschäftigungsverhältnisses erforderlich sind.

### 3. Berechtigtes Interesse

Für die Verarbeitung personenbezogener Daten im Rahmen einer Recherche in sozialen Netzwerken könnte weiterhin die Erlaubnisnorm der berechtigten Interessen des Verantwortlichen nach Art. 6 Abs. 1 S. 1 lit. f DSGVO in Betracht kommen, wobei im Rahmen der Prüfung die Ausführungen zu der Verarbeitung der Daten in Suchmaschinen ergänzend herangezogen werden können (vgl. Vierter Teil, § 24, A., I., 3.). Während § 32 Abs. 6 BDSG-E vom 15.12.2010 noch ein überwiegendes Interesse in der Suche von berufsorientierten Netzwerken vorsah, fehlt eine solche ausdrückliche Regelung sowohl in der DSGVO als auch im BDSG. Daher muss die Interessenabwägung anhand einer Auslegung im Einzelfall ermittelt werden.

Das berechtigte Interesse des Arbeitgebers liegt darin begründet, geeignete Kandidaten für einen bestimmten Arbeitsplatz zu finden (sog. Personalgewinnungsinteresse; vgl. Vierter Teil, § 21, B.). Ein solches Interesse ist Ausdruck seiner unternehmerischen Freiheit, welches nach Art. 16 GRCh nach dem Unionsrecht und den einzelstaatlichen Rechtsvorschriften und Gepflogenheiten garantiert wird.

Hat die betroffene Personen personenbezogene Daten auf einer berufsorientierten Plattform (z. B. Xing, LinkedIn) veröffentlicht, so muss davon ausgegangen werden, dass diese Information von der betroffenen Person bewusst für einen beruflichen Zweck eingetragen worden ist. Arbeitgeber, die solche Informationen in diesen Netzwerken recherchieren, haben zumindest ein berechtigtes Interesse für die Verarbeitung dieser Daten.[804] Gerade auf einer solchen Plattform weiß die betroffene Person, dass die Daten von anderen Personen (insbesonde-

---

803 *Claus/Reif*, RDV 2020, 83, 84; *Grimm/Maiß*, AuA 2015, 270 f.; *Riesenhuber*, in: BeckOK DatenSR, BDSG, 48. Ed. 01.05.2024, § 26 Rn. 101; *Weth*, in: Weth et al., Daten- und Persönlichkeitsschutz, B., I., Rn. 105, 109.

804 *Heckmann/Scheurer*, in: Heckmann/Paschke, Internetrecht, Kap. 9, Rn. 991; *Herfurth*, ZD 2018, 514, 517.

re potenziellen Arbeitgebern) eingesehen und gezielt zu beruflichen Zwecken genutzt werden. Dies hat auch die ehemalige *Artikel-29-Datenschutzgruppe* bei der Beurteilung des Art. 7 lit. f DSRL erkannt, da das Social-Media-Profil des Bewerbers, welches mit geschäftlichen oder privaten Zwecken verbunden ist, ein wichtiger Hinweis auf die rechtliche Zulässigkeit der Datenbetrachtung sei.[805] Weiterhin besteht zum Beispiel bei Xing die Möglichkeit in den Profileinstellungen einzustellen, dass der Bewerber auf der Suche nach einem neuen Job ist. In den Standard-Angaben kann man unter dem Punkt „*Ihr aktueller Karrierestatus*“ verschiedene Auswahlmöglichkeiten treffen („*Ich bin derzeit auf Jobsuche*“, „*Ich bin zwar nicht auf Jobsuche, aber offen für Angebote*“, „*Ich bin derzeit nicht an Angeboten interessiert*“). Hat der potenzielle Kandidat oder Bewerber eine der ersten beiden Auswahlen getroffen, so stellt dies ein Indiz dafür dar, dass der Kandidat oder Bewerber angesprochen werden will bzw. dessen personenbezogene Daten zu Zwecken der Begründung eines Beschäftigungsverhältnisses verarbeitet werden dürfen. Dies muss im Rahmen der Interessenabwägung nach Art. 6 Abs. 1 S. 1 lit. f DSGVO berücksichtigt werden.[806] Dies ist erst recht zu bejahen, wenn der Bewerber von sich aus auf die Existenz dieser Plattform verweist (z. B. indem dieser in den Bewerbungsunterlagen darauf verweist oder die URL des Profils in der Bewerbermanagement-Software hinterlegt). Dem Bewerber stehen solange keine überwiegenden Interessen gegenüber, solange die personenbezogenen Daten von diesem selber oder von einem Dritten mit Zustimmung des Bewerbers in das Netzwerk eingegeben wurden.[807] Sollte ein Dritter die Daten in das Netzwerk eingeben haben, so stehen dem Bewerber berechtigte Interessen zu, die er dem Arbeitgeber entgegenhalten kann. Dieser Umstand, dass ein Dritter für den Bewerber gehandelt hat, muss sich dem Arbeitgeber allerdings aufdrängen bzw. offensichtlich auf der Hand liegen.[808] Ein Arbeitgeber, der Informationen über den Bewerber in sozialen Netzwerken erlangt, muss berechtigterweise zunächst einmal davon ausgehen dürfen, dass die Informationen von dem Profilinhaber veröffentlicht wurden. Wenn sich dem Arbeitgeber allerdings aufdrängt, dass die Veröffentlichung der betroffenen Person nicht zuzurechnen ist (z. B. es werden viele Spaßbilder hochgeladen oder der Bewerber diffamiert sich selbst), so überwiegen grundsätzlich die Interessen des Bewerbers an der Nichtverarbeitung gegenüber dem Interesse des Arbeitgebers an der Verarbeitung dieser Daten.

Teilweise wird ein überwiegendes Interesse des Arbeitgebers angenommen, wenn die Suche im Zusammenhang mit der zu besetzenden Stellen steht und

---

805 *Art.-29-Datenschutzgruppe*, WP 249, S. 12 f.

806 *Gola*, NZA 2019, 654, 657.

807 *Bissels/Lützeler/Wisskirchen*, BB 2010, 2433, 2437; *Gola/Klug*, NJW 2010, 2483, 2486; *Kainer/Weber*, BB 2017, 2740, 2743; aA *Determann*, BB 2013, 181, 188 (Bewerber könnte gegen den Dritten vorgehen).

808 *Rolf/Rötting*, RDV 2009, 263, 266.

eine gewisse Aktualität aufweist.[809] Die Berücksichtigung des Alters der Informationen stellt einen wesentlichen Faktor dar, da das Internet *„nichts vergisst“*. Werden Informationen vom Arbeitgeber verarbeitet, die schon Jahrzehnte zurückliegen, dann besteht grundsätzlich ein überwiegendes Interesse des Bewerbers, dass solche Informationen für die Bewerbungsphase nicht berücksichtigt werden sollen. Hierbei ist aber im Einzelfall zu prüfen, ob die veralteten Informationen noch von Relevanz sind. Es ist daher zu prüfen, welchen Aussagewert eine alte Information über einen potenziellen Bewerber für den Arbeitgeber noch hat.

Es kann demnach festgehalten werden, dass im Rahmen einer Interessenabwägung als maßgebliche Kriterien unter anderem die Profilsichtbarkeit, der erkennbare Wille des Bewerbers an der Verarbeitung seiner personenbezogenen Daten und das Alter der Information einfließen können. Die Art des Netzwerkes kann grundsätzlich auch in die Interessenabwägung einfließen. So ist die Trennung von berufsorientierten und freizeitorientierten Netzwerken oft ein Indiz dafür, dass eine Verarbeitung von Daten in berufsorientierten Netzwerken eher auf der Grundlage der Interessenabwägung erfolgen darf, als Daten in freizeitorientierten Netzwerken. Eine Trennung dieser verschiedenen Arten von Netzwerken ist aus Datenschutzsicht jedoch nicht allein maßgeblich (vgl. ausführlich Fünfter Teil, § 26, B., IV., 2., a., bb.). Entscheidend ist vielmehr, ob die personenbezogenen Daten offensichtlich öffentlich gemacht worden sind. Auch die Verarbeitung von personenbezogenen Daten in freizeitorientierten Netzwerken kann grundsätzlich auf die Interessenabwägung gestützt werden. So ist es denkbar, dass bei Facebook der berufliche Lebenslauf zu finden ist oder auch Interesse an potenziellen Arbeitgebern bekundet wird. Nach den Umständen des Einzelfalles ist dann zu entscheiden, ob die Erlaubnisnorm der Interessenabwägung herangezogen werden kann oder nicht.

### III. Früherer Arbeitgeber

Um weitere Informationen über den Bewerber zu erlangen und Angaben des Bewerbers zu überprüfen, ist die Nachfrage beim früheren Arbeitgeber des Bewerbers eine aussagekräftige Quelle, da dieser am besten weiß, welche Qualifikationen der Bewerber derzeit vorweisen kann. Da eine Nachfrage nicht bei der betroffenen Person selbst erfolgt, muss der Arbeitgeber den Bewerber nach Art. 14 DSGVO (insb. nach Art. 14 Abs. 2 lit. f DSGVO) über diesen Umstand informieren. Fraglich ist, ob und wenn ja, auf welche datenschutzrechtliche Erlaubnisnorm der Arbeitgeber beim früheren Arbeitgeber personenbezogene Daten des Bewerbers erfragen darf. Der frühere § 32 Abs. 1 BDSG a. F. wurde auch für die Datenerhebung beim früheren Arbeitgeber für anwendbar erklärt.[810] Der

809 *Gola*, Datenschutz, Rn. 706; *Oberwetter*, BB 2008, 1562, 1564; *Weichert*, ArbuR 2010, 100, 105 („direkter Bezug zum [geplanten] Arbeitsverhältnis“); *Wellhöner/Byers*, BB 2009, 2310, 2315.

810 *Ernst*, NJOZ 2011, 953.

derzeit geltende § 15 Abs. 3 S. 1 Landesdatenschutzgesetz Baden-Württemberg macht die Erhebung personenbezogener Daten eines Bewerbers bei dem bisherigen Arbeitgeber von der Einwilligung des Bewerbers abhängig.[811] Es werden Überlegungen angestellt, ob dies im BDSG gesetzlich fixiert werden sollte.[812] Wie die derzeitige Rechtslage aussieht, wird nachfolgend betrachtet.

Zunächst ist festzustellen, dass der Anwendungsbereich der DSGVO nur dann eröffnet ist, wenn die Antworten des früheren Arbeitgebers durch den potenziellen neuen Arbeitgeber in einem Dateisystem gespeichert werden bzw. werden sollen (vgl. Art. 2 Abs. 1 DSGVO). Hingegen ist der sachliche Anwendungsbereich des § 26 Abs. 1 bis 6 BDSG unabhängig von dem Vorliegen eines Dateisystems eröffnet (vgl. § 26 Abs. 7 BDSG).[813]

### 1. Meinungsstand

Teilweise wird davon ausgegangen, dass allein eine Einwilligung des Bewerbers gegenüber dem Arbeitgeber die Datenerhebung beim früheren Arbeitgeber legitimieren kann.[814] Begründet wird dies unter anderem damit, dass ansonsten einen Verstoß gegen den Grundsatz der Direkterhebung vorliegen würde und deswegen nicht erforderlich i. S. d. § 26 Abs. 1 BDSG sei. Zudem würde der frühere Arbeitgeber seine nachwirkende Treuepflicht verletzen, würde er ohne Einwilligung des Bewerbers personenbezogene Daten des Bewerbers an den anfragenden Arbeitgeber übermitteln. Allerdings soll eine Einwilligung dann unterbleiben können, wenn der Arbeitgeber *„berechtigte Zweifel am Wahrheitsgehalt von Aussagen des Bewerbers hat“*[815] oder die *„Informationsgewinnung beim Betroffenen ersichtlich fruchtlos ist“*[816].

Andere Stimmen in der Literatur und auch der BAG in früheren Urteilen erachten die Nachfrage ohne Einwilligung des Bewerbers für zulässig, wenn Informationen mit Bezug zum Arbeitsplatz eingeholt werden, d. h. Informationen

811 Dazu *Gola*, ZD 2018, 448, 451.

812 *Maier*, DuD 2017, 169, 174.

813 *Brink/Schwab*, in: Wedde, Datenschutz, B., Rn. 46, 61; *Tiedemann*, in: Sydow, DSGVO/BDSG, § 26 BDSG, Rn. 61. Zum alten Recht BAG, Urt. v. 12.02.2015 – 6 AZR 846/13, Rn. 73, NZA 2015, 741.

814 ArbG Stuttgart, Urt. v. 01.02.2001 – 28 Ca 8988/00, RDV 2006, 26; *LfDI BW*, Beschäftigtendatenschutz, S. 30; *Benecke*, in: Kiel et al., MHA, § 35 Rn. 34; *Brink/Schwab*, RDV 2017, 170, 180; *Conrad/Treeger*, in: Auer-Reinsdorff/Conrad, IT- und Datenschutzrecht, § 34 Rn. 218; *Däubler*, in: Däubler et al., § 26 BDSG, Rn. 52; *Gola*, RDV 2008, 135, 138; *Jacobi*, in: Behling/Abel, Datenschutz, Rn. 1017, 1067; *Kort*, NZA-Beilage 2016, 62, 69 f.; *Maschmann*, in: Kühling/Buchner, § 26 BDSG, Rn. 35 (Freiwilligkeit wird jedoch oft fehlen); *Schröder*, Datenschutzrecht, S. 37; *Schulze*, in: Wedde, Datenschutz, C., Rn. 143; *Stück*, ArbRAktuell 2020, 153.

815 *Kort*, NZA-Beilage 2016, 62, 70.

816 *Däubler*, in: Däubler et al., § 26 BDSG, Rn. 52.

über den Bewerber, die berufliche Leistung und das Verhalten.[817] Dabei müsse sich der Arbeitgeber in den Grenzen des Fragerechts des Arbeitgebers halten. Die Verifizierung von Angaben des Bewerbers durch den Arbeitgeber sei nach § 26 Abs. 1 BDSG erforderlich. Ein Hinweis des früheren Arbeitgebers gegenüber dem Bewerber, dass die Daten herausgegeben wurden, müsse allerdings erfolgen, da sich sonst der frühere Arbeitgeber gegenüber dem Bewerber wegen einer Verletzung des allgemeinen Persönlichkeitsrechts nach Art. 2 Abs. 1 i. V. m. Art. 1 Abs. 1 GG schadensersatzpflichtig mache.[818] Das BAG hatte 1984 entschieden, dass der Arbeitgeber vom früheren Arbeitgeber eine Auskunft über den Bewerber einholen dürfe, auch gegen den Willen des Bewerbers.[819] Begründet wurde diese Auffassung insbesondere damit, dass die Arbeitgeber eine „*Sozialpartnerschaft*“ bilden würden, mit der Folge, dass die einzelnen Arbeitgeber sich bei der Wahrung der Arbeitgeberbelange zu unterstützen haben.

*Weth* vertritt die Meinung, dass bereits vorhandene Informationen über den Bewerber durch den Arbeitgeber beim früheren Arbeitgeber verifiziert werden können, da dies i. S. d. § 26 Abs. 1 S. 1 BDSG erforderlich sei. Zudem könne die erstmalige Erhebung erforderlich sein, wenn die Bewerberkontaktdaten unvollständig angegeben worden sind und „*der Zweck der Datenverarbeitung ohne die indirekte Datenerhebung nicht erreicht werden könnte*“. Als Beispiel wird die Adresse eines umgezogenen Bewerbers genannt. Die pauschale Aussage, dass die Nachfrage beim früheren Arbeitgeber nur mit Einwilligung zulässig sei, könne in dieser Absolutheit nicht zutreffen.[820]

Hingegen gibt es nach Ansicht von *Steiner* nach derzeitiger Rechtslage keine Rechtsgrundlage für den Anruf beim früheren Arbeitgeber.[821] Auch *Ullrich* geht im Grundsatz davon aus, dass die Nachfrage nicht zulässig ist, da man im Falle einer Rückfrage beim Bewerber persönlich nachfragen könne.[822]

---

817 BAG, Urt. v. 05.08.1976 – 3 AZR 491/75, AP BGB § 630 Nr. 10; BAG, Urt. v. 18.12.1984 – 3 AZR 389/83, NZA 1985, 811; *Grimm*, in: Tschöpe, Arbeitsrecht, 6. Teil, F., Rn. 201 (Einwilligung zu streng); *Kania/Sansone*, NZA 2012, 360, 363; *Krieger*, in: vom Stein et al., Gesundheitsmanagement, § 5 Rn. 1; *Künzl*, in: Leinemann, Arbeitsrecht, Band 1, 2.1. Rn. 65; *Littig*, in: Grobys/Panzer-Heemeier, Arbeitsrecht, Bewerbung, Rn. 8; *Riesenhuber*, in: BeckOK DatenSR, BDSG, 48. Ed. 01.05.2024, § 26 Rn. 98; wohl auch *Wisskirchen/Kies*, in: Tschöpe, Arbeitsrecht, 1. Teil, C., Rn. 143 f.; aA *Benecke*, in: Kiel et al., MHA, § 35 Rn. 34 f.; *Weth*, in: Weth et al., Daten- und Persönlichkeitsschutz, B., I., Rn. 98 (fraglich, ob an Rechtsprechung festgehalten werden kann).

818 BAG, Urt. v. 18.12.1984 – 3 AZR 389/93, NZA 1985, 811; ArbG Stuttgart, Urt. v. 01.02.2001 – 28 Ca 8988/00, RDV 2006, 26.

819 BAG, Urt. v. 18.12.1984 – 3 AZR 389/83, NJW 1986, 341 f.

820 *Weth*, in: Weth et al., Daten- und Persönlichkeitsschutz, B., I., Rn. 99 f.

821 *Steiner*, in: Wedde, Datenschutz, F., Rn. 26.

822 *Ullrich*, ZMV 2018, 176, 177.

### 2. Stellungnahme

Unter Geltung der DSGVO ist allein entscheidend, ob eine Einwilligung oder eine gesetzliche Erlaubnisnorm eingreift, die die Verarbeitung der personenbezogenen Daten des Bewerbers rechtfertigt. Dabei kann zunächst festgestellt werden, dass eine Einwilligung nicht wirksam eingeholt werden kann, wenn die Begründung des Beschäftigungsverhältnisses an die Nachfrage beim früheren Arbeitgeber gekoppelt wird, da in diesem Fall das Kopplungsverbot des Art. 7 Abs. 4 DSGVO greift (vgl. Vierter Teil, § 19, B., I., 3.).[823] Zudem normiert die DSGVO in Art. 6 Abs. 1 DSGVO verschiedene Erlaubnisnormen, wann eine Verarbeitung personenbezogener Daten zulässig ist. Die Einwilligung stellt nur eine von sechs möglichen Erlaubnisnormen dar. Die Auffassung, die lediglich die Einwilligung nach Art. 6 Abs. 1 S. 1 lit. a DSGVO als mögliche Erlaubnisnorm für die Datenerhebung beim früheren Arbeitgeber annimmt, verkennt dies.

Ist die Bewerbung bereits beim Arbeitgeber eingegangen, kommt als mögliche Erlaubnisnorm Art. 6 Abs. 1 S. 1 lit. b Var. 2 DSGVO sowie Art. 6 Abs. 1 S. 1 lit. f DSGVO in Betracht. Um die Angaben des Bewerbers verifizieren zu können, ist es für die Begründung des Beschäftigungsverhältnisses erforderlich, diese Informationen beim früheren Arbeitgeber bestätigen zu lassen. Dies kann allerdings nur dann gelten, wenn der Arbeitgeber begründete Zweifel an den Aussagen des Bewerbers hat, da ansonsten keine Erforderlichkeit der Verifizierung angenommen werden kann.[824] Entscheidend ist, dass grundsätzlich nur die personenbezogenen Daten nachgefragt werden, die für die Entscheidung zur Begründung eines Beschäftigungsverhältnisses erforderlich sind. Eine solche Erforderlichkeit kann auch in den Fällen angenommen werden, in denen die Bewerbungsunterlagen nicht vollständig sind. In diesen Fällen besteht ein berechtigtes Interesse des Arbeitgebers, diesen Daten zu erfragen, um mit dem Bewerber in Kontakt zu kommen. Fehlen jedoch Angaben, die der Bewerber beantworten kann, so ist grundsätzlich diese Möglichkeit in Anspruch zu nehmen. Hat der Bewerber den Wunsch geäußert, dass der aktuelle potentielle Arbeitgeber keine Auskünfte beim früheren Arbeitgeber einholt, so muss dieser Wille im Rahmen der Erforderlichkeitsprüfung bzw. bei der Prüfung der Interessenabwägung nach Art. 6 Abs. 1 S. 1 lit. f DSGVO auf Seiten des Bewerbers berücksichtigt werden.

## B. Sprachanalysetools (am Beispiel von Precire)

Es tritt in der Praxis immer häufiger der Fall auf, dass der Arbeitgeber im Bewerbungsverfahren algorithmische Systeme, wie zum Beispiel sog. Sprachanalysetools, einsetzt.[825] In solchen Fällen kommuniziert das algorithmische Sys-

823 Ähnlich *Kort*, NZA-Beilage 2016, 62, 70 („Spannungsfeld"); ähnlich *Steiner*, in: Wedde, Datenschutz, F., Rn. 26.

824 Ähnlich *Gola*, Beschäftigtendatenschutz, Rn. 715.

825 *Freyler*, NZA 2020, 284, 285 („Robot-Recruiting"); *Herdes*, in: Taeger, DSRITB 2019, 77, 79; *Höhne*, Art. 88 DSGVO, S. 33 f.; *Joos*, NZA 2020, 1216; *Joos/Meding*,

tem mit dem Bewerber, nimmt dessen Antworten auf und analysiert diese im Anschluss. Dabei wird versucht, „*aus der Sprache Rückschlüsse auf die Persönlichkeit des Bewerbers, seine sprachlichen oder kommunikativen Fähigkeiten zu ziehen*" oder den Wahrheitsgehalt der Antworten herauszufinden, damit eine bessere Personalentscheidung getroffen wird.[826] Sprachanalysetools sollen Aufschluss darüber geben, wie „*teamfähig, ehrgeizig, kommunikativ, belastbar oder verantwortungsbereit ein Bewerber ist*".[827] Entscheidend ist damit, auf welche Art und Weise der Bewerber etwas ausdrückt.

Prominent geworden ist der Einsatz der Software Precire.[828] Precire ist ein Sprachanalysetool, welches in der Lage ist, eine Vorauswahl bei Bewerbungen zu treffen. Dieses Tool analysiert innerhalb von ca. 15 Minuten das Sprachverhalten des Bewerbers am Telefon und gleicht dieses mit bereits vorhandenen Datensätzen ab. Die Analyse gibt dann Aufschluss über „*Charakterzüge des Bewerbers, wie Belastbarkeit einschließlich weiterer psychischer Faktoren, Durchsetzungsvermögen, Fleiß, Ehrgeiz und darüber, wie sympathisch er wahrgenommen wird*".[829] Nach Aussage des Unternehmens soll die leistungsfähige Künstliche Intelligenz sprachliche und schriftliche Kommunikation analysieren und daraus objektive psychologische Schlüsse ziehen. Es sollen ganze Persönlichkeitsprofile erstellt werden, insbesondere soll Aufschluss über Motivation, Fähigkeit und Art der Stressbewältigung, Neugier, Verausgabungsbereitschaft, Selbstorganisation und Leistungsbereitschaft gegeben werden.[830] Solche Tools werden vor allem aus dem Grund eingesetzt, um eine Vorauswahl aus mehreren hundert Bewerbungen treffen zu können. Statt jeden einzelnen Bewerber persönlich vorzuladen, was sehr viel Zeit in Anspruch nimmt, soll stattdessen jeder Bewerber diese Sprachanalyse durchlaufen, um anhand dieser Ergebnisse die ersten Bewerber auszusortieren.

Unabhängig von den datenschutzrechtlichen Anforderungen, unterliegt der Einsatz der Sprachanalyse der Mitbestimmung nach § 87 Abs. 1 Nr. 6 BetrVG und dessen Nichtbeachtung soll zu einem Verarbeitungsverbot führen.[831] Rich-

---

CR 2020, 834, 836; *Knobloch/Hustedt*, Personal, S. 10 ff. Ausführlich aus psychologischer Sicht *Linnenbürger/Greb/Gratzel*, in: Stulle, Psychologische Diagnostik, S. 23 ff.

826 *Dzida*, BB 2018, 2677, 2682; *Dzida/Groh*, ArbRB 2018, 179, 180.

827 *Betz*, ZD 2019, 148; *Gola*, Beschäftigtendatenschutz, Rn. 552.

828 Haufe, „KI-Pionier Precire steht vor dem Aus", 23.02.2021, berichtet, dass sich das Unternehmen Precire in der Liquidation befindet, https://tinyurl.com/47s92uxj.

829 *Culik*, Beschäftigtendatenschutz, S. 73; *Grimm/Göbel*, jM 2018, 278, 282; *Poeche/Thomas/Ruppelt*, in: Röller, Personalbuch, Einstellungsuntersuchung, Rn. 1. Ausführlich dazu aus psychologischer Sicht *Linnenbürger/Greb/Gratzel*, in: Stulle, Psychologische Diagnostik, S. 23 ff.

830 Webseite der Vier Precire GmbH (früher PRECIRE Technologies GmbH), https://www.vier.ai/; *Höhne*, Art. 88 DSGVO, S. 34.

831 *Fladung*, in: Wybitul, DSGVO, Art. 17 Fn. 14; *Gola*, Beschäftigtendatenschutz, Rn. 2033, 2055, 2170; *Grimm*, in: Tschöpe, Arbeitsrecht, 6. Teil, F., Rn. 147; *Klement*,

tigerweise führt die Nichtbeachtung betriebsverfassungsrechtlicher Vorschriften nur zu einem betriebsverfassungsrechtlichen Verbot. Die datenschutzrechtliche Rechtmäßigkeit hat separat zu erfolgen.[832] Umgekehrt kann die Zustimmung des Betriebsrats eine datenschutzwidrige Verarbeitung nicht legitimieren.[833]

Im Folgenden wird dargestellt, welche Erlaubnisnorm für den Einsatz eines solchen Sprachanalysetools herangezogen werden kann und welche weiteren datenschutzrechtlichen Anforderungen zu beachten sind.

## I. Erlaubnisnorm

Sprachanalysetools können unter den Begriff Profiling fallen, da dies nach der Legaldefinition des Art. 4 Nr. 4 DSGVO jede Art der automatisierten Verarbeitung personenbezogener Daten ist, die darin besteht, dass diese personenbezogenen Daten verwendet werden, um bestimmte persönliche Aspekte, die sich auf eine natürliche Person beziehen, zu bewerten. Dies ist insbesondere dann zu bejahen, wenn der Arbeitgeber aus der Sprache Persönlichkeitsmerkmale des Bewerbers gewinnen will, wie dies bei dem Sprachanalysetool Precire der Fall ist.[834] Ein Profiling liegt damit vor, sodass die Vorschrift des Art. 22 DSGVO grundsätzlich zur Anwendung gelangt. Nach Art. 22 Abs. 1 DSGVO hat die betroffene Person das Recht, nicht einer ausschließlich auf einer automatisierten Verarbeitung einschließlich Profiling beruhenden Entscheidung unterworfen zu werden, die ihre gegenüber rechtliche Wirkung entfaltet oder sie in ähnlicher Weise erheblich beeinträchtigt.

Das Profiling wird als eine Form der automatisierten Verarbeitung angesehen und nicht als eine automatisierte Entscheidung, da der Wortlaut des Art. 22 Abs. 1 DSGVO zwischen diesen beiden Begriffen unterscheidet. Dies wird auch dadurch deutlich, dass das Profiling im Anschluss an den Begriff der *„automatisierten Verarbeitung"* und gerade nicht der nachfolgenden *„Entscheidung"* aufgeführt ist.[835] Dies bedeutet, dass das Profiling nur dann den Regelungen des Art. 22 DSGVO unterfällt, wenn es *„alle konstitutiven Merkmale einer automatisierten Entscheidung im Einzelfall"* erfüllt.[836] Eine Profilbildung über einen Bewerber, ohne dass es zu einer Entscheidung für den Bewerber kommt, ist demnach nicht nach Art. 22 DSGVO untersagt.[837] Diese Vorgehensweise un-

---

Medizinische Datenerhebungen, S. 222; *Lembke*, in: Henssler et al., Arbeitsrecht, Einleitung, DSGVO, Rn. 112; *Radlanski*, Einwilligung, S. 129.

832 Ähnlich *Stück*, ArbRAktuell 2019, 216, 219.

833 *Wohlgemuth*, Datenschutz für Arbeitnehmer, Rz. 117.

834 *LfDI BW*, Beschäftigtendatenschutz, S. 35; *Gola*, Beschäftigtendatenschutz, Rn. 551; *Joos*, NZA 2020, 1216, 1217; *Veil*, in: Gierschmann et al., Art. 22 Rn. 54.

835 *Kumkar/Roth-Isigkeit*, JZ 2020, 277, 278; *Eckhardt*, in: Rüpke et al., Datenschutzrecht, § 16 Rn. 12-14.

836 *Eckhardt*, in: Rüpke et al., Datenschutzrecht, § 16 Rn. 15.

837 Ebenso *Culik*, Beschäftigtendatenschutz, S. 241 ff. („Der automatisierte Abgleich bestimmter Eigenschaften, Qualifikationen oder sonstiger formaler Voraussetzungen

terliegt aber dennoch den Vorschriften der DSGVO. Dies wird durch ErwG 72 S. 1 deutlich. Hiernach unterliegt das Profiling, welches einen Fall des Art. 22 DSGVO darstellen kann, den Vorschriften dieser Verordnung, wie etwa die Rechtsgrundlage für die Verarbeitung oder die Datenschutzgrundsätze. Art. 6 DSGVO regelt die *„Rechtsgrundlage"*, wie Art. 6 Abs. 3 S. 1 DSGVO klarstellt. Eine ausdrückliche Erlaubnisnorm für das Profiling existiert in der DSGVO hingegen nicht.[838] Nach ErwG 72 S. 6 sollte der Verantwortliche geeignete mathematische oder statistische Verfahren für das Profiling verwenden und technische und organisatorische Maßnahmen treffen, damit das Risiko von Fehlern minimiert wird. Es ist umstritten, ob und wenn ja, auf welcher rechtlichen Grundlage der Einsatz von Precire im Bewerbungsverfahren eingesetzt werden kann.

## 1. Meinungsstand

*Grimm/Göbel* sehen den Einsatz von Precire im Bewerbungsverfahren datenschutzrechtlich nicht als zulässig an.[839] Die Analyse sei nicht für die Begründung des Beschäftigungsverhältnisses i. S. d. § 26 Abs. 1 S. 1 Var. 1 BDSG erforderlich. Dazu wird ein Vergleich zur BAG-Rechtsprechung zum grafologischen Gutachten gezogen, in der eine Einwilligung gefordert wurde.[840] Im Bewerbungsprozess sei jedoch das Kopplungsverbot nach Art. 7 Abs. 4 DSGVO zu beachten, wonach die Erfüllung eines Vertrages nicht von der Einwilligung abhängig gemacht werden dürfe. Demnach sei eine Einwilligung für den Einsatz von Precire nicht möglich. Dieser Ansicht entspricht einer Petition des Petitionsausschusses des Deutschen Bundestages, in der zum BDSG a. F. gefordert wurde, dass der Einsatz von Persönlichkeitsanalysesoftware verboten werden sollte.[841] Auch *Gola* sieht solche Software aufgrund der angestrebten Registrierung und Katalogisierung der individuellen Persönlichkeit mit der Menschenwürde und dem Persönlichkeitsrecht nicht vereinbar, sodass der Einsatz nicht zur Begründung des Beschäftigungsverhältnisses i. S. d. § 26 Abs. 1 S. 1 BDSG erforderlich sei. Dies könne auch nicht durch die Einholung der Einwilligung umgangen werden.[842] Ähnlich sieht dies der *Landesdatenschutzbeauftragte von Baden-Württemberg*, wonach die *„notwendige Freiwilligkeit nur in seltenen Fällen möglich sein"* wird.[843]

---

allein stellt demzufolge keine verbotene Bewertung persönlicher Aspekte des Betroffenen dar").

838 *Spindler/Horváth*, in: Spindler/Schuster, Elektron. Medien, DSGVO, Art. 22 Rn. 6; *Körner*, DSGVO, S. 43.

839 *Grimm/Göbel*, jM 2018, 278, 282 (Verweis auf Unzulässigkeit nach §§ 1, 7 AGG); ähnlich *Stück*, ArbRAktuell 2020, 153, 156 (nicht geeignet).

840 BAG, Urt. v. 16.09.1982 – 2 AZR 228/80, NJW 1984, 446.

841 Petitionsausschuss, Petition 68007, 13.10.2016, https://tinyurl.com/tdmxe2u.

842 *Gola*, Beschäftigtendatenschutz, Rn. 553 f.; *ders.*, RDV 2018, 24, 27; ebenso *Däubler*, in: Däubler et al., § 26 BDSG, Rn. 53c.

843 *LfDI BW*, Beschäftigtendatenschutz, S. 35; *ders.*, 36. TB, S. 106.

Nach *Geißler* ist hingegen der Einsatz der Software möglich, wenn eine ausdrückliche Einwilligung des Bewerbers eingeholt wurde.[844] Auch andere Stimmen in der Literatur sehen die Möglichkeit der Legitimation über die Einwilligung des Bewerbers als gegeben an.[845] Der Arbeitgeber müsse ausdrücklich darauf hinweisen, dass es keinen negativen Einfluss auf die Chancen im Bewerbungsverfahren habe, ob der Bewerber an der Sprachanalyse teilnimmt oder nicht. Dadurch soll objektiv betrachtet keine Zwangslage für den Bewerber entstehen, so dass er seine Einwilligung freiwillig erteilen kann. Ferner soll erforderlich sein, dass der Arbeitgeber erläutert, was mit dem Persönlichkeitstest oder der Sprachanalyse erkundet werden soll und wie das Verfahren genau abläuft. Auch nach *Betz* ist die Einholung einer Einwilligung des Bewerbers möglich. Erforderlich sei jedoch ein sachlicher Zusammenhang zwischen der konkreten künftigen Tätigkeit der Sprachanalyse. Begründet wird dies damit, dass Art. 22 Abs. 2 DSGVO einen Unterschied zwischen dem Abschluss eines Vertrages (lit. a) und der Einwilligung (lit. c) mache, sodass die Einwilligung mehr legitimieren könne.[846]

Es wird auch vertreten, dass der Einsatz in der Erforderlichkeit für die Begründung des Beschäftigungsverhältnisses nach § 26 Abs. 1 S. 1 BDSG bzw. der Interessenabwägung nach Art. 6 Abs. 1 S. 1 lit. f DSGVO liege, *wenn der Arbeitgeber in der konkreten Situation ein berechtigtes billigenswertes Interesse an der Kenntnis der psychischen Eignung des Betroffenen hat*".[847] So sei § 26 Abs. 1 S. 1 BDSG einschlägig, wenn es sich um eine verkehrswesentliche Erfahrung handele, die der Arbeitgeber auch im Übrigen in Erfahrung bringen dürfe und die Methode zudem geeignet sei, diese Eigenschaft zu eruieren.[848] Zudem müssten die Vorgaben des Art. 22 DSGVO eingehalten werden. Auch der *Landesdatenschutzbeauftragte von Baden-Württemberg* geht grundsätzlich von der Erforderlichkeit der Maßnahme aus, wobei der Verantwortliche die Erforderlichkeit „*nachvollziehbar und überzeugend*" darlegen müsse. Die Aufsichtsbehörde betont, dass durch die Bewerberanalyse keine personenbezogenen Daten verarbeitet werden dürfen, die nicht für das Beschäftigungsverhältnis erforderlich sind.[849]

---

844 *Geißler*, in: Kramer, IT-Arbeitsrecht, § 2 Rn. 973.

845 *Dzida*, BB 2018, 2677, 2683; *Franzen*, NZA 2013, 1, 2; *Joussen*, in: Rolfs et al., BeckOK ArbR, 71. Ed. 01.03.2024, § 611a BGB, Rn. 142.

846 *Betz*, ZD 2019, 148, 151 (Einwilligung bzgl. nicht verkehrswesentlicher Eigenschaft).

847 *Dzida*, BB 2018, 2677, 2683; *Dzida/Groh*, ArbRB 2018, 179, 180; *Franzen*, in: Müller-Glöge et al., Arbeitsrecht, BDSG, § 26 Rn. 13; *Havlíková*, in: Taeger, DSRITB 2020, 141, 157; *Joos*, NZW 2020, 1216, 1220. Bzgl. § 32 Abs. 1 BDSG a. F. *Bausewein*, ZD 2014, 443, 445; wohl aA *Bissels/Meyer-Michaelis/Schiller*, DB 2016, 3042, 3045.

848 *Herdes*, in: Taeger, DSRITB 2019, 77, 81, 86 (Verweis auf *Betz*, ZD 2019, 148).

849 *LfDI BW*, Beschäftigtendatenschutz, S. 35 (keine Datenverarbeitung „durch die Hintertür").

## 2. Stellungnahme

### a. Einhaltung der grundlegenden Standards der Eignungsdiagnostik?

Für die Frage, ob und falls ja, welche Erlaubnisnorm einschlägig ist, ist gerade in Bezug auf die Erforderlichkeit entscheidend, ob das Sprachanalysetool Precire den Verfahren grundlegenden Standards der Eignungsdiagnostik entsprechen. So weisen *Dallmann/Busse* darauf hin, dass die Ergebnisse solcher Analysen nicht gesichert und unter Umständen nicht zutreffend sind, sodass dadurch die Rechte und Freiheiten der betroffenen Person erheblich gefährdet werden können.[850] Eine umfassende psychologische Studie zur der Technologie Precire aus dem Jahre 2018 kommt zu dem Ergebnis, dass sich zwar positive Schlussfolgerungen aus dieser Software ziehen lassen. Allerdings wird zugleich angemerkt, dass noch weitere Forschungsbemühungen zu diesem Thema erforderlich sind und noch kein abschließendes Urteil darüber gefasst werden könne.[851] Nach Aussage von *Kanning*, einem Wirtschaftspsychologen an der Hochschule Osnabrück, sei „*die Aussagekraft der Messergebnisse nach bisherigen Untersuchungen nicht erwiesen*". Selbst bei den vorteilhaftesten Ergebnissen einer Studie sei dies kein Argument dafür, „*so etwas seriös einzusetzen in der Eignungsdiagnostik*". Die „*Nützlichkeit solcher Tests*" wird generell in Frage gestellt.[852] Gerade aus diesem Grund wurde der Precire Technologies GmbH aus Aachen vermutlich der BigBrotherAward 2019 „*für ihre wissenschaftlich zweifelhafte, wahrscheinlich rechtswidrige und gefährliche Sprachanalyse*" verliehen.[853] Hierbei handelt es sich einen Preis für Firmen, Organisationen und Personen, „*die in besonderer Weise und nachhaltig die Privatsphäre von Menschen beeinträchtigen sowie persönliche Daten verkaufen oder gegen ursprüngliche Interessen verwenden*".[854]

Ohne eine abschließende psychologische Beurteilung abgeben zu können, wird vorliegend davon ausgegangen, dass nach derzeitigem Forschungstand noch keine aussagekräftigen Aussagen zur Eignungsdiagnostik für das Sprachanalysetool Precire gegeben werden kann. Aus der Sicht der Praxis sollte ein solches Tool keine alleinige Grundlage für die Beurteilung eines Bewerbers darstellen, sondern allenfalls als Entscheidungsunterstützung und nicht -ersetzung dienen.

---

850 *Dallmann/Busse*, ZD 2019, 394, 397.

851 *Stulle*, in: Stulle, Psychologische Diagnostik, S. 337 ff.

852 *Kanning*, zitiert nach Bergmann, Vorstellungsgespräch mit einem Roboter – Wie künstliche Intelligenz die Personalsuche verändert, https://tinyurl.com/vt9mck3; vgl. auch *Kanning*, Sprachanalyse: Wunschdenken oder Wissenschaft?, https://tinyurl.com/tf3on2u.

853 BigBrotherAward 2019, https://tinyurl.com/s8h4ljt.

854 BigBrotherAward, https://tinyurl.com/usokgy7.

## b. Datenschutzrechtliche Rechtmäßigkeit

Die Einholung einer Einwilligung des Bewerbers für den Einsatz dieses Tools wird an der fehlenden Freiwilligkeit des Bewerbers scheitern.[855] Der Bewerber wird sich im Zweifel für die Abgabe der Einwilligung entscheiden, um eine verlässliche Chance auf ein Weiterkommen im Bewerbungsprozess zu erhalten. Aufgrund seiner Zwangssituation bleibt ihm fast keine Wahl, als in die Verarbeitung einzuwilligen. Daran ändert auch die Mitteilung des Arbeitgebers nichts, dass die Nichtabgabe keinen negativen Einfluss auf die Chancen im Bewerbungsverfahren hat. Solche Aussagen können die Freiwilligkeit nicht erzwingen, da auf diese Weise immer die Möglichkeit der Einwilligung geschaffen werden kann. Diese Vorstellung ist jedoch illusorisch und wird den Interessen der betroffenen Personen nicht gerecht. Auch das Angebot von alternativen Bewerbungsverfahren ohne den Einsatz einer Sprachanalyse kann erhebliche Zweifel an der Freiwilligkeit aufweisen, wenn ersichtlich ist, dass es dem Arbeitgeber gerade auf den Einsatz dieses Tools ankommt.[856] Dies ist etwa dann der Fall, wenn bei der Stellenbeschreibung ausdrücklich auf dieses Verfahren hingewiesen wird. Zudem kann ein Verfahren, welches eignungsdiagnostisch nicht geeignet ist, um einen Bewerber einzuschätzen, auch nicht über eine Einwilligung legitimiert werden.

Ob der Einsatz dieses Tools für die Begründung des Beschäftigungsverhältnisses erforderlich im Sinne des Art. 6 Abs. 1 S. 1 lit. b Var. 2 i. V. m. § 26 Abs. 1 S. 1 Var. 1 BDSG ist, hängt unter anderem von der Eignung dieses Tools ab. Da vorliegend davon ausgegangen wird, dass man nach derzeitigem Forschungstand über das Softwaretool Precire noch keine aussagekräftigen Bewertungen zur Eignungsdiagnostik geben kann, ist die Erforderlichkeit der Verarbeitung nicht gegeben.[857] Es steht nicht fest, ob der Einsatz dieses Tools überhaupt geeignet ist, um den Zweck der Begründung eines Beschäftigungsverhältnisses zu fördern. Ein solches Tool stellt nur eines von vielen Hilfsmitteln im Bewerbungsverfahren dar und ist nicht geeignet, nur anhand dieses Tools, die fachliche Eignung des Bewerbers zu bestimmen.[858] Zukünftig wird sich jedoch wohl ein anderes Bild ergeben, was nach derzeitigem Stand jedoch nicht beurteilt werden kann.

855 *Däubler*, in: Däubler et al., § 26 BDSG, Rn. 53c (fehlende „Entscheidungsautonomie"); *Diercks*, ZdiW 2021, 65, 69; ähnlich *Götz*, Big Data im Personalmanagement, S. 56; *Joos*, NZW 2020, 1216, 1220; zurückhaltender *Havlíková*, in: Taeger, DSRITB 2020, 141, 151.

856 *Götz*, Big Data im Personalmanagement, S. 56.

857 Ausführlich zu der Frage der Eignungsdiagnostik *Diercks*, ZdiW 2021, 65 ff. Hiernach kann im Einzelfall durchaus die Erforderlichkeit angenommen werden („jene Verfahren, die den grundlegenden Standards der Eignungsdiagnostik entsprechen, [können] auch als erforderlich i. S. v. § 26 Abs. 1 BDSG qualifiziert werden").

858 *Bausewein*, ZD 2014, 443, 444. Ausführlich *Diercks*, ZdiW 2021, 65, 66 ff.

Insgesamt kann der Einsatz des Softwaretool Precire datenschutzrechtlich im Rahmen der Bewerbungsphase nicht gerechtfertigt werden und ist daher zu unterlassen. Eine andere Bewertung, gerade im Hinblick auf die Erforderlichkeit der Verarbeitung nach Art. 6 Abs. 1 S. 1 lit. b Var. 2 bzw. lit. f DSGVO, ist anzunehmen, wenn nach eingehender Forschung aussagekräftige Bewertungen zur Eignungsdiagnostik gegeben werden können. Wenn nach dieser Untersuchung festgestellt werden kann, dass solche Sprachanalysen verlässliche Informationen über das Verhalten des Bewerbers generieren können, kann die Erforderlichkeit im Grundsatz bejaht werden. Entscheidend werden dann die Umstände des Einzelfalles sein. Die Rechtmäßigkeit kann nur bejaht werden, wenn die Sprachanalyse für die Begründung des Beschäftigungsverhältnisses erforderlich ist. Eine Zulässigkeit wird sich bei einer Bewerbung als LKW-Fahrer nicht begründen lassen, da nicht ersichtlich ist, welche Gründe für einen solch tiefgreifenden Eingriff in die Persönlichkeitsrechte vorliegen. Eine andere Bewertung kann bei Bewerbungen um Führungspositionen vorzunehmen sein. Zutreffend ist mit *Betz* daher davon auszugehen, dass ein „*sachlicher Zusammenhang zwischen den objektiven Anforderungen der konkreten künftigen Tätigkeit und den eruierten Merkmalen*“ gegeben sein muss.[859] Dies muss der Verantwortliche detailliert begründen können.

Nachfolgend soll davon ausgegangen werden, dass sich die Verarbeitung auf eine datenschutzrechtliche Erlaubnisnorm stützen lässt.

## II. Art. 22 DSGVO

Neben dem Vorliegen einer Erlaubnisnorm ist beim Einsatz von Sprachanalysetools die Vorschrift des Art. 22 DSGVO zu beachten, soweit es sich bei dem Profiling zugleich um eine automatisierte Entscheidung handelt.[860] Hiernach hat die betroffene Person das Recht, nicht einer ausschließlich auf einer automatisierten Verarbeitung, einschließlich Profiling i. S. d. Art. 4 Nr. 4 DSGVO, beruhenden Entscheidung unterworfen zu werden, die ihr gegenüber rechtliche Wirkung entfaltet oder sie in ähnlicher Weise erheblich beeinträchtigt.

Mit der Vorschrift des Art. 22 DSGVO soll verhindert werden, dass Menschen zum bloßen Objekt von Entscheidungen des Computers werden und Maschinen das „*letzte Wort*“ haben.[861] Nach *Spindler/Horváth* soll die Vorschrift „*vor der in maschinellen Verarbeitungsvorgängen innewohnenden Voreingenommenheit*“

---

859 *Betz*, ZD 2019, 148, 151; ähnlich *Thüsing*, in: Thüsing/Wurth, Social Media, § 1 Rn. 16.

860 Nach *Diercks*, ZdiW 2021, 65, 69 spielt Art. 22 in der Regel keine Rolle, da die Ergebnisse meistens von Mitarbeitern der Personalabteilungen be- und ausgewertet werden.

861 *Broy/Heinson*, in: Weth et al., Daten- und Persönlichkeitsschutz, B, II., Rn. 18; *Eckhardt*, in: Rüpke et al., Datenschutzrecht, § 16 Rn. 1-2; *Hladjk*, in: Ehmann/Selmayr, Art. 22 Rn. 6; *Maamar*, CR 2018, 820, 826; *Martini*, JZ 2017, 1017, 1019; *Scholz*, in: Simitis et al., Datenschutzrecht, Art. 22 Rn. 3.

*schützen*".[862] Ähnlich bestimmte der § 6a Abs. 1 S. 1 BDSG a. F., dass „*Entscheidungen, die für den Betroffenen eine rechtliche Folge nach sich ziehen oder ihn erheblich beeinträchtigen, [...] nicht ausschließlich auf eine automatisierte Verarbeitung personenbezogener Daten gestützt werden [dürfen], die der Bewertung einzelner Persönlichkeitsmerkmale dienen*". Als Entscheidung hatte man unter dem BDSG a. F. neben den Entscheidungen, die eine Rechtsfolge nach sich ziehen, grundsätzlich jedes einseitige rechtsgeschäftliche Handeln angesehen.[863] Weiter definierte § 6a Abs. 1 S. 2 BDSG a. F., dass „*eine ausschließlich auf eine automatisierte Verarbeitung gestützte Entscheidung [...] insbesondere dann vor[liegt], wenn keine inhaltliche Bewertung und darauf gestützte Entscheidung durch eine natürliche Person stattgefunden hat*".

Die Anwendung des Art. 22 DSGVO kommt vor allem bei Online-Bewerbungen in einem Online-Bewerberportal oder im Rahmen von E-Recruiting von Bewerbern in Betracht, wenn die Bewerberdaten ausgewertet werden.[864] Der Anwendungsbereich der Norm ist allerdings noch nicht eröffnet, wenn lediglich aus formalen Gründen Bewerbungen durch das System aussortiert werden, da in diesem Fall noch nicht inhaltlich über die Bewerbung entschieden worden ist. Auch das Vorstrukturieren von Bewerberdaten in eine Rangliste kann noch nicht den Anwendungsbereich der Norm eröffnen, da in diesem Fall noch keine abschließende Entscheidung durch die Maschine getroffen wird.[865] Dies ist etwa dann der Fall, wenn bestimmte Pflichtinformationen von dem Bewerber nicht angegeben worden sind (zB E-Mail-Adresse). Eine andere Bewertung liegt vor, wenn der Bewerber automatisch durch das System eine Absage erhalten hat, ohne dass vorher eine menschliche Entscheidungsfindung stattfand. Auch das automatisierte Auswerten von Bewerberdaten im Rahmen von Recruiting-Plattformen kann in diesem Zusammenhang als Profiling-Maßnahme unter den Art. 22 DSGVO fallen.[866] Im Ergebnis schützt Art. 22 DSGVO die „*menschliche Individualität*", die durch den Einsatz von algorithmischen Entscheidungen beeinträchtigt werden kann.[867]

---

862 *Spindler/Horváth*, in: Spindler/Schuster, Elektron. Medien, DSGVO, Art. 22 Rn. 1.

863 *Groß/Gressel*, NZA 2016, 990, 992; *von Lewinski*, in: BeckOK DatenSR, BDSG a. F., 23. Ed. 01.02.2018, § 6a Rn. 24.

864 *Arning*, in: Moos et al., DSGVO, Kap. 6 Rn. 349; *Gausling*, PinG 2019, 61, 70; *Maier/Ossoinig*, in: Roßnagel, DSGVO, § 4 Rn. 34, 50; *Scholz*, in: Simitis et al., Datenschutzrecht, Art. 22 Rn. 24 („Scoring"); *Schüßler/Zöll*, DuD 2013, 639, 642.

865 *Culik*, Beschäftigtendatenschutz, S. 242 (automatisierte Absage durch automatisierten Abgleich kein Fall des Art. 22); *Gola*, RDV 2018, 24, 27 (Möglichkeit zum Vorstellungsgespräch); *von Lewinski*, in: BeckOK DatenSR, DSGVO, 48. Ed. 01.05.2024, Art. 22 Rn. 16; *Weth*, in: Weth et al., Daten- und Persönlichkeitsschutz, B., I., Rn. 112.

866 *Arning*, in: Moos et al., DSGVO, Kap. 6 Rn. 349.

867 *Ernst*, JZ 2017, 1026, 1030.

### 1. Rechtscharakter des Art. 22 DSGVO

Der Rechtscharakter des Art. 22 DSGVO ist umstritten. Teilweise wird vertreten, dass es sich bei Art. 22 DSGVO um eine *„zusätzliche Rechtmäßigkeitsvoraussetzung“*[868] handeln soll, während andere Stimmen in der Literatur Art. 22 DSGVO lediglich als eine *„organisatorische (Verfahrens-) Vorschrift“*[869] ansehen.[870] Nach dem EuGH müssen neben den Voraussetzungen stets auch die Art. 5, 6 DSGVO erfüllt sein.[871]

Richtigerweise müssen Art. 6 Abs. 1 DSGVO und Art. 22 DSGVO voneinander getrennt werden, wobei aber stets beide Vorschriften eingehalten werden müssen. Art. 22 DSGVO, insbesondere dessen Absatz 2, regelt die Rechtmäßigkeit der Verarbeitung personenbezogener Daten nicht, sondern lediglich das Verfahren der automatisierten Entscheidungsfindung. Es ist damit eine *„Zwei-Stufen-Prüfung“* erforderlich. Für die Rechtmäßigkeit der Verarbeitung muss zunächst eine Erlaubnisnorm i. S. d. Art. 6 Abs. 1 DSGVO herangezogen werden. Anschließend muss geprüft werden, ob ein Ausnahmetatbestand nach Art. 22 Abs. 2 bzw. Abs. 3 DSGVO gegeben ist.[872] Dies stellt ErwG 40 klar, wonach die Einwilligung oder eine sonstige zulässige Rechtsgrundlage vorliegen muss, damit eine Verarbeitung rechtmäßig ist. Als weiteres Argument kann die systematische Stellung der Norm herangezogen werden. Art. 22 DSGVO befindet sich in Kapitel III, welches mit *„Rechte der betroffenen Person“* überschrieben ist. Die Norm stellt damit ein Recht dar, wie auch der Wortlaut des Absatz 1 deutlich macht (*„Die betroffene Person hat das Recht, ...“*), auf die sich die betroffene Person allerdings nicht berufen braucht, da Art. 22 DSGVO letztlich einem Verbot für den Verantwortlichen gleichkommt.[873] Dies wird durch den Wortlaut in ErwG 71 S. 3 (*„sollte allerdings erlaubt sein“*) deutlich, da dieser anscheinend voraussetzt, dass eine Verarbeitung nicht generell erlaubt sein soll.

868 *Albrecht/Jotzo*, Datenschutzrecht, Teil 3, Rn. 62; *Atzert*, in: Schwartmann et al., Art. 22 DSGVO, Rn. 2; *Weichert*, in: Däubler et al., Art. 22 DSGVO, Rn. 16.

869 *Brecht/Steinbrück/Wagner*, PinG 2018, 10, 12; *Moos/Rothkegel*, ZD 2016, 561, 567; *Scholz*, in: Simitis et al., Datenschutzrecht, Art. 22 Rn. 4.

870 *Gola/Wronka*, RDV 2018, 309, 311 (Streit regelmäßig nicht entscheidend).

871 EuGH, Urt. v. 07.12.2023 – C-634/21, Rn. 44, NZA 2024, 68.

872 *Gausling*, PinG 2019, 61, 70; *Kumkar/Roth-Isigkeit*, JZ 2020, 277, 278; *Spindler/Horváth*, in: Spindler/Schuster, Elektron. Medien, DSGVO, Art. 22 Rn. 2, 9; *von Lewinski/Rützel*, DSB 2018, 253; wohl aA *Dammann*, ZD 2016, 307, 313.

873 *Art-29-Datenschutzgruppe*, WP 251 rev.01, S. 21; *Culik*, Beschäftigtendatenschutz, S. 231; *Deuster*, PinG 2016, 75, 77; *Herbst*, in: Auernhammer, Art. 22 DSGVO, Rn. 4; *Hoeren/Niehoff*, RW 2018, 47, 52; aA *Franzen*, in: Franzen et al., Arbeitsrecht, Art. 22 DSGVO, Rn. 3.

## 2. Ausschließlich einer automatisierten Verarbeitung beruhenden Entscheidung unterworfen

Erforderlich ist zunächst, dass die Entscheidung auf einer ausschließlich auf einer automatisierten Verarbeitung beruht. Nach *Eckhardt* wird die automatisierte Verarbeitung von Art. 22 DSGVO nicht umfasst, sondern ausschließlich der automatisierten Entscheidung durch die Maschine.[874] Nach ErwG 71 S. 1 hat die betroffene Person das Recht, keiner Entscheidung unterworfen zu werden, die ausschließlich auf einer automatisierten Verarbeitung beruht. Gemeint ist damit, dass das Erfassen von Daten bis zur Ausgabe der Entscheidung ohne menschliches Ergreifen erfolgt.[875]

Der EuGH versteht den Begriff der „*Entscheidung*" so, dass sich dieser Begriff nicht nur auf Handlungen bezieht, die rechtliche Wirkung gegenüber der betroffenen Person entfalten, sondern auch auf Handlungen, die diese Person in ähnlicher Weise erheblich beeinträchtigen. Der EuGH definiert den Begriff aufgrund des Erwägungsgrund 71 sehr weit.[876]

Als „*Entscheidung*" wird in der datenschutzrechtlichen Literatur ein gestaltender Akt angesehen, der in gewisser Weise eine abschließende Wirkung entfaltet bzw. die auf ein bestimmtes Ereignis festgelegt ist.[877] Es wird vorausgesetzt, dass der „*Verantwortliche eine Wahl aus mindestens zwei faktisch vorhandenen Handlungsalternativen*" hat.[878] Nach ErwG 71 S. 1 versteht der europäische Gesetzgeber unter Entscheidungen auch Maßnahmen. Maßnahmen sollen solche sein, die lediglich auf einen tatsächlichen Erfolg gerichtet sind, während Entscheidungen auf einen rechtlichen Erfolg abzielen.[879] Allerdings wird teilweise gefordert, dass auch den Maßnahmen eine regelnde Wirkung zukommen müsse.[880] Der deutsche Gesetzgeber ist in der Gesetzesbegründung zu § 54 BDSG, welcher Art. 11 der Richtlinie (EU) 2016/680 umsetzt und dem Art. 22 DSGVO nachgebildet ist, der Ansicht, dass es sich bei einer Entscheidung um einen Rechtsakt mit Außenwirkung gegenüber der betroffenen Person handeln muss und „*interne Zwischenfestlegungen oder -auswertungen, die Ausfluss automatisierter Prozesse sind, […] nicht hierunter [sollen]*".[881] Die Nichtberücksichtigung eines Bewerbers im Rahmen eines Online-Einstellungsverfahren ohne jegliches menschliche Eingreifen kann eine solche tatsächliche Entscheidung

---

874 *Eckhardt*, in: Rüpke et al., Datenschutzrecht, § 16 Rn. 7-9 („automatisierte Entscheidung und automatisierte Verarbeitung sind also nicht inhaltsgleich").

875 *Hoeren/Niehoff*, RW 2018, 47, 52.

876 EuGH, Urt. v. 07.12.2023 – C-634/21, Rn. 44, NZA 2024, 45.

877 *Scholz*, in: Simitis et al., Datenschutzrecht, Art. 22 Rn. 17; *von Lewinski*, in: BeckOK DatenSR, DSGVO, 48. Ed. 01.05.2024, Art. 22 Rn. 14.

878 *Atzert*, in: Schwartmann et al., Art. 22 DSGVO, Rn. 32.

879 *Martini*, in: Paal/Pauly, Art. 22 DSGVO, Rn. 15; *Veil*, in: Gierschmann et al., Art. 22 Rn. 58.

880 *Abel*, ZD 2018, 304, 305; aA *Martini*, in: Paal/Pauly, Art. 22 DSGVO, Rn. 15a.

881 BT-Drs. 18/11325, S. 112.

darstellen, da diese Nichtberücksichtigung als endgültige Maßnahme mit Außenwirkung anzusehen ist. Hingegen wäre die automatisierte Vorselektion nach gewissen Kriterien aus mehreren Bewerbern noch keine endgültige Entscheidung.

Wesentliches Merkmal ist weiterhin, dass die Entscheidung *„ausschließlich“* automatisiert erfolgt. Automatisiert werde eine solche Entscheidung nach Ansicht des EuGH bereits dann getroffen, wenn sie auf irgendeiner automatisierten Verarbeitung beruht, also ohne menschliche Einwirkung erfolgt.[882] Es kommt demnach darauf an, ob am Ende ein Mensch an der Entscheidung mitgewirkt hat. Wenn von Anfang bis Ende kein Einfluss eines Menschen gegeben ist, ist dieses Merkmal erfüllt. Der Wortlaut des Art. 22 Abs. 1 DSGVO stützt dieses Ergebnis, da die betroffene Person und damit der Bewerber das Recht haben, nicht einer *„ausschließlich“* auf einer automatisierten Verarbeitung beruhenden Entscheidung unterworfen zu werden. Wenn ein Mensch in irgendeinem Stadium dieses Prozesses bei dieser Entscheidung mitwirkt, ist die Ausschließlichkeit zu verneinen, sodass es einzig auf den Einsatz von Computern (d. h. Datenverarbeitungsanlagen) ankommt.[883] Die Letztentscheidung muss einer verantwortlichen natürlichen Person zugewiesen werden, der ein Entscheidungsspielraum bzw. eine Entscheidungskompetenz bezüglich der Auswahl der Bewerber zusteht.[884] Diese Person muss inhaltlich und fachlich in der Lage sein, diese Entscheidung bzw. Maßnahme treffen zu können. Nicht ausreichend wäre es, wenn diese Person keine eigene relevante inhaltliche Entscheidung mehr trifft und nur noch *„absegnet“*, was auch dann der Fall ist, wenn die Person die Entscheidung nur noch stichprobenartig überprüft.[885] Entscheidend ist, dass ein *„menschlicher Entscheider zumindest über dieselben Informationen zum Betroffenen wie der programmgestützte Anteil des Entscheidungsfindungsprozesses verfügt“*.[886] Diese Erwägungen, welche aus § 6a Abs. 1 S. 2 BDSG a. F. stammen, können auch auf Art. 22 DSGVO übertragen werden.

---

882 EuGH, Urt. v. 07.12.2023 – C-634/21, Rn. 47, NZA 2024, 45; *Laue/Nink/Kremer*, Datenschutzrecht, § 2 Rn. 90.

883 *Scholz*, in: Simitis et al., Datenschutzrecht, Art. 22 Rn. 26; *Schulz*, in: Gola/Heckmann, DSGVO/BDSG, Art. 22 DSGVO, Rn. 13 („Letztentscheidung“). Beachte *Jaspers/Jacquemain*, DuD 2020, 297, 301 fordern eine Ausweitung des Anwendungsbereichs, da dadurch eine Regelungslücke bestehe; ebenso *Glatzner*, DuD 2020, 312, 313; aA *Kumkar/Roth-Isigkeit*, JZ 2020, 277, 279.

884 *Culik*, Beschäftigtendatenschutz, S. 232; *Dzida*, BB 2019, 3060, 3067; *Eckhardt*, in: Rüpke et al., Datenschutzrecht, § 16 Rn. 18 (nicht nur die „Rolle des menschlichen Sprachrohrs“).

885 *Art.-29-Datenschutzgruppe*, WP 251 rev.01, S. 22 (nicht „symbolische Geste“, sondern Entscheidung muss „echten Aufsicht“ unterliegen); *Hoeren/Niehoff*, RW 2018, 47, 53; *Martini*, in: Paal/Pauly, Art. 22 DSGVO, Rn. 17 (kein „rein formaler Schlussakt der Bestätigung oder Ausfertigung“).

886 *Broy/Heinson*, in: Weth et al., Daten- und Persönlichkeitsschutz, B, II., Rn. 27.

Wenn ein Personalverantwortlicher aus einer Liste von Bewerbern, die durch einen Computer aufgrund gewisser Kriterien gerankt worden sind, die geeigneten Kandidaten manuell auswählt, liegt nach Ansicht der Literatur keine ausschließlich automatisierte Entscheidung vor, da die endgültige Entscheidung durch einen Menschen getroffen worden ist. Aus diesem Grund wird vorgeschlagen, dass der automatisierte Prozess lediglich eine Empfehlung aussprechen sollte und die Letztentscheidung einer verantwortlichen Person zugewiesen wird.[887] Diese Einschätzung entspricht auch der Begründung zum damaligen Art. 15 DSRL. Hiernach müsse für die menschliche Beurteilung noch Raum verbleiben.[888] Als Beispiel für einen Widerspruch zu dieser Norm wurde in der Begründung genannt, „*wenn ein Arbeitgeber die Bewerbung eines Arbeitssuchenden lediglich aufgrund der Ergebnisse eines psychotechnischen Computertest ablehnen würde, oder auch die Produktion von Listen über derartige Beurteilungssoftware, die Noten zuweisen und die Bewerber in einer bestimmten Reihenfolge auf der Grundlage ihres Persönlichkeitstests einordnen*“ würde. Der damalige Gesetzgeber ging demnach davon aus, dass der Mensch nicht nur formal, sondern auch inhaltlich eine Entscheidung treffen musste.[889]

Zudem muss die betroffene Person der Entscheidung „*unterworfen*“ sein. Dies soll nach Schulz dann vorliegen, „*wenn die verantwortliche Stelle die Bedingungen der Verarbeitung und damit die Grundlage der automatisierten Entscheidung einseitig festlegt*“.[890] Die Entscheidung darf damit nicht durch die betroffene Person wesentlich beeinflusst worden sein. Wird der Bewerber in die Entscheidung mit einbezogen, so findet Art. 22 DSGVO keine Anwendung. Führt das Programm lediglich etwas aus, was der Verantwortliche vorher festgelegt hat, soll nach mancher Ansicht kein „*Unterworfensein*“ vorliegen. Sogenannte „*Wenn-Dann-Entscheidungen*“ werden aufgrund des Schutzzweckes nicht von Art. 22 DSGVO erfasst, da die Norm teleologisch reduziert werden müsse.[891] Gefordert wird vielmehr ein Mindestmaß an Komplexität und eine gewisse Erheblichkeit, da dies die Aufzählung des Profilings impliziert. Eine solche Wenn-Dann-Entscheidung wäre gegeben, wenn der Computer die Be-

---

887 *Dzida/Groh*, ArbRB 2018, 179, 180; *Hladjk*, in: Ehmann/Selmayr, Art. 22 Rn. 6; *Kamlah*, in: Plath, Art. 22 DSGVO, Rn. 4 („Plausibilitätskontrolle“); *Scholz*, in: Simitis et al., Datenschutzrecht, Art. 22 Rn. 27.

888 Begr. zu Art. 16 des geä. Vorschlags, abgedr. bei *Dammann/Simitis*, Vor Art. 15.

889 *Dammann/Simitis*, Art. 15 Erl. 3.

890 *Schulz*, in: Gola/Heckmann, DSGVO/BDSG, Art. 22 DSGVO, Rn. 18; ebenso *Culik*, Beschäftigtendatenschutz, S. 233; *Herdes*, in: Taeger, DSRITB 2019, 77, 85; zurückhaltender *Arning*, in: Moos et al., DSGVO, Kap. 6 Rn. 351 (Begriff kommt keine weitere Bedeutung zu).

891 *Buchner*, in: Tinnefeld et al., Datenschutzrecht, Teil 2, Rn. 131; *Eckhardt*, in: Rüpke et al., Datenschutzrecht, § 16 Rn. 11; *Kumkar/Roth-Isigkeit*, JZ 2020, 277, 279; *Scholz*, in: Simitis et al., Datenschutzrecht, Art. 22 Rn. 18; aA *Herbst*, in: Auernhammer, Art. 22 DSGVO, Rn. 8 (weite Wortlautauslegung); wohl auch *Broy/Heinson*, in: Weth et al., Daten- und Persönlichkeitsschutz, B, II., Rn. 22.

werber nach bestimmten vordefinierten Kriterien aussortiert (z. B. fehlender Doktortitel).

Der Einsatz von Sprachanalysetools, wie Precire, darf nicht dazu führen, dass nach der Analyse des Bewerbers automatisiert eine Absage an den Bewerber versendet, wenn kein positives Matching erfolgt. Vielmehr muss noch ein Personalverantwortlicher eine eigene Entscheidung treffen.

### 3. Rechtliche Wirkung oder erhebliche Beeinträchtigung

Ferner ist erforderlich, dass die Entscheidung dem Bewerber gegenüber eine rechtliche Wirkung entfaltet oder sie in ähnlicher Weise erheblich beeinträchtigt. Eine rechtliche Wirkung soll insbesondere dann gegeben sein, wenn eine Rechtsfolge mit der Entscheidung verbunden ist bzw. wenn die Entscheidung in die Rechtsposition der betroffenen Person eingreift oder der rechtliche Status verändert wird.[892] Keine rechtliche Wirkung soll bei einem individualisierten Angebot gegeben sein, weil die betroffene Person vorher überhaupt keine Rechtsposition innehatte.[893]

Eine in ähnlicher Weise erhebliche Beeinträchtigung i. S. d. Art. 22 Abs. 1 DSGVO soll nach Angaben in der Literatur dann gegeben sein, wenn die betroffene Person *„durch die Entscheidung in seiner wirtschaftlichen oder persönlichen Entfaltung nachhaltig gestört wird*“.[894] Eine unmittelbare rechtliche Auswirkung ist im Gegensatz zur rechtlichen Wirkung damit nicht erforderlich. Jedoch muss diese Alternative eine ähnliche starke Wirkung haben wie die rechtliche Wirkung, was bei bloßen Unannehmlichkeiten und im Rahmen des allgemeinen Lebensrisiko liegenden Belästigungen nicht der Fall sein soll.[895] Ob eine Erheblichkeit gegeben ist, müsse anhand von objektiven Kriterien ermittelt werden, wie sich aus ErwG 76 S. 2 ergibt. Hiernach muss das Risiko anhand einer objektiven Bewertung bestimmt werden.[896] Es kann nicht auf die Sicht des einzelnen Bewerbers ankommen.

Aus ErwG 71 S. 1 ergibt sich, dass eine erhebliche Beeinträchtigung auch bei einem *„Online-Einstellungsverfahren ohne jegliches menschliche Eingreifen*“ der Fall sein kann. In der Literatur wird als Beispiel für eine solche erhebliche Beeinträchtigung die Nicht-Einladung zum Bewerbungsgespräch im Rahmen eines

---

892 *Buchner*, in: Kühling/Buchner, Art. 22 DSGVO, Rn. 24; *Gausling*, PinG 2019, 61, 70; *Gola*, Beschäftigtendatenschutz, Rn. 2476 („Rechtsposition begründen, ändern oder aufheben“); *Maamar*, CR 2018, 820, 826; *Martini*, in: Paal/Pauly, Art. 22 DSGVO, Rn. 26; *Scholz*, in: Simitis et al., Datenschutzrecht, Art. 22 Rn. 32.

893 *Maamar*, CR 2018, 820, 826 f.

894 *Abel*, ZD 2018, 304, 306; *Arning*, in: Moos et al., DSGVO, Kap. 6 Rn. 356; *Buchner*, in: Kühling/Buchner, Art. 22 DSGVO, Rn. 26; *Helfrich*, in: Sydow, DSGVO/BDSG, Art. 22 DSGVO, Rn. 51.

895 *Veil*, in: Gierschmann et al., Art. 22 Rn. 64.

896 Ebenso *Eckhardt*, in: Rüpke et al., Datenschutzrecht, § 16 Rn. 23-24; *Veil*, in: Gierschmann et al., Art. 22 Rn. 66.

Online-Recruiting bzw. Online-Assessment genannt.[897] Durch diese Nicht-Einhaltung werde die wirtschaftliche bzw. persönliche Entfaltung des Bewerbers nachhaltig gehemmt. Dem ist zuzustimmen.

### a. Verweigerung des Arbeitsvertrages?

Im Rahmen des Bewerbungsverfahrens kommt es für den Bewerber darauf an, ob dieser einen Arbeitsvertrag i. S. d. § 611a BGB erhält. Fraglich ist, ob die Verweigerung des Arbeitsvertrages durch eine vollautomatisierte Absage als rechtliche Wirkung oder als erhebliche Beeinträchtigung einzuordnen ist, auch wenn die genaue Einordnung zu keinem rechtlichen Unterschied führt. Eine Pflicht zum Abschluss des Arbeitsvertrages ergibt sich aus Art. 22 DSGVO jedoch nicht (sog. Kontrahierungszwang).[898]

Teilweise wird die Verweigerung eines Vertragsschlusses als rechtliche Wirkung gegenüber dem Bewerber eingeordnet, da diese Entscheidung den rechtlichen Status der betroffenen Person verändere.[899]

Andere Stimmen in der Literatur, die ehemalige *Artikel-29-Datenschutzgruppe* und wohl auch das LG Traunstein ordnen die Verweigerung nicht als rechtliche Wirkung, sondern als *„in ähnlicher Weise erhebliche Beeinträchtigung*“ ein.[900] Der Grundsatz der Vertragsfreiheit und der Umstand, dass die rechtliche Position des Betroffenen durch die ablehnende Entscheidung nicht verändert wird, führe dazu, dass keine rechtliche Wirkung gegeben sei.

Weitere Stimmen in der Literatur sehen in der Verweigerung eines Vertrages keine solche erhebliche Beeinträchtigung, wenn die Leistung auf dem Markt auch zu deutlich ungünstigeren Bedingungen zu bekommen ist.[901] Begründet wird dies damit, dass das Gesetz von einer erheblichen Beeinträchtigung spricht

---

897 *Atzert*, in: Schwartmann et al., Art. 22 DSGVO, Rn. 56.

898 *Veil*, in: Gierschmann et. al., DSGVO, Art. 22 Rn. 46.

899 *Gimmy*, Chatbots im Recruiting: Datenschutz und Haftungsfragen, https://tinyurl.com/y2e95pwe; *Helfrich*, in: Sydow, DSGVO/BDSG, Art. 22 DSGVO, Rn. 48; *Jaspers*, RDV 2019, 105; *Veil*, in: Gierschmann et al., Art. 22 Rn. 60; *Weichert*, DuD 2005, 582, 585; wohl auch *Buchner*, in: Tinnefeld et al., Datenschutzrecht, Teil 2, Rn. 127; aA *Götz*, Big Data im Personalmanagement, S. 163.

900 LG Traunstein, Endurt. v. 22.05.2024 – 6 O 2465/23, Rn. 20, GRUR-RS 2024, 12349; *Art.-29-Datenschutzgruppe*, WP 251 rev.01, S. 24; *Culik*, Beschäftigtendatenschutz, S. 234; *Herdes*, in: Taeger, DSRITB 2019, 77, 85 f.; *Klar*, BB 2019, 2243, 2250; wohl auch *Broy/Heinson*, in: Weth et al., Daten- und Persönlichkeitsschutz, B, II., Rn. 61; *Dzida*, BB 2018, 2677, 2683 (ohne Zuordnung); *Dzida/Groh*, ArbRB 2018, 179, 180; unklar *Spindler/Horváth*, in: Spindler/Schuster, Elektron. Medien, DSGVO, Art. 22 Rn. 8.

901 *Gola*, Beschäftigtendatenschutz, Rn. 2480; *Kamlah*, in: Plath, Art. 22 DSGVO, Rn. 17; *Schulz*, in: Gola/Heckmann, DSGVO/BDSG, Art. 22 DSGVO, Rn. 24 („monopolartige Strukturen“); *von Lewinski*, in: BeckOK DatenSR, DSGVO, 48. Ed. 01.05.2024, Art. 22 Rn. 39.

und eine solche Erheblichkeit beispielsweise bei Versorgungsunternehmen oder Monopolisten gegeben sein könne. Zudem würde der Grundsatz der Privatautonomie faktisch ausgehebelt, wenn man über den Umweg des Art. 22 DSGVO einen faktischen Kontrahierungszwang einführen würde.

Es kann zunächst festgestellt werden, dass die Verweigerung eines Arbeitsvertrages keine rechtliche Wirkung darstellt, da dadurch kein Rechtsverhältnis berührt wird. Der Bewerber hat keinen Anspruch auf einen Abschluss des Vertrages. Es kommt daher allein eine erhebliche Beeinträchtigung in Betracht. ErwG 71 S. 1 nennt als Beispiel für eine erhebliche Beeinträchtigung unter anderem die automatische Ablehnung eines Online-Einstellungsverfahren ohne jegliches menschliche Eingreifen. Dies ist etwa dann der Fall, wenn der Bewerber nach Eingabe von Informationen in vorgegebene Datenfelder eine sofortige ablehnende Entscheidung durch das System erhält. Der Gesetzgeber ging demnach davon aus, dass eine solche automatisierte Ablehnung eines Bewerbers als erhebliche Beeinträchtigung anzusehen ist, da die Beeinträchtigung darin zu erblicken ist, dass es gar nicht erst zu einem Vertragsangebot seitens des Arbeitgebers kommt.[902] Das Angebot stammt von dem Arbeitgeber, da eine Stellenanzeige regelmäßig noch kein Angebot auf Abschluss eines Arbeitsvertrages darstellt (vgl. § 145 BGB).[903] Nach *Dzida* kann eine Beeinträchtigung zwar entfallen, falls der Bewerber nach der Absage kurz darauf ein besser bezahltes Arbeitsplatzangebot angenommen habe[904], jedoch weiß das der ablehnende Arbeitgeber in den allermeisten Fällen nicht, sodass im Grundsatz von einer erheblichen Beeinträchtigung ausgegangen werden muss.

### b. Abschluss des Arbeitsvertrages?

Weiterhin stellt sich die Frage, ob der Abschluss eines Arbeitsvertrages, und damit eine positive Wirkung, als rechtliche Wirkung oder erhebliche Beeinträchtigung i. S. d. Art. 22 DSGVO einzuordnen ist.

Ein Teil der datenschutzrechtlichen Literatur verneint in diesen Fällen eine rechtliche Wirkung.[905] Argumentiert wird mit einem Vergleich des Wortlauts

---

902 *Broy/Heinson*, in: Weth et al., Daten- und Persönlichkeitsschutz, B, II., Rn. 61; *Eckhardt*, in: Rüpke et al., Datenschutzrecht, § 16 Rn. 23-24 („automatisierte Aussieben von Bewerbern"); *Gola*, Beschäftigtendatenschutz, Rn. 2484.

903 *Linck*, in: Schaub, Arbeitsrecht, § 25 Rn. 3.

904 *Dzida*, BB 2019, 3060, 3066 f.

905 BR-Drs. 18/11655, S. 24; *Arning*, in: Moos et al., DSGVO, Kap. 6 Rn. 355; *Buchner*, in: Kühling/Buchner, Art. 22 DSGVO, Rn. 25; *Brecht/Steinbrück/Wagner*, PinG 2018, 10, 13; *Eckhardt*, in: Rüpke et al., Datenschutzrecht, § 16 Rn. 20-22; *Gola*, Beschäftigtendatenschutz, Rn. 2477; *Hermonies*, in: Jandt/Steidle, Datenschutz, Teil B, V., Rn. 51; *Kamlah*, in: Plath, Art. 22 DSGVO, Rn. 17; *Kumkar/Roth-Isigkeit*, JZ 2020, 277, 279; *Piltz*, BDSG, § 37 Rn. 4; *Spindler/Horváth*, in: Spindler/Schuster, Elektron. Medien, DSGVO, Art. 22 Rn. 7; *Veil*, in: Gierschmann et al., Art. 22 Rn. 71; wohl auch *Art.-29-Datenschutzgruppe*, WP 251 rev.01, S. 23; *Broy/Heinson*, in: Weth et

von Art. 22 Abs. 1 Var. 2 DSGVO. Hier wird von *„in ähnlicher Weise erheblich beeinträchtigt"* gesprochen. Art. 22 DSGVO gehe demnach davon aus, dass nur schwerwiegende Auswirkungen erfasst sein sollen. Zudem spreche Sinn und Zweck dieser Regelung für dieses Ergebnis, da der Einzelne nicht vor einer begünstigenden Entscheidung geschützt werden müsse.

Die Gegenmeinung wendet die Vorschrift des Art. 22 DSGVO auch bei positiven Entscheidungen für die betroffene Person an.[906] Durch die Anwendung der Vorschrift bei positiven Entscheidungen werden die Irrtümer ausgeschlossen, ob überhaupt eine rechtliche Wirkung gegeben ist. Zudem sei es unerheblich, wie die Auswirkung auf die betroffene Person erfolge. Es genüge, wenn die Auswirkungen auf den Betroffenen einschneidend einwirken können. Teilweise wird mit einem Vergleich zu Art. 11 Abs. 1 der JI-RL[907] argumentiert, in dem ausdrücklich von einer *„nachteiligen Rechtsfolge"* gesprochen wird. Zudem spreche sowohl der Wortlaut als die systematische Stellung des Art. 22 DSGVO dafür, dass der Verordnungsgeber eine weite Regelung hat treffen wollen und man nur bei den in Art. 22 Abs. 2 DSGVO genannten Ausnahmen abweichen wollte. Zudem wird auf die englische (*„similarly significantly affects"*) und die französische (*„l'affectant de manière significative de facon similaire"*) Sprachfassung abgestellt, die insoweit neutral formuliert seien und keine negative Konnotation aufweisen.

Obwohl die Entstehungsgeschichte der Vorschrift nach *Veil* für die zuletzt genannte Ansicht zu sprechen scheint[908], ist dennoch der zuerst genannten Ansicht zu folgen. Art. 22 DSGVO kommt nur dann zur Anwendung, wenn dem Bewerber eine negative rechtliche Wirkung zukommt. Vor einer positiven Wirkung ist der Bewerber nicht zu schützen. Außerdem wird durch eine systematische Auslegung der Formulierung *„rechtliche Wirkung entfaltet oder sie in ähnlicher Weise erheblich beeinträchtigt"* deutlich, dass jede rechtliche Wirkung zugleich eine erhebliche Beeinträchtigung darstellen muss. Eine positive rechtliche Wirkung stellt aber keine erhebliche Beeinträchtigung für den Bewerber dar. Zudem werden in ErwG 71 S. 1 lediglich negative Wirkungen genannt (*„automatische Ablehnung eines Online-Kreditantrags oder Online-Einstellungsverfahren"*). Dem Gesetzgeber ging es offensichtlich darum, die betroffene Person vor ei-

al., Daten- und Persönlichkeitsschutz, B, II., Rn. 30; *Ernst*, JZ 2017, 1026, 1030; *von Lewinski*, in: BeckOK DatenSR, DSGVO, 48. Ed. 01.05.2024, Art. 22 Rn. 33.

906 *Culik*, Beschäftigtendatenschutz, S. 235; *Herbst*, in: Auernhammer, Art. 22 DSGVO, Rn. 14; *Klar*, BB 2019, 2243, 2250; *Martini*, in: Paal/Pauly, Art. 22 DSGVO, Rn. 28; *Scholz*, in: Simitis et al., Datenschutzrecht, Art. 22 Rn. 32; *Weichert*, in: Däubler et al., Art. 22 DSGVO, Rn. 28. Zur DSRL vertretend *Dammann/Simitis*, Art. 15 Erl. 5.

907 Richtlinie (EU) 2016/680 des Europäischen Parlaments und des Rates vom 27. April 2016 zum Schutz natürlicher Personen bei der Verarbeitung personenbezogener Daten durch die zuständigen Behörden zum Zwecke der Verhütung, Ermittlung, Aufdeckung oder Verfolgung von Straftaten oder der Strafvollstreckung sowie zum freien Datenverkehr und zur Aufhebung des Rahmenbeschlusses 2008/977/JI des Rates.

908 *Veil*, in: Gierschmann et al., Art. 22 Rn. 69.

ner negativen Wirkung zu schützen. Dies entspricht auch einer historischen Betrachtung des ehemaligen Art. 15 DSRL. In der Begründung zu dieser Norm ging der Gesetzgeber davon aus, dass die Person einer „*beschwerenden Entscheidung unterworfen sein*“ musste.[909] Die Wortbedeutung des Begriffs „*beschwerend*“ deutet darauf hin, dass die Entscheidung für die betroffene Person nachteilig sein muss, da es sich nach dem Duden um einen negativ beladenen Begriff handelt.[910]

## 4. Ausnahmen, Art. 22 Abs. 2, 3 DSGVO

Art. 22 Abs. 2 DSGVO sieht von dem Verbot automatisierter Entscheidungen abschließende[911] Ausnahmen vor. Die Ausnahmen stellen aber keine datenschutzrechtlichen Erlaubnisnormen, wie Art. 6 Abs. 1 DSGVO, dar.[912] So gilt das Verbot des Art. 22 Abs. 1 DSGVO nicht, wenn die Entscheidung für den Abschluss oder die Erfüllung eines Vertrages erforderlich ist (lit. a), wenn sie durch eine unionsrechtliche oder mitgliedstaatliche Regelung zulässig ist (lit. b) oder, wenn die betroffene Person eine ausdrückliche Einwilligung erteilt hat (lit. c). Maßgeblich werden im Rahmen des Bewerbungsverhältnisses nur Art. 22 Abs. 2 lit. a und c DSGVO sein, da der unter anderem auf Art. 22 Abs. 2 lit. b DSGVO erlassene § 31 BDSG nicht im Beschäftigungsverhältnis gilt. Die Norm dient ausweislich der Überschrift und der Gesetzesbegründung dem Schutz des Wirtschaftsverkehrs bei Scoring durch Kreditinstitute und Bonitätsauskünften.[913]

### a. Erforderlichkeit für den Abschluss eines Vertrages

Art. 22 Abs. 2 lit. a DSGVO findet auf vorvertragliche Maßnahmen Anwendung, wie durch die Formulierung „für den Abschluss […] eines Vertrages […] erforderlich ist“ deutlich macht. Damit sind Maßnahmen in der Bewerbungsphase erfasst.[914] Es kommt damit darauf an, ob die automatisierte Entscheidung für den Vertragsschluss erforderlich ist.

909 Begr. zu Art. 15 des geä. Vorschlags, abgedr. bei *Dammann/Simitis*, Vor Art. 15.

910 Definition „beschweren“ beim Duden-Online, https://tinyurl.com/y29kapu5.

911 EuGH, Urt. v. 07.12.2023 – C-634/21, Rn. 44, NZA 2024, 53.

912 EuGH, Urt. v. 07.12.2023 – C-634/21, Rn. 44, NZA 2024, 68; *Herdes*, in: Taeger, DSRITB 2019, 77, 88; *Hoeren/Niehoff*, RW 2018, 47, 54 („stumpfes Schwert“).

913 BT-Drs. 18/11325, S. 102; *Götz*, Big Data im Personalmanagement, S. 169; *Rudkowski*, NZA 2019, 72, 75. Beachte *Dzida/Groh*, ArbRB 2018, 179, 180 (Ausnahmetatbestände meist nicht einschlägig); *Zöll*, in: Taeger/Gabel, § 26 BDSG, Rn. 34 (nur Einwilligung als Ausnahme). Hingegen geht *Wedde*, Automatisierung im Personalmanagement, S. 38 von der Anwendbarkeit des § 31 BDSG im Beschäftigungsverhältnis aus.

914 *Art-29-Datenschutzgruppe*, WP 251 rev. 01, S. 25; *Culik*, Beschäftigtendatenschutz, S. 258; *Scholz*, in: Simitis et al., Datenschutzrecht, Art. 22 Rn. 39; *Veil*, in: Gierschmann et al., Art. 22 Rn. 73; aufgrund fehlender Erforderlichkeit auf Einwilligung ab-

In der Literatur geht man für den Begriff der Erforderlichkeit davon aus, dass *„ein unmittelbarer sachlicher Zusammenhang zwischen der Datenverarbeitung und dem konkreten Vertragszweck“* bestehen müsse.[915] Zu fragen sei, ob der Vorgang auch mit vertretbarem Aufwand von einer natürlichen Person durchgeführt werden könne. Kein solch vertretbarer Aufwand wird bei *„massenhaft anfallenden Verträgen sowie besonders komplexen oder zeitkritischen Auswertungen“* angenommen.[916]

Auch die ehemalige *Artikel-29-Datenschutzgruppe* interpretiert den Begriff der Erforderlichkeit eng. Erforderlichkeit sei dann anzunehmen, wenn ein Unternehmen eine Stellenanzeige schalte und daraufhin zehntausende Bewerbungen eingingen. In diesem Fall könne der Einsatz vollständig automatisierter Verfahren erforderlich sein, damit eine kurze Liste möglicher Bewerber erstellt werde.[917] An diese Ansicht knüpfen manche Stimmen in der Literatur an und fordern die Durchführung einer Verhältnismäßigkeitsprüfung, innerhalb derer die gegenläufigen Interessen abzuwägen seien.[918]

Nach anderer Ansicht müssen für die Erforderlichkeit auch wirtschaftliche Gründe für die automatisierte Entscheidung sprechen, insbesondere wenn die Kosten für den Verantwortlichen sinken.[919]

Nach *Helfrich* dürfen keine alternativen Wege zum Vertragsabschluss gegeben sein.[920] Besteht ein alternativer Weg, so sei die automatisierte Entscheidung nicht erforderlich. *Härting* legt eine objektive Erforderlichkeit zugrunde und verlangt, dass die automatisierte Entscheidung Vertragsgegenstand sei.[921] Es komme demnach gerade nicht auf die Sicht des Verantwortlichen an. Dieser Ansicht widerspricht *Veil* und verlangt, dass die Erforderlichkeit aus teleologischen Gesichtspunkten dann gegeben sei, wenn die automatisierte Entscheidung ein

stellend *Schulz*, in: Gola/Heckmann, DSGVO/BDSG, Art. 22 DSGVO, Rn. 29; wohl auch *Weth*, in: Weth et al., Daten- und Persönlichkeitsschutz, B, I., Rn. 111.

915 *Buchner*, in: Kühling/Buchner, Art. 22 DSGVO, Rn. 30; *Ernst*, JZ 2017, 1026, 1035; *Joos*, NZA 2020, 1216, 1217 (bei Stellenbewerbern verneinend); *Martini*, in: Paal/Pauly, Art. 22 DSGVO, Rn. 31a; *Scholz*, in: Simitis et al., Datenschutzrecht, Art. 22 Rn. 42.

916 *Broy/Heinson*, in: Weth et al., Daten- und Persönlichkeitsschutz, B, II., Rn. 35; *Eckhardt*, in: Rüpke et al., Datenschutzrecht, § 16 Rn. 28; *Herbst*, in: Auernhammer, Art. 22 DSGVO, Rn. 19.

917 *Art-29-Datenschutzgruppe*, WP 251 rev. 01, S. 14, 25 f.; ebenso *Dzida*, BB 2019, 3060, 3067; *Götz*, Big Data im Personalmanagement, S. 167; kritisch bzgl. Erforderlichkeit *Gola*, Beschäftigtendatenschutz, Rn. 2490.

918 *Broy/Heinson*, in: Weth et al., Daten- und Persönlichkeitsschutz, B, II., Rn. 37 f.; *Wolff*, in: Schantz/Wolff, Datenschutzrecht, Rn. 430.

919 *Abel*, ZD 2018, 304, 306; *Culik*, Beschäftigtendatenschutz, S. 259; *Kamlah*, in: Plath, Art. 22 DSGVO, Rn. 18.

920 *Helfrich*, in: Sydow, DSGVO/BDSG, Art. 22 DSGVO, Rn. 56.

921 *Härting*, DSGVO, Rn. 621 f.; wohl auch *Ernst*, JZ 2017, 1026, 1035.

besonderes Risiko des Verantwortlichen abdecke.[922] Nach *Hladjk* sei die Erforderlichkeit mit der Notwendigkeit für den Verantwortlichen gleichzusetzen.[923] *Wedde* geht hingegen grundsätzlich davon aus, dass eine Erforderlichkeit nicht gegeben ist, da die Entscheidung durch die Maschine nicht so transparent sei wie die Entscheidung durch einen Menschen. Zudem würde die menschliche Entscheidung weniger tief in die Persönlichkeitsrechte des Bewerbers eingreifen.[924] Ähnlich sieht dies die *Landesbeauftragte für Datenschutz und Informationsfreiheit NRW*, da herkömmliche Instrumente in Bewerbungsverfahren, wie die Probezeit zu Beginn des Beschäftigungsverhältnisses, deutlich mildere Mittel darstellen.[925]

Ein Vergleich zu dem Erforderlichkeitsbegriff in Art. 6 Abs. 1 S. 1 lit. b DSGVO kann nach mancher Ansicht nicht gezogen werden, da sich die Erforderlichkeit im Zusammenhang mit Art. 22 DSGVO nicht auf die Datenverarbeitung, sondern auf die Automatisierung des Vorgangs im Kontext eines Vertragsschlusses beziehen müsse.[926] Begründet wird dies damit, dass im Falle der Anknüpfung an den Begriff der Erforderlichkeit in Art. 6 Abs. 1 S. 1 lit. b DSGVO kein Anwendungsfeld mehr für Art. 22 DSGVO bestehen würde.

Ausgehend vom Wortlaut gilt das Verbot des Art. 22 Abs. 1 DSGVO nicht, wenn die Entscheidung für den Abschluss eines Vertrags zwischen der betroffenen Person und dem Verantwortlichen erforderlich ist. Der Wortlaut der Norm gibt keine Anhaltspunkte, wann eine solche Erforderlichkeit angenommen werden kann. Da Art. 22 Abs. 1 DSGVO jedoch den Grundsatz aufstellt, dass eine automatisierte Entscheidung verboten ist, muss der Begriff der Erforderlichkeit eng ausgelegt werden, um dieses Verbot nicht durch einen möglichen Vertrag zu umgehen. Entscheidend sind die Umstände des Einzelfalles. Wenn ein Handwerksbetrieb in der Regel nur wenige Bewerbungen auf eine Stellenanzeige erhält, rechtfertigt es dies nicht, für den Auswahlprozess auf ein computergestütztes Verfahren abzustellen.[927] Anders sieht es bei großen Unternehmen aus, die mit tausenden von Bewerbungen zu rechnen haben. Hier sieht die Interessenlage so aus, dass die Auswahlentscheidung durch einzelne Personalbearbeiter zu einem sehr langen Prozess und wirtschaftlich zu hohen Personalkosten führt. In diesem Fall erscheint es gerechtfertigt, für den Auswahlprozess ein automatisiertes Verfahren einzusetzen, um eine Übersicht über mögliche in Betracht kommende Bewerber zu erstellen.

---

922 *Veil*, in: Gierschmann et al., Art. 22 Rn. 78; ähnlich *Gola*, Beschäftigtendatenschutz, Rn. 2488.

923 *Hladjk*, in: Ehmann/Selmayr, Art. 22 Rn. 11.

924 *Wedde*, Automatisierung im Personalmanagement, S. 38.

925 *LfDI NRW*, 23. TB, S. 63.

926 *Golland*, CR 2020, 186, 193.

927 Wohl auch *Culik*, Beschäftigtendatenschutz, S. 259.

### b. Ausdrückliche Einwilligung

Eine ausdrückliche Einwilligung kann nach Art. 22 Abs. 2 lit. c DSGVO ebenfalls eine relevante Ausnahmevorschrift darstellen. Dabei muss die Einwilligung sich ausdrücklich darauf beziehen, dass Entscheidungen ausschließlich aufgrund automatisierter Verarbeitungen ergehen, wie es zum Beispiel im Falle von E-Recruiting-Tools der Fall sein kann.[928] Nach überwiegender Ansicht muss sich auch diese Einwilligung an den allgemeinen Voraussetzungen, welche die DSGVO an die Einwilligung stellt, halten, da insoweit aus Betroffenensicht das Schutzbedürfnis vergleichbar ist.[929] Für diese Ansicht spricht ein Umkehrschluss zu Art. 22 Abs. 4 DSGVO, da in diesem Fall ausdrücklich auf Art. 9 Abs. 2 lit. a DSGVO, der die ausdrückliche Einwilligung normiert, abgestellt wird. Wenn im Rahmen der besonderen Kategorien personenbezogener Daten bereits die Voraussetzungen der Einwilligung erfüllt sein müssen, dann muss dies erst recht auch für die Einwilligung nach Art. 22 Abs. 2 lit. c DSGVO gelten. Die Ausdrücklichkeit der Einwilligung ist damit so zu verstehen wie bei Art. 9 Abs. 2 lit. a DSGVO, sodass die Ausführungen hierzu herangezogen werden können (vgl. Fünfter Teil, § 26, B., I., 1.).

Fraglich ist, ob dieser Ausnahmetatbestand auch im Rahmen der Bewerbungsphase herangezogen werden kann. Die Einwilligung eines Bewerbers wird kritisch gesehen (vgl. Vierter Teil, § 19, B., I., 1.). Im Zusammenhang mit der automatisierten Entscheidung wird grundsätzlich von der Unfreiwilligkeit der Einwilligung des Bewerbers ausgegangen.[930] Der Bewerber wird sich im Zweifel für eine Einwilligung entscheiden, um im Auswahlprozess weiter voranschreiten zu können. Eine echte Wahl zum Nein-Sagen wird ihm nicht gelassen. Nach *Betz* ist hingegen eine Einwilligung des Bewerbers möglich.[931]

Die Anforderungen an die Freiwilligkeit der Einwilligung eines Bewerbers sind sehr hoch und sollte nur als ultima ratio angenommen werden. Es ist daher grundsätzlich davon auszugehen, dass der Einsatz von ausschließlich auf einer automatisierten Verarbeitung beruhenden Entscheidung nicht auf einer freiwilligen Einwilligung beruht. Anders wäre dies zu beurteilen, wenn der Bewerber

---

928 *Atzert*, in: Schwartmann et al., Art. 22 DSGVO, Rn. 91 („qualifizierte Einwilligung"); *Gola*, Beschäftigtendatenschutz, Rn. 2492.

929 *Art.-29-Datenschutzgruppe*, WP 251 rev.01, S. 26; *Arning*, in: Moos et al., DSGVO, Kap. 6 Rn. 365; *Buchner*, in: Kühling/Buchner, Art. 22 DSGVO, Rn. 41; *Gola*, Beschäftigtendatenschutz, Rn. 2492; *Helfrich*, in: Sydow, DSGVO/BDSG, Art. 22 DSGVO, Rn. 66; *Herdes*, in: Taeger, DSRITB 2019, 77, 88; *Kamlah*, in: Plath, Art. 22 DSGVO, Rn. 22; *Martini*, in: Paal/Pauly, Art. 22 DSGVO, Rn. 38; *Scholz*, in: Simitis et al., Datenschutzrecht, Art. 22 Rn. 52; *Spindler/Horváth*, in: Spindler/Schuster, Elektron. Medien, DSGVO, Art. 22 Rn. 13.

930 *LfDI NRW*, 23. TB, S. 64; *Gimmy*, Chatbots im Recruiting: Datenschutz und Haftungsfragen, https://tinyurl.com/y2e95pwe; *Joos*, NZA 2020, 1216, 1217; wohl auch *Dzida/Groh*, ArbRB 2018, 179, 180 („meistens nicht einschlägig").

931 *Betz*, ZD 2019, 148, 152; wohl auch *Culik*, Beschäftigtendatenschutz, S. 260; *Weth*, in: Weth et al., Daten- und Persönlichkeitsschutz, B, I., Rn. 111.

eine Wahl zwischen zwei Arten der Einreichung der Bewerbung hätte. Wenn der Arbeitgeber die Möglichkeit überlässt, eine Bewerbung ohne den Einsatz von spezieller Software verarbeiten zu lassen, so spricht zunächst nichts gegen die Freiwilligkeit der Einwilligung. Der Bewerber kann sich in dem Fall für das automatisierte Verfahren entscheiden, um unter Umständen eine schnellere Entscheidung zu erhalten. Für diese Sichtweise spricht, dass dem Bewerber nach Art. 22 Abs. 3 DSGVO weitere Rechte zustehen, die er nach der automatisierten Entscheidung geltend machen kann (vgl. sogleich Vierter Teil, § 24, B., II., 4., c.). So ist es zum Beispiel möglich, dass die Entscheidung der Maschine von einem Menschen überprüft wird. Auf diese Weise können die Interessen des Bewerbers gewahrt werden.

### c. Angemessene Maßnahmen, Art. 22 Abs. 3 DSGVO

Art. 22 Abs. 3 DSGVO bestimmt, dass in den Fällen des Art. 22 Abs. 2 lit. a und c DSGVO von dem Verantwortlichen angemessene Maßnahmen getroffen werden müssen, um die Rechte und Freiheiten sowie die berechtigten Interessen der betroffenen Person zu wahren. Dazu listet der Verordnungsgeber drei verschiedene Maßnahmen auf, die in jedem Fall zu erfüllen sind. Aus der Formulierung „*angemessen*" folgt, dass nur die Maßnahmen zu treffen sind, die im konkreten Fall erforderlich sind. Nach *Broy/Heinson* richten sich die zu treffenden Maßnahmen nach der Risikolage. Je riskanter die maschinelle Entscheidung ist, desto weitreichendere Maßnahmen seien zu ergreifen.[932]

Art. 22 Abs. 3 DSGVO ist nach überwiegender Ansicht keine Wirksamkeitsvoraussetzung für die automatisierte Entscheidung, kann aber zu einem Bußgeld nach Art. 83 Abs. 5 lit. b DSGVO führen.[933] Begründet wird dies mit der systematischen Stellung und damit, dass der Wortlaut des Art. 22 Abs. 3 DSGVO („*in den [...] genannten Fällen*") nur auf die Zulässigkeitsvoraussetzungen nach Art. 22 Abs. 2 lit. a und c DSGVO verweise.

Während ErwG 71 S. 4 diese Auslegung untermauert, da hiernach eine solche Verarbeitung mit angemessenen Garantien verbunden sein „*sollte*", spricht der Wortlaut „*trifft*" in Art. 22 Abs. 3 DSGVO für ein gegenteiliges Ergebnis (engl. „*shall*"). Der Verantwortliche ist in den Fällen des Art. 22 Abs. 2 lit. a, c DSGVO verpflichtet, solche Maßnahmen einzuführen. Nach *Buchner* soll die betroffene Person auf diese Maßnahmen auch nicht verzichten können.[934] Dies spricht insgesamt dafür, dass Art. 22 Abs. 3 DSGVO eine Wirksamkeitsvoraussetzung dafür ist, um eine automatisierte Verarbeitung durchführen zu können.

Über die Rechte nach Art. 22 Abs. 3 DSGVO soll nach *Buchner* die betroffene Person „*transparent und verständlich in Kenntnis gesetzt*" werden, da dies aus

932 *Broy/Heinson*, in: Weth et al., Daten- und Persönlichkeitsschutz, B, II., Rn. 48.
933 *Atzert*, in: Schwartmann et al., Art. 22 DSGVO, Rn. 134; *Buchner*, in: Kühling/Buchner, Art. 22 DSGVO, Rn. 31; *Gola*, Beschäftigtendatenschutz, Rn. 2495.
934 *Buchner*, in: Kühling/Buchner, Art. 22 DSGVO, Rn. 43.

der Formulierung „*angemessen*" folgen soll.[935] Gegen diese Informationspflicht spricht jedoch ein Umkehrschluss aus den Artt. 13 Abs. 2 lit. f, Art. 14 Abs. 2 lit. g und Art. 15 Abs. 1 lit. h DSGVO. Hiernach muss der Verantwortliche über das Bestehen einer automatisierten Entscheidungsfindung einschließlich Profiling gemäß Art. 22 Abs. 1 und 4 informieren. Art. 22 Abs. 3 DSGVO ist ausdrücklich ausgenommen.[936] Nach *Gola* ist die betroffene Person nur bei teilweiser abschlägiger Entscheidung über diese Rechte zu informieren, wobei eine Information vorab vertrauensbildend wirken könne.[937] Obwohl sich diese Informationspflicht nicht aus den Artt. 13, 14 DSGVO ergibt, erscheint eine Information im Vorfeld einer solchen automatisierten Entscheidung geboten.[938] Ohne eine solche Information hätte der Bewerber keine Kenntnis darüber, sein Rechte nach Art. 22 Abs. 3 DSGVO geltend zu machen.

Als erste mögliche Maßnahme wird das „*Recht auf Erwirkung des Eingreifens*" einer Person seitens des Verantwortlichen genannt. Hiernach soll die betroffene Person einen Anspruch auf sachliche Befassung durch eine natürliche Person seitens des Verantwortlichen haben, nachdem die Entscheidung zunächst automatisiert getroffen worden ist.[939] Teilweise wird nicht gefordert, dass die Entscheidung bereits getroffen wurde, da ansonsten die Anfechtung keinen Regelungsinhalt hätte.[940] Unabhängig davon ist entscheidend, dass entweder eine natürliche Person vor der automatisierten Entscheidung zwischengeschaltet wird oder nach der automatisierten Entscheidung eine natürliche Person die Entscheidung überprüfen muss.[941] Die Entscheidung muss ergebnisoffen und anhand des konkreten Sachverhalts überprüft werden.

Einschränkend wird teilweise verlangt, dass das Recht auf Erwirkung des Eingreifens nur aus berechtigten Gründen ausgeübt werden könne.[942] Begründet wird dies mit der Ratio der Vorschrift, wonach ansonsten ein vorbehaltloses Recht darauf bestehe, keiner automatisierten Entscheidung unterworfen zu werden. Diese zusätzliche Voraussetzung ist allerdings abzulehnen. Eine solche Voraussetzung ergibt sich weder aus dem Wortlaut der Vorschrift noch sprechen Sinn und Zweck dieser Maßnahme für diese zusätzliche Anforderung. Die Vor-

---

935 *Buchner*, in: Kühling/Buchner, Art. 22 DSGVO, Rn. 33; ähnlich *Eckhardt*, in: Rüpke et al., Datenschutzrecht, § 16 Rn. 35; *Spindler/Horváth*, in: Spindler/Schuster, Elektron. Medien, DSGVO, Art. 22 Rn. 14; *Taeger*, in: Taeger, Art. 22 DSGVO, Rn. 69.

936 *Kamlah*, in: Plath, Art. 13 DSGVO, Rn. 26.

937 *Gola*, Beschäftigtendatenschutz, Rn. 2393.

938 Ebenso *Veil*, in: Gierschmann et al., Art. 22 Rn. 113 (Rechtsgedanke der Art. 13 Abs. 2 lit. b bis d und Art. 14 Abs. 2 lit. c bis e)

939 *Eckhardt*, in: Rüpke et al., Datenschutzrecht, § 16 Rn. 32; *Hanloser*, in: Forgó et al., Datenschutz, Teil V, Kap. 1, Fn. 64; *Helfrich*, in: Sydow, DSGVO/BDSG, Art. 22 DSGVO, Rn. 70.

940 *Atzert*, in: Schwartmann et al., Art. 22 DSGVO, Rn. 139.

941 *Eckhardt*, in: Rüpke et al., Datenschutzrecht, § 16 Rn. 32.

942 *Martini*, in: Paal/Pauly, Art. 22 DSGVO, Rn. 39a; *Martini/Nink*, NVwZ-Extra 2017, 1, 4.

schrift des Art. 22 DSGVO hat den Zweck, dass die betroffene Person grundsätzlich keiner automatisierten Entscheidung durch eine Maschine unterworfen wird. Wird eine solche Entscheidung nach Art. 22 Abs. 2 DSGVO zulässigerweise dennoch vorgenommen, muss der betroffenen Person dagegen weiterhin das Recht zustehen, gegen diese Entscheidung vorzugehen.

Als zweite angemessene Maßnahme wird die „*Darlegung des eigenen Standpunkts*" durch die betroffene Person genannt. Diese Maßnahme wird zum Teil als Recht auf tatsächliches Gehör[943] oder das Recht auf Einräumung einer Ansprachemöglichkeit[944] bezeichnet. Ob sich der Verantwortliche tatsächlich mit dem Standpunkt der betroffenen Person auseinandersetzen muss, ergibt sich nicht aus dem Wortlaut der Norm. Aus teleologischen Gründen ist eine Auseinandersetzung mit dem Standpunkt jedoch erforderlich, da diese Maßnahme ansonsten überflüssig wäre.[945] Der Verantwortliche muss sich demnach mit den Argumenten der betroffenen Person auseinandersetzen und mit seinen Interessen in Ausgleich bringen.

Als letzte Maßnahme wird die „*Anfechtung der Entscheidung*" genannt. Aufgrund des europarechtlichen Kontextes ist damit nicht die Anfechtung i. S. d. §§ 119 ff. BGB gemeint, sodass der Begriff der Anfechtung autonom unionsrechtlich auszulegen ist.[946] In der datenschutzrechtlichen Literatur versteht man unter dem Begriff der Anfechtung die nochmalige Überprüfung der Entscheidung und nicht die Aufhebung der Entscheidung durch einen einseitigen Rechtsakt.[947] Nach *Helfrich* könnte damit auch ein Sonderkündigungsrecht bezüglich des Vertrages nach Art. 22 Abs. 2 lit. a DSGVO durch die betroffene Person gemeint sein.[948] *Eckhardt* versteht hierunter die Möglichkeit eines gerichtlichen Rechtsbehelfs.[949] Dagegen argumentiert allerdings *Veil*, da die Möglichkeit eines gerichtlichen Rechtsbehelfs nicht von dem Verantwortlichen, sondern nur von der Rechtsordnung eingeräumt werden könne.[950]

Anfechtung kann in Abgrenzung zum Recht auf Erwirkung des Eingreifens nur dahingehend verstanden werden, dass eine bereits stattgefundene automatisierte Entscheidung nochmals überprüft werden muss. Während das Recht auf Erwirkung des Eingreifens den Zeitraum vor der automatisierten Entscheidung betrifft, meint die Anfechtung den Zeitraum nach der erfolgten automatisierten Entscheidung. Dies entspricht auch der Ansicht von *Broy/Heinson*, wonach eine Klage des Bewerbers auf eine richtige Entscheidung nicht gemeint ist, da dies

943 *Martini*, in: Paal/Pauly, Art. 22 DSGVO, Rn. 39b.
944 *Atzert*, in: Schwartmann et al., Art. 22 DSGVO, Rn. 140.
945 *Broy/Heinson*, in: Weth et al., Daten- und Persönlichkeitsschutz, B, II., Rn. 45; *Eckhardt*, in: Rüpke et al., Datenschutzrecht, § 16 Rn. 33.
946 *Martini/Nink*, NVwZ-Extra 2017, 1, 4.
947 *Broy/Heinson*, in: Weth et al., Daten- und Persönlichkeitsschutz, B, II., Rn. 47.
948 *Helfrich*, in: Sydow, DSGVO/BDSG, Art. 22 DSGVO, Rn. 73.
949 *Eckhardt*, in: Rüpke et al., Datenschutzrecht, § 16 Rn. 34.
950 *Veil*, in: Gierschmann et al., Art. 22 Rn. 95.

ansonsten zu sehr in die Privatautonomie des Verantwortlichen eingreifen würde. Es bestehe nur das Recht, dass die maschinelle Entscheidung durch einen Menschen geprüft werde.[951] Als weitere Maßnahme könnte in einer Betriebsvereinbarung festgehalten werden, dass eine automatisierte Entscheidung durchgeführt wird und welche Maßnahmen ergriffen werden müssen.[952] Hierdurch würde der Betriebsrat mitbestimmen und die besonderen Anforderungen des Art. 88 Abs. 2 DSGVO könnten eingehalten werden.

### d. Sensible Daten, Art. 22 Abs. 4 DSGVO

Sollen besondere Kategorien personenbezogener Daten nach Art. 9 Abs. 1 DSGVO verarbeitet werden (vgl. Fünfter Teil), schreibt Art. 22 Abs. 4 DSGVO vor, dass als Ausnahme von dem grundsätzlichen Verbot automatischer Entscheidung die Einwilligung nach Art. 9 Abs. 2 lit. a DSGVO oder die Norm des öffentlichen Interesses nach Art. 9 Abs. 2 lit. g DSGVO in Betracht kommen. Zudem müssen angemessene Maßnahmen zum Schutz der Rechte und Freiheiten sowie der berechtigten Interessen der betroffenen Person getroffen werden. Während für die Einwilligung die allgemeinen Anforderungen an die Einwilligung zu erfüllen sind, kann sich hinsichtlich der angemessenen Maßnahmen an dem Katalog des Art. 22 Abs. 3 DSGVO orientiert werden.[953] Nach *Herbst* müssen die Maßnahmen allerdings am Grad der Sensibilität der Datenkategorien ausgerichtet sein.[954]

Im Falle des Sprachanalysetools Precire, welches gerade dem Zweck dient, die Sprache des Bewerbers zu analysieren, ist die Stimme des Bewerbers als biometrisches Datum i. S. d. Art. 4 Nr. 14 DSGVO anzusehen und unterfällt demnach dem Katalog des Art. 9 Abs. 1 DSGVO (zum Begriff Fünfter Teil, § 25, A., I., 2., b.).[955] Erforderlich wäre demnach eine ausdrückliche Einwilligung i. S. d. Art. 6 Abs. 1 S. 1 lit. a i. V. m. Art. 9 Abs. 2 lit. a DSGVO, welche grundsätzlich nicht freiwillig abgegeben werden kann (vgl. Vierter Teil, § 24, B., II., 4., b.). Ein öffentliches Interesse i. S. d. Art. 9 Abs. 2 lit. g DSGVO kommt nicht in Betracht, sodass im Ergebnis der Ausnahmetatbestand des Art. 22 Abs. 4 DSGVO im Falle von Precire grundsätzlich nicht einschlägig ist.

951 *Broy/Heinson*, in: Weth et al., Daten- und Persönlichkeitsschutz, B, II., Rn. 46 f.
952 *Atzert*, in: Schwartmann et al., Art. 22 DSGVO, Rn. 143.
953 *Broy/Heinson*, in: Weth et al., Daten- und Persönlichkeitsschutz, B, II., Rn. 52 f.; *Buchner*, in: Kühling/Buchner, Art. 22 DSGVO, Rn. 46.
954 *Herbst*, in: Auernhammer, Art. 22 DSGVO, Rn. 27.
955 *Conrad*, K&R 2020, 253, 254; *Schulz*, in: Gola/Heckmann, DSGVO/BDSG, Art. 9 DSGVO, Rn. 19; wohl aA *Havlíková*, in: Taeger, DSRITB 2020, 141, 151 in Bezug auf Sprachanalysen im Bewerbungsverfahren.

# Fünfter Teil: Ausnahmetatbestände für die Verarbeitung besonderer Kategorien personenbezogener Daten sowie Daten über strafrechtliche Verurteilungen und Straftaten

In diesem Teil wird die Verarbeitung der besonderen Kategorien personenbezogener Daten des Bewerbers durch den Arbeitgeber behandelt. Im Laufe des Bewerbungsverfahrens werden nicht nur „*normale*"[1] personenbezogene Daten beim Bewerber erhoben (z.B. Stammdaten wie Name, Kontaktdaten oder formale Qualifikationen wie Zeugnisse), sondern es kommt ebenfalls vor, dass der Bewerber bewusst oder unbewusst sehr sensible Daten von sich offenbart (z.B. körperliche und psychische Gesundheit, Gewerkschaftszugehörigkeit, religiöse Überzeugungen). Auf der anderen Seite ist es in der Praxis denkbar, dass der Arbeitgeber gezielt nach den sensiblen Daten fragt. Es stellt keine Seltenheit dar, dass sich der Arbeitgeber nach bestehenden Krankheiten oder auch im Falle einer Bewerberin nach einer bestehenden oder geplanten Schwangerschaft erkundigt. Dadurch besteht die „*Gefahr einer Diskriminierung am Arbeitsmarkt*".[2] Die rechtliche Zulässigkeit der Verarbeitung der besonderen Kategorien personenbezogener Daten ist in der DSGVO und im BDSG strenger geregelt als bei den „*normalen*" personenbezogenen Daten. Die Unterscheidung zwischen „*normalen*" personenbezogenen Daten und besonderen Kategorien personenbezogener Daten, welche auch als sensible oder sensitive Daten bezeichnet werden (vgl. ErwG 10 S.5, welcher von „*sensiblen Daten*" spricht[3]), soll seinen Ursprung im französischen Datenschutzrecht finden.[4] Dadurch sollte vermieden werden, dass die betroffenen Personen aufgrund dieser sensiblen Datenkategorien benachteiligt werden.[5] Bei den sensiblen Daten besteht ein höheres Diskriminierungsrisiko bzw. ein erhöhtes Gefahrenpotential für die Rechte und Freiheiten der betroffenen Personen und sie gehören teilweise auch zum Kernbereich der privaten Lebensgestaltung.[6] Aus diesem Grund werden nachfolgend die verschiedenen besonderen Kategorien personenbezogener Daten und

---

1 Alle personenbezogenen Daten, die nicht unter die Artt. 9, 10 DSGVO fallen. *Matejek/Mäusezahn*, ZD 2019, 551 („gewöhnliche oder allgemeine Daten").

2 *Dammann/Simitis*, Art. 8 Erl. 3.

3 Die folgende Arbeit wird die Begriffe „besondere Kategorien personenbezogener Daten" und „sensible Daten" synonym verwenden.

4 *Kühling/Seidel*, in: Kingreen/Kühling, Gesundheitsdatenschutzrecht, S. 66; *Weichert*, in: Kühling/Buchner, Art. 9 DSGVO, Rn. 1; aA *Schneider/Schindler*, ZD 2018, 463, 464 (1973: Schweden als Vorreiter).

5 *Dammann/Simitis*, Art. 8 Erl. 6 („Gefahr einer diskriminierenden Verwendung"); *Weichert*, in: Kühling/Buchner, Art. 9 DSGVO, Rn. 2.

6 *Egberts/Monschke*, Jura 2018, 1100, 1106; *von dem Bussche*, in: v.d. Bussche/Voigt, Konzerndatenschutz, Teil 3, Kap. 3, Rn. 61.

deren rechtlichen Möglichkeiten vorgestellt, wie eine datenschutzkonforme Verarbeitung vorgenommen werden kann.

## § 25 Grundsätzliche Untersagung, Art. 9 Abs. 1 DSGVO

Der Ausgangspunkt der rechtlichen Prüfung für die Verarbeitung besonderer Kategorien personenbezogener Daten findet sich in Art. 9 Abs. 1 DSGVO. Die Vorschrift regelt die Verarbeitung besonderer Kategorien personenbezogener Daten. Sie findet ihren Vorgänger in Art. 8 DSRL. Aufgrund der sehr großen Ähnlichkeit dieser beiden Vorschriften, kann größtenteils auf die Rechtsprechung und Literatur, die zu Art. 8 DSRL ergangen ist, zurückgegriffen werden.[7] Dies ist jedoch immer im Einzelfall zu betrachten.

Die Unterscheidung zwischen „*normalen*" personenbezogenen Daten und besonderen Kategorien personenbezogener Daten, welches dem deutschen Recht zunächst fremd war, ist schon seit jeher auf Kritik gestoßen und wird als „*willkürlich, antiquiert und unvollständig*" angesehen, da nicht präzise angegeben werden kann, wann ein personenbezogenes Datum als „*sensitiv*" angesehen wird.[8] Jedoch hat sich der europäische Gesetzgeber trotz aller Kritik wie bereits zur DSRL auch unter der Geltung der DSGVO dafür unterschieden, diese Unterscheidung aufrechtzuerhalten, sodass diese Unterscheidung akzeptiert werden muss.

Es ist nicht ersichtlich, warum der europäische Gesetzgeber gerade die Datenkategorien in Art. 9 Abs. 1 DSGVO zu den sensiblen Daten zählt. Denn auch Finanzdaten, das Alter, das Geschlecht, der Wohnort, die Armut, der Standort, soziale Auffälligkeiten, Verschuldung, moralische Überzeugungen und personenbezogene Daten von Kindern können von der betroffenen Person als besonders sensibel empfunden werden.[9] Dennoch fallen diese genannten Datenkategorien nur unter die „*normalen*" personenbezogenen Daten, sodass die Rechtmäßigkeit einzig an Art. 6 Abs. 1 DSGVO zu messen ist. Auch strafrechtliche Verurteilungen des Bewerbers fallen nicht hierunter, da diese allein an Art. 6 Abs. 1 i. V. m. Art. 10 DSGVO zu prüfen sind (vgl. Fünfter Teil, § 27).

---

7 So auch der Generalanwalt *Bobek*, Schlussanträge v. 19.12.2018 – C-40/17, Rn. 87, BeckRS 2018, 32835 in Bezug auf die Begriffsbestimmungen des Art. 4 („es sei denn, die Neuregelung sähe eine konkrete oder systematische Änderung der maßgeblichen Begriffsbestimmungen vor").

8 *Simitis*, in: Brem et al., FS Pedrazzini, 469, 470; ebenso *Geis*, CR 1995, 171, 174 („Geschichte und Wirkung einer Fiktion").

9 *Conrad/Treeger*, in: Auer-Reinsdorff/Conrad, IT- und Datenschutzrecht, § 34 Rn. 522; *Gola*, Beschäftigtendatenschutz, Rn. 1779.

# A. Definition der besonderen Kategorien personenbezogener Daten

Nach Art. 9 Abs. 1 DSGVO ist die Verarbeitung personenbezogener Daten, aus denen die rassische und ethnische Herkunft, politische Meinungen, religiöse oder weltanschauliche Überzeugungen oder die Gewerkschaftszugehörigkeit hervorgehen, sowie die Verarbeitung von genetischen Daten, biometrischen Daten zur eindeutigen Identifizierung einer natürlichen Person, Gesundheitsdaten oder Daten zum Sexualleben oder der sexuellen Orientierung einer natürlichen Person untersagt. Die Norm stellt den Grundsatz auf, dass die Verarbeitung besonderer Kategorien personenbezogener Daten zunächst verboten ist. Hiermit macht diese Vorschrift das Verbot mit Erlaubnisvorbehalt, welches der DSGVO zugrunde liegt, besonders deutlich. Damit ist die Anwendung des Datenschutzrechts im sensitiven Bereich eine besondere Herausforderung und bedarf einer expliziten Prüfung, da nach Ansicht des europäischen Gesetzgebers solche Daten eines höheren Schutzes verdienen (vgl. ErwG 53 S. 1).[10] Grund für diese besondere Stellung dieser Datenkategorien wurde bereits damals von der Kommission damit begründet, dass „*es bestimmte Kategorien von Daten gibt, die aufgrund ihres Inhalts das Risiko mit sich bringen, das Recht der betroffenen Person auf Privatsphäre zu verletzen*".[11] Dies bestätigt auch der europäische Gesetzgeber in ErwG 51 S. 1. Hiernach verdienen diese Daten eines besonderen Schutzes, „*da im Zusammenhang mit ihrer Verarbeitung erhebliche Risken für die Grundrechte und Grundfreiheiten auftreten können*". Der europäische Gesetzgeber geht von einer erhöhten Schutzbedürftigkeit dieser Daten aus, unabhängig davon, ob sich die Verarbeitung dieser Daten für die betroffene Person positiv oder negativ darstellt.[12]

## I. Zwei Gruppen

Besondere Kategorien personenbezogener Daten sind zunächst „*normale*" personenbezogene Daten i. S. d. Art. 4 Nr. 1 DSGVO. Der Begriff der personenbezogenen Daten wurde bereits erläutert, sodass auf die entsprechenden Ausführungen verwiesen werden kann (vgl. Zweiter Teil, § 6, C., I., 1.).

Der europäische Gesetzgeber führt in Art. 9 Abs. 1 DSGVO auf, wann ein „*normales*" personenbezogenes Datum zu den besonderen Kategorien personenbezogener Daten zu zählen ist. Der Katalog an besonderen Kategorien personenbezogener Daten ist abschließend und auch einer Analogiebildung nicht zugänglich.[13]

---

10 *Korge*, in: Gierschmann et al., Art. 9 Rn. 1.

11 Begr. zu Art. 8 des geä. Vorschlags, abgedr. bei *Dammann/Simitis*, Vor Art. 8.

12 *Weichert*, in: Kühling/Buchner, Art. 9 DSGVO, Rn. 19.

13 *Jandt*, in: Jandt/Steidle, Datenschutz, Teil B, II., Rn. 115; *Lettl*, WM 2018, 1149, 1152; *Mantz/Marosi*, in: Specht/Mantz, Datenschutzrecht, § 3 Rn. 72; *von dem Bussche*, in: v. d. Bussche/Voigt, Konzerndatenschutz, Teil 3, Kap. 3, Rn. 62; aA *Schiff*, in: Ehmann/Selmayr, Art. 9 Rn. 14.

Einzig der europäische Gesetzgeber wäre in der Lage, diesen Katalog zu erweitern. Es kann vorkommen, dass sich mehrere Datenkategorien überschneiden und gleichzeitig vorliegen. So können Gesundheitsdaten zugleich genetische Daten beinhalten.[14] Dabei bedarf es grundsätzlich keiner konkreten Zuordnung zu einer Datenkategorie, da alle Datenkategorien in Art. 9 Abs. 1 DSGVO den gleichen Bedingungen unterworfen sind (Ausnahme: Art. 9 Abs. 4 DSGVO).

Im Folgenden soll dargestellt werden, was unter den einzelnen Kategorien zu verstehen ist. Bis auf die Gesundheitsdaten sowie genetischen und biometrischen Daten fehlt eine Legaldefinition zu den jeweiligen Begriffen. Die Begriffe müssen autonom i. S. d. Unionsrechts ausgelegt werden. In den meisten Fällen kann auf die Rechtsprechung und Literatur zur DSRL zurückgegriffen werden, da sich viele Begriffe bereits in Art. 8 DSRL wiederfanden.[15] Der Wortlaut des Art. 9 Abs. 1 DSGVO unterscheidet, wie bereits Art. 8 DSRL, zwei Gruppen von sensiblen Daten. In der ersten Gruppe ist es ausreichend, dass die besonderen Kategorien personenbezogener Daten aus den personenbezogenen Daten „*hervorgehen*". Bei der zweiten Gruppe müssen die sensiblen Daten unmittelbar dem Datum anhaften. Als Begründung für diesen unterschiedlichen Wortlaut wird teilweise angeführt, dass sich bei der ersten Gruppe diese Sensibilität oft nicht aus einer einzelnen Information ergibt, sondern nur in Zusammenspiel mit mehreren Einzelinformationen.[16] Ob diese Unterscheidung auch inhaltliche Unterschiede zur Folge hat, wird unter Fünfter Teil, § 25, A., II. behandelt. Zunächst soll dargestellt werden, welche Fälle grundsätzlich unter diese Datenkategorien gefasst werden könnten. Die Frage nach einer Einschränkung des Anwendungsbereichs wird anschließend erörtert.

## 1. Erste Gruppe

### a. Rassische und ethnische Herkunft

Als erstes sensibles Datum nennt der europäische Gesetzgeber Daten, aus denen die rassische und ethnische Herkunft hervorgehen. Eine gesetzliche Definition fehlt. In ErwG 51 S. 2 hält der Gesetzgeber allerdings fest, dass mit der Formulierung „*rassische Herkunft*" nicht gemeint ist, dass die Europäische Union Theorien, mit denen versucht wird, die Existenz verschiedener menschlicher Rassen zu belegen, gutheißt. Durch die Aufnahme dieser Datenkategorien, welche aus dem verfassungsrechtlichen Achtungsgebot der Vielfalt von Kulturen und Sprachen nach Art. 22 GRCh und dem Diskriminierungsverbot aus Art. 21 GRCh folgt, soll der Abwertung von Personengruppen entgegengewirkt werden.[17]

---

14 *Weichert*, in: Kühling/Buchner, Art. 4 Nr. 13 DSGVO, Rn. 3.

15 *Greve*, in: Auernhammer, Art. 9 DSGVO, Rn. 5.

16 *Jandt*, in: Jandt/Steidle, Datenschutz, Teil B, II., Rn. 115.

17 *Schiff*, in: Ehmann/Selmayr, Art. 9 Rn. 16; *Weichert*, in: Kühling/Buchner, Art. 9 DSGVO, Rn. 25.

Der Begriff „*rassische und ethnische Herkunft*" knüpft unter anderen an vererbbare körperliche Eigenschaften wie Hautfarbe oder die Gesichts- und Augenform an.[18] Zudem betrifft es die Zugehörigkeit zu einer bestimmten Bevölkerungsgruppe, sodass die Abstammung unter dieses Merkmal fällt.[19]

Der Begriff der „*Ethnie*" bezeichnet eine Menschengruppe oder Minderheit mit einer einheitlichen Kultur, worunter auch die Sprache gehört.[20] Dazu gehört unter anderem auch die kulturelle und sprachliche Beziehung eines Menschen zu seinen Ahnen, wozu zum Beispiel das Tragen eines traditionellen Gewandes gehören kann (z. B. Boubou), was im Falle eines Bewerbers durchaus vorkommen kann.[21] Er ist mit dem Begriff der „*rassischen Herkunft*" nicht kongruent.[22] Ein Bild, auf dem diese Merkmale erkennbar sind, kann ebenfalls grundsätzlich unter diese Kategorie zu fassen sein.[23] Dies würde bedeuten, dass ein Bewerberfoto, auf dem diese Merkmale erkennbar sind, als besondere Kategorie personenbezogener Daten anzusehen ist. Ob dies gerechtfertigt erscheint oder es nicht doch einer Einschränkung bedarf, wird unter Fünfter Teil, § 25, A., II. näher untersucht. Das BAG hatte zur alten Rechtslage eine Auswertungsabsicht gefordert.[24] Überwiegend wird allerdings empfohlen, als Arbeitgeber in der Stellenausschreibung kein Foto des Bewerbers zu verlangen, gerade auch um einen AGG-Verstoß vorzubeugen.[25]

Die Frage nach der Staatsangehörigkeit wird teilweise als mittelbare Benachteiligung wegen der Rasse oder der ethnischen Herkunft angesehen.[26] Andere wiederum sehen darin nur ein „*normales*" personenbezogenes Datum.[27] Auch aus dem Namen kann sich in Verbindung mit anderen Informationen ein Datum über

18 *Kampert*, in: Sydow, DSGVO/BDSG, Art. 9 DSGVO, Rn. 6; *Schindler/Wentland*, ZD-Aktuell 2018, 06057; *Weichert*, in: Kühling/Buchner, Art. 9 DSGVO, Rn. 26.

19 *Däubler*, Gläserne Belegschaften, Rn. 190; *Ehmann/Helfrich*, Art. 8 Rn. 8; *Greve*, in: Auernhammer, Art. 9 DSGVO, Rn. 10.

20 *Jaspers/Schwartmann/Mühlenbeck*, in: Schwartmann et al., Art. 9 DSGVO, Rn. 37; *Schiff*, in: Ehmann/Selmayr, Art. 9 Rn. 18.

21 *Schneider/Schindler*, ZD 2018, 463, 465.

22 *Schiff*, in: Ehmann/Selmayr, Art. 9 Rn. 18.

23 *Bergt*, in: Koreng/Lachenmann, Datenschutzrecht, H. I. 2, Anm. 4; *Frenzel*, in: Paal/Pauly, Art. 9 DSGVO, Rn. 10.

24 BAG, Urt. v. 25.09.2013 – 10 AZR 270/12, Rn. 49, NZA 2014, 41.

25 *Bergt*, in: Koreng/Lachenmann, Datenschutzrecht, H. I. 2, Anm. 4; *Gola/Pötters/Wronka*, Arbeitnehmerdatenschutz, Rn. 638; *Kort*, NZA-Beilage 2016, 62, 67; *Wisskirchen*, DB 2006, 1491, 1494; *Wisskirchen/Kies*, in: Tschöpe, Arbeitsrecht, 1. Teil, Rn. 10e; aA *Jacobi*, in: Behling/Abel, Datenschutz, Rn. 1087 (im Bewerbungsgespräch sieht man den Bewerber); *Schriever*, BB 2011, 2680, 2681; *Ullrich*, ZMV 2018, 176.

26 *Däubler*, in: Däubler et al., § 26 BDSG, Rn. 28; *Kühn*, in: Schläger/Thode, Datenschutz und IT-Sicherheit, Kap. C, 2. Bewerbermanagement, Rn. 30.

27 *Greve*, in: Auernhammer, Art. 9 DSGVO, Rn. 10; *Jaspers/Schwartmann/Mühlenbeck*, in: Schwartmann et al., Art. 9 DSGVO, Rn. 39; *Plath*, in: Plath, Art. 9 DSGVO, Rn. 11.

die Rasse und Ethnie herleiten.[28] Diese Fragen hängen ebenfalls damit zusammen, ob es einer Einschränkung dieses Merkmals bedarf.

### b. Politische Meinungen

Politische Meinungen können sich in vielfältiger Weise zeigen und werden in Art. 9 Abs. 1 DSGVO entsprechend geschützt. Eine gesetzliche Definition besteht nicht. Der Grund für den besonderen Schutz von politischen Meinungen findet sich in der Meinungsäußerungs- und Versammlungsfreiheit nach den Artt. 11, 12 GRCh sowie im allgemeinen Diskriminierungsverbots nach Art. 21 GRCh.[29] Aus diesem Grund wird vorgeschlagen den Begriff der politischen Meinung auch grundrechtsbezogen zu bestimmen.[30] Der Schutz dieser Datenkategorie besteht darin, eine politische Meinung zu haben, zu verbreiten, aber auch abzulehnen.[31] Die Teilnahme an einer politischen Demonstration sowie die Mitgliedschaft in einer Partei können dazu gehören, sodass Tätigkeiten im Hinblick auf diese politische Meinung hierunter fallen können.[32] Selbst das Tragen politischer Motive oder dass „*Liken*" der Facebookseite politischer Parteien oder auf anderen sozialen Netzwerken kann als politische Meinung gedeutet werden.[33]

### c. Religiöse oder weltanschauliche Überzeugungen

Die religiösen und weltanschaulichen Überzeugungen werden ebenfalls als sensible Daten eingestuft. Diese Begriffe sind sehr durch das subjektive Verständnis des Betroffenen geprägt.[34] Beide Begriffe fanden sich bereits in Art. 8 DSRL wieder. Zwar wurde in der deutschen Fassung der DSRL von „*philosophischen*

---

28 *Dammann/Simitis*, Art. 8 Erl. 7; *Jaspers/Schwartmann/Mühlenbeck*, in: Schwartmann et al., Art. 9 DSGVO, Rn. 38; *Mester*, in: Taeger/Gabel, Art. 9 DSGVO, Rn. 7 (beim Namen müssen noch besondere Umstände hinzutreten); *Schiff*, in: Ehmann/Selmayr, Art. 9 Rn. 19; *Weichert*, in: Kühling/Buchner, Art. 9 DSGVO, Rn. 26; aA VGH München, Urt. v. 09.03.2023 – 13a B 22.1688, Rn. 35, BeckRS 2023, 8765.

29 *Albers/Veit*, in: BeckOK DatenSR, DSGVO, 48. Ed. 01.05.2024, Art. 9 Rn. 36.

30 *Schiff*, in: Ehmann/Selmayr, Art. 9 Rn. 20.

31 *Albers/Veit*, in: BeckOK DatenSR, DSGVO, 48. Ed. 01.05.2024, Art. 9 Rn. 36; *Gola*, Beschäftigtendatenschutz, Rn. 1813 (Arbeitgeber, der Atomkraftwerk betreibt, wird vermeiden, Atomkraftgegner einzustellen); *Greve*, in: Auernhammer, Art. 9 DSGVO, Rn. 11.

32 *Däubler*, Gläserne Belegschaften, Rn. 191; *Greve*, in: Auernhammer, Art. 9 DSGVO, Rn. 11; *Jaspers/Schwartmann/Mühlenbeck*, in: Schwartmann et al., Art. 9 DSGVO, Rn. 45 (bei Teilnahme an politischen Veranstaltungen ist auf die Art der Betätigung und auf den jeweiligen Kontext abzustellen); *Korge*, in: Gierschmann et al., Art. 9 Rn. 11; *Schiff*, in: Ehmann/Selmayr, Art. 9 Rn. 21; aA *Schulz*, in: Gola/Heckmann, DSGVO/BDSG, Art. 9 DSGVO, Rn. 14.

33 *Schiff*, in: Ehmann/Selmayr, Art. 9 Rn. 23 (Abstellen auf hinreichende Wahrscheinlichkeit).

34 *Greve*, in: Auernhammer, Art. 9 DSGVO, Rn. 13.

*Überzeugungen*" gesprochen, während die deutsche Fassung der DSGVO von „*weltanschaulichen Überzeugungen*" spricht. Der Vergleich der englischen Fassung von DSRL und DSGVO zeigt allerdings, dass damit keine inhaltlichen Veränderungen verbunden sein sollen, da dort immer der Begriff „*philosophical beliefs*" verwendet wird. Der besondere Schutz rechtfertigt sich aufgrund der Gedanken-, Gewissens- und Religionsfreiheit nach Art. 10 GRCh, des Diskriminierungsverbots nach Art. 21 GRCh sowie des Gebots religiöser Vielfalt nach Art. 22 GRCh.[35]

Die Datenkategorie „*religiöse Überzeugung*" bezieht sich auf die Glaubens- und Religionsausübungsfreiheit. Dabei wird ein Mindestmaß an Ernsthaftigkeit, Kohärenz und Bedeutung gefordert. Sie schützt nicht nur das Haben einer Überzeugung, sondern auch das entsprechende Handeln.[36] Ob bereits der Name und der Wohnort ausreichend sind, um dieser Datenkategorie zu unterfallen, ist umstritten. Teilweise wird dies als ausreichend erachtet[37] bzw. eine kontextbezogene Einzelfallbetrachtung befürwortet[38]. Andere wiederum sehen dies als zu weitgehend an und lassen dies nicht unter diese Datenkategorie fallen.[39] Auch diese Frage hängt maßgeblich davon ab, ob Art. 9 Abs. 1 DSGVO einer Einschränkung unterliegt (vgl. Fünfter Teil, §25, A., II.). Wenn beim Bewerbungsgespräch bestimmte religiöse Kleidungsstücke getragen werden (z. B. ein Kopftuch), dann kann dies im Einzelfall ebenso als sensibel eingestuft werden. Dies gilt auch, wenn bestimmte Kleidungsstücke eindeutig der Ausübung der Religion dienen.[40]

In den Bewerbungsunterlagen kann sich der Hinweis finden, dass der Bewerber Mitglied in der Kirche ist. Im kirchlichen Datenschutzrecht wird in §4 Nr. 2 KDG ausdrücklich festgestellt, dass die Mitgliedschaft in der Kirche eine besondere Kategorie personenbezogener Daten darstellt. In der Literatur zur DSGVO wird ebenfalls davon ausgegangen, dass dieses Datum unter den besonderen Schutz der religiösen Überzeugung nach Art. 9 Abs. 1 DSGVO fällt.[41] Hingegen

35 *Weichert*, in: Kühling/Buchner, Art. 9 DSGVO, Rn. 28.

36 *Jaspers/Schwartmann/Mühlenbeck*, in: Schwartmann et al., Art. 9 DSGVO, Rn. 50; *Schiff*, in: Ehmann/Selmayr, Art. 9 Rn. 24.

37 *Albers/Veit*, in: BeckOK DatenSR, DSGVO, 48. Ed. 01.05.2024, Art. 9 Rn. 39; *Frenzel*, in: Paal/Pauly, Art. 9 DSGVO, Rn. 13.

38 *Dammann/Simitis*, Art. 8 Erl. 7; *Jaspers/Schwartmann/Mühlenbeck*, in: Schwartmann et al., Art. 9 DSGVO, Rn. 56.

39 VGH München, Urt. v. 09.03.2023 – 13a B 22.1688, Rn. 35, BeckRS 2023, 8765; *Mester*, in: Taeger/Gabel, Art. 9 DSGVO, Rn. 10 („Auswertungsabsicht"); *Weichert*, in: Kühling/Buchner, Art. 9 DSGVO, Rn. 29.

40 *Jaspers/Schwartmann/Mühlenbeck*, in: Schwartmann et al., Art. 9 DSGVO, Rn. 54 (Tragen eines Kopftuches); *Schneider/Schindler*, ZD 2018, 463, 465; *Schulz*, in: Gola/Heckmann, DSGVO/BDSG, Art. 9 DSGVO, Rn. 20 („Auswertungsabsicht").

41 Begr. zu Art. 8 des geä. Vorschlags, abgedr. bei *Dammann/Simitis*, Vor Art. 8; *Däubler*, Gläserne Belegschaften, Rn. 192.

soll der Austritt aus der Kirche nach *Schulz* nicht dem Schutz unterfallen.[42] Dem kann nicht zugestimmt werden, da auch der Austritt aus der Kirche eine Überzeugung der betroffenen Person vermittelt.

Der Begriff der „*weltanschaulichen Überzeugung*" wird als die Gesamtheit der persönlichen Wertungen und Sichtweisen verstanden.[43] Die Tatsache, dass ein Bewerber Vegetarier ist, wird teilweise nicht als ausreichend erachtet.[44] Die Mitgliedschaft in einer Umwelt- und Tierschutzorganisation ist als weltanschauliche Überzeugung zu begreifen, sodass dies schützenswert ist, während die Mitgliedschaft bei Scientology nicht erfasst sein soll.[45]

## d. Gewerkschaftszugehörigkeit

Im Laufe des Bewerbungsverfahren kann es auch vorkommen, dass danach gefragt wird, ob der Bewerber einer Gewerkschaft zugehörig ist. Manchen Arbeitgebern ist die Mitgliedschaft in einer Gewerkschaft ein „*Dorn im Auge*" und ein Grund, den potenziellen Bewerber nicht einzustellen.[46] Eine Gewerkschaft ist ein freiwilliger Zusammenschluss von Arbeitnehmern zur Interessenwahrnehmung mit dem Ziel, Tarifverträge abzuschließen. Dieses Datum wird vom europäischen Gesetzgeber als sehr sensibel eingestuft, unabhängig davon, wie groß die Gewerkschaft ist oder wie viele Mitglieder existieren.[47] Geschützt wird die Mitgliedschaft in einer Gewerkschaft und die Teilnahme an gewerkschaftlichen Aktivitäten, während die Tätigkeit für eine gewerkschaftsnahe Stiftung nur dann geschützt wird, wenn ein inhaltlicher Zusammenhang zur Gewerkschaftstätigkeit besteht.[48] Grundsätzlich soll jede Information erfasst werden, welches einen Rückschluss darauf zulässt, ob der Bewerber einer Gewerkschaft angehört.[49] Dieser besondere Schutz folgt aus der Koalitionsfreiheit nach Art. 28 GRCh sowie aus dem Diskriminierungsverbot nach Art. 21 GRCh.[50]

---

42 *Schulz*, in: Gola/Heckmann, DSGVO/BDSG, Art. 9 DSGVO, Rn. 16; aA *Petri*, in: Simitis et al., Datenschutzrecht, Art. 9 Rn. 20 (Rekurs auf EGMR, Urt. v. 17.02.2011 – 12884/03, NVwZ 2011, 1503, Rn. 51 – Wasmuth).

43 *Gosch*, Besondere Kategorien, S. 26 f. („Leitauffassung der Welt und des Lebens"); *Jaspers/Schwartmann/Mühlenbeck*, in: Schwartmann et al., Art. 9 DSGVO, Rn. 55.

44 *Petri*, in: Simitis et al., Datenschutzrecht, Art. 9 Rn. 21; *Schulz*, in: Gola/Heckmann, DSGVO/BDSG, Art. 9 DSGVO, Rn. 16.

45 *Gola*, Beschäftigtendatenschutz, Rn. 624, 1834 f. (Nachfrage bei qualifiziertem Personal zulässig); *Jaspers/Schwartmann/Mühlenbeck*, in: Schwartmann et al., Art. 9 DSGVO, Rn. 55; *Korge*, in: Gierschmann et al., Art. 9 Rn. 13.

46 *Gosch*, Besondere Kategorien, S. 27.

47 *Jaspers/Schwartmann/Mühlenbeck*, in: Schwartmann et al., Art. 9 DSGVO, Rn. 60; *Kampert*, in: Sydow, DSGVO/BDSG, Art. 9 DSGVO, Rn. 9.

48 *Däubler*, Gläserne Belegschaften, Rn. 193; *Greve*, in: Auernhammer, Art. 9 DSGVO, Rn. 14; *Schiff*, in: Ehmann/Selmayr, Art. 9 Rn. 27.

49 *Jaspers/Schwartmann/Mühlenbeck*, in: Schwartmann et al., Art. 9 DSGVO, Rn. 58.

50 *Weichert*, in: Kühling/Buchner, Art. 9 DSGVO, Rn. 30.

## 2. Zweite Gruppe

### a. Genetische Daten, Art. 4 Nr. 13 DSGVO

Das genetische Datum ist im Vergleich zu Art. 8 DSRL neu in den Katalog der sensiblen Daten aufgenommen worden. Der europäische Gesetzgeber hat den Begriff in Art. 4 Nr. 13 DSGVO legaldefiniert. Hiernach sind genetische Daten „*personenbezogene Daten zu den ererbten oder erworbenen genetischen Eigenschaften einer natürlichen Person, die eindeutige Informationen über die Physiologie oder die Gesundheit dieser natürlichen Person liefern und insbesondere aus der Analyse einer biologischen Probe der betreffenden natürlichen Person gewonnen wurden*“. Damit müssen die genetischen Daten zur eindeutigen Identifizierung einer natürlichen Person herangezogen werden, sodass bloße Äußerlichkeiten nicht ausreichen.[51] ErwG 34 macht weitere Angaben. Demnach sollten genetische Daten „*als personenbezogene Daten über die ererbten oder erworbenen genetischen Eigenschaften einer natürlichen Person definiert werden, die aus der Analyse einer biologischen Probe der betreffenden natürlichen Person, insbesondere durch eine Chromosomen, Desoxyribonukleinsäure (DNS)- oder Ribonukleinsäure (RNS)-Analyse oder der Analyse eines anderen Elements, durch die gleichwertige Informationen erlangt werden können, gewonnen werden*“. Der Wortlaut spricht dafür, dass der europäische Gesetzgeber nur das Ergebnis der Analyse bzw. die Auswertung der genetischen Eigenschaften besonders schützen wollte und nicht die Probe als solche.[52]

Der deutsche Gesetzgeber hat in § 3 Nr. 11 GenDG die genetischen Daten ebenfalls definiert. Demnach „*sind genetische Daten die durch eine genetische Untersuchung oder die im Rahmen einer genetischen Untersuchung durchgeführte genetische Analyse gewonnenen Daten über genetische Eigenschaften*“. Dieser Begriff ist damit enger als die Definition in der DSGVO.[53] Teilweise wird daher empfohlen, die Legaldefinition von genetischen Daten nach § 3 Nr. 11 GenDG an die Legaldefinition des Art. 4 Nr. 13 DSGVO anzupassen.[54] Teilweise wird der Begriff in der DSGVO ebenfalls eng ausgelegt und eine Eindeutigkeit vorausgesetzt.[55]

Die Verarbeitung genetischer Daten wird im Laufe des Bewerbungsverfahrens eine eher untergeordnete Rolle einnehmen und soll vorliegend keine nähere Betrachtung erfahren. Einzig bei Einstellungsuntersuchungen könnte es vorkommen, dass biologische Proben von dem Bewerber verlangt werden.[56]

---

51 *Frenzel*, in: Paal/Pauly, Art. 9 DSGVO, Rn. 14; *Weichert*, in: Kühling/Buchner, Art. 9 DSGVO, Rn. 33.

52 *Korge*, in: Gierschmann et al., Art. 9 Rn. 15.

53 *Schreiber*, in: Plath, Art. 4 DSGVO, Rn. 48.

54 Wohl *Petri*, in: Simitis et al., Datenschutzrecht, Art. 4 Nr. 13 DSGVO, Rn. 6.

55 *Frenzel*, in: Paal/Pauly, Art. 9 DSGVO, Rn. 14; *Weichert*, in: Kühling/Buchner, Art. 9 DSGVO, Rn. 31.

56 Vgl. zur alten Rechtslage *Fuhlrott/Hoppe*, ArbRAktuell 2010, 183 ff.

### b. Biometrische Daten, Art. 4 Nr. 14 DSGVO

Ebenso wie die genetischen Daten, fanden sich im damaligen Art. 8 DSRL keine Angaben zu den biometrischen Daten. Der Gesetzgeber sah sich jedoch dazu veranlasst, auch die biometrischen Daten dem besonderen Schutz der DSGVO zuzuordnen. Die besondere Brisanz von biometrischen Daten ist, dass auf diese Daten noch nach Jahren zurückgegriffen werden kann und diese Daten unveränderbar sind.[57] Dies macht diese Daten besonders sensibel. Unter Biometrie wird die automatisierte Erkennung von Personen anhand ihrer körperlichen Merkmale verstanden.[58] Die ehemalige *Artikel-29-Datenschutzgruppe* hatte zur DSRL den Begriff der biometrischen Daten definiert als „*biologische Eigenschaften, physiologische Merkmale, Gesichtszüge oder reproduzierbare Handlungen [...], wobei diese Merkmale und/oder Handlungen für die betreffende Person spezifisch und messbar sind, auch wenn die in der Praxis angewandten Modelle für ihre technische Messung in gewissem Umfang auf Wahrscheinlichkeiten beruhen*“.[59]

Der europäische Gesetzgeber hat das Bedürfnis nach einer einheitlichen Definition dieses besonderen Datums erkannt und aus diesem Grund eine Definition in die Begriffsbestimmungen des Art. 4 DSGVO aufgenommen. Nach Art. 4 Nr. 14 DSGVO sind biometrische Daten „*mit speziellen technischen Verfahren gewonnene personenbezogene Daten zu den physischen, physiologischen oder verhaltenstypischen Merkmalen einer natürlichen Person, die die eindeutige Identifizierung dieser natürlichen Person ermöglichen oder bestätigen, wie Gesichtsbilder oder daktyloskopische Daten*“.

Ausgehend von diesem Wortlaut könnte davon ausgegangen werden, dass das normale Bewerberfoto, welches typischerweise in den Bewerbungsschreiben vorhanden ist, unter die biometrischen Daten fällt. Denn die Legaldefinition des Art. 4 Nr. 14 DSGVO nennt ausdrücklich „*Gesichtsbilder*“ als biometrische Daten. Einen so weiten Anwendungsbereich wollte der Gesetzgeber allerdings nicht schaffen. ErwG 51 S. 3 besagt, dass Lichtbilder grundsätzlich nicht als biometrische Daten gelten sollen, sondern erst dann, wenn sie mit speziellen technischen Mitteln verarbeitet werden, die die eindeutige Identifizierung oder Authentifizierung einer natürlichen Person ermöglichen. Ein normales Bewerberfoto soll nach dem Willen des europäischen Gesetzgebers damit nicht automatisch als eine besondere Kategorie personenbezogener Daten angesehen werden, es sei denn, dass der Arbeitgeber bestimmte Gesichtserkennungssoftware zum Einsatz bringt.[60] Wann die Eindeutigkeit zu bejahen ist, hängt maßgeblich von der eingesetzten Technik und den verarbeiteten Daten ab. Dies ist etwa bei

---

57 *Däubler*, in: Däubler et al., § 26 BDSG, Rn. 97 (30 oder 50 Jahre); *Voigt*, K&R 2016, 456, 457.

58 *Ernst*, in: Paal/Pauly, Art. 4 DSGVO, Rn. 99.

59 *Art.-29-Datenschutzgruppe*, WP 136, S. 9.

60 *Conrad*, K&R 2020, 253, 254; *Schulz*, in: Gola/Heckmann, DSGVO/BDSG, Art. 9 DSGVO, Rn. 19.

dem biometrietauglichen Lichtbildern des neuen Personalausweises der Fall oder auch zunehmend beim Einsatz moderner Digitalkameras.[61] Eine eindeutige Identifizierung liegt auch dann vor, wenn die gemessenen Merkmale einzigartig sind.[62] Schwieriger zu beurteilen ist Frage, ob der eingescannte Personalausweis als biometrisches Datum einzustufen ist. Unabhängig von dem Foto, befindet sich die eingescannte Unterschrift auf diesem Ausweis. Die eingescannte Unterschrift wird wohl überwiegend als biometrisches Datum eingestuft, wenn eine biometrische Erfassung erfolgt.[63] Dies muss auch für das dort vorhandene Foto gelten, wenn dies zur eindeutigen Identifizierung genutzt werden soll.

Im Rahmen des Bewerbungsverfahrens kann weiterhin an die Stimmerkennung, die Gang- und Sprechart einer Person oder die Handschriftenanalyse gedacht werden.[64]

### c. Gesundheitsdaten, Art. 4 Nr. 15 DSGVO

Gesundheitsdaten stellen besonders schützenswerte Daten dar und werden oft als das Musterbeispiel eines sensiblen Datums genannt.[65] Dies beruht auf dem individuellen Schutz von Leben und Gesundheit nach Art. 2, 3 GRCh sowie dem Gesundheitsschutz nach Art. 35 GRCh.[66] Gesundheitsdaten sind nach Art. 4 Nr. 15 DSGVO *„personenbezogene Daten, die sich auf die körperliche oder geistige Gesundheit einer natürlichen Person, einschließlich der Erbringung von Gesundheitsdienstleistungen, beziehen und aus denen Informationen über deren Gesundheitszustand hervorgehen*“. Die Definition setzt vom Wortlaut her zwei kumulative Merkmale voraus, wann ein Gesundheitsdatum vorliegt. Zum einen muss sich das personenbezogene Datum auf die Gesundheit beziehen und zum anderen muss aus diesen Informationen der Gesundheitszustand hervorgehen. Aufgrund dieser Definition wird von einem weiten Verständnis ausgegangen, um etwaige Schutzlücken zu vermeiden.[67] Ein unmittelbarer Bezug zum Gesundheitszustand ist nicht erforderlich.[68] Ausreichend ist es nach der Definiti-

---

61 *Conrad*, K&R 2020, 253, 254; *Schiff*, in: Ehmann/Selmayr, Art. 9 Rn. 29; *Selzer*, in: Jandt/Steidle, Datenschutz, Teil B, I., Rn. 51.

62 *Voigt*, K&R 2016, 456, 461; *Weichert*, in: Kühling/Buchner, Art. 4 Nr. 14 DSGVO, Rn. 2.

63 *Jaspers/Schwartmann/Mühlenbeck*, in: Schwartmann et al., Art. 9 DSGVO, Rn. 82; *Schreiber*, in: Plath, Art. 4 DSGVO, Rn. 51.

64 *Byers/Winkler/Stelter*, NZA 2023, 457, 458; *Däubler*, Gläserne Belegschaften, Rn. 195a; *Greve*, in: Auernhammer, Art. 9 DSGVO, Rn. 7; *Schiff*, in: Ehmann/Selmayr, Art. 9 Rn. 28. Zum technischen Hintergrund der Gesichtserkennung *Voigt*, K&R 2016, 456, 457.

65 Ausführlich zum Begriff *Haase*, InTeR 2022, 94.

66 *Weichert*, in: Kühling/Buchner, Art. 9 DSGVO, Rn. 34.

67 *Albers/Veit*, in: BeckOK DatenSR, DSGVO, 48. Ed. 01.05.2024, Art. 9 Rn. 45; *Greve*, in: Auernhammer, Art. 9 DSGVO, Rn. 8; *Jaspers/Schwartmann/Mühlenbeck*, in: Schwartmann et al., Art. 9 DSGVO, Rn. 87.

68 *Kühling/Seidel*, in: Kingreen/Kühling, Gesundheitsdatenschutzrecht, S. 46.

on des Art. 4 Nr. 15 DSGVO vielmehr, dass aus den Informationen der Gesundheitszustand hervorgeht. Daten, aus denen nur mittelbar Rückschlüsse auf den Gesundheitszustand möglich sind, fallen demnach auch unter den Begriff des Gesundheitsdatums.[69] Nach dem VG Mainz ist jedoch nicht ausreichend, wenn allein aufgrund der abstrakten Möglichkeit Rückschlüsse auf die Gesundheit gezogen werden können.[70] Ein Gesundheitsdatum ist damit nicht gegeben, wenn lediglich Stammdaten des Bewerbers wie Name, Anschrift und Geburtsdatum verarbeitet werden.

Nach der Weltgesundheitsorganisation ist Gesundheit „*ein Zustand des vollständigen körperlichen, geistigen und sozialen Wohlergehens und nicht nur das Fehlen von Krankheit oder Gebrechen*".[71] ErwG 35, was der europäische Gesetzgeber unter dem Begriff der Gesundheit versteht. Demnach sollten alle Daten darunter zu fassen sein, „*die sich auf den Gesundheitszustand einer betroffenen Person beziehen und aus denen Informationen über den früheren, gegenwärtigen und künftigen körperlichen oder geistigen Gesundheitszustand der betroffenen Person hervorgehen*". Da auf den Gesundheitszustand Bezug genommen wird, soll auch die Information, dass eine betroffene Person vollkommen gesund ist, ein Gesundheitsdatum darstellen.[72] Hingegen kann das Vorliegen der zwei kumulativen Merkmale nicht gegeben sein, wenn der Bewerber mit einer Zigarette gesehen wird, da sich diese Information nicht unmittelbar auf die Gesundheit bezieht.[73]

Die Tatsache, dass man sich in ärztlicher Behandlung befindet oder aufgrund behördlicher Anerkennung als Schwerbehinderter zählt, reicht aus.[74] Zur DSRL hatte der EuGH entschieden, dass die Angabe, dass sich eine Person den Fuß verletzt hat und partiell krankgeschrieben ist, ein personenbezogenes Datum über die Gesundheit darstellt.[75] Eine Eignungsuntersuchung, die oftmals von Arbeitgebern gefordert und vom Betriebsarzt durchgeführt wird, fällt damit unter das Gesundheitsdatum, wenn in diesem Zusammenhang Daten über die Gesundheit verarbeitet werden.

Fraglich ist, ob ein Gesundheitsdatum dann zu bejahen ist, wenn sich in den Bewerbungsunterlagen ein Bild des Bewerbers befindet, auf dem der Bewerber eine Brille trägt. Das Tragen einer Brille könnte so gedeutet werden, dass der Bewerber Sehschwächen aufweist, sodass ein Datum über seine Gesundheit zu

69 *Gola*, in: Gola/Heckmann, DSGVO/BDSG, Art. 4 DSGVO, Rn. 121 („mittelbar aus dem Gesamtzusammenhang"); *Kühnl/Rohrer/Schneider*, DuD 2018, 735, 737.

70 VG Mainz, Urt. v. 20.02.2020 – 1 K 467/19.MZ, Rn. 38, BeckRS 2020, 5397.

71 Verfassung der Weltgesundheitsorganisation, https://tinyurl.com/lznf8fa.

72 BAG, Beschl. v. 09.04.2019 – 1 ABR 51/17, Rn. 37, NZA 2019, 1055 („meint auch positive oder neutrale Informationen zur körperlichen Verfasstheit"); *Dammann/Simitis*, Art. 8 Erl. 6; *Haase*, InTeR 2022, 94, 96.

73 *Schwenke*, NJW 2018, 823, 826.

74 LAG Rheinland-Pfalz, Urt. v. 13.06.2019 – 5 Sa 438/18, Rn. 30, BeckRS 2019, 20871; *Haase*, InTeR 2022, 94, 96; *Weichert*, in: Kühling/Buchner, Art. 4 Nr. 15 DSGVO, Rn. 1.

75 EuGH, Urt. v. 06.11.2003 – C-101/01, Rn. 59, EuZW 2004, 245 – Lindqvist.

bejahen wäre. Andererseits könnte das Tragen der Brille auch nur ein „*modisches Accessoire*“ sein, sodass gerade kein Gesundheitsdatum über den Bewerber vorliegt. Diese Frage ist umstritten.

Teilweise wird das Vorliegen eines Gesundheitsdatums negiert.[76] Begründet wird dies damit, dass ansonsten der Begriff des Gesundheitsdatums uferlos würde und einer solchen Verarbeitung kein besonderes Diskriminierungspotenzial innewohne. So fordern *Arning/Rothkegel*, dass der Begriff „*beziehen*“ hinsichtlich der Verarbeitung nur mittelbarer Gesundheitsinformationen so ausgelegt werden muss, dass ein Gesundheitsdatum nur dann gegeben ist, wenn „*sie gerade im Hinblick auf die in ihnen enthaltene Gesundheitsinformation hin verarbeitet werden*“.[77] Es soll demnach auf die Auswertungsabsicht abgestellt werden.

Andere Stimmen, unter anderem auch die ehemalige *Artikel-29-Datenschutzgruppe* wollen auch diesen Fall unter die besonderen Kategorien personenbezogener Daten fallen lassen und bejahen das Vorhandensein eines Gesundheitsdatums, auch wenn es nur mittelbar erkennbar ist.[78] Nach dem *Europäischen Datenschutzausschuss* stellen Videoaufnahmen, die eine betroffene Person zeigen, die eine Brille trägt oder im Rollstuhl sitzt, nicht per se besondere Kategorien personenbezogener Daten dar. Werden diese Videoaufnahmen allerdings dazu verarbeitet, um besondere Kategorien abzuleiten, sei Art. 9 DSGVO anzuwenden.[79] Diese Fragestellung hängt maßgeblich von der Frage ab, ob Art. 9 DSGVO einer Einschränkung bedarf (vgl. Fünfter Teil, § 25, A., II.). Ebenso ist dies von der Frage abhängig, ob der Konsum von Alkohol durch den Bewerber als Gesundheitsdatum einzuordnen ist.[80] *Däubler* bejaht das Vorliegen eines Gesundheitsdatums nur, wenn eine Abhängigkeit bestehe.[81] *Albers/Veit* hingegen sehen hierin kein Gesundheitsdatum, da aufgrund der Gesundheitsbezogenheit nach Art. 4 Nr. 15 DSGVO der Anwendungsbereich insoweit eingeschränkt wird, dass Angaben über Gewohnheiten nicht unter diese Definition fallen.[82]

---

76 *Geiger*, in: Weth et al., Daten- und Persönlichkeitsschutz, B., V., Rn. 8 (Ausklammerung von „Gesundheitsfolgedaten“); *Gola*, in: Gola/Heckmann, DSGVO/BDSG, Art. 4 DSGVO, Rn. 121 (Auswertungsabsicht fordernd); *Weichert*, in: Kühling/Buchner, Art. 4 Nr. 15 DSGVO, Rn. 7.

77 *Arning/Rothkegel*, in: Taeger/Gabel, Art. 4 DSGVO, Rn. 414; ebenso *Gola*, Beschäftigtendatenschutz, Rn. 1857 (Zweckbestimmung maßgebend).

78 *Art.-29-Datenschutzgruppe*, Health data in apps and devices, S. 2 f. (bezogen auf die DSRL); *Ernst*, in: Paal/Pauly, Art. 4 DSGVO, Rn. 109; *Frenzel*, in: Paal/Pauly, Art. 9 DSGVO, Rn. 15; *Gosch*, Besondere Kategorien, S. 32; *Schneider/Schindler*, ZD 2018, 463, 466; *Werry/Knoblich*, MPR 2017, 1, 9.

79 *EDSA*, Leitlinien 3/2019, 17.

80 *Schulz*, in: Gola/Heckmann, DSGVO/BDSG, Art. 9 DSGVO, Rn. 22 (auf die Intensität abzustellen; Informationen über den Konsum harter Drogen werden regelmäßig als Gesundheitsdatum einzuordnen sein); aA *Weichert*, in: Kühling/Buchner, Art. 9 DSGVO, Rn. 23.

81 *Däubler*, Gläserne Belegschaften, Rn. 194 (Abhängigkeit von Drogen, Medikamenten und Alkohol erfasst).

82 *Albers/Veit*, in: BeckOK DatenSR, DSGVO, 48. Ed. 01.05.2024, Art. 9 Rn. 45.

Eine Behinderung ist als Gesundheitsdatum anzusehen, wenn sich die Behinderung unmittelbar aus der Information ergibt (z. B. durch Bescheinigung eines ärztlichen Attests).[83] Die Tatsache, dass eine Bewerberin schwanger ist, wird überwiegend, unter anderem auch vom BAG, als Gesundheitsdatum angesehen, da es durch die Schwangerschaft zu körperlichen und geistigen Veränderungen kommt.[84]

### d. Daten zum Sexualleben oder der sexuellen Orientierung

Daten zum Sexualleben oder der sexuellen Orientierung einer natürlichen Person können im Bewerbungsverfahren eine Bedeutung haben. Zwischen diesen zwei Datenarten muss unterschieden werden, da die sexuelle Orientierung in der DSRL nicht normiert war.[85] Zur sexuellen Orientierung gehört insbesondere die Frage nach der Hetero-, Bi-, Homo-, Trans- oder Asexualität.[86] Durch die Frage nach dem Familienstand kann eine mittelbare Diskriminierung bei gleichgeschlechtlichen Partnerschaften bestehen und damit der Schutz der Daten zum Sexualleben betroffen sein.[87] Dies gilt auch bezüglich dem Beziehungsstatus in sozialen Medien.[88] Zu den Daten des Sexualleben können die Häufigkeit oder die Art des Geschlechtsverkehrs gehören.[89] Ob das Konsumieren von Pornographie oder der Einkauf in einem Sexshop zu den Daten zum Sexualleben gehören, wird unterschiedlich beurteilt. Teilweise wird dies nicht als ausreichend erachtet.[90] Überwiegend wird aber wohl davon ausgegangen, dass auch diese Information dem Art. 9 DSGVO unterfallen soll.[91] Die Angabe, dass jemand verheiratet ist, stellt kein Datum zum Sexualleben oder der sexuellen Orientierung dar, da durch die Neufassung des § 1353 Abs. 1 S. 1 BGB nunmehr nicht mehr festgestellt werden kann, ob verschiedengeschlechtliche oder gleichgeschlecht-

---

83 *Schulz*, in: Gola/Heckmann, DSGVO/BDSG, Art. 9 DSGVO, Rn. 20.

84 BAG, Beschl. v. 09.04.2019 – 1 ABR 51/17, Rn. 37, NZA 2019, 1055; *Gosch*, Besondere Kategorien, S. 32 f.; *Haase/Heermann/Rottwinkel*, DuD 2011, 83, 84; *Kircher*, Gesundheitsdaten, S. 27; *Petri*, in: Simitis et al., Datenschutzrecht, Art. 4 Nr. 15 DSGVO, Rn. 3; *von Roetteken*, jurisPR-ArbR 37/2019, Anm. 7; aA *Klement*, Medizinische Datenerhebungen, S. 136.

85 *Jaspers/Schwartmann/Mühlenbeck*, in: Schwartmann et al., Art. 9 DSGVO, Rn. 98; aA *Korge*, in: Gierschmann et al., Art. 9 Rn. 18.

86 *Albers/Veit*, in: BeckOK DatenSR, DSGVO, 48. Ed. 01.05.2024, Art. 9 Rn. 47; *Greve*, in: Auernhammer, Art. 9 DSGVO, Rn. 15.

87 *Däubler*, Gläserne Belegschaften, Rn. 195; *Greve*, in: Auernhammer, Art. 9 DSGVO, Rn. 15; *Kühn*, in: Schläger/Thode, Datenschutz und IT-Sicherheit, Kap. C, 2. Bewerbermanagement, Rn. 25; *Weichert*, in: Kühling/Buchner, Art. 9 DSGVO, Rn. 42.

88 *Petri*, in: Simitis et al., Datenschutzrecht, Art. 9 Rn. 23.

89 *Albers/Veit*, in: BeckOK DatenSR, DSGVO, 48. Ed. 01.05.2024, Art. 9 Rn. 47.

90 *Schulz*, in: Gola/Heckmann, DSGVO/BDSG, Art. 9 DSGVO, Rn. 21.

91 *Greve*, in: Auernhammer, Art. 9 DSGVO, Rn. 15; *Jaspers/Schwartmann/Mühlenbeck*, in: Schwartmann et al., Art. 9 DSGVO, Rn. 99; *Plath*, in: Plath, Art. 9 DSGVO, Rn. 16.

liche Paare gemeint sind.[92] Daten über das Sexualleben oder der sexuellen Orientierung werden verfassungsrechtlich über das Diskriminierungsverbot nach Art. 21 GRCh geschützt.[93]

## II. Einschränkung des Anwendungsbereichs?

Art. 9 Abs. 1 DSGVO lässt sich nach dem Wortlaut in zwei Gruppen einteilen. Die erste Gruppe umfasst die rassische und ethnische Herkunft, die politischen Meinungen, die religiösen oder weltanschaulichen Überzeugungen sowie die Gewerkschaftszugehörigkeit. Zur zweiten Gruppe zählen die genetischen und biometrischen Daten, die Gesundheitsdaten sowie die Daten zum Sexualleben und der sexuellen Orientierung. Nur bezüglich der ersten Gruppe wird vom Wortlaut her verlangt, dass aus den personenbezogenen Daten, Daten über die rassische und ethnische Herkunft etc. *„hervorgehen"* müssen.[94] Die englische Bezeichnung *„revealing"* lässt sich besser mit *„offenbaren"* übersetzen als mit *„hervorgehen"*. Was darunter zu verstehen ist und ob zusätzliche Voraussetzungen erfüllt sein müssen, ist in der Literatur umstritten. Bei der zweiten Gruppe reicht es vom Wortlaut nicht aus, dass sich diese Information nur mittelbar aus den Daten ergeben.

Überwiegend wird in der Literatur vertreten, dass beim gesamten Art. 9 Abs. 1 DSGVO auf den Verwendungszusammenhang bzw. den Verarbeitungskontext der personenbezogenen Daten abgestellt werden muss.[95] Die Einordnung als sensibles Datum muss anhand des Schutzzwecks des Art. 9 DSGVO, der in dem Schutz von Persönlichkeitsrechtsverletzungen und Diskriminierungen liegt, beurteilt werden.[96] Dies folge aus dem risikobasierten Ansatz der DSGVO. Als normativer Anknüpfungspunkt kann nach der hier vertretenen Ansicht auch ErwG 51 S. 1 herangezogen werden, da hier von *„im Zusammenhang mit ihrer Verarbeitung"* gesprochen wird. Der Gesetzgeber geht demnach davon aus, dass erst im Zusammenhang mit einer Verarbeitung *„erhebliche Risiken für die Grundrechte und Grundfreiheiten auftreten können"*.

Die Gegenansicht, der sich auch Teile der Rechtsprechung anschließen, meint, dass allein die Zugehörigkeit zu einer der besonderen Datenkategorien i. S. v.

---

92 *Schiff*, in: Ehmann/Selmayr, Art. 9 Rn. 32.

93 *Weichert*, in: Kühling/Buchner, Art. 9 DSGVO, Rn. 42.

94 *Mantz/Marosi*, in: Specht/Mantz, Datenschutzrecht, § 3 Rn. 71; *Schneider/Forgó/Helfrich*, in: Forgó et al., Datenschutz, Teil VI, Kap. 1, Rn. 58 („Quelle" wird mit einem Verbot belegt).

95 *Sächsischer Datenschutzbeauftragter*, TB 2017/2018, S. 180; *Jandt*, in: Jandt/Steidle, Datenschutz, Teil B, II., Rn. 121; *Matejek/Mäusezahl*, ZD 2019, 551, 553; *Mittländer*, in: Wedde, Datenschutz, C., Rn. 125; *Schiff*, in: Ehmann/Selmayr, Art. 9 Rn. 14; *Weichert*, in: Kühling/Buchner, Art. 9 DSGVO, Rn. 13.

96 *Albers/Veit*, in: BeckOK DatenSR, DSGVO, 48. Ed. 01.05.2024, Art. 9 Rn. 18 ff.; *Jaspers/Schwartmann/Mühlenbeck*, in: Schwartmann et al., Art. 9 DSGVO, Rn. 26 (kontextbezogene Betrachtungsweise heranzuziehen).

Art. 9 Abs. 1 DSGVO ausreichend ist. Der jeweilige Verarbeitungskontext und die konkreten Umstände des Einzelfalles seien unerheblich.[97]

Fraglich ist, ob zwischen den zwei sprachlich unterschiedlichen Gruppen in Art. 9 Abs. 1 DSGVO eine inhaltliche Differenzierung gerechtfertigt erscheint. Bereits zur DSRL und auch zur DSGVO wurde bzw. wird die Meinung vertreten, dass es nicht überzeugend ist, aus einer sprachlichen Differenzierung eine inhaltliche Differenzierung abzuleiten.[98] Denn gerade auch in Bezug auf Gesundheitsdaten reiche es nach Art. 4 Nr. 15 DSGVO aus, dass aus den Daten die Informationen über den Gesundheitszustand „*hervorgehen*". Die Gesundheitsdaten gehören dem zweiten Block an, also dem Block, der gerade nicht auf das Merkmal „*hervorgehen*" abstellt. Nach ErwG 35 S. 1 gehören zu den personenbezogenen Gesundheitsdaten alle Daten, die sich auf den Gesundheitszustand der betroffenen Person beziehen und aus denen Informationen über den Gesundheitszustand „*hervorgehen*". Damit lässt der Gesetzgeber die mittelbare Herleitung ausreichen. Auch die Gesetzgebungsgeschichte lässt keinen Hinweis darauf zu, dass mit der sprachlichen Formulierung eine inhaltliche Differenzierung intendiert war. Die DSGVO unterscheidet nur zwischen „*normalen*" und besonderen Kategorien personenbezogener Daten. Eine weitere Unterscheidung innerhalb des Art. 9 Abs. 1 DSGVO vorzunehmen, erscheint nicht sachgerecht. Entscheidend muss allein sein, dass „*durch die Daten die betreffende Kategorie von Informationen vermittelt wird*".[99] Ob die Information aus den vorhandenen unmittelbar oder nur mittelbar abgeleitet werden kann, spielt für die Einordnung als besondere Kategorie personenbezogener Daten keine Rolle.[100]

Umstritten ist, ob es darüber hinaus einer konkreten Auswertungsabsicht hinsichtlich der Verarbeitung dieser Datenkategorien bedarf.

### 1. Auswertungsabsicht

Teilweise wird nur im Rahmen der ersten Gruppe des Art. 9 Abs. 1 DSGVO davon ausgegangen, dass es für die Anwendbarkeit des Art. 9 DSGVO einer Auswertungsabsicht bedarf.[101] Andere Stimmen, unter anderem das VG Mainz,

---

97 BVwG, Erkenntnis v. 30.07.2021 – W211 2235654-1, https://tinyurl.com/nhz5ew6m; VG Schwerin, Urt. v. 26.11.2020 – 1 A 1598/19 SN, Rn. 26, BeckRS 2020, 35142; OLG Frankfurt, Urt. v. 06.09.2018 – 16 U 193/17, Rn. 56, GRUR 2018, 1283; *Gosch*, Besondere Kategorien, S. 35; *Schwartmann/Hermann*, in: Leupold et al., MAH IT-Recht, Teil 10.5, Rn. 18. Zur DSRL *Dammann/Simitis*, Art. 8, Erl. 7; *Ehmann/Helfrich*, Art. 8 Rn. 9; *Gounalakis/Mand*, CR 1997, 431, 438.

98 *Dammann/Simitis*, Art. 8 Erl. 7 („sprachliche Varianten"); *Schneider/Schindler*, ZD 2018, 463, 466 f.; aA *Mantz/Marosi*, in: Specht/Mantz, Datenschutzrecht, § 3 Rn. 71 f.

99 *Dammann/Simitis*, Art. 8 Erl. 7.

100 Ebenso *Matejek/Mäusezahl*, ZD 2019, 551, 553; *Schneider/Schindler*, ZD 2018, 463, 467; *Weichert*, in: Kühling/Buchner, Art. 9 DSGVO, Rn. 22.

101 *Gola*, Beschäftigtendatenschutz, Rn. 1812; *Greve*, in: Auernhammer, Art. 9 DSGVO, Rn. 22; *Jaspers/Schwartmann/Mühlenbeck*, in: Schwartmann et al., Art. 9 DSGVO,

fordern für den gesamten Art. 9 Abs. 1 DSGVO eine solche Absicht.[102] Diese Auswertungsabsicht soll gegeben sein, wenn der Verantwortliche absichtlich die Daten aus Art. 9 Abs. 1 DSGVO auswerten will. Solange man das potenziell sensible Daten nicht für bestimmte Zwecke verwenden will, müssen auch nicht die Anforderungen des Art. 9 DSGVO beachtet werden. Es sei dabei auf den konkreten Verarbeitungskontext unter Berücksichtigung des Empfängerhorizonts abzustellen.[103]

Auch der *Berliner Beauftragte für Datenschutz und Informationsfreiheit* hatte unter alter Rechtslage vertreten, dass kein sensitives Datum vorliege, „*sofern die verantwortliche Stelle sie ohne Bezug auf einen etwaigen sensitiven Kern erhebt, verarbeitet oder nutzt und die Sensitivität des Datums für die verantwortliche Stelle zufällig ist*".[104] Erst wenn der Verantwortliche das Datum auf „*sensitive Reflexe*" untersucht, sei von einer besonderen Kategorie personenbezogener Daten auszugehen. *Schwenke* geht davon aus, dass Art. 9 DSGVO nicht einschlägig sein soll, wenn die erkennbare Rasse, Ethnie oder Gesundheit der individuellen Person keine Relevanz für die Verarbeitung habe, die Aufnahme anschließend gelöscht werde und die betroffene Person sonst keine Nachteile gerade wegen dieser Merkmale zu befürchten habe.[105] Auch der *Europäische Datenschutzausschuss* spricht sich dafür aus, dass die Einschlägigkeit des Art. 9 DSGVO nur dann gegeben sein soll, wenn die Daten verarbeitet werden, um besondere Datenkategorien abzuleiten.[106]

Für eine Auswertungsabsicht spreche ErwG 51 S. 3, wonach es bei biometrischen Daten darauf ankommt, dass eine eindeutige Identifizierung vorgenommen wird. Dieser Rechtsgedanke wird auf den gesamten Art. 9 Abs. 1 DSGVO übertragen. Zudem würde bei einem Verzicht auf die Auswertungsabsicht der Anwendungsbereich des Art. 9 DSGVO bedenklich ausgedehnt werden und zahlreiche Fälle erfassen, in denen mangels konkreter Auswertungsabsicht kei-

---

Rn. 26; *Keber*, RDV 2019, 58, 60; *Klein*, DSGVO und KUG, S. 27; *Matejek/Mäusezahl*, ZD 2019, 551, 553; wohl auch *Weichert*, in: Kühling/Buchner, Art. 9 DSGVO, Rn. 22, 23.

102 VG Mainz, Urt. v. 24.09.2020 – 1 K 584/19.MZ, Rn. 29 – juris; *Johnson/Brechtel*, ITRB 2019, 208, 209; *Piltz*, DSB 2021, 137; *Plath*, in: Plath, Art. 9 Rn. 3 („konkrete Verwendungsabsicht"); *Schindler/Wentland*, ZD-Aktuell 2018, 06057; *Schneider/Schindler*, PinG 2018, 247, 249; *dies.*, ZD 2018, 463, 467; *Schwenke*, NJW 2018, 823, 826 (Art. 9 verneinend, wenn „keine Relevanz für die Verarbeitung" besteht); ähnlich *Plath/Grages*, CR 2018, 770, 781; wohl auch *Marsch*, in: Sydow, DSGVO/BDSG, § 4 BDSG, Rn. 3.

103 *Greve*, in: Auernhammer, Art. 9 DSGVO, Rn. 21; *Jaspers/Schwartmann/Mühlenbeck*, in: Schwartmann et al., Art. 9 DSGVO, Rn. 26; *Weichert*, in: Kühling/Buchner, Art. 9 DSGVO, Rn. 22, 23.

104 *Berliner Datenschutzbeauftragter*, Jahresbericht 2002, S. 26.

105 *Schwenke*, NJW 2018, 823, 826.

106 *EDSA*, Leitlinien 3/2019, S. 17 („Wird das Videomaterial jedoch verarbeitet, um besondere Datenkategorien abzuleiten, ist Artikel 9 anzuwenden.").

ne *„erhebliche[n] Risiken für die Grundrechte und Grundfreiheiten"* (ErwG 51 S. 1) betroffener Personen gegeben sind. Wenn keine gezielte Auswertungsabsicht für die Verarbeitung besonderer Kategorien personenbezogener Daten gegeben sei, dann wäre es nicht gerechtfertigt, die besonderen Voraussetzungen des Art. 9 Abs. 2 DSGVO einzuhalten.

## 2. Subjektive und/oder objektive Zielrichtung

Eine andere Meinung geht davon aus, dass dem Zweck, zu dem die Daten verarbeitet werden sollen, eine entscheidende Bedeutung zukommt. Dazu soll die subjektive Zwecksetzung als Orientierung helfen, die allerdings objektiviert werden müsse.[107] Es wird jedoch eingeräumt, dass diese *„Kontextualisierung"* im Wortlaut des Art. 9 Abs. 1 DSGVO nicht angelegt sei.

Teilweise wird auch vertreten, dass es ausreichend sei, wenn entweder tatsächlich die besonderen Kategorien personenbezogener Daten genutzt werden sollen oder die betroffene Person nur objektiv davon ausgehen kann, dass eine Nutzung erfolgt.[108] Ausreichend ist nach dieser Ansicht, dass entweder eine subjektive oder eine objektive Zielrichtung gegeben ist.

Nach *Gosch* muss allein auf die objektiven Gesichtspunkte abgestellt werden, da das Ziel der DSGVO ist, ein hohes Schutzniveau für betroffene Personen zu gewährleisten. Ein Abstellen auf den Verwendungszusammenhang sei nicht zielführend, da sich dieser jederzeit ändern könne.[109]

Nach dem Generalanwalt am EuGH ist grundsätzlich nicht erforderlich, dass der Verantwortliche die Daten *„in dem Wissen und mit der Absicht der direkten Ableitung besonderer Kategorien von Informationen"* verarbeitet. Das Ziel des Art. 9 DSGVO bestehe im Wesentlichen darin, in objektiver Weise erheblichen Gefahren für die Grundrechte und Grundfreiheiten der betroffenen Personen vorzubeugen, die sich aus der Verarbeitung sensibler personenbezogener Daten ergeben, unabhängig von jedem subjektiven Element wie der Absicht des Verantwortlichen.[110]

## 3. Rechtsprechung des EuGH

Der EuGH hat sich in einem Urteil aus August 2022 für eine sehr weite Auslegung des Art. 9 Abs. 1 DSGVO ausgesprochen. Nach dem EuGH ist zu prüfen, ob aus

---

107 *Frenzel*, in: Paal/Pauly, Art. 9 DSGVO, Rn. 9; *Klein*, DSGVO und KUG, S. 27; *Mester*, in: Taeger/Gabel, Art. 9 DSGVO, Rn. 6 (Abstellung „auf die Ausrichtung der konkreten Datenverarbeitung im Hinblick auf den Schutzzweck der Regelung").

108 *Maamar*, CR 2018, 820, 826.

109 *Gosch*, Besondere Kategorien, S. 35 f.; ebenso *Bergauer*, jusIT 2018/83, 231, 232 („objektive Beurteilung").

110 Generalanwalt beim EuGH *Rantos*, Schlussantrag vom 20.09.2022 – C-252/21, Rn. 41, GRUR-RS 2022, 24109.

den vorliegenden Daten mittels gedanklicher Kombination oder Ableitung auf eine besondere Kategorie personenbezogener Daten einer betroffenen Person geschlossen werden kann.[111] Einen Unterschied zwischen den zwei Gruppen macht der EuGH nicht, da dies einer kontextbezogenen Analyse entgegenstünde. Der EuGH entschied, dass eine Verarbeitung von Daten, *„die geeignet sind, die sexuelle Orientierung einer natürlichen Person indirekt zu offenbaren"*, eine Verarbeitung im Sinne des Art. 9 DSGVO darstellt.[112] Für die Bejahung des Anwendungsbereichs des Art. 9 Abs. 1 DSGVO reicht es nach Auffassung des Gerichts daher aus, dass mittelbar auf diese Datenkategorie geschlossen werden kann. Im vorliegenden Fall des EuGH ging es um namensbezogene Daten des Ehegatten, Lebensgefährten oder Partners der erklärungspflichtigen Person, die unter Umständen auf die sexuelle Orientierung der betroffenen Personen schließen lassen können.

Der EuGH begründet seine weite Auslegung mit dem Zweck, einen erhöhten Schutz vor Datenverarbeitungen zu gewährleisten, die aufgrund der besonderen Sensibilität der betreffenden Daten einen besonders schweren Eingriff in die durch die Art. 7 und 8 GRCh garantierten Grundrechte auf Achtung des Privatlebens und auf Schutz personenbezogener Daten darstellen können. Aus diesem Grund seien auch die indirekt sensiblen Informationen vom Anwendungsbereich des Art. 9 Abs. 1 DSGVO erfasst. Zudem stehe eine enge Auslegung des Begriffs *„besondere Kategorien personenbezogener Daten"* im Widerspruch zur Begriffsdefinition des Gesundheitsdatums nach Art. 4 Nr. 15 DSGVO (*„hervorgehen"*). Darüber hinaus würde eine enge Auslegung ErwG 35 zuwiderlaufen, der nach dem Wortlaut den Begriff des Gesundheitsdatums weit auslegt.

### 4. Stellungnahme

Für die Datenkategorien rassische und ethnische Herkunft, politische Meinungen, religiöse oder weltanschauliche Überzeugungen und die Gewerkschaftszugehörigkeit (erste Gruppe) ist nach dem Wortlaut entscheidend, dass aus den Daten diese Informationen *„hervorgehen"*. Nach dem Wortlaut ist es nicht ausschlaggebend, dass sich die Information unmittelbar aus dem Datum ergibt, sodass es auch ausreichend erscheint, wenn dies nur mittelbar aus dem Gesamtzusammenhang möglich ist.[113] Im Zweifel soll eine großzügige Auslegung geboten sein, um ein hohes Schutzniveau zu gewährleisten. Eine subjektive Komponente in Form einer Auswertungsabsicht folgt aus dieser Formulierung grundsätzlich nicht.[114]

---

111 EuGH, Urt. v. 1.8.2022 – C-184/20, Rn. 120 ff., LTZ 2023, 50 m. Anm. Kienle; *Plath*, in: Plath, Art. 9 DSGVO, Rn. 7 („extrem weite Auslegung").

112 *Plath*, in: Plath, Art. 9 DSGVO, Rn. 7.

113 *Albers/Veit*, in: BeckOK DatenSR, DSGVO, 48. Ed. 01.05.2024, Art. 9 Rn. 27 („Verarbeitung der Quelldaten"); *Frenzel*, in: Paal/Pauly, Art. 9 DSGVO, Rn. 8; *Matejek/Mäusezahl*, ZD 2019, 551, 552; *Mester*, in: Taeger/Gabel, Art. 9 DSGVO, Rn. 6; *Plath*, in: Plath, Art. 9 DSGVO, Rn. 4 („Ausgangsdaten"); *Schiff*, in: Ehmann/Selmayr, Art. 9 Rn. 14; *Schneider*, ZD 2017, 303, 304.

114 Ebenso *Reuter*, ZD 2018, 564, 565 f.

Die Datenkategorien Gesundheitsdaten, Daten zum Sexualleben oder der sexuellen Orientierung einer natürlichen Person (zweite Gruppe) werden vom Wortlaut her nicht eingrenzt, sodass davon ausgehend das reine Vorliegen dieser Daten den Anwendungsbereich des Art. 9 Abs. 1 DSGVO eröffnet. Die Information muss demnach unmittelbar aus dieser Datenkategorie folgen. Es wird keine Auswertungsabsicht verlangt. Dabei muss sich die Information unmittelbar aus dem Datum ergeben, sodass ein nur mittelbarer Rückschluss nicht ausreichend ist. Im Vergleich zur ersten Gruppe reicht es nicht aus, wenn die personenbezogenen Daten zu einer der Datenkategorien „*hervorgehen*" und somit ein mittelbarer Rückschluss ausreichend ist.[115]

Biometrische Daten und genetische Daten werden insofern eingeschränkt, dass dies zur „*eindeutigen Identifizierung einer natürlichen Person*" erfolgt. Dies legt vom Wortlaut nahe, dass eine Auswertungsabsicht verlangt wird. Der dazugehörige ErwG 51 S. 3 besagt hingegen, dass Lichtbilder nur als biometrische Daten anzusehen sind, „*wenn sie mit speziellen technischen Mitteln verarbeitet werden, die die eindeutige Identifizierung oder Authentifizierung einer natürlichen Person ermöglichen*". Der Erwägungsgrund legt dagegen nicht nahe, dass eine Auswertungsabsicht verlangt wird, da die Möglichkeit der Identifizierung ausreichend ist.

Sinn und Zweck der Vorschrift des Art. 9 DSGVO ist es, dass personenbezogene Daten, „*die ihrem Wesen nach hinsichtlich der Grundrechte und Grundfreiheiten besonders sensibel sind*", unter einen besonderen Schutz gestellt werden (vgl. ErwG 51 S. 1). Diese Erwägung spiegelt sich auch in ErwG 51 S. 3 wider, der insoweit den Gedanken des Verwendungszusammenhangs aufnimmt. Hiernach ist nicht jedes Lichtbild als biometrisches Datum anzusehen. Erst in dem Moment, in dem die eindeutige Identifizierung möglich ist, ist von einer besonderen Schutzbedürftigkeit der betroffenen Person auszugehen. Die besondere Schutzbedürftigkeit der Daten ist damit entscheidend.[116] Ob eine solche Schutzbedürftigkeit vorliegt, muss anhand des konkreten Einzelfalles ermittelt werden. Eine besondere Schutzbedürftigkeit ist etwa anzunehmen, wenn der Verantwortliche die Daten typischerweise gerade hinsichtlich der Datenkategorien nach Art. 9 Abs. 1 DSGVO auswerten will. Wird dies in der Regel nicht getan, dann sind die Daten nicht schutzwürdiger als „*normale*" personenbezogene Daten i. S. d. Art. 6 Abs. 1 DSGVO.

Es spricht daher viel dafür, mit der Rechtsprechung des EuGH nach Sinn und Zweck der Vorschrift des Art. 9 DSGVO eine objektive Betrachtungsweise für alle sensiblen Daten zugrunde zu legen und keine Auswertungsabsicht zu verlangen. Es gibt gerade kein Stufenverhältnis hinsichtlich der Schutzbedürftigkeit der einzelnen Datenkategorien und eine Auswertungsabsicht ist in der Verord-

---

115 *Frenzel*, in: Paal/Pauly, Art. 9 DSGVO, Rn. 8; *Schiff*, in: Ehmann/Selmayr, Art. 9 Fn. 50 (nicht bloß sprachliche Variationen); aA *Dammann/Simitis*, Art. 8 Erl. 7 (sprachliche Variationen).

116 *Schneider/Schindler*, ZD 2018, 463, 467.

nung nicht angelegt. Vielmehr müssen die Daten einheitlich betrachtet werden, da alle Datenkategorien als sensibel für die betroffene Person einzustufen sind. Werden solche Datenarten von dem Verantwortlichen verarbeitet bzw. Daten, aus denen ein Rückschluss auf besondere Kategorien personenbezogener Daten mit an Sicherheit grenzender Wahrscheinlichkeit gezogen werden kann, so sind die Anforderungen des Art. 9 DSGVO einzuhalten. Dies entspricht der Intention des europäischen Gesetzgebers einen möglichst hohen Schutz für die Verarbeitung der sensiblen Daten zu erreichen und zugleich der Verhinderung, den Schutz uferlos werden zu lassen. Eine Differenzierung zwischen den einzelnen sensiblen Daten kann nicht beabsichtigt sein.[117] Dies folgt insbesondere aus dem Begriff des Gesundheitsdatums, welches der zweiten Gruppe angehört und demnach grundsätzlich unmittelbar gegeben sein muss. Nach der Legaldefinition reicht es jedoch aus, wenn die Informationen über den Gesundheitszustand aus den Daten hervorgehen. Damit reicht eine mittelbare Herleitung aus. Daraus kann nur gefolgt werden, dass der europäische Gesetzgeber keine Unterscheidung zwischen den beiden sprachlichen Gruppen treffen wollte. Vielmehr reicht es aus, wenn sich diese Informationen objektiv ergeben. Es ist demnach erforderlich, dass sich objektiv mit *„hinlänglicher Sicherheit"* die sensiblen Informationen ableiten lassen.[118] Zudem muss mit hinreichender Wahrscheinlichkeit feststehen, dass die Herleitung eines Merkmals i. S. d. Art. 9 Abs. 1 DSGVO tatsächlich richtig ist. Es reicht demnach die objektive Möglichkeit aus.[119] Dies ist gerechtfertigt, da auch in diesen Fällen von einem Risiko für die betroffene Person auszugehen ist.

Sofern Daten verarbeitet werden, die nur zufällig besondere Kategorien von personenbezogenen Daten enthalten können (z. B. Lichtbild in den Bewerbungsunterlagen mit einem Dunkelhäutigen kann Auskunft über die rassische Herkunft geben), dann besteht entgegen der Rechtsprechung des EuGH für diese Verarbeitung kein erhöhtes Schutzbedürfnis.[120] Denn diese Konstellationen rechtfertigen es aufgrund des Fehlens eines besonderen Diskriminierungspotenzials nicht, die erhöhten Voraussetzungen nach Art. 9 Abs. 2 DSGVO anzuwenden. Der konkret verfolgte Zweck bzw. Verarbeitungskontext sind daher zu berücksichtigen.

---

117 Ebenso Generalanwalt beim EuGH *Rantos*, Schlussantrag vom 20.09.2022 – C-252/21, Rn. 35, GRUR-RS 2022, 24109; *Petri*, in: Simitis et al., Datenschutzrecht, Art. 9 Rn. 2; wohl auch *Plath*, in: Plath, Art. 9 DSGVO, Rn. 3.

118 *Benedikt/Kranig*, ZD 2019, 4, 7; *Bergauer*, in: Knyrim, DSGVO, S. 60; *Jandt*, in: Jandt/Steidle, Datenschutz, Teil B, II., Rn. 120; *Petri*, in: Simitis et al., Datenschutzrecht, Art. 9 Rn. 12; *Schneider/Schindler*, ZD 2018, 463, 467; *Spindler/Dalby*, in: Spindler/Schuster, Elektron. Medien, DSGVO, Art. 9 Rn. 4.

119 *Schiff*, in: Ehmann/Selmayr, Art. 9 Rn. 15; *Schneider*, ZD 2017, 303, 305; aA *Matejek/Mäusezahl*, ZD 2019, 551, 552.

120 Ebenso *Berliner Datenschutzbeauftragte*, Jahresbericht 2002, S. 24; *Arning/Rothkegel*, in: Taeger/Gabel, Art. 4 DSGVO, Rn. 397; *Britz/Indenhuck/Langerhans*, ZD 2021, 559 ff.; *Plath*, in: Plath, Art. 9 DSGVO, Rn. 10. Zur Kritik an der Rechtsprechung EuGH, Urt. v. 1.8.2022 – C-184/20, LTZ 2023, 50, 66 m. Anm. Kienle.

## B. Verhältnis zum AGG und GenDG

### I. AGG

Die besonderen Kategorien personenbezogener Daten nach Art. 9 Abs. 1 DSGVO überschneiden sich mit den diskriminierenden Merkmalen nach § 1 AGG. Hiernach ist Ziel des Gesetzes Benachteiligungen aus Gründen der Rasse oder wegen der ethnischen Herkunft, des Geschlechts, der Religion oder Weltanschauung, einer Behinderung, des Alters oder der sexuellen Identität zu verhindern oder zu beseitigen. Alle Merkmale nach § 1 AGG, bis auf das Alter, finden sich im Katalog des Art. 9 Abs. 1 DSGVO wieder. Das AGG dient teilweise der Umsetzung der Gleichstellungsrichtlinie i. S. d. Art. 288 Abs. 3 AEUV.[121] Fraglich ist, ob das AGG weiterhin neben der DSGVO anwendbar bleiben kann.

Das Verhältnis einer Richtlinie nach Art. 288 Abs. 3 AEUV zu einer Verordnung nach Art. 288 Abs. 2 AEUV ist umstritten. Teilweise soll die Verordnung vorrangig zu beachten sein.[122] Dem ist jedoch in dieser Allgemeinheit nicht zuzustimmen. Ein Stufenverhältnis zwischen diesen beiden Rechtsakten kann nur in dem Fall angenommen werden, wenn die Verordnung und die Richtlinie denselben Regelungsbereich betreffen.[123] Art. 288 AEUV regelt keine Abstufung der Handlungsformen. Zwar sollen nach *Culik* sowohl DSGVO als auch das AGG dieselbe Schutzrichtung verfolgen.[124] Jedoch zielt die DSGVO nach Art. 1 Abs. 2 auf den Schutz der Grundrechte und Grundfreiheiten natürlicher Personen und insbesondere deren Recht auf Schutz personenbezogener Daten ab, während Art. 1 Richtlinie 2004/113/EG die Schaffung eines Rahmens für die Bekämpfung geschlechtsspezifischer Diskriminierungen bezweckt. Die Schutzrichtungen unterscheiden sich demnach, da das AGG vor Benachteiligungen und die DSGVO sowie das BDSG vor einer unzulässigen Datenverarbeitung schützen soll.[125] Das AGG bleibt auch mit Geltungserlangung der DSGVO anwendbar, da sowohl DSGVO als auch AGG unterschiedliche Rechtfertigungsanforderungen und Rechtsfolgen normieren.[126] Beide Gesetze müssen unabhängig voneinander eingehalten werden. Selbst wenn ein AGG-Verstoß ausnahmsweise nach den §§ 8-10 AGG zulässig ist, bedeutet dies nicht, dass zugleich die datenschutzrechtliche Rechtmäßigkeit gegeben ist. Die datenschutzrechtliche Rechtmäßigkeit muss anhand der DSGVO separat im Einzelfall geprüft werden. Eine

121 Richtlinie 2004/113/EG des Rates vom 13. Dezember 2004 zur Verwirklichung des Grundsatzes der Gleichbehandlung von Frauen und Männern beim Zugang zu und bei der Versorgung mit Gütern und Dienstleistungen.

122 *Schmidt-Wudy*, in: BeckOK DatenSR, DSGVO, 48. Ed. 01.05.2024, Art. 15 Rn. 16.

123 Ebenso *Diercks*, CR 2018, S1, Rn. 29 („Eine lex priori Regelung für Verordnungen enthält der AEUV damit nicht"); *Geismann*, in: v. d. Groeben et al., Europäisches Unionsrecht, Art. 288 AEUV, Rn. 29; *Nettesheim*, in: Grabitz et al., Recht der EU, 78. EL, Art. 288 AEUV, Rn. 229.

124 *Culik*, Beschäftigtendatenschutz, S. 283.

125 *Schulze*, in: Wedde, Datenschutz, C., Rn. 216.

126 *Höhne*, Art. 88 DSGVO, S. 189; *von Lewinski/de Barros Fritz*, NZA 2018, 620, Fn. 7.

datenschutzrechtliche Erlaubnisnorm kann ebenso wenig einen AGG-Verstoß rechtfertigen, wie eine Vorschrift des AGG die datenschutzrechtliche Erlaubnisnorm bilden kann.[127] Jedoch können bzw. müssen die Wertungen aus dem AGG bei der Auslegung des Merkmals der Erforderlichkeit berücksichtigt werden. Die Erforderlichkeit kann grundsätzlich nicht gegeben sein, wenn dadurch ein Verstoß gegen das AGG bestehen würde.[128] Das „*Fragerecht des Arbeitgebers*" wird durch das vorvertragliche Diskriminierungsverbot nach § 2 Abs. 1 Nr. 1 AGG überlagert.[129] Das AGG bleibt demnach neben der DSGVO anwendbar und muss grundsätzlich eigenständig und unabhängig von der datenschutzrechtlichen Rechtmäßigkeit geprüft werden.

## II. GenDG

Weiterhin ist zu klären, in welchem Verhältnis das Gendiagnostikgesetz (auch Gesetz über genetische Untersuchungen bei Menschen [GenDG] genannt) zur DSGVO steht. Nach § 1 GenDG will das Gesetz die Voraussetzungen für genetische Untersuchungen und im Rahmen genetischer Untersuchungen durchgeführte genetische Analysen sowie die Verwendung genetischer Proben und Daten bestimmen und eine Benachteiligung auf Grund genetischer Eigenschaften verhindern, um insbesondere die staatliche Verpflichtung zur Achtung und zum Schutz der Würde des Menschen und des Rechts auf informationelle Selbstbestimmung zu wahren. Das GenDG widmet sich im Wesentlichen der Gendiagnostik im Arbeitsleben.[130] Nach § 3 Nr. 12 lit. g GenDG werden Bewerber für ein Beschäftigungsverhältnis in den Anwendungsbereich des Gesetzes gezogen. Hier liegt die gesetzgeberische Entscheidung zugrunde, dass Arbeitgeber aufgrund genetischer Untersuchungen Bewerber im Vorfeld aussortieren könnten. Die Ergebnisse könnten darauf hindeuten, dass der Bewerber nicht langfristig arbeitsfähig sein wird.[131]

---

127 *Culik*, Beschäftigtendatenschutz, S. 283; *Kort*, NZA-Beilage 2016, 62, 64; *Maschmann*, in: Kühling/Buchner, Art. 88 DSGVO, Rn. 77.

128 *Däubler*, Gläserne Belegschaften, Rn. 212; *Conrad/Treeger*, in: Auer-Reinsdorff/Conrad, IT- und Datenschutzrecht, § 34 Rn. 205; *Gola*, Beschäftigtendatenschutz, Rn. 214; *Kort*, NZA-Beilage 2016, 62, 64, 67; *Linck*, in: Schaub, Arbeitsrecht, § 26 Rn. 21; *Riesenhuber*, NZA 2012, 771, 775; *Scholz/Fröhlich*, in: Dornbusch et al., AR, Art. 88 DSGVO, Rn. 8; *Seifert*, in: Simitis et al., Datenschutzrecht, Art. 88 Rn. 84; *Temming*, in: Preis/Temming, Individualarbeitsrecht, Rn. 1747; *Weth*, in: Weth et al., Daten- und Persönlichkeitsschutz, B., I., Rn. 118.

129 *Hanloser*, in: Forgó et al., Datenschutz, Teil V, Kap. 1, Rn. 55; *Thüsing*, in: Richardi, BetrVG, § 94 Rn. 12; ähnlich *Temming*, in: Preis/Temming, Individualarbeitsrecht, Rn. 1747 (BDSG verwirklicht die Wertungen des AGG).

130 *Gola/Pötters/Wronka*, Arbeitnehmerdatenschutz, Rn. 716.

131 *Wisskirchen/Kies*, in: Tschöpe, Arbeitsrecht, 1. Teil, C., Rn. 140.

### 1. Anwendungsvorrang der DSGVO?

Als speziellere Regelung geht das GenDG dem BDSG nach § 1 Abs. 2 S. 1 BDSG vor.[132] Dies ändert allerdings nichts daran, dass die DSGVO als Verordnung aufgrund des Anwendungsvorrangs dem BDSG vorgeht. Dies bedeutet, dass der Anwendungsvorrang der DSGVO grundsätzlich auch gegenüber dem GenDG besteht, es sei denn, die DSGVO lässt eine Abweichung zu.[133] Eine solche Abweichung könnte Art. 9 Abs. 4 DSGVO dem Mitgliedstaat eröffnen, der auch für Beschäftigtendaten gilt.[134] Hiernach können die Mitgliedstaaten zusätzliche Bedingungen, einschließlich Beschränkungen, einführen oder aufrechterhalten, soweit die Verarbeitung von genetischen Daten betroffen ist. Art. 9 Abs. 4 DSGVO bezieht sich weder auf die Grundsätze für die Verarbeitung personenbezogener Daten i. S. d. Art. 5 DSGVO noch auf die Rechte der betroffenen Personen nach den Artt. 12 ff. DSGVO.[135] Denn Art. 9 Abs. 4 DSGVO lässt Abweichungen nur in Bezug auf Bedingungen einschließlich Beschränkungen zu. Die Grundsätze für die Verarbeitung personenbezogener Daten sowie die Betroffenenrechte stellen hingegen keine Bedingungen oder Beschränkungen der Verarbeitung personenbezogener Daten dar. Art. 9 Abs. 4 DSGVO legt einen Mindeststandard fest, die nach überwiegender Ansicht nur eine Verschärfung der in Art. 9 Abs. 2 DSGVO geregelten Voraussetzungen erlaubt und keine Absenkung.[136] Es dürfen keine zusätzlichen Ausnahmetatbestände i. S. d. Art. 9 Abs. 2 DSGVO erlassen werden, sondern Art. 9 Abs. 4 DSGVO zielt einzig darauf ab, das Schutzniveau der sensiblen Daten weiter zu erhöhen.[137] Begründet wird dies unter anderem mit dem Wortlaut, da von Bedingungen und Beschränkungen die Rede ist und gerade nicht von „*Ausnahmen*". Zudem wird der systematische Zusammenhang von ErwG 53 S. 4 und 5 als Argument angeführt. Danach beziehe sich die Möglichkeit zusätzlicher Bedingungen und Beschränkungen ausschließlich auf den Verantwortungsbereich der Verarbeitung, nicht aber auf die Rechte der Betroffenen, die insoweit nicht reduziert werden dürfen. Darüber hinaus wurde bereits dargelegt, dass der Katalog der Ausnahmen in Art. 9 Abs. 2 DSGVO abschlie-

---

132 *Kampert*, in: Sydow, DSGVO/BDSG, Art. 9 DSGVO, Rn. 78; *König*, Beschäftigtendatenschutz, § 4 Rn. 35; Schwarz, in: Kern, GenDG, Vor §§ 19-22 Rn. 47; *Vossenkuhl*, Schutz genetischer Daten, S. 61.

133 *Raji*, ZD 2019, 61, 62 f. („Brücke zum nationalen Recht"); *Seifert*, in: Simitis et al., Datenschutzrecht, Art. 88 Rn. 50, 73, 95 ff.

134 *Höhne*, Art. 88 DSGVO, S. 103.

135 *Kühnl/Rohrer/Schneider*, DuD 2018, 735, 740.

136 *Geiger*, in: Weth et al., Daten- und Persönlichkeitsschutz, A., IV., Rn. 72; *Gosch*, Besondere Kategorien, S. 85; *Kühnl/Rohrer/Schneider*, DuD 2018, 735, 740; *Mester*, in: Taeger/Gabel, Art. 9 DSGVO, Rn. 37; *Petri*, in: Simitis et al., Datenschutzrecht, Art. 9 Rn. 101; *Spindler*, DB 2016, 937, 944; *Spindler/Dalby*, in: Spindler/Schuster, Elektron. Medien, DSGVO, Art. 9 Rn. 27; *Spranger*, MedR 2017, 864, 865; aA *Dochow*, GesR 2016, 401, 407 („Bedingungen können auch Erleichterungen sein"); wohl auch *Weichert*, in: Kühling/Buchner, Art. 9 DSGVO, Rn. 150.

137 *Plath*, in: Plath, Art. 9 DSGVO, Rn. 39; *Schiff*, in: Ehmann/Selmayr, Art. 9 Rn. 65; aA *Ennöckl*, RdM 2017, 88, 93.

ßend ist, sodass keine weiteren Ausnahmen von den nationalen Gesetzgebern erlassen werden dürfen. Es sei sinnwidrig, wenn für die Verarbeitung besonderer Kategorien personenbezogener Daten das Schutzniveau der DSGVO unterschritten werden dürfe, während hingegen für die Verarbeitung *„normaler"* personenbezogener Daten keine entsprechende Abweichungsmöglichkeit in der DSGVO bestehe. Dem ist zuzustimmen. Das Gesetz spricht davon, dass *„zusätzliche Bedingungen"* (engl. *„further conditions"*) eingeführt werden können. Dies spricht dafür, den Schutzstandard für diese Datenkategorien weiter anzuheben. Die Bedingungen beziehen sich nach *Petri* auf Art. 6 Abs. 3 S. 3 DSGVO, wonach die Mitgliedstaaten allgemeine Bestimmungen unter anderem für die Regelung der Rechtmäßigkeit erlassen können.[138] Eine Erleichterung der Voraussetzungen die Verarbeitung der Datenkategorien ist nach Sinn und Zweck der Vorschrift des Art. 9 DSGVO nicht gewollt, da diese insgesamt restriktiv auszulegen ist. Vielmehr können die Bedingungen, unter denen genetische Daten verarbeitet werden dürfen, konkreter gefasst bzw. verschärft werden.

Überwiegend wird in der datenschutzrechtlichen Literatur der Standpunkt eingenommen, dass über die Vorschrift des Art. 9 Abs. 4 DSGVO das GenDG weiterhin anwendbar bleibt.[139] Insbesondere soll das Schriftformerfordernis nach § 8 Abs. 1 GenDG weiter gelten können, da Art. 9 Abs. 2 lit. a DSGVO insofern keine Formerfordernisse enthält (vgl. Fünfter Teil, § 26, B., I., 1.) und § 8 Abs. 1 GenDG eine schärfere Regelung vorsieht (*„ausdrücklich und schriftlich"*).[140] Nach *Kort* ist es denkbar für den Bereich des Beschäftigtendatenschutz das GenDG über Art. 88 Abs. 3 DSGVO der Kommission zu melden.[141] Erforderlich ist dies nicht, da Art. 9 Abs. 4 DSGVO hierzu die speziellere Vorschrift darstellt.

Nach teilweiser vertretener Auffassung bietet die Möglichkeit die Einwilligung nach Art. 9 Abs. 2 lit. a DSGVO als Ausnahmetatbestand auszuschließen, zugleich als Minus die Befugnis, die Anforderungen an die Einwilligung zu schärfen.[142] Dem ist nicht zuzustimmen. Art. 9 Abs. 2 lit. a DSGVO bietet lediglich die Möglichkeit, die Einwilligung nicht als Ausnahmetatbestand zuzulassen. Zusätzliche Bedingungen, wie eine Einwilligung eingeholt werden kann, können jedoch über diese Norm nicht eingeführt werden. Solche Bedingungen sind

---

138 *Petri*, in: Simitis et al., Datenschutzrecht, Art. 9 DSGVO, Rn. 101.

139 *Däubler*, in: Däubler et al., § 26 BDSG, Rn. 69; *Greve*, in: Auernhammer, Art. 9 DSGVO, Rn. 66; *Kampert*, in: Sydow, DSGVO/BDSG, Art. 9 DSGVO, Rn. 78; *Linck*, in: Schaub, Arbeitsrecht, § 26 Rn. 19; *Maschmann*, in: Kühling/Buchner, Art. 88 DSGVO, Rn. 75; *Weth*, in: Weth et al., Daten- und Persönlichkeitsschutz, B., I., Rn. 145; *Wisskirchen/Kies*, in: Tschöpe, Arbeitsrecht, 1. Teil, C., Rn. 132b; kritisch *Riesenhuber*, in: BeckOK DatenSR, DSGVO, 48. Ed. 01.05.2024, Art. 88 Rn. 98.

140 *Jaspers/Schwartmann/Mühlenbeck*, in: Schwartmann et al., Art. 9 DSGVO, Rn. 231; *Kühnl/Rohrer/Schneider*, DuD 2018, 735, 740; *Mester*, in: Taeger/Gabel, Art. 9 DSGVO, Rn. 37.

141 *Kort*, NZA-Beilage 2016, 62, 70.

142 *Kühling*, MedR 2019, 611, 612 (alternativ Art. 9 Abs. 4); *Weth*, in: Weth et al., Daten- und Persönlichkeitsschutz, B., I., Rn. 145.

in Art. 4 Nr. 11, Art. 7 DSGVO abschließend geregelt. Zutreffender erscheint es, diese Schärfung lediglich über Art. 9 Abs. 4 DSGVO zu ermöglichen, der ausdrücklich vorsieht, zusätzliche Bedingungen für die Verarbeitung von genetischen, biometrischen oder Gesundheitsdaten einzuführen, worunter auch die Erhöhung der Voraussetzungen an eine wirksame Einwilligung zu fassen ist.

## 2. Anwendbarkeit von § 20 Abs. 2 GenDG?

Relevante Vorschriften für das Bewerbungsverhältnis können insbesondere § 19 und § 21 GenDG sein. § 21 Abs. 1 S. 1 GenDG regelt ein Benachteiligungsverbot für Bewerber. Nach § 19 GenDG darf der Arbeitgeber von Beschäftigten, d. h. auch Bewerber (vgl. § 3 Nr. 12 lit. g GenDG) vor der Begründung eines Beschäftigungsverhältnisses weder die Vornahme genetischer Untersuchungen oder Analysen verlangen (Nr. 1) oder die Mitteilung von Ergebnissen bereits vorgenommener genetischer Untersuchungen oder Analysen verlangen, solche Ergebnisse entgegennehmen oder verwenden (Nr. 2). Zu § 19 Nr. 2 GenDG wird in der Gesetzesbegründung ausdrücklich als Beispiel die körperliche Eignung des Bewerbers für die Tätigkeit eines Elektrikers oder Berufskraftfahrers genannt.[143] Der Arbeitgeber ist damit grundsätzlich gehindert, den Bewerber nach solchen Untersuchungen zu fragen. Auch durch eine eingeholte Einwilligung des Bewerbers ist dies nicht möglich.[144] Dies bestimmt Art. 9 Abs. 4 sowie Art. 9 Abs. 2 lit. a DSGVO, da das Recht der Mitgliedstaaten vorsehen kann, dass das Verbot nach Art. 9 Abs. 1 DSGVO durch eine Einwilligung des Bewerbers nicht aufgehoben werden kann. § 19 GenDG sieht die Möglichkeit der Einwilligung nicht vor.

Fraglich ist, ob § 20 Abs. 2 GenDG im Rahmen des Bewerbungsverhältnisses herangezogen werden kann. Hiernach sind unter bestimmten Voraussetzungen „*arbeitsmedizinische Vorsorgeuntersuchungen*" zulässig. Nach der Ansicht von *Weth* gilt die Vorschrift nicht für Bewerber.[145] Begründet wird dies damit, dass die Vorschrift den Arbeitsschutz anspricht und dieser nur für bereits eingestellte Arbeitnehmer Bedeutung habe. Dies ergebe sich aus §§ 1, 2 Abs. 2 ArbSchG, wonach dieses Gesetz nur für Arbeitnehmer und gerade nicht für den Bewerber gelte. Zudem seien die ungeschriebenen arbeitsrechtlichen Schutzpflichten aus dem Arbeitsvertrag herzuleiten.

Die überwiegende Gegenmeinung nimmt die Anwendbarkeit des § 20 GenDG für den Bewerber an, da § 20 GenDG eine Ausnahme zu § 19 GenDG darstelle und dieser den Bewerber in den Begriff des Beschäftigten aufnimmt.[146] Zudem seien arbeitsschutzrechtliche Untersuchungen auch vor dem Vertragsschluss denkbar.

143 BT-Drs. 16/10532, S. 37.

144 *Stockter*, in: Prütting, Medizinrecht, § 19 GenDG, Rn. 11f; *Wedde*, in: Wedde, Datenschutz, A., Rn. 17; *Weth*, in: Weth et al., Daten- und Persönlichkeitsschutz, B., I., Rn. 145.

145 *Weth*, in: Weth et al., Daten- und Persönlichkeitsschutz, B., I., Rn. 145.

146 *Däubler*, in: Däubler et al., BDSG, § 32 Rn. 51; *Temming*, in: Preis/Temming, Individualarbeitsrecht, Rn. 1749; *Thüsing*, in: Henssler et al., Arbeitsrecht, § 611a BGB,

Die überzeugenderen Argumente sprechen für die zuerst genannte Auffassung. § 20 GenDG stellt nur eine partielle Ausnahme zu § 19 GenDG bezüglich bereits eingestellter Arbeitnehmer dar. Die Vorschrift nimmt lediglich auf die §§ 7 bis 16 GenDG und gerade nicht auf § 19 GenDG Bezug (vgl. § 20 Abs. 4 GenDG). Arbeitsmedizinische Vorsorgeuntersuchungen sind von den Eignungsuntersuchungen zu unterscheiden, die grundsätzlich vor der Eingehung eines Beschäftigungsverhältnisses erfolgen müssen.[147] Nach § 1 Abs. 1 S. 1 ArbMedVV sollen Maßnahmen der arbeitsmedizinischen Vorsorge arbeitsbedingte Erkrankungen einschließlich Berufskrankheiten frühzeitig erkennen und verhüten. Dabei soll nach § 3 Abs. 3 S. 1 ArbMedVV diese Vorsorge während der Arbeitszeit stattfinden. Dies ist jedoch nur möglich, wenn bereits ein Arbeitsverhältnis zustande gekommen ist. Mit dem Bewerber ist eine solche Vorsorge während der Arbeitszeit gerade nicht möglich. Zudem ist diese Verordnung nach § 1 Abs. 2 ArbMedVV im Geltungsbereich des Arbeitsschutzgesetzes anwendbar.[148] Nach dem Arbeitsschutzgesetz sind gemäß § 2 Abs. 2 ArbSchG Beschäftigte keine Bewerber, sodass auch daraus geschlossen werden kann, dass eine arbeitsmedizinische Vorsorgeuntersuchung nur bei den in § 2 Abs. 2 ArbSchG genannten Personengruppen möglich ist. Es kann demnach festgehalten werden, dass die Ausnahme in § 20 Abs. 2 GenDG nicht für den Bewerber gilt. Genetische Untersuchungen des Bewerbers sind demnach ausgeschlossen.

Im Ergebnis müssen ebenso wie beim AGG die Anforderungen der DSGVO als auch des GenDG eingehalten werden. Wenn nach dem GenDG eine Frage im Bewerbungsverhältnis unzulässig ist, dann ist diese Verarbeitung auch nicht erforderlich i. S. d. Datenschutzrechts.[149]

## § 26 Ausnahmetatbestände, Art. 9 Abs. 2 DSGVO

Art. 9 Abs. 2 DSGVO listet in zehn verschiedenen Möglichkeiten auf, wann sensible Daten verarbeitet werden dürfen und damit eine Ausnahme von dem grundsätzlichen Verarbeitungsverbot gegeben ist. Diese Ausnahmetatbestände, welche grundsätzlich nebeneinander zur Anwendung kommen können, sind abschließend und aufgrund ihres Ausnahmecharakters restriktiv auszulegen, da sie wegen ihrer Sensibilität besondere Risiken für die betroffene Person mit sich bringen können.[150]

---

Rn. 162; wohl auch *Linck*, in: Schaub, Arbeitsrecht, § 26 Rn. 20; *Littig*, in: Grobys/Panzer-Heemeier, Arbeitsrecht, Bewerbung, Rn. 20; *Schwarz*, in: Kern, GenDG, Vor §§ 19-22, Rn. 26, § 20 Rn. 6.

147 *Aligbe*, Arbeitsmedizinische Vorsorge, B., Rn. 71; *Behrens*, NZA 2014, 401, 402; aA *Ertel*, DuD 2012, 126, 129.

148 Ausführlich *Aligbe*, Arbeitsmedizinische Vorsorge, C.

149 *Weth*, in: Weth et al., Daten- und Persönlichkeitsschutz, B., I., Rn. 119.

150 EuGH, Urt. v. 21.12.2023 – C-667/21, Rn. 42, BeckRS 2023, 36822; Generalanwalt beim EuGH *Sánchez-Bordona*, Schlussantrag v. 25.05.2023 – C-667/21, Rn. 28, BeckRS 2023, 11436; LAG Düsseldorf, Urt. v. 11.03.2020 – 12 Sa 186/19, Rn. 71,

Möglich ist es, sich auf mehrere Ausnahmetatbestände gleichzeitig zu berufen. Art. 9 Abs. 2 DSGVO gilt auch für Beschäftigtendaten, da Art. 88 DSGVO insoweit keine Angaben macht.[151]

## A. Verhältnis von Art. 6 Abs. 1 S. 1 und Art. 9 Abs. 2 DSGVO

In der datenschutzrechtlichen Literatur ist umstritten, ob Art. 9 Abs. 2 DSGVO eigenständige Erlaubnisnormen normiert oder ob zusätzlich noch auf die Erlaubnisnormen des Art. 6 Abs. 1 S. 1 DSGVO abgestellt werden muss. Einige Mitgliedstaaten, unter anderem auch Deutschland, monierten, dass das Zusammenspiel dieser beiden Vorschriften nicht in den Text der DSGVO aufgenommen wurde.[152] Die Bundesregierung fordert für die Evaluation der DSGVO ausdrücklich eine Klarstellung dieses Verhältnisses.[153]

Der Streitentscheid hat auch wegen der Zweckänderung nach Art. 6 Abs. 4 DSGVO Bedeutung, da nur bei der Mitprüfung von Art. 6 dessen Absatz 4 Anwendung finden würde. Art. 9 DSGVO kennt das Instrument der Zweckänderung nicht. Weiterhin sind nach Art. 13 Abs. 1 lit. c und Art. 14 Abs. 1 lit. c DSGVO die Rechtsgrundlagen für die Verarbeitung anzugeben. Dies ist nur dann datenschutzkonform möglich, wenn alle Erlaubnisnormen angegeben werden. Ein Verstoß gegen diese beiden Vorschriften kann eine Geldbuße nach Art. 83 Abs. 5 lit. b DSGVO nach sich ziehen.

Das damalige Verhältnis von Art. 7 und Art. 8 DSRL ist bis heute ebenfalls ungeklärt. Während Art. 7 DSRL im Wesentlichen dem heutigen Art. 6 Abs. 1 DSGVO entspricht, normierte Art. 8 DSRL die besonderen Kategorien personenbezogener Daten, welche sich nun im Art. 9 DSGVO wiederfindet. Teile der damaligen Literatur sind allerdings davon ausgegangen, dass trotz der Ausnahmen in Art. 8 DSRL, insbesondere Art. 7 DSRL gültig bleibt.[154] Damit kann nur gemeint sein, dass Art. 8 DSRL als zusätzliche Voraussetzung zu Art. 7 DSRL anzusehen ist, da bei *Dammann/Simitis* von einem *„gesteigertem Schutz“* gesprochen wird.

---

BeckRS 2020, 9941; *Greve*, in: Auernhammer, Art. 9 DSGVO, Rn. 1, 17; *Korge*, in: Gierschmann et al., Art. 9 Rn. 19; *Paal*, ZD 2022, 471, 472.

151 *Maschmann*, in: Kühling/Buchner, Art. 88 DSGVO, Rn. 19.

152 Beratungen im Europäischen Rat 17072/1/14 REV 1 Fn. 48 (Vorschlag: „The processing of special categories of data shall only be lawful to the extent that Article 6 is respected“); REV 1, S. 14 (“to clarify the dogmatic relation of Article 6 to Article 9 GDPR”), https://tinyurl.com/y8gvuo3d.

153 *Europäischer Rat*, Preparation of the Council position on the evaluation and review of the General Data Protection Regulation (GDPR) – Comments from Member States, 12756/1/19 REV 1, S. 14, https://tinyurl.com/y4wpfn9p.

154 *Brühann*, in: Grabitz/Hilf, Recht der EU, 38. EL, RL (EWG) 95/46, Art. 8 Rn. 5; *Dammann/Simitis*, Art. 8 Erl. 5, 8; aA wohl *Kilian*, in: Tinnefeld et al., Informationsgesellschaft, S. 98, 104.

## I. Art. 9 Abs. 2 DSGVO als eigenständige Erlaubnisnormen

Ein Teil der Literatur, das VG Schwerin und auch die *Aufsichtsbehörde Österreich* gehen davon aus, dass Art. 9 Abs. 2 DSGVO eigenständige Erlaubnisnormen normiert bzw. den nationalen Gesetzgebern die Möglichkeit einräumt, eigenständige Erlaubnisnormen zu erlassen. Art. 6 Abs. 1 bis 3 DSGVO werden insoweit verdrängt. Teilweise wird vertreten, dass Art. 6 DSGVO von Art. 9 Abs. 2 DSGVO vollständig verdrängt wird, während andere Stimmen die Anwendbarkeit des Art. 6 Abs. 4 DSGVO zulassen.[155]

Als Begründung für die Nichtanwendbarkeit des Art. 6 DSGVO wird aufgeführt, dass weder der Wortlaut des Art. 9 DSGVO noch die Erwägungsgründe auf Art. 6 DSGVO Bezug nehmen und das hohe Schutzniveau der sensiblen Daten gegen eine Weiterverarbeitung sprechen. Zudem müsse ErwG 51 S. 4 so gelesen werden, dass die Verarbeitung sensibler Daten ausschließlich nach Art. 9 Abs. 2 DSGVO zulässig sei. Die Prüfung des Art. 6 DSGVO, insbesondere dessen Absatz 4, würde die Absenkung der materiellen Anforderungen an die Verarbeitung sensibler Daten dem Schutzzweck der Norm zuwiderlaufen, da Art. 9 DSGVO genug Spielräume zugunsten der nationalen Gesetzgeber eröffne. Der europäische Gesetzgeber hätte unproblematisch einen Verweis auf Art. 6 DSGVO aufnehmen können. In den Ausnahmen des Art. 9 Abs. 2 DSGVO sei der Grundsatz der Erforderlichkeit enthalten, sodass durch die Erfüllung eines Ausnahmetatbe-

---

155 VG Schwerin, Urt. v. 26.11.2020 – 1 A 1598/19 SN, Rn. 31, BeckRS 2020, 35142; *DSB Österreich*, Datenschutzbericht 2020, S. 32; *DSB Österreich*, Besch. v. 16.11.2018, DSB-D213.692/0001-DSB/2018, https://tinyurl.com/yygrvmbp; *Albrecht/Jotzo*, Datenschutzrecht, Teil 3, Rn. 58; *Alich/Voskamp*, BvD-News 1/2017, 24, 25; *Assion/Nolte/Veil*, in: Gierschmann et al., Art. 6 Rn. 25, 77; *Beck*, Beschäftigungsverhältnis, S. 19; *Bischoff/Wiencke*, ZD 2019, 8, 9; *Buchner*, in: Tinnefeld et al., Datenschutzrecht, Teil 4, Rn. 109; *Caumanns*, ZD-Aktuell 2020, 04412; *Conrad/Treeger*, in: Auer-Reinsdorff/Conrad, IT- und Datenschutzrecht, § 34 Rn. 111; *Engeler*, ZD 2018, 55, 58; *Feiler/Forgó*, DSGVO, Einführung, S. 11; *Frenzel*, in: Paal/Pauly, Art. 9 DSGVO, Rn. 18; *Geiger*, in: Weth et al., Daten- und Persönlichkeitsschutz, A., IV., Rn. 74; *Goricnik*, jusIT 2019/54, 158, 159; *Greve*, NVwZ 2017, 737, 738; *Jandt*, ZRP 2018, 16, 18; *Korge*, in: Gierschmann et al., Art. 9 Rn. 3; *Kühling/Klar/Sackmann*, Datenschutzrecht, Rn. 455; *Laue/Nink/Kremer*, Datenschutzrecht, § 2 Rn. 58; *Marion/Resch*, jM 2020, 134, 138; *Mester*, in: Taeger/Gabel, Art. 9 DSGVO, Rn. 2; *Pötters/Böhm*, in: Wybitul, DSGVO, Art. 6 Rn. 54; *Reimer*, Verwaltungsdatenschutzrecht, Rn. 117; *Sander/Diekmann*, in: Koreng/Lachenmann, Datenschutzrecht, I. V. Anm. 4; *Schantz*, in: Schantz/Wolff, Datenschutzrecht, Rn. 705; *Schiff*, in: Ehmann/Selmayr, Art. 9 Rn. 12; *Schindler/Wentland*, ZD-Aktuell 2018, 06057; *Schneider*, Datenschutz, S. 145; *Schneider/Schindler*, ZD 2018, 463, 465 („leges specialis gegenüber Art. 6 Abs. 1“, Art. 6 Abs. 4 bleibt anwendbar); *Selk*, in: Forgó et al., Datenschutz, Teil V, Kap. 3, Rn. 12; *Spindler/Dalby*, in: Spindler/Schuster, Elektron. Medien, DSGVO, Art. 2 Rn. 3; *Steinhaus/Böhm*, in: Wybitul, DSGVO, Art. 9 Rn. 6 ff.; *von dem Bussche*, in: v. d. Bussche/Voigt, Konzerndatenschutz, Teil 3, Kap. 3, Rn. 63; wohl auch *Ennöckl*, RdM 2017, 88, 90; *Härting*, DSGVO, Rn. 531; *Spelge*, DuD 2016, 775, 780; *Weiß*, Öffnungsklauseln, S. 179 ff.; *Wybitul*, DSGVO, Rn. 297.

standes zugleich die allgemeinen Anforderungen des Art. 6 Abs. 1 DSGVO erfüllt seien. Weiterhin spreche die Verweisung des Art. 9 Abs. 2 lit. j DSGVO auf Art. 89 DSGVO gegen eine Weiterverarbeitung nach Art. 6 Abs. 4 DSGVO, da Art. 89 DSGVO eine Weiterverarbeitung selbstständig regele (vgl. Art. 89 Abs. 1 S. 4 DSGVO). Auch habe sich der deutsche Gesetzgeber für diese Sichtweise entschieden, wie die §§ 23 Abs. 2, 24 Abs. 2 BDSG deutlich machen sollen. Danach ist die Verarbeitung sensibler Daten zu einem anderen Zweck nur zulässig, wenn die Voraussetzungen des § 23 Abs. 1 bzw. § 24 Abs. 1 BDSG und eine Erlaubnisnorm nach Art. 9 Abs. 2 DSGVO oder § 22 BDSG vorliege. Zudem spreche Art. 9 Abs. 3 DSGVO für diese Ansicht, wonach unter gewissen Voraussetzungen diese Daten verarbeitet werden dürfen.

Manche Stimmen wollen Art. 6 Abs. 4 lit. c DSGVO auch im Rahmen des Art. 9 DSGVO anwenden.[156] Hiernach wird bei der Kompatibilitätsprüfung insbesondere auf die besonderen Kategorien personenbezogener Daten gemäß Art. 9 DSGVO Bezug genommen. *Schiff* will die Zweckänderung im Rahmen des Art. 9 DSGVO hingegen nicht zulassen, sondern misst die Zweckänderung allein anhand von Art. 9 DSGVO.[157]

## II. Art. 9 Abs. 2 lit. a-d und f-j DSGVO als eigenständige Erlaubnisnormen

*Zanol* sieht die Ausnahmetatbestände in Art. 9 Abs. 2 DSGVO als eigenständige Erlaubnisnormen und damit als speziellere Vorschriften in Bezug auf Art. 6 Abs. 1 DSGVO an, mit Ausnahme des Art. 9 Abs. 2 lit. e DSGVO.[158] Für die Ausnahme hinsichtlich der Verarbeitung personenbezogener Daten, die die betroffene Person offensichtlich öffentlich gemacht hat, soll nach dieser Ansicht zusätzlich eine Erlaubnisnorm nach Art. 6 Abs. 1 DSGVO eingreifen.

Argumentiert wird damit, dass die sonstigen Ausnahmetatbestände zweckgebunden sind, während Art. 9 Abs. 2 lit. e DSGVO die Verarbeitung für jedweden Zweck erlaube. Weiterhin wäre das Widerspruchsrecht nach Art. 21 Abs. 1 DSGVO nicht einschlägig, was widersprüchlich wäre, da im Falle der Verarbeitung normaler personenbezogener Daten ein Widerspruch im Falle des Art. 6 Abs. 1 S. 1 lit. e und f DSGVO möglich ist. Zudem seien die sonstigen Ausnahmetatbestände des Art. 9 Abs. 2 DSGVO lediglich Konkretisierungen des Art. 6 Abs. 1 DSGVO, während für Art. 9 Abs. 2 lit. e DSGVO ein Äquivalent fehle.

---

156 *Conrad/Treeger*, in: Auer-Reinsdorff/Conrad, IT- und Datenschutzrecht, § 34 Rn. 111; *Greve*, in: Auernhammer, Art. 9 DSGVO, Rn. 24; *Laue/Nink/Kremer*, Datenschutzrecht, § 2 Rn. 58; *Schneider/Schindler*, ZD 2018, 463, 465.

157 *Schiff*, in: Ehmann/Selmayr, Art. 9 Rn. 12.

158 *Zanol*, in: Schweighofer et al., IoT, S. 161, 164 f.; ähnlich *Goricnik*, jusIT 2019/54, 158, 160; *Herfurth*, ZD 2018, 514, 516.

## III. Art. 9 Abs. 2 als zusätzliche Voraussetzung zu Art. 6 Abs. 1 S. 1 DSGVO

Auf der anderen Seite wird unter anderem vom deutschen Gesetzgeber, der *Datenschutzkonferenz*, dem *Europäischen Datenschutzausschuss*, dem LAG Düsseldorf und Teilen der Literatur vertreten, dass Art. 9 Abs. 2 DSGVO keine eigenständigen Erlaubnisnormen normiert, sondern neben der Einschlägigkeit der Erlaubnisnormen von Art. 9 Abs. 2 DSGVO zusätzlich auch einer der Erlaubnisnormen des Art. 6 Abs. 1 S. 1 DSGVO erfüllt sein müssen.[159] Auch das OVG Bremen prüft beide Vorschriften zusammen.[160]

---

159 BT-Drs. 18/11325, S. 94 („Neben einem Ausnahmetatbestand ist im Übrigen stets erforderlich, dass eine Rechtsgrundlage für die Verarbeitung nach Artikel 6 Absatz 1 der Verordnung (EU) 2016/679 vorliegt"); LAG Düsseldorf, Urt. v. 11.03.2020 – 12 Sa 186/19, Rn. 53, BeckRS 2020, 9941; *BMWi*, Gesundheitsdaten, S. 20; *DSK*, Kurzpapier Nr. 17, S. 2; *DSK*, Biometrische Analyse, S. 23 f.; *DSK*, Auswirkungen der neuen Verbrauchervorschriften, S. 2; *EDSA*, Leitlinien 8/2020, S. 37; *EDSA*, Stellungnahme 3/2019, S. 6; *LfDI BW*, Datenschutz bei Gemeinden, S. 30; *LfDI Thüringen*, 1. TB, S. 125; *HBDI*, Handreichung zur Verarbeitung personenbezogener Daten von Beschäftigten, S. 9; *Sächsischer Datenschutzbeauftragter*, TB 2017/2018, S. 187; *Datenschutzstelle Liechtenstein*, Art. 9 und Art. 10 DSGVO; *DPC Ireland*, Legal Bases for Processing Personal Data, S. 6; *Albrecht*, in: Simitis et al., Datenschutzrecht, Einführung zu Art. 6, Rn. 2 („Es kann daher auch keine Lesart geben, die einen Verarbeitungsvorgang ohne konkrete Rechtsgrundlage in [Art. 6] Abs. 1 zulässt"); *Bergauer*, jusIT 2018/83, 231, 232; *Bischoff*, PharmR 2019, 265, 266; *Cepic*, ZD-Aktuell 2021, 05214; *Conrad*, K&R 2020, 253, 255 f.; *Dienst*, in: Rücker/Kugler, GDPR, Kap. C, Rn. 484; *Diercks*, AuA 2018, 704, 705; *Eisenschmid*, NZM 2019, 313, 319; *Fuhlford/Carey*, in: Carey, Data Protection, 66, 69; *Georgieva/Kuner*, in: Kuner et al., GDPR, S. 376 f.; *Golla/Hofmann/Bäcker*, DuD 2018, 89, 92; *Gomille*, ZUM 2020, 123, 126; *Gosch*, Besondere Kategorien, S. 64; *Halder/Johanson*, NJOZ 2019, 1425, 1428; *Herfurth*, ZD 2018, 514, 516; *Hornung/Gilga*, CR 2020, 367, 374; *Hornung/Wagner*, ZD 2020, 223, 225 f.; *Jaspers/Schwartmann/Mühlenbeck*, in: Schwartmann et al., Art. 9 DSGVO, Rn. 21; *Klink-Straub/Straub*, ZD-Aktuell 2021, 05124; *Korte*, ZD-Aktuell 2020, 07091; *Kühnl/Rohrer/Schneider*, DuD 2018, 735, 737 f.; *Lauber-Rönsberg*, AfP 2019, 373, 374; *Maamar*, CR 2018, 820, 826; *Mantz/Marosi*, in: Specht/Mantz, Datenschutzrecht, § 3 Rn. 73; *Matejek/Mäusezahl*, ZD 2019, 551, 554 f. (manche Tatbestände des Art. 9 Abs. 2 weisen Überschneidungen mit Art. 6 Abs. 1 auf, sodass eine inzidente Prüfung erfolgt); *Paal*, ZD 2022, 471, 472; *Petri*, in: Simitis/Hornung/Spieker gen. Döhmann, Datenschutzrecht, Art. 9 Rn. 2, 26; *Piltz*, BDSG, § 22 Rn. 3; *Reuter*, ZD 2018, 564, 566; *Robrahn/Bremert*, ZD 2018, 291, 295; *Roßnagel*, NJW 2019, 1, 5; *Schneider*, in: Forgó et al., Datenschutz, Teil VII, Kap. 2, Fn. 35; *Spranger*, MedR 2017, 864, 865; *Wagner*, ZD-Aktuell 2018, 06103; *Wedde*, in: Däubler et al., Art. 9 DSGVO, Rn. 3; *Weichert*, in: Kühling/Buchner, Art. 9 DSGVO, Rn. 4; *ders.*, DuD 2017, 538, 540; wohl auch *Dochow*, GesR 2016, 401, 408; *Golla/Matthé*, WissR 2018, 206, 213.

160 OVG Bremen, Urt. v. 10.02.2020 – 2 B 269/19, Rn. 13, BeckRS 2020, 1719 (konkret: Art. 6 Abs. 1 lit. e, Abs. 3, Art. 9 Abs. 2 lit. g DSGVO).

Der EuGH verlangt, dass jede Verarbeitung personenbezogener Daten jede Verarbeitung personenbezogener Daten den in den Art. 5 und 6 DSGVO genannten Grundsätzen für die Verarbeitung von Daten und den Voraussetzungen für die Rechtmäßigkeit der Verarbeitung entsprechen müssen.[161] Aus diesem Grund hat der EuGH in einer neueren Entscheidung auch ausdrücklich betont, dass es immer einer Erlaubnisnorm nach Art. 6 Abs. 1 DSGVO bedarf und Art. 9 Abs. 2 DSGVO nicht eigenständig als Erlaubnisnorm herangezogen werden kann. Wie in früheren Entscheidungen betont der EuGH, dass Art. 6 Abs. 1 DSGVO eine erschöpfende und abschließende Liste der Fälle vorsieht, in denen eine Verarbeitung personenbezogener Daten als rechtmäßig angesehen werden kann. Daher müsse eine Verarbeitung unter einen der in dieser Bestimmung vorgesehenen Fälle subsumierbar sein, um als rechtmäßig angesehen werden zu können. Als Argument zieht der EuGH auch den Erwägungsgrund 51 heran, wonach „*(z) usätzlich zu den speziellen Anforderungen*“ an eine Verarbeitung „*besonders sensibler Daten*“, die in Art. 9 Abs. 2 und 3 DSGVO erfüllt sein müssen.[162]

Nach dem Generalanwalt des EuGH ist Art. 6 Abs. 1 DSGVO die Voraussetzung für die Rechtmäßigkeit der Verarbeitung. Hinzu kommen die Voraussetzungen, die sich aus den in Art. 5 DSGVO■https://beck-online.beck.de/Dokument ?vpath=bibdata%2Fents%2Fbeckrs%2F2022%2Fcont%2Fbeckrs. 2022.24515. htm&pos=5&hlwords=on – FN28■ allgemein festgelegten Grundsätzen ergeben und für die Verarbeitung besonderer Kategorien personenbezogener Daten nach Art. 9 DSGVO konkretisiert werden.[163] Nach Ansicht des Generalanwalts *Sánchez-Bordona* stellen die Geschichte und die Entwicklung von Art. 9 DSGVO in Frage, dass zwischen Art. 9 und Art. 6 DSGVO ein Verhältnis im Sinne eines „*speziellen*“ Gesetzes und eines „*allgemeinen*“ Gesetzes besteht. Der Generalanwalt meint, dass keine einheitliche Beurteilung möglich sei. Vielmehr kommt der Generalanwalt zur Überzeugung, dass Ausnahmen vom Verbot der Verarbeitung, wie sie in Art. 9 Abs. 2 lit. a, c, g und i DSGVO vorgesehen sind, in einem direkten Zusammenhang mit einer spezifischen Rechtsgrundlage des Art. 6 Abs. 1 DSGVO stehen und diese „*absorbieren*“. Auf andere der in Art. 9 Abs. 2 DSGVO aufgeführten Ausnahmen treffe dies allerdings nicht zu, sodass für diese Ausnahmetatbestände zusätzlich einer Rechtfertigung nach Art. 6 Abs. 1 DSGVO bedürfen.[164]

Teilweise wird einschränkend Art. 6 DSGVO als Mindestvoraussetzung gesehen und Art. 9 DSGVO als konkretisierende Vorschrift für die Verarbeitung sensibler Daten, sodass Art. 6 Abs. 4 DSGVO auch im Rahmen von Art. 9 DSGVO gilt, soweit keine Aushöhlung von Art. 9 DSGVO stattfindet. Bezüglich der

---

161 EuGH, Urt. v. 01.08.2022 – C-184/20, Rn. 62, BeckRS 2022, 18630.

162 EuGH, Urt. v. 21.12.2023 – C-667/21, Rn. 79, NZA 2024, 393.

163 Generalanwalt beim EuGH *Sánchez-Bordona*, Schlussantrag vom 22.09.2022 – C-34/21, Rn. 50, BeckRS 2022, 24515.

164 Generalanwalt beim EuGH *Sánchez-Bordona*, Schlussantrag v. 25.05.2023 – C-667/21, Rn. 58 ff., BeckRS 2023, 11436

Zweckänderung im Rahmen des Art. 9 DSGVO müsse demnach neben einem Ausnahmetatbestand nach Art. 9 Abs. 2 DSGVO auch Art. 6 Abs. 4 DSGVO beachtet werden.[165]

Auch die ehemalige *Artikel-29-Datenschutzgruppe* hatte bereits zur DSRL die Meinung vertreten, dass stets Art. 7 DSRL vorliegen müsste, auch wenn Art. 8 DSRL erfüllt war.[166] Zur DSGVO hat die *Artikel-29-Datenschutzgruppe* ausdrücklich klargestellt, dass *„die Verantwortlichen besondere Kategorien personenbezogener Daten nur verarbeiten [dürfen], wenn sie eine der Bedingungen in Artikel 9 Absatz 2 sowie eine Bedingung in Artikel 6 erfüllen können*".[167] Diese Leitlinie hat auch der *Europäische Datenschutzausschuss* in seinem Endorsement 1/2018 adaptiert. Diese Ansicht vertritt auch die *britische Aufsichtsbehörde* (Information Commissioner's Office; ICO).[168] Die Kommissions-Expertengruppe zur DSGVO hatte sich ebenfalls in einem Protokoll dazu geäußert, dass Art. 9 Abs. 2 DSGVO niemals allein, sondern immer in Verbindung mit Art. 6 DSGVO zu lesen sei.[169]

Begründet wird diese Ansicht unter anderem mit ErwG 51 S. 5. Danach sollten zusätzlich zu den speziellen Anforderungen an eine Verarbeitung nach Art. 9 DSGVO die allgemeinen Grundsätze und andere Bedingungen der DSGVO, insbesondere hinsichtlich der Bedingungen für eine rechtmäßige Verarbeitung, gelten. Art. 6 DSGVO befindet sich systematisch im *„Kapitel II – Grundsätze*" wieder und normiert die *„Rechtmäßigkeit der Verarbeitung*". Dies bedeutet, dass ErwG 51 S. 5 klarstellt, dass auch Art. 6 DSGVO bei der Prüfung des Art. 9 Abs. 2 DSGVO heranzuziehen sei. Weiterhin wird aus Art. 9 Abs. 2 lit. d DSGVO das Argument herausgezogen, dass ein solch weitgehendes Privileg, wie es in dieser Norm für bestimmte Gruppen von Verantwortlichen normiert ist, dem Art. 6 Abs. 1 DSGVO fremd sei.

## IV. Stellungnahme

### 1. Grammatische Auslegung

Um beurteilen zu können, ob Art. 9 Abs. 2 DSGVO eigene Erlaubnisnormen enthält, muss zunächst der Wortlaut der Vorschrift sowie des Titels von Art. 9 DSGVO näher betrachtet werden. Es kann festhalten werden, dass Art. 9

165 *Weichert*, DuD 2017, 538, 540.

166 *Art.-29-Datenschutzgruppe*, WP 131, S. 8; *Art.-29-Datenschutzgruppe*, WP 249, S. 6 („Selbst wenn der Arbeitgeber sich auf eine dieser Ausnahmeregelungen stützen kann, wird eine Rechtsgrundlage gemäß Artikel 7 benötigt").

167 *Art.-29-Datenschutzgruppe*, WP 251 rev. 01, S. 16.

168 *ICO*, When is consent appropriate? („If you want to process special category data, you must identify both a lawful basis under Article 6 and a separate condition for processing special category data under Article 9"), https://tinyurl.com/yygr4alm; *ICO*, What are the rules on special category data?, https://tinyurl.com/ql2zclz.

169 Protokoll der Kommissions-Expertengruppe zur Verordnung (EU) 2016/679 und Richtlinie (EU) 2016/680 vom 20. Februar 2018, S. 2, https://tinyurl.com/y55md86a.

DSGVO nicht auf Art. 6 DSGVO verweist. Dieser Nichtverweis könnte zur Folge haben, dass Art. 9 Abs. 2 DSGVO eigenständige Erlaubnisnormen enthält. In Art. 9 Abs. 1 DSGVO wird festgestellt, dass die Verarbeitung bestimmter Datenkategorien untersagt ist. Absatz 2 hebt diese Untersagung auf, indem im Wege einer Fiktion („*gilt*") das Verarbeitungsverbot durch bestimmte Voraussetzungen aufgehoben wird. Beim Vorliegen der Voraussetzungen des Art. 9 Abs. 2 DSGVO ist die Verarbeitung zunächst nicht mehr untersagt. Was nicht untersagt ist, kann folglich grundsätzlich nur erlaubt sein. Diese Wertung greift allerdings zu kurz. Art. 9 Abs. 2 DSGVO hebt lediglich das Verbot der Verarbeitung nach Art. 9 Abs. 1 DSGVO auf. Auf die Rechtmäßigkeit der Verarbeitung wird nicht eingegangen.[170] Die Vorgaben für die Rechtmäßigkeit der Verarbeitungen werden ausweislich des Wortlauts in Art. 6 Abs. 1 DSGVO aufgeführt. Dessen Überschrift normiert ausdrücklich die Rechtmäßigkeit der Verarbeitung. Hiernach ist „*die Verarbeitung [...] nur rechtmäßig, wenn mindestens eine der nachstehenden Bedingungen erfüllt ist*". Die Formulierung „*nur*" macht deutlich, dass Art. 6 Abs. 1 DSGVO einen abschließenden Charakter für die Rechtmäßigkeit der Verarbeitung personenbezogener Daten hat.

ErwG 51 S. 4 enthält keine ausdrückliche Aussage dahingehend, dass als Voraussetzung für die Datenverarbeitung nur Art. 9 Abs. 2 DSGVO herangezogen werden dürfe. Vielmehr gibt der Wortlaut des ErwG 51 S. 5 Hinweise auf die Bedeutung des Art. 9 DSGVO. Hiernach sollten zusätzlich zu den speziellen Anforderungen (gemeint ist Art. 9 Abs. 2 DSGVO) die allgemeinen Grundsätze und andere Bestimmungen dieser Verordnung, insbesondere hinsichtlich der Bedingungen für eine rechtmäßige Verarbeitung gelten. Ob mit dieser Formulierung auf Art. 6 Abs. 1 DSGVO verwiesen wird, der insoweit mit „*Rechtmäßigkeit der Verarbeitung*" überschrieben ist, erscheint allerdings fraglich, da es in der englischen Fassung des Art. 6 Abs. 1 DSGVO heißt: „*at least one of the following applies*".[171] In ErwG 51 S. 5 ist hingegen von „*the conditions for lawful processing*" die Rede. Das Wort „*condition*" wird insbesondere in den Artt. 7 und 8 DSGVO verwendet. Dies würde gegen den Verweis auf Art. 6 Abs. 1 DSGVO sprechen. Allerdings kann die englische Sprachfassung nur eine Indizwirkung haben, da alle Sprachfassungen gleichrangig zu beachten sind. Selbst wenn davon auszugehen ist, dass die im Erwägungsgrund enthaltene Formulierung nicht auf Art. 6 Abs. 1 DSGVO verweist, macht der Erwägungsgrund deutlich („*insbesondere*"), dass auch andere Bestimmungen, wie Art. 6 Abs. 1 DSGVO, erfüllt sein sollen. Der Wortlaut des ErwG 51 S. 5 lässt jedoch kein eindeutiges Ergebnis zu.

170 Ebenso *Bergauer*, jusIT 2018/83, 231, 232; ähnlich *Brendle-Weith*, VuR 2018, 331, 334 („Nur wenn etwas ausdrücklich erlaubt ist, ist dies die Bestätigung dafür, dass jemand etwas tun darf").

171 Dies annehmend *Gosch*, Besondere Kategorien, S. 63.

## 2. Systematische Auslegung

Als weiteres Argument kann die Zweckänderung des Art. 6 Abs. 4 lit. c DSGVO herangezogen werden, der ausdrücklich auf Art. 9 DSGVO Bezug nimmt. Der europäische Gesetzgeber ging also davon aus, dass auch bei der Weiterverarbeitung besonderer Kategorien personenbezogener Daten eine Zweckänderung möglich sein muss. Für diese Zweckänderung muss nach der hier vertretenen Ansicht auch Art. 6 Abs. 1 DSGVO erfüllt sein (vgl. Dritter Teil, § 9, B., IV.).

Unabhängig davon stellen besondere Kategorien personenbezogener Daten auch nur einen Unterfall von „*normalen*" personenbezogenen Daten nach Art. 4 Nr. 1 DSGVO dar, die einen besonderen Stellenwert erfahren.[172] Und da diese sensiblen Daten nur eine besondere „*Art*" von personenbezogenen Daten sind, müssen sich auch diese besonderen Arten personenbezogener Daten an die Rechtmäßigkeitsvoraussetzungen des Art. 6 Abs. 1 DSGVO halten.

Aus der Formulierung des Art. 22 Abs. 4 DSGVO ergibt sich kein anderweitiges Ergebnis. Hiernach dürfen Entscheidungen nach Art. 22 Abs. 2 DSGVO nicht auf besonderen Kategorien personenbezogener Daten nach Art. 9 Abs. 1 DSGVO beruhen, sofern nicht Art. 9 Abs. 2 Buchstabe a oder g DSGVO gilt und angemessene Maßnahmen zum Schutz der Rechte und Freiheiten sowie der berechtigten Interessen der betroffenen Person getroffen wurden. Absatz 4 besagt nicht, dass Art. 9 Abs. 2 DSGVO eigenständige datenschutzrechtliche Erlaubnisnormen enthält. Vielmehr wird nur ausgesagt, dass im Falle von sensiblen Daten, die im Zusammenhang mit automatisierten Entscheidungen einschließlich von Profiling stehen, nur unter den Voraussetzungen des Art. 9 Abs. 2 lit. a bzw. g DSGVO verarbeitet werden dürfen. Art. 22 DSGVO regelt allerdings nicht die Rechtmäßigkeit der Verarbeitung bei automatisierten Entscheidungen, stellt also keine eigenständige Erlaubnisnorm dar, sondern gewährt der betroffenen Person nur ein Recht, automatisierten Entscheidungen nicht unterworfen zu werden (vgl. Vierter Teil, § 24, B., II., 1.).[173] Die Rechtmäßigkeit der Verarbeitung richtet sich ausschließlich nach Art. 6 Abs. 1 DSGVO.

Ein weiteres Argument könnte sich aus Art. 10 S. 1 DSGVO ergeben. Hiernach wird für die Verarbeitung personenbezogener Daten über strafrechtliche Verurteilungen und Straftaten oder damit zusammenhängender Sicherungsmaßregeln verlangt, dass die Daten immer auf der Grundlage des Art. 6 Abs. 1 DSGVO verarbeitet werden. Der europäische Gesetzgeber klammert diese Datenkategorie damit aus dem Katalog des Art. 9 DSGVO aus, obwohl diese Datenkategorie in Art. 8 Abs. 5 DSRL zu den heutigen Datenkategorien nach Art. 9 Abs. 1 DSGVO gehörte. Nichtsdestotrotz werden die Daten nach Art. 10 DSGVO als

---

172 Ebenso *Eßer*, in: Auernhammer, Art. 4 DSGVO, Rn. 111, 116 (bezogen auf genetische und biometrische Daten).

173 *Galetzka*, K&R 2018, 675, 678; *von Lewinski/Rützel*, DSB 2018, 253.

besonders schutzwürdig angesehen.[174] Obwohl die Daten nach Art. 10 DSGVO nicht zu den besonderen Kategorien personenbezogener Daten gehören, sind diese dennoch als „*sensible*" personenbezogene Daten anzusehen. Dies zeigt sich dadurch, dass bei der Zweckänderung nach Art. 6 Abs. 4 lit. c DSGVO, bei der Datenschutz-Folgenabschätzung nach Art. 35 Abs. 3 lit. b DSGVO, bei der Bestellung eines Vertreters nach Art. 27 Abs. 2 lit. a DSGVO, bei dem Verzeichnis der Verarbeitungstätigkeiten nach Art. 30 Abs. 5 DSGVO sowie der Benennung eines Datenschutzbeauftragten nach Art. 37 Abs. 1 lit. c DSGVO die Verarbeitung von personenbezogenen Daten über strafrechtliche Verurteilungen und Straftaten gemäß Art. 10 DSGVO neben den besonderen Kategorien personenbezogener Daten gemäß Art. 9 Abs. 1 DSGVO genannt werden. Auch ErwG 91 S. 2 nennt beide Datenarten nebeneinander, ohne dass eine unterschiedliche Sensibilität deutlich würde. Wenn nun für die Daten nach Art. 10 DSGVO eine Erlaubnisnorm nach Art. 6 Abs. 1 DSGVO erforderlich ist und zusätzlich die Anforderungen des Art. 10 S. 1 DSGVO eingehalten werden müssen, wäre es widersprüchlich, wenn die Daten nach Art. 9 DSGVO keine Erlaubnisnorm nach Art. 6 Abs. 1 DSGVO benötigen würden. Der Gesetzgeber sieht beide Datenkategorien als sehr schutzwürdig und risikoträchtig an. Dies muss zur Folge haben, dass auch die Legitimation denselben Regeln folgt.

### 3. Historisch-genetische Auslegung

Eine historisch-genetische Auslegung stützt die Sichtweise, dass es sich bei Art. 9 Abs. 2 DSGVO um keine eigenständigen Erlaubnisnormen handelt. Ein ursprünglicher Art. 6 Abs. 2 DSGVO des Kommissionsentwurfs wurde gestrichen.[175] Dieser lautete: „*Die Rechtmäßigkeit der Verarbeitung personenbezogener Daten zu historischen oder statistischen Zwecken oder für wissenschaftliche Forschungszwecke unterliegt den Bedingungen und Garantien des Artikels 83*". Dies wurde von einigen Mitgliedstaaten als eigenständige Erlaubnisnorm gedeutet. Heute findet sich diese Formulierung in Art. 89 DSGVO wieder. Durch die Streichung der Norm in Art. 6 Abs. 2 DSGVO wird deutlich, dass sich die Verarbeitung immer an Art. 6 Abs. 1 DSGVO zu messen hat.

Weiterhin hatte der EuGH zur DSRL und nun auch zu DSGVO entschieden, dass „*jede Verarbeitung personenbezogener Daten […] den in Art. 6 der RL aufgestellten Grundsätzen in Bezug auf die Qualität der Daten und einem der in Art. 7*

174 *Eckhardt*, in: Spindler/Schuster, Elektron. Medien, DSGVO, Art. 10 Rn. 1 („besonders sensitiv"); *Eisenschmid*, NZM 2019, 313, 315 („sensible Daten"); *Petri*, in: Simitis et al., Datenschutzrecht, Art. 10 Rn. 1, 4 („besonders risikoträchtige Daten").

175 Vorschlag für Verordnung des Europäischen Parlaments und des Rates zum Schutz natürlicher Personen bei der Verarbeitung personenbezogener Daten und zum freien Datenverkehr (Datenschutz-Grundverordnung), KOM (2012), S. 51 endg. Dazu *Albrecht*, CR 2016, 88, 92. Beachte *Riesenhuber*, in: Riesenhuber, Methodenlehre, § 10 Rn. 34 (lediglich e-contrario-Argument möglich, da der Wille der Kommission nicht maßgeblich, sondern nur Wille des demokratisch legitimierten Gesetzgebers).

*der RL angeführten Grundsätze in Bezug auf die Zulässigkeit der Verarbeitung von Daten genügen [muss]*"[176] bzw. „*Art. 6 der Verordnung 2016/679 eine abschließende Aufzählung der Fälle [enthält], in denen die Verarbeitung personenbezogener Daten als rechtmäßig angesehen werden kann*"[177]. Zwar nahm der EuGH nicht ausdrücklich Bezug auf die besonderen Kategorien personenbezogener Daten, jedoch geht das Gericht davon aus, dass „jede Verarbeitung personenbezogener Daten" dem Art. 7 DSRL (jetzt: Art. 6 DSGVO) genügen muss. Auch besondere Kategorien personenbezogener Daten stellen personenbezogene Daten dar. Zusätzlich geht der EuGH bei offensichtlich öffentlich gemachten Daten nach Art. 8 Abs. 2 lit. e DSRL (jetzt: Art. 9 Abs. 2 lit. e DSGVO) davon aus, dass der betroffenen Person ein Widerspruchsrecht nach Art. 14 Abs. 1 lit. a DSRL (jetzt: Art. 21 Abs. 1 DSGVO) zusteht.[178] Ein solches Widerspruchsrecht besteht nach dem Wortlaut des Art. 14 Abs. 1 lit. a DSRL jedoch nur in den Fällen des Art. 7 lit. e und f DSRL (jetzt: Art. 6 Abs. 1 S. 1 lit. e, f DSGVO). Hieraus kann der Schluss gezogen werden, dass der EuGH bei der Verarbeitung besonderer Kategorien personenbezogener Daten immer von dem Erfordernis einer Erlaubnisnorm nach Art. 7 DSRL bzw. Art. 6 Abs. 1 DSGVO ausgeht. In diesem Urteil geht der EuGH im Falle des Art. 9 Abs. 2 lit. e DSGVO ebenfalls davon aus, dass es nicht ausreicht, dass lediglich Art. 9 Abs. 2 lit. e DSGVO erfüllt ist, sondern „*auch die übrigen, insbesondere in Art. 6 der Richtlinie oder Art. 5 der Verordnung aufgestellten Voraussetzungen*" zu erfüllen sind.[179] Dabei verweist das Gericht ausdrücklich auf die „*Google Spain/AEPD*"-Rechtsprechung, die ihrerseits besagte, dass jede Verarbeitung dem Art. 7 DSRL (d. h. heutigem Art. 6 DSGVO) genügen muss. Es ist daher davon auszugehen, dass der EuGH für die Rechtmäßigkeit der Verarbeitung ein kumulatives Vorliegen der Voraussetzungen des Art. 6 Abs. 1 und Art. 9 Abs. 2 DSGVO verlangt.

### 4. Teleologische Auslegung

Zuletzt muss auf den Sinn und Zweck der Regelung des Art. 9 DSGVO rekurriert werden. Die besonderen Kategorien personenbezogener Daten erhalten nur aus dem Grund eine eigenständige Vorschrift, da die in Art. 9 Abs. 1 DSGVO genannten Datenkategorien „*ihrem Wesen nach hinsichtlich der Grundrechte und Grundfreiheiten besonders sensibel sind*" und deshalb einen „*besonderen Schutz*" verdienen (vgl. ErwG 51 S. 1). Für die Verarbeitung dieser Daten reicht es unter anderem nach Art. 9 Abs. 2 lit. e DSGVO aus, dass sie offensichtlich

176 EuGH, Urt. v. 16.01.2019 – C-496/17, Rn. 57, EuZW 2019, 746 – Deutsche Post AG; EuGH, Urt. v. 01.10.2015 – C-201/14, Rn. 30, ZD 2015, 577 – Bara; EuGH, Urt. v. 13.05.2014 – C-131/12, Rn. 71, NJW 2014, 2257, 2260 – Google Spain; EuGH, Urt. v. 30.05.2013 – C-342/12, Rn. 33, NZA 2013, 723 – Worten.

177 EuGH, Urt. v. 11.11.2020 – C-61/19, Rn. 34, BeckRS 2020, 30027.

178 EuGH, Urt. v. 24.09.2019 – C-136/17, Rn. 69, ZUM 2019, 813 – GC u. a.

179 EuGH, Urt. v. 24.09.2019 – C-136/17, Rn. 64, ZUM 2019, 813 – GC u. a.; im Ergebnis ebenso *Matejek/Mäusezahl*, ZD 2019, 551, 554.

öffentlich gemacht worden sind. Der Gesetzgeber geht bei offensichtlich öffentlich gemachten Daten damit von einem geringeren Risiko für die Grundrechte und Grundfreiheiten der betroffenen Person aus (vgl. ErwG 51 S. 1). Allein die offensichtliche Öffentlichkeit dieser personenbezogenen Daten reicht aus, damit die Untersagung der Verarbeitung nach Art. 9 Abs. 1 DSGVO aufgehoben wird. Es muss gerade keine Interessenabwägung mit den Interessen der betroffenen Person erfolgen. Bei den *„normalen"* personenbezogenen Daten, die offensichtlich öffentlich gemacht worden sind, muss hingegen eine Interessenabwägung nach Art. 6 Abs. 1 S. 1 lit. f DSGVO vorgenommen werden (ein Erst-Recht-Schluss zu Art. 9 Abs. 2 lit. e DSGVO kann nicht gezogen werden, vgl. Vierter Teil, § 20). Dies würde bedeuten, dass an die sensiblen Daten geringere Anforderungen gestellt würden als an die *„normalen"* personenbezogenen Daten. Dies kann vom europäischen Gesetzgeber nicht intendiert sein.[180] Dem Gesetzgeber ging es darum, zusätzliche Anforderungen an die Verarbeitung sensibler Daten zu stellen (vgl. ErwG 51 S. 5: *„Zusätzlich zu den speziellen Anforderungen an eine derartige Verarbeitung"*).

Würde man in diesem Fall Art. 9 Abs. 2 lit. e DSGVO als eigenständige Erlaubnisnorm ansehen, würde man der betroffenen Person auch kein Widerspruchsrecht einräumen, wie es nach Art. 21 Abs. 1 S. 1 DSGVO bei der Erlaubnisnorm des Art. 6 Abs. 1 S. 1 lit. f DSGVO der Fall wäre. Der Ansicht, die dies lediglich für Art. 9 Abs. 2 lit. e DSGVO annimmt, kann nicht zugestimmt werden, da eine solche Unterscheidung nicht im Wortlaut angelegt ist und auch der Systematik widerspricht. Es ist nicht ersichtlich, dass der europäische Gesetzgeber zwischen den einzelnen Ausnahmetatbeständen unterscheiden wollte. Vielmehr sind alle Ausnahmetatbestände als gleichwertig zu betrachten.

### 5. Zwischenfazit

Aus den genannten Gründen wird vorliegend mit der Rechtsprechung des EuGH davon ausgegangen, dass Art. 9 Abs. 1 DSGVO zunächst ein Verbot der Verarbeitung besonderer Kategorien personenbezogener Daten normiert. Dieses Verbot wird durch die Ausnahmetatbestände des Art. 9 Abs. 2 DSGVO wieder aufgehoben, da in diesen Fällen der europäische Gesetzgeber kein besonderes Risikopotential erblickt. Die Aufhebung des Verbotes bezieht sich dabei nur auf die besonderen Kategorien personenbezogener Daten. Art. 9 Abs. 2 DSGVO bezieht sich ausdrücklich nicht auf die *„normalen"* personenbezogenen Daten wie sie in Art. 6 Abs. 1 DSGVO angesprochen werden. Da der Gesetzgeber zusätzliche Voraussetzungen an die Verarbeitung dieser besonderen Kategorien personenbezogener Daten aufstellen wollte, muss zusätzlich eine Erlaubnisnorm nach Art. 6 Abs. 1 DSGVO gegeben sein. Art. 9 Abs. 2 DSGVO stellt demnach nur die Aufhebung des Risikopotenzials dar, aber gerade keine eigenständige Erlaubnisnorm. Da die Ausnahmetatbestände des Art. 9 Abs. 2 lit. a, c, g und i DSGVO un-

180 Ebenso *Robrahn/Bremert*, ZD 2018, 291, 295.

mittelbar an eine Erlaubnisnorm des Art. 6 Abs. 1 DSGVO anknüpfen, liegt bei Vorliegen dieser Ausnahmetatbestände zwangsläufig auch eine Erlaubnisnorm nach Art. 6 Abs. 1 DSGVO vor. Insbesondere für den Ausnahmetatbestand des Art. 9 Abs. 2 lit. e DSGVO ist es jedoch zwingend erforderlich, dass eine gesonderte Erlaubnisnorm nach Art. 6 Abs. 1 DSGVO (z. B. das berechtigte Interesse nach Art. 6 Abs. 1 S. 1 lit. f DSGVO) gefunden wird.

## B. Relevante Ausnahmetatbestände

Im Folgenden werden die Ausnahmetatbestände des Art. 9 Abs. 2 DSGVO dargestellt, die für die Bewerbungsphase von Relevanz sein können. Erlaubnisnormen, die in der Bewerbungsphase nicht vorkommen, werden nicht thematisiert. Im Gegensatz zu Art. 6 Abs. 1 DSGVO existiert in Art. 9 Abs. 2 DSGVO keine Interessenabwägungsklausel, wie sie in Art. 6 Abs. 1 S. 1 lit. f DSGVO zu finden ist. Dies ist zu bedauern, da dadurch gewissen Konstellationen der Raum für Abwägungsentscheidungen entzogen wird.[181]

### I. Einwilligung, Art. 9 Abs. 2 lit. a DSGVO i. V. m. § 26 Abs. 3 S. 2 BDSG

Als erster Ausnahmetatbestand für das grundsätzliche Verarbeitungsverbot von besonderen Kategorien personenbezogener Daten nennt der europäische Gesetzgeber die Einwilligung. Nach Art. 9 Abs. 2 lit. a DSGVO gilt das Verbot der Verarbeitung nach Art. 9 Abs. 1 DSGVO nicht, wenn die betroffene Person in die Verarbeitung der sensiblen Daten für einen oder mehrere festgelegte Zwecke ausdrücklich eingewilligt hat, es sei denn, nach dem Unionsrecht oder dem Recht der Mitgliedstaaten kann keine Einwilligung erteilt werden (sog. *„gesetzliche Einwilligungssperren"*[182]). Eine Abweichung *„nach oben"* ist den Mitgliedstaaten damit möglich.[183] Teilweise wird moniert, dass der europäische Gesetzgeber rechtlich nicht in der Lage sei, vorzusehen, dass eine Verarbeitung nicht durch eine Einwilligung legitimiert werden kann.[184] Denn der Ausschluss der Einwilligung stelle eine unangemessene Bevormundung der betroffenen Person dar und wäre mit Art. 8 Abs. 2 S. 1 GRCh nicht vereinbar.

Die Einwilligung wird im privaten Bereich von manchen Stimmen als die zentrale Erlaubnisnorm im Bereich der sensiblen Daten angesehen.[185] Bezogen auf die Bewerbersituation kann diese Aussage keinen Bestand haben, da in diesem

---

181 *Plath*, in: Plath, Art. 9 DSGVO, Rn. 18 („unnötig starres Korsett").

182 *Dochow*, GesR 2016, 401, 405.

183 *Albers/Veit*, in: BeckOK DatenSR, DSGVO, 48. Ed. 01.05.2024, Art. 9 Rn. 62; *Jaspers/Schwartmann/Mühlenbeck*, in: Schwartmann et al., Art. 9 DSGVO, Rn. 228; *Weth*, in: Weth et al., Daten- und Persönlichkeitsschutz, B., I., Rn. 144.

184 *Dochow*, GesR 2016, 401, 405; *Frenzel*, in: Paal/Pauly, Art. 9 DSGVO, Rn. 22; *Klement*, in: Simitis et al., Datenschutzrecht, Art. 7 Rn. 27 (grundrechtskonform eng auszulegen).

185 *Albers/Veit*, in: BeckOK DatenSR, DSGVO, 48. Ed. 01.05.2024, Art. 9 Rn. 62.

Bereich, wie noch zu zeigen sein wird, gesetzliche Erlaubnisnormen vorrangig anzuwenden sind. Zudem kann der Einwilligung aufgrund des Widerrufsrechts jederzeit der rechtliche Boden entzogen werden, sodass auf die Einwilligung nur als ultima ratio abgestellt werden sollte. Art. 9 Abs. 2 DSGVO kennt keine Ausnahme für vertragliche oder vorvertragliche Maßnahmen. Teilweise wird daher verlangt, dass in diesem Fall eine ausdrückliche Einwilligung nach Art. 9 Abs. 2 lit. a DSGVO eingeholt werden muss.[186] Gegen das Kopplungsverbot nach Art. 7 Abs. 4 DSGVO soll nach dieser Ansicht nicht verstoßen werden, sofern die Einwilligung auf die Verarbeitung von Daten beschränkt ist, die für die Vertragserfüllung erforderlich sind.

Im Folgenden wird der Unterschied der Voraussetzungen einer wirksamen Einwilligung für „*normale*" personenbezogene Daten und besonderer Kategorien personenbezogener Daten herausgestellt.

### 1. „Ausdrücklichkeit" der Einwilligung

Im Gegensatz zur Einwilligung nach Art. 6 Abs. 1 S. 1 lit. a DSGVO ist bei Art. 9 Abs. 2 lit. a DSGVO eine „*ausdrückliche*" Einwilligung erforderlich. Damit sind die Anforderungen für die Verarbeitung sensibler Daten aufgrund einer Einwilligung höher, als für die Verarbeitung „*normaler*" personenbezogener Daten. Überwiegend wird in der datenschutzrechtlichen Literatur davon ausgegangen, dass die konkludente bzw. schlüssige Einwilligung durch diese Formulierung ausgeschlossen wird[187] bzw. dafür nur wenig Raum sei[188]. Davon geht wohl auch das OLG Naumburg aus.[189]

Im Vergleich zu Art. 4 Nr. 11 DSGVO wird eine „*unmissverständlich*" (engl. „*unambiguous*") abgegebene Willensbekundung gefordert. Auf den ersten Blick erscheint eine unmissverständlich abgegebene Willensbekundung keine anderen Anforderungen aufzustellen, als eine ausdrückliche Einwilligung (engl. „*explicit consent*").[190] Doch zwischen dem Begriff „*unmissverständlich*" und dem Begriff „*ausdrücklich*" sind Unterschiede vorhanden.[191] Dies wird dadurch deutlich,

---

186 *Kühnl/Rohrer/Schneider*, DuD 2018, 735, 739.

187 VG Schwerin, Urt. v. 26.11.2020 – 1 A 1598/19 SN, Rn. 33, BeckRS 2020, 35142; *Dienst*, in: Rücker/Kugler, GDPR, Rn. 485; *Dochow*, GesR 2016, 401, 404; *Franzen*, EuZA 2017, 313, 328; *Frenzel*, in: Paal/Pauly, Art. 9 DSGVO, Rn. 21; *Korge*, in: Gierschmann et al., Art. 9 Rn. 20; *Petri*, in: Simitis et al., Datenschutzrecht, Art. 9 Rn. 33; *Reuter*, ZD 2018, 564, 568; *Rogosch*, Einwilligung, S. 65 f.; *Schwarz*, ZD 2018, 353, 355; *Simitis*, in: Brem et al., FS Pedrazzini, 469, 477; *Spindler/Dalby*, in: Spindler/Schuster, Elektron. Medien, DSGVO, Art. 9 Rn. 7; *Tinnefeld/Conrad*, ZD 2018, 391, 395; *Weichert*, in: Kühling/Buchner, Art. 9 DSGVO, Rn. 47.

188 *Gomille*, ZUM 2020, 123, 125.

189 OLG Naumburg, Urt. v. 07.11.2019 – 9 U 39/18, Rn. 63, GRUR-RR 2020, 79.

190 *Albrecht/Jotzo*, Datenschutzrecht, Teil 3, Rn. 39; *Buchner/Kühling*, in: Kühling/Buchner, Art. 4 Nr. 11 DSGVO, Rn. 4.

191 *Klabunde/Horváth*, in: Ehmann/Selmayr, Art. 4 Rn. 58.

dass im Rahmen des Gesetzgebungsverfahrens das Erfordernis einer „*ausdrücklichen*" Einwilligung lange umstritten war. Im Trilog hatte sich am Ende der Standpunkt durchgesetzt, dass eine ausdrückliche Einwilligung nur im Rahmen der Verarbeitung besonderer Kategorien personenbezogener Daten erforderlich ist.[192] Umstritten ist, welche Bedeutung der Ausdrücklichkeit der Einwilligung zukommt.

Einzelne Stimmen in der Literatur und auch das VG Schwerin gehen davon aus, dass die Einwilligung unmittelbar Bezug auf die Verarbeitung besonderer Kategorien personenbezogener Daten nehmen muss, wobei eine bestimmte Form der Einwilligung nicht vorgeschrieben, sondern auch eine ausdrücklich mündliche Einwilligung ausreichend sei.[193]

Andere Meinungen vertreten die Ansicht, dass die beabsichtigte Verarbeitung und der Zweck für die betroffene Person unzweideutig sein müssen und diese keinen Zweifel aufkommen lassen dürfen. Es wird die konkrete Nennung der betroffenen Datenkategorien gefordert, sodass es eher auf den „*Erklärungsinhalt*" und nicht auf das „*Erklärungsverhalten*" ankommt.[194] Es wird auf die Notwendigkeit der Benennung eines konkretisierten Verwendungszusammenhangs abgestellt, was sich aus dem Zweckbindungsgrundsatz nach Art. 5 Abs. 1 lit. b DSGVO ergebe.[195]

Die ehemalige *Artikel-29-Datenschutzgruppe* ist hingegen der Auffassung, dass sich der Begriff „*ausdrücklich*" darauf bezieht, wie die betroffene Person ihre Einwilligung zum Ausdruck bringt.[196] Als Beispiel wird genannt, dass die Einwilligung in einer schriftlichen Erklärung ausdrücklich bestätigt wird. Damit wird mehr auf das Erklärungsverhalten abgestellt.

*Schiff* geht davon aus, dass aufgrund des Schutzzwecks des Art. 9 DSGVO zwar eine elektronische Einwilligung möglich sei, aber gerade keine mündliche Er-

---

192 *Tinnefeld/Conrad*, ZD 2018, 391, 395.

193 VG Schwerin, Urt. v. 26.11.2020 – 1 A 1598/19 SN, Rn. 32, BeckRS 2020, 35142; *Bergt*, in: Koreng/Lachenmann, Datenschutzrecht, H. I. 2, Anm. 4; *Gola*, NZA 2019, 654, 655; *Gosch*, Besondere Kategorien, S. 67; *Korge*, in: Gierschmann et al., Art. 9 Rn. 20; *Kramer/Oberbeck*, in: Auernhammer, § 22 BDSG, Rn. 9; *Otto/Rüdlin*, ZD 2017, 519, 522.

194 *Conrad/Treeger*, in: Auer-Reinsdorff/Conrad, IT- und Datenschutzrecht, § 34 Rn. 341 (Frage aufwerfend, ob das konkrete Datum [zB HIV-Infektion] oder die Datenkategorie [Gesundheitsdatum] genannt werden muss); *Nelles/Becker*, ZD 2017, 419, 423; *Piltz*, BDSG, § 26 Rn. 91 („Daten sind konkret und der Verwendungszweck genau zu benennen"); *Schmidl/Tannen*, DB 2017, 1633, 1638 (auf diese Daten ist „gesondert hinzuweisen").

195 *Tinnefeld/Conrad*, ZD 2018, 391, 395; *Weichert*, in: Kühling/Buchner, Art. 9 DSGVO, Rn. 47.

196 *Art.-29-Datenschutzgruppe*, WP 259 rev. 01, S. 22; ebenso *Scheurer*, Spielerisch selbstbestimmt, S. 178.

klärung.[197] Nach der Ansicht von *Albrecht*, soll der Begriff „*ausdrücklich*" mit „*ohne jeden Zweifel*" gleichgesetzt werden.[198] *Korge* stellt den Begriff mit einer eindeutig bestätigenden Handlung gleich.[199]

Der Verlauf der Entstehungsgeschichte zur DSGVO zeigt, dass der europäische Gesetzgeber die Begriffe „*ausdrücklich*" und „*unmissverständlich*" im Blick hatte.[200] Der Begriff der „*Unmissverständlichkeit*" bedeutet, dass aus dem Verhalten der betroffenen Person „*eindeutig geschlossen werden können [muss], dass die betroffene Person im Einzelfall mit der Datenverarbeitung einverstanden ist*".[201] Es darf keine andere Interpretation möglich sein („*Not open to more than one interpretation*"). Die betroffene Person muss auf irgendeine Art aktiv werden.

Der Begriff der „*Ausdrücklichkeit*" meint hingegen, dass der Verantwortliche die Einwilligungserklärung deutlich und detailliert formulieren muss, sodass kein Raum für Verwirrung oder Zweifel bestehen.[202] Dies spricht dafür, dass der Begriff „*ausdrücklich*" sich mehr auf den Inhalt der Erklärung bezieht, während eine „*unmissverständliche*" Einwilligung auf das Verhalten der betroffenen Person abstellt.

In Art. 2 lit. h DSRL wurde bei der Definition der Einwilligung der Begriff „*ausdrücklich*" nicht verwendet, da man es vermeiden wollte, dass dies als Erfordernis einer schriftlichen Erklärung missverstanden werden könnte.[203] Daraus wäre wiederum zu schließen, dass mit dem Begriff „*ausdrücklich*" die Form der Einwilligung gemeint ist. Dem ist aber entgegenzutreten. Sinn und Zweck dieser erhöhten Anforderung ist es, die betroffene Person auf die besondere Schutzbedürftigkeit dieser sensiblen Daten hinzuweisen.[204] Dazu ist keine schriftliche Einwilligung erforderlich, sondern kann auch in einer klaren Nennung der Datenkategorien und des Zwecks erreicht werden, sodass die Erklärung auch mündlich abgegeben werden kann.[205] Der europäische Gesetzgeber kennt schriftliche Erklärungen (z. B. Art. 7 Abs. 2, Art. 12 Abs. 1, Art. 27 Abs. 1 DSGVO) und hat

---

197 *Schiff*, in: Ehmann/Selmayr, Art. 9 Rn. 36; ebenso *Conrad*, K&R 2020, 253, 257; *Mester*, in: Taeger/Gabel, Art. 9 DSGVO, Rn. 19 (mündliche Erklärung wegen notwendiger Warnfunktion nicht möglich); aA *Freund*, in: Schuster/Grützmacher, IT-Recht, Art. 9 DSGVO, Rn. 14.

198 *Albrecht*, CR 2016, 88, 91; aA *Gierschmann*, in: Gierschmann et al., Art. 7 Rn. 104.

199 *Korge*, in: Gierschmann et al., Art. 9 Rn. 20.

200 *Buchner/Kühling*, in: Kühling/Buchner, Art. 4 Nr. 11 DSGVO, Rn. 4.

201 *Albrecht/Jotzo*, Datenschutzrecht, Teil 3, Rn. 39.

202 Definition "explicit" bei Encyclopedia „Stated clearly and in detail, leaving no room for confusion or doubt", https://tinyurl.com/4hpe8efr.

203 Begr. zu Art. 2 des geä. Vorschlags, abgedr. in *Dammann/Simitis*, Vor Art. 2.

204 *Greve*, in: Auernhammer, Art. 9 DSGVO, Rn. 26.

205 *Conrad/Treeger*, in: Auer-Reinsdorff/Conrad, IT- und Datenschutzrecht, § 34 Rn. 458; *Korge*, in: Gierschmann et al., Art. 9 Rn. 20; *Petri*, in: Simitis et al., Datenschutzrecht, Art. 9 Rn. 33; *Reding*, ZD 2012, 195, 197; *Spindler/Dalby*, in: Spindler/Schuster, Elektron. Medien, DSGVO, Art. 9 Rn. 7; aA wohl BT-Drs. 19/29633, S. 5 f.

diesen Begriff in Art. 9 Abs. 2 lit. a DSGVO nicht verwendet. Im Umkehrschluss folgt daraus, dass mit dem Begriff „*ausdrücklich*" nicht „*schriftlich*" gemeint sein kann. Wegen der Rechenschaftspflicht nach Art. 5 Abs. 2 DSGVO ist eine schriftliche Einwilligung allerdings ausdrücklich zu empfehlen, auch wenn eine schriftliche Einwilligung in vielen Fällen nicht praktikabel ist.[206]

Insgesamt kann festgehalten werden, dass der Begriff „*ausdrücklich*" keine Schriftlichkeit meint. Vielmehr muss aus der Einwilligung nur deutlich werden, dass die betroffene Person eine bestimmte Einwilligung über die Verarbeitung besonderer Kategorien personenbezogener Daten abgegeben hat. Dazu muss sich die Einwilligung auf konkrete besondere Kategorien personenbezogener Daten beziehen (z. B. Gesundheitsdaten). Eine Nennung der spezifischen personenbezogenen Daten (z. B. HIV-Infektion) ist nicht erforderlich, vielmehr ist ausreichend, wenn konkret auf die Datenkategorien Bezug genommen wird. Dies wird durch den Wortlaut des Art. 9 Abs. 2 lit. a DSGVO bestätigt, wonach nur in die Verarbeitung „*der genannten personenbezogenen Daten*" ausdrücklich eingewilligt werden muss. Eine ausdrückliche Einwilligung kann auch durch das Anklicken eins Kästchens erfüllt werden. Erforderlich ist aber stets, dass der betroffenen Person klar ist, zu welchem Zweck und welche konkreten besondere Kategorien personenbezogener Daten verarbeitet werden sollen. Je intensiver der Eingriff ist, desto höher sind auch die Anforderungen an die Konkretheit der Einwilligung.[207]

### 2. Weitere Anforderungen an die Einwilligung

Nach Art. 9 Abs. 2 lit. a DSGVO muss sich die Einwilligung auf einen oder mehrere festgelegte Zwecke beziehen. Die Formulierung wird i. S. v. „*spezifischen Zwecken*" verstanden, was sich aus einem Vergleich zu anderen Sprachfassungen ergebe.[208] Dies bedeutet, dass der Arbeitgeber im Bewerbungsverfahren mehrere Zwecke festlegen kann, wofür die Einwilligung genutzt werden soll. Bezüglich der sonstigen Anforderungen an die Einwilligung kann auf die Ausführungen zur „*normalen*" Einwilligung verwiesen werden. Denn die allgemeinen Anforderungen an die Einwilligung aus den Art. 4 Nr. 11 und Art. 7 DSGVO sind auch bei Art. 9 Abs. 2 lit. a DSGVO anzuwenden, wobei auch hier das Augenmerk auf die Freiwilligkeit zu legen ist.[209]

### 3. Umsetzung im BDSG

Der deutsche Gesetzgeber hat in § 26 Abs. 3 S. 2 Hs. 1 BDSG normiert, dass § 26 Abs. 2 BDSG (vgl. Vierter Teil, § 19, B., V., 2.) auch für die Einwilligung in die

---

206 Ebenso *Buchner/Kühling*, DuD 2017, 544, 546.

207 *Wolff*, in: Pechstein et al., Frankfurter Kommentar, Art. 8 GRCh, Rn. 26.

208 *Petri*, in: Simitis et al., Datenschutzrecht, Art. 9 Rn. 32 (bezugnehmend auf die englische, französische und italienische Sprachfassung).

209 *Albers/Veit*, in: BeckOK DatenSR, DSGVO, 48. Ed. 01.05.2024, Art. 9 Rn. 58.

Verarbeitung besonderer Kategorien personenbezogener Daten gilt und damit die Möglichkeit belassen, dass die Einwilligung grundsätzlich auch im Rahmen der Verarbeitung besonderer Kategorien personenbezogener Daten zum Tragen kommt. Dabei muss sich die Einwilligung nach § 26 Abs. 3 S. 2 Hs. 2 BDSG ausdrücklich auf diese Daten beziehen. Damit bestätigt die Vorschrift lediglich das, was bereits in der DSGVO geregelt ist. *Seifert* geht deswegen zutreffend davon aus, dass es sich bei § 26 Abs. 3 S. 2 Hs. 2 BDSG lediglich um eine deklaratorische Vorschrift handelt.[210] Zudem wird durch den Verweis auf § 26 Abs. 2 BDSG der Satz 3 einbezogen, wonach die Einwilligung grundsätzlich schriftlich oder elektronisch einzuholen ist.

Wie bereits zur Form des § 26 Abs. 2 S. 3 BDSG dargestellt (vgl. Vierter Teil, § 19, B., V., 3.), wird auch zu § 26 Abs. 3 S. 2 i. V. m. § 26 Abs. 2 S. 3 BDSG vertreten, dass die Einführung einer Formvorgabe gegen die DSGVO, konkret gegen Art. 9 Abs. 2 lit. a DSGVO verstößt, da diese keine Schriftform voraussetzen würde.[211]

Auf der anderen Seite wird die Meinung bezogen, dass die „*Ermächtigung zum Vollverbot als Minus die Befugnis der Mitgliedstaaten enthalten [soll], die Anforderungen an eine die Verarbeitung sensibler Daten legitimierende Einwilligung zu schärfen*".[212] Es soll demnach auch möglich sein, zusätzliche Anforderungen an die Einwilligung im Unionsrecht oder nationalen Recht, wie etwa die Form, zu erlassen.

Wie bereits unter Fünfter Teil, § 25, B., II., 1. erläutert, ist eine solche Schärfung lediglich über Art. 9 Abs. 4 DSGVO möglich. Damit ist auch die Einführung einer Schriftform oder elektronischen Form ein Mehr an Datenschutz, welches nach der DSGVO nicht zulässig ist. Eine schriftliche Einwilligung ist damit keine Wirksamkeitsvoraussetzung, solange die Vorgaben der Ausdrücklichkeit gewahrt sind.

## II. Arbeitsrecht und Sozialrecht, Art. 9 Abs. 2 lit. b DSGVO

Ein weiterer wichtiger Ausnahmetatbestand stellt Art. 9 Abs. 2 lit. b DSGVO dar. Hiernach gilt das Verarbeitungsverbot des Art. 9 Abs. 1 DSGVO nicht, wenn die Verarbeitung erforderlich ist, damit der Verantwortliche oder die betroffene Person die ihm bzw. ihr aus dem Arbeitsrecht und dem Recht der sozialen Sicherheit und des Sozialschutzes erwachsenden Rechte ausüben und seinen bzw. ihren diesbezüglichen Pflichten nachkommen kann. Die Norm kann als Pendant

---

210 *Seifert*, in: Simitis et al., Datenschutzrecht, Art. 88 Rn. 223.

211 *Schiff*, in: Ehmann/Selmayr, Art. 9 Rn. 80; wohl auch *Huth*, in: Koreng/Lachenmann, Datenschutzrecht, H. II. („[der DS-GVO fremden] Schriftformerfordernis").

212 *Kühling/Martini et al.*, DSGVO, S. 50; *Petri*, in: Simitis et al., Datenschutzrecht, Art. 9 DSGVO, Rn. 36; *von Lewinski*, in: Rüpke et al., Datenschutzrecht, § 13 Rn. 63; *Weth*, in: Weth et al., Daten- und Persönlichkeitsschutz, B., I., Rn. 145.

zu Art. 6 Abs. 1 S. 1 lit. b DSGVO gesehen werden, da Art. 9 Abs. 2 lit. b DSGVO ebenfalls an eine Vertragsbasis anknüpfen kann.[213]

Art. 9 Abs. 2 lit. b DSGVO stellt keinen eigenständigen Ausnahmetatbestand dar. Vielmehr ist erforderlich, dass die Verarbeitung nach dem Unionsrecht oder dem Recht der Mitgliedstaaten oder einer Kollektivvereinbarung nach dem Recht der Mitgliedstaaten, das geeignete Garantien für die Grundrechte und die Interessen der betroffenen Person zulässig sein. Die Verarbeitung muss damit zur Wahrnehmung arbeitsrechtlicher Rechte und Pflichten erforderlich sein.[214] Der deutsche Gesetzgeber hat von dieser Öffnungsklausel durch die Einfügung der § 22 Abs. 1 Nr. 1 lit. a BDSG und § 26 Abs. 3 BDSG Gebrauch gemacht.[215]

## 1. Verhältnis zu Art. 88 DSGVO

Fraglich ist zunächst, in welchem Verhältnis Art. 9 Abs. 2 lit. b DSGVO zu Art. 88 DSGVO steht. Sowohl Art. 9 Abs. 2 lit. b als auch Art. 88 DSGVO haben vergleichbare Regelungswirkungen. Der einzige Unterschied liegt hierin, dass Art. 9 Abs. 2 lit. b DSGVO strengere Regelungen an die Verarbeitung sensibler Daten stellt, die auch im Rahmen des Beschäftigtenverhältnisses beachtet werden müssen.[216] Beide Vorschriften enthalten Vorgaben zu besonderen Kategorien personenbezogener Daten (vgl. Gesundheit und Sicherheit am Arbeitsplatz, Art. 88 Abs. 1 DSGVO). Während bei Art. 88 DSGVO spezifischere Vorschriften erlassen werden können, stellt Art. 9 Abs. 2 lit. b DSGVO die Vorschriften unter einen Erforderlichkeitsvorbehalt. Die DSGVO enthält zum Verhältnis dieser beiden Vorschriften keine Aussagen.

Nach *Morasch* entfaltet Art. 9 Abs. 2 lit. b DSGVO in seinem Anwendungsbereich im Verhältnis zu Art. 88 DSGVO als lex specialis eine Sperrwirkung.[217] Begründet wird dies mit der systematischen Stellung der Norm und damit, dass Art. 9 Abs. 2 lit. b DSGVO strengere Vorgaben als Art. 88 DSGVO vorsehe. Die Vorschrift enthalte einen Erforderlichkeitsvorbehalt, während Art. 88 DSGVO lediglich die Möglichkeit vorsehe, spezifischere Vorschriften vorzusehen. Zudem stellt Art. 9 Abs. 2 lit. b DSGVO ausdrücklich auf arbeitsrechtliche Rechte und Pflichten ab. Auch die Entstehungsgeschichte soll darauf hindeuten, dass die Vorschrift des Art. 9 Abs. 2 DSGVO den Vorschriften des Kapitel IX vorgehe. Entwürfe der DSGVO sahen ursprünglich vor, dass Regelungen zu besonde-

---

213 *Schulz*, in: Gola/Heckmann, DSGVO/BDSG, Art. 9 DSGVO, Rn. 6.

214 *Hilber*, in: Hilber et al., Deutsche Tochter, D., Rn. 84; *Höhne*, Art. 88 DSGVO, S. 102 f. („kein autonomer Erlaubnistatbestand"); *Weth*, in: Weth et al., Daten- und Persönlichkeitsschutz, B., I., Rn. 70; aA wohl *Kaufmann/Wegmann/Wieg*, NZA 2023, 740, 743.

215 BT-Drs. 18/11325, S. 94, 98; *Franzen*, in: Müller-Glöge et al., Arbeitsrecht, BDSG, § 22 Rn. 3.

216 *Schiff*, in: Ehmann/Selmayr, Art. 9 Rn. 39.

217 *Morasch*, Beschäftigungskontext, S. 120 f.; wohl auch *Selk*, in: Ehmann/Selmayr, Art. 88 Rn. 213.

ren Kategorien personenbezogener Daten im Kapitel IX zu verorten seien. Diese Passagen wurden jedoch in Art. 9 Abs. 2 DSGVO verschoben.

Die Gegenmeinung geht davon aus, dass die Vorgaben den Art. 88 DSGVO neben den Vorgaben des Art. 9 Abs. 2 lit. b DSGVO zu beachten seien.[218] Demnach soll der Wortlaut des Art. 88 DSGVO sowie des Art. 9 Abs. 4 DSGVO nahelegen, dass beide Vorschriften nebeneinander Anwendung finden sollen.

*Haußmann/Brauneisen* gehen hingegen davon aus, dass Art. 88 DSGVO die Vorschrift des Art. 9 Abs. 2 lit. b DSGVO in der Prüfung verdränge.[219]

Der Ansicht von *Morasch* ist mit den entsprechenden Argumenten zuzustimmen. Art. 9 Abs. 2 lit. b DSGVO bezieht sich ausdrücklich auf das Arbeitsrecht und zieht Art. 88 DSGVO nicht mit ein. Die systematische Stellung des Art. 9 Abs. 2 DSGVO spricht demnach dafür, dass der strengere Art. 9 Abs. 2 lit. b DSGVO als einzige Vorschrift herangezogen werden kann. Für diese Ansicht spricht hauptsächlich, dass Art. 9 DSGVO aufgrund seiner systematischen Stellung in jedem Fall einzuhalten ist, während es sich bei Art. 88 DSGVO um eine fakultative Spezifizierungsklausel handelt, die der nationale Gesetzgeber nicht ausfüllen muss. Damit kann festgehalten werden, dass Art. 9 Abs. 2 lit. b DSGVO die maßgebliche Norm für die Verarbeitung besonderer Kategorien Beschäftigtendaten darstellt. Dieser Auffassung scheint sich auch der deutsche Gesetzgeber angeschlossen haben, da dieser die Vorschrift des § 26 Abs. 3 BDSG auf Art. 9 Abs. 2 lit. b DSGVO gestützt hat (vgl. Fünfter Teil, § 26, B., II., 3.).

### 2. Voraussetzungen des Art. 9 Abs. 2 lit. b DSGVO

#### a. Rechte und Pflichten aus dem Arbeitsrecht für den Bewerber?

Die Vorschrift des Art. 9 Abs. 2 lit. b DSGVO verlangt, dass der Verantwortliche oder die betroffene Person die ihm bzw. ihr aus dem Arbeitsrecht erwachsenden Rechte ausüben und seinen bzw. ihren diesbezüglichen Pflichten nachkommen kann. Unter dem Arbeitsrecht wird sowohl das Individual- als auch das Kollektivarbeitsrecht verstanden, sodass vor allem Kollektivvereinbarungen erfasst sind.[220] Dies stellt Art. 9 Abs. 2 lit. b DSGVO ausdrücklich klar („*Kollektivvereinbarungen nach dem Recht der Mitgliedstaaten*“). Damit werden auch Betriebsvereinbarungen erfasst (vgl. ErwG 155). Es fallen grundsätzlich alle Rechte und Pflichten aus einem Arbeitsverhältnis unter diese Norm.[221] Der Arbeitsvertrag

---

218 *Höhne*, Art. 88 DSGVO, S. 101 f.; *Kort*, NZA-Beilage 2016, 62, 64 f.; wohl auch *Gosch*, Besondere Kategorien, S. 69; *Körner*, Beschäftigtendatenschutz, S. 58.

219 *Haußmann/Brauneisen*, BB 2017, 3065, Fn. 8; ebenso *Stark*, Aufgabenwahrnehmung des Betriebsrats, S. 243; wohl auch *Freund*, in: Schuster/Grützmacher, IT-Recht, Art. 9 DSGVO, Rn. 17.

220 *Jaspers/Schwartmann/Mühlenbeck*, in: Schwartmann et al., Art. 9 DSGVO, Rn. 135; *Weichert*, in: Kühling/Buchner, Art. 9 DSGVO, Rn. 54.

221 *Korge*, in: Gierschmann et al., Art. 9 Rn. 24.

selbst kommt als Ausnahmetatbestand auch in Betracht.[222] Nach dem Wortlaut müssen diese Rechte aus dem Arbeitsrecht „*erwachsen*". Im Vergleich zu anderen Sprachfassungen (engl. „*in the field of employment*") ist mit *Hanloser* zutreffender von „*im Zusammenhang*" zu sprechen.[223] Das bedeutet, dass die Rechte nur im Zusammenhang mit dem Arbeitsrecht stehen müssen. Dies wird durch ErwG 52 S. 1 bekräftigt, wonach von der „*Verarbeitung von personenbezogenen Daten auf dem Gebiet des Arbeitsrechts*" gesprochen wird.

Weiterhin müssen die Rechte und Pflichten nach dem Unionsrecht oder dem Recht der Mitgliedstaaten oder einer Kollektivvereinbarung zulässig sein. Es sollen, nach teilweiser Auffassung, auch die richterrechtlichen Rechtsgrundsätze (insb. das Fragerecht des Arbeitgebers) berücksichtigt werden, da allgemein vom „*Recht der Mitgliedstaaten*" und nicht von mitgliedstaatlichen Rechtsvorschriften gesprochen werde.[224] Dem kann nicht zugestimmt werden, da die englische Sprachfassung von „*Member state law*" spricht. Diese Formulierung findet sich auch in Art. 23 Abs. 1 DSGVO wieder. Hier wird ebenfalls der Begriff „*Member State Law*" verwendet (dt. „*Rechtsvorschriften*"). Würde diese Formulierung auch richterrechtliche Rechtsgrundsätze erfassen, so wäre die Umsetzung des Art. 23 Abs. 1 DSGVO nicht möglich, da diese Vorschrift verlangt, dass diese Rechtsvorschriften im Wege von Gesetzgebungsmaßnahmen erfolgen müssen. Gesetzgebungsmaßnahmen stellen jedoch kein Richterrecht dar.[225]

Nach teilweiser vertretener Ansicht bleibt die rechtliche Zulässigkeit von bestimmten Fragen durch den Arbeitgeber, etwa bei Bewerbungsgesprächen, ein genuin arbeitsrechtliches Problem.[226] Dem kann dahingehend nur zugestimmt werden, wenn das nationale Arbeitsrecht bzw. Sozialrecht Regelungen umfasst, welches geeignete Garantien für die Grundrechte und die Interessen der betroffenen Person vorsehen. Dies verlangt Art. 9 Abs. 2 lit. b DSGVO ausdrücklich.

Fraglich ist, ob Art. 9 Abs. 2 lit. b DSGVO im Rahmen des Bewerbungsverfahrens zum Tragen kommt. Es liegt gerade noch kein bestehendes Beschäftigungsverhältnis vor, aus denen arbeitsrechtliche Pflichten herzuleiten wären. Damit wird die Frage in den Vordergrund gerückt, ob es für Art. 9 Abs. 2 lit. b DSGVO ausreicht, dass lediglich ein vorvertragliches Schuldverhältnis gegeben ist und gerade noch kein bestehendes Beschäftigungsverhältnis.

---

222 BAG, Urt. v. 01.06.2022 – 5 AZR 28/22, Rn. 61, NZA 2022, 1387; *Claus/Reif*, RDV 2020, 83, 85; *Piltz*, BDSG, § 22 Rn. 84; aA *DSK*, Kurzpapier Nr. 17, S. 1 f.; *Däubler*, Gläserne Belegschaften, Rn. 189; *Frenzel*, in: Paal/Pauly, Art. 9 DSGVO, Rn. 27; *Gosch*, Besondere Kategorien, S. 68.

223 *Hanloser*, in: Forgó et al., Datenschutz, Teil V, Kap. 1, Fn. 210.

224 *Franzen*, EuZA 2017, 313, 329.

225 *Frenzel*, in: Paal/Pauly, Art. 9 DSGVO, Rn. 27; *Schiff*, in: Ehmann/Selmayr, Art. 9 Rn. 39.

226 *Schiff*, in: Ehmann/Selmayr, Art. 9 Fn. 129. Bereits zu Art. 8 lit. b DSRL *Ehmann/Helfrich*, Art. 8 Rn. 25 (Rechtsprechung zum Fragerecht des Arbeitgebers muss aus Datenschutzgründen nicht neu überdacht werden).

*Hanloser* verlangt ein bestehendes Beschäftigungsverhältnis für die Anwendung des Art. 9 Abs. 2 lit. b DSGVO, während für die Bewerberphase auf Art. 9 Abs. 2 lit. f DSGVO rekurriert werden müsse.[227] Da noch kein bestehendes Beschäftigungsverhältnis vorhanden sei, könne der Arbeitgeber daraus auch keine Rechte herleiten.

Art. 9 Abs. 2 lit. b DSGVO spricht davon, dass der Verantwortliche seinen Rechten und Pflichten aus dem „*Arbeitsrecht*" nachkommen kann. Eine Eingrenzung auf ein bereits bestehendes Beschäftigungsverhältnis ist nach dem Wortlaut nicht gegeben. Vielmehr kann von einer sehr weiten Auslegung ausgegangen werden. Dies wird durch ErwG 52 S. 1 bestätigt, wonach die Verarbeitung „*auf dem Gebiet des Arbeitsrechts*" erfolgen muss. Auch in vorvertraglichen Schuldverhältnissen können bereits Rechte und Pflichten aus dem Arbeitsrecht hergeleitet werden. Mit Aufnahme der Vertragsverhandlungen entsteht ein vorvertragliches Schuldverhältnis nach § 311 Abs. 2 BGB, sodass hieraus bereits Rücksichtnahme- und andere Nebenpflichten abgeleitet werden können.[228] Nach *Bongers* umfasst der Wortlaut „*Arbeitsrecht*" demnach nicht nur das „*gesetzlich kodifizierte Arbeitsrecht oder Regelungen in Kollektivvereinbarungen, sondern auch arbeitsvertragliche und nebenvertraglichen Rechte und Pflichten der Parteien des Arbeitsverhältnisses*". Somit ist Art. 9 Abs. 2 lit. b DSGVO auch auf die Bewerbungsphase anwendbar. Eine Anwendung des Art. 9 Abs. 2 lit. f DSGVO steht dem nicht entgegen, da auch mehrere Ausnahmetatbestände nebeneinander vorliegen können (vgl. zu Art. 9 Abs. 2 lit. f DSGVO Fünfter Teil, § 26, B., V.).

### b. Erforderlichkeit

Entscheidendes Merkmal des Art. 9 Abs. 2 lit. b DSGVO ist der Begriff der „*Erforderlichkeit*". Dieser Begriff ist europäisch und wegen seines Ausnahmecharakters eng auszulegen.[229] Nach *Schiff* dient dieses Merkmal dazu, im Einzelfall durch gerichtliche Kontrolle die Vorschriften durch den EuGH überprüfen zu lassen.[230]

Der Begriff der Erforderlichkeit war bereits in der DSRL enthalten (vgl. Art. 8 Abs. 2 lit. b DSRL). Nach *Petri* habe der EuGH den Erforderlichkeitsbegriff in der DSRL als eigenständigen Begriff des Gemeinschaftsrechts angesehen, der

227 *Hanloser*, in: Forgó et al., Datenschutz, Teil V, Kap. 1, Rn. 64. Zur DSRL *Weth*, in: Weth et al., Daten- und Persönlichkeitsschutz, 1. Aufl., Teil B, I., Rn. 87.

228 *Gola*, NZA 2019, 654; *ders.*, Beschäftigtendatenschutz, Rn. 581; *Jacobi*, in: Behling/Abel, Datenschutz, Rn. 991; *Klement*, Medizinische Datenerhebungen, S. 151; *Moos/Bandehzadeh/Bodenstedt*, DB 2007, 1194, 1195.

229 *Mester*, in: Taeger/Gabel, Art. 9 DSGVO, Rn. 17; *Petri*, in: Simitis et al., Datenschutzrecht, Art. 9 Rn. 41; *Zöll*, in: Taeger/Gabel, § 26 BDSG, Rn. 87 („verschärfter Erforderlichkeitsmaßstab").

230 Schiff, in: Ehmann/Selmayr, Art. 9 Rn. 40.

keinen variablen Inhalt habe.[231] Diese Rechtsprechung, welche auf die DSGVO übertragen werden könne, bedeute, dass der Begriff der Erforderlichkeit so auszulegen sei, dass es den Zielen der DSGVO entspreche. Die Erforderlichkeit müsse dabei im Zusammenhang mit den nationalen Vorschriften ausgelegt werden (vgl. Wortlaut: „*erforderlich, damit der Verantwortliche…*“. Verbieten nationale Vorschriften gewisse Verarbeitungen (z. B. § 19 GenDG), so könne die Verarbeitung der besonderen Kategorien personenbezogener Daten auch nicht erforderlich sein.[232] Nach *Rose* muss aufgrund der erhöhten Schutzbedürftigkeit der besonderen Kategorien personenbezogener Daten an die Prüfung der Erforderlichkeit ein verschärfter Maßstab angelegt werden. Je umfassender Maßnahmen i. S. d. § 22 Abs. 2 BDSG zum Schutz der Wahrung der Interessen ergriffen werden, desto eher wird die Interessenabwägung zu Gunsten des Arbeitgebers ausfallen.[233]

So dürfen zum Beispiel Gesundheitsdaten des Bewerbers erfragt werden, wenn dies für das konkrete Arbeitsverhältnis von Relevanz ist, wie etwa Behinderungen, die zu Beschäftigungsverboten führen, zur Berechnung der Behindertenquote oder sonstige gesundheitliche Einschränkungen in Bezug auf diese Tätigkeit ermittelt werden.[234] Genetische Untersuchungen können hingegen nicht erforderlich sein, da sich aus den Wertungen der §§ 19-21 GenDG ergibt (vgl. Fünfter Teil, § 25, B., II.), dass solche Untersuchungen im Rahmen der Begründung eines Beschäftigungsverhältnisses nicht durchgeführt werden dürfen.[235]

### c. Geeignete Garantien

#### aa. Vorgaben des Art. 9 Abs. 2 lit. b DSGVO

Das Unionsrecht, das Recht der Mitgliedstaaten und die Kollektivvereinbarungen müssen „*geeignete Garantien für die Grundrechte und die Interessen der betroffenen Person*“ nach Art. 9 Abs. 2 lit. b DSGVO vorsehen. Eine nähere Definition, was der europäische Gesetzgeber damit gemeint hat, findet sich nicht. Teilweise wird davon ausgegangen, dass die allgemeinen Grundsätze gelten, sodass technische und organisatorische Maßnahmen im nationalen Recht normiert werden müssen.[236] Auf der anderen Seite wird vertreten, dass die Maßnahmen auf die Besonderheiten der sensiblen Daten ausgerichtet sein müssen und über

231 *Petri*, in: Simitis et al., Datenschutzrecht, Art. 9 Rn. 41 (Berufung auf EuGH, Urt. v. 24.11.2011 – C-468/10 u. C-469/10, EuZW 2012, 37 – ASNEF; EuGH, C-524/06, Rn. 50, 51 – Huber; EuGH, Urt. v. 06.11.2003 – C-101/01, EuZW 2004, 245 – Lindqvist).

232 *Weth*, in: Weth et al., Daten- und Persönlichkeitsschutz, B., I., Rn. 145.

233 *Nebel*, ZD 2018, 520, 523.

234 *Gola*, Beschäftigtendatenschutz, Rn. 1859; *Weichert*, in: Kühling/Buchner, Art. 9 DSGVO, Rn. 55.

235 Ebenso *Weth*, in: Weth et al., Daten- und Persönlichkeitsschutz, B., I., Rn. 145.

236 *Korge*, in: Gierschmann et al., Art. 9 Rn. 25.

die allgemeinen Maßnahmen hinausgehen.[237] Nach *Spindler/Dalby* kann hierbei Art. 6 Abs. 4 lit. e DSGVO als Orientierung dienen, der als geeignete Garantien die Verschlüsselung und die Pseudonymisierung aufführt.[238] *Schiff* meint, dass diese Garantien insbesondere durch Widerspruchs-, Berichtigungs- und Löschungsrechte verwirklicht werden können, die die betroffenen Personen geltend machen können.[239] *Von Roetteken* geht, ausgehend von den verschiedenen Sprachfassungen, davon aus, dass zwischen den Grundrechten nach Artt. 7 und 8 GRCh und den hinzutretenden weiteren Interessen der Betroffenen zu unterscheiden sei.[240]

Im Ergebnis gibt Art. 6 Abs. 4 lit. e DSGVO Hinweise auf die geeigneten Garantien (engl. „*appropriate safeguards*"). Diese Formulierung findet sich in der englischen Fassung unter anderem sowohl in Art. 6 Abs. 4 lit. e, in Art. 9 Abs. 2 lit. b als auch in Art. 10 S. 1 DSGVO wieder. Nach Art. 6 Abs. 4 lit. e DSGVO können Verschlüsselung und Pseudonymisierung als geeignete Garantien anzusehen sein. Diese zwei Maßnahmen werden als Datensicherheitsmaßnahmen i. S. d. Art. 32 Abs. 1 lit. a DSGVO angesehen. Der europäische Gesetzgeber hatte mit den geeigneten Garantien demnach Datensicherheitsmaßnahmen im Auge. Auch in ErwG 156 S. 2 lässt der europäische Gesetzgeber erkennen, dass unter dem Begriff der geeigneten Garantien insbesondere technisch und organisatorische Maßnahmen zu verstehen sind.

### bb. Europarechtskonforme Umsetzung in § 22 Abs. 2 BDSG?

Der deutsche Gesetzgeber hat den Ausgestaltungsauftrag des Art. 9 Abs. 2 lit. b DSGVO durch § 22 Abs. 2 BDSG umgesetzt, der ausdrücklich in § 26 Abs. 3 S. 3 BDSG auch im Bereich des Beschäftigtendatenschutzes Anwendung finden soll.[241] Nach § 22 Abs. 2 S. 1 BDSG sind angemessene und spezifische Maßnahmen zur Wahrung der Interessen der betroffenen Person vorzusehen. Nicht verständlich ist es, wieso der deutsche Gesetzgeber von der Formulierung des Art. 9 Abs. 2 lit. b DSGVO abweicht, wonach geeignete Garantien für die Grundrechte und die Interessen der betroffenen Person vorgesehen werden müssen. Das Kriterium der Angemessenheit soll sich am Grundsatz der Verhältnismäßigkeit messen und den Schutz der Daten möglichst effektiv sicherstellen, während spezifische Maßnahmen auf den Einzelfall bezogen sein sollen.[242] Nach Ansicht der Literatur greift § 22 Abs. 2 BDSG auch in den Fällen, in denen ein Gesetz dem BDSG nach § 1 Abs. 2 S. 1 BDSG vorgeht, aber keine spezifischen Garanti-

237 *Weichert*, in: Kühling/Buchner, Art. 9 DSGVO, Rn. 134.
238 *Spindler/Dalby*, in: Spindler/Schuster, Elektron. Medien, DSGVO, Art. 9 Rn. 10.
239 *Schiff*, in: Ehmann/Selmayr, Art. 9 Rn. 40.
240 *Von Roetteken*, jurisPR-ArbR 37/2019, Anm. 7.
241 BT-Drs. 18/11325, S. 95; BAG, Beschl. v. 09.04.2019 – 1 ABR 51/17, Rn. 28, NZA 2019, 1055.
242 *Piltz*, BDSG, § 22 Rn. 29.

en enthält.[243] Auch der Betriebsrat muss solche Maßnahmen ergreifen und nach Ansicht des BAG diese Sicherheitsmaßnahmen konkret darlegen, da der Arbeitgeber sonst die Übermittlung der besonderen Kategorien personenbezogener Daten unterlassen kann.[244]

Nach § 22 Abs. 2 S. 2 BDSG müssen unter Berücksichtigung des Stands der Technik, der Implementierungskosten und der Art, des Umfangs, der Umstände und der Zwecke der Verarbeitung sowie der unterschiedlichen Eintrittswahrscheinlichkeit und Schwere der mit der Verarbeitung verbundenen Risiken für die Rechte und Freiheiten natürlicher Personen verschiedene Maßnahmen berücksichtigt werden.[245] Der deutsche Gesetzgeber listet dazu zehn alternativ ausgestaltende Maßnahmen auf, die allerdings nicht als abschließend anzusehen sind (vgl. „*insbesondere*“)[246] und die in dem Sinne auch europäisch ausgelegt werden müssen. Zudem ist es nicht erforderlich, dass mehrere Maßnahmen gleichzeitig vorliegen, da insgesamt nur verhältnismäßige Maßnahmen zu ergreifen sind.[247] Es ist immer den Einzelfall abzustellen. Nach dem BAG können zu den Maßnahmen zudem das „*zuverlässige Sicherstellen des Verschlusses der Daten, die Gewähr begrenzter Zugriffsmöglichkeiten oder deren Beschränkung auf einzelne Betriebsratsmitglieder sowie die Datenlöschung nach Beendigung der Überwachungsaufgabe gehören*“.[248] Nach *Weichert* kann auch die Einbindung des Betriebsrates als weitere Maßnahme in Betracht kommen, wobei durch das Ergebnis einer Datenschutz-Folgenabschätzung nach Art. 35 DSGVO die erforderlichen Maßnahmen feststellbar seien.[249]

Die Spezifizierung des § 22 Abs. 2 BDSG wird in der datenschutzrechtlichen Literatur teilweise für gelungen bezeichnet.[250]

Andere Stimmen in der Literatur erklären die Regelung des § 22 Abs. 2 BDSG als europarechtswidrig, da der europäische Gesetzgeber vom nationalen Gesetzgeber verlangt habe, dass dieser genau festlege, welche Garantien zu ergreifen sind.[251] Der deutsche Gesetzgeber habe dies durch § 22 Abs. 2 BDSG aber gerade

---

243 *Weichert*, in: Kühling/Buchner, § 22 BDSG, Rn. 27, 45.

244 BAG, Urt. v. 09.04.2019 – 1 ABR 51/17, Rn. 46 ff., NZA 2019, 1055.

245 *Piltz*, BDSG, § 22 Rn. 31 (Satz beschreibt die Angemessenheit der Maßnahme).

246 BAG, Beschl. v. 09.04.2019 – 1 ABR 51/17, Rn. 48, NZA 2019, 1055.

247 *Kampert*, in: Sydow, DSGVO/BDSG, § 22 BDSG, Rn. 66; *Piltz*, BDSG, § 22 Rn. 31.

248 BAG, Urt. v. 09.04.2019 – 1 ABR 51/17, Rn. 48, NZA 2019, 1055; *Kleinebrink*, DB 2019, 2577, 2580 (unklar, welche Maßnahmen im konkreten Einzelfall für den Betriebsrat zu treffen sind).

249 *Weichert*, in: Kühling/Buchner, § 22 BDSG, Rn. 42; ebenso *Kleinebrink*, DB 2019, 2577, 2580.

250 *Weichert*, in: Kühling/Buchner, § 22 BDSG, Rn. 29 („Appellcharakter“); ähnlich *Weiß*, Öffnungsklauseln, S. 193 („rechtspolitisch kritikwürdig, aber nicht per se unionsrechtswidrig“).

251 *Ambrock*, in: Jandt/Steidle, Datenschutz, Teil A, II., Rn. 58 („ohne erkennbaren Mehrwert“ und „mit europarechtlichen Vorgaben nicht vereinbar“); *Frenzel*, in: Paal/Pauly, § 22 BDSG, Rn. 13 f.; *Kampert*, in: Sydow, DSGVO/BDSG, § 22 BDSG, Rn. 64, 98

nicht erreicht, da dieser eine flexible Gestaltung ermögliche und nur bestehende Vorschriften der DSGVO in unzulässiger Weise wiederhole (sog. Normwiederholungsverbot). Der deutsche Gesetzgeber übertrage dem Verantwortlichen die Pflicht, spezifische Maßnahmen zu schaffen, obwohl der europäische Gesetzgeber dem nationalen Gesetzgeber diese Aufgabe originär übertragen habe. Zudem sei nicht nachvollziehbar, wieso die Maßnahmen alternativ ausgestaltet seien, da eine einzelne Maßnahme nicht für den besonderen Schutz der sensiblen Daten ausreichend sei. Nach *Petri* wäre es *„naheliegend gewesen, Schutzmaßnahmen auf die besondere Schadensneigung bestimmter Datenkategorien auszurichten"*, auch wenn diese Aufgabe für den Gesetzgeber anspruchsvoll gewesen wäre.

Der zuletzt genannten Auffassung ist zuzustimmen, dass Regelungsadressat des Ausgestaltungsauftrages nach Art. 9 Abs. 2 lit. b DSGVO grundsätzlich der nationale Gesetzgeber und gerade nicht der Verantwortliche ist. Eine Ausnahme besteht für die Kollektivvereinbarungen. Hier werden die Kollektivparteien angesprochen, sodass diese dafür Sorge tragen müssen, dass geeignete Garantien für die Grundrechte und die Interessen der betroffenen Personen vorgesehen werden. Der deutsche Gesetzgeber dreht dieses Regelverhältnis um, indem normiert wird, dass der Verantwortliche angemessene und spezifische Maßnahmen zur Wahrung der Interessen der betroffenen Person vorzusehen hat (vgl. § 22 Abs. 2 S. 1 BDSG). Dies ist aber nicht der europäische Wille. Bei der Umsetzung im nationalen Recht muss sich der Verantwortliche darauf verlassen können, dass der nationale Gesetzgeber Regelungen erlässt, mit denen der Verantwortliche rechtssichere Auskunft darüber erlangt, welche Maßnahmen ergriffen werden müssen, damit eine datenschutzkonforme Verarbeitung möglich ist. Der deutsche Gesetzgeber hat die Vorgaben des europäischen Gesetzgebers daher nicht unionskonform umgesetzt. Vielmehr werden lediglich Maßnahmen genannt, die bereits nach der DSGVO bestehen, sodass sich aus der Vorschrift des § 22 Abs. 2 BDSG keine Neuerungen ergeben (z. B. technisch organisatorische Maßnahmen i. S. d. § 22 Abs. 2 S. 2 Nr. 1 BDSG entspricht Art. 32 DSGVO).[252] Der Mehrwert dieser Vorschrift ist einzig darin zu erblicken, dass weitere Datensicherheitsmaßnahmen als Beispiele genannt werden, die nicht in Art. 32 DSGVO aufgeführt werden.

Es besteht insgesamt für den Verantwortlichen das Risiko, dass seine umgesetzten Maßnahmen als nicht ausreichend erachtet werden. Es ist daher dem deutschen Gesetzgeber anzuraten, entsprechende Garantien im nationalen Recht zu verankern, die konkret einzuhalten sind.

---

(„pauschal"); *Petri*, in: Simitis et al., Datenschutzrecht, Art. 9 Rn. 31; *Rose*, in: Taeger/Gabel, § 22 BDSG, Rn. 52 („vollkommen unspezifisch"); *Schantz*, in: Schantz/Wolff, Datenschutzrecht, Rn. 706; *Schiff*, in: Ehmann/Selmayr, Art. 9 Rn. 79 (Wiederholung der bestehenden Pflichten ohne eigenständige gesetzgeberische Entscheidung).

252 *Kampert*, in: Sydow, DSGVO/BDSG, § 22 BDSG, Rn. 101.

### cc. Rechtsfolge bei Verstoß gegen § 22 Abs. 2 BDSG

Fraglich ist, welche Rechtsfolge ein Verstoß gegen § 22 Abs. 2 BDSG auslösen würde, falls § 22 Abs. 2 BDSG den Anforderungen der DSGVO entsprechen würde. Die Norm enthält keine geschriebene Rechtsfolge. Aus diesem Grund ist ein Teil der datenschutzrechtlichen Literatur der Ansicht, dass ein Verstoß gegen die Vorgaben des § 22 Abs. 2 BDSG nicht zur Rechtswidrigkeit der Datenverarbeitung führen würde. Da es sich im Ergebnis um einen Verstoß gegen Datensicherheitsmaßnahmen i. S. v. Art. 32 DSGVO handele, könne nur ein Bußgeld nach Art. 83 Abs. 4 lit. a DSGVO in Betracht kommen.[253]

Die Gegenmeinung geht hingegen von der Rechtswidrigkeit der Datenverarbeitung aus, falls die Vorgaben nicht eingehalten werden.[254]

Das Europarecht gibt den nationalen Gesetzgebern den Ausgestaltungsauftrag nach Art. 9 Abs. 2 lit. b DSGVO, geeignete Garantien für die Grundrechte und die Interessen der betroffenen Personen vorzusehen. Wenn weder der Verantwortliche noch der Gesetzgeber solche Maßnahmen bzw. Garantien vorgesehen hat, sind die Tatbestandsmerkmale von Art. 9 Abs. 2 lit. b DSGVO und § 22 Abs. 2 BDSG nicht erfüllt, sodass kein wirksamer Ausnahmetatbestand für die Verarbeitung besonderer Kategorien personenbezogener Daten gegeben ist. Dies bedeutet, dass in diesem Fall die Datenverarbeitung bezüglich der besonderen Kategorien personenbezogener Daten rechtswidrig ist. Bekräftigt wird dies durch ErwG 52 S. 1, wonach eine Ausnahme vom Verbot des Art. 9 Abs. 1 DSGVO nach Ansicht des europäischen Gesetzgebers nur dann eingreift, wenn angemessene Garantien vorgesehen wurden („*vorbehaltlich angemessener Garantien zum Schutz der personenbezogenen Daten und anderer Grundrechte*“). Im Ergebnis ist davon auszugehen, dass im Falle des Nichtergreifens von geeigneten Garantien bzw. des Ergreifens von Garantien, die nicht geeignet sind, die Vorgaben der DSGVO zu erfüllen, kein wirksamer Ausnahmetatbestand vorhanden ist.

## 3. Umsetzung in § 26 Abs. 3 S. 1 BDSG

Der deutsche Gesetzgeber hat in § 26 Abs. 3 S. 1 BDSG eine weitere Vorschrift erlassen, die auf Art. 9 Abs. 2 lit. b DSGVO beruht und sich somit um keine spezifischere Vorschrift i. S. d. Art. 88 Abs. 1 DSGVO handelt.[255] Nach § 26 Abs. 3 S. 1 BDSG ist die Verarbeitung für Zwecke des Beschäftigungsverhältnisses zulässig, wenn sie zur Ausübung von Rechten oder zur Erfüllung rechtlicher Pflichten aus dem Arbeitsrecht, dem Recht der sozialen Sicherheit und

253 *Heckmann/Scheurer*, in: Gola/Heckmann, DSGVO/BDSG, § 22 BDSG, Rn. 49 (bei grobem Verstoß wäre Rechtswidrigkeit denkbar).

254 *Kremer*, CR 2017, 367, 373; *Plath*, in: Plath, § 22 BDSG, Rn. 15 (liegt nahe, ist aber nicht zwingend).

255 BT-Drs. 18/11325, S. 98; *Seifert*, in: Simitis et al., Datenschutzrecht, Art. 88 Rn. 221; aA *Lindner*, NJOZ 2020, 321, 325 (Umsetzung des Art. 9 Abs. 4).

des Sozialschutzes erforderlich ist und kein Grund zu der Annahme besteht, dass das schutzwürdige Interesse der betroffenen Person an dem Ausschluss der Verarbeitung überwiegt. Nach *Geiger* handelt es sich bei Art. 9 Abs. 2 lit. b DSGVO bzw. § 26 Abs. 3 S. 1 BDSG um eine „*wesentliche und auch praktikable Legitimierungsgrundlage*".[256] § 26 Abs. 3 S. 1 BDSG stellt für sich genommen keine eigene Erlaubnisnorm dar, sondern kann nur in Verbindung mit einer anderen Norm eine bestimmte Verarbeitung rechtfertigen.[257] Zudem stellt § 26 Abs. 3 BDSG nach überwiegender Ansicht keine abschließende Regelung dar, sondern es bleibt zulässig, sich auch auf andere Vorschriften des Art. 9 Abs. 2 DSGVO zu berufen (z. B. Art. 9 Abs. 2 lit. a, e DSGVO).[258] Dies liegt darin begründet, dass die Ausnahmetatbestände des Art. 9 Abs. 2 DSGVO in keinem Konkurrenzverhältnis zueinanderstehen. Zudem wäre es nicht möglich, dass eine nationale Vorschrift europarechtlich vorgegebene Ausnahmetatbestände ausschließen kann.

### a. Anwendbarkeit auf die Bewerbungsphase?

Es stellt sich die Frage, ob § 26 Abs. 3 BDSG auch die Phase der Anbahnung des Beschäftigungsverhältnisses umfasst. Laut der deutschen Gesetzesbegründung wird die Verarbeitung der Daten zur Beurteilung der Arbeitsfähigkeit erfasst.[259] Nach *Jandt* kann unter diese Vorschrift zum Beispiel die Internetrecherche nach Bewerbern gefasst werden. Hauptanwendungsfall dieser Vorschrift sei jedoch die Verarbeitung von Sozial- und Gesundheitsdaten der Beschäftigten, die im Rahmen der Personalakten anfallen.[260] Auch nach Auffassung von *Grimm* wird mit § 26 Abs. 3 BDSG die Verarbeitung von personenbezogenen Daten über die ethnische Herkunft, welche oft der Lebenslauf in den Bewerbungsunterlagen enthält, erfasst.[261] Dieser Streit, der auch im Rahmen des Art. 9 Abs. 2 lit. b DSGVO geführt wird, wurde bereits unter Fünfter Teil, § 26, B., II., 2., a. erörtert, sodass auf diese Ausführungen verwiesen werden kann. Im Ergebnis ist von einer Anwendbarkeit dieser Vorschrift für Bewerber auszugehen.

---

256 *Geiger*, in: Weth et al., Daten- und Persönlichkeitsschutz, A., IV., Rn. 200.

257 *HBDI*, Handreichung zur Verarbeitung personenbezogener Daten von Beschäftigten, S. 9 (setzt das Vorhandensein einer spezifischen Rechtsgrundlage voraus); *Rudkowski*, NZA 2019, 72, 75.

258 *Gräber/Nolden*, in: Paal/Pauly, § 26 BDSG, Rn. 42; *Riesenhuber*, in: BeckOK DatenSR, BDSG, 48. Ed. 01.05.2024, § 26 Rn. 32a; *Wybitul*, in: Kiel et al., MHA, § 96 Rn. 147; aA *Wedde*, in: Däubler et al., § 26 BDSG, Rn. 238. Vgl. *Mittländer*, in: Wedde, Datenschutz, C., Rn. 105, der einen Ausschluss annimmt, jedoch in Rn. 108 die Anwendbarkeit von Art. 9 Abs. 2 lit. e DSGVO zulässt.

259 BT-Drs. 18/11325, S. 98.

260 *Jandt*, in: Jandt/Steidle, Datenschutz, Teil B, II., Rn. 140.

261 *Grimm*, in: Tschöpe, Arbeitsrecht, 6. Teil, F., Rn. 121; ebenso *Düwell*, in: Weth et al., Daten- und Persönlichkeitsschutz, A, I., Rn. 68; *Schulze*, in: Wedde, Datenschutz, C., Rn. 237.

### b. Anforderungen des Art. 9 Abs. 2 lit. b DSGVO umgesetzt?

Es ist fraglich, ob § 26 Abs. 3 S. 1 BDSG den Anforderungen des Art. 9 Abs. 2 lit. b DSGVO genügt. Danach hat das Recht der Mitgliedstaaten geeignete Garantien (engl. „*appropriate safeguards*") für die Grundrechte und die Interessen der betroffenen Person vorzusehen. Festzustellen ist, dass das Urteil des EuGH von März 2023 keine unmittelbaren Auswirkungen auf die Anwendung des § 26 Abs. 3 S. 1 BDSG hat.[262] Das BAG hält die Vorschrift für europarechtskonform.[263]

#### aa. Normwiederholungsverbot?

Zunächst muss der missglückte Wortlaut des § 26 Abs. 3 S. 1 BDSG („*Abweichend von Artikel 9 Absatz 1*" DSGVO) dahingehend ausgelegt werden, dass § 26 Abs. 3 BDSG nicht von der DSGVO abweichen kann bzw. will. Vielmehr muss die Norm so verstanden werden, dass sie die Öffnungsklausel des Art. 9 Abs. 2 lit. b DSGVO ausfüllen will. Des Weiteren ist fraglich, ob § 26 Abs. 3 S. 1 BDSG gegen das Normwiederholungsverbot (vgl. Zweiter Teil, § 6, C., II., 2., b.) verstößt, da es sich bei § 26 Abs. 3 BDSG um eine Wiederholung des Wortlauts von Art. 9 Abs. 2 lit. b DSGVO handelt. Unmittelbare Auswirkungen hat das Urteil des EuGH zu Art. 88 DSGVO nicht, da § 26 Abs. 3 S. 1 BDSG nicht auf Art. 88 DSGVO fußt.[264] Dennoch sind die Ausführungen des EuGH zum Normwiederholungsverbot auch hier mittelbar zu berücksichtigen.

Nach der Ansicht von *Tinnefeld* ist fraglich, ob § 26 Abs. 3 S. 1 BDSG dem Konkretisierungsgebot der DSGVO in Verbindung mit dem rechtsstaatlichen Gebot der Normenklarheit entspricht.[265] Hiernach muss der Beschäftigte in nachvollziehbarer Weise erkennen können, wie der Ablauf der Verarbeitung erfolgt, sowie die Voraussetzungen und den Umfang der Einschränkung seines Rechts auf Datenschutz kennen. Dabei wird auf ein Urteil des BAG zum BDSG a. F. verwiesen, wonach eine Vorschrift normenklar formuliert werden muss, wobei als Mindestvorgabe verlangt wird, „*dass die zu verarbeitenden Datenarten und der Zweck der Verarbeitung benannt sind*".[266] Auch nach der Ansicht von *Thüsing/Peisker* verstößt § 26 Abs. 3 BDSG in unzulässiger Weise gegen die DSGVO, die Vorschrift ohne inhaltliche Vorgaben zu formulieren den Wortlaut des Art. 9 Abs. 2 lit. b DSGVO wiederholt.[267] Nach *Gola* sind sowohl Art. 9 Abs. 2 lit. b

262 *Wünschelbaum*, NZA 2023, 542, 544 unter Verweis auf EuGH, Urt. v. 30.3.2023 – C-34/21, NZA 2023, 487 – Hauptpersonalrat.

263 BAG, Beschl. v. 09.05.2023 – 1 ABR 14/22, Rn. 48 ff., NZA 2023, 1404.

264 *Wünschelbaum*, NZA 2023, 542, 544.

265 *Tinnefeld*, in: Tinnefeld et al., Datenschutzrecht, Teil 1, Rn. 420; ebenso *Byers/Winkler/Stelter*, NZA 2023, 457, 460.

266 BAG, Beschl. v. 03.06.2003 – 1 ABR 19/02, AP BetrVG 1972 § 89 Nr. 1, BAGE 106, 188.

267 *Thüsing/Peisker*, NZA 2023213, 215; ähnlich zweifelnd *Kaufmann/Wegmann/Wieg*, NZA 2023, 740, 742; *Wünschelbaum*, NZA 2023, 542, Fn. 30.

DSGVO als auch § 26 Abs. 3 BDSG deckungsgleich und somit in gleicher Weise auszulegen.[268] Neue inhaltliche Vorgaben enthalte § 26 Abs. 3 BDSG nicht.[269]

Trotz seines rein wiederholenden Charakters wird die Norm von Teilen der Literatur sowie vom BAG dennoch für zulässig erachtet, da ErwG 8 diese Möglichkeit ausdrücklich vorsehe.[270] Nach Ansicht des BAG hat der deutsche Gesetzgeber zulässigerweise von der Öffnungsklausel des Art. 9 Abs. 2 lit. b DSGVO Gebrauch gemacht. Das BAG hat wegen der Vereinbarkeit mit Art. 9 Abs. 2 lit. b DSGVO sogar ausdrücklich von einem Vorabentscheidungsverfahren nach Art. 267 Abs. 1 lit. b AEUV an den EuGH abgesehen, da die Zulässigkeit dieser Norm offenkundig sei.[271] Nach *Weiß* besteht hinsichtlich der Inanspruchnahme der Öffnungsklausel bei § 26 Abs. 3 BDSG keine Bedenken. Die Norm orientiere sich stark an der unionsrechtlichen Vorgabe, die anders als die Öffnungsklausel des Art. 6 Abs. 2 und 3 DSGVO keine Spezifizierung verlange.[272]

Letzterer Auffassung ist dahingehend zuzustimmen, dass § 26 Abs. 3 BDSG den europarechtlichen Hintergrund nicht verschleiert und somit kein Verstoß gegen das Normwiederholungsverbot gegeben ist. Zwar wiederholt § 26 Abs. 3 S. 1 BDSG weitgehend die Vorschrift des Art. 9 Abs. 2 lit. b DSGVO. Jedoch setzt § 26 Abs. 3 S. 1 BDSG zusätzlich voraus, dass kein Grund zu der Annahme bestehen darf, dass das schutzwürdige Interesse der betroffenen Person an dem Ausschluss der Verarbeitung überwiegt. Der deutsche Gesetzgeber hat demnach den Wortlaut des Art. 9 Abs. 2 lit. b DSGVO nicht nur wiederholt, sondern zusätzliche Schutzmechanismen für die betroffene Person aufgenommen. Ein Verstoß gegen das Normwiederholungsverbot ist damit nicht gegeben. Ob die Norm auch geeignete Garantien enthält und damit insgesamt als europarechtskonform einzuordnen ist, wird nachfolgend behandelt.

### bb. Geeignete Garantien?

Nach dem Wortlaut des § 26 Abs. 3 S. 1 BDSG muss die Verarbeitung zur Ausübung von Rechten oder zur Erfüllung rechtlicher Pflichten aus dem Arbeitsrecht, dem Recht der sozialen Sicherheit und des Sozialschutzes „*erforderlich*“ sein“. Diese Formulierung findet sich in ähnlicher Weise in Art. 9 Abs. 2 lit. b

---

268 *Gola*, Beschäftigtendatenschutz, Rn. 1790.

269 Ebenso *LfDI M-V*, Stellungnahme, S. 6 f.; *Franzen*, in: Müller-Glöge et al., Arbeitsrecht, BDSG, § 26 Rn. 46.

270 BAG, Beschl. v. 09.05.2023 – 1 ABR 14/22, Rn. 50, NZA 2023, 1404; *Gola*, Beschäftigtendatenschutz, Rn. 691, 1790; *Grimm*, ArbRB 2023, 131; *Höhne*, Art. 88 DSGVO, S. 173; *Seifert*, in: Simitis et al., Datenschutzrecht, Art. 88 Rn. 221; kritischer *Byers/Winkler/Stelter*, NZA 2023, 457, 461.

271 BAG, Urt. v. 01.06.2022 – 5 AZR 28/22, Rn. 59, NZA 2022, 1387; BAG, Beschl. v. 09.04.2019 – 1 ABR 51/17, Rn. 26, 28 f., NZA 2019, 1055; BAG, Beschl. v. 19.11.2019 – 1 ABR 36/18, Rn. 28 – juris; aA *Dzida*, BB 2019, 3060, 3061; *von Roetteken*, jurisPR-ArbR 37/2019, Anm. 7.

272 *Weiß*, Öffnungsklauseln, S. 200.

DSGVO wieder. Die Erforderlichkeit setzt nach der Literatur eine umfassende Verhältnismäßigkeitsprüfung voraus.[273] Unter die rechtliche Pflicht und das Recht ist die Rechtsprechung zum Fragerecht des Arbeitgebers nicht zu fassen (vgl. Fünfter Teil, § 26, B., II., 2., a.).

Weiterhin stellt sich die Frage, ob der deutsche Gesetzgeber geeignete Garantien, wie von Art. 9 Abs. 2 lit. b DSGVO gefordert, vorgesehen hat (vgl. Fünfter Teil, § 26, B., II., 2., c., aa.).

Nach § 26 Abs. 3 S. 1 BDSG ist erforderlich, dass *„kein Grund zu der Annahme besteht, dass das schutzwürdige Interesse der betroffenen Person an dem Ausschluss der Verarbeitung überwiegt*“. Der deutsche Gesetzgeber hat eine weitere Verhältnismäßigkeitsprüfung in die Norm eingebunden, die nicht in der DSGVO angelegt ist. Das BAG sieht diese Verhältnismäßigkeitsprüfung allerdings als zulässig an, da diese Verhältnismäßigkeitsprüfung eine *„geeignete Garantie für die Grundrechte und die Interessen der betroffenen Personen*“ darstellt.[274] Durch die entsprechende Anwendung des § 22 Abs. 2 BDSG über § 26 Abs. 3 S. 3 BDSG sei der Schutz der Grundrechte und die Wahrung der Interessen der betroffenen Personen sichergestellt.

Dem widersprechen Teile der Literatur und meinen, dass § 26 Abs. 3 BDSG europarechtskonform ausgelegt werden müsse und eine unzulässige Verhältnismäßigkeitsprüfung nicht berücksichtigt werden dürfe.[275] Durch das Erfordernis der Prüfung der Erforderlichkeit seien die Interessen der betroffenen Personen bereits in der Verhältnismäßigkeitsprüfung berücksichtigt, sodass sich eine weitere Interessenabwägung erübrige.

Im Ergebnis wollte der deutsche Gesetzgeber einen *„Einklang mit der Verordnung*“ erreichen und wie bisher die Voraussetzungen des § 28 Abs. 6 Nr. 3 BDSG a. F. fortschreiben.[276] Auch damals nahm man nur eine einheitliche Interessenabwägung vor, sodass im Ergebnis nur eine Verhältnismäßigkeitsprüfung durchzuführen ist.[277] Dennoch sollte aus Gründen der Rechtssicherheit der letzte Einschub des § 26 Abs. 3 S. 1 BDSG gestrichen werden.

Die geeigneten Garantien könnten in § 22 Abs. 2 BDSG zu erblicken sein. Der deutsche Gesetzgeber hat in § 26 Abs. 3 S. 3 BDSG die Vorschrift des § 22 Abs. 2 BDSG für entsprechend anwendbar erklärt, der entsprechende angemessene und spezifische Maßnahmen zur Wahrung der Interessen der betroffenen Personen enthalten soll. *Von Roetteken* sieht die Anforderungen des Art. 9 Abs. 2 lit. b DSGVO jedoch nicht als umgesetzt an, da die unionsrechtlich vorausgesetzten

---

273 *Weth*, in: Weth et al., Daten- und Persönlichkeitsschutz, B., I., Rn. 70.

274 BAG, Beschl. v. 09.04.2019 – 1 ABR 51/17, Rn. 28, 40, NZA 2019, 1055; ebenso BAG, Beschl. v. 09.05.2023 – 1 ABR 14/22, Rn. 53 ff., NZA 2023, 1404.

275 *Hanloser*, in: Forgó et al., Datenschutz, Teil V, Kap. 1, Rn. 64; ähnlich *Weth*, in: Weth et al., Daten- und Persönlichkeitsschutz, B., I., Rn. 70 (zweifelhaft, ob „eigene Bedeutung“ vorliegt); aA *Lindner*, NJOZ 2020, 321, 325.

276 BT-Drs. 18/11325, S. 98.

277 *Simitis*, in: Simitis, BDSG, § 28 Rn. 125, 307.

Garantien für die Rechte und Interessen der betroffenen Personen nicht geregelt worden seien. Der Verweis auf § 22 Abs. 2 BDSG durch § 26 Abs. 3 S. 3 BDSG könne diese Lücke nicht füllen, da diese Vorschrift keine hinreichende Regelung zu den in Art. 9 Abs. 2 lit. b DSGVO geforderten Garantien enthalte. Der Gesetzgeber müsse die Vorgaben selbst regeln und dürfe diese Entscheidung nicht dem Verantwortlichen übertragen.[278] Dem ist zuzustimmen, da § 22 Abs. 2 BDSG den Anforderungen des Art. 9 Abs. 2 lit. b DSGVO nicht gerecht wird (vgl. Fünfter Teil, § 26, B., II., 2., c., bb.).

Im Ergebnis ist mit der Vorschrift des § 26 Abs. 3 S. 1 BDSG keine europarechtskonforme Umsetzung des Art. 9 Abs. 2 lit. b DSGVO erfolgt. Dies führt zu der Konsequenz, dass Datenverarbeitungen, die auf die Erlaubnisnorm des § 26 Abs. 3 BDSG gestützt werden, rechtswidrig sind. Dem deutschen Gesetzgeber ist dringend zu raten, die Vorgaben des Art. 9 Abs. 2 lit. b DSGVO entsprechend verordnungskonform umzusetzen. Ansonsten besteht die Gefahr, dass für viele datenschutzrechtliche Vorgänge eine belastbare Erlaubnisnorm nicht mehr gefunden werden könne. Ein Abstellen auf die Vorschrift des Art. 9 Abs. 2 lit. b DSGVO ist nicht möglich, da es sich hierbei um keine eigenständige Erlaubnisnorm handelt.

### III. Kollektivvereinbarungen, Art. 9 Abs. 2 lit. b DSGVO

Kollektivvereinbarungen werden ausdrücklich neben dem Recht der Mitgliedstaaten in Art. 9 Abs. 2 lit. b DSGVO genannt (vgl. zu den Kollektivvereinbarungen Vierter Teil, § 18). Dies stellt eine Neuerung zum ursprünglichen Text des Art. 8 Abs. 2 lit. b DSRL dar, der die Kollektivvereinbarung nicht nannte. Allerdings war bereits anerkannt, dass unter die damaligen Vorschriften auch *„tarifliche oder betriebliche Vereinbarungen"* bzw. *„kollektivrechtlichen Vereinbarungen"* fallen konnten, sodass die Ergänzung der Kollektivvereinbarungen in Art. 9 Abs. 2 lit. b DSGVO im Ergebnis keine inhaltliche Neuerung darstellt.[279] Der deutsche Gesetzgeber hat die Spezifizierungsklausel des Art. 9 Abs. 2 lit. b DSGVO aufgegriffen und § 26 Abs. 4 S. 1 BDSG erlassen, der ebenfalls auf Art. 88 Abs. 1 DSGVO abstellt.[280] Danach heißt es, dass die Verarbeitung personenbezogener Daten, einschließlich besonderer Kategorien personenbezogener Daten von Beschäftigten für Zwecke des Beschäftigungsverhältnisses, auf der Grundlage von Kollektivvereinbarungen zulässig ist. Ausgehend von dem Wortlaut ist zu vermuten, dass davon ausgegangen wird, dass § 26 Abs. 4 BDSG klarstellt, dass Kollektivvereinbarungen als datenschutzrechtliche Erlaubnisnormen fungieren.[281] Wie bereits dargestellt wurde (vgl. Vierter Teil, § 18, A.), ist dies aber nicht der Fall. Zutreffend ist daher mit *Selk* § 26 Abs. 4 BDSG dahingehend auszulegen, dass der deutsche Gesetzgeber damit keine Grundlage

278 *Von Roetteken*, jurisPR-ArbR 37/2019, Anm. 7.
279 *Dammann/Simitis*, Art. 8 Erl. 10.
280 BT-Drs. 18/11325, S. 98.
281 So *Höhne*, Art. 88 DSGVO, S. 177.

zur Schaffung einer datenschutzrechtlichen Erlaubnisnorm legt, sondern dass er den Kollektivparteien ausschließlich erlaubt, in Kollektivvereinbarungen spezifischere Vorschriften nach Art. 88 Abs. 1 DSGVO zu normieren.[282] Auch die Kollektivvereinbarungen müssen geeignete Garantien für die Grundrechte und die Interessen der betroffenen Personen vorsehen. Wenn dies der Fall sein sollte, können sie einen Ausnahmetatbestand nach Art. 9 Abs. 2 lit. b DSGVO darstellen. Erforderlich ist aber weiterhin, dass eine Erlaubnisnorm nach Art. 6 Abs. 1 DSGVO gegeben ist (vgl. Fünfter Teil, § 26, A., IV.).

## IV. Offensichtlich öffentlich gemachte Daten, Art. 9 Abs. 2 lit. e DSGVO

Bewerber geben oft ungefragt viele personenbezogene Daten freiwillig von sich preis. Dazu kann zum Beispiel gehören, dass sie in sozialen oder beruflichen Netzwerken mitteilen, dass sie Mitglied in einer Gewerkschaft sind, dass sie eine bestimmte politische Meinung vertreten oder, dass sie krank sind (darauf verweist auch ErwG 6 S. 4).

Fraglich ist, ob diese Daten vom Arbeitgeber für das Bewerbungsverfahren verwendet werden dürfen. Es kommt vor, dass Arbeitgeber, bevor sie einen Bewerber zum Vorstellungsgespräch einladen, sich ein Bild vom Bewerber machen wollen. Dazu wird in aller Regel das Internet herangezogen, da im Rahmen einer Internetrecherche eine Vielzahl an Informationen gesammelt werden können (vgl. ErwG 6 S. 3). Eine ausdrückliche Regelung findet sich in der DSGVO nicht. Jedoch könnte vorliegend Art. 9 Abs. 2 lit. e DSGVO i. V. m. einer Erlaubnisnorm nach Art. 6 Abs. 1 DSGVO (insb. Art. 6 Abs. 1 S. 1 lit. f DSGVO) als Erlaubnisnorm herangezogen werden. Eine ähnliche Regelung fand sich auch in Art. 8 Abs. 2 lit. e Alt. 1 DSRL und in § 28 Abs. 1 S. 1 Nr. 3 BDSG a. F..[283] Als Beispiele wurden in der Begründung zur DSRL die Daten politischer Art über einen Politiker, Namenslisten von Personen, die für einen kurzen Zeitraum und unter Einhaltung strikter Sicherheitsvorkehrungen Gegenstand von Meinungsumfragen waren, genannt.[284] In diesen Fällen sei offenkundig, dass die Privatsphäre und die Grundfreiheiten der betroffenen Person nicht gefährdet seien. *Ehmann/Helfrich* schlossen daraus, dass in den Fällen, in denen die öffentlich gemachten Daten gleichwohl geeignet seien, die Privatsphäre und die Grundfreiheiten der betroffenen Person zu gefährden, diese Fälle nicht unter diese Ausnahmevorschrift fallen sollten.[285]

Nach Art. 9 Abs. 2 lit. e DSGVO ist die Verarbeitung sensibler Daten zulässig, wenn sich die Verarbeitung auf personenbezogene Daten bezieht, die die betroffene Person *„offensichtlich öffentlich gemacht hat“*. Diese Erlaubnisnorm

282 *Selk*, in: Ehmann/Selmayr, Art. 88 Rn. 227.
283 Zu § 28 Abs. 1 S. 1 Nr. 3 BDSG a. F. *Neff*, in: Taeger, DSRITB 2015, S. 81 ff.
284 Begr. zu Art. 8 des geä. Vorschlags, abgedr. bei *Dammann/Simitis*, Vor Art. 8.
285 *Ehmann/Helfrich*, Art. 8 Rn. 38.

beruht ebenfalls auf der Erwägung, dass in diesem Fall die betroffene Person nicht schutzwürdig ist.[286] Bestehen Zweifel, ob die betroffene Person die Daten offensichtlich öffentlich zugänglich gemacht hat, ist Art. 9 Abs. 2 lit. e DSGVO nicht anwendbar.[287] Aufgrund der Formulierung des Art. 9 Abs. 2 lit. e DSGVO bedarf es einer besonderes strikten Anwendung dieser Ausnahme.[288]

## 1. Öffentlich gemachte Daten

Zunächst ist zu klären, was der europäische Gesetzgeber mit der Formulierung *„öffentlich gemacht"* versteht, da eine gesetzliche Definition fehlt. Das Datenschutzrecht in Kalifornien kennt diesen Begriff in Section 1798.140 (o) (2) CCPA (California Consumer Privacy Act von 2018) ebenfalls. Hiernach bedeutet öffentlich zugänglich, dass die Information aus Bundes-, Staats- und sonstigen Datenbanken auf lokaler Verwaltungsebene rechtmäßig zugänglich gemacht wird.[289] § 10 Abs. 5 S. 2 BDSG a. F. definierte die allgemeine Zugänglichkeit als solche Daten, *„die jedermann, sei es ohne oder nach vorheriger Anmeldung, Zulassung oder Entrichtung eines Entgelts, nutzen kann"*. Der *Berliner Beauftragte für Datenschutz und Informationsfreiheit* ging zur damaligen Rechtslage davon aus, dass auch Informationen, die in einem Interview mitgeteilt werden, öffentlich gemacht worden sind.[290] Diese Fallgestaltung nimmt allerdings auf die Medien Bezug, sodass wohl nach Ansicht der Behörde gerade ein größeres Publikum erforderlich ist, damit die Daten *„öffentlich"* sind. Nach dem BGH waren diejenigen Daten *„allgemein zugänglich"* i. S. d. § 10 Abs. 5 S. 2 BDSG a. F., die von jedermann zur Kenntnis genommen werden können, ohne dass der Zugang zu den Daten rechtlich beschränkt sei.[291] Bei diesen allgemein zugänglichen Informationen sei davon auszugehen, dass die Verarbeitung dieser Daten wenig schwer wiege.[292] Allgemein zugängliche Daten konnten nach *Rüpke* die der Allgemeinheit zugänglichen Medien, wie Zeitungen, Rundfunk, Literatur, Internet (mit Suchmaschine), Telefon- und Adressbücher, öffentliche Register und alle faktisch wahrnehmbaren Sachverhalte wie Häuserfronten, Klingelschilder sein.[293]

Der Begriff in der DSGVO muss jedoch autonom ausgelegt werden, sodass sich ein Rückgriff auf die Auslegung nach dem BDSG a. F. verbietet. Die genannten Ausführungen können allerdings als Orientierung dienen. Nach dem Duden ist

---

286 *Golla/Hofmann/Bäcker*, DuD 2018, 89, 92; *Jaspers/Schwartmann/Mühlenbeck*, in: Schwartmann et al., Art. 9 DSGVO, Rn. 160.

287 *Weichert*, in: Kühling/Buchner, Art. 9 DSGVO, Rn. 80.

288 Generalanwalt beim EuGH *Rantos*, Schlussantrag vom 20.09.2022 – C-252/21, Rn. 42, GRUR-RS 2022, 24109.

289 *Hoeren/Pinelli*, MMR 2018, 711, 713.

290 *Berliner Datenschutzbeauftragte*, Jahresbericht 2002, S. 31.

291 BGH, Urt. v. 04.06.2013 – 1 StR 32/13, Rn. 54, NJW 2013, 2530.

292 BGH, Urt. v. 04.11.2013 – VI ZR 304/12, ZD 2014, 410.

293 *Rüpke*, in: Rüpke et al., Datenschutzrecht, § 14 Rn. 2.

etwas „*öffentlich*", wenn es für jeden hörbar und sichtbar ist bzw. für die Allgemeinheit zugänglich ist.[294] Die englische Übersetzung („*public*") richtet sich ebenfalls an die Öffentlichkeit.[295] Dem schließt sich die Literatur an und geht von öffentlich gemachten Daten aus, wenn sie von einer unbegrenzten Anzahl von Personen ohne Zugriffsbeschränkung (zB Passwort und Berechtigungsregeln) eingesehen werden können.[296] Der Kreis der Betroffenen, die das Datum einsehen können, darf nicht mehr überschaubar sein. Maßgebend für den Begriff ist demnach, dass die personenbezogenen Daten der Öffentlichkeit, d. h. einer unüberschaubaren Menge von Menschen, offengelegt werden. Wenn der Bewerber seinen Lebenslauf lediglich einem begrenzten Personenkreis (z. B. enger Familienkreis) offenlegt, liegen grundsätzlich keine öffentlich gemachten Daten vor.[297] Nach *Golland* ist damit die Unkenntnis des Betroffenen über konkrete Adressaten der Information entscheidend.[298]

Fraglich ist, ob ein Öffentlichmachen auch dann gegeben ist, wenn der Bewerber dem Arbeitgeber seine Bewerbungsunterlagen übermittelt. Grundsätzlich spricht dies gegen die Subsumtion unter den Begriff der „*öffentlich gemachten Daten*", da die Informationen lediglich einer Person offengelegt wurden und gerade nicht einer unbegrenzten Anzahl von Personen. Diese Erwägung greift jedoch zu kurz. Wenn der besondere Schutz nach Art. 9 DSGVO entfällt, weil die betroffene Person die personenbezogenen Daten der Öffentlichkeit zur Verfügung stellt, dann muss dies erst recht gelten, wenn die betroffene Person die personenbezogenen Daten einer konkreten Person offenlegt. Die Normintention des Art. 9 Abs. 2 lit. e DSGVO ist, dass die betroffene Person in dem Fall von öffentlich gemachten Daten nicht mehr schutzwürdig ist. Dies ist sie aber auch dann nicht, wenn sie die Daten einer konkreten Person offenbart, da sie auf den Schutz in Bezug auf diese konkrete Person verzichtet. Das bedeutet wiederum nicht, dass jede weitere Verarbeitung ohne Einschränkungen durch den Arbeitgeber durchgeführt werden kann. Vielmehr ist die Übermittlung der Daten zum Zwecke der Begründung eines Beschäftigungsverhältnisses erfolgt. Für einen anderen Zweck müssen sich die Daten wiederum an den Anforderungen des Art. 6 Abs. 1 und Art. 9 Abs. 2 DSGVO messen. Nach *Bergt* lässt sich dieses Problem damit lösen, dass nach Übersendung der Bewerbungsunterlagen eine ausdrückliche Einwilligung eingeholt wird.[299] *Broy* ging zum BDSG a. F. davon aus, dass die Übermittlung von nicht geforderten personenbezoge-

---

294 Definition „öffentlich" beim Duden-Online, https://tinyurl.com/yxnvuxpo.

295 Definition „public" bei Cambridge Dictionary, https://tinyurl.com/49srxnee.

296 *Dallmann/Busse*, ZD 2019, 394, 395; *Diercks*, zfm 2019, 97, 100 f.; *Gola*, NZA 2019, 654, 656; *Mester*, in: Taeger/Gabel, Art. 9 DSGVO, Rn. 25; *Spindler/Dalby*, in: Spindler/Schuster, Elektron. Medien, DSGVO, Art. 9 Rn. 14; *Weichert*, in: Kühling/Buchner, Art. 9 DSGVO, Rn. 78; *Weth*, in: Weth et al., Daten- und Persönlichkeitsschutz, B., I., Rn. 106.

297 Ebenso *Gosch*, Besondere Kategorien, S. 73.

298 *Golland*, Soziale Netzwerke, S. 216.

299 *Bergt*, in: Koreng/Lachenmann, Datenschutzrecht, H. I. 2, Anm. 4.

nen Daten des Bewerbers an den Arbeitgeber, eine konkludente Einwilligung zum Umgang mit diesen gegeben sei.[300] Gegen die zuletzt genannte Auffassung spricht jedoch, dass die DSGVO an die Einwilligung hohe Anforderungen stellt, die durch die reine Übermittlung der Daten nicht gegeben erfüllt sind. Vielmehr könnte nach der unaufgeforderten Zusendung der Unterlagen im Nachgang eine Einwilligung eingeholt werden, da in diesem Fall von der Freiwilligkeit der Einwilligung ausgegangen werden kann. Erforderlich ist dies allerdings nicht, da die Daten zum Zwecke der Begründung des Beschäftigungsverhältnisses auf der Grundlage einer gesetzlichen Erlaubnisnorm verarbeitet werden kann (vgl. Art. 6 Abs. 1 S. 1 lit. b i. V. m. Art. 88 Abs. 1 DSGVO i. V. m. § 26 Abs. 1 S. 1 Var. 1 BDSG). Nach der hier vertretenen Auffassung ist die Freiwilligkeit im Falle des Vorliegens einer gesetzlichen Erlaubnisnorm zudem nicht gegeben (vgl. Vierter Teil, § 19, B., I., 2., c.)

## 2. Offensichtlichkeit

Weiterhin müssen die Daten von der betroffenen Person „*offensichtlich*" öffentlich gemacht worden sein. In der DSRL wurde noch von „*offenkundig*" gesprochen. Diese sprachliche Variation hat aber keine inhaltlichen Änderungen zur Folge, da in der englischen Sprachfassung stets der Begriff „*manifestly*" verwendet wurde.[301]

Offensichtlichkeit liegt zumindest dann vor, wenn die Veröffentlichung vom Betroffenen selbst veranlasst oder geduldet wurde und eindeutig erkennbar ist, dass dies der betroffenen Person zugerechnet werden kann. Es muss dabei nach überwiegender Ansicht ein eindeutiger und freier Willensakt der betroffenen Person vorliegen, wobei es auf die Sicht eines objektiven Dritten ankomme.[302] Nach Ansicht des Generalanwalts am EuGH muss sich die betroffene Person „*voll bewusst*" sein, dass er durch eine „*ausdrückliche*" Handlung personenbezogene Daten öffentlich, d. h. der Allgemeinheit zugänglich, macht.[303] Nach dem EuGH ist entscheidend, „*ob die betroffene Person die Absicht hatte, die fraglichen personenbezogenen Daten ausdrücklich und durch eine eindeutige bestätigende*

300 *Broy*, Bewerberdaten, S. 220; ebenso *Berliner Datenschutzbeauftragte*, Jahresbericht 2002, S. 28.

301 *Korge*, in: Gierschmann et al., Art. 9 Rn. 31.

302 *Dammann/Simitis*, Art. 8 Erl. 16 („in eigener Entscheidung freigegeben"); *Giakoumopoulos/Buttarelli/O'Flaherty*, Datenschutzrecht, S. 193 („vorsätzlich"); *Golland*, Soziale Netzwerke, S. 216 („Publikationswille"); *Hornung/Gilga*, CR 2020, 367, 369; *Karg*, in: Jandt/Steidle, Datenschutz, Teil B, III., Rn. 125; *Mester*, in: Taeger/Gabel, Art. 9 DSGVO, Rn. 25 („unzweideutiger und bewusster Willensakt"); *Petri*, in: Simitis et al., Datenschutzrecht, Art. 9 Rn. 57, 58 („bewusster Willensakt"); *Weth*, in: Weth et al., Daten- und Persönlichkeitsschutz, B., I., Rn. 106; *Zanol*, in: Schweighofer et al., IoT, S. 161, 166 ff.; aA *Gosch*, Besondere Kategorien, S. 74 (Perspektive des Verantwortlichen entscheidend).

303 Generalanwalt beim EuGH *Rantos*, Schlussantrag vom 20.09.2022 – C-252/21, Rn. 42, 44, GRUR-RS 2022, 24109.

*Handlung der breiten Öffentlichkeit zugänglich zu machen*". Aus dem bloßen Aufruf von Websites oder Apps durch einen Nutzer könne nicht abgeleitet werden, dass diese personenbezogenen Daten von diesem Nutzer i. S. v. Art. 9 Abs. 2 lit. e DSGVO offensichtlich öffentlich gemacht worden wären.[304] Will die betroffene Person nicht mehr, dass die Daten öffentlich zugänglich sind, muss dieser Wille respektiert werden und die Datenverarbeitung unterbleiben. Die Veröffentlichung muss auf die freie Willensentschließung der betroffenen Person zurückzuführen sein und darf nicht von einem Dritten ohne Wissen der betroffenen Person erfolgen, da nur in solchen Fällen von einer fehlenden Schutzwürdigkeit der betroffenen Person ausgegangen werden kann.[305] Die Tatsache, dass nicht die betroffene Person, sondern ein Dritter diese Information online zur Verfügung gestellt hat, muss sich dem Verantwortlichen aufdrängen. Dies kann etwa bei Stigmatisierung, Schmähkritik, Formalbeleidigung oder bei einem Angriff auf die Menschenwürde der Fall sein.[306] Liegt die Offensichtlichkeit vor, dann ist die Anwendbarkeit des Art. 9 Abs. 2 lit. e DSGVO auch dann gegeben, wenn sich herausstellt, dass dies nicht den Gegebenheiten entspricht.[307]

Nicht ausreichend ist es jedoch, wenn die sensiblen Daten einfach im öffentlichen Raum vorhanden sind (z. B. Teilnahme an einer Veranstaltung der Gewerkschaft).[308] Das bloße faktische „*Dasein*" im öffentlichen Raum kann nicht ausreichend sein, sondern es muss vielmehr ein weiterer Akt hinzutreten, aus dem erkennbar wird, dass dieses Datum bewusst einer unbegrenzten Zahl von Personen zugänglich gemacht werden soll. Ausreichend wäre es zum Beispiel, wenn der Bewerber in seinen Bewerbungsunterlagen eindeutig darauf hinweist, Mitglied in der Gewerkschaft zu sein oder wenn er angibt, eine Schwerbehinderung zu haben. Durch die Veröffentlichung des Lebenslaufs im Internet, in dem sensible Daten vorhanden sind, liegen offensichtlich öffentliche gemachte Daten vor.[309] Auf die Art des Mediums, wie die Daten offensichtlich öffentlich zugänglich gemacht wurden, sowie der Zweckrichtung der Veröffentlichung kommt es nicht an.[310]

---

304 EuGH, Urt. v. 04.07.2023 – C-252/21, Rn. 77, 79, GRUR 2023, 1131.

305 EuGH, Urt. v. 04.07.2023 – C-252/21, Rn. 75, GRUR 2023, 1131; VG Schwerin, Urt v. 26.11.2020 – 1 A 1598/19 SN, Rn. 35, BeckRS 2020, 35142; *Golla/Hofmann/Bäcker*, DuD 2018, 89, 92; *Kazemi*, DSGVO, § 9 Rn. 48; *Reuter*, ZD 2018, 564, 568.

306 Beispiele aus BGH, Urt. v. 23.06.2009 – VI ZR 196/08, Rn. 34, MMR 2009, 608 – spickmich.de; *Jandt*, in: Jandt/Steidle, Datenschutz, Teil B, II., Rn. 133 und Fn. 148 (nicht: Firmenwebseiten, da Arbeitgeberveröffentlichung); *Kazemi*, DSGVO, § 9 Rn. 48; *Rolf/Röttig*, RDV 2009, 263, 265; Thüsing/Traut, in: Thüsing, Beschäftigtendatenschutz, § 14 Rn. 15 („erkennbar gegen den Willen").

307 *Hornung/Gilga*, CR 2020, 367, 369.

308 *Dammann/Simitis*, Art. 8 Erl. 16 Fn. 1; *Dregelies*, AfP 2019, 298, 300; *Petri*, in: Simitis et al., Datenschutzrecht, Art. 9 Rn. 58 (nicht: Person mit Krücken im öffentlichen Raum); *Weichert*, in: Kühling/Buchner, Art. 9 DSGVO, Rn. 82; *Zanol*, in: Schweighofer et al., IoT, S. 161, 166 ff.

309 *Gosch*, Besondere Kategorien, S. 74; *Schiff*, in: Ehmann/Selmayr, Art. 9 Rn. 46.

310 *Weichert*, in: Kühling/Buchner, Art. 9 DSGVO, Rn. 78.

Im Folgenden sollen mehrere Fallkonstellationen beleuchtet werden, ob offensichtlich öffentlich gemachte Daten gegeben sind. Dabei ist für die Frage, ob die betroffene Person die personenbezogenen Daten offensichtlich öffentlich gemacht hat, auch von Relevanz, ob es sich bei der Quelle um öffentlich zugängliche Quellen handelt.[311]

### a. Soziale Netzwerke

Soziale Netzwerke stellen in der Regel eine Mitgliedergemeinschaft dar, die über eine bestimmte Technologieplattform miteinander kommunizieren und sich untereinander vernetzen (z.B. Facebook, Xing).[312] Fraglich ist, ob es sich bei den Informationen in den sozialen Netzwerken um offensichtlich öffentlich gemachte Daten des Bewerbers i.S.d. Art. 9 Abs. 2 lit. e DSGVO handelt. Dies war und ist bis heute umstritten.

### aa. Unterscheidung zwischen berufsorientierten und freizeitorientierten Netzwerken?

Typischerweise erfolgt bei der rechtlichen Beurteilung von sozialen Netzwerken eine Unterscheidung zwischen berufsorientierten und freizeitorientierten Netzwerken. Ob eine solche Unterscheidung heutzutage noch sinnvoll ist, soll sogleich behandelt werden (vgl. Fünfter Teil, § 26, B., IV., 2., a., bb.). Zunächst soll der Meinungsstand unter Beibehaltung dieser Unterscheidung dargestellt und anschließend im Rahmen einer eigenen Stellungnahme die Bedeutung dieser Unterscheidung bewertet werden.

### (1) Daten in berufsorientierten Netzwerken

Nach *Forst* wenden sich berufsorientierte Netzwerke an Nutzer, „*die im Berufsleben stehen oder die demnächst eine Beschäftigung aufnehmen wollen und werben damit, Kontakt zu potenziellen Arbeitgebern herzustellen*".[313] Unter diese Definition können insbesondere Netzwerke wie Xing oder LinkedIn subsumiert werden. Bei Xing handelt es sich um ein soziales Netzwerk, in dem die Mitglieder vorrangig ihre beruflichen Kontakte verwalten können.[314] Solche Netzwerke zeichnen sich demnach durch einen primär beruflich orientierten Zweck aus. Fraglich ist, ob für das Tatbestandsmerkmal der offensichtlich öffentlich gemachten Daten Voraussetzung ist, dass die Daten ohne Anmeldung in dem Netzwerk einsehbar sind.

311 *Herfurth*, ZD 2018, 514, 516.
312 *Determann*, BB 2013, 181; *Oberwetter*, NJW 2011, 417.
313 *Forst*, NZA 2010, 427, 428.
314 Wikipedia, Xing, https://tinyurl.com/pdx85ug.

Zu dem Merkmal *„allgemein zugänglich“* nach § 28 Abs. 1 S. 1 Nr. 3 BDSG a. F. wurde teilweise vertreten, dass dieses Merkmal nur dann gegeben sein soll, wenn der Nutzer keine Zugangsbeschränkung zu dem Profil gesetzt hat und die Informationen in dem Profil auch über eine Suchmaschine auffindbar seien.[315] Argumentiert wurde damit, dass die Anmeldung ohne erheblichen zeitlichen und/oder administrativen Aufwand möglich sei, sodass wenige Augenblicke nach der Anmeldung bereits die Informationen für den Anmelder verfügbar seien. Dies rechtfertige es, dass die Daten allgemein zugänglich seien.

Allerdings wurde bzw. wird dies unter geltender Rechtslage teilweise anders gesehen und eine allgemeine Zugänglichkeit verneint.[316] Vielmehr sei die Einsehbarkeit nur für Mitglieder diesen geschlossenen Personenkreis gegeben, auch wenn das Netzwerk aus mehreren Millionen Nutzer bestehe. Denn durch das Erfordernis der Anmeldung sei die allgemeine Zugänglichkeit nicht mehr gegeben, da die Daten nur einem bestimmten Personenkreis offengelegt werden soll und gerade nicht der Allgemeinheit.

Personenbezogene Daten, die in berufsorientierten Netzwerken nach Anmeldung in diesem Netzwerk zur Verfügung stehen, werden nach ganz überwiegender Ansicht als offensichtlich öffentlich gemachte Daten angesehen, sodass eine Verarbeitung dieser Daten erfolgen könne, sofern es sich nicht nur um ein für Freunde sichtbares Profil handele.[317] Als Begründung wird angeführt, dass die betroffene Person damit rechnen müsse, dass die Daten in sozialen Netzwerken von anderen Nutzern verwendet werden. Zudem würden Schutzmechanismen, wie die Einschränkung von Leserechten, bestehen. Wenn solche Mechanismen nicht eingesetzt würden, so sei auch von keiner Schutzbedürftigkeit der betroffenen Person auszugehen. Außerdem erfolge keine Überprüfung der Anmeldevoraussetzungen und die Hürde der Anmeldung könne von jedem ohne großen zeitlichen Aufwand überwunden werden. Nach der Anmeldung werde das Profil

---

315 *Byers*, Mitarbeiterkontrollen, Rn. 308; *Bissels/Lützeler/Wisskirchen*, BB 2010, 2433, 2437; *Diercks*, PinG 2016, 30, 31; *Ernst*, NJOZ 2011, 953, 955; *Göpfert/Koops*, ArbRAktuell 2017, 185, 186; *Keber*, RDV 2014, 190, 192; *Neff*, in: Taeger, DSRITB 2015, S. 81, 84; *Rolf/Rötting*, RDV 2009, 263, 266; *Oberwetter*, BB 2008, 1562, 1564; *Venzke-Caprarese*, DuD 2013, 775, 776; *Wellhörner/Byres*, BB 2009, 2310, 2315; aA *Schulze*, in: Wedde, Datenschutz, 1. Aufl., C., Rn. 226 (explizite Freigabe erforderlich).

316 *Bissels/Ziegelmayer/Kiehn*, BB 2013, 2869, 2871; *Brecht-Heitzmann*, in: Kohte/Absenger, FS Höland, S. 381, 393; *Forst*, NZA 2010, 427, 431; *Göpfert/Dußmann*, NZA-Beilage 2016, 41, 43 f.; *Grimm/Maiß*, AuA 2015, 270; *Howald*, öAT 2013, 133, 135; *Weth*, in: Weth et al., Daten- und Persönlichkeitsschutz, B., I., Rn. 106; *Zilkens/Cavin*, ZD 2013, 603, 604.

317 *Aßmus*, in: Jandt/Steidle, Datenschutz, Teil B, III., Rn. 238; *Asgari*, DB 2017, 1325, 1327; *Bayreuther/Stark*, in: Hornung/Müller-Terpitz, Social Media, Kap. 9, Rn. 70; *Dallmann/Busse*, ZD 2019, 394, 396; *Gola*, NZA 2019, 654, 656; *Grimm*, in: Tschöpe, Arbeitsrecht, 6. Teil, F., Rn. 310; *Kania/Seidel/Ruppelt*, in: Röller, Personalbuch, Soziale Netzwerke, Rn. 2; *Kort*, in: Conrad/Grützmacher, FS Schneider, S. 368, 377; *Linck*, in: Schaub, Arbeitsrecht, § 26 Rn. 14; aA wohl *Brink/Schmidt*, MMR 2010, 592, 593.

direkt freigeschaltet und man habe Zugriff auf die anderen Profile. Auch eine Verletzung der Nutzungsbedingungen des sozialen Netzwerks soll die öffentliche Zugänglichkeit nicht beeinflussen, da eine Überprüfung nicht vorgenommen und auch nicht durchgesetzt werde.

Teilweise wird auch davon ausgegangen, dass *„als öffentlich zugänglich [...] auch solche Bereiche anzusehen [sind], deren Zugang eine Anmeldung erfordert, sofern die Registrierung und Anmeldung für jedermann ohne besonderen Aufwand möglich ist“*.[318] Die Bestätigung für die Freigabe der Daten durch den Bewerber soll hingegen nicht relevant sein. Etwas anderes soll dann gelten, wenn die Informationen über Profile Dritter erhoben werden. Mit diesem Fall müsse der Bewerber nicht rechnen und habe dementsprechend keinen Einfluss auf den Datenfluss. Auch die Registrierung in einem Netzwerk, welches bestimmte Voraussetzungen an die Anmeldung knüpft (z.B. zusätzliche Mitgliedschaft in einem Verein), führe dazu, dass das Tatbestandsmerkmal des Art. 9 Abs. 2 lit. e DSGVO zu verneinen sei, da in diesen Fällen der verhältnismäßige Aufwand überschritten sei.

### (2) Daten in freizeitorientierten Netzwerken

Bei freizeitorientierten Netzwerken stehen der private Zweck und die Pflege von sozialen Kontakten im Vordergrund (vgl. den Werbespruch von Facebook: *„Verbinde dich mit Freunden, Familie und anderen Personen, die du kennst“*[319]).

Personenbezogene Daten, die in solchen Netzwerken veröffentlicht werden, sind nach überwiegender Ansicht als nicht offensichtlich öffentlich gemachte Daten anzusehen bzw. der Verarbeitung stehen überwiegende berechtigte Interessen des Bewerbers im Sinne des Art. 6 Abs. 1 S. 1 lit. f DSGVO entgegen.[320] Dies gelte auch dann, wenn das Netzwerk mehrere Millionen Nutzer umfasse

---

318 *Golla/v. Schönfeld*, K&R 2019, 15, Fn. 50; ebenso *Bissels/Lützeler/Wisskirchen*, BB 2010, 2433, 2437; *Bissels/Ziegelmayer/Kiehn*, BB 2013, 2869, 2871; *Determann*, BB 2013, 181, 188; *Feldmann*, in: Forgó et al., Datenschutz, Teil XI., Kap. 4, Rn. 33; *Forst*, NZA 2010, 427, 431; *Golland*, Soziale Netzwerke, S. 62 ff.; *Göpfert/Dußmann*, NZA-Beilage 2016, 41, 43; *Oberwetter*, BB 2008, 1562, 1564; *Schiller*, in: Besgen/Prinz, Arbeiten 4.0, § 10 Rn. 16; *Venzke-Caprarese*, DuD 2013, 775, 776; *Wisskirchen/Kies*, in: Tschöpe, Arbeitsrecht, 1. Teil, C., Rn. 131; *Zilkens/Cavin*, ZD 2013, 603, 604.

319 Facebook, www.facebook.com.

320 *Asgari*, DB 2017, 1325, 1327; *Bayreuther/Stark*, in: Hornung/Müller-Terpitz, Social Media, Kap. 9, Rn. 69; *Bissels/Lützeler/Wisskirchen*, BB 2010, 2433, 2437; *Brink/Schwab*, RDV 2017, 170, 180; *Forst*, NZA 2010, 427, 431; *Howald*, öAT 2013, 133, 135; *Kania/Seidel/Ruppelt*, in: Röller, Personalbuch, Soziale Netzwerke, Rn. 2; *Kania/Sansone*, NZA 2012, 360, 363 f.; *Kazemi*, DSGVO, § 9 Rn. 43; *Kort*, NZA 2012, 1321, 1323; *Lepperhoff/Ermola*, RDV 2018, 260; *Linck*, in: Schaub, Arbeitsrecht, § 26 Rn. 14; *Piltz*, BDSG, § 26 Rn. 41 (fehlende Erforderlichkeit); *Rolf/Rötting*, RDV 2009, 263, 266; *Schiller*, in: Besgen/Prinz, Arbeiten 4.0, § 10 Rn. 17; *Schmidt*, Datenschutz für Beschäftigte, S. 316.

bzw. wenn für die Einsicht der personenbezogenen Daten eine Mitgliedschaft in diesem Netzwerk erforderlich sei.[321]

Nach anderer Ansicht in der Literatur stellt die Veröffentlichung von Daten in freizeitorientierten Netzwerken eine allgemein zugängliche Quelle dar, zumindest dann, wenn dies einem nicht überschaubaren Personenkreis zur Verfügung gestellt wird.[322] Dies sei hingegen bei kleinen geschützten Gruppenchats oder bei der Veröffentlichung von Daten, die nur die überschaubare Freundesliste sieht, nicht der Fall.[323] Zudem wird auf ein subjektives Element der betroffenen Person abgestellt, indem gefragt wird, ob die betroffene Person gewusst oder gewollt hat, dass die Informationen für jedermann zugänglich sind.

### bb. Stellungnahme

Die Beurteilung, ob der Bewerber personenbezogene Daten in sozialen Netzwerken im Sinne des Art. 9 Abs. 2 lit. e DSGVO offensichtlich öffentlich gemacht hat, ist im jeweiligen Einzelfall zu beurteilen.[324] Dabei ist zunächst zu klären, ob es einen Unterschied macht, ob es sich um ein freizeitorientiertes oder berufsorientiertes Netzwerk handelt. Bei den freizeitorientierten Netzwerken (z. B. Facebook, Instagram) werden grundsätzlich Angaben zum Privatleben und zu Freizeitaktivitäten gemacht, während es bei den berufsorientierten Netzwerken (z. B. Xing) um die Darstellung des beruflichen Werdegangs und der Position im Unternehmen geht.[325]

Die wohl überwiegende Ansicht geht von einer Unterscheidung aus und trennt diese Netzwerke voneinander, sodass eine datenschutzrechtliche Prüfung anhand der Art des Netzwerkes vorgenommen wird.[326]

Es mehren sich allerdings Stimmen in der Literatur, die eine Unterscheidung zwischen den Netzwerken nicht mehr vornehmen, da die Grenzen zwischen

---

321 *Däubler*, Gläserne Belegschaften, Rn. 247 ff.; *Forst*, NZA 2010, 427, 431; *Howald*, öAT 2013, 133, 135; *Weichert*, ArbuR 2010, 100, 104.

322 *Gola*, RDV 2011, 109, 116; *Golland*, Soziale Netzwerke, S. 62 f.; *Maisch*, Informationelle Selbstbestimmung, S. 74; *Oberwetter*, BB 2008, 1562, 1564; *Rolf/Rötting*, RDV 2009, 263, 264; *Spindler*, DB 2016, 937, 944; *Weichert*, in: Kühling/Buchner, Art. 9 DSGVO, Rn. 79; *Wellhöner/Byers*, BB 2009, 2310, 2315.

323 *Bauer/Günther*, NZA 2013, 67, 70; *Frenzel*, in: Paal/Pauly, Art. 9 Rn. 36; *Jandt*, in: Jandt/Steidle, Datenschutz, Teil B, II., Rn. 133; *Schiff*, in: Ehmann/Selmayr, Art. 9 Rn. 46 (Privatsphäre-Einstellungen entscheidend).

324 Ebenso *EDSA*, Leitlinien 8/2020, S. 43.

325 *Kort*, DuD 2012, 722.

326 *Art.-29-Datenschutzgruppe*, WP 249, S. 12 f.; *Asgari*, DB 2017, 1325, 1327; *Dallmann/Busse*, ZD 2019, 394, 396; *Kainer/Weber*, BB 2017, 2740, 2744; *Reichold*, in: Kiel et al., MHA, 4. Aufl., § 96 Rn. 47; *Weth*, in: Weth et al., Daten- und Persönlichkeitsschutz, B., I., Rn. 102; *Zilkens/Cavin*, ZD 2013, 603, 604.

diesen Netzwerken immer mehr verschwimmen.[327] Die Abgrenzung zwischen diesen sozialen Netzwerken sei pauschal und unflexibel, da man in der heutigen Zeit auch freizeitorientierte Netzwerke wie Facebook vermehrt zu beruflichen Zwecken einsetze. Viele Nutzer stellen ihren Lebenslauf bereits auf ihrem Profil dar. Es wird auch darauf verwiesen, dass immer mehr Selbstständige geschäftliche Facebook-Seiten (sog. Facebook-Fanpages) eröffnen, um ihre Tätigkeiten darzustellen. Auf der anderen Seite werden berufsorientierte Netzwerke auch zur Pflege sozialer Netzwerke unterhalten. Entscheidend soll nach dieser Ansicht nur sein, ob ein unbeschränkter Personenkreis auf die personenbezogenen Daten zugreifen kann.

Die zuletzt genannte Auffassung verdient den Vorzug. Heutzutage kann keine klare Trennung zwischen freizeitorientierten Netzwerken wie Facebook und berufsorientierten Netzwerken wie Xing mehr gezogen werden. Der Übergang zwischen diesen sozialen Netzwerken ist fließend. Bereits viele Unternehmen setzen gezielt Facebook für das Recruiting ein, sodass viele Nutzer einen Vorteil darin erblicken, ihren Lebenslauf bei Facebook zu veröffentlichen. Aus diesen Daten ist erkennbar, welche beruflichen Stationen bereits durchgelaufen worden sind, und welche Fähigkeiten erworben wurden. Entscheidend ist nicht mehr, auf welcher Plattform solche Informationen sichtbar sind, sondern einzig und allein, welche Informationen im World Wide Web durch Dritte auffindbar sind. Obwohl Facebook grundsätzlich als freizeitorientiertes Netzwerk einzuordnen ist, wandelt es sich immer mehr zu einer beruflichen Plattform, um mit potenziellen Arbeitgebern in Kontakt zu kommen. So betreiben heutzutage viele Unternehmen sog. Facebook-Fanpages, also Webseiten bei Facebook, um sein Unternehmen zu präsentieren.[328] Ebenso werden berufsorientierte Plattformen immer mehr dazu genutzt, um mit Freunden in Kontakt zu treten und seine Erfahrungen auszutauschen. Ein beruflicher Bezug ist darin nicht zu erblicken. Entscheidend ist demnach nicht mehr die Unterscheidung zwischen freizeit- oder berufsorientierten Netzwerken, sondern allein die Tatsache, ob die personenbezogenen Daten in den verschiedenen Netzwerken offensichtlich öffentlich gemachte Daten im Sinne des Art. 9 Abs. 2 lit. e DSGVO darstellen. Dies ist für jedes Netzwerk im Einzelfall zu bestimmen. Die Tatsache, dass es sich um ein berufsorientiertes oder freizeitorientiertes Netzwerk handelt, kann dabei allenfalls als Indiz dafür

---

327 *Bissels/Ziegelmayer/Kiehn*, BB 2013, 2869, 2870; *Byers*, Mitarbeiterkontrollen, Rn. 307 (nicht praxisgerecht); *Byers/Fischer*, ArbRAktuell 2022, 90, 92; *Diercks*, zfm 2019, 97, 100; *Dzida*, NZA 2017, 541, 545; *Ernst*, NJOZ 2011, 953, 955; *Frings/Wahlers*, BB 2011, 3126, 3127 f.; *Grimm*, in: Tschöpe, Arbeitsrecht, 6. Teil, F., Rn. 374; *Heimann*, in: Leupold et al., MAH IT-Recht, Teil 14.4, Rn. 183; *Lützeler/Bissels*, ArbRAktuell 2011, 499; *Melot de Beauregard/Gleich*, DB 2012, 2044, 2045; *Schemmel*, ZD 2022, 541, 542; ähnlich *Wybitul*, in: Kiel et al., MHA, § 96 Rn. 105 („Werden diese Freizeitplattformen vom Bewerber gewerblich genutzt, kann die Abwägung bei einem konkreten Bezug zum sich anbahnenden Beschäftigungsverhältnis auch zugunsten des Arbeitgebers ausfallen").

328 Vgl. die Beschreibung bei Facebook (Meta), https://tinyurl.com/v9kxyuj.

wirken, dass es sich bei der Veröffentlichung um einen beruflichen oder privaten Zweck handelt.

Informationen, die der Bewerber in berufsorientierten Netzwerken veröffentlicht hat, sind ein starkes Argument dafür, diese personenbezogenen Daten des Bewerbers als offensichtlich öffentlich gemachte Daten i. S. d. Art. 9 Abs. 2 lit. e DSGVO anzusehen. Dieses Ergebnis ist interessengerecht, da solche Plattformen gerade dem Zweck dienen, sich potenziellen Arbeitgebern zu präsentieren. Auf einer solchen beruflichen Plattform weiß der Bewerber, dass die Daten von anderen Personen (insbesondere potenziellen Arbeitgebern) eingesehen und gezielt zum Recruiting und zur Bewerberauswahl genutzt werden. Eine Ausnahme ist in Einzelfällen jedoch dann zu machen, wenn das Profil nicht für jedermann offensteht, sondern erst, wenn man sich mit dem Arbeitgeber *„vernetzt"* hat. Durch diesen Akt des Bewerbers wird deutlich, dass das Profil des Bewerbers offensichtlich nicht von jedermann eingesehen werden soll, sondern ausschließlich von denjenigen, die der Bewerber akzeptiert hat.

Bei freizeitorientierten Netzwerken ist entscheidend, wie der Bewerber seine Privatsphären-Einstellung bei dem Netzwerk aktiv eingestellt hat. Nicht ausreichend ist es, wenn systemseitig voreingestellt ist, dass das Profil mittels Suchmaschinen gefunden werden kann.[329] Diese Einstellung muss der Bewerber vielmehr aktiv und bewusst selbst vorgenommen haben. So ist es zum Beispiel bei Facebook jedem Nutzer möglich, eine Nachricht auf seiner Startseite zu posten. Dazu stehen ihm verschiedene Möglichkeiten zu, wer diese Nachricht lesen kann. Facebook bietet die Einstellung *„Wer soll das sehen?"*. Zum einen ist es möglich, die Nachricht öffentlich zu machen, d. h. jeder inner- und außerhalb von Facebook kann diese Nachricht abrufen und zur Kenntnis nehmen. Dann ist es möglich, nur seinen Freunden bzw. nur ganz bestimmten bei Facebook diese Nachricht anzuzeigen, wobei zudem eingestellt werden kann, dass bestimmte Freunde auch ausgeklammert werden können. Als letzte Möglichkeit ist es zudem möglich, die Nachricht nur für sich selbst anzuzeigen, sodass niemand in der Lage ist, diese Nachricht wahrzunehmen. Hat der Bewerber bewusst eingestellt, dass die Nachricht von jedermann gelesen werden kann und damit das Profil öffentlich gemacht, dann ist von der Offensichtlichkeit auszugehen, dass die personenbezogenen Daten öffentlich sein sollen.[330] Hat die betroffene Person sensible Daten auf einer freizeitorientieren Plattform veröffentlicht, so kann davon ausgegangen werden, dass die Information von der betroffenen Person dort bewusst eingetragen worden ist. Mit Sicherheit kann davon jedoch nur dann ausgegangen werden, wenn der Bewerber auf die Existenz dieses Profils bei dem sozialen Netzwerk in seinen Bewerbungsunterlagen hingewiesen hat. Die Frage, zu welchen Zwecken diese Daten verarbeitet werden dürfen, hängt von einer Interessenabwägung i. S. d. Art. 6 Abs. 1 S. 1 lit. f DSGVO ab (vgl. Vierter Teil, § 24, A., II., 3.).

---

329 Ebenso *EDSA*, Leitlinien 8/2020, S. 41 f. (mit weiteren Kriterien).
330 VG Schwerin, Urt. v. 26.11.2020 – 1 A 1598/19 SN, Rn. 35, BeckRS 2020, 35142.

Die Anmeldung in einem sozialen Netzwerk ändert an diesem Ergebnis nichts. Heutzutage stellt es keine Hürde mehr da, sich in sozialen Netzwerken zu registrieren und Zugang zu diesem Netzwerk zu erhalten. Wenn nach der Freischaltung die Möglichkeit besteht, das umfangreiche Profil eines Nutzers zu betrachten, dann spricht vieles dafür, dass die Daten als offensichtlich öffentlich anzusehen sind. Dies ist allen Mitgliedern des sozialen Netzwerks bewusst. Werden dennoch keine weiteren Einschränkungen am eigenen Profil vorgenommen, dann kann aus objektiver Sicht nur davon ausgegangen werden, dass das Profil für die Allgemeinheit einsehbar sein soll. Eine Überprüfung seitens des Netzwerkanbieters, ob man alle Vorgaben der Nutzungsbedingungen für die Nutzung des sozialen Netzwerks erfüllt, erfolgt nicht. Eine Ausnahme muss dann gemacht werden, wenn zusätzliche Schutzmechanismen des Nutzers bzw. Bewerbers umgesetzt worden sind. So besteht die Möglichkeit, sein Profil nur einem begrenzten Personenkreis zugänglich zu machen (z.B. kann der Nutzer eines Premiumstatus bei Xing einstellen, dass nur vernetzte Mitglieder Zugriff auf das Profil haben). In diesen Fällen ist offensichtlich, dass die betroffene Person nicht von jedem gefunden werden will und auch eine entsprechende Verarbeitung seiner Daten nicht wünscht. Damit kann als Zwischenfazit festgehalten werden, dass personenbezogene Daten in einem berufsorientierten Netzwerk als offensichtlich öffentlich gemachte Daten im Sinne des Art. 9 Abs. 2 lit. e DSGVO angesehen werden können, unabhängig davon, ob eine Anmeldung in dem Netzwerk erfolgen muss. Diese Erwägungen gelten auch für die freizeitorientierten Netzwerke.

### b. Suchmaschinen

Im Rahmen der Recherche von Informationen über den Bewerber in Suchmaschinen, wie z.B. Google, können eine Vielzahl von personenbezogenen Daten des Bewerbers von dem Arbeitgeber verarbeitet werden.[331] Viele Informationen, die für den zukünftigen Arbeitgeber von Relevanz sein können, sind von dem Bewerber freiwillig im Internet veröffentlicht worden.

Zur alten Rechtslage wurden solche Informationen teilweise als allgemein zugänglich i.S.d. § 28 Abs. 1 S. 1 Nr. 3 BDSG a.F. angesehen, solange die Daten von dem Bewerber selbst eingestellt wurden.[332] Der Arbeitgeber konnte solche personenbezogenen Daten im Rahmen des Einstellungsverfahren verarbeiten.

Auch unter der Geltung der DSGVO können Informationen, die im Rahmen einer normalen Recherche über Suchmaschinen, wie z.B. Google oder Startpa-

331 Vgl. die Ausführungen bei *Broy*, Bewerberdaten, S. 247 f.; *Feldmann*, in: Forgó et al., Datenschutz, Teil XI., Kap. 4, Rn. 31 ff.

332 *Bissels/Lützeler/Wisskirchen*, BB 2010, 2433, 2437; *Ernst*, NJOZ 2011, 953, 955; *Frings/Wahlers*, BB 2011, 3126, 3127; *Göpfert/Koops*, ArbRAktuell 2017, 185, 186; *Kania/Sansone*, NZA 2012, 360, 363; aA *Wedde*, in: Däubler et. al., § 28 BDSG, Rn. 58 (Betroffener muss Veröffentlichung explizit gewollt haben).

ge, gefunden werden können, als offensichtlich öffentlich zugänglich angesehen werden.[333] Werden Informationen aus sozialen Netzwerken über die Suchmaschine auffindbar, ohne dass sich der Suchende bei dem sozialen Netzwerk hat anmelden müssen, so sind diese Informationen grundsätzlich auch als offensichtlich öffentliche gemachte Daten anzusehen. Denn die meisten sozialen Plattformen bieten die Einstellungsmöglichkeit in dem jeweiligen Account des Nutzers an, ob die Daten über Suchmaschinen auffindbar sein sollen oder nicht. So fragt zum Beispiel Facebook unter dem Menüpunkt „*Privatsphäre-Einstellungen und Tools*", ob der Nutzer möchte, dass Suchmaschinen außerhalb von Facebook das Profil anzeigen soll. Auch die Frage nach der Einsichtnahme der Freundesliste durch Dritte oder der persönlichen Einträge auf Facebook wird gestellt. Wenn diese Einstellung bereits systemseitig so eingestellt ist, dass die Daten zunächst über Suchmaschinen erscheinen sollen und erst durch aktives Tätigwerden seitens des Nutzers die Möglichkeit ausgeschaltet wird, liegt kein offensichtliches Öffentlichmachen vor, da es in den Fällen eindeutig an der Offensichtlichkeit seitens des Nutzers fehlt (vgl. Fünfter Teil, § 26, B., IV., 2., a., bb.).[334] Wenn die betroffene Person nicht aktiv diese Einstellung vorgenommen hat, kann von keinem bewussten Willensakt ausgegangen werden.

Es ist zu betonen, dass in den Fällen in denen Daten als offensichtlich öffentlich gemachte Daten anzusehen sind, dennoch einschränkend gilt, dass zusätzlich eine Erlaubnisnorm nach Art. 6 Abs. 1 DSGVO zu erfüllen ist. Gerade die Interessenabwägung nach Art. 6 Abs. 1 S. 1 lit. f DSGVO stellt für die Verarbeitung von personenbezogenen Daten, die im Rahmen einer Suchmaschine verfügbar sind, einen angemessenen Ausgleich zwischen dem Interesse des Arbeitgebers an der Verarbeitung und dem Interesse des Bewerbers an einer Geheimhaltung der Daten dar.

### c. Allgemeine Geschäftsbedingungen, §§ 305 ff. BGB

Die Nutzung von sozialen Netzwerken geht in den meisten Fällen mit der Geltung von Allgemeinen Geschäftsbedingungen nach den §§ 305 ff. BGB einher.[335] Allgemeine Geschäftsbedingungen sind nach § 305 Abs. 1 S. 1 BGB alle für eine Vielzahl von Verträgen vorformulierten Vertragsbedingungen, die eine Vertragspartei (Verwender) der anderen Vertragspartei bei Abschluss eines Vertrags stellt.

---

333 *Golland*, Soziale Netzwerke, S. 62; *Krieger*, in: vom Stein et al., Gesundheitsmanagement, § 5 Rn. 3; *Maisch*, Informationelle Selbstbestimmung, S. 73 f.; *Martini/Wenzel*, DVBl 2017, 749, 757; *Splittgerber*, in: Splittgerber, Social Media, Kap. 3, Rn. 78; wohl auch *Kazemi*, DSGVO, § 9 Rn. 47.

334 *Jandt*, in: Jandt/Steidle, Datenschutz, Teil B, II., Rn. 133.

335 Beispiel Nutzungsbedingungen von Facebook (Meta), https://tinyurl.com/hmkudo9 oder AGB von Xing, https://tinyurl.com/jbsa7v9.

Die überwiegende Ansicht in der Literatur nimmt an, dass aufgrund der allgemeinen Geschäftsbedingungen dieser Plattformen, die ausdrücklich auf private Zwecke hinweisen, solche personenbezogenen Daten nicht von dem Arbeitgeber erhoben werden dürfen.[336] Teilweise wird davon ausgegangen, dass diese Daten nicht als offensichtlich öffentlich gemacht anzusehen sind, während andere Stimmen davon ausgehen, dass der Verarbeitung dieser Daten überwiegende gegenläufige Interessen der betroffenen Personen entgegenstehen. Die AGB seien jedoch nicht allein maßgeblich für die Beurteilung der Zulässigkeit der Verarbeitung.

Ähnlich argumentieren andere Stimmen in der Literatur, wonach die allgemeinen Geschäftsbedingungen in diesem Fall keine Auswirkungen darauf haben kann, dass die Daten nicht öffentlich zugänglich seien.[337] Die AGB könnten jedoch im Rahmen einer Interessenabwägung nach Art. 6 Abs. 1 S. 1 lit. f DSGVO Berücksichtigung finden, da diese die Erwartungshaltung der betroffenen Person beeinflussen. Begründet wird dies teilweise damit, dass man Informationen, die der Arbeitgeber im Rahmen der Recherche in Google findet, keine Mitgliedschaft in dem sozialen Netzwerk benötige und daher auch die AGB keine Anwendung auf diesen finden. Zudem wissen die Nutzer, dass es eine Diskrepanz zwischen den AGB und der Realität gebe.

Allgemeine Geschäftsbedingungen beeinflussen die Erwartungshaltung der Nutzer. Die Verwendung von Nutzungsbedingungen der sozialen Netzwerke, die die Nutzung dieses Netzwerkes ausschließlich zu privaten Zwecken erlauben, müssen im Rahmen der Interessenabwägung nach Art. 6 Abs. 1 S. 1 lit. f DSGVO bzw. Art. 6 Abs. 1 S. 1 lit. b Var. 2 DSGVO zwischen den Interessen des Bewerbers an der Nichtverarbeitung seiner Daten und dem Interesse des Arbeitgebers an der Verarbeitung zum Zwecke der Begründung des Beschäftigungsverhältnisses berücksichtigt werden. Dabei sind solche Nutzungsbedingungen auf Seiten des Bewerbers stärker zu berücksichtigen, da dieser ein schutzwürdiges Interesse daran hat, dass die Verarbeitung solcher Daten in einem solchen privaten Netzwerk nicht für andere Zwecke durch den Arbeitgeber verwendet werden. Der Arbeitgeber hat kein berechtigtes Interesse an dem Privatleben des Bewerbers. Daher ist im Grundsatz davon auszugehen, dass bei den Plattformen, in denen bereits in den allgemeinen Geschäftsbedingungen eine berufliche

---

336 *Bissels/Lützeler/Wisskirchen*, BB 2010, 2433, 2437; *Forst*, NZA 2010, 427, 429; *Gola*, NZA 2019, 654, 656; *Hützen*, AE 2013, 39, 40; *Kania/Seidel/Ruppelt*, in: Röller, Personalbuch, Soziale Netzwerke, Rn. 2; *Kazemi*, DSGVO, § 9 Rn. 50; *Kort*, DuD 2012, 722, 724 (spielen indirekt eine Rolle); *Neff*, in: Taeger, DSRITB 2015, S. 81, 85; *Schiller*, in: Besgen/Prinz, Arbeiten 4.0, § 10 Rn. 17; *Scholz/Fröhlich*, in: Dornbusch et al., AR, Art. 88 DSGVO, Rn. 10; *Weth*, in: Weth et al., Daten- und Persönlichkeitsschutz, B., I., Rn. 105.

337 *Ernst*, NJOZ 2011, 953, 955 f. (AGB seien datenschutzrechtlich „hanebüchen"); *Frings/Wahlers*, BB 2011, 3126, 3127 f.; *Golla/v. Schönfeld*, K&R 2019, 15, 19; *Schemmel*, ZD 2022, 541, 543; *Thüsing/Traut*, in: Thüsing, Beschäftigtendatenschutz, § 14 Rn. 17.

Nutzung ausgeschlossen ist, das Interesse des Bewerbers an der Nichtverarbeitung zum Zwecke der Begründung des Beschäftigungsverhältnisses überwiegt und der Arbeitgeber die Daten nicht verarbeiten darf. Allgemeine Geschäftsbedingungen ändern jedoch nichts daran, dass die Daten weiterhin offensichtlich öffentlich gemacht worden sind.

### d. Paywall

Es ist weiterhin fraglich, ob eine Paywall hinsichtlich der Nutzung einer Webseite dazu führt, dass die dahinterstehenden personenbezogenen Daten nicht mehr als offensichtlich öffentlich gemachte Daten anzusehen sind. Bei einer Paywall handelt es sich um eine „*Funktion auf Internetseiten, die den Zugang zu bestimmten Inhalten erst nach Entrichtung einer Gebühr zulässt*“.[338] Es gibt Webseiten, die den Zugang zu bestimmten Profilen anderer Nutzer dieses Netzwerks erst nach einer bezahlten Mitgliedschaft zulassen (z. B. Xing Premium). Dabei soll nach einer Ansicht in der Literatur eine Paywall nicht die öffentliche Zugänglichkeit der Quelle beseitigen, es sei denn, die konkrete Entgelthöhe führe zu einer faktischen Unzugänglichkeit.[339]

Nach anderer Ansicht handelt es sich bei Quellen, die den Inhalt von einer Gegenleistung abhängig mache, um keine öffentlich zugänglichen Daten.[340] Die Gegenleistung übersteige regelmäßig den verhältnismäßigen Aufwand.

Der zuerst genannten Auffassung ist zuzustimmen. Die Entrichtung eines Geldbetrages verhindert grundsätzlich nicht die Öffentlichkeit der personenbezogenen Daten. Der Zugang zu dem Netzwerk kann ohne Weiteres erlangt werden, auch wenn ein gewisser Geldbetrag durch den Nutzer geleistet werden muss. Denn für die Beurteilung der Einschlägigkeit der offensichtlich öffentlich gemachten Daten ist nicht entscheidend, ob eine Gegenleistung erbracht werden muss, sondern allein, ob die betroffene Person einem unbestimmten Personenkreis ihre personenbezogenen Daten zur Verfügung stellen wollte. Die Nutzer, die in einem solchen Netzwerk angemeldet sind, schließen die Öffentlichkeit von den Daten nicht aus, sondern stellen nur eine Hürde auf. Solange diese Hürde nicht als unverhältnismäßig anzusehen ist (z. B. Mitglied des Netzwerks erfordert zudem die Mitgliedschaft in einer Vereinigung für Hochbegabte[341]), müssen diese Daten als offensichtlich öffentlich gemachte Daten angesehen werden.

---

338 Definition „Paywall“ beim Duden-Online, https://tinyurl.com/vn8h4v4.

339 *Herfurth*, ZD 2018, 514, 517; *Neff*, in: Taeger, DSRITB 2015, S. 81, 85; wohl auch *Gola/Pötters/Wronka*, Arbeitnehmerdatenschutz, Rn. 779 (wenn Mitgliedschaft ohne weiteres erlangt werden kann).

340 *Golland*, Soziale Netzwerke, S. 62 ff.; *Schmidt-Wudy*, in: BeckOK DatenSR, DSGVO, 48. Ed. 01.05.2024, Art. 14 Rn. 75 (zB Beck-Online, juris).

341 Beispiel von *Golland*, Soziale Netzwerke, S. 63.

### e. Pseudonym

Auch der Einsatz durch Pseudonyme kann die öffentliche Zugänglichkeit ausschließen. Bei einem Pseudonym handelt es sich um einen Decknamen, damit die wahre Persönlichkeit hinter dem Profil nicht erkannt wird (Beispiel eines Pseudonyms: DatenschutzHero). Nach *Thüsing/Traut* kann die Verwendung von Pseudonymen ein Indiz dafür sein, dass die betroffene Person keinen Zugriff auf die dort veröffentlichten Daten möchte.[342] Dem ist im Grundsatz zuzustimmen. Derjenige, der ein Profil unterhält, welches nicht seinen Klarnamen, sondern einen Decknamen zeigt, gibt damit eindeutig zu erkennen, nicht von jedermann identifiziert werden zu wollen. Vielmehr ist der betroffenen Person in dem Fall daran gelegen, „*anonym*" im Netz zu surfen. Die personenbezogenen Daten, die im Zusammenhang mit diesem Pseudonym gefunden werden können, sind demnach nicht als öffentlich zugänglich anzusehen. Etwas anderes ist dann anzunehmen, wenn der Bewerber in seinen Bewerbungsunterlagen ausdrücklich auf das Profil unter diesem Pseudonym verweist. In diesen Fällen ist der Bewerber nicht schutzwürdig.

### f. Zufallsfunde

Zudem werden im Rahmen der Online-Recherche eine Vielzahl von öffentlich zugänglichen personenbezogenen Daten erhoben, die für die Durchführung der vorvertraglichen Maßnahmen gerade nicht erforderlich sind (sog. Zufallsfunde). Dabei werden Zufallsfunde als solche Funde bezeichnet, nach denen der Arbeitgeber im Rahmen seiner Recherche nicht gezielt gesucht hat.[343] Wenn der Arbeitgeber im Rahmen seiner Recherche nur nach den Informationen sucht, die für die Entscheidung zur Begründung eines Beschäftigungsverhältnisses erforderlich sind, so lässt es sich nicht vermeiden, dass er auch Informationen erfährt, die für diesen Zweck nicht erforderlich sind (z. B. welche Freunde der Bewerber hat, welche Hobbys verfolgt werden, unvorteilhafte Fotos von der Weihnachtsfeier). Letztere stellen Zufallsfunde dar.

Solche Zufallsfunde sind dem Internet systemimmanent und sind nach Ansicht der Literatur als Nebenprodukt vom Betroffenen hinzunehmen.[344] Nach *Riesenhuber* sei bei der Verwendung von Suchmaschinen wie Google, Bing unausweichlich, dass überschießende Daten verarbeitet werden, sodass die Verarbeitung dieser Daten durchaus noch als erforderlich anzusehen ist.[345] Dieser

---

342 *Thüsing/Traut*, in: Thüsing, Beschäftigtendatenschutz, § 14 Rn. 18; ähnlich *Neff*, in: Taeger, DSRITB 2015, S. 81, 88; aA wohl *Hornung/Gilga*, CR 2020, 367, 369.

343 *Determann*, BB 2013, 181, 188.

344 *Gola*, Beschäftigtendatenschutz, Rn. 1499; *ders.*, in: Gola, DSGVO, 1. Auflage, Art. 6 Rn. 92 („Relevanz für die arbeitsvertragliche Beziehung"); *Schwarz*, ZD 2018, 353, 355.

345 *Riesenhuber*, in: BeckOK DatenSR, BDSG, 48. Ed. 01.05.2024, § 26 Rn. 100; aA wohl *Seifert*, in: Simitis et al., Datenschutzrecht, Art. 88 Rn. 104.

Ansicht stimmen *Thüsing/Traut* zu und meinen, dass der Fund als solche nach § 26 Abs. 1 BDSG gerechtfertigt ist. Die Norm rechtfertige nicht nur die Erhebung der eigentlichen Informationen, sondern auch das Herausfiltern dieser Informationen aus der Masse der Treffer. Dies umfasse notwendigerweise auch die Wahrnehmung anderer Daten, sodass die Prüfung der Rechtmäßigkeit insofern ex ante erfolgt.[346] Die weitere Verarbeitung der Zufallsfunde müsse aber unterbleiben, wenn die weitere Verarbeitung nicht auf eine Erlaubnisnorm gestützt werden könne. Solange keine Erlaubnisnorm eingreife, müsse man die Information ausblenden, so wie es ein Richter hinsichtlich von Beweisverwertungsverboten auch tun würde. Zudem wird vorgeschlagen, Zufallsfunde von vornherein zu vermeiden, indem man zum Beispiel durch konkrete Suchanfragen in Google zu den gewünschten Ergebnissen kommt. Zwar ist *Thüsing/Traut* in dem Punkt zuzustimmen, dass eine Suche gezielt nach bestimmten Eigenschaften erfolgen sollte. Es lässt sich jedoch nicht vermeiden, dass auch unerwünschte Ergebnisse im Rahmen seiner Recherche erlangt werden.[347] Entscheidend ist vielmehr, ob die gefundenen Zufallsfunde für den konkreten Zweck der Begründung des Beschäftigungsverhältnisses weiterverarbeitet werden können. Dies hängt davon ab, ob eine datenschutzrechtliche Erlaubnisnorm eingreift. Liegt diese nicht vor, da die Information nicht für diesen Zweck erforderlich ist, so muss zustimmend mit *Determann* davon ausgegangen werden, dass diese Zufallsfunde nicht beachtet werden dürfen, was in entsprechenden Richtlinien festgehalten werden kann.[348]

## g. Erschleichen und Erzwingen des Zugangs

In den USA sind Fälle bekannt, in denen die zukünftigen Arbeitgeber von ihren Bewerbern die Zugangsdaten zu deren privaten sozialen Netzwerkaccounts verlangen.[349] Es ist nicht auszuschließen, dass ein solches Vorgehen auch in Deutschland praktiziert wird. Es ist eindeutig, dass das Erzwingen des Zugangs zu einem Profil keine öffentlich gemachten Daten darstellen, da dies nicht dem Willen des Bewerbers entspricht.[350] Ebenso ist zu entscheiden, wenn sich der Arbeitgeber unter einem falschen Profil den Zugang zu einem Profil des Bewerbers verschafft. Darin ist ein Verstoß gegen Treu und Glauben nach Art. 5 Abs. 1 lit. a DSGVO zu erblicken und demnach unzulässig.

---

346 *Thüsing/Traut*, in: Thüsing, Beschäftigtendatenschutz, § 14 Rn. 25 ff.; ebenso *Ernst*, NJOZ 2011, 953, 956 („datenschutzrechtlich unbedenklich"). Zum § 26 BDSG *Thüsing*, in: Thüsing/Wurth, Social Media, § 1 Rn. 18 f.

347 Ebenso *Hützen*, AE 2013, 39, 40 („Filterung im Vorfeld [...] praktisch kaum möglich").

348 *Determann*, BB 2013, 181, 189.

349 *Heermann*, ZD-Aktuell 2012, 02891.

350 *Hützen*, AE 2013, 39, 40; *Kort*, DuD 2012, 722, 725; *Steiner*, in: Wedde, Datenschutz, F., Rn. 25.

## V. Rechtsansprüche, Art. 9 Abs. 2 lit. f DSGVO

Im Bewerbungsverfahren kann ferner die Norm des Art. 9 Abs. 2 lit. f DSGVO relevant werden. Hiernach gilt das Verarbeitungsverbot des Art. 9 Abs. 1 DSGVO nicht, wenn die Verarbeitung der sensiblen Daten unter anderem zur Geltendmachung, Ausübung oder Verteidigung von Rechtsansprüchen erforderlich ist. Die Vorschrift korrespondiert mit Art. 17 Abs. 3 lit. e DSGVO, wonach eine Löschung nach Art. 17 Abs. 1 und 2 DSGVO nicht vorgenommen werden muss, soweit die Verarbeitung erforderlich ist zur Geltendmachung, Ausübung oder Verteidigung von Rechtsansprüchen. Nach der datenschutzrechtlichen Literatur werden von der Ausnahme nach Art. 9 Abs. 2 lit. f DSGVO sowohl öffentliche als auch zivilrechtliche Ansprüche erfasst, sodass sowohl vertragliche als auch deliktische Ansprüche unter diese Erlaubnisnorm zu subsumieren sind, unabhängig davon, ob diese bereits rechtshängig gemacht worden sind.[351] Dies stellt ErwG 52 S. 3 klar, wonach die Verarbeitung aufgrund dieses Tatbestandes insbesondere dann erforderlich sein soll, *„um rechtliche Ansprüche, sei es in einem Gerichtsverfahren oder in einem Verwaltungsverfahren oder einem außergerichtlichen Verfahren, geltend zu machen, auszuüben oder zu verteidigen“*. *Stark* folgert aus diesem Erwägungsgrund, dass die rein innerbetriebliche Verarbeitung somit nicht von dieser Norm erfasst sein soll.[352] Bei dem Verhältnis zwischen Arbeitgeber und Bewerber handelt es sich allerdings um keine rein innerbetriebliche Verarbeitung.

Der Ausnahmetatbestand des Art. 9 Abs. 2 lit. f DSGVO soll einen Sonderfall der allgemeinen Erlaubnisnorm des berechtigten Interesses nach Art. 6 Abs. 1 S. 1 lit. f DSGVO darstellen.[353] Die Norm erfasst Verarbeitungen ausdrücklich nicht, die zur Begründung eines Anspruchs erforderlich sind oder wenn es der Abwehr von Ansprüchen dient. Nach Teilen der Literatur ist aber auch die Begründung eines Anspruchs erfasst, da die Geltendmachung eines Anspruchs denklogisch nur dann möglich ist, wenn der Anspruch vorher begründet war.[354] *Gosch* geht daher davon aus, dass sich rechtliche Ansprüche auch aus vorvertraglichen Schuldverhältnissen, wie zum Beispiel dem Bewerbungsverhältnis, ergeben können.[355] Dem ist zuzustimmen, da auch im Rahmen von vorvertraglichen Schuldverhältnissen Sekundärpflichten bestehen.[356]

---

351 *Gola*, BB 2017, 1462, 1468; *Kaboré/Kinast*, ZD 2019, 441, 443 f.; *Reuter*, ZD 2018, 564, 568.

352 *Stark*, Aufgabenwahrnehmung des Betriebsrats, S. 300.

353 *Schiff*, in: Ehmann/Selmayr, Art. 9 Rn. 48; wohl auch *Kaboré/Kinast*, ZD 2019, 441, 444.

354 *Mester*, in: Taeger/Gabel, Art. 9 DSGVO, Rn. 26.

355 *Gosch*, Besondere Kategorien, S. 75.

356 *Thüsing*, in: Henssler et al., Arbeitsrecht, § 611a BGB, Rn. 146, 172.

Fraglich ist, ob unter diese Vorschrift auch Rechtsansprüche fallen, die erst potenziell entstehen können, also gerade noch nicht bestehen.[357] Es kann vorkommen, dass die Frage eines Entschädigungsanspruchs eines Bewerbers nach § 15 Abs. 1, 2 AGG wegen eines Verstoßes gegen das AGG durch den Arbeitgeber im Raum steht. In diesem Zusammenhang müssen besondere Kategorien personenbezogener Daten, wie zum Beispiel Gesundheitsdaten, weiterhin gespeichert und verarbeitet werden, um sich gegen Ansprüche des Bewerbers verteidigen zu können. Zu Art. 8 Abs. 2 lit. e DSRL und § 28 Abs. 6 Nr. 3 BDSG a. F. wurde teilweise in der Literatur davon ausgegangen, dass auch potenzielle Ansprüche und die Ansprüche aus dem vorvertraglichen Schuldverhältnis erfasst sind, damit ein effektiver Schutz des Bewerbers möglich bleibt.[358]

Nach *Hanloser* dient die Befragung eines Bewerbers nicht der Informationsgewinnung zur Durchsetzung eines bestehenden Anspruchs, da der Arbeitgeber im Bewerbungsstadium keine Ansprüche gegen den Bewerber habe, die er geltend machen, ausüben oder verteidigen könnte. Die Befragung diene vielmehr der Begründung eines künftigen Anspruchs, vorausgesetzt ein Arbeitsverhältnis kommt zustande. Der getäuschte Arbeitgeber erwerbe einen anfechtungsgleichen Schadensersatzanspruch auf Befreiung von seinen Vertragspflichten aufgrund der Naturalrestitution nach § 249 Abs. 1 BGB. Nach dieser Ansicht ermöglicht Art. 9 Abs. 2 lit. f DSGVO vielmehr die arbeitsrechtlich erlaubte Frage nach der Gesundheit des Bewerbers.[359]

Der Wortlaut des Art. 9 Abs. 2 lit. f DSGVO lässt offen, ob der Rechtsanspruch bereits entstanden sein muss oder auch nur potenziell bestehende Rechtsansprüche ausreichend sind. ErwG 52 S. 3 bestimmt, dass die Verarbeitung besonderer Kategorien personenbezogener Daten „*ausnahmsweise erlaubt sein [sollte], wenn sie erforderlich ist, um rechtliche Ansprüche, sei es in einem Gerichtsverfahren oder in einem Verwaltungsverfahren oder einem außergerichtlichen Verfahren, geltend zu machen, auszuüben oder zu verteidigen*". Der europäische Gesetzgeber geht demnach grundsätzlich von einem engen Verständnis dieser Norm aus, da dieser Ausnahmetatbestand nur „*ausnahmsweise*" eingreifen soll. Das OVG Greifswald geht etwa davon aus, dass Art. 9 Abs. 2 lit. f DSGVO eine bereits bestehende rechtliche Auseinandersetzung voraussetze.[360] Es muss jedoch zum einen berücksichtigt werden, dass im Gegensatz zur Vorgängervorschrift des Art. 8 Abs. 1 lit. e DSRL der Anwendungsbereich der DSGVO auf außergerichtliche Handlungen ausgeweitet wurde. Zum anderen ist zu berücksichtigen, dass Art. 17 Abs. 3 lit. e DSGVO den Wortlaut des Art. 9 Abs. 2 lit. f

357 Ablehnend VG Schwerin, Urt. v. 26.11.2020 – 1 A 1598/19 SN, Rn. 39, BeckRS 2020, 35142; aA *Paal*, ZD 2022, 471, 474.

358 *Beck*, Fragerecht, S. 267; *Klement*, Medizinische Datenerhebungen, S. 152 f.; *Thüsing/Lambrich*, BB 2002, 1146, 1151 f.; *Weth*, in: Weth et al., Daten- und Persönlichkeitsschutz, 1. Auflage, Teil B, I., Rn. 87.

359 *Hanloser*, in: Forgó et al., Datenschutz, Teil V, Kap. 1, Rn. 65 f. (Verweis auf BAG, Urt. v. 16.02.2012 – 6 AZR 553/10, NZA 2012, 555, 558).

360 OVG Greifswald, Beschl. v. 08.08.2023 – 1 LZ 906/20 OVG, BeckRS 2023, 43009.

DSGVO aufgreift. Wie bereits unter dem Dritten Teil, § 12, A., II., 1. festgestellt wurde, wird dafür plädiert, dass die personenbezogenen Daten des Bewerbers so lange aufbewahrt werden dürfen, wie ein möglicher Anspruch noch geltend gemacht werden kann, ohne dass es auf die Wahrscheinlichkeit der Geltendmachung oder konkrete Anhaltspunkte ankommt. Dies dient dem effektiven Schutz des Arbeitgebers. Diese Ausführungen können auf Art. 9 Abs. 2 lit. f DSGVO übertragen werden. In der Konsequenz bedeutet dies, dass sich der Arbeitgeber zur Verteidigung möglicher potenzieller Ansprüche des Bewerbers auf den Ausnahmetatbestand des Art. 9 Abs. 2 lit. f DSGVO berufen kann.

### VI. Einstellungsuntersuchung, Art. 9 Abs. 2 lit. h i. V. m. Abs. 3 DSGVO

Art. 9 Abs. 2 lit. h DSGVO hebt das Verbot der Verarbeitung nach Art. 9 Abs. 1 DSGVO auf, wenn dies unter anderem der Gesundheitsvorsorge, der Arbeitsmedizin, der Beurteilung der Arbeitsfähigkeit des Beschäftigten oder der medizinischen Diagnostik dient. Im Laufe des Bewerbungsverfahrens ist es in manchen Berufsgruppen (z. B. Fitnesstests bei Profifußballspielern) vorgesehen, bestimmte Einstellungsuntersuchungen bei dem Bewerber vorzunehmen. Im Rahmen von Einstellungsuntersuchungen kann es vorkommen, dass eine gesundheitliche Untersuchung vom Arbeitgeber verlangt wird. Dies kann unter anderem damit zusammenhängen, dass der begehrte Arbeitsplatz gesundheitliche Gefahren mit sich bringen kann und der Bewerber überprüft werden muss, ob er diesen Anforderungen entspricht. Zudem hat der Arbeitgeber ein gesteigertes Interesse an solchen Untersuchungen, da dieser mit dem Bewerber ein Dauerschuldverhältnis eingehen wird und somit mehrere Jahre gebunden sein kann.[361] Zweck der Verarbeitung ist demnach festzustellen, ob der Bewerber physisch und psychisch in der Lage ist, den zu besetzenden Arbeitsplatz auszuführen. Dazu soll die gesundheitliche sowie psychologische Eignung des Bewerbers in Erfahrung gebracht werden, sodass insbesondere die Verarbeitung von Gesundheitsdaten betroffen sind (vgl. die Ausführungen zu den Gesundheitsdaten unter Fünfter Teil, § 25, A., I., 2., c.).[362]

Arbeitsrechtlich sind Einstellungsuntersuchungen grundsätzlich zulässig. Der Bewerber ist allerdings nicht verpflichtet, sich von einem Arzt untersuchen zu lassen, es sei denn, es gibt eine gesetzliche, tarifliche oder vertragliche Pflicht.[363] Eine Teilnahmeverpflichtung des Bewerbers besteht damit nicht. Im Folgenden soll der Schwerpunkt auf die datenschutzrechtliche Rechtmäßigkeit gelegt werden, wobei die arbeitsrechtlichen Besonderheiten mit zu berücksichtigen sind. Art. 9 Abs. 2 lit. h DSGVO verlangt, dass die Verarbeitung auf der Grundlage

361 *Aligbe*, Arbeitsmedizinische Vorsorge, T., Rn. 15 ff.

362 *Weichert*, in: Kühling/Buchner, Art. 9 DSGVO, Rn. 113; *Weth*, in: Weth et al., Daten- und Persönlichkeitsschutz, B., I., Rn. 136, 142.

363 *Aligbe*, Arbeitsmedizinische Vorsorge, T., Rn. 41; *Gola*, Beschäftigtendatenschutz, Rn. 1875; *Krieger*, in: vom Stein et al., Gesundheitsmanagement, § 4 Rn. 5; *Weth*, in: Weth et al., Daten- und Persönlichkeitsschutz, B., I., Rn. 137.

des Unionsrechts oder des Rechts eines Mitgliedstaats oder aufgrund eines Vertrags mit einem Angehörigen eines Gesundheitsberufs und vorbehaltlich der in Art. 9 Abs. 3 DSGVO genannten Bedingungen und Garantien erforderlich ist. Damit stellt Art. 9 Abs. 2 lit. h DSGVO grundsätzlich die Öffnungsnorm für Verarbeitung der personenbezogenen Daten bei Einstellungsuntersuchungen des Bewerbers dar. Hingegen sollen nach *Kort* Einstellungsuntersuchungen nur mit Einwilligung des Bewerbers zulässig sein, die aber in den seltensten Fällen die Voraussetzungen der Einwilligung erfüllen werden.[364] Dem ist jedoch nicht zuzustimmen. Die Einwilligung wird in den meisten Fällen nicht freiwillig sein, sodass an der Wirksamkeit der Einwilligung erhebliche Bedenken bestehen. Vielmehr bedarf es auch keiner Einwilligung, um Einstellungsuntersuchungen vornehmen zu können, da Art. 9 Abs. 2 lit. h DSGVO als gesetzlicher Ausnahmetatbestand eine hinreichende Möglichkeit bietet, einen datenschutzkonformen Zustand herzustellen. Dabei ist der Schwerpunkt der Prüfung auf der Erforderlichkeit der Durchführung einer Einstellungsuntersuchung zu legen. Wie *Riesenhuber* zutreffend feststellt, kann eine solche Untersuchung, falls sie nicht gesetzlich vorgeschrieben ist, erforderlich sein, wenn *„entweder die vertraglich in Aussicht genommenen Tätigkeiten besondere gesundheitliche Anforderungen stellen oder konkrete Anhaltspunkte bestehen, dass der betreffende Arbeitnehmer den (allgemeinen oder speziellen) körperlichen oder psychischen Anforderungen nicht gewachsen ist"*.[365]

Der Arbeitgeber darf die Einstellungsuntersuchung selbst nicht durchführen, sondern ist auf die Einschaltung von Ärzten angewiesen (vgl. Art. 9 Abs. 3 DSGVO). Insbesondere darf der Arzt, der die Einstellungsuntersuchung an dem Bewerber vornimmt, nur die Information an den Arbeitgeber weitergeben, die Aussagen darüber treffen, ob der Bewerber für die in Aussicht gestellte Tätigkeit geeignet oder ungeeignet ist. Weitere Einzelheiten über das Ergebnis darf nur der Bewerber erfahren.[366]

### 1. Umsetzung in § 22 Abs. 1 Nr. 1 lit. b BDSG

§ 22 Abs. 1 Nr. 1 lit. b BDSG ist auf der Grundlage der Spezifizierungsklausel des Art. 9 Abs. 2 lit. h i. V. m. Abs. 3 DSGVO erlassen worden, sodass auch die Tatbestandsmerkmale im BDSG europarechtskonform anhand der DSGVO auszulegen sind.[367] Nach § 22 Abs. 1 Nr. 1 lit. b BDSG ist die Verarbeitung besonderer Kategorien personenbezogener Daten durch nichtöffentliche Stellen zulässig, wenn sie *„zum Zweck der Gesundheitsvorsorge, für die Beurteilung*

---

364 *Kort*, NZA-Beilage 2016, 62, 70. Möglichkeit der Einwilligung beschränkt auf den Umfang, dass ausschließlich der Arzt bestimmt, ob der Bewerber geeignet ist *Weth*, in: Weth et al., Daten- und Persönlichkeitsschutz, B., I., Rn. 143.

365 *Riesenhuber*, in: BeckOK DatenSR, BDSG, 48. Ed. 01.05.2024, § 26 Rn. 123.

366 *Kort*, NZA-Beilage 2016, 62, 70; *Weth*, in: Weth et al., Daten- und Persönlichkeitsschutz, B., I., Rn. 143.

367 BT-Drs. 18/11325, S. 95.

*der Arbeitsfähigkeit des Beschäftigten, für die medizinische Diagnostik, die Versorgung oder Behandlung im Gesundheits- oder Sozialbereich oder für die Verwaltung von Systemen und Diensten im Gesundheits- und Sozialbereich oder aufgrund eines Vertrags der betroffenen Person mit einem Angehörigen eines Gesundheitsberufs erforderlich ist und diese Daten von ärztlichem Personal oder durch sonstige Personen, die einer entsprechenden Geheimhaltungspflicht unterliegen, oder unter deren Verantwortung verarbeitet werden*". § 22 Abs. 1 Nr. 1 lit. b BDSG erlaubt es demnach, für die Beurteilung der Arbeitsfähigkeit des Bewerbers Gesundheitsdaten zu verarbeiten, soweit diese Daten von ärztlichem Personal oder durch sonstige Personen, die einer entsprechenden Geheimhaltungspflicht unterliegen, oder unter deren Verantwortung verarbeitet werden. Weiterhin sind die Anforderungen des § 22 Abs. 2 BDSG einzuhalten (vgl. Fünfter Teil, § 26, B., II., 2., c., bb.).

Da diese Vorschrift nahezu identisch im BDSG a. F. vorzufinden war, ist nach *Jandt* grundsätzlich auf die Literatur und Rechtsprechung zu dieser Vorschrift zurückzugreifen.[368] Dem ist nur dahingehend zu folgen, dass als Orientierungspunkte die damalige Auslegung herangezogen werden kann. Es muss jedoch berücksichtigt werden, dass diese Formulierungen aus Art. 9 Abs. 2 lit. h DSGVO stammen und daher unionsrechtlich einheitlich ausgelegt werden muss.

In der Bewerbungsphase kommt der Formulierung „*für die Beurteilung der Arbeitsfähigkeit des Beschäftigten […] erforderlich*" eine entscheidende Bedeutung zu. Dabei stehen die Zwecke der „*Arbeitsmedizin*" und für die „*Beurteilung der Arbeitsfähigkeit*" des Beschäftigten nach Art. 9 Abs. 2 lit. h DSGVO in einem engen Zusammenhang. § 22 Abs. 1 Nr. 1 lit. b BDSG hat das Tatbestandsmerkmal der Arbeitsmedizin bewusst nicht mit aufgenommen, da der deutsche Gesetzgeber davon ausgeht, dass der Begriff der Gesundheitsvorsorge auch die arbeitsmedizinische Vorsorge umfasst und es im Übrigen in Deutschland keine Verarbeitung besonderer Kategorien personenbezogener Daten zu Zwecken besonderer Facharztrichtungen gibt.[369] Nach *Petri* soll die Arbeitsmedizin dazu dienen, durch Vorsorgemaßnahmen „*arbeitsbedingte Erkrankungen einschließlich Berufskrankheiten frühzeitig zu erkennen und zu verhüten*", während es bei der Beurteilung der Arbeitsfähigkeit primär um den Erhalt der Arbeitsfähigkeit und der Fortentwicklung des betrieblichen Gesundheitsschutzes gehe.[370] Dies entspricht der Vorstellung des deutschen Gesetzgebers, der in der Gesetzesbegründung die Arbeitsmedizin mit der arbeitsmedizinischen Vorsorge gleichstellt. *Heckmann/Scheurer* sind der Ansicht, dass mit der Beurteilung der Arbeitsfähigkeit insbesondere „*die Verarbeitung etwaiger Krankheitstage, Kuraufenthalte oder körperlicher Einschränkungen im Kontext möglich sein*" soll.[371]

---

368 *Jandt*, in: Jandt/Steidle, Datenschutz, Teil B, II., Rn. 137.
369 BT-Drs. 18/11325, S. 95; aA *Weichert*, in: Kühling/Buchner, § 22 BDSG, Rn. 11.
370 *Petri*, in: Simitis et al., Datenschutzrecht, Art. 9 Rn. 81.
371 *Heckmann/Scheurer*, in: Gola/Heckmann, DSGVO/BDSG, § 22 BDSG, Rn. 21.

*Weth* geht davon aus, dass die Einstellungsuntersuchung der Beurteilung der Arbeitsfähigkeit des Bewerbers dient, sodass zu diesem Zweck § 22 Abs. 1 Nr. 1 lit. b BDSG als Erlaubnisnorm für die Verarbeitung der personenbezogenen Daten herangezogen werden könne.[372]

Hingegen können Fragen nach der Gesundheit des Bewerbers nach *Hanloser* dem Zweck der Gesundheitsvorsorge dienen.[373]

Im Ergebnis macht es rechtlich keinen Unterschied, ob die Einstellungsuntersuchung unter das Merkmal der Gesundheitsvorsorge oder unter die Beurteilung der Arbeitsfähigkeit subsumiert wird, da an beide Tatbestandsmerkmale dieselben Rechtsfolgen geknüpft sind. Da die Einstellungsuntersuchung dem Zweck dient, zu überprüfen, ob der Bewerber auch tatsächlich in der Lage ist, den gewünschten Beruf ausüben zu können, liegt es nach dem Wortlaut der Norm näher, das Vorliegen des Tatbestandsmerkmales der *„Beurteilung der Arbeitsfähigkeit"* zu bejahen. Durch diese Untersuchung soll gerade beurteilt werden, ob der Bewerber arbeitsfähig ist. Eine Weitergabe der personenbezogenen Daten durch den Arzt an den Arbeitgeber ist mit dieser Vorschrift aber datenschutzrechtlich nicht zulässig, es sei denn, eine Einwilligung des Bewerbers liegt vor.[374]

## 2. Verhältnis von § 22 Abs. 1 Nr. 1 lit. b BDSG und § 26 Abs. 3 BDSG

Fraglich ist, in welchem Verhältnis § 22 Abs. 1 Nr. 1 lit. b BDSG zu § 26 Abs. 3 BDSG steht. Die *Datenschutzkonferenz* hat bereits eine Klarstellung vom deutschen Gesetzgeber gefordert.[375] Die *„Beurteilung der Arbeitsfähigkeit eines Beschäftigten"* i. S. d. § 22 Abs. 1 Nr. 1 lit. b BDSG zielt auf den Beschäftigungskontext ab und steht somit im Konkurrenzverhältnis zu § 26 Abs. 3 BDSG. § 26 Abs. 3 BDSG regelt die Verarbeitung besonderer Kategorien personenbezogener Daten für Zwecke des Beschäftigungsverhältnisses. § 26 Abs. 3 S. 2 Hs. 2 BDSG nimmt nur auf § 22 Abs. 2 BDSG Bezug, sodass davon ausgegangen werden könnte, dass § 26 Abs. 3 BDSG für das Beschäftigungsverhältnis eine abschließende Regelung trifft. Andererseits nimmt der deutsche Gesetzgeber in § 22 Abs. 1 Nr. 1 lit. b BDSG ausdrücklich auf die Beschäftigten Bezug, sodass diese beiden Vorschriften nebeneinander zur Anwendung kommen könnten. Nach der Gesetzesbegründung und Teilen der Literatur soll in diesem Fall § 22 Abs. 1 Nr. 1 lit. b BDSG vorrangig zu beachten sein, wenn es um Datenverarbeitungen zum Zweck der Beurteilung der Arbeitsfähigkeit des Beschäftigten gehe.[376]

In der Literatur wird jedoch teilweise § 22 Abs. 1 Nr. 1 lit. b BDSG nicht für anwendbar gehalten, soweit es um die Entscheidung über die Begründung eines

---

372 *Weth*, in: Weth et al., Daten- und Persönlichkeitsschutz, B., I., Rn. 142.

373 *Hanloser*, in: Forgó et al., Datenschutz, Teil V, Kap. 1, Rn. 67.

374 *Aligbe*, Arbeitsmedizinische Vorsorge, V., Rn. 16 f.

375 *DSK*, Beschäftigtendatenschutzgesetz, S. 3.

376 BT-Drs. 18/11325, S. 98; *Maschmann*, in: Kühling/Buchner, § 26 BDSG, Rn. 26; *Weth*, in: Weth et al., Daten- und Persönlichkeitsschutz, B., I., Fn. 216.

Beschäftigungsverhältnisses nach § 26 Abs. 3 BDSG geht.[377] Auch *Reiserer/Christ/Heinz* gehen davon aus, dass die Durchführung von Einstellungsuntersuchungen nur dann zulässig sei, wenn sie zur Ausübung von Rechten oder zur Erfüllung rechtlicher Pflichten aus dem Arbeitsrecht, dem Recht der sozialen Sicherheit und des Sozialschutzes erforderlich ist und kein Grund zu der Annahme besteht, dass das schutzwürdige Interesse der betroffenen Person an dem Ausschluss der Verarbeitung überwiegt.[378] Diese Formulierung stammt aus § 26 Abs. 3 S. 1 BDSG.

Für das Verhältnis dieser beiden Vorschriften wird es entscheidend darauf ankommen, welcher Verantwortliche sich auf die Vorschrift des § 22 Abs. 1 Nr. 1 lit. b BDSG berufen kann. Zwar spricht der Wortlaut davon, dass die Verarbeitung zulässig ist, wenn dies für die Beurteilung der Arbeitsfähigkeit des Beschäftigten erforderlich ist. Jedoch ist die Vorschrift im Zusammenhang mit Art. 9 Abs. 2 lit. h, Abs. 3 DSGVO zu betrachten. Nach Absatz 3 dürfen solche Verarbeitungen nur von Fachpersonal oder unter dessen Verantwortung verarbeitet werden. Dies wird in aller Regel ein Arzt sein. § 22 Abs. 1 Nr. 1 lit. b BDSG erfasst das gesamte Gesundheits- und Sozialwesen. So fällt zum Beispiel die ärztliche Untersuchung zum Nachweis der gesundheitlichen Eignung im Zuge der Begründung eines Beschäftigungsverhältnisses unter diese Vorschrift.[379] Darauf kann sich jedoch nicht der Arbeitgeber berufen, sondern ausschließlich die in Art. 9 Abs. 3 DSGVO genannten Personengruppen. Der normale Arbeitgeber fällt demnach nicht unter diese Norm und kann sich dementsprechend nicht darauf berufen, da er nicht dem Gesundheits- und Sozialbereich angehört. Für ihn bleibt grundsätzlich die Vorschrift des § 26 Abs. 3 BDSG maßgeblich.

### 3. Europarechtskonformität des § 22 Abs. 1 Nr. 1 lit. b BDSG?

Fraglich ist, ob der deutsche Gesetzgeber mit der Regelung des § 22 Abs. 1 Nr. 1 lit. b BDSG zulässigerweise von der Spezifizierungsklausel des Art. 9 Abs. 2 lit. h, Abs. 3 DSGVO Gebrauch gemacht hat. So hatte der *Landesbeauftragte von Mecklenburg-Vorpommern* Zweifel geäußert und moniert, dass es an *„angemessenen und vor allem spezifischen Maßnahmen zur Wahrung der Grundrechte und Interessen der betroffenen Person“* fehle.[380]

Dieser Ansicht ist nicht zuzustimmen. Art. 9 Abs. 3 DSGVO konkretisiert die Voraussetzungen für Art. 9 Abs. 2 lit. h DSGVO und muss immer im Zusammenhang mit § 22 Abs. 1 Nr. 1 lit. b BDSG gelesen werden. Beide Vorschriften, d. h. sowohl Art. 9 Abs. 2 lit. h und Abs. 3 DSGVO, müssen kumulativ erfüllt wer-

377 *Franzen*, in: Müller-Glöge et al., Arbeitsrecht, BDSG, § 22 Rn. 2; *Heckmann/Scheurer*, in: Gola/Heckmann, DSGVO/BDSG, § 22 BDSG, Rn. 21; wohl auch *Kort*, RdA 2018, 24, 30.

378 *Reiserer/Christ/Heinz*, DStR 2018, 1501, 1507.

379 *Kampert*, in: Sydow, DSGVO/BDSG, § 22 BDSG, Rn. 26.

380 *LfDI M-V*, Stellungnahme, S. 5.

den.[381] Hiernach dürfen diese Daten nur dann verarbeitet werden, „*wenn diese Daten von Fachpersonal oder unter dessen Verantwortung verawrbeitet werden und dieses Fachpersonal nach dem Unionsrecht oder dem Recht eines Mitgliedstaats oder den Vorschriften nationaler zuständiger Stellen dem Berufsgeheimnis unterliegt, oder wenn die Verarbeitung durch eine andere Person erfolgt, die ebenfalls nach dem Unionsrecht oder dem Recht eines Mitgliedstaats oder den Vorschriften nationaler zuständiger Stellen einer Geheimhaltungspflicht unterliegt*“. Es liegt damit eine Spezifizierungsklausel vor, wonach das Fachpersonal einem Berufsgeheimnis unterliegen muss oder einer sonstigen Geheimhaltungspflicht unterliegt. Wenn national keine solche Berufsgeheimnisse bestehen, soll es nach *Weichert* ausreichen, wenn nur Art. 9 Abs. 2 lit. h DSGVO erfüllt ist.[382]

Art. 9 Abs. 2 lit. h DSGVO sieht anders als Art. 9 Abs. 2 lit. b DSGVO nicht vor, dass das Recht der Mitgliedstaaten geeignete Garantien für die Grundrechte und die Interessen der betroffenen Person vorsehen muss. Die einzigen Bedingungen und Garantien, die erfüllt werden müssen, werden in Art. 9 Abs. 3 DSGVO genannt. Danach dürfen die Daten unter anderem nur von dem Fachpersonal verarbeitet werden, die nach dem Recht eines Mitgliedstaats dem Berufsgeheimnis bzw. einer Geheimhaltungspflicht unterliegen. Ein solches Berufsgeheimnis, insbesondere für Ärzte, ergibt sich aus § 203 Abs. 1 Nr. 1 StGB.[383] Nach *Arning/Born* ist § 22 Abs. 1 Nr. 1 lit. b BDSG zudem hinreichend bestimmt und mit dem Normwiederholungsverbot vereinbar.[384] Damit kann festgehalten werden, dass § 22 Abs. 1 Nr. 1 lit. b BDSG europarechtskonform ausgestaltet ist.

## § 27 Strafrechtliche Verurteilungen und Straftaten, Art. 10 DSGVO

In der Bewerbungsphase kommt es vor, dass nach laufenden Ermittlungsverfahren oder begangenen Straftaten des Bewerbers gefragt wird. Kein Arbeitgeber möchte einen Kassierer einstellen, der bereits wegen Vermögensdelikten strafrechtlich verurteilt worden ist. Aus diesem Grund wurde unter alter Rechtslage die Frage nach Vorstrafen als zulässig erachtet, wenn diese für die zu besetzende Arbeitsstelle oder die zu leistende Arbeit unmittelbare Bedeutung hatte.[385] Fraglich ist, ob sich an dieser Rechtsansicht unter der DSGVO etwas geändert hat.

Art. 10 DSGVO betrifft die Verarbeitung von personenbezogenen Daten über strafrechtliche Verurteilungen und Straftaten. Die Vorschrift kann bei Fragen des Arbeitgebers nach möglichen „*einschlägigen*“ Vorstrafen bei Bewerbungsge-

381 *Jaspers/Schwartmann/Mühlenbeck*, in: Schwartmann et al., Art. 9 DSGVO, Rn. 221.

382 *Weichert*, in: Kühling/Buchner, Art. 9 DSGVO, Rn. 138; aA *Dochow*, GesR 2016, 401, 405; *Kühling/Martini et al.*, DSGVO, S. 51.

383 *Schantz*, in: Schantz/Wolff, Datenschutzrecht, Rn. 1362.

384 *Arning/Born*, in: Forgó et al., Datenschutz, Teil X, Kap. 2, Fn. 21.

385 BAG, Urt. v. 20.06.1999 – 2 AZR 320/98, NZA 1999, 975.

sprächen in Betracht kommen, da Art. 10 DSGVO nicht darauf beschränkt ist, dass die Verarbeitung nur unter behördlicher Aufsicht erfolgen darf (vgl. Fünfter Teil, § 27, C.).[386] Auch die Nachfrage nach einem Führungszeugnis führt dazu, dass Daten über strafrechtliche Verurteilungen und Straftaten verarbeitet werden, da solche Informationen in einem Führungszeugnis nach § 30 Abs. 1 S. 1, § 32 BZRG enthalten sind.

Die Kategorie der „*Daten über strafrechtliche Verurteilungen und Straftaten*" fand sich bereits in Art. 8 Abs. 5 DSRL wieder und wurde dort den besonderen Kategorien personenbezogener Daten zugeordnet. Unter der Geltung der DSGVO ist diese Datenkategorie aus den sensiblen Daten ausgesondert und separat in Art. 10 DSGVO geregelt, wobei ein Verstoß gegen die Vorgaben des Art. 10 DSGVO nach Art. 83 DSGVO nicht unmittelbar bußgeldbewehrt ist.[387] Daraus wird geschlossen, dass Art. 10 DSGVO im Verhältnis zu Art. 9 DSGVO als speziellere Vorschrift anzusehen ist.[388] Nach Art. 10 S. 1 DSGVO darf die „*Verarbeitung personenbezogener Daten über strafrechtliche Verurteilungen und Straftaten oder damit zusammenhängende Sicherungsmaßnahmen aufgrund von Artikel 6 Absatz 1 […] nur unter behördlicher Aufsicht vorgenommen werden oder wenn dies nach dem Unionsrecht oder dem Recht der Mitgliedstaaten, dass geeignete Garantien für die Rechte und Freiheiten der betroffenen Person vorsieht, zulässig ist*". Da es sich bei den Daten nach Art. 10 DSGVO um Daten handelt, die Verhaltensweisen betreffen, die zur Missbilligung durch die Gesellschaft führen, kann nach Ansicht des EuGH die Gewährung eines Zugangs zu solchen Daten die betroffene Person stigmatisieren und damit einen schweren Eingriff in ihr Privat- oder Berufsleben darstellen.[389]

Art. 10 DSGVO stellt keine Erlaubnisnorm dar, sondern stellt zusätzliche Anforderungen auf, die neben dem Vorliegen einer Erlaubnisnorm nach Art. 6 Abs. 1 DSGVO gegeben sein müssen.[390] Dies wird durch den Wortlaut des Art. 10 S. 1

---

386 *HBDI*, Handreichung zur Verarbeitung personenbezogener Daten von Beschäftigten, S. 9; *Bausewein*, in: Wybitul, DSGVO, Art. 10 Rn. 3 (keine Änderung); *Eckhardt*, in: Spindler/Schuster, Elektron. Medien, DSGVO, Art. 10 Rn. 7; *Petri*, in: Simitis et al., Datenschutzrecht, Art. 10 DSGVO, Rn. 23.

387 *Nolde*, in: Taeger/Gabel, Art. 10 DSGVO, Rn. 23 (Versehen ausschließend); *Weichert*, DuD 2017, 538, 541 („aus systematischen als auch aus dogmatischen Gründen"); aA *Gierschmann*, in: Gierschmann et al., Art. 10 Rn. 38 (Verstoß gegen Art. 10 ist zugleich Verstoß gegen Art. 5 und 6).

388 *Gosch*, Besondere Kategorien, S. 45 („lex specialis").

389 EuGH, Urt. v. 22.6.2021 – C-439/19, Rn. 75, BeckRS 2021, 15289 – Latvijas Republikas Saeima.

390 EuGH, Urt. v. 22.06.2021 – C-439/19, Rn. 99, BeckRS 2021, 15289; Generalanwalt beim EuGH *Sánchez-Bordona*, Schlussantrag v. 25.05.2023 – C-667/21, Rn. 53, BeckRS 2023, 11436; *HBDI*, Handreichung zur Verarbeitung personenbezogener Daten von Beschäftigten, S. 9; *Eckhardt*, in: Spindler/Schuster, Elektron. Medien, DSGVO, Art. 10 Rn. 7 („weder eine materielle Verbots- noch eine materielle Erlaubnisnorm").

DSGVO deutlich, wonach diese Daten nur *„aufgrund von Artikel 6 Absatz 1"* verarbeitet werden dürfen. Zusätzlich muss die Verarbeitung entweder unter behördlicher Aufsicht erfolgen oder das Unionsrecht oder nationale Recht sieht eine Erlaubnis vor, um eine solche Verarbeitung vornehmen zu dürfen.

## A. Strafrechtliche Verurteilung

Zunächst ist zu klären, was der Gesetzgeber mit Daten über *„strafrechtliche Verurteilungen"* gemeint hat. Eine gesetzliche Definition in der DSGVO findet sich nicht. Nach dem EuGH zur DSRL können *„Informationen über ein Gerichtsverfahren gegen eine natürliche Person – wie z. B. Informationen über die Anklageerhebung gegen sie oder die Berichterstattung über den Prozess – und gegebenenfalls die sich daraus ergebende Verurteilung Daten zu Straftaten und strafrechtlichen Verurteilungen"* sein.[391] Der EuGH unterscheidet hier nicht strafrechtlichen Verurteilungen und Straftaten. Nach Ansicht der Literatur ist der Begriff maßgeblich durch das Recht des Mitgliedstaats geprägt, d. h. der Täter muss tatbestandsmäßig, rechtswidrig und schuldhaft verurteilt worden sein.[392] Entscheidend sei damit die staatliche Feststellung. Dabei soll sich die Verurteilung auf die Art der Strafe und das Strafmaß beziehen. *Petri* definiert den Begriff als *„jede Form des gerichtlichen Schuldspruchs über eine Straftat"*.[393] Es handelt sich demnach um eine gerichtliche Feststellung, dass eine betroffene Person eine Straftat begangen hat. Nach *Schild* soll das Verständnis des §4 BZRG zugrunde gelegt werden.[394] Nach §4 BZRG sind in das Register rechtskräftige Entscheidungen einzutragen, durch die ein deutsches Gericht wegen einer rechtswidrigen Tat auf Strafe erkannt, eine Maßregel der Besserung und Sicherung angeordnet, jemanden nach §59 Strafgesetzbuchs mit Strafvorbehalt verwarnt oder nach §27 des Jugendgerichtsgesetzes die Schuld eines Jugendlichen oder Heranwachsenden festgestellt hat.[395] In Deutschland führt nach §1 BZRG das Bundesamt für Justiz ein Zentralregister, in dem nach §3 lit. a BZRG die strafrechtlichen Verurteilungen eingetragen werden. Dies würde bedeuten, dass die Information, dass ein Bewerber strafrechtlich verurteilt worden ist, unter die engen Voraussetzungen des Art. 10 DSGVO fallen würde. Der potenzielle Arbeitgeber, der eine gezielte Internet-Recherche über eine mögliche strafrechtliche Verurteilung des Bewerbers macht, könnte dies ohne behördliche Aufsicht nicht, es sei denn, der nationale Gesetzgeber hat eine Erlaubnisnorm normiert (vgl. Fünfter Teil, §27, D.). Nach mancher Ansicht ist eine solche Auslegung zu

---

391 EuGH, Urt. v. 24.09.2019 – C-136/17, Rn. 72, ZUM 2019, 813 – GC u. a.

392 *Greve*, in: Auernhammer, Art. 10 DSGVO, Rn. 4; *Kampert*, in: Sydow, DSGVO/BDSG, Art. 10 DSGVO, Rn. 4 („richterlicher Schuldspruch").

393 *Petri*, in: Simitis et al., Datenschutzrecht, Art. 10 DSGVO, Rn. 14.

394 *Schild*, in: BeckOK DatenSR, DSGVO, 48. Ed. 01.05.2024, Art. 4 Rn. 205; wohl auch *Wybitul*, in: Wybitul, DSGVO, Teil 1, Rn. 304 („Informationen über Strafurteile oder Strafbefehle").

395 Ausführlich *Tolzmann*, BZRG, §4 ff.

weitgehend, sodass die Norm teleologisch auf „*systematische Verarbeitungen*“ bereits gerichtlich oder in ähnlicher Weise festgestellter Straftaten reduziert werden muss, wie es im Bundeszentralregister der Fall sei.[396] Für eine solche Reduktion spreche ErwG 47, der ausdrücklich das berechtigte Interesse der Unternehmen an der Verhinderung und Aufklärung von Straftaten wie z. B. Betrug anerkennt. Allerdings sollte als Kompensation für das Fehlen einer behördlichen Aufsicht eine gesetzliche Grundlage erforderlich sein.

Gegen die zuletzt genannte Auffassung spricht, dass eine solche Auslegung nicht im Wortlaut angelegt ist. Vielmehr ist jede Verarbeitung personenbezogener Daten über strafrechtliche Verurteilungen einbezogen. Aufgrund der Sensibilität der Daten erscheint dieses Ergebnis auch gerechtfertigt. Zudem regelt Art. 10 S. 2 DSGVO den Fall eines umfassenden Registers über strafrechtliche Verurteilungen, sodass Verarbeitungen über einzelne Straftaten unter die Vorschrift des Art. 10 S. 1 DSGVO fallen müssen.

Im Ergebnis handelt es sich bei strafrechtlichen Verurteilungen um gerichtliche Feststellungen, dass eine betroffene Person eine Straftat begangen hat. Solche strafrechtlichen Verurteilungen sind im Bundeszentralregister zu finden.

## B. Straftat

Der Begriff der „*Straftat*“ wird ebenfalls in der DSGVO nicht definiert. Nach einer Auffassung soll der Begriff weit gefasst werden und „*alle personenbezogenen Daten erfassen, aus denen sich ein Tun oder Unterlassen der betroffenen Person ergibt, welches durch ein Gericht als Straftat gewürdigt werden könnte*“.[397] Gemeint sind damit auch Angaben, bei der eine Person einer Straftat verdächtigt wird (sog. Vorfeldmaßnahmen). Als Begründung wird angeführt, dass auch der bloße Verdacht, eine Straftat begangen zu haben, mit gleich schweren Risiken verbunden ist, wie wenn die Person tatsächlich eine Straftat begangen hat. Ein solcher Verdacht sei für die betroffene Person ebenso belastend, sodass eine solche extensive Auslegung geboten sei. Teilweise wird der bloße Verdacht zwar in den Anwendungsbereich dieses Merkmals mit einbezogen, erforderlich sei jedoch, dass der Verdacht durch eine „*hoheitliche Feststellung*“ erfolge, sodass der bloße Verdacht durch einzelne Personen nicht erfasst sei.[398]

---

396 *Schwarz*, ZD 2018, 353, 356; *Wybitul/Böhm*, CB, Online Update, 1, 7 f.; aA *Bäcker*, in: BeckOK DatenSR, DSGVO, 48. Ed. 01.08.2023, Art. 10 Rn. 3a („Verarbeitungen einzelner Strafdaten*“).*

397 *Sander/Diekmann*, in: Koreng/Lachenmann, Datenschutzrecht, I. V. Anm. 4; ebenso *Dammann/Simitis*, Art. 8 Erl. 23; *Petri*, in: Simitis et al., Datenschutzrecht, Art. 10 DSGVO, Rn. 10 („gewiss begangene Straftat“); *Wedde*, in: Däubler et al., Art. 10 DSGVO, Rn. 6.

398 *Bäcker*, in: BeckOK DatenSR, DSGVO, 48. Ed. 01.08.2023, Art. 10 Rn. 3, 4; ebenso *Gierschmann*, in: Gierschmann et al., Art. 10 Rn. 24; *Kampert*, in: Sydow, DSGVO/BDSG, Art. 10 DSGVO, Rn. 4; *Schwarz*, ZD 2018, 353, 356.

Eine andere Ansicht, unter anderem das OLG Karlsruhe, versteht den Begriff restriktiver und klammert alle Vorfeldmaßnahmen aus, sodass alle vermuteten oder noch aufzuklärenden Straftaten nicht als „*Straftaten*" i. S. d. Art. 10 DSGVO anzusehen sind.[399]

*Gierschmann* möchte für den Begriff der Straftat auf die Rechtsprechung des EuGH in der Sache „*Bonda*" zurückgreifen. Hiernach sind drei Kriterien entscheidend: „*Das erste ist die rechtliche Einordnung der Zuwiderhandlung im innerstaatlichen Recht, das zweite die Art der Zuwiderhandlung und das dritte die Art und der Schweregrad der angedrohten Sanktion*".[400] Dieser Ansicht hat sich der EuGH angeschlossen. Dem EuGH wurde die Reichweite des Begriffes „*Verarbeitung personenbezogener Daten über strafrechtliche Verurteilungen und Straftaten oder damit zusammenhängende Sicherungsmaßregeln*" im Wege eines Vorabentscheidungsersuchens vorgelegt.[401] Generalanwalt *Szpunar* hat sich in seinen Schlussanträgen der Ansicht angeschlossen, dass Informationen über Strafpunkte wegen Verkehrsordnungswidrigkeiten gegen Fahrzeugführer nicht von der Vorschrift des Art. 10 DSGVO erfasst seien.[402] Hingegen hat der EuGH entschieden, dass Art. 10 DSGVO dahingehend auszulegen ist, dass er auf die Verarbeitung personenbezogener Daten über Strafpunkte, die gegen Fahrzeugführer wegen Verkehrsverstößen verhängt wurden, anwendbar ist. Nach dem EuGH seien unter den Begriff der Straftat, welcher in der Europäischen Union autonom und einheitlich angewendet werden müsse, ausschließlich Straftaten im Sinne des Strafrechts zu verstehen, wobei zur Beurteilung des strafrechtlichen Charakters einer Zuwiderhandlung auf die drei genannten Kriterien abzustellen sei.[403]

Art. 10 S. 1 DSGVO unterscheidet unter anderem zwischen den strafrechtlichen Verurteilungen und den Straftaten. Während bei den strafrechtlichen Verurteilungen das Strafverfahren ihren Abschluss gefunden hat, indem eine gerichtliche Feststellung erfolgte, dass eine betroffene Person eine Straftat begangen hat, kann der Begriff der Straftat nur den Zeitraum vor der gerichtlichen Feststellung meinen.[404] Aber auch eine fehlende gerichtliche Feststellung einer begangenen

---

399 OLG Karlsruhe, Urt. v. 23.02.2021 – 14 U 3/19, Rn. 21, BeckRS 2021, 2940; *Eckhardt*, in: Spindler/Schuster, Elektron. Medien, DSGVO, Art. 10 Rn. 4; *Gierschmann*, in: Gierschmann et al., Art. 10 Rn. 23; *Jaspers/Claus*, in: Schwartmann et al., Art. 10 DSGVO, Rn. 3; *Weichert*, in: Kühling/Buchner, Art. 10 DSGVO, Rn. 8; *Wybitul*, in: Wybitul, DSGVO, Teil 1, Rn. 306.

400 EuGH, Urt. v. 05.06.2012 – C-489/10, Rn. 37, EuZW 2012, 543 – Bonda; *Gierschmann*, in: Gierschmann et al., Art. 10 Rn. 20.

401 Vorabentscheidungsersuchen der Satversmes tiesa (Lettland), eingereicht am 11. Juni 2019 – B/Latvijas Republikas Saeima, C-439/19.

402 Genetalanwalt am EuGH *Szpunar*, Schlussantrag v. 17.12.2020 – C-439/19, Rn. 90, BeckRS 2020, 35946.

403 EuGH, Urt. v. 22.6.2021 – C-439/19, Leitsatz 1, Rn. 77, 81, 87, BeckRS 2021, 15289 – Latvijas Republikas Saeima.

404 Ebenso *Kampert*, in: Sydow, DSGVO/BDSG, Art. 10 DSGVO, Rn. 4.

Straftat aufgrund der Schuldunfähigkeit der betroffenen Person muss nach Ansicht des EuGH erfasst sein, da solche Daten für die betroffene Person belastend sein können.[405] Straftaten können demnach nur solche Handlungen sein, die nach dem nationalen Strafrecht bestraft werden können, aber noch nicht bestraft worden sind. Für die Auslegung dieses europarechtlichen Begriffes ist auch der Kontext des Unionsrechts entscheidend.[406] So kann die Richtlinie (EU) 2016/680 des Europäischen Parlaments und des Rates vom 27. April 2016 zur Auslegung herangezogen werden (sog. Richtlinie für den Datenschutz im Bereich von Polizei und Justiz [JI-RL]). In dieser Richtlinie wird der Begriff der Straftat ebenfalls verwendet, aber nicht definiert. Nach ErwG 13 der Richtlinie sollte der Begriff der Straftat ein eigenständiger Begriff des Unionsrechts sein, der durch den EuGH ausgelegt wird. Der EuGH hat zum Verhältnis von Sanktionen und Straftaten geurteilt und drei Kriterien entwickelt, ob eine steuerrechtliche Sanktion Strafcharakter zukommt. Danach ist die rechtliche Einordnung der Zuwiderhandlung nach innerstaatlichem Recht, die Art der Zuwiderhandlung sowie die Art und Schwere der angedrohten Sanktion zu berücksichtigen.[407] Jedoch geht die überwiegende Auffassung in der Literatur, das VG Regensburg und der deutsche Gesetzgeber davon aus, dass der Begriff der Straftat i. S. d. Richtlinie, jene Verhaltensweisen umfasst, die mit Strafe i. S. v. §§ 38 ff. StGB bedroht sind, aber auch Ordnungswidrigkeiten, da diese ein starkes Näheverhältnis zum Strafrecht aufweisen.[408] Dabei wird sich am Begriffsinhalt des Art. 82 AEUV orientiert, der eine weite Auslegung gebiete. Auch der Begriff der Straftat i. S. d. Art. 10 DSGVO wird in der datenschutzrechtlichen Literatur und EuGH-Rechtsprechung teilweise so ausgelegt, sodass auch Ordnungswidrigkeiten hierunter subsumiert werden.[409] Um ein einheitliches Verständnis

---

405 EuGH, Urt. v. 24.09.2019 – C-136/17, Rn. 72, ZUM 2019, 813 – GC u. a.; ebenso *Dammann/Simitis*, Art. 8 Erl. 23; *Kampert*, in: Sydow, DSGVO/BDSG, Art. 10 DSGVO, Rn. 4; *Wedde*, in: Däubler et al., Art. 10 DSGVO, Rn. 8.

406 EuGH, Urt. v. 01.10.2019 – C-673/17, Rn. 48, BB 2019 2572 – Planet49.

407 EuGH, Urt. v. 26.02.2013 – C-617/10, Rn. 35, EuZW 2013, 302 – Fransson.

408 BT-Drs. 18/11325, S. 110; VG Regensburg, Urt. v. 17.04.2019 – 3 K 19.267, Rn. 23 ff., BeckRS 2019, 14915; *Grafenstein,* in: Gierschmann et al., Art. 2 Rn. 56; *Herbst,* in: Auernhammer, Richtlinie (EU) 2016/680, Rn. 8; *Hornung/Schindler/Schneider*, ZIS 2018, 566, 571; *Hörauf*, ZIS 2013, 276, 277 ff. m. w. N.; *Müller/Schwabenbauer*, in: Bäcker et al., Polizeirecht, Kap. G, Rn. 448; *Roggenkamp*, in: Specht/Mantz, Datenschutzrecht, § 21 Rn. 5; *Schneider/Schindler*, PinG 2018, 247, 249 f.; *Wolff,* in: Schantz/Wolff, Datenschutzrecht, Rn. 242; *Johannes/Weinhold*, Datenschutzrecht, § 1 Rn. 84; aA *Weinhold,* in: Roßnagel, DSGVO, § 3 Rn. 42; *Zerdick,* in: Ehmann/Selmayr, Art. 2 Rn. 13.

409 EuGH, Urt. v. 22.6.2021 – C-439/19, Leitsatz 1, Rn. 77, 81, 87, BeckRS 2021, 15289 – Latvijas Republikas Saeima; VG Ansbach, Urt. v. 02.11.2022 – AN 14 K 22.468, Rn. 67, BeckRS 2022, 40163; *Bäcker*, in: BeckOK DatenSR, DSGVO, 48. Ed. 01.08.2023, Art. 10 Rn. 1; *Greve*, in: Auernhammer, Art. 10 DSGVO, Rn. 4; *Petri*, in: Simitis et al., Datenschutzrecht, Art. 10 DSGVO, Rn. 13; aA *Gierschmann*, in: Gierschmann et al., Art. 10 Rn. 21 („verwaltungsrechtliche Sanktionen" nicht aufgenommen); *Schiff*, in: Ehmann/Selmayr, Art. 10 Rn. 4.

im Unionsrechts zugrunde zu legen, ist es sachgerecht, den Begriff der Straftat i. S. d. DSGVO und der Richtlinie einheitlich auszulegen. Eine Straftat umfasst demnach jede „*hoheitlich missbilligte und mit Sanktionen bedrohte schuldhafte Handlung/Unterlassung*“.[410] Der bloße Verdacht reicht aus, soweit eine hoheitliche Feststellung vorliegt.

## C. Behördliche Aufsicht

Wenn dem Arbeitgeber für die Verarbeitung dieser Datenkategorien eine Erlaubnisnorm nach Art. 6 Abs. 1 DSGVO zusteht, ist die Verarbeitung grundsätzlich nur dann datenschutzkonform, wenn die Verarbeitung „*unter behördlicher Aufsicht vorgenommen*“ wird. Eine nähere Beschreibung, wann dies der Fall ist, findet sich nicht in der DSGVO. Ausgehend vom Wortlaut ist die Verarbeitung nur zulässig, wenn eine Behörde die Verarbeitung beaufsichtigt. Nach *Gierschmann* kann damit nur eine „*hoheitlich legitimierte Aufsicht*“ gemeint sein.[411] Die erforderliche „*Aufsicht*“ liege nach Ansicht der Literatur vor, wenn ein öffentlicher Hoheitsträger für die einwandfreie Verarbeitung ganz oder zu wesentlichen Teilen verantwortlich ist.[412] Dies setze voraus, dass der Hoheitsträger auf die Verarbeitung maßgeblichen Einfluss habe. Im Rahmen der Bewerbungsphase unterliegt der Arbeitgeber keiner behördlichen Aufsicht, sodass eine Verarbeitung grundsätzlich nicht erfolgen könnte. Es kommt daher maßgeblich darauf an, ob der deutsche Gesetzgeber von der Öffnungsklausel des Art. 10 S. 1 Alt. 2 DSGVO Gebrauch gemacht hat.

## D. Nutzung der Öffnungsklausel?

Art. 10 S. 1 Alt. 2 DSGVO enthält eine Öffnungsklausel. Hiernach ist die Verarbeitung dieser Datenkategorien zulässig, wenn dies „*nach dem Unionsrecht oder dem Recht der Mitgliedstaaten, das geeignete Garantien für die Rechte und Freiheiten der betroffenen Personen vorsieht, zulässig ist*“.

### I. Meinungsstand

Nach der Gesetzesbegründung und Teilen der Literatur soll § 26 Abs. 1 S. 1 BDSG in Verbindung mit § 26 Abs. 5 BDSG diese Öffnungsklausel umsetzen.[413]

410 *Roggenkamp*, in: Specht/Mantz, Datenschutzrecht, § 21 Rn. 5.

411 *Gierschmann*, in: Gierschmann et al., Art. 10 Rn. 26.

412 *Dammann/Simitis*, Art. 8 Erl. 25; *Frenzel*, in: Paal/Pauly, Art. 10 DSGVO, Rn. 6; *Petri*, in: Simitis et al., Datenschutzrecht, Art. 10 DSGVO, Rn. 18; *Schiff*, in: Ehmann/Selmayr, Art. 10 Rn. 7.

413 BT-Drs. 18/11325, S. 97; *Gierschmann*, in: Gierschmann et al., Art. 10 Rn. 31, 34; *Jaspers/Claus*, in: Schwartmann et al., Art. 10 DSGVO, Rn. 6; *Kazemi*, DSGVO, § 9 Rn. 15.

Danach soll es bei der bisherigen Rechtsprechung des BAG zum Fragerecht bei Straftaten bleiben.[414]

*Petri* und andere Stimmen in der Literatur halten § 26 Abs. 1 S. 1 BDSG hingegen für keine hinreichend klare Rechtsgrundlage für die Verarbeitung von Daten über Straftaten.[415] Die Norm sei lediglich generalklauselartig und nehme nicht einmal Bezug auf die Straftaten bzw. strafrechtlichen Verurteilungen. Zudem sei die Forderung nach geeigneten Garantien für die Rechte und Freiheiten der betroffenen Personen nicht ausreichend durch § 26 Abs. 5 BDSG umgesetzt. § 26 Abs. 1 S. 1 BDSG sei im Vergleich zu § 26 Abs. 1 S. 2 BDSG voraussetzungslos formuliert und könne nicht als datenschutzkonforme Umsetzung des Art. 10 S. 1 Alt. 2 DSGVO angesehen werden. Während § 26 Abs. 1 S. 2 BDSG als Erlaubnis zur Verarbeitung von Daten zu Straftaten teilweise anerkannt ist[416], kann außerhalb dieses Rahmens die Verarbeitung nach derzeitiger Rechtslage nur durch behördliche Aufsicht erfolgen. Aus diesem Grund wird auch eine gesetzliche Klarstellung im nationalen Recht gefordert, welches den Vorgaben des Art. 10 S. 1 DSGVO gerecht wird.

## II. Stellungnahme

### 1. Umsetzung der Vorgaben des Art. 10 S. 1 DSGVO in § 26 BDSG?

Art. 10 DSGVO kommt nur dann zur Anwendung, wenn der sachliche Anwendungsbereich der DSGVO eröffnet ist. Erforderlich ist, dass die Verarbeitung in einem Dateisystem erfolgt (vgl. Art. 2 Abs. 1 DSGVO). Im Rahmen des Bewerbungsgesprächs ist dies nur dann der Fall, wenn die Notizen des Arbeitgebers in eine strukturierte Akte hinterlegt werden. Aus diesem Grund sollten Führungszeugnisse nach *Voigt/H. Oenning/J. Oenning* nur durch eine neutrale Person, wie den Datenschutzbeauftragten, gesichtet werden und die Daten nur dann zur Kenntnis genommen werden, wenn sie in keinem Dateisystem gespeichert werden (sollen). Auf diese Weise würde der Arbeitgeber der Anwendbarkeit der DSGVO (insb. Art. 10 DSGVO) wegen Art. 2 Abs. 1 DSGVO, jedoch nicht dem § 26 Abs. 1 bis 6 BDSG entkommen, da § 26 Abs. 7 BDSG auf ein Dateisystem

414 Vgl. BAG, Urt. v. 05.12.1957 – 1 ABR 594/56, NJW 1958, 516; *Thüsing*, in: Richardi, BetrVG, § 94 Rn. 25.

415 *Petri*, in: Simitis et al., Datenschutzrecht, Art. 10 DSGVO, Rn. 23, Fn. 34; ähnlich *Gola*, in: Gola/Heckmann, DSGVO/BDSG, Art. 10 DSGVO, Rn. 18 („Spezielle Garantien für die Beschäftigten werden nicht dadurch geschaffen, dass auf eine sowieso geltende Schutzbestimmung der Verordnung verwiesen wird"); *Nolde*, in: Taeger/Gabel, Art. 10 DSGVO, Rn. 20 („bezweifelt"); *Wedde*, in: Däubler et al., Art. 10 DSGVO, Rn. 5.

416 *Schwarz*, ZD 2018, 353, 356 (§ 26 Abs. 1 S. 2 BDSG gilt nicht für Bewerber); *Voigt/H. Oenning/J. Oenning*, in: v. d. Bussche/Voigt, Konzerndatenschutz, Teil 5, Kap. 1, Rn. 55.

verzichte.[417] Sollten diese Daten jedoch in ein Dateisystem übernommen werden, müssen die Vorgaben des Art. 10 DSGVO eingehalten werden.

Zwar sieht die deutsche Gesetzesbegründung zu §26 BDSG vor, dass §26 Abs. 1 S. 1 BDSG die Vorgaben des Art. 10 S. 1 DSGVO umsetzen würde. Dem ist jedoch zu widersprechen. Art. 10 S. 1 DSGVO sieht vor, dass das Recht der Mitgliedstaaten *„geeignete Garantien"* für die Rechte und Freiheiten der betroffenen Personen vorsehen muss. Auch in Art. 89 Abs. 1 DSGVO wird der Begriff der *„geeigneten Garantien"* (engl.: *„appropriate safeguards"*) verwendet. Als Beispiele werden technisch und organisatorische Maßnahmen genannt, mit denen insbesondere die Achtung des Grundsatzes der Datenminimierung gewährleistet ist. Als weitere Maßnahme wird die Pseudonymisierung genannt (vgl. Definition in Art. 4 Nr. 5 DSGVO), sodass sich insgesamt an Art. 32 Abs. 1 DSGVO sowie §22 Abs. 2 BDSG orientiert werden kann. Dies bedeutet, dass der nationale Gesetzgeber verhältnismäßige Maßnahmen in dem Gesetz integrieren muss, wie zum Beispiel Aufbewahrungsfristen, Zweckfestlegungen oder auch technisch-organisatorische Maßnahmen wie Zugriffsberechtigungen. Nach *Gierschmann* muss die Norm wohl auch explizit auf Straftaten Bezug nehmen.[418] Dem ist zuzustimmen, da nur in dem Fall für den Rechtsanwender deutlich wird, welche konkreten Anforderungen an ihn in Bezug auf die Verarbeitung von personenbezogenen Daten über Straftaten gestellt wird. Durch §26 Abs. 5 BDSG wird dieser Anforderung nicht Rechnung getragen. §26 Abs. 5 BDSG normiert nur die Aufforderung, geeignete Maßnahmen vorzusehen und verweist dabei auf die DSGVO. Diese Vorgabe hinsichtlich der Umsetzung geeigneter Maßnahmen besteht aber unabhängig von §26 Abs. 5 BDSG. Dem europäischen Gesetzgeber schwebt vielmehr vor, dass der nationale Gesetzgeber geeignete Garantien in den jeweiligen Gesetzen vorzusehen hat. §26 Abs. 1 S. 1 BDSG nimmt im Vergleich zu §26 Abs. 1 S. 2 BDSG kein Bezug auf Straftaten. Die Vorgabe des Art. 10 S. 1 Alt. 2 DSGVO hat der deutsche Gesetzgeber damit in §26 BDSG nicht umgesetzt, sodass §26 Abs. 1 S. 1 BDSG für die Verarbeitungen der Daten nach Art. 10 DSGVO in der Bewerbungsphase nicht herangezogen werden kann. Auch andere gesetzliche Vorschriften sind nicht ersichtlich. Im Ergebnis bedeutet dies, dass derzeit keine nationale Vorschrift besteht, die den Anforderungen des Art. 10 S. 1 DSGVO entspricht. Es ist daher dem Gesetzgeber anzuraten, eine solche Vorschrift zu schaffen, damit eine Verarbeitung dieser personenbezogenen Daten erfolgen kann.

Wird die Information vom Arbeitgeber nicht in ein Dateisystem übernommen und nur mündlich erfragt, findet die DSGVO und damit auch Art. 10 DSGVO keine Anwendung. Vielmehr ist in diesem Fall §26 Abs. 1 bis 6 BDSG anzuwenden. Entscheidend ist danach einzig, ob die Verarbeitung dieser personenbezogenen Daten für die Begründung des Beschäftigungsverhältnisses erforderlich

---

417 *Voigt/H. Oenning/J. Oenning*, in: v.d. Bussche/Voigt, Konzerndatenschutz, Teil 5, Kap. 1, Rn. 55.

418 Näher *Gierschmann*, in: Gierschmann et al., Art. 10 Rn. 30.

ist. Bezüglich der Erforderlichkeit kann in diesem Fall auf die Rechtsprechung des BAG zurückgegriffen werden. Das BAG hatte bereits 1957 entschieden, dass nach Vorstrafen des Arbeitsplatzbewerbers bei der Einstellung gefragt werden darf, wenn und soweit die Art des zu besetzenden Arbeitsplatzes dies objektiv erfordert.[419] Auch laufende Ermittlungsverfahren können grundsätzlich erfragt werden, soweit dies für die geschuldete Tätigkeit erforderlich ist. Dies ist insbesondere dann der Fall, wenn die Information über Straftaten Zweifel an der persönlichen Eignung des Bewerbers begründen. Nach der Rechtsprechung des BAG darf der Arbeitgeber demnach bei einschlägigen Vorstrafen den Bewerber nach diesen Informationen fragen.

## 2. Beispiel: Führungszeugnis

Als Beispiel für eine Anwendung des Art. 10 DSGVO ist die Vorlage eines Führungszeugnisses zu nennen. Fraglich ist, ob der Arbeitgeber ein Führungszeugnis vom Bewerber verlangen kann.[420] Das BZRG unterscheidet grundsätzlich fünf Arten von Führungszeugnissen. Relevant sind vor allem das einfache Führungszeugnis (§ 30 Abs. 1 BZRG), das behördliche Führungszeugnis (§ 30 Abs. 5 BZRG) und das sog. erweiterte Führungszeugnis (§ 30a BZRG).[421] Daneben gibt es noch das europäische Führungszeugnis nach § 30b BZRG. Das behördliche Führungszeugnis nach § 30 Abs. 5 BZRG kann nicht verlangt werden, da dies nach dem eindeutigen Wortlaut des § 30 Abs. 5 S. 1 BZRG nur einer Behörde übersendet wird.

Das einfache Führungszeugnis nach § 30 Abs. 1 BRZG enthält umfassende Eintragungen nach den §§ 4 bis 16 BZRG. Es enthält auch Eintragungen, die für die Art des zu besetzenden Arbeitsplatzes von keiner Relevanz ist. Ausgehend von der Rechtsprechung des BAG darf ein solches einfaches Führungszeugnis vom Arbeitgeber nicht verlangt werden, da diese Informationen nicht i. S. d. § 26 Abs. 1 S. 1 BDSG erforderlich sind.[422] Es werden mehr Daten offengelegt, als für das bevorstehende Arbeitsverhältnis notwendig ist. Eine Ausnahme ist bei besonderen Vertrauenspositionen oder bei kritischen Posten zu machen, da bei

---

419 BAG, Urt. v. 05.12.1957 – 1 AZR 594/56, NJW 1958, 516, BAGE 5, 159; BAG, Urt. v. 20.05.1999 – 2 AZR 320-98, NJW 1999, 3653, BAGE 91, 349; BAG, Urt. v. 06.09.2012 – 2 AZR 270/11, NJW 2013, 1115; BAG, Urt. v. 15.11.2012 – 6 AZR 339/11, NZA 2013, 429, BAGE 143, 343; *Gierschmann*, in: Gierschmann, DSGVO, Art. 10 Rn. 12; *Kort*, NZA-Beilage 2016, 62, 68; *Linck*, in: Schaub, Arbeitsrecht, § 26 Rn. 45.

420 Verneinend *Steiner*, in: Wedde, Datenschutz, F., Rn. 52 ff.

421 Vgl. *Weth*, in: Weth et al., Daten- und Persönlichkeitsschutz, B., I., Rn. 92 ff. Ausführlich *Wendel*, Bundeszentralregisterauskunft, S. 130 ff.

422 *Linck*, in: Schaub, Arbeitsrecht, § 26 Rn. 10; *Weth*, in: Weth et al., Daten- und Persönlichkeitsschutz, B., I., Rn. 93 (milderes Mittel ist Fragerecht hinsichtlich relevanter Straftaten); aA *Hohenstatt/Stamer/Hinrichs*, NZA 2006, 1065, 1067 f.; *Wendel*, Bundeszentralregisterauskunft, S. 98 f.

solchen Stellen spürbare negative Effekte für das Unternehmen bestehen würden.[423]

Anders zu beurteilen ist die Anfrage nach einem erweiterten Führungszeugnis nach § 30a BZRG. Hiernach wird ein solches Zeugnis erteilt, wenn die Erteilung in gesetzlichen Bestimmungen unter Bezugnahme auf diese Vorschrift vorgesehen ist (§ 30a Abs. 1 Nr. 1 BZRG) oder wenn dieses Führungszeugnis benötigt wird für eine berufliche oder ehrenamtliche Beaufsichtigung, Betreuung, Erziehung oder Ausbildung Minderjähriger (§ 30a Abs. 1 Nr. 2a BZRG) oder eine Tätigkeit, die in einer Buchstabe a vergleichbaren Weise geeignet ist, Kontakt zu Minderjährigen aufzunehmen (§ 30a Abs. 1 Nr. 2b BZRG). Die Vorschrift sieht vor, in welchen Fällen ein solches Zeugnis auszustellen ist. Wenn der Bewerber zukünftig Minderjährige zu beaufsichtigen hat, rechtfertigt dies im Rahmen der durchzuführenden Erforderlichkeit, Kenntnis über mögliche strafrechtliche Verurteilungen zu erlangen. Während es sich nach *Jaspers/Claus* bei § 30a BZRG um eine eigenständige Erlaubnisnorm handelt, muss nach Ansicht von *Weth* diese Norm im Rahmen der Erforderlichkeit des Art. 6 Abs. 1 S. 1 lit. b, Art. 88 DSGVO i. V. m. § 26 Abs. 1 S. 1 BDSG berücksichtigt werden.[424] Der Ansicht von *Weth* ist zuzustimmen, da es sich bei § 30a BZRG lediglich um eine „*Ausführungsvorschrift*" handelt. Liegen die in § 30a BZRG genannten Voraussetzungen vor, rechtfertigt dies im Rahmen der datenschutzrechtlichen Erforderlichkeitsprüfung die Verarbeitung dieses erweiterten Führungszeugnisses.

Eine Nachfrage nach dem Führungszeugnis ist zudem erforderlich, wenn eine gesetzliche Pflicht zur Vorlage eines Führungszeugnisses besteht. Eine solche gesetzliche Verpflichtung besteht zum Beispiel für Beschäftigte in der Luftsicherheit (vgl. § 7 Abs. 3 LuftSiG) oder bei der Arbeit mit Minderjährigen (vgl. § 72a Abs. 1 S. 2 SGB VII).[425] In diesen Fällen besteht eine rechtliche Verpflichtung i. S. d. Art. 6 Abs. 1 S. 1 lit. c DSGVO sowie ein berechtigtes Interesse nach Art. 6 Abs. 1 S. 1 lit. f DSGVO. Daneben sind die Vorgaben des Art. 10 S. 1 DSGVO zu beachten. Danach darf die Verarbeitung nur vorgenommen werden, wenn nach dem Recht der Mitgliedstaaten geeignete Garantien für die Rechte und Freiheiten der betroffenen Person vorgesehen sind. Dem wird zum Beispiel in § 7 LuftSiG nachgekommen. So hat die Luftsicherheitsbehörde der betroffenen Person nach § 7 Abs. 5 S. 1 LuftSiG vor ihrer Entscheidung Gelegenheit zur Äußerung zu geben. Nach § 7 Abs. 7 LuftSiG dürfen die Daten nur zum Zwe-

---

423 *Conrad/Treeger*, in: Auer-Reinsdorff/Conrad, IT- und Datenschutzrecht, § 34 Rn. 252; *Ertel*, DuD 2012, 126, 128; *Gierschmann*, in: Gierschmann, DSGVO, Art. 10 Rn. 12; *Maschmann*, in: Kühling/Buchner, § 26 BDSG, Rn. 35; *Wendel*, Bundeszentralregisterauskunft, S. 117.

424 *Weth*, in: Weth et al., Daten- und Persönlichkeitsschutz, B., I., Rn. 94; aA *Jaspers/Claus*, in: Schwartmann et al., Art. 10 DSGVO, Rn. 8; wohl auch *Tiedemann*, Anmerkung zu LAG Hamm, Urt. v. 04.07.2014 – 10 Sa 171/14, ZD 2015, 40, 41.

425 Im Ergebnis zutreffend *Steiner*, in: Wedde, Datenschutz, F., Rn. 54. Ausführliche Kommentierung zu § 7 LuftSiG *Buchberger*, in: Schenke et al., Sicherheitsrecht, § 7 LuftSiG. Weitere Beispiele bei *Wendel*, Bundeszentralregisterauskunft, S. 58 ff.

cke der Luftsicherheitsüberprüfung verarbeitet werden (sog. Zweckbindung). Außerdem müssen verschiedene Stellen über das Ergebnis der Überprüfung unterrichtet werden. Der gegenwärtige Arbeitgeber erhält außerdem keine Mitteilung über die dem Ergebnis zugrunde liegenden Erkenntnisse (vgl. § 7 Abs. 7 S. 3 LuftSiG). Diese Voraussetzungen stellen geeignete Garantien i. S. d. Art. 10 S. 1 DSGVO dar. Im Ergebnis gibt es Fälle, die den Anforderungen des Art. 10 DSGVO gerecht werden und Daten über strafrechtliche Verurteilungen und Straftaten durch den Arbeitgeber verarbeitet werden dürfen.

# Sechster Teil: Zusammenfassung der Ergebnisse

Die vorliegende Untersuchung hat gezeigt, dass das Datenschutzrecht auf neue europäische Füße gestellt worden ist. Die Auslegung der datenschutzrechtlichen Vorschriften hat anhand europäischer Vorgaben zu erfolgen. Als maßgebliche europäische Verordnung für die Verarbeitung der Bewerberdaten ist die DSGVO zu nennen, welche mit Wirkung vom 25. Mai 2018 die Datenschutz-Richtlinie 95/46/EG aus dem Jahre 1995 abgelöst hat. Daneben ist für den Beschäftigtendatenschutz das neue BDSG, insbesondere die Vorschrift des §26 BDSG, von Bedeutung. Der deutsche Gesetzgeber hat es allerdings versäumt, weitere spezifischere Vorschriften zum Bewerberdatenschutz zu erlassen. Hier sei exemplarisch auf die Frage nach dem Umfang der Verarbeitung von personenbezogenen Daten in sozialen Netzwerken verwiesen. Zwar lässt sich durch die Auslegung der Vorschriften ein datenschutzgerechtes Ergebnis erzielen. Dieses Ergebnis ist jedoch mit Rechtsunsicherheiten belastet. Es ist daher dem deutschen Gesetzgeber zu empfehlen, weitere spezifischere beschäftigungsrelevante Vorschriften zu verabschieden. Der deutsche Gesetzgeber hatte angekündigt, im Herbst 2022 einen konkreten Gesetzentwurf zum Beschäftigtendatenschutz vorzulegen. Der Gesetzentwurf soll auch Regelungen zur Datenverarbeitung im Bewerbungsverfahren enthalten. Zudem wurde Ende 2023 wieder betont, dass ein Beschäftigtendatenschutzgesetz kommen solle. Bis Redaktionsschluss lag ein konkreter Gesetzesentwurf jedoch nicht vor. Ob der Gesetzentwurf den Bundestag und Bundesrat passieren wird, steht zudem auf einem anderen Blatt.

Im Folgenden werden die Ergebnisse der vorliegenden Untersuchung zusammengefasst.

## A. Erster Teil

**1.** Bei dem Bewerbungsverfahren handelt es sich um die Ankündigung oder Absichtserklärung eines potenziellen Arbeitgebers, dass dieser zukünftig eine Person beschäftigen will bzw. als Absichtserklärung eines potenziellen Beschäftigten, zukünftig seine Arbeitskraft bereit zu stellen. Bei der Initiativbewerbung übermittelt der Bewerber unabhängig von einer bestehenden Stellenausschreibung seine Bewerbungsunterlagen an den Arbeitgeber. Hingegen sucht der Arbeitgeber bei der Stellenausschreibung aktiv nach Bewerbern. Beim Social Media Recruiting wird die Recherche mittels des Internets vorgenommen.

**2.** Bei der Kommunikation per E-Mail zwischen dem Arbeitgeber und dem Bewerber, hat der Arbeitgeber zwingend eine Transportverschlüsselung einzusetzen. Der Einsatz einer Ende-zu-Ende-Verschlüsselung ist nach dem derzeitigen Stand der Technik als nicht verpflichtend anzusehen.

**3.** Der Einsatz von Datensicherheitsmaßnahmen nach Art. 32 DSGVO, wie der Einsatz einer Verschlüsselung, ist für den Bewerber disponibel, d. h. der Bewerber kann grundsätzlich in den unverschlüsselten Versand seiner E-Mail einwilligen, soweit keine Rechte Dritter betroffen sind. Der Bewerber hat das Recht, selbst zu entscheiden, auf welche Weise seine personenbezogenen Daten verarbeitet werden dürfen. Dabei muss die Einwilligung nicht die Anforderungen des Art. 6 Abs. 1 S. 1 lit. a DSGVO erfüllen, sondern es ist ausreichend, wenn der Bewerber auf die möglichen Risiken einer unverschlüsselten Kommunikation hingewiesen wird. Der Verantwortliche hat die nach Art. 32 DSGVO erforderlichen Maßnahmen, d. h. Verschlüsselung nach dem Stand der Technik, grundsätzlich vorzuhalten und dem Bewerber auf Verlangen zur Verfügung zu stellen. Bei Bewerbungsportalen muss sichergestellt werden, dass der Arbeitgeber als Verantwortlicher bzw. der Auftragsverarbeiter nach Art. 28 Abs. 3 S. 2 lit. c DSGVO die erforderlichen Datensicherungsmaßnahmen nach Art. 32 DSGVO ergriffen hat.

## B. Zweiter Teil

**4.** Die DSGVO stellt für den Arbeitgeber seit dem 25. Mai 2018 das maßgebliche Gesetz für die Verarbeitung personenbezogener Bewerberdaten dar. Für die Anwendbarkeit der DSGVO ist der Begriff des personenbezogenen Datums von maßgeblicher Bedeutung, der von dem Begriff der anonymen Daten abzugrenzen ist. Anonyme Daten, also Daten, mit denen eine natürliche Person nicht mehr identifiziert werden kann, fallen nicht in den Anwendungsbereich. Für den Begriff des personenbezogenen Datums kommt es darauf an, ob Informationen vorliegen, die sich auf eine identifizierte oder identifizierbare natürliche Person beziehen (vgl. Art. 4 Nr. 1 DSGVO). Für die Identifizierbarkeit ist ausreichend, wenn der Verantwortliche nach allgemeinem Ermessen den Personenbezug mit dem Wissen Dritter herstellen kann und diese Informationsquelle auch wahrscheinlich nutzt.

**5.** Der Umgang mit personenbezogenen Daten wird in der DSGVO mit dem Begriff der Verarbeitung nach Art. 4 Nr. 2 DSGVO umschrieben. Dieser Begriff ist sehr umfassend zu verstehen und umfasst jeglichen Umgang mit personenbezogenen Daten. In diesem Zusammenhang stellt die unaufgeforderte Zusendung einer Bewerbung keine Erhebung von personenbezogenen Daten dar, da dem Begriff der Erhebung ein Willenselement zugrunde liegt. Das Willenselement gilt nicht nur für den Begriff der Erhebung, sondern ist auf den gesamten Verarbeitungsbegriff anzuwenden. Wird dem Arbeitgeber eine unaufgeforderte Bewerbung übermittelt, die dieser nicht nutzen will, so liegt keine datenschutzrechtliche Verarbeitung vor, wenn der Arbeitgeber die Bewerbung direkt wieder löscht. Eine andere Bewertung ist vorzunehmen, wenn der Arbeitgeber die Bewerbung nicht umgehend löscht oder sie für Zwecke der Begründung des Beschäftigungsverhältnisses nutzen möchte.

**6.** Eine einzelne Papier-Bewerbungsmappe kann ein Dateisystem i. S. d. Art. 2 Abs. 1 DSGVO darstellen, wenn die in der Regel aus mehreren Schriftstücken bestehende Bewerbung (Bewerberanschreiben, Lebenslauf, E-Mail-Korrespondenz etc.) strukturiert (z.B. zeitliche Reihenfolge) abgelegt wird.

**7.** Die DSGVO findet keine Anwendung, wenn die Verarbeitung ausschließlich einer persönlichen oder familiären Tätigkeit zuzuordnen ist. Die Recherche des Bewerbers über seinen möglichen künftigen Arbeitgeber stellt eine solche persönliche Tätigkeit dar, sodass der Anwendungsbereich der DSGVO nicht eröffnet ist (vgl. Art. 2 Abs. 2 lit. c DSGVO).

**8.** Die maßgebliche Norm für den Beschäftigtendatenschutz stellt die Spezifizierungsklausel des Art. 88 DSGVO dar, die die Datenverarbeitung im Beschäftigungskontext behandelt. Der deutsche Gesetzgeber hat die Spezifizierungsklausel genutzt und § 26 BDSG erlassen. Der Begriff des Beschäftigten ist weit auszulegen und ist anhand des Abhängigkeitsverhältnisses zu bestimmen. Der Bewerber ist als Beschäftigter i. S. d. Vorschrift anzusehen. Bewerber kann nur sein, wer zu seinem potentiellen Arbeitgeber bereits ein vertragsähnliches Vertrauensverhältnis aufgebaut hat. Zu dem Begriff des Beschäftigungskontexts nach Art. 88 Abs. 1 DSGVO ist die Bewerbungsphase zu zählen. Umfasst werden alle Vorgänge, die mit der Phase der Einstellung im Zusammenhang stehen, wie zum Beispiel die Bewerberansprache, das Vorstellungsgespräch, Umgang mit Bewerbungsunterlagen und der Umgang mit den Unterlagen abgelehnter Bewerber.

**9.** Art. 88 Abs. 1 DSGVO lässt den Erlass von spezifischeren Vorschriften in Form von Rechtsvorschriften und Kollektivvereinbarungen zu. Rechtsvorschriften können nur solche Vorschriften sein, die vom nationalen Gesetzgeber ausdrücklich normiert worden sind, sodass Gewohnheitsrecht und Richterrecht nicht unter diesen Begriff zu subsumieren sind. Zudem besteht für den nationalen Gesetzgeber weder die Möglichkeit, das Datenschutzniveau der DSGVO abzusenken, noch zu erhöhen. Vielmehr bleibt es im Anwendungsbereich des Art. 88 DSGVO bei dem Grundsatz der Vollharmonisierung. Es dürfen lediglich konkretisierende Vorschriften zum Beschäftigungsdatenschutz erlassen werden. Der EuGH erkennt an, dass es sich bei Art. 88 DSGVO um eine sog. Öffnungsklausel handelt. Öffnungsklauseln würden den Mitgliedstaaten grundsätzlich die Möglichkeit eröffnen, zusätzliche, strengere oder einschränkende, nationale Vorschriften vorzusehen, und ein Ermessen hinsichtlich der Art und Weise der Durchführung einräumen. Der EuGH kommt zum Ergebnis, dass es sich nur dann um eine spezifischere Vorschrift i. S. d. Art. 88 Abs. 1 DSGVO handelt, wenn die Rechtsvorschrift die Vorgaben von Art. 88 Abs. 2 DSGVO erfüllt. Diese spezifischeren Vorschriften müssen einen zu dem geregelten Bereich passenden Regelungsgehalt haben, der sich von den allgemeinen Regeln der DSGVO unterscheidet. Der EuGH nimmt damit einen großen Gestaltungsspielraum bei der Ausfüllung der Spezifizierungsklausel an, solange die Voraussetzungen des Art. 88 Abs. 2 DSGVO erfüllt sind.

**10.** Der EuGH hat klargestellt, dass es sich bei den auf der Grundlage von Art. 88 Abs. 1 DSGVO erlassenen „*spezifischeren Vorschriften*“ nicht lediglich um eine Wiederholung der in Art. 6 Abs. 1 DSGVO genannten Bedingungen für die Rechtmäßigkeit der Verarbeitung personenbezogener Daten und der in Art. 5 DSGVO angeführten Grundsätze für diese Verarbeitung oder um einen Verweis auf diese Bedingungen und Grundsätze handeln darf.

**11.** Die Voraussetzungen des Art. 6 Abs. 2, 3 DSGVO sind erst dann zu prüfen, falls die spezifischere Vorschrift nicht den Anforderungen des Art. 88 DSGVO genügt. Da für den nicht-öffentlichen Bereich eine Öffnungsklausel im Sinne des Art. 6 Abs. 3 S. 1 lit. b i. V. m. Art. 6 Abs. 1 S. 1 lit. c, e DSGVO fehlt, ist ein Rückgriff auf die Erlaubnisnormen des Art. 6 Abs. 1 DSGVO notwendig. Der EuGH sieht nämlich den Anwendungsbereich des Art. 88 DSGVO grundsätzlich für vorrangig gegenüber Art. 6 Abs. 2, 3 DSGVO an.

**12.** Der räumliche Anwendungsbereich in Art. 3 Abs. 1 und Abs. 2 DSGVO unterscheidet zwischen dem Niederlassungsprinzip und dem neu eingefügten Marktortprinzip. Im Rahmen der Spezifizierungsklauseln gilt ausschließlich Art. 3 DSGVO. Der räumliche Anwendungsbereich des Art. 3 DSGVO kann grundsätzlich nicht durch anderslautende Rechtswahlklauseln umgangen werden, da diese Norm zwingend gilt. Die Übermittlung der Bewerberdaten von einem europäischen Auftragsverarbeiter an einen unionsfremden Verantwortlichen unterliegt den Anforderungen der DSGVO sowie den Vorgaben des Kapitel V der DSGVO. Der unionsfremde Auftraggeber hat die Anforderungen der DSGVO nicht zu beachten. In der entgegengesetzten Konstellation ist der unionsfremde Auftragsverarbeiter durch den Auftragsverarbeitungsvertrag mittelbar an die Vorgaben der DSGVO gebunden.

**13.** Bewerber aus Drittländern sowie alle sonstigen Bewerber aus der Union, die sich nur für kurze Zeit in der Union aufhalten, gehören zu dem geschützten Personenkreis nach Art. 3 Abs. 2 DSGVO. Für Bewerber, die in der EU leben, gilt dies gleichermaßen. Eine Stellenausschreibung stellt kein Angebot des Arbeitgebers i. S. d. Art. 3 Abs. 2 lit. a DSGVO an den Bewerber auf Abschluss eines Arbeitsvertrages dar. Übermittelt der Bewerber seine Bewerbungsunterlagen an einen Arbeitgeber außerhalb der Europäischen Union, der nicht in den Anwendungsbereich des Art. 3 DSGVO fällt, so findet die DSGVO grundsätzlich keine Anwendung. Beobachtet der im Drittland befindliche Arbeitgeber den Bewerber, der sich in der Union befindet, und verarbeitet in dem Zusammenhang personenbezogene Daten, so kommt es auf die Umstände des Einzelfalles an, ob der räumliche Anwendungsbereich nach Art. 3 Abs. 2 lit. b DSGVO eröffnet ist. Ausreichend ist es jedoch, wenn nur ein Bewerber beobachtet wird.

## C. Dritter Teil

**14.** Die meisten Grundsätze der Datenverarbeitung, die bereits unter dem BDSG a. F. vorhanden waren, finden sich in der DSGVO wieder. Nach Art. 5 Abs. 1 lit. b DSGVO gilt der Grundsatz der Zweckbindung. Unter gewissen Voraussetzungen lässt Art. 6 Abs. 4 DSGVO eine Zweckänderung zu. Unter einer Zweckänderung ist jede Datenverarbeitung zu verstehen, die nicht in den Rahmen des ursprünglichen Erhebungszwecks fällt. Art. 6 Abs. 4 DSGVO stellt keine eigenständige Erlaubnisnorm für die Zweckänderung dar. Erforderlich ist vielmehr, dass neben der Zweckkompatibilität nach Art. 6 Abs. 4 DSGVO zusätzlich eine Erlaubnisnorm nach Art. 6 Abs. 1 DSGVO vorliegt.

**15.** Die Speicherfrist von Bewerbungsunterlagen bei abgelehnten Bewerbern lässt sich maßgeblich aus dem AGG herleiten. Dabei ist von einer maximalen Speicherfrist von sechs Monaten auszugehen. Dies gilt jedoch nur dann, wenn die Geltendmachung der Ansprüche am letzten Tag der Frist nach § 15 Abs. 4 AGG erfolgt. Die Speicherfrist ist davon abhängig, wann der Bewerber seinen Anspruch schriftlich geltend macht. Längere Aufbewahrungsfristen bzw. -pflichten ergeben sich weder aus dem HGB noch aus der AO. Als Erlaubnisnorm für die weitere Speicherung der Bewerbungsunterlagen kann Art. 6 Abs. 1 S. 1 lit. f, Art. 9 Abs. 2 lit. f DSGVO herangezogen werden. Weiterhin stellt Art. 17 Abs. 1 und 3 DSGVO eine rechtliche Verpflichtung i. S. d. Art. 6 Abs. 1 S. 1 lit. c DSGVO dar, die es rechtfertigt, die Bewerbungsunterlagen weiterhin zu speichern. Prüft der Arbeitgeber eine Initiativbewerbung und verschickt eine Absage, so ist ein möglicher Schadensersatzanspruch nach § 15 AGG möglich, wenn die Einstellung wegen eines mögliches Grundes nach § 1 AGG versagt wird. In diesem Fall besteht die gleiche Situation, wie bei einer Speicherfrist bei abgelehnten Bewerbern, sodass auch hier die Frist von 6 Monaten ab Absage gilt. Die Einwilligung des Bewerbers zur Speicherung in einem Bewerberpool gilt nicht unbegrenzt und deren Geltung hängt maßgeblich von Umständen des Einzelfalles ab. Daher ist aus Transparenzgründen die Angabe einer Gültigkeitsdauer zu empfehlen.

**16.** Der Grundsatz der Direkterhebung, der in § 4 Abs. 2 S. 1 BDSG a. F. normiert war, findet sich in der DSGVO nicht wieder und ist ersatzlos entfallen. Im Rahmen der Bewerbungsphase ist der Arbeitgeber aus datenschutzrechtlichen Gründen nicht verpflichtet, die für die Begründung des Arbeitsverhältnisses erforderlichen Informationen grundsätzlich beim Bewerber zu erheben. Vielmehr stehen ihm auch andere Quellen offen, soweit hierfür eine Erlaubnisnorm nach Art. 6 Abs. 1 DSGVO besteht.

**17.** Ein Verstoß gegen die Grundsätze der Datenverarbeitung nach Art. 5 DSGVO führt nicht unmittelbar zur Rechtswidrigkeit der Datenverarbeitung. Art. 5 DSGVO regelt lediglich allgemeine Grundsätze für die Verarbeitung personenbezogener Daten. Es muss zwischen der allgemeinen Zulässigkeit und der Rechtmäßigkeit unterschieden werden. Der Grundsatz der Rechtmäßigkeit wird durch Art. 6 DSGVO konkretisiert. Wenn dessen Voraussetzungen nicht erfüllt sind, führt dies zur Rechtswidrigkeit der Verarbeitung.

## D. Vierter Teil

**18.** Jede Verarbeitung personenbezogener Daten bedarf einer Erlaubnisnorm nach Art. 6 Abs. 1 DSGVO. Der nationale Gesetzgeber ist nicht ermächtigt, eigenständige datenschutzrechtliche Erlaubnisnormen zu schaffen. Die datenschutzrechtlichen Erlaubnisnormen sind abschließend in Art. 6 Abs. 1 DSGVO aufgeführt. In diesem Rahmen können die nationalen Gesetzgeber gesetzliche Regelungen erlassen. Dabei stellt Art. 6 Abs. 1 S. 1 lit. b Var. 2 DSGVO die maßgebliche Erlaubnisnorm für die Verarbeitung personenbezogener Daten von Bewerbern dar. § 26 Abs. 1 S. 1 Var. 1 BDSG stellt keine eigenständige datenschutzrechtliche Erlaubnisnorm dar. Nach derzeitigem Stand werden die Anforderungen des Art. 88 Abs. 1, 2 DSGVO nicht durch § 26 Abs. 1 S. 1 BDSG erfüllt, sodass diese Vorschrift europarechtswidrig ist und unangewendet bleiben muss. Für die Verarbeitung von Bewerberdaten ist auf Art. 6 Abs. 1 DSGVO, insbesondere lit. b und f DSGVO abzustellen. § 26 Abs. 1 S. 1 BDSG bleibt ausschließlich im Rahmen des § 26 Abs. 7 BDSG anwendbar.

**19.** Auf die Vorschrift des § 26 BDSG kann sich nicht nur der Arbeitgeber berufen, sondern auch Dritte. Sozialübliche Fragen (z. B. Fragen im Bewerbungsgespräch wie *„Wie geht es Ihnen?“*) werden aus der Vorschrift des § 26 BDSG ausgeklammert. Die im Gegensatz zu Art. 2 Abs. 1 DSGVO bestehende Erweiterung des Anwendungsbereichs nach § 26 Abs. 7 BDSG auf personenbezogene Daten, die in keinem Dateisystem gespeichert werden sollen, steht mit Unionsrecht im Einklang. Im Rahmen der Prüfung der Erforderlichkeit nach § 26 Abs. 1 S. 1 BDSG ist die Rechtsprechung des BAG zum Fragerecht des Arbeitgebers übertragbar. Es kommt darauf an, ob es ein milderes Mittel gibt, das den Zweck der Verarbeitung gleich effektiv erfüllen kann. Die Zumutbarkeit ist im Rahmen der Erforderlichkeitsprüfung zu berücksichtigen. Die Erforderlichkeit meint eine Verhältnismäßigkeitsprüfung i. S. e. dreistufigen Prüfung nach Geeignetheit, Erforderlichkeit im engeren Sinne sowie Angemessenheit.

**20.** Nach Art. 6 Abs. 1 S. 1 lit. b Var. 2 DSGVO ist die Verarbeitung zur Durchführung vorvertraglicher Maßnahmen erforderlich, die auf Anfrage der betroffenen Person erfolgt. Die Erlaubnisnorm ist nicht anwendbar, wenn die Verarbeitung auf Initiative des Verantwortlichen erfolgt. Erforderlich ist vielmehr, dass der Bewerber eine Veranlassung gegeben hat. Der Begriff der Erforderlichkeit wird maßgeblich durch den Grundsatz der Datenminimierung nach Art. 5 Abs. 1 lit. c DSGVO geprägt. Bei der Beurteilung sind objektive Maßstäbe anzulegen. Eine Datenverarbeitung kann nur dann erforderlich sein, wenn auch andere gesetzliche Bestimmungen berücksichtigt worden sind. Insbesondere das AGG stellt eine Schranke in der Bewerbungsphase dar. Im Ergebnis ist eine Datenverarbeitung im Bewerbungsverhältnis *„erforderlich“*, wenn kein milderes, gleich wirksames Mittel zur Verfügung steht, um den Zweck mit gleicher Sicherheit zu erreichen.

**21.** Das BetrVG kann vorrangige Vorschriften vor dem BDSG enthalten. Eine Vorrangstellung gegenüber der DSGVO besteht nicht. Die Übermittlung von personenbezogenen Daten vom Arbeitgeber an den Betriebsrat ist als Verarbeitung i. S. d. Art. 4 Nr. 2 DSGVO anzusehen, für die es eine Erlaubnisnorm bedarf. Art. 6 Abs. 1 S. 1 lit. b Var. 2, lit. f DSGVO können als Erlaubnisnorm für die Datenübermittlung an den Betriebsrat herangezogen werden. Dem Bewerber steht kein Widerspruchsrecht nach Art. 21 Abs. 1 DSGVO gegen die Übermittlung seiner personenbezogenen Daten von dem Arbeitgeber an den Betriebsrat zu, da die Datenverarbeitung nicht ausschließlich auf Art. 6 Abs. 1 S. 1 lit. f DSGVO beruht.

**22.** Die Datenverarbeitung durch den Betriebsrat bedarf einer Erlaubnisnorm. Diese ist in Art. 6 Abs. 1 S. 1 lit. b Var. 2, Art. 88 DSGVO i. V. m. § 26 Abs. 1 S. 1 Var. 4 BDSG zu erblicken, falls man letztere Vorschrift als europarechtskonform ansehen würde. Ferner kommt die Erlaubnisnorm des Art. 6 Abs. 1 S. 1 lit. f DSGVO in Betracht.

**23.** Kollektivvereinbarungen stellen keine eigenständigen datenschutzrechtlichen Erlaubnisnormen dar, sondern sind vielmehr im Rahmen der Interessenabwägung i. S. d. Art. 6 Abs. 1 S. 1 lit. f DSGVO zu berücksichtigen. Dabei sind Betriebsvereinbarungen in ihrer Wirkung nicht auf Arbeitnehmer beschränkt, sondern können vielmehr auch mittelbare Wirkung für Bewerber entfalten.

**24.** Die Einwilligung als Erlaubnisnorm im Beschäftigungskontext kann von den nationalen Gesetzgebern nicht von vornherein ausgeschlossen werden. Die Freiwilligkeit der Einwilligung im Bewerbungsverhältnis kann gegeben sein. Liegt für dieselbe Verarbeitung auch eine gesetzliche Erlaubnisnorm vor, die die Datenverarbeitung legitimiert, so sind die Umstände des Einzelfalles entscheidend, ob die Einwilligung noch auf freiwilliger Basis erteilt werden kann. Grundsätzlich ist bei Vorliegen einer gesetzlichen Erlaubnisnorm von der Unfreiwilligkeit der Einwilligung auszugehen. Die Einwilligung sollte nur als ultima ratio zur Datenverarbeitung herangezogen werden und zwar dann, wenn aufgrund einer unklaren Rechtslage nicht sicher ist, ob die Datenverarbeitung auf eine gesetzliche Erlaubnisnorm gestützt werden kann.

**25.** Der Hinweis auf das Widerrufsrecht ist Wirksamkeitsvoraussetzung für die Einwilligung. Die geforderte Textform des Widerrufs nach § 26 Abs. 2 S. 4 BDSG weicht von dem Grundsatz der Formfreiheit der DSGVO ab und ist daher europarechtswidrig. Dies gilt auch für die Formvorgabe in § 26 Abs. 2 S. 3 BDSG.

**26.** Für die Verarbeitung normaler personenbezogener Daten, die offensichtlich von der betroffenen Person öffentlich zugänglich gemacht worden sind, kann kein Erst-Recht-Schluss zu Art. 9 Abs. 2 lit. e DSGVO gezogen werden. Vielmehr ist die Wertung dieser Norm im Rahmen der Interessenabwägung nach Art. 6 Abs. 1 S. 1 lit. f DSGVO einzubeziehen. Die Erlaubnisnorm der Interessenabwägung ist auch im Beschäftigungsverhältnis heranzuziehen und wird nicht verdrängt.

**27.** Die Übermittlung von personenbezogenen Daten an den Auftragsverarbeiter aufgrund eines Auftragsverarbeitungsvertrages nach Art. 28 Abs. 3 DSGVO bedarf keiner neuen Erlaubnisnorm, solange der Auftragsverarbeiter streng nach Weisung des Auftraggebers handelt. Für die Übermittlung kann auf die Erlaubnisnorm rekurriert werden, auf die sich der Auftraggeber berufen würde, falls er die Datenverarbeitung bei sich durchführt.

**28.** Die Erlaubnisnormen in Art. 6 Abs. 1 DSGVO stehen eigenständig nebeneinander und in keinen Exklusivitätsverhältnis zueinander. Es können grundsätzlich verschiedene Erlaubnisnormen nebeneinander zur Anwendung gelangen. Die Erlaubnisnormen für die Verarbeitung personenbezogener Beschäftigtendaten sind ausschließlich in Art. 6 Abs. 1 DSGVO geregelt. Gibt es spezifischere Vorschriften, die den Anforderungen des Art. 88 DSGVO entsprechen, so spezifizieren diese Vorschriften einzelne Erlaubnisnormen des Art. 6 Abs. 1 DSGVO, verdrängen diese allerdings nicht. Ein Konkurrenzverhältnis von § 26 Abs. 1 S. 1 BDSG zu § 26 Abs. 3 BDSG besteht nicht, da letztere Vorschrift auf Art. 9 Abs. 2 lit. b DSGVO beruht.

**29.** Die Sammlung von Informationen über einen Bewerber wird Pre-Employment Screening genannt. Dazu kann das Nachfragen beim früheren Arbeitgeber, die Suche in sozialen Netzwerken oder die einfache „*Google-Suche*" im Internet gehören. Ziel ist es, dass der Arbeitgeber gezielt nach Informationen über den Bewerber sucht, um zusätzliche Informationen über den Bewerber einzuholen oder um dessen Angaben zu überprüfen.

**30.** Die Recherche in Suchmaschinen oder sozialen Netzwerken kann auf die Erlaubnisnorm des Art. 6 Abs. 1 S. 1 lit. b Var. 2 DSGVO gestützt werden, solange nur die personenbezogenen Daten des Bewerbers verarbeitet werden, die für die Begründung des Beschäftigungsverhältnisses erforderlich sind. Die Verarbeitung nicht erforderlicher Daten, die zwangsläufig im Rahmen einer Suchmaschinenabfrage verarbeitet werden können, dürfen nicht für die Verarbeitung zur Begründung des Beschäftigungsverhältnisses genutzt werden. Bei der Interessenabwägung des Art. 6 Abs. 1 S. 1 lit. f DSGVO sind alle Umstände des Einzelfalles zu gewichten. Im Rahmen einer Interessenabwägung sind als maßgebliche Kriterien die Profilsichtbarkeit, die Art des Netzwerkes, der erkennbare Wille des Bewerbers an der Verarbeitung seiner personenbezogenen Daten und das Alter der Information zu berücksichtigen. Eine Einwilligung für die Recherche in beruflichen Netzwerken ist möglich, da diese gerade dafür angelegt worden sind, den potenziellen Arbeitgebern ein Bild von sich zu machen.

**31.** Die Nachfrage beim früheren Arbeitgeber kann auf die Erlaubnisnormen Art. 6 Abs. 1 S. 1 lit. b Var. 2 DSGVO sowie Art. 6 Abs. 1 S. 1 lit. f DSGVO gestützt werden. Dies gilt jedoch nur, wenn begründete Zweifel an den Aussagen des Bewerbers bestehen und diese Aussagen verifiziert werden sollen. Das Gleiche ist in den Fällen anzunehmen, in denen wichtige Informationen über den Bewerber fehlen. Weitergehende Informationen sind nicht erforderlich.

**32.** Der Einsatz des Sprachanalysetools Precire, welches dem Zweck dient, anhand des Sprachverhaltens Rückschlüsse auf den Bewerber zulassen, kann nach derzeitigem Stand datenschutzrechtlich im Rahmen der Bewerbungsphase nicht legitimiert werden. Eine andere Bewertung, gerade im Hinblick auf die Erforderlichkeit der Verarbeitung nach Art. 6 Abs. 1 S. 1 lit. b Var. 2 bzw. lit. f DSGVO, ist anzunehmen, wenn durch die Forschung aussagekräftige Aussagen zur Eignungsdiagnostik gegeben werden können.

**33.** Bei der Prüfung der Vorschrift des Art. 22 DSGVO müssen neben einer Erlaubnisnorm nach Art. 6 Abs. 1 DSGVO, auch die Voraussetzungen des Art. 22 DSGVO eingehalten werden. Art. 22 Abs. 2 DSGVO regelt nicht die Rechtmäßigkeit der Verarbeitung personenbezogener Daten, sondern lediglich das Verfahren der automatisierten Entscheidungsfindung. Die Verweigerung des Arbeitsvertrages stellt eine erhebliche Beeinträchtigung i. S. d. Art. 22 Abs. 1 DSGVO dar. Der Abschluss des Arbeitsvertrages fällt nicht unter den Anwendungsbereich.

# E. Fünfter Teil

**34.** Art. 9 DSGVO regelt die Verarbeitung besonderer Kategorien personenbezogener Daten. Dessen Absatz 1 listet abschließend die Kategorien der sensiblen Daten auf. Aufgrund des Sinns und Zwecks der Vorschrift des Art. 9 DSGVO ist bei allen Kategorien eine objektive Betrachtungsweise zugrunde zu legen. Eine Differenzierung zwischen den einzelnen Kategorien besteht nicht. Sofern Daten verarbeitet werden, die nur zufällig auch besondere Kategorien von personenbezogenen Daten enthalten können, besteht für diese Verarbeitung entgegen der Rechtsprechung des EuGH kein erhöhtes Schutzbedürfnis und die besonderen Anforderungen des Art. 9 Abs. 2 DSGVO sind nicht einzuhalten.

**35.** Das AGG und GenDG sind unter der Geltung der DSGVO weiterhin anwendbar. § 20 Abs. 2 GenDG gilt nicht für den Bewerber.

**36.** Art. 9 Abs. 2 DSGVO enthält verschiedene Ausnahmetatbestände für die Verarbeitung sensibler Daten. Da der Gesetzgeber zusätzliche Voraussetzungen an die Verarbeitung dieser besonderen Kategorien personenbezogener Daten aufstellen wollte, muss zusätzlich eine Erlaubnisnorm nach Art. 6 Abs. 1 DSGVO gegeben sein. Art. 9 Abs. 2 DSGVO stellt demnach nur die Aufhebung des Risikopotenzials dar, aber gerade keine eigenständige Erlaubnisnorm.

**37.** Die Einwilligung in die Verarbeitung sensibler Daten muss die allgemeinen Voraussetzungen der Einwilligung nach Art. 6 Abs. 1 S. 1 lit. a DSGVO einhalten. Der Unterschied besteht darin, dass diese Einwilligung *„ausdrücklich"* erfolgen muss. Der Begriff der *„ausdrücklichen"* Einwilligung in Art. 9 Abs. 2 lit. a DSGVO bedeutet, dass sich die Einwilligung auf konkrete besondere Kategorien personenbezogener Daten bezieht (z. B. Gesundheitsdatum). Eine Nennung der spezifischen personenbezogenen Daten (z. B. HIV-Infektion) ist nicht erforderlich, vielmehr ist ausreichend, wenn konkret auf die Datenkategorien Bezug genommen wird. Die Einführung einer Schriftform der Einwilligung ist lediglich über Art. 9 Abs. 4 DSGVO möglich.

**38.** Art. 9 Abs. 2 lit. b DSGVO stellt keinen eigenständigen Ausnahmetatbestand dar, sondern muss zusätzlich durch Unionsrecht, nationales Recht oder eine Kollektivvereinbarung ausgefüllt werden. Die Vorschrift, welche auch auf die Bewerbungsphase anwendbar ist, ist im Rahmen des Anwendungsbereichs im Verhältnis zu Art. 88 DSGVO vorrangig anzuwenden. Regelungsadressat des Ausgestaltungsauftrages nach Art. 9 Abs. 2 lit. b DSGVO ist der nationale Gesetzgeber und nicht der Verantwortliche. Der deutsche Gesetzgeber hat den Ausgestaltungsauftrag des Art. 9 Abs. 2 lit. b DSGVO in § 22 Abs. 2 BDSG nicht europarechtskonform umgesetzt. Dies betrifft auch § 26 Abs. 3 BDSG, der auf § 22 Abs. 2 BDSG verweist. Im Falle des Nichtergreifens von geeigneten Garantien bzw. des Ergreifens von Garantien, die nicht geeignet sind, sind die Vorgaben der DSGVO nicht erfüllt und damit kein wirksamer Ausnahmetatbestand vorhanden.

**39.** Für den Ausnahmetatbestand der offensichtlich öffentlich gemachten Daten nach Art. 9 Abs. 2 lit. e DSGVO ist maßgebend, dass die personenbezogenen Daten der Öffentlichkeit, d. h. einer unüberschaubaren Menge von Menschen, offengelegt wurden. Die Offensichtlichkeit liegt vor, wenn die Veröffentlichung von der betroffenen Person selbst veranlasst oder geduldet wurde und eindeutig erkennbar ist, dass dies der betroffenen Person zugerechnet werden kann. Die Beurteilung, ob der Bewerber personenbezogene Daten in sozialen Netzwerken im Sinne des Art. 9 Abs. 2 lit. e DSGVO offensichtlich öffentlich gemacht hat, ist im jeweiligen Einzelfall zu beurteilen. Dabei ist die Unterscheidung zwischen freizeitorientierten Netzwerken und berufsorientierten Netzwerken grundsätzlich irrelevant. Der Übergang zwischen diesen sozialen Netzwerken ist fließend. Die Tatsache, dass es sich um ein berufsorientiertes oder freizeitorientiertes Netzwerk handelt, kann nur als Indiz dafür wirken, dass es sich bei der Veröffentlichung um einen beruflichen oder privaten Zweck handelt. Entscheidend ist allein die Feststellung, ob die betroffene Person die Daten offensichtlich öffentlich machen wollte.

**40.** Für das Verhältnis von § 22 Abs. 1 Nr. 1 lit. b BDSG, welcher europarechtskonform ausgestaltet wurde, zu § 26 Abs. 3 BDSG kommt es maßgeblich darauf an, welcher Verantwortliche sich auf die Vorschrift beruft. Es können sich nur die in Art. 9 Abs. 3 DSGVO genannten Personengruppen auf § 22 Abs. 1 Nr. 1 lit. b BDSG berufen. Der normale Arbeitgeber fällt demnach nicht unter diese Norm. Für ihn bleibt die Vorschrift des § 26 Abs. 3 BDSG maßgeblich.

**41.** Die Verarbeitung von strafrechtlichen Verurteilungen und Straftaten ist in Art. 10 DSGVO geregelt. Art. 10 DSGVO stellt keine eigenständige Erlaubnisnorm dar, sondern stellt zusätzliche Anforderungen auf, die neben dem Vorliegen einer Erlaubnisnorm nach Art. 6 Abs. 1 DSGVO gegeben sein müssen. Bei strafrechtlichen Verurteilungen handelt es sich um gerichtliche Feststellungen, dass eine betroffene Person eine Straftat begangen hat. Eine Straftat umfasst jede hoheitlich missbilligte und mit Sanktionen bedrohte schuldhafte Handlung bzw. Unterlassung. Dabei hat § 26 Abs. 1 S. 1 BDSG die Anforderungen des Art. 10 S. 1 DSGVO nicht umgesetzt. Es ist daher dem Gesetzgeber zu raten, entsprechende Vorschriften zu erlassen, damit eine Verarbeitung dieser personenbezogenen Daten erfolgen kann.

# Literaturverzeichnis


| | |
|---|---|
| *Abel*, Ralf B. | Automatisierte Entscheidungen im Einzelfall gem. Art. 22 DS-GVO – Anwendungsbereich und Grenzen im nicht-öffentlichen Bereich, ZD 2018, 304–307. |
| *Adelberg*, Philipp/ *Spittka*, Jan | Hat § 26 BDSG abschließende Regelungswirkung?, DSB 2020, 104–106. |
| *Adomeit*, Klaus | Einstellungen und Entlassungen nach dem neuen Betriebsverfassungsgesetz, DB 1971, 2360–2364. |
| *Adomeit*, Klaus/*Mohr*, Jochen (Hrsg.) | Allgemeines Gleichbehandlungsgesetz (AGG), Kommentar zum AGG und zu den anderen Diskriminierungsverboten, 2. Auflage, 2011<br>Zit.: *Bearbeiter*, in: Adomeit/Mohr, AGG. |
| *Ahrendt*, Martina/ *Bader*, Peter/*Dörner*, Hans-Jürgen/*Mikosch*, Ernst/*Scheusener*, Aino/*Schütz*, Friedrich/*Vossen*, Reinhard/*Woitaschek*, Frank | Gemeinschaftskommentar zum Arbeitsgerichtsgesetz, 138. Lieferung, Köln 2023<br>Zit.: *Bearbeiter*, in: Ahrendt et al., GK-ArbGG. |
| *Albrecht*, Jan-Philipp | Das neue EU-Datenschutzrecht – von der Richtlinie zur Verordnung – Überblick und Hintergründe zum finalen Text für die Datenschutz-Grundverordnung der EU nach der Einigung im Trilog, CR 2016, 88–98. |
| *Albrecht*, Jan-Philipp/ *Jotzo*, Florian (Hrsg.) | Das neue Datenschutzrecht der EU – Grundlagen, Gesetzgebungsverfahren, Synopse, Brüssel/Hamburg 2017<br>Zit.: *Albrecht/Jotzo*, Datenschutzrecht. |
| *Albrecht*, Jan-Philipp/ *Janson*, Nils J. | Datenschutz und Meinungsfreiheit nach der Datenschutzgrundverordnung – Warum die EU-Mitgliedstaaten beim Ausfüllen von DSGVO-Öffnungsklauseln an europäische Grundrechte gebunden sind – am Beispiel von Art. 85 DSGVO, CR 2016, 500–509. |
| *Aligbe*, Patrick (Hrsg.) | Einstellungs- und Eignungsuntersuchungen, München 2015<br>Zit.: *Aligbe*, Einstellungs- und Eignungsuntersuchungen, 1. Aufl. |
| *Aligbe*, Patrick (Hrsg.) | Einstellungs- und Eignungsuntersuchungen, 2. Auflage, München 2021<br>Zit.: *Aligbe*, Einstellungs- und Eignungsuntersuchungen. |
| *Aligbe*, Patrick (Hrsg.) | Rechtshandbuch Arbeitsmedizinische Vorsorge, 2. Auflage, München 2020<br>Zit.: *Aligbe*, Arbeitsmedizinische Vorsorge. |

| | |
|---|---|
| *Alich*, Stefan/*Voskamp*, Friederike | Auswirkungen der DS-GVO auf den Gesundheitsdatenschutz in Deutschland, BvD-News 1/2017, 24–26. |
| *Ambrock*, Jens | Mitarbeiterexzess im Datenschutzrecht – Verantwortlichkeit und Haftung für Verstöße gegen die DS-GVO durch Beschäftigte, ZD 2020, 492–497. |
| *Antidiskriminierungsstelle des Bundes* | Pilotprojekt „Anonymisierte Bewerbungsverfahren" – Abschlussbericht, Berlin/Bonn/Frankfurt Oder, März 2012, https://tinyurl.com/2hr37ya2 (Abruf: 31.05.2024)<br>Zit.: *Antidiskriminierungsstelle des Bundes*, Anonymisierte Bewerbungsverfahren. |
| *Arnold*, Christian/ *Günther*, Jens (Hrsg.) | Arbeitsrecht 4.0 – Praxishandbuch zum Arbeits-, IP- und Datenschutzrecht in einer digitalisierten Arbeitswelt, 2. Auflage, München 2022<br>Zit.: *Bearbeiter*, in: Arnold/Günther, Arbeitsrecht 4.0. |
| *Artikel-29-Datenschutzgruppe* | Annex – health data in apps and devices, https://tinyurl.com/y5fxx9tb (Abruf: 31.05.2024).<br>Zit.: *Art.-29-Datenschutzgruppe*, Health data in apps and devices. |
| *Artikel-29-Datenschutzgruppe* | Working Paper 131, Arbeitspapier Verarbeitung von Patientendaten in elektronischen Patientenakte (EPA), Stand: 15.02.2007, https://tinyurl.com/y2ldqpex (Abruf: 31.05.2024)<br>Zit.: *Art.-29-Datenschutzgruppe*, WP 131. |
| *Artikel-29-Datenschutzgruppe* | Working Paper 136, Stellungnahme 4/2007 zum Begriff „personenbezogene Daten", https://tinyurl.com/y6mnl5vp (Abruf: 31.05.2024)<br>Zit.: *Art.-29-Datenschutzgruppe*, WP 136. |
| *Artikel-29-Datenschutzgruppe* | Working Paper 216, Opinion 05/2014 on Anonymisation Techniques, adopted on 10 April 2014, https://tinyurl.com/ycz7bx92 (Abruf: 31.05.2024)<br>Zit.: *Art.-29-Datenschutzgruppe*, WP 216. |
| *Artikel-29-Datenschutzgruppe* | Working Paper 217, Stellungnahme 06/2014 zum Begriff des berechtigten Interesses des für die Verarbeitung Verantwortlichen gemäß Artikel 7 der Richtlinie 95/46/EG, angenommen am 9. April 2014, https://tinyurl.com/y5pk4s8b (Abruf: 31.05.2024)<br>Zit.: *Art.-29-Datenschutzgruppe*, WP 217. |
| *Artikel-29-Datenschutzgruppe* | Working Paper 249, Stellungnahme 2/2007 zur Datenverarbeitung am Arbeitsplatz, https://tinyurl.com/yxgvo3sv (Abruf: 31.05.2024)<br>Zit.: *Art.-29-Datenschutzgruppe*, WP 249. |

*Artikel-29-Datenschutzgruppe* Working Paper 251 rev.01, Leitlinien zu automatisierten Entscheidungen im Einzelfall einschließlich Profiling für die Zwecke der Verordnung 2016/679, https://tinyurl.com/2p8awjsm (Abruf: 31.05.2024)
Zit.: *Art.-29-Datenschutzgruppe*, WP 251 rev.01.

*Artikel-29-Datenschutzgruppe* Working Paper 259 rev.01, Leitlinien in Bezug auf die Einwilligung gemäß Verordnung 2016/679, Stand: 10.04.2018, https://tinyurl.com/y3rxqsnq (Abruf: 31.05.2024).
Zit.: *Art.-29-Datenschutzgruppe*, WP 259 rev.01.

*Asgari*, Nima Datenschutz im Arbeitsverhältnis – Offenbarungspflicht/Fragerecht, Mitarbeiter-Screening und Datenschutzgrundverordnung, DB 2017, 1325–1328.

*Assmus*, Ubbo/*Winzer*, Florian Mitarbeiterfotos im Intranet, auf Webseiten und in sozialen Netzwerken – Anforderungen an Einwilligung und Widerruf nach dem KUG und der DS-GVO, ZD 2018, 508–513.

*Aszmons*, Mattis/*Raben*, Philipp/*Reimers*, Jana Karrierenetzwerke im Kontext des Arbeitsverhältnisses – Praxisleitfaden für Arbeitgeber – Bewerberauswahl, Pre-Employment Screenings, Verhalten in Karrierenetzwerken und Kontaktnutzung, DB 2018, 1593–1599.

*Auer-Reinsdorff*, Astrid/*Conrad*, Isabell (Hrsg.) Handbuch IT- und Datenschutzrecht, 3. Auflage, München 2019
Zit.: *Bearbeiter*, in: Auer-Reinsdorff/Conrad, IT- und Datenschutzrecht.

*Bäcker*, Matthias Unions- und verfassungsrechtliche Grundlagen des Beschäftigtendatenschutzes, in: *Maschmann*, Frank (Hrsg.), Beschäftigtendatenschutz in der Reform – Mannheimer Arbeitsrechtstag 2012, Baden-Baden 2012, S. 15–43
Zit.: *Bäcker*, in: Maschmann, Beschäftigtendatenschutz.

*Bäcker*, Matthias/*Denninger*, Erhard/*Graulich*, Kurt (Hrsg.) Handbuch des Polizeirechts – Gefahrenabwehr, Strafverfolgung, Rechtsschutz, 7. Auflage, München 2021
Zit.: *Bearbeiter*, in: Bäcker et al., Polizeirecht.

*Baldauf*, Sebastian Das digitale (DS-GVO-konforme) Büro – ein technischer Erfahrungsbericht, DS 2019, 130–133.

*Barlage-Melber*, Eva/*Bausewein*, Christoph/*Beckschulze*, Martin/*Hohenadl*, Tobias/*Monreal*, Manfred/*Montfort*, Stephanie/*Prinz*, Thomas/*Talkenberg*, Sibylle Beschäftigtendatenschutz und Datenschutz-Grundverordnung in der Praxis, Berlin 2018
Zit.: *Barlage-Melber et al.*, Beschäftigtendatenschutz.

*Bauer*, Jobst-Hubertus Auskunftsanspruch von Bewerbern, ArbRAktuell 2012, 219.

| | |
|---|---|
| *Bauer*, Jobst-Hubertus/ *Günther*, Jens | Kündigung wegen beleidigender Äußerungen auf Facebook – Vertrauliche Kommunikation unter Freunden?, NZA 2013, 67–73. |
| *Bauer*, Jobst-Hubertus/ *Krieger*, Steffen/*Günther*, Jens (Hrsg.) | Gleichbehandlungsgesetz und Entgelttransparenzgesetz, Kommentar, 5. Auflage, München 2018 Zit.: *Bauer/Krieger/Günther*, AGG. |
| *Bauer*, Jobst-Hubertus/ *Lingemann*, Stefan/ *Diller*, Martin/ *Haußmann*, Katrin (Hrsg.) | Anwalts-Formularhandbuch Arbeitsrecht, 7. Auflage, Berlin/ Hamburg/Stuttgart 2021 Zit.: *Bearbeiter*, in: Bauer et al., Arbeitsrecht. |
| *Bausewein*, Christoph | Legitimationswirkung von Einwilligung und Betriebsvereinbarung im Beschäftigtendatenschutz – Reichweite der Befugnis des Arbeitgebers zur Datenerhebung, -verarbeitung und -nutzung bei Anbahnung und Durchführung des Beschäftigungsverhältnisses, Diss. jur. Oldenburg 2011 Zit.: *Bausewein*, Einwilligung und Betriebsvereinbarung. |
| *Bausewein*, Christoph | Arbeitgeber-Persönlichkeitstests – datenschutzrechtlich zulässig? – Bewerberauswahl und Personalentwicklung mittels psychischer Eignungstests, ZD 2014, 443–447. |
| *Bausewein*, Christoph | Bewerberauswahl und Personalentwicklung mittels psychologischer Eignungstests, DuD 2016, 139–143. |
| *Bayerisches Landesamt für Datenschutzaufsicht* | 5. Tätigkeitsbericht 2011/2012, https://tinyurl.com/y3xa4bjm (Abruf: 31.05.2024) Zit.: *BayLDA*, 5. TB. |
| *Bayerisches Landesamt für Datenschutzaufsicht* | 8. Tätigkeitsbericht 2017/2018, https://tinyurl.com/y6jhr3gd (Abruf: 31.05.2024) Zit.: *BayLDA*, 8. TB. |
| *Bayerisches Landesamt für Datenschutzaufsicht* | 9. Tätigkeitsbericht 2019, https://tinyurl.com/vlj66ha (Abruf: 31.05.2024) Zit.: *BayLDA*, 9. TB. |
| *Bayerisches Landesamt für Datenschutzaufsicht* | Fragebogen zur Prüfung des Umgangs mit Bewerberdaten, https://tinyurl.com/yymfheo8 (Abruf: 31.05.2024) Zit.: *BayLDA*, Fragebogen Bewerberdaten. |
| *Bayerischer Landesbeauftragte für den Datenschutz* | 25. Tätigkeitsbericht, Berichtzeitraum 2011/2012, https://tinyurl.com/yxm4jqcz (Abruf: 31.05.2024) Zit.: *BayLfD*, 25. TB. |
| *Bayerischer Landesbeauftragte für den Datenschutz* | Auftragsverarbeitung – Orientierungshilfe, Version 2.0, Stand: 1. April 2019, https://tinyurl.com/yyxtpxzs (Abruf: 31.05.2024) Zit.: *BayLfD*, Auftragsverarbeitung. |

| | |
|---|---|
| *Bayerischer Landesbeauftragte für den Datenschutz* | Informationspflichten des Verantwortlichen, Erläuterungen zu Art. 13 und 14 Datenschutz-Grundverordnung, Orientierungshilfe, Version 1.0, Stand: 26.11.2018, https://tinyurl.com/y5wr72k8 (Abruf: 31.05.2024)<br>Zit.: *BayLfD*, Informationspflichten des Verantwortlichen. |
| *Beck*, Christian | Datenschutz im Beschäftigungsverhältnis nach der DS-GVO – Neue Anforderungen ab dem 25.05.2018, April 2018<br>Zit.: *Beck*, Beschäftigungsverhältnis. |
| *Beck*, Florence | „Fragerecht" und „Recht zur Lüge" – Allgemeine Grundsätze und bereichspezifische Besonderheiten der Anfechtbarkeit nach § 123 Abs. 1 Alt. 1 BGB bei einer Befragung des Täuschenden, Diss. jur. Marburg 2004<br>Zit.: *Beck*, Fragerecht. |
| *Becker*, Ulrich/*Hatje*, Armin/*Schoo*, Johann/*Schwarze*, Jürgen (Hrsg.) | EU-Kommentar, 4. Auflage, Baden-Baden 2019<br>Zit.: *Bearbeiter*, in: Becker et al., EU-Kommentar. |
| *Beckers*, Sabine | Umgang mit Eigentümerdaten, ZWE 2019, 297–305. |
| *Beckschulze*, Martin/*Fackeldey*, Arnd | Systematischer Aufbau von Betriebsvereinbarungen zum Schutz von Beschäftigtendaten, RDV 2013, 109–121. |
| *Beckschulze*, Martin/*Natzel*, Ivo | Das neue Beschäftigtendatenschutzgesetz – Eine Darstellung des aktuellen Gesetzentwurfs vom 25.8.2010, BB 2010, 2368–2375. |
| *Behling*, Thorsten B./*Abel*, Ralf B. (Hrsg.) | Praxishandbuch Datenschutz im Unternehmen, Berlin 2014<br>Zit.: *Bearbeiter*, in: Behling/Abel, Datenschutz. |
| *Behrens*, Michael | Eignungsuntersuchungen und Datenschutz, NZA 2014, 401–408. |
| *Benecke*, Alexander/*Wagner*, Julian | Öffnungsklauseln in der Datenschutz-Grundverordnung und das deutsche BDSG – Grenzen und Gestaltungsspielräume für ein nationales Datenschutzrecht, DVBl 2016, 600–608. |
| *Benedikt*, Kristin | Vom Cookie-Banner zum Consent-Banner – Anforderungen an eine wirksame Einwilligung, PinG 2020, 220–224. |
| *Benedikt*, Kristin/*Buckel*, Alexander/*Mammen*, Jan-Hendrik | DSGVO und ePrivacy-VO auf Websites umsetzen – 250 praktische Antworten plus kompakte Checklisten von Datenschutzexperten, Fulda 2018<br>Zit.: *Benedikt/Buckel/Mammen*, DSGVO und ePrivacy-VO. |
| *Benedikt*, Kristin/*Kranig*, Thomas | DS-GVO und KUG – ein gespanntes Verhältnis – Ende des KUG nach 111 Jahren?, ZD 2019, 4–7. |
| *Benkert*, Daniel | Neuer Anlauf des Gesetzgebers beim Beschäftigtendatenschutz, NJW-Spezial 2017, 242–243. |
| *Bergauer*, Christian | Zur Rechtmäßigkeit der (Weiter-)Verarbeitung personenbezogener Daten nach der DS-GVO, jusIT 2018/83, 231–238. |

| | |
|---|---|
| *Berger*, Hannes | Datenschutzrechtliche Zulässigkeit von Lehrer-Meldeportalen, RDV 2019, 3–9. |
| *Bergt*, Matthias | Verschlüsselung nach dem Stand der Technik als rechtliche Verpflichtung, CR 2014, 726–732. |
| *Berliner Beauftragter für Datenschutz und Informationsfreiheit* | Stellungnahme des Senats zum Bericht des Berliner Beauftragten für Datenschutz und Informationsfreiheit für 2002 (gemäß § 29 Abs. 2 Berliner Datenschutzgesetz), https://tinyurl.com/y5fr6heh (Abruf: 31.05.2024).<br>Zit.: *Berliner Datenschutzbeauftragter*, Jahresbericht 2002. |
| *Berliner Beauftragter für Datenschutz und Informationsfreiheit* | Bericht des Berliner Beauftragten für Datenschutz und Informationsfreiheit zum 31. Dezember 2007, Jahresbericht 2007, https://tinyurl.com/3t8us84s https://tinyurl.com/y4ekw5us(Abruf: 31.05.2024)<br>Zit.: *Berliner Datenschutzbeauftragter*, Jahresbericht 2007. |
| *Berliner Beauftragte für Datenschutz und Informationsfreiheit* | Datenschutz und Informationsfreiheit, Jahresbericht 2016, https://tinyurl.com/y6rf8cyx (Abruf: 31.05.2024)<br>Zit.: *Berliner Datenschutzbeauftragte*, Jahresbericht 2016. |
| *Berliner Beauftragte für Datenschutz und Informationsfreiheit* | Datenschutz und Informationsfreiheit, Jahresbericht 2019, https://tinyurl.com/2rtv6sv7 (Abruf: 31.05.2024)<br>Zit.: *Berliner Datenschutzbeauftragte*, Jahresbericht 2019. |
| *Berliner Beauftragte für Datenschutz und Informationsfreiheit* | Datenschutz und Informationsfreiheit, Jahresbericht 2022, https://tinyurl.com/5btss5s7 (Abruf: 31.05.2024)<br>Zit.: *Berliner Datenschutzbeauftragte*, Jahresbericht 2022. |
| *Besgen*, Nicolai (Hrsg.) | Schwerbehindertenrecht – Arbeitsrechtliche Besonderheiten, 4. Auflage, Berlin 2021<br>Zit.: *Besgen*, Schwerbehindertenrecht. |
| *Besgen*, Nicolai/*Prinz*, Thomas (Hrsg.) | Arbeiten 4.0 – Arbeitsrecht und Datenschutz in der digitalisierten Arbeitswelt, 5. Auflage, Bonn 2022<br>Zit.: *Bearbeiter*, in: Besgen/Prinz, Arbeiten 4.0. |
| *Bethke*, Inga | Technische und rechtliche Besonderheiten der E-Mail-Kommunikation mit Mandant und FA, DStR 2019, 1228–1231. |
| *Bettinghausen*, Mina/*Wiemers*, Matthias | Bewerberdatenschutz nach neuem Datenschutzrecht – Einwilligung, Grundsätze für die Verarbeitung, Informationspflichten und Rechte des Bewerbers, DB 2018, 1277–1283. |
| *Betz*, Christoph | Automatisierte Sprachanalyse zum Profiling von Stellenbewerbern – Überprüfung der datenschutzrechtlichen Zulässigkeit eines Praxistrends, ZD 2019, 148–152. |
| *Beyvers*, Eva/*Herbrich*, Tilman | Das Niederlassungsprinzip im Datenschutzrecht – am Beispiel von Facebook – Der neue Ansatz des EuGH und die Rechtsfolgen, ZD 2014, 558–562. |
| *Bischoff*, Claudia | Datenschutz im Rahmen klinischer Prüfungen – das Zusammenspiel der Verordnung über klinische Prüfungen und der Datenschutz-Grundverordnung, PharmR 2019, 265–272. |

| | |
|---|---|
| *Bischoff*, Claudia/ *Wiencke*, Julia | Datenschutzrechtliche Voraussetzungen klinischer Prüfungen – Das Verhältnis von AMG und DS-GVO, ZD 2019, 8–13. |
| *Bissels*, Alexander/ *Lützeler*, Martin/ *Wisskirchen*, Gerlind | Facebook, Twitter & Co.: Das Web 2.0 als arbeitsrechtliches Problem, BB 2010, 2433–2439. |
| *Bissels*, Alexander/ *Meyer-Michaelis*, Isabel/*Schiller*, Jan | Arbeiten 4.0: Big Data-Analysen im Personalbereich, DB 2016, 3042–3049. |
| *Bissels*, Alexander/ *Ziegelmayer*, David/ *Kiehn*, Bastian | Gesucht, gefunden, angesprochen: Rechtliche Tücken des „Active Sourcing", BB 2013, 2869–2875. |
| *Block*, Helga | Technische Anforderungen an technische und organisatorische Maßnahmen beim E-Mail-Versand, DuD 2019, 64. |
| *Bock*, Kirsten | Beschränkt Datenschutzrecht die Vertragsgestaltungsfreiheit? Erforderlichkeit der Verarbeitung i. S. d. Art. 6 Abs. 1 lit. b DSGVO, CR 2020, 173–178. |
| *Boecken*, Winfried/ *Düwell*, Franz Josef/ *Diller*, Martin/*Hanau*, Hans (Hrsg.) | Gesamtes Arbeitsrecht, Band 1, Nomos Kommentar, 2. Auflage, Baden-Baden 2023<br>Zit.: *Bearbeiter*, in: Boecken et al., Arbeitsrecht. |
| *Böhm*, Wolfgang/ *Poppelreuter*, Stefan (Hrsg.) | Personal Recruitment – Ausschreibung – Bewerberscreening – Einstellungsgespräch, Leitfaden für die Praxis aus psychologischer und arbeitsrechtlicher Sicht, 8. Auflage, Berlin 2015<br>Zit.: *Böhm/Poppelreuter*, Personal Recruiting. |
| *Böhm*, Wolf-Tassilo | Anmerkung zu BAG, Beschl. v. 07.05.2019 – 1 ABR 53/17, NZA-RR 2019, 531–532. |
| *Böhm*, Wolf-Tassilo/ *Arabi*, Tarik | Anmerkung zu LAG Niedersachsen, Beschluss vom 22.10.2018 – 12 TaBV 23/18, DSB 2019, 61–62. |
| *Böhm*, Wolf-Tassilo/ *Brams*, Isabelle | Die Rechtsprechung der Arbeitsgerichte unter der Datenschutz-Grundverordnung, NZA 2020, 449–456. |
| *Bott*, Ingo/*Vogel*, Jan-Patrick | Sanktionen gegen Betriebsrat und Betriebsratsmitglieder nach der DSGVO?, BB 2019, 2100–2102. |
| *Botta*, Jonas | Datenschutz bei E-Learning-Plattformen – Rechtliche Herausforderungen digitaler Hochschulbildung am Beispiel der Massive Open Online Courses (MOOCs), Diss. jur. Speyer 2019<br>Zit.: *Botta*, E-Learning-Plattformen. |
| *Borges*, Georg/*Hilber*, Marc (Hrsg.) | BeckOK IT-Recht, 14. Edition, 01.04.2024<br>Zit.: *Bearbeiter*, in: Borges/Hilber, BeckOK IT-Recht, 14. Ed. |
| *Borges*, Georg/*Meents*, Jan Geert | Cloud Computing, München 2016.<br>Zit.: *Bearbeiter*, in: Borges/Meents, Cloud Computing. |

| | |
|---|---|
| *Brams*, Isabelle/ *Möhle*, Jan-Peter | Die Stellung des Betriebsrats unter der DS-GVO – Erwächst aus einer neuen datenschutzrechtlichen Stellung neue Verantwortung?, ZD 2018, 570–573. |
| *Brandt*, Jochen | Betriebsvereinbarungen als datenschutzrechtliche „Öffnungsklauseln"?, DuD 2010, 213–215. |
| *Braun*, Axel/ *Wisskirchen*, Gerlind (Hrsg.) | Konzernarbeitsrecht – Handbuch, München 2015<br>Zit.: *Bearbeiter*, in: Braun/Wisskirchen, Konzernarbeitsrecht. |
| *Braun*, Laura | Aufwind für eine Reform des deutschen Beschäftigtendatenschutzes?, DSB 2023, 140–141. |
| *Brauneck*, Jens | Marktortprinzip der DSGVO: Weltgeltung für EU-Datenschutz?, EuZW 2019, 494–501. |
| *Brauneck*, Jens | DSGVO: Neue Anwendbarkeit durch neue Definition personenbezogener Daten?, EuZW 2019, 680–688. |
| *Brecht*, Corinna/ *Steinbrück*, Anne/ *Wagner*, Manuela | Der Arbeitnehmer 4.0? Automatisierte Arbeitgeberentscheidungen durch Sensorik am smarten Arbeitsplatz, PinG 2018, 10–15. |
| *Brecht-Heitzmann*, Holger | Internetrecherche im Bewerbungsverfahren, in: *Kohte*, Wolfhard/*Absenger*, Nadine (Hrsg.), Festschrift für Armin Höland, Baden-Baden 2015, S. 381–395<br>Zit.: *Brecht-Heitzmann*, in: Kohte/Absenger, FS Höland. |
| *Brendle-Weith*, Anne-Katrin | Datenhandel im Rahmen der Datenschutzgrundverordnung, VuR 2018, 331–336. |
| *Breyer*, Jonas | Verarbeitungsgrundsätze und Rechenschaftspflicht nach Art. 5 DS-GVO, DuD 2018, 311–317. |
| *Brink*, Stefan/ *Eckhardt*, Jens | Wann ist ein Datum ein personenbezogenes Datum? Anwendungsbereich des Datenschutzrechts, ZD 2015, 205–212. |
| *Brink*, Stefan/ *Hertfelder*, Susanne | Einwilligung und Vertragsdatenverarbeitung, in: *Roßnagel*, Alexander/*Hornung*, Gerrit (Hrsg.), Grundrechtsschutz im Smart Car – Kommunikation, Sicherheit und Datenschutz im vernetzten Fahrzeug, Wiesbaden 2019, S. 75–87<br>Zit.: *Brink/Hertfelder*, in: Roßnagel/Hornung, Smart Car. |
| *Brink*, Stefan/*Joos*, Daniel | Einsichtsrecht des Betriebsrats in nicht anonymisierte Bruttolohn- und Gehaltslisten und ohne Überwachung seitens des Arbeitgebers, jurisPR-ArbR 33/2019 Anm. 1 |
| *Brink*, Stefan/*Schwab*, Sabrina | Beschäftigtendatenschutz: Zwischen wirtschaftlicher Abhängigkeit und informationeller Selbstbestimmung, RDV 2017, 170–187. |
| *Brink*, Stefan/*Schwab*, Sabrina | Beschäftigtendatenschutz: Zum Nachweis und der Freiwilligkeit von Einwilligungen im Beschäftigungsverhältnis, jurisPR-ArbR 39/2018 Anm. 3. |
| *Britz*, Gabriele | Europäisierung des grundrechtlichen Datenschutzes?, EuGRZ 2009, 1–11. |

| | |
|---|---|
| *Britz*, Thomas/*Indenhuck*, Moritz | Die Daten der Dritten – Verarbeitung drittbezogener Daten im Vertragsverhältnis, in: *Taeger*, Jürgen (Hrsg.), Tagungsband Herbstakademie 2018, Rechtsfragen digitaler Transformation – Gestaltung digitaler Veränderungsprozesse durch Recht, Edewecht 2018, S. 231–245<br>Zit.: *Britz/Indenhuck*, in: Taeger, DSRITB 2018. |
| *Britz*, Thomas/*Indenhuck*, Moritz | The Usual Others – Third-Party Data in Contracts, PinG 2019, 44–48. |
| *Britz*, Thomas/*Indenhuck*, Moritz/*Langerhans*, Tom | Die Verarbeitung „zufällig" sensibler Daten – Einschränkende Auslegung von Art. 9 DS-GVO, ZD 2021, 559–564. |
| *Broy*, Dominic | Der Umgang mit Bewerberdaten aus Internetquellen – Betrachtung der datenschutzrechtlichen Zulässigkeit unter besonderer Berücksichtigung der technischen Hintergründe, Diss. jur. Saarbrücken 2017.<br>Zit.: *Broy*, Bewerberdaten. |
| *Brühann*, Ulf/*Zerdick*, Thomas | Umsetzung der EG-Datenschutzrichtlinie, CR 1996, 429–436. |
| *Brühann*, Ulf | Mindeststandards oder Vollharmonisierung des Datenschutzes in der EG – Zugleich ein Beitrag zur Systematik von Richtlinien zur Rechtsangleichung im Binnenmarkt in der Rechtsprechung des Europäischen Gerichtshofs, EuZW 2009, 649–644. |
| *Buchner*, Benedikt | Informationelle Selbstbestimmung im Privatrecht, Habilitation Tübingen 2006<br>Zit.: *Buchner*, Selbstbestimmung. |
| *Buchner*, Benedikt | Grundsätze und Rechtmäßigkeit der Datenverarbeitung unter der DS-GVO, DuD 2016, 155–161. |
| *Buchner*, Benedikt (Hrsg.) | Der neue Datenschutz im Gesundheitswesen, Bremen/Remagen 2018<br>Zit.: *Bearbeiter*, in: Buchner, Datenschutz im Gesundheitswesen. |
| *Buchner*, Benedikt/*Kühling*, Jürgen | Die Einwilligung in der Datenschutzordnung 2018, DuD 2017, 544–548. |
| *Bundesamt für Sicherheit in der Informationstechnik* | Mindeststandard des BSI zur Verwendung von Transport Layer Security (TLS) nach § 8 Absatz 1 Satz 1 BSIG – Version 2.0 vom 05.04.2019, https://tinyurl.com/yy8w9h55 (Abruf: 31.05.2024)<br>Zit.: *BSI*, Mindeststandard zur Verwendung von TLS. |
| *Bundesbeauftragter für den Datenschutz und die Informationsfreiheit* | 25. Tätigkeitsbericht 2013/2014, https://tinyurl.com/bdzd-6hd5 (Abruf: 31.05.2024)<br>Zit.: *BfDI*, 25. TB. |

| | |
|---|---|
| *Bundesbeauftragter für den Datenschutz und die Informationsfreiheit* | 27. Tätigkeitsbericht 2017/2018, https://tinyurl.com/4ce7b5uf (Abruf: 31.05.2024)<br>Zit.: *BfDI*, 27. TB. |
| *Bundesbeauftragter für den Datenschutz und die Informationsfreiheit* | 29. Tätigkeitsbericht 2020, https://tinyurl.com/4sdetf64 (Abruf: 31.05.2024)<br>Zit.: *BfDI*, 29. TB. |
| *Bundesbeauftragter für den Datenschutz und die Informationsfreiheit* | Stellungnahme des Bundesbeauftragten für den Datenschutz und die Informationsfreiheit an den Finanzausschuss zum Entwurf eines Gesetzes zur weiteren steuerlichen Förderung der Elektromobilität und zur Änderung weiterer steuerlicher Vorschriften (BT-Drucksache 19/13436), Stand: 11.10.2019, https://tinyurl.com/mzajssx5 (Abruf: 31.05.2024)<br>Zit.: *BfDI*, Stellungnahme. |
| *Bundesbeauftragter für den Datenschutz und die Informationsfreiheit* | Positionspapier zur Anonymisierung unter der DSGVO unter besonderer Berücksichtigung der TK-Branche, Stand: 29.06.2020, https://tinyurl.com/93s9mcex (Abruf: 31.05.2024)<br>Zit.: *BfDI*, Positionspapier Anonymisierung. |
| *Bundesministerium für Ernährung und Landwirtschaft* | Umfrage zu Haltung und Ausmaß der Internetnutzung von Unternehmen zur Vorauswahl bei Personalentscheidungen, Juli 2009, https://tinyurl.com/3mbcssvb (Abruf: 31.05.2024)<br>Zit.: *BMEL*, Umfrage zu Haltung und Ausmaß der Internetnutzung. |
| *Bundesministerium für Wirtschaft und Energie* | Orientierungshilfe zum Datenschutz für Gesundheitsdaten, https://tinyurl.com/y6qozxrx (Abruf: 31.05.2024)<br>Zit.: *BMWi*, Gesundheitsdaten. |
| *Bundesverband IT-Sicherheit e. V. (TeleTrusT)* | IT-Sicherheitsgesetz und Datenschutz-Grundverordnung: Handreichung zum „Stand der Technik“ technischer und organisatorischer Maßnahmen, 2020, https://tinyurl.com/sfe4ogp (Abruf: 31.05.2024)<br>Zit.: *Bundesverband*, Stand der Technik. |
| *Burger*, Simon | Der Schutz gesundheitsbezogener Beschäftigtendaten, Diss. jur. Hamburg 2013<br>Zit.: *Burger*, Der Schutz gesundheitsbezogener Beschäftigtendaten. |
| *Byers*, Philipp (Hrsg.) | Mitarbeiterkontrollen – Praxis im Datenschutz und Arbeitsrecht, 2. Auflage, München 2022<br>Zit.: *Byers*, Mitarbeiterkontrollen. |
| *Byers*, Philipp/*Fischer*, Christian | Rechtliche Vorgaben bei der Durchführung von sog. „Backgroundchecks“, ArbRAktuell 2022, 90–93. |

*Byers,* Philipp/ *Kerscher*, Manuela — Im Umgang mit Videointerviews im Bewerbungsverfahren sollten Arbeitgeber die datenschutzrechtlichen Risiken beachten, Personalmagazin 2021, 66–68.

*Byers*, Philipp/ *Winkler*, Manuela/*Stelter*, Stasy — Zulässigkeit von biometrischen Kontrollen am Arbeitsplatz, NZA 2023, 457–463.

Çalışkan, Bariş — Auswirkungen der DS-GVO auf Kommunikationsprozesse – Hindernisse für die Kontaktaufnahme durch die neuen Informationspflichten?, ZD-Aktuell 2018, 04327.

*Calliess*, Christian/ *Ruffert*, Matthias (Hrsg.) — EUV/AEUV – Das Verfassungsrecht der Europäischen Union mit Europäischer Grundrechtecharta – Kommentar, 6. Auflage, München 2022.
Zit.: *Bearbeiter*, in: Calliess/Ruffert, EUV/AEUV.

*Carpender*, Doreen — Assessment Center generell rechtlich unbedenklich?, NZA 2015, 466–469.

*Caumanns*, Volker — Anmerkungen zu der kumulativen Anwendung von Erlaubnistatbeständen, ZD-Aktuell 2020, 04412.

*Cepic*, Michael — Broad Consent: Die erweiterte Einwilligung in der Forschung, ZD-Aktuell 2021, 05214.

*Claus*, Miriam/*Reif*, Yvette — Praxisfälle zum Datenschutzrecht IV: Musterfalllösungen zur Personalarbeit in Zeiten der Digitalisierung, RDV 2020, 83–85.

*Claus*, Miriam/*Reif*, Yvette — Praxisfälle zum Datenschutzrecht VI: Musterfalllösung zum Datenfluss im internationalen Konzern, RDV 2020, 258–260.

*CNIL (Commission Nationale de l'Informatique et des Libertés)* — Guide Recrutement – Les fondamentaux en matière de protection des données personnelles et questions-réponses, Stand: 30. Januar 2023, https://tinyurl.com/mwhwkr55 (Abruf: 31.05.2024)
Zit.: *CNIL*, Guide Recrutement.

*Conrad*, Conrad S. — Verarbeitung biometrischer Daten – sind die neuen Geschäftsmodelle zulässig?, K&R 2020, 253–259.

*Conrad*, Conrad S./ *Hole*, Philian — Datenschutzanforderungen bei einem Webseiten-Kontaktformular, K&R 2019, 761–767.

*Culik,* Nicolai J. — Beschäftigtendatenschutz nach der EU-Datenschutz-Grundverordnung – Möglichkeiten und Grenzen für Big Data-Anwendungen im Personalwesen, Diss. jur. Münster (Westfalen) 2018
Zit.: *Culik*, Beschäftigtendatenschutz.

*Culik*, Nicolai/*Döpke*, Christian — Zweckbindungsgrundsatz gegen unkontrollierten Einsatz von Big-Data-Anwendungen – Analyse möglicher Auswirkungen der DS-GVO, ZD 2017, 226–230.

| | |
|---|---|
| *Dahl*, Holger/*Göpfert*, Burkhard/*Helm*, Rüdiger (Hrsg.) | Arbeitsrechtlicher Umgang mit Pandemien – Praxisleitfaden am Beispiel der Corona-Krise, Frankfurt am Main 2020<br>Zit.: *Bearbeiter*, in: Dahl, Pandemien. |
| *Dallmann*, Michael/*Busse*, Philipp | Verarbeitung von öffentlich zugänglichen personenbezogenen Daten – Datenschutzrechtliche Voraussetzungen und Grenzen, ZD 2019, 394–399. |
| *Dammann*, Ulrich/*Simitis*, Spiros (Hrsg.) | EG-Datenschutzrichtlinie, Kommentar, Baden-Baden 1997<br>Zit.: *Dammann/Simitis*. |
| *Dammann*, Ulrich | Erfolge und Defizite der EU-Datenschutzgrundverordnung – Erwarteter Fortschritt, Schwächen und überraschende Innovationen, ZD 2016, 307–314. |
| *Data Protection Commission Ireland* | Guidance on Legal Bases for Processing Personal Data, December 2019, https://tinyurl.com/s6kexmc7 (Abruf: 31.05.2024)<br>Zit.: *DPC Ireland*, Legal Bases for Processing Personal Data. |
| *Datenschutzbehörde Österreich* | Datenschutzbericht 2020, https://t.co/eHgfSLhnks?amp=1 (Abruf: 31.05.2024)<br>Zit.: *DSB Österreich*, Datenschutzbericht 2020. |
| *Datenschutzstelle Fürstentum Liechtenstein* | Berechtigtes Interesse gem. Art. 6 Abs. 1 Bst. F DSGVO, https://tinyurl.com/y5jwdkby (Abruf: 31.05.2024)<br>Zit.: *Datenschutzstelle Liechtenstein*, Berechtigtes Interesse. |
| *Datenschutzstelle Fürstentum Liechtenstein* | Besondere Kategorien personenbezogener Daten (Art. 9 DSGVO) und personenbezogene Daten über strafrechtliche Verurteilungen und Straftaten (Art. 10 DSGVO), https://tinyurl.com/nb7cvpec (Abruf: 31.05.2024)<br>Zit.: *Datenschutzstelle Liechtenstein*, Art. 9 und 10 DSGVO. |
| *Däubler*, Wolfgang | Arbeitnehmerdatenschutz – ein Problem der EG, in: *Tinnefeld*, Marie-Theres/*Philipps*, Lothar/*Heil*, Susanne (Hrsg.), Informationsgesellschaft und Rechtkultur in Europa – Informationsquelle und politische Teilhabe in der Europäischen Union, Baden-Baden 1995, S. 110–124<br>Zit.: *Däubler*, in: Tinnefeld et al., Informationsgesellschaft. |
| *Däubler*, Wolfgang (Hrsg.) | Gläserne Belegschaften – Das Handbuch zum Beschäftigtendatenschutz, 9. Auflage, Frankfurt am Main 2021<br>Zit.: *Däubler*, Gläserne Belegschaften. |
| *Däubler*, Wolfgang | Heimlicher Abbau beim Datenschutz, CuA 2/2020, 23–25. |
| *Däubler*, Wolfgang/*Beck*, Thorsten (Hrsg.) | Allgemeines Gleichbehandlungsgesetz, Handkommentar, 5. Auflage, Baden-Baden 2022<br>Zit.: *Bearbeiter*, in: Däubler/Beck, AGG. |
| *Däubler*, Wolfgang/*Klebe*, Thomas/*Wedde*, Peter/*Weichert*, Thilo (Hrsg.) | Bundesdatenschutzgesetz, Kompaktkommentar zum BDSG, 5. Auflage, Frankfurt am Main 2016<br>Zit.: *Bearbeiter*, in: Däubler et al., BDSG. |

| | |
|---|---|
| *Däubler*, Wolfgang/ *Klebe*, Thomas/*Wedde*, Peter (Hrsg.) | BetrVG – Betriebsverfassungsgesetz, Kommentar für die Praxis mit Wahlordnung und EBR-Gesetz, 19. Auflage, Frankfurt am Main 2024<br>Zit.: *Bearbeiter*, in: Däubler et al., BetrVG. |
| *Däubler*, Wolfgang/ *Wedde*, Peter/*Weichert*, Thilo/*Sommer*, Imke (Hrsg.) | EU-Datenschutz-Grundverordnung und BDSG-neu, Kompaktkommentar, 2. Auflage, Frankfurt am Main 2020<br>Zit.: *Bearbeiter*, in: Däubler et al. |
| *D'Avis*, Winfried/ *Giesen*, Thomas | Datenschutz in der EU – rechtsstaatliches Monster und wissenschaftliche Hybris – Eine rechtspolitische Philippika: Datenschutz muss sich der grundgesetzlichen Ordnung und den Ansprüchen an eine wissenschaftliche Methodik unterwerfen, CR 2019, 24–33. |
| *Determann*, Lothar | Soziale Netzwerke in der Arbeitswelt – Ein Leitfaden für die Praxis, BB 2013, 181–189. |
| *Deuster*, Lisa | Automatisierte Entscheidungen nach der Datenschutz-Grundverordnung, PinG 2016, 75–78. |
| *Deutscher Anwaltverein* | Stellungnahme des Deutschen Anwaltvereins durch den Ausschuss Informationsrecht zum Referentenentwurf des Bundesministeriums des Innern vom 23.11.2016 für ein Gesetz zur Anpassung des Datenschutzrechts an die Verordnung (EU) 2016/679 (im Folgenden „DSGVO") und zur Umsetzung der Richtlinie (EU) 2016/680 (Datenschutz-Anpassungs- und Umsetzungsgesetz EU – DSAnpUG-EU), https://tinyurl.com/y43vbzfj (Abruf: 31.05.2024)<br>Zit.: *Deutscher Anwaltverein*, Stellungnahme. |
| *Dienstbühl*, Christian | Anforderungen an den Einsatz von „Wildkameras" durch Privatpersonen – Möglichkeiten und Grenzen der privaten Videoüberwachung im Wald und Feld, CR 2019, 359–365. |
| *Diercks*, Nina | Big Data-Analysen & Scoring in der (HR-)Praxis – Dürfen aus allgemein zugänglichen personenbezogenen (Arbeitnehmer-)Daten Score-Werte erstellt und genutzt werden?, PinG 2016, 30–36. |
| *Diercks*, Nina | Recruiting und Personalauswahl, AuA 2018, 704–707. |
| *Diercks*, Nina | Die DSGVO entfaltet keine Sperrwirkung gegenüber den Rechtsbehelfen aus dem UWG – Eine Replik auf den Ansatz von Köhler (WRP 11/18, 1269), CR 2018, S1. |
| *Diercks*, Nina | Datenschutz im Beschäftigtenverhältnis – Teil 1, Zeit, mit den Mythen aufzuräumen und endlich das Notwendige zu tun!, zfm 2019, 97–105. |
| *Diercks*, Nina | People Analytics als Werkzeug im Personalwesen – Kann der Einsatz von KI gestützten Systemen insbesondere nach § 26 Abs. 1 Satz 1 BDSG rechtlich zulässig sein?, ZdiW 2021, 65–69. |

*Dochow*, Carsten — Gesundheitsdatenschutz gemäß der EU-Datenschutzgrundverordnung, GesR 2016, 401–409.

*Dombrowsky*, Alexander — Praktische Probleme von Datenschutz und Beschäftigtendatenschutz im Betrieb, ZfA 2019, 5–17.

*Dornbusch*, Gregor/ *Krumbiegel*, Markus/ *Löwisch*, Manfred (Hrsg.) — AR, Kommentar zum gesamten Arbeitsrecht, 10. Auflage, Köln 2021
Zit.: *Bearbeiter*, in: Dornbusch et al., AR.

*Dovas*, Maria-Urania — Joint Controllership – Möglichkeiten oder Risiken der Datennutzung? – Regelung der gemeinsamen datenschutzrechtlichen Verantwortlichkeit in der DS-GVO, ZD 2016, 512–517.

*Dralle*, Tilman M. — 50-Mio.-Euro-Strafe für Google: Eine kritische Bewertung der Bussgeldentscheidung der französischen Datenschutzaufsichtsbehörde CNIL, BvD-News 1/2019, 38–41.

*Dregelies*, Max — Fotografieren in der Öffentlichkeit und Datenschutz, AfP 2019, 298–303.

*Drewes*, Stefan — Dialogmarketing nach der DSGVO ohne Einwilligung der Betroffenen – Berechtigte Unternehmensinteressen bleiben maßgebliche Rechtsgrundlage, CR 2016, 721–729.

*Drewes*, Stefan — Kritische Betrachtung der DSK-Orientierungshilfe zu Direktwerbung – Interessenabwägung und Direktmarketing, ZD 2019, 296–301.

*Durmus*, Erdem/ *Selzer*, Annika/ *Pordesch*, Ulrich — Das Löschen nach der DSGVO – Eine Diskussion der datenschutzkonformen Umsetzung bei E-Mails, DuD 2019, 786–791.

*Düsseldorfer Kreis* — Beschluss der Aufsichtsbehörden für den Datenschutz im nicht-öffentlichen Bereich (Düsseldorfer Kreis am 13./14. September 2016), Fortgeltung bisher erteilter Einwilligungen unter der Datenschutz-Grundverordnung, https://tinyurl.com/2p94tsm7 (Abruf: 31.05.2024)
Zit.: *Düsseldorfer Kreis*, Einwilligungen.

*Düwell*, Franz Josef (Hrsg.) — Betriebsverfassungsgesetz – BetrVG/WahlO/EBRG/SEBG, Handkommentar, 6. Auflage, Baden-Baden 2022
Zit.: *Bearbeiter*, in: Düwell, BetrVG.

*Düwell*, Franz Josef/ *Brink*, Stefan — Die EU-Datenschutz-Grundverordnung und der Beschäftigtendatenschutz, NZA 2016, 665–668.

*Düwell*, Franz Josef/ *Brink*, Stefan — Beschäftigtendatenschutz nach der Umsetzung der Datenschutz-Grundverordnung: Viele Änderungen und wenig Neues, NZA 2017, 1081–1085.

*Düwell*, Franz Josef — Das Datenschutz-Anpassungs- und -Umsetzungsgesetz, jurisPR-ArbR 22/2017 Anm. 1.

*Dzida*, Boris — Big Data und Arbeitsrecht, NZA 2017, 541–546.

| | |
|---|---|
| *Dzida*, Boris | Der neue Beschäftigtendatenschutz – Erste Erfahrungen aus der Praxis, BB 2018, 2677–2684. |
| *Dzida*, Boris | Neue datenschutzrechtliche Herausforderungen für das Personalmanagement, BB 2019, 3060–3067. |
| *Dzida*, Boris/*Grau*, Timon | Beschäftigtendatenschutz nach der Datenschutzgrundverordnung und dem neuen BDSG – Zehn Fragen aus der Praxis, DB 2018, 189–194. |
| *Dzida*, Boris/*Groh*, Naemi | Diskriminierung nach dem AGG beim Einsatz von Algorithmen im Bewerbungsverfahren, NJW 2018, 1917–1922. |
| *Dzida*, Boris/*Groh*, Naemi | People Analytics im Personalbereich – Rechtliche Risiken beim Einsatz von Algorithmen im Betrieb, ArbRB 2018, 179–182. |
| *Ebenroth*, Carsten Thomas/*Boujong*, Karlheinz/*Joost*, Detlev/*Strohn*, Lutz (Hrsg.) | Handelsgesetzbuch, Band 1, §§ 1–342e, 5. Auflage, München 2024<br>Zit.: *Bearbeiter*, in: Ebenroth et al., HGB. |
| *Eckhardt*, Jens | EU-DatenschutzVO – Ein Schreckgespenst oder Fortschritt?, CR 2012, 195–203. |
| *Eckhardt*, Jens | DS-GVO: Anforderungen an die Auftragsverarbeitung als Instrument zur Einbindung Externer, CCZ 2017, 111–117. |
| *Eckhardt*, Jens | DSK-Orientierungshilfe Direktwerbung: Alles geklärt?, K&R 2019, 289–296. |
| *Eckhardt*, Jens/*Kramer*, Rudi | EU-DSGVO – Diskussionspunkte aus der Praxis, DuD 2013, 287–294. |
| *Eckhardt*, Jens/*Kramer*, Rudi/*Mester*, Britta Alexandra | Auswirkungen der geplanten EU-DS-GVO auf den deutschen Datenschutz, DuD 2013, 623–630. |
| *Eder*, Isabel | Datenschutz@Betriebsbüro, CuA 4/2018, 8–13. |
| *Egberts*, Alexander/*Monschke*, Julian | Einführung in das neue Datenschutzrecht unter der EU Datenschutz-Grundverordnung, Jura 2018, 1100–1109. |
| *Ehmann*, Eugen | BDSG-neu: Gelungener Diskussionsentwurf oder erneuter untauglicher Versuch zur „Nachbesserung“ der DS-GVO?, ZD-Aktuell 2016, 04216. |
| *Ehmann*, Eugen | Datenschutzrechtliche Bedeutung von Betriebsvereinbarungen, jurisPR-ArbR 20/2017 Anm. 2. |
| *Ehmann*, Eugen/*Helfrich*, Marcus (Hrsg.) | EG-Datenschutzrichtlinie: Kurzkommentar, Vorra/München 1999<br>Zit.: *Ehmann/Helfrich*. |
| *Ehmann*, Eugen/*Selmayr*, Martin (Hrsg.) | Datenschutz-Grundverordnung, 2. Auflage, Ansbach/Brüssel 2018<br>Zit.: *Bearbeiter*, in: Ehmann/Selmayr, 2. Aufl. |

| | |
|---|---|
| *Ehmann*, Eugen/ *Selmayr*, Martin (Hrsg.) | Datenschutz-Grundverordnung, 3. Auflage, Ansbach/Brüssel 2024<br>Zit.: *Bearbeiter*, in: Ehmann/Selmayr. |
| *Eisenschmid*, Norbert | Datenschutz im Miet- und Wohnungseigentumsrecht – Eine Geburtstagsadresse zum Jahrestag des Inkrafttretens der Datenschutz-Grundverordnung am 25.5.2018, NZM 2019, 313–327. |
| *Engeler*, Malte | Das überschätzte Kopplungsverbot – Die Bedeutung des Art. 7 Abs. 4 DS-GVO in Vertragsverhältnissen, ZD 2018, 55–62. |
| *Engeler*, Malte | Auswirkungen der Datenschutz-Grundverordnung auf die Arbeit der justiziellen Beteiligungsgremien, NJOZ 2019, 593–602. |
| *Engelhardt*, Michael/ *Riess*, Florian | Die datenschutzrechtliche Zulässigkeit des Klingelschilds, ZD-Aktuell 2018, 06349. |
| *Ennöckl*, Daniel | Die Verarbeitung von personenbezogenen Gesundheitsdaten nach der DSGVO, RdM 2017, 88–94. |
| *Eßer*, Martin/*Kramer*, Philipp/*von Lewiniski*, Kai (Hrsg.) | Datenschutz-Grundverordnung, Bundesdatenschutzgesetz und Nebengesetze, Kommentar, 8. Auflage, Köln 2023<br>Zit.: *Bearbeiter*, in: Auernhammer. |
| *Ernst*, Christian | Algorithmische Entscheidungsfindung und personenbezogene Daten, JZ 2017, 1026–1036. |
| *Ernst*, Stefan | Social Networks und Arbeitnehmer-Datenschutz, NJOZ 2011, 953–958. |
| *Ernst*, Stefan | Die Einwilligung nach der Datenschutzgrundverordnung – Anmerkungen zur Definition nach Art. 4 Nr. 11 DS-GVO, ZD 2017, 110–114. |
| *Ernst*, Stefan | Die Widerruflichkeit der datenschutzrechtlichen Einwilligung – Folgen fehlender Belehrung und Einschränkungen, ZD 2020, 383–385. |
| *Ertel*, Sebastian | Das Fragerecht des Arbeitgebers, DuD 2012, 126–131. |
| *Europäischer Datenschutzausschuss* | Endorsement of GDPR WP29 guidelines by the EDPB, Endorsement 1/2018, https://tinyurl.com/y99lqodd (Abruf: 31.05.2024)<br>Zit.: *EDPB*, Endorsement 1/2018. |
| *Europäischer Datenschutzausschuss* | Guidelines 3/2018 on the territorial scope of the GDPR (Article 3), Version 2.0, adopted on 12 November 2019, https://tinyurl.com/sluzkxy (Abruf: 31.05.2024)<br>Zit.: *EDPB*, Guidelines 3/2018. |

*Europäischer Datenschutzausschuss* Leitlinien 2/2019 für die Verarbeitung personenbezogener Daten gemäß Artikel 6 Absatz 1 Buchstabe b DSGVO im Zusammenhang mit der Erbringung von Online-Diensten für betroffene Personen, Version 2.0, 8 Oktober 2019, https://tinyurl.com/4d5jndbn (Abruf: 31.05.2024)
Zit.: *EDSA*, Leitlinien 2/2019.

*Europäischer Datenschutzausschuss* Leitlinien 3/2019 zur Verarbeitung personenbezogener Daten durch Videogeräte, Version 2.0, angenommen am 29 Januar 2020, https://tinyurl.com/3j2huj2r (Abruf: 31.05.2024)
Zit.: *EDSA*, Leitlinien 3/2019.

*Europäischer Datenschutzausschuss* Stellungnahme 3/2019 zu den Fragen und Antworten zum Zusammenspiel der Verordnung über klinische Prüfungen und der Datenschutz-Grundverordnung (DSGVO) (Artikel 70 Absatz 1 Buchstabe b), angenommen am 23.Januar 2019, https://tinyurl.com/yy8svwr6 (Abruf: 31.05.2024)
Zit.: *EDSA*, Stellungnahme 3/2019.

*Europäischer Datenschutzausschuss* Leitlinien 05/2020 zur Einwilligung gemäß Verordnung 2016/679, Version 1.1, angenommen am 4. Mai 2020, https://tinyurl.com/44hkvjt6 (Abruf: 31.05.2024)
Zit.: *EDSA*, Leitlinien 5/2020.

*Europäischer Datenschutzausschuss* Leitlinien 06/2020 zum Zusammenspiel zwischen der zweiten Zahlungsdiensterichtlinie und der DSGVO, Version 2.0, angenommen am 15. Dezember 2020, https://tinyurl.com/yr6wxy2y (Abruf: 31.05.2024)
Zit.: *EDSA*, Guidelines 6/2020.

*Europäischer Datenschutzausschuss* Leitlinien 07/2020 zu den Begriffen „Verantwortlicher“ und „Auftragsverarbeiter“ in der DSGVO, Version 2.0, angenommen am 7. Juli 2021, https://tinyurl.com/k75ansrf (Abruf: 31.05.2024)
Zit.: *EDSA*, Leitlinien 7/2020.

*Europäischer Datenschutzausschuss* Leitlinien 8/2020 über die gezielte Ansprache von Nutzer:innen sozialer Medien, Version 2.0, angenommen am 13. April 2021, https://tinyurl.com/bdd9mcn2 (Abruf: 31.05.2024)
Zit.: *EDSA*, Leitlinien 8/2020.

*Europäischer Datenschutzausschuss* Guidelines 05/2021 on the Interplay between the application of Article 3 and the provisions on international transfers as per Chapter V of the GDPR, Version 2.0, Adopted on 14 February 2023, https://tinyurl.com/nhb7m5rs (Abruf: 08.06.2023)
Zit.: *EDPB*, Guidelines 05/2021.

*Europäischer Datenschutzausschuss/Europäischer Datenschutzbeauftragter* Joint Opinion 1/2019 on the processing of patients' data and the role of the European Commission within the eHealth Digital Service Infrastructure (eHDSI), https://tinyurl.com/yxlwul5o (Abruf: 31.05.2024)
Zit.: *EDPB/EDPS*, 1/2019.

*Europäischer Datenschutzbeauftragter* Beurteilung der Erforderlichkeit von Maßnahmen, die das Grundrecht auf Schutz personenbezogener Daten einschränken: Ein Toolkit, 11. April 2017, https://tinyurl.com/y24ahkks (Abruf: 31.05.2024).
Zit.: *EDSB*, Beurteilung der Erforderlichkeit.

*Everling*, Ulrich Brauchen wir „Solange III"? Zu den Forderungen nach Revision der Rechtsprechung des Bundesverfassungsgericht, EuR 1990, 195–227.

*Faas*, Thomas Arbeitnehmerdatenschutz und DSGVO – erste Erfahrungen mit dem neuen Recht, jM 2019, 454–461.

*Faas*, Thomas/*Henseler*, Maren Speicherdauer und Aufbewahrungsfristen unter der DSGVO, BB 2018, 2292–2298.

*Faulhaber*, Tim/*Scheurer*, Martin „Pics or it didn't happen"?! – Die Fotodokumentation betrieblicher Veranstaltungen aus datenschutzrechtlicher Perspektive, jM 2019, 2–7.

*Faußner*, Robert/*Leeb*, Christina-Maria Die Melde- und Benachrichtigungspflichten nach Art. 33, Art. 34 DSGVO in der betrieblichen Praxis (Teil 2), DSB 2019, 196–199.

*Feiler*, Lukas/*Forgó*, Nikolaus (Hrsg.) EU-DSGVO, EU-Datenschutz-Grundverordnung, Kommentar, Wien 2017
Zit.: *Feiler/Forgó*, DSGVO.

*Fischer*, Julian Datenschutzrechtliche Stolperfallen im Arbeitsverhältnis und nach dessen Beendigung – Ein Leitfaden für Arbeitgeber nach der EU-Datenschutzgrundverordnung, NZA 2018, 8–13.

*Fitting*, Karl/*Engels*, Gerd/*Schmidt*, Ingrid/*Trebinger*, Yvonne/*Linsenmaier*, Wolfgang/*Schelz*, Hanna (Hrsg.) Betriebsverfassungsgesetz mit Wahlordnung, Handkommentar, 32. Auflage, München 2024
Zit.: *Fitting*, BetrVG.

*Fladung*, Armin Datenschutz-Grundverordnung – neue Compliance-Risiken im Beschäftigtendatenschutz, CB 2015, 364–366.

*Forgó*, Nikolaus/*Helfrich*, Marcus/*Schneider*, Jochen (Hrsg.) Betrieblicher Datenschutz, 3. Auflage, München 2019
Zit.: *Bearbeiter*, in: Forgó et al., Datenschutz.

*Forst*, Gerrit Bewerberauswahl über soziale Netzwerke im Internet?, NZA 2010, 427–433.

*Forst*, Gerrit — Wie viel Arbeitnehmerdatenschutz erlaubt die EG-Datenschutzrichtlinie?, RDV 2010, 150–155.

*Forst*, Gerrit — Social Media Guidelines – Regelung durch Betriebsvereinbarung?, ZD 2012, 251–255.

*Forst*, Gerrit — Wann gilt der neue Beschäftigtendatenschutz? Wann hilft die Einwilligung?, in: *Maschmann*, Frank (Hrsg.), Beschäftigtendatenschutz in der Reform – Mannheimer Arbeitsrechtstag 2012, Baden-Baden 2012, S. 45–66
Zit.: *Forst*, in: Maschmann, Beschäftigtendatenschutz.

*Franck*, Lorenz — System der Betroffenenrechte im Datenschutz, RDV 2015, 137–141.

*Franck*, Lorenz — Datensicherheit als datenschutzrechtliche Anforderung – Keine Abdingbarkeit technisch-organisatorischer Maßnahmen nach künftiger DSGVO? – zugleich Ergänzung zu Lotz/Wendler, CR 2016, 31 ff., CR 2016, 238–240.

*Franck*, Lorenz — Das System der Betroffenenrechte nach der Datenschutz-Grundverordnung (DS-GVO), RDV 2016, 111–119.

*Franzen*, Martin — Arbeitnehmerdatenschutz – rechtspolitische Perspektiven, RdA 2010, 257–263.

*Franzen*, Martin — Der Vorschlag für eine EU-Datenschutz-Grundverordnung und der Arbeitnehmerdatenschutz, DuD 2012, 322–326.

*Franzen*, Martin — Neues zum Arbeitnehmerdatenschutz aus Brüssel, EuZA 2012, 293–294.

*Franzen*, Martin — Rechtliche Rahmenbedingungen psychologischer Eignungstests, NZA 2013, 1–5.

*Franzen*, Martin — Beschäftigtendatenschutz: Was wäre besser als der Status quo?, RDV 2014, 200–202.

*Franzen*, Martin — Datenschutz-Grundverordnung und Arbeitsrecht, EuZA 2017, 313–351.

*Franzen*, Martin — Persönlichkeitsrecht und Datenschutz im Arbeitsverhältnis, ZfA 2019, 18–39.

*Franzen*, Martin/*Gallner*, Inken/*Oetker*, Hartmut (Hrsg.) — Kommentar zum europäischen Arbeitsrecht, 5. Auflage, München 2024
Zit.: *Bearbeiter*, in: Franzen et al., Arbeitsrecht.

*Freiherr von dem Bussche*, Axel/*Zeiter*, Anna/*Brombach*, Till — Die Umsetzung der Vorgaben der EU-Datenschutz-Grundverordnung durch Unternehmen, DB 2016, 1359–1365.

*Freiherr von Ulmenstein*, Ulrich Wolf Gero — Übergang im Datenschutz – Möglichkeiten mittelbarer Fortgeltung durch Rückgriffs- und Zweckkompatibilitätsregeln in der DS-GVO?, ZD 2019, 117–121.

*Freyler*, Carmen — Robot-Recruiting, Künstliche Intelligenz und das Antidiskriminierungsrecht, NZA 2020, 284–290.

| | |
|---|---|
| *Frings*, Arno/*Wahlers*, Ulrich | Social Media, iPad & Co. im Arbeitsverhältnis – „We lived in farms, then we lived in cities, and now we're gonna live on the internet." (The Social Network – Columbia Pictures 2010), BB 2011, 3126–3133. |
| *Fritz*, Gernot/*Prantl*, Désirée/*Leinwather*, Niamh/*Hofer*, Matthias | Datenschutz in internationalen Schiedsverfahren – Ein Überblick, SchiedsVZ 2019, 301–309. |
| *Fromageau*, Maike/ *Bäuerle*, Benjamin/ *Werkmeister*, Christoph | Auftragsverarbeitung in der Praxis – Neue Herausforderungen durch die DSGVO, PinG 2018, 216–220. |
| *Fromm*, Erwin | Zweistufige tarifliche Ausschlussfristen nach der Schuldrechtsreform, ZTR 2003, 70–73. |
| *Fuhlford*, Nicola/ *Carey*, Peter | Special Categories of Data, in: *Carey*, Peter (Hrsg.), Data Protection – A Practical Guide to UK and EU Law, Oxford 2018, S. 66–87<br>Zit.: *Fuhlford/Carey*, in: Carey, Data Protection. |
| *Fuhlrott*, Michael | Wahrung von Datenschutzstandards als Voraussetzung arbeitgeberseitiger Betriebsratsinformation, ArbRAktuell 2019, 408–410. |
| *Fuhlrott*, Michael | Zulässiger Background-Check über Mitarbeiter bei Verdachtsmomenten, NZA-RR 2020, 167. |
| *Fuhlrott*, Michael | Beschäftigtendatenschutz ohne nationale Rechtsgrundlage?, NZA Editorial Heft 8/2023. |
| *Fuhlrott*, Michael/ *Hoppe*, Christian | Einstellungsuntersuchungen und Gentests von Bewerbern, ArbRAktuell 2010, 183–187. |
| *Fuhlrott*, Michael/ *Oltmanns*, Sönke | Arbeitnehmerüberwachung und interne Ermittlungen im Lichte der Datenschutz-Grundverordnung, NZA 2019, 1105–1110. |
| *Funke*, Michael | Dogmatik und Voraussetzungen der datenschutzrechtlichen Einwilligung im Zivilrecht – Unter besonderer Berücksichtigung der Datenschutz-Grundverordnung, Diss. jur. Göttingen 2016<br>Zit.: *Funke*, Einwilligung. |
| *Galetzka*, Christian | Web-Analytics/Retargeting und automatisierte Einzelfallentscheidung, K&R 2018, 675–680. |
| *Gallner*, Inken | Arbeitnehmerbegriffe auf Europäisch und auf Deutsch, Plattformbeschäftigte – Ein neues Prekariat?, in: *Gallner*, Inken/ *Henssler*, Martin/*Eckhoff*, Frank/*Reufels*, Martin (Hrsg.), Dynamisches Recht – Herausforderungen im Arbeitsrecht, Gesellschaftsrecht und Insolvenzrecht, Festschrift zum 70. Geburtstag von Wilhelm Moll, München 2019, S. 133–150<br>Zit.: *Gallner*, in: Gallner et al., FS Moll. |

*Galperin*, Hans/ *Löwisch*, Manfred (Hrsg.) — Kommentar zum Betriebsverfassungsgesetz, Band II: Regelung der Mitbestimmung (§§ 74–132), 5. Auflage, Heidelberg 1976
Zit.: *Galperin/Löwisch*, BetrVG.

*Gaul*, Björn/*Kaule*, Victoria — Das Betriebsrätemodernisierungsgesetz – Mehr Schein als Sein, ArbRB 2021, 176–179.

*Gaul*, Björn/*Pitzer*, Saskia — Das Gesetz zur Anpassung des Datenschutzrecht an die DSGVO – Was ändert sich im Beschäftigtendatenschutz?, ArbRB 2017, 241–244.

*Gausling*, Tina — Künstliche Intelligenz im Anwendungsbereich der Datenschutz-Grundverordnung, PinG 2019, 61–70.

*Geis*, Ivo — Individualrechte in der sich verändernden europäischen Datenschutzlandschaft, CR 1995, 171–178.

*Germelmann*, Claas-Hinrich/*Matthes*, Hans-Christoph/ *Prütting*, Hanns (Hrsg.) — Arbeitsgerichtsgesetz, Kommentar, 10. Auflage, München 2022
Zit.: *Bearbeiter*, in: Germelmann et al., ArbGG.

*Gersdorf*, Hubertus/ *Paal*, Boris P. (Hrsg.) — BeckOK Informations- und Medienrecht, 43. Edition, Stand: 01.02.2024, München 2024
Zit.: *Bearbeiter*, in: Gersdorf/Paal, BeckOK Informations- und Medienrecht, 43. Ed.

*Giesen*, Thomas — Totaler Datenschutz in der EU: freiheitswidrig, bürokratisch und erfolglos!, NVwZ 2019, 1711–1718.

*Gierschmann,* Sibylle/ *Schlender*, Katharina/ *Stentzel*, Rainer/*Veil*, Winfried (Hrsg.) — Kommentar Datenschutz-Grundverordnung, Köln 2018
Zit.: *Bearbeiter*, in: Gierschmann et al..

*Gierschmann,* Sibylle — Was „bringt" deutschen Unternehmen die DS-GVO? Mehr Pflichten, aber die Rechtsunsicherheit bleibt, ZD 2016, 51–55.

*Giakoumopoulos* Christos/*Buttarelli*, Giovanni/*O'Flaherty*, Michael — Handbuch zum europäischen Datenschutzrecht, Ausgabe 2018, Luxemburg 2019, https://tinyurl.com/y62jetp6 (Abruf: 31.05.2024)
Zit.: *Giakoumopoulos/Buttarelli/O'Flaherty*, Datenschutzrecht.

*Glatzner*, Florian — Profilbildung und algorithmenbasierte Entscheidungen – Regulierungsbedarf aus Verbrauchersicht, DuD 2020, 312–315.

*Glocker*, Felix/ *Hoffmann*, Maren — Beschäftigtendatenschutz: Zentrale Rechtsgrundlage nicht mehr anwendbar, BB 2023, 1333–1335.

*Gola*, Peter — Die Entwicklung des Datenschutzrechts im Jahre 1995/96, NJW 1996, 3312–3320.

*Gola*, Peter — Die Einwilligung als Legitimation für die Verarbeitung von Arbeitnehmerdaten, RDV 2002, 109–116.

| | |
|---|---|
| *Gola*, Peter | Die Digitalisierung der Personalakte und der Datenschutz, RDV 2008, 135–143. |
| *Gola*, Peter | Die Erhebung von Bewerberdaten – ein Vergleich der geltenden Rechtslage mit (eventuellem) künftigem Recht, RDV 2011, 109–117. |
| *Gola*, Peter | Beschäftigtendatenschutz und EU-Datenschutz-Grundverordnung, EuZW 2012, 332–336. |
| *Gola*, Peter | EU-Datenschutz-Grundverordnung und der Beschäftigtendatenschutz, RDV 2012, 60–64. |
| *Gola*, Peter | Aus den Berichten der Aufsichtsbehörden (7), RDV 2013, 140–142. |
| *Gola*, Peter | Informationsrecht abgelehnter Bewerber, NZA 2013, 360–363. |
| *Gola*, Peter (Hrsg.) | Datenschutz am Arbeitsplatz, Rechtsfragen und Handlungshilfen beim Einsatz von Intranet und Internet, E-Mail und Telefon, Video und GPS, Big Data und Social Media, 5. Auflage, Heidelberg/München/Landsberg/Frechen/Hamburg 2014<br>Zit.: *Gola*, Datenschutz. |
| *Gola, Peter* (Hrsg.) | Datenschutz-Grundverordnung VO (EU) 2016/679, Kommentar, München 2017<br>Zit.: *Bearbeiter*, in: Gola, DSGVO, 2017. |
| *Gola*, Peter | Neues Recht – neue Fragen: Einige aktuelle Interpretationsfragen zur DSGVO – Zur Relevanz von in der Rechtsnorm sich nicht wiederfindenden Erwägungsgründen, K&R 2017, 145–149. |
| *Gola*, Peter | Der „neue" Beschäftigtendatenschutz nach § 26 BDSG n. F., BB 2017, 1462–1472. |
| *Gola*, Peter | Einige Aspekte der DS-GVO, des DS-AnpUG und des Beschäftigtendatenschutzes, RDV 2017, 25–28. |
| *Gola, Peter*/ *Heckmann*, Dirk (Hrsg.) | Datenschutz-Grundverordnung VO (EU) 2016/679 – Bundesdatenschutzgesetz, Kommentar, 3. Auflage, München 2022<br>Zit.: *Bearbeiter*, in: Gola/Heckmann, DSGVO/BDSG. |
| *Gola*, Peter | Der Beschäftigtendatenschutz in den novellierten Landesdatenschutzgesetzen – Anregungen und Vorbild für den Bundesgesetzgeber?, ZD 2018, 448–452 |
| *Gola*, Peter | Aus den aktuellen Berichten der Aufsichtsbehörden (33): Die Digitalisierung des Bewerbermanagements – Videointerviews bei der Bewerbung, RDV 2018, 24–28. |
| *Gola*, Peter | Aus den aktuellen Berichten und Informationen der Aufsichtsbehörden (40): Offene Fragen bei der Beschäftigtendatenverarbeitung: Gehaltsabrechnung durch Steuerberater und Verarbeitungen beim Betriebsrat, RDV 2019, 73–75. |

*Gola*, Peter — Das Internet als Quelle von Bewerberdaten – Vorgaben von DS-GVO, BDSG und UWG, NZA 2019, 654–658.

*Gola*, Peter (Hrsg.) — Handbuch Beschäftigtendatenschutz, aktuelle Rechtsfragen und Umsetzungshilfen, 8. Auflage, Königswinter 2019
Zit.: *Gola*, Beschäftigtendatenschutz.

*Gola*, Peter — Spezifika bei der Benennung behördlicher Datenschutzbeauftragter – Kumulative, stellvertretende, gemeinsame, Teilzeit- und befristete Benennungen und Mitbestimmung, ZD 2019, 383–390.

*Gola*, Peter — Zum Umgang mit Bewerberdaten bei negativer Beendigung des Bewerbungsverhältnisses, RDV 2022, 180–189.

*Gola*, Peter/*Klug*, Christoph — Die Entwicklung des Datenschutzrechts in den Jahren 2009/2010, NJW 2010, 2483–2488.

*Gola*, Peter/*Schulz*, Sebastian — Der Entwurf für eine EU-Datenschutz-Grundverordnung – eine Zwischenbilanz, RDV 2013, 1–7.

*Gola*, Peter/*Lepperhoff*, Niels — Reichweite des Haushalts- und Familienprivilegs bei der Datenverarbeitung – Aufnahme und Umfang der Ausnahmeregelung in der DS-GVO, ZD 2016, 9–12.

*Gola*, Peter/*Pötters*, Stephan/*Wronka*, Georg (Hrsg.) — Handbuch Arbeitnehmerdatenschutz, Unter Berücksichtigung der Datenschutz-Grundverordnung (DS-GVO), 7. Auflage, Königswinter 2016
Zit.: *Gola/Pötters/Wronka*, Arbeitnehmerdatenschutz.

*Gola*, Peter/*Schomerus*, Rudolf (Hrsg.) — Bundesdatenschutzgesetz, Kommentar, 12. Auflage, Königswinter/Köln/Kiel 2015
Zit.: *Bearbeiter*, in: Gola/Schomerus, BDSG.

*Gola*, Peter/*Pötters*, Stephan/*Thüsing*, Gregor — Art. 82 DSGVO: Öffnungsklausel für nationale Regelungen zum Beschäftigtendatenschutz – Warum der deutsche Gesetzgeber jetzt handeln muss, RDV 2016, 57–61.

*Gola*, Peter/*Pötters*, Stephan — Die Verarbeitung von Beschäftigtendaten im Rahmen betriebsverfassungsrechtlicher Aufgaben nach § 26 Abs. 1 S. 1 BDSG n. F., RDV 2017, 111–116.

*Gola*, Peter/*Jaspers*, Andreas — Zweckänderungen bei der Weiterverarbeitung von Beschäftigtendaten, RDV 2018, 145–154.

*Gola*, Peter/*Thüsing*, Gregor/*Schmidt*, Maximilian — Was wird aus dem Beschäftigtendatenschutz? Die DS-GVO, das DS-AnpUG und § 26 BDSG-neu, DuD 2017, 244–249.

*Gola*, Peter/*Wronka*, Christoph — Datenschutzrechtliche Aspekte des automatisierten Datenabgleichs durch Kredit- und Finanzinstitute zur Prävention von Geldwäsche und Terrorismusfinanzierung, RDV 2018, 309–314.

*Golla*, Sebastian J./*Hofmann*, Henning/*Bäcker*, Matthias — Connecting the Dots – Sozialwissenschaftliche Forschung in Sozialen Online-Medien im Lichte von DS-GVO und BDSG-neu, DuD 2018, 89–100.

*Golla*, Sebastian J./ *Matthé*, Luisa — Das neue Datenschutzrecht und die Hochschullehre, WissR 2018, 206–223.

*Golla*, Sebastian J./ *von Schönfeld*, Max — Kratzen und Schürfen im Datenmilieu – Web Scraping in sozialen Netzwerken zu wissenschaftlichen Forschungszwecken, K&R 2019, 15–21.

*Golland*, Alexander — Gemeinsame Verantwortlichkeit in mehrstufigen Verarbeitungsszenarien – Zugleich Kommentar zu EuGH, Urteil vom 5. 6. 2018 – C-210/16, K&R 2018, 433–438.

*Golland*, Alexander — Der räumliche Anwendungsbereich der DS-GVO, DuD 2018, 351–357.

*Golland*, Alexander — Anmerkung zu Oberster Gerichtshof, Urt. v. 31.08.2018 – 6 Ob 140//18h, DSB 2019, 15–16.

*Golland*, Alexander — Datenverarbeitung in sozialen Netzwerken, Diss. jur. Bochum 2019
Zit.: *Golland*, Soziale Netzwerke.

*Golland*, Alexander — Das „Recht auf Vergessenwerden" unter Geltung der DSGVO: Anwendungsbereich und Rechtmäßigkeit, DSB 2019, 234–236.

*Golland*, Alexander — Das „Recht auf Vergessenwerden" unter Geltung der DSGVO: Rechtmäßigkeit der Anzeige sensibler Daten, DSB 2019, 262–264.

*Golland*, Alexander — Datenschutzrechtliche Fragen personalisierter Preise – Herausforderungen von Algorithmen im Schnittbereich von Ethik, Ökonomie und Datenschutz, CR 2020, 186–194.

*Golland*, Alexander — Die „private" Datenverarbeitung im Internet – Verantwortlichkeiten und Rechtmäßigkeit bei Nutzung von Plattformdiensten durch natürliche Personen, ZD 2020, 397–403.

*Gömann*, Merlin — Grenzüberschreitende (Online-)Datenverarbeitungen im Europäischen Binnenmarkt unter Geltung der Datenschutz-Grundverordnung – Ein alternatives Schlaglicht auf die Wirtschaftsakademie-Entscheidung des EuGH, Urt. v. 5.6.2018 (Rs. C-210/16), EuZW 2018, 680–686.

*Gomille*, Christian — Aktuelles zum datenschutzrechtlichen Auslistungsanspruch, ZUM 2020, 123–128.

*Göpfert*, Burkard/ *Dußmann*, Andreas — Recruiting und Headhunting in der digitalen Arbeitswelt – Herausforderungen für die arbeitsrechtliche Praxis, NZA-Beilage 2016, 41–46.

*Göpfert*, Burkard/ *Koops*, Christian — E-Recruiting über soziale Netzwerke – Herausforderungen für die arbeitsrechtliche Praxis, ArbRAktuell 2017, 185–188.

*Göpfert*, Burkard/ *Wilke*, Elena — Recherchen des Arbeitgebers in Sozialen Netzwerken nach dem geplanten Beschäftigtendatenschutzgesetz, NZA 2010, 1329–1333.

| | |
|---|---|
| *Goricnik*, Wolfgang | Replik zu Bergauer, Zur Rechtmäßigkeit der (Weiter-)Verarbeitung personenbezogener Daten nach der DS-GVO, jusIT 2018/83, jusIT 2019/54, 158–160. |
| *Gosch*, Nicole | Die Verarbeitung besonderer Kategorien personenbezogener Daten, Wien 2019<br>Zit.: *Gosch*, Besondere Kategorien. |
| *Götz*, Thomas | Big Data im Personalmanagement – Datenschutzrecht und betriebliche Mitbestimmung, Diss. jur. Regensburg 2020<br>Zit.: *Götz*, Big Data im Personalmanagement. |
| *Gounalakis*, Georgios/ *Mand*, Elmar | Die neue EG-Datenschutzrichtlinie – Grundlagen einer Umsetzung in nationales Recht (I), CR 1997, 431–438. |
| *Grabitz*, Eberhard/ *Hilf*, Meinhard/ *Nettesheim*, Martin (Hrsg.) | Das Recht der Europäischen Union, 78. Ergänzungslieferung – Stand Januar 2023, Band I EUV/AEUV, München 2023<br>Zit.: *Bearbeiter*, in: Grabitz et al., Recht der EU, 78. EL. |
| *Gräfin von Hardenberg*, Simone | Genetische Gesundheitsdaten in der Individualisierten Medizin – Hinreichender Persönlichkeitsschutz oder rechtlicher Regelungsbedarf?, ZD 2014, 115–119. |
| *Grau*, Timon/*Dzida*, Boris | Datenschutzrechtliche Rechtfertigung von Maßnahmen zur Aufklärung von Pflichtverstößen unterhalb der Strafbarkeitsschwelle, NZA 2017, 1515–1519. |
| *Greßlin*, Martin | Umgang mit Bewerberdaten – was geht und was geht nicht?, BB 2015, 117–122. |
| *Greve*, Holger | Drittwirkung des grundrechtlichen Datenschutzes im digitalen Zeitalter, in: *Franzius*, Claudio/*Lejeune*, Stefanie/*von Lewinski*, Kai/*Meßerschmidt*, Klaus/*Michael*, Gerhard/*Rossi*, Matthias/*Schilling*, Theodor/*Wysk*, Peter (Hrsg.), Festschrift für Michael Kloepfer zum 70. Geburtstag, Berlin 2013, S. 665–677<br>Zit.: *Greve*, in: Franzius et al., FS Kloepfer. |
| *Greve*, Holger | Das neue Bundesdatenschutzgesetz, NVwZ 2017, 737–744. |
| *Grimm*, Detlef | Beschäftigtendatenschutz: § 26 Abs. 1 Satz 1 BDSG nicht DSGVO-konform, ArbRB 2023, 131–132. |
| *Grimm*, Detlef/*Göbel*, Malte | Das Arbeitnehmerdatenschutzrecht in der DSGVO und dem BDSG neuer Fassung, jM 2018, 278–285. |
| *Grimm*, Detlef/*Kühne*, Jonas | Löschkonzept nach der DSGVO – Alle Aufbewahrungspflichten und -rechte sowie Löschfristen bei Beschäftigtendaten im Überblick, ArbRB 2018, 144–149. |
| *Grimm*, Detlef/*Kühne*, Jonas | Datenschutz und Datenschutzerklärung für Bewerber – Alle Anforderungen im Überblick – Mit Muster, ArbRB 2018, 245–249. |

| | |
|---|---|
| *Grimm*, Detlef/ *Singraven*, Jonas (Hrsg.) | Digitalisierung und Arbeitsrecht, Personalarbeit 4.0 · Gestaltung – Best Practices, Köln 2022<br>Zit.: *Bearbeiter*, in: Grimm/Singraven, Digitalisierung und Arbeitsrecht. |
| *Grimm*, Oliver/*Maiß*, Sebastian | Social-Media-Recruiting, AuA 2015, 270–272. |
| *Grobys*, Marcel | Einstellung von Arbeitnehmern im Licht des AGG, NJW-Spezial 2007, 81–82. |
| *Grobys*, Marcel/ *Panzer-Heemeier*, Andrea (Hrsg.) | Arbeitsrecht, Alphabetische Gesamtdarstellung, Individualarbeitsrecht – Kollektives Arbeitsrecht – Prozessrecht, 4. Auflage, Baden-Baden 2023<br>Zit.: *Bearbeiter*, in: Grobys/Panzer-Heemeier, Arbeitsrecht. |
| *Grönemeyer*, Tim | Die Einwilligung im Beschäftigtendatenschutz, Edewecht 2012.<br>Zit.: *Grönemeyer*, Einwilligung. |
| *Groß*, Ferdinand | Anforderungen an eine ordnungsgemäße Unterrichtung des Betriebsrats bei Einstellungen und Versetzungen, ArbRAktuell 2016, 7–10. |
| *Groß*, Nadja/*Gressel*, Jacqueline | Entpersonalisierte Arbeitsverhältnisse als rechtliche Herausforderung – Wenn Roboter zu Kollegen und Vorgesetzten werden, NZA 2016, 990–996. |
| *Grützner*, Thomas/ *Jakob*, Alexander (Hrsg.) | Compliance von A-Z, 2. Auflage, München 2015<br>Zit.: *Bearbeiter*, in: Grützner/Jakob, Compliance. |
| *Grzeszick*, Bernd/ *Rauber*, Jochen | Anwendbarkeit der DS-GVO durch Einschaltung Dritter? Auswirkungen bei der Datenverarbeitung in der Praxis, ZD 2018, 560–564. |
| *Gsell*, Beate/*Krüger*, Wolfgang/*Lorenz*, Stephan/*Reymann*, Christoph (Hrsg.) | beck-online.GROSSKOMMENTAR, BGB, München 2024<br>Zit.: *Bearbeiter*, in: beckOGK, BGB. |
| *Gundelach*, Lasse | Die datenschutzrechtliche Zulässigkeit von anlasslosen automatisierten Anti-Terror-Mitarbeiterscreenings, NJOZ 2018, 1841–1847. |
| *Güngör*, Volkan | Kooperation lohnt sich: Ablauf einer Datenschutzüberprüfung durch die Aufsichtsbehörde beim Verantwortlichen – Umgang mit der Geltendmachung von Betroffenenrechten am Beispiel eines Versicherungsmaklers, ITRB 2019, 256–259. |
| *Haase*, Martin S. | Der Begriff der „Gesundheitsdaten“ nach der Datenschutz-Grundverordnung (DSGVO), InTeR 2022, 94–98. |

*Haase*, Martin Sebastian/*Heermann*, Thorsten/*Rottwinkel*, Wolfgang — Der neue Beschäftigtendatenschutz im Bewerbungs- und Einstellungsverfahren, DuD 2011, 83–87.

*Hafenmayer*, Angelika — Bewerbungsunterlagen: Einsichtnahmerechte einzelner Personengruppen – Weitergabe von Bewerberdaten an Mitarbeiter der Personalabteilung, potentielle Kollegen und Vorgesetzte sowie den Betriebsrat, DB 2019, 2354–2357.

*Haisch*, Verena — Medienprivileg gilt nicht nur für Berufsjournalisten, GRUR-Prax 2019, 169.

*Halder*, Christoph/*Johanson*, Aron — Datenschutz in studentischen Rechtsberatungen – Teil 1, NJOZ 2019, 1425–1433.

*Halder*, Christoph/*Johanson*, Aron — Datenschutz in studentischen Rechtsberatungen – Teil 2, NJOZ 2019, 1457–1465.

*Hamann*, Christian — Europäische Datenschutz-Grundverordnung – neue Organisationspflichten für Unternehmen, BB 2017, 1090–1097.

*Hamburgischer Beauftragter für Datenschutz und Informationsfreiheit* — Rechtliche Bewertung von Fotografien einer unüberschaubaren Anzahl von Menschen nach der DSGVO außerhalb des Journalismus, https://tinyurl.com/y8a2l2j5 (Abruf: 31.05.2024).
Zit.: *HmbBfDI*, Rechtliche Bewertung von Fotografien.

*Hamburgischer Beauftragter für Datenschutz und Informationsfreiheit* — Versendung von unverschlüsselten E-Mails bei Berufsgeheimnisträgern; Ihre Anfrage vom 07.11.2017, https://tinyurl.com/y5k4935n (Abruf: 31.05.2024)
Zit.: *HmbBfDI*, Unverschlüsselte E-Mails bei Berufsgeheimnisträgern.

*Hamburgischer Beauftragter für Datenschutz und Informationsfreiheit* — Vermerk: Abdingbarkeit von TOMs (Art. 32 DSGVO), 18.02.2021, https://tinyurl.com/y3k5ntfv (Abruf: 31.05.2024)
Zit.: *HmbBfDI*, Abdingbarkeit von TOMs.

*Hamburgischer Beauftragter für Datenschutz und Informationsfreiheit* — Tätigkeitsbericht Datenschutz 2021, https://tinyurl.com/2t3645f7 (Abruf: 31.05.2024)
Zit.: *HmbBfDI*, TB 2021.

*Hamdan*, Binke — (Digitaler) Beschäftigtendatenschutz im Umgang mit Stellenbewerbern, ZTR 2019, 594–598.

*Hansen*, Marit/*Walczak*, Benjamin — Pseudonymisierung à la DS-GVO und verwandte Methoden, RDV 2019, 53–57.

*Härting*, Niko — Zweckbindung und Zweckänderung im Datenschutzrecht, NJW 2015, 3284–3288.

*Härting*, Niko (Hrsg.) — Datenschutz-Grundverordnung, Berlin 2016
Zit.: *Härting*, DSGVO.

*Härting*, Niko — Auftragsverarbeitung nach der DSGVO, ITRB 2016, 137–140.

| | |
|---|---|
| *Härting*, Niko/ *Gössling*, Patrick/*Dimov*, Vitorio | „Berechtigte Interessen" nach der DSGVO, ITRB 2017, 169–172. |
| *Hartung*, Jürgen/ *Büttgen*, Lisa | Die Auftragsverarbeitung nach der DS-GVO, DuD 2017, 549–554. |
| *Häublein*, Martin/ *Hoffmann-Theinert*, Roland (Hrsg.) | Beck'scher Online-Kommentar Handelsgesetzbuch, 42. Edition, Stand: 01.04.2024, München 2024<br>Zit.: *Bearbeiter*, in: Häublein/Hoffmann-Theinert, BeckOK HGB, 42. Ed. |
| *Hauck*, Friedrich/ *Helml*, Ewald/ *Pessinger*, Sascha (Hrsg.) | Arbeitsgerichtsgesetz, Kommentar, 5. Auflage, München 2021<br>Zit.: *Bearbeiter*, in: Hauck et al., ArbGG. |
| *Haußmann*, Katrin/ *Brauneisen*, Kai | Bestehende IT-Betriebsvereinbarungen – welchen Renovierungsbedarf bringt das neue Datenschutzrecht?, BB 2017, 3065–3067. |
| *Haußmann*, Katrin/ *Karwatzki*, Constance/ *Ernst*, Sebastian | Datenschutzrechtliche Löschfristen in der Personalverwaltung – Von der Bewerbung über die Personalentwicklung bis zur Beendigung eines Arbeitsverhältnisses – und danach?, DB 2018, 2697–2702. |
| *Haußmann*, Katrin/ *Thieme*, Luca Maria | Reformbedarf und Handlungsoptionen in der IT-Mitbestimmung, NZA 2019, 1612–1620. |
| *Havlíková*, Štěpánka | Automatisierte Sprachanalysen – ihr Einsatz in Personalwesen, bei der Kundenbetruung oder im Gesundheitswesen, in: *Taeger*, Jürgen (Hrsg.), Tagungsband Herbstakademie 2020 – Den Wandel begleiten −IT-rechtliche Herausforderungen der Digitalisierung, Oldenburg 2020, S. 141–160<br>Zit.: *Havlíková*, in: Taeger, DSRITB 2020. |
| *Heckmann*, Dirk/ *Paschke*, Anne (Hrsg.) | juris Praxiskommentar Internetrecht – Das Recht der Digitalisierung, 8. Auflage, Saarbrücken 2024<br>Zit.: *Bearbeiter*, in: Heckmann/Paschke, Internetrecht. |
| *Heermann*, Thorsten | USA: Dürfen Unternehmen von Bewerbern die Zugangsdaten zu deren sozialen Netzwerken verlangen?, ZD-Aktuell 2012, 02891. |
| *Heidel*, Thomas/ *Schall*, Alexander (Hrsg). | Handelsgesetzbuch, Kommentar, 4. Auflage, Baden-Baden 2024<br>Zit.: *Bearbeiter*, in: Heidel/Schall, HGB. |
| *Heinze*, Meinhard (Hrsg.) | Personalplanung, Einstellung und Kündigung – Die Mitbestimmung des Betriebsrates bei personellen Maßnahmen, Stuttgart 1982<br>Zit.: *Heinze*, Personalplanung. |
| *Heinzke*, Philippe/ *Engel*, Lennart | Datenverarbeitung zur Vertragserfüllung – Anforderungen und Grenzen – Reichweite des Art. 6 Abs. 1 1. Unterabs. lit. b DS-GVO, ZD 2020, 189–194. |

*Helfrich*, Marcus — DSAnpUG-EU: Ist der sperrige Name hier schon Programm?, ZD 2017, 97–98.

*Helfrich*, Marcus — Datenschutzrecht, 15. Auflage, München 2023
Zit.: *Helfrich*, Datenschutzrecht.

*Hemker*, Thomas — Kann das jeder? – Ja, eigentlich schon!, DuD 2010, 626–629.

*Henssler*, Martin — Generalbericht zum Deutschen Arbeitsrechtstag, NZA-Beilage 2018, 31–43.

*Henssler*, Martin (Hrsg.) — beck-online.Grosskommentar HGB, München 2024
Zit.: *Bearbeiter*, in: Henssler, BeckOGK.

*Henssler*, Martin/*Pant*, Benjamin — Europäischer Arbeitnehmerbegriff – Regulierung der typischen und atypischen Beschäftigung in Deutschland und der Union, RdA 2019, 321–332.

*Henssler*, Martin/*Strohn*, Lutz (Hrsg.) — Beck'sche Kurzkommentare, Gesellschaftsrecht, 6. Auflage, München 2024
Zit.: *Bearbeiter*, in: Henssler/Strohn, Gesellschaftsrecht.

*Henssler*, Martin/*Willemsen*, Heinz Josef/*Kalb*, Heinz-Jürgen (Hrsg.) — Arbeitsrecht Kommentar, 11. Auflage, Köln/Düsseldorf 2024
Zit.: *Bearbeiter*, in: Henssler et al., Arbeitsrecht.

*Herbrich*, Tilman — Rechtswidrigkeit einer behördlichen Verwarnung wegen Nutzung von Adressdaten aus einer Insolvenzakte, jurisPR-ITR 13/2022 Anm. 4.

*Herbst*, Tobias — Was sind personenbezogene Daten?, NVwZ 2016, 902–906.

*Herdes*, Daniela — KI im Bewerbungsprozess – Datenschutzrechtliche Herausforderungen, in: *Taeger*, Jürgen (Hrsg.), Tagungsband Herbstakademie 2019, Die Macht der Daten und der Algorithmen – Regulierung von IT, IoT und KI, Edewecht 2019, S. 77–89
Zit.: *Herdes*, in: Taeger, DSRITB 2019.

*Herdes*, Daniela — Datenschutzrechtliche Herausforderungen beim Einsatz von KI im Bewerbungsverfahren, CB 2020, 95–99.

*Herfs-Röttgen*, Ebba (Hrsg.) — Praxishandbuch Auslandsbeschäftigung, Berlin 2019
Zit.: *Bearbeiter*, in: Herfs-Röttgen, Auslandsbeschäftigung.

*Herfurth*, Constantin — Interessenabwägung nach Art. 6 Abs. 1 lit. f DS-GVO – Nachvollziehbare Ergebnisse anhand von 15 Kriterien mit dem sog. „3x5-Modell", ZD 2018, 514–520.

*Herfurth*, Constantin/*Engel*, Friederike — Codes of Conduct im Konzern? Verhaltensregeln von Unternehmensgruppen nach Art. 40 DS-GVO, ZD 2017, 367–372.

*Hermann*, Maximilian — Datenschutz in Prüfungsverfahren nach DS-GVO und BDSG, RDV 2019, 64–68.

| | |
|---|---|
| *Heselhaus*, F. Sebastian M./ *Nowak*, Carsten (Hrsg.) | Handbuch der Europäischen Grundrechte, 2. Auflage, München 2020<br>Zit.: *Bearbeiter*, in: Heselhaus/Nowak, Europäische Grundrechte. |
| *Hess*, Harald/*Worzalla*, Michael/*Glock*, Dirk/ *Nicolai*, Andrea/*Rose*, Franz-Josef/*Huke*, Kristina (Hrsg.) | BetrVG Kommentar, 10. Auflage, Köln 2018<br>Zit.: *Bearbeiter*, in: Hess et al., BetrVG. |
| *Hessischer Beauftragter für Datenschutz und Informationsfreiheit* | Häufig gestellt Fragen – HGF, https://tinyurl.com/yxn6877z (Abruf: 31.05.2024)<br>Zit.: *HBDI*, HGF. |
| *Hessischer Beauftragter für Datenschutz und Informationsfreiheit* | Siebenundvierzigster Tätigkeitsbericht zum Datenschutz und Erster Bericht zur Informationsfreiheit des Hessischen Beauftragten für Datenschutz und Informationsfreiheit Professor Dr. Michael Ronellenfitsch, vorgelegt am 31. Dezember 2018, https://tinyurl.com/2p88488e (Abruf: 31.05.2024)<br>Zit.: *HBDI*, 47. TB. |
| *Hessischer Beauftragter für Datenschutz und Informationsfreiheit* | Achtundvierzigster Tätigkeitsbericht zum Datenschutz und Zweiter Bericht zur Informationsfreiheit des Hessischen Beauftragten für Datenschutz und Informationsfreiheit Professor Dr. Michael Ronellenfitsch, vorgelegt zum 31. Dezember 2019, https://tinyurl.com/2p8357we (Abruf: 31.05.2024)<br>Zit.: *HBDI*, 48. TB. |
| *Hessischer Beauftragter für Datenschutz und Informationsfreiheit* | Handreichung zur Verarbeitung personenbezogener Daten von Beschäftigten im Lichte des EuGH-Urteils vom 30. März 2023 Rs. C-34/21, Stand: 25.04.2023, https://tinyurl.com/5r8acevz (Abruf: 31.05.2024)<br>Zit.: *HBDI*, Handreichung zur Verarbeitung personenbezogener Daten von Beschäftigten. |
| *Heuschmid*, Johannes | Datenschutzgrundverordnung und Betriebsverfassung – Eine Positionsbestimmung unter besonderer Berücksichtigung des primären Unionsrechts, SR 2019, 1–11. |
| *Hey*, Thomas/*Forst*, Gerrit (Hrsg.) | Kommentar AGG, Allgemeines Gleichbehandlungsgesetz, 2. Auflage, Frankfurt am Main 2015<br>Zit.: *Bearbeiter*, in: Hey/Forst, AGG. |
| *Hilber*, Marc/*Knorr*, Gunnar/*Müller*, Stephan/*Schilling*, Myriam/*Wurth*, Gilbert (Hrsg.) | Deutsche Tochter im internationalen Konzern – Rechtshandbuch für die Praxis – Gesellschaftsrecht, Arbeitsrecht, Steuerrecht, Datenschutz, Kartellrecht, Compliance, München 2019<br>Zit.: *Bearbeiter*, in: Hilber et al., Deutsche Tochter. |

| | |
|---|---|
| *Hildebrand*, Angela | Künstlerische Straßenfotografie ohne Einwilligung der abgebildeten Person – Anmerkung zu BVerfG, Beschl. v. 8.2.2018 – 1 BvR 2112/15 (ZUM-RD 2018, 265) sowie Ausblick auf die Auswirkungen der DSGVO, ZUM 2018, 585–590. |
| *Hilgers*, Hans Anton | Aktuelle Änderungen im BDSG – Weitere Öffnung der Verarbeitung sensibler Daten für nicht-öffentliche Stellen, ZD 2020, 556–561. |
| *Hitzelberger-Kijima*, Yukiko | Die Betroffenenrechte von Arbeitnehmern nach der Datenschutzgrundverordnung, öAT 2019, 140–142. |
| *Hodis-Mayer*, Radu | Datenverarbeitung im Beschäftigungsverhältnis zur Aufdeckung von Straftaten, RDV 2019, 164–166. |
| *Hörauf*, Dominic | Ordnungswidrigkeiten und der europäische Straftatenbegriff – Subkategorie- oder aliud-Verhältnis? Eine an den Umsetzungspflichten des deutschen Gesetzgebers orientierte Begriffskonturenanalyse am Beispiel des aktuellen Richtlinienentwurfs zum Datenschutz in Strafsachen, ZIS 2013, 276–279. |
| *Hoeren*, Thomas/ *Niehoff*, Maurice | KI und Datenschutz – Begründungserfordernisse automatisierter Entscheidungen, RW 2018, 47–66. |
| *Hoeren*, Thomas/ *Pinelli*, Stefan | Das neue kalifornische Datenschutzrecht am Maßstab der DS-GVO – Auswirkungen des CCPA auf global agierende europäische Unternehmen, MMR 2018, 711–716. |
| *Hofbauer*, May A./ *Kupsch*, Peter (Hrsg.) | Rechnungslegung Kommentar, 97. Lieferung, 1994 Zit.: Bearbeiter, in: Hofbauer/Kupsch, Rechnungslegung. |
| *Hoffmann*, Birgit | Einwilligung der betroffenen Person als Legitimationsgrundlage eines datenverarbeitenden Vorgangs im Sozialrecht nach dem Inkrafttreten der DSGVO, NZS 2017, 807–812. |
| *Hoffmann*, Nadine | Der Anspruch des diskriminierten Bewerbers und der Einwand des Rechtsmissbrauchs – Rechtsprechungsauswertung und Überblick zu Scheinbewerbungen im Rahmen des AGG, DB 2019, 1387–1391. |
| *Hoffmann*, Jan Martin | Unionsgrundrechte als verfassungsrechtlicher Prüfungsmaßstab, NVwZ 2020, 33–37. |
| *Hoffmann*, Jan Martin/ *Schulte*, Christoph | Zulässigkeit der Abfrage der Steuer-ID durch die deutschen Zollbehörden nach der Datenschutzgrundverordnung – Anmerkung zu den Schlussanträgen vom 17.10.2018 in der Rs. C-496/17, EuZW 2019, 27–31. |
| *Hoffmann*, Jan Martin/ *Schulte*, Christoph | DS-GVO und die Abfrage der Steuer-ID durch deutsche Steuerbehörden – Zugleich Anmerkung zu EuGH, Urt. v. 16.1.2019 in der Rs. C-496/17, EuZW 2019, 733–738. |
| *Hofmann*, Johanna M. | Anforderungen aus DS-GVO und NIS-RL an das Cloud Computing, ZD-Aktuell 2017, 05488. |

| | |
|---|---|
| *Hofmann*, Johanna M./ *Johannes*, Paul C. | DS-GVO: Anleitung zur autonomen Auslegung des Personenbezugs – Begriffserklärung der entscheidenden Frage des sachlichen Anwendungsbereichs, ZD 2017, 221–226. |
| *Hohenstatt*, Klaus-Stefan/*Stamer*, Katrin/ *Hinrichs*, Lars | Background Checks von Bewerbern in Deutschland: Was ist erlaubt?, NZA 2006, 1065–1070. |
| *Höhne*, Katharina | Auswirkungen der unionsrechtlichen Öffnungsklausel nach Art. 88 DSGVO auf den Beschäftigtendatenschutz nach deutschem Recht, Diss. jur. Bayreuth 2019<br>Zit.: *Höhne*, Art. 88 DSGVO. |
| *Hopt*, Klaus J. (Hrsg.) | Beck'sche Kurzkommentare, Handelsgesetzbuch mit GmbH & Co., Handelsklauseln, Bank- und Kapitalmarktrecht, Transportrecht (ohne Seerecht), 43. Auflage, München 2024<br>Zit.: *Bearbeiter*, in: Hopt, HGB. |
| *Hördt*, Michael/ *Schwaab*, Michael | Grundlagen der Mitarbeiterüberwachung – Teil 1, ArbRAktuell 2023, 230–233. |
| *Horn*, Norbert (Hrsg.) | Heymann, Handelsgesetzbuch (ohne Seerecht), Kommentar, Band 4, §§ 343–475h, 2. Auflage, Berlin 2005<br>Zit.: *Bearbeiter*, in: Heymann, HGB. |
| *Hornung*, Gerrit | Eine Datenschutz-Grundverordnung für Europa? Licht und Schatten im Kommissionsentwurf vom 25.1.2012, ZD 2012, 99–106. |
| *Hornung*, Gerrit | Beschäftigtendatenschutz vor dem EuGH: Hornberger Schießen?, ZD 2023, 309–310. |
| *Hornung*, Gerrit/ *Gilga*, Carolin | Einmal öffentlich – für immer schutzlos? Die Zulässigkeit der Verarbeitung öffentlicher personenbezogener Daten, CR 2020, 367–379. |
| *Hornung*, Gerrit/ *Müller-Terpitz*, Ralf (Hrsg.) | Rechtshandbuch Social Media, Berlin/Heidelberg 2015<br>Zit.: *Bearbeiter*, in: Hornung/Müller-Terpitz, Social Media, 1. Aufl. |
| *Hornung*, Gerrit/ *Müller-Terpitz*, Ralf (Hrsg.) | Rechtshandbuch Social Media, 2. Auflage, Berlin 2021<br>Zit.: *Bearbeiter*, in: Hornung/Müller-Terpitz, Social Media. |
| *Hornung*, Gerrit/ *Schindler*, Stephan/ *Schneider*, Jana | Die Europäisierung des strafverfahrensrechtlichen Datenschutzes – Zum Anwendungsbereich der neuen Datenschutz-Richtlinie für Polizei und Justiz, ZIS 2018, 566–574. |
| *Hornung*, Gerrit/ *Wagner*, Bernd | Der schleichende Personenbezug – Die Zwickmühle der Re-Identifizierbarkeit in Zeiten von Big Data und Ubiquitous Computing, CR 2019, 565–574. |
| *Hornung*, Gerrit/ *Wagner*, Bernd | Anonymisierung als datenschutzrelevante Verarbeitung? Rechtliche Anforderungen und Grenzen für die Anonymisierung personenbezogener Daten, ZD 2020, 223–228. |
| *Howald*, Bert | Datenerhebung im Internet bei Einstellungsverfahren, öAT 2013, 133–136. |

*Hromadka*, Wolfgang/ *Maschmann*, Frank (Hrsg.) — Arbeitsrecht Band 2, Kollektivarbeitsrecht + Arbeitsstreitigkeiten, 8. Auflage, Berlin/Heidelberg 2020
Zit.: *Hromadka/Maschmann*, Arbeitsrecht Band 2.

*Hülbach*, Henning — Anspruch des Betriebsrats auf Einsichtnahme in nicht anonymisierte Gehaltslisten, Anmerkung zu LAG Niedersachsen v. 22.10.2018 12 TaBV 23/18, ArbRB 2019, 42–43.

*Hülsmann*, Werner — Die Europäische Datenschutzgrundverordnung und ihre Auswirkungen auf den betrieblichen Datenschutz, DANA 2016, 62–67.

*Hülsmann*, Werner — Beschäftigtendatenschutz nach der DS-GVO und dem BDSG-neu – Neue Herausforderungen – auch für Betriebs- und Personalräte, DANA 2017, 80–82.

*Hümmerich*, Klaus — Rechte des Betriebsrats bei der Erfassung von Bewerber-Daten, RdA 1979, 143–148.

*Hümmerich*, Klaus/ *Lücke*, Oliver/*Mauer*, Reinhold (Hrsg.) — Arbeitsrecht – Vertragsgestaltung, Prozessführung, Personalarbeit, Betriebsvereinbarungen, 10. Auflage, Baden-Baden 2022
Zit.: *Bearbeiter*, in: Hümmerich et al., Arbeitsrecht.

*Hützen*, Andreas — Facebook & die Folgen – Arbeitsrechtliche Probleme bei der Nutzung sozialer Netzwerke, AE 2013, 39–43.

*Hunzinger*, Sven — Das Löschen im Datenschutzrecht, Diss. jur. Münster 2018
Zit.: *Hunzinger*, Löschen.

*Hunzinger*, Sven — Löschkonzepte nach der DSGVO am Beispiel von ERP-Systemen, CR 2018, 357–366.

*Husemann*, Tim/ *Betzinger*, Michael — Anonyme Bewerbung: Bitte probieren!, ZRP 2011, 15–16.

*Imping*, Andreas — Neue Zeitrechnung im (Beschäftigten-)Datenschutz – Die Herausforderungen des neuen Datenschutzrechts an die betriebliche Praxis, CR 2017, 378–388.

*Indenhuck*, Moritz/ *Britz*, Thomas — Vom Datenschutzrecht zum Datenschuldrecht – Neue Leitlinien zur Verarbeitung personenbezogener Daten bei Online-Dienstleistungen, BB 2019, 1091–1096.

*Ingold*, Albert — Schwerpunktbereichsklausur – Öffentliches Recht: Datenschutzrecht – Einwilligung in Schranke, JuS 2018, 1214–1219.

*Jacobi*, Jessica — Der Schutz von sensiblen Daten in der Arbeit des Betriebsrats – Welche Maßnahmen können und müssen die Betriebsparteien ergreifen?, ArbRB 2019, 375–378.

*Jacobi*, Jessica/*Jantz*, Maren — Löschpflichten nach der EU-Datenschutzgrundverordnung – Was Arbeitgeber jetzt bereits tun müssen, ArbRB 2017, 22–26.

*Jandt*, Silke — Biometrische Videoüberwachung – was wäre wenn …, ZRP 2018, 16–19.

*Jandt*, Silke/*Steidle*, Roland (Hrsg.) — Datenschutz im Internet – Rechtshandbuch zu DSGVO und BDSG, Baden-Baden 2018
Zit.: *Bearbeiter*, in: Jandt/Steidle, Datenschutz.

*Jarass*, Hans D. — Zum Verhältnis von Grundrechtecharta und sonstigem Recht, EuR 2013, 29–45.

*Jarass*, Hans D. — Die Bedeutung der Unionsgrundrechte unter Privaten, ZeuP 2017, 310–334.

*Jarass*, Hans D. (Hrsg.) — Charta der Grundrechte der Europäischen Union, 4. Auflage, München 2020
Zit.: *Jarass*, GRCh.

*Jaspers*, Andreas — Beschäftigtendatenschutz für KI?, RDV 2019, 105.

*Jaspers*, Andreas — Der EuGH erhöht den Druck für Beschäftigtendatenschutzgesetz, RDV 2023, 79.

*Jaspers*, Andreas/*Jacquemain*, Tobias — Künstliche Intelligenz und ihre Auswirkungen auf den Beschäftigtendatenschutz, RDV 2019, 232–235.

*Jaspers*, Andreas/*Jacquemain*, Tobias — Datenschutz-Grundverordnung – Praxiserfahrungen und Evaluation – Aus der Sicht von Datenschutzbeauftragten, DuD 2020, 297–301.

*Jerchel*, Kerstin/*Schubert*, Jens M. — Neustart im Datenschutz für Beschäftigte – Möglichkeit von Kollektivvereinbarungen zur Regelung des Datenschutzes nach der DS-GVO, DuD 2016, 782–786.

*Johannes*, Paul C./*Weinhold*, Robert (Hrsg.) — Das neue Datenschutzrecht bei Polizei und Justiz – Europäisches Datenschutzrecht und deutsche Datenschutzgesetze, Baden-Baden 2018
Zit.: *Johannes/Weinhold*, Datenschutzrecht.

*John*, Nicolas/*Schaller*, Johanna — Keine Disponibilität der technischen und organisatorischen Maßnahmen nach Art. 32 DSGVO – Eine kritische Auseinandersetzung mit dem Beschluss der DSK, CR 2022, 156–159.

*Johnson*, Victoria/*Brechtel*, Sandra — Videoüberwachung und DSGVO: Eine unüberwindbare Herausforderung? Zulässigkeit der Videoüberwachung durch Privatpersonen im öffentlichen Bereich, ITRB 2019, 208–213.

*Joos*, Daniel — Einsatz von künstlicher Intelligenz im Personalwesen unter Beachtung der DS-GVO und des BDSG, NZA 2020, 1216–1221.

*Joos*, Daniel/*Meding*, Kristofer — Künstliche Intelligenz und Datenschutz im Human Resource Management – Technisch Organisatorische Maßnahmen (TOMs) bei „intelligenten“ Arbeitgeberentscheidungen, CR 2020, 834–840.

*Joussen*, Jacob — Kollektivrechtliche Aspekte des Arbeitnehmerdatenschutzes, ZfA 2012, 235–276.

| | |
|---|---|
| *Joussen*, Jacob | Internetrecherche vor und nach der Einstellung, ZMV 2017, 176–179. |
| *Juli*, Sebastian/ *Gömöry*, Christine | Speicherung von Bewerberdaten, PuR 2017, 4–6. |
| *Jung*, Alexander/ *Hansch*, Guido | Die Verantwortlichkeit in der DS-GVO und ihre praktischen Auswirkungen – Hinweis zur Umsetzung im Konzern- oder Unternehmensumfeld, ZD 2019, 143–148. |
| *Junker*, Abbo (Hrsg.) | Grundkurs Arbeitsrecht, 23. Auflage, München 2024 Zit.: *Junker*, Arbeitsrecht. |
| *Kaboré*, Mariam/ *Kinast*, Karsten | Übermittlung von Gesundheitsdaten zwischen Krankenkassen und privaten Versicherungsunternehmen – Mögliche Rechtsgrundlagen bei der Abwicklung von Regressansprüchen, ZD 2019, 441–445. |
| *Kainer*, Friedemann | Rückkehr der unmittelbar-horizontalen Grundrechtswirkung aus Luxemburg?, NZA 2018, 894–900. |
| *Kainer*, Friedemann/ *Weber*, Christian | Datenschutzrechtliche Aspekte des „Talentmanagements", BB 2017, 2740–2747. |
| *Kamps*, Michael/ *Bonanni*, Andrea | Die datenschutzrechtliche Einwilligung im Beschäftigungsverhältnis nach der DSGVO – Risiken und Chancen eines datenschutzrechtlichen Gestaltungsinstruments, ArbRB 2018, 50–54. |
| *Kania*, Thomas/ *Sansone*, Piero | Möglichkeiten und Grenzen des Pre-Employment-Screenings, NZA 2012, 360–364. |
| *Karg*, Moritz | Anonymität, Pseudonyme und Personenbezug revisited?, DuD 2015, 520–526. |
| *Kartheuser*, Ingemar/ *Schmitt*, Florian | Der Niederlassungsbegriff und seine praktischen Auswirkungen – Anwendbarkeit des Datenschutzrechts eines Mitgliedstaats auf ausländische EU-Gesellschaften, ZD 2016, 155–159. |
| *Kast*, Christian R. | Verschlüsselung, in: *Conrad*, Isabell/*Grützmacher*, Malte (Hrsg.), Festschrift für Jochen Schneider zum 70. Geburtstag, Köln 2014, S. 1074–1096 Zit.: *Kast*, in: Conrad/Grützmacher, FS Schneider. |
| *Kastelitz*, Markus | Die Datenschutz-Grundverordnung im Gesundheitsbereich – ein erster Überblick, JMG 2016, 71–75. |
| *Kaufmann*, Muriel | EuGH: Nationale Vorschriften des Beschäftigtendatenschutzes sind keine „spezifischere Vorschrift", wenn sie die Vorgaben des Art. 88 II DSGVO nicht erfüllen, FD-ArbR 2023, 45676. |
| *Kaufmann*, Muriel/ *Wegmann*, Simon/ *Wieg*, Florian | Beschäftigtendatenschutz – Spielräume und Herausforderungen mitgliedstaatlicher Regelungen – Überlegungen vor dem Hintergrund der Entscheidung des EuGH vom 30.3.2023 – C-34/21, NZA 2023, 740–746. |

| | |
|---|---|
| *Kazemi*, Robert | Die EU-Datenschutz-Grundverordnung in der anwaltlichen Beratungspraxis, Bonn 2018<br>Zit.: *Kazemi*, DSGVO. |
| *Keber*, Tobias | Rechtskonformer Einsatz von Social Media im Unternehmen – ausgewählte Einzelaspekte im Lichte aktueller Rechtsprechung, RDV 2014, 190–196. |
| *Keber*, Tobias | Mythen der Datenschutzgrundverordnung – Erlesenes aus (knapp) 300 Tagen DS-GVO, RDV 2019, 58–63. |
| *Keitel*, Ines/*Busch*, Alicia | Der neue Referentenentwurf für ein Betriebsrätestärkungsgesetz – wesentliche Änderungen, BB 2021, 564–570. |
| *Keppeler*, Lutz Martin | Warum Anwälte nach der DSGVO nicht (zwingend) Ende-zu-Ende verschlüsselt kommunizieren müssen – Praxisprobleme in der Anwendung von Art 32 DSGVO, CR 2019, 18–24. |
| *Kern*, Bernd-Rüdiger (Hrsg.) | Gendiagnostikgesetz, Kommentar, München 2012<br>Zit.: *Bearbeiter*, in: Kern, GenDG. |
| *Keye*, Julia/*Niclas*, Vilma/*von Blumenthal*, German | Verabschiedung der EU-Verordnung über den freien Verkehr von nicht-personenbezogenen Daten, ITRB 2019, 1. |
| *Kieck*, Annika/*Pohl*, Dirk | Zum Anwendungsbereich des europäischen Datenschutzrechts – Am Beispiel des Personenstands- und Meldewesens, DuD 2017, 567–571. |
| *Kiel*, Heinrich/*Lunk*, Stefan/*Oetker*, Hartmut (Hrsg.) | Münchener Handbuch zum Arbeitsrecht, Band 1, Individualarbeitsrecht 1, 4. Auflage, München 2018<br>Zit.: *Bearbeiter*, in: Kiel et al., MHA, 4. Aufl. |
| *Kiel*, Heinrich/*Lunk*, Stefan/*Oetker*, Hartmut (Hrsg.) | Münchener Handbuch zum Arbeitsrecht, Band 1, Individualarbeitsrecht 1, 6. Auflage, München 2024<br>Zit.: *Bearbeiter*, in: Kiel et al., MHA. |
| *Kilian*, Wolfgang | Europäisches Datenschutzrecht – Persönlichkeitsrecht und Binnenmarkt, in: *Tinnefeld*, Marie-Theres/*Philipps*, Lothar/*Heil*, Susanne (Hrsg.), Informationsgesellschaft und Rechtkultur in Europa – Informationsquelle und politische Teilhabe in der Europäischen Union, Baden-Baden 1995, S. 98–109<br>Zit.: *Kilian*, in: Tinnefeld et al., Informationsgesellschaft. |
| *Kingreen*, Thorsten/*Kühling*, Jürgen (Hrsg.) | Gesundheitsdatenschutzrecht, Baden-Baden 2015<br>Zit.: *Bearbeiter*, in: Kingreen/Kühling, Gesundheitsdatenschutzrecht. |
| *Kircher*, Philipp | Der Schutz personenbezogener Gesundheitsdaten im Gesundheitswesen, Diss. jur. Regensburg 2015<br>Zit.: *Kircher*, Gesundheitsdaten. |
| *Kirchert*, Katrin | Das Schriftformerfordernis für Einwilligungen im Bewerbungsverfahren – Ein Relikt aus dem analogen Zeitalter, PinG 2018, 267–268. |

*Kirchert*, Katrin — Die Abkehr vom Schriftformerfordernis für Einwilligungen im Beschäftigungskontext – Die Einwilligung von Beschäftigten – nun auch per E-Mail möglich?, PinG 2020, 82–83.

*Kirchliche Datenschutzaufsicht der ostdeutschen Bistümer und des Katholischen Militärbischofs* — Keine Abdingbarkeit von technischen und organisatorischen Maßnahmen, https://tinyurl.com/4h6jm9rb (Abruf: 31.05.2024)
Zit.: *Kirchliche Datenschutzaufsicht*, Keine Abdingbarkeit von technischen und organisatorischen Maßnahmen.

*Klar*, Manuel — Räumliche Anwendbarkeit des (europäischen) Datenschutzrechts – Ein Vergleich am Beispiel von Satelliten-, Luft- und Panoramastraßenaufnahmen, ZD 2013, 109–115.

*Klar*, Manuel — Anmerkung zu EuGH, Urteil vom 11.12.2014 – C-212/13 (Ryneš/Úřad pro ochranu osobních údajů), NJW 2015, 464–465.

*Klar*, Manuel — Die extraterritoriale Wirkung des neuen europäischen Datenschutzrecht, DuD 2017, 533–537.

*Klar*, Manuel — Künstliche Intelligenz und Big Data – algorithmenbasierte Systeme und Datenschutz im Geschäft mit Kunden, BB 2019, 2243–2252.

*Klar*, Manuel/*Kühling*, Jürgen — Privatheit und Datenschutz in der EU und den USA – Kollision zweier Welten?, AöR 2016, 165–224.

*Klausch*, Johannes/*Grabenschröer*, Jan Felix — Zukünftige Erlaubnistatbestände der Verarbeitung von Beschäftigtendaten – Ein Überblick, PinG 2018, 135–140.

*Klebe*, Thomas/*Schmidt*, Marlene/*Klengel*, Ernesto — Betriebsverfassung und Datenschutzrecht, in: *Gräfl*, Edith/*Lunk*, Stefan/*Oetker*, Hartmut/*Trebinger*, Yvonne (Hrsg.), 100 Jahre Betriebsverfassungsrecht, München 2020, S. 303–321
Zit.: *Klebe/Schmidt/Klengel*, in: Gräfl et al., Betriebsverfassungsrecht.

*Klein*, Florian — Personenbilder im Spannungsfeld von Datenschutzgrundverordnung und Kunsturhebergesetz, Diss. jur. Frankfurt am Main 2017
Zit.: *Klein*, DSGVO und KUG.

*Kleinebrink*, Wolfgang — Die Einwilligung im Beschäftigungsverhältnis nach neuem Datenschutzrecht – Rechtliche Vorgaben und praktische Gestaltung, DB 2018, 1729–1735.

*Kleinebrink*, Wolfgang — Der allgemeine Auskunftsanspruch des Betriebsrats bei sensitiven Daten – Betriebsverfassungsrechtliche und datenschutzrechtliche Grenzen, DB 2019, 2577–2582.

*Klement*, Jan Henrik — Öffentliches Interesse an Privatheit – Das europäische Datenschutzrecht zwischen Binnenmarkt, Freiheit und Gemeinwohl, JZ 2017, 161–170.

| | |
|---|---|
| *Klement*, Peter | Zulässigkeit medizinischer Datenerhebungen vor und zu Beginn von Arbeitsverhältnissen, Diss. jur. Köln 2011<br>Zit.: *Klement*, Medizinische Datenerhebungen. |
| *Klink-Straub*, Judith/ *Straub*, Tobias | Digital Green Certificate – Eintrittskarte in die Freiheit?, ZD-Aktuell 2021, 05124. |
| *Klocke*, Daniel | Tarifverträge und Datenschutz: neue Perspektiven durch § 26 Abs. 4 BDSG-neu?, ZTR 2018, 116–121. |
| *Klösel*, Daniel/ *Mahnhold*, Thilo | Die Zukunft der datenschutzrechtlichen Betriebsvereinbarung – Mindestanforderungen und betriebliche Ermessensspielräume nach DS-GVO und BDSG nF, NZA 2017, 1428–1433. |
| *Knebel*, Sophie Victoria | Die Drittwirkung der Grundrechte und -freiheiten gegenüber Privaten – Regulierungsmöglichkeiten sozialer Netzwerke, Hamburg, Diss. jur. Hamburg 2018<br>Zit.: *Knebel*, Drittwirkung. |
| *Kneuper*, Ralf/*Macke*, Martin | Rolle der Transportverschlüsselung für die sichere E-Mail-Kommunikation – Kommunikation zwischen Unternehmen und Privatpersonen, DuD 2019, 76–80. |
| *Knobloch*, Tobias/ *Hustedt*, Carla | Der maschinelle Weg zum passenden Personal – Zur Rolle algorithmischer Systeme in der Personalauswahl, Juni 2019, Stiftung Neue Verantwortung, Bertelsmann Stiftung, https://tinyurl.com/yxvjt5f2 (Abruf24.06.2023)<br>Zit.: *Knobloch/Hustedt*, Personal. |
| *Knyrim*, Rainer (Hrsg.) | Datenschutz-Grundverordnung, Das neue Datenschutzrecht in Österreich und der EU, Praxishandbuch, Wien 2016<br>Zit.: *Bearbeiter*, in: Knyrim, DSGVO. |
| *Koenig*, Ulrich (Hrsg.) | Abgabenordnung, §§ 1 bis 368, Kommentar, 5. Auflage, München 2024<br>Zit.: *Bearbeiter*, in: Koenig, AO. |
| *Köhler*, Helmut | Durchsetzung der DS-GVO mittels UWG und UKlaG?, WRP 2018, 1269–1277. |
| *Koller*, Ingo/*Kindler*, Peter/*Roth*, Wulf-Henning/*Drüen*, Klaus-Dieter (Hrsg.) | Handelsgesetzbuch, Kommentar, 10. Auflage, München 2023<br>Zit.: *Bearbeiter*, in: Koller et al., HGB. |
| *Konferenz der Datenschutzbeauftragten des Bundes und der Länder* | Kurzpapier Nr. 10 – Informationspflichten bei Dritt- und Direkterhebung, Stand: 16.01.2018, https://tinyurl.com/y4qo49v3 (Abruf: 31.05.2024)<br>Zit.: *DSK*, Kurzpapier Nr. 10. |
| *Konferenz der Datenschutzbeauftragten des Bundes und der Länder* | Kurzpapier Nr. 13 – Auftragsverarbeitung, Art. 28 DS-GVO, Stand: 17.12.2018, https://tinyurl.com/rqp5ojx (Abruf: 31.05.2024)<br>Zit.: *DSK*, Kurzpapier Nr. 13. |

*Konferenz der Datenschutzbeauftragten des Bundes und der Länder* Kurzpapier Nr. 17 – Besondere Kategorien personenbezogener Daten, Stand: 27.03.2018, https://tinyurl.com/y4gp7xmr (Abruf: 31.05.2024)
Zit.: *DSK*, Kurzpapier Nr. 17.

*Konferenz der Datenschutzbeauftragten des Bundes und der Länder* Kurzpapier Nr. 20 – Einwilligung nach der DS-GVO, Stand: 22.02.2019, https://tinyurl.com/yxucss4v (Abruf: 31.05.2024)
Zit.: *DSK*, Kurzpapier Nr. 20.

*Konferenz der Datenschutzbeauftragten des Bundes und der Länder* Orientierungshilfe zur „Einholung von Selbstauskünften bei Mietinteressentinnen", Version 0.6, aktualisiert auf der Sitzung der Sonder-AG „OH Mietauskünfte" am 30.01.2018, https://tinyurl.com/bd4vwr74 (Abruf: 31.05.2024)
Zit.: *DSK*, Einholung von Selbstauskünften.

*Konferenz der Datenschutzbeauftragten des Bundes und der Länder* Orientierungshilfe der Aufsichtsbehörden zur Verarbeitung von personenbezogenen Daten für Zwecke der Direktwerbung unter Geltung der Datenschutz-Grundverordnung (DS-GVO), Stand: Februar 2022, https://tinyurl.com/5wea68s9 (Abruf: 31.05.2024)
Zit.: *DSK*, OH Direktwerbung.

*Konferenz der Datenschutzbeauftragten des Bundes und der Länder* Positionspapier zur biometrischen Analyse, Version 1.0, Stand: 3. April 2019, https://tinyurl.com/y2awfmvl (Abruf: 31.05.2024)
Zit.: *DSK*, Biometrische Analyse.

*Konferenz der Datenschutzbeauftragten des Bundes und der Länder* Erfahrungsbericht der unabhängigen Datenschutzaufsichtsbehörden des Bundes und der Länder zur Anwendung der DS-GVO, November 2019, https://tinyurl.com/y92747dj (Abruf: 31.05.2024)
Zit.: *DSK*, Erfahrungsbericht.

*Konferenz der Datenschutzbeauftragten des Bundes und der Länder* Datenschutz bei Windows 10 – Prüfschema, Version 1.0, https://tinyurl.com/spjorut (Abruf: 31.05.2024)
Zit.: *DSK*, Datenschutz bei Windows 10.

*Konferenz der Datenschutzbeauftragten des Bundes und der Länder* Maßnahmen zum Schutz personenbezogener Daten bei der Übermittlung per E-Mail – Orientierungshilfe des Arbeitskreises „Technische und organisatorische Datenschutzfragen", Stand: 13. März 2020, https://tinyurl.com/y7jfdtlo (Abruf: 31.05.2024)
Zit.: *DSK*, Übermittlung per E-Mail.

*Konferenz der Datenschutzbeauftragten des Bundes und der Länder* Zur Möglichkeit der Nichtanwendung technischer und organisatorischer Maßnahmen nach Art. 32 DSGVO auf ausdrücklichen Wunsch betroffener Personen vom 24. November 2021, https://tinyurl.com/y9kyrtmt (Abruf: 31.05.2024)
Zit.: *DSK*, TOM.

*Konferenz der Datenschutzbeauftragten des Bundes und der Länder* Entschließung der Konferenz der unabhängigen Datenschutzaufsichtsbehörden des Bundes und der Länder vom 29. April 2022 – Die Zeit für ein Beschäftigtendatenschutzgesetz ist „Jetzt“!, https://tinyurl.com/2chwffuu (Abruf: 31.05.2024)
Zit.: *DSK*, Beschäftigtendatenschutzgesetz.

*Konferenz der Datenschutzbeauftragten des Bundes und der Länder* Auswirkungen der neuen Verbrauchervorschriften über digitale Produkte im BGB auf das Datenschutzrecht, Stand: Oktober 2022, https://tinyurl.com/mt7akfy2 (Abruf: 31.05.2024)
Zit.: *DSK*, Auswirkungen der neuen Verbrauchervorschriften.

*König*, Tassilo-Rouven Das Recht auf eine Datenkopie im Arbeitsverhältnis – Ein Leitfaden zur Handhabung in der betrieblichen Praxis, CR 2019, 295–301.

*König*, Tassilo-Rouven Beschäftigtendatenschutz in der Beratungspraxis, Baden-Baden 2020
Zit.: *König*, Beschäftigtendatenschutz.

*Koós*, Clemens/*Englisch*, Bastian Eine „neue“ Auftragsdatenverarbeitung – Gegenüberstellung der aktuellen Rechtslage und der DS-GVO in der Fassung des LIEBE-Entwurfs, ZD 2014, 276–285.

*Koreng*, Ansgar/*Lachenmann*, Matthias (Hrsg.) Formularhandbuch Datenschutzrecht, 3. Auflage, Leipzig/Bonn 2021
Zit.: *Bearbeiter*, in: Koreng/Lachenmann, Datenschutzrecht.

*Körner*, Marita Die Reform des EU-Datenschutzes: Der Entwurf einer EU-Datenschutz-Grundverordnung (DS-GVO) – Teil 1, ZESAR 2013, 99–107.

*Körner*, Marita Die Reform des EU-Datenschutzes: Der Entwurf einer EU-Datenschutz-Grundverordnung (DS-GVO) – Teil 2, ZESAR 2013, 153–159.

*Körner*, Marita Die Datenschutz-Grundverordnung und nationale Regelungsmöglichkeiten für Beschäftigtendatenschutz, NZA 2016, 1383–1386.

*Körner*, Marita Wirksamer Beschäftigtendatenschutz im Lichte der Europäischen Datenschutz-Grundverordnung (DS-GVO), 2017
Zit.: *Körner*, Beschäftigtendatenschutz.

*Körner*, Marita § 26 BDSG n. F. – ein erweitertes Provisorium für den Beschäftigtendatenschutz, in: *Deinert*, Olaf/*Heuschmid*, Johannes/*Kittner*, Michael/*Schmidt*, Marlene (Hrsg.), Festschrift für Thomas Klebe zum 70. Geburtstag, Demokratisierung der Wirtschaft durch Arbeitsrecht, Frankfurt am Main 2018, S. 231–236
Zit.: *Körner*, in: Deinert et al., FS Klebe.

*Körner*, Marita — Die Auswirkungen der Datenschutz-Grundverordnung (DSGVO) in der betrieblichen Praxis, Frankfurt am Main 2019
Zit.: *Körner*, DSGVO.

*Körner*, Marita — Beschäftigtendatenschutz in Betriebsvereinbarungen unter der Geltung der DS-GVO, NZA 2019, 1389–1395.

*Körner*, Marita — Die Rolle des Betriebsrats im Beschäftigtendatenschutz, Rechtswissenschaftliche Beiträge der Hamburger Sozialökonomie, Heft 27, September 2019 https://tinyurl.com/ur9pctz (Abruf: 31.05.2024)
Zit.: *Körner*, Rechtswissenschaftliche Beiträge, Heft 27.

*Körner*, Marita — Der Betriebsrat als datenschutzrechtlich verantwortliche Stelle, Rechtswissenschaftliche Beiträge der Hamburger Sozialökonomie, Heft 29, Oktober 2019, https://tinyurl.com/vkkk78c (Abruf: 31.05.2024)
Zit.: *Körner*, Rechtswissenschaftliche Beiträge, Heft 29.

*Kort*, Michael — Soziale Netzwerke und Beschäftigtendatenschutz, DuD 2012, 722–728.

*Kort*, Michael — Erhebung und Verarbeitung von Bewerber- und Arbeitnehmerdaten, in: *Conrad*, Isabell/*Grützmacher*, Malte (Hrsg.), Festschrift für Jochen Schneider zum 70. Geburtstag, Köln 2014, S. 368–390
Zit.: *Kort*, in: Conrad/Grützmacher, FS Schneider.

*Kort*, Michael — Eignungsdiagnose von Bewerbern unter der Datenschutz-Grundverordnung (DS-GVO), NZA-Beilage 2016, 62–71.

*Kort*, Michael — Arbeitnehmerdatenschutz gemäß der EU-Datenschutz-Grundverordnung, DB 2016, 711–716.

*Kort*, Michael — Die Zukunft des deutschen Beschäftigtendatenschutzes – Erfüllung der Vorgaben der DS-GVO, ZD 2016, 555–560.

*Kort*, Michael — Was ändert sich für Datenschutzbeauftragte, Aufsichtsbehörden und Betriebsrat mit der DS-GVO? – Die zukünftige Rolle der Institutionen rund um den Beschäftigtendatenschutz, ZD 2017, 3–7.

*Kort*, Michael — Der Beschäftigtendatenschutz gem. § 26 BDSG-neu – Ist die Ausfüllung der Öffnungsklausel des Art. 88 DS-GVO geglückt?, ZD 2017, 319–323.

*Kort*, Michael — Die Bedeutung der neueren arbeitsrechtlichen Rechtsprechung für das Verständnis des neuen Beschäftigtendatenschutzes, NZA 2018, 1097–1105.

*Kort*, Michael — Neuer Beschäftigtendatenschutz und Industrie 4.0 – Grenzen einer „Rundumüberwachung" angesichts der Rechtsprechung, der DSGVO und des BDSG nF, RdA 2018, 24–33.

*Kort*, Michael — Schweigepflicht eines beim BEM-Gespräch hinzugezogenen Betriebsratsmitglieds, NZA 2019, 502–505.

| | |
|---|---|
| *Korte*, Kai | BlnBDI: Verwarnung wegen Verarbeitung von Daten aus öffentlichen Registern, ZD-Aktuell 2020, 07091. |
| *Kramer*, Philipp | Einschränkung der Einwilligung für Bewerbungsunterlagen im Bewerberpool?, DSB 2018, 41. |
| *Kramer*, Stefan (Hrsg.) | IT-Arbeitsrecht – Digitalisierte Unternehmen: Herausforderungen und Lösungen, 3. Auflage 2023<br>Zit.: *Bearbeiter*, in: Kramer, IT-Arbeitsrecht. |
| *Kraska*, Sebastian | Auswirkungen der EU-Datenschutzgrundverordnung, ZD-Aktuell 2016, 04173. |
| *Krause*, Rüdiger | Gewerkschaften und Betriebsräte zwischen Kooperation und Konfrontation, RdA 2009, 129–143. |
| *Krause*, Rüdiger | Herausforderung Digitalisierung der Arbeitswelt und Arbeiten 4.0, NZA-Beilage 2017, 53–59. |
| *Kremer*, Sascha | Wer braucht warum das neue BDSG? – Auseinandersetzung mit wesentlichen Inhalten des BDSG n. F., CR 2017, 367–378. |
| *Kremer*, Sascha | Gemeinsame Verantwortlichkeit: Die neue Auftragsverarbeitung? – Analyse der tatsächlichen Lebenssachverhalte zur Abgrenzung zwischen gemeinsamer Verantwortlichkeit und Auftragsverarbeitung, CR 2019, 225–234. |
| *Kremer*, Sascha | Plugins nach dem EuGH: Cookie Consent und Joint Controller überall? Warum und wie Plugins und Tools für Websites und andere Telemedien ab sofort auf technischer Ebene zu filetieren sind, CR 2019, 676–688. |
| *Kremer*, Sascha | Unverschlüsselte E-Mail-Kommunikation mit Kunden und Mandanten – Datenschutz- oder berufsrechtliche Pflicht zur (aufgedrängten) E-Mail-Verschlüsselung?, ITRB 2020, 35–40. |
| *Kreutz*, Peter | Grundsätzliches zum persönlichen Geltungsbereich der Betriebsvereinbarung, ZfA 2003, 361–388. |
| *Kriegesmann*, Torben | Unterlassungsanspruch gegen Suchmaschinenbetreiber wegen Verarbeitung von Gesundheitsdaten, DSB 2019, 17–18. |
| *Krimphove*, Dieter | Datenschutzrechte der lehrenden Arbeitnehmer auch in Videokonferenzen?, ArbRAktuell 2023, 227–230. |
| *Kring*, Markus | Big Data und der Grundsatz der Zweckbindung im Datenschutzrecht, Diss. jur. Frankfurt am Main<br>Zit.: *Kring*, Big Data. |
| *Kröger*, Malte | Die Digitalisierung des Arbeitslebens und der Beschäftigtendatenschutz nach DSGVO und BDSG-neu, DSB 2018, 9–11. |
| *Krohm*, Niclas | Abschied vom Schriftformgebot der Einwilligung – Lösungsvorschläge und künftige Anforderungen, ZD 2016, 368–373. |

| | |
|---|---|
| *Krohm*, Niclas/ *Müller-Peltzer*, Philipp | (Fehlende) Privilegierung der Auftragsverarbeitung unter der Datenschutz-Grundverordnung?, RDV 2016, 307–312. |
| *Krohm*, Niclas/ *Müller-Peltzer*, Philipp | Auswirkungen des Kopplungsverbots auf die Praxistauglichkeit der Einwilligung – Das Aus für das Modell „Service gegen Daten"?, ZD 2017, 551–556. |
| *Kroschwald*, Steffen | Verschlüsseltes Cloud Computing – Auswirkung der Kryptografie auf den Personenbezug in der Cloud, ZD 2014, 75–80. |
| *Krügel*, Tina | Das personenbezogene Datum nach der DS-GVO – Mehr Klarheit und Rechtssicherheit?, ZD 2017, 455–460. |
| *Krüger*, Stefan/ *Wiencke*, Julia | Bitte recht freundlich – Verhältnis zwischen KUG und DS-GVO – Herstellung und Veröffentlichung von Personenbildnissen nach Inkrafttreten der DS-GVO, MMR 2019, 76–80. |
| *Kruis*, Tobias | Der Anwendungsvorrang des EU-Rechts in Theorie und Praxis – seine Durchsetzung in Deutschland; eine theoretische und empirische Untersuchung anhand der Finanz- und Verwaltungsgerichte und Behörden, Diss. jur. München 2013<br>Zit.: *Kruis*, Anwendungsvorrang. |
| *Krumm*, Julia Kristina | Smarte private Videoüberwachung – Die Zulässigkeit intelligenter Videoüberwachung durch nicht öffentliche Stellen im öffentlich zugänglichen Raum gemäß § 6b BDSG, Diss. jur. Würzburg 2018<br>Zit.: *Krumm*, Videoüberwachung. |
| *Krusche*, Jan | Kumulation von Rechtsgrundlagen zur Datenverarbeitung – Verhältnis der Einwilligung zu anderen Erlaubnistatbeständen, ZD 2020, 232–237. |
| *Kubach*, Laura/ *Gutsche*, Thomas | Wenn die NSA mitliest – Berufsrechtliche Herausforderungen und technische Möglichkeiten sicherer Mandantenkommunikation per E-Mail, in: *Taeger*, Jürgen (Hrsg.), Tagungsband Herbstakademie 2014, Big Data & Co, Neue Herausforderungen für das Informationsrecht, Edewecht 2014, S. 585–593<br>Zit.: *Kubach/Gutsche*, in: Taeger, DSRITB 2014. |
| *Kühling*, Jürgen | Auf dem Weg zum vollharmonisierten Datenschutz!?, EuZW 2012, 281–282. |
| *Kühling*, Jürgen | Neues Bundesdatenschutzgesetz – Anpassungsbedarf bei Unternehmen, NJW 2017, 1985–1990. |
| *Kühling*, Jürgen | Datenschutz im Gesundheitswesen, MedR 2019, 611–622. |
| *Kühling*, Jürgen/ *Buchner*, Benedikt (Hrsg.) | Datenschutz-Grundverordnung/Bundesdatenschutzgesetz, Kommentar, 4. Auflage, München 2024<br>Zit.: *Bearbeiter*, in: Kühling/Buchner. |
| *Kühling*, Jürgen/*Klar*, Manuel | Unsicherheitsfaktor Datenschutzrecht – Das Beispiel des Personenbezugs und der Anonymität, NJW 2013, 3611–3617. |

| | |
|---|---|
| *Kühling*, Jürgen/*Klar*, Manuel | Löschpflichten vs. Datenaufbewahrung – Vorschläge zur Auflösung eines Zielkonfliktes bei möglichen Rechtsstreitigkeiten, ZD 2014, 506–510. |
| *Kühling*, Jürgen/*Klar*, Manuel/*Sackmann*, Florian (Hrsg.) | Datenschutzrecht, 5. Auflage, Heidelberg 2021 Zit.: *Kühling/Klar/Sackmann*, Datenschutzrecht. |
| *Kühling*, Jürgen/ *Martini*, Mario | Die Datenschutz-Grundverordnung: Revolution oder Evolution im europäischen und deutschen Datenschutzrecht?, EuZW 2016, 448–454. |
| *Kühling*, Jürgen/ *Martini*, Mario/*Heberlein*, Johanna/*Kühl*, Benjamin/*Nink*, David/*Weinzierl*, Quirin/*Wenzel*, Michael | Die Datenschutz-Grundverordnung und das nationale Recht – Erste Überlegungen zum innerstaatlichen Regelungsbedarf, 2016 Zit.: *Kühling/Martini et al.*, DSGVO. |
| *Kühnl*, Christina/ *Rohrer*, Kerstin/ *Schneider*, Nick Kai | Ein europäischer Gesundheitsdatenschutz – Eine Utopie trotz EU-Datenschutz-Grundverordnung?, DuD 2018, 735–740. |
| *Kumkar*, Lea Katharina/ *Roth-Isigkeit*, David | Erklärungspflichten bei automatisierten Datenverarbeitungen nach der DSGVO, JZ 2020, 277–286. |
| *Kuner*, Christopher/ *Bygrave*, Lee A./ *Docksey*, Christopher (Hrsg.) | The EU General Data Protection Regulation (GDPR), A Commentary, Oxford 2020 Zit.: *Bearbeiter*, in: Kuner et al., GDPR. |
| *Kunz*, Jürgen/*Hessler*, Martin/*Brand*, Jürgen/ *Nebeling*, Martin (Hrsg.) | Praxis des Arbeitsrechts – Arbeitsrecht – Steuerrecht – Sozialversicherungsrecht, 7. Auflage, 2023 Zit.: *Bearbeiter*, in: Kunz et al., Praxis des Arbeitsrechts. |
| *Kursawe*, Stefan/ *Nebel*, Julian | „Sozialübliche innerbetriebliche Kommunikation" – zum Anwendungsbereich des Beschäftigtendatenschutzes, BB 2012, 516–519. |
| *Kurzböck*, Christoph/ *Weinbeck*, Kathrin | DSGVO-Verstöße im Betriebsratsbüro – wer haftet?, BB 2018, 1652–1655. |
| *Kurzböck*, Christoph/ *Weinbeck*, Kathrin | Die datenschutzrechtliche Verantwortlichkeit des Betriebsrats, BB 2020, 500–503. |
| *Kuß*, Christian/ *Langenheim*, Niccolo | Der Betriebsrat zwischen Datenschutz und Betriebsverfassungsrecht – Der neue § 79a BetrVG in der Praxis, CR 2022, 235–242. |
| *Laber*, Jörg/*Klein*, Julie | Bewerbung und dann?, ArbRB 2002, 171–173. |

| | |
|---|---|
| *Laber*, Jörg/*Santon*, Tomislav | Die Auswertung von Browserverläufen zur Überwachung der Internetnutzung am Arbeitsplatz – Zulässigkeit, Grenzen und Beweisverwertungsverbote, ArbRB 2019, 60–63. |
| *Lachenmann*, Matthias | Anmerkung zu BVerwG, Urt. v. 27.03.2019 – 6 C 2.18, ZD 2019, 374–375. |
| *Lachenmann*, Matthias | Anmerkung zu EuGH, Urt. v. 11.12.2019 – C-708/18, ZD 2020, 150–151. |
| *Landesbeauftragte für Datenschutz Bremen* | Datenschutz bei Online-Bewerbungen, https://tinyurl.com/y2b8afov (Abruf: 31.05.2024)<br>Zit.: *LfD Bremen*, Datenschutz bei Online-Bewerbungen. |
| *Landesbeauftragte für Datenschutz Bremen* | Erhebung von Gesundheitsdaten im Bewerbungsverfahren, https://tinyurl.com/yxftkw4y (Abruf: 31.05.2024)<br>Zit.: *LfD Bremen*, Gesundheitsdaten im Bewerbungsverfahren. |
| *Landesbeauftragte für Datenschutz Bremen* | Recherche über Bewerberinnen und Bewerber in sozialen Netzwerken und Internet-Suchmaschinen, https://tinyurl.com/yywewem3 (Abruf: 31.05.2024)<br>Zit.: *LfD Bremen*, Recherche über Bewerberinnen und Bewerber. |
| *Landesbeauftragte für den Datenschutz und für das Recht auf Akteneinsicht Brandenburg* | Tätigkeitsbericht Datenschutz der Landesbeauftragten für den Datenschutz und für das Recht auf Akteneinsicht zum 31. Dezember 2020, https://tinyurl.com/5b2j58c5 (Abruf: 31.05.2024)<br>Zit.: *LDA Brandenburg*, TB 2020. |
| *Landesdatenschutzbeauftragter für Datenschutz und Informationsfreiheit Baden-Württemberg* | Der Ratgeber – Beschäftigtendatenschutz- Zwischen wirtschaftlicher und persönlicher Abhängigkeit und informationeller Selbstbestimmung, 4. Auflage, Oktober 2019, https://tinyurl.com/ugh254k (Abruf: 31.05.2024)<br>Zit.: *LfDI BW*, Beschäftigtendatenschutz. |
| *Landesdatenschutzbeauftragter für Datenschutz und Informationsfreiheit Baden-Württemberg* | Datenschutz bei Gemeinden, Stand: Dezember 2019, https://tinyurl.com/3kzfe9kj (Abruf: 31.05.2024)<br>Zit.: *LfDI BW*, Datenschutz bei Gemeinden. |
| *Landesdatenschutzbeauftragter für Datenschutz und Informationsfreiheit Baden-Württemberg* | 34. Tätigkeitsbericht 2018, https://tinyurl.com/y37spv8v (Abruf: 31.05.2024)<br>Zit.: *LfDI BW*, 34. TB. |
| *Landesdatenschutzbeauftragter für Datenschutz und Informationsfreiheit Baden-Württemberg* | 35. Tätigkeitsbericht 2019, https://tinyurl.com/vkx2wpw (Abruf: 31.05.2024)<br>Zit.: *LfDI BW*, 35. TB. |

| | |
|---|---|
| *Landesdatenschutzbeauftragter für Datenschutz und Informationsfreiheit Baden-Württemberg* | 36. Datenschutz-Tätigkeitsbericht 2020, https://tinyurl.com/mr279f2m (Abruf: 31.05.2024)<br>Zit.: *LfDI BW*, 36. TB. |
| *Landesbeauftragter für Datenschutz und Informationsfreiheit Mecklenburg-Vorpommern* | Stellungnahme des LfDI M-V zum DSAnpUG-EU, 25. Januar 2017, https://tinyurl.com/vc264rs (Abruf: 31.05.2024)<br>Zit.: *LfDI M-V*, Stellungnahme. |
| *Landesbeauftragter für Datenschutz und Informationsfreiheit Mecklenburg-Vorpommern* | Vierzehnter Tätigkeitsbericht zum Datenschutz des Landesbeauftragten für Datenschutz und Informationsfreiheit Mecklenburg-Vorpommern, https://tinyurl.com/y3u8vtn9 (Abruf: 31.05.2024)<br>Zit.: *LfDI M-V*, 14. TB. |
| *Landesbeauftragte für Datenschutz und Informationsfreiheit Nordrhein-Westfalen* | Technische Anforderungen an technische und organisatorische Maßnahmen beim E-Mail-Versand, https://tinyurl.com/yny4f65u (Abruf: 31.05.2024)<br>Zit.: *LfDI NRW*, E-Mail-Versand. |
| *Landesbeauftragte für Datenschutz und Informationsfreiheit Nordrhein-Westfalen* | 23. Datenschutz- und Informationsfreiheitsbericht der Landesbeauftragten für Datenschutz und Informationsfreiheit Nordrhein-Westfalen, https://tinyurl.com/y2pjf5rr (Abruf: 31.05.2024)<br>Zit.: *LfDI NRW*, 23. TB. |
| *Landesbeauftragte für Datenschutz und Informationsfreiheit Nordrhein-Westfalen* | 24. Datenschutz- und Informationsfreiheitsbericht der Landesbeauftragten für Datenschutz und Informationsfreiheit Nordrhein-Westfalen, https://tinyurl.com/y428eyau (Abruf: 31.05.2024)<br>Zit.: *LfDI NRW*, 24. TB. |
| *Landesbeauftragte für Datenschutz und Informationsfreiheit Nordrhein-Westfalen* | Stellungnahme zum Konsultationsverfahren des BfDI zum Thema des Positionspapieres zur Anonymisierung unter der DSGVO unter besonderer Berücksichtigung der TK-Branche, https://tinyurl.com/5hyzkj9m (Abruf: 31.05.2024)<br>Zit.: *LfDI NRW*, Konsultationsverfahren. |
| *Landesbeauftragter für Datenschutz und die Informationsfreiheit Rheinland-Pfalz* | Online-Bewerbungen, https://tinyurl.com/y54u9678 (Abruf: 31.05.2024)<br>Zit.: *LfDI Rheinland-Pfalz*, Online-Bewerbungen. |
| *Landesbeauftragte für den Datenschutz Niedersachsen* | Typische Fälle im Beschäftigtendatenschutz, https://tinyurl.com/yxv468b9 (Abruf: 31.05.2024)<br>Zit.: *LfD Niedersachsen*, Beschäftigtendatenschutz. |

*Landesbeauftragte für den Datenschutz Niedersachsen* Datenschutzkonforme Einwilligungen auf Webseiten –Anforderungen an Consent-Layer (November 2020), https://tinyurl.com/y2lv9tm6 (Abruf: 31.05.2024)
Zit.: *LfD Niedersachsen*, Datenschutzkonforme Einwilligungen auf Webseiten.

*Laoutoumai*, Sebastian Privacy Litigation – Datenschutzrechtliche Ansprüche durchsetzen und verteidigen, Frankfurt am Main 2021
Zit.: *Laoutoumai*, Privacy Litigation.

*Lauber-Rönsberg*, Anne Zum Verhältnis von Datenschutzrecht und zivilrechtlichem Äußerungsrecht, AfP 2019, 373–383.

*Laue*, Philip Öffnungsklauseln in der DS-GVO – Öffnung wohin? – Geltungsbereich einzelstaatlicher (Sonder-)Regelungen, ZD 2016, 463–467.

*Laue*, Philip/*Nink*, Judith/*Kremer*, Sascha (Hrsg.) Das neue Datenschutzrecht in der betrieblichen Praxis, 3. Auflage, Köln 2024
Zit.: *Laue/Nink/Kremer*, Datenschutzrecht.

*Leeb*, Christina-Maria/*Liebhaber*, Johannes Grundlagen des Datenschutzrechts, JuS 2018, 534–538.

*Leeb*, Christina-Maria/*Lorenz*, Luisa Datenschutzkonforme Dokumentenentsorgung – Dos and Don'ts im Unternehmen, ZD 2018, 573–578.

*Leibold*, Kevin Übersicht über den Schadensersatzanspruch nach Art. 82 DS-GVO, ZD-Aktuell 2023, 01044.

*Leinemann*, Wolfgang (Hrsg.) Kasseler Handbuch zum Arbeitsrecht, Band 1, 2. Auflage, Neuwied/Kriftel 2000
Zit.: *Bearbeiter*, in: Leinemann, Arbeitsrecht, Band 1.

*Lelley*, Jan Tibor/*Bruck*, Julia M./*Yildiz*, Semican Reden ist Silber – Schweigen ist Gold? Aufgaben und Informationsrecht des Betriebsrats nach § 80 BetrVG, BB 2018, 2164–2173.

*Lepperhoff*, Niels Pre-Employment Screening im Lichte der DS-GVO, ZD-Aktuell 2017, 05748.

*Lepperhoff*, Niels Informationspflichten gegenüber Bewerbern nach der DS-GVO, RDV 2017, 21–25.

*Lepperhoff*, Nils/*Ermola*, Tatjana Kandidatensuche in berufsorientierten sozialen Netzwerken – Rechtsgrundlage und Pflichten, RDV 2018, 260–261.

*Lepperhoff*, Niels/*Müthlein*, Thomas (Hrsg.) Leitfaden zur Datenschutz-Grundverordnung, Umsetzungshilfe für die betriebliche Praxis, 2. Auflage 2018.
Zit.: *Lepperhoff/Müthlein*, DSGVO.

*Lettl*, Tobias Die Datenschutz-Grundverordnung (DSGVO), WM 2018, 1149, 1157.

*Leupold*, Andreas/*Wiebe*, Andreas/*Glossner*, Silke (Hrsg.) Münchener Anwaltshandbuch IT-Recht – Recht, Wirtschaft und Technik der digitalen Transformation, 4. Auflage, München 2021
Zit.: *Bearbeiter*, in: Leupold et al., MAH IT-Recht.

*Leyke*, Senta — Der Verantwortliche im Spannungsfeld zwischen Lösch- und Rechenschaftspflichten, DSB 2019, 136–138.

*Liedke*, Bernd — Die Einwilligung im Datenschutzrecht, Edewecht 2012
Zit.: *Liedke*, Einwilligung.

*Lindner*, Josef Franz — Grundrechtsschutz gegen gemeinschaftsrechtliche Öffnungsklauseln – zugleich ein Beitrag zum Anwendungsbereich der EU-Grundrechte, EuZW 2007, 71–75.

*Lindner*, Josef Franz — Kognitive Neuroergonomie als Problem des Arbeitsrechts, NJOZ 2020, 321–326.

*Linnenbürger*, Anja/ *Greb*, Christian/ *Gratzel*, Dirk C. — Precire Technologies, in: *Stulle*, Klaus P. (Hrsg.), Psychologische Diagnostik durch Sprachanalyse, Validierung der PRECIRE-Technologie für die Personalarbeit, Wiesbaden 2018, S. 23–56
Zit.: *Linnenbürger/Greb/Gratzel*, in: Stulle, Psychologische Diagnostik.

*Litschen*, Kai — Reichweite des Herausgabeanspruchs von personenbezogenen Daten nach Art. 15 DSGVO, öAT 2020, 227–230.

*Looschelders*, Dirk (Hrsg.) — beck-online-Großkommentar, AGG, München 2023
Zit.: *Bearbeiter*, in: Looschelders, beckOGK AGG.

*Lorenz*, Bernd — Datensicherheit von E-Mails, DuD 2017, 757–760.

*Lorenz*, Bernd — Datenschutzrechtliche Informationspflichten, VuR 2019 213–220.

*Lotz*, Benjamin/ *Wendler*, Julia — Datensicherheit als datenschutzrechtliche Anforderung: Zur Frage der Abdingbarkeit des § 9 BDSG – Eine Erörterung für den privaten Rechtsverkehr und für Betreiber Kritischer Infrastrukturen, CR 2016, 31–36.

*Löwisch*, Manfred/ *Kaiser*, Dagmar/ *Klumpp*, Steffen (Hrsg.) — BetrVG – Betriebsverfassungsgesetz, Band 2: §§ 74 – 132, 8. Auflage, Frankfurt am Main 2023
Zit.: *Bearbeiter*, in: Löwisch et al., BetrVG.

*Lücke*, Oliver — Die Betriebsverfassung in Zeiten der DS-GVO – „Bermuda-Dreieck“ zwischen Arbeitgeber, Betriebsräten und Datenschutzbeauftragten?!, NZA 2019, 658–670.

*Lüdemann*, Volker/ *Pokrant*, Patrick — Die Einwilligung beim Smart Metering – Anforderungen nach dem Messstellenbetriebsgesetz und der EU-Datenschutz-Grundverordnung, DuD 2019, 365–370.

*Lützeler*, Martin/ *Bissels*, Alexander — Social Media-Leitfaden für Arbeitgeber: Rechte und Pflichten im Arbeitsverhältnis, ArbRAktuell 2011, 499–502.

*Lützeler*, Martin/*Kopp*, Désirée — HR mit System: Bewerbermanagement-Tools, ArbRAktuell 2015, 491–494.

*Maamar*, Niklas — Social Scoring – Eine europäische Perspektive auf Verbraucher-Scores zwischen Big Data und Big Brother, CR 2018, 820–828.

*Maier*, Natalie — Der Beschäftigtendatenschutz nach der Datenschutz-Grundverordnung – Getrennte Regelungen für den öffentlichen und nicht öffentlichen Bereich?, DuD 2017, 169–174.

*Maisch*, Michael Marc — Informationelle Selbstbestimmung in Netzwerken – Rechtsrahmen, Gefährdungslagen und Schutzkonzepte am Beispiel von Cloud Computing und Facebook, Diss. jur. Berlin 2015
Zit.: *Maisch*, Informationelle Selbstbestimmung.

*Marnau*, Ninja/*Berrang*, Pascal/*Humbert*, Mathias — Anonymisierungsverfahren für genetische Daten, DuD 2018, 83–88.

*Martini*, Mario — Algorithmen als Herausforderung für die Rechtsordnung, JZ 2017, 1017–1025.

*Martini*, Mario/*Botta*, Jonas — Iron Man am Arbeitsplatz? – Exoskelette zwischen Effizienzstreben, Daten- und Gesundheitsschutz – Chancen und Risiken der Verschmelzung von Mensch und Maschine in der Industrie 4.0, NZA 2018, 625–637.

*Martini*, Mario/*Hohmann*, Matthias — Der gläserne Patient: Dystopie oder Zukunftsrealität? Perspektiven datengetriebener Gesundheitsforschung unter der DS-GVO und dem Digitale-Versorgung-Gesetz, NJW 2020, 3573–3578.

*Martini*, Mario/*Nink*, David — Wenn Maschinen entscheiden …- vollautomatisierte Verwaltungsverfahren und der Persönlichkeitsschutz, NVwZ-Extra 2017, 1–14.

*Martini*, Mario/*Wenzel*, Michael — >>Once only<< versus >>only once<<: Das Prinzip einmaliger Erfassung zwischen Zweckbindungsgrundsatz und Bürgerfreundlichkeit, DVBl 2017, 749–758.

*Maschmann*, Frank — Datenschutzgrundverordnung: Quo vadis Beschäftigtendatenschutz? Vorgaben der EU-Datenschutzgrundverordnung für das nationale Recht, DB 2016, 2480–2486.

*Maschmann*, Frank — Führung und Mitarbeiterkontrolle nach neuem Datenschutzrecht, NZA-Beilage 2018, 115–124.

*Maschmann*, Frank — Verarbeitung personenbezogener Entgeltdaten und neuer Datenschutz, BB 2019, 628–636.

*Maschmann*, Frank/*Fritz*, Hans-Joachim (Hrsg.) — Matrixorganisationen – Gesellschaftsrecht, Arbeitsrecht, Datenschutz, 2. Auflage, München 2024
Zit.: *Bearbeiter*, in: Maschmann/Fritz, Matrixorganisationen.

*Matejek*, Michael/*Mäusezahl*, Steffen — Gewöhnliche vs. Sensible personenbezogene Daten – Abgrenzung und Verarbeitungsrahmen von Daten gem. Art. 9 DS-GVO, ZD 2019, 551–556.

*Mätzig*, Sarah — Die anonyme Bewerbung – Folgen und Grenzen der Anonymisierung im Arbeitsrecht, Diss. jur. Bochum 2016
Zit.: *Mätzig*, Die anonyme Bewerbung.

*Melot de Beauregard*, Paul/*Gleich*, Christian — Social Media am Arbeitsplatz – Chancen und Risiken, DB 2012, 2044–2048.

| | |
|---|---|
| *Mesch*, Gerrit/ *Folkerts*, Elena | Aufnahme von Bewerbern in einen „Talentpool“ – Datenschutzrechtliche Anforderungen an eine digitale Bewerberdatenbank, ZD 2021, 252–257. |
| *Meyer*, Cord | Fragerecht nach der Gewerkschafts-mitgliedschaft bei Arbeitsbeginn?, BB 2011, 2362–2364. |
| *Meyer*, Jürgen/ *Hölscheidt*, Sven (Hrsg.) | Charta der Grundrechte der Europäischen Union, 5. Auflage, Baden-Baden 2019<br>Zit.: *Bearbeiter*, in: Meyer/Hölscheidt, GRCh. |
| *Michel*, Stefan | K&R-Kommentar – Das „Recht auf Vergessenwerden“ nach der DSGVO – OLG Frankfurt a. M. contra EuGH?, K&R 2018, 731–732. |
| *Middel*, Lukas | Beschäftigtendatenschutz im Lichte der DSGVO und unter Berücksichtigung des BDSG (neu), AuR 2018, 411–418. |
| *Mittelberger*, Philipp | DSGVO in Liechtenstein: erste Erfahrungen, digma 2018, 178–181. |
| *Möhle*, Jan-Peter | Datenschutz und Betriebsrat im Betriebsrätestärkungsgesetz: Politischer Wille ohne rechtlichen Weitblick!, ZD-Aktuell 2021, 05067. |
| *Moll*, Wilhelm (Hrsg.) | Münchener Anwaltshandbuch Arbeitsrecht, 5. Auflage, München 2021<br>Zit.: *Bearbeiter*, in: Moll, Arbeitsrecht. |
| *Monreal*, Manfred | „Der für die Verarbeitung Verantwortliche” – das unbekannte Wesen des deutschen Datenschutzrechts – Mögliche Konsequenzen aus einem deutschen Missverständnis, ZD 2014, 611–616. |
| *Monreal*, Manfred | Weiterverarbeitung nach einer Zweckänderung in der DS-GVO – Chancen nicht nur für das europäische Verständnis des Zweckbindungsgrundsatzes, ZD 2016, 507–512. |
| *Monreal*, Manfred | Die Geheimnisse der Auftragsverarbeitung, PinG 2017, 216–226. |
| *Monreal*, Manfred | Der Rahmen der Verantwortung und die klare Linie in der Rechtsprechung des EuGH zu gemeinsam Verantwortlichen – Auswirkungen der europarechtlichen Konzeption des Verantwortlichen, CR 2019, 797–808. |
| *Moos*, Flemming/ *Rothkegel*, Tobias | Nutzung von Scoring-Diensten im Online-Versandhandel – Scoring-Verfahren im Spannungsfeld von BDSG, AGG und DS-GVO, ZD 2016, 561–568. |
| *Moos*, Flemming | Die Entwicklung des Datenschutzrechts im Jahr 2018, K&R 2019, 237–245. |
| *Moos*, Flemming/ *Bandehzadeh*, Mona/ *Bodenstedt*, Kai | Datenschutzrechtliche Zulässigkeit der Aufbewahrung von Bewerberdaten unter Berücksichtigung des AGG, DB 2007, 1194–1197. |

| | |
|---|---|
| *Moos*, Flemming/ *Schefzig*, Jens/*Arning*, Marian (Hrsg.) | Die neue Datenschutz-Grundverordnung, Mit Bundesdatenschutzgesetz 2018, Berlin/Boston 2018<br>Zit.: *Bearbeiter*, in: Moos et al., DSGVO. |
| *Morasch*, Olga | Datenverarbeitung im Beschäftigungskontext – Zur Reichweite der Öffnungsklausel nach Art. 88 DSGVO, Diss. jur. Regenburg 2018<br>Zit.: *Morasch*, Beschäftigungskontext. |
| *Müller*, Falk | Beschäftigtendatenschutz im Arbeitsrecht: dienstliche und private E-Mail-Nutzung, öAT 2019, 1–4. |
| *Müller*, Günther | Die Aufbewahrungsvorschriften des Handelsgesetzbuches, WPg 1965, 560–568. |
| *Müller*, Marian | Die Öffnungsklauseln der Datenschutzgrundverordnung – Ein Beitrag zur Europäischen Handlungsformenlehre, Diss. jur. Münster (Westf.) 2018<br>Zit.: *Müller*, Öffnungsklauseln. |
| *Müller-Glöge*, Rudi/ *Preis*, Ulrich/*Schmidt*, Ingrid (Hrsg.) | Beck'sche Kurzkommentare – Erfurter Kommentar zum Arbeitsrecht, 24. Auflage, München 2024<br>Zit.: *Bearbeiter*, in: Müller-Glöge et al., Arbeitsrecht. |
| *Naber*, Sebastian/ *Ahrens*, Tim | Rahmenbetriebsvereinbarungen – ein Instrument bei Internal Investigations – Vereinfachung und Beschleunigung von Internal Investigations durch vorausschauend abgeschlossene Betriebsvereinbarungen, PinG 2018, 257–261. |
| *Nägele*, Thomas/*Apel*, Simon (Hrsg.) | Beck´sche Online-Formulare IT- und Datenrecht, 18. Edition, München 2024<br>Zit.: *Bearbeiter*, in: Nägele/Apel, BeckOF IT- und Datenrecht, 18. Ed. |
| *Nebel*, Maxi | Big Data und Datenschutz in der Arbeitswelt – Risiken der Digitalisierung und Abhilfemöglichkeiten, ZD 2018, 520–524. |
| *Nebel*, Maxi | Die Zulässigkeit der Erhebung des Klarnamens nach den Vorgaben der Datenschutz-Grundverordnung, K&R 2019, 148–152. |
| *Neff*, Lukas | Die Zulässigkeit der Verarbeitung von Daten aus allgemein zugänglichen Quellen, in: *Taeger*, Jürgen (Hrsg.), Tagungsband Herbstakademie 2015, Internet der Dinge, Digitalisierung von Wirtschaft und Gesellschaft, Edewecht 2015, S. 81–93.<br>Zit.: *Neff*, in: Taeger, DSRITB 2015. |
| *Nelles*, Karolin/ *Becker*, Frank | Datenschutzprobleme beim Einsatz neuer Scantechnologien – Aktuelle und künftige Rechtslage beim Erfassen von Ausweisdokumenten und Arztrechnungen, ZD 2017, 419–424. |

| | |
|---|---|
| *Nguyen*, Alexander | Die Subsidiaritätsrüge des Deutschen Bundesrates gegen den Vorschlag der EU-Kommission für eine Datenschutz-Grundverordnung, ZeuS 2012, 277–300. |
| *Niemann*, Fabian/ *Kevekordes*, Johannes | Machine Learning und Datenschutz (Teil 1) – Grundsätzliche datenschutzrechtliche Zulässigkeit, CR 2020, 17–25. |
| *Niklas*, Thomas/*Thurn*, Lukas | Arbeitswelt 4.0 – Big Data im Betrieb, BB 2017, 1589–1596. |
| *Nolte*, Norbert | Das Recht auf Vergessenwerden – mehr als nur ein Hype?, NJW 2014, 2238–2242. |
| *Nugel*, Michael | Auslesen von Fahrzeugdaten auf Grundlage der DS-GVO – Auskunftsansprüche als Chance zur Aufklärung von Versicherungsfällen, ZD 2019, 341–346. |
| *Oberlin*, Jutta/*Lezzi*, Lukas | Das berechtigte Interesse als Rechtfertigungsgrund – eine praxisnahe Darstellung, BvD-News 1/2019, 45–53. |
| *Oberthür*, Nathalie | Social Media im Arbeitsverhältnis: Von Bewerbung über Tratsch bis Whistleblowing, AnwBl 2015, 849–853. |
| *Oberthür*, Nathalie | Aktuelle Tendenzen des EuGH und deren Auswirkungen auf das nationale Recht (Arbeitnehmerbegriff, Datenschutz und andere Fragen), RdA 2018, 286–297. |
| *Oberthür*, Nathalie/ *Seitz*, Stefan (Hrsg.) | Betriebsvereinbarungen, 3. Auflage, München 2021 Zit.: *Bearbeiter*, in: Oberthür/Seitz, Betriebsvereinbarungen. |
| *Oberwetter*, Christian | Bewerberprofilerstellung durch das Internet – Verstoß gegen das Datenschutzrecht?, BB 2008, 1562–1566. |
| *Oberwetter*, Christian | Soziale Netzwerke im Fadenkreuz des Arbeitsrechts, NJW 2011, 417–421. |
| *Oberwetter*, Christian | Recherche über Bewerber und Beschäftigte in sozialen Netzwerken und Internet-Suchmaschinen: Zur Zulässigkeit eines Background-Checks, AnwZert ArbR 7/2020 Anm. 2. |
| *Odemer*, Hilmar | Das AGG in der Fallbearbeitung, Jura 2019, 1160–1171. |
| *Oetker*, Hartmut (Hrsg.) | Handelsgesetzbuch, Kommentar, 8. Auflage, München 2024 Zit.: *Bearbeiter*, in: Oetker, HGB. |
| *Ohlendorf*, Bernd/ *Schreier*, Michael | AGG-konformes Einstellungsverfahren – Handlungsanleitung und Praxistipps, BB 2008, 2458–2465. |
| *Ory*, Stephan/*Weth*, Stephan | Betroffenenrechte in der Justiz – Die DS-GVO auf Konfrontationskurs mit der ZPO?, NJW 2018, 2829–2834. |
| *Ott*, Stephan | Das Internet vergisst nicht – Rechtsschutz für Suchobjekte?, MMR 2009, 158–163. |
| *Ottmann*, Jan | Beteiligung des Betriebsrates im Einstellungsprozess (Teil 2), ArbRAktuell 2018, 521–523. |
| *Otto*, Dirk/*Rüdlin*, Mark | Standardisierung von Patienteneinwilligungen im Krankenhaus – Vorschlag zum einfacheren und effizienteren Umgang mit Einwilligungserklärungen zur Datenverarbeitung, ZD 2017, 519–524. |

| | |
|---|---|
| *Paal*, Boris P. | Gesundheitsdatenverarbeitung und private Krankenversicherungen – Übermittlung von Daten (mit-)versicherter Personen an den Versicherungsnehmer, ZD 2022, 471–476. |
| *Paal*, Boris P./*Götz*, Matthias | Datenübermittlung im Konzern: Übertragung von Daten aus dem E-Mail-Account eines Mitarbeiters, RDV 2023, 141–147. |
| *Paal*, Boris P./*Pauly*, Daniel A. (Hrsg.) | Beck'sche Kompakt-Kommentare, Datenschutz-Grundverordnung – Bundesdatenschutzgesetz, 3. Auflage, München 2021<br>Zit.: *Bearbeiter*, in: Paal/Pauly. |
| *Paul*, Wolfgang | Auskunftsverlangen in der Publikumsgesellschaft – Permanente Herausforderung des Datenschutzes?, GWR 2019, 413–420. |
| *Pechstein*, Matthias/*Nowak*, Carsten/*Häde*, Ulrich (Hrsg.) | Frankfurter Kommentar zu EUV, GRC und AEUV, Band 1, 2017<br>Zit.: *Bearbeiter*, in: Pechstein et al., Frankfurter Kommentar. |
| *Peter*, Christian | Einsichtnahme in Examensarbeiten: Kopiert das Justizprüfungsamt jetzt kostenlos? Eine datenschutzrechtliche Betrachtung nach der DSGVO, ZJS 2019, 252–256. |
| *Pfirrmann*, Volker/*Rosenke*, Torsten/*Wagner*, Klaus J. (Hrsg.) | Beck'scher Online-Kommentar AO, 28. Edition, Stand: 15.04.2024, München 2024<br>Zit.: *Bearbeiter*, in: Pfirrmann et al., BeckOK AO, 28. Ed. |
| *Pfrang*, Sebastian | Die „nicht-dateimäßige“ Verarbeitung von Beschäftigtendaten, DuD 2018, 380–382. |
| *Pfrang*, Sebastian | Die Verarbeitung von Beschäftigtendaten zwischen Konzernunternehmen – Zur Reichweite eines aus der DSGVO folgenden unselbstständigen Konzernprivilegs, PinG 2019, 159–163. |
| *Pfrang*, Sebastian | Aufzählung der datenschutzrechtlichen Grundsätze gemäß Art. 5 DS-GVO in Betriebsvereinbarungen?, DuD 2021, 396–398. |
| *Piltz*, Carlo | Soziale Netzwerke im Internet – Eine Gefahr für das Persönlichkeitsrecht, Diss. jur. Frankfurt am Main 2013<br>Zit.: *Piltz*, Soziale Netzwerke. |
| *Piltz*, Carlo | Die Datenschutz-Grundverordnung – Teil 1: Anwendungsbereich, Definitionen und Grundlagen der Datenverarbeitung, K&R 2016, 557–567. |
| *Piltz*, Carlo | Die Datenschutz-Grundverordnung – Teil 3: Rechte und Pflichten des Verantwortlichen und Auftragsverarbeiters, K&R 2016, 709–717. |
| *Piltz*, Carlo (Hrsg.) | Bundesdatenschutzgesetz, Praxiskommentar für die Wirtschaft, Berlin 2017<br>Zit.: *Piltz*, BDSG. |

| | |
|---|---|
| *Piltz*, Carlo | Datenübertragbarkeit im Beschäftigungsverhältnis – Arbeitgeberwechsel: Und die Daten kommen mit?, RDV 2018, 3–8. |
| *Piltz*, Carlo | Erlaubnistatbestand der Vertragsdurchführung – auch Dritte profitieren, BvD-News 2/2018, 25–27. |
| *Piltz*, Carlo | Stichwort des Monats – Verschlüsselte Daten: keine Anwendbarkeit der DSGVO?, DSB 2019, 176–177.gl |
| *Piltz*, Carlo | Art. 9 DSGVO – ein Mysterium mit offenen Fragen, DSB 2021, 137. |
| *Piltz*, Carlo | Gibt es etwas Neues zur Aufbewahrungsdauer von Bewerberdaten?, DSB 2022, 101. |
| *Piltz*, Carlo/*Pradel*, Melanie | Ihnen steht ein Update für ihre datenschutzrechtliche Einwilligung zur Verfügung!, BvD-News 2/2019, 32–34. |
| *Piltz*, Carlo/ *zur Weihen*, Moritz | Die Mitteilungspflicht nach Art. 19 DS-GVO, RDV 2019, 107–113. |
| *Piltz*, Carlo/ *Zwerschke*, Johannes | Überblick zur bisher ergangenen Rechtsprechung des BAG zum neuen Datenschutzrecht, NZA-RR 2020, 113–118. |
| *Piltz*, Carlo/ *Zwerschke*, Johannes | Die rückwirkende Heilung rechtswidriger Datenverarbeitungen, DSB 2020, 148–150. |
| *Plath*, Kai-Uwe (Hrsg.) | BDSG/DSGVO, Kommentar zum BDSG und zur DSGVO sowie zu den Datenschutzbestimmungen von TMG und TKG, 2. Auflage, Köln 2016<br>Zit.: *Bearbeiter*, in: Plath, 2. Auflage. |
| *Plath*, Kai-Uwe (Hrsg.) | DSGVO/BDSG, Kommentar zu DSGVO, BDSG und TT-DSG, 4. Auflage, Köln 2023<br>Zit.: *Bearbeiter*, in: Plath. |
| *Plath*, Kai-Uwe/ *Grages*, Jan-Michael | „Let's Stay in Touch" – Direktwerbung unter der DSGVO, Eine kritische Bewertung der Orientierungshilfe der Aufsichtsbehörden, CR 2018, 770–782. |
| *Pohl*, Anna | Die datenschutzrechtliche Einwilligung im Spannungsfeld von hoheitlicher Regulierung und individueller Selbstbestimmung – unter besonderer Berücksichtigung der Dienste der Informationsgesellschaft, Diss. jur. Saarbrücken 2019<br>Zit.: *Pohl*, Einwilligung. |
| *Pohle*, Jan | Update: Trilog-Verhandlungen zur Datenschutzgrundverordnung, jurisPR-DSR 2/2015 Anm. 4. |
| *Poll*, Jens | Datenschutz in und durch Unternehmensgruppen im europäischen Datenschutzrecht – Zugleich ein Beitrag zum datenschutzrechtlichen Abhängigkeitsbegriff des Art. 4 Nr. 19 DSGVO, Diss. jur. Göttingen 2017<br>Zit.: *Poll*, Unternehmensgruppen. |
| *Pollmann*, Maren/ *Kipker*, Dennis-Kenji | Informierte Einwilligung in der Online-Welt, DuD 2016, 378–381. |

*Pötters*, Stephan — Primärrechtliche Vorgaben für eine Reform des Datenschutzrechts, RDV 2015, 10–16.

*Pötters*, Stephan/ *Hansen*, Marco — Datenschutzanforderungen an die Betriebsratsarbeit, ArbRAktuell 2020, 193–197.

*Preis*, Ulrich/*Greiner*, *Stefan* (Hrsg.) — Arbeitsrecht, Kollektivarbeitsrecht – Lehrbuch für Studium und Praxis, 6. Auflage, Köln 2024
Zit.: *Preis/Greiner*, Kollektivarbeitsrecht.

*Preis*, Ulrich/*Sagan*, Adam (Hrsg.) — Europäisches Arbeitsrecht – Grundlagen, Richtlinie, Folgen für das deutsche Recht, 2. Auflage, München 2019
Zit.: *Bearbeiter*, in: Preis/Sagan, Arbeitsrecht.

*Preis*, Ulrich/ *Temming*, Felipe (Hrsg.) — Arbeitsrecht, Individualarbeitsrecht – Lehrbuch für Studium und Praxis, 6. Auflage, Köln 2020
Zit.: *Bearbeiter*, in: Preis/Temming, Individualarbeitsrecht.

*Prütting*, Dorothea (Hrsg.) — Medizinrecht Kommentar, 6. Auflage, Köln 2022
Zit.: *Bearbeiter*, in: Prütting, Medizinrecht.

*Raab*, Johannes — Die Harmonisierung des einfachgesetzlichen Datenschutzes – Von der umsetzungsdefizitären Datenschutzrichtlinie 95/46/EG zur Datenschutz-Grundverordnung, Diss. jur. Regensburg 2015
Zit.: *Raab*, Harmonisierung.

*Rabe*, Christian — Zur Begrenzung des sachlichen Anwendungsbereiches der DSGVO – Keine Anwendung des Datenschutzrechts auf die Verarbeitung „personenbezogener Daten juristischer Personen“, K&R 2019, 464–467.

*Radlanski*, Philip — Das Konzept der Einwilligung in der datenschutzrechtlichen Realität, Diss. jur. Tübingen 2016
Zit.: *Radlanski*, Einwilligung.

*Raif*, Alexander/ *Swidersky*, Manuel — Arbeit 4.0 – Typische Fehler in der digitalen Arbeitswelt vermeiden, GWR 2017, 351–354.

*Raji*, Behrang — Auswirkungen der DS-GVO auf nationales Fotorecht – Das KUG im Zahnradmodell der DS-GVO, ZD 2019, 61–66.

*Räther*, Philipp — Die Anwendung der neuen EU-Datenschutz-Grundverordnung im Unternehmen, ZHR 2019, 94–104.

*Reding*, Viviane — Sieben Grundbausteine der europäischen Datenschutzreform, ZD 2012, 195–198.

*Regierungspräsidium Darmstadt* — Arbeitsbericht der ad-hoc-Arbeitsgruppe „Konzerninterner Datentransfer“, 2004, https://tinyurl.com/n9e4hn2b (Abruf: 31.05.2024)
Zit.: *Regierungspräsidium Darmstadt*, Konzerninterner Datentransfer.

*Reichold*, Hermann/ *Pfrang*, Sebastian — Die deklaratorische Einwilligung des Arbeitnehmers im Datenschutzrecht bei Unwirksamkeit oder Widerruf, KSzW 2017, 106–112.

*Reif*, Yvette — Betriebsvereinbarungen zur Datenverarbeitung nach DS-GVO und BDSG 2018, RDV 2018, 89–91.

*Reimer*, Philipp (Hrsg.) — Verwaltungsdatenschutzrecht, Das neue Recht für die behördliche Praxis, Baden-Baden 2019
Zit.: *Reimer*, Verwaltungsdatenschutzrecht.

*Reinecke*, Gerhard — Die Begriffe Arbeitnehmer und Beschäftigter – Entwicklungslinien exemplarisch dargestellt im Sportrecht, NJW 2018, 2081–2087.

*Reiserer*, Kerstin — Der Umfang der Unterrichtung des Betriebsrats bei Einstellungen, BB 1992, 2499–2504.

*Reiserer*, Kerstin/*Christ*, Florian/*Heinz*, Katharina — Beschäftigten-Datenschutz und EU-Datenschutz-Grundverordnung – Der Countdown ist abgelaufen – Anpassungsbedarf umgesetzt?, DStR 2018, 1501–1508.

*Remmertz*, Frank — DSGVO ante portas: Aktuelle Brennpunkte im Online-Marketing, GRUR-Prax 2018, 254–256.

*Rengeling*, Hans-Werner/*Szczekalla*, Peter (Hrsg.) — Grundrechte in der Europäischen Union – Charta der Grundrechte und Allgemeine Rechtsgrundsätze, Köln 2004
Zit.: *Rengeling/Szczekalla*, GRCh.

*Renner*, Astrid — Die Rolle des Betriebsrates im Anwendungsbereich des ArbeitnehmerInnendatenschutzes, Diplomarbeit, September Graz 2019
Zit.: *Renner*, Rolle des Betriebsrates.

*Retzbach*, Philip-René — Die unverschlüsselte E-Mail als Gegenstand einer datenschutzrechtlichen Einwilligungserklärung, RDV 2022, 175–179.

*Reuter*, Wiebke — Umgang mit sensiblen Daten bei allgemeiner Videoüberwachung – Zulässigkeit der Verarbeitung besonderer Kategorien personenbezogener Daten, ZD 2018, 564–569.

*Richardi*, Reinhard (Hrsg.) — Betriebsverfassungsgesetz mit Wahlordnung, Kommentar, 17. Auflage, München 2022
Zit.: *Bearbeiter*, in: Richardi, BetrVG.

*Richter*, Philipp — Datenschutz zwecklos? – Das Prinzip der Zweckbindung im Ratsentwurf der DSGVO, DuD 2015, 735–740.

*Richter*, Philipp — Big Data, Statistik und die Datenschutz-Grundverordnung, DuD 2016, 581–586.

*Rid*, Claudia — Einsichtnahme des BR in die Brutto- und Gehaltslisten, AuA 2019, 115.

*Riesenhuber*, Karl — Die Einwilligung des Arbeitnehmers im Datenschutzrecht, RdA 2011, 257–265.

*Riesenhuber*, Karl — Kein Fragerecht des Arbeitgebers – Ein Beitrag zum System des Datenschutzes und zur Systematik des BDSG, NZA 2012, 771–776.

| | |
|---|---|
| *Riesenhuber*, Karl | Der Einsichts- und Löschungsanspruch nach §§ 34, 35 BDSG im Beschäftigungsverhältnis – Am Beispiel der Personalakten. Vor- und Rückschritte in der Rechtsprechung zum Beschäftigtendatenschutz, NZA 2014, 753–756. |
| *Riesenhuber*, Karl (Hrsg.) | Europäische Methodenlehre – Handbuch für Ausbildung und Praxis, 4. Auflage, Berlin/München/Boston 2021<br>Zit.: *Bearbeiter*, in: Riesenhuber, Methodenlehre. |
| *Robrahn*, Rasmus/ *Bremert*, Benjamin | Interessenskonflikte im Datenschutzrecht – Rechtfertigung der Verarbeitung personenbezogener Daten über eine Abwägung nach Art. 6 Abs. 1 lit. f DS-GVO, ZD 2018, 291–297. |
| *Rockstroh*, Sebastian/ *Leuthner*, Christian | Nutzung von cloud-basierten Recruiting-Management-Plattformen – Datenschutzkonformer Einsatz im Konzern, ZD 2013, 497–501. |
| *Rogosch*, Patricia Maria | Die Einwilligung im Datenschutzrecht, Diss. jur. Münster (Westf.) 2012<br>Zit.: *Rogosch*, Einwilligung. |
| *Röhricht*, Volker/ *von Westphalen*, Friedrich Graf/*Haas*, Ulrich (Hrsg.) | HGB, Kommentar zu Handelsstand, Handelsgesellschaften, Handelsgeschäften, besonderen Handelsverträgen unud Internationalem Vertragsrecht (ohne Bilanz-, Transport- und Seerecht), 6. Auflage, 2024<br>Zit.: *Bearbeiter*, in: Röhricht et al., HGB. |
| *Rolf*, Christian/ *Rötting*, Michael | Google, Facebook & Co als Bewerberdatenbank für Arbeitgeber?, RDV 2009, 263–267. |
| *Rolf*, Christian/ *Siewert*, Katharina | Überlegungen zu den Rechtsgrundlagen des künftigen Beschäftigtendatenschutzes, RDV 2017, 236–239. |
| *Rolfs*, Christian/ *Giesen*, Richard/ *Kreikebohm*, Ralf/ *Meßling*, Miriam/ *Udsching*, Peter (Hrsg.) | Beck'scher Online-Kommentar Arbeitsrecht, 71. Edition, Stand: 01.03.2024, München 2024<br>Zit.: *Bearbeiter*, in: Rolfs et al., BeckOK ArbR, 71. Ed. |
| *Röller*, Jürgen (Hrsg.) | Personalbuch 2024, Arbeitsrecht, Lohnsteuerrecht, Sozialversicherungsrecht, 31. Auflage, München 2024<br>Zit.: *Bearbeiter*, in: Röller, Personalbuch. |
| *Römermann*, Volker (Hrsg.) | Beck'scher Online-Kommentar BORA, 43. Edition, Stand: 01.03.2024, München 2024<br>Zit.: *Bearbeiter*, in: Römermann, BeckOK BORA, 43. Ed. |
| *Roßnagel*, Alexander/ *Banzhaf*, Jürgen/ *Grimm*, Rüdiger (Hrsg.) | Datenschutz im Electronic Commerce, Technik – Recht – Praxis, Heidelberg 2003<br>Zit.: *Bearbeiter*, in: Roßnagel et al., Electronic Commerce. |

| | |
|---|---|
| *Roßnagel*, Alexander (Hrsg.) | Europäische Datenschutz-Grundverordnung, Vorrang des Unionsrechts – Anwendbarkeit des nationalen Rechts, Kassel 2017<br>Zit.: *Bearbeiter*, in: Roßnagel, DSGVO. |
| *Roßnagel*, Alexander | Kontinuität oder Innovation? Der deutsche Spielraum in der Anpassung des bereichsspezifischen Datenschutzrechts, DuD 2018, 477–481. |
| *Roßnagel*, Alexander | Datenschutzgrundsätze – unverbindliches Programm oder verbindliches Recht?, ZD 2018, 339–344. |
| *Roßnagel*, Alexander | Was bringt das neue europäische Datenschutzrecht für die Verbraucher? – Die Datenschutzgrundverordnung steht vor ihrer Verabschiedung, VuR 2015, 361–362. |
| *Roßnagel*, Alexander | Umsetzung der Unionsregelungen zum Datenschutz – Erste Erfahrungen mit der Datenschutz-Grundverordnung aus rechtswissenschaftlicher Sicht, DuD 2018, 741–745. |
| *Roßnagel*, Alexander (Hrsg.) | Das neue Datenschutzrecht – Europäische Datenschutz-Grundverordnung und deutsche Datenschutzgesetze, Baden-Baden 2018<br>Zit.: *Bearbeiter*, in: Roßnagel, Datenschutzrecht. |
| *Roßnagel*, Alexander | Kein „Verbotsprinzip" und kein „Verbot mit Erlaubnisvorbehalt" im Datenschutzrecht – Zur Dogmatik der Datenverarbeitung als Grundrechtseingriff, NJW 2019, 1–5. |
| *Roßnagel*, Alexander | Innovationen der Datenschutz-Grundverordnung – Wer greift die Chancen zu besserem Datenschutz auf?, DuD 2019, 467, 472. |
| *Roßnagel*, Alexander | Evaluation der Datenschutz-Grundverordnung, Verfahren – Stellungnahmen – Vorschläge, DuD 2020, 287–292. |
| *Roßnagel*, Alexander/ *Geminn*, Christian | Evaluation der Datenschutz-Grundverordnung aus Verbrauchersicht – Gutachten im Auftrag des Verbraucherzentrale Bundesverbands e. V. (vzbv), Kassel 2019, https://tinyurl.com/vpnpbdm (Abruf: 31.05.2024)<br>Zit.: *Roßnagel/Geminn*, Gutachten. |
| *Roßnagel*, Alexander/ *Geminn*, Christian/ *Jandt*, Silke/*Richter*, Philipp | Datenschutzrecht 2016 – „Smart" genug für die Zukunft – Ubiquitous Computing und Big Data als Herausforderungen des Datenschutzrechts, Kassel 2016<br>Zit.: *Roßnagel et al.*, Datenschutzrecht. |
| *Roßnagel*, Alexander/ *Pfitzmann*, Andreas/ *Garstka*, Hansjürgen | Modernisierung des Datenschutzrechts – Gutachten im Auftrag des Bundesministeriums des Inneren, Berlin 2001<br>Zit.: *Roßnagel/Pfitzmann/Garstka*, Modernisierung des Datenschutzrechts. |
| *Roßnagel*, Alexander/ *Kroschwald*, Steffen | Was wird aus der Datenschutzgrundverordnung? – Die Entschließung des Europäischen Parlaments über ein Verhandlungsdokument, ZD 2014, 495–500. |

| | |
|---|---|
| *Roßnagel*, Alexander/ *Nebel*, Maxi/*Richter*, Philipp | Was bleibt vom Europäischen Datenschutzrecht? – Überlegungen zum Ratsentwurf der DS-GVO, ZD 2015, 455–460. |
| *Roßnagel*, Alexander/ *Richter*, Philipp/*Nebel*, Maxi | Besserer Internetdatenschutz für Europa – Vorschläge zur Spezifizierung der DS-GVO, ZD 2013, 103–108. |
| *Rosenberger*, Nadine | Bewerberscreening unter Geltung der Datenschutz-Grundverordnung – Was sollten Arbeitgeber im Bewerbungsverfahren beachten?, DuD 2022, 87–91. |
| *Rothmann*, Robert/ *Buchner*, Benedikt | Der typische Facebook-Nutzer zwischen Recht und Realität – Zugleich eine Anmerkung zu LG Berlin v. 16.01.2018, DuD 2018, 342–346. |
| *Rudkowski*, Lena | „Predictive policing" am Arbeitsplatz, NZA 2019, 72–77. |
| *Rücker*, Daniel/ *Kugler*, Tobias | Cloud Computing im Lichte der Datenschutz-Grundverordnung und des EU-U. S. Privacy Shield, DB 2016, 2767–2772. |
| *Rücker*, Daniel/ *Kugler*, Tobias (Hrsg.) | New European General Data Protection Regulation, A Practitioner's Guide, Ensuring Compliant Corporate Practice, 2018<br>Zit.: *Bearbeiter*, in: Rücker/Kugler, GDPR. |
| *Rudolf*, Beate/ *Mahlmann*, Matthias (Hrsg.) | Gleichbehandlungsrecht, Handbuch, Baden-Baden 2007<br>Zit.: *Bearbeiter*, in: Rudolf/Mahlmann, Gleichbehandlungsrecht. |
| *Rüpke*, Giselher/ *von Lewinski*, Kai/ *Eckhardt*, Jens (Hrsg.) | Datenschutzrecht – Grundlagen und europarechtliche Neugestaltung, 2. Auflage, München 2022<br>Zit.: *Bearbeiter*, in: Rüpke et al., Datenschutzrecht. |
| *Sächsische Datenschutz- und Transparenzbeauftragte* | Tätigkeitsbericht Datenschutz 2023, Berichtszeitraum: 1. Januar bis 31. Dezember 2023, https://tinyurl.com/33ecaxwb (Abruf: 22.06.2024)<br>Zit.: *Sächsische Datenschutz- und Transparenzbeauftragte*, TB 2023. |
| *Sächsische Datenschutz- und Transparenzbeauftragte* | Tätigkeitsbericht Datenschutz 2022, Berichtszeitraum: 1. Januar bis 31. Dezember 2022, https://tinyurl.com/bdxc3wb4 (Abruf: 31.05.2024)<br>Zit.: *Sächsische Datenschutz- und Transparenzbeauftragte*, TB 2022. |
| *Sächsischer Datenschutzbeauftragter* | Tätigkeitsbericht des Sächsischen Datenschutzbeauftragten, Berichtszeitraum: 1. April 2017 bis 31. Dezember 2018, https://tinyurl.com/yz2ld42h (Abruf: 31.05.2024)<br>Zit.: *Sächsischer Datenschutzbeauftragter*, TB 2017/2018. |

*Säcker*, Franz Jürgen/ *Rixecker*, Roland/ *Oetker*, Hartmut/ *Limperg*, Bettina (Hrsg.) — Münchener Kommentar zum Bürgerlichen Gesetzbuch, Band 1, Allgemeiner Teil, §§ 1–240, AllgPersönlR, ProstG, AGG, 9. Auflage, München 2021
Zit.: *Bearbeiter*, in: Säcker et al., MüKo BGB.

*Sander*, Charlotte/ *Schumacher*, Pascal/ *Kühne*, Roland — Weitergabe von Arbeitnehmerdaten in Unternehmenstransaktionen – Datenschutzrechtliche Grenzen nach dem BDSG und der DS-GVO, ZD 2017, 105–110.

*Sander*, Stefan — Beschäftigtendatenschutz nach neuem Recht – Wann findet § 26 BDSG Anwendung? Eine Betrachtung des Verantwortlichen bzw. seiner Beziehung zur betroffenen Person, auch mit Ausblick auf Art. 6 Abs. 1 S. 1 lit. b) DSGVO, PinG 2019, 127–132.

*Sander*, Stefan — Datenschutz im Beschäftigungskontext, BvD-News 1/2020, 43–49.

*Schaffland*, Hans-Jürgen/*Wiltfang*, Noeme (Hrsg.) — Datenschutz-Grundverordnung (DS-GVO)/Bundesdatenschutzgesetz (BDSG) – Ergänzbarer Kommentar neben einschlägigen Rechtsvorschriften, 6. Ergänzungslieferung 2024, Berlin.
Zit.: *Bearbeiter*, in: Schaffland/Wiltfang.

*Schafft*, Thomas — Allgemeines Gleichbehandlungsgesetz (AGG) – Speicherung von Bewerber-Daten, AuA 2006, 517–519.

*Schafft*, Thomas/*Ruoff*, Andreas — Nutzung personenbezogener Daten für Werbezwecke zwischen Einwilligung und Vertragserfüllung – Eröffnet das Datenschutzrecht Wege zu innovativen Geschäftsmodellen oder schützt es den Einzelnen vor sich selbst?, CR 2006, 499–504.

*Schantz*, Peter — Die Datenschutz-Grundverordnung – Beginn einer neuen Zeitrechnung im Datenschutzrecht, NJW 2016, 1841–1847.

*Schantz*, Peter/*Wolff*, Heinrich Amadeus (Hrsg.) — Das neue Datenschutzrecht, Datenschutz-Grundverordnung und Bundesdatenschutzgesetz in der Praxis, München 2017
Zit.: *Bearbeiter*, in: *Schantz/Wolff*, Datenschutzrecht.

*Schätzle*, Daniel — Zum Kopplungsverbot der Datenschutz-Grundverordnung – Warum auch die DSGVO kein absolutes Kopplungsverbot kennt, PinG 2017, 203–208.

*Schaub*, Günter (Begr.) — Arbeitsrechts-Handbuch, Systematische Darstellung und Nachschlagewerk für die Praxis, 17. Auflage, München 2017
Zit.: *Bearbeiter*, in: Schaub, Arbeitsrecht, 17. Aufl.

*Schaub*, Günter (Begr.) — Arbeitsrechts-Handbuch, Systematische Darstellung und Nachschlagewerk für die Praxis, 20. Auflage, München 2023
Zit.: *Bearbeiter*, in: Schaub, Arbeitsrecht.

| | |
|---|---|
| *Schaub*, Günter/ *Schrader*, Peter/ *Straube*, Gunnar/ *Vogelsang*, Hinrich (Hrsg.) | Arbeitsrechtliches Formular- und Verfahrenshandbuch, 15. Auflage, München 2023<br>Zit.: *Bearbeiter*, in: Schaub et al., Formular- und Verfahrenshandbuch. |
| *Schefzig*, Jens | Big Data = Personal Data? Der Personenbezug von Daten bei Big Data-Analysen, K&R 2014, 772–778. |
| *Schemmel*, Frank | BB- Kommentar – Datenschutzbeauftragte sind gut beraten, wenn sie bei Fragen der werblichen Ansprache auch Spezialisten des Lauterkeitsrechts hinzuzuziehen, BB 2021, 723–724. |
| *Schemmel*, Frank | Background-Checks aus internationaler Perspektive – Vergleich der Anforderungen in Deutschland und den USA, ZD 2022, 541–545. |
| *Schemmel*, Frank | Neuer Anlauf Beschäftigtendatenschutzgesetz – was lange währt, wird endlich gut?, ZD-Aktuell 2023, 01164. |
| *Schenke*, Wolf-Rüdiger/ *Graulich*, Kurt/*Ruthig*, Josef (Hrsg.) | Sicherheitsrecht des Bundes, Beck'sche Kurzkommentare, 2. Auflage, München 2019<br>Zit.: *Bearbeiter*, in: Schenke et al., Sicherheitsrecht. |
| *Scheurer*, Martin | Spielerisch selbstbestimmt – Rechtskonforme Einwilligungserklärungen in Zeiten ubiquitärer Digitalisierung, Diss. Jur. Passau 2019<br>Zit.: *Scheurer*, Spielerisch selbstbestimmt. |
| *Schierbaum*, Bruno | Datenschutz im Betriebsrats-/Personalratsbüro, Computer-Fachwissen 4/2004, 29–34. |
| *Schild*, Hans-Hermann/*Tinnefeld*, Marie-Theres | Entwicklungen im Arbeitnehmerdatenschutz – Anmerkungen im europäischen Kontext, DuD 2009, 469–474. |
| *Schimke*, Anna | Rechtliche Rahmenbedingungen der Veröffentlichung von Kinderfotos im Netz durch Eltern, NZFam 2019, 851–857. |
| *Schindler*, Stephan/ *Wentland*, Katharina | Videoüberwachung – quo vadis?, ZD-Aktuell 2018, 06057. |
| *Schimmelpfennig*, Hans-Christoph/ *Wenning*, Holger | Arbeitgeber als Telekommunikationsdienste-Anbieter? – Eingeschränkter Zugriff auf elektronische Geschäftskorrespondenz bei zugelassener Privatnutzung von E-Mail und Internet am Arbeitsplatz?, DB 2006, 2290–2294. |
| *Schindele*, Friedrich | Einsichtnahme in Listen über Bruttolöhne und -gehälter, ArbRAktuell 2019, 51. |
| *Schlachter*, Monika | Drittwirkung von Grundrechten in der EU-Grundrechtecharta, ZESAR 2019, 53–58. |

| | |
|---|---|
| *Schläger*, Uwe/*Thode*, Jan-Christoph (Hrsg.) | Handbuch Datenschutz und IT-Sicherheit, 2. Auflage, Bremen/Berlin 2022<br>Zit.: *Bearbeiter*, in: Schläger/Thode, Datenschutz und IT-Sicherheit. |
| *Schleusener*, Aino/*Suckow*, Jens/*Plum*, Martin (Hrsg.) | AGG, Kommentar zum Allgemeinen Gleichbehandlungsgesetz, 6. Auflage, Köln 2022<br>Zit.: *Bearbeiter*, in: Schleusener et al., AGG. |
| *Schlüter*, Holger | Anmerkung zu LG Würzburg, Beschluss vom 13.9.2018 – 11 O 1741/18 UWG, ZD 2019, 38–39. |
| *Schmidl*, Michael | Datenschutz für Whistleblowing-Hotlines – Hotlines für anonyme Anzeige von Mitarbeiterverhalten in einem internationalen Kontern, DuD 2006, 353–359. |
| *Schmidl*, Michael | IT-Recht von A-Z, 2. Auflage, München 2014<br>Zit.: *Schmidl*, IT-Recht von A-Z. |
| *Schmidl*, Michael/*Tannen*, Florian | Das neue Bundesdatenschutzgesetz: die wichtigsten Regelungen für die Unternehmenspraxis, DB 2017, 1633–1640. |
| *Schmidt*, Bernd | Beschäftigtendatenschutz in § 32 BDSG – Perspektiven einer vorläufigen Regelung, DuD 2010, 207–212. |
| *Schmidt*, Bernd/*Freund*, Bernhard | Perspektiven der Auftragsverarbeitung – Wegfall der Privilegierung mit der DS-GVO?, ZD 2017, 14–18. |
| *Schmidt*, Gregor/*Kahl*, Thomas | Verarbeitung „sensibler“ Daten durch Cloud-Anbieter in Drittstaaten – Auftragsdatenverarbeitung nach geltendem Recht und DS-GVO, ZD 2017, 54–57. |
| *Schmidt*, Ines | Computerfaxe in einem Web of Trust, CR 1999, 609–614. |
| *Schmidt*, Lukas | Der Einsatz von Dritt-Plug-Ins auf Webseiten: Klärung der datenschutzrechtlichen Verantwortlichkeit, jurisPR-ITR 22/2019, Anm. 5. |
| *Schmidt*, Maximilian | Datenschutz für „Beschäftigte” – Grund und Grenzen bereichsspezifischer Regelung, Diss. jur. Bonn 2016<br>Zit.: *Schmidt*, Datenschutz für Beschäftigte. |
| *Schmidt*, Maximilian | Der Nebel lichtet sich: Das BAG systematisiert die Erlaubnistatbestände des Beschäftigtendatenschutzrechts – Zugleich Anm. zu BAG, Urteil vom 29.06.2017 – 2 AZR 597/16 (S. 296 in dieser Ausgabe), RDV 2017, 284–286. |
| *Schmitt*, Marion/*Resch*, Christoph | Von der Befugnis der Gerichte Daten zu verarbeiten, jM 2020, 134–141. |
| *Schmitz*, Alja | Interessenausgleich im Beschäftigtendatenschutz – Mit besonderem Blick auf die Zulässigkeit vom Internetrecherchen und Kontrollen der Internet- und E-Mail-Nutzung durch den Arbeitgeber, Diss. jur. Mannheim 2015.<br>Zit.: *Schmitz*, Beschäftigtendatenschutz. |

| | |
|---|---|
| *Schmitz*, Barbara/ *von Dall'Armi*, Jonas | Auftragsdatenverarbeitung in der DS-GVO – das Ende der Privilegierung? – Wie Daten künftig von Dienstleistern verarbeitet werden müssen, ZD 2016, 427–432. |
| *Schnebbe*, Maximilian | E-Mail-Korrespondenz: Verschlüsselungspflicht für Anwälte?, DSB 2020, 297–299. |
| *Schneider*, Jana/ *Schindler*, Stephan | Videoüberwachung als Verarbeitung besonderer Kategorien personenbezogener Daten – Datenschutzrechtliche Anforderungen beim Erheben von Videodaten, ZD 2018, 463–469. |
| *Schneider*, Jana/ *Schindler*, Stephan | Videoüberwachung: Ein Fall für zwei? – Die Videoüberwachung im Spannungsfeld von DSGVO und JI-RL, PinG 2018, 247–252. |
| *Schneider*, Jochen | Schließt Art. 19 DS-GVO die Zulässigkeit der Verarbeitung bei Big Data aus? – Überlegungen, wie weit die Untersagung bei besonderen Datenkategorien reicht, ZD 2017, 303–308. |
| *Schneider*, Jochen | Datenschutz nach der EU-Datenschutz-Grundverordnung, 2. Auflage, München 2019.<br>Zit.: *Schneider*, Datenschutz. |
| *Schneider*, Mathias | Das Rückgriffsverbot im Datenschutz – kein „best of both worlds"? Zum Verhältnis zwischen Einwilligung und gesetzlicher Erlaubnis am Beispiel von Arbeitnehmerdaten, CR 2017, 568–573. |
| *Schneider*, Nadine | Geltungsdauer einer Einwilligung in die Werbeansprache, K&R 2019, 8–13. |
| *Schneider*, Thomas | Datenschutz im Bewerbungsprozess, AuA 2015, 530–531. |
| *Scholz*, Philip | Datenschutz beim Internet-Kauf, Gefährdungen – Anforderungen – Gestaltungen, Diss. jur. Kassel 2002<br>Zit.: *Scholz*, Datenschutz beim Internet-Kauf. |
| *Schöning*, Heiko | Der Erlaubnistatbestand des § 26 BDSG, BvD-News 3/2019, 42–44. |
| *Schöttle*, Hendrik | Anwaltliche Kommunikation per E-Mail – nur verschlüsselt?, BRAK-Mitteilungen 2018, 118–124. |
| *Schüßler*, Lennart/ *Zöll*, Oliver | EU-Datenschutz-Grundverordnung und Beschäftigtendatenschutz, DuD 2013, 639–643. |
| *Schrader*, Peter | Gestaltungsmöglichkeiten des Arbeitgebers nach Inkrafttreten des AGG, DB 2006, 2571–2580. |
| *Schreiber*, Kristina | Gemeinsame Verantwortlichkeit gegenüber Betroffenen und Aufsichtsbehörden – Anwendungsbereiche, Vertragsgestaltung und Folgen nicht gleichwertiger Verantwortung, ZD 2019, 55–60. |
| *Schrey*, Joachim/ *Kielkowski*, Jacek | Die datenschutzrechtliche Betriebsvereinbarung in DS-GVO und BDSG 2018 – Viel Lärm um Nichts?, BB 2018, 629–635. |

| | |
|---|---|
| *Schriever*, Marc | Neue Löschungsfristen von Bewerberdaten – Von der Interessenabwägung zur Einwilligung, BB 2011, 2680–2683. |
| *Schröder*, Georg F. (Hrsg.) | Datenschutzrecht für die Praxis, Grundlagen – Datenschutzbeauftragte – Audit – Handbuch – Haftung etc., 5. Auflage, München 2023<br>Zit.: *Schröder*, Datenschutzrecht. |
| *Schröder*, Christian/ *von Alten*, Amelie/ *Weinhold*, Robert | Stolpersteine der DSGVO für multinationale Unternehmen, DuD 2018, 746–752. |
| *Schubert*, Jens M./ *Jerchel*, Kerstin | Aktuelle Entwicklungslinien im Europäischen Arbeitsrecht (EU-Arbeitsrecht 2016/2017), EuZW 2017, 551–561. |
| *Schuler*, Karin/ *Weichert*, Thilo | DSGVO und Beschäftigtendatenschutz– Gutachten, 2016<br>Zit.: *Schuler/Weichert*, Beschäftigtendatenschutz. |
| *Schulte*, Willem/ *Welge*, Jonas | Der datenschutzrechtliche Kopieanspruch im Arbeitsrecht, NZA 2019, 1110–1116. |
| *Schulz*, Markus Martin | Datensicherheit beim Faxversand über All-IP, DSB 2019, 190–192. |
| *Schulz*, Sebastian | Die Evaluation der DSGVO – Anregungen aus dem Maschinenraum, DuD 2020, 302–306. |
| *Schulz*, Tim F. | Die Europäische Datenschutz-Grundverordnung – Gesetzliche Änderungen und ihre Auswirkungen auf den Arbeitnehmerdatenschutz; Handlungsbedarf für Unternehmen in Deutschland, ZESAR 2017, 270–278. |
| *Schulze*, Marc-Oliver | Einsichtsrecht des Betriebsrats in nichtanonymisierte Lohn- und Gehaltslisten, jurisPR-ArbR 3/3019 Anm. 1. |
| *Schulze, Marc-Oliver* | Entwurf des Betriebsrätemodernisierungsgesetzes, ArbRAktuell 2021, 211–215. |
| *Schulze*, Marc-Oliver/ *Ratzesberger*, Eva | Personelle Einzelmaßnahmen nach § 99 BetrVG – Informationsansprüche des Betriebsrats, ArbRAktuell 2015, 497–499. |
| *Schulze*, Marc-Oliver/ *Helmrich*, Christian | Digitale Betriebsratstätigkeit und Datenschutz, ArbRAktuell 2020, 253–256. |
| *Schulze*, Marc-Oliver/ *Simon*, Alexander | Vorrang der Datenschutz-Betriebsvereinbarung – Ausschluss jeglicher Verarbeitung auf Basis eines berechtigten Interesses?, ArbRAktuell 2021, 182–185. |
| *Schuster*, Fabian/ *Grützmacher*, Malte (Hrsg.) | IT-Recht, Kommentar, Köln 2020<br>Zit.: *Bearbeiter*, in: Schuster/Grützmacher, IT-Recht. |
| *Schwab*, Norbert/*Weth*, Stephan (Hrsg.) | Arbeitsgerichtsgesetz, Kommentar mit Verfahren vor dem BVerfG und EuGH/Einigungsstelle/Kirchen-Arbeitsgerichtsbarkeit, 6. Auflage, Köln 2022<br>Zit.: *Bearbeiter*, in: Schwab/Weth, ArbGG. |

*Schwartmann*, Rolf (Hrsg.) — Praxishandbuch Medien-, IT- und Urheberrecht, 4. Auflage, Köln 2017
Zit.: *Bearbeiter*, in: Schwartmann, Praxishandbuch.

*Schwartmann*, Rolf/ *Jaspers*, Andreas/ *Thüsing*, Gregor/ *Kugelmann*, Dieter (Hrsg.) — DS-GVO/BDSG, Datenschutz-Grundverordnung, Bundesdatenschutzgesetz, 2. Auflage, Heidelberg 2020
Zit.: *Bearbeiter*, in: Schwartmann et al..

*Schwarz*, Lea-Christina — Datenschutzrechtliche Zulässigkeit des Pre-Employment Screening – Rechtliche Grundlagen und Einschränkungen der Bewerberüberprüfung durch Arbeitgeber, ZD 2018, 353–356.

*Schwarz*, Lea-Christina — Datenschutzrechtliche Zulässigkeit des Pre-Employment Screening – Rechtliche Grundlagen und Einschränkungen der Bewerberüberprüfung durch Arbeitgeber (Teil 1), ArbRAktuell 2018, 492–493.

*Schwarz*, Lea-Christina — Datenschutzrechtliche Zulässigkeit des Pre-Employment Screening – Rechtliche Grundlagen und Einschränkungen der Bewerberüberprüfung durch Arbeitgeber (Teil 2), ArbRAktuell 2018, 514–517.

*Schweinoch*, Martin/ *Peintinger*, Stefan — Anonymisierung im Datenschutz – terra incognita? Die Chancen und Risiken, den DSGVO-Vorgaben zu entkommen, CR 2020, 643–649.

*Schwenke*, Thomas — Zulässigkeit der Nutzung von Smartcams und biometrischen Daten nach der DS-GVO, NJW 2018, 823–827.

*Schwichtenberg*, Simon — Datenschutz in drei Stufen – Ein Auslegungsmodell am Beispiel des vernetzten Automobils, Diss. jur. Bremen 2018
Zit.: *Schwichtenberg*, Datenschutz in drei Stufen.

*Seifert*, Achim — Veränderungen der Regelungstechniken im Arbeitsrecht der EU – Einige Überlegungen zum aktuellen Zustand des europäischen Arbeitsrechts, EuZA 2018, 51–66.

*Seiter*, Stefan R. — Auftragsverarbeitung nach der Datenschutz-Grundverordnung – Steuerberatertätigkeiten & andere Streifragen – Ein kleiner Rundumschlag, DuD 2019, 127–133.

*Selk*, Robert — EU-DS-GVO: Neue Anforderungen an die Einwilligung?, DANA 2016, 59–62.

*Selmayr*, Martin — Interview zur Datenschutz-Grundverordnung mit Prof. Dr. Martin Selmayr, ZD-Aktuell 2016, 04206.

*Silberzahn*, Sebastian Jacob — Datenschutz in kirchlichen Einrichtungen – Eigenständigkeit des kirchlichen Datenschutzes und die Eigenart des kirchlichen Beschäftigtendatenschutzes, Diss. jur. Stuttgart 2022
Zit.: *Silberzahn*, Datenschutz in kirchlichen Einrichtungen.

| | |
|---|---|
| *Simitis*, Spiros | „Sensitive Daten“ – Zur Gesichte und Wirkung einer Fiktion, in: *Brem*, Ernst/*Druey*, Jean Nicolas/*Kramer*, Ernst A./*Schwander*, Ivo (Hrsg.), Festschrift zum 65. Geburtstag von Mario M. Pedrazzini, Bern 1990, S. 469–493<br>Zit.: *Simitis*, in: Brem et al., FS Pedrazzini. |
| *Simitis*, Spiros (Hrsg.) | Bundesdatenschutzgesetz, 8. Auflage, Baden-Baden 2015<br>Zit.: *Bearbeiter*, in: Simitis, BDSG. |
| *Simitis*, Spiros/*Hornung*, Gerrit/*Spiecker genannt Döhmann*, Indra (Hrsg.) | Datenschutzrecht – DSGVO mit BDSG, Frankfurt/Kassel 2019<br>Zit.: *Bearbeiter*, in: Simitis et al., Datenschutzrecht. |
| *Singer*, Reinhard/*Beck*, Benjamin | Das „Recht auf Vergessenwerden“ im Internet – Bedeutung, Auswirkungen und Würdigung der „Google-Entscheidung“ des Europäischen Gerichtshofs vom 13. Mai 2014, Jura 2019, 125–135. |
| *Sorber*, Dominik | Die Rechtsstellung des Bewerbers im Einstellungsverfahren: Eine arbeitsrechtliche Untersuchung der Zulässigkeitsvoraussetzungen von Datenerhebungen und Assessment Center, Diss. jur. Jena 2017<br>Zit.: *Sorber*, Rechtsstellung des Bewerbers. |
| *Sorber*, Dominik | EuGH entscheidet zu spezifischen Normen der Mitgliedstaaten i. S. v. Art. 88 DSGVO, DSB 2023, 129–130. |
| *Specht*, Louisa | Mit der Datenschutzgrundverordnung und dem Datenschutz-Anpassungs- und Umsetzungsgesetz in ein Zeitalter technisch-infrastruktureller Privatheit?, BB Die erste Seite 2017, Nr. 9. |
| *Specht*, Louisa/*Bienemann*, Linda | Zur Zukunft der datenschutzrechtlichen Einwilligung, K&R Beilage 2018, Nr. 1, 22–23. |
| *Specht*, Louisa/*Mantz*, Reto (Hrsg.) | Handbuch Europäisches und deutsches Datenschutzrecht – Bereichspezifischer Datenschutz in Privatwirtschaft und öffentlichem Sektor, München 2019<br>Zit.: *Bearbeiter*, in: Specht/Mantz, Datenschutzrecht. |
| *Spelge*, Karin | Der Beschäftigtendatenschutz nach Wirksamwerden der Datenschutz-Grundverordnung (DS-GVO), DuD 2016, 775–781. |
| *Spies*, Axel | EU: EDSA zum territorialen Anwendungsbereich der DS-GVO, ZD-Aktuell 2018, 06396. |
| *Spindler*, Gerald | Die neue EU-Datenschutz-Grundverordnung, DB 2016, 937–947. |
| *Spindler*, Gerald/*Schuster*, Fabian (Hrsg.) | Recht der elektronischen Medien, 3. Auflage, München 2015<br>Zit.: *Bearbeiter*, in: Spindler/Schuster, Elektron. Medien, 3. Aufl.. |

*Spindler*, Gerald/ *Schuster*, Fabian (Hrsg.) — Recht der elektronischen Medien, 4. Auflage, München 2019
Zit.: *Bearbeiter*, in: Spindler/Schuster, Elektron. Medien.

*Splittgerber*, Andreas (Hrsg.) — Praxishandbuch Rechtsfragen Social Media, Berlin/Boson 2014
Zit.: *Bearbeiter*, in: Splittgerber, Social Media.

*Splittgerber*, Andreas/ *Rockstroh*, Sebastian — Sicher durch die Cloud navigieren – Vertragsgestaltung beim Cloud Computing, BB 2011, 2179–2185.

*Spranger*, Tade M. — Die datenschutzrechtliche Einwilligung im Gesundheitskontext: zum Umgang mit genetischen, biometrischen und Gesundheitsdaten, MedR 2017, 864–866.

*Sörup*, Thorsten/ *Marquardt*, Sabrina — Auswirkungen der EU-Datenschutzgrundverordnung auf die Datenverarbeitung im Beschäftigungskontext, ArbRAktuell 2016, 103–106.

*Staben*, Lisa — Die Datenschutzverantwortlichkeit des Betriebsrats – Ein Beitrag zur Integration von Betriebsverfassungsrecht und Datenschutzrecht unter der DS-GVO, ZfA 2020, 287–313.

*Stadler*, Astrid (Hrsg.) — Allgemeiner Teil des BGB, 21. Auflage, München 2022
Zit.: *Stadler*, BGB.

*Stark*, Eva — Datenschutzrechtliche Grenzen der Aufgabenwahrnehmung des Betriebsrats, Diss. jur. Passau 2018
Zit.: *Stark*, Aufgabenwahrnehmung des Betriebsrats.

*Staub*, Hermann (Begr.) — Handelsgesetzbuch, Großkommentar, Fünfter Band §§ 238–289, 4. Auflage, Berlin/New York 2002
Zit.: *Bearbeiter*, in: Staub, HGB., 4. Auflage

*Staub*, Hermann (Begr.) — Handelsgesetzbuch, Großkommentar, Fünfter Band §§ 238–289a, 5. Auflage, Berlin/Boston 2014
Zit.: *Bearbeiter*, in: Staub, HGB.

*Staudinger*, J. von (Hrsg.) — Kommentar zum Bürgerlichen Gesetzbuch mit Einführungsgesetz und Nebengesetzen – AGG (Allgemeines Gleichbehandlungsgesetz), Neubearbeitung Berlin 2018
Zit.: *Bearbeiter*, in: Staudinger, AGG.

*Stege*, Dieter/ *Weinspach*, Dr. F. K./ *Schiefer*, Bernd (Hrsg.) — Betriebsverfassungsgesetz, Handkommentar für die betriebliche Praxis, 9. Auflage, Köln 2002
Zit.: *Stege/Weinspach/Schiefer*, BetrVG.

*Stelljes*, Harald — Stärkung des Beschäftigtendatenschutzes durch die Datenschutz-Grundverordnung? Möglichkeiten aus Sicht einer Aufsichtsbehörde, DuD 2016, 787–791.

*Stellpflug*, Martin/ *Haase*, Martin — Die elektronische Kommunikation zwischen Berufsgeheimnisträgern im Gesundheitsbereich und ihrer Patienten, MedR 2016, 603–606.

*Streinz*, Rudolf (Hrsg.) Beck'sche Kurzkommentare, EUV/AEUV, Vertrag über die Europäische Union, Vertrag über die Arbeitsweise der Europäischen Union, Charta der Grundrechte der Europäischen Union, 3. Auflage, München 2018
Zit.: *Bearbeiter*, in: Streinz, EUV/AEUV.

*Streinz*, Rudolf/*Michl*, Walther Die Drittwirkung des europäischen Datenschutzgrundrechts (Art. 8 GRCh) im deutschen Privatrecht, EuZW 2011, 384–388.

*Ströbel*, Lukas/*Böhm*, Wolf-Tassilo/*Breunig*, Christina/*Wybitul*, Tim Beschäftigtendatenschutz und Compliance: Compliance-Kontrollen und interne Ermittlungen nach der EU-Datenschutz-Grundverordnung und dem neuen Bundesdatenschutzgesetz, CCZ 2018, 14–21.

*Stück*, Volker Betriebsrat oder Geheimrat? Beschäftigtendatenschutz beim Betriebsrat, ZD 2019, 256–261.

*Stück*, Volker Datenschutzrechtliche Aspekte einzelner Mitbestimmungsrechte – Umfang und Inhalt, ZD 2019, 346–351.

*Stück*, Volker Präventive und repressive Compliance: Datenschutz- und arbeitsrechtliche Aspekte nach DSGVO sowie BDSG 2018, ArbRAktuell 2019, 216–219.

*Stück*, Volker Von der Bewerbung bis zur Bahre, AuA 2019, 695–699.

*Stück*, Volker Personalauswahl und -beurteilungsverfahren: Aktuelle arbeits- und
datenschutzrechtliche Aspekte, ArbRAktuell 2020, 153–156.

*Stulle*, Klaus P. (Hrsg.) Psychologische Diagnostik durch Sprachanalyse – Validierung der PRECIRE®-Technologie für die Personalarbeit, Wiesbaden 2018
Zit.: *Bearbeiter*, in: Stulle, Psychologische Diagnostik.

*Stürmer*, Verena Löschen durch Anonymisieren? Mögliche Erfüllung der Löschpflicht nach Art. 17 DS-GVO, ZD 2020, 626–631.

*Sundermann*, Steffen Abdingbarkeit technischer oder organisatorischer Maßnahmen – Ist ein Verzicht auf Maßnahmen nach Art. 32 DSGVO möglich?, DuD 2021, 594–597.

*Sydow*, Gernot/*Marsch*, Nikolaus (Hrsg.) Datenschutz-Grundverordnung – Bundesdatenschutzgesetz, Handkommentar, 3. Auflage, Münster 2022
Zit.: *Bearbeiter*, in: Sydow, DSGVO/BDSG.

*Taeger*, Jürgen Anforderungen an die datenschutzrechtliche Wirksamkeit der Einwilligung, BvD-News 1/2019, 32–36.

*Taeger*, Jürgen Ein Jahr DSGVO – der Prozess der Harmonisierung und Anpassung ist längst nicht abgeschlossen, BB 2019, I.

*Taeger*, Jürgen/*Rose*, Edgar Zum Stand des deutschen und europäischen Beschäftigtendatenschutzes, BB 2016, 819–831.

| | |
|---|---|
| *Taeger*, Jürgen/*Gabel*, Detlev (Hrsg.) | BDSG und Datenschutzvorschriften des TKG und TMG, 2. Auflage, Frankfurt am Main 2013<br>Zit.: *Bearbeiter*, in: Taeger/Gabel, BDSG. |
| *Taeger*, Jürgen/*Gabel*, Detlev (Hrsg.) | Kommentar DSGVO – BDSG – TTDSG, 4. Auflage, Frankfurt am Main 2022<br>Zit.: *Bearbeiter*, in: Taeger/Gabel. |
| *Tausch*, Karin/*Tausch*, Sebastian | DS-GVO: Bewerbungs- und Einstellungsverfahren, BC 2019, 32–36. |
| *Tavanti*, Pascal | Datenverarbeitung zu Werbezwecken nach der Datenschutz-Grundverordnung (Teil 1), RDV 2016, 231–240. |
| *Terhechte*, Jörg Philipp | Grundwissen – Öffentliches Recht: Der Vorrang des Unionsrechts, JuS 2008, 403–405. |
| *Theurich*, Holger/*Degenhardt*, Stephan | Datenschutz versus Gläubigerinformationsrechte – Verordnung (EU) 2016/679 (Datenschutz-Grundverordnung) idF des Abl. L 119, 4.5.2016; ber. Abl. L 127, 23.5.2018, NZI 2018, 870–877. |
| *Thon*, Marian | Transnationaler Datenschutz: Das Internationale Datenprivatrecht der DS-GVO, RabelsZ 83 (2020), 24–61. |
| *Thum*, Rainer/*Szczesny*, Christian | Background Checks im Einstellungsverfahren: Zuverlässigkeit und Risiken für Arbeitgeber, BB 2007, 2405–2408. |
| *Thüringer Landesbeauftragter für den Datenschutz und die Informationsfreiheit* | 1. Tätigkeitsbericht zum Datenschutz nach der DS-GVO 2018, https://tinyurl.com/y5xfrz8s (Abruf: 31.05.2024)<br>Zit.: *LfDI Thüringen*, 1. TB. |
| *Thüringer Landesbeauftragter für den Datenschutz und die Informationsfreiheit* | 4. Tätigkeitsbericht zum Datenschutz nach der DS-GVO 2021, https://tinyurl.com/jnm3wnn6 (Abruf: 31.05.2024)<br>Zit.: *LfDI Thüringen*, 4. TB. |
| *Thüsing*, Gregor | Licht und Schatten im Entwurf eines neuen Beschäftigtendatenschutzgesetzes, RDV 2010, 147–149. |
| *Thüsing*, Gregor (Hrsg.) | Beschäftigtendatenschutz und Compliance, Effektive Compliance im Spannungsfeld von BDSG, Persönlichkeitsschutz und betrieblicher Mitbestimmung, 2. Auflage, München 2014<br>Zit.: *Bearbeiter*, in: Thüsing, Beschäftigtendatenschutz, 2. Aufl. |
| *Thüsing*, Gregor (Hrsg.) | Beschäftigtendatenschutz und Compliance, Effektive Compliance im Spannungsfeld von BDSG, Persönlichkeitsschutz und betrieblicher Mitbestimmung, 3. Auflage, München 2021<br>Zit.: *Bearbeiter*, in: Thüsing, Beschäftigtendatenschutz. |
| *Thüsing*, Gregor | Umsetzung der Datenschutz-Grundverordnung im Beschäftigungsverhältnis: Mehr Mut zur Rechtssicherheit!, BB 2016, 2165–2166. |

| | |
|---|---|
| *Thüsing*, Gregor/ *Lambrich*, Thomas | Das Fragerecht des Arbeitgebers – aktuelle Probleme zu einem klassischen Thema, BB 2002, 1146–1153. |
| *Thüsing*, Gregor/ *Peisker*, Yannick | Datenschutzrechtliches Glasperlenspiel? Zum Antrag des Generalanwalts Sánchez-Bordona im Verfahren Rs. C-34/21, BeckRS 2022, 24515, NZA 2023, 213–215. |
| *Thüsing*, Gregor/ *Rombey*, Sebastian | Der verdeckte Einsatz von Privatdetektiven zur Kontrolle von Beschäftigten nach dem neuen Datenschutzrecht, NZA 2018, 1105–1111. |
| *Thüsing*, Gregor/ *Rombey*, Sebastian | Dateigebundene Verarbeitung und Datenverantwortung – Lehren aus EuGH, Urt. v. 10.7.2018 – C-25/17, NZA 2018, 991 – Zeugen Jehovas, NZA 2019, 6–11. |
| *Thüsing*, Gregor/ *Rombey*, Sebastian | Empfehlungswerbung durch Krankenkassen – ein datenschutzrechtliche Problem?, RDV 2019, 14–27. |
| *Thüsing*, Gregor/ *Rombey*, Sebastian | Die „schriftlich oder elektronisch" erteilte Einwilligung des Beschäftigten nach dem neuen Formerfordernis in § 26 II 3 BDSG, NZA 2019, 1399–1403. |
| *Thüsing*, Gregor/ *Rombey*, Sebastian | Anonymisierung an sich ist keine rechtfertigungsbedürftige Datenverarbeitung – Eine Auslegung von Art. 4 Nr. 2 DS-GVO nach den Methoden des EuGH, ZD 2021, 548–553. |
| *Thüsing*, Gregor/ *Schmidt*, Maximilian/ *Forst*, Gerrit | Das Schriftformerfordernis der Einwilligung nach § 4a BDSG im Pendelblick zu Art. 7 DS-GVO, RDV 2017, 116–122. |
| *Thüsing*, Gregor/ *Wurth*, Gilbert (Hrsg.) | Social Media im Betrieb – Arbeitsrecht und Compliance, 2. Auflage, München 2020<br>Zit.: *Bearbeiter*, in: Thüsing/Wurth, Social Media. |
| *Tiedemann*, Jens | Anmerkung zu LAG Hamm, Urt. v. 04.07.2014 – 10 Sa 171/14, ZD 2015, 40–41. |
| *Tiedemann*, Jens | Auswirkungen von Art. 88 DSGVO auf den Beschäftigtendatenschutz – Gestaltungsspielräume für Gesetzgeber und Betriebsparteien, ArbRB 2016, 334–337. |
| *Tiedemann*, Jens | Anmerkung zu LAG Baden-Württemberg, Urt. v. 21.02.2019 – 3 Sa 65/17, ZD 2020, 53–54. |
| *Tillmann*, Tristan Julian/*Vogt*, Verena | Personalisierte Preise im Big-Data-Zeitalter, VuR 2018, 447–455. |
| *Tinnefeld*, Marie-Theres/*Buchner*, Benedikt/*Petri*, Thomas/*Hof*, Hans-Joachim (Hrsg.) | Einführung in das Datenschutzrecht, Datenschutz und Informationsfreiheit in europäischer Sicht, 7. Auflage, Berlin/Boston 2020<br>Zit.: *Bearbeiter*, in: Tinnefeld et al., Datenschutzrecht. |
| *Tinnefeld*, Marie-Theres/*Conrad*, Isabell | Die selbstbestimmte Einwilligung im europäischen Recht – Voraussetzungen und Probleme, ZD 2018, 391–398. |

*Tolzmann*, Gudrun (Hrsg.) — Bundeszentralregistergesetz – Zentralregister, Erziehungsregister, Gewerbezentralregister, 5. Auflage, Stuttgart 2015 Zit.: *Tolzmann*, BZRG.

*Trappmann*, Helmut — Handelsrechtliche und steuerrechtliche Aufbewahrungspflichten und der Begriff des Handelsbriefs – Ein Beitrag zur Reform des Insolvenzrechts, DB 1990, 2437–2438.

*Traut*, Johannes — Maßgeschneiderte Lösungen durch Kollektivvereinbarungen? – Möglichkeiten und Risiken des Art. 88 Abs. 1 DS-GVO, RDV 2016, 312–319.

*Trebeck*, Joachim/ *Schulte-Wissermann*, Lisa — Die Geheimnisschutzrichtlinie und deren Anwendbarkeit – Auswirkungen auf Compliance und Whistleblowing im deutschen Arbeitsrecht, NZA 2018, 1175–1180.

*Trentmann*, Christian — Das „Recht auf Vergessenwerden“ bei Suchmaschinentrefferlinks – Google & Co. im Lichte von DSGVO, DSRL und EuGH, CR 2017, 26–35.

*Tribess*, Alexander — Datenschutzrechtliche Unzulässigkeit der GPS-Ortung von Beschäftigten, GWR 2019, 134.

*Tschöpe*, Ulrich (Hrsg.) — Arbeitsrecht Handbuch, 13. Auflage, Köln 2023 Zit.: *Bearbeiter*, in: Tschöpe, Arbeitsrecht.

*Tyhm*, Daniel — Die Reichweite der EU-Grundrechte-Charta – Zu viel Grundrechtsschutz?, NVwZ 2013, 889–896.

*Uecker*, Philip — Extraterritorialer Anwendungsbereich der DS-GVO – Erläuterungen zu den neuen Regelungen und Ausblick auf internationale Entwicklungen, ZD 2019, 67–71.

*Uecker*, Philip — Die Einwilligung im Datenschutzrecht und ihre Alternativen – Mögliche Löschungen für Unternehmen und Vereine, ZD 2019, 248–251.

*Ullrich*, Matthias — Datensparsamkeit im Arbeitsverhältnis, ZMV 2018, 176–180.

*Unabhängiges Datenschutzzentrum Saarland* — 27. Tätigkeitsbericht – 2017/2018, https://tinyurl.com/yyehl7qf (Abruf: 31.05.2024). Zit.: *UDS*, 27. TB.

*Unabhängiges Landeszentrum für Datenschutz Schleswig-Holstein* — 37. Tätigkeitsbericht 2019, https://tinyurl.com/tzhe78y (Abruf: 31.05.2024) Zit.: *ULD*, 37. TB.

*Veil*, Winfried — Einwilligung oder berechtigtes Interesse? – Datenverarbeitung zwischen Skylla und Charybdis, NJW 2018, 3337–3344.

*Velten*, Christian/ *Diegel*, Christina — Auswirkungen der DS-GVO und des neuen BDSG auf den Beschäftigtendatenschutz, FA 2018, 2–6.

*Venzke-Caprarese*, Sven — Social Media Monitoring – Analyse und Profiling ohne klare Grenzen?, DuD 2013, 775–779.

*Vogel*, Florian/*Glas*, Vera — Datenschutzrechtliche Probleme unternehmensinterner Ermittlungen, DB 2009, 1747–1754.

*Voigt*, Paul — Gesichtserkennung zu Werbezwecken – Erfolgt ein User Tracking bald auch offline?, K&R 2016, 456–461.

*vom Stein*, Jürgen/*Rothe*, Isabel/*Schlegel*, Rainer (Hrsg.) — Gesundheitsmanagement und Krankheit im Arbeitsverhältnis, Handbuch, 2. Auflage, München 2021
Zit.: *Bearbeiter*, in: vom Stein et al., Gesundheitsmanagement.

*von Danwitz*, Thomas — Die Grundrechte auf Achtung der Privatsphäre und auf Schutz personenbezogener Daten – Die jüngere Rechtsprechung des Gerichtshofes der Europäischen Union, DuD 2015, 581–585.

*von dem Bussche*, Axel Freiherr/*Voigt*, Paul (Hrsg.) — Konzerndatenschutz, Rechtshandbuch, 2. Auflage, München 2019
Zit.: *Bearbeiter*, in: v. d. Bussche/Voigt, Konzerndatenschutz.

*von der Groeben*, Hans/*Schwarze*, Jürgen/*Hatje*, Armin (Hrsg.) — Europäisches Unionsrecht – Vertrag über die Europäische Union, Vertrag über die Arbeitsweise der Europäischen Union, Charta der Grundrechte der Europäischen Union, 7. Auflage, Baden-Baden 2015
Zit.: *Bearbeiter*, in: v. d. Groeben et al., Europäisches Unionsrecht.

*von Holleben*, Kevin Max/*Knaut*, Johannes — Die Zukunft der Auftragsverarbeitung – Privilegierung, Haftung, Sanktionen und Datenübermittlung mit Auslandsbezug unter der DSGVO, CR 2017, 299–306.

*von Lewinski*, Kai — Europäisierung des Datenschutzrecht – Umsetzungsspielraum des deutschen Gesetzgebers und Entscheidungskompetenz des BVerfG, DuD 2012, 564–570.

*von Lewinski*, Kai/*de Barros Fritz*, Raphael — Arbeitgeberhaftung nach dem AGG infolge des Einsatzes von Algorithmen bei Personalentscheidungen, NZA 2018, 620–625.

*von Lewinski*, Kai/*Rützel*, Felix — Art. 22 DSGVO: Symbolvorschrift oder Innovationsschreck?, DSB 2018, 253–255.

*von Roetteken*, Torsten (Hrsg.) — Allgemeines Gleichbehandlungsgesetz – AGG, Kommentar zu den arbeits- und dienstrechtlichen Regelungen, 87. Update, März 2023
Zit.: *Von Roetteken*, AGG.

*von Roetteken*, Torsten — Zur mangelhaften Umsetzung von Art. 9 Abs. 2 Buchsb. B DSGVO im BetrVG und BDSG (hier: Auskunftsanspruch des Betriebsrats auf namentliche Benennung von schwangeren Mitarbeiterinnen), jurisPR-ArbR 37/2019, Anm. 7.

*von Steinau-Steinrück*, Robert/*Mosch*, Ulrich — Datenschutz für Arbeitnehmer – Bestandsaufnahme und Ausblick, NJW-Spezial 2009, 450–451.

*von Zimmermann*, Georg — Die Einwilligung im Internet, Diss. jur. Göttingen 2014
Zit.: *Von Zimmermann*, Einwilligung im Internet.

*Vossenkuhl*, Cosima — Der Schutz genetischer Daten – Unter besonderer Berücksichtigung des Gendiagnostikgesetzes, Berlin, Heidelberg 2013.
Zit.: *Vossenkuhl*, Schutz genetischer Daten.

*Wagner*, Axel-Michael — DSGVO – alle froh?, Problemfälle bei der Anwendung im Unternehmensumfeld, Version 5.0, November 2019, https://tinyurl.com/yxqlrtd5 (Abruf: 31.05.2024)
Zit.: *Wagner*, DSGVO.

*Wagner*, Axel-Michael/*Blaufuß*, Henning — Datenexport als juristische Herausforderung: Cloud Computing, BB 2012, 1751–1755.

*Wagner*, Bernd — Verträge als Rechtsgrundlage für Datenverarbeitungen: Werden Einwilligungen bald obsolet?, ZD-Aktuell 2018, 06103.

*Wagner*, Bernd — Auf der Fährte des Datenschutzrechts: Meldepflicht von Tierbeobachtungskameras nach dem alten Bundesdatenschutzgesetz, jurisPR-ITR 6/2019, Anm. 3.

*Wagner*, Ralph — Anwaltliches Berufsrecht und Datenschutz: Einheit, Widerspruch oder Parallelwelten?, BRAK-Mitteilungen 4/2019, 167–174.

*Wahlers*, Ulrich — Kein Anspruch des Betriebsrats auf dauerhafte Überlassung von Gehaltslisten in elektronischer oder gedruckter Form, jurisPR-ITR 5/2019 Anm. 5.

*Walker*, Wolf-Dietrich — Sanktionen und Haftung bei Datenschutzverstößen des Betriebsrats, in: *Gallner*, Inken/*Henssler*, Martin/*Eckhoff*, Frank/*Reufels*, Martin (Hrsg.), Dynamisches Recht – Herausforderungen im Arbeitsrecht, Gesellschaftsrecht und Insolvenzrecht, Festschrift zum 70. Geburtstag von Wilhelm Moll, München 2019, S. 697–709
Zit.: *Walker*, in: Gallner et al., FS Moll.

*Walter*, Stefan — Einmeldeklagen unter der DSGVO – wie ist die aktuelle Rechtslage?, zfm 2019, 179–185.

*Waltermann*, Raimund — Rechtsetzung durch Betriebsvereinbarung zwischen Privatautonomie und Tarifautonomie, Tübingen 1996
Zit.: *Waltermann*, Betriebsvereinbarung.

*Weber*, Klaus (Hrsg.) — Rechtswörterbuch, 29. Edition, München 2022
Zit.: *Bearbeiter*, in: *Weber*, Rechtswörterbuch.

*Weberling*, Johannes/*Bergann*, Johanna — Aktuelle Fragen der Umsetzung des Medienprivilegs der DSGVO, AfP 2019, 293–298.

*Wedde*, Peter — Die wirksame Einwilligung im Arbeitnehmerdatenschutzrecht, DuD 2004, 169–174.

*Wedde*, Peter (Hrsg.) Handbuch Datenschutz und Mitbestimmung, 1. Auflage, Frankfurt am Main 2016
Zit.: *Bearbeiter*, in: Wedde, Datenschutz, 1. Aufl.

*Wedde*, Peter (Hrsg.) Handbuch Datenschutz und Mitbestimmung, 2. Auflage, Frankfurt am Main 2019
Zit.: *Bearbeiter*, in: Wedde, Datenschutz.

*Wedde*, Peter Möglichkeiten und Grenzen, Der Personalrat 6/2019, 14–17.

*Wedde*, Peter Automatisierung im Personalmanagement – arbeitsrechtliche Aspekte und Beschäftigtendatenschutz, 2. März 2020, https://tinyurl.com/rfnl5bo (Abruf: 31.05.2024)
Zit.: *Wedde*, Automatisierung im Personalmanagement.

*Weichert*, Thilo Datenschutzrechtliche Anforderungen an Verbraucher-Kredit-Scoring, DuD 2005, 582–587.

*Weichert*, Thilo Gesundheitsdaten von Bewerbern und Beschäftigten, RDV 2007, 189–196.

*Weichert*, Thilo Drittauskünfte über Beschäftigte, ArbuR 2010, 100–106.

*Weichert*, Thilo „Sensitive Daten" revisited, DuD 2017, 538–543.

*Weiler*, Frank Grammatikalische Auslegung des vielsprachigen Unionsrechts, ZEuP 2010, 861–880.

*Weiß*, Martin Öffnungsklauseln in der DSGVO und nationale Verwirklichung im BDSG – „Vollharmonisierung light", Diss. jur. Regensburg 2021
Zit.: *Weiß*, Öffnungsklauseln.

*Wellhöner*, Astrid/ *Byers*, Philipp Datenschutz im Betrieb – Alltägliche Herausforderung für den Arbeitgeber?!, BB 2009, 2310–2316.

*Wendel*, Karola Christiane Die Vorlage einer Bundeszentralregisterauskunft vor Begründung des Arbeitsverhältnisses – Eine datenschutzrechtliche Betrachtung, Diss. jur. Bochum 2016
Zit.: *Wendel*, Bundeszentralregisterauskunft.

*Wendel*, Mattias Das Bundesverfassungsgericht als Garant der Unionsgrundrechte – Zugleich Besprechung von BVerfG, Beschlüsse v. 6.11.2019 – 1 BvR 16/13 (Recht auf Vergessen I) und 1 BvR 276/17 (Recht auf Vergessen II), JZ 2020, 157–168.

*Wendeling-Schröder*, Ulrike/*Stein*, Axel (Hrsg.) Allgemeines Gleichbehandlungsgesetz, Kommentar, München 2008
Zit.: *Bearbeiter*, in: Wendeling-Schröder/Stein, AGG.

*Werry*, Susanne/ *Knoblich*, Sarah Die neue europäische Datenschutz-Grundverordnung – Inhalte und akuter Handlungsbedarf für Pharma- und Medizinprodukteunternehmen, MPR 2017, 1–11.

*Weth*, Stephan/ *Herberger*, Maximilian/*Wächter* (Hrsg.) Daten- und Persönlichkeitsschutz im Arbeitsverhältnis – Praxishandbuch zum Arbeitnehmerdatenschutz, München 2014
Zit.: *Bearbeiter*, in: Weth et al., Daten- und Persönlichkeitsschutz, 1. Aufl.

| | |
|---|---|
| *Weth*, Stephan/ *Herberger*, Maximilian/*Wächter*, Michael/*Sorge*, Christoph (Hrsg.) | Daten- und Persönlichkeitsschutz im Arbeitsverhältnis – Praxishandbuch zum Arbeitnehmerdatenschutz, 2. Auflage, München 2019<br>Zit.: *Bearbeiter*, in: Weth et al., Daten- und Persönlichkeitsschutz. |
| *Wieczorek*, Mirko | Der räumliche Anwendungsbereich der EU-Datenschutz-Grundverordnung – Ein Vergleich von § 1 Abs. 5 BDSG mit Art. 3 DS-GVO-E, DuD 2013, 644–649. |
| *Wiese*, Günther/*Kreutz*, Peter/*Oetker*, Hartmut/ *Raab*, Thomas/*Weber*, Christoph/*Franzen*, Martin/*Gutzeit*, Martin/*Jacobs*, Matthias (Hrsg.) | Betriebsverfassungsgesetz, Band II: §§ 74–132, Gemeinschaftskommentar, 12. Auflage, Köln 2022<br>Zit.: *Bearbeiter*, in: Wiese et al., GK-BetrVG. |
| *Wind*, Irene/*Siegert*, Michael | Entwurf für eine EG-Richtlinie zum Datenschutz – Ein Überblick, CR 1993, 46–55. |
| *Winnefeld*, Robert (Hrsg.) | Bilanz-Handbuch, Handels- und Steuerbilanz, Rechtsformspezifisches Bilanzrecht, Bilanzielle Sonderfragen, Sonderbilanzen, IAS/IFRS-Rechtsprechung, 5. Auflage, München 2015<br>Zit.: *Winnefeld*, Bilanz-Handbuch. |
| *Wisskirchen*, Gerlind | Der Umgang mit dem Allgemeinen Gleichbehandlungsgesetz – Ein „Kochrezept" für Arbeitgeber, DB 2006, 1491–1499. |
| *Wohlgemuth*, Hans H. (Hrsg.) | Datenschutz für Arbeitnehmer – Eine systematische Darstellung, 2. Auflage, Neuwied 1988<br>Zit.: *Wohlgemuth*, Datenschutz für Arbeitnehmer. |
| *Wolff*, Heinrich Amadeus | Updates aus Sicht des Datenschutzrechts, K&R 2019, 537–542. |
| *Wolff*, Heinrich Amadeus/*Brink*, Stefan/*v. Ungern-Sternberg*, Antje (Hrsg.) | Beck'scher Onlinekommentar Datenschutzrecht, 48. Edition, 01.05.2024, München 2024<br>Zit.: *Bearbeiter*, in: BeckOK DatenSR, 48. Ed. |
| *Wuermeling*, Ulrich | Beschäftigtendatenschutz auf der europäischen Achterbahn, NZA 2012, 368–370. |
| *Wünschelbaum*, Markus | Zur Einschränkung des DSGVO-Auskunftsanspruchs durch Betriebsvereinbarungen, BB 2019, 2102–2106. |
| *Wünschelbaum*, Markus | Der Beschäftigtendatenschutz im Rechtswegdickicht – Betriebsvereinbarungen als Ausweg?, NZA 2020, 1222–1226. |
| *Wünschelbaum*, Markus | Eckpunktepapier der Bundesregierung für ein Beschäftigtendatenschutzgesetz, MMR-Aktuell 2023, 457188. |

*Wünschelbaum*, Markus — Tabula rasa im Beschäftigtendatenschutz? – EuGH setzt neue Maßstäbe: Rechtsfolgen und Handlungsoptionen; Besprechung von EuGH Urt. v. 30.3.2023 – C-34/21, NZA 2023, 542–547.

*Würdinger*, Markus — Doppelwirkungen im Zivilrecht – Eine 100-jährige juristische Entdeckung, JuS 2011, 769–774.

*Wurzberger*, Sebastian — Anforderungen an Betriebsvereinbarungen nach der DS-GVO, Konsequenzen und Anpassungsbedarf für bestehende Regelungen, ZD 2017, 258–263.

*Wybitul*, Tim — Neue Spielregeln bei Betriebsvereinbarungen und Datenschutz – BAG schafft Klarheit zu Anforderungen an Umgang mit Arbeitnehmerdaten, NZA 2014, 225–232.

*Wybitul*, Tim (Hrsg.) — EU-Datenschutz-Grundverordnung im Unternehmen – Praxisleitfaden, Frankfurt 2016
Zit.: *Wybitul*, DSGVO.

*Wybitul*, Tim (Hrsg.) — Handbuch EU-Datenschutz-Grundverordnung, Frankfurt am Main 2017
Zit.: *Bearbeiter*, in: Wybitul, DSGVO.

*Wybitul*, Tim — Das neue EU-Datenschutzrecht – Folgen für Compliance und interne Ermittlungen, CB 2016, 101–108.

*Wybitul*, Tim — Was ändert sich mit dem neuen EU-Datenschutzrecht für Arbeitgeber und Betriebsräte? – Anpassungsbedarf bei Beschäftigtendatenschutz und Betriebsvereinbarungen, ZD 2016, 203–208.

*Wybitul*, Tim — Der neue Beschäftigtendatenschutz nach § 26 BDSG und Art. 88 DSGVO, NZA 2017, 413–419.

*Wybitul*, Tim — Der neue Beschäftigtendatenschutz nach § 26 BDSG-neu – was Arbeitgeber und Beschäftigte über den geplanten Datenschutz am Arbeitsplatz wissen sollten, ZD-Aktuell 2017, 05483.

*Wybitul*, Tim — Fachanwalt für Datenschutz?, NJW-aktuell 2019, 3.

*Wybitul*, Tim/*Böhm*, Wolf-Tassilo — Das neue EU-Datenschutzrecht – Folgen für Compliance und interne Ermittlungen (Update vom 14.4.2016), CB, Online Update, 1–8.

*Wybitul*, Tim/*Böhm*, Wolf-Tassilo — Anmerkung zu LAG Sachsen-Anhalt, Beschl. v. 18.12.2018 – 4 TaBV 19/17, NZA-RR 2019, 259–260.

*Wybitul*, Tim/*Fladung*, Armin — EU-Datenschutz-Grundverordnung – Überblick und arbeitsrechtliche Betrachtung des Entwurfs, BB 2012, 509–515.

*Wybitul*, Tim/*Pötters*, Sephan — Der neue Datenschutz am Arbeitsplatz, RDV 2016, 10–16.

*Wybitul*, Tim/*Rauer*, Nils — EU-Datenschutz-Grundverordnung und Beschäftigtendatenschutz – Was bedeuten die Regelungen für Unternehmen und Arbeitgeber in Deutschland?, ZD 2012, 160–164.

| | |
|---|---|
| *Wybitul*, Tim/ *Schultze-Melling*, Jyn (Hrsg.) | Datenschutz im Unternehmen, 2. Auflage, Frankfurt am Main 2014 Zit.: *Wybitul/Schultze-Melling*, Datenschutz. |
| *Wybitul*, Tim/*Sörup*, Thorsten/*Pötters*, Stephan | Betriebsvereinbarungen und § 32 BDSG: Wie geht es nach der DS-GVO weiter? – Handlungsempfehlungen für Unternehmen und Betriebsräte, ZD 2015, 559–564. |
| *Xander*, Nicolas | Das liechtensteinische Datenschutzrecht im Lichte der europäischen Datenschutz-Grundverordnung, Diss. jur. Innsbruck 2018 Zit.: *Xander*, Das liechtensteinische Datenschutzrecht. |
| *Zanol*, Jakob | Öffentlich gemachte Daten und Datenschutz, in: *Schweighofer*, Erich/*Kummer*, Franz/*Saarenpää*, Ahti (Hrsg.), Internet of Things, Tagungsband des 22. Internationalen Rechtsinformatik Sympiosiums IRIS 2019, Bern 2019, S. 161–168 Zit.: *Zanol*, in: Schweighofer et al., IoT. |
| *Ziebarth*, Lennart/ *Elsaß*, Lennart | Neue Maßstäbe für die Rechtmäßigkeit der Nutzung von Personenbildnissen in der Unternehmenskommunikation?, ZUM 2018, 578–585. |
| *Ziegenhorn*, Gero | Die materielle Rechtmäßigkeit von Datenverarbeitung nach der EU-Datenschutz-Grundverordnung, zfm 2016, 3–8. |
| *Ziegenhorn*, Gero/ *von Heckel*, Katharina | Datenverarbeitung durch Private nach der europäischen Datenschutzreform – Auswirkungen der Datenschutz-Grundverordnung auf die materielle Rechtmäßigkeit der Verarbeitung personenbezogener Daten, NVwZ 2016, 1585–1591. |
| *Zilkens*, Martin/*Cavin*, Adrian | Soziale Netzwerke im Umfeld kommunaler Aufgabenerfüllung – Datenschutzrechtliche Grenzen der Recherche und der eigenen Präsentation, ZD 2013, 603–608. |
| *Zilkens*, Martin/ *Gollan*, Lutz (Hrsg.) | Datenschutz in der Kommunalverwaltung – Recht, Technik, Organisation, 6. Auflage, Berlin 2023 Zit.: *Bearbeiter*, in: Zilkens/Gollan, Kommunalverwaltung. |
| *Zlamal*, Ralf | Datenschutz: Einsatz webbasierter Bewerbermanagement-Software (Bewerberportal), ZD-Aktuell 2015, 04589. |
| *Zscherpe*, Kerstin A. | Anforderungen an die datenschutzrechtliche Einwilligung im Internet, MMR 2004, 723–727. |